1000 GRÜNDE

IN DEUTSCHLAND

ZU REISEN

www.moewig.de

Originalausgabe

Idee und Herausgeber: Per Müller

Konzeption und Layout: Carina Bitzer, Anke Lachmann (Assistenz)

Text und Redaktion: Christian Maiwurm

Beiträge: Tim Attenberger, Lothar Berndorff, Petra Biedermann, Tom Bloch, Lutz Exner, Jenny Haroske, Claudia Hauser, Anke Kies, Martina Kurz, Chris Lederer, Christoph Mathieu, Ingrid Müller-Münch, Hendrik Neubauer, Frank Nischk, Andrea Nothaft, Jörg Röder, Fritz Thewes, Jörg Vos, Frank von Weiher, Eva Willms, Edith Wühr, Zacharias Zacharakis, Karsten Zang

Lektorat: Petra Biedermann

Satz: Gerald Behrendt, Lea Reck, Peter Rieprich, Christian Schaarschmidt

Bildredaktion: Stefanie Walther (Bildnachweis im Anhang)

Umschlaggestaltung: Alexander Mertsch
Umschlagabbildungen: picture alliance, Frankfurt (OKAPIA/Jeffrey Tellner, OKAPIA/Klaus Wernicke, dpa-report/Hans Wiedl, Chromorange/Alexander Bernhard, HB Verlag/Thomas P. Widmann, E. Morell/Helga Lade, dpa-report/Jens Wolf, scanpix/Gerry Johansson, Chromorange, dpa-report/Karl-Josef Hildenbrand)

Druck und Bindung: GGP Media GmbH, Pößneck

Printed in Germany

ISBN 978-3-927801-82-0

Christian Maiwurm

1000 GRÜNDE IN DEUTSCHLAND ZU REISEN

Das muss man gesehen haben!
Deutschland ist schön!

1000 Orte, Ideen, Möglichkeiten und Ereignisse

EIN PAAR HINWEISE

die es Ihnen einfach machen werden

Wir haben uns bemüht, dieses Buch so praktisch wie möglich zu gestalten. Jeder der 1.000 Beiträge sollte einfach und schnell zu finden sein. Denn Sie wollen ein Buch, das Sie gebrauchen können.

Vorne haben wir die 1.000 Tipps klassisch nach Seitenzahlen geordnet: ein Inhaltsverzeichnis, wie man es aus fast allen Büchern kennt.

Gleichzeitig sind die Tipps aber auch noch nach den 16 Bundesländern sortiert. Mit Schleswig-Holstein im Norden fängt es an und hört im Süden mit Bayern auf. Wer also einen Tipp in der Nähe sucht, findet sein Bundesland sofort vorne im Inhaltsverzeichnis.

Hinten sind alle 1.000 Tipps ein weiteres Mal aufgeführt, diesmal nach Stichwörtern geordnet. Sämtliche Theater-, Opern- und Schauspiel-Beiträge aus dem Buch sind dort z. B. unter dem Stichwortpaar „Theater & Schauspiel“ zusammengefasst.

Jeder der 1.000 Beiträge hat einen Info-Rahmen, in dem sowohl die entsprechende Telefonnummer als auch die zuständige Internet-Adresse angegeben sind, damit Sie sofort Kontakt aufnehmen können. Natürlich nur, wenn Sie wollen.

INHALTSVERZEICHNIS

Tipp	Titel	Seite
0001	Feuerwehrmuseum, Norderstedt	31
0002	Glitzernde Skulpturen aus Eis und Schnee	
0003	Lübeck – romantische Altstadt mit Flair	32
0004	Marzipan aus Liebe	33
0005	Musikfeste auf dem Lande	34
0006	Riesen-Skulpturen aus Sand und Wasser	
0007	Alle Mann in die Wanten und klar zum Entern!	35
0008	Abtauchen in die Welt der Ozeane	36
0009	535 Kilometer Segelträume	
0010	Dem Szene-Wind zugewandt	37
0011	Kalifornien liegt an der Ostsee	
0012	Auge in Auge mit dem Hai	38
0013	Das größte Flugkarussell der Welt	39
0014	Der Name ist Programm	
0015	Die Größten Langohren Deutschlands	40
0016	Aqua Tropicana am wunderschönen Ostseestrand	
0017	Spinnen und weben	41
0018	Brav auf dem Pfad bleiben	42
0019	Retter der seltenen Rassen	
0020	Das erste Planetarium der Menschheit	43
0021	Der Zweite wird der Erste sein	44
0022	Physik selbst erleben	
0023	Die Wikinger kommen unter rotem Drachensegel	45
0024	Ein Spaziergang durch Flensburg	46
0025	Wacken dröhnt	47
0026	Zurück ins Meer, hier wird nicht geheult	48
0027	Ein Blütenmeer aus 5 Millionen Krokussen	49
0028	Längster Radweg der Welt	
0029	Die Halligen – winzige Eilande im Wattenmmer	50
0030	Das Wattenmeer verändert ständig sein Gesicht	51
0031	Robben-Alarm	52
0032	Pellworm statt Standesamt	
0033	Wildnis Watt	53
0034	Route-66-Flair auf Sylt	54
0035	Achtung, mitreißend!	
0036	Weißer Strand mit Sandbank	55
0037	Nordfriesische Feuer	56
0038	Kult-Schuppen auf Sylter Düne	
0039	Hinter den Deichen beginnt das Paradies	57
0040	Mit Stock durch Dünen und Sand	58
0041	Warmduschen kann man woanders	59
0042	Die Königliche unter den Austern	
0043	Frisch geschlüpft und kopfüber ins Meer	60

0044 Das Schiff auf der Weide 61
0045 Holland in Schleswig-Holstein
0046 Matjes im Glück 62
0047 Strandsegeln in St. Peter-Ording 63
0048 Naturnahes Nacktbaden 64
0049 Der große Expressionist
0050 Das größte Volksfest im Norden Europas 65
0051 Es duftet wie am Mittelmeer 66
0052 So lebten die wilden Kerle
0053 Winter-Wellness uns Spa an Ost- und Nordsee 67
0054 Geschiebe, Mammut und Fossilien 68
0055 Kinderferien auf dem Islandhof
0056 Helgoland im Winter – Geheimtipp 69

02_MV Mecklenburg-Vorpommern

Tipp	Titel	Seite
0057	Motocross-Tradition	70
0058	Von der Natur zurückerobert	
0059	Mit dem Hausboot über die Müritz	71
0060	Gute Stimmung im Wald	72
0061	Sie sind wieder da	
0062	Der große Traum vom Fliegen	73
0063	Kunst: offen	74
0064	Jedem sein Körbchen	
0065	Die „Badewanne von Berlin“	75
0066	Aktuelle Vergangenheit	76
0067	Viererschlafsack für Soldaten	77
0068	Party an Land, Regatta auf See	
0069	Einmal Hering satt	78
0070	Ein Garten zum Erholen	79
0071	12 Uhr Mittag	
0072	Das Grand Hotel der weißen Stadt am Meer	80
0073	Spa-Träume de Luxe	81
0074	Breit, flach und schön	82
0075	Segeln, feiern, Hanse Sail	83
0076	Museum im Renaissanceschloss	
0077	Nationalpark Vorpommersche Boddenlandschaft	84
0078	See, Sonne und Natur	85
0079	Die älteste Galopprennbahn Europas	86
0080	Reiterferien im alten Landgut am See	
0081	Besucher im Innenohr	87
0082	Ostalgie, aber wie	
0083	Kranich on Tour	88

0084	Scheuer Adler, freches Schwein	89
0085	Foto versus Ölbild	
0086	Slawische Ringwallburg Groß-Raden	90
0087	Historische Altstadt – modernes Aquarium	91
0088	Ausgrabungen auf dem Meeresgrund	92
0089	Wale und Kalmare im Kloster	
0090	Nur nicht den Kopf verlieren	93
0091	Biologie und Technik gleich Bionik	94
0092	Ausfahrt im Tschaika	95
0093	Die weißen Strandvillen von Rügen	
0094	Der Kreidefelsen hat sein Zentrum	96
0095	Der größte Marktplatz im Norden	97
0096	Kindertraum auf Rügen: Lokomotivführer	98
0097	Ein Traum in weiß	99
0098	Wo Loriot und Thomas Mann baden	100

03_HH Hamburg

Tipp	Titel	Seite
0099	Hauptstadt der Brücken	102
0100	Dreimal Dom auf dem Heiligengeistfeld	
0101	Großer Bahnhof für die Kunst	103
0102	Die Arp-Schnitger-Orgel	104
0103	2.800 Fenster zum Freihafen	
0104	Schöner wohnen	105
0105	Der Garten der Hamburger	
0106	Hans Albers und die Beatles	106
0107	Wenn Waisen schnitzen	107
0108	Shoppen in Hamburg	108
0109	Sushi satt	109
0110	Schick auf der Milchstraße	110
0111	Das Fünf-Sterne-Design	111
0112	Ein Traum von Hotel	
0113	Die Stadt in der Stadt	112
0114	Elyseum	113
0115	Mahnmal gegen die Zerstörung	
0116	Szene bis zum Umfallen	114
0117	Fantasie ohne Grenzen	115
0118	Das schärfste Museum der Welt	
0119	Modellwelt	116
0120	Viel erlebt	117
0121	Action auf dem Boot	118
0122	Kleine Großzügigkeit	
0123	Ja, wo laufen sie denn?	119

0124	Wandertag auf dem Friedhof	
0125	Vorbild vieler Tierparks	120
0126	Winter Beach Club	121
0127	Planetarium Hamburg	
0128	100 Jahre unter Wasser	122
0129	Am grünen Alsterufer von Harvesterhude	123
0130	Aus dem Meer frisch auf den Tisch	
0131	Auswandern damals	124
0132	Mit dem Raddampfer über die Elbe	125
0133	Dunkle Hamburger Geschichte	
0134	Hering für Frühaufsteher	126
0135	Hamburgs Nachtwächter	127

04_HB Bremen

Tipp	Titel	Seite
0136	Bremerhavens kleinste Kneipe	128
0137	Alle Mann ab in die Koje	
0138	Seebären und Fregatten	129
0139	Einmal im Zwischendeck	130
0140	Schule mit Seebärfellen	131
0141	Kleiner Schlepper mit großem Namen	
0142	Eintauchen in die Wirtschaftswunderjahre	132
0143	Fisch-Party im Schaufenster	133
0144	Der blaue Reiter, die Brücke und Cézanne	
0145	Bremens ständige Vertretung	134
0146	Design und Unikat	135
0147	Wie Perlen auf der Schnur	
0148	Schätze der Bremer Kaufleute	136
0149	Seit 1405 wird ausgeschenkt	137
0150	Schnurren im Katzen-Café	138
0151	Licht für Bremen	
0152	Heißer Samba im kalten Bremen	139
0153	Brauereibesichtigung der Beck'schen Art	
0154	Gekrönte Wellness	140
0155	Bremens Bürger auf der Weide	141
0156	In schrillem Outfit zur Regatta	
0157	So duschen Astronauten im All	142
0158	Seit Jahrhunderten in Bremens Charts	143
0159	Geballte Bremer Historie	144
0160	Alter Hafen zu neuen Ufern	145
0161	Eis nach altem Familienrezept	146
0162	Tornado, Urknall und die Sprachen der Welt	
0163	Eine der Besten	147
0164	Von der Wurzel bis zur Blüte	

Tipp	Titel	Seite
0165	Alle Kinder an die Uni	149
0166	Romantik-Tour mit Pferdestärken	
0167	„Rad up Pad“ – Per Drahtesel durch Ostfriesland	150
0168	Farbenblind, aber glücklich	151
0169	Naturschutz op Platt – der Nationalpark Wattenmeer	
0170	Spaziergang zu Horst Janssen	152
0171	Die Königin der Nordsee	153
0172	Moin, Moin – das Ostfriesenabitur	
0173	Kluntje, Kluntje in den Tee	154
0174	Ein Ende der Welt – die Nordseeinsel Spiekeroog	155
0175	Zugucken, wie Luxus Kreuzfahrtschiffe gebaut werden	
0176	Abstrampeln im Urlaub	156
0177	Der malende Dichter	157
0178	Das nationale Fun- und Trendsportevent des Jahres	158
0179	Hex, hex! Zaubern im Park	159
0180	Like a Hurricane ...	
0181	Ein Muss an Regentagen	160
0182	Celles unvergleichlicher Kunsttempel, auch für Nacht ...	161
0183	Pferderennen auf dem Meeresgrund	
0184	„Skipper, setz das Segel“	162
0185	Der Künstler und das Teufelsmoor	163
0186	Pelzige Eigenbrötler	164
0187	Max und Moritz im Museum in Ebergötzen	165
0188	Hengstparade im Landgestüt Celle	
0189	Heute baue ich mir meine gotische Harfe selbst	166
0190	Adrenalin-Schub im Freizeitpark	167
0191	Große Panzer, kleine Panzer	
0192	Der größte Vogelpark der Welt	168
0193	Einzigartige Erlebniswelten	169
0194	Das Dorf in der Heide	
0195	Hundertwassers Umwelt- und Kulturbahnhof	170
0196	Action-, Sport-, Freizeit- und Partylocation	171
0197	Afrika in der Lüneburger Heide	
0198	Merzmalerei und Lebenswerke: auf den Spuren der modernen Kunst	172
0199	Die fahrbereiten Sammlerstücke	173
0200	Jeder frisch gebackene Doktor muss sie küssen	
0201	Gemeinsam von der Natur lernen	174
0202	Tänzer auf vier Hufen	175
0203	Auf zum Brotmuseum	176
0204	Auf Tuchfühlung mit Tigermännchen Jelzin	
0205	Das Grottenhäuschen	177
0206	Rundgang durch die Heimat des Bockbieres	
0207	Moment mal. Natur.	178

0208	Einmal zum Narr werden im Eulenspiegel-Museum	179
0209	Die Riesenparty am Wasser	180
0210	Schatzhaus voller Bücher – gegründet 1572	
0211	Deutsche Geschichte hautnah erleben	181
0212	UFO zum Anfassen	182
0213	Der Volkswagen-Erlebnispark auf 42 Hektar	183
0214	Kaiserliche Residenz	
0215	Per Dampfross zum Blocksberg	184
0216	Hexentanz hoch oben auf dem Gipfel	185
0217	Windmühle im Museumsdorf Cloppenburg	
0218	Schlauer baden in Niedersachsen	186
0219	Das größte private Vollblut-Arabergestüt und Tierpark	187
0220	Vampire fliegen mit Echolot	188
0221	Kinder aus der ganzen Welt	
0222	Freude am Pferd	189
0223	Kräuter-Halb-Bitter gegen Verdauungsprobleme	

06_BE Berlin

Tipp	Titel	Seite
0224	Essen wie bei Helene	191
0225	Im Zickzack durch die Geschichte	
0226	Das richtige Denkmal am richtigen Ort	192
0227	Oase in der Einheitswüste	193
0228	Flaniermeile zu Füßen der Neuen Synagoge	
0229	Groß. größer, Saurier	194
0230	Der Prominenten-Friedhof der Stadt	
0231	Die klügste Nacht des Jahres	195
0232	Mit Erich zum real existierenden Sozialismus	196
0233	Ein guter Ort zum Leben	
0234	Sozialistisches Wohnparadies nach Moskauer Vorbild	197
0235	Symbol des mittelalterlichen Berlins	198
0236	Kunst und Ruinen	
0237	Puppenstube oder Disneyland?	199
0238	Einmal Preußen und zurück	200
0239	Europas größtes Revuetheater	201
0240	Das Stehaufmännchen unter den Opernhäusern	202
0241	In der Tanzwirtschaft Burger steppt der Bär	203
0242	Sputnik in der Stadt der Zukunft	204
0243	Berlins bekanntester Platz	
0244	Weltkulturerbe im Spree-Athen	205
0245	Trendsetting in exponierter Lage	206
0246	Schönster Platz Berlins	207
0247	Turbulentes Leben wie in den Zwanzigern	208
0248	160 Kilometer Spurensuche	209
0249	Voll die Szene	210

0250 Symbol religiöser Toleranz 210
0251 Symbol der unruhigen deutschen Geschichte 211
0252 Das Privatarchiv von Walter Gropius 212
0253 Preußens Petersdom 213
0254 Die Hauptstadt im Maßstab Ho 214
0255 Haie, Rochen und verliebte Kraken
0256 Schick ohne Grenzen 215
0257 Landschaft mit Wildtieren und Barockschloss 216
0258 Die Berliner Mauer oder was von ihr übrig blieb 217
0259 Die kurze Nacht der Musik
0260 Früher Zug, heute Kunst 218
0261 Ausstellungen für Tausende 219
0262 Der älteste und schönste Volkspark
0263 Mielkes Schreibtisch 220
0264 Glas, Stahl und Licht
0265 Ein Spaziergang um die Macht 221
0266 Ein verstoßener Sohn der Stadt schenkt ihr sein Vermächtnis 222
0267 Sonntag ist Flohmarkt
0268 Fritten, Fassbier, Fußball 223
0269 Mythos von der Kantstraße 224
0270 Bohren im Ambiente
0271 Klassischer Jazz-Club 225
0272 Berlins älteste Grünanlage
0273 Marlene, Metropolis, Murnau 226
0274 Klassiker vom Feinsten 227
0275 Porzellan, Kostüme und vieles mehr
0276 Handicap am Gleisdreieck 228
0277 Wenn's um die Wurst geht
0278 Da wird krumm aber gerade 229
0279 Hollywood unter den Sternen
0280 Knut und andere Stars 230
0281 Laufen hüben, Party drüben 231
0282 Zwischen Lichthof und Glaskuppel 232
0283 Kabarett in Berlin
0284 Genuss auf der Wasserterrasse 233
0285 Kultur und Pop unterm Betonzelt 234
0286 Immer noch im Kalten Krieg 235
0287 Gruselkabinett im Luftschutzbunker 236
0288 Zuse, Messerschmidt und die Wunderwelt der Technik
0289 Und das ist gut so 237
0290 Kunst kommt aus Berlin 238
0291 Hier ist die jüngere deutsche Geschichte zu Hause
0292 Nah am Wasser gebaut 239
0293 Drei Tage nichts als Musik 240
0294 Ein Spaziergang in Treptow
0295 Kreuzbergs angesagteste Hässlichkeit: Möbel Olfe 241
0296 Zeitreise über Berlin 242
0297 Watergate, Beats und Jap-Food 243

0298	Spektakuläre Kunst in der Nachbarschaft	243
0299	Raumschiff gelandet	244
0300	Café, Croissant, Chrysanthemen	245
0301	Das Präsidentenschloss	
0302	Kulturschwangere Meeresfrucht	246
0303	Ein erhabener Abend: das Restaurant im Funkturm	247
0304	Hundert Jahre Familienbad	
0305	Nazi und doch nicht wirklich Nazi	248
0306	Mit der S-Bahn zum Baden	249
0307	Typisches Berliner Volksfest	
0308	Hier liegt mir die Stadt zu Füßen	250
0309	Schweine zum Streicheln	251
0310	Alles Zucker	252
0311	Sind wir schon in Italien?	
0312	Preußisches Liebesnest	253
0313	Sein ganzer Stolz am Wannsee	
0314	Die ganze Pracht Preußens	254
0315	Geballte Ladung Kultur	255
0316	Neuer Großstadtschick mit Zeitgeschichte	

07_BB Brandenburg

Tipp	Titel	Seite
0317	Fischerstecher auf dem Peitzer Fischerfest	257
0318	Von Babelsberg bis Hollywood	
0319	Kinolegenden und Rambazamba	258
0320	Die gläserne Bonbonfabrik	259
0321	Mit Otto Lilienthal zum Altar	
0322	Naturwissenschaftliches Kindermuseum	260
0323	Lebendiger Friedhof	
0324	Wasser, Einstein und Fayencen!	261
0325	Segeln, Golfen, Wellness vom Feinsten	262
0326	Geschichte von Jahrhunderten	263
0327	Mittelalterliche Bauten in einer Flusslandschaft	
0328	100 km auf Rollen	264
0329	Hansestadt, Grenzstadt	265
0330	Ganz im Osten	266
0331	Edles und unedles Geblüt zum kleinen Preis	267
0332	Sandkastenspiele im großen Stil	268
0333	Haus am See	
0334	Jeepsafari über Stock und Kalkstein	269
0335	Absolut nicht neben der Spur	270
0336	Alltag in der DDR	271
0337	Feuchte Tropen im märkischen Sand	272
0338	Werden Sie doch mal Kornkönigin	
0339	Fahrstuhlfahren mit dem Schiff	273

0340	Das sind doch bloß Töppe ...	274
0341	Kahlbutz, Ritter und Schwerenöter	
0342	1001 Phantastereien auf einem Fleck	275
0343	Besuch bei Meister Adebar	276
0344	Unentdeckte Hansestadt	277
0345	Fürst Pückler lässt grüßen	
0346	Venedig-Feeling auf der Spree	278
0347	Independent-Kunst mitvielseitigem Programm	279
0348	Klein-Venedig hat mehr Brücken als Venedig	
0349	Ein Glockenturm als Grenzanlage	280
0350	Kolonie Alexandrowka	281
0351	Der erste Theaterbesuch – spannend und prägend	282
0352	Mit dem alten Dampfschiff über die Potsdamer Seen	
0353	Kulturszene in alten Hallen	283
0354	Von feinster Schokolade bis zur mediterranen Küche	284
0355	Der Nikolaus kommt per Schiff	
0356	Potsdamer Klassiker	285
0357	Vom Rückzugsort zum Lustschloss	286
0358	Eine englische Yacht macht Dampf in Potsdam	287
0359	Schlendern, stöbern, Kaffee trinken	
0360	Der Wilhelm mit dem Michelin-Stern	288
0361	Das Dampfmaschinenhaus als Burg	289
0362	Fashion für kleines Geld	290
0363	Zoo mit Gütesiegel	
0364	Funcup-Tourenwagen-Rennen selbst fahren	291
0365	Wälder, Wiesen, weites Land	292
0366	Weltgeschichte zum Träumen	
0367	Uckermärker Straußen-Steak	293
0368	Jugendstil pur	294
0369	Der lange verbotene Blick	
0370	Badestellen für jeden Geschmack	295
0371	Mit dem Pferdeplanwagen unterwegs	296
0372	Theaterdorf im Sommer	
0373	Das ist noch echt	297
0374	Mit der Sonne auf den See	298

08_ST Sachsen-Anhalt

Tipp	Titel	Seite
0375	Seit 1901 auf dem Berg	299
0376	Eisleben und der Bund der Lutherstädte	
0377	Eine Rose ist eine Rose, ist eine Rose...	300
0378	Plaste und Elaste	301
0379	Sonne, Mond und Sterne	
0380	Handgemachte Bürsten und Besen wie im 18. Jahrhundert	302

0381	Das schönste Land des Reiches	303
0382	Ein Schinkel-Turm im Harz	304
0383	3.000 Quadratmeter Irrgarten	
0384	Die Historie vom Rollfilm	305
0385	Luther hier – Luther da	306
0386	Geburtsstadt des Königs unter den Kuchen	307
0387	Hexentanz hoch oben auf dem Gipfel	
0388	High Noon in Hasselfelde	308
0389	Mit dem Rad von Dessau bis nach Cuxhaven	309
0390	Mit dem Kanu auf der Elbe	310
0391	Reiten, reiten, reiten ...1.600 km weit	311
0392	Yeah, yeah, yeah	
0393	Von 'ner Harley bis zum Moped	312
0394	Brocken-Marathon	313
0395	Platz ist in der kleinsten Hütte	
0396	Gotische Pracht an der Elbe	314
0397	Ab in die Hölle	
0398	Lieber Harz als Honolulu	315
0399	Mach mal platt	316
0400	Design in Reinkultur: das Bauhaus	
0401	Der Roland feiert Geburtstag	317

09_NW Nordrhein-Westfahlen

Tipp	Titel	Seite
0402	Der beste Schütze zahlt keine Steuern	318
0403	Die Straße der 41 Mühlen	
0404	Zerbrechliche Kunst	319
0405	Das Werk eines einsamen Künstlers	320
0406	Der Hasen und der Löffel drei ...	
0407	100 krumme Häuser in Detmold	321
0408	Mit der Dampflok fahren wie anno dazumal	322
0409	Das hockende Weib im Wald	
0410	Ausbildung zum Aeronauten	323
0411	Ernst schuf Hermann ein Denkmal	324
0412	Espresso ohne Parkplatz	325
0413	Wie man etwas anzieht	
0414	Geliebte und gelebte Altstadt	326
0415	Wofür steht K20 K21?	327
0416	Reality Tops Fiction	328
0417	Beton für Kunst	
0418	Heines Lesesaal	329
0419	Medien und Menüs	330
0420	Über den Wolken	
0421	Das andere Düsseldorf	331
0422	Musik im Schloss	332

0423	Videokunst im Loft	332
0424	Oldtimer ganz nah	333
0425	Boote, Boote, Boote	334
0426	Moderne Kunst, modern verpackt	335
0427	Ganz schön alte Knochen	
0428	Essen, Kram und Typen	336
0429	Scharfe Sache	337
0430	Die Herren der Lüfte	338
0431	Goldfunde im Bergischen Land	
0432	Am Ende steht der Mensch	339
0433	Fantastische Reise in den Weltraum	340
0434	Zeugnis der Arbeitskultur	
0435	Der größte Budenzauber der Welt	341
0436	Fliegen ultraleicht gemacht	342
0437	Heutzutage nicht mehr unter Tage	343
0438	Auch ein echtes Weltkulturerbe	344
0439	Ganz groß in Essen	345
0440	Wann ist ein Mann ein Mann	
0441	Kohle für Kunst – Kunst für Kohle	346
0442	Wasserspeicher – Wissensspeicher	347
0443	Orthodoxe Kultbilder im Revier	
0444	Freizeit und Erholung im Ruhrtal	348
0445	Großes Theater in der Maschinenhalle	349
0446	Kochen lernen wie der Chef	350
0447	Auf der Halde gibt's koa Sünd'	
0448	Der Himmel über Bottrop	351
0449	Schweinehund statt Yeti	352
0450	Auf den Spuren der Römer	
0451	Folterinstrumente und Weserraumrenaissance	353
0452	Kunst parallel zur Natur	354
0453	Nur ein paar große Steine	355
0454	Die Sterne strahlen über seinem Imbiss-Himmel	356
0455	Stiftung für Wohnungsfürsorge	357
0456	Rheininsel der Stille	358
0457	Laufen, laufen, laufen	359
0458	La Ola auf Schalke	
0459	Das Kindermuseum am Hafen	360
0460	Moderne Eleganz in Münster	361
0461	Übernachten in der Schlossruine	
0462	An dieser Stelle sollst du mir ein Kapellchen bauen	362
0463	Historische Einkaufsmeile	363
0464	Wenn es dunkel wird in Münster	364
0465	Wenn die Warendorfer Hengste protzen dürfen	
0466	Viel besser als ein Wendy-Abo	365
0467	Eine Miss-Wahl der anderen Art	366
0468	Schlemmen und Kunst im historischen Bahnhof	
0469	Die Kartbahn des Meisters	367
0470	Sogar Michael Jackson war schon hier …	368

0471	Kochen, Event, Genuss	368
0472	Ruhe mitten in Köln	369
0473	Das Bier mit der besten Werbung	
0474	Kölner Dom	370
0475	Kölsch mit Schrecken, niemals!	372
0476	Die Goldene und die Schreckenskammer	
0477	Die Legende eines Duftwassers	373
0478	Köln kann auch anders	374
0479	Die Schokoladenseite der Kunst	375
0480	Eins geht noch	
0481	Savoir vivre in Cologne	376
0482	Päffgen – das Traditionsbrauhaus in Köln	377
0483	Mens sana in corpore sano	378
0484	Museumsnacht in Köln	
0485	Die Seilbahn und die Nackten	379
0486	Speisen im Dreißigsten	380
0487	Kölscher Klassiker	
0488	Wo der Sauerbraten noch rheinisch ist	381
0489	Köln von seiner besten Seite	382
0490	Urlaubsgefühle vor den Toren Kölns	
0491	Lamas für lahme Kids	383
0492	Jeder ist seines Glückes Schmied	
0493	Auf den Spuren von Karl dem Großen	384
0494	Kunst in der Schirmfabrik	385
0495	Weltfest des Pferdesports	386
0496	Aachens Freizeitachse in die Eifel	
0497	WM der Kirschkernspucker	387
0498	Das Schloss in der Zitadelle	388
0499	Kinder statt Kartoffeln	
0500	Student bis Rentner	389
0501	Bier mit Aussicht	
0502	Eine kleine Geschichte über ein großes Schloss	390
0503	Wahrzeichen der Stadt Bad Godesberg	391
0504	Im Osten Bonns wird gefeiert	
0505	So wohnte der erste Bundeskanzler	392
0506	Eine Rarität – die jungen Profis	393
0507	Für Forschung- und Technikfans	
0508	Gummistiefel für das Hohe Venn	394
0509	Grün statt braun	395
0510	Gespielte Geschichte	396
0511	Steinreich in Nettersheim	
0512	Baggern zum Diplom	397
0513	Die Meister der guten Holzschüssel	398
0514	Radio Curiosa	
0515	Die Geschichte vom Handwerk	399
0516	Biken im Land der tausend Berge	400
0517	Die 5-Kilometer-Höhle	400
0518	Montgolfiade im Sauerland	401

0519 Kaiser Barbarossa und der Alberssee 402
0520 Naturwissenschaft zum Staunen und Mitmachen
0521 Urwüchsiges Naturschauspiel 403
0522 Es werde Licht! 404
0523 Edelfranzose in umgebauter Jugendstilmetzgerei
0524 CSD Cologne 405
0525 Diskret und rund 406
0526 Kunst kommt von Köln 407
0527 Der schönste Blick auf Köln 408
0528 Der berühmte Schoko-Brunnen 409
0529 Wardrobe – Kostüm oder Outfit
0530 Berühmt für seine Elefanten 410
0531 Papiermühle alte Dombach 411
0532 Anstehen zum Hähnchen
0533 Die Jungfrau ist ein Mann 412
0534 Waldbröl hat Schwein 413
0535 Geschichte der bergischen Kulturlandschaft
0536 Kunst-Tour durch 10 Museen 414
0537 Der Kölner mag Rodenkirchen 415
0538 Carolus Thermen in Aachen 416
0539 Quartier Latin in Aachen
0540 Manche sind nur einmal essbar 417
0541 Von zehn bis null
0542 Seinen Senf dazugeben 418
0543 Beethovens Geburtshaus in Bonn 419
0544 Artenvielfalt in Bonn
0545 Mathe im Museum 420
0546 Waffeln auf der Burg
0547 Die Geschichte der Bundesrepublik 421
0548 So schön, wenn es stinkt 422
0549 Der Rhein einmal anders
0550 Mit roten Haaren hat das nichts zu tun 423
0551 Edelrestaurant in stilvoller Villa 424
0552 Jedes Jahr ein großartiges Fest 425
0553 Häuser der Bonner Republik
0554 Gourmetwandern 426
0555 Spurensicherung in Münster 427
0556 Landschaft und Kultur 428
0557 Das Bonner Bistrorant 429
0558 Auf die Rolle(n) gehen im Münsterland
0559 Ein Tiergarten der Begegnung 430
0560 Was von den Römern blieb 431
0561 Der Drachen schwimmt im Takt der Trommel
0562 Integration durch Events 432
0563 Umkleideräume im Bauhausstil
0564 Gute Maschinen kommen nie aus der Mode 433
0565 Die jungen 50-Plus-Studenten 434
0566 Drahtesel aus alten Zeiten 435

0567	Ein Herz und eine Seele	435
0568	Flügel im Ruhrgebiet	436
0569	Im Schokoladenhimmel	437
0570	Die wiedergefundene Mitte	
0571	Es gibt sie noch ...	438
0572	Industriekathedrale	
0573	Bahnsteig 4 und 5 leuchten	439
0574	Schlemmen im Schloss	440
0575	Zentrum für zeitgenössische Kunst und Musik	
0576	Sprung aus 4000 Metern	441

10_HE Hessen

Tipp	Titel	Seite
0577	Europas größter Bergpark	442
0578	Auf den Spuren der Gebrüder Grimm & Co.	
0579	Uralte Eichen und wilde Buchen	443
0580	Nicht nur aus Papier	444
0581	Goldrausch mitten in Deutschland	
0582	Festung, Residenz, Strafanstalt ...	445
0583	Stehend im Beinah-Zylinder	446
0584	Das begehbare Herz	447
0585	Hochkultur in der Stiftsruine	
0586	Hoch mit heißer Luft	448
0587	Kinder und Senioren zwischen Gemüse und Blumen	449
0588	Opa wird Pferdeflüsterer	
0589	Das älteste Volksfest Deutschlands	450
0590	25 Stunden Goldman	451
0591	Partys unter Palmen	
0592	Club, Beach Club und Suite	452
0593	Das Mitmach-Museum für Kinder	
0594	Erst shoppen, dann ein Schoppen	453
0595	Alles, nur kein Mainstream	454
0596	Die Welt der Kohle, Piepen, Mäuse	455
0597	Von „B" wie Brief bis „S" wie SMS	456
0598	Schön oder grauenhaft	457
0599	Airbus 340 zum Selbstfliegen	
0600	Als die Bilder laufen lernten	458
0601	Am Türsteher vorbei ...	459
0602	Bitte keine Kroko-Taschen	
0603	Ins Römerkostüm springen	460
0604	Wiesbadens Kur- und Casino-Glanz	461
0605	Relaxen im Kaiser-Bad von 1913	462
0606	Ein Stern seit über 27 Jahren	
0607	Der römische Limes in Deutschland	463
0608	Wie Tarzan: Von Ast zu Ast	464

0609	Ein moderner Abenteuerspielplatz	464
0610	Elfenbeinkunst vom Mittelalter bis heute	465
0611	47 Millionen Jahre in der Zeit zurück	

11_TH Thüringen

Tipp	Titel	Seite
0612	Reizen, Trumpfen und Stechen	467
0613	Schauhöhle seit 1866	
0614	Die Rache des Kyffhäuser	468
0615	Kunst im Elefantenklo	469
0616	Urlaub auf dem Rittergut	470
0617	Eine ganze Villa als Spielhaus	
0618	60 Hektar Pflanzenparadies	471
0619	Kindervergnügen an der Saale	472
0620	Geheimnisvolle Zauberwelt im Berg	473
0621	Wiedersehen mit Henry van de Velde	474
0622	Auf Schillers Spuren durch Jena	
0623	Experimentarium der Sinne – Erfahrungsmuseum	475
0624	Erstes Bio-Hotel Deutschlands in Zeulenroda	476
0625	Besuch in der Spielzeugstadt	477
0626	Goldrausch in Thüringen	
0627	Die Hütes-Holle oder Kloßprinzessin	478
0628	Die Märchenhöhle der Sandmänner	479
0629	Mittelalter auf der Brückenstraße	480
0630	Baden in Licht und warmer Luft	
0631	Ein deutscher Bergpfad ist's!	481
0632	Ganz großes Theater in Erfurt	482
0633	Raum und Zeit gestochen scharf	483
0634	Bier unter der Stadt	
0635	Erlebnis Flughafen	484
0636	Der Märchenerzähler	485
0637	Die Mitte Deutschlands	486
0638	Puppensammlung „Mon Plaisir"	487
0639	Die Alternative für Fußfaule	
0640	Eldorado für Bücherwürmer	488
0641	Kunstgewerbeschule Weimar	489
0642	125 Jahre Gartenzwerge	490
0643	Viel Gutes auf einem Fleck	
0644	Mit dem Fahrrad unter die Erde	491
0645	Ein Jahrhundert Fahrzeugbau	492
0646	KZ-Gedenkstätte Buchenwald	493
0647	Thüringer Kloß-Kultur	494
0648	Ein blindes Huhn findet auch mal ein Korn	
0649	Ein geologisches Naturdenkmal	495
0650	Einfach anrufen	

0651	Ein Muss für Bach-Fans	496
0652	Der vogelfreie Luther	497
0653	Unten im Urwald und oben in den Wipfeln	498
0654	Das klingt schön	499
0655	Das Gips doch nicht	
0656	Die modernste Skisprungschanze der Welt	500

12_SN Sachsen

Tipp	Titel	Seite
0657	Speisen mit Elbblick im Landtag	501
0658	Bitte sofort anmelden	
0659	Eine Oase für Besucher Dresdens	502
0660	Neustandene Pracht	
0661	Madonna im Zwinger	503
0662	Die Schönen der Nacht	504
0663	Einer der Ältesten	
0664	Mein bester Freund	
0665	In der Heimat des Zwiebelmusters	505
0666	In Boofen boofen	506
0667	Festung sächsischer Naturfreunde	507
0668	Zum Kaffee bitte ins Gefängnis	
0669	Mittelpunkt der Erde	508
0670	Völlig irre	509
0671	Napoleons Café	
0672	Wer kennt Gose? Eine Leipziger Spezialität	510
0673	Perle des Erzgebirges	511
0674	Europäisches Humor- und Satire-Festival	
0675	Jeder kennt Schloss Colditz ... in Großbritannien	512
0676	Schlank und gesund durch Lachen	513
0677	Pfefferkuchen, achtmal das Original	514
0678	Das Museum an der Wiege des Automobilbaus	
0679	Wahre Wellness-Tradition	515
0680	Baden, Sauna, Wellness für alle	516
0681	Shoppen, Flanieren, Reisen	
0682	Feine Klöppelspitzen	517
0683	Von der Residenz zum Museum	
0684	Rodeln bei Flutlicht	518
0685	Eine der schönsten Städte der Welt	
0686	Die Dresdener Tabakmoschee	519
0687	Der schönste Milchladen der Welt	520
0688	Der Fürst, der Garten und die Torte	521
0689	Jeden Montag – auch heute noch	522
0690	Museum Waldenburg	
0691	Weltraumgeeignete Unterhosen	523
0692	Abseilen, kriechen, klettern	524

0693	Mit Vollgas auf der Elbe düsen	522
0694	Das Kofferhotel	525
0695	Kostüm erwünscht	
0696	Das achte Weltwunder	526
0697	Stromschnellen bezwingen	
0698	So schön kann blau sein	527
0699	Der gläserne Mensch	
0700	Die dem Kaiser trotzten	528

13_RP Rheinland-Pfalz

Tipp	Titel	Seite
0701	Der Kräuterkoch	529
0702	Matsche, Love and Happiness	
0703	Da fließt Benzin durch die Adern	530
0704	Begehbare Geschichte	531
0705	Schon der Eingang ist ein „Paradies“	
0706	Einst Stadttor, dann Kirche, jetzt Denkmal	532
0707	Der Heilige Rock und andere Reliquien	533
0708	Die Entdeckung der Langsamkeit	534
0709	Jetzt neu: noch mehr Landschaft!	
0710	Drei dunkle, tiefe Seen mit Weltruhm	535
0711	Luft, Wasser und Radsport	536
0712	Die Burg der Falken und Wölfe	
0713	Baggern in der Lavagrube	537
0714	Der berühmteste Mainzer	538
0715	Fröhliche Eiszeit	
0716	Hoch die Gläser!	539
0717	Anton, Berti, Conni, Det, Edi und Fritzchen	
0718	Da interessiert die Bohne	540
0719	Abheben zum kulinarischen Höhenflug	
0720	Die Edelsteinstadt	541
0721	Eine Landzunge schmeckt nach Geschichte	
0722	3D im Steinbruch	542
0723	Himmel und Wellness	543
0724	Die Burg der Burgen	544
0725	Ayurveda auf höchstem Niveau	545
0726	Die Musikburg	546
0727	Die sieben Seen der Mönche	
0728	Loreley, Bingener Mäuseturm und andere Mythen	547
0729	Die Abtei am See	548
0730	Größter Kaltwasser-Geysir der Welt	549
0731	Als sei die Gräfin mal kurz zum Shopping	550
0732	Zeigt her Eure Füßchen	
0733	Hoch über dem Pfälzer Wald	551
0734	Kohls Leib- und Magenspeise	552

0735	Ein neuer Sport ohne teure Ausrüstung	553
0736	Das Bett zur Weinprobe	
0737	Eine 250 Meter lange Winzertafel	554
0738	Eisenbahnfahrt mit dem Kuckucksbähnel	
0739	Französische Küche in der Pfalz	555
0740	Wenn der Vater mit dem Sohne ...	
0741	Wo sich Könige und Kaiser begraben ließen	556
0742	Eine Straße, die nichts mit Drink & Drive zu tun hat	557
0743	Hambacher Fest – Die Geburtstagsparty	558
0744	Eckpfeiler der kaiserlichen Macht	
0745	Sauer macht lustig	559
0746	Das Feuerwehrmuseum	560
0747	Schumi, ich komme	
0748	Winzergenossenschaft Mayschoss-Altenahr	561

14_SL Saarland

Tipp	Titel	Seite
0749	Wo die geheimen Orchideen stehen	562
0750	Das Schlossgespenst lädt zum Tanz	
0751	Fideler, feuchtfröhlicher Volksbrauch ums Feuer	563
0752	Drei Michelinsterne funkeln am Gourmethimmel	564
0753	Ein Fest, das regelmäßig ins Wasser fällt	565
0754	Wenn kein Vorhang fällt	
0755	Hier spielt ihr Watt ihr Volt	566
0756	Das Glück dieser Erde liegt auf dem Rücken der ...	567
0757	Zwei Sterne. Ein Koch.	
0758	Wegen Pennälern zum Pluto und zurück	568
0759	Noch immer unterwegs	
0760	Nur hereinspaziert, wenn's kein Elefant ist	569
0761	Ein Österreicher in der Saarpfalz	570
0762	Hier trieben es die alten Römer	
0763	Dieser Weg wird kein leichter sein	571
0764	Hier lebt die Region. Und labt sich.	
0765	Wo der Hunsrück mit dem Saargau zusammenknallt	572
0766	Metamorphose zum Industriedenkmal	573

15_BW Baden-Würthemberg

Tipp	Titel	Seite
0767	400 Jahre Leben im Quadrat	574
0768	Elementa-Experimente	
0769	Wasserspiele vor dem Wahrzeichen Mannheims	575
0770	Mit der „alten Dame“ auf den Königstuhl	

0771	Sommernachtsträume im Schloss	576
0772	„Magische Mittel" und Kakao	
0773	Heidelberger Herbst	577
0774	Der Mittelpunkt Stuttgarts	
0775	Shopping im klassizistischen Prachtbau	578
0776	Kunst im Dialog	
0777	Weltberühmtes Ballett	579
0778	Jugendstil für Blumen, Obst & Co.	
0779	Ferne Welten ganz nah	580
0780	Summerlocation No. 1 in der Schwabenhauptstadt	
0781	Schloss Rosenstein	581
0782	Biergarten mit neapolitanischem Hinterhof-Flair	
0783	Vierteleschlotzer auf dem Marktplatz	582
0784	Klassiker unter den zoologisch-botanischen Gärten	
0785	Spektakuläre Architektur mit Automobil-Geschichte	583
0786	Badevergnügen in der Höhe	584
0787	Disco mit Qualitätssiegel	
0788	Tolles Eis und klasse Aussicht	585
0789	Urschwäbische Tradition	
0790	Theater jenseits des Mainstreams	586
0791	Frühstücken im kreativen Umfeld	
0792	Die beste Pizza der Stadt	587
0793	„Wasenzeit" in Stuttgart	
0794	Mineralbad mit Flair im 50er-Jahre-Stil	588
0795	Mit dem Neckar-Käpt'n auf große Fahrt	589
0796	Essen + trinken mit Weitblick	
0797	Lustschloss vor den Toren Stuttgarts	590
0798	Die größte Mineralwasserstadt Westeuropas	
0799	Vitalisierendes Wasser	591
0800	Geheimtipp in Sachen Mode & Design	
0801	Schlossgarten im Duftrausch	592
0802	Ausflug ins schöne Ammertal	
0803	Tübingens schönster Biergarten	593
0804	Heilende Kamele im Schwarzwald	594
0805	Mit dem Kahn durchs Nadelöhr	
0806	Hengstparade	595
0807	Totempfähle nicht nur für Indianer	596
0808	Das Mekka der Schnäppchenjäger	
0809	Mit dem E-Bike über die Alb	597
0810	So stellt man sich eine echte Höhle vor	
0811	Das verhexte Spukschloss	598
0812	Saunieren mit Blick auf den Hohenneuffen	599
0813	Trau dich rund um die Uhr	
0814	Auf Schloss Kapfenburg spielt die Musik	600
0815	Schwimma, schwitza, schwätza	
0816	Prickelnde Schätze in alten Kellergewölben	601
0817	Das Klein Venedig Baden-Württembergs	602
0818	Im Seilergang auf den Weinberg	

0819	Kultur gegen Kommerz	603
0820	Schwäbisches Schnapsmuseum im Steinhaus	
0821	Drei Lokale in historischen Gemäuern	604
0822	100 originelle Attraktionen	
0823	Deutschlands größter Streichelzoo	605
0824	54 Stufen, die die Welt bedeuten	606
0825	Der Flug der majestätischen Adler	
0826	Zisterzienserabtei als Weltkulturerbe	607
0827	Baden in Baden-Baden	608
0828	Internationale Galopprennen Baden-Baden	609
0829	Eine Zeitreise in die Flug- und Fahrzeugwelt	610
0830	Kunst interaktiv	
0831	Vom „Thiergarten" zum „Über-Lebensraum" für Tiere	611
0832	Weltberühmtes Spielcasino mit Flair	612
0833	Expressionismus, Picasso und mehr	
0834	Step by Step – Steppkes werden Künstler	613
0835	Barocke Perle aus dem 18. Jahrhundert	614
0836	Schönster Turm der Christenheit	
0837	Deutschland größter Freizeitpark	615
0838	500 Jahre Feuerwerk am Bodensee	616
0839	Faszinierende Unterwasserwelt	
0840	Märchenschloss auf ritterlichen Grundmauern	617
0841	Vinotherapie für die Haut	618
0842	Zauberweg zur Zauberwelt der Wichtel	
0843	Professor Knox Turboboot	619
0844	Brunch im Bahnhof	
0845	Steinzeit live und Mittelalterspektakel	620
0846	Ein Flugobjekt scheint leichter als die Luft	621
0847	Traditionelles historisches Heimatfest	
0848	Deutschlands großes Affen-Freigehege	622
0849	Höchster Kirchturm der Welt	
0850	Superblau in Blaubeuren	623
0851	Ein 32.000 Jahre altes Menschenbildnis	624
0852	Einkaufsberater für unsichere Shopper	
0853	„Die Welt von Steiff"	625
0854	Auf Winzers Rappen	
0855	Das Breuninger	626
0856	Der Zauberlehrling	
0857	Nachts im Museum	627
0858	Übernachten im Baum	
0859	Drei Wochen Musik	628
0860	Pforzheim – Basel, zu Fuß	
0861	Omas Kaufhaus am Bodensee	629
0862	Kirche der Literatur	630
0863	Schillers Geburtshaus	
0864	Ein Traum vom irdischen Paradies	631
0865	Radtouren von Bauernhof zu Bauernhof	632
0866	Der Schwarzwald ist blau	633

0867	Vom Messestand direkt aufs Wasser	633
0868	Eine kleine Spritztour über die Schwarzwaldhöhen	634

16_BY Bayern

Tipp	Titel	Seite
0869	Paradies für Feinschmecker	636
0870	Sushi zum Mitnehmen	
0871	Prämiertes Paradies	637
0872	Braukunst mit Tradition	638
0873	Komfortabler Luxus	639
0874	Vier Kunstrichtungen unter einem Dach	
0875	Wohlfühloase mitten in einer Millionenstadt	640
0876	Einsiedelei im Olympiapark	641
0877	Schweinebraten in der Szenekneipe	642
0878	Schlachthof, Musik und Kabarett	
0879	Kuchenoase auf der Shoppingmeile	643
0880	Große Stars zu kleinen Preisen	
0881	Kultur- und Filmfest- Tempel	644
0882	Ein in Goldmark bezahltes Jugendstil-Hallenbad	645
0883	Angesagtester Jazzclub auf hohem Niveau	646
0884	Beach-Atmosphäre an der Isar	
0885	Kreatives Arbeiten am Tag, buntes Treiben in der Nacht	647
0886	Das schönste Dorf Bayerns	648
0887	Für einen Tag ein Filmstar sein	
0888	Blauer Reiter, altes Moor und deftige Brotzeit	649
0889	Upperclass-Sport für Jedermann	650
0890	Deutschlands höchster Berg	
0891	Das Leiden Christi	651
0892	Stadt in der Stadt	652
0893	Wasservergnügungen	
0894	Steinzeitexperimente und Erlebnisse	653
0895	Nicht nur für Olympiasieger	654
0896	Die gläserne Werkstatt	
0897	Vierspänniger Wallfahrtszug	655
0898	An der Wiege der Puppen	656
0899	Elefantenreiten auf Anfrage	
0900	Töpferkunst vom Feinsten	657
0901	300 Jahre Kaffee und Delikatessen	658
0902	Längste Sommerrodelbahn	659
0903	Schloss Neuschwanstein	
0904	Die Wieskirche, ein Juwel inmitten einer Blumenwiese	660
0905	Museum für Kunst und Design, Nürnberg	661
0906	Friedensräume in Lindau	662
0907	Sinnliche Erfahrungen	
0908	Cave Claudium	663

0909	Fränkisches Traditions-Shopping	664
0910	Die coolste Disko der Stadt	
0911	Der Nürnberger Christkindlesmarkt	665
0912	Mediterran und heilsam	666
0913	Atlantis	
0914	Endlich einmal Lokführer sein	667
0915	Climbing im Trubachtal	
0916	Wer war dieser Mann wirklich?	668
0917	Luxus der Langsamkeit	669
0918	Schalt dein Radio ein ...	670
0919	Das kleinste Hotel der Welt	
0920	Ein natürlicher Druidenhain	671
0921	Ski und baden gut und günstig	672
0922	Das achte Weltwunder des Mittelalters	673
0923	Wo die Spatzen pfeifen	
0924	Das schönste Glashaus der Welt	674
0925	Aus Castra Regina wurde Regensburg	675
0926	Nimm dreyerley Fleisch vom Schwein, Rind und Kalb ...	676
0927	Mit der Natur auf Du	
0928	Die Seele steigen lassen...	677
0929	Rafting, Wasserfall und Blumen	678
0930	Steintrog mit Shivakopf	
0931	Benediktiner, Barock und Bücher	679
0932	Wahre Helden im Graben	680
0933	Radeln von Grüß Gott bis Servus	681
0934	Die viel zu unbekannte Mini-WM	
0935	Ein Rathaus gegen den Bischof	682
0936	Prunk und Pracht der Kirchenfürsten	683
0937	Die älteste Bratwurststube der Welt	684
0938	Zwei Kirchen in München	
0939	Königlich bayerischer Hoflieferant	685
0940	Den Glocken lauschen am Marienplatz	686
0941	Internationale Stars auf dem Königsplatz	687
0942	Zünftiger Ausschank in Münchens ältester Brauerei	
0943	Stars unterm Sternenhimmel	688
0944	Hier spülen die Gäste ihre Moaß selbst	689
0945	Großes Theater für Bayern	
0946	Boccia und Tanz im Pavillon	690
0947	Wandern auf den Spuren von König Ludwig II.	691
0948	Satellitentechnik weist den Weg durch die Alpen	692
0949	Alte Zeugnisse christlicher Kultur	693
0950	Chill-Out am Ammersee	
0951	Der unvollendete Traum	694
0952	Drachenritt in romantischer Naturlandschaft	695
0953	Dreadlocks und Dirndl	
0954	Elektronisches Tanzvergnügen im Ksar Barclub	696
0955	Kriminelle Aktivitäten für die ganze Familie	697
0956	Die lebendige Kiste	

0957	Das Mittelalter wird lebendig	698
0958	Frische Luft und sauberes Wasser	699
0959	Outlet-Center mit viel Auswahl und Top-Marken	700
0960	Das Audi-Jahrhundert	
0961	Traditionen kann man ändern!	701
0962	Deutschlands höchstes Bergdorf	702
0963	Wie Tarzan in der Bärenfalle	
0964	Bergkäse von glücklichen Alpenkühen	703
0965	Romantische Straße	704
0966	Zwei Euro – zwei Stunden Licht	705
0967	Dieses seltsame Lächeln	
0968	Anekdoten aus dem Künstlerhaushalt	706
0969	Bioochsen in Buttermilch im Landeanflug	707
0970	Altes Bräuhaus mit neuem Inhalt	
0971	Altstadt von Regensburg mit Stadtamhof	708
0972	Großes, bewohntes Barockschloss	709
0973	Null Prozent Doping – 100 Prozent Spaß	
0974	Eine der größten Reiterprozessionen Europas	710
0975	Votivtafeln und wundersame Bekehrung	711
0976	Robin Hood des Bayerwaldes	
0977	Deutsch-Tschechischer Kunstwanderweg	712
0978	In Stein gehauene Welten	713
0979	Dreiflüsseeck – Donau, Inn und Ilz	
0980	Hamam im Rottal	714
0981	Das fressende Haus	715
0982	Leben wie die alten Kelten	
0983	Gläserne Bäume, Ritterburg und Felsenkamm	716
0984	Die Pfahlfee und der Schatz im Quarz	717
0985	Seher, Sagen und Tarot	718
0986	Der König des Bayerwaldes	
0987	Wenn Männer bimmeln	719
0988	Warten auf das Christkind	720
0989	Macht müde Menschen wieder munter	
0990	Donaujazz	721
0991	Die vermutlich längste Kerze der Welt	
0992	Kultur international	722
0993	Gediegen und günstig	723
0994	200.000 m^2 Western-Feeling	
0995	Museum der Geheimnisse	724
0996	Mutterkirche des Donau-Ostens	725
0997	Drei Raben mitten in der Stadt	
0998	Das schönste Badehaus am Bodensee	727
0999	Happy landing am Nebelhorn	
1000	Sich Zeit nehmen	728

DAS FEUERWEHRMUSEUM

Telefon: 040/5256742
www.feuerwehrmuseum.sh.de

Feuerwehrmuseum Schleswig-Holstein, Norderstedt

Wenn das Feuerwehrmuseum auch noch sehr jung ist (gegründet 1990), so hat es doch eine beträchtliche Sammlung junger und alter Exponate zu bieten.
Es ist eines der größten seiner Art und informiert auf über 1.500 m² über Technik und Kulturgeschichte des Brandschutzes. Zu den Besonderheiten gehören sicherlich die älteste erhaltene Dampfspritze, Baujahr 1869, eine offene Drehleiter mit Vollgummireifen und eine Stoßspritze von 1805. Der lederne Löscheimer aus den Anfängen fehlt natürlich genauso wenig in der umfangreichen Sammlung wie zahlreiche Fotos, Orden und andere Ehrenzeichen. Dass in Norderstedt ausführlich über den Hamburger Brand 1842 berichtet wird, versteht sich von selbst.
Und wer hätte gedacht, dass die Feuerwehrmänner damals Second-Hand-Uniformen tragen mussten? Nämlich die, die Soldaten im deutsch-französischen Krieg getragen hatten. Entsprechend interessant ist der Uniformen-Saal. In wechselnden Veranstaltungen und Ausstellungen kommt auch der künstlerische Aspekt rund ums Feuer nicht zu kurz. Für die Feuerwehr ist eben alles interessant, was zündelt, kokelt und brennt.
Den brennenden Durst löscht man anschließend in der Museumsgaststätte, während die Kinder auf dem öffentlichen Feuerwehrspielplatz toben. Brandschutz könnte kaum interessanter sein.

Feuerwehrmuseum Schleswig-Holstein . Friedrichsgaber Weg 290 . 22846 Norderstedt

GLITZERNDE SKULPTUREN AUS EIS UND SCHNEE

Telefon: 01805/882233
www.luebeck-tourismus.de

Eisskulpturenfestival, Lübeck

Bis zu sechs Meter hohe Skulpturen aus Eis und Schnee, mit speziellen Beleuchtungseffekten zauberhaft in Szene gesetzt, lassen sich jedes Jahr beim Eisskulpturenfestival in Lübeck bestaunen. Bei konstanten -8 °C in der 800 m² großen Thermohalle der Ice World betritt man eine frostig-faszinierenden Traumwelt, jedes Mal unter einem anderen Motto: von „Königreich der Tiere“ bis zu „Ice Age 2 – jetzt taut's“.
Draußen lockt, vor der wunderschönen Altstadtkulisse Lübecks, die große, beleuchtete Eisbahn, auf der sich wunderbar ein paar „coole Runden“ drehen las-

sen. Wer sich auf dem spiegelglatten Untergrund nicht ganz so wohl fühlt, kann auch auf der 45 Meter langen präparierten Rodelpiste bergab sausen. Für die Kleinen bietet sich die Kinder-Eisbahn an, um vorsichtig erste Gehversuche auf der glatten Fläche zu wagen. Und im beheizten Kino-Zelt werden dann beim großen Kinderfilmvergnügen auch die klammsten Finger wieder warm.
Im gemütlichen Winterdorf am Traveufer kann man sich nach dem kalten Vergnügen mit heißem Glühwein wieder aufwärmen und sich mit kleinen Köstlichkeiten stärken. An den Wochenenden ist bei der „Ice-Party" Disco-Stimmung angesagt.
Die Ice World wird jährlich von rund 20 internationalen Eiskünstlern aus etwa 300.000 Kilogramm Schnee und Eis gebaut, dabei kommen verschiedene Werkzeuge zum Einsatz, wie Meißel und Hacken – und für das Gröbere auch die Kettensäge. Zum Glätten des Eises dient schon mal das ganz normale Bügeleisen.

Lübeck und Travemünde Tourist-Service . Holstentorplatz 1 . 23552 Lübeck

0003 SH_Städte & Touren

LÜBECK – ROMANTISCHE ALTSTADT MIT FLAIR

www.luebeck-tourismus.de

Unesco Welterbe: Lübecker Altstadt

Weltkulturerbe der Unesco: Die Lübecker Altstadt

Ein Traum aus Backstein erwartet den Besucher der Hansestadt Lübeck, nicht umsonst ist die mittelalterliche Altstadt Teil des UNESCO-Welterbes. Hier kann man wunderbar ein, zwei Tage in den romantischen Gassen verbummeln. Vieles ist erhalten geblieben und wird von den Lübeckern liebevoll gepflegt: Die beeindruckenden Höfe, wie der Füchtigshof, wurden im Mittelalter von Stiftungen gegründet, um die ärmsten Bewohner der Stadt vor Mietwucher zu schützen. Noch heute werden hier die Wohnungen günstig vermietet.
Abenteuerlich ist das Erkunden der vielfältigen verwinkelten Gänge. Größere Menschen ziehen oft unwillkürlich den Kopf ein, um einen Innenhof oder eine Gasse zu betreten. Eng ist es in der Altstadt, was nicht weiter verwundert, ist sie doch wie eine Insel ringsum von Kanälen, Hafenbecken und Wassergräben umgeben: Als die erfolgreiche Handelsstadt im Mittelalter rasant wuchs und immer mehr Menschen in die schützenden Stadtmauern drängten, mussten die erfinderischen Lübecker als Notlösung Gänge von den Vorderhäusern in ihre Hinterhöfe brechen, um neuen

Baugrund zu bekommen. Dort bauten sie kleine, oft nur einstöckige „Puppenhäuschen“ mit nur einem Zimmer. Noch heute stehen in vielen Höfen bunte, winzige und oft etwas schiefe Häuser, die oft über 400 Jahre alt sind. Mit etwas Glück kann man sie heute als kleine Ferienwohnung mieten.
Die Hansekontore und Speicherhäuser, meist direkt am Wasser gelegen, wirken dagegen heute noch mächtig und reich, ebenso wie die hellen Bürgerhäuser an den Kanälen, die das unverwechselbare Panorama Lübecks ausmachen. Sie werden nur überragt von den berühmten „Sieben Türmen“ (den kupfergrünen Dächern und Türmen der fünf großen Kirchen) und den minarett-ähnlichen Türmen des Heilig-Geist-Hospitals. Holstentor, historisches Rathaus mit dem Marktplatz, zu guter Letzt auch noch das Buddenbrookhaus runden den Gang durch die „Königin der Hanse“, wie Lübeck schon vor 500 Jahren genannt wurde, ab.
Müde gelaufen? Dann kann man sich in eines der vielen Lübecker Gasthäuser zurückziehen oder am Hafen den Schiffen nachträumen.

Welcome Center/Touristbüro . Holstentorplatz 1 . 23552 Lübeck

0004 SH_Essen & Trinken

MARZIPAN AUS LIEBE

Café Niederegger, Lübeck

Telefon: 0451/5301-126
www.niederegger.de

Ein Paradies für Marzipanliebhaber – und Treffpunkt mit Tradition: Das Café Niederegger ist jederzeit eine kleine Sünde wert. In wunderschönem Caféhaus-Ambiente lässt es sich hier wunderbar ausspannen und die köstlichen Leckereien der verlockenden Niederegger-Marzipanwelt kosten – beispielsweise Marzipanpfannkuchen mit geriebenen Nüssen und Marzipan-Eis. Und im Sommer genießt man auf der Marktterrasse bei gutem Wetter einen herrlichen Blick auf die Lübecker Altstadt mit dem Rathaus, St. Petri und St. Marien.
Im zweiten Stock kann man sich im Marzipan-Salon über die lange Reise der Spezialität aus Mandeln und Rosenwasser informieren – angefangen von ihren orientalischen Ursprüngen bis in die Hansestadt an der Trave. Eine besondere Attraktion sind die zwölf lebensgroßen Marzipanfiguren: Thomas Mann und Wolfgang Joop sind nur zwei von ihnen. Im Salon ist, mit etwas Glück, vielleicht der Konditor bei der Arbeit, und man kann miterleben, wie feine Marzipanfiguren entstehen.
Zu guter Letzt darf auch das klassische Lübecker Souvenir nicht fehlen: Im Marzipan-Paradies mit seinen über 300 Spezialitäten in verschiedensten Variationen, von Törtchen über Pralinen und Nougat bis hin zu feinstem Gebäck, findet jeder sicher etwas.
Niederegger Marzipan gibt es bereits seit 1806. Nur ausgewählte Zutaten wie aromatische Mittelmeer-Mandeln, Zucker und ein kleines Geheimnis, dem Rosenwasser ähnlich, sowie weitere Köstlichkeiten wie feine Butter und Sahne, natürliche

Aromen, Pistazienkerne und Fruchtmark garantieren einen unnachahmlichen Genuss.

Niederegger – Einkaufserlebnis . Café und Marzipan-Museum . Breite Straße 89 . 23552 Lübeck

0005 SH_Feste, Events & Veranstaltungen

MUSIKFESTE AUF DEM LANDE

Telefon: 0451/389570
www.shmf.de

Schleswig-Holstein Musikfestival

Ganz entspannt den Klängen klassischer Musik lauschen und dabei lecker picknicken – eine feine Sache und bei den „Musikfesten auf dem Lande“ des Schleswig-Holstein Musikfestivals auch im Programm enthalten. In den Musikgenuss kommen große und kleine Menschen dabei auf wunderschönen Gutshöfen oder in der Hamburger HafenCity. Auf der Bühne stehen nicht nur renommierte Künstler, sondern auch junge, noch unbekannte Musiker.
Ganz ausgerichtet für Familien mit Anhang ist die Kindermusikwerkstatt, bei der die kleinen Nachwuchskünstler während der Konzerte von Musikpädagogen betreut werden. Oder die Kinder überreden ihre Eltern und die ganze Familie entscheidet sich gleich für das Musikfest für Kinder auf Schloss Salzau – hier können dann die Kleinen selbst Musik machen.

Stiftung Schleswig-Holstein Musik Festival . Palais Rantzau . Parade 1 . 23552 Lübeck

0006 SH_Feste, Events & Veranstaltungen

RIESEN-SKULPTUREN AUS SAND UND WASSER

Hotline: 01805/882233
www.sandworld.de

Sand World Travemünde

Verwunschene Feen, geheimnisvolle Magier, pompöse Schlossanlagen oder eine faszinierende Rundreise durch Raum und Zeit mit den großen Meisterwerken aus Architektur und Kunst – und das alles nur aus Sand und Wasser! Beim Sandskulpturenfestival am Strand von Travemünde zaubern die „Carver“ jedes Jahr unter einem anderen Motto meterhohe Skulpturen. Darüber hinaus gibt es interaktives Kindertheater für die Kleinen, für die Großen die „Karibische Nacht“ (mit Live-Musik, exotischen Cocktails und Partystimmung), die Feuershow „Fire & Sand“ mit

Die sandige Mondlandung während der Sand World Travemünde

abschließendem Höhenfeuerwerk und für die ganz Coolen den abendlichen Sonnenuntergangs-Chillout mit DJ.
Wer sich von der Kunst des „Sandburgenbauens“ anstecken lassen möchte, darf natürlich auch selbst mit anfassen: Sandskulpteure zeigen die richtigen Techniken und weihen darüber hinaus in die hohe Kunst der monumentalen Bauwerke ein. Geschichtet, gebaut, gebuddelt und geschabt wird dabei mit verschiedenen Werkzeugen wie „Mallen“ in verschiedenen Größen und Formen – die kleinste Malle ist eine einfache Plastikröhre von etwa 30 Zentimeter Länge und einem Durchmesser von 12 Zentimetern – und natürlich Pinsel, Strohhalme, Maurerkellen, Teppichmesser und Schippen bis hin zum Kran.
Startzeichen für den Skulpturenbau ist jedes Jahr das Eintreffen der ersten Schiffslieferung der insgesamt etwa 9.000 Tonnen Sand Anfang Juli.

Sand World Travemünde Welcome Center . Holstentorplatz 1 . 23552 Lübeck

0007 SH_Sport, Abenteuer & Technik

ALLE MANN IN DIE WANTEN UND KLAR ZUM ENTERN!

Telefon: 01805/700708
www.ostsee-schleswig-holstein.de

Piratenwoche auf der Ostsee

Die Segel gesetzt, Daumen in den Wind, ein letzter Blick zurück, am Mast flattert die berüchtigte Totenkopf-Flagge, die Kanone donnert – die gefürchteten Piraten brechen auf zur großen Fahrt, allen voran ihr Kapitän, das Ruder fest im Griff.
Unter der Piratenflagge können kleine und große Seeräuber jedes Jahr in den Sommerferien in der Lübecker Bucht in See stechen. Die Segel und die gefürchtete Totenkopf-Flagge werden auf einem echten Traditionssegler gehisst, der Startschuss für die große Fahrt ist – klar – tosendes Kanonendonnern. Auf See heißt es für die ganze Crew mit anpacken. Hier werden Knoten geknüpft, Segel gesetzt, und das Steuer dürfen die Nachwuchs-Seebären auch mal selbst in die Hand nehmen, alles natürlich unter dem wachen Blick eines echten Kapitäns. Nach der großen Fahrt geht der Spaß an Land weiter mit Piratenfesten und Strandsafaris, aufregender Schatzsuche und einer Menge Überraschungen für die Seebären. Als besondere Erinnerung an den großen Tag und als Beweis für die bestandenen Prüfungen, gibt es das große „Matrosen-Diplom“.
Die Piratentour startet mehrmals täglich und führt von Heiligenhafen aus über Fehmarn, Dahme, Kellenhusen, Grömitz und Neustadt bis Scharbeutz. Da die Teilneh-

merzahl jeweils begrenzt ist, empfiehlt es sich, sich rechtzeitig bei den jeweiligen Touristen-Informationen der Orte anzumelden.

Ostsee-Holstein-Tourismus e.V. . Strandallee 75a . 23669 Timmendorfer Strand

0008 SH_Natur & Tiere

ABTAUCHEN IN DIE WELT DER OZEANE

Telefon: 04503/35880
www.sealife.de

Sea Life Timmendorfer Strand

Wer kennt nicht die Sehnsucht, die einen am Meeresstrand überfällt? Eintauchen in die Welt der Haie, Rochen, Seepferdchen und Kraken. Und staunen über die Vielfalt und Farbenpracht der Korallenriffe und der Tiefsee. Diese Sehnsucht ein Stück weit zu befriedigen, ist das Erfolgsrezept der Sea-Life-Aquarien in ganz Europa. Timmendorf ist einer von elf deutschen Standorten.
Vom Süßwasserteich verläuft der Rundgang bis zum spektakulären Ozeanbecken, das man in einem Tunnel durchquert – Auge in Auge mit ausgewachsenen Haien und Rochen. Eine der Spezialitäten in Timmendorf: die Nachzucht der stark gefährdeten Seepferdchen.

Sea Life Timmendorfer Strand . Kurpromenade 5 . 23669 Timmendorfer Strand

0009 SH_Sport, Abenteuer & Technik

535 KILOMETER SEGELTRÄUME

Telefon: 01805/700708
www.ostsee-schleswig-holstein.de

Segelküste Schleswig-Holstein

Eine steife Brise vom Meer – sanft gleitet das Boot dahin: Die Ostseeküste ist ein traumhaftes Segelparadies. Über hundert Marinas und Häfen liegen hier nah beieinander. Einmal auf See, lässt es sich je nach Windstärke und -richtung frei entscheiden, welchen Zielhafen man ansteuern möchte. Und wenn es einen nicht aufs Meer hinauszieht, kann man auch am Großen Plöner See die Segel setzen, der mit seinen 30 Quadratkilometern ein wunderschönes Binnensegelrevier bietet.
In über 30 Boots- oder Segelschulen an der Ostseeküste und in der Holsteinischen Schweiz zeigen erfahrene Skipper gerne bei den ersten kostenlosen Schnupperstunden, welchen Spaß das Segeln macht, hat man sich erst einmal ein bisschen mit der Theorie und den Schifferknoten angefreundet. Wer dann seinen Segel-

schein machen oder seine Kenntnisse noch vertiefen möchte, findet hier bestimmt das Passende. Für dynamische Wasserratten gibt es Kurse im Katamaran-Segeln, in denen insbesondere das schnelle und sportliche Segeln trainiert wird.
Natürlich ist auch an die Kleinsten gedacht: Beim Jüngsten-Segelschein auf Jollen mit einer kindgerechten Theorie oder beim Juniorschein wird der Nachwuchs fit gemacht für den großen Segeltörn. Schließlich zählt auf See jede helfende Hand.

Ostsee-Holstein-Tourismus e.V. . Strandallee 75a . 23669 Timmendorfer Strand

0010 SH_Lifestyle & Szene

DEM SZENE-WIND ZUGEWANDT

Telefon: 0431/551178
www.louf.de

Bar-Restaurant Louf, Kiel

In Bestlage, direkt an der Förde gelegen, sonnt sich das Kieler Restaurant „Louf" nahe dem Wasser und macht seinem Namen alle Ehre. Für alle Landratten zur Erklärung: Der Begriff Louf ist die frankophile Variante des simplen deutschen Luv, kommt aus der Seemannssprache und bedeutet soviel wie „die dem Wind zugewandte Seite".
Das sind auch gerne die Gäste des Szene-Treffs. Ein Prosecco-Martini auf Eis mit frischen Johannisbeeren hat schon alleine für sich Szene-Potential. Im Louf darf man ihn, noch dazu der Liebsten zugewandt, im Liegestuhl auf der Außenterrasse genießen. Den Sommer-Blick auf das leise plätschernde Wasser gibt es inklusive.
Auch kulinarisch liegt das Restaurant gut im Wind. Das Angebot geht Hand in Hand mit dem Interieur des Szene-Treffs. Klar, frisch und leicht mit mediterranem, modern-trendigem Style. Alles in allem, wen wundert's, ist das Louf eine beliebte Event-Location.

LOUF . Reventlouallee 2 . 24105 Kiel

0011 SH_Lifestyle & Szene

KALIFORNIEN LIEGT AN DER OSTSEE

www.schoenberg.de
www.kiel.ostsee-urlaub.de

Kalifornien, Schönberg

Die Möglichkeiten, bei einem ersten Date mal so richtig aufzutrumpfen, sind mitunter begrenzt. Manch einer jagt stolz erhobenen Hauptes den Motor seines unlängst in Papas Garage frisierten Mofas hoch. Andere meinen, ihre Bemühungen in gelgestyltes Haupthaar stecken zu müssen. Wieder andere bringen noch schnell ihre Kreditkarte für Designer-Outfits zum Glühen.

Das geht viel einfacher. Zum Beispiel mit dem locker aus der Hüfte geschossenen Satz: „Naaa ... Wie wär's am Sonntag mit einem Eis am Strand von Kalifornien?"

Das funktioniert! Und zwar, ohne Deutschland verlassen zu müssen. Kalifornien heißt nämlich ein kleiner Ort in Schleswig-Holstein, ca. 25 km von Kiel entfernt. Zugegeben, an dem „it never rains in ..." darf noch ein wenig gearbeitet werden, an den California-ähnlichen Temperaturen auch, und Hippies gibt es hier nicht so wirklich viele.

Dafür ist es aber ein Katzensprung nach Brasilien. Das ist nämlich auch ein Ortsteil der Gemeinde Schönberg.

Um das Mysterium ein wenig aufzuklären: Die Namen der Ortsteile gehen auf frühere Bezeichnungen von Strandabschnitten zurück. Genaueres darf jeder selbst herausfinden, bei einem Spaziergang von Kalifornien nach Brasilien.

Gemeinde Schönberg . Knüll 4 . 24217 Schönberg

0012 SH_Natur & Tiere

AUGE IN AUGE MIT DEM HAI

Telefon: 04371/4416
www.meereszentrum.de

Meereszentrum Fehmarn

In einem der größten Aquarien Europas sieht man sich schnell unverhofft direkt Sharkeline gegenüber – dem drei Meter langen Sandtigerhai-Weibchen. Zum Glück trennen große Panzerglasscheiben die Unterwasserwelt von den faszinierten kleinen und großen Besuchern. Im Meereszentrum Fehmarn leben über zehn verschiedene Haiarten. Ein Walhaikino und ein eindrucksvoller Sinnespfad informieren über die wahre Geschichte der majestätischen Räuber der Meere, und das fünf Meter lange Originalpräparat eines weißen Hais beeindruckt nicht nur kleine „Entdecker". In vielen Schauaquarien leben Muränen, tropische Fische und Hunderte von Meerestieren wie Seesterne, Muscheln, Korallen und Krebse. Beim Gang durch den Rifftunnel steht man unter 400.000 Litern Wasser, in dem sich Riesenzackenbarsche und andere große Meeresräuber tummeln.

Hai im Meereszentrum Fehmarn

Meereszentrum Fehmarn . Gertrudenthaler Straße 12 . 23769 Burg/Fehmarn

DAS GRÖSSTE FLUG-KARUSSELL DER WELT

Telefon: 04563/474-0
www.hansapark.de

Hansa-Park Sierksdorf

Frei wie die Möwen im Wind - Fahrspaß im Torre del Mar

Abenteuer und Spaß pur – im Hansa-Park, Deutschlands einzigem Freizeitpark direkt am Meer, lassen sich die verrücktesten Dinge erleben: Hoch hinaus geht's im Ozean der Lüfte. Für Achterbahnfans verspricht die Fahrt mit dem Superrollercoaster „Nessie" Adrenalin satt. Im „Fliegenden Hai" und im „Fliegenden Holländer" geht's rasant kopfüber und kopfunter, und der „Power-Tower Monte Zuma" ist ein modernes Riesen-Jojo. Darüber hinaus kann man sich bei den faszinierenden Shows von tollkühnen Stunts beeindrucken lassen oder im riesigen FantasticCinema Kino der vierten Dimension erleben. Auf der Freilichtbühne auf dem „Alten Jahrmarkt" begeistert Winnie, der Piratenkapitän, nicht nur seine kleinen Zuschauer.

Hansa-Park . Am Fahrenkrog 1 . 23730 Sierksdorf

DER NAME IST PROGRAMM

Telefon: 04381/419784
www.destilleriegottesgabe.de

Destillerie Gottesgabe

Frische, leckere Früchtchen – darunter rares Wildobst wie Schlehen, Holunder und Wildkirschen –, eigenhändig gesammelt in Hecken und Wäldern oder aus eigener Ernte in beständigem Kampf gegen Gestrüpp, Brennnesseln und Disteln, sind die Grundlage für edle Spirituosen der Destillerie Gottesgabe. In der ersten Obstbrennerei in Schleswig-Holstein werden über dem knisternden Feuer in der kupfernen Wasserbad-Brennblase feinste Destillate erzeugt, die – neben den ausgezeichneten Likören – köstliche Raritäten sind. Unvergleichlich lecker sind auch die Digestifs: Die bittere Note beruht dabei auf würzigen Bitterkräutern wie Pomeranzen, Galgant, Kardamom oder Paradieskörnern. Wer mehr über die Herstellung von „Espresso amaro" und „Nordisch Bitter" erfahren möchte, sollte beim traditionellen Schaubrennen an Pfingsten oder im Advent in der Destille vorbeischauen.

Destillerie Gottesgabe . Vörstenmoor 1 . 24321 Gottesgabe

DIE GRÖSSTEN LANG-OHREN DEUTSCHLANDS

Telefon: 04382/748
www.eselpark.de

Eselpark Nessendorf

Esel ist nicht gleich Esel. Viel zu wenig wissen wir vom Equus asinus, dem langohrigen Verwandten der edlen Pferde. So kennen nur echte Experten die verschiedenen Rassen – vom Deutschen Zwergesel bis zum Riesenesel. Etwas gegen den schlechten Leumund der Esel zu tun – gelten sie doch landläufig als dumm und störrisch –, dieser Aufgabe hat sich die Familie August aus Nessendorf bei Oldenburg gewidmet.
Seit 1973 befassen sich die Augusts mit der Eselzucht. Inzwischen haben sie die größte Riesenesel-Zucht in Deutschland aufgebaut: 12 Deckhengste beglücken in ihrem Eselpark über 100 Zuchtstuten – nach klar umrissenen Zuchtkriterien. Charakterlich einwandfrei und lauffreudig sollen die Vierbeiner aus Nessendorf sein, und, ganz klar: Eselohren müssen immer aufrecht stehen!
Doch was macht aus einer Eselzucht einen veritablen Freizeitpark? Kutschfahrten, Eselreiten für Kinder (bis 50 kg Körpergewicht), überdachte Stallungen und Freigehege. Doch der größte Spaß für die kleinsten Besucher ist die jährliche Deutsche Juniorenmeisterschaft im I-ah-Rufen. Jeden Samstag um 15 Uhr ermittelt das Publikum im Eselpark Nessendorf den Vorrundensieger, also denjenigen, der das charakteristische I-ah der Esel „naturgetreu" imitiert.

Eselpark Nessendorf . Wiesengrund 3 . 24327 Blekendorf

AQUA TROPICANA AM WUNDERSCHÖNEN OSTSEESTRAND

www.damp-urlaub.de

Aqua Tropicana, Damp

Wer träumt nicht manchmal vom subtropischen Badeparadies mit wohligen 31 °C Lufttemperatur und einer angenehmen Wassertemperatur von 29 °C? Das gibt's auch am wunderschönen Ostseestrand: Im „Aqua Tropicana" mitten in Damp wachsen sogar Palmen und Bananenstauden. Im großen Schwimmbecken mit Wasserfall lässt es sich prima schwimmen und toben, und die Kleinsten können im Kleinkinderbecken im Ananashaus plantschen. Auf der 70 Meter langen Superrutsche geht's direkt ins tiefblaue, flach abfallende Nass, und falls einen irgendwann Hunger und Durst plagen sollte, kann man sich in der „Barbados-Bar“ mit kleinen Lekkereien und kühlen Getränken versorgen. Übrigens: Geburtstagskinder haben freien Eintritt, dafür bitte den Ausweis mitbringen.

Aqua Tropicana . 24349 Damp

SPINNEN UND WEBEN

Telefon: 04321/5595848
www.tuch-und-technik.de

Tuch + Technik Textilmuseum, Neumünster

Das Tuch + Technik Textilmuseum Neumünster hat seit Oktober 2007 geöffnet. Es präsentiert auf 2.000 m² eine der ältesten Techniken der Menschheit: die Herstellung von Wolle und Tuch, zusammen mit über 4.000 Jahren Textilgeschichte und 1.500 Jahren Tuchherstellung in Neumünster.

Die Geschichte der Textilherstellung im Tuch und Technik Textilmuseum Neumünster anhand eines Holzwebstuhles erleben

Das Museum ist erlebnisorientiert und lockt sogar „Museumsmuffel“ aus der Reserve. Denn hier kann jede Menge ausprobiert werden: Spinnen, Weben, Stoffe Prüfen und Untersuchen. Das Museum ist wie eine große Lehrwerkstatt. Zum Beispiel sind alle Maschinen, die zur Herstellung einer klassischen Wolldecke nötig sind, aufgebaut und produzieren vor den Augen der Besucher.
Neben der Dauerausstellung von etwa 80 Maschinen und über 10.000 Zubehörteilen gibt es regelmäßig Wechselausstellungen, Projekte, Fortbildungen und Tagungen. Selbst Raum zum Feiern, zum Beispiel von Kindergeburtstagen, ist da. Und im Museumsladen kann man selbstverständlich die schönsten Tücher, Stoffe und Textilien kaufen, sämtlich im Haus hergestellt.

Tuch + Technik Textilmuseum . Kleinflecken 1 . 24534 Neumünster

BRAV AUF DEM PFAD BLEIBEN

Telefon: 04321/528055
www.dosenmoor.eu

Dosenmoor, Neumünster

Das Dosenmoor ist mit 521 ha Fläche nicht nur Schleswig-Holsteins größtes, sondern auch besterhaltenes Hochmoor. Es entstand gegen Ende der letzten Eiszeit aus einem See, der durch Verlandung zu einem Niedermoor wurde und sich im Laufe der Zeit zu einem Hochmoor entwickelte. Es wurde ausschließlich durch Niederschläge und aus der Luft eingetragene Nährstoffe gespeist.
Wegen jahrhundertelanger Ausbeutung, wie die Entwässerung durch Torfstechen, sind heute nur noch 2 Prozent der ursprünglichen Moorlandschaft Norddeutschlands vorhanden. Die für ein Hochmoor typische Vegetation, wie Torfmoose, Rosmarinheide und Wollgräser, ist stark reduziert. Dennoch sind gerade die Wollgräser besonders schön von März bis Mai anzusehen, wenn sich die weißen Büschel im Wind wiegen.
Doch das Moor bietet auch einer vielfältigen Fauna einen wichtigen Lebens- und Rückzugsraum: Libellen, Schmetterlinge und viele andere Insekten sowie Mooreidechsen, Kreuzottern und sogar Kraniche können hier beobachtet werden. Eine Herde von 900 Moorschnucken und 100 Ziegen soll auf natürliche Weise die Vegetation des Dosenmoors unter Kontrolle halten.
Auf einem gut 13 km langen Wanderwegenetz kann man mit dem Fahrrad oder zu Fuß die gesamte Weite und besondere Schönheit des unter Naturschutz stehenden Hochmoores erleben. Dort, wo jahrzehntelang zum Teil auch industriell Torf gestochen wurde, gibt es heutzutage Ruhe satt. Aber es ist ratsam, sich strikt an die Regel „Niemals den Pfad verlassen“ zu halten, um nicht unrettbar im Dosenmoor zu versinken.

Dosenmoor, Infozentrum Dosenmoor e.V. . Am Moor 99 . 24536 Neumünster

RETTER DER SELTENEN RASSEN

Telefon: 04329/91340
www.arche-warder.de

Tierpark Arche, Warder

Hier fühlt man sich ein bisschen wie auf Noahs Arche – kein Wunder, denn der Name ist gleichzeitig Programm: Im Tierpark Arche Warder leben vom Aussterben bedrohte Nutz- und Haustierrassen. Drollige Exmoor-Ponys, Pommernenten und deutsche Pekingenten, Heidschnucken und Houtland-Schafe fühlen sich hier genauso wohl

wie die fleckigen Bunten Bentheimer Schweine und die putzigen roten und blonden Wollschweine, bei denen die kleinsten Ferkel einen Frischlingsstreifen tragen – ein Hinweis auf ihre nahe Verwandtschaft mit den Wildschweinen.
Der Tierpark Arche Warder bietet insgesamt rund 800 Tieren aus über 70 seltenen Tierrassen eine Heimat. Die großzügigen Tiergehege liegen in einem weiträumigen, wunderschönen Park, der sich auf den unterschiedlichsten Rundgängen erkunden lässt. Egal, ob man nur kurz mal schauen möchte oder mit der ganzen Familie einen ganzen Tag mit Enten, Schweinen und Co. verbringt.
Im Streichelzoo trifft man schnell auf neugierige Ponys, Esel und Ziegen, und im Tierschauhaus erwarten einen Elterntiere mit ihrem Nachwuchs. Überall bieten Informationstafeln viel Wissenswertes über die teils seltenen Außenseiter. Wenn man Glück hat, kann man bei „Kunst im Park" Werke von Künstlern aus der Region bestaunen. Ein Abenteuerspielplatz, Grillplätze und ein kleines Restaurant laden dazu ein, vielleicht doch noch ein wenig länger zu bleiben.
Tipp: Der Hofladen bietet eine reiche Auswahl an Leckereien aus der Region, wie verschiedene Käsesorten (Husumer und Ziegenmünster), Schlehen-, Quitten- und Holunderliköre, diverse Marmeladen und Honig aus der eigenen Imkerei.

Tierpark Arche Warder . Langwedeler Weg 11 . 24646 Warder

0020 SH_Sport, Abenteuer & Technik

DAS ERSTE PLANETARIUM DER MENSCHHEIT

Telefon: 04621/813222
www.schloss-gottorf.de

Schloss Gottorf, Schleswig

In dem fantastischen Barockgarten von Schloss Gottorf ist es kaum zu übersehen: hell scheint in der Sonne das berühmte Globushaus. Ein hochmoderner Kubus mit riesigen Glasscheiben, genau auf der Mittelachse des Gartens gelegen, fast schon surreal anmutend gegenüber dem Wasserbecken mit der Herkulesstatue. In diesem architektonischen Meisterwerk, das ein bisschen wie ein alpines Planetarium oder eine außergewöhnliche Forschungsstation erscheint, thront er – der über drei Meter hohe, begehbare Gottorfer Globus.
Vorbild für seine Rekonstruktion war das erste Planetarium der Menschheit aus der Zeit des Barock – damals noch aus Holz erbaut. Das Original erbat sich im Jahr 1713 Zar Peter der Große als Geschenk, leider wurde es in Moskau bei einem Brand zerstört.
An dem nach den Originalmaßen rekonstruierten Globus beeindruckt immer noch die gleichzeitige Darstellung von Himmel und Erde: Während man im Innern des Globus sitzend in den nördlichen Sternenhimmel blicken kann und nach und nach alle Tierkreiszeichen durchläuft, ist auf der Außenhülle die damals bekannte Welt kartographisch abgebildet.

Das Globushaus im Barockgarten des Schloss Gottorf ist ein ganz besonderer Tipp für gartenliebende Astrologen oder astrologie-begeisterte Gartenliebhaber.

Stiftung Schleswig-Holsteinische Landesmuseen Schloss Gottorf . 24837 Schleswig

---

0021 SH_Sport, Abenteuer & Technik

DER ZWEITE WIRD DER ERSTE SEIN

Telefon: 0461/22258
www.rumregatta.de

Rumregatta in der Flensburger Förde

Was wärmt den Seefahrer und vertreibt das Heimweh – zumindest bis zum nächsten Aufwachen? Richtig: das ordentliche Schlückchen Rum. Aber wer weiß schon, dass Flensburg, als es noch dänisch war, ein Rummonopol besaß? Vom Flensburger Hafen aus segelten dänische Gaffelsegler zu den Jungferninseln und brachten von dort den hochprozentigen Zuckerrohrschnaps mit nach Europa.
An diese glorreichen Zeiten Flensburgs erinnert heute die Rumregatta. Und nicht nur an den Schnapsimport, sondern an alle längst historischen Aspekte der Berufsschifffahrt. Seit 1980 treffen sich immer am Wochenende nach Himmelfahrt die stolzen Besitzer historischer Handelssegelschiffe im Museumshafen der Stadt. Allesamt leidenschaftliche Segler, die ihre maritimen Schmuckstücke in jahrelanger Arbeit restaurieren und für die Rumregatta auf Hochglanz polieren.
Höhepunkt des dreitägigen Volksfestes ist die Wettfahrt auf der Innenförde. Die historischen Boote müssen die gesamte Strecke segelnd zurücklegen.
Da die Veranstalter sich wünschen, dass alle Boote als großes Geschwader in den Flensburger Hafen einfahren, gilt jedes Jahr das Motto: „Lieber heil und Zweiter als kaputt und breiter". Heißt: Nicht der Erste, sondern der Zweite der Wettfahrt bekommt den Hauptpreis überreicht – eine 3-Liter-Flasche Rum.

Museumshafen Flensburg e.V. . Herrenstall 11 . 24937 Flensburg

---

0022 SH_Sport, Abenteuer & Technik

PHYSIK SELBST ERLEBEN

www.phaenomenta.com

Phänomenta Science Center, Flensburg

Physik und mehr zum Anfassen statt „Berühren verboten". Wer hat schon einmal erlebt, wie Beschleunigung funktioniert? Oder eine Brücke mit Bauklötzen errich-

tet, anschließend die stützenden Seitenteile weggeklappt und ist dann stolz darüberspaziert – und hat dabei erlebt, wie stabil die Konstruktion ist?
In der Phänomenta lassen sich Physik und Chemie hautnah erleben. Mehr als 150 faszinierende Experimentierstationen fordern zum Mitmachen auf. Optische Täuschungen und Spiegelungen zeigen, dass man seinen Augen nicht immer trauen kann.
Hier lässt sich mit Klangschalen und Gong am eigenen Leib erleben, wie Klänge schwingen und Ornamente an der Chladniplatte erzeugen können. Ein großes Wellenbecken führt eindrucksvoll vor, wie sich Wasser bewegt, wie Wellen entstehen und was eigentlich ein Strudel ist. Ein großer Hörstein, ein aus Beton gegossener Quader, verführt dazu, den Kopf in eine der Aushöhlungen zu stecken. Mit einem tiefen Brummen spürt man die Schwingungen im Innern des Steins – gleichzeitig nehmen die „Mithörer" außen die Stimme ganz anders wahr.
Im Sommer lädt der große Innenhof zum Experimentieren ein: Wer zaubert die größten Seifeblasen? Und nach der faszinierenden Wissenschaft lässt es sich in der netten Cafeteria des – Achtung Zungenbrecher – Phänomenta Science Centers wunderbar relaxen. Ein leckerer Milchkaffee hilft garantiert bei Beantwortung der einen oder anderen kniffligen Frage nach dem „Warum, Wieso, Weshalb".

Phänomenta . Norderstraße 157–163 . 24939 Flensburg

0023 SH_Feste, Events & Veranstaltungen

DIE WIKINGER KOMMEN UNTERM ROTEM DRACHENSEGEL

Telefon: 04621/22544
www.wikingertage.de

Wikingertage, Schleswig

Alle zwei Jahre am ersten Wochenende im August fallen sie wieder in das beschauliche Städtchen Schleswig an der Schlei ein: die Wikinger. Rund 400 echte Nachfahren der tapferen und tollkühnen Helden beleben dann das Wikingerdorf Haithabu und versetzen Groß und Klein in die Zeit vor etwa 1.000 Jahren. Gaukler treiben ihr Unwesen, Musik spielt auf – und natürlich wird gekämpft und gefeiert.
Mit einem großen Kinder- und Familienprogramm möchte man insbesondere den Kleinen das Leben der tapferen Seeleute nahebringen: Abenteuerlust und die Fähigkeit, auch widrigsten Umständen zu trotzten, stehen dabei an erster Stelle – und machen Kindern Mut. Die Größeren können sich schon mal, ganz praktisch, im Axtwerfen oder Bogenschießen üben. Musikalische Highlights machen die Wikingertage zu einem Riesenspaß für die ganze Familie.
Auch wenn man die tollkühnen Männer und Frauen nicht live erleben kann, ist das Wikinger Museum Haithabu einen (Familien-)Ausflug jederzeit wert. Hier kann man das Alltagsleben der Wikinger kennenlernen, inklusive eindrücklicher Darstellun-

gen über Religion, Bestattungssitten und Runensteine. Auch das nachgebaute Langschiff ist ein faszinierendes Erlebnis. Das etwa 700 Meter vom Museum entfernte Wikingerdorf lohnt sich für einen weiteren kleinen Abstecher: Hier beeindrucken die in Originalbauweise errichteten Wikingerhütten – inklusive Probeliegen auf Ziegenfelllagern!

Wikingertage . Auf der Freiheit . 24837 Schleswig

0024 SH_Städte & Touren

EIN SPAZIERGANG DURCH FLENSBURG

www.flensburg-online.de/az/nordertor.html
www.stmarien-flensburg.de

Nordertor und Kompagnietor, Flensburg

Ohne darauf zu achten, haben viele Deutsche das Wahrzeichen Flensburgs schon einmal gesehen. 1966 nämlich wurde das Nordertor in der Serie „Deutsche Bauwerke“ auf der 30-Pfennig-Briefmarke der Deutschen Bundespost verewigt. Für Philatelisten hat diese Marke allerdings wenig Wert, denn ihre Auflage war sehr groß. Das echte Nordertor dagegen wurde schon 1595 aus rotem Backstein erbaut und begrenzte 200 Jahre lang die Stadt Flensburg nach Norden. Es war sozusagen das „Immigration Office“, denn es war die Kontrollstelle für Einreisende. Bei Dunkelheit wurde das Tor geschlossen.

Tafel am Kompagnietor, Flensburg

An der Nordseite des markanten Stufengiebel-Baus finden sich das Flensburger Stadtwappen mit dem Spruch „Friede ernährt, Unfriede verzehrt“, daneben das Wappen des dänischen Königs Christian VII., dem damaligen Regenten Schleswigs. Das Nordertor ist Schleswigs einzigstes erhaltenes Stadttor.
Nicht weit davon steht das Kompagnietor, im Jahr 1602, nur 7 Jahre nach dem Nordertor, fertiggestellt. Es ist aber kein Stadttor, sondern ein Stadthaus mit einem torähnlichen Durchgang, in dem sich die damals für eine Handelsstadt sehr wichtige Stadtwaage befand. Einst Versammlungsstätte der Flensburger Schiffer, beheimatet es heute das Europäische Zentrum für Minderheitenfragen. Das Schmuckstück des Hauses ist der Kachelsaal, der mit kunstvollen holländischen Kacheln ausgestattet ist. An der Hausfront sind Hochwassermarken zu sehen, die über die Überschwemmungen vergangener Zeiten berichten.
Weitaus älter als die beiden Flensburger Tore ist die Johanniskirche oder auch St. Johannis Kirche. Sie wurde 1128 in der ältesten Siedlung an der Innenförde erbaut und Johannes dem Täufer geweiht. Früher lag die Kirche außerhalb der Stadtmauern Flensburgs, geschützt durch die Burg des Ritters Fleno, heute jedoch gehört sie zum Stadtteil Sankt Johannis.

Hatte die Kirche vorher eine flache Balkendecke, so zog man 1481–1513 eine Gewölbedecke ein, allerdings aus Geldnot so niedrig, dass der Kirchenraum einen fast höhlenartigen Charakter annahm. Doch das spätgotische Gewölbe wurde mit reichen, kunstvollen Kalkmalereien verziert. 1734 wurden die Gewölbe mitsamt den Bildern einfach weiß getüncht. Erst 1910 wurden die kostbaren Deckenmalereien wiederentdeckt und 1969 wundervoll restauriert.
Spätestens vom Hafen aus ist er nicht mehr zu übersehen: der Turm der Marienkirche. Die Marienkirche ist eine gotische, dreischiffige Backsteinhalle, 1284 an der Stelle gebaut, an der die romanische Vorgänger-Kirche zerstört worden war.
Über die Jahrhunderte wurde immer wieder umgebaut, so dass die Kirche Zeitzeugin vieler Epochen wurde: Merkmale der Gotik, Renaissance und des Barock sind zu finden, sogar Fundamentsteine des Vorgängerbaus sind noch erhalten.
Der bekannte Kirchenchor, der „Flensburger Bach-Chor“, ist in der Marienkirche beheimatet und gibt dort regelmäßig Konzerte.

Nordertor . Norderstraße 163 . Kompagnietor . Kompagniestraße
Johanniskirche . Johanniskirchhof 21 . Marienkirche . Marienkirchhof 4/5 . 24937 Flensburg

---

0025 SH_Feste, Events & Veranstaltungen

WACKEN DRÖHNT

Telefon: 04627/183838
www.wacken.com

Heavy-Metal-Festival, Wacken

Wacken in Schleswig-Holstein ist weltberühmt.
Wacken liegt etwa 12 km nordwestlich von Itzehoe, zwischen der Bundesstraße 431 und der Autobahn 23 nach Heide. Das Dorf kann mit einem Hünengrab und drei Gürtelschnallen aus der Bronzezeit aufwarten. Damit wird man aber nicht berühmt. Wacken hat 1.865 Einwohner auf 7,1 km² Ortsfläche (Stand Juni 2003), also so etwa 263 Einwohner pro Quadratkilometer. Das heißt, man sieht und trifft sich, und man snakt so ein bisschen op platt. Hört sich gemütlich an, aber auch davon wird man nicht berühmt.
Wacken hat ein Musikfestival, jedes Jahr Anfang August. Da fallen bis zu 80.000 Fans im klassischen tiefschwarzen Heavy-Metal-Outfit in das Örtchen ein, und plötzlich sind es über 11.000 Personen pro Quadratkilometer. Damit wird man berühmt, weltberühmt.
Wacken Open Air, oder einfach W:O:A für jeden harten Metaller, findet seit 1990 statt. Drei Tage lang auf den Wiesen rund um Wacken. Bei Regen in knöcheltiefem Schlamm. Sonst „normal“, das heißt, man sitzt ganz lässig auf einem Sofa und trinkt Unmengen Dosenbier. Das ist nämlich Tradition: Zum W:O:A bringt sich der echte Heavy-Metal-Fan sein eigenes Sofa mit. Auf dem Autodach festgeschnallt. Und im Kofferraum stapeln sich nur Bierdosen. Es wird aber nichts wieder mit nach Hause genommen, alles bleibt auf der Wiese. Ist auch Tradition.
Wacken ist ganz zufrieden mit all diesem: Die Heavy-Metal-Fans sind trotz ihrer finsteren Outfits und düsteren Posen absolut friedlich, der kleine Dorfladen hat

sämtliche zusätzlich herangeschafften Biervorräte schon am zweiten Tag verkauft, der Geldautomat an der kleinen Sparkasse muss stündlich nachgefüllt werden. Wacken ist geil, denn es gibt auch Musik: 70 Bands in drei Tagen hauen den Festival-Besuchern ihre Heavy-Metal-Musik um die Ohren. Mit 120 Dezibel, so laut wie ein startender Jet, voll an der Schmerzgrenze. Da hilft nur Headbanging, bis die Dosen leer sind.

W:O:A Office . Hauptstraße 47 . 24869 Dörpstedt

0026 SH_Natur & Tiere

ZURÜCK INS MEER, HIER WIRD NICHT GEHEULT

Telefon: 04854/1372
www.seehundstation-friedrichskoog.de

Seehundstation Friedrichskoog

Heuler in der Seehundstation Friedrichskoog

Mareike fühlt sich wohl. Ausgelassen tobt die Seehündin mit Lilli um die Wette – und ist dabei am großen Unterwasserfenster an der dunklen Färbung, der lang gezogenen Schnauze und den wenigen Strichen im Gesicht zu erkennen. Wäre die mutterlose Mareike 2002 nicht in der Seehundstation Friedrichskoog, der einzigen autorisierten Aufnahmestelle für verlassen oder erkrankt aufgefundene Robben in Schleswig-Holstein, aufgenommen worden, hätte sie nicht überlebt. Die Aufzucht der Heuler, der verlassenen Jungtiere, ist die wichtigste Aufgabe der Station. Da die Tiere wieder ausgewildert werden sollen, dürfen sie nur wenig Kontakt zu Menschen haben. Großen Spaß für die ganze Familie versprechen jedoch die Unterwasserkameras. Auf Monitoren kann man die Jungtiere beobachten und dabei die Kamera selbst steuern und sogar Bilder ausdrucken.
Live erleben lassen sich die ständigen Bewohner der Station: Seehündin Mareike, die neugierigen, kleinen Kegelrobben Nemirseta, genannt Nemi, und Juris, der gerne lautstark nach Fischen bettelt und dabei mit den Flossen aufs Wasser schlägt, die Seehündinnen Lilli und Kirsa und die Seehunde Deern, Hein und Lümmel – der größte und schwerste Seehund und ranghöchstes Tier in der Gruppe. Darüber hinaus lässt es sich im Sinnestunnel wunderbar auf Entdeckungstour gehen. Falls einen der Hunger überkommen sollte, bietet das Bistro leckere Kleinigkeiten und Kaffee und Kuchen; den tollen Ausblick auf Seehunde, Kegelrobben, den Fried-

richskooger Hafen und das Deichvorland gibt es inklusive. Und bei schönem Wetter kann man sogar Cuxhaven erkennen!

Seehundstation Friedrichskoog . An der Seeschleuse 4 . 25718 Friedrichskoog

0027 SH_Feste, Events & Veranstaltungen

EIN BLÜTENMEER AUS 5 MILLIONEN WILDKROKUSSEN

Telefon: 04841/8987-0
www.sh-tourist.de

Krokusblütenfest Husum

Das „lila Wunder" in der „grauen Stadt am Meer" – jedes Jahr im März lockt das Krokusblütenfest Tausende von Besuchern auf den Schlosshof von Husum. Pünktlich zum Frühlingsbeginn blühen im weitläufigen Park rund um das beeindruckende Renaissance-Schloss über fünf Millionen wilde Krokusse; zunächst ganz zart, bevor sie dann in voller lila Pracht erstrahlen.
Die Krokusblüte ist in Husum jedes Jahr willkommener Anlass für das große Stadtfest. Im Rittersaal des Schlosses kann man den wunderbaren Klängen der „Krokus-Klassiks" lauschen, auf dem Marktplatz und rund um den Tinebrunnen inspirieren beim Pflanzenmarkt schöne Gartenaccessoires, und beim Kunsthandwerkermarkt findet sich sicherlich die eine oder andere hübsche Kleinigkeit aus Terrakotta oder Leckeres aus der mittelalterlichen Bäckerei. Natürlich wird auch in jedem Jahr mit einer großen Feierstunde samstags auf der Empore des alten Rathauses die Krokusblütenkönigin gewählt.

Tourist-Information Husumer Bucht e.V. . Großstraße 27 . 25813 Husum

0028 SH_Gärten, Parks & Landschaften

LÄNGSTER RADWEG DER WELT

www.northsea-cycle.com
www.fahrradreisen.de/radwege/b13.htm

Nordseeküstenradweg

Durch unberührte Natur, vorbei an wunderschönen Stränden, die Badevergnügen pur versprechen, an großen Dünen und kleinen Deichen, an romantischen Fischerdörfern und idyllischen Bauernhöfen vorbei, über ruhige Strecken im Binnenland oder direkt am Meer entlang, so führt der längste zusammenhängende Fahrradweg der Welt: der insgesamt rund 6.000 Kilometer lange Nordseeküstenradweg. Verfahren kann man sich hier zum Glück nicht, überall weist das dunkelblaue Fahrrad auf hellblauem Grund den Weg.

Der deutsche Teil des Nordseeküstenradweges führt die Radfahrer auf Wegen entlang der Deiche und auf ruhigen Landstraßen durch die wunderbare Naturlandschaft des Wattenmeeres, unter anderem vorbei an Cuxhaven, Bremerhaven, Stade und Pinneberg. Die Tour ist auch für kleine Radprofis wunderbar geeignet, da kaum Steigungen zu überwinden sind. Abstecher auf eine der Inseln bieten eine willkommene Abwechslung – inklusive Badevergnügen und ausgiebigen Strandspaziergängen.

Natürlich kann man sich auch für einzelne Streckenabschnitte entscheiden – je nach Lust und Laune, Zeit und Kondition. Es gibt unter den aufgeführten Internetadressen umfassende Informationen über weitere Nebenrouten, die Beschaffenheit der Radwege ebenso wie über Unterkünfte, Verpflegung sowie An- und Abreise. Den meisten Spaß verspricht eine Radtour im Sommer – mit etwas Glück überraschen einen jedoch auch die Monate April und Oktober mit traumhaftem Wetter. Übernachten lässt es sich in netten Privatpensionen, auf Bauernhöfen oder in gemütlichen Hotels, im Sommer sollte man allerdings im Voraus reservieren.

0029 SH_Gärten, Parks & Landschaften

DIE HALLIGEN – WINZIGE EILANDE IM WATTENMEER

Telefon: 01805/066077
www.halligen.de

Schleswig-Holstein

„Schwimmende Träume“, so hat sie Theodor Storm genannt: die Halligen, nicht eingedeichte Inseln mitten im Nationalpark Schleswig-Holsteinisches Wattenmeer. Die insgesamt zehn winzigen Eilande sind weltweit einzigartig. Mit ihren sieben Hektar ist Habel die kleinste Hallig, Langeneß mit 960 Hektar die größte – auf ihr leben etwa 140 Menschen, und wer Ruhe und Erholung sucht, wird sich hier bestimmt rundum wohlfühlen.

Zwei kleine Heimatmuseen, das Infozentrum der Schutzstation Wattenmeer, Watt-Exkursionen, die historische Kirche sowie ein gut sortierter Kaufmann, die Friesenstube, Inke's Café und das Hotel und Gasthaus „Hilligenley“ mit gutbürgerlicher Küche bieten fast alles, was man für ein paar ruhige, erholsame Tage am Meer braucht. Baden lässt es sich in den idyllischen, grünen Badebuchten mit Treppchen, Bänken und Duschen. Das eigene Auto sollte jedoch auf dem Festland bleiben.

Natürlich bieten sich für einen erholsamen Urlaub auch die anderen Halligen wie Oland, Gröde und Nordstrandischmoor an, während die Halligen Habel und Norderoog Vogelschutzgebiete sind und nur von einem Vogelwart bewohnt werden dürfen. Wen ein bisschen mehr Tourismus nicht stört, wird sich auf der Hallig Hooge, der meistbesuchten Insel, auch gut aufgehoben fühlen.

Die Herkunft des Namens Hooge ist ungeklärt: Einige leiten ihn von „Hal“ oder

„Sal" für Salz ab, andere meinen, die Hallig verdanke den Namen ihrer Höhe – sie ist mit 5 Metern über dem Meeresspiegel höher als die übrigen Halligen und durch einen Sommerdeich geschützt, weshalb sie nur zwei- bis dreimal jährlich „Land unter" meldet.

Nordsee-Tourismus-Service GmbH . 25806 Husum

DAS WATT VERÄNDERT STÄNDIG SEIN GESICHT

Telefon: 04861/616-0
www.wattenmeer-nationalpark.de

Nationalpark Schleswig-Holsteinisches Wattenmeer

Das Wattenmeer

Ebbe und Flut – eindrucksvoll prägen die Gezeiten das Wattenmeer. Und sorgen dafür, dass hier nichts so bleibt, wie es einmal war. Sand und Schlick werden, je nach Strömungsgeschwindigkeit des Wassers, an den unterschiedlichsten Stellen im Watt abgelagert. Feine Teilchen sinken sanft in geschützte, ruhigere Bereiche ab und bilden das Schlickwatt. Dort, wo das Meer unruhig braust und tobt, können sich nur schwere Sandkörner absetzen. Hier entsteht dann das feste Sand- und Mischwatt, auf dem es sich bei einer Wattwanderung wunderbar spazieren lässt.
Das Watt ist Lebensraum unzähliger Kleinstlebewesen, bieten doch die nährstoffreichen Ablagerungen optimale Voraussetzungen. Einen Quadratmeter Wattboden bevölkern Tausende kleinster Krebse, Muscheln, Würmer, Schnecken und Millionen von Kieselalgen. Schollen, Plattfische, Flundern, Steinbutt, Seezunge und Nordseeschnäpel sind ebenfalls im Watt zu Hause. Darüber hinaus ist das Wattenmeer das vogelreichste Gebiet Mitteleuropas und wird von über zwei Millionen Zugvögeln zur Rast genutzt. Meeressäuger wie Kegelrobben, Seehunde und Schweinswale fühlen sich hier ebenfalls sehr wohl.
Seit 1985 ist die Küste Schleswig-Holsteins zwischen der Elbmündung im Süden und der dänischen Grenze im Norden mit Ausnahme der nordfriesischen Inseln und der fünf großen Halligen der größte Nationalpark Deutschlands.
Eine Wattwanderung unter sachkundiger Führung oder eine Fahrt durch das Watt

auf dem Pferdewagen hinterlassen unvergessliche Eindrücke. Und für ambitionierte Fotografen sind Licht und Wellenreflexe eine besondere Herausforderung.

Nationalpark Schleswig-Holsteinisches Wattenmeer . Schlossgarten 1 . 25832 Tönning

0031 SH_Natur & Tiere

ROBBEN-ALARM

Telefon: 04836/3044
www.westküstenpark.de

Westküstenpark & Robbarium St. Peter-Ording

Der Westküstenpark in St.- Peter- Ording

Der Westküstenpark St. Peter-Ording bietet kleinen und großen Tierliebhabern faszinierende Erlebnisse mit Robben, Seehunden und Seevögeln. Im Robbarium, dem Seehundbecken mit etwa 1,2 Millionen Liter Wasser, tummeln sich Charly, Paula, Sammy, Floh und Sine und warten sehnsüchtig auf die leckeren Heringe, die dreimal täglich bei der großen Schaufütterung auf dem Speiseplan stehen – Kunststückchen gehören natürlich dazu! Durch große Unterwasserfenster lassen sich die niedlichen Raubtiere auch beim Schwimmen beobachten. In großen, begehbaren Seevogelvolieren kreisen Störche über die Köpfe hinweg. Ein Streichelgehege, die Kinderscheune mit Mäuseküche, das Ponyreiten und ein großer Spielplatz mit Hüpfkissen lassen so schnell keine Langeweile aufkommen. Mit Eis und kühlen Getränken kann man sich am Kiosk oder im Parkrestaurant „Naske Pük" versorgen.

Westküstenpark & Robbarium St. Peter-Ording . Wohldweg 6 . 25826 St. Peter-Ording

0032 SH_Feste, Events & Veranstaltungen

PELLWORM STATT STANDESAMT

Telefon: 04844/990880
www.pellworm.de

Heiraten auf Pellworm

Auf Pellworm Urlaub machen ist okay, mehr noch, es ist wunderschön. Zwischen dem Riesenstrand von Sankt Peter-Ording und der Immer-noch-schick-Insel Sylt

gelegen, hat sich Pellworm seine Eigenarten und seinen nordfriesischen Charme bewahrt.
Aber das ist zu toppen: auf Pellworm heiraten! Das ist dann kaum noch zu übertreffen. Siebzehn verschiedene Trauungsmöglichkeiten gibt es auf der Insel. Ein paar Beispiele:
Eine der beliebtesten ist die Trauung auf dem rot-weiß geringelten Leuchtturm hoch oben in über 40 m Höhe. Kapitän Wilfried Eberhard macht das: „Die müssen man nur den ollen Papierkram bei ihrem Heimatstandesamt verklaren." Dann ist er ermächtigt, die Trauung zu vollziehen, 159 Treppenstufen hoch über dem Meer.
Oder soll es die Sternenhochzeit sein auf der nächtlichen Insel in einer Muschel-Scheune im Schimmer von über 500 Kerzen? Vorher noch mit Brautzug durch die brennende Fackelallee und hinterher das Mondritual am Ufer des Meeres?
Für maritime Geister und niemals Seekranke ist der Segler „Amazone" im Trau-Dich-Angebot: Trauung an Deck des historischen Zweimasters in den Gewässern um Pellworm. Und wenn das Nebelhorn dreimal tutet, dann wissen die An-Land-Gebliebenen, sie hat „Ja" gesagt.
Wer bei seiner Hochzeit doch kalte Füße bekommen sollte, wählt sicherheitshalber „Hollandwarft". Einsam im Herzen der Insel gelegen, bietet diese Trauung im historischen Friesenhaus in seiner von Kerzen erleuchteten „Herrenhalle" allen Luxus: Abendtrauung, Festmenü, Musik, Hochzeitsnacht, friesische Salz-Zeremonie und den Pellwormer Hochzeitsbrief.
Muss etwas dran sein an Pellwormer Trauungen: Neben vielen Deutschen sind inzwischen auch Franzosen und Schweden, Griechen und Mexikaner, Norweger und Briten darauf aufmerksam geworden.

Kapitän Wilfried Eberhardt . Schardeich 10 . 25849 Pellworm

0033 SH_Natur & Tiere

WILDNIS WATT

Telefon: 04861/9620-0
www.multimar-wattforum.de

Multimar Wattforum, Tönning

Faszinierend: Hier können kleine und große Menschen in die Welt des Watts und der Wale abtauchen. Beginnend mit einem flachen Gezeitenbecken sinkt man immer tiefer in die unterschiedlichen Lebensräume der Meeresbewohner der Nordsee ein.
Im Multimar Wattforum lassen sich insgesamt zwölf Großaquarien erkunden, in denen unter anderem Katzenhaie und Plattfische leben, und man kann Schwarmfische, wie zum Beispiel Makrelen, beobachten. Oder man lässt sich von der Ästhetik der Ohrenqualle verzaubern, die übrigens im Vergleich zur Feuerqualle völlig harmlos ist. Manches ist auch erst auf den zweiten Blick zu entdecken, wie der ständig im Sand verborgene Aal oder die achtarmige Zirrenkrake.
Darüber hinaus laden 17 Sonderaquarien mit kleineren Meerestieren, darunter die munteren Seepferdchen mit ihren Balztänzen, zum Staunen und Schauen ein.

NationalparkZentrum . Multimar Wattforum . Am Robbenberg . 25832 Tönning

0034 SH_Lifestyle & Szene

ROUTE-66-FLAIR AUF SYLT

Telefon: 04651/9920
www.sylt-chapter.de

Harley-Davidson-Treffen auf Sylt

Einmal im Jahr verwandelt sich die sonst durchaus artige Westerland-Promenade auf Sylt in einen „Highway to Hell".
Dann nämlich, wenn sich beim fast schon traditionellen Harley-Davidson-Treffen mehrere Hundert der Kult-Motorräder, samt ihrer Besitzer natürlich, zur Harley-Parade gruppieren. Tausende von Besuchern staunen über so viel geballte PS-Schönheit.
Wenn auf Einladung des „Sylt Chapter e.V." die stolzen Besitzer dieses ewig hippen Brummers ihre geliebten Maschinen aus der Garage holen und man sich eine gemeinsame Überfahrt auf die Insel gönnt, schnellt der dortige prozentuale Anteil von Biker-Coolness blitzartig in ungekannte Höhen. Derjenige der mit Pom-Poms fuchtelnden Cheerleader auch.
Sylt präsentiert sich im Lederjackengesicht. Bei der großen Ausfahrt über die Insel brüllt das typische tiefe Wummern und Röhren, der unverwechselbare Maschinen-Sound eben, gegen die Brandungsgeräusche der Nordsee an. Was so eine echte Harley ist, die hat den Stimmbruch schon lange hinter sich. Ihre Besitzer wohl auch. Manch einer trägt noch immer das geliebte „Westchen" von damals. Auch wenn es hier und da schon ein wenig spannt. Bei der anschließenden „Harley-Davidson Summer-Time Party" darf sich ja wieder in „Seventies"-Form getanzt werden.

Sylt-Chapter e.V. . Brandenburger Straße 6 . 25980 Westerland

---

0035 SH_Sport, Abenteuer & Technik

ACHTUNG, MITREISSEND!

Telefon: 04834/909-135
www.blanker-hans.de

Sturmflutenwelt „Blanker Hans", Büsum

In der Rettungskapsel geht's rasant mitten hinein ins Abenteuer Sturmflut: Auf über 6.000 Quadratmetern bietet die Sturmflutenwelt „Blanker Hans" auf ihre eigene, mitreißende Art lebendige Geschichte rund um Wetter-Phänomene, Gezeiten, Klimawandel und die Geschichte der Sturmfluten und des Küstenschutzes der Region. Nach einer imaginären Sturmflutwarnung über Radio und Fernsehen rettet sich der Besucher in die 293 Meter lange Rettungsbahn und rauscht in der Rettungskapsel durch die Sturmflut. Nasse Haare oder Füße bekommt man dabei glücklicherweise nicht, die bleiben garantiert trocken. In der „Offshore-Forschungsstation" kann man sich spielerisch über Wetter, Klima und Gezeiten informieren und im Windkanal an der eigenen Haut ausprobieren, wie sich Windstärke 12 tatsächlich anfühlt.

Die Ausstellung im Büsumer Hafen - die Sturmflutenwelt Blanker Hans

Zeitzeugenberichte und Zeitungsausschnitte im „Archiv des Wissens" versetzen den Besucher in die Lebenssituation der Menschen an den norddeutschen Küsten.
Eine kleine Stärkung hält das Restaurant „Blanker Hans" bereit. Egal, ob man sich für Dithmarsche Spezialitäten, internationale Küche oder doch lieber für Kaffee und Kuchen entscheidet. Auf der gemütlichen Außenterrasse lässt es sich prima in Strandkörben relaxen, während die Kleinen in Sichtweite auf dem Kinderspielplatz toben.
Für alle aus dem Binnenland: „Blanker Hans" ist der norddeutsche Begriff für die raue und tosende Nordsee.

Sturmflutenwelt „Blanker Hans" . Dr.-Martin-Bahr-Straße 7 . 25761 Büsum

0036 SH_Gärten, Parks & Landschaften

WEISSER STRAND MIT SANDBANK

Telefon: 04865/1206
www.westerhever-nordsee.de

Strandwanderung, Westerhever

Ruhe und Entspannung pur lassen sich auf der traumhaften nordfriesischen Halbinsel Eiderstedt mit ihrem berühmten Wahrzeichen, dem Leuchtturm Westerhever Sand, genießen. In klaren Nächten ist das Licht des Leuchtturms bis Helgoland zu sehen. Austernfischer, Kiebitze und die niedlichen Rotschenkel fühlen sich in der weitläufigen Strand- und Dünenlandschaft wohl, während mächtige Bauernhäuser mit tiefgezogenen Reetdächern eindrucksvoll Wind und Wetter trotzen. Von der Deichlinie aus verzaubert einen der Blick über grünes Marschenland und weit über das Wattenmeer.
Das Dörfchen Westerhever ist mit seinen etwa 120 Bewohnern ein beschauliches Fleckchen inmitten endloser Salzwiesen und grasender Schafe. Die mächtige St.-Stephanus-Kirche steht auf einer fast kreisrunden, etwa fünf Meter hohen Warft, die besonderen Schutz bei Hochwasser bieten soll. Der weithin sichtbare Kirchturm wurde bereits 1370 erbaut. Den Schlüssel für den Besuch der Kirche erhält man direkt nebenan in der Gaststätte „Kirchspielkrug". Das Dörfchen Poppenbüll ganz in der Nähe bietet sich für einen kleinen Abstecher an. Sein liebevoll angelegter Dorfplatz rund um die Kirche St. Johannis aus dem Jahr 1113, lädt zum Verweilen ein, bevor es zu Fuß oder mit dem Fahrrad weitergeht.
An den etwa neun Kilometer langen weißen Sandstrand vor Westerhever gelangt man übrigens über einen befestigten Weg entlang der Salzwiesenfelder. Hier lo-

cken unendliche Spaziergänge oder – am Deichfuß bei Stufhusen oder auf der vorgelagerten Sandbank – Badespaß in der erfrischenden Nordsee.

Tourismusverein Westerhever-Poppenbüll . 25881 Westerhever

0037 SH_Sport, Abenteuer & Technik

NORDFRIESISCHE FEUER

www.ferienland-sh.de

Biikebrennen und Petritag

Jedes Jahr in der Nacht vom 21. auf den 22. Februar sieht man weit über den nordfriesischen Inseln den rötlichen Widerschein der hoch lodernden Feuer der Biiken – riesiger Holzstöße, die nach alter Tradition errichtet und dann abgebrannt werden. Ursprünglich war das Fest wohl ein heidnischer Brauch, im 17. und 18. Jahrhundert wurde daraus jedoch ein Abschiedsfest für diejenigen, die in den großen Häfen von Kopenhagen, Amsterdam oder Hamburg auf Arbeitssuche gingen. Die großen Feuer haben bis heute nichts von ihrer Faszination verloren, und der Sprung junger Paare, Hand in Hand durch die Flammen, soll Streit fernhalten und für reichlich Nachwuchs sorgen. Das traditionelle Heimatfest endet zünftig mit deftigem Grünkohl, dazu den typischen Schnaps, den „Lütten Klaren", Musik und Tanz. Die Kinder freuen sich besonders über den folgenden Tag, den „Petri" – der ist schulfrei!

Westerland/Sylt . 25980 Westerland/Sylt

0038 SH_Lifestyle & Szene

KULT-SCHUPPEN AUF SYLTER DÜNE

Telefon: 04651/964646
www.sansibar.de

Sansibar, Sylt

Welche auf Sand gebaute Bretterhütte kann schon von sich behaupten, bundesweit bekannt zu sein? Die „Sansibar" auf Sylt, in den Dünen zwischen Hörnum und Rantum, schafft das mit einem breit-souveränen Holzbuden-Grinsen.
Seit vielen Jahren Kultadresse, „feinschmeckern" hier Arrivierte und solche, die es werden wollen, fröhlich beieinander. Fröhlich schon deswegen, abends einen der begehrten Tische ergattert zu haben. Manch einer reserviert schon ein Jahr im Voraus.
So lässig die Sansibar mit ihrem Strandhütten-Outfit daherkommt, so luxuriös gibt sie sich in ihren Katakomben. Hier ruhen 1.400 verschiedene Sorten der teuersten

Tropfen der Welt. Solange bis ein „Sansibarianer“ mal eben den Wert eines Porsches auf den Kopf haut.
Die meisten der Gäste aber geben sich, trotz dezenter (Fuß-)Nacktheit im Sand, vornehm-friedlich. Obwohl die Historie des Ortes wahrlich zu wilderem Benehmen verleiten könnte. Bis ins 18. Jahrhundert war Rantum eine Hochburg für Strandräuber, Piraterie und Plündereien. Das Logo der Sansibar, zwei gekreuzte Piratensäbel, ist da wohl in passender Resonanz gewählt. Andererseits wird der Name des Ortes gerne auf die Meeresgöttin „Ran“ zurückgeführt. Das hört sich doch auch weitaus friedlicher an. Und schöner.
Wallende Göttinnen-Gewänder sind hier sowieso häufiger zu sehen, nämlich bei den eleganten Sansibar-Events. Dann herrscht extrem hohe Promi-Dichte auf der berühmten Rantumer Düne. Es ist müßig, hier Namen zu nennen. Eine Kopie der Gästelisten der Bambi-Verleihungen der letzten Jahre trifft es annähernd. Inzwischen kann man sich per Internet eine große Palette von Sansibar-Produkten nach Hause holen: kostbare Weine, besondere Essig-Essenzen oder Sansibar-Caps.
Doch nichts, absolut gar nichts, geht über ein köstliches Mittagessen auf der Sansibar-Terrasse. Gerade vorhin noch ein Bad in der Nordsee genommen und dann mit nassen Haaren am Tisch. Das Salz des Meerwassers vermischt sich mit einem leichten Weißwein aus dem Sansibar-Keller ...

Sansibar . Hörnumer Straße . 25980 Sylt

0039 SH_Essen & Trinken

HINTER DEN DEICHEN BEGINNT DAS PARADIES

Telefon: 04651/93830
www.benen-diken-hof.de

Benen-Diken-Hof, Sylt

Es gibt sie, diese Orte. Sie lösen regelmäßig wohlige Seufzer aus. Einmal dort gewesen, reichen schon leise Erinnerungsschübe aus, um das Herz erneut zu erfreuen.
Der Benen-Diken-Hof in Keitum auf Sylt hat beste Chancen, auf einen der oberen Rängen der Seufzer-Liste platziert zu werden. Er schmiegt sich wunderbar ein in Keitums Flair. Das grüne Herz der Insel flirtet sich mit reetgedeckten Kapitänshäuschen, blumenumrankten Friesenpforten und Kunsthandwerkerlädchen jeglicher Couleur in den Status der passenden Ummantelung für das exquisite Refugium der Johannsens.
Elegant eingerichtete und mit noblem Friesen-Charme dekorierte Zimmer und geschmackvolle Suiten und Hotelappartements stehen zur Wahl auf der „Insel der Insel“, wie sich der Hof selbst nennt.
Überhaupt steht man hier des Öfteren vor der Wahl. Der Wahl zwischen überaus angenehmen Dingen wohlgemerkt. Gönne ich nach einem Meeresluft-Spaziergang lieber einen Tee aus der umfangreichen Karte? Oder lasse ich mich im eleganten Wellness-Bereich ins Moor-Spa fallen? Und erst die Köstlichkeiten im „Kökken“, dem hauseigenen Restaurant. Der Franzose Julien Dherbecourt offeriert hier eine

natürliche und durch die Region inspirierte Küche. Sehr lecker mit frisch-aromatischem und ehrlichem Charakter.
In kalten Wintermonaten wird vor Beginn eines jeden Essens eine Feuerzangenbowle zelebriert.
Noch zu erwähnen wäre die schnell zu Berühmtheit gelangte Bar des Hauses. Hier wird in angenehm privater Atmosphäre der Drink eingenommen, „gesnakt" und das Weltgeschehen diskutiert.
Es gibt sie, diese Dinge, die sich in ihrer Gesamtkomposition ganz einfach wie ein exquisiter Kaschmirmantel anfühlen. Feines Material, elegant-dezenter Schnitt, melangiert mit einer angemessenen Portion Understatement. Und immer wieder ist es ein Leichtes für sie, diesen leisen wohligen Seufzer auszulösen.

Romantik Hotel Benen-Diken-Hof . Süderstraße 3–5 . 25980 Keitum/Sylt

---

0040 SH_Sport, Abenteuer & Technik

MIT STOCK DURCH DÜNEN UND SAND

www.sylt.de

Nordic Walking auf Sylt

Nordic Walking inmitten einer faszinierenden Dünenlandschaft, begleitet vom sanften Rauschen des Meeres. Der sandige Untergrund bietet optimale Voraussetzungen für das gesunde Laufen, und eine willkommene Abkühlung versprechen eine leichte Brise – und natürlich die erfrischende Nordsee, deren Wassertemperatur auch im Sommer selten über 18 °C liegt.
Auf Sylt bietet der größte Nordic-Walking-Park Deutschlands mit einem Streckennetz von rund 220 Kilometern alles, was zu diesem Sportvergnügen gehört. Dabei kann unter 26 Routen mit den verschiedensten Distanzen von 1,6 bis 18,7 Kilometern sowie Halbmarathon- und Marathonstrecken, beginnend in verschiedenen Orten auf der Insel, ausgewählt werden. Die Strecken sind nach Schwierigkeitsgrad und Länge farbig markiert: Blau steht für leichte Routen mit festem Untergrund und kurzen Distanzen, mittelschwere Strecken sind rot, und schwere Strecken – mit über 1,5 Kilometern sandigem Untergrund und über zehn Kilometer Distanz – sind schwarz gekennzeichnet. Starttafeln und Streckenschilder halten Tipps zum Erlernen der richtigen Technik parat und weisen den richtigen Weg durch die Dünenlandschaft.
Wer mit der Technik des Nordic Walking noch nicht vertraut ist oder seinen Stil verbessern möchte, kann an einem der vielfältigen Kurse mit professioneller Betreuung teilnehmen, die bei den Tourismus-Services und den Kurverwaltungen angeboten werden. Wer erst einmal nur „probe-walken" möchte, kann sich hier auch Stöcke leihen. Und für alle, die nicht gerne alleine walken, bieten Lauftreffs die Gelegenheit, dem inneren Schweinehund in der Gruppe einfach „davonzuwalken". In diesem Sinne: Ran an die Stöcke!

Nordic-Walking Park Sylt . 25980 Westerland

WARMDUSCHEN KANN MAN WOANDERS

Telefon: 04651/8358530
www.westerland.de

Traditionelles Weihnachtsbaden auf Sylt

Bikinis und Badehosen sind eigentlich nichts Ungewöhnliches auf Sylt. Dennoch klatschen, kreischen und applaudieren die Zuschauer auf Westerlands Promenade wie verrückt, sobald die ersten in Sicht sind. Selbst dick eingepackt in Winterwolle feuern sie jedes Jahr am 26.12., dem Tag des traditionellen Sylter Weihnachtsbadens, diejenigen an, die es wagen, bei eisigen Temperaturen ein Bad in der Nordsee zu nehmen.
Seit 20 Jahren gibt es dieses Ritual, das inzwischen Kult- und Eventstatus erreicht hat. Der Sylter Shanty-Chor versucht, den 4.000 Zuschauern und Weihnachtsbadern noch einmal ordentlich einzuheizen, bevor sich die Unerschrockenen bei milden 5 bis 6 °C Luft- bzw. Wassertemperatur auf die nicht vorhandenen Socken machen. Vom Vorschulkind bis zur Oma springen jedes Jahr um die 150 Mutige ins Meer. Wer vorher noch nicht „cool“ war, ist es garantiert danach. Deshalb gibt es nach dem eisigen Bad einen Becher Punsch und eine Urkunde.

Fremdenverkehrsverein Sylt e.V. . Stephanstraße 6 . 25980 Westerland

---

DIE KÖNIGLICHE UNTER DEN AUSTERN

Telefon: 04651/870860
www.sylter-royal.de

Dittmeyer's Austern-Compagnie, List auf Sylt

Wer hätte gedacht, dass die Austernfischerei auf den nordfriesischen Inseln eine schon tausendjährige Tradition vorzuweisen hat? Ganz sicher anders als heute sahen wohl die damaligen Austernfischer und -schlürfer aus.
Rund um die Läden von Dittmeyer's Austern-Compagnie in List auf Sylt zieren mehr Perlen die Hälse der gutbetuchten Klientel, als die Dittmeyers in kurzer Zeit in den Austern zu finden in der Lage sein dürften.
Im 19. Jahrhundert noch sind auf Sylt Austern in rauen Mengen gesammelt worden – bis zum Leerfischen der Bänke. 1986 hat die Dittmeyer-Compagnie die Sylter Austernfischerei reaktiviert. Und das erfolgreich. Unter der Qualitätsbezeichnung „Sylter Royal“ deckt die Compagnie nahezu 80 % des deutschen Marktes. Während der Aufzucht hegen und pflegen Dittmeyers Mitarbeiter unter großem Aufwand die in speziellen Austernsäcken im Wattenmeer heranwachsenden „Kleinen“. Nach

drei Jahren bester Kinderstube unter den Argusaugen der Zuchteltern wird die royale Sylter Auster „erwachsen". Und wie das in manchem königlichen Haus so ist: sofort wieder verschachert. Eine ganze Reihe von hungrigen Feinschmeckern lechzen nämlich schon. Die gute Sylter Austern-Kindheit macht sich durch beste Charakterqualitäten bemerkbar. Die Insel-Auster erreicht Spitzenbewertungen auf Ranglisten von Fachleuten und Austernliebhabern.
Viele finden es aber auch einfach nur lecker, in Dittmeyer's Sylter Probierstuben stilecht die absolut frischen und nach Meer schmeckenden Austern mit einem Glas Weißwein zu schlürfen und sich den frischen und nach Meer riechenden Sylter Nordseewind um die Nase wehen zu lassen.

Dittmeyer's Austern-Compagnie GmbH . Hafenstraße 10–12 . 25992 List auf Sylt

0043 SH_Natur & Tiere

FRISCH GESCHLÜPFT UND KOPFÜBER INS MEER

Telefon: 0180/5643737
www.helgoland.de

Lummenfelsen, Helgoland

Aufenthaltsort für tausende von Seevögeln: Der Lummerfelsen auf Helgoland

Todesmutig preschen sie voran, um sich dann kopfüber von der Klippe ins 60 Meter tief unter ihnen liegende Meer zu stürzen: Jedes Jahr von Juni bis Juli können Tierliebhaber an der Nordspitze von Helgoland beim rötlichen Licht der untergehenden Sonne den „Lummensprung" miterleben.
Die gerade frisch geschlüpften Trottellummen springen – noch flugunfähig und im Daunenkleid – von ihrem Brutfelsen direkt in die Nordsee. Wenn sie wieder auftauchen, werden sie schon von ihren besorgten Eltern erwartet. Im Wasser schwimmend werden die Jungtiere gefüttert, wachsen heran und können nach einer kurzen Zeit ihre ersten richtigen Flugversuche starten.
Dieses etwas merkwürdige, riskante Verhalten der kleinen Klippenspringer hat einen guten Grund: Die Elterntiere haben im Verhältnis zum Körpergewicht sehr kleine Flügel und können deshalb nicht ausreichend Nahrung für ihre Nachkommen die steilen Brutfelsen hochschaffen.

Helgoland Touristik . Lung Wai 28 . 27498 Helgoland

DAS SCHIFF AUF DER WEIDE

www.Nord-Ostsee-Kanal.de

Nord-Ostsee-Kanal

„Dat Schipp in't Water op de Koppel!", stößt der kleine dithmarsche Bauernjunge begeistert aus, was in etwa bedeuten soll, dass da hinten ein Schiff zwischen den Kühen auf der Weide steht. Wer zum ersten Mal in der Nähe des Nord-Ostsee-Kanals unterwegs ist, kann tatsächlich leicht diesen Eindruck gewinnen. Das sattgrüne Weideland der Bauern reicht bis an das Kanalufer. Jährlich nutzen etwa 40.000 Schiffe die Wasserstraße. Da steht eigentlich fast dauernd ein Dampfer zwischen dem Vieh.

Der Nord-Ostsee-Kanal (NOK, engl. Kiel Canal) verbindet als meistbefahrene künstliche Seeschifffahrtstraße der Welt die Ostsee mit der Nordsee und erspart Schiffen damit den längeren und gefährlicheren Weg durch das Skagerrak um die Nordspitze Dänemarks. Der knapp 99 Kilometer lange Kanal durchquert Schleswig-Holstein von der Kieler Förde an der Ostsee bis zur Elbemündung an der Nordsee.

Die heutige Bundeswasserstraße wurde 1895 als Kaiser-Wilhelm-Kanal eröffnet und trug diesen Namen bis 1948. Waren für seinen Bau noch seestrategische Gründe maßgebend, so steht er heute ganz im Dienst des Handels zwischen den Ländern des Ostseeraums und der übrigen Welt.

Ein Radweg führt stets am Kanal oder in unmittelbarer Nähe entlang, alle paar Kilometer bieten sich Rastplätze, Gaststätten und Aussichtsstellen für Ruhepausen oder als Ausflugsziel an. Denn bei dem regen Schiffsverkehr gibt es viel zu gucken Die Landschaft ist flach, das Radfahren fällt leicht, bis auf ein paar Ausnahmen. Wer den Nord-Ostsee-Kanal auf einer Brücke überqueren will, muss mindestens 40 m hochstrampeln. Diese 40 Meter hatte Kaiser Wilhelm als Mindesthöhe für die Kanalbrücken festgelegt. Und noch ein kaiserliches Dekret hat sämtliche politischen Wirren und Zeiten überdauert: Alle Kanalfähren müssen kostenlos zu benutzen sein. Für immer und für jedermann, hat der Kaiser gesagt.

Wasser- und Schifffahrtsdirektion Nord . Hindenburgufer 247 . 24106 Kiel

---

HOLLAND IN SCHLESWIG HOLSTEIN

Telefon: 04881/1572
www.friedrichstadt.de

Friedrichstadt

Die unzähligen holländischen Moppen – kleine, rote Backsteine –, die Treppengiebelhäuser und vor allem die künstlichen Wasserstraßen: Wenn man Friedrich-

stadt zum ersten Mal besucht, erkennt man bald, warum die Stadt auch „Amsterdam des Nordens“ genannt wird. Es waren Holländer, die den Stadtplan nach dem Vorbild ihrer Heimatstädte entwickelten.
Im 17. Jahrhundert hatte Herzog Friedrich III. niederländischen Siedlern einige Privilegien wie beispielsweise Religionsfreiheit zugestanden. Dies geschah zwar mehr aus wirtschaftlichen Gründen der Zuwanderung als aus reiner Nächstenliebe, aber der Effekt war der gleiche: Friedrichstadt wurde eine religiöse Freistatt, die die unterschiedlichsten Religionsgemeinschaften versammelte.
Doch Friedrichstadt mit seinen schnurgeraden Straßen ist nicht nur die Holländerstadt, sondern auch die Rosenstadt. Deshalb sollte man sie unbedingt im Sommer besuchen. Die Blumen blühen und ranken dann an fast allen Häusern, und der Kontrast zu den weißen Häuserwänden wirkt dabei ganz besonders schön. Am besten lässt sich die Stadt von den Grachten aus betrachten, über die man sich gemütlich mit einem Schiffchen schippern lassen kann. Doch auch ein Blick hinter die malerischen Fassaden der Stadt lohnt sich. Hier verbirgt sich eine lebendige Kunstszene. Keramik, Aquarelle oder auch Metallskulpturen sind in vielen Ateliers und Galerien ausgestellt.
Ein besonderer Tipp ist die Friedrichstädter Kulturnacht, die immer am letzten Samstag im August stattfindet. Da bleibt eine ganze Nacht lang Zeit, sich auch das nette Puppenmuseum und das „Atelier Franzen“ in einem alten Bauernhaus aus dem 16. Jahrhundert in Ruhe anzuschauen. Kunst- und Fotodrucke sowie realistische Gemälde werden hier ausgestellt. Und wenn man dann in der Morgendämmerung zurück ins Hotel schlendert und die ersten Sonnenstrahlen die Silhouetten der Giebelhäuser ganz besonders schön zur Geltung bringen, kommt man sich wieder vor wie in Holland.

Friedrichstädter Grachtenschifffahrt . Prinzenstraße 33 . 25840 Friedrichstadt

---

0046 SH_Essen & Trinken

MATJES IM GLÜCK

Telefon: 04124/937585
www.matjes-wochen.de

Matjeswochen in Glückstadt

Was für die Norweger der Lachs ist, ist für die Norddeutschen – speziell für die Glückstädter – der Matjes. Matjes-Tatar, Matjes in Rotwein, Matjesröllchen oder Matjessalat ... Es gibt nichts, was sie nicht mit dem Fisch als Hauptzutat zubereiten können. Und wer Matjes mag, wird all diese Köstlichkeiten lieben. Also nichts wie hin: Zu den Glückstädter Matjeswochen, die jeden Sommer veranstaltet werden und bei denen es natürlich nicht nur den leckeren Hering zu verköstigen gilt. Immer am dritten Donnerstag im Juni findet das traditionelle Fest mit dem kunterbunten Rahmenprogramm statt, das die Matjeswochen schon seit 40 Jahren eröffnet. Schon seit jeher gehört der Matjesanbiss durch den Bürgermeister auf der Rathaustreppe dazu, was für ihn sicher sättigender ist, als irgendwelche Schleifen bei Eröffnungsfeiern durchzuschneiden. Tausende von Zuschauern sehen ihm dabei zu, um dann selbst beim großen Matjesschmaus dabei zu sein. „Matjes" bedeutet übrigens schlicht „junge Mädchen". Der Matjes ist immer ein junger Hering – er wird auch „jungfräulicher Hering" genannt. Ein „Arme-Leute-Gericht" ist der echte Matjes schon lange nicht mehr; er gilt heutzutage als Delikatesse. Das Rezept des „Original Glückstädter Matjes" wird man wahrscheinlich während eines Besuchs beim großen Fest nicht herausbekommen. Dafür kann man ihn probieren – in fast allen Gastwirtschaften der Stadt.

Tourist Information . Große Nübelstraße 31 . 25348 Glückstadt

0047 SH_Gärten, Parks & Landschaften

STRANDSEGELN IN ST. PETER-ORDING

Telefon: 04863/703086
www.ycspo.de

Yacht Club, St. Peter-Ording

Eigentlich sieht so ein Strandsegler aus wie ein Kajak – nur mit Rädern und einem Segel. Wenn das Segel vom Wind erfasst wird, kann man je nach Windbedingungen mit bis zu 130 km/h über den Strand flitzen. Und dabei mindestens genauso viel Adrenalin ausschütten wie beim Wellenreiten auf rauer See. Der Vorteil ist: Man wird nicht nass und muss kein Salzwasser schlucken. Als deutsche Hochburg des Strandsegelsports gilt St. Peter-Ording. Hier gibt es ganz besonders glatten und festen Sandboden. Die „Formel Eins" ohne Motorenlärm und Boxenstopps ist keineswegs eine neue Erfindung von jungen, gutgebauten Typen, die ihre freie Zeit ein wenig aufpeppen wollen. Die Sportart war schon um 1900 in Frankreich und Belgien bekannt. Im Kurort St. Peter-Ording versuchte man nach dem Zweiten Weltkrieg zum ersten Mal, den Wind nicht nur auf dem Wasser, sondern auch an der Küste als Antriebshilfe zu nutzen. Aus der Touristenattraktion wurde bald ein Sport. Nachdem in England 1962 die erste internationale Strandsegelwoche veranstaltet wurde, zog St. Peter-Ording nach und veranstaltete ein Jahr später die erste Europameisterschaft. Mittlerweile haben die Strandsegelregatten dort Tradition. Jeden Sommer trifft sich Weltelite der Segler am Ordinger Strand, um sowohl bei den deutschen als auch bei den internationalen Meisterschaften gegeneinander anzusegeln.
Natürlich darf nicht jeder mit dem Kajak auf Rädern über den Strand preschen – um einen Strandsegler fahren zu dürfen, muss man den Pilotenschein machen. Einen Lehrgang bietet der Yacht Club St. Peter-Ording (YCSPO) an. Wer nicht so viel Zeit hat und auch die 8.000 Euro für einen eigenen Strandsegler nicht ausgeben will, setzt sich einfach hinten dazu: Segeln im Doppelsitzer macht jede Menge Spaß.

Yacht Club St. Peter-Ording . Deichfeld 5 . 25826 St. Peter-Ording

NATURNAHES NACKTBADEN

Tel.: 0180/5643737
www.helgoland.de

FKK, Helgoland

Wer ganz weit weg will und trotzdem in Deutschland bleiben möchte, für den ist Helgoland die richtige Adresse. Geographisch gesehen handelt es sich nämlich um die Nordseeinsel, die am weitesten vom Festland entfernt ist. Der besondere Urlaubs-Kick kommt, wenn man wieder mal auf Helgoländer trifft, die sich auf Halunder miteinander unterhalten. Und ganz weit weg von moderner Stadtarchitektur fühlt man sich schon allein durch die hügelige, Helgoland-typische Landschaft mit ihren mächtigen roten Buntsandsteinfelsen.
Weil Helgoland seit einer Sturmflut 1720 aus einer Hauptinsel und der Nebeninsel „Düne" besteht, hat man noch mehr Möglichkeiten, der Zivilisation zu entfliehen. In zehn Minuten kann man den eigentlichen Star Helgolands, die Badedüne, mit dem Boot erreichen und einen feinen Sandstrand de luxe auf 130.000 qm genießen. Diese perfekte Oase für Sonnenanbeter und Fossiliensammler bleibt vom Tagestourismus fast unberührt. Inzwischen kann man sogar auf der Düne übernachten; seit Kurzem stehen dort Holzbungalows, natürlich in unmittelbarer Nähe zum Wasser, wie sich das für kleine Inseln gehört.
So ganz „in the middle of nowhere", beziehungsweise inmitten von rotem Feuerstein und feinem Sand, kann man eine ganz besondere Nähe zur Natur verspüren. Um das auszudrücken, darf man auf Helgoland als kleines Ferien-Highlight auch einmal die Hüllen fallen lassen. Nackt auf hoher See ist hier nämlich durchaus möglich: Auf rund der Hälfte der Insel ist FKK angesagt.

Helgoland Touristik . Lung Wai 28 (im Rathaus) . 27498 Helgoland

DER GROSSE EXPRESSIONIST

Telefon: 04664/983930
www.nolde-stiftung.de

Emil Nolde Museum, Neukirchen

Ihr beeindruckendes Doppelportrait von 1916 wurde zum 50. Jubiläum der Nolde-Stiftung Seebüll an einer besonders schönen Stelle des großen Bildersaals angebracht: Ada und Emil Nolde. Sie haben die Stiftung gegründet, die ein Jahr nach dem Tod des Malers, der für seine ausdrucksstarke Farbwahl bekannt ist, 1957 erstmals für die Öffentlichkeit geöffnet wurde. Nolde schrieb in seinem Testament: „Der suchende, geistige Wanderer aus allen Landen soll hier eine besondere Stätte fin-

den, wo ihm etwas Glück und künstlerisch-geistige Erholung gegeben wird."
Der 1867 geborene Emil Nolde zählt zu den bedeutendsten Malern des Expressionismus im 20. Jahrhundert. Neben „lyrischen" Landschaften, Stillleben und Theaterzeichnungen schuf er auch religiöse Bilder: „Abendmahl", „Pfingsten", „Verspottung" und vor allem das neunteilige „Leben Christi". Im ehemaligen Wohnhaus von Emil und Ada Nolde ist das „Nolde Museum" entstanden – aus Mitteln der Stiftung. In jährlich wechselnden Ausstellungen kann man dort Noldes gesamtes Werk bewundern und dabei möglicherweise den Geist des großen Aquarellisten spüren. Das Haus wirkt in seiner formalen Strenge wie eine private Burg und erinnert stark an die Architektur der Bauhauskünstler. Der Maler hat es selbst entworfen.
Die passende Lektüre für einen Besuch in Seebüll ist sicherlich Siegfried Lenz „Deutschstunde". Hier wird Noldes Leben in der Zeit des Malverbots, das 1941 von den Nationalsozialisten verhängt worden war, beschrieben.

Stiftung Seebüll Ada und Emil Nolde . 25927 Neukirchen

0050 SH_Feste, Events & Veranstaltungen

DAS GRÖSSTE VOLKSFEST IM NORDEN EUROPAS

www.kurs-kiel.de
www.kieler-woche.de

Kieler Woche

Die Kieler Woche ist nicht nur das größte Segelsportereignis der Welt, sondern auch ein riesengroßes Stadt- und Volksfest. Die gesamte Innenstadt Kiels verwandelt sich in ein autofreies Festgelände, weit mehr als 1.000 Veranstaltungen ziehen Gäste aus aller Welt an. Neben Open-Air-Konzerten, Kleinkunst, Theater ganz besonders einfallsreichen Spiel- und Aktionsangeboten für Kinder werden kulinarische Köstlichkeiten aus allen Kontinenten angeboten. So, wie es sich eigentlich seit alters her für eine Hafenstadt gehört, sind die Gassen, Straßen und Plätze Kiels ein großer internationaler Markt, die Stände übervoll mit Spezialitäten und ausgefallenen Waren, natürlich auch mit Kitsch, Krempel und Skurrilitäten.
Herz der Kieler Woche ist und bleibt aber der Segelsport. Die besten Segler der Welt treffen sich hier. Mehr als 5.000 Sportlerinnen und Sportler aus über 50 Ländern mit rund 1.700 Yachten, Jollen und Surfbrettern waren es zuletzt. 400 Starts in 40 Bootsklassen fanden auf den Regattabahnen der Kieler Förde statt.
Die Kieler Woche ist auch Show, Repräsentation und gesellschaftliches Top-Ereignis: 200 Hochseeyachten mit ihren Crews, über hundert Großsegler und Traditionsschiffe nehmen in Paradeformation Kurs auf die Kieler Außenförde. Begleitet werden sie dabei von unzähligen kleinen Yachten und Booten. Vom Ufer aus beobachten Tausende Menschen das einzigartige Spektakel, das Fernsehen überträgt live. Das fröhliche Sommerfest und die internationalen Wettbewerbe machen die Kieler Woche zu einem weltweit beachteten Ereignis. Politiker, Manager, Künstler und das Who's Who des Geldes geben sich ein Stelldichein. Dennoch werden in Vorträgen,

Diskussionen und Foren durchaus seriöse Themen behandelt, wird das Gespräch mit dem Publikum gesucht. Denn die Kieler Woche versteht sich auch als ein Beitrag zur Völkerverständigung und als ein Forum für kulturellen Austausch.
Beendet wird die Kieler Woche jedes Jahr mit Blitz und Donner: dem traditionellen Abschlussfeuerwerk.

Kiel-Marketing e.V. . Andreas-Gayk-Straße 31 B . Neues Rathaus . 24103 Kiel

0051 SH_Natur & Tiere

ES DUFTET WIE AM MITTELMEER

www.sn-sh.de
www.naturpilot-sh.de

Naturzentrum „Steilküste Johannistal"

Riesige Weideflächen und wunderschöne Wege mit Blick auf die Ostsee – das Naturzentrum „Steilküste Johannistal" überzeugt beim ersten tiefen Durchatmen. Wenn man die Augen schließt, fühlt man sich wie am Mittelmeer. An der Steilküste wachsen Oregano, Thymian und Heilwurz. Wildbienen, die bundesweit nur an der Ostsee vorkommen, schwirren umher – 118 verschiedene Arten wurden gezählt. Auch seltene Vögel wie der Neuntöter sind hier heimisch. Fünf Kilometer lang ist der Abschnitt an der nordoldenburgischen Küste zwischen Heiligenhafen und Johannistal. Der Grund, warum die seltenen Tierarten sich hier so wohlfühlen, sind die besonderen Rasenflächen. Obwohl diese ganz wunderbar duften, erinnert ihr Anblick eher an Steppen oder sonnenversengte Wiesen. Sie werden Trocken- oder Halbtrockenrasen genannt. Diese Flächen gehören in Europa zu den stark gefährdeten Lebensraumtypen. Ein Beweidungskonzept soll sie weiterhin erhalten. Spaziergänger und Wanderer dürfen trotzdem nach Lust und Laune über die Weiden und Wege marschieren.

Stiftung Naturschutz Schleswig-Holstein . Eschenbrook 4 . 24113 Molfsee

0052 SH_Kunst & Architektur

SO LEBTEN DIE WILDEN KERLE

Telefon: 04621/813-0
www.haithabu.de

Wikinger Museum Haithabu, Schleswig

Das Leben der Wikinger, der bis heute faszinierenden Seefahrer, kennen lernen kann man im Wikinger Museum Haithabu. Errichtet 1985 in der Nähe einer histori-

schen Siedlung der Wikingerzeit, die damals einer der bedeutendsten Siedlungsplätze Nordeuropas war, fühlt man sich bei einem Besuch tatsächlich zurückversetzt in das raue Leben an der See vor 1000 Jahren.
Anhand von archäologischen Funden aus dem Hafen erfährt man vieles rund um Haushalt, Ernährung, Bekleidung, Bebauung, Verteidigung und Bestattung sowie Schrift, Handel, Religion, Handwerk und sogar Stadtentwicklung. In der Schiffshalle lässt sich das im Hafen von Haithabu gefundene Langschiff bestaunen.
Bei den Führungen durch das Museum kann man auch die originalgetreu nachgebauten Wikingerhäuser bestaunen – so einen detaillierten, historisch korrekten Anschauungsunterricht in Hausbau, Materialverwendung und Bearbeitung erhält man sonst nirgends. Und es geht noch weiter: Brotbacken nach Art der Wikingerfrauen, Bogenschießen wie die Krieger, Fische fangen nach Wikinger-Art und noch viel mehr wird im Erlebnisprogramm von Haithabu den Besuchern angeboten.
Bitte aber vorher fragen, ob man seinen Helm und das Fellkleid mitbringen soll.

Wikinger Museum Haithabu . 24837 Schleswig

0053 SH_Hotel & Wellness

WINTER-WELLNESS UND SPA AN OST- UND NORDSEE

Telefon: 04834/909-0
www.balance-aus-dem-meer.de

Balance. Best of Spa, Büsum

Wohlfühlfeeling im Winter an Ost- und Nordsee - unter „Balance. Best of Spa" bieten vier Wellnesstempel Entspannung pur. Wer sich eine kleine Auszeit vom Alltagstrott gönnen möchte, kommt wahlweise im Nordsee-Heilbad Büsum, im Ostseebad Damp, in St. Peter-Ording oder auf Sylt sicher zur Ruhe. Nach einem ausgiebigen Spaziergang in der herrlich frischen, salzigen Meeresluft erwarten Sie sanfte Thalasso-Anwendungen mit Algen und Meereswasser, orientalische und arabische Bade- und Massagerituale oder ausgiebiges Schwitzen in Solegrotte oder Sauna.
Darüber hinaus bietet jeder Wellnesstempel etwas Besonderes, um Körper und Seele wieder in Einklang zu bringen. Im „Vitamaris" auf Büsum lässt es sich wunderbar bei asiatischen Massagen oder Kneippkuren entspannen, Aqua-Qi-Gong erlernen oder eine der traditionellen ayurvedischen Anwendungen genießen. Im Ostseebad Damp kann man im „Vital Centrum" in insgesamt sieben Saunen schwitzen und entspannen oder sich mit einem ausgiebigen Sport- und Ernährungsprogramm fit für den Alltag machen. In St. Peter-Ording lockt nach ausgiebigem Joggen im „Nordsee-Fitnesspark" die Shiatsu-Massage, und auf Sylt genießt man im Hamam des „Syltness Centers" wohlige Massagen mit wunderbar exotischen Namen wie beispielsweise „Pantai Luar". Gewürze, Limetten und Kokosraspeln lassen die Haut dabei weich, rosig und frisch werden.
Alle Wellnesstempel, außer auf Sylt, bieten Pauschalen an, man kann jedoch auch je nach Bedarf Anwendungen einzeln oder im Paket buchen.

Balance. Best of Spa . Kur und Tourismus Service . Südstrand 11 . 25761 Büsum

0054 SH__Natur & Tiere

GESCHIEBE, MAMMUT UND FOSSILIEN

Telefon: 04381/415210
www.eiszeitmuseum.de

Eiszeitmuseum, Lütjenburg

Die Vielfalt der Geschiebe

Schleswig-Holstein hat mehr zu bieten als einfach nur Schleswig und Holstein. Die Eiszeit zum Beispiel, und die hat in Lütjenburg ihr eigenes Museum.
Die letzte Eiszeit liegt zwar schon 15.000 Jahre zurück, doch als letztes großes erdgeschichtliches Ereignis hat sie ihre Spuren hinterlassen. So finden sich an den Steilküsten im Norden sogenannte Geschiebe: Felsen, die sich durch die Erdplattenverschiebung für immer in die Küstenlandschaft gedrückt haben. Man könnte also sagen, die Geschiebe sind so etwas wie die Pubertätspickel der Erde. Neben den vielen Funden aus diesen Geschieben hat das Eiszeitmuseum auch ein Mammut zu bieten, das nun mal bekanntermaßen in dieser letzten kalten Erdepoche gelebt hat.
Besonders für Kinder ist das Museum spannend, denn hier können sie in Kursen steinzeitlichen Muschelschmuck oder Fossilienabgüsse bearbeiten.

Schleswig-Holsteinisches Eiszeitmuseum e.V. . Nienthal 7 . 24321 Lütjenburg

0055 SH__Natur & Tiere

KINDERFERIEN AUF DEM ISLANDHOF

Telefon: 04545/7102
www.heidehof-sterley.de

Islandpferdegestüt Heidehof, Sterley

Ferien auf dem Heidehof in Sterley. Das heißt: viele Island-Pferde, noch mehr fröhliche Kinder, ein großer Hund und zwei sympathische Gasteltern. Franka und Gerhard Dörfel und ihr freundliches Hof-Team veranstalten regelmäßig beliebte Kinderfreizeiten. 120 Isländer warten nur darauf, von emsigen Gastkindern geliebt und gepflegt zu werden. Der geprüfte Pensions- und Ausbildungsbetrieb darf mit Recht stolz auf seine Auszeichnungen sein. Ein breites Ausbildungsangebot für alle

Altersstufen führt jeden Pferdefreund entsprechend seinem Niveau zu Erfolgserlebnissen. Besonders begehrt sind die „Reiterferien just for Teens“. Wer es schafft, seinen Lehrer zu überreden, kann sich sogar mit der ganzen Klasse hier einmieten.

Islandpferdegestüt Heidehof . Heidehof . 23883 Sterley

0056 SH_Hotel & Wellness

HELGOLAND IM WINTER – GEHEIMTIPP

Telefon: 0180/5643737
www.helgoland.de

Helgoland

Bei der winterlichen Reiseplanung wird ein Reiseziel oft übersehen, das zumindest für Norddeutsche fast direkt vor der Haustür liegt: Helgoland. Neben den ganzjährigen Vorzügen – der saubersten Luft Deutschlands, zollfreien Einkaufsmöglichkeiten und guten Wellness-Angeboten – ist das Klima auf der Hochseeinsel im Winter mild, die Preise sind gemäßigt und es gibt viel Raum zur Entspannung.
In der Hauptsaison im Sommer bevölkern Helgoland neben 2200 Übernachtungsgästen und knapp 1500 Einwohnern auch noch täglich rund 5000 Ausflügler. Von November bis März kommen insgesamt nur rund 12.500 Touristen. Der Winter ist also eine gute Gelegenheit, die autofreie Insel mit ihrem typischen roten Kalksandstein zu entdecken, in Ruhe zu bummeln, das Tosen der Brandung an der „Langen Anna“ zu bestaunen und die Weite inmitten des Meeres zu genießen.
Wer sich von Wind und Wetter hat durchpusten lassen, kann sich anschließend mit einem Schmöker aus der öffentlichen Bücherhalle in sein Appartement oder Hotelzimmer kuscheln, sich im 26 Grad Celsius warmen Meerwasser-Freibad treiben lassen oder in der Sauna schwitzen.
Die meisten Einheimischen schwören allerdings auf eine andere Aufwärmmethode: den Eiergrog. Das Getränk ist eine berühmt-berüchtigte Verbindung aus Eigelb, Zucker, Arrak, braunem Rum und heißem Wasser.
Wer im Winter auf die Nordseeinsel gelangen will, muss allerdings den Weg zur Fähre nach Cuxhaven auf sich nehmen oder von Büsum beziehungsweise Bremen aus fliegen. Von den 17 Ablegestellen, die im Sommer zur Auswahl stehen, wird außerhalb der Saison nur diese eine Seebäderlinie ab Cuxhaven aufrechterhalten.

Helgoland Touristik . Lung Wai 28 (im Rathaus) . 27498 Helgoland

0057 MV_Sport, Abenteuer & Technik

MOTOCROSS-TRADITION

Telefon: 03996/172935
www.bergring-teterow.de

Grasrennbahn, Teterow

Die 1.877 m lange Rennbahn in Teterow zählt zu den schönsten und größten Grasbahnstrecken der Welt. Bereits Anfang der 30er Jahre wurden hier die ersten Rennen gefahren, ab 1936 sogar mit internationaler Beteiligung. Auch heute noch schlägt das Herz eines jeden Motocross-Fans höher, wenn in Teterow die Rennen um den Bergringpokal und den Goldenen Helm bestritten werden. Egal, ob 500 ccm-Motorräder, kleiner oder größer, Motorräder mit Beiwagen oder Quads – der hügelige, natürliche Rennkurs erfreut sich internationaler Beliebtheit. Bis zu 30.000 Besucher strömen dann an die Strecke. Besonders, wenn jährlich am Pfingstwochenende das Bergringrennen gefahren wird.
Ebenfalls rasante Motocross-Wettkämpfe werden in der neu gebauten „Arena" ausgetragen, einem Rennoval, das höchste Ansprüche an Fahrer und Maschine stellt. 314 Meter lang ist die Arena und sehr schnell: Der Bahnrekord liegt bei 60,53 Sekunden – für vier Runden!

Grasrennbahn . 17166 Teterow

0058 MV_Natur & Tiere

VON DER NATUR ZURÜCKEROBERT

Telefon: 039824/252-0
www.nationalpark-mueritz.de

Nationalpark Müritz, Hohenzieritz

Es gibt Landschaften, die werden einfach nur besser, wenn man sie einmal eine Weile in Ruhe lässt. Der 1990 gegründete Nationalpark Müritz ist ein gutes Beispiel dafür. Seit über 40 Jahren ist hier kein Stück Land mehr von Menschen bewirtschaftet worden. Die zivilisatorischen Spuren sind verschwunden und zugewachsen, ungezügelte Natur regiert, wie es ihr gefällt. Das Ergebnis ist eine große, gesunde, wilde Landschaft.
Stimmungsvolle Ruhe und tiefe Schönheit vermittelt der über 322 km2 große Nationalpark. Gut drei Viertel davon sind Kiefernwälder. Es gibt auch wunderschöne alte Buchenwälder im kleineren der beiden Schutzgebiete um den Waldort Serrahn. Durch die Unberührtheit wirkt der Wald geheimnisvoll, über 100

Schloß Drosedow am Krummen Woklowsee

Seen und unzählige kleine Tümpel glitzern im Sonnenlicht. Die Müritz ist mit 117 km^2 der größte der glasklaren Seen, die zumeist zum Gelände des Nationalparks gehören. Die Wasserwelt ist das Zuhause von See- und Fischadler. Von einigen Aussichtskanzeln kann man die Vögel sogar beim Brüten oder bei der Jagd beobachten. Der Nationalpark ist bemerkenswert vielseitig: Wald- und Seelandschaften wechseln über zu Niedermooren mit ihrer typischen Flora und Fauna und den großflächigen Wacholderbeständen.
Eigentlich sind die Müritz und ihr Umland bekannt und beliebt als Freizeit-, Erholungs- und Segelparadies. Beides kann gut neben- und miteinander auskommen, der naturbelassene Nationalpark und das belebte Erholungs- und Freizeitgebiet.

Nationalpark Müritz . Schlossplatz 3 . 17237 Hohenzieritz

0059 MV_Sport, Abenteuer & Technik

MIT DEM HAUSBOOT ÜBER DIE MÜRITZ

www.woterfitz.de
www.hafendorf-mueritz.de

Führerscheinfreie Hausboote auf der Müritz

Die Müritz, überschwänglich auch „Das blaue Herz Mecklenburgs" genannt und mit 117 km^2 größter deutscher Binnensee, ist ein idealer Ausgangspunkt für eine Hausboottour. Und seit einiger Zeit darf man endlich auch ohne Bootsführerschein aufs Wasser. Immerhin bieten etwa 2.500 km Wasserwege sämtliche Möglichkeiten, Mecklenburg-Vorpommern vom Boot aus kennenlernen. Das ist sehr entspannt und erholsam, denn auf dem Wasser läuft vieles anders.
So ein führerscheinfreies Boot schippert mit maximal 12 km/h, dafür hat man in der schwimmenden Ferienwohnung immer alles griffbereit dabei. Ob man sich den frisch gefangenen Fisch selbst in der Kombüse in die Pfanne haut oder am nächsten Restaurant das Boot vertäut und sich bedienen lässt, das kleine Mittagsschläfchen danach gönnt man sich wieder auf den Liegestühlen an Bord. Über weite Seen und romantische Kanäle fährt man der nächsten Anlegestelle entgegen und hat nach einer Woche immer noch längst nicht alles gesehen.
Was man über das Manövrieren des Hausbootes wissen muss, erfährt man in einer knapp dreistündigen Einweisung. Dann ist man fit fürs Auslaufen. Und für ein paar wunderbare Tage auf der Müritz.
Tipp: Zwischendurch ruhig einmal einen dieser Pfahlbauten am Ufer anlaufen. Normalerweise handelt es sich um Bootshäuser, aber einige sind auch Räuchereien und verkaufen diesen köstlichen, frisch geräucherten Aal.

Hafendorf Müritz . 17248 Rechlin . Telefon: 01803/323264
Woterfitz-Wasserfreizeit . Bolter Kanal . 17248 Boeker Mühle . Telefon: 039823/2530

GUTE STIMMUNG IM WALD

Wildtierland Klepelshagen, Strasburg bei Neubrandenburg

Telefon: 039753/2970
www.deutschewildtierstiftung.de

Eingebettet in die Brohmer Berge, zwischen Anklam und Neubrandenburg, hat die Deutsche Wildtier Stiftung zusammen mit dem Gut Klepelshagen ein Naturerlebnisprojekt von ganz besonderer Art geschaffen.
Unsere in Deutschland beheimateten Tiere können hier in ihrem natürlichen Lebensraum geschützt leben. Rotwild, Schwarzwild, Füchse, Adler, Fischotter, Turmfalken und viele andere Wildtiere, die sich sonst be- und verdrängt fühlen, haben sich hier auf den über 1.000 Hektar angesiedelt. Zäune für die Tiere sind nicht nötig, denn sie fühlen sich wohl in der vielfältigen Landschaft, die teilweise offen, teilweise bewaldet ist und Kleingewässer und Wildruhezonen aufweist. Unter Führung oder auch auf eigene Faust, aber auf festen Routen und Themenwegen kann man im Wildtierland ausgedehnte Tierbeobachtungen machen. Mittelpunkt des Geländes bildet das „Tal der Hirsche“, eine über 100 Hektar große Fläche, auf der man mit Glück bis zu 90 Rothirsche sehen kann, besonders beeindruckend zur Brunftzeit, wenn die röhrenden Hirsche um die Gunst der Weibchen kämpfen.

Deutsche Wildtier Stiftung . Wildtierland . Klepelshagen 2 . 17335 Strasburg

SIE SIND WIEDER DA

Wisentgehege, Waren/Kölpinsee

Telefon: 039929/453
www.waren.de/wisentgehege.ht

Der Wisent, verwandt mit dem amerikanischen Bison, war nach dem Zweiten Weltkrieg mit nur noch 98 Tieren so gut wie ausgestorben. Noch im Mittelalter waren die Tiere sehr weit verbreitet, aber Jagd und Zerstörung des Lebensraumes hatten die europäischen Wildrinder stark dezimiert. Dank nahezu 200 Zuchtstätten in 30 Ländern gilt der Wisent heute als gerettet. Es gibt mittlerweile etwa 3.000 Tiere, von denen sogar wieder 1.800 in freier Wildbahn im östlichen Europa leben. Die anderen Wisente sind in Tierparks zu Hause, zu denen auch das Wildgehege auf dem „Damerower Werder“, einer Halbinsel im Kölpinsee, gehört. Hier leben eine Gruppe von 20 Tieren und eine zusätzliche kleinere Gruppe in einem separaten Schaugehege, in dem Besucher sie von einer überdachten Tribüne aus beobachten können. Am besten zu sehen sind die Wisente zu den Fütterungszeiten, dann kann man die friedlichen Kolosse, die bis zu 2 m Schulterhöhe erreichen, auch ohne Fernglas gut beobachten.

Wisentgehege Damerower Werder im Kölpinsee . Ernst-Alban-Straße 6 . 17192 Waren

DER GROSSE TRAUM VOM FLIEGEN

Telefon: 03971/245500
www.lilienthal-museum.de

Otto-Lilienthal-Museum, Anklam

Sie ähneln riesigen, überdimensionalen Fledermäusen, die ersten Flugapparate Otto Lilienthals. Sie hängen unter der Decke des nach ihm benannten kleinen, aber charmanten Museums in seiner Geburtsstadt Anklam. Der große Menschheitstraum vom Fliegen hatte auch Lilienthal infiziert und nicht mehr losgelassen. Was hatte ihn „beflügelt“, 23 Jahre seines Lebens damit zu verbringen, Flugapparate zu bauen und flugtechnische Experimente zu unternehmen? Vielleicht hatte er als Junge auf einer Wiese liegend den Flug eines Vogels beobachtet und sich geschworen, nicht eher zu ruhen, bis er es ihm würde gleichtun können. Im Museum ausgestellte Notizen und aerodynamische Modelle belegen jedenfalls, dass er immer wieder die Art und Weise des Vogelflugs zum Vorbild nahm und sich dort seine Inspirationen für Neukonstruktionen seiner „Fluggeräte“ holte.
Mit denen tatsächlich abzuheben, war mit großem körperlichem Aufwand verbunden. Die Arme in ledernen Halterungen, ließ sich Otto Lilienthal anfangs von den riesigen Schwingen seiner Flugkonstruktionen an Hängen herabgleiten. Im Museum darf sich, wer will, einmal in den Nachbau eines seiner „Schwingen-Modelle“ hängen und nachempfinden, welche Kraft es kostet, mit den Flügeln zu schlagen. Lilienthal jedenfalls dürfte über gute Oberarmmuskulatur verfügt haben. 1891 hatte er endlich Erfolg, und es gelang ihm als erstem Mensch in der Geschichte ein längerer Gleitflug von 25 Metern. Seine Methode „vom Sprung zum Flug“ wurde von Flugpionieren aus aller Welt kopiert. Schon beim Hören der Begrifflichkeiten ist zu ahnen, dass diese Technik und die Bandbreite ihrer Interpretationsmöglichkeit rund um den Globus so manche Bruchlandung ausgelöst haben dürften. Lilienthal blieb weiter Vorreiter. Schon 1893 segelte er unglaubliche 250 Meter weit. Sicher hätte er gerne die 1903 beginnende Ära des Motorflugs begleitet, ein Absturz bei einem seiner Probeflüge aber kostete ihn 1896 das Leben. Man ahnt die Schubkraft seiner Vision vom Fliegen, ruft man sich seine Worte in Erinnerung: „Welch ein Culturfortschritt wäre dagegen errungen, wenn man die freie Atmosphäre zum allgemeinen Verkehr benutzen könnte, wo kein Gebirge, kein Wald, kein Wasser, kein Sumpf unsere Bewegungen hindert. Sie haben sich selbst vielleicht schon einmal ausgemalt, dass z. B. die Grenzen der Länder ganz ihre Bedeutung verlieren, weil man dieselben bis in den Himmel nicht absperren kann.“

Lilienthals Flugapparat: Der alte Traum vom Fliegen

Otto-Lilienthal-Museum . Ellbogenstraße 1 . 17389 Anklam

KUNST: OFFEN

Telefon: 0381/4030500
www.kunst-offen.com

Offene Ateliers in Mecklenburg Vorpommern

Urlaub der ganz anderen „Art" verspricht das Event „Kunst: Offen". 500 Maler, Grafiker, Bildhauer, Fotografen und Töpfer öffnen ihre Ateliers und Werkstätten für alle Neugierigen und Kunstliebhaber. 1995 aus einer flüchtigen Idee entstanden, ist das Projekt, das immer am Pfingstwochenende stattfindet, aus dem Kulturkalender in Mecklenburg-Vorpommern nicht mehr wegzudenken. Schon Rainer-Maria Rilke, Theodor Fontane und Kurt Tucholsky zog es immer wieder in die nordische Landschaft. Tucholsky verewigte beispielsweise die Stadt Warnemünde in „Schloss Gripsholm". Und Lyonel Feininger schrieb nach seiner Übersiedlung in die USA 1951, die Ostsee sei für sein Schaffen „mitbestimmend" gewesen. „Ich zehre noch heute von den Erlebnissen, die ich dort hatte", notierte er. Möglicherweise inspiriert gerade die Abgeschiedenheit vieler Orte in Mecklenburg-Vorpommern Dichter, Maler und Musiker. Weil sie so viel Raum für Sehnsüchte lässt. Bei „Kunst: Offen" kann man die Künstler genau das ja mal fragen. Denn diese zeigten sich in den letzten Jahren sehr interessiert an dem Austausch mit Kunstfreunden. Neben der Möglichkeit, einmal einem Maler auf den Pinsel zu schauen oder mit einem Töpfer über Geschmack zu streiten, gibt es beim Wochenende der offenen Ateliers auch zahlreiche Veranstaltungen, Konzerte und Ausstellungen. Nahezu alle Gaststätten bieten am Nachmittag Kaffee und Kuchen und am späten Abend Wein und Käse an.
Aber das Schönste ist: Während sonst Künstler bei ihren Vernissagen im Anzug mit einem Glas Prosecco ganz wichtig durch ihre Ausstellung schreiten, kann man sie hier bei der Arbeit sehen. Mit zerwühlten Haaren, in langen, weiten Hemden und mit verschmierter Farbe im Gesicht.

Tourismusverband Mecklenburg Vorpommern . Platz der Freundschaft 1 . 18059 Rostock

JEDEM SEIN KÖRBCHEN

Telefon: 038378/46505-5
www.korbgmbh.de

Heringsdorfer Korbmanufaktur

Schon der Name hört sich nach Meer und Sonne an. Und nach einem windgeschützten Schläfchen am Strand. Die Strandkörbe der Heringsdorfer Korbmanufaktur laden jedenfalls dazu ein. Und so mancher Usedom-Besucher verlässt seinen Urlaubsort mit einem Heringsdorfer Original. Wohl in der Hoffnung, mit dem Korb ein wenig Urlaubsglück mit nach Hause in den heimischen Garten zu nehmen.
Ob das gelingt, hängt natürlich von vielen Faktoren ab. Die Künste und das handwerkliche Können der Heringsdorfer Flechter mögen einer davon sein. Schließ-

lich verließ seit Gründung der Traditionsmanufaktur im Jahre 1925 die stattliche Anzahl von weit über 250.000 Körben das weltweit älteste Unternehmen dieser Art. Ob es eine Strandkorb-Anekdoten-Sammlung oder Rückmeldungen zu „Korb-Erfahrungen" gibt? Was alles mögen die vielen Körbe und ihre Insassen gesehen und erlebt haben? Wovon wurde bei einem Schläfchen nahe den Wellen geträumt? Das behält wohl jeder Korb dezent für sich. Schützen ist ja eine seiner Aufgaben.

Korb GmbH . Seebad Heringsdorf & Co. KG . Waldbühnenweg 3 . 17424 Seebad Heringsdorf

---

0065 MV_Natur & Tiere

DIE „BADEWANNE VON BERLIN"

www.usedom.de

Urlaub und Strandleben, Usedom

Auf Usedom gibt es sie noch: die „Kaiserbäder". So werden die drei Ostseebadeorte Ahlbeck, Heringsdorf und Bansin heute noch genannt. Die kilometerlange Strandpromenade, die neu restaurierte Verbindung der drei Orte, führt den Spaziergänger durch die verschiedenen Epochen, die die Seebäder seit über 100 Jahren geprägt haben.

Seebrücke Bansin: Ostsee, so weit das Auge reicht

1890 kamen zuerst Kaiser Wilhelm II. und sein Hofstaat. Dann folgten die Reichen. Schließlich die Künstler, Schauspieler, Musiker und der stets in ihrem Windschatten mitsegelnde Tross der Berliner Schickeria. Sie alle genossen etwa ab 1890 das magische Licht und die sanfte Brise der Ostsee und bauten die prächtigsten weißen Villen an den Strand von Heringsdorf. Sie machten die Insel zur „Badewanne von Berlin".
Usedom ist auch heute noch Deutschlands sonnenreichste Insel und garantiert mit 42 km feinstem, bis zu 200 m breitem, weißem Sandstrand reines Urlaubsvergnügen und Entspannung. Sogar die Villen glänzen wieder prachtvoll in Weiß. Und die Berliner Szene ist auch wieder da: diesmal die junge, kreative Modeszene. Von Mai bis September präsentieren sie sich und ihre Mode auf den berühmten Seebrücke von Ahlbeck und Heringsdorf. Wer da keinen Platz mehr im Café bekommt, kann lässig ans Geländer gelehnt die Models an sich vorbeidefilieren lassen.

Wem das zu viel wird, der findet seine Ruhe in der zauberhaften Insellandschaft. Die stillen Waldseen erkundet man am besten mit dem Fahrrad. Rollt über fast autofreie, kilometerlange Alleen, durch leise vom Seewind wispernde Buchenwälder, um im nächsten Dorf vom Duft der Räuchereien angezogen zu werden, die den fangfrischen Fisch vom frühen Morgen aus dem Ofen geholt haben.
Diese entspannte, ruhige Art prägt die Einwohner Usedoms: So kann es durchaus geschehen, dass man sein heißhungrig bestelltes Fischbrötchen selbst belegen muss. Der Räucherfisch wird komplett, als Ganzes herübergereicht. Das Brötchen kommt kommentarlos irgendwie so hinterher. Aber es schmeckt köstlich.

Usedom Tourismus GmbH . Walstraße 1 . 17429 Seebad

0066 MV_Sport, Abenteuer & Technik

AKTUELLE VERGANGENHEIT

Telefon: 038371/5050
www.peenemuende.de

Historisch-Technisches Informationszentrum, Peenemünde

Eine Medaille hat immer zwei Seiten. Die Rakete A4, die 1942 in Peenemünde entwickelt wurde, gilt als Vorläufer aller militärischen und zivilen Trägerraketen. Doch so umjubelt dieser technische Coup war, so groß war das Leid derer, die in den Wirren des Kriegs ums nackte Überleben kämpften. Anhand von Dokumenten, Zeitzeugeninterviews und Originalteilen der Raketen wird deutsche Geschichte im Historisch-Technischen Informationszentrum auf über 5.000 m2 dargestellt. Die Besucher erleben die Träume der ersten Raketenpioniere und sehen historische Filmaufnahmen über die zivile Raumfahrt und die systematische Entwicklung der ersten militärischen Großrakete. Auch die Weiterentwicklung nach Ende des Zweiten Weltkriegs und damit das Wettrüsten im „Kalten Krieg“ sind Themen, die in der Ausstellung behandelt werden.
Die steinernen Zeugen vergangener Zeiten sind auf dem 25 km2 großen Areal noch heute zu sehen, wenn sich auch Moose und Gräser auf den Ruinen ablagern. Neben Brücken sind es vor allem die Ruinen der Peenemünder Versuchsanstalten, die auf dem ausgeschilderten Rundweg uneinnehmbar wie eine Festung wirken. Große Gebiete des Areals bleiben den Besuchern bis heute verschlossen, da sie als munitionsbelastet gelten.
Ein Ort für Weiterentwicklung ist Peenemünde auch heute noch: In Seminaren, Workshops und Vorträgen können Besucher Antworten auf Fragen aus den Bereichen Technologie und Ökologie finden. Neben der Politik spielt hier immer auch die Ethik eine große Rolle. Dass sich nicht nur Schulklassen aus der Umgebung für das umfangreiche Kursangebot interessieren, zeigt die Teilnehmerliste, auf der Namen von Wissenschaftlern, Pädagogen und Jugendlichen aus der ganzen Welt verzeichnet sind.

Historisch-Technisches Informationszentrum Peenemünde . Im Kraftwerk . 17449 Peenemünde

VIERERSCHLAFSACK FÜR SOLDATEN

Telefon: 0171/9907630
www.kreidefelsen.de/insel-guide/Usedom

Pommersches Bettenmuseum, Peenemünde

Der Mensch verschläft etwa ein Drittel seines Lebens. Entsprechend sollte allem, was mit Schlafen zu tun hat, große Bedeutung gegeben werden.
Die Geschichte einer Region anhand der Betten zu erzählen, ist dennoch ungewöhnlich, aber im Pommerschen Bettenmuseum äußerst gelungen. Das Museum gibt Einblick in das Nachtleben unserer Ahnen. Hier gibt es Feldbetten, Gefängnisbetten, Hochbetten, Kinderbetten, Strohsäcke und vieles mehr zu sehen. Historische Nachttöpfe, Bettpfannen sowie Nachtgewänder und Gemälde zum Thema fehlen natürlich nicht.
Zu den Highlights gehören der Viererschlafsack der Armee sowie ein Nachthemd für die Hochzeitsnacht mit Stoffaussparung in der Front, denn in einem Bettenmuseum darf das Thema Erotik natürlich nicht fehlen.
Die Atmosphäre ist nicht museumstypisch, sondern eher ein bisschen durcheinander, dafür aber umso gemütlicher. Alles kann angefasst und vieles ausprobiert werden. Sogar eine Kissenschlacht, auch mit Nachtmützen und Schlafanzügen, ist bei Videovorträgen erlaubt. Und wer auf dieser Bettenreise einen kurzen Moment die Augen schließen möchte, der darf dies gerne in der Horizontalen auf einem der Betten tun. Nur eins wird man bei dieser wunderbaren Zusammenstellung von „alten Schätzchen“ sicher nicht – müde!

Pommersches Bettenmuseum . Am Flugplatz Peenemünde 2 . 17449 Peenemünde

PARTY AN LAND, REGATTA AUF SEE

www.warnemuender-woche.de
www.warnemuender-woche.com

Warnemünder Woche, Warnemünde

Die Warnemünder Woche ist seit über 80 Jahren fester Bestandteil im weltweiten Regatta-Kalender. 1926 wurden dort die ersten Regatten ausgetragen. Zwei Gründe gibt es, die jedes Jahr Anfang Juli rund 2.500 Segler aus 22 Nationen und um die 450.000 Zuschauer in das ehemals beschauliche Fischerdorf vor den Toren Rostocks locken: Für die Segler gilt die Mecklenburger Bucht vor Warnemünde als das „beste deutsche Segelrevier“ (J. Schümann, Dts. America's-Cup-Gewinner 2003), und die zu Tausenden angereisten Zuschauer haben vom Hafenrand über die Westmole bis hin zum Ostseestrand jederzeit einen grandiosen Überblick über das Regattafeld draußen auf der Ostsee.

Die Hafeneinfahrt von Warnemünde

Draußen auf See wird richtig sportlich-kämpferisch gesegelt: Meist tritt die gesamte deutsche und internationale Wassersport-Elite an, denn es geht um die Austragung mehrerer Meister- und Weltmeistertitel in olympischen und internationalen Bootsklassen. Da sind hochkarätige Mannschaften auf den besten Booten der Welt in der Bucht unterwegs.
Wobei zwei Regatten keinesfalls unerwähnt bleiben sollten: Am Samstagmorgen um 10 Uhr startet die traditionelle „Bäderregatta" – Hauptgewinn ein Fass Sherry –, und besonders die zuallerletzt ausgetragene „Katerregatta" fordert noch einmal alle Mann und viel Kraft, ist doch ihr Start auf sonntags früh um 8 Uhr angesetzt und der Preis, nun ja, ein Dusch-Set.
Während die Aktiven auf See um die Titel segeln, ist aus dem Ostseebad und Ex-Fischerdorf Warnemünde eine gigantische Partymeile geworden: Beachhandball, Beachclubs und Partylounges mit diversen DJs für die einen und Trachtentanz und -treffen mit Shanty-Chor-Singen für die anderen. Kulinarisch ambitionierte Ess- und Fress-Stände mit internationalen und fangfrischen regionalen Angeboten konkurrieren mit Kunsthandwerk und Bühnenshow. Das geht so volle neun (9!) Tage lang. Wie gesagt, einmal im Jahr, immer Anfang Juli.

Warnemünder Woche . 18119 Warnemünde . Telefon: 0381/52340

0069 MV_Essen & Trinken

EINMAL HERING SATT

Telefon: 01805/873366
www.nun-usedom.de

Usedomer Heringswochen, Ückeritz

Einmal im Jahr hat der Hering auf Usedom Hochkonjunktur, nämlich Ende April bis Ende Mai. Dann finden die Usedomer Heringswochen statt.
Wer glaubt, der Fisch komme nur als saurer Hering oder Brathering vor, ist im wahrsten Sinne des Wortes falsch gewickelt. Hier werden neben Heringsrouladen alle denkbaren und undenkbaren Heringskreationen geboten. Carpaccio, Sushi, Soufflé, Pralinen, um nur einige zu nennen, damit Ihnen das Wasser im Munde zusammenläuft. Um die 30 Restaurants und Gaststätten beteiligen sich an den alljährlichen Heringswochen, und es gibt einzig dafür aufgelegte Speisekarten. Vom Eröffnungsfest mit viel Unterhaltung auf dem Vorplatz der Seebrücke in Koserow bis zur Nominierung des Spezialitäten-Siegers gibt es auf Usedom den zarten jungen Ostsee-Hering satt.

Usedom Tourismus GmbH . Bäderstraße 5 . 17459 Ückeritz

EIN GARTEN ZUM ERHOLEN

Botanischer Garten, Greifswald

Telefon: 03834/861130
www.uni-greifswald.de

Der Botanische Garten in Greifswald ist seit seiner Gründung 1763 durch mehrere Verlagerungen und Erweiterungen zu einer Anlage besonderer Art geworden.
In 16 Gewächshäusern, in großen Freilandbereichen und im Arboretum, in dem exotische Gehölze, Bäume und Büsche angepflanzt wurden, sind heute auf 2 ha Fläche 7.000 Pflanzenarten aus der ganzen Welt zu Hause. Hier wird aber nicht nur studiert und geforscht, viele Besucher kommen, um die vielfältige Pflanzenwelt zu bestaunen und sich in der verzaubernden bunten Welt zu erholen.
Ein Gewürz- und Heilkräutergarten, männliche Gingkobäume und drei Urweltmammutbäume von ca. 18 m Höhe sind nur einige der Schönheiten des Gartens. Besonders beeindruckend sind nicht nur die Sammlungen der Sukkulenten, der fleischfressenden Pflanzen und etwa 500 verschiedenen Orchideen, sondern vor allem die Riesenseerosen. Sie gehören mit bis zu 30 cm breiten Blüten, die bis zu 50 cm über dem Wasser stehen können, zu den größten Blüten überhaupt und sind wahre Schönheiten.

Botanischer Garten . Grimmer Straße 88 . 17487 Greifswald

12 UHR MITTAG

Sankt-Marien-Kirche, Rostock

Telefon: 0381/4923396
www.marienkirche-rostock.de

Für den Turmwärter Friedrich Bombowski war die Marienkirche mehr als nur ein Arbeitsplatz. Dreimal riskierte er in den Bombennächten des Zweiten Weltkriegs sein Leben, um beim Löschen des lichterloh brennenden Gotteshauses zu helfen: mit feuchten Tüchern, Sand und Wasser, das er eimerweise all die Stufen bis in den Kirchturm hochschleppte. „Wenn die Menschen unsere schöne Kirche ansehen, ahnt keiner, in welch' großer Gefahr sie war", notierte er nach Kriegsende.
Heute ist die wichtigste Kirche Rostocks Anziehungspunkt für Touristen aus der ganzen Welt – nicht nur wegen der unverwechselbaren norddeutschen Backsteingotik des Gebäudes.
1232 wurde ihre Vorgängerkirche erstmals urkundlich erwähnt. Mitte des 15. Jahrhunderts war der Bau der heute dreischiffigen Basilika abgeschlossen. Eine Generalsanierung der alten Gemäuer steht seit Jahren an. Seit 2003 droht das gewaltige Südportalfenster über dem Haupteingang einzustürzen.
Besonders beeindruckend ist die Holzkanzel von 1574, sie ist ein wahres Kunstwerk. So mancher Besucher vergisst die Zeit bei der intensiven Betrachtung der

plastischen und reliefartigen Darstellung einiger Szenen aus dem Leben Jesu. Hinter dem wunderschönen Hochaltar tickt die monumentale astronomische Uhr. Zu jeder vollen Stunde erklingt das Glockenspiel mit unterschiedlichen Chorälen. Um 12 Uhr mittags und um Mitternacht ist es Zeit für den berühmten Figurenumzug. Dann drängen sich die meisten Besucher unter der Uhr. Sechs Figürchen, die die Apostel und Evangelisten darstellen, ziehen in feierlicher Prozession an Jesus vorbei, der sie alle mit einer Handbewegung segnet. Nur die letzte Figur wird nicht gesegnet: Judas, der Verräter. Er ist auch der Einzige, dem die Türe vor der Nase zugeschlagen wird, wenn alle anderen Figuren ihre Runde gedreht haben und wieder im Inneren der Uhr verschwinden. Das astronomische Chronometer tickt übrigens schon seit 1379 – und zwar immer noch mit Hilfe des ersten Uhrwerks.

Sankt-Marien-Kirche . Am Ziegenmarkt 4 . 18055 Rostock

0072 MV_Hotels & Wellness

DAS GRAND HOTEL DER WEISSEN STADT AM MEER

Telefon: 038203/7400
www.kempinski-heiligendamm.com

Kempinski Grand Hotel, Heiligendamm

Ein klassizistisches Ensemble von Prachtbauten am Wasser. Sich ihrer Wirkung durchaus bewusst, blicken die mondänen Prachtbauten Heiligendamms hoheitsvoll auf die Ostsee. Wie frisch gebadet strahlt „die weiße Stadt am Meer" in der Sommersonne. Mittendrin die Königin: das Kempinski Grand Hotel Heiligendamm. Seine Villen und Logierhäuser räkeln sich, wie es sich für ein 5-Sterne-Luxushotel der Superlative gehört, in einer Melange aus jahrhundertealten Alleen, Wiesen und Sandstränden.
Doch zuerst zur Geburt des Hauses: Heiligendamm war eigentlich früher gar kein Ort, sondern der Name eines Strandes von Doberan. Bedeutung erlangte das Küstenstück erst 1793, als dem mecklenburgischen Herzog Friedrich Franz I. „zum Wohle seiner Gesundheit das Bade empfohlen wurde". Anscheinend mit Trendsetterqualitäten gesegnet, taten es ihm viele gleich, und der Bau des ersten Badehauses 1796 wurde notwendig. Irgendwann kam der gesamte europäische Hochadel, bis hin zur Zarenfamilie, auf den Geschmack Heiligendamms, und so folgte ein Prunkbau dem nächsten. Die Fertigstellung des Grand Hotels 1886 komplettierte ein Ensemble rund um das damals schon entstandene Kurhaus.
Die Geschichte Heiligendamms ist besonders wechselvoll, und noch heute ranken sich wilde Storys um Erbansprüche, ausschweifendes Leben und Verwirrungen großer Familien. Der heutige Eigentümer, die Investmentgesellschaft Fundus mit ihrem Chef Anno August Jagdfeld an der Spitze, kaufte in den 90er Jahren das Bad für 18 Millionen Mark (9 Mio. E). Ein Schnäppchen-Preis sozusagen. Die Jagdfelds, die schon mit dem bekannten Hotel Adlon in Berlin Erfahrung im Premium-Immobilien- und Hotelgeschäft gesammelt hatten, nahmen also das Kempinski unter ihre Fittiche. Anna Maria Jagdfeld und ihr Team durften sich über Jahre dem Design- und

Kempinski Grand Hotel

Inneneinrichtungsgeschick des Luxushotels annehmen. Bis ins kleinste Detail wurde jeder Winkel durchgestylt. In den Suiten stehen eigens entworfene Möbel, die Wände der Säle schmücken handbemalte chinesische Tapeten. Drei Jahre dauerte die Rekonstruktion.
Mit der Eröffnung des Kempinskis, am 1. Juni 2003, begann für das ehemals angesagteste Seebad Europas ein weiteres Kapitel seiner Geschichte. Eleganz und Luxus des Heiligendammer Hotels sind kaum zu überbieten. Ein Superlativ des teuren Geschmacks löst den nächsten ab: der festliche Ballsaal, die wunderbar gestalteten Zimmer und Suiten (fast alle haben Meerblick), ausgezeichnete Gourmet-Restaurants und Bars, der spektakuläre Spa-Bereich.
Sogar die Kinder haben eine eigene Villa zu ihrer Verfügung. Wenn Papa und Mama in den stilsicher gestalteten Räumen des historischen Kurhauses im Meeting sitzen, dürfen sich ihre Kids auf drei Etagen in unterschiedlichen Erlebniswelten austoben.

Kempinski Grand Hotel . Prof.-Dr.-Vogel-Straße 6 . 18209 Heiligendamm

0073 MV_Hotels & Wellness

SPA-TRÄUME DE LUXE

Telefon: 038203/7400
www.kempinski-heiligendamm.com

Spa-und-Sports-Bereich, Kempinski Grand Hotel, Heiligendamm

In einem eigenen Palais des Kempinski Grand Hotels in Heiligendamm befindet er sich, der ultimative Ort aller Spa-Sehnsüchte.
Verschwenderisch breiten sich oasenartige 3.000 qm Wohlfühl-Welten aus. Natürlich ist hier alles exquisit und absolut vom Feinsten. Sogar Spa-Suiten gibt es hier. Luxuriös bis ins kleinste Detail, versteht sich.
Alles aufzuzählen, was der Schönheits-Palast des 5-Sterne-Hotels zu bieten hat, würde hier bei Weitem den Rahmen sprengen. Einige appetitanregende Stichworte sollen genügen, um alle Wellness- und Kosmetik-Bedürftigen der Republik den Blick sehnsüchtig aus dem Fenster schweifen zu lassen: Packungen im Wasserbett, Ostsee-Hamam, Meersalzbäder, Algenpackungen, Klangschalenmassagen, traditionelle chinesische Medizin, Spa-Lounge, Personal Training und noch viel, viel mehr.

Die Liste aller Möglichkeiten im „Beauty à la carte“-Bereich ist riesengroß und würdig, intensiver studiert zu werden. Sanft glätten kann man zum Beispiel seine Haut mit einem Peeling aus Diamanten und Süßwasserperlen. Oder man lässt sich Kaviar auf die Haut tupfen. Überflüssig zu erwähnen, dass nur mit besten Produkten gearbeitet wird.
Eines ist klar: Besagter Tupf-Kaviar ist ganz sicher kein Restposten aus der Gourmet-Küche.

Kempinski Grand Hotel . Prof.-Dr.-Vogel-Straße 6 . 18209 Heiligendamm

0074 MV_Städte & Touren

BREIT, FLACH UND SCHÖN

www.zeesenboot.com
www.fischland-darss-zingst.de

Ausflug mit dem Zeesenboot, Ostseeküste

Ab dem 15. Jahrhundert wurden Zeesenboote als Fischereiboote mit Grundschleppnetzen, den Zeesen, eingesetzt. In der ehemaligen DDR wurde sogar noch bis Ende der 1970er berufsmäßig mit ihnen gefischt. Erst seit 2006 hat ein Fischer aus Pruchten die traditionelle „Zeesenfischerei unter Segeln“ wieder aufgenommen.
Die meisten der breitrumpfigen Boote werden aber liebevoll erhalten und für Segelausflüge genutzt. Auf poliertem Eichenholz-Rumpf unter rotbraunen Segeln kreuzen diese historischen Arbeitssegler durch die Boddengewässer. Denn genau dafür wurden sie in vielen Jahrhunderten Schiffsbau entwickelt: Durch den flachen, aber breiten Rumpf haben sie minimalen Tiefgang und können in den flachen Binnengewässern, den Bodden, und im küstennahen Bereich segeln und fischen.

Ein Zeesenboot im Hafen von Zingst

Eine Fahrt durch die Bodden auf einem der historischen Zeesenboote kann in fast allen Orten der Region Fischland-Darß-Zingst und auch auf Usedom angefragt und auch gleich von dort unternommen werden. Mit der Nase im Wind wird das ein wunderschöner Törn.

Tourismusverband Fischland-Darß-Zingst e.V. . Barther Straße 31 . 18314 Löbnitz

SEGELN, FEIERN, HANSE SAIL

Telefon: 0381/2085233
www.hansesail.com

Hanse Sail, Rostock

Jedes Jahr im August steht Rostock im Mittelpunkt der Aufmerksamkeit der Segler und Segel-Freunde. Eine Woche lang – und dies nun schon seit 1991 – herrscht dann ein wahrlich buntes Treiben zu Wasser und zu Land: Etwa 1 Mio. Besucher machen jedes Jahr die Hanse Sail zu einem der größten norddeutschen Volksfeste, und im Rostocker Hafen laufen mehr als 250 der weltweit schönsten Großsegler ein. Vom historisch-exakten Nachbau einer Hanse-Kogge bis hin zum weltgrößten Traditionssegler, dem 177,5 m langen russischen Viermaster „Sedow", machen sie alle im Rostocker Hafen direkt vor der Stadt fest. Traditionell mit dabei sind die „Gorch Fock" und die „Alexander von Humboldt". Aber auch Eisbrecher, Raddampfer, seltene Museumsschiffe und andere maritime Oldtimer dümpeln zwischen den stolzen Windjammern und liebevoll erhaltenen Traditionsseglern.
Tipp: In jedem Jahr nutzen viele Besucher die Gelegenheit, die Schiffe eingehend zu inspizieren und, wenn möglich, auf Tages- und Abendtörns mitzusegeln. Wer zu schnell seekrank wird, kann eines der Wasserflugzeuge für einen Rundflug über Rostock und die Region buchen.
Einer der vielen Höhepunkte der Hanse Sail ist das Riesen-Hafen-Feuerwerk am Samstagabend. Wer möchte, kann das Schauspiel von einem der Segelschiffe oder vom Riesenrad aus bestaunen.

Hanse Sail . Warnowufer 65 . 18057 Rostock

MUSEUM IM RENAISSANCESCHLOSS

Telefon: 03843/7520
www.schloss-guestrow.de

Staatliches Museum Schwerin, Schloss Güstrow

Das prunkvolle Schloss Güstrow sieht zwar aus wie eine echte Dornröschenresidenz, im Laufe seiner Geschichte beherbergte es jedoch nicht nur reiche Herzöge und schöne Kurtisanen. Die ehemalige slawische Burganlage aus dem Jahre 1301 wurde nach mehreren Bränden und Umbauten erst 1671 zu dem heutigen Prunkschlösschen mit Torhaus und Schlossbrücke.
Nach dem Aussterben der verschiedenen Herzogsgeschlechter Mecklenburg-Güstrows und Mecklenburg-Schwerins stand das Schloss einige Jahre leer und drohte zu verfallen. Bevor es von 1963 bis 1978 durch die DDR restauriert wurde, war es Kriegslazarett und später Seniorenheim.

Heute ist das sanierte Schloss einer der Standorte des Staatlichen Museums Schwerin. In den Ausstellungsräumen kann man herzogliche Jagdwaffen aus dem 17. Jahrhundert bestaunen, die in einer Räuberklamotte à la „Hotzenplotz" als Requisite auftauchen könnten. Außerdem sind eine Keramik- und eine Münzsammlung sowie wunderschöne Jugendstilvasen mit filigranen Verzierungen zu sehen.
Vor allem aber die Gemälde der Renaissance, für die man sich keinen würdigeren Platz vorstellen könnte, lassen die Herzen aller Kunstliebhaber höherschlagen. Italienische, deutsche und niederländische Künstler rücken den Menschen und seine Lebenswelt in den Vordergrund und verdrängen damit die sakralen Themen der mittelalterlichen Malerei.
Der große Renaissancegarten mit den akkurat geschnittenen Hecken und den verspielt angelegten Teichen entzückt heutzutage die Besucher. Diese Gartenanlage ist in Deutschland einzigartig.
Die Herrschaften haben damals schon einen exzellenten Geschmack bewiesen.

Staatliches Museum Schwerin . Schloss Güstrow . Franz-Parr-Platz 1 . 18273 Güstrow

0077 MV_Natur & Tiere

NATIONALPARK VORPOMMERSCHE BODDENLANDSCHAFT

www.nationalpark-vorpommersche-boddenlandschaft.de

Nationalpark Vorpommersche Boddenlandschaft, Born

Büffel im Nationalpark Vorpommersche Boddenlandschaft

Mit 805 km² ist der Nationalpark Vorpommersche Boddenlandschaft entlang der Ostsee- und Boddenküste das größte Schutzgebiet Mecklenburg-Vorpommerns. Etwa die Hälfte der Fläche entfällt auf die offene Ostsee, ein weiteres Viertel auf die Boddengewässer der Darß-Zingster Boddenkette und der Westrügener Bodden. Zu den Landflächen zählen Teile des Darß, der Halbinsel Zingst und ein Großteil der Insel Rügen. Entsprechend der Größe des Parks ist es ratsam, sich vor einem Besuch ausreichend zu informieren, um sich Orte und Schutzgebiete gezielt ansehen zu können.
Der Artenreichtum im Nationalpark ist nämlich besonders groß und vielfältig. Von Schmetterlingen über Käfer, Frösche, Fledermäuse und Schlangen bis hin zu Mufflons sowie Rot- und Schwarzwild gibt es unglaublich viele verschiedene Tiere zu

entdecken. Auch die schon einmal fast vertriebenen Kegelrobben sind wieder zu beobachten.
Besonders wichtig ist das Gebiet jedoch für Vögel. Nicht weniger als 163 Brutvogelarten sind hier zu finden. Auch sind die Boddengewässer das wichtigste Überwinterungsgebiet für Wasservögel. Besonders auffallend sind die Kraniche, die sich im Herbst mit etwa 60.000 Tieren einige Wochen hier in den Flachwasserbereichen zum Weiterflug sammeln.
Zur Tierbeobachtung sollte der Besucher besser mit einem Fernglas ausgerüstet sein. Aber es geht auch ohne, denn dann steigt man auf den Darßer Leuchtturm und ist tief beeindruckt von dem Sonnenlicht, das über der Küstenlandschaft, den Bodden und der Ostsee leuchtet. Denn hier ist das Land mit dem meisten Sonnenschein Deutschlands.

Nationalpark Vorpommersche Boddenlandschaft (Nationalparkamt) . Im Forst 5 . 18375 Born

0078 MV_Natur & Tiere

SEE, SONNE UND NATUR

Telefon: 038232/81521
www.entdeckemv.de

Ostseeheilbad Zingst

„Wo de Ostseewellen trecken an den Strand" heißt das Lied der Dichterin Martha Müller-Grählert. Die musikalische Liebeserklärung gilt ihrer Heimatinsel Zingst, und wenn man dort einmal war, möchte man am liebsten selbst eine Hommage an das ehemalige Seefahrer- und Fischerdorf loswerden. Das beschauliche Ostseeheilbad mit nur 3.500 Einwohnern liegt auf der gleichnamigen Halbinsel, und die ist zwar 20 Kilometer lang, aber nur etwa zwei Kilometer breit. Der Zingster Strom und der Barther Bodden grenzen sie ein. Man fühlt sich, als hätte man ständig ein Mentholbonbon im Mund, so erfrischend ist das Klima rund um den idyllischen Zingster Hafen und entlang dem Deich.
Zingst hat den Nationalpark Vorpommersche Boddenlandschaft direkt vor seiner Haustür. Hier kann man radeln, wandern oder Kraniche beobachten. Die Farne im sumpfigen Darßer Wald erinnern dabei an Urzeiten. Während ausgedehnter Spaziergänge oder Radtouren zwischen der schönen Boddenlandschaft und dem breiten Sandstrand ist der Stress des Alltags Lichtjahre entfernt. Besonders der Weststrand ist sehr romantisch und wurde von ARTE zu einem der schönsten Strände der Welt gekürt.
Immer im Juli findet hier auch das stimmungsvolle Hafenfest statt. Dort, am Hafen mit seinen kreischenden Möwen, gibt es täglich frischen Fisch – geräuchert oder „grün" oder in einem Brötchen.

Kur- und Tourismus GmbH . Seestraße 56 . 18374 Ostseeheilbad Zingst

ALTE GALOPPRENNBAHN

www.ostseerennbahn.de

Bad Doberan, Mecklenburg-Vorpommern

Zwischen Bad Doberan und dem Ostseebad Heiligendamm, mitten in der weiten, schönen Landschaft Mecklenburgs, liegt die älteste Galopprennbahn Deutschlands. Seit 1822 finden hier jährlich Vollblut-Rennen statt. Vom damaligen Schirmherrn, dem Großherzog von Mecklenburg-Schwerin, gefördert, entwickelten sich die Pferderennen zu mondänen Gesellschaftsereignissen. Kaiser, Könige und der dazugehörige Adel aus aller Welt kamen gern zu Besuch, zumal die benachbarten „Kaiserbäder" den Aufenthalt noch angenehmer machten.
Mit alldem war Schluss, als die Rennen wegen der beiden Weltkriege ausgesetzt wurden. Es gab halbherzige Versuche, an die große Doberaner Renntradition anzuknüpfen, doch blieben sie letztlich erfolglos. Das Gelände verfiel, wurde zeitweise landwirtschaftlich oder sogar als Bauschuttdeponie genutzt.
Erst nach der Wende konnte der abermals gegründete Doberaner Rennverein von 1822 e. V. die Bahn 1993 in neuem Glanz erneut eröffnen. Seither finden hier wieder in jedem Sommer große Pferderennen statt, wie das „Ostsee-Meeting", bei dem über 150.000 Euro Preisgelder zu gewinnen sind. Das Großereignis, mit dem „Ostseepreis" als Höhepunkt, ist eine feste Größe im deutschen Galopprennsport und – wie früher – gut besucht.

Pferderennbahn Bad Doberan . 18209 Bad Doberan

REITERFERIEN IM ALTEN LANDGUT AM SEE

Telefon: 038426/21974
www.landgut-lischow.de

Reiterferien, Landgut Lischow

Ein stattlicher Hof mit Park: Das Landgut Lischow in Mecklenburg-Vorpommern versprüht noch die echte alte Gutshofatmosphäre. 60 Trakehner schnauben in den Ställen und auf den satt-grünen Wiesen des Hofes. Im Sommer wie im Winter darf man hier im Sattel sitzen. Reitunterricht, geführtes Wanderreiten oder Ausritte durch wunderschöne (Küsten-) Landschaften erfüllen Urlaubsträume von Pferdefreunden. Wer es lieber gemütlich mag, lässt sich eben „kutschieren" oder spaziert gemeinsam mit den Gänsen eine Runde vom Hofteich zum Rosengarten. Planwagenfahrten, Fahrradtouren oder Nachtangeln am See machen das Landgut mit seinen 21 Appartements zu einem besonders für Familien mit Kindern geeigneten Ferienziel. Tipp: Sehr beliebt sind die Lagerfeuerabende!

Landgut Lischow . Auf dem Gutshof . 23974 Lischow

BESUCHER IM INNENOHR

Telefon: 038220/666610
www.ostseebad-ahrenshoop.de

Klanggalerie Ahrenshoop

Was kommt dabei heraus, wenn ein Komponist und Musiker in dem seit über hundert Jahren mit Malern und Künstlern reich gesegneten Ort Ahrenshoop ein Haus entwirft? Richtig: ein Ohr.
Genauer gesagt ein Haus, dessen Grundriss der Form eines Ohres entspricht. Die LGM-Klanggalerie, von Lutz Gerlach entworfen, gibt dem Begriff „reinhören" im wahrsten Sinne des Wortes – und Sinne des Ortes – eine ganz neue Dimension. „Der kleine Mann im Ohr" schweigt hier und lauscht stattdessen still in Räumen mit Hörstationen CD-Produktionen von LGM-Records. Weiter hinten, im Gehörgang, geben sich die Schimanskis und Meyers dieser Welt audiovisuellen Licht-Klang-Erlebnissen hin. Und selbst das ist noch zu toppen: durch zwei Flügel im Ohr. Konzertflügel im Innenohr, um genau zu sein. Da sitzen also einige „Ohr-Besucher" und lauschen in entrücktem Verzücken einem Konzert, das hier zum Besten gegeben wird.
Des Ganzen nicht genug: In nicht weiter Entfernung zum „Ohr" wurden Ferienwohnungen in Form einer Muschel eingeweiht. Und welchen Namen trägt wohl das Gesamtensemble? Richtig: „Ohr-Muschel".

Kurverwaltung Ahrenshoop . Kirchnergang 2 . 18347 Ostseebad Ahrenshoop

OSTALGIE, ABER WIE

Telefon: 0170/2235850
www.technikverein-puetnitz.de

Technik-Verein Pütnitz

Was ist los, wenn 450 Fahrzeuge aller Kategorien – vom Motorroller über topgepflegte Wartburgs und geländegängige GAS-69 bis zum Brückenlegepanzer BLG-60, und dazu 10 Flugzeuge, vom Düngemittelsprüher bis zum Kampfflieger aus dem Zweiten Weltkrieg sich in einem Waldstück bei Rostock treffen? Und 15.000 Zuschauer dabei stehen und voller Interesse der endlos erscheinenden Fahrzeugparade zuschauen? Dann ist „Ostblocktreffen".
Auf dem ehemaligen Militärflughafen Pütnitz bei Ribnitz-Damgarten direkt am Saaler Bodden stehen in den großen Hangars unglaubliche Ost-Schätze: massenweise Trabis, Wartburgs, Tatra-Limousinen, russische SILs, fast alles, was früher im „Ostblock" zivil auf Rädern unterwegs war.
Mit der Halle wechselt auch das Thema: Die „Ausstellung von militärischen Radfahrzeugen" ist einfach riesig. Nicht nur ein einzelner Robur oder IFA oder Ural steht dort, es ist jeweils fast ein halbes Dutzend. Ein ähnliches Bild eine Halle weiter:

Schützenpanzer, Kampfpanzer und Selbstfahrlafetten en masse, dazwischen ein paar MIGs, präsentieren sich dem staunenden Besucher in ausgezeichnetem Zustand .
Auf 12.000 m2 Ausstellungsfläche stehen über 100 Fahrzeuge des ehemaligen Ostblocks, gesammelt und gepflegt vom Technik-Verein Pütnitz. Das Gelände ist so groß, dass sogar die Möglichkeit besteht, als Besucher einige der Ausstellungsstücke zu fahren.
Doch der Höhepunkt ist seit sechs Jahren das „Ostblocktreffen" am ersten Juliwochenende. Da kommen sie aus allen Winkeln mit ihren „Ost-Schätzchen" nach Pütnitz und führen sie vor: die alten VoPo-, Feuerwehr- und Sanitätsfahrzeuge, frisch lackierte russische Militär-LKWs, Dnepr-Motorradgespanne, Amphibien-Fahrzeuge und ab und zu auch einen Panzer. Nach der Parade geht es ab in den Schlamm, dann tauchen die Panzer ins Wasser, pflügen die russischen GAS durchs Gelände, und wem das noch zu wenig ist, der bucht sich einen der Rundflüge in den russischen Oldtimer-Flugzeugen und betrachtet alles von oben.

Technik-Verein Pütnitz e.V. . Marlower Straße 17a . 18311 Freudenberg

---

0083 MV_Natur & Tiere

KRANICH ON TOUR

Kranich-Sammelstelle, Groß Mohrsdorf

Telefon: 038323/80540
www.kraniche.de

Kranichtour in Stralsund

Sie sammeln sich. Die Vögel. Zu Tausenden. Nein, dies hat nichts gemein mit dem gleichnamigen Hitchcock-Schocker. Hier sind es Zugvögel, genauer gesagt, die eher scheuen Kraniche, die sich vor und nach ihrem „Winterurlaub" im Süden rund um die Zingst-Bock-Region zusammenrotten. Bei ihrer Begrüßung geben sie ein leises „Gruh, gruh" von sich. Was vielleicht so viel heißt wie: „Hi Kumpel, wie waren die Ferien?" Oder nur kurz und informativ: „Abflugbereit!" Jährlich sind es mehr als 40.000 dieser storchenähnlichen, wunderschönen Vögel, die bei Ihren „Stopovers" rund um den Ort Groß Mohrsdorf von kleinen Aussichtstürmen beobachtet werden können. Da überlegt man sofort: „Wie viele Tonnen Frösche, Krebse oder Regenwürmer müssen pro Tag als Frühstückshappen bei dieser Unmenge von hungrigen Vögeln wohl ihr Leben lassen?" Eine gute Frage für das Kranich-Informationszentrum des Ortes. Beim Besuch der größten und umfangreichsten Ausstellung Deutschlands lassen sich bestimmt noch einige andere Kranich-Geheimnisse lüften.

Kranich-Informationszentrum . Lindenstraße 27 . 18445 Groß Mohrsdorf

SCHEUER ADLER, FRECHES SCHWEIN

Telefon: 038234/502-0 . www.nationalpark-vorpommersche-boddenlandschaft.de

Darßer Urwald

In diesem Urwald gibt es zwar keine Vogelspinnen und keine riesigen Echsen, aber das macht einen Besuch umso entspannter. Das Waldgebiet, Teil des Nationalparks Vorpommersche Boddenlandschaft, ist fast 5.000 Hektar groß und liegt eingebettet zwischen Prerow, Ahrenshoop, Wieck und Born. In ihm lässt es sich hervorragend wandern und radeln. Viele gefährdete Tier- und Pflanzenarten können sich hier vom Menschen weitestgehend unbehelligt entwickeln. Kegelrobbe, Wildschwein und das Insel-Schaf Mufflon haben im Park ihre Rückzugsgebiete.
Der Spagat zwischen Tourismus und Naturschutz ist eine der größten Herausforderungen für die Mitarbeiter des Nationalparks. Auf geführten Spaziergängen, Vorträgen und Ausstellungen wollen sie die Besucher für Flora und Fauna der Landschaft sensibilisieren. Wer dort hinfährt, sollte das Fernglas nicht vergessen: Von Beobachtungsplattformen aus kann man jagende Kraniche entdecken, ihren ungewöhnlichen Lauten lauschen – am besten im September und Oktober. Mit Glück können Sie durch das Fernglas auch die sehr scheuen Seeadler erkennen. Völlig ohne Vergrößerungshilfe lassen sich hingegen die Rehe und Wildschweine am Darßer Ort beobachten. Rückt man den Borstenviechern allerdings zu nah auf die Pelle, können sie durchaus gefährlich werden. Also besser auf den Wegen bleiben!
Der Darßwald wirkt mit seinen dichten Bäumen, dem Moos und den Lichtungen, die sich immer wieder auftun, wie ein verzaubertes Märchenreich. Wer aus diesem Wald wieder herausfindet, kann vom Aussichtspunkt Dornbusch bis nach Dänemark blicken, auf die weißen Kreidefelsen der Insel Mon. Das komplette 360-Grad-Panorama gibt's aber nur auf dem Dornbusch-Leuchtturm. Den gilt es allerdings erst einmal zu besteigen.

Nationalpark Vorpommern . Im Forst 5 . 18375 Born

FOTO VERSUS ÖLBILD

Telefon: 038302/6617-0
www.ruegen.de

Kreidefelsen Rügen

Kilometerlange Sandstrände, ausgedehnte, stille Buchenwälder, beschauliche Fischerdörfer und imposante Herrenhäuser: Deutschlands größte Insel hat alles zu bieten, wovon Urlaubsreife träumen. Doch berühmt ist Rügen vor allem für seine weiß leuchtenden Kreidefelsen, die bis zu 120 Meter in den Himmel ragen. Der bekannteste unter ihnen ist ein Felsvorsprung namens Königsstuhl, der ganz in der Nähe von Sassnitz liegt.

Kreidefelsen Rügen

Wenn man auf dem Felsen steht, kann man seinen Blick weit bis zum Horizont übers Meer schweifen lassen. Aber den besten Blick auf den Königsstuhl selbst muss man sich über 500 Stufen Abstieg erst erarbeiten. Ist man ganz unten am steinigen Ostseeufer angekommen, liegen 118 Meter Höhenunterschied zwischen Betrachter und Königsstuhl, was den Felsen besonders imposant wirken lässt.
Besonders schön ist eine Schifffahrt entlang den weißen Felsen. Hier kann man bei einem „Klönsnack" mit einem erfahrenen Seebären Interessantes über die Vergangenheit der Insel erfahren.
Die Kreidefelsen-Steilküste liegt im Nordosten der Halbinsel Jasmund und erstreckt sich auf rund 15 Kilometer Länge. Entstanden sind die Kreidefelsen aus kalkhaltigen Schalen, Skeletten und Panzern von kleinsten Meeresbewohnern. Sie sind Teil des 1990 entstandenen Nationalparks Jasmunds, dessen Besuch sich auch wegen der wunderschönen Moore, Wiesen und Wälder lohnt.
Die besten Reisezeiten sind eigentlich Vor- und Nachsaison. Im Hochsommer ist der Nationalpark schon mal überlaufen. Doch keines der Fotos, die Touristen von der Felsenküste schießen, hat jemals die Atmosphäre der Küste Rügens so gut einfangen können, wie Caspar David Friedrich es 1818 in seinem berühmten Ölgemälde „Kreidefelsen auf Rügen" schaffte.

Nationalpark-Zentrum Königsstuhl . Stubbenkammer 2 . 18546 Sassnitz

0086 MV_Sport, Abenteuer & Technik

SLAWISCHE RINGWALLBURG GROSS-RADEN

Telefon: 03847/2252
www.gross-raden.de

Archäologisches Freilichtmuseum, Sternberg

Der altslawische Tempelort blieb lange Zeit unentdeckt. Umso erstaunlicher ist es, dass das Heiligtum in den 1980er Jahren, etwa 1.000 Jahre nach seiner Entstehung, originalgetreu nachgebaut werden konnte. Professor Dr. Ewald Schuldt trug hier ab 1973 während umfangreicher Ausgrabungen etwa 90.000 Fundstücke zusammen, die eine Rekonstruktion ermöglichten.
Bemerkenswert ist, wie gut die Überreste des alten hölzernen Tempels, der Tempelburg und des Dorfes selbst erhalten gewesen sein müssen. Der Nachbau vermittelt einen lebendigen Eindruck vom Alltag und Leben der Slawen, welche Handwerkstechniken sie ausübten und wie Eisen verhüttet wurde.
Mit dem Auto ist die Anlage nicht erreichbar, nur mit einem schönen, etwa 20-minütigen Spaziergang durch den Wald. Eine Holzbrücke über dem Wassergraben führt den Besucher in eine alte Welt, in der er sich von Blockhäusern und Palisaden umgeben in der Kulthalle oder innerhalb des Burgwalles in die Zeit der Slawen zurückversetzt fühlt.

Slavensiedlung bei Groß-Raden

Wem ein Besuch des Geländes nicht genügt, der kann in Gruppen an verschiedenen Aktivitäten teilnehmen: Getreide mahlen, spinnen und weben, Brot und Fladen backen oder wiederentdeckte slawische Spiele spielen. Ein wundervoll lebendiger Ausflug in alte Zeiten.

Archäologisches Freilichtmuseum Groß-Raden .
Kastanienallee . 19406 Sternberg

0087 MV_Städte & Touren

HISTORISCHE ALTSTADT – MODERNES AQUARIUM

Telefon: 03831/252-0
www.stralsund.de

Weltkulturerbe: Stralsund

„Meerstadt ist Stralsund, vom Meer erzeugt, dem Meere ähnlich, auf das Meer ist sie bezogen in ihrer Erscheinung und in ihrer Geschichte." Dieses Zitat der Schriftstellerin Ricarda Huch passt zum maritimen Flair dieser Stadt, einer der schönsten Hansestädte des Nordens. Gelegen am Strelasund, einer Meerenge der Ostsee, wird Stralsund als „Tor zur Insel Rügen", Deutschlands größter Insel, bezeichnet.
Besucht man die Stadt im Sommer, kann man riesige Flusskreuzfahrtschiffe im Hafen liegen sehen und bei einem Spaziergang an der Nordmole von einer der Yachten träumen, die hier „parken". Die Altstadt gehört mit der Altstadt Wismars seit 2002 zum UNESCO-Weltkulturerbe („Zwei Städte – ein Erbe"). Hier prägen die vielen sanierten Bürgerhäuser, die fast alle unter Denkmalschutz stehen, das Bild, vor allem durch ihre typischen Giebel.
Wer ins Meer abtauchen will, ohne dabei nass zu werden, sollte das Deutsche Meeresmuseum im ehemaligen Katharinenkloster besuchen, das auf der nördlichen Hafeninsel der Stralsunder Altstadt liegt. Es ist das meistbesuchte Museum Deutschlands und bietet großartige Einblicke in die Welt des Meeres und seiner Bewohner. Voraussichtlich 2008 wird der Erweiterungsbau – das „Ozeaneum" – eröffnet, ein gigantisches Aquarium, das bis zu seiner Fertigstellung rund 50 Millionen Euro verschlucken wird. Auf rund 9.700 Quadratmetern können die Besucher durch mehrere Ausstellungshallen gehen und werden dabei bestimmt vor der zehn Meter breiten und fünf Meter hohen Panoramascheibe eines riesigen Aquariums hängenbleiben, wo sie eine kleine Vorstellung von der unendlichen Weite des Ozeans bekommen. Und nicht nur Kinder werden staunen, wenn sie die „Riesen der Meere" in einer über 20 Meter hohen Halle entdecken: Ein 28 Meter langer, nachgebildeter Blauwal wird hier neben einem winzigen Menschen schwimmen, während ein 15 Meter großer Pottwal mit einem Riesenkalmar kämpft. So spannend kann es zugehen in der geheimnisvollen Unterwasserwelt. Panta rhei – alles fließt!

Stralsund-Information . Alter Markt 9 . 18439 Stralsund,

AUSGRABUNGEN AUF DEM MEERESGRUND

Telefon: 038392/32300
www.archaeologie-mv.de

Museum für Unterwasserarchäologie, Sassnitz

In der denkmalgeschützten Abfertigungshalle des ehemaligen Fährbahnhofes Sassnitz auf Rügen befindet sich das bundesweit einzige Museum für Unterwasserarchäologie. Es vermittelt nicht nur Wissen rund um das Leben in und am Wasser in der Vergangenheit, sondern auch über die Techniken der Ausgrabung und Konservierung. Vor allem werden in der Dauerausstellung Exponate zur Unterwasser- und Schiffsarchäologie gezeigt, die teilweise von besonders großer archäologischer Bedeutung sind.
So wurde beispielsweise 1997 vor der Insel Hiddensee das Wrack einer um 1330 gebauten Gellenkogge – ein Handelsschiff – geborgen. Die untere Backbordseite sowie Teile der Ladung und der Ausstattung sind erhalten und auf sandigem Boden unter einem Vermessungsnetz inklusive nummerierter Fundstücke besonders schön in Szene gesetzt. Schiffsbautechnisch ist das Boot einzigartig, denn es verbindet verschiedene Handwerkstraditionen, die zu einer im Koggenbau einmaligen dicken, doppelten Bordwand geführt haben.
Ein weiterer historisch bedeutsamer Fund ist das um 995 gebaute Boot II aus Ralswiek, ein Objekt aus dem slawischen Schiffsbau. Derzeit wird es komplett vor den Augen der Besucher wieder aufgebaut.
Das Museum ist ein Ort, der mit vielen Fundstücken aus Schiffen und vergangenen Siedlungen das Abenteuer Unterwassergeschichte für die Besucher in die Gegenwart holt.

Museum für Unterwasserarchäologie . Alter Fährhafen . 18546 Sassnitz/Rügen

WALE UND KALMARE IM KLOSTER

Telefon: 03831/2650210
www.meeresmuseum.de

Deutsches Meeresmuseum, Stralsund

Norddeutschlands größtes Naturkunde-Museum befindet sich seit 1974 in einer frühgotischen Klosterkirche des Stralsunder Katharinenklosters.
Auf über 3.000 m² in knapp 50 Becken mit bis zu 350.000 Litern Fassungsvermögen

werden hier eindrucksvoll das Leben in den Meeren der Welt, die Geschichte der Fischerei und der Umweltschutz vermittelt. Von Seepferdchen über Korallen und jeder Menge Fischen bis hin zu Haien in Tropen-Aquarien wird hier alles geboten, was entweder Flossen hat oder unter Wasser lebt. Das Schildkrötenbecken ist das größte in Deutschland und allein schon einen Besuch wert. Außergewöhnlich ist das Museumsgebäude schon: Die großzügigen Räume beherbergen beeindruckende Dauerausstellungen, und im Chor der ehemaligen Kirche singen leider keine Wale, aber sie werden dort präsentiert.
Erstmals in einem deutschen Museum wird hier in Stralsund ein Riesenkalmar von 6 Meter Länge ausgestellt, der vor einigen Jahren in Neuseeland erworben wurde. Beim Anblick dieses Giganten sind die Legenden, die sich um diese Tiere ranken, gar nicht mehr so abwegig. Das Meer war, ist und bleibt ein noch weitgehend unbekanntes Abenteuer.

Deutsches Meeresmuseum . Katharinenberg 14 – 20 . 18439 Stralsund

0090 MV_Feste, Events & Veranstaltungen

NUR NICHT DEN KOPF VERLIEREN

Telefon: 03838/3110-0
www.stoertebeker.de

Störtebeker Festspiele, Rügen

Wenn das der Klaus Störtebeker, der wohl bekannteste aller Seeräuber, noch hätte erleben dürfen! Doch der Pirat, der Ende des 14. Jahrhunderts mit seinen Vitalienbrüdern die Ostsee unsicher machte und gegen die hanseatischen Pfeffersäcke kämpfte, verlor bekanntlich bei der Hinrichtung im Jahre 1401 seinen Kopf. Der Legende nach soll Störtebeker vom Bürgermeister der Hansestadt Hamburg gestattet worden sein, dass all jene seiner Männer überleben durften, an denen er nach seiner Enthauptung noch vorbeizugehen vermochte.
An elf Männern schritt der Geköpfte angeblich vorbei, bevor ihm der Henker den Richtblock vor die Füße warf. Nach dem Sturz des Piraten brach der Bürgermeister allerdings sein Versprechen, und alle 73 Seeräuber wurden enthauptet. Auch heißt es der Sage nach, Störtebeker habe vor seiner Hinrichtung versucht, sich Leben und Freiheit vom Senat zu erkaufen; mit einer Kette aus purem Gold, die einmal um die Stadt Hamburg herumreichte. Der Senat jedoch wollte darauf nicht eingehen. Man konnte seinen legendären Goldschatz nicht finden, und so wurde das Schiff an einen Schiffszimmermann verkauft. Als dieser die Säge ansetzte, um das Schiff zu zerlegen, soll er auf etwas Hartes gestoßen sein: In den Masten verborgen war der Schatz, einer mit Gold, der andere mit Silber, und der dritte mit Kupfer angefüllt.
Moment, Moment, hat hier jemand behauptet, der Mann sei enthauptet worden? Nicht so voreilig! Denn bei den Störtebeker Festspielen, die seit 1993 immer von

Ende Juni bis Anfang September am Ufer des Großen Jasmunder Boddens in Ralswiek auf Rügen stattfinden, werden der Seeräuber, seine Mannen und Häscher - und freilich liebenswürdige Frauenzimmer – beinahe täglich wieder zum Leben erweckt. Mit großem Aufwand geschieht dies: Nämlich mit 120 Mitwirkenden, vier Schiffen (!), 30 Pferden und großen Mengen Schwarzpulver und vielen Spezialeffekten wird das spannende Treiben rund um das Leben und Sterben des Klaus Störtebeker auf die Freilichtbühne gebracht. Allerdings wird seine Geschichte seit der Inszenierung von 1993 jeweils über einen Zeitraum von vier bis sechs Jahren verteilt erzählt. So ist die Hinrichtung nur alle vier bis sechs Jahre Bestandteil der Aufführung – irgendwie tröstlich, zumindest für Störtebeker.

Störtebeker Festspiele GmbH & Co. KG . Am Bodden 100 . 18528 Ralswiek/Rügen

0091 MV_Sport, Abenteuer & Technik

BIOLOGIE UND TECHNIK GLEICH BIONIK

Telefon: 038843/8200
www.zmtw.de

Zukunftszentrum ZMTW, Nieklitz

Haben Sie schon einmal unter einem lebenden Baum tief unter dessen Baumwurzel gestanden? Oder bei einem harmlosen, 7 Meter großen Spinnenmodell die Bein- und Gelenktechnik untersucht? Nein? Dann nichts wie hin ins Zukunftszentrum in Nieklitz, zu einer Entdeckungsreise durch die Ökotechnologie und Bionik. Was ganz einfach nur bedeutet: „Von der Natur lernen!“
Bioniker übertragen besonders clevere Tricks der Natur auf moderne Technik. Beispiel: Haifischhaut. Der Hai ist mit seiner perfekt konstruierten Haut ein sehr schneller Schwimmer. Kann man die Haifischhaut für Taucheranzüge nutzen?
Die Ökotechnologie beschäftigt sich mit den chemischen, baulichen und anderen physikalischen Techniken der Natur, von denen der Mensch lernen kann. Beispiel: Was haben Termitenhügel mit Niedrigenergiehäusern zu tun?
Spätestens wenn man in dem 40 m langen Tunnelsystem unter den 100-jährigen Bäumen steht und deren Wurzel-Architektur studiert, fallen einem noch viele weitere Beispiele ein, wie wir Menschen von der Natur noch einige Tricks abschauen können.
Verlassen Sie doch bei der nächsten Fahrt auf der A24 Hamburg-Berlin einmal die Autobahn in Zarrentin/Boizenburg und folgen den Schildern zum ZMTW. Das „Zukunftszentrum – Mensch – Natur – Technik – Wissenschaft“, so der ziemlich umständliche Name, macht einen Riesenspaß.

Zukunftszentrum Mensch – Natur – Technik – Wissenschaft . 19258 Nieklitz

AUSFAHRT IM TSCHAIKA

Telefon: 038391/70748

Dienstwagen mieten, Rügen

Nur 3.179 Tschaikas wurden zwischen 1959 und 1988 gebaut. Keiner davon wurde je an eine Privatperson verkauft. Tschaika, das ist eine Legende. Tschaika, das ist der luxuriöseste PKW, der je in der untergegangenen UdSSR gebaut wurde. Nur Staatsmänner und hohe Sowjet-Funktionäre kamen in den Genuss, in einem Tschaika chauffiert zu werden. Na klar, auch Erich Honecker hatte einen. Aber der steht heute im Technik Museum Speyer.
Also ganz Europa ohne einen fahrtüchtigen Tschaika? Nein, da oben im Norden, auf einer Insel, da regt sich was. Tatsächlich, da gibt es ihn: den Tschaika. Einst der Dienstwagen des Sowjet-Botschafters in der Schweiz, dann beim nächsten Besitzer heruntergekommen. 1998 kaufte ihn ein wahrer Fan und brachte ihn nach Rügen, wo er von Grund auf restauriert wurde.
Richtig fahren tut er heute wieder, und wie! Und endlich darf jeder mal mit, denn man kann ihn mieten: den 1976er Tschaika, satte 5,20 m lang, 2,2 Tonnen schwer, 190 PS aus 5.000 Kubik, 8 Sitzplätze und max. 150 km/h schnell. Allerdings schluckt die Sowjet-Limousine 25 Liter pro 100 Kilometer – fast genauso viel wie ein moderner Porsche Cayenne.

Fa. Jürgen Oppermann . Teichstraße 6 . 18556 Wiek auf Rügen

DIE WEISSEN STRANDVILLEN VON RÜGEN

Telefon: 038393/148148
www.ostseebad-binz.de

Strandpromenade und Villen, Binz

Die reichen Industriellen und Kaufleute, die Mitte des 19. Jahrhunderts in die „Sommerfrische“ an die Ostsee fuhren, ließen sich diese pompösen, weißen Villen an der Strandpromenade von Binz erbauen. Wenn man vor den Gebäuden steht, fühlt man sich fast wie mit einer Zeitmaschine ins vorletzte Jahrhundert zurückkatapultiert, kann sie beinahe vor sich sehen: die Reichen und Schönen, die mit einem Sonnenschirmchen an der Ostseeküste entlangflanieren und sich nachmittags im Schatten ihrer wunderschönen Holzveranda Eistee und Früchte kredenzen lassen. Ein Blickfang sind die Villen nicht nur wegen ihrer stattlichen Größe, sondern vor allem wegen der typischen Rundbogenfenster, der Dreiecksgiebel und der hübschen kleinen Spitztürmchen auf den Dächern. Der Begriff „Bäderarchitektur“ hat sich im Laufe der Jahre als Bezeichnung für den besonderen Baustil etabliert, er

Die weißen Häuser von Binz

ist aber irreführend. „Bäderarchitektur" ist kein eigener Stil, sondern ein Mix aus verschiedenen Bau- und Stilelementen unterschiedlicher Epochen.
Auch bei Neubauten in den Ostseebädern sind diese typischen Merkmale weiterhin zu finden. Eine besonders große Welle von Sanierungen teilt Kurgäste und Einheimische seit Anfang 1990 in zwei Lager: Die einen erfreuen sich an dem neu aufgelegten, strahlenden Weiß und wohnen mit Vorliebe in den hergerichteten Ferienwohnungen und Pensionszimmern in den feudalen Villen. Die anderen zaudern, weil für sie der altmodische Charme der ehemaligen Herrenhäuser gerade in den verwitterten Holzbalken und der einen oder anderen herausgebrochenen Balkonverzierung liegt.
„Der Verfall gehört doch auch zum Leben", meint die Mitarbeiterin der Kurverwaltung Binz und lehnt sich an das Geländer der Seebrücke, die 370 Meter weit hinaus auf die Ostsee führt. Von dort aus hat man den besten Blick auf die weißen Strandvillen von Rügen.

Kurverwaltung Ostseebad Binz . Heinrich-Heine-Straße 7 . 18609 Ostseebad Binz

0094 MV_Kunst & Architektur

DER KREIDEFELSEN HAT SEIN ZENTRUM

Telefon: 038392/661766
www.koenigsstuhl.com

Nationalpark-Zentrum Königsstuhl, Sassnitz

Mit 3.000 Hektar liegt der kleinste Nationalpark Deutschlands, der Nationalpark Jasmund, im Nordosten der Insel Rügen. Sein markantester Punkt und gleichzeitig Wahrzeichen der Insel ist der 118 m hohe und sich von der restlichen Steilküste abhebende Kreidefelsen, Königsstuhl genannt. Von dessen Plattform aus hat man einen atemberaubenden Blick über die Ostsee und die wunderschöne Küste. Das hat auch schon der schwedische König gewusst, als er sich dort einen Stuhl hinstellen ließ, um eine Schlacht zu befehligen.
Heute ist es um den Felsen herum friedlich, und er ist Teil des Nationalpark Zentrums, dem er seinen Namen Königsstuhl gegeben hat. In einem 1835 erbauten und heute nach vielen Um- und Anbauten denkmalgeschützten Gebäude wird der Besucher auf 2.000 m2 Ausstellungsfläche und 28.000 m2 Außengelände in die faszinierenden Geheimnisse des Nationalpark-Gebietes seit der Urzeit vor etwa 70 Millionen Jahren mitgenommen. In der Ausstellung sind sehr viele Ausstellungsstücke

zum Anfassen und Ausprobieren: Spaziergang durch die Ostsee, Träumen im Spiegelwald, sich mit der 3D-Brille wie mitten im Wald fühlen oder im Kletterwald wie ein Adler über die Baumkronen blicken – die Zeitreise durch die Natur verzaubert. Sogar einen echten Eisberg gibt es zu sehen. Und wem das nicht genügt, der kann noch das 180°-Multivisionskino des Nationalpark-Zentrums besuchen.

Interessante Ausstellung im Nationalpark: Zentrum Königsstuhl auf Rügen

Nationalpark-Zentrum Königsstuhl . Stubbenkammer 2 . 18546 Sassnitz

DER GRÖSSTE MARKTPLATZ IM NORDEN

Telefon: 03841/19433
www.wismar.de

Weltkulturerbe: Wismar

Seit April 2007 waren die Feierlichkeiten in vollem Gange: Ausstellungen, Vorträge und Themennächte unter dem Motto „Zwei Städte – ein Erbe". Wismar und Stralsund feierten Fünfjähriges! So lange ist es schon her, dass die beiden Nordlichter als „repräsentatives Beispiel für das kulturelle Erbe der Hanse" in die Welterbeliste der UNESCO aufgenommen wurden. Vor allem von den beiden historischen Altstädten war das Komitee sehr angetan.
Wismar mit seinen 47.000 Einwohnern wartet mit vielen Sehenswürdigkeiten auf. Die meisten davon liegen in der Altstadt, deren mittelalterlicher Grundriss bis heute kaum verändert wurde. Als da wäre der Marktplatz, der mit seinen 100 mal 100 Metern der größte in Norddeutschland ist. Hier laden liebevoll eingerichtete Kaffeehäuser mit ihren Straßencafés ein zum Kaffee mit Blick auf das klassizistische Rathaus, durch dessen Pforte seit seiner Fertigstellung 1819 schon unzählige Honoratioren getreten sind. In der Nähe des Markts haben sich einige unaufdringlich-elegante Hotels mit ihrem angenehmen Service in den restaurierten Bürgerhäusern niedergelassen.
Am Alten Hafen kann man den kreischenden Möwen ein wenig Gesellschaft leisten, und die nahen Kirchen Nikolai und Heiligen Geist sind aufgrund ihres typischen

Backsteingotik-Baustils sehenswert. Im Hafenwasser dümpelt das Museumsschiff „Poeler Kogge“, ein rekonstruiertes, mittelalterliches Segelschiff, das mehr als 16.000 handgeschmiedete Edelstahlnägel zusammenhalten. Aber die Hansestadt Wismar besitzt auch einen Seehafen, von dem aus hauptsächlich Holz, Stahl, Torf und diverse Baustoffe verschifft werden. An der stadtnahsten Mole trifft man vormittags die Wismarer Hausfrauen: Der Fang vom frühen Morgen wird dort direkt vom Fischkutter abverkauft.
Filmliebhaber dürfen sich gerne zweimal umschauen, wenn sie beim nächtlichen Spaziergang über das Pflaster der Altstadt einen Schatten neben sich wahrzunehmen glauben: Im schlimmsten Fall ist es Nosferatu, der seine langen, dünnen Finger nach ihnen ausstreckt. Friedrich Wilhelm Murnau drehte den stummen Gruselklassiker 1922 unter anderem im beschaulichen Wismar und schuf damit den ersten deutschen Vampirfilm.

Tourist-Information . Am Markt 11 . 23966 Wismar

0096 MV_Sport, Abenteuer & Technik

KINDERTRAUM AUF RÜGEN: LOKOMOTIVFÜHRER

Telefon: 038301/801-12
www.rasender-roland.de

Der „Rasende Roland“

„Ich bin jetzt auch Lokführer!“ Wer das von sich behaupten kann, war schon dort, ganz oben im Nordosten Deutschlands, auf Rügen. Da, wo die Gegend schön ist, die Leute nett sind und noch die gute alte Dampflok qualmt.

Ihn hört man schon von Weitem: den Rasenden Roland

Seit dem Sommer 1895 gibt es auf Rügen, der größten Insel Deutschlands, eine Eisenbahn. Mit einer Spurbreite von 75 cm, also eine Schmalspurbahn, damals aber mit einem Streckennetz von beachtlichen 97,3 Kilometern.
Die Strecke Putbus-Göhren war besonders beliebt, weil sie die exklusiven Ostseebäder Binz, Sellin und Baabe verband. Und weil so ein Badeurlaub damals nur etwas für die feinen, reichen Leute war, bot die „Rügensche Kleinbahn-Aktiengesellschaft“ einen geradezu sensationellen Service: Während der Fahrt dinierten die feinen Gäste - es war die einzige Schmalspurbahn mit warmen Mahlzeiten.
Vielleicht war dieser Service aber auch dringend notwendig, damit die Fahrgäste auf der Strecke nicht verhungerten, denn die damalige Höchstgeschwindigkeit lag bei gerade mal 30 km/h. Jedenfalls brachte es der Schmalspurbahn bis heute den

Namen „Der Rasende Roland“ ein. Seit 1996 dampft sie wieder, diesmal als „Rügensche Kleinbahn GmbH & Co.“, auf einem Schienennetz von immerhin noch 24,1 km. Mit wunderschönen Original-Dampflokomotiven und liebevoll restaurierten Waggons. Und sie fährt wieder die klassische alte Seebäderstrecke von Lauterbach Mole über Putbus, Binz und Sellin bis Göhren. Und zurück.
Doch das absolute Highlight für alle Eisenbahn-Freaks ist die 10-tägige Ausbildung zum Dampf-Lokomotivführer. Mindestalter 18 Jahre. Mitzubringen sind Latzhose, Schirmmütze, Handschuhe und feste Arbeitsschuhe. Dann kann es losgehen mit dem Kohleschaufeln. Unter Aufsicht des „Ausbildungslokführers“ werden bis zu neun Schichten gefahren. „Ganz streng nach Dienstplan! Und immer pünktlich nach Fahrplan ...“
Man kann aber auch einfach eine geruhsame Fahrt über die wunderschöne Insel Rügen genießen und dabei entspannt hinten im Waggon sitzen. Soll auch richtig schön sein! Allerdings würde ich auf jeden Fall mal nachschauen, wer vorne auf der Lok ist. Vielleicht legt gerade Ihr Nachbar, der eigentlich ein Brillengeschäft betreibt, ein paar Kohlen nach und sagt verschwitzt, aber glücklich: „Ich bin jetzt auch Lokführer!“

Rügensche Kleinbahn GmbH & Co. KG . Binzer Straße 12 . 18581 Putbus

---

0097 MV_Kunst & Architektur

EIN TRAUM IN WEISS

Telefon: 038303/1611
www.ruegen.org

Die Selliner Seebrücke, Rügen

Das Wahrzeichen der Gemeinde: die Seebrücke Sellin

Hundert Jahre alt ist sie, die „Grande Dame Rügens“. Bei ihrer Taufe, am 2. August 1906 am Nordstrand, spielte sogar die Freiwillige Feuerwehr des Ortes zu einem Ständchen auf. Vieles hat die Lady im Laufe der Jahrzehnte über sich ergehen lassen müssen, und doch strahlt sie heute schöner als je zuvor. Wohl wegen ihres fast 30-jährigen Schönheitsschlafes und dem danach erfolgten „Lifting“. Nein, es ist natürlich nicht die Rede von einer zu späten Ehren gekommenen betagten Sellinerin. Die Seebrücke, eines der Highlights Rügens, ist gemeint. Ihre Vorgängerin, die „Ur-Brücke“ der Insel, sollte als Anlegestelle für die sogenannten „Bäderdampfer“ den Rügen-Reisenden mehr Sicherheit geben. Ursprünglich wurden Gäste um 1900 nämlich von Selliner Fischern „ausgebootet". Das war bei ruhiger See zwar eine durchaus romantische Aktion, bei rauerem Seegang jedoch wiederholten sich die tödlichen Unfälle bei Ausbootungsaktionen. Der Selliner Gemeinderat beschloss also den Bau einer Brücke, sozusagen Sellins Erstgeborene. Die eben aus der Taufe gehobene junge Sellinerin war zweifelsohne schön und der Stolz der gesamten Gemeinde, aber durchaus kränkelnd und weitaus fragiler als gedacht. See und Wetter setzten ihr immer wieder deutlich zu. Im März 1942 war es ein starker Eisgang, der ihr innerhalb von kurzer Zeit die gesamte Anlegebrücke entriss. Immer wieder gelang es zwar den Sellinern, sie liebevoll wieder aufzupäppeln, die schwere Sturmflut von 1972 aber brach ihr das Genick und ließ sie 30 Jahre lang nicht wieder erwachen. Zum großen Bedauern vieler. Wurde doch, zu Glanzzeiten des Brückenhauses, wild geflirtet und getanzt. So manche Rügener „Love Story" begann beim Twist oder „Rock 'n' Roll" auf den Holzböden der Brücke. Bei so vielen guten Taten durfte es doch noch einmal eine „Wende" im Schicksal der „Grande Dame" geben. 1998 wurde erneut gefeiert. Die Brücke, nach historischen Vorbildern wieder im Jugendstil errichtet, strahlt in voller, vornehmster Pracht. In ihren Gebäuden befinden sich Restaurants, Boutiquen und ein Saal für Traumhochzeiten über den Wellen. Das gefällt der vornehmen alten Dame ganz bestimmt.

Kurverwaltung Sellin . Warmbadstraße 4 . 18586 Sellin

0098 MV_Kunst & Architektur

WO LORIOT UND THOMAS MANN BADEN

Telefon: 038378/28320
www.seebrueckeahlbeck.de

Seebrücke, Ahlbeck

„Sie sprach zu ihm, sie sang zu ihm; da wars um ihn geschehn: Halb zog sie ihn, halb sank er hin, und ward nicht mehr gesehn." Mit der gekonnten Rezitation von Goethes Ballade „Der Fischer" gelingt es Dieter Lohse beim großen Geburtstagsfest der Oma, ein Dutzend kleiner Mädchen ruhigzustellen. Vicco von Bülow alias Dieter Lohse alias Loriot inszenierte diese Szene 1991 für seinen Film „Papa ante Portas". Schauplatz ist die historische Seebrücke von Ahlbeck, die der Perfektionist Loriot für seinen Film komplett in einem frischen Weiß streichen ließ – ganz so, wie er sie aus seiner Kindheit in Erinnerung hatte.
Als Ortsteil der Gemeinde Heringsdorf ist Ahlbeck der östlichste Ort auf der Insel Usedom und berührt damit die Grenze zu Polen. Beim Promenieren auf der Seebrücke kann man den Hauch vergangener Zeiten geradezu spüren. 1899 erbaut, ist die Seebrücke mit dem 280 Meter langen Steg, der weit in die Ostsee reicht, das einzige erhaltene Bauwerk seiner Art in Europa. So ließen sich hier auch schon die Schriftsteller Thomas und Heinrich Mann im Sommer 1924 eine „steife Brise" um die Nase wehen und beim Blick aufs Meer ganz neu inspirieren.

Seebrücke von Ahlbeck

Heutzutage tummeln sich die Urlauber nicht nur in den warmen Monaten des Jahres auf der Brücke und am weißen Strand von Ahlbeck. Seit über zehn Jahren treffen sich Unerschrockene gerade im Winter an der Seebrücke: zum Eisbaden. Das Schönste kommt danach: In der urgemütlichen Seemannskneipe „Kogge", die nach dem Umbau der Seebrükke 1997 eröffnet wurde, gibt es heißen Grog oder eine „Tote Tante" zum Aufwärmen.

Seebrücke Seebad Ahlbeck
Lindenstraße 54 . 17419 Seebad Ahlbeck

HAUPTSTADT DER BRÜCKEN

www.hamburg-tourismus.de

Alsterrundfahrt, Hamburg

Hamburg schreibt sich auf die Fahne, das „Tor der Welt“ zu sein. Warum das gerechtfertigt ist, erlebt man auf einer Schifffahrt über die Alster. Denn wenn man vom Boot aus einen Überblick über ganz Hamburg bekommt, sieht man erst, wie schön und wie grün die Stadt überall ist. Fast paradiesisch.

Ein Muss für jeden Hamburg-Touristen: eine Alsterrundfahrt

Mit 2.453 Brücken ist Hamburg europäischer Rekordhalter, hat sogar mehr Brücken als Amsterdam und Venedig. Jeden Abend werden die schönsten von ihnen angestrahlt. Besonders dann lohnen Fahrten über den Fluss, die vom 31. März bis zum 3. Oktober angeboten werden. Die Schiffe halten an neun Anlegern, so dass man seine Rundfahrt individuell gestalten und selbst entscheiden kann, wo man ein- und aussteigen will, wo sich vielleicht ein Spaziergang lohnt. Am umweltfreundlichsten auf der Alster fährt es sich auf dem solarbetriebenen Katamaran für 100 Personen. Aber keine Sorge: Das Schiff hält nicht etwa an, wenn sich eine Wolke vor die Sonne schiebt. Selbst bei Regen kann es noch über 120 Kilometer weit über das Wasser gleiten. Nach Hause kommen Sie immer.

Alsterrundfahrt . 20015 Hamburg

DREIMAL DOM AUF DEM HEILIGENGEISTFELD

Telefon: 040/30051300
www.hamburger-dom.de

Hamburger Dom

Um diesen Dom zu besuchen, braucht es keine spirituelle Ergriffenheit oder Demut, sondern Abenteuerlust und möglichst einen knurrenden Magen. Denn der Hamburger Dom ist eines der größten Volksfeste im Norden – wenngleich man hoch oben auf dem Riesenrad mit Zuckerwatte in der Hand dem lieben Gott schon ein Stück

näher kommen kann. Über 260 Schausteller bevölkern das 160.000 Quadratmeter große Festgelände auf dem Heiligengeistfeld. Und dies gleich dreimal im Jahr: beim Winterdom (Anfang November bis Anfang Dezember), beim Frühlingsdom (März/April) und beim Sommerdom (Juli/August). Auf über drei Kilometern Länge kann man – betört vom schweren Duft gebrannter Mandeln – täglich ab 15 Uhr bis in die Nachtstunden an Achterbahnen und Karussells, Gauklern, Akrobaten und Fressbuden vorbeischlendern, in der Geisterbahn „Psycho" erschauern und sich auf der Pirateninsel den nächsten Thrill holen.
Aber was hat dieses unheilige Spektakel ausgerechnet mit einem Dom zu tun? Bis 1804 durften Händler und Gaukler ihre Stände „bei Schietwetter" im Mariendom aufbauen. Das marode Kirchengemäuer gibt es längst nicht mehr, allein der Name blieb erhalten. Der Mittwoch ist preisgünstiger Familientag. Der Hamburger Verkehrsverbund bietet generell günstige Sondertarife zum Dom.

Hamburg Tourismus GmbH . Postfach 10 22 49 . 20015 Hamburg

0101 HH_Kunst & Architektur

GROSSER BAHNHOF FÜR DIE KUNST

Telefon: 040/32103-250
www.deichtorhallen.de

Deichtorhallen, Hamburg

Früher war nicht immer alles besser, manches war auch komplizierter. So gab es in Berlin etwa einen Hamburger Bahnhof. Die Hamburger nannten ihren Bahnhof daraufhin kurzerhand Berliner Bahnhof. 1911 hatte der Spuk dann ein Ende, als die Hamburger ihren Hauptbahnhof eröffneten und bis 1914 an die Stelle, wo vorher der Berliner Bahnhof gewesen war, zwei Markthallen bauten: die Deichtorhallen. Bis 1963 fungierten die Hallen auch als Markthallen, erst 1989 wurden sie zu Ausstellungshallen umgestaltet.
Die Kunstausstellungen in den Deichtorhallen werden in einem Atemzug mit denen im Centre Pompidou (Paris) oder im Museum of Modern Art (New York) genannt. Doch schon das Äußere der Deichtorhallen ist künstlerisch wertvoll; die Industriearchitektur mit einem Hauch Jugendstil ist wohl einmalig in Deutschland. Im Inneren gibt es auf 5.600 Quadratmetern mehrere Ausstellungen zu bewundern: Fotoserien und zeitgenössische Kunst, seit 2005 auch eine Dauerausstellung des „Spiegel". Das Nachrichtenmagazin hat sein Fotoarchiv den Deichtorhallen zur Verfügung gestellt. Über 100 Ausstellungsprojekte gab es seit 1989 in den Deichhallen. Das erste Projekt – „Einleuchten" von Harald Szeemann – wurde am 9. November 1989 eröffnet. Klar, dass jemand mit so einem Nachnamen Premierenrecht in einer Stadt wie Hamburg hatte.

Kunst und Fotografie in den Deichtorhallen . Deichtorstraße 1–2 . 20095 Hamburg

DIE ARP-SCHNITGER-ORGEL

Telefon: 040/3037370
www.jacobus.de

St.-Jacobi-Kirche, Hamburg

Die gotische Hauptkirche St. Jacobi steckt voller alter Schätze. Zu ihnen gehört die berühmte Arp-Schnitger-Orgel von 1693. Sie ist mit ihren 60 Registern und 4.000 Pfeifen die größte erhaltene Barockorgel im nordeuropäischen Raum und ein Kulturdenkmal von unschätzbarem Wert. Ihre ältesten Teile stammen noch aus der Reformationszeit. Im Jahre 1720 interessierte sich sogar Johann Sebastian Bach für die Stelle des Kirchenorganisten. Er zog seine Bewerbung allerdings zurück, als er hörte, dass er im Gegenzug einen größeren Betrag in die Kasse von St. Jacobi stiften sollte. In beiden Weltkriegen wurde das Instrument beschädigt, jedoch blieb die Substanz zu 80 Prozent erhalten. Seit sie zwischen 1989 und 1993 restauriert und in ihren historischen Zustand zurückversetzt wurde, ist die Orgel immer sonntags im Gottesdienst zu hören.

Hauptkirche St. Jacobi . Jakobikirchhof 22 . 20095 Hamburg

2.800 FENSTER ZUM FREIHAFEN

www.chilehaus-hamburg.de

Weltkulturerbe: Chilehaus, Hamburg

Der Handel mit Salpeter aus Südamerika war für den Reeder Henry B. Sloman sehr einträglich. Seine Geschäfte machten ihn zum wohlhabendsten Kaufmann Hamburgs. Dass er tatsächlich steinreich war, davon zeugen die 4,8 Millionen Klinker, mit denen er in den 20er Jahren des letzten Jahrhunderts das Chilehaus erbauen ließ. Nach den Plänen des Architekten Fritz Höger entstand ein gewaltiges, zehnstöckiges Kontorhaus im Backsteinexpressionismus jener Zeit. Der Bildhauer Richard Kuöhl entwarf dazu den keramischen Wandschmuck der Fassade und die Verzierungen der Treppenhäuser. Es heißt, zunächst sei der Bauherr wenig begeistert gewesen, zählte er doch gelangweilt 2.800 gleiche Fenster an diesem monumenta-

Zehnstöckiges Kontorhaus in Hamburg: das Chilehaus

len Bau. Berühmt wurde das Gebäude durch seine Spitze, die an den Schiffsbug eines Ozeanriesen erinnert. Im Chilehaus am Freihafen ließen sich viele kleine Im- und Exportfirmen nieder, die nur wenige Räume benötigten. Ende der 90er Jahre wurde das Gebäude, das auf der Liste des Weltkulturerbes der UNESCO steht, saniert.
Wer Architektur zu seinen Leidenschaften zählt, dem empfiehlt sich das Buch „Das Chilehaus in Hamburg", erschienen im Gebr.-Mann-Verlag.

Chilehaus . Burchardplatz 1–2 . 20095 Hamburg

0104 HH_Kunst & Architektur

SCHÖNER WOHNEN

Telefon: 040/828790
www.jenisch-haus.de

Jenisch-Haus, Hamburg

Eine der zahlreichen Villen an der Elbchaussee gewährt doch tatsächlich einen Einblick in die Lebensart Hamburger Kaufleute vergangener Epochen, die sich ja (nicht nur damals) eher abzuschotten pflegten. Das Jenisch-Haus gehörte einst dem Hamburger Senator Johann Jenisch, der entscheidend am Wiederaufbau Hamburgs nach dem Brand von 1842 beteiligt war. Heute dient das klassizistische und nach Entwürfen von Karl Friedrich Schinkel erbaute Herrenhaus als Museum für großbürgerliche Wohnkultur. Es ist dienstags bis sonntags von 11 bis 18 Uhr geöffnet. Der dazugehörende und unter Naturschutz gestellte Jenisch-Park mit seinen ausgedehnten Wiesenflächen, Teichen, Baum- und Buschgruppen und einem Wasserfall ist am Wochenende beliebtes Ausflugsziel – also sollte man sich wochentags auf den Weg nach Klein Flottbeck machen, dann kann man ungestörter staunen. Und bitte: kein Sozialneid!

Jenisch-Haus . Baron-Voght-Straße 50 . 20095 Hamburg

0105 HH_Gärten, Parks & Landschaften

DER GARTEN DER HAMBURGER

www.plantenunblomen.hamburg.de

Planten un Blomen, Hamburg

Was für die Hogwarts-Schüler aus den „Harry Potter"-Büchern die Muggel sind, sind für die Hamburger die Quittjes. Leute also, die das Hamburgern nicht beherrschen, die von irgendwo anders kommen. Und denen muss vielleicht erklärt werden, dass „Planten un Blomen" auf Hochdeutsch „Pflanzen und Blumen" heißt.

Und schon weiß man, was einen in der Parkanlage am Millerntor erwartet. Also nichts wie hin!
Okay, allein wegen ein paar Blümchen holt man sicher keinen Touristen von der Reeperbahn herunter. Der Park hat natürlich noch einiges mehr zu bieten. 1935 wurde der ehemalige Zoologische Garten vom Landschaftsarchitekten Karl Plomin grundrenoviert und erhielt den Namen, den er heute hat. Vor allem durch die Internationalen Gartenausstellungen 1953, 1963 und 1973 wurde die Anlage immer wieder neu gestaltet. Doch auch in den 80ern und den 90ern erweiterten die Hamburger die grüne Lunge ihrer Stadt um ein paar Attraktionen. Und deshalb kann man heute neben Flora und Fauna, großen Rasenanlagen, Bächen und Seen etwa ein japanisches Teehaus besuchen, durch den wunderschönen Rosengarten flanieren, auf Ponys reiten – gut, das ist den Kindern vorbehalten. Minigolfen und Trampolinspringen dürfen aber auch die Großen. Für die gibt es dann auch nette Gartenkneipen und für alle ein allabendliches Wasserlichtkonzert.

Planten un Blomen . 20095 Hamburg

0106 HH_Lifestyle & Szene

HANS ALBERS UND DIE BEATLES

Reeperbahn, Hamburg

„Komm doch, liebe Kleine, sei die Meine, sag nicht nein ..." Jaja, es ist platt, einen Artikel über die Reeperbahn mit einem Zitat aus dem bekannten Hans-Albers-Lied zu beginnen. Aber andererseits ist es auch Pflicht. Denn obwohl Heinz Hoenig in den 90ern in einer Fernsehserie von sich behauptete, der König von St. Pauli zu sein, Hans Albers ist es wirklich. Denn immerhin hat der Prototyp aller Hamburger Seeleute einen eigenen Platz direkt neben der Reeperbahn, wo auch eine Statue von dem schnodderigen Sänger und Schauspieler steht.
Die Reeperbahn selbst wird natürlich von Sex dominiert, nicht umsonst hat sie den Beinnamen „Sündige Meile" (obwohl sie mit 900 Metern strenggenommen etwas zu kurz geraten ist). Wo sonst gibt es eine Kneipe, die „Die Ritze" heißt und die man durch große, weit geöffnete Frauenschenkel betreten muss?
Die unmittelbare Nähe zum Hafen hat Ende des 19. Jahrhunderts dazu geführt, dass den Seeleuten hier einige „nette" Angebote gemacht wurden. St. Pauli war der ideale Ort dafür, denn außerhalb der Hamburger Stadtmauern galten weniger strenge Gesetze. Seinen Namen hat die Straße von den Reepschlägern. Das sind Seilknüpfer, die die Geradlinigkeit der Straße optimal zum Taueflechten nutzen konnten.
Doch der „Kiez" ist auch für seine Theaterkultur bekannt. Zu den bekanntesten Häusern gehören das Theater Hamburg, das Schmidt Theater, das St. Pauli Theater und das Pulverfass. Musicals wie „Cats", „Der König der Löwen", „Mamma Mia"

und „Dirty Dancing" wurden und werden hier aufgeführt. Eher was für Damen, der Herr geht so lange in die angrenzende Herbertstraße. Die ist für Jugendliche und weibliche Besucher gesperrt, was natürlich seinen Grund hat ...
Hans Albers ist nicht der einzige Promi, der mit der Reeperbahn in Verbindung gebracht wird. Die Beatles feierten im Star-Club ihre ersten Erfolge, Udo Lindenberg hat hier einen Stern wie auf dem Walk of Fame in Hollywood. Geehrt wurde er für sein Lied „Reeperbahn", eine Ehre, die Tom Waits nicht zuteil wurde, obwohl er einen Song mit dem gleichen Titel vorzuweisen hat. Ist ja auch egal, es gibt ja eh nur EIN wahres Reeperbahnlied: „Auf der Reeperbahn nachts um halb eins ..."

Reeperbahn Hamburg . 20095 Hamburg

WENN WAISEN SCHNITZEN

www.hamburg-tourismus.de

Hamburger Rathaus

Im 19. Jahrhundert sind die Hamburger auf eine mächtige Geduldsprobe gestellt worden. Denn nachdem ihr altes Rathaus 1842 abbrannte, wurde das neue erst 55 Jahre später fertig. Aber immerhin ist es ganz schön geworden. „Ganz schön" heißt in der Fachsprache: historischer Baustil mit italienischen und deutschen Renaissance-Elementen. Gekrönt von einem 112 Meter hohem Mittelturm.
Wenn eine Stadt so nah am Wasser liegt wie Hamburg, kann sie sich zwar mit Stolz Hafenstadt nennen, muss sich aber auch mit dem ganzen Dreck herumplagen, der vom Meer ans Land kommt. Heute sind das vielleicht nur ein paar Algen oder etwas Müll, 1892 war es die Cholera. Doch so, wie die Hamburger heute problemlos mit ein paar Algen und etwas Müll fertigwerden, konnten sie damals die Cholera vertreiben und gelten seitdem als hygienisch vorbildhaft, weswegen sie sich auch die Frau von den Sagrotan-Flaschen auf den Brunnen im Rathaus-Innenhof stellten. Die heißt Hygieia, ist von Beruf eigentlich die griechische Göttin der Gesundheit, und tritt auf einen Drachen, der symbolisch für die Cholera steht. Im Rathaus sitzen das Parlament und der Senat. Wenn die Politiker ordentlich ins Schwitzen geraten, springt die Lüftung an und bläst all die heiße Luft durch den Sockel des Hygieia-Brunnens nach draußen. Also: auch heute noch alles sauber in Hamburg.
Nicht nur auf ihre Hygiene sind die Hamburger sehr stolz, sondern auch darauf, dass sie als Hansestadt schon immer den Bürgern statt den Kaisern verpflichtet waren. Vom Rathausmarkt kann man auf der 111 Meter breiten Fassade des Rathauses die Figuren von 20 deutschen Kaisern sehen. Doch egal, ob Karl der Große oder Franz II., keiner von ihnen war den Hamburgern so wichtig wie die bürgerlichen Tugenden, die auf einer Inschrift über den Kaisern stehen: „Weisheit, Eintracht, Tapferkeit und Frömmigkeit". Ebenso könnte da auch das Schild „Kaiser müssen draußen bleiben" hängen, denn im Rathaus selbst finden sich nur Darstellungen von bürgerlichen Persönlichkeiten. Durch den Haupteingang gelangt man in

Sitz des Parlaments und des Senats: das Hamburger Rathaus

die große Diele, eine Säulenhalle, die anders als die Foyers in vielen Herrschaftshäusern ebenerdig ist. Die Bürger sollen nämlich nie zu den Machthabern hinaufsteigen müssen. Die Figuren, die hier zu sehen sind, stellen Handwerker, Juristen, Bankiers, Maler oder Forscher – Bürger eben – dar. Zwei Treppen führen zum Senats- und Bürgerschaftsflügel. 647 Zimmer kann man von der Diele aus erreichen. Da man die nicht alle an einem Tag schafft, sollte man genau überlegen, durch welche Türen man seine Nase steckt. Kleiner Tipp: Zimmer 219 – das Waisenzimmer – ist besonders schön. 80 Waisenkinder haben es mit Holzschnitzereien verziert.

Hamburger Rathaus . 20095 Hamburg

0108 HH_Lifestyle & Szene

SHOPPEN IN HAMBURG

www.levantehaus.de
www.spitalerstrasse.de

Die wichtigen Straßen

Mal ehrlich: Kultur ist ja schön und gut, und wenn man schon mal hier ist, muss man wenigstens so tun, als würde man sich für Geschichte interessieren. Doch was an Städtetrips wirklich Spaß macht, ist das Shoppen. Das gilt natürlich auch für Hamburg. Oder gerade für Hamburg. Dort behauptet man nämlich, mehr Einkaufspassagen zu haben als andere Städte in Deutschland.
Da wäre erstens die Spitalerstraße. Auf die kommt man automatisch, wenn man den Hauptbahnhof verlässt. Langes Herumsuchen ist also nicht nötig, und man kann gleich die großen Kommerztempel H&M und Peek & Cloppenburg stürmen. Wirklich interessant ist aber das Fischrestaurant „Daniel Wischer", denn es ist das älteste in Hamburg.
Von der Spitalerstraße aus kommt man schnell auf die Mönckebergstraße und in die HSH Nordbank Shoppingpassage. Zuerst zu Letzterer: Hier sei vor allem das „Marissal-Bücher-Zentrum" erwähnt, das für seine Kinoliteratur bekannt ist. Literatur? Das ist doch irgendwie Kultur! Also schnell weiter in die Mönckebergstraße, die von den Hamburgern „Mö" genannt wird. Natürlich heißt sie so, weil sie genauso

edel aussieht wie die „Kö“ in Düsseldorf. Doch Hamburgs Prachtstraße war bis 1907 noch das Gänseviertel, in dem die ärmsten Leute wohnten. Da war es allerdings so dreckig, dass ständig die Cholera ausbrach, weswegen die Hamburger kurzen Prozess machten, die Armen aus ihren Wohnungen jagten und eine Konsumstraße errichteten. Doch ärgern wir uns nicht über die Schattenseiten des Kapitalismus, genießen wir ihn lieber: Das geht auf der Mö zum Beispiel im Kaufhof, bei C&A, im größten Schuhhaus Deutschland (Görtz) oder im größten Saturn-Elektromarkt des Nordens. Mit dem „Passage-Kino“ gibt es hier das schönste Lichtspielhaus Hamburgs. Wer neben dem Shoppen doch noch schnell etwas Kultur mitnehmen will, schaut bei der Hauptkirche St. Petri an der Bergstraße vorbei, zum Shoppen geht es dann in die Nebenstraßen der Mö, wo es Antiquitäten-, Buch- und Plattenläden gibt.
Kaum zu übersehen, weil ziemlich protzig, ist das Levantehaus zwischen C&A und Kaufhof. So teuer es mit seinen goldenen Flammen, dem Bronzezentaur und dem ganzen Stuck von außen aussieht, so teuer ist drinnen dann auch. Die Läden heißen hier zum Beispiel „Janatra Dessous“ oder „La Chemiserie Traditionelle“. In dem einen gibt es Unterwäsche, in dem anderen maßgeschneiderte Hemden.
Noch nicht teuer genug? Exklusive Shops, aber auch mediterranes Flair sind in den Alsterarkaden zu finden, die parallel zum Alsterfleet verlaufen und vom Rathausmarkt aus zu erreichen sind. Hier gibt es noch vier ursprüngliche Häuser mit kultigen Goldfischen und Dreizacken an den Fassaden – „Nordish by Nature“! Wem es zu nordisch wird, kann das mit einem Abstecher in das arabische Restaurant „Saliba“ ausgleichen. Auf keinen Fall verpassen darf man allerdings einen Ausflug in die Mellin-Passage, wo Deckengemälde und Glasmalereien aus der Zeit der Jahrhundertwende bestaunt werden können. Okay, das ist zwar sehr schön, aber wieder Kultur, also schnell ins bereits erwähnte 9.000-Quadratmeter-Shopping-Eldorado der Stadt: Das Hanse-Viertel! 63 Boutiquen, acht Restaurants, täglich 22.000 Besucher ... Was will man mehr? Den Gänsemarkt vielleicht. Hier treffen sich gleich drei Einkaufsmeilen: Die Gerhofstraße ist bekannt für junge Mode, die Gänsemarkt-Passage und die Colonnaden für Markenfirmen und Jeansgeschäfte.

Spitalerstraße . Mönckebergstraße . Levantehaus . Alsterarkaden . Hanse-Viertel . Gänsemarkt

0109 HH_Essen & Trinken

SUSHI SATT!

Sushi Kochkurse, Hamburg

Telefon: 040/4221914
www.japan-feinkost.de

„Sushi“ ist japanisch und bedeutet nicht etwa „teures Fischgericht“, sondern einfach nur, dass dieses Gericht hauptsächlich aus rohem Fisch und gesäuertem Reis besteht. In diesen Reis rollen dann ziemlich fingerfertige japanische Köche ziemlich leckere Dinge wie beispielsweise rohen Fisch. Was dann so fein und kompliziert aussehend vor einem auf dem Tisch liegt, sieht nicht nur gut aus, es schmeckt auch vorzüglich. Vorausgesetzt, man mag Fisch und essigsauren Reis.

Die Sushi-Zubereitung ist eine Kunst; und bei Japan-Feinkost in Hamburg gibt es freundliche, japanische Kochkünstler, die bereit sind, interessierte Hobbyköche in die Geheimnisse fernöstlicher Küchenkultur einzuweihen. Das Programm des Anfänger-Kochkurses beinhaltet Hinweise zur Zubereitung einer Misosuppe, daneben lernt man das richtige Waschen und Kochen des Sushi-Reises, die eigene Zubereitung von Scampi, richtige Schneidetechniken für Fisch und Gemüse und schließlich das Rollen der Sushi selbst. Und weil der Japaner nicht vom Reis alleine lebt, werden während des Kurses Getränke wie japanisches Bier, japanischer Tee sowie Reiswein und Pflaumenwein kredenzt.
Für versiertere Kochfans bieten die Hamburger Japaner einen Fortgeschrittenen-Kurs an. Dabei stellen die Teilnehmer japanische Eier-Omelettes her, die weiter zu Sushi verarbeitet werden. Darüber hinaus geht es an die etwas dickeren Sushi-Rollen, sogenannte Futomaki. Dafür, so viel sei schon mal verraten, benötigt man insgesamt fünf spezielle Zutaten: die Shiitake-Pilze, Kampyo (Kürbis), Karotten, Eier und Spinat. Ein weiterer Höhepunkt für jede Sushi-Platte sind die Gunkanmaki (eine Art gefüllte Tüte, die aus der Nori [Seetang], geformt wird), die mit Lachstatar und Thunfischsalat gefüllt wird. Neben einer klaren Brühe werden natürlich auch die bekannten California-Rollen hergestellt – und gegessen. Nach Abschluss des Kurses ist so viel klar: das nächste Japan-Dinner gibt's zu Hause. Auf der Karte: Sushi satt!
Ein Tipp noch zu guter Letzt: Wenn ein Japaner „Hashi" sagt, dann wünscht man ihm nicht Gesundheit, sondern reicht ihm das, worum er bittet: nämlich „Essstäbchen".

Japan-Feinkost . Grindelberg 41 . 20144 Hamburg

SCHICK AUF DER MILCHSTRASSE

Telefon: 040/44191814
www.diepoeseldorfer.de

Pöseldorf

Also: Die Milchstraße ist keineswegs eine unerreichbare Sternengalaxie am Firmament, sondern eine ziemlich irdische Querstraße vom Mittelweg, der quer durch Pöseldorf führt. Dennoch lebte in diesem Hamburger Stadtteil an der Außenalster schon manch ein Unerreichbarer: So hat das besondere Flair die weltbekannten Modemacher Jil Sander und Wolfgang Joop inspiriert. Von Pöseldorf aus starteten sie ihre atemberaubenden, internationalen Karrieren in der Modewelt.
Auch heute ist vor allem die Milchstraße ein Magnet für Mode- und Lifestyle-Bewusste. Hier, wo sich Schicki und Micki „Gute Nacht" sagen, gibt es einen vielfältigen Mix aus großzügigen, weißen Villen, kleinen Gassen, ehemaligen Kutscherhäusern, verträumten Innenhöfen, Galerien, Cafés und Szene-Restaurants. Pösel-

dorf erreichen Sie natürlich mit dem Auto und der U-Bahn (Linie U1, Hallerstraße). Standesgemäß aber fahren Sie mit dem Alsterschiff (Haltestellen Fährdamm und Alte Rabenstraße).

Die Pöseldorfer e. V. . Mittelweg 22–24 . 20148 Hamburg

0111 HH_Hotels & Wellness

DAS FÜNF-STERNE-DESIGN

Hotel SIDE, Hamburg

Telefon: 040/309990
www.side-hamburg.de

Drehbahn 49. Für Leser avantgardistischer Wohnzeitschriften ist diese Adresse ein Muss. Denn unweit der Binnenalster zwischen Gänsemarkt und Staatsoper liegt dort das SIDE – Hamburgs einziges Fünf-Sterne-Design-Hotel. Der Turmbau aus Glas und Naturstein des Architekten Jan Störmer ist längst zu einem Wahrzeichen der Hansestadt geworden. Im Innern hat der Mailänder Designer Matteo Thun seine Handschrift hinterlassen: Reduktion auf das Wesentliche und dynamische Farben. Das minimalistische Interieur zieht sich durch alle zwölf Etagen, von denen die drei obersten einen spektakulären Blick über die Dächer der Hansestadt bieten. Doch schon die Lobby ist atemberaubend: Atriumartig ragt sie bis zur achten Etage hinauf und lebt durch die Installationen des New Yorker Lichtchoreographen Robert Wilson. Wen wundert es da noch, dass die Kreationen des Küchenchefs Olaf Niemeier an die Malerei von Pablo Picasso erinnern ...

SIDE . Drehbahn 49 . 20354 Hamburg

0112 HH_Hotels & Wellness

EIN TRAUM VON HOTEL

Hotel Vier Jahreszeiten, Hamburg

Telefon: 040/34940
www.hvj.de

Seien Sie nun ganz entspannt. Beachten Sie auch nicht die säuselnde Klimaanlage. Vertrauen Sie wie immer Ihrem Fahrer, der jetzt in den Neuen Jungfernstieg einbiegt. Die dunkle Limousine hält: das Hotel Vier Jahreszeiten. Sie lassen Ihr Louis-Vuitton-Gepäck direkt in die vierte Etage bringen. Wie immer durcheilen Sie zunächst die 260 m² große Präsidentensuite mit ihren Antiquitäten und den flämischen Gobelins und bedienen eine der beiden Bose-Anlagen. Sie lauschen den Vier Jahreszeiten. Dabei schweift Ihr ruhiger Blick über die Binnenalster. Das ist es!
So, und jetzt hören Sie bitte auf zu träumen.
Das Hotel Vier Jahreszeiten, eines der besten Hotels der Welt, reiht sich elegant in das Portfolio der Fairmont Hotels & Resorts mit dem Savoy in London und dem

Plaza in New York ein. Viele gekrönte Häupter und berühmte Persönlichkeiten, auch schon zu UFA-Zeiten, hat das Hotel im Laufe seiner weit über 100-jährigen Geschichte verwöhnt. Konstant wird es als eines der besten der Welt bewertet, und das liegt nicht zuletzt an dem ehemaligen Pagen Ingo C. Peters. Er leitet das Traditionshaus an der Binnenalster seit 1997 als geschäftsführender Direktor – nach einer märchenhaften Karriere.

Exzellenter Service, Diskretion, weltoffener Stil – Auszeichnungen aus aller Welt waren und sind die logische Folge. Um wenigstens ein wenig von dieser hanseatischen Noblesse zu erhaschen, empfiehlt sich der Besuch des Cafés Condi im Biedermeier-Stil. Nachmittags bieten typische Kaffeehausspezialitäten eine willkommene Abwechslung vom Bummel in den eleganten Hamburger Einkaufspassagen.

Hotel Vier Jahreszeiten . Neuer Jungfernstieg 9–14 . 20354 Hamburg

---

0113 HH_Kunst & Architektur

DIE STADT IN DER STADT

Telefon: 040/321191
www.speicherstadtmuseum.de

Speicherstadt, Hamburg

Man könnte von einer Stadt in der Stadt in der Stadt sprechen. Denn die Speicherstadt liegt in der Stadt Hamburg und beherbergt eine der größten Modellstädte der Welt. Aber von vorn: 1883 wurde die Speicherstadt auf einer Elbinsel errichtet, die mit Brücken ans Festland angebunden ist. „Freie und Abrissstadt Hamburg" nannte Alfred Lichtwark, der erste Direktor der Hamburger Kunsthalle, die Hafenstadt damals. Denn um die Lagerhallen zu bauen, mussten 20.000 Menschen ihre Häuser auf der Elbinsel verlassen, obwohl das Wohngebiet noch vollkommen in Schuss war.

Das war nötig, um Hamburg einen Freihafen zu geben, dessen Betrieb nicht durch die deutschen Zollgesetze gestört wurde. Mit einer Länge von 1,5 Kilometern und 250 Meter Breite entstanden eindrucksvolle Hallen, deren neugotische Fassaden den Betrachter auch heute noch zum Staunen bringen.

Durch die Zunahme des Containerumschlags und die automatischen Lagerverwaltungssysteme ist der Freihafenstatus der Speicherstadt mittlerweile entbehrlich. Daher werden die 630.000 Quadratmeter der Stadt heute nicht mehr nur für den Hafenbetrieb genutzt. So flitzen hier jetzt beispielsweise Züge im HO-Format durch die anfangs erwähnte Modellstadt. Die Speicherstadt ist ein wahrer kultureller Umschlagplatz geworden. Museen, Theater, Ausstellungen ... Selbst eine Musicalakademie findet sich hier. Besonders lohnenswert ist aber ein Besuch im Hamburg-Dungeon. Der zeigt wagemutigen Touristen die düstere Seite der schillernden Hafenstadt, was bedeutet, dass mit der einen oder anderen Wasserleiche zu rechnen ist ...

Speicherstadtmuseum . St. Annenufer 2 . 20457 Hamburg

ELYSEUM

Telefon: 040/41412735
www.elysee.de

Wellness im Hotel Grand Elysée

Fassade des Hotels Grand Elysée

Reisen bildet. Doch können ausgesuchte Reiseziele auch ausschließlich Balsam für Körper und Seele sein. Ein solches Ziel ist das Elyseum, ein Anziehungspunkt für Gestresste mitten in der Hansestadt. Wenn Sie also Lust auf ein römisches Dampfbad mit Sternenhimmel verspüren, auf eine erfrischende Erlebnisdusche mit Kaltnebel, auf eine große Badewanne mit Massagedüsen, auf frische Säfte aus der Wellness-Gastronomie, dann sollten Sie es sich im Grand Hotel Elysée für 20,– EUR gutgehen lassen. Denn im 1.000 m² großen Wellness- und Spa-Bereich sind nicht nur Hotelgäste willkommen. Fitnesscenter, Solarien, Sonnendusche und Schwimmbad runden den Verwöhntag ab. Auf Wunsch können Sie sich auch ein Schönheitsbad angedeihen lassen, ebenso wie eine kosmetische oder eine Wohlfühlbehandlung. Das Elyseum ist täglich von 6.30 bis 22.30 Uhr geöffnet. Wie schon gesagt, das alles mitten in der Hamburger Innenstadt.

Hotel Grand Elysée . Rothenbaumchaussee 10 . 20148 Hamburg

MAHNMAL GEGEN DIE ZERSTÖRUNG

Telefon: 040/371125
www.mahnmal-st-nikolai.de
www.hauptkirche-stnikolai.de

Kirche St. Nikolai, Hamburg

Die zerstörte Kirche St. Nikolai gilt als eines der größten Mahnmale für Opfer von Krieg und Gewalt in ganz Deutschland. Viel mitgemacht hat das arme Gebäude, es ist ja auch schon über 800 Jahre alt. Hamburg gab es noch gar nicht, als St. Nikolai 1195 als Hafenkapelle der Hammaburg gebaut wurde. (Womit wir jetzt auch wissen, woher Hamburg seinen Namen hat.) Der heilige Nikolaus stopft nicht nur einmal im

Jahr Kinderstiefel mit Süßigkeiten voll, er ist auch der Schutzpatron der Seefahrer. Darum wurde St. Nikolai ihm geweiht. 1589 wurde die Kirche zum ersten Mal zerstört. Ein Blitz schlug im Turm ein, acht Glocken krachten ins Kirchenschiff. Kaum wieder aufgebaut, wurde das Gotteshaus 1644 von einem Sturm verwüstet. Unter der Anleitung von Baumeister Peter Marquardt stand die Kirche 1657 wieder, der neue Kirchturm wurde nach dem Baumeister benannt und heißt noch heute Marquardt-Turm. Doch nicht genug der Katastrophen: 1812 von französischen Besatzern entweiht, weil als Viehstall benutzt, brannte St. Nikolai 1842 bis auf die Grundmauern nieder. Wie ganz Hamburg übrigens, der Feuersturm aus diesem Jahr ist legendär. Für fünf Millionen Mark konnte man die Kirche ein drittes Mal wieder aufbauen – 1874 war sie mit ihren 147,3 Metern das höchste Gebäude der Welt (allerdings nur sechs Jahre lang, denn dann wurde der Kölner Dom fertiggestellt). Der nächste Feuersturm sollte aber kommen: 1943 bombardierten alliierte Truppen die Hafenstadt. 35.000 Hamburger wurden getötet, St. Nikolai dem Erdboden gleichgemacht, nachdem die Kirche als Orientierungspunkt für die Flieger gedient hatte.
Danach wurde die Kirche nicht mehr aufgebaut. 1977 wurde sie als Gedächtnisstätte an die Hamburger Bürger übergeben, nachdem Staat und Kirche dafür gesorgt hatten, dass die Ruine stabilisiert wurde. Im gleichen Jahr spendete Oskar Kokoschka sein Christusmosaik „Ecce homo“, das im Turmraum bewundert werden kann. Der Glasaufzug, der auf 75 Meter hochfährt und die schönste Sicht auf Hamburg bietet, wurde erst im Jahr 2005 in die Kirchenruine integriert.

Mahnmal St. Nikolai . Willy-Brandt-Straße 60 . 20457 Hamburg

0116 HH_Lifestyle & Szene

SZENE BIS ZUM UMFALLEN

www.restaurant-nil.de
www.dieweltistschoen.net

Die Hamburger Szene

Ein bisschen nervt es ja schon, dass Hamburg immer als DIE Szenestadt bezeichnet wird. Na gut, eigentlich nervt es nur die Kölner, Münchener und Berliner, die gerne hätten, dass ihre Städte als DIE Szenestadt bezeichnet werden. Doch DIE Szene hat sich halt auf Hamburg geeinigt. Dabei ist nicht ganz klar, was eigentlich DIE Szene ist, aber das ist ja auch egal. „Man“ trifft sich jedenfalls in folgenden Locations auf St. Pauli:
Das Restaurant „Nil“ ist ein ehemaliges Schuhgeschäft. Jetzt wird dort hochwertige deutsche Küche serviert. Egal, ob Obst, Gemüse oder Fleisch – alles kommt aus ökologischem Anbau. Das „Nil“ ist so beliebt, dass sich eine frühe Reservierung empfiehlt. Ob man dort auch Getränke in Damenschuhen serviert, müssten Sie bitte selbst herausfinden.
Deutsches Essen muss gut verdaut werden, dabei hilft ein Absacker in der Cocktailbar „Das Leben ist schön“. Die ist praktischerweise genau neben dem „Nil“, so dass

man seinen vollen Magen nicht allzu weit schleppen muss. Den Namen hat die Bar, weil das Leben halt am schönsten ist, wenn man einen sitzen hat. Das geht schnell, denn jeden Monat gibt es dort spezielle Sonderangebote.
Das szenigste in der Szene ist aber sicher der Kochsalon am Neuen Kamp. Szenig, weil man im Stehen und einigermaßen eingequetscht essen muss, was sich aber als ausgesprochen gemütlich erweist.

Restaurant Nil . Neuer Pferdemarkt 5 . 20359 Hamburg
Kochsalon . Bernhard-Nocht-Str. 95 . 20095 Hamburg

0117 HH_Kunst & Architektur

FANTASIE OHNE GRENZEN

Telefon: 040/30087611
www.zollmuseum.de

Deutsches Zollmuseum Hamburg

Die Fantasie von Schmugglern kennt keine Grenzen. Der Zoll aber schon. Schon beeindruckend jedenfalls, was das Deutsche Zollmuseum Hamburg seit seiner Gründung im Jahre 1992 an Schmuggelverstecken aus allen Epochen zusammengetragen hat: einen Hut und eine Beinprothese mit Hohlräumen für Zigaretten zum Beispiel oder einen maßgelöteten Kanister in einem Aktenordner für Branntweinschmuggel. Die Exponate weisen aber nicht nur auf Kavaliersdelikte hin. In einem Schachbrett waren fast 400 Gramm Heroin verborgen. „Jumbo“, der Holzelefant, kam als Luftfracht aus Kenia. Bei näherer Prüfung wurden in seinem Innern 41 Kilogramm Haschisch gefunden. Ein Reisender brachte zwei Teppiche aus Pakistan mit, die ungewöhnlich schwer waren. In beiden Teppichen waren über 22 Pfund Haschisch eingewebt. Das Zollmuseum gibt außerdem einen historischen Überblick über die Abgabenerhebung vom babylonischen Zolleinnehmer bis hin zur Europäischen Union. Und es informiert über die aktuellen Aufgaben der Behörde. Dazu gehören der Kampf gegen Rauschgift- und Waffenhandel, Markenpiraterie und grenzüberschreitende Geldwäsche.

Deutsches Zollmuseum . Alter Wandrahm 16 . 20457 Hamburg

0118 HH_Kunst & Architektur

DAS SCHÄRFSTE MUSEUM DER WELT

Telefon: 040/367989
www.spicys.de

Gewürzmuseum, Hamburg

In der hundertjährigen Speicherstadt lagern im größten zusammenhängenden Lagerhauskomplex der Welt hinter dicken Backsteingemäuern wohltemperiert exo-

tische Kostbarkeiten wie Kaffee, Tee, Kakao und Gewürze. Und genau hier befindet sich auch das schärfste Museum der Welt. Nein, nicht, was Sie jetzt meinen! Spicy's Gewürzmuseum betrachtet es als seine hehre Aufgabe, die Besucher über Curry und Koriander, und wie sie alle heißen, aufzuklären. Wie erkennt man ihre Qualität? Wie lagert man sie richtig? 50 Original-Gewürze – teilweise in Gebinden, wie sie aus dem Ausland kommen – können angefasst, gerochen und probiert werden.
Ab und zu finden auch scharfe Veranstaltungen wie die Sonderschau „Pfeffersäcke" statt. Dann ist besondere Vorsicht geboten: Machen Sie es bitte nicht wie jene Ehefrau, die wie ausgehungert nach der hierzulande wenig bekannten Habanero-Schokolade griff und gleich ein großes Stück vernaschte. 7, 8, 9, 10 Sekunden vergingen, dann kam der Habanero-Effekt: Die schokosüchtige Dame lief rot an und rang schniefend nach Luft. Kommentar ihres Gatten: „Siehstu, das hassu nu davon." Sie war eben keine Chili-Expertin.
Spicy's Gewürzmuseum ist täglich außer montags geöffnet, es gibt zu jeder Eintrittskarte eine echte Gewürzprobe, und Kinder bekommen (garantiert nicht scharfe) Gummibärchen.

Gewürzmuseum . Am Sandtorkai 32 . 20457 Hamburg

0119 HH_Sport, Abenteuer & Technik

MODELLWELT

Telefon: 040/3006800

Miniatur Wunderland, Hamburg

Dies ist die unglaubliche Geschichte von Zwillingsbrüdern, die keine Angst vor Größe, aber in Zürich eine Vision hatten, die anschließend in Hamburg den kollektiven Nerv traf. Sie wollten die größte Modelleisenbahn der Welt bauen und schufen sie in der Speicherstadt auf 4.000 Quadratmetern mit 700 Zügen und 10.000 Waggons, 900 Signalen und 21.900 Weichen, mit über 250.000 Lichtern und 2.800 Häusern, 160.000 Figuren und ebenso vielen Bäumen. Miniatur Wunderland ist derzeit der Hit aller Touristenattraktionen der Hansestadt! Der künstliche Mikrokosmos dehnt sich seit Baubeginn im Jahr 2000 ständig aus. Nach 500.000 Arbeitsstunden und Investitionen von 8,7 Millionen EUR besteht die Traumwelt inzwischen aus mehreren deutschen Landschaftsbildern, Österreichs Bergen, Las Vegas, Rocky Mountains, Grand Canyon, Weltraumbahnhof, Nord- und Ostsee und Schweizer Alpen – deren Gipfel mit fünf Metern Höhe bereits ins nächste Stockwerk ragen, denn die Decken nach oben mussten durchbrochen werden. Weitere Bauabschnitte sind bis ins Jahr 2014 geplant. Die Besucher können den Modellbauern dabei über die Schulter schauen und sachkundige Fragen stellen. Die 120 Quadratmeter große Phantasiestadt Knuffingen hat 6.000 Einwohner. 100 Autos fahren ständig hin und her, alle zehn Minuten findet ein Feuerwehreinsatz statt – alles wie von Geisterhand gesteuert durch ein elektronisches Car-System. Zu den weiteren Besonderheiten gehört ein simulierter Tagesablauf. Viermal in der Stunde wird es Nacht, danach dämmert es, und der Tag bricht an: 200.000 Lampen werden dazu von einer Lichtsteuerung geschaltet. Wenn Sie in die Traumwelt von Miniatur Wunderland eintauchen, wird Sie die Liebe zum Detail beeindrucken: von funktionierenden Skiliften in den Alpen bis zur Hamburger Fußballarena mit ihren 12.000 Besuchern, in der ständig die Spielstände aktualisiert werden. Um das alles in Ruhe bestaunen zu können, empfiehlt sich ein Besuch an Wochentagen. Denn an Wochenenden, Feiertagen und während der Schulferien kommt es regelmäßig zu langen Wartezeiten.

Miniatur Wunderland . Speicherstadt . 20457 Hamburg

VIEL ERLEBT

Telefon: 040/37678-0
www.st-michaelis.de

Kirche St. Michaelis, Hamburg

Schön, wenn etwas auch einen praktischen Nutzen hat. Und wenn man in Hamburg von praktischem Nutzen spricht, meint man natürlich praktisch für die Schifffahrt. So ist das Wahrzeichen der Stadt nicht nur die bedeutendste Barockkirche Norddeutschlands, sondern auch einer der größten Leuchttürme der Welt. Jedenfalls diente die evangelische Kirche Sankt Michaelis – oder „Michel", wie jeder Hamburger liebevoll sagt und jeder Besucher gefälligst zu sagen hat – den Schiffen, die von der Elbe kamen, als Orientierung. 132 Meter ist der Kirchturm mit der Kupferhaube hoch, und er hat 449 Stufen. Wenn man die erklommen hat, ist man allerdings „nur" auf 82 Metern, da ist nämlich die Aussichtsplattform. Doch so ein waschechtes Wahrzeichen hat natürlich noch mehr Superlative zu bieten: ein 52 Meter langes Kirchenschiff, das 44 Meter breit und 27 Meter hoch ist, einen 20 Meter hohen Altar, 2.500 Sitzplätze, 3 Orgeln, über 10.000 Orgelpfeifen und die größte Turmuhr Deutschlands, deren Zeiger 130 Kilogramm wiegen.

Hamburger Michel

Der Michel gehört zu Hamburg und hat als Wahrzeichen natürlich schon viel erlebt: Im letzten Jahr des 30-jährigen Krieges wurde er fertiggestellt. Doch kurze Zeit später, im März 1650, kam es zu einer großen Katastrophe: Der Blitz schlug im Michel ein und zerstörte ihn völlig. Doch schon zwölf Jahre später hatten die Hamburger ihn nach Plänen von Ernst Georg Sonnin und Johann Leonhard Prey schon wieder neu erbaut. Das Ganze hielt dann auch eine Weile, doch 1906 passte jemand bei Bauarbeiten nicht richtig auf, der Dachstuhl fing Feuer, und Michel brannte wieder auf die Grundmauern nieder. 1912 stand er wieder in alter Wahrzeichenfrische da und erwies sich mit seinem neuen Stahlgerüst als so robust, dass er sogar den Zweiten Weltkrieg unbeschadet überstand.
Sein kleiner Bruder musste allerdings dran glauben. Eigentlich heißt die Kirche, die sich 200 Meter vom Michel entfernt befindet, St. Ansgar, doch die Hamburger nen-

nen sie liebevoll, und jeder Besucher gefälligst auch, „kleiner Michel". Er war ursprünglich eine Kapelle des großen Bruders, doch 1807 beschlagnahmten ihn Napoleons Truppen und feierten einen Gottesdienst darin – die Jungs waren halt nicht evangelisch. 1811 wurde der Kleine dann offiziell römisch-katholisch und hieß fortan St Ansgar. Und das nicht umsonst, denn ein Stück vom Unterarm des Heiligen ist im Altar der Kirche zu bewundern. Nach dem Zweiten Weltkrieg musste der kleine Michel wieder komplett aufgebaut werden, so dass er heute wieder in alter Frische seinem großen Bruder Gesellschaft leistet.

Hauptkirche St. Michaelis . Englische Planke 1a . 20459 Hamburg

0121 HH_Kunst & Architektur

ACTION AUF DEM BOOT

www.u-434.de

U-Bootmuseum Hamburg

Um sich voll und ganz der Stimmung hinzugeben, die so ein U-Boot ausstrahlt, lädt man sich am besten Klaus Doldingers Titelmelodie zum Kinofilm „Das Boot" auf den iPod und spielt sie beim Museumsbesuch ab. Die Fakten des sowjetischen Marine-Unterseeboots U-434 erinnern stark an einen Tom-Clancy-Thriller: Bis 2002 war das Boot zu Spionagezwecken im Einsatz. Es wurde 1976 in nur acht Monaten gebaut und ist das größte nichtnukleare U-Boot der Welt. Und jetzt das Beste: Für Radar-Anlagen ist es unsichtbar!
Herrlichste Actionfilm-Atmosphäre im U-Bootmuseum Hamburg. Den iPod noch etwas lauter drehen – und los geht es!

U-Boot U-434 / U-Bootmuseum . Versmannstraße 23c . 20457 Hamburg

0122 HH_Kunst & Architektur

KLEINE GROSSZÜGIGKEIT

Telefon: 040/37501988
www.krameramtsstuben.de

Krameramtswohnungen, Hamburg

Clevere Ideen hatten die Hamburger Geschäftsleute schon immer. Das Krameramt, ein altehrwürdiger Interessenverband örtlicher Händler, stellte etwa 1.676 Kramerwitwen Wohnungen frei zur Verfügung. Der Grund war weniger ehrenwert, als man vielleicht denken könnte: Die Damen sollten gefälligst die größeren Häuser mit Arbeitsflächen räumen, damit diese von neuen Händlern übernommen werden konnten.
Dieses Prinzip wurde bis 1968 betrieben, seitdem sind die Krameramtswohnungen historische Baudenkmäler. Unweit des Michel kann man die schmucken Häuschen in der engen Gasse besichtigen. Eine Wohnung ist sogar im Originalzustand des 19.

Jahrhunderts hergerichtet. Allerdings können nur wenige Besucher gleichzeitig die Wohnung betreten, das Krameramt war nicht gerade großzügig, als es den Witwen ihren Lebensraum zuteilte.
Ein Besuch in der Krameramtsgasse lohnt auch wegen der putzigen Geschäfte und des sehr empfehlenswerten Restaurants, das einfach nur „Krameramtsstuben" heißt.

Krameramtswohnungen . Krayenkamp 10 . 20459 Hamburg

0123 HH_Sport, Abenteuer & Technik

JA, WO LAUFEN SIE DENN?

Telefon: 040/6518229
www.forst-hamburg.de

Deutsches Derby, Hamburg

In Hamburg gibt es nicht nur die Große Freiheit, manchmal geht es auch ums große Geld. Auf der Derby-Rennbahn in Hamburg-Horn etwa. Jeden Sommer werden dort neun Millionen Euro umgesetzt, wenn im Juni und Juli das Deutsche Derby stattfindet. Das älteste Pferderennen außerhalb Großbritanniens gilt als eines der wichtigsten der Welt. Immerhin ist es so wichtig, dass der Jockey, der nach den acht Renntagen die Nase seines Pferdes vorne hat, eine Million Euro gewinnt.
Um gewinnen zu können, muss so ein Pferd mindestens 60 Kilometer in der Stunde laufen. Der erste siegreiche Vierbeiner war 1869 der Mecklenburger Fuchs-Hengst „Investment", geritten von einem englischen Jockey, der den überaus passenden Nachnamen Little hatte. Veranstaltet werden die Rennen traditionell vom Hamburger Renn-Club e. V. von 1852. Ach ja, dass nur reiche Bonzen auf die Rennbahn dürfen, das war einmal. Mittlerweile sind Leute aus allen Schichten willkommen. Und wenn man klug wettet, kann man ja immerhin als reicher Bonze nach Hause gehen. Und wer alles Geld verloren hat, ist wenigstens einen Tag an der frischen Luft gewesen.

Galopprennbahn Hamburg-Horn . Rennbahnstraße 96 . 22111 Hamburg

0124 HH_Städte & Touren

WANDERTAG AUF DEM FRIEDHOF

Telefon: 040/50053387
www.fof-ohlsdorf.de

Ohlsdorfer Friedhof, Hamburg

Ohlsdorf ist der größte Parkfriedhof der Welt und ein Gesamtkunstwerk – wegen seiner Gartengestaltung und seines Reichtums an Grabmalplastiken. Sie erinnern an historische Ereignisse und Persönlichkeiten der Zeitgeschichte. Besonders der westliche Teil des Friedhofs ist ein ideales Naherholungsgebiet. Hier kann man tagelang im Grünen wandern oder einfach inmitten der Millionenstadt ungestört meditieren und dem Sinn des Lebens nachspüren. Wer Ohlsdorf besucht, sollte also viel Muße mitbringen: „Von der Talstraße geht es zur Dichterecke, ein Stück den ‚Stillen Weg‘ entlang über den Millionenhügel zu den Mausoleen am Westring. Bei Kapelle 6 kehren wir um, erreichen den Nordteich und sehen das älteste Mausoleum des Ohlsdorfer Friedhofs. Die Wegstrecke beträgt etwa fünf km.“ Auf diese Weise kann man über viele beschriebene und gekennzeichnete Routen spazieren. Zwischendurch empfiehlt es sich, auf einer der 2.800 Sitzbänke unter einem der 30.000 Bäume auszuruhen und einer der fast neunzig Schmetterlingsarten nachzuträumen.

Der Ohlsdorfer Friedhof entstand aus einer Notlage heraus. Damals, in der zweiten Hälfte des 19. Jahrhunderts, reichten die Kirchhöfe und die Begräbnisplätze vor den Toren Hamburgs nicht mehr aus. Um 1870 hatte die Stadt Geld und konnte Großprojekte wie das Rathaus, das Gefängnis in Fuhlsbüttel und auch Ohlsdorf beginnen. Es entstand ein Friedhof der Superlative, der in Wolfgang Borcherts Theaterstück „Draußen vor der Tür“ auch zu literarischen Ehren kam.

Der Förderkreis Ohlsdorfer Friedhof unterhält sogar ein kleines Friedhofsmuseum.

Förderkreis Ohlsdorfer Friedhof e. V. . Fuhlsbüttler Straße 756 . 22337 Hamburg

0125 HH_Natur & Tiere

VORBILD VIELER TIERPARKS

Telefon: 040/530033-0
www.hagenbeck.de

Tierpark Hagenbeck, Hamburg

Wer die Trauerarbeit wegen „Problembär“ Bruno beendet und auch die kurze Loveaffair mit „Knutschebär“ Knut verarbeitet hat, wer also innerlich reif geworden ist, der ist nun für größere Aufgaben vorgesehen. Denn Hamburg hat keinen Zoo, Hamburg hat Hagenbeck – also Tiere, Park und Kultur in einem. Carl Hagenbecks unter Denkmalschutz stehende Panoramen prägen die Zooarchitektur bis heute. 1907 eröffnete er den Tierpark in Stellingen vor den Toren Hamburgs. Zum ersten Mal konnten die Besucher durch das berühmte Jugendstil-Portal in fremde Welten tauchen und Raubtiere in gitterlosen Freianlagen bestaunen. Fast 2.000 Tiere aus allen fünf Kontinenten leben heute hier, von der Abgottschlange bis zur Zwergziege. Bedrohte Arten wie der Orang-Utan oder der asiatische Elefant werden mit Erfolg gezüchtet.

Die thailändische Sala am Birma-Teich

Die 1909 vom Tierbildhauer Josef Pallenberg geschaffenen lebensgroßen Dinosaurier-Plastiken waren damals für einen Zoo in Europa einmalig. Sie haben bis heute nichts von ihrer Faszination eingebüßt. Wer die rot lackierten Tempeltore der Japanischen Insel durchschreitet, wird überrascht sein von der mystischen Schönheit des mit Bronzen und exotischen Ginkgobäumen geschmückten japanischen Inselgartens. Golden glänzend und atemberaubend liegt die thailändische Sala am Birma-Teich. Vor einigen Jahren weihte die thailändische Kronprinzessin Maha Chakri Sirindhorn das handgefertigte Bauwerk ein. Nach ihren Worten soll der Pavillon ein Ort der Ruhe sein, an dem sich Freunde und Fremde begegnen, damit zwischen Hamburg und Thailand die Freundschaft immer währt. Wer sich die Zeit nimmt und sich vom Zauber des Tierparks Hagenbeck berühren lässt, der wird ihn nie vergessen...

Tierpark Hagenbeck Gemeinnützige Gesellschaft mbH . Lokstedter Grenzstraße 2 . 22527 Hamburg

---

0126 HH_Lifestyle & Szene

WINTER BEACH CLUB

Schumachers Biergarten, Hamburg

Telefon: 040/27806979
www.schumachers-biergarten.de

Summer in the city – das kann jeder. Aber sommerliches Flair mit Palmen, feinem Sand, Liegestühlen und Strandkörben mitten im feuchtkalten Hamburger Winter – das kann nur Schumachers Biergarten. Hier finden an Sonn- und Feiertagen ab 11 Uhr die Zugvögel, die nicht rechtzeitig weggekommen sind, unter einem 250 m^2 großen beheizten Zelt Unterschlupf. Sie vergessen bei heißem Caipirinha und einem die Sinne betörenden Brunch die unwirtliche Jahreszeit und genießen den legendären Panoramablick auf das Planetarium und den Stadtparksee. Die Aussicht ist ihnen schon vom sommerlichen Biergarten vertraut. Ein winterliches Highlight ist auch das „Wünscheherz“: Es animiert den Gast, einen Herzenswunsch ans Universum zu senden. „Wann wird's mal endlich wieder Sommer?“ Das wünscht sich in dieser ungewöhnlichen Location wohl niemand ...

Schumachers Biergarten im Naturbad Stadtparksee . Südring 5b im Stadtpark . 22303 Hamburg

---

0127 HH_Sport, Abenteuer & Technik

PLANETARIUM HAMBURG

Telefon: 040/4288652-0
www.planetarium-hamburg.de

Insider halten sich bitte an die folgende Adresse: nördliche Breite 53 Grad 35 Minuten 51 Sekunden und östliche Länge 10 Grad 00 Minuten 32 Sekunden. Und schon sind Sie da – vor dem Eingang des Hamburger Planetariums. Für alle anderen Besucher gilt: Die Sternwarte der Hansestadt ist ein weithin sichtbares Wahrzeichen im denkmalgeschützten, ehemaligen Winterhuder Wasserturm im Hamburger Stadtpark.

Seit seiner Gründung im Jahre 1930 zählt das Planetarium zu den bedeutendsten Einrichtungen seiner Art in Europa. Es bietet bei Hamburger Schmuddelwetter nicht nur den häufig ersehnten, sternenklaren und tiefen Nachthimmel. Vor allem reisen die Besucher im Kuppelsaal, dem „Sternentheater" des Planetariums, durch Raum und Zeit, an nie gesehene Orte im Mikro-, Bio- und Makrokosmos sowie an Kult- und Kulturstätten der Völker unseres Planeten. Diese Simulationen führen die Großartigkeit von Himmel und Erde vor staunende Augen.

Planetarium Hamburg . Hindenburgstraße 1 b . 22303 Hamburg

100 JAHRE UNTER WASSER

www.hamburgtourism.de/Alter_Elbtunnel.490.o.html

Alter Elbtunnel, Hamburg

Als der Elbtunnel 1911 eröffnet wurde, war er eine technische Sensation. Er war der erste Flusstunnel auf dem europäischen Kontinent, der nach dem Vorbild des englischen Clyde-Tunnels in Glasgow erbaut worden war.
Seit dem Bau des neuen, autobahnähnlichen Elbtunnels 1975 ist der 426,5 Meter lange Alte Elbtunnel ein nostalgisches Stück Hamburger Geschichte. Und was für eines ... Wo ist es sonst noch möglich, mit seinem Auto in einen engen Aufzugkäfig zu fahren und sich 24 Meter tief unter den Hamburger Hafen befördern zu lassen? Der Alte Elbtunnel bietet dem Besucher eine Zeitreise unter der Elbe: Die beiden einspurigen, gekachelten Tunnelröhren haben sich in rund 100 Jahren kaum verändert. An den Wänden prangen wunderschöne Majolikareliefs – aus Ton gebrannte Symbole der über dem Tunnel strömenden Elbe, wie Krebse, Muscheln und Fische. Für Fußgänger ist die Benutzung des Tunnels kostenlos, Pkw müssen eine geringe Gebühr entrichten und sich an die Öffnungszeiten halten, nachts geht da nichts mehr. Wer hier tagsüber mit dem Auto die Elbe unterqueren möchte, sollte den Rolls Royce lieber zu Hause lassen, die Fahrbahnbreite ist mit 1,92 Meter sehr schmal.
An der Erdoberfläche deutet nur ein hübscher Kuppelbau mit grünem Kupferdach, der mit dem Gebäudekomplex der Landungsbrücken eine optische Einheit bildet, auf das unterirdische Bauwerk hin. Innen befinden sich neben den Treppen die Personen- und Pkw-Aufzüge. Ähnlich auf der gegenüberliegenden Seite, in Steinwerder, allerdings ist das Gebäude des Tunneleingangs nicht mehr originalgetreu wiederhergestellt worden. Für den Tunnel wurden damals 5.000 Tonnen Eisen, 200 Tonnen Blei und 600.000 Nieten verarbeitet. Das 10,7 Mio. Goldmark teure Projekt brachte zwei 6 Meter hohe und 448,5 Meter lange Elbröhren hervor, die noch heute die 51 Landungsbrücken in St. Pauli mit Steinwerder verbinden.
Es gibt einen guten Grund, den alten Tunnel unter der Elbe zu benutzen: Auf der anderen Seite angekommen, hat man einen unvergleichlichen Blick auf das Elbpanorama Hamburgs.

Alter Elbtunnel . St. Pauli Landungsbrücken

AM GRÜNEN ALSTERUFER VON HARVESTEHUDE

www.hamburgtourism.de/Alsterpark.563.0.html

Alsterpark, Hamburg

Ab und an wünscht man sie sich doch, trotz ihrer unangenehmen Süßlichkeit: Die 50er-Jahre-Heimatfilm-Romantik. Diese Kuscheligkeit eines Heinz-Erhard-Films. Fernab vom Großstadtlärm hat genau das der Alsterpark zu bieten. Am Westufer der Alster kann man sich zwischen Ententeichen, japanischen Kirschbäumen und Liegewiesen schönsten Kitschträumen hingeben. Bezeichnend, dass über den Park eine Bronzestatue zum Heinz-Erhard-Film „Drei Mann in einem Boot" wacht. So, als sollte sie dafür sorgen, dass sich auch alles schön ruhig in Technicolor abspielt. Ruhig ist es im Park tatsächlich, obwohl er täglich von Tausenden besucht wird. In seinem heutigen Zustand gibt es den Alsterpark seit 1952. Damals kauft die Stadt die Privatgärten der Anwohner des Harvestehuder Wegs auf, um das Gelände für die Internationale Gartenausstellung 1953 zu benutzen. Daher existiert auch eine direkte Brückenverbindung zum Park „Planten un Blomen". Wer nicht mit Picknickdecke unterwegs ist, kann sich in eines der Cafés mit Blick auf die Alster setzen oder beim Bootsverleih ein Boot mieten. Am besten gleich für drei Mann.

Alsterpark . Harvestehuder Weg bis Krugkoppelbrücke . 22339 Hamburg-Harvestehude

AUS DEM MEER FRISCH AUF DEN TISCH

Telefon: 040/381816
www.fischereihafenrestaurant.de

Fischereihafen Restaurant, Hamburg

Elbufer, Stromkilometer 626. Hier, im Fischereihafen Restaurant, wird alles aufgetischt, was das Meer fangfrisch hergibt. Von Labskaus und Aalsuppe bis zu Dim Sum mit grünem Meerrettich oder Gambas in Termura. Wo sich früher einmal Fischer und Banker in der Mittagspause die Klinke in die Hand gaben und deftig beköstigt wurden, ist seit 1981 ein Gourmettempel von Weltruf entstanden. Legendär sind das edle Flair und die Lage mit Blick auf Elbe und vorbeiziehende Schiffe, sind Tradition und Moderne, ist das Personal, das seit Jahren nicht gewechselt hat und Vertrauen ausstrahlt, sind die Besitzer Rüdiger und Dirk Kowalke. Schon der günstige Mittagstisch empfiehlt sich dem Gast, der nur mal schnell vorbeischauen will, um da gewesen zu sein. Doch Zeit ist Geld. Wer also Zeit hat, der kann stundenlang ein superbes Menu genießen, bei dem Köstlichkeiten wie Steinbuttfilet auf Kräuterpüree mit gebratenen Steinpilzen und Hummerschaum gereicht werden. Da bis zu 400 Gäste am Tag kommen, gibt es vielleicht auch mal einen kleinen Stau.

Den überbrückt der Kenner in der integrierten Oyster-Bar bei Ricci, einer Institution. Ricci komponiert geniale Cocktails. Er hat auch schon James Bond (Pierce Brosnan) die Drinks gerührt und nicht geschüttelt. Überhaupt: Wen es im Fischereihafen Restaurant nach einem Blick auf Prominente dürstet, der wird rasch trunken. Von Franz Beckenbauer über Boris Becker bis zu Placido Domingo – sie alle waren und sind Gäste im Fischereihafen Restaurant. Und wer Lust hat, die raffinierten Rezepte selbst nachzukochen, der wälzt zu Hause „Fish & VIPs“, das Kochbuch des Fischereihafen Restaurants.

Fischereihafen Restaurant . Große Elbstraße 143 . 22767 Hamburg

0131 HH_Kunst & Architektur

AUSWANDERN DAMALS

Telefon: 040/3197916-0
www.ballinstadt.de

BallinStadt Auswandererwelt, Hamburg

Für insgesamt fünf Millionen Auswanderer war zwischen 1850 und 1939 Hamburg das „Tor zur Welt“: Viele hofften auf ein besseres Leben in Amerika. Für die Stadt waren die Auswanderer ein Wirtschaftsfaktor, deshalb baute die Reederei HAPAG 1907 eine kleine Auswandererstadt auf der Elbinsel Veddel. Insgesamt 30 Gebäude, Unterkünfte für bis zu 5.000 Menschen, gab es dort, auch eine Kirche, eine Synagoge und später ein Kino.

Im Sommer 2007 wurde auf der Elbinsel Veddel zwischen Industrieschornsteinen und Rotklinkerbauten das Auswanderermuseum eröffnet. Die Lage wurde deshalb gewählt, weil dies der authentische Ort der Auswandererstadt ist. Bis dahin war die Insel kaum von Touristen besucht worden, galt als unattraktiv.

Heute wird der Besucher im Museum in Veddel zunächst in einem Saal, an dessen Wänden Videos in großen Bilderrahmen flimmern, auf das Thema „Auswandern damals“ eingestimmt: Schiffe im Sturm, Familien in Pelzmänteln, im Hintergrund fast immer der Hafen, Tanzabende auf dem Dampfer. Doch die Museumsbesucher sind in den nach Originalplänen wieder aufgebauten Gebäuden nicht nur passive Betrachter. Hier wird Geschichte wieder lebendig und macht Spaß, denn das Museum lässt seine Gäste Videos starten, interaktive Schaubilder anknipsen, sogar Computer stehen zur Verfügung, um in den alten Original-Passagierlisten zu forschen. Vielleicht war ja damals jemand aus der eigenen Verwandtschaft dabei.

Eindringlich werden Geschichten der Auswanderer präsentiert: Große Holzpuppen erzählen die Schicksale von Kindern und Erwachsenen, die hier von dieser Elbinsel aus die riskante Überfahrt nach Amerika gewagt haben. Darüber hängen sogenannte Traumblasen mit den Schlagworten von damals, die seltsamerweise auch heute noch Gültigkeit haben: „Geld“, „Genug zu essen“, „Arbeit“, „Glaubensfreiheit“.

Faszinierend an dem Museum auf der Elbinsel ist, dass von dem Thema Auswandern so viele Menschen direkt oder indirekt betroffen sind: Neben vielen Deutschen begegnet man dort auch immer öfter amerikanischen Nachfahren der damaligen Auswanderer.

BallinStadt . Veddeler Bogen 2 . 20539 Hamburg

MIT DEM RADDAMPFER ÜBER DIE ELBE

www.hamburgtourism.de/Kapitaen_Pruesse.pruesse.o.html

Blankenese-Tour

Die „Blankenese“ auf der Elbe

Südstaatenromantik im hohen Norden – nichts leichter als das. Buchen Sie einfach eine Fahrt mit der „Mississippi Queen“, die jeden Sonntag um 11.00 Uhr und um 14.00 Uhr an den St. Pauli Landungsbrücken ablegt. Der „Old Man“ des „River Elbe“ ist Käpt'n Heinrich Prüsse, der den Raddampfer-Nachbau zielsicher gen Blankenese steuert. Dort erwartet Sie ein einmaliger Blick von der Wasserseite aus auf das ehemalige friesische Fischer- und Lotsendorf im Westen Hamburgs mit seinen verwinkelten Treppen, malerischen Gassen und den sündhaft teuren Villen der betuchten Hamburger. Dafür halten sich die Ticketpreise der „Mississippi Queen“ von 7,50 EUR bis 15,– EUR noch im Rahmen des für den Normalbürger Bezahlbaren.

Kapitän Prüsse . Brücke 3 A, St. Pauli Landungsbrücken . 20359 Hamburg

DUNKLE HAMBURGER GESCHICHTE

Telefon: 040/36005500
www.hamburg-dungeon.de,

Dungeon, Hamburg

Gruseliges erwartet die Besucher in den finsteren Katakomben der Speicherstadt. Wie der englische Name „dungeon“ schon verrät, orientiert sich in Hamburgs großem Gruselthemenpark die Gestaltung hauptsächlich an den Stilelementen eines Kerkers. Der ist ja bekanntlich nicht wirklich farbenprächtig. So auch die 2.200 qm des „Hamburg Dungeon“, die bis ins kleinste Detail schaurig-schön durchgestylt wurden. Überall Schock-Effekte und technische Raffinessen.

Die Reise in die graue Vorzeit Hamburgs beginnt mit einer waghalsigen Tour in einem uralt anmutenden und klapprig quietschenden Fahrstuhl. Hat man das halbwegs unbeschadet hinter sich gebracht, trifft unten schon das Auge auf Impressionen von Pest, Inquisition oder den Brand von 1842. Auch an der Enthauptung des Piraten Störtebeckers wurde wahrlich nicht gespart. Professionelle Schauspieler hauchen der einen oder anderen Geschichte Hamburgs mit viel Talent Leben ein – soweit man das überhaupt von einer Ent-Hauptung behaupten kann.
Die „Gäste" des Dungeons werden fast immer aktiv in die Geschichts-Ereignisse mit einbezogen. Hier gilt, dem Himmel sei Dank: Enthauptungen ausgenommen. Etwas harmloser geht es bei der Wasserbahn zu. Nachfühlbar wird, wie es damals war, in einem Boot durch die überflutete Stadt zu treiben.
Mehr als eine halbe Millionen Menschen haben diese Tour der Sinne durch Hamburgs düstere Geschichte schon genossen, durchlitten und, so ist zu hoffen, auch verdaut.

Hamburg Dungeon . Kehrwieder 2 . 20457 Hamburg

0134 HH_Lifestyle & Szene

HERING FÜR FRÜHAUFSTEHER

Telefon: 040/30051300
www.hamburg-tourism.de

Fischmarkt, Hamburg

Es wird gebrüllt, was die Hamburger Fischhändlerkehle nur so hergibt. Und das am Sonntagmorgen um fünf. Auf Hamburgs traditionsreichstem Markt wird seit 1703 der beste Fisch beschrieen. Die Ware der Händler ist superfrisch, und wenige Stunden vorher schwammen die jetzt zum Brathering mutierten Fischlein noch friedlich beieinander im Schwarm daher. Deutlich stummer als die, von denen sie jetzt angepriesen werden, waren sie auch. Viele Besucher kommen sowieso nur wegen der Späße von „Aal-Dieter" oder „Bananen-Harry". Die lassen so manchen Entertainer schlichtweg blass aussehen. Doch hier wird nicht nur mit Fisch gehandelt, sondern mit allem, was nicht niet- und nagelfest ist. Meerschweinchen, Schmuck, Porzellan, Ziegen. Nach gelungener Schnäppchenjagd wird, wie es sich gehört, erst einmal in der traditionsreichen Fischauktionshalle gebruncht. Die ist schon lange Kult. Umhüllt von Jazz- oder Westernmusik sitzen hier buntgemischte Fischmarkt-Beutejäger friedlich beieinander. Die Nachtschwärmer der Reeperbahn mit ihrer Fisch-Schnitte schauen aus müden Augen freundlich herüber zu den versonnen dreinblikkenden Kegelschwestern aus Wanne-Eickel.

Fischmarkt Hamburg Altona . Große Elbstraße . Hamburg

HAMBURGS NACHTWÄCHTER

Telefon: 040/366269

Nächtliche Stadtführung, Hamburg

Um Nachtwächter zu werden und Hamburgs Historie mit Magie und literarischem Anspruch wiedergeben zu können, sollte man zuvor viele Semester in der Schule des Lebens studiert haben. Volker Roggenkamp bringt diese Voraussetzungen mit: Er war im zahnmedizinischen Großhandel, im Hochbaubüro und in der Abendschule, hat ein BWL-Studium, arbeitete als Koch und als Gärtner, in einer Werbeagentur und in der Landesbildstelle. Als Aquarellmaler stehen Reisen von Russland bis Ägypten in seiner Biografie. So einer ist berufen, mehrmals im Monat am U-Bahnhof Baumwall auszurufen: „Liebe Leute, lasst Euch sagen, die Uhr hat gerade acht geschlagen“, um damit seinen ungewöhnlichen nächtlichen Stadtrundgang durch die Speicherstadt zu beginnen. Mit Fackeln in der Hand lauschen die Teilnehmer gebannt den Geschichten und Anekdoten, die sich innerhalb und außerhalb der über 100-jährigen Backsteinbauten zugetragen haben. Rund eineinhalb Stunden dauert die Reise in die Vergangenheit Hamburgs.

Hamburg bei Nacht

StadtkulTour . Stadtführungs-Service Hamburg

BREMERHAVENS KLEINSTE KNEIPE

Telefon: 0471/77555
www.nordsee-yachting.de

Leuchtturm Brinkamahof, Bremerhaven

1910/1911 leuchtete er erstmals auf, der noch junge Stern an Bremerhavens Leuchtturmhimmel. Damals erglühte der „Brinkamahof" auf dem Leitdamm nahe Weddewarden. Sein eigentümlicher Name leitet sich her von der Hofbesitzerfamilie Brinkama, die dort große Ländereien besaß. Der Volksmund gab ihm, aufgrund seiner Form, den Namen „kleiner Rotesand", eine deutliche Anspielung auf einen seiner „größeren Leuchtturmbrüder" nahe der Wesermündung.
Weil man eine Verlagerung des Flussbettes für möglich hielt, baute man den „kleinen Rotesand", im Hinblick auf einen möglichen Umzug, von Anfang an mit einer speziellen Eisenkonstruktion. Zwar gab es in seiner Laufbahn nie eine „Versetzung beruflicher Art", aber der Bau eines Containerterminals machte einen Umzug des leuchtenden Feuertürmchens unumgänglich. 130 Tonnen Turmmaterie wechselten also am 19. August 1980 mit Hilfe eines Schwimmkrans ihren Standort.
Er ist zum Wahrzeichen der Marina im Fischereihafen geworden, dessen neuer Besitzer und Betreiber eine Bar im Turm einrichtete. In der (wahrscheinlich) kleinsten Kneipe Bremerhavens glüht jetzt zwar nicht mehr das Turmfeuer, aber ab und zu glühen mal die Ohren seiner trinkfesten Besucher.

Leuchtturm Brinkamahof . Am Seedeich 57 . 27572 Bremerhaven

ALLE MANN AB IN DIE KOJE

Telefon: 0471/414141
www.rotersand.com

Urlaub auf dem Leuchtturm Roter Sand, Bremerhaven

Das Urlaubsdomizil ist nur bei ruhiger See zu erreichen. Und nach einem Aufstieg über eine 6 Meter hohe Außenleiter. Kondition ist also nötig, um überhaupt erst einmal anzukommen. Hört sich nicht gerade nach einer „schnieken" Nordseeküsten-Villa an.
Auch sonst ist einiges anders, als man es von einem Aufenthalt in einem feinen Ferienhotel kennt. Dieses hier hat gar keinen Stern, doch den Millionen echten ist man dafür näher, hoch oben am Himmel über dem Leuchtturm „Roter Sand", der schön rot-weiß quergestreifte auf der 55-Cent-Briefmarke.
Der Bergungsschlepper „Goliath" schippert die Hotelgäste erst einmal drei Stunden von Bremerhaven hinaus auf die Nordsee. Sachkundige Betreuer machen wäh-

rend der Überfahrt die „Turmschläfer" mit allen wichtigen Einrichtungen des Leuchtturms „Roter Sand" vertraut. Dann, ab dem magischen Augenblick, in dem die Feriengäste auf dem Leuchtturm mitten in der See abgesetzt worden sind und der „Goliath" ganz klein hinten am Horizont verschwindet, hört man nur noch Meeresrauschen. Wer da einen klaren Kopf behalten will, kann ihn hoch oben in luftiger Höhe auf der Außenbalustrade in den Wind halten. Ansonsten ist alles da, was einen Aufenthalt angenehm macht: Küche, Bad, Betten, Sessel und, falls nötig, Heizung. So ein Urlaub auf einem Leuchtturm bedeutet Meer, Wellen, weiter Blick und wieder Meer, Wellen ...

Der Leuchtturm am Neuen Hafen von Bremerhaven

Der „Rote Sand" ist übrigens wählerisch mit seinen Gästen. Diejenigen, die er besonders gerne mag, behält er hin und wieder auch mal länger bei sich. Da das Anlegen am Turm nur bei ruhigem Seegang möglich ist, wird man nur bei einer friedlich gestimmten Nordsee abgeholt.

BIS Bremerhaven Touristik + Tourist-Infos . H.-H.-Meier-Straße 6 . 27568 Bremerhaven

0138 HB_Kunst & Architektur

SEEBÄREN UND FREGATTEN

Telefon: 0471/48207-0
www.dsm.de

Deutsches Schifffahrtsmuseum und Museumshafen mit Freilichtmuseum, Bremerhaven

Sie kennen das vielleicht: Zu Hause im Binnenland schlurft leise maulend, immer das geliebte Pfeifchen vor sich hinschmauchend, Ihr Onkel durch den Garten. Sein leicht schaukelnder Gang und seine Körperhaltung, mit einem kaum merklich nach vorne gebeugten Oberkörper, drücken unmissverständlich zweierlei Dinge aus. Zum einen ist er, als alter Seebär, selbstverständlich „seefest" und könnte auch bei „wilder, tobender" See sicher über „sein" Schiff schreiten. Zum anderen ist zur Aufbesserung seiner Seemanns-Laune dringend dazu zu raten, ihn endlich wieder einmal Seeluft schnuppern zu lassen. Ein baldiger Kontakt des „Binnenlandmüden" mit aufgetakelten Fregatten scheint eine sinnvolle, friedenserhaltende Sofortmaßnahme zu sein. Das Betrachten des Walfischfängerbildes über der Badewanne hilft da schon lange nicht mehr.
Also flugs nach Bremerhaven. Da gibt es alles, was das Seemannsherz im geliebten Takt der Wellen schlagen lässt. Die schicken Auslagen in den Fenstern der Bremerhavener Flaniermeilen werden selbstverständlich keines Blickes gewürdigt und mit missbilligend hochgezogener Kapitäns-Braue achtlos links liegen gelassen. Wen

kümmert schon ein neuer Pulli, wenn das Glück gleich um die Ecke liegt? Zwischen Fußgängerzone und Deutschem Schiffahrtsmuseum liegen sie nämlich, des Seemanns Zielobjekte, im historischen Hafenteil Bremerhavens: ein paar Kähne liegen an Land, aber mindestens zehn noch seetüchtige „Oldies“ der Museumsflotte dümpeln im Hafenwasser. Zielsicher, und ungeahnt schnell, steuert der landmüde Onkel mitsamt seinem nun endlich wieder leuchtenden Gesicht zur „Seute Deern“. Die liegt nämlich hier im Hafen. Als weltweit letzter hölzerner Großsegler zum Weltkulturerbe geworden, bringt sie die in diesem Fall erhoffte Wirkung. Wohlbefinden bis in die letzte Zelle beim nun freudig seemännische Laute von sich gebenden Onkel. So ein Besuch im Deutschen Schifffahrtsmuseum lässt ihn in den kommenden Tagen noch lauthals Seemannslieder in der Badewanne singen. Manchmal ist es so einfach, einen Menschen froh zu machen!

Deutsches Schiffahrtsmuseum und Museumshafen mit Freilichtmuseum
Hans-Scharoun-Platz 1 . 27568 Bremerhaven

0139 HB_Kunst & Architektur

EINMAL IM ZWISCHENDECK

Telefon: 0471/902200
www.dah-bremerhaven.de

Deutsches Auswandererhaus, Bremerhaven

Das Museum liegt, wie ein zur Abfahrt bereites Schiff, direkt an der Kaianlage in Bremerhaven. Seine Architektur zitiert die Schiffsform; sogar die 8 Meter hohe Bordwand der „Lahn“, die sich damals schwankend und hoch vor den Passagieren aufbaute, wurde in Originalgröße nachgebaut.
Wenn die Museumsbesucher durch die originalgetreue Rekonstruktion des Zwischendecks eines Segelschiffes oder die der 3.-Klasse-Unterkünfte auf einem Dampfschiff mehr gekrochen als geschritten sind, wissen sie einiges mehr darüber, was sich auf den Auswandererschiffen abgespielt hat, welche Verhältnisse an Bord geherrscht haben müssen.
Dieses einprägsame Museumskonzept hat dem Deutschen Auswandererhaus Bremerhaven die Auszeichnung „European Museum of the Year 2007“ eingebracht.
Tipp: Für Kinder zwischen 4 und 8 Jahren bietet Kids' World im Auswandererhaus eine eigene, kindgerechte Museumsbegehung zum Thema Reisen und Auswandern an.
Das Deutsche Auswandererhaus kooperiert mit der Auswandererwelt BallinStadt in Hamburg. Beide Museen sehen sich als gegenseitige Ergänzung, da sie mit unterschiedlichen Konzepten an das Thema Auswanderung herangehen.

Deutsches Auswandererhaus . Columbusstraße 65 . 27568 Bremerhaven

SCHULE MIT EISBÄRFELLEN

Telefon: 0471/3084141
www.zoo-am-meer-bremerhaven.de

Zoo am Meer, Bremerhaven

Wahrscheinlich taucht diese Art von Schule in einigen Kinderträumen als der ultimative Ansatz zur Schulreform auf. Hat sie doch vieles zu bieten, was Kinderherzen vermutlich höherschlagen lässt. Für einen Schultag dieser Art springt man morgens gerne aus den Federn. Apropos Federn: Hier darf gefühlt werden. Eisbär- und Fuchsfell, Schlangenhaut und Pinguinfedern oder der Panzer einer Schildkröte. Die eigenen Füße werden mit denen der Zoobewohner verglichen, der Pinguingang eingeübt, oder jeder malt ein Bild seines Lieblingstiers.
Die Zooschule im „Zoo am Meer" in Bremerhaven vermittelt Freude an und mit dieser sympathischen Form, Schülern die Welt der Tiere näherzubringen. Die schönen Biotopanlagen mit Meerblick oder die „Einsichten" beim Blick in das Becken der Seehunde und Eisbären begleiten auf anschauliche Art und Weise das Lernen.
Dabei sollte man vor lauter Zooschule eines nicht vergessen: Man befindet sich die ganze Zeit in einem klassischen, aber aufregend und interessant gestalteten Zoo.

Zoo am Meer Bremerhaven GmbH . H.-H.-Meier-Straße 7 . 27568 Bremerhaven

KLEINER SCHLEPPER MIT GROSSEM NAMEN

Telefon: 0471/9464648
www.schiffahrts-compagnie.de

Museumsschiff Watten-Bergungsschlepper „Goliath"

Ein großer Name für einen vergleichsweise kleinen Schlepper: Goliath. Fahren doch ganz andere Schiffs-Kolosse auf den Wassern Bremens. Aber einen wahren Goliath hat das noch nie geschockt. Er hat anderes zu bieten. Noch vor Kurzem ein fleißiges Arbeitsschiff, darf sich der immer noch rüstig schwimmende Rentner-Schlepper heute andere Aufgaben auf seine Fahne schreiben. Der Ausspruch „Wer rastet, der rostet" darf in diesem Fall durchaus wörtlich genommen werden. Die zwei Mercedes-Maybach-Maschinen mit jeweils 425 PS besitzen schließlich noch immer, wie zu seinen besten Zeiten, eine Zugkraft von 9 Tonnen.

So viel bringen, Gott sei Dank, seine heutigen Fahrgäste nicht auf die Waage. Der gute Goliath durfte sich nämlich mit eigens polierten Planken in die wachsende „Rentner-Flotte" von Bremerhavens Museumsschiffen einreihen. Seither schippert er frohen Schlepper-Mutes seine nicht minder fröhlichen Gäste durch die seichten Gewässer des Wattenmeeres oder zum Leuchtturm Roter Sand.
Man munkelt, er sei der verwegene Held bei der Bergungsaktion eines amerikanischen Frachters während der schweren Sturmflut 1961 gewesen. Er trägt wohl doch den passenden Namen. Auch wenn ihn seine Pflege-Crew fast zärtlich „Goli" nennt.

Schiffahrts-Compagnie Bremerhaven e. V. . Am alten Hafen 118 . 27568 Bremerhaven

0142 HB_Kunst & Architektur

EINTAUCHEN IN DIE WIRTSCHAFTS-WUNDERJAHRE

www.landschaftsverbandstade.de/museum-der-50er-jahre.html

Museum der 50er Jahre, Bremerhaven

Hier kann man ihn schnell und leichtfüßig gehen, den „Wirtschaftswunderweg". Als man ihn damals wirklich beschritt, war es wohl anders. Wie war das Lebensgefühl in der Aufschwungzeit nach dem Krieg? Wie wohnte man damals? Was kaufte man ein? Das Museum zum „Wirtschaftswunder" der 50er Jahre zeigt auf 500 qm Ausstellungsfläche den Lifestyle der Nachkriegszeit.
10.000 liebevoll zusammengetragene Sammlerobjekte machen die Jahre zwischen 1949 und 1963 wieder lebendig. Vom Italien-Boom über die Original-Trockenhaube bis hin zum Inventar einer alten Zahnarztpraxis: Die verschiedenen Ausstellungsthemen und -stücke versprühen etwas von dem Gefühl der 1950er Jahre, der Zeit der Neuorientierung nach dem Krieg.
Die Texte zu der Ausstellung wurden in Zusammenarbeit mit der Universität Bremen entwickelt und gehen in leisem Ton auch der Frage nach, was mit dem „großen Schweigen" der damaligen Zeit alles unbeantwortet geblieben ist oder unter den Tisch gekehrt wurde.
Nimmt man Zeitzeugen dieser Aufbaujahre mit in das 50er-Jahre-Museum, vernimmt man hin und wieder kleine spitze Ausrufe: Das eine oder andere Ausstellungsteil, eine Originalverpackung oder die komplett im 50er-Jahre-Stil eingerichtete Wohnung lassen sofort eigene Erlebnisse zum Vorschein kommen und noch einmal Revue passieren. Für später Geborene tut sich hier eine wahre Fundgrube an „schrägen, schrillen, krassen oder coolen" Dingen auf: Petticoats, Elvis-Presley-Platten in der Jukebox und Nierentische. Voll Fifties eben.

Museum der 50er Jahre . Amerikaring 9 . 27580 Bremerhaven . Telefon: 0471/83305

FISCH-PARTY IM SCHAUFENSTER

Telefon: 0471/3010003
www.schaufenster-fischereihafen.de

Schaufenster Fischereihafen, Bremerhaven

Flaniermeilen gibt es ja einige in norddeutschen Küstenstädten. Diese hier sucht wohl vergebens ihresgleichen: Im historischen Teil des 100-jährigen Fischereihafens Bremerhaven besticht das „Schaufenster Fischereihafen" durch maritime Attraktionen. In der ehemaligen „Packhalle IV" liegt urige Hafenkneipen-Szenerie mit gehoben Kulinarischem sprichwörtlich Tür an Tür. Wer will, kann Fischräuchern live erleben oder im Seefischkochstudio die passende Zubereitung der Fische beobachten.
Immerhin ein wenig eintauchen kann man in die Welt von Rochen und Katzenhai. Das 150.000 Liter fassende Meerwasseraquarium des „Atlanticum" macht es möglich. Da wären dann noch das Kartoffelschiff Hansa zu erwähnen, die diversen Drachenboot-Rennen oder des abends ein Besuch im TiF, dem Theater im Fischereihafen.
„An Vielfalt, Ideenreichtum und Kreativität kaum zu übertreffen", sagte die Scholle zu ihrem Kumpel. Und war platt vor Staunen.

Schaufenster Fischereihafen . An der Packhalle IV . 27572 Bremerhaven

DER BLAUE REITER, DIE BRÜCKE UND CÉZANNE

Telefon: 0421/32908-0
www.kunsthalle-bremen.de

Die Kunsthalle, Bremen

Es waren einmal 34 Bremer Kaufleute, allesamt an Kunst interessiert, mit dem Wunsch, „den Sinn für das Schöne zu verbreiten und auszubilden". Zu eben diesem Zwecke gründeten sie 1823 einen Kunstverein. Der wuchs schnell und mit ihm auch die Zahl der gebefreudigen Mäzene: Schon 1849 konnte ein eigenes Gebäude eröffnet werden, der Vorläufer der heutigen Kunsthalle.
Die hat es inzwischen durch ihre „ansehnlichen" Sammlungen und wechselnden Ausstellungen zu auch internationaler Bedeutung gebracht. Gemälde- und Skulptu-

rensammlungen zum Beispiel spannen einen Bogen vom 15. Jahrhundert bis in die Gegenwart. Schwerpunktmäßig gut vertreten ist die französische und deutsche Malerei des 19. und 20. Jahrhunderts mit Werken von Monet, Delacroix und Cézanne. Die Maler der Brücke und des Blauen Reiters repräsentieren die klassische Moderne.
Noch vieles mehr ist hier sicher eines Blickes würdig. Um diesen Blick zu schulen, bietet das Haus Vermittlungsarbeit im Museum an. „Das Auge sieht, was es sucht" war schon ein Gedanke des deutschen Impressionisten Max Slevogt. Frei nach diesem Motto offeriert die Kunsthalle eine Reihe von Schulungen, die ein Erkennen und Verstehen fördern sollen, angelehnt an den Gründungsgedanken der 34 Kaufleute.

Kunsthalle Bremen . Am Wall 207 . 28195 Bremen

0145 HB_Essen & Trinken

BREMENS STÄNDIGE VERTRETUNG

Telefon: 0421/320995
www.staev.de

Restaurant-Kneipe: Ständige Vertretung, Bremen

Politiker trifft man einige in dieser Restaurant-Kneipe. Allein schon des Namens wegen fühlen sie sich hier „politisch korrekt". Vielleicht mag auch hin und wieder eine Art „Polit-Rudel-Atmosphäre" entstehen. Von den Wänden lächeln nämlich Hunderte von Konterfeis ihrer Polit-Kollegen, mancher „politische Freund" sogar in Beinahe-Lebensgröße.
Hier in Bremens „Ständiger Vertretung", kurz: StäV, wird das Grundgesetz hochgehalten, zumindest das hauseigene, und das ist das rheinische. Weil mit dem sogenannten Hauptstadtbeschluss die 40 Jahre Bonner Republik schlagartig zu Geschichte wurden und etwa 50.000 Rheinländer nach Berlin umziehen mussten, zogen zwei Bonner Gastronomen mit: Wenn der Gast nicht an den Tresen kommt, kommt der Tresen eben zum Gast. Und so eröffneten die beiden Ex-Bonner die erste „Ständige Vertretung" in Berlin, natürlich mit Kölsch im Ausschank.
Weitere Vertretungen, wie die in Bremen, folgten. Über den Weg des „lecker Kölsch" schafft das Rheinland es hier, wie auch andernorts, auf liebevoll unauffällige Art und Weise die Hand zur Freundschaft zu reichen. Die „Vertretung" in Bremens alter Böttchergasse zeugt davon, und das Rheinische Grundgesetz und seine Übersetzungen geben Hilfestellung. Zum Beispiel heißt es im § 5: „Et bliev nix wie et wor." Übersetzt: „Sei offen für Neuerungen" oder „Nothing stays the way it is" oder auch „Be open for innovation". Tja, liebe Politiker ...

„Ständige Vertretung" Gastronomie-Gesellschaft mbH . Böttchergasse 3–5 . 28195 Bremen

DESIGN UND UNIKAT

Telefon: 0421/323642
www.akb-bremen.de

Schmuckatelier und Galerie Erich Hergert, Bremen

Mit Schmuck ist das so eine Sache, eine Geschmacks-Sache. Und vermutlich war das auch schon immer so. Vielleicht warf schon so manche entsetzte Neandertalerin ihrem Mann das zwar mühsam erbeutete, aber in ihren Augen geschmacklose Schmuckwerk auf den Höhlenboden. Vor seine Neandertal-Sandalen. War vermutlich in der Steinzeit schon so ...
Aber hin und wieder ist ein Hoffnungsschimmer zu erkennen: die „Steinzeiten" im Hause Hergert in Bremen. Das ist nicht nur ein Hoffnungsschimmer, das ist hellstes Licht. Es wäre müßig, die Kreationen hier beschreiben zu wollen. Angenehmer ist es, sie zu sehen, zu fühlen und – bestenfalls – zu tragen.
Hergerts Design- und Unikatschmuck wird geliebt. Und wurde mehrfach ausgezeichnet: New York, Diamond International Award, Auszeichnungen wie „Juwel des Jahres" oder „Perljuwel des Jahres" bei internationalen Wettbewerben, um nur einige zu nennen. Ganz sicher wurde keine dieser Auszeichnungen achtlos zu Boden geworfen. Und hoffentlich auch niemals eines dieser mit Liebe gestalteten Unikate.

Erich Hergert . Schmuckatelier und Galerie . Schnoor 21/22 . 28195 Bremen

WIE PERLEN AUF EINER SCHNUR

Telefon: 01805/101030
www.derschnoor.de

Der Schnoor, Bremen

Wie Perlen auf einer Schnur sind sie aufgereiht, die kleinen, hübschen Häuser in Bremens ältestem Stadtteil. Das Quartier, erstmals schriftlich im 13. Jahrhundert erwähnt, scheint seinem Namen alle Ehre zu machen. Der plattdeutsche Name „Schnoor" = „Schnur" weist jedoch noch auf einen ganz anderen Zusammenhang hin: In einem Teil des mittelalterlichen „Gängeviertels" von Bremens Altstadt lag nämlich der Bereich, in dem Schnüre, Seile und Taue hergestellt wurden, war „der Schnoor" doch früher überwiegend von Fischern und Flussschiffern bewohnt. Für sie war es nämlich von Vorteil, dass der damalige Bremer Fluss „Balge" direkt durch die Gassen ihres Stadtteils floss.

Mittelalterliches Gängeviertel in der Altstadt Bremens: das Schnoorviertel

Nur noch ein paar im Boden eingelassene Tafeln und entsprechende Straßennamen weisen heute noch darauf hin. Jetzt wird hier flaniert. Überall in den Schnoor-Häuschen gibt es Kunsthandwerk, Galerien und charmante Lädchen.
Noch Anfang des 20. Jahrhunderts aufgrund seiner engen Gassen und Behausungen als „Arme-Leute-Viertel" bezeichnet, weht heute ein ganz und gar anderer Wind durch das alte Quartier. Die gediegene, historisch und künstlerisch fein anmutende Atmosphäre macht das Schnoorviertel zu einem der beliebtesten Anlaufpunkte Bremens.

Bremer Touristik-Zentrale . Findorffstraße 105
28215 Bremen

0148 HB_Kunst & Architektur

SCHÄTZE DER BREMER KAUFLEUTE

Telefon: 0421/16038-101
www.uebersee-museum.de

Überseemuseum, Bremen

Ein wunderbarer Ort voller kostbarer Objekte und Raritäten aus der „großen, weiten Welt": Wer das Überseemuseum in Bremen betritt, taucht ein in eine eindrucksvolle Atmosphäre.
Man spürt die Ursprünge des Museums, die sich bis weit in das 17. Jahrhundert zurückverfolgen lassen. Man ahnt, mit wie viel Stolz, aber auch Sorgfalt und Mühe Bremer Kaufleute die gesammelten Schätze von ihren Handelsfahrten rund um den Globus in die heimatlichen Gefilde brachten. Die anfänglich bescheidene Sammlung, bestehend aus ein paar Kuriositäten und ausgestopften Tieren, mehrte sich rasch. Schenkungen, Tausch und Zukäufe über viele Jahre hinweg ließen die heutigen Überseeausstellungen mit über 10.000 qm Ausstellungsfläche zu Deutschlands größtem integrierten Museum für außereuropäische Länder werden. Heute zählt es zu den international führenden Museen für Natur-, Völker- und Handelskunde und präsentiert unter seinem Dach seltene und skurrile Objekte der überseeischen Handels- und Kulturwelt.

Das Hallenmuseum ist gigantisch. 17 Meter hohe Lichthöfe geben Raum für Großobjekte oder immer wieder neu inszenierte und themenspezifisch orientierte Lebenswelten. Die Asien-Dauerausstellung unter der Überschrift „Kontinent der Gegensätze" schafft ungewohnte Sehweisen: Eine alte chinesische Behausung ist hier neben Manga-Comics platziert. Und vor der Samurai-Rüstung parkt ein Toyota. Überhaupt fehlt in diesem Museum der andernorts manchmal auftauchende muffig-miefige Ausdruck. Hierhin geht man gerne auch ein zweites Mal. Nicht nur die wechselnden Sonderausstellungen oder verschiedenen Museumsprojekte verleiten dazu. Selbst der heimische Wald, den man so gut zu kennen glaubt, wird hier durch eine schön gestaltete Ausstellung spannend und geheimnisvoll präsentiert. Tipp: Auf der übersichtlichen Internetseite gibt es Informationen zu einer Vielzahl interessanter Projekte für Kinder- und Jugendliche.

Überseemuseum Bremen . Bahnhofsplatz 13 . 28195 Bremen

0149 HB_Essen & Trinken

SEIT 1405 WIRD AUSGESCHENKT

Telefon: 0421/321676
www.ratskeller-bremen.de

Bremer Ratskeller, Bremen

Seit über 600 Jahren kehrt man hier ein. Enorm, was die Gemäuer des ältesten Weinkellers Deutschlands so alles erzählen könnten, würden sie denn einfach so locker ihre Geheimnisse preisgeben. Was wurde hier wohl bei einem Gläschen so alles gemunkelt, gelobt, versprochen und besungen? Und wie viele Mode-Verrücktheiten durfte der Keller schon, diskret schweigend, kommen und vergehen sehen? Eine Bestellung aufzugeben war im 14. Jahrhundert vergleichsweise leicht. Zur Option standen lediglich der gemeine oder der bessere Wein. Heute klingen auf der Weinkarte stattliche 650 melodische Namen. Es wäre interessant zu wissen, welchen guten Tropfen sich Heinrich Heine wohl gegönnt haben mag. Der war auch schon mehrmals hier. Und inspiriert von der Atmosphäre des Hauses, tat er flugs das, was er besonders gut konnte: er schrieb ein Gedicht über die eindrucksvollen Räumlichkeiten des berühmten Kellers. Als da wären: das edel anmutende Senats- und Kaiserzimmer, früher nur den Senatoren der Stadt Bremen vorbehalten, oder die Historische Halle mit ihren eindrucksvollen Zierfässern.
Fresken im „schwarzen Loch des Bacchuskellers" erzählen die Sage eines braven Zimmermannes, der im Rausch sein Leben an den Tod verspielt haben soll. Das muss man heute nicht mehr. Obwohl manch einer sicher schon geneigt war, es zu tun: für ein Essen im Gourmet Restaurant des Hauses, „l'Orchidée". Dabei ist das doch einfach nur himmlisch.

Lübeck und Travemünde Tourist-Service . Holstentorplatz 1 . 23552 Lübeck

SCHNURREN IM KATZEN-CAFÉ

Telefon: 0421/326621
www.derschnoor.de/katzencafe

Restaurant Katzen-Café, Bremen

Würden die Gäste des Bremer „Katzen-Cafés" allesamt schnurrend an ihren Tischen sitzen, es käme einem noch nicht einmal komisch vor. Pure Zufriedenheit auf den Gesichtern, lassen sie dann und wann ein wohliges Maunzen hören.
Das Restaurant und das Café nebenan liegen mitten im Herzen von Bremens ältestem Stadtviertel, dem Schnoor. Patron Manfred Steinbart lässt einen erfreulichen Hauch Pariser Flairs um die kleinen, herausgeputzten Häuschen des Viertels und, noch erfreulicher, auch durch die Töpfe der Restaurant-Küche wehen. Gebratene Wachteln, Pariser Austern oder auch deftige, hervorragend zubereitete Hausmannskost können ja schon mal Grund zur Glückseligkeit sein. Kommt dann noch ein liebevoll gestaltetes Interieur im Stil der Belle Epoque und des Jugendstils dazu, bleiben die immer mit frischem Grün dekorierten Tische nicht lange frei von schnurrenden Besuchern. Die im Restaurant hängenden Bilder von Künstlern und Showbiz- oder Politgrößen lassen erahnen, dass hier schon manch einer satt und glücklich gemacht wurde.

Restaurant „Katzen-Café" . Schnoor 38 . 28195 Bremen

LICHT FÜR BREMEN

Telefon: 01805/101030
www.bremer-weihnachtsmarkt.de

Bremer Weihnachtsmarkt

Bremen wird zum Leuchten gebracht. „Sowieso!", hört man da sicher aus dem Munde vieler Bremer, mit gesundem Selbstbewusstsein gesegnet, was die Schönheit ihrer Stadt angeht. „Na klar, so wie so!" Wenn die Tage kürzer werden und die Dunkelheit früher über Bremens historischen Marktplatz hereinbricht, wird viel Licht gemacht, und es darf sich vorweihnachtlich gefreut werden. Bremens Weihnachtsmarkt läutet die Adventszeit ein! Überall glitzert und glänzt es. Liebevoll kunsthandwerklich dekorierte Buden verströmen Weihnachtsflair. Glühwein- und Mandel-Gerüche à la Weihnachtsmarkt lassen die passenden Düfte durch die funkelnden historischen Gassen wehen. Nicht umsonst gilt Bremens Weihnachtsmarkt als einer der schönsten Deutschlands.
Wer zu ermattet vom Glühwein und von den Einkäufen ist, darf sich stilecht vom winterlich geschmückten Schlitten durch die Stadt kutschieren lassen. Mehr Vorweihnachten geht ja wohl nicht mehr!

Bremer Touristik-Zentrale . Findorffstraße. 105 . 28215 Bremen

HEISSER SAMBA IM KALTEN BREMEN

Telefon: 0421/7941943
www.bremer-karneval.de

Karneval, Bremen

Wer hätte gedacht, dass ausgerechnet die Bremer, die vornehmen Hanseaten, ein derartiges Karnevals- und Rhythmus-Potential besitzen? Und dann noch eines, das so gar nicht nordisch kühl und zurückhaltend daherkommt. Bei Temperaturen ganz tief unter den Graden des Zuckerhutes wird im februarkalten Norden, beim Bremer Samba-Karneval, eben umso heißer geschwungen, gedreht, gesteppt. Wenn schon, denn schon!

Sambastimmung im Norden: der Bremer Karneval

Seit rund 20 Jahren tanzen farbenfrohe Sambagruppen verschiedener Art und Schulen durch die Straßen Bremens. Die typischen Bewegungen zur Musik, Po raus, Brust vor und die Hüften kreisen lassen, also des klassischen „Samba batucada“ oder des Samba Reggae aus Bahia, lassen ohnehin jedes norddeutsche Schmuddelwetter vergessen und lenken das Augenmerk auf ganz andere, eben Samba-typische Dinge.

Initiative Bremer Karneval e. V. . c/o Kulturzentrum Lagerhaus
Schildstraße 12–19 . 28203 Bremen

BRAUEREIBESICHTIGUNG DER BECK'SCHEN ART

www.becks.de

Beck's Brauerei, Bremen

„Beck's löscht Männerdurst!“ lautete einmal der Slogan einer der größten Brauereien Deutschlands. Dass solch ein Spruch im Zuge der Gleichberechtigung heutzutage nicht mehr wirklich auf der Höhe der Zeit ist, hat der ganz auf gewinnträchtige Werbestrategien ausgerichtete Konzern schnell begriffen. Die Brauerei wurde 1873 u.a. von dem namensgebenden Bierbrauer Heinrich Beck in Bremen gegründet und ist seitdem neben der Binnenpräsenz vor allem auf das Exportgeschäft ausgerichtet. Eine Brauereibesichtigung bei Beck's hat einiges an Attraktionen zu bieten: So wird man durch das Sudhaus, ein kleines Museum sowie die Kutsch- und Pferdeställe geführt. Da bleiben keine Fragen offen. Wussten Sie eigentlich, dass die Biermarke bis 1949 nur ins Ausland exportiert wurde und heute rund 120 Länder zu ihren Abnehmern zählt? Oder dass speziell für den US-Absatzmarkt ein Pilsener mit dem Namen St. Pauli Girl Bier hergestellt wird? Die Produktpalette der Brauerei hat sich übrigens in den vergangenen Jahrzehnten vervielfacht: So gibt es neben dem „Klassiker" in den schmalen, grünen Fläschchen mittlerweile auch Beck's Alkoholfrei und das Modebier Beck's Green Lemon. Die Etablierung von Beck's Gold ist übrigens auf eine sehr clevere Werbekampagne zurückzuführen: Durch die gezielte Belieferung nur an ausgewählte Kunden, insbesondere angesagte Clubs und Szenebars, wurde das Getränk so geschickt in einen „Kultstatus" erhoben.

Beck's Brauerei . Am Deich 18/19 . 28199 Bremen

0154 HB_Hotels & Wellness

GEKRÖNTE WELLNESS

Park Hotel Bremen

Telefon: 0421/3408-0
www.park-hotel-bremen.de

Im Mai 1956 wurde es feierlich eingeweiht, das Park Hotel in Bremen, mit dem Flair eines fürstlichen Landsitzes. Das Grand Hotel, das einzige „Leading Hotel of the World" Nordwestdeutschlands, trumpft mit einzigartiger Lage auf: inmitten des 200 Hektar großen Bürgerparks, und doch nahe der Bremer Altstadt.
Hier soll aber insbesondere der mehrfach preisgekrönte Wellnessbereich Erwähnung finden. Ein eigenes Paradies mit auf 1.200 Quadratmetern großzügig angelegten Wellness-, Fitness- und Beauty-Oasen. Allein in der „World of Water", mit Blick auf den Holler-See, können Relax-Hungrige sich kaum entscheiden zwischen den reizvollen Angeboten. Das beheizte Außenschwimmbad, das Tepidarium oder das osmanische Dampfbad sind nur einige der Highlights. Wer lieber seine Muskeln stählen will, wechselt zur nächsten Welt, der „World of Fitness". Auf zwei Etagen unterstützen computergesteuerte High-Tech-Geräte Kalorienverbrennungen jeglichen Umfangs.
Ein kleiner Schwenker hinüber zum ruhigeren, meditativ inspirierten Feldenkrais-, Qi-Gong- oder Yoga-Bereich bringt Rückkehr zum seelischen Gleichgewicht. Und diejenigen, die sich ein ganzes Verwöhnprogramm gönnen möchten, dürfen sich dem wunderbar arrangierten Zusammenspiel von Massagen, Kosmetik, Bädern und Aromaduschen hingeben. Im „Douglas Beauty Spa" des Park Hotels sind verschiedene Beauty-Arrangements zu buchen. Wer möchte, kann sich bei einer 5-tägigen Thalassokur quasi runderneuern lassen. Einfach fürstlich und bei Bedarf altstadtnah.

Park Hotel Bremen . Im Bürgerpark . 28209 Bremen

BREMENS BÜRGER AUF DER WEIDE

Telefon: 01805/101030
www.freimarkt.de

Volksfest Freimarkt, Bremen

„Bremer Freimarkt" an der Weser

Kaiser Konrad II. war es, der den Stein ins Rollen brachte. Das ist wahrlich lange her. Am 16. Oktober 1035 verlieh er der Stadt Bremen die „Jahrsmarktsgerechtigkeit". Die sonst üblichen Beschränkungen für Wochenmärkte wurden aufgehoben. Aus dem „freien Markt", früher ein Ort, an dem Kaufleute und Bauern ihre Waren feilboten, entwickelte sich der heutige „Freimarkt", Deutschlands ältestes Volksfest. Fast 4 Millionen Menschen strömen jährlich auf die 100.000 qm große „Bürgerweide". Und, wer hätte es gedacht: In keiner deutschen Stadt stehen mehr Fahrgeschäfte als auf der Bremer Oktober-Weide. Als Gegenpol zur Münchener „Wiesn" warten die Bremer selbstbewusst mit einer gar nicht mickrigen „Weide" auf.
Nach dem traditionellen Eröffnungsfeuerwerk und dem Ausruf „Ischa Freimarkt!" darf 17 Tage gelang gefeiert werden. Sogar die Sperrstunden für Gaststätten sind in diesen Tagen aufgehoben, FreiMarkt-Zeiten eben. Kaiser Konrad II. würde sicher staunend mit den Augen rollen, hätte er geahnt, wie weit die Jahrmarktsgerechtigkeit inzwischen jedes Jahr in der zweiten Oktoberhälfte ausgelegt wird.

Bremer Touristik-Zentrale . Findorffstraße 105 . 28215 Bremen

IN SCHRILLEM OUTFIT ZUR REGATTA

Telefon: 01805/101030
www.haakebeck.de

Badeinsel Regatta, Bremen

Für eine Regatta war das ziemlich schrill: Auf 100 knallig roten Badeinseln liegend, kniend oder wahlweise in anderen Stellungen paddelten oberarm-muskulöse Freaks in möglichst abgefahrenen Kostümen über die Weser bei Bremen. Aber sie

waren nicht allein: Über 65.000 Fans feuerten sie 2007 lautstark an, frenetisch applaudierend, wenn mal wieder jemand über Bord ging.
An der über 1,6 km langen „Regattastrecke" mitten in Bremen, vom Martinianleger bis zum Café Sand, ist jedes Mal Partystimmung, wenn wieder eine Regatta angesagt ist, genauer: die „BadeinselRegatta". Nicht jeder Bewerber schafft es in das starke Feld der 200 Auserwählten. Einmal mit dabei, können Preise ergattert werden: Nicht nur die schnellsten Paddler, sondern auch die schrillsten Outfits der Badeinsel-Crews oder ihrer Fanclubs werden prämiert.
Hier handeln noch Regatta-Teilnehmer und Zuschauer nach dem hehren olympischen Motto „Dabei sein ist alles!" und lassen es im Anschluss an das „Sport"-Event am Café Sand mit imposantem Feuerwerk und Party so richtig krachen. Danach heißt es: trainieren für die BadeinselRegatta im nächsten Jahr.ken. An den Wochenenden ist bei der „Ice-Party" Disco-Stimmung angesagt.

Bremer Touristik-Zentrale . Findorffstraße 105 . 28215 Bremen

---

0157 HB_Sport, Abenteuer & Technik

SO DUSCHEN ASTRONAUTEN IM ALL

Telefon: 01805/101030
www.bremen-tourismus.de

Führung der Luft- und Raumfahrt, Bremen

Manche Fragen stellt man sich immer wieder mal im Leben: Zu der, wie Astronauten leben, schlafen und arbeiten, kann man nun die Antwort erhalten. Dafür muss man noch nicht einmal zum Mond fliegen. Das wäre finanziell und logistisch gesehen zwar eine große Herausforderung, aber ob man so viel Urlaub bekommt? Und es wäre reichlich viel Aufwand für die Beantwortung einer derartigen Frage.
Da lohnt es eher, mal eben ein Ticket der Bremer Touristikzentrale zu kaufen. Das ist eine gute Anfangsinvestition. Das berechtigt nämlich zur Teilnahme an Bremens einzigartiger Führung zum Thema Luft- und Raumfahrt. Immerhin wird dort eine gute Portion Grundlagenwissen vermittelt. Informationen zur Entstehung von Ariane 4 und 5 oder ein Blick über die Schulter von Ingenieuren, die an der Entstehung von Raumlaboren arbeiten, sind nur ein kleiner Teil dessen, was die Teilnehmer dieser spannenden Tour erwartet. Spektakulär ist die Begehung eines originalgetreuen Nachbaus des europäischen Moduls der Internationalen Raumstation ISS. Und letztendlich beantwortet sich die seit Kindheitstagen immer wieder auftauchende Frage nach den Duschgewohnheiten der Astronauten im All.
Die Führung kann man ausschließlich über die Bremer Touristik Zentrale buchen. Sie beginnt im Bremer Flughafen mit einem Check-in, bevor man zur EADS Space Transportation vorgelassen wird. Auch für einen Weltraum-Trip gilt: gültige Reisepapiere mitbringen.

Bremer Touristik-Zentrale . Findorffstraße 105 . 28215 Bremen

SEIT JAHRHUNDERTEN IN BREMENS CHARTS

Telefon: 01805/101030
www.bremen-tourismus.de

Die Bremer Stadtmusikanten

Die Bremer Stadtmusikanten: ein beliebtes Märchen der Brüder Grimm

Nicht viele Musikgruppen können von sich behaupten, seit dem 19. Jahrhundert „en vogue" zu sein. Und das, obwohl sich die Musikrichtung von Bremens „alten Fantastischen Vier" deutlich von denen gleichnamiger, neuzeitlicher Bands unterscheidet. Die Bremer Stars werden ja auch, ihrem Musikstil angepasst, als „Musikanten" bezeichnet. Bei Ursprüngen, die sogar bis ins Mittelalter reichen, ist das wahrscheinlich auch der weitaus stimmigere Bandname. Zum einen wird ihre Geschichte mit den im 14. Jahrhundert bekannten „Stadt- und Raths-Musici" in Verbindung gebracht. Die spielten nämlich bei Festen oder ließen ihr Sangestalent vom Turm der Kirche „Unser Lieben Frauen" auf die Bremer Bürger hernieder. Immer wieder, so die Geschichte, stießen weitere fahrende Musikanten zu den Superstars des Mittelalters. Aus überlieferten Quellen ist eindeutig bekannt, dass vorher keine Casting-Show stattgefunden haben soll. Aber sie waren anscheinend mit guten PR-Qualitäten gesegnet, und so wurde schon bald die Presse auf sie aufmerksam. In diesem Falle waren es die Brüder Grimm. Die zogen durchs Land und brachten das „Erfolgsmärchen" der talentierten Gruppe Anfang des 19. Jahrhunderts zu Papier. Natürlich abgewandelt und unter der Headline: „Die Bremer Stadtmusikanten".

Die Märchen der Gebrüder Grimm werden immer wieder auf unterschiedliche Art und Weise interpretiert, bei den Bremer Stadtmusikanten ist das so: Die schwachen, „niederen" Tiere sollen sich durch gemeinsames Handeln gegen die starken, „hohen" Tiere erfolgreich durchsetzen. Noch heute spricht man von „hohen Tieren", und hoch sind auch deren Denkmäler, weltweit. In Bremen dagegen gibt es das Denkmal der „fantastischen vier" Bremer Stadtmusikanten. Die sind bekannt und äußerst beliebt ... und das seit Jahrhunderten.

Bremer Touristik-Zentrale . Findorffstraße 105 . 28215 Bremen

GEBALLTE BREMER HISTORIE

Bremer Rathaus mit „Roland“

Das Wahrzeichen der Stadt: der Roland auf dem Marktplatz

Zuerst einmal dürfen Sie sich jetzt entspannen. Atmen Sie ein und aus und widmen Sie Ihre Aufmerksamkeit der Mitte. Richtig so. Sowohl Ihrer eigenen Mitte als auch der von Bremens Altstadt. Da tummeln sich nämlich zwei Berühmte, die umfangreich im Historie-Geschäft der Stadt mitreden können.
2004 wurden diese auf den ersten Blick so unterschiedlich anmutenden „Prominenten“ der Stadt tatsächlich noch ein wenig bekannter. Ab da durften sich nämlich beide den von der UNESCO verliehenen Titel „Weltkulturerbe der Menschheit“ an ihre steinerne Brust heften. Wie gesagt, wir bleiben bei so viel Prominenz gelassen und ruhig.
Bei genauerer Betrachtung zeigt sich noch eine Reihe weiterer Gemeinsamkeiten: Beide sind 600 Jahre alt und beide stehen symbolisch für die „freie Stadtrepublik Bremen“. Beide gelten als Sinnbild von bürgerlicher Autonomie und Marktrechten. Beide repräsentieren die Entwicklung der „Hanse“, jenem einst mächtigen Städtebund von Flamen bis in den Ostseeraum, dem Bremen seit 1358 angehört.
Beginnen wir mit einem Blick auf das Rathaus. Anfang des 15. Jahrhunderts im gotischen Stil erbaut und im frühen 17. Jahrhundert im sogenannten „Stil der Weser-Renaissance“ renoviert, bewahrt es noch heute die Funktion seiner beiden übereinanderliegenden Hallen. Die obere Etage dient repräsentativen Zwecken, die untere der „Nutzung durch das Marktvolk“. So kamen und kommen auch heute die Bürger der Hansestadt in Kontakt mit den Regierenden. Das Rathaus ist nach wie vor Sitz des Präsidenten des Senats und des Bürgermeisters.
Möglich, dass der „steinerne Riese Roland“, ein Wahrzeichen Bremens, als Wächter das Rathaus immer wieder vor Zerstörungen bewahrt hat. Seine „Geburt“ im Jahre 1404 macht ihn zur inzwischen wohl ältesten freistehenden Monumentalfigur Europas. Bezug nehmend auf eine historische Persönlichkeit, den Paladin, also den mit seinem Leben schützenden Begleiter von Kaiser Karl dem Großen, gilt der Schildtragende seit dem Mittelalter als Sinnbild für Unabhängigkeit. Er soll daran erinnern, dass der Kaiser Gründer der Stadt war und ihr Rechte und Privilegien verliehen hat. Es heißt, dass diese Unabhängigkeit „nimmer vergehen soll“, solange das Heldenbild aufrecht steht. Die Sage erzählt, für den Fall, dass je ein Ereignis

den Roland niederstürze, liege ein steinerner „Ersatz-Roland" im Keller des Rathauses, der innerhalb von 24 Stunden aufgebaut werden müsse. Sonst sei es um Bremens Freiheit geschehen.
Keine Sorge, er blickt noch immer erhobenen Hauptes, stolz und wehrhaft schützend wie seit Jahrhunderten, auf den Marktplatz seiner Hanse-Stadt, jetzt auch mit UNESCO-Meriten geschmückt.

Bremer Touristik-Zentrale . Findorffstraße 105 . 28215 Bremen

ALTER HAFEN ZU NEUEN UFERN

Telefon: 01805/101030
www.schlachte.de

Weserpromenade Schlachte, Bremen

Namensgeber für Bremens bekannteste Uferpromenade ist das niederdeutsche Wort „slait" (= „schlagen"). Nicht etwa, dass an dieser historisch so bedeutenden Stelle Bremens besonders viele Keilereien stattgefunden hätten. Wohlhabende Bremer Kaufleute hatten im Mittelalter das langgestreckte Stück des Ufers erworben. Um für ihre Handelsschiffe gute Anlegemöglichkeiten zu schaffen, schlugen sie Holzbohlen in den Grund. Das hat prima funktioniert und sicher dazu beigetragen, der Schlachte bis ins 16. Jahrhundert hinein sogar den Rang von Bremens Haupthafen einzubringen. Später verlagerte sich aus Platzgründen die Handelsschifferei zum weiter westlich gelegenen Teil der alten Stadt.
Die Schlachte aber, deren Gebäude Hunderte von Jahren als Kontore, Handelsstätten und Orte der Gastronomie genutzt wurden, erhielt eine neue Bestimmung: Die Bremer gestalteten sie zu ihrer Weserpromenade um. Teils in historischem Flair gehalten, teils modern und zeitgemäß inspiriert, mauserte sich die Schlachte in Windeseile zur beliebten Vergnügungsmeile. Überall, teils in den alten Kontorshäusern untergebracht, gibt es Boutiquen, Cafés, Bars, Restaurants und Biergärten mit bis zu 2.000 Sitzplätzen unter freiem Himmel.
Die alten Anlegestellen wurden ebenfalls modernisiert: Heute schippern Bremens Gäste beim Candlelight-Dinner auf Ausflugsbooten über die Weser. Nur der Blick auf den Nachbau einer Hansekogge aus dem 14. Jahrhundert, die auf dem Fluss vertäut vor sich hin döst, erinnert noch an die Hoch-Zeiten des Handels an diesem Ort.

Einige Anleger an der Weserpromenade Schlachte

Bremer Touristik-Zentrale . Findorffstraße 105 . 28215 Bremen

EIS NACH ALTEM FAMILIENREZEPT

Telefon: 0421/6169790

Eis Molin, Bremen

Sie sind, Gott sei Dank, weitergegeben worden: die Informationen aus Italien. Nicht an irgendwen. Nur innerhalb „der Familie" natürlich. So wie sich das für echte italienische Geheimnisse gehört. Seit 1894 wird bei „Eis Molin" in Bremen nach guter alter Familientradition Eis hergestellt. Und noch immer, wie damals schon, aus Naturprodukten. Lecker, lecker, lecker! Deshalb fällt auch die Wahl unter den 40 verschiedenen Sorten nicht immer leicht. Macht nichts. Der Sommer ist hoffentlich noch lang. Dann testet man eben eine weitere Sorte. So lange, bis man seine italienische (Eis-)Liebe gefunden hat.

Eis Molin . Gröpelinger Heerstraße 159 . 28237 Bremen

TORNADO, URKNALL UND DIE SPRACHEN DER WELT

Hotline: 0421/3346-0
www.universum-bremen.de

Universum Science Center, Bremen

Von außen betrachtet erinnert das spektakuläre Gebäude an einen silbernen Wal. Innen lernt der Besucher mit allen Sinnen die faszinierende Welt der Wissenschaft kennen, bieten sich über 250 Exponate zum Anfassen, Mitmachen und Experimentieren an. Mit 2,5 Millionen Besuchern seit seiner Eröffnung im September 2000 gehört es zu den erfolgreichen Wissenschaftszentren Europas. Auf seinen 4.000 qm Dauerausstellungsfläche werden die drei Hauptthemenbereiche „Expedition Mensch", „Expedition Erde" und „Expedition Kosmos" auf spannende Art und Weise erlebbar präsentiert.

Besonders beliebt ist ein riesiger Stein, an zwei dünnen Drahtseilen befestigt. Legt man sich darunter, spielen sämtliche Nerven verrückt, und das Herz beginnt zu rasen. Manche Phänomene können, am eigenen Leib erfahren, eben spannender sein als so mancher Kino-Schocker. So auch in einem lichtlosen Labyrinth, in dem ein Weiterkommen nur durch das eigene, feine Fingerspitzengefühl möglich ist. Ganz mutige Besucher erleben auf Knopfdruck das Erzittern der Wände in einem Erdbebenraum. Im Bauch des Science-Center-Wals gibt es viele Antworten auf brennende Fragen: Wie entsteht ein Tornado? Was geschah beim Urknall? Welche Sprachen spricht die Welt? Die Leitworte des beliebten Centers lauten jedenfalls: aktive Beteiligung statt passive Wahrnehmung.

Universum Science Center . Wiener Straße 2 . 28359 Bremen

EINE DER BESTEN

Telefon: 0421/42747-14/-17
www.oase-weserpark.de

Oase im Weserpark, Bremen

Die Bremer „Oase im Weserpark" nur als Bad zu bezeichnen, würde die Einzigartigkeit des Ortes nicht wirklich treffend beschreiben. Auf 16.000 qm bietet die „Oase" Genuss auf höchstem Level, ist somit eine der führenden und größten Sauna- und Wärmebäderlandschaften im europäischen Raum.
Unter den überdimensionalen Kuppeln unterstreicht geschmackvolles, mediterran inspiriertes Ambiente die Exklusivität dieses Wellnesstempels. 12 verschiedene Saunen, Ayurveda-Bereiche, Erlebnisduschen, Hamam-Massagen und viele weitere Highlights aus dem Wellness-, Fitness- und Relaxbereich bietet dieses schicke Refugium seinen Gästen an. Einzigartig ist auch die Kombination eines großen Fitnessclubs mit dem wunderschön gestalteten Sauna- und Wellnessbereich. Ein Gefühl wie im Urlaub!

Oase im Weserpark GmbH & Co. KG . Sauna, Wellness & Fitness Club
Hans-Bredow-Straße 17 . 28307 Bremen

VON DER WURZEL BIS ZUR BLÜTE

Telefon: 0421/36189777
www.botanika.net

Rhododendron-Park mit botanika, Bremen

Zur Blütezeit von April bis Juni wird getanzt im Rhododendron-Park in Bremen. Es sind weniger die Besucher, die sich dazu verleiten lassen, als vielmehr die Schmetterlinge, die Bienen und andere Nektar-Sauger im Farbenrausch. Die Blüten von rund 500 Arten und über 2.000 Sorten der Gat-

Die Blütenpracht im Rhododendronpark

tung Rhododendron sind Anlass, auf Insektenart auszuflippen. Und manch ein menschlicher Besucher ringt beim ersten Anblick nach Worten – der Park überwältigt mit seinen Farbimpressionen.
Mitten in diesem betörenden Farb- und Blütenmeer liegt „botanika“, das grüne Science Center, auch „Entdeckerzentrum“ und „interaktives Herz“ genannt: In diesem Experimentier-Garten-Labor können Gerüche, Geräusche, Geschmack, fast alles, was die Natur zu bieten hat, auf „sinnliche“ Art und Weise gefühlt, gerochen, geschmeckt und durch Experimente erforscht werden.
Tipp: Draußen im Park gibt es speziell für Schmetterlinge eingerichtete Nahrungsstellen, sozusagen Fastfood für Schmetterlinge. Da sammeln sich dann nicht nur die großen, bunten Falter, sondern auch viele der Besucher.

Rhododendron-Park mit botanika
Marcusallee/Deliusweg 40 . 28359 Bremen

ALLE KINDER IN DIE UNI

Telefon: 0441/798-0
www.kinderuni-oldenburg.de

KinderUniversität, Oldenburg

Mit einigen Dingen kann man nicht früh genug anfangen. Manche Kinder sehen fern, und andere möchten schon in jungen Jahren Hörsaal-Atmosphäre schnuppern. Erfüllen Sie die Wünsche Ihrer Kleinen. Fahren Sie Ihre Kinder doch einfach pünktlich zur Vorlesung in die Uni. Die „KinderUniversität Oldenburg" bietet Nahrung für wissenshungrige Kids. Die Themen sind natürlich zugeschnitten auf die im Alter von Heranwachsenden wichtigen Fragen. Angeregt vom spannenden Vortrag „Sind die Bakterien unsere Freunde?" wird schon dringend der nächste Vorlesungstermin erwartet. Der nimmt dann Stellung zum brandaktuellen Thema „Wie kommt der Sand an den Strand?" Zusätzlich zu den Vorlesungen gibt es spannende Ausstellungsbereiche. Manchmal fällt den jungen Studenten die Wahl zwischen dem immens interessanten Untersuchungsschwerpunkt, ob eine Schwerelosigkeit im Klassenzimmer möglich ist, oder dem Kurs, wie man Druckplatten bearbeitet, doch sehr schwer.

Carl von Ossietzky Universität Oldenburg . Ammerländer Heerstraße 114–118 . 26129 Oldenburg

ROMANTIK-TOUR MIT PFERDESTÄRKEN

www.heideurlaub.de/kutschfahrten

Kutschfahrt, Lüneburger Heide

Der Schäfer – vertrautes Bild in der Lüneburger Heide

Die Lüneburger Heide kann man nicht nur im Looping der berühmten Freizeitparks erleben – eine Kutsche hat auch ihre Reize, denn bei dem gemächlichen Tempo lässt sich das Naturschutzgebiet mit der größten zusammenhängenden Heidefläche Europas ganz entspannt erleben. Tipp: Damit es schön romanisch wird, einfach die Kinder vorher im Heidepark Soltau abgeben!
Zwischen dem Städtedreieck Hamburg, Hannover und Bremen erstreckt sich die Lüneburger Heide auf 234 km². Sie entstand in der Bronzezeit, als durch Beweidung, Feuer und Rodung der Wald zurückgedrängt wurde. Seit 1922 steht die Lüne-

burger Heide unter Naturschutz und wird somit vor Aufforstung oder Umstrukturierung zu Acker- und Bauland geschützt.
Im August und September ist die beste Zeit, die Heide zu besuchen, denn dann ist sie in ihrer vollen Blüte. Perfekt für besagte Kutschfahrt vorbei an Moorlandschaften, Wiesen, Feldern und malerischen Flusslandschaften wie dem Böhmetal. Um den Tag perfekt abzuschließen, kann man bei einem Bauer anfragen, ob man nicht eine Nacht in seiner Scheune verbringen kann – oder gleich eines der vielen „Ferien auf dem Bauernhof"-Angebote wahrnehmen. Nicht vergessen: vorher die Kinder am Heidepark wieder abholen.

Lüneburger Heide . 21335 Lüneburg

0167 NI_Natur & Tiere

„RAD UP PAD" – PER DRAHTESEL DURCH OSTFRIESLAND

www.fahrradreisen.de/radwege/r10.htm
www.ostfriesland.de/Radfahren.13.0.html

Radwanderweg Friesenroute, Norden

Wer Ostfriesland einmal ganz stressfrei und ohne störenden Verkehrslärm für sich erkunden will, dem sei das folgende Freizeit- und Urlaubsangebot ans Herz gelegt. Die Friesenroute ist ein 290 km langer Radwanderweg, der sich durch 12 Gemeinden des Landkreises Aurich und der Stadt Emden schlängelt und zu 70 % über autofreie Straßen führt. Einfach mal „Rad up Pad", was im ostfriesischen Platt so viel bedeutet wie „mit dem Rad unterwegs sein". Und das ganz ohne Steigungen, denn die Norddeutsche Tiefebene macht ihrem Namen alle Ehre. Wenn das Land hier nicht flach ist, dann wo? Die Strecke zieht sich entlang an Kanälen, durch Naturlandschaften wie Moor, Geest und Marsch, man kommt an mittelalterlichen Häuptlingsburgen, Schlössern, Leuchttürmen, Fehnsiedlungen, Windmühlen und Backsteinkirchen vorbei, und wenn man möchte, dann kann man auch an einer Wattwanderung teilnehmen. In Emden ist übrigens auch die von Henri Nannen, dem ehemaligen „Stern"-Herausgeber, aus der Taufe gehobene „Kunsthalle" zu besichtigen. Und wer sich für Pflanzenzucht interessiert, der sollte das Wiesmoor nicht auslassen. Denn hier befindet sich Europas größte zusammenhängende Gartenbau- und Gewächshausanlage. Wer keine Lust hat, den Landstrich auf eigene Faust zu erkunden, und nichts dem Zufall überlassen will, der kann die Friesenroute auch buchen. Als Pauschalreise oder ganz individuell sorgt die Ostfriesland Touristik für Übernachtungsmöglichkeiten und Kartenmaterial. Weitere durchgängig beschilderte Themenrouten lassen sich je nach Gusto miteinander kombinieren, als da wären: Friesische Mühlentour, Nordseeküstenradweg, Tour de Fries, Deutsche Fehnroute, Internationale Dollard Route, Dortmund-Ems-Kanal-Route und Ems-Radweg.

OSTFRIESLAND TOURISTIK . Landkreis Aurich . Rheinstraße 13 . 26506 Norden

FARBENBLIND, ABER GLÜCKLICH

Telefon: 04931/9187911
www.automuseum-nordsee.de

Automobil- und Spielzeugmuseum, Norden

„Ha, den in rot!“, seufzt der Onkel, als er den knallroten Ferrari sieht. Erst ungläubige Blicke, dann Gepruste, der Onkel läuft rot an – farbenblind, jetzt ist's raus. Dabei sollte so etwas im Auto- und Spielzeugmuseum Nordsee eigentlich kaum passieren, weil fast alle ausgestellten automobilen Prachtstücke rot sind. Jedenfalls auffallend viele.

500 Quadratmeter gefüllt mit polierten Sport- und Rennwagen, glänzenden Autoklassikern und dann noch diesem giftgrünen 911er aus den 70er Jahren – Breitreifen, Riesenspoiler, Rennausstattung und das alles zugelassen, straßen- und renntauglich. Da redet auch wieder der farbenblinde Onkel mit. Denn was hier im Automuseum steht, gibt Stoff für unendliche Männergespräche, Diskussionen um geschliffene Zylinderköpfe und waghalsige Argumentationen über die Haltbarkeit von Keramikbremsen.

Die Tante steht derweil versonnen vor dem guten alten Puch-Mofa, damals in ihrer Jugend durch unermüdliches Austragen von Zeitungen tapfer selbst finanziert. Für die „fetten Harleys“, die oben auf der Galerie ausgestellt sind, reicht das aber nicht. Später sieht man Onkel und Tante glücklich untergehakt vor den glänzenden Spielzeugvitrinen stehen: Wiedersehensfreude angesichts der vielen Schuco-Modelle, Märklin-Originale und – trotz Stilbruch – Steiff-Tiere. Manchmal sind es gerade diese kleinen Entdeckungen, die einen Tag zum Erlebnis machen.

Automobil- und Spielzeugmuseum Nordsee . Ostermarscher Straße 29 . 26506 Norden

NATURSCHUTZ OP PLATT – DER NATIONALPARK WATTENMEER

Telefon: 04421/911-0
www.nationalpark-wattenmeer.niedersachsen.de

Nationalpark Wattenmeer, Wilhelmshaven

Es war der niedersächsische Ministerpräsident Albrecht, der 1984 mit der Landesverwaltung und der deutschen Naturschutzakademie die Entscheidung traf, das gesamte Wattenmeer auch in Niedersachsen unter Naturschutz zu stellen. Nach einem langen Ritt im Amtsgalopp traten die Bestimmungen schließlich 1986 in Kraft, mussten aber noch bis 1999 auf ihre gesetzliche Bestätigung warten. 2001 bis 2005 stritten Kommunen, Investoren und Naturschützer weiter um die Formulierung zahlloser Paragrafen. Das Wattenmeer erging sich in der Zwischenzeit im zarten Rhythmus der Tide, seine Bewohner vom Wattwurm bis zur Klappmuschel, von der Kegelrobbe bis zum Schweinswal fanden Zeit, ihre Bestände zu regenerieren. Wer heute eine der Ostfriesischen Inseln betritt, kann es kaum vermeiden, am Nationalparkhaus und an zahlreichen Informationstafeln vorbeizukommen. Ausstellungen und Veranstaltungen wie „Nationalpark op Platt" oder „Watt für Kids" führen die Touristen ein in die seltsame Welt des Watts, der Dünen und der Salzwiesen (Groden). Doch hat die Angelegenheit einen durchaus dramatischen Hintergrund: Zum Beispiel sind 15 der 34 Wattvogelarten latent vom Aussterben bedroht. Der Nationalpark Wattenmeer umfasst auf 2.777 Quadratkilometern bei 49 % Wattfläche die gesamte niedersächsische Küstenlinie vom Krummhörn bis nach Wilhelmshaven, von den Inseln Borkum bis Wangerooge. Alle Informationen erteilt die Nationalparkverwaltung in Wilhelmshaven.

Nationalpark Niedersächsisches Wattenmeer . Virchowstraße 1 . 26382 Wilhelmshaven

0170 NI_Kunst & Architektur

SPAZIERGANG ZU HORST JANSSEN

Telefon: 0441/235-2891
www.horst-janssen-museum.de

Horst-Janssen-Museum, Oldenburg

Vielleicht geschieht es ja eines Tages, dass Sie auf dem Weg zum Horst-Janssen-Museum durch das niedersächsische Oldenburg spazieren und am Rathaus vorbeikommen. Wenn Sie dann auf der Rathaustreppe einen jungen Mann entdecken, der unter lautem Gejohle einer Meute junger Leute wie besessen die Stufen fegt, dann lassen Sie ihn ruhig gewähren. Der junge Mann hat nämlich Geburtstag, feiert seinen Dreißigsten und ist noch immer unverheiratet. Da hilft alles nichts, er kehrt so lange die Rathaustreppe, bis ihn eine „Jungfrau" mit einem Kuss erlöst.
Darauf zu warten, dauert zu lange, weiter geht es durch die Achternstraße zum Wahrzeichen von Oldenburg, dem „Lappan". So heißt der 1467 erbaute ehemalige Glockenturm des Heilig-Geist-Spitals. 1790 wurde er zu einer Gastwirtschaft umfunktioniert. Und der Wirt bekam die Auflage, das Glockengeläut für die Lamberti-Kirche zu übernehmen. Zeitweise besaß die Kirche nämlich keinen Glockenturm. Ob er damit allzu trinkfreudige Gäste zur Teilnahme am Gottesdienst bewegen konnte, ist nicht überliefert. Kann auch nicht mehr überprüft werden, weil heute ein Reisebüro den Turm „zweckentfremdet".
Endlich am Stadtmuseum angekommen lohnt sich doch noch ein Besuch im Horst-Janssen-Museum: Über 600 Quadratmeter Vielseitigkeit, denn Horst Janssen war ein Multitalent: ein fantastischer, technisch brillanter Zeichner, Radierer, Lithograf, Holzschnittkünstler, Autor, Plakatkünstler und Illustrator. Und eben auch ein Oldenburger.

Horst-Janssen-Museum Oldenburg . Am Stadtmuseum 4–8 . 26121 Oldenburg

DIE KÖNIGIN DER NORDSEE

Telefon: 04932/891-0
www.norderney.de

Nordseeheilbad Norderney

Die Bagger, die eine Versandung der Insel verhindern sollen, sind zwar heute schon fast so charakteristisch für Norderney wie die 300.000 Touristen, die das Eiland jährlich besuchen, doch Norderney bleibt unbestritten die „Königin der Nordsee". Mondän, modern und dazu oft charmant antiquiert erhebt sich das 25 qm große Eiland aus dem Meer. Städtische Atmosphäre und Touristenrummel prägen die Insel ebenso wie die 80 km langen Rad- und Wanderwege und Ökoreservate. Wer noch Männer sucht, die mit der Gießkanne in der Hand zärtlich die um ihre Strandkörbe gezogenen Burgwälle begießen, ist auf Norderney ebenfalls richtig. Ein Nachmittag beim Kurkonzert der Warschauer Symphoniker gleicht gar einer bezaubernden Zeitreise in die 50er Jahre. Die Erfolgsgeschichte des Seebades, die 1797 mit einer Eingabe der ostfriesischen Stände beim König Friedrich Wilhelm II. von Preußen begann und in der Anerkennung als staatliches Nordseeheilbad 1948 einen Höhepunkt erfuhr, ist auf Norderney allerorten abzulesen. Berühmtheiten wie Heinrich Heine und Theodor Fontane schwärmten von der Insel ebenso wie die prominenten Gäste der jüngsten Vergangenheit, darunter Willy Brandt oder Norderney-Fan Franz Müntefering. Da muss man sich doch anschließen.

Nordseeheilbad Norderney . Am Kurplatz 3 . 26548 Norderney

MOIN, MOIN – DAS OSTFRIESENABITUR

www.ostfriesenabitur.de

Ostfriesenabitur, Wittmund

Wer kennt sie nicht, die Ostfriesenwitze, die sich Ende der 1960er Jahre als eine der ersten landesweiten Witzwellen über ganz Deutschland ausbreiteten? Die meisten von ihnen thematisieren die vermeintliche Dummheit der Ostfriesen, die sich oft genug aber als Bauernschläue herausstellt. Im Jahre 1977 kamen findige Wittmunder Vertreter dieser Volksgruppe auf die Geschäftsidee, das „typisch Ostfriesische" zu vermarkten, indem sie das sogenannte Ostfriesenabitur etablierten. An Erlebniswochenenden kann man in verschiedenen Disziplinen, die die Sitten und Gebräuche des Landstrichs widerspiegeln, seine „Hochschulreife" unter Beweis stellen. Zum Beispiel müssen sich die Teilnehmer im Straßenweitboßeln, Plattdeutsch (mit mündlicher Prüfung), Kuhmelken, Krabbenpulen oder Padstockspringen beweisen. Besonderer Beliebtheit dürfte sich der Löffeltrunk erfreuen, denn hier wird Schnaps aus einem Zinnlöffel gezecht. In den 30 Jahren seines Bestehens wurde das Original Wittmunder Ostfriesenabitur von etwa 150.000 Menschen absolviert. Zur Belohnung wird bei echt ostfriesischem „Sniertjebraten" ein Reifezeugnis ausgestellt und ein Glas „Bohnensopp" gereicht. Vor allem für Vereine, Clubs oder Firmenbelegschaften ein kurioser Gruppenspaß, aber auch Kinder und Jugendliche kommen auf ihre Kosten. Denn speziell für diese Altersgruppe wird die „Ostfriesische Mittlere Reife" angeboten.

Tourist-Information Wittmund . Am Markt 15 . 26409 Wittmund

0173 NI_Essen & Trinken

KLUNTJE, KLUNTJE IN DEN TEE – WENN ICH DICH SO SCHMELZEN SEH!

Telefon: 04939/419
www.kluntje.com

Das Café Kluntje, Baltrum

Die Insel Baltrum ist bekanntermaßen ein Ort der Beschaulichkeit. Passenderweise befindet sich hier das schönste und gemächlichste Café Ostfrieslands: Das Café Kluntje im idyllischen alten Ostdorf von Baltrum bestricht geradezu mit ostfriesischer Heimeligkeit und erzählt in Bildern, Fotos und Texten die bewegte Geschichte von zehn Generationen. Die Historie des Traditionscafés begann mit einem Desaster: 1825 zerstörte eine Sturmflut nahezu die gesamte Insel Baltrum und machte den Westdorfer Fischer Fedde Meints Feddes und seine Frau Gesche über Nacht obdachlos. Das Paar zog daraufhin ins Haus 29 im Osten der Insel und vergrößerte seine Familie bis ins Jahr 1847 auf zwölf Personen. Das Haus wurde mit Butzen, Stallungen und Kaminen zu einem kleinen Gehöft ausgebaut. Der designierte Erbe Albert J. Feddes zog eines Tages zum Fischzug aus und kehrte nicht mehr zurück, seine Frau Trientje verschied eine Woche vor ihrem 100. Geburtstag. Im 20. Jahrhundert übernahm Kapitän Onne Ulrichs als Ehemann von Lettrina Feddes das Haus und stellte 1928 die Haushälterin Helene Nannen ein. Tan't Leni, eine geschäftstüchtige Dame aus Aurich, funktionierte nach dem Tod von „Onkel Onne" das Haus 29 in eine gut frequentierte Pension um und bewirtschaftete diese bis zu ihrem Tod 1997. Ihre Nachfahren investierten Zeit und Geld, stellten das Haus 1999 im historischen Zustand wieder her und eröffneten hier das Café Kluntje. Im Haus 222 richteten sie eine große Pension ein. In alten Rahmen sind die wichtigsten Stationen dieser kleinen ostfriesischen Familiensaga nun im Café Kluntje als Schwarz-Weiß-Fotografien aufgereiht und erzählen ihre Geschichten so bewegt, dass schon Hartgesottenen die Augen feucht geworden sein sollen. Und sollten sich Einheimische oder gar der Betreiber Ulf Nannen in der Nähe befinden – was im Café Kluntje stets zu vermuten ist –, kann man sich auf ein längeres Schwätzchen über Tan't Leni und Onkel Onne einrichten – auf Platt und bei einem Glase Grog versteht sich.

Café Kluntje . Nr. 29 . 26579 Baltrum

EIN ENDE DER WELT – DIE NORDSEEINSEL SPIEKEROOG

Telefon: 04976/9193101
www.spiekeroog.de

Nordseebad Spiekeroog

Wer Abgeschiedenheit sagt, muss auch Spiekeroog sagen. 17 Quadratkilometer Inselfläche, 900 Menschen und 40.000 Touristen machen die Kulisse aus, vor der sich das beschauliche Leben auf Spiekeroog Jahr um Jahr aufs Gleiche abspielt. Keine Autos, keine Fahrräder, keine Flugzeuge – die Insel Spiekeroog ist der Zivilisation mit Nachdruck abhold. Der Tradition zeigen sich die Inselbewohner dafür umso verbundener: Alte Ostfriesenhäuschen bestimmen die Architektur, und der Einzelhandel hat hier fest das Heft in der Hand. So kauft man Brötchen bei „Gerdes“ oder „Stutje“, Fleisch bei „Jacobi“, Fisch im „Meeresfrüchtchen“ und Souvenirs am besten bei „Dit und Dat“. Eine gute halbe Stunde Fußmarsch müssen Freunde moderner Popularmusik auf sich nehmen, um im „Old Laramie“ am Westende die allgegenwärtige Ruhe auszugleichen. Quirlig ist allein der bewachte Strand in den Monaten Juni bis September. Ein Minigolfplatz, Hallenbad, Lesepavillon und ein Kino, das die Kassenschlager der vorletzten Saison zeigt, bilden das Freizeitangebot. Wattwanderungen und Reitpartien oder Ausflüge in Dünen und Wäldchen lassen die Flucht vor dem 21. Jahrhundert endlich komplett gelingen. Und wer Glück hat, kommt auch mit der gesprächsfreudigen Tante Sophie, der ungekrönten Inselkoryphäe, ins Gespräch. Kann Urlaub schöner sein? Nein.

Nordseebad Spiekeroog . Norderpad 25 . 26466 Spiekeroog

ZUGUCKEN, WIE LUXUS-KREUZFAHRTSCHIFFE GEBAUT WERDEN

www.meyerwerft.de

Meyer Werft, Papenburg

Die in Papenburg ansässige Meyer Werft wurde bereits 1795 gegründet und befindet sich seitdem im Familienbesitz. Als eine der größten Werften Deutschlands hat sie sich in den vergangenen Jahrzehnten weltweit einen Namen gemacht, vor allem durch den Bau von Kreuzfahrtschiffen, den größten, die in Deutschland gebaut werden. Doch auch in der Vergangenheit konnte Meyer mit spektakulären Konstruktio-

Die Meyer Werft in Papenburg

nen aufwarten. So wurde der im Jahre 1914 gebaute Fracht- und Passagierdampfer „Graf Goetzen" als „African Queen" international bekannt durch den gleichnamigen Film mit Humphrey Bogart und Katharine Hepburn. Heute kann die Werft mit dem größten überdachten Trockendock der Welt eine ganz besondere Attraktion vorweisen, die jährlich zehntausende Schaulustige an den Dollart lockt. Das neu entstandene Besucherzentrum bietet für Interessierte verschiedene Führungen an, die über die 200-jährige Unternehmensgeschichte informieren und aufschlussreiche Einblicke in den modernen Schiffsbau geben. Wussten Sie eigentlich, dass Kreuzfahrtschiffe heutzutage nach dem Lego-Prinzip angefertigt werden? Oder dass die Meyer Werft gleichzeitig auch für Deutschlands größte Theaterbauten verantwortlich zeichnet? Des Weiteren können die Gäste von zwei Besuchergalerien aus den Bau der Riesen-Luxusliner quasi hautnah erleben. Wem das noch nicht genügt, der kann die Meyer Werft auch als Hintergrundkulisse des fast jährlich stattfindenden Papenburg Festivals kennen und schätzen lernen.

Meyer Werft . 26871 Papenburg

0176 NI_Gärten, Parks & Landschaften

ABSTRAMPELN IM URLAUB

www.ammerland-touristik.de
www.deutsche-fehnroute.tourentips.de

Radroute, Fehn- und Ammerland

Wenn man in der Großstadt Fahrrad fährt, dann hat das eher etwas von Überlebenstraining. Man kämpft sich von einer Ampel zur nächsten, vorbei an stinkenden Bussen, toten Winkeln und Straßenbahnschienen, und hat dabei nur eines im Kopf: so schnell wie möglich ans Ziel zu gelangen. Nie käme man auch nur annähernd auf die Idee, freiwillig hundert Kilometer oder mehr mit dem Fahrrad zurückzulegen.
Einmal in Ostfriesland angekommen, sieht das mit dem Fahrradfahren ganz anders aus: Die Luft ist gleich doppelt gut – zum einen fehlen die Abgase, und zum anderen weht eine frische Brise von der Nordsee herüber, und jodhaltige Meeresluft ist ja bekanntlich nicht nur für Asthmatiker gut. Eine sportliche Challenge im Urlaub? Dieser Gedanke kann bei den gut ausgebauten Fahrradrouten schnell kommen. Zur Auswahl gibt es zwei jeweils ca. 160 km lange Touren: Die Fehn- und Ammerland-

Radrouten warten nur darauf, befahren zu werden. Vielleicht schafft man es ja gar, beide zu erkunden ...
„Fehn“ heißt auf Niederländisch „Moor“, und auf Ostfriesisch ist mit dem Begriff eine Kultivierungsmethode zur Trockenlegung der Moore gemeint. So bauten die Ostfriesen seit dem 17. Jahrhundert schiffbare Kanäle, die eben dieser Entwässerung der Moore dienen sollten. Bei einer Fahrradtour in diesem südlichen Teil von Ostfriesland geht die Entdeckungsreise entlang der ehemaligen Moorgebiete und historischen Fehnkanäle. Auch die Fehnsiedlungshäuser, Backsteinkirchen und Windmühlen am Wegesrand tragen dazu bei, dass man die 163 Kilometer wie im Flug zurücklegt und dann weiter und mehr will: das Ammerland.
Der Rhododendron ist der Star des Ammerlands. Mehrere Hundert Sorten in unterschiedlichen Variationen und Farben schmücken die zahlreichen Parkanlagen in dieser Gegend. Von England Anfang des Jahrhunderts herübergeschwappt, ist dieser Trend heute ein Markenzeichen dieser Gegend. Das herrliche Blütenmeer wirkt übrigens auch unter einem romantischen Sternenhimmel, und Nachtfahrten sind der neue Hit im Ammerland – dann kann man für die Liebste auch heimlich mal ein Blümchen pflücken. Für den besonderen Kick wurde eine stillgelegte Bahnstrecke umgebaut: Bei einer Draisinenfahrt strampeln Sie genauso wie auf dem Fahrrad, haben aber das Gefühl, eine kleine Lok zu sein ...

Deutsche Ammerland-Radroute . Ammerland-Touristik-Information
Ammerlandallee 12 . 26655 Westerstede . Telefon: 04488/563000

Deutsche Fehnroute . Friesenstraße 34/36 . 26789 Leer . Telefon: 0491/66640

0177 NI_Kunst & Architektur

DER MALENDE DICHTER

Telefon: 04721/3944-11 oder -12
www.ringelnatzstiftung.de

Joachim-Ringelnatz-Stiftung, Cuxhaven

„... sie schaukeln kokett in des Schicksals Hand wie trunkene Schmetterlinge“, schrieb Joachim Ringelnatz in seinem Werk „Segelschiffe“. Mit dem Meer verbunden blieb Hans Bötticher, so sein Geburtsname, sein Leben lang.
Vater Georg Bötticher hatte die erste Heuer seines Sohnes auf der Oldersumer Barke „Elli“ organisiert, bemüht, die Abenteuerlust des Filius zu stillen. Das gelang nicht so ganz, aber immerhin brachte es Hans Bötticher bis zum Leutnant der Marine.
Doch 1909 gab es eine entscheidende Wende in seinem Leben: Im Münchner Künstlerlokal „Simpl“ traf er Hermann Hesse und Frank Wedekind, die eher sein dichtendes Talent als sein seefahrerisches Können schätzten. Hans begann mehr und mehr zu schreiben und legte sich den Künstlernamen Joachim Ringelnatz zu.
Auch der ist, wen wundert's, maritimen Ursprungs: Seeleute nennen das Seepferdchen liebevoll „Ringelnass“. Seiner Frau Leonharda Pieper gab der Schriftsteller den illustren Beinamen „Muschelkalk“.
Ringelnatz war nicht nur ein begnadeter Poet, er hatte auch großes Talent zum

Malen. Vielleicht wieder von Vater Georg beeinflusst, der lange Zeit Chefmusterzeichner in einer Tapetenfabrik war. So hat manche norddeutsche Villa ein Original von Vater und Sohn an den Wänden hängen: vom Vater die Tapete und vom Sohn ein Ölgemälde, die heute wertvolle Sammlerstücke sind.
Noch viel mehr über Hans Bötticher alias Joachim Ringelnatz erfährt der Besucher im Museum in Cuxhaven. Auf wundervoll inszenierte Weise gibt es Einblicke in das Lebenswerk des „Verse-Schmiedes" und Malers. Man könnte an dieser Stelle noch so viel über ihn erzählen, aber wie lautet noch eine seiner bekanntesten Wortschöpfungen? „Daddeldu". Und das heißt auf Deutsch so viel wie: „Nun ist Schluss, das war's".

Joachim-Ringelnatz-Stiftung . Südersteinstraße 44 . 27476 Cuxhaven

0178 NI_Feste, Events & Veranstaltungen

DAS NATIONALE FUN- UND TRENDSPORTEVENT DES JAHRES

www.koenig-events.de

White Sands Festival, Norderney

Das White Sands Festival auf der Nordseeinsel Norderney ist eines der größten Events für Fun- und Trendsportarten. Einmal jährlich zu Pfingsten versammeln sich hier die besten Sportler des Landes, um ihre Kräfte zu messen. Austragungsort des Deutschen Windsurf Cups sowie des EWE TEL Beach-Cups ist der am Hafen gelegene Januskopf. Als Mutter aller Funsportarten gilt das Windsurfen. Der DWC ist die ranghöchste deutsche Regattaserie, die in den Disziplinen Racing, Slalom und Wave-Freestyle ausgetragen wird. Dabei treten nicht nur die erfolgreichsten deutschen Windsurfer gegeneinander an, sondern auch internationale Worldcup-Profis sowie ambitionierte Newcomer. Der Centercourt und die zwei Nebencourts, auf denen die Beachvolleyball-Turniere stattfinden, bieten Platz für 1.000 Zuschauer und verwandeln die Strandpromenade in eine „Beachvolleyballarena mit Meerblick". Die Sieger des vom Niedersächsischen Volleyballverband ausgerichteten Wettstreits werden mit einem Preisgeld von insgesamt 5.000 Euro prämiert. Neben diesen beiden „großen" Turnieren bietet das White Sands Festival, zu dem jährlich ca. 60.000 Besucher pilgern, auch Platz für weitere Trendsportarten wie Inline-Skating und Kite-Surfing, eine recht junge Disziplin, die eine Kombination des klassischen Surfsports mit dem Paragliding darstellt. Nachts verwandelt sich die ostfriesische Insel in eine Partymeile. In dem direkt am Januskopf gelegenen Veranstaltungszelt sowie im „Haus der Insel" finden an allen drei Tagen diverse Partys mit renommierten DJs statt.

Januskopf . Am Hafen 17 . 26548 Norderney . www.whitesandsfestival.de

HEX, HEX! ZAUBERN IM PARK

Telefon: 04231/661110
www.magicpark-verden.de

Magic Park, Verden

Buffy, Copperfield, zauberhafte Hexen und Superman wären nichts ohne ihre magischen Kräfte. Schon seit Jahrtausenden fasziniert Zauberei die Menschen, und nach Harry Potter ist der Magie-Trend noch stärker als zuvor, sowohl Kinder als auch Erwachsene wollen mehr Zauberabenteuer erleben.
Wenn die Kinder also mal wieder die Zwergkaninchen wegzaubern wollen und nach den neusten Kartentricks fragen – dann hilft nur eins: Man muss es stillschweigend akzeptieren. Für manch einen mag es zu viel verlangt sein, die zukünftigen Magier bei ihrem Werdegang zu unterstützen. Das übernimmt der Magic Park Verden. Dort kann man seine Kinder zum Zauberlehrling ausbilden lassen.
Auf alle, die nun im Magic Park nach zahlreichen Shows und Vorführungen wie „The Art of Magic" oder „Magische Experimente" immer noch nichts von dem ganzen Zauber halten und ihren Kindern lieber etwas anderes zeigen wollen, warten ein Streichelzoo und ein Märchenwald. Direkt an der Märchenstraße wurden hier in den Jahren 1970/71 Szenen aus Hänsel und Gretel, Hase und Igel, Chinesische Nachtigall, Schlaraffenland, Blumenwunder und Dornröschen nachgebaut. Bei einem Spaziergang im Märchenwald kann man so alle Märchenszenen nachempfinden und nachspielen – ganz ohne Zauberstab!

Magic Park Verden . Heideweg 3 . 27283 Verden (Aller)

LIKE A HURRICANE ...

www.hurricane.de

Hurricane-Festival, Scheeßel

„Rock in Scheeßel" – so lautete einmal ein Stück der Deutschrock-Formation Franz K., das sich auf das 1977 am Eichenring abgehaltene First Rider Open-Air-Festival bezog. Seinerzeit sorgte Desorganisation dafür, dass die Veranstaltung in einem Bühnenbrand, Plünderungen und Schlägereien endete. Dergleichen ist heutzutage nicht mehr zu erwarten. Das seit 1997 in Scheeßel ausgerichtete Hurricane-Festival genießt, speziell was die Sicherheitsbestimmungen und die Organisation betrifft, international einen ausgezeichneten Ruf. Jährlich strömen ca. 50.000 Musikfans auf die Motorradrennbahn, um auf mehreren Bühnen ihren Indie- und Alternative-Rock-Heroen zu frönen. Hurricane ist eines der größten in Deutschland veranstalteten Musikfestivals und findet jährlich über drei Tage an einem Juniwochenende statt. Dabei werden nicht nur Einheimische angezogen, sondern auch Besucher aus Großbritannien, den Niederlanden und Skandinavien. Die Liste der Bands und

Künstler, die sich hier in den vergangenen Jahren die Klinke in die Hand gaben, ist schier endlos, deshalb seien hier nur einige der ganz Großen genannt: Beastie Boys, Pearl Jam, Die Toten Hosen, Beck, Iggy Pop, New Order, Marilyn Manson, Oasis und, und, und ... Scheeßel liegt relativ verkehrsgünstig zwischen Hamburg, Bremen und Hannover und ist mit dem Auto über die A 1 in Richtung Bremen bis Ausfahrt Sittensen oder mit der Regionalbahn von Hamburg in Richtung Bremen zu erreichen.

Eichenring . 27383 Scheeßel

0181 NI_Sport, Abenteuer & Technik

EIN MUSS AN REGENTAGEN

Telefon: 04721/23341
www.wrackmuseum.city-map.de

Das einzige Wrackmuseum der Welt

Da hat man sich auf den wohlverdienten Strandurlaub gefreut, die Kinder sind in Spitzenlaune, und dann regnet es. Regen, der kalt und nass ist, wie so oft an der See. Das Ferienhaus ist am zweiten Regentag auch viel zu eng geworden, und draußen: Regen.
Holla, sagen Sie dann am nächsten Morgen, wenn draußen die grauen Regenwolken den Tag schon um 9 Uhr verdüstern. Noch einmal Holla, und die Familie blickt Sie an, als seien Sie übergeschnappt. Holla, wir gehen ins Wrackmuseum. Totenstille am Frühstückstisch, und klamme Regenkälte zieht die Beine hoch.
Eine Stunde später, die Kinder haben sich gerade von ihren Heul- und Wutkrämpfen beruhigt, stehen Sie alle trockenen Hauptes im Wrackmuseum Cuxhaven. Und dann wird Ihre Familie ganz, ganz still. Und die Kinder werden hochkonzentriert. Denn was da zusammengetragen wurde und auf den 1.800 qm Ausstellungsfläche gezeigt wird, ist spannend und dramatisch.
In jedem der vielen Museumsräume kann man Schiffsschicksale verfolgen, die fast wie menschliche Lebensläufe anmuten – von der Geburt, dem Stapellauf, bis zum Tod, dem Untergang. Nachzulesen in Urkunden, anzuschauen in Fotos, Bildern und Filmen, anzufassen in über 1.500 Schiffswrackteilen. Teilweise tieftraurige Historie, die von menschlicher Unzulänglichkeit handelt oder von der ungeheuren Kraft der See. Teilweise aber auch fast absurde Geschichten, wie die vom englischen Dampfer „Kaffraria“: Der ankerte friedlich vor Cuxhaven, als er sich, von einem Fischerdampfer gerammt, losreißt, mit der Flut elbaufwärts getrieben wird, sich manövrierunfähig den Boden aufreißt und gerade noch kurz vor dem Sinken vor Ottendorf auf Grund gesetzt werden kann. Ein Teil der Ladung konnte geborgen werden, der größere Teil blieb aber verschwunden. Allerdings findet man heute noch Teller, Terrinen und Bestecke aus der Kaffraria-Ladung bei einigen Ottendorfer Familien.
Wenn man Stunden später das Wrackmuseum verlässt, hat der Regen aufgehört.

Wrackmuseum GmbH . Dorfstraße 80 . 27476 Cuxhaven

CELLES UNVERGLEICHLICHER KUNSTTEMPEL – AUCH FÜR NACHTSCHWÄRMER GEEIGNET

www.kunst.celle.de

24-Stunden-Kunstmuseum, Celle

„All for Art and Art for All" könnte der Untertitel für das weltweit wohl erste Museum für moderne und zeitgenössische Kunst lauten, das rund um die Uhr geöffnet hat. In der Tat handelt es sich bei diesem ganz neuen Museumstyp um eine Begegnungsstätte für Kunstinteressierte aller Altersgruppen, die entweder einfach mal reinschnuppern möchten, was sich in der Celler Kunstszene so tut, oder aber, die sich selbst als Künstler mal ausprobieren möchten. Das ehrgeizige und innovative Projekt wurde im November 2006 von der Kunstwerkstatt Celle auf private Initiative des Kunstsammlers Robert Simon hin ins Leben gerufen und hat sich seitdem auch über die Landesgrenzen hinaus einen Namen gemacht. Wer immer schon wissen wollte, was Kunst ist oder wie Kunstwerke entstehen, dem kann von ausgewählten Dozenten und Museumspädagogen auf die Sprünge geholfen werden. Das Angebot des 24-Stunden-Kunstmuseums reicht von Workshops für Kinder von 8 bis 12 Jahren über Themenführungen bis zu Sonderausstellungen. Bis dato kann die Celler Kunstwelt auf solche Highlights wie „TILL Forever!" (Rezeptionen des Eulenspiegel in unserer Zeit) oder die Multimedia-Lichtkunstausstellung „Umnachtung!" zurückblicken. Das Museumskonzept kann mit Fug und Recht als einmalig bezeichnet werden und wurde von den findigen Initiatoren schlauerweise auch sogleich beim Deutschen Marken- und Patentamt in München angemeldet.

Kunstmuseum Celle mit Sammlung Robert Simon . Schlossplatz 7 . 29221 Celle

PFERDERENNEN AUF DEM MEERESGRUND

www.duhner-wattrennen.de

Duhner Wattrennen, Cuxhaven

Teilnehmen kann an diesem Rennen jeder mutige Reiter mit Lizenz. Der Lizenz zum Reiten oder Fahren. Die Sache mit der Lizenz scheint einem James-Bond-Film entliehen. Und das „Duhner Wattrennen" wäre auch ganz sicher eine abgefahrene Location für den nächsten 007.

Seit über 100 Jahren schon ist der außergewöhnliche Pferderenntag mehr *im* als *am* Meer ein fester Termin im Kalender der Galopper und Traber. Das Organisationskomitee des Nordseeheilbades Cuxhaven lässt den genauen Beginn der Rennen im Watt jedes Jahr vom Bundesamt für Seeschifffahrt und Hydrographie exakt vorausberechnen. Der vorgegebene Zeitplan muss minutengenau eingehalten werden, denn bevor die Flut unaufhaltsam wiederkommt, muss alles gelaufen sein.
Die 150 Teilnehmer dürfen keinesfalls zimperlich sein. Nach den insgesamt 12 Rennläufen über den mitunter schon leicht gefluteten Meeresboden erkennt mancher Stallbesitzer seinen Reiter oder Sulkyfahrer nicht mehr wieder, geschweige denn seine Tiere. Die sind nämlich schön verziert mit lauter Sprenkeln aus braunem Watt-Wasser-Gemisch, um es vornehm auszudrücken.
Auch sonst ist hier manches anders als in Baden-Baden. Eine feine Tribüne für die 30.000 Zuschauer? Fehlanzeige. Der Seedeich ist lang und hoch genug. Elegante Garderobe mit wagenradgroßen Designer-Hüten? Fehlanzeige. Gezockt wird hier in Badehose und Bikini.
Höhepunkt der Veranstaltung ist das Rennen um den Wanderpokal. Dann wird es auch schon matschig im Watt. Die hochangesehene Trophäe, ein wertvolles Porzellanpferd aus der Staatlichen Manufaktur Fürstenberg, wird traditionsgemäß vom amtierenden Regierungschef oder einem Kabinettsmitglied überreicht – im (garantiert sprenkelfreien) Anzug.

Verein für Pferderennen auf dem Duhner Watt e. V.
Hamburg-Amerika-Straße 5 . 27472 Cuxhaven

0184 NI_Sport, Abenteuer & Technik

„SKIPPER, SETZ DAS SEGEL"

Telefon: 04792/935820
www.kulturland-teufelsmoor.de

Kahnfahrt, Teufelsmoor

Wenige Kilometer hinter Bremen beginnen die Moore, und mit ihnen tut sich eine wunderbar melancholische Flusslandschaft im Teufelsmoor auf. Wir befinden uns auf einem der Törns mit den typischen Halbhunt-Kähnen. Wo Mitte des 20. Jahrhunderts noch riesige Torfabbauflächen Brennstoff und Dünger abgaben, blicken die Besucher auf renaturierte Flächen mit weitläufigen vernässten Flächen und Entwässerungsgräben.
Um uns herum Nebel, über uns bläht sich leicht das nassbraune Segel, und hinten im Heck des Kahns steht der Skipper in seiner Tracht. Er erzählt uns Spukgeschichten wie die vom „Plurwulf". So geht die Sage von Torfschiffern, die sich um Mitternacht in Werwölfe verwandelten, in die Dörfer zogen und Fohlen und Kälber rissen. Am nächsten Morgen konnten sich die blutrünstigen Schlafwandler an ihre Bluttaten nicht mehr erinnern.
Sagen, Legenden und Geschichten, die vom harten Leben der Torfstecher und -schiffer erzählen, begleiten uns. Die Fahrt mit dem Kahn ist so schaurig-schön, dass es kaum verwundert, dass unserer Besatzung kollektiv die Nackenhaare zu

Berge stehen. Vielen soll es ja schon bei der bloßen Erwähnung des „Teufelsmoors" so gehen. Dabei hatte der Name ursprünglich gar nichts Diabolisches. Eigentlich hieß das Moorgebiet auf Plattdeutsch „Duvelsmoor" oder „duves Moor". Das bedeutet „taubes, unfruchtbares Land". Später mutierte das „Duvelsmoor" zum „Düwelsmoor".
Es ist umstritten, ob ein Übersetzungsfehler ins Hochdeutsche den Begriff „Teufelsmoor" prägte. Die Kahnfahrt zeigt jedoch, dass der Name mehr als passend ist. Wer das Areal mit rund 600 Quadratkilometern darüber hinaus auch zu Fuß erkunden möchte, dem seien Führungen empfohlen, die zum Teil über lange Bohlenwege tief in das Moor hineinführen. Ansonsten verliert man sich leicht im „Nassen Dreieck" zwischen den Orten Bremervörde im Norden, Ritterhude im Westen und Fischerhude im Osten.
Ob man nun das Segel setzt oder die Wanderschuhe schnürt: Das Teufelsmoor ist in jedem Fall ein Erlebnis, über dem eine gewisse Düsternis und Melancholie liegt.

Kulturland Teufelsmoor . Bergstraße 13 . 27726 Worpswede

0185 NI_Kunst & Architektur

DIE KÜNSTLER UND DAS TEUFELSMOOR

Telefon: 04792/935820
www.worpswede.de

Künstlerdorf Worpswede

„Ein grausiges Land, in dem ihr da lebt", fand der Dichter Rainer Maria Rilke 1900 bei einem seiner ersten Besuche in der Künstlerkolonie Worpswede. Diese war nach 1889 durch den Zuzug von Malern wie Heinrich Vogler, Otto Modersohn und Paula Modersohn-Becker entstanden. Sie flohen wie die französischen Impressionisten die Akademien, um in der freien Natur den Geist fliegen zu lassen.
Wie so viele Besucher nach ihm, kam auch Rilke wieder. Seine Malerfreunde und Gründer der Künstlerkolonie öffneten ihm die Sinne für die Schönheiten des flachen Ackerlandes und der trostlosen, sumpfigen Weite des Teufelmoores – in Bildern voller Farbrausch und Melancholie, mal märchenhaft-heiter, mal mystisch-düster. Von diesem künstlerischen Tun zehrt Worpswede heute noch. Und an manchen Sommertagen sind die kleinen Straßen schon fast so überfüllt, dass die Besucher – auf der Suche nach dem inspirierenden Geist des abgeschiedenen „Weltdorfs" – am Ende des Tages bestenfalls Gleichgesinnte gefunden haben. Darauf sollte man sich einrichten, um dann jenseits der großen Reisetage einen einigermaßen freien Blick auf die Klassiker in den sieben örtlichen Museen zu haben.
Dann macht auch das Flanieren mehr Laune und die dörfliche Idylle lebt auf. Der alte Worpsweder Heinrich Vogeler machte das Dorf nicht nur berühmt, sondern hinterließ auch architektonische Spuren. Bauten von Architekten wie Bernhard Hoetger und eben Vogeler wandelten das Ortsbild. Heinrich Vogeler entwarf unter anderem den Worpsweder Bahnhof und den „Barkenhoff". Bernhard Hoetgers verspiel-

ter Ziegelsteinstil fällt beim „Kaffee Worpswede" oder dem „Niedersachsenstein" auf. Kurios ist die „Käseglocke": Edwin Koenemann baute das Rundhaus nach Plänen des Berliner Architekten Bruno Taut, behauptete jedoch zeitlebens, die Baupläne stammten aus seiner Feder.

Kulturland Teufelsmoor / Gästeinformation für Worpswede und das Teufelsmoor
Bergstraße 13 . 27726 Worpswede

0186 NI_Natur & Tiere

PELZIGE EIGENBRÖTLER

Telefon: 05832/98080
www.otterzentrum.de

Otterzentrum, Hankensbüttel

Ihre kurzen Beine, das dichte Fell und erst recht die Schwimmhäute zwischen den Zehen bekommen Menschen in freier Wildbahn nicht häufig zu sehen. Otter leben gerne im Verborgenen und sind zudem recht wählerische Zeitgenossen. Nicht überall fühlen sie sich schnell heimisch. Bäche, Flüsse oder Seen müssen sich in einem guten ökologischen Zustand befinden, damit sich Fischotter ansiedeln. Das ist die Besonderheit an dem Otterzentrum in Hankensbüttel am Südrand der Lüneburger Heide: Am Ufer des idyllischen Isenhagener Sees, in einer in Europa einzigartigen Naturschutzeinrichtung, gibt es eine hohe Otter-Population. Weil es die pelzig-putzigen, aber scheuen Tiere eben etwas naturbelassener mögen, wird in Hankensbüttel bewusst auf eine künstliche Gartengestaltung verzichtet.

Ein munterer Otter aus dem Otterzentrum Hankensbüttel am Isenhagener See

Auf dem 60.000 Quadratmeter großen Gelände mit vielen Hecken, Bächen, Teichen, Wiesen, Äckern und einem über 100-jährigen Wald haben es sich noch einige nächste Verwandte der Otter gemütlich gemacht: Dachs, Hermelin, Steinmarder, Iltis und Baummarder leben in dem Gehege.

Neben den täglichen Fütterungszeiten gibt es die vielen regelmäßigen Sonderveranstaltungen: Bei einem solchen Angebot müssen die jährlich fast 100.000 Besucher nicht lange ausharren, bis sich die Otter blicken lassen.

Aktion Fischotterschutz e. V. . Otter-Zentrum
Sudendorfallee 1 . 29386 Hankensbüttel

MAX UND MORITZ IM MUSEUM IN EBERGÖTZEN

Telefon: 05507/7181
www.wilhelm-busch-muehle.de

Wilhelm-Busch-Mühle, Ebergötzen

„Max und Moritz wird es schwüle, denn nun geht es nach der Mühle. [...] Rickeracke! Rickeracke! Geht die Mühle mit Geknacke." Ein ganz schön makaberes Ende bei ihrem letzten Streich für die Protagonisten von Wilhelm Busch. Eine „Bubengeschichte in Sieben Streichen", die mit dieser Szene in die Geschichte einging. Deutschlands berühmtester Humorist muss wohl schreckliche Erinnerungen mit Mühlen verbinden!

Na ja, zumindest war Wilhelm Busch während seiner Kindheit in Ebergötzen jahrelang mit dem Müllersohn Erich Bachmann befreundet und verarbeitete auch sonst viele Inspirationen aus seinem Heimatort in seinen Versen und Zeichnungen. Zwischen 1841 und 1845 verlebte Wilhelm Busch als Schüler in Ebergötzen eine mit Sicherheit lustige zweite Kindheit und behauptete, keinen Ort besser zu kennen als diesen.

Um die Erinnerung an Max und Moritz lebendig werden zu lassen, kann man nach Ebergötzen reisen und tatsächlich Original-Schauplätze der Busch-Bildergeschichten, wie das alte Pfarrhaus und die alte Wilhelm-Busch-Mühle, finden. Inzwischen ist Letztere zum Museum umfunktioniert worden, und man kann sich beim Wasserrauschen des Mühlrads vorstellen, wie das berühmteste Kinderbuch aller Zeiten entstanden ist. Ganz nebenbei lernt man etwas über die Herstellung von Mehl als Futtermittel in den vergangenen Jahrhunderten.

Wilhelm-Busch-Mühle . Förderkreis Wilhelm-Busch-Stätten . Mühlergasse 8 . 37136 Ebergötzen

HENGSTPARADE IM LANDGESTÜT CELLE

Telefon: 05151/92940
www.landgestuetcelle.de

Landgestüt Celle

Herrlich glänzendes Fell, Anmut, Eleganz – man muss kein Pferdenarr sein, um an einem Zuchtpferd etwas Besonderes zu finden. Und weil Pferderennen nicht jedermanns Sache sind, hat sich das Niedersächsische Landgestüt Celle entschlossen, seine rund 200 Hengste bei einer feierlichen Parade zu präsentieren.

So können stilbewusste Frauen an den letzten beiden September-Wochenenden und den ersten beiden im Oktober, als Hommage an die englische Aristokratie und

an ihre Pferdevorliebe, ihre großen Hüte aufsetzen, um der Hengstparade beizuwohnen. Assoziationen mit Großbritannien kommen dabei nicht nur dadurch zustande, dass die jungen Reiter in den historischen roten Uniformen auf ihren Hengsten irgendwie alle wie Prinz William von Wales aussehen. Der Gründer des Landgestüts Celle, Kurfürst Georg II. von Hannover, war gleichzeitig König von Großbritannien. Im Jahr 1735 ordnete er die Gründung des Landgestüts an, und seitdem beglücken Vollblüter, Angloaraber und hannoversche Junghengste die 8.000 Stuten, die im Lande Niedersachsen verteilt sind, mit ihren guten Genen.
Bei der Hengstparade zeigen sie ihre Schönheit und bei einer Dressurquadrille oder bei Gespannvorführungen ihre Talente. Zusätzlich werden bei der Parade historische Kutschen vorgestellt. Ein besonderer Tipp ist die Hengstparade bei Nacht – die Pferde paradieren unter freiem Sternenhimmel, und vorher kann man sich ganz in Ruhe auf dem Landgestüt Celle umsehen und darüber nachsinnen, warum für so manch einen Reiter das Glück dieser Erde auf dem Rücken dieser Hengste liegt.

Niedersächsisches Landgestüt Celle . Spörckenstraße 10 . 29221 Celle

0189 NI_Sport, Abenteuer & Technik

HEUTE BAUE ICH MIR MEINE GOTISCHE HARFE SELBST

www.sievert-harps.de

Harfenbau-Seminar Sievert, Schnega

Wer immer schon einmal davon geträumt hat, eine Harfe zu spielen, noch dazu eine selbst gebaute, der ist bei Frank Sievert in Schnega, einer kleinen Ortschaft im Wendland, genau am richtigen Platze. Sievert gilt als einer der besten professionellen Harfenbauer Deutschlands, und dies bereits seit 25 Jahren. In seiner sehr gut ausgestatteten Atelierwerkstatt entstanden schon Generationen irischer, keltischer und gotischer Harfen und anderer Obertonmusikinstrumente, die auch von zahlreichen Profimusikern gespielt und geschätzt werden. Das ehemalige Mitglied des Düsseldorfer Obertonchors ist mit seinen Instrumenten auch regelmäßig auf europäischen Festivals vertreten, so u. a. beim Edinburgh Harp Festival, den Rencontres Internationales de Harpe Celtique in der Bretagne oder dem Mosenberger Harfentreffen. Darüber hinaus bietet Frank, der nach den Angaben eines ehemaligen, begeisterten Teilnehmers die Statur und das Gemüt eines Grizzlybären besitzt, zusammen mit seiner Frau Tanja in seinem Landhaus ein- bis zweiwöchige Harfenbau-Seminare an – quasi so etwas wie Ferien auf dem Bauernhof mit sinnvoller Freizeitgestaltung. Ein gewisses Interesse am Instrument sowie handwerkliches Geschick sollte man allerdings schon mitbringen. Eines ist sicher, so Sievert: „Hier geht keiner so weg, wie er gekommen ist.“ Wer weiß, vielleicht wird aus Ihnen ja später noch einmal ein neuer Andreas Vollenweider oder Harpo Marx?

Atelierwerkstatt . Frank Sievert & Tanja Zeps . Göhr 3 . 29465 Schnega

ADRENALIN-SCHUB IM FREIZEITPARK

Telefon: 01805/919101
www.heidepark.de

Heide-Park, Soltau

Sie könnten wieder einmal ein kleines Lifting gebrauchen? Versuchen Sie es doch mit „Desert-Race“, der schnellsten Achterbahn der Republik. Bei einer Beschleunigung von 0 auf 100 km/h in 2,4 Sekunden fliegen garantiert jedem die überschüssigen Gesichtspartien bis zu den Ohren – leider nur für wenige Momente. Im Heide-Park bei Soltau, Norddeutschlands größtem Erlebnispark, können bei 50 Attraktionen und Shows viele weitere ungewöhnliche Erfahrungen gesammelt werden.

Rasante Fahrt im Desert Race im Freizeitpark Heidepark Soltau

Sie wollen die Welt aus einer ganz anderen Perspektive erleben? Dann hängen Sie sich kopfüber in die Loopingbahn „Limit“. Oder lassen Sie sich auf die Spitze des 103 Meter hohen Gyro-Drop-Tower ziehen und genießen Sie die Aussicht auf 850.000 m² Parklandschaft, wenn Sie im mörderischen Tempo abwärtssausen. Für Menschen, die lieber sparsamer mit ihrem Adrenalin haushalten, bietet der Heide-Park zahlreiche Shows mit Delphinen, Seelöwen oder Piraten. Stunt- und Akrobatikeinlagen inklusive.

Kinder kommen dabei und bei den kleineren Fahrgeschäften natürlich voll auf ihre Kosten. Wer sich An- und Abreise an einem Tag sparen möchte oder auch mehrere Tage auf dem ausgedehnten Gelände verbringen will, kann in einem der 81 bunten Holzhäuser nächtigen und dazu noch Schnellkurse im Jonglieren oder in Portraitmalerei buchen.

Heide-Park Soltau . Heidenhof . 29614 Soltau

0191 NI_Sport, Abenteuer & Technik

GROSSE PANZER, KLEINE PANZER

Telefon: 05192/2552
www.munster.de/pzm/

Deutsches Panzermuseum Munster, Munster

Auf 9.000 m² gibt es richtig was zu gucken: 40 Fahrzeuge der Bundeswehr und der Nationalen Volksarmee von 1955 bis heute, 40 Fahrzeuge der ehemaligen Wehrmacht sowie diverse amerikanische, britische und russische Panzer. Und das ist nur ein Teil dessen, was da sonst noch im Deutschen Panzermuseum Munster steht, hängt oder liegt.

Uniformen zum Beispiel, von 1866 bis heute, hängen dort. Auch 160 militärische Ehrenzeichen oder Orden bis hin zum Marschallstab aus dem Jahre 1940 sind ausgestellt. Und 120 deutsche Waffen, vom Maschinengewehr bis zur Panzerabwehrrakete, stehen als Ausstellungsstücke auf den insgesamt 5.000 Quadratmetern Ausstellungsfläche der Hallen.

Auch wenn das Panzermuseum mit seinem Konzept „zur kritischen Auseinandersetzung mit der deutschen Geschichte, insbesondere mit der deutschen Militärgeschichte, anregen“ will, mutet das alles sehr groß und gewaltig an.

Selbst die internationale Panzermodellsammlung im Maßstab 1:35 oder auch die über 600 Exponate umfassende Spielzeug-Sammlung „mit militärischem Spielinhalt“ lassen am Ende doch die große Frage offen, warum die Menschheit eigentlich nicht völlig auf derartige Waffen verzichten kann. Vielleicht muss es aber auch gerade ein solches Panzermuseum geben, damit man nachher ein bisschen klüger ist.

Deutsches Panzermuseum Munster . Hans-Krüger-Straße 33 . 29633 Munster

0192 NI_Natur & Tiere

DER GRÖSSTE VOGELPARK DER WELT

Vogelpark Walsrode, Walsrode

www.vogelpark-walsrode.de

Der von dem Walsroder Kaufmann Fritz Geschke 1962 als private Zucht gegründete Vogelpark Walsrode ist einer der weltgrößten Vogelparks und befindet sich in der Lüneburger Heide. Auf 240.000 m² Fläche erstreckt sich eine umfangreiche Landschaft aus Volieren und Gehegen, die über 4.000 Vögel in rund 700 Arten aus allen Kontinenten und Klimazonen beheimatet. Neben Pinguinanlage, Uhu-Burg, Tropenwaldhalle, Papageienhaus und Lori-Atrium hat man die Möglichkeit, das Gelände im Baumhausdorf aus der Vogelperspektive zu erkunden. Greifvogel- und Pelikanfütterungen oder ein Besuch in der Vogelbaby-Station komplettieren das attraktive Angebot. Besondere Highlights sind die 3.000 m² große Freiflughalle für tropische Großvögel

Neben unseren gefiederten Freunden gibt es noch mehr zu bestaunen: die Parkanlage mit einer Mühle im Vogelpark

sowie die auf der Freilichtbühne stattfindenden Flugshows. Wenn Sie von Vögeln nicht viel Ahnung haben, hier werden Sie geholfen.

Vogelpark Walsrode . 29664 Walsrode

0193 NI_Natur & Tiere

EINZIGARTIGE ERLEBNISWELTEN

Telefon: 0511/28074163
www.zoo-hannover.de

Zoo, Hannover

Wann hat man zuletzt einen echten Löwen oder Gorilla gesehen? Wer nicht gerade jedes Jahr Safari-Touren unternimmt, sieht exotische Tiere nur noch auf dem Discovery Channel. Dabei kann ein Zoobesuch Erinnerungen an die eigene Kindheit wachrufen, in der man tagelang von wilden Tieren träumen konnte. Vorausgesetzt, die Tiere sind – so wie in Hannover – nicht hinter bedrückenden Gittern in Käfigen „ausgestellt", sondern in naturnahen Landschaften zu Hause.
Weniger medial überschwemmt von Neugeborenen-Tier-Stars als sein Berliner Pendant, hat der Erlebnis-Zoo in Hannover den Anspruch, die Tiere in thematischen Erlebniswelten zu zeigen. Der Zoobesucher als Gast in verschiedenen Tierwelten soll dabei nicht nur staunen, sondern durch Zoo-Scouts auch auf aktuelle Probleme des Artenschutzes aufmerksam gemacht werden. Dabei ist der Erhalt von Addax-Antilopen und Drill-Affen dem Hannoverschen Zoo besonders wichtig.
Bereits 1865 gegründet, suchte der Zoo nach modernen Wegen, um sich nach der Freizeitpark-Invasion zu etablieren, und durchlief so die Wandlung vom Stadtparkzoo zum Erlebnis-Park. Auf 22 Hektar kann man in einen indischen Dschungel, nach Sambesi – der afrikanischen Flusslandschaft –, auf den Gorillaberg und nach Alaska reisen und 223 unterschiedliche Tierarten erleben. Natürlich gibt es dabei spezielle Abenteuerparcours für die kleinen Besucher; Erwachsene können ja in der Zwischenzeit eine Patenschaft für einen Flamingo, Katta oder Gorilla übernehmen.

Erlebnis-Zoo Hannover . 30175 Hannover

0194 NI_Gärten, Parks & Landschaften

DAS DORF IN DER HEIDE

www.lueneburger-heide-attraktionen.de/wilsede.htm
www.zum-heidemuseum.de

Original Heidedorf, Wilsede

Mitten im Naturschutzgebiet Lüneburger Heide, dem ältesten Deutschlands, liegt Wilsede, ein malerisches Örtchen, in das man nur gelangt, wenn man sich per pedes, Fahrrad oder Kutsche dorthin begibt. Denn wie in vielen anderen Naturschutzgebieten ist Kraftfahrzeugverkehr auch hier strikt untersagt. In dem Dorf leben nur vierzig Einwohner, darunter der deutsche Landschaftsökologe, Forstwissenschaftler und Universitätsprofessor em. Wolfram Pflug. Doch zur Heideblüte im August zieht es täglich 10.000 Besucher an. Wilsede hat einige Attraktionen aufzuweisen, die die vielleicht etwas beschwerliche, doch ökologisch sinnvolle Anreise wieder wettmachen. Zu nennen wäre da zunächst einmal das Heidemuseum „Dat ole Huus" des Vereins Naturschutzpark e. V. Es gilt als eines der ältesten Freilichtmuseen Deutschlands und beherbergt den 1742 erbauten Heidehof, der allerdings nicht immer dort stand, sondern erst 1907 von Hanstedt nach Wilsede verfrachtet wurde. Hier wird dem Besucher eindrucksvoll vorgeführt, wie die Heidebewohner noch vor hundert Jahren lebten und arbeiteten. Auch die Umgebung sollte man sich nicht entgehen lassen, wie z. B. die höchste Erhebung der norddeutschen Tiefebene, den 169,2 Meter hohen Wilseder Berg. Er befindet sich übrigens inmitten der größten zusammenhängenden Heidefläche Mitteleuropas. Abstand nehmen sollte man lediglich von dem hochprozentigen Heideschnaps Ratzeputz, den ein Besucher als „grausiges Zeug" bezeichnete, „mit dem sich wohl einige der alten ‚Heidjer' selbst ins Jenseits befördert haben".

Original Heidedorf . 29646 Bispingen/Wilsede

0195 NI_Kunst & Architektur

HUNDERTWASSERS UMWELT- UND KULTURBAHNHOF

www.hundertwasserbahnhof.de

Hundertwasser-Bahnhof, Uelzen

Der Hundertwasser-Bahnhof in Uelzen ist eines der letzten im Rahmen der EXPO2000 konzipierten Projekte des österreichischen Künstlers Friedensreich Hundertwasser. Der Backsteinbau erfuhr umfangreiche Umbauarbeiten nach den Plänen des an Bord der Queen Elizabeth II verstorbenen und in Neuseeland bestatteten Multitalents und zählt heute zu den schönsten Bahnhöfen Deutschlands. Laut Umfragen wurde er schon des Öfteren unter die ersten drei gewählt. Besonders hervorzuheben sind die ökologischen Aspekte der Architektur, denn der Bau kann eine der größten Photovoltaikanlagen Niedersachsens für sich beanspruchen. Sprich: Das Gebäude verfügt über ein eigenes, mittels Solarzellen gespeistes Sonnenkraftwerk. Auch wenn man auf diesem Kulturbahnhof nur auf der Durchreise ist und einen kurzen Zwischenstopp einlegt, sollte man die kunstvoll verzierten Toiletten aufsuchen. Die Besichtigung beider Örtlichkeiten ist übrigens Männlein wie Weiblein ausdrücklich gestattet – das heißt, falls sich gerade niemand des anderen Geschlechts dort aufhält. Selbstverständlich kann der interessierte Besucher auch an einer der begehrten Führungen durch den Bahnhof teilnehmen, bei freiem Eintritt das hauseigene Museum besuchen oder die kulinarischen Köstlichkeiten des angegliederten Restaurants ARTE genießen.

Bahnhof 2000 Uelzen e. V. . Bahnhof Uelzen . 29525 Uelzen

0196 NI_Sport, Abenteuer & Technik

ACTION-, SPORT-, FREIZEIT- UND PARTYLOCATION

www.campo-arena.de

Campo Aktiv-Arena, Hannover

Die CAMPO Aktiv-Arena ist das Funsport-Mekka Hannovers und befindet sich im Stadtteil Anderten. Gegründet im Jahre 2003 von Jens Ahlbrand, bietet die Arena auf 12.000 m² Außenfläche und 17.000 m² Innenfläche ganzjährig vielfältige Möglichkeiten, seine Freizeit aktiv und sinnvoll zu gestalten. Von Beachvolleyball, Fußball, Badminton und Tischtennis über professionelle Skaterparcours bis hin zu Badefreuden auf der 90 m langen Riesenrutsche – fast jeder dürfte hier auf seine Kosten kommen. Besonders hervorzuheben ist die aufsehenerregende Kletterlandschaft The Rock, die von den bekannten Extremkletterern Christian und Andreas Bindhammer entworfen wurde. Wer nach sportlichen Höchstleistungen dann einfach mal entspannen möchte, dem sei der Relax- & Beauty-Bereich Isla Bonita ans Herz gelegt.

Die Campo Aktiv-Arena in Hannover

CAMPO Aktiv-Arena. Hägenstraße 1 . 30559 Hannover

0197 NI_Natur & Tiere

AFRIKA IN DER LÜNEBURGER HEIDE

www.serengeti-park.de

Serengeti-Safaripark Hodenhagen, Hodenhagen

Im Jahre 1972 entstand die Idee, auf deutschem Boden einen Safaripark zu errichten. „Afrika in der Lüneburger Heide" lautete damals das Motto. Seitdem hat sich der Serengeti-Park in Hodenhagen zu einer weit über die Grenzen Niedersachsens „hinausreichenden“ Institution entwickelt. Der Tier- und Freizeitpark gliedert sich in mehrere Bereiche, die fast ausschließlich mit dem Auto befahrbar sind. Das Tierland verfügt über große Gehege, in denen man Löwenrudeln, Herden von Gnus, Büffeln, Giraffen, Tigern und Straußen begegnet. „Europas größten Schmusezoo“ kann man auch zu Fuß durchforsten. Sehenswert ist die Elefanten-Zuchtanlage, eine der größten Deutschlands. Eine weitere Attraktion – insbesondere für Kinder – bietet das Affenland. Auf diesem Freigelände lassen sich verschiedene Affenarten bestaunen, angefangen von Makis und Totenkopfäffchen bis hin zu Gorillas und Schimpansen. Des Weiteren kann man im Serengeti-Park eine Dschungel-Safari unternehmen, die mit zahlreichen Hollywood-Spezialeffekten aufwartet. Und wem das alles noch nicht genug „Action“ ist, der begibt sich ins Freizeitland mit Karussells, Riesenrädern und Trampolinen. Neuerdings bestehen auch Übernachtungsmöglichkeiten direkt auf dem Gelände. Wussten Sie eigentlich, dass in den 70er Jahren die Rock-and-Roll-Legende Bill Haley im Serengeti-Park ein Konzert gab? Beim Versuch, die Veranstaltung kostenlos zu betreten, überwanden zwei Fans den äußeren Zaun der Anlage – und befanden sich unversehens im Löwengehege!

Serengeti-Park Hodenhagen GmbH . Am Safaripark 1 . 29693 Hodenhagen

0198 NI_Kunst & Architektur

MERZMALEREI UND LEBENSWERKE: AUF DEN SPUREN DER MODERNEN KUNST

Telefon: 0511/168-43875
www.sprengel-museum.de

Sprengel Museum, Hannover

Als Kurt Schwitters 1920 die Merzmalerei erfand, pulsierte die moderne Kunstszene in Hannover. „Merz“ – laut Schwitters die zweite Silbe von Kommerz – war die ureigene Bezeichnung des Künstlers, Dichters, Werbegrafikers und Publizisten für seinen persönlichen Stil. Collagen, Dynamik und der Eindruck einer inneren Lichtquelle in den abstrakten Kompositionen lassen in der Merzmalerei erkennen, dass Schwitters das Auge des Betrachters berücksichtigte.
„Merz“ war also nun der neue Name für eine moderne Kunstrichtung, weil Kubismus, Expressionismus, Surrealismus und Futurismus nicht ausreichten. Neben anderen Vertretern der modernen Kunst wie Pablo Picasso, Fernand Léger, Max Beckmann, Oskar Kokoschka, Max Ernst und Hans Arp wird Schwitters im Sprengel-Museum in Hannover ausgestellt.
Dr. Bernhard Sprengel stiftete seine umfangreiche Kunstsammlung bereits 1969 der Stadt Hannover. Zehn Jahre später eröffnete das Museum und zeigt die Sprengel Sammlung sowie Werke des 20. und 21. Jahrhunderts aus dem Besitz des Landes Niedersachsen und der Stadt Hannover. Die Gliederung der Ausstellung nach viel-

schichtigen Schwerpunkten bietet einen interessanten Parcours und beweist, dass Hannover immer noch ein bedeutendes Zentrum moderner Kunst ist.
Das Museum zeigt auch Lebenswerke wie den Merzbau von Schwitters und die Installation „House of Futuring“ vom Künstlerkollektiv EVA&ADELE. Das Museum ist übrigens durch sein Wahrzeichen – eine rote Skulptur von Alexander Calder gegenüber dem Museum am Maschsee – kaum zu verfehlen.

Sprengel Museum Hannover . Kurt-Schwitters-Platz . 30169 Hannover

0199 NI_Sport, Abenteuer & Technik

DIE FAHRBEREITEN SAMMLERSTÜCKE

Telefon: 05422/46838
www.automuseummelle.de

Automuseum, Melle

Oft versprechen Museen ja: „Ein Besuch bei uns lohnt sich wieder und wieder und wieder ...“ Mag sein, zu sehen ist dann doch immer dasselbe. Das Automuseum Melle hält sein Versprechen. Na gut, es sind natürlich bei jedem Besuch ausschließlich Autos auf den 3.000 Quadratmetern Ausstellungsraum zu bewundern, aber immerhin sind es immer wieder *andere* Autos. Das Konzept des Museums ist nämlich, dass alle Oldtimer, die ausgestellt sind, befristete Leihgaben sind. Sämtliche Autos und Motorräder, denn auch davon gibt es im Museum Melle ganz edle und alte Modelle, sind noch funktionstüchtig, werden etwa für Filmdreharbeiten oder zu besonderen Anlässen, wie Hochzeitsfeiern, gemietet. Das Museum ist sozusagen die Garage der Oldtimer, an denen ein großer Teil der Automobilgeschichte nachvollzogen werden kann. Gerade wegen der großen „Artenvielfalt“ ist das Automuseum Melle wohl eines der beliebtesten und bekanntesten Automuseen in ganz Deutschland.

Automuseum Melle GmbH . Pestelstraße 38 – 40 . 49324 Melle

0200 NI_Städte & Touren

JEDER FRISCH GEBACKENE DOKTOR MUSS SIE KÜSSEN

Telefon: 0551/499800
www.goettingen-tourismus.de

Gänseliesel, Göttingen

„Bien sûr, ce n’est pas la Seine / Ce n’est pas le bois de Vincennes / Mais c’est bien joli quand même / À Göttingen, à Göttingen!“ (Natürlich, es ist nicht die Seine /

Nicht der Wald bei Vincenne / Aber es ist trotzdem sehr schön / In Göttingen, in Göttingen) – Als die französische Chanson-Sängerin Barbara 1968 die nach Jahren des Krieges wieder auflebende deutsch-französische Freundschaft besang, wählte sie nicht umsonst Göttingen, denn sie hatte sich in Stadt und Leute verliebt.
Vielleicht hat sich Barbara auch in einen jungen Studenten verliebt, denn die sind im Küssen sehr geübt und haben deutschlandweit sogar einen „Kuss-Prozess" gestartet: ein Recht, das ihnen erlauben sollte, das Gänseliesel zu küssen. Aus Prinzip, des Küssens willen, auch wenn „die meistgeküsste Jungfrau der Welt" nur eine Bronzefigur am Marktbrunnen ist.
Die Figur des Bildhauers Paul Nisse war 1901 kaum in Göttingen aufgestellt worden, da stürzten sich die neu immatrikulierten Studenten auf sie und küssten das Fräulein auf den Mund. Da das Liesel am Marktbrunnen platziert ist, fielen die jungen Männer reihenweise ins Wasser, und die Obrigkeiten sahen diese Kussorgien und die damit einhergehende Erregung öffentlicher Aufmerksamkeit als Ordnungswidrigkeit an. Seit März 1926 gibt es ein „Kussverbot" (heute immer noch im Stadtgesetz notiert), und weil Verbote oft und gerne gebrochen werden, küsste Graf Henckel von Donnersmarck die Liesel, kurz nachdem das Verbot erlassen war. Er wurde erwischt und verlor mit dem „Kuss-Prozess" vor dem Berliner Kammergericht. Auch heute wird verbotenerweise noch weitergeküsst, und die frisch gebackenen Doktoranden behängen das Gänseliesel mit frischen Blumen.
Vielleicht kann das Göttinger Gänseliesel nicht mit den jeweils aktuellen Topmodels mithalten, aber dafür wird sie schon seit vielen Jahren immer wieder heimlich von jungen, knackigen Doktoranten geküsst!

Marktbrunnen mit Gänseliesel in Göttingen . Tourist-Information Göttingen
Altes Rathaus, Markt 9 . 37073 Göttingen

0201 NI_Natur & Tiere

GEMEINSAM VON DER NATUR LERNEN

Telefon: 05527/914-0
www.sielmann-stiftung.de

Heinz Sielmann Stiftung, Duderstadt

Er war der Erste, der Tierdokumentationen im Fernsehen zeigte. Fast jeder kennt die großartigen Aufnahmen von Heinz Sielmann. Der Tierfilmer und Naturschützer starb im Jahr 2006, das Andenken an ihn lebt aber nicht allein in seinen Filmen weiter. Auf dem Gut Herbigshagen bei Duderstadt, dem Sitz der Heinz Sielmann Stiftung, die er 1994 noch zu Lebzeiten gemeinsam mit seiner Frau Inge gründete, können Besucher lernen, die Natur mit allen Sinnen wahrzunehmen.
Ein Ausflug nach Gut Herbigshagen kann unterschiedlich gestaltet werden: als Tagesbesuch oder als mehrtägiger Aufenthalt. Während die einen den Gutshof mit einem Spaziergang erkunden, entdecken, untersuchen und erforschen die länger verweilenden Gäste unter fachkundiger Anleitung, was sie in der umgebenden Natur finden, und lernen dabei, ihre Untersuchungsergebnisse auf Video zu dokumentieren.

Ganz romantisch, aber auch zünftig wird es dann am Abend: Übernachtet wird in Jurten, großen Rundzelten mit mehreren Schlafplätzen. In die Schlafsäcke geht es aber erst spät, nachdem das Lagerfeuer niedergebrannt ist.

Heinz Sielmann Stiftung . Gut Herbigshagen . 37115 Duderstadt

TÄNZER AUF VIER HUFEN

Telefon: 05722/89 83 50
www.tjoster.de

Hofreitschule, Bückeburg

Ja, geh! Eine Hofreitschule und ein Rittmeister mitten in Niedersachsen? Jawohl, den Besucher des Fürstlichen Schlosses zu Bückeburg begrüßen Bedienstete und Reitkünstler in der Hoftracht des Frühbarocks, genauso verrichten sie auch ihre Arbeit. Diese besteht darin, in historischen Gemäuern eine historische Reitweise einem großen Publikum nahezubringen.
Der hiesige Rittmeister Klaus Krischke zeichnet seit mehr als 15 Jahren verantwortlich für unzählige Gala-Auftritte der Tjoster. Die Showreittruppe ist europaweit für ihre spektakulären Einlagen bekannt. Hier in der Hofreitschule zu Bückeburg bilden die Tjoster Barockrassen nach klassischen Grundsätzen aus. Daran lassen sie die Besucher teilnehmen. Im Reithaus von 1608 wird in Schauvorführungen originalgetreu die europäische Reitkunst des 11. bis 17. Jahrhunderts gezeigt. Gäste sind nach Voranmeldung stets willkommen. Gearbeitet wird mit fertig ausgebildeten Schulhengsten, wer möchte, kann jedoch seinen eigenen Nachwuchskünstler auf vier Hufen herankarren und an den Übungen teilnehmen. Zuvorderst muss jedoch der Eingangstest gemeistert werden, denn nicht jedes Ross und nicht jeder Reiter erfüllen die Grundvoraussetzungen für die Leichtigkeit, die die Hochblüte der reiterlichen Kunst in der Renaissance und im Barock nun einmal ausgezeichnet hat. Da ist man hier sehr korrekt.
Wenn auch nicht alle zu Tänzern auf vier Hufen geboren sind, so steht es doch allen Besuchern frei zuzuschauen. Diese Form der Darbietung höchster angewandter Reitkunst dürfte weltweit wohl einzigartig sein. Es sollen sogar schon Autos mit Wiener Kennzeichen gesichtet worden sein, und dieser Menschenschlag kennt sich in Sachen Hofreitschule richtig gut aus. Habe die Ehre.

Barocke Reitkunst auf den schönsten Pferden der Welt in der Hofreitschule in Bückeburg

Die Fürstliche Hofreitschule . Schlossplatz 7b . 31675 Bückeburg

AUF ZUM BROTMUSEUM

Telefon: 05507/999498
www.brotmuseum.de

Europäisches Brotmuseum, Ebergötzen

Wir essen es jeden Tag und denken doch kaum darüber nach: unser täglich Brot. Wie lange gibt es schon Brot? Wie wurde es früher hergestellt? Wie sahen die ersten Öfen aus?
Zwischen Göttingen und dem Harz, im Brotmuseum in Ebergötzen, werden all diese Fragen beantwortet. Angefangen bei den ersten Bauern, den Bandkeramikern aus der Zeit um 5.500 v. Chr. (Lehmkuppelofen) über Bronze- und Eisenzeit, das Mittelalter und schließlich die Neuzeit sind Exponate aus der über 8.000-jährigen Geschichte und Entwicklung der Landwirtschaft, der Getreideverarbeitung und des Brotes zusammengetragen worden.
Dabei ist das Museum aber beileibe keine trockene Ausstellung. In einem wunderschönen, historischen Park gilt es, eine Bockwindmühle, eine Wassermühle aus römischer Zeit, einen steinzeitlichen Backofen, den alten Wehrturm der Wasserburg und den Getreidegarten (mit Kräutergarten gleich nebenan) zu entdecken. Ganz gleich, ob Sie aus dem Raum Göttingen oder aus dem Harz kommen, machen Sie einen Abstecher nach Ebergötzen! Und nehmen Sie die Kinder mit!

Europäisches Brotmuseum e. V. . Ebergötzen . Göttinger Straße 7 . 37136 Ebergötzen

AUF TUCHFÜHLUNG MIT TIGERMÄNNCHEN JELZIN

Telefon: 0531/611269
www.zoo-bs.de

Zoo, Braunschweig

Man mag nicht meinen, dass ein solcher Herr mit einem derart imponierenden Namen sich in Zurückhaltung übt. Doch der stattliche Sibirische Tiger Jelzin wagt sich nur ganz schüchtern an die Seite von Tigerdame Nina, als er neu in das Raubtiergehege des Zoos Braunschweig einzieht. Ob aus der vorsichtigen Annäherung eine große Liebe wird, ist noch nicht ganz sicher, aber ein Besuch im Zoo Braunschweig lohnt sich nicht nur, um die weitere Ent-

Die Tigerdame Nina im „Arche Noah" Zoo Braunschweig

wicklung dieser Romanze zu verfolgen. 400 Tiere 60 verschiedener Arten können hier beobachtet werden.
Und wer ganz genau hinschauen will, wie es mit den Tigern weitergeht, kann bis zu fünf Zentimeter nah an die Tiere herankommen, nur getrennt durch eine Panzerglasscheibe. Das gilt auch für viele andere Bewohner des Zoos, in dem der enge Kontakt zu den Tieren im Vordergrund steht. Ob Affen oder Geparden, Murmeltiere oder Stachelschweine, alle können aus nächster Nähe betrachtet werden. Gerade für Kinder bietet der auf einem drei Hektar großen Gelände gelegene Zoo viele Attraktionen: Sie können die Tiere im Streichelhof füttern und anfassen oder eine Runde auf dem Rücken eines Ponys reiten.

„Arche Noah" Zoo Braunschweig . Uwe Wilhelm GmbH . Am Zoo 35 . 38124 Braunschweig

0205 NI_Kunst & Architektur

DAS GROTTENHÄUSCHEN

Telefon: 05533/409147
www.weserbergland-tourismus.de

Münchhausen-Museum, Bodenwerder

Wer hat nicht schon von ihm und seinen Lügenmärchen gehört: Vom „Lügenbaron" Hieronymus Carl Friedrich Freiherr von Münchhausen, bei dessen Geschichten sich die Balken bogen.
Ob der Ritt auf der Kanonenkugel oder der achtbeinige Hase – in Bodenwerder, seinem Geburtsort, erzählte Münchhausen seinen Gästen im Grottenhäuschen unglaubliche Geschichten von seinen unendlich vielen Abenteuern in der großen weiten Welt.
Doch der Baron ist ja schon 1750 zurückgekehrt. Also ist sein Geburtshaus heute ein Museum, in dem die Figuren aus seinen Lügengeschichten präsentiert werden. Und wem das nicht genügt, der kann sich bei einem Gläschen Wein sonntags ins Grottenhäuschen begeben, wo eine ältere Dame die Geschichten des Herrn Barons wieder zum Leben erweckt.

Münchhausen-Museum Bodenwerder . Münchhausenplatz 1 . 37619 Bodenwerder

0206 NI_Essen & Trinken

RUNDGANG DURCH DIE HEIMAT DES BOCKBIERES

www.einbecker-bier.de

Einbecker Urbock

Die Einbecker Brauerei ist eine der bekanntesten Brauereien Deutschlands. Dies hat sie nicht zuletzt ihrer jahrhundertealten Bierbrautradition zu verdanken. Bereits um 1400 lebten und arbeiteten in der Stadt sage und schreibe 700 Bierbrauer, die so viel Gerstensaft produzierten, dass der einheimische Absatzmarkt gesättigt war. Die damaligen Stadtväter kamen nun auf die clevere Idee, überschüssiges Bier zu exportieren. Dazu musste es haltbar gemacht werden, was mit einer hohen Stammwürze erreicht wurde: Das im Vergleich zu anderen Bieren hochprozentige Bockbier war erfunden. Wer nach Einbeck kommt, sollte unbedingt eine Brauereibesichtigung mit integrierter Führung durch die Altstadt buchen, die auf Wunsch von einem „historischen Braumeister" durchgeführt wird. Besonders sehenswert ist beispielsweise das Alte Rathaus, dessen Grundmauern bis ins 13. Jahrhundert zurück datieren. Der Rundgang dauert etwa 1,5 Stunden und gipfelt in der Verkostung des weltberühmten Urbocks in einem Gasthaus. Während man sich über das rustikale Buffet hermacht, erfährt man noch so einiges über Bierhistorie. Wer möchte, kann anschließend ein Bierdiplom erwerben: Hat man sein erworbenes Wissen unter Beweis gestellt, erhält man einen original Einbecker Bierkrug mit Urkunde. Wussten Sie eigentlich, dass der Name „Bockwurst" auf einen Berliner Gastwirt zurückgeht? Der servierte zum Bockbier eine Brühwurst, die von seinen Gästen, darunter viele Studenten, einfach in „Bockwurst" umgetauft wurde.

Einbecker Brauhaus AG . Papenstraße 4–7 . 37574 Einbeck

0207 NI_Kunst & Architektur

MOMENT MAL. NATUR.

www.naturhistorisches-museum.de
www.braunschweig.de/kultur/museen/naturhistorisches.html

Staatliches Naturhistorisches Museum Braunschweig

Zwei Biber stehen sich gegenüber. Sie halten Zwiesprache. Im Hintergrund ein Flusslauf. An seinem Ufer schlängelt sich ein Biberdamm entlang. Je länger wir in diesen Schaukasten blicken, desto intensiver entfaltet sich die perfekte Illusion eines Stückes Natur. Ein Biotop tut sich auf.

Das Staatliche Naturhistorische Museum in Braunschweig ist mit 250 Jahren eines der ältesten Naturkundemuseen der Welt. Es besitzt wertvolle zoologische und paläontologische Sammlungen. Präsentiert werden die Exponate der heimischen Fauna eben in diesen herrlich inszenierten Dioramen. Die Tiere selbst sind ausgestopft, die Pflanzen echt und präpariert, die Felsen aus Pappmaché und die dramatischen Landschaftsbilder im Hintergrund gemalt. Und doch wirkt es so, als atme man frische Luft, spüre einen kühlen Windhauch und höre das Rascheln der Tiere. Jedes dieser Dioramen erzählt eine Geschichte.

Saalwechsel. Hinter den Glasscheiben des Aquariums tummeln sich Unterwasserlebewesen. Neben einer Unzahl von exotischen Fischen sind hier auch Reptilien und Amphibien zu entdecken. Spektakulär ist etwa das Großbecken, das die farbenfrohe Lebenswelt eines Korallenriffs enthält – mit knallgelben Doktorfischen, Riesenmuscheln und „lebenden Steinen".

Im Zeitalter von Sea-Life und Multimedia strahlt das Naturhistorische Museum Braunschweig die Ruhe aus, die gut tut, um Natur (wieder) für sich zu entdecken. Welcher Stadtmensch kennt nicht das Gefühl, dass die Flora und Fauna einem irgendwie abhanden gekommen ist? Hier wird dem Besucher die Vielfalt der Lebensformen in der Natur vor Augen geführt. Auf sehr besonnene Weise, was im Zeitalter von Hektik und Lärm äußerst sympathisch wirkt.

Staatliches Naturhistorisches Museum Braunschweig . 38106 Braunschweig

---

0208 NI_Kunst & Architektur

EINMAL ZUM NARR WERDEN IM EULENSPIEGEL-MUSEUM

Telefon: 05332/6158
www.eulenspiegel-museum.de

Eulenspiegel-Museum, Schöppenstedt

In den Zeiten vor Jim Carrey wurden die Narren nicht auf Band aufgezeichnet. Sie trugen eine Narrenkappe als Erkennungszeichen, und ihre Witze nannten sie Streiche. Im Jahr 1300 wurde in Kneitlingen im Elm ein intelligenter Narr geboren, der internationalen Ruhm erlangte, indem er durchs Land reiste und seine Mitmenschen verspottete. Das Eulenspiegel-Museum in Schöppenstedt versucht, die historische Figur Ulenspiegel zu rekonstruieren. Als Protagonist des Buches „Ein kurtzweilig Lesen von Dyl Ulenspiegel", das 1510/11 vom Zollschreiber Hermann Bote verfasst wurde, spielt für Eulenspiegel vor allem das Braunschweiger Umland eine wichtige Rolle.
Der Name Eulenspiegel, Sinnbild für Ironie und Spott, hat bis heute eine nachhaltige Bedeutung. Das berühmteste Satiremagazin pickte sich genau diesen Namen heraus als Hommage an einen Mann, der die Missstände seiner Zeit mit groteskem Humor verband. Eulenspiegels Spezialität war es, alles wörtlich zu nehmen, was man ihm sagte, um auf diese Weise seinen nicht immer freundlichen Zeitgenossen einen Spiegel ihrer Dummheit vorzuhalten.
Dabei war er eine Art moderner Praktikant, der in jedes Gewerbe und in jeden Dienst hineinschnupperte. Vom Bäckergesellen zum Maler, Turmbläser, Schreiner und Soldaten – dieser Mann verstand was von Multitasking und Polyvalenz! So buk Eulenspiegel Eulen und Meerkatzen beim Bäcker, brachte einem Esel das Lesen bei, heilte Kranke, verkaufte eine Katze im Sack und spielte vor allem die Geldgier der Menschen gegen diese selbst aus. Sein Nomadendasein versteht sich von allein, denn nach einem gelungenen Coup musste er natürlich weiterziehen, und jede seiner Geschichten endet mit: „... da war er schon verschwunden." Na, im Schöppenstedter Museum bleibt er auch rund 700 Jahre später noch erhalten, und in dem richtigen Ambiente lassen sich die alten Geschichten gleich viel besser lesen – die meisten sind natürlich immer noch von großer Aktualität, denn so manche Schwächen und Lasten kann man selbst nach viel Spott nicht ablegen ...

Till Eulenspiegel-Museum . Nordstraße 4 . 38170 Schöppenstedt

DIE RIESENPARTY AM WASSER

www.maschseefest.de

Maschseefest, Hannover

Seit 1986 findet in Hannover einmal jährlich im Sommer das mehrwöchige Maschseefest statt. Die gigantische Fete gilt als eine der größten Veranstaltungen Norddeutschlands und zieht regelmäßig fast zwei Millionen Besucher in ihren Bann. Scherzhaft auch „Kieler Woche des Binnenlandes" genannt, erstreckt sich das Fest entlang den mit Palmen gesäumten Uferpromenaden rund um den 1936 eröffneten See. Auf und rund um die Hauptbühnen am Nordufer, an der Löwenbastion und an der Maschseequelle wird ein abwechslungsreiches Programm aus Kleinkunstdarbietungen, Konzerten, kulinarischen Spezialitäten, aber auch Gaukelei und Mitmach-Theater angeboten. Immer wieder hervorgehoben wird das mediterrane Flair der Open-Air-Veranstaltung, das auch schon mal durch einen Latino-Karneval unterstrichen wurde. Die vielen international bekannten brasilianischen Künstler und Gruppen verstanden es vortrefflich, den Hannoveranern mit ihren Salsa-Rhythmen so richtig einzuheizen. Vor allem bei Kindern hinterlässt die „Seesause" eine bleibende Erinnerung, wenn sich am Abend die Feuerwerke entzünden und auch auf dem Wasser von Fackelschwimmern in Szene gesetzte Lichtspiele das Maschseefest zu einem Multimedia-Event erheben. Und wer dann immer noch nicht genug vom Feiern hat, der kann mit dem Bötchen noch zum Peppermint Dome rudern, der schwimmenden Party-Insel auf der Mitte des Sees.

Der Maschsee in Hannover

Maschseefest . 38159 Hannover

SCHATZHAUS VOLLER BÜCHER – GEGRÜNDET 1572

Telefon: 05331/8080
www.hab.de

Herzog-August-Bibliothek, Wolfenbüttel

Die Faszination, die von Büchern ausgehen kann, ist unglaublich. Als kleines Kind die Herzog-August-Bibliothek zu betreten ist ein ganz nachhaltiges Erlebnis. Klein

staunt man zu Büchern herauf, die fast größer erscheinen als man selbst, und hat den Eindruck, die geballte Intelligenz des Planeten sei in diesen Räumen versammelt. Auch wenn man noch keine Ahnung davon hat, was Studieren und Lesen wirklich bedeuten. Das Bild der Bücherregale voller Bücher mit historischen Lederbindungen, teilweise hinter Glasvitrinen versteckt, wird man nicht so schnell los. Die Tatsache, dass die Werke in Bücherregalen angeordnet sind, die man nur mit der Leiter erreichen kann, gibt dem Ganzen noch mehr Prägnanz.
Später, mit erwachsenen Augen, bewundert man nicht nur die Vielzahl und Optik der Bücher, sondern denkt auch an die in ihrem Inneren verborgenen Schätze – fühlt sich auf einmal völlig ungebildet und wünscht sich die Kapazität von E.T., um so schnell wie möglich diese Schätze lesen zu können. Einen weiteren Grund zum Staunen bietet die Historie der Bibliothek. 1572 durch eine „Liberey-Ordnung" von Herzog Julius von Braunschweig ins Leben gerufen, erlangte die Bibliothek unter Herzog August (1579–1666) europaweiten Ruhm und wurde sogar als achtes Weltwunder bezeichnet. Herzog August reiste viel und ging seinem Hobby nach, Bücher zu kaufen. Seine Sammlung umfasste bei seinem Tode 135.000 Titel und spiegelt die mittelalterliche und frühneuzeitliche Literatur wider.
Kein Geringerer als der Philosoph Gottfried Wilhelm Leibniz übernahm die organisatorische Nachfolge und legte als erster moderner Bibliothekar ein alphabetisches Verzeichnis an. Zusätzlich sorgte er dafür, dass der Bestand durch ständige Neuerwerbungen anwuchs. Um ein gebührendes Ambiente zu schaffen, ordnete er auch den Neubau der Bibliothek zwischen 1706 und 1710 unter der Regierung von Herzog Anton Ulrich an. So entstand das erste selbständige Bibliotheksgebäude in Europa. Der Himmelsglobus auf dem Dach (aus statischen Gründen später entfernt) symbolisierte die Weltoffenheit dieser Bibliothek. Und in der Tat erwies sie sich als Magnet für so manch eine weitgereiste Berühmtheit: Wer die Herzog-August-Bibliothek heute besucht, tritt in die Fußspuren von Voltaire, Casanova, Mirabeau und Mendelsohn.

Herzog-August-Bibliothek in Wolfenbüttel . Lessingplatz 1 . 38304 Wolfenbüttel

0211 NI_Kunst & Architektur

DEUTSCHE GESCHICHTE HAUTNAH ERLEBEN

www.grenzdenkmaeler.de/gendenkstaette-marienborn.html

Gedenkstätte Deutsche Teilung, Marienborn

Wer bis zum Ende der deutschen Teilung mit dem Auto von Westdeutschland nach Berlin reisen wollte, den führte der Weg aufgrund der geographischen Nähe meist über Helmstedt und Marienborn. Die mit 170 km kürzeste Strecke auf der A 2 trug die Hauptlast des damaligen Transitverkehrs. Die größte und bekannteste Grenzübergangsstelle der innerdeutschen Grenze war bereits am 1. Juli 1945 von den alliierten Siegermächten angelegt und im Jahre 1950 von den Grenztruppen der DDR übernommen worden. Über 1.000 Bedienstete sorgten über Jahrzehnte dafür, dass alle Fahrzeuge und Personen aufs Strengste kontrolliert bzw. schikaniert wurden. Nach dem Fall der Mauer stellte man die Grenzkontrollen schließlich im Juni 1990 ein. Seit dem 13. August (dem Tag des Mauerbaus) 1996 befindet sich auf dem Gelände die Gedenkstätte „Deutsche Teilung Marienborn". Sie ist neben dem Zonengrenz-Museum Helmstedt und dem Grenzdenkmal Hötensleben Bestandteil des Projekts „Grenzenlos – Wege zum Nachbarn" und wird vom Land Sachsen-Anhalt betrieben. Historisch interessant, vor allem für jüngere Besucher, sind die Bauten, die der Passkontrolle und der PKW-Einreise dienten, sowie der Kommandoturm. Man kann die ehemalige „GÜSt" entweder auf eigene Faust zu Fuß erkunden oder an einer der kostenlos angebotenen Führungen teilnehmen. Darüber hinaus ist in dem früheren Stabsgebäude eine Ausstellung zu besichtigen. Zusätzlich informiert ein Videofilm über die Geschichte des Grenzkontrollpunkts Marienborn.

Gedenkstätte Deutsche Teilung Marienborn . An der A 2 . 39365 Marienborn

0212 NI_Kunst & Architektur

UFO ZUM ANFASSEN

Telefon: 0180/1060600
www.phaeno.de

Wissenschaftsmuseum Phaeno, Wolfsburg

Am Hauptbahnhof im Wolfsburg angekommen, vermuten viele Reisende, sie werden von einem gestrandeten UFO empfangen. Wie von einem anderen Planeten abgeworfen, liegt dieser lange Betonkörper mitten auf dem Willy-Brandt-Platz, duckt sich auf der einen Seite unter dem Himmel weg, ragt auf der anderen steil in die Höhe. Mit seinen futuristischen Formen zieht das Wissenschaftsmuseum Phaeno die Blicke sofort auf sich. Wer diese Experimentierlandschaft betritt, wird von den fließenden Räumen umschlossen und in das Innere hineingesogen.
Phänomene aus Technik und Natur erleben die Besucher von Phaeno am eigenen Leib. Auf dem interaktiven Boden eines Exponats können Grenzen nur überwunden werden, wenn die Menschen sich die Hände reichen. Dynamische Linien auf der Fläche teilen den Raum zwischen den Personen bei jeder Bewegung immer wieder neu auf. Nur Berührungen lassen die Flächen zweier Personen miteinander verschmelzen. Im „TopoSonic Tunnel" dringen Geräusche aus den Wänden, und in der „Strato-Flora" sehen die Besucher, wie aus Gas Licht entsteht. Auf den 7.000 Quadratmetern Ausstellungsfläche kann an 250 Stationen Wissenschaft gefasst, gefühlt und gesehen werden. Die ausgefallene und wie organisch gewachsene Architektur von Zaha Hadid weist einem dabei den Weg durch das Gebäude. Für das im Jahr 2005 eröffnete Museum erhielt die Stararchitektin mehrere renommierte Auszeichnungen.

Phaeno . Willy-Brandt-Platz 1 . 38440 Wolfsburg

DER VOLKSWAGEN-ERLEBNISPARK AUF 42 HEKTAR

www.autostadt.de

Autostadt, Wolfsburg

Die Autostadt ist ein vom Volkswagen-Konzern im Rahmen der Expo2000 eröffnetes Museum und Kommunikationszentrum in Wolfsburg. Es ist ein beliebtes Ausflugsziel insbesondere für Firmenkunden, die bei der Abholung ihres Neuwagens gleich noch die Ausstellung besuchen. Die Autostadt verfügt über viele Attraktionen. Im ZeitHaus dokumentieren zahlreiche Exponate verschiedener klassischer Automarken die Geschichte des Automobils. So kann man z.B. Carl Benz' Patentmotorwagen aus dem Jahre 1886 oder den Wankelmotor besichtigen. Ein weiteres Highlight ist die Besichtigung der AutoTürme. Diese gläsernen und nachts beleuchteten Hochregallager sind gleichzeitig das Wahrzeichen der Autostadt.

Autostadt GmbH . StadtBrücke . 38440 Wolfsburg

KAISERLICHE RESIDENZ

Telefon: 05321/3119693
www.goslar.de/tourismus.htm

Kaiserpfalz in Goslar

Im Früh- und Mittelhochalter konnte ein König bei seiner Tagesreise zu Pferde nur 30 Kilometer zurücklegen. Ganz schön anstrengend, dass er bei diesen Konditionen persönlichen Kontakt zu seinen Vasallen halten musste. Damit der König und sein Gefolge vor lauter Wanderkaisertum nicht unter der Brücke schlafen mussten, wurden alle 30 km Pfalzen gebaut. So auch in Goslar.
Die Kaiserpfalz in Goslar ist aber etwas Besonderes: Als größter, ältester und besterhaltener Profanbau des 11. Jahrhunderts in Deutschland kann diese Pfalz zusätzlich als berühmtester Kaiserwohnsitz bezeichnet werden. Heinrich III. (1017–1056) errichtete die Kaiserpfalz zwischen 1040 und 1050, und von da an wurde hier kräftig regiert und gefeiert. Südlich der Pfalz befindet sich die Kapelle St. Ulrich mit dem Sarkophag, der das Herz von Heinrich III. enthält.
Im späten 19. Jahrhundert wurden die beiden Gebäude restauriert und durch die historischen Wandgemälde von Hermann Wislicenus im Inneren der Kaiserpfalz ergänzt. Zusammen mit der Goslarer Altstadt und dem Rammelsberg gehört der Pfalzbezirk seit 1992 zum Wertkulturerbe der UNESCO. Umfangreiche Ausstellungen zur Geschichte des Wanderkaisertums machen den Ausflug zur Kaiserpfalz zu einem lehrreichen Erlebnis.

Und wenn man bedenkt, dass die Tagesreise heute dank Auto auch auf weiteren Strecken möglich ist, muss man nicht einmal so wie damals in einer Pfalz übernachten.

Kaiserpfalz in Goslar . Kaiserbleek 6 . 38640 Goslar

PER DAMPFROSS ZUM BLOCKSBERG

www.hsb-wr.de

Die Brockenbahn, Wernigerode

Nicht nur für Freunde der Eisenbahnromantik dürfte eine Fahrt mit der Brockenbahn im Harzer Mittelgebirge ein einmaliges Erlebnis sein. Die Schmalspurbahn wurde noch bis 1987 zum Transport von Kohle, Öl und Baumaterial für die dort stationierten DDR-Grenztruppen genutzt. Seit 1992 dient sie vor allem touristischen Zwecken. Die Streckenführung der Brockenbahn führt vom Bahnhof Drei-Annen-Hohne (542 m ü. NN) über Schierke (688 m) und dem Betriebsbahnhof Goetheweg (956 m) schließlich zum Brocken, dem höchsten Berg Norddeutschlands. Die eigentliche Hauptattraktion ist, dass die 18,9 Kilometer in etwa 50 Minuten fast ausschließlich mit 700 PS starken Dampfloks bewältigt werden. Neben der Fahrt zum Brocken hat die Harzer Schmalspurbahnen GmbH, die übrigens das längste zusammenhängende Schmalspurnetz in Deutschland betreibt, noch weitere Attraktionen zu bieten. So kann man das Panorama des Nationalparks Hochharz auch erkunden, wenn man mit der Harzquerbahn von Wernigerode nach Nordhausen fährt. Mit 1.141 Metern Höhe ist der sagenumwobene Brocken eine imposante Erhebung, der nicht zuletzt durch den Dichterfürsten Johann Wolfgang von Goethe in seinem Drama „Faust“ ein Denkmal gesetzt wurde. Die Spitze des Berges ist übrigens über 300 Tage im Jahr von Nebel umhüllt. Passen Sie also auf, dass das Brockengespenst Sie in der Walpurgisnacht nicht zu einem Hexensabbat entführt!

Die Harzer Schmalspurbahn

Tourist-Information . Nicolaiplatz 1 . 38855 Wernigerode

HEXENTANZ HOCH OBEN AUF DEM GIPFEL

www.walpurgisnacht.harz-urlaub.de
www.schierke-am-brocken.de

Walpurgisnacht auf dem Brocken, Schierke

Die Heilige Walburga würde sich wohl im Grabe umdrehen, wenn sie wüsste, was an ihrem Namensfest so alles geschieht. Die gute Nonne ist nämlich eigentlich eine Schutzpatronin gegen böse Geister. Doch was sich in der Nacht vom 30. April auf den 1. Mai abspielt, ruft die bösen Geister eher auf den Plan, als sie zu vertreiben. Walpurgisnacht heißt für alle Hexen nämlich: feiern, was der Besen hergibt!
Auf Besen, Mistgabeln, Katzen und allem, was durch die Luft trägt, fliegen die Hexen seit mehr als 1.000 Jahren auf dem Brocken ein und tanzen um das Feuer. Doch dabei bleibt es bei Weitem nicht: Dem Teufel wird zum Zeichen des Pakts der Hintern geküsst, und anschließend heiratet der Höllenfürst seine Anhängerinnen. Im Austausch dafür gab es dann neue Zauberkräfte.
Vielleicht ist das aber auch alles nur pure Phantasie. In den vergangenen Jahrhunderten mischten sich die Möchtegern-Zauberinnen nämlich ein ganz besonderes Sälbchen aus Misteln, Stechapfel und Tollkirsche. Die Nachtschattengewächse sorgten allerdings für Verwirrung im Hexenköpfchen und brachten die Damen der fliegenden Zunft in einen wahren Rauschzustand. Da mag sich so manche Hexe den Flug hoch über den Harz und die wilde Feier auf dem Brocken nur in ihren Träumen vorgestellt haben. Obwohl – wenn Harry Potter auf seinem Besen durch die Luft fliegt, wundert sich darüber heutzutage ja auch niemand mehr.
Die Walpurgisnächte auf dem Brocken werden heute immer wilder. So viel Tausende von Hexen, wie sie sich dort in besagter Nacht zum 1. Mai versammeln, hat es wohl kaum im Mittelalter gegeben. Besen oder Mistgabeln dürfen die modernen Hexen aber ruhig im Schrank lassen. Heute geht es mit der Brockenbahn ganz komfortabel vom Bahnhof Schierke hoch hinauf auf den Hexentanzplatz auf dem Gipfel des Brocken, selbstverständlich mit viel Rauch und gefährlichem Zischen. Ist doch sowieso viel bequemer als auf so einem schwankenden, bockigen Besen, oder?

Kurverwaltung Schierke . Brockenstraße 10 . 38879 Schierke . Telefon: 039455/868-0

WINDMÜHLE IM MUSEUMSDORF CLOPPENBURG

Telefon: 04471/94840
www.museumsdorf.de

Museumsdorf, Cloppenburg

„Wer zuerst kommt, mahlt zuerst" – denn wer als Erster an der Mühle ankommt, darf auch zuerst sein Korn mahlen lassen. Viele der heutigen Sprichwörter und

Redewendungen stammen aus der Vergangenheit. Dieser Spruch aus der Müllerei wurde bereits 1230 im Sachsenspiegel aufgezeichnet.
Um dieser und anderen Kuriositäten aus der Vergangenheit nachzuspüren, kann man so einiges im Freilichtmuseum Cloppenburg ausprobieren. Dort wird auch fachkundig erklärt, wie Korn zu Brot wird. Bei Brotsorten, die über 20 Stunden im Backofen bleiben müssen, an Teigtrog und Knetmaschine sieht man alle Facetten des bäuerlichen Backens und kann anschließend in der Museumsbäckerei die im Steinofen gebackenen Köstlichkeiten probieren.
Das Museumsdorf besteht aus über 50 Gebäuden, die den Besucher – wenn er nicht gerade von schreienden Schulklassen umgeben ist – in eine andere Zeit zurückversetzen. Die ländliche Bau- und Handwerkskultur Niedersachsens wird somit zum Greifen nahe. Das idealtypische Mobiliar und Handwerk hilft, die Illusion einer anderen Epoche hervorzurufen.
Im Jahr 1934 wurde das Freilichtmuseum Cloppenburg als eines der ersten Freilichtmuseen Deutschlands auf einem Gelände von 15 ha gegründet. Die Originalgebäude aus dem 16. bis 20. Jahrhundert wurden wieder aufgebaut, und ihre individuellen Geschichten stehen im Mittelpunkt der Führungen. So erfährt man unter anderem von der Bierklappe der Dorfbrauerei: Sobald es bei Brauer Haake klingelte, öffnete er die Klappe und schenkte in den Krug, der ihm entgegengestreckt wurde, Bier ein. Ein Vorläufer der heutigen Kneipen ...

Museumsdorf Cloppenburg . Niedersächsisches Freilichtmuseum
Bether Straße 6 . 49661 Cloppenburg

0218 NI_Gärten, Parks & Landschaften

SCHLAUER BADEN IN NIEDERSACHSEN

www.damme.de
www.steinhuder-meer.de

Dümmer See, Steinhuder Meer

In Niedersachsen ist zwar die Nordsee nicht mehr weit, wenn man mal wieder die Sehnsucht nach Wasser verspürt. Allerdings haben auch die Seen in Niedersachen ihren ganz besonderen Charme, sind idyllisch gelegen und einen Ausflug wert.
Segeln, Surfen, Paddeln und Tretbootfahren: Niedersachsens zweitgrößter Binnensee im Zentrum des Naturparks Dümmer ist ein Magnet für Wassersportfans. Der Oldenburgische Großherzog weihte in den 40er Jahren des letzten Jahrhunderts den Hafen ein. Seine Tochter Olga wurde Namenspatronin für den neu angelegten Hafen. Die bescheidenen Boote von damals sind schicken Seglern und Yachten gewichen. Die Dümmer Region mit ihren gut ausgebauten Wander- und Fahrradwegen lädt auch außerhalb des Wassers zu Aktivitäten ein. An den See grenzen weiträumige Niedermoore an, und bei einem Spaziergang kann man seltene Vogelarten erspähen.
Ein weiterer beliebter Sport in Seenähe ist das Nordic Walking, weil die Wanderwege überwiegend auf Wald-, Sand- und Graswegen verlaufen. Nordic-Walking-Touren

werden auch im Naturpark Steinhuder Meer – einem weiteren sehenswerten See in Niedersachsen – angeboten. Die Entstehung des Steinhuder Meeres ist umstritten: Eine Theorie spricht vom Schmelzwasser eines Gletschers in der Eiszeit. Eine weitere erklärt die flache Wanne durch einen Eissturm, der das Grundwasser aufblies. 1974 wurde eine künstlich Badeinsel mit flachem Sandstrand zum Sonnenbaden angelegt. Das Steinhuder Meer ist mit seinem Flächeninhalt von rund 32 km² der größte Binnensee Niedersachsens und hat sich zum Segelparadies entwickelt. Nationale und internationale Regatten werden hier ausgetragen, und im Winter finden sogar Wettbewerbe im Eissegeln statt.

Dümmer See . Stadt Damme . Mühlenstraße 18 . 49401 Damme . Telefon: 05491/6620

Steinhuder Meer . Tourist-Info Steinhude . Meerstraße 2
31515 Wunstorf/Steinhude . Telefon: 0533/95010

0219 NI_Natur & Tiere

DAS GRÖSSTE PRIVATE VOLLBLUT-ARABERGESTÜT UND TIERPARK

www.arabianstud-ismer.com
www.tierpark-stroehen.de

Naturtierpark und Gestüt, Ströhen-Wagenfeld

Der Naturtierpark Ströhen liegt in der norddeutschen Tiefebene zwischen Hannover, Osnabrück und Bremen. Er wurde bereits 1959 auf dem Gelände des altniedersächsischen Bauernhofs Wege gegründet. Auf einem Areal von 300.000 m² mit natürlich gestalteten Freigehegen und Gewässern leben 600 Säugetiere und Vögel aus 5 Kontinenten, die jährlich von 100.000 Besuchern des Parks bestaunt werden. Dort sind sowohl teilweise selten gewordene einheimische Tierarten wie Damhirsche, Kraniche, Luchse, Waschbären und Störche anzutreffen als auch Tiere aus weiter entfernten Ländern wie Alpakas, Berberaffen, Mini-Shetland-Ponys, Dromedare, Emus, Lamas, Mufflons, Nyala-Antilopen, Pumas, Tapire, Zebras und sogar Tiger und Geparden.
Besondere Highlights, vor allem für Kinder, sind die Tierschule sowie die täglich stattfindende Zirkusshow mit dem Titel „Arabische Fascination“. Und wer schon immer mal auf einem Elefanten reiten wollte, der sollte sich auch diese Attraktion auf keinen Fall entgehen lassen.
Der Naturtierpark Ströhen beherbergt außerdem das größte private Vollblut-Arabergestüt Europas mit ca. 60 Mutterstuten und 12 Deckhengsten. Die Besichtigung des Gehöfts, das im altniedersächsischen Fachwerkstil erbaut wurde, ist für Besucher des Parks kostenlos. Und wer weiß, vielleicht begegnet man dort ja sogar einem saudischen Scheich oder einem Mitglied des jordanischen Königshauses, das gerade im Begriff ist, eines der wertvollen Pferde zu erwerben.

Naturtierpark Ströhen mit Vollblut-Arabergestüt . Tierparkstraße 43 . 49419 Ströhen-Wagenfeld

VAMPIRE FLIEGEN MIT ECHOLOT

Telefon: 0541/3232202
www.osnabrueck.de

Europäische Nacht der Fledermäuse, Osnabrück

Ob das etwas für die kleine Schwester ist? Die will ganz bestimmt und unbedingt mitgehen. „Die Europäische Nacht der Fledermäuse" – das hört sich schon so offiziell gruselig an. Wohl weil die Flugtiere des Öfteren schon mit Graf Dracula in Verbindung gebracht wurden. Der Vergleich wiederum entstand aus der Tatsache, dass es einige wenige Arten unter den Fledermäusen gibt, die sich ausschließlich von Wirbeltierblut ernähren. Entwarnung für die kleine Schwester: Alle in Europa beheimateten sind Insektenfresser. Es kann also aufgeatmet werden, auf dem Fledermausspaziergang des Nachts in Osnabrück. Dort kann man sie nämlich flattern sehen. Und das Besondere: Mit Hilfe technischer Geräte werden ihre ansonsten für das menschliche Ohr nicht wahrnehmbaren hohen Ultraschall- und Echolot-Töne hörbar gemacht. Unglaublich! Die für stumm gehaltenen Flatterer schreien sich die Fledermauskehle aus dem Hals. Diese und eine ganze Reihe weiterer Enthüllungen erwarten die Forscher in dieser Nacht. Wer möchte, darf einer Fledermaus auch ganz nah begegnen. Und das ganz ohne Knoblauch und Pfahl.

Tourist Information Osnabrück . Bierstraße 22–23 . 49074 Osnabrück

KINDER AUS DER GANZEN WELT

Telefon: 04131/79423
www.forsthaus-tiergarten.de

Reiterferien im Forsthaus, Lüneburg

Seit 40 Jahren schon kommen Kinder aus aller Welt in das Forsthaus Tiergarten. Reitunterricht auf hohem Niveau und ein Flair wie aus alten Immenhof-Filmen lassen das Forsthaus zu einem beliebten Ferientreff von Junior-Reitern und -Reiterinnen werden. Gäste aus Mexiko, Mailand oder Amerika zum Beispiel tragen zur internationalen Verständigung der reitenden Kids bei. Viele Erwachsene, die früher selbst ihre Ferien hier verbracht haben, quartieren nun ihre Kinder hier ein. Und schwelgen wohlig seufzend in ihren eigenen schönsten Sommerferien-Erinnerungen.

Forsthaus Tiergarten . Familie Klein . Im Tiergarten 1 . 21337 Lüneburg

FREUDE AM PFERD

Telefon: 04231/807140
www.dpm-verden.de

Deutsches Pferdemuseum, Verden

Hier dreht sich auf über 1400 m^2 Ausstellungsfläche alles um das Pferd. Die Worte „Gaudemus Equis", was so viel heißt wie „wir haben Freude am Pferd", begrüßen in Sandstein gemeißelt die Besucher in der Eingangshalle des Museums. Alte Prunkgeschirre, Sättel und Kutschen oder historisches Spielzeug und anatomische Pferdemodelle lassen nicht nur Pferdekenner staunen. Für alle spannend sind die gesammelten „Merkwürdigkeiten". So zum Beispiel die Geschichte vom klugen Hans. Einem rechnenden Pferd. Dessen Fähigkeiten wurden sogar damals vom preußischen Kultusminister geprüft. Oder man betrachtet mit Hilfe eines Modells mit Spiegeloptik seine Umgebung einmal aus den Augen eines Pferdes. Wer möchte, darf den Sitz im Damensattel testen oder selbst weiterforschen in der großen hippologischen Bibliothek des Museums.

Deutsches Pferdemuseum . Holzmarkt 9 . 27283 Verden (Aller)

KRÄUTER-HALB-BITTER GEGEN VERDAUUNGS-PROBLEME

www.schierker.de

Schierker Feuerstein, Schierke am Brocken

Direkt unterhalb des Brockens liegt das kleine Harzörtchen Schierke, das heute wohl kaum jemand kennen würde, hätte nicht der Apotheker Willy Drube in den 20er Jahren eine zündende Geschäftsidee gehabt. Als in seiner Apotheke „Zum Roten Fingerhut" immer wieder Kurgäste auftauchten, die über Verdauungsprobleme nach allzu fetthaltigen Mahlzeiten klagten, entschloss er sich kurzerhand, einen magenfreundlichen Kräuterlikör selbst herzustellen, dessen Bekanntheitsgrad sich im Laufe der folgenden Jahrzehnte über die Grenzen des Harzes hinaus ausbreitete: den Schierker Feuerstein. Die rötliche Farbe der Feuersteinklippen, die in der Nähe der Ortschaft zu besichtigen sind, stand bei der Namengebung des Schnapses übrigens Pate. Die Nachfrage war so groß, dass in Schierke eine Spirituosenfabrik entstand und schließlich – noch vor dem Mauerbau – eine zweite im niedersächsischen Bad Lauterberg. Heute werden von der Schierker Feuerstein KG jährlich mehrere Millionen Flaschen produziert. Darüber hinaus erweist sich das mittelständische Unternehmen als cleverer Marketingstratege. Es tritt als Sponsor des

Boxpromoters Ulli Wegener, der Eishockeymannschaft Harzer Wölfe sowie des Schierker Feuerstein Racing Teams 06 in Erscheinung. Wenn das Willy Drube noch hätte erleben können, der seinen Kräuter-Halb-Bitter übrigens bereits 1924 zum Patent angemeldet hatte. Vorsicht ist beim Verzehr – auch bei Magengrimmen – dennoch geboten: Wer zu viel dieses edlen Kräutergetränks zu sich nimmt, den erwartet ein katzenjammervolles Erwachen!

Schierker Feuerstein KG . Spirituosenfabrik . Brockenstraße 3 . 38879 Schierke am Brocken

0224 BE_Essen & Trinken

ESSEN WIE BEI HELENE

Brecht-Haus, Berlin

Telefon: 030/2822003
www.lfbrecht.de

Einen Steinwurf vom Friedhof, auf dem Bertolt Brecht und Helene Weigel begraben sind, liegt das Brecht-Haus, in dem beide ab 1953 wohnten und arbeiteten. Brecht schätzte die Nähe zu seinem Theater, dem Berliner Ensemble. Neben den teils gut erhaltenen Wohnungen der beiden, die als Brecht-Weigel-Gedenkstätte zu besichtigen sind, beherbergt das Haus auch das Brecht-Archiv mit dem umfangreichen Nachlass und der persönlichen Bibliothek, außerdem das Helene-Weigel-Archiv. Seit 1992 bietet auch das „Literaturforum im Brecht-Haus" ein umfangreiches Veranstaltungsprogramm sowie Bucheditionen.
In Angedenken an Helene Weigels legendäre Kochkünste versorgt das Restaurant „Brecht-Keller" hungrige Gäste mit wienerischer Küche: Tafelspitz, Salzburger Nockerl und Kaiserschmarren. Die Einrichtung ist ausgestattet mit Modellen und Stücken aus dem Theaterfundus, es lässt sich also atmosphärisch speisen.

Brecht-Haus . Chausseestraße 125 . 10115 Berlin

0225 BE_Kunst & Architektur

IM ZICKZACK DURCH DIE GESCHICHTE

Jüdisches Museum, Berlin

www.jmberlin.de

Jüdisches Leben war in Berlin bis 1933 immer ein wichtiger kultureller und wirtschaftlicher Faktor. So ist es nur konsequent, dass das aufsehenerregendste jüdische Museum Deutschlands hier entstand. Neben dem barocken Collegienhaus, an dem E. T. A. Hoffmann als Beamter beschäftigt war, entstand 2000 ein markanter Neubau, entworfen vom Architekten Daniel Libeskind. Bereits als leerer Neubau entwickelte sich das Museum zum Star der Berliner Museumslandschaft, der Andrang bei den Führungen durch das leere Gebäude war riesig. Der Bau wurde auf einem Grundriss errichtet, der an einen zerbrochenen Stern oder einen Blitz erinnert, und dieses Gestaltungskonzept setzt sich an den Wänden fort: Schmale Fensterbänder in Zickzackform löchern die silberne Fassade. Im Ganzen wirkt das Gebäude wie ein Objekt, das vom Himmel gefallen ist, dennoch fügt es sich gut in die Umgebung ein.
2001 wurde die ständige Ausstellung eröffnet: 2.000 Jahre deutsch-jüdischer Geschichte, sehr anschaulich präsentiert. Jüdische Bräuche und Traditionen, das Auf und Ab jüdischer Gemeinden in Deutschland, vom Mittelalter bis zum Holocaust und dem Neuanfang danach. Der skulpturale Charakter des Gebäudes wird

konsequent genutzt, um einige Installationen zu integrieren: „Void“ genannte Hohlräume durchziehen den Bau senkrecht, durch Fenster einsehbar; sie symbolisieren Leere und Verlust. Der „Holocaust-Turm“ vermittelt Beklemmung beim Betreten, der „Garten des Exils“ symbolisiert den Verlust von Heimat. Stellenweise scheint die symbolische Überfrachtung des Baus etwas übertrieben oder bemüht, dennoch funktioniert das Ganze.

Jüdisches Museum Berlin . Lindenstraße 9–14 . 10969 Berlin

0226 BE_Kunst & Architektur

DAS RICHTIGE DENKMAL AM RICHTIGEN ORT

www.holocaust-denkmal-berlin.de

Holocaust-Denkmal, Berlin

Das Holocaust-Mahnmal über dem Jüdischen Museum

Was wurde nicht alles versucht, um es zu verhindern. Ein großes Stelenfeld mitten in Berlins altem Zentrum, genau am Touristenpfad vom Brandenburger Tor zum Potsdamer Platz. Ein Denkmal, das dem Völkermord an den Juden Europas dort gedenken soll, wo er geplant und organisiert wurde. 2.711 Stelen aus Beton von unterschiedlicher Höhe (von 0,5 m bis über 4,5 m), ein abstraktes Gräberfeld oder einfach eine begehbare Skulptur.

Wenn man sich die Zeit nimmt, die Besucher ein wenig zu beobachten, fällt vor allem der Generationsgraben auf. Ältere Semester sind in der Regel entsetzt, es fallen stets die gleichen Sätze wie „nicht so groß“, „nicht hier mitten in der Stadt“, „Wie lange sollen wir noch büßen?“. Jüngere Besucher dagegen gehen viel unbefangener mit dem Denkmal um. Vielleicht liegt darin der Erfolg von einem Denkmal, das Verantwortung für Verbrechen abstrakt darstellen soll. Es soll konfrontieren, aber nicht abschrecken. Für seinen Erfolg spricht der regelmäßige rege Andrang. Anders als man vielleicht hätte erwarten können, herrscht hier keine andächtige Grabesstille. Das Denkmal ist nicht zum schwarzen Loch in der Stadt geworden, ganz im Gegenteil. Dafür, dass es nicht ganz abstrakt bleibt, sorgt ein Informationszentrum unter dem Stelenfeld. Und es hätte in ganz Berlin keinen besseren Ort für das Denkmal geben können: Auf dem Grundstück stand Joseph Goebbels’ Villa (der Bunker existiert z. T. noch), und nur einen Steinwurf entfernt befand sich der „Führerbunker“.

Denkmal für die ermordeten Juden Europas . In den Ministergärten . 10117 Berlin

OASE IN DER EINHEITSWÜSTE

www.buecherbogen.com

Bücherbogen, Berlin

Während die großen Ketten auf ihrem Marsch zur Monopolstellung die Vielfalt des Buchhandels verdrängen, behaupten sich einige wenige Buchhandlungen, die dem Besucher bieten, was mittlerweile rar geworden ist: Qualität, Vielfalt und Fachwissen. Der beste und bekannteste darunter ist der Bücherbogen in den S-Bahn-Bögen am Savignyplatz. Seit 1980 ist er das Eldorado für alle, die sich für Kunst oder Kultur interessieren. In den Gewölben unter der Hochbahn findet man eine Vielfalt, die in Berlin unübertroffen ist: Kunst, Architektur, Film, Design, Fotografie, Theorie, Modernes Antiquariat, außerdem Magazine und ausgewählte Belletristik. Der Ruf des Bücherbogens ist längst international – zu den Kunden gehören auch Peter Eisenman und Karl Lagerfeld. Der Bücherbogen unterhält daneben auch Dépendancen in der Neuen Nationalgalerie und dem Museum Berggruen.

Bücherbogen am Savignyplatz . Stadtbahnbogen 593 . 10623 Berlin

FLANIERMEILE ZU FÜSSEN DER NEUEN SYNAGOGE

Telefon: 030/88028300
www.berlin-tourist-information.de

Oranienburger Straße, Berlin

Viele Ladengeschäfte haben sich hier mit hochwertigen Konsumartikeln angesiedelt, aber auch Ramschbuden, die Plunder verhökern. Freilich bietet die im Volksmund „O-Burger“ genannte Meile der Geschäftstüchtigkeit Platz, erstreckt sie sich doch vom Hackeschen Markt geradewegs und in nordwestlicher Richtung bis zur Friedrichstraße, unweit des Oranienburger Tors. Ein Irrglaube ist, die Straße gehöre zum historischen Scheunenviertel; sie liegt in der so genannten Spandauer Vorstadt. Wenn es Nacht ist in Berlin, dann tummeln sich hier die Bordsteinschwalben – dem Tourismusbetrieb ist dies jedoch nicht abträglich. Zu viele Bars und Cafés, Lounges und Clubs locken mit attraktiven Angeboten. Eines der städtebaulichen Highlights ist zweifelsohne die Neue Synagoge, ein Gebäude von herausragender Bedeutung für die Geschichte der jüdischen Bevölkerung in Berlin und ein epochales Bauwerk aus der zweiten Hälfte des 19. Jahrhunderts (Architekt: Eduard Knoblauch). Der Prachtbau mit der weithin sichtbaren, goldglänzenden Kuppel war vielen Antisemiten ein Dorn im Auge: Im Zuge der landesweiten Pogrome („Reichskristallnacht“ vom 9. auf den 10. November 1938) legten Angehörige der SA in der Neuen Synagoge Feuer. Der Polizeiführer Wilhelm Krützfeld trat den Brandstiftern entschieden entgegen und verhinderte die totale Zerstörung des Gotteshauses.

Oranienburger Straße . Vom Hackeschen Markt zur Friedrichstraße . 10117 Berlin
Neue Synagoge . Oranienburger Straße 28–30 . 10117 Berlin

0229 BE_Kunst & Architektur

GROSS, GRÖSSER, SAURIER

www.naturkundemuseum-berlin.de

Museum für Naturkunde, Berlin

Wo finden Sie das weltweit größte Saurierskelett? Im Berliner Naturkundemuseum natürlich. Mit ca. 30 Millionen Objekten ist es eines der größten und bedeutendsten Museen seiner Art weltweit. Sammlungen der Paläontologie, der Zoologie und der Mineralogie sind hier auf 4.400 m^2 Ausstellungsfläche präsentiert. Für Kinder gibt es das Humboldt-Exploratorium. Hervorgegangen ist das Museum aus den verschiedenen naturwissenschaftlichen Sammlungen der Humboldt Universität. Star des Museums ist der Brachiosaurus, mit einer stolzen Größe von 23 m Länge und 13 m Höhe ein beeindruckender Anblick. Interessant sind auch die historischen Vitrinen, in denen unterschiedliche Lebensräume nachgebaut wurden.

Museum für Naturkunde der Humboldt-Universität zu Berlin . Invalidenstraße 43 . 10115 Berlin

---

0230 BE_Kunst & Architektur

DER PROMINENTEN-FRIEDHOF DER STADT

www.berlin.de

Dorotheenstädtischer Friedhof, Berlin

Ach was, Berlin – ganz Deutschland ist mit herausragenden Persönlichkeiten vertreten. Schon aus künstlerischer Sicht ist der über 250 Jahre alte Dorotheenstädtische Friedhof eine Augenweide: Die vielen Bildhauereien lassen auf zeitlebens zu Wohlstand gekommene Bürger, Künstler und Wissenschaftler schließen, die hier ihre letzte Ruhestätte gefunden haben. Von Heinrich Mann und Bertolt Brecht über Georg Wilhelm Friedrich Hegel und Karl Friedrich Schinkel bis zu John Heartfield und Ernst Theodor Litfaß – sie alle haben hier ein mehr oder weniger pompös gestaltetes Grab. Zwar wurde im Zweiten Weltkrieg der Dorotheenstädtische Friedhof stark zerstört, aber schon seit 1950 pflegt und schützt die Denkmalpflege die erhaltenswürdigen Grabmale. Interessantes am Rande: Außer der Dorotheenstädtischen Gemeinde besaß noch die ehemalige Akademie der Künste der DDR das Recht, hier Bestattungen vorzunehmen. Heute ist dieser einzigartige Berliner Friedhof für seine Einwohner wie auch für Touristen eine Oase der Ruhe inmitten in der Stadt. Es lässt sich hier gemütlich spazieren, sinnieren und allerhand Entdeckungen machen.

Dorotheenstädtischer Friedhof . Chausseestraße 126 . 10115 Berlin

---

DIE KLÜGSTE NACHT DES JAHRES

Telefon: 030/28493847
www.langenachtderwissenschaften.de

Lange Nacht der Wissenschaften, Berlin, Potsdam

Seit nunmehr sechs Jahren findet die Lange Nacht der Wissenschaft in beiden Städten statt. Immer im Juni beteiligen sich wissenschaftliche Institutionen an der Nacht der klugen Köpfe. So auch 2008: Von Adlershof bis Wedding, von Buch über Charlottenburg und Dahlem bis Mitte – alle universitäre Forschungszweige und Kliniken nehmen teil. Natürlich verkehren zwischen den Wissensstandorten Shuttle-Busse, es ist also trotz aller zu erwartender Betriebsamkeit in den Nächten vom 14. bis zum 18. Juni 2008 für reibungslosen Transfer zwischen den Wissenswelten gesorgt. Die Liste der teilnehmenden Wissenschaftsbetriebe ist lang und illuster: vom Alfred-Wegener-Institut für Polar- und Meeresforschung an der Forschungsstelle Potsdam über das Konrad-Zuse-Zentrum für Informationstechnik Berlin bis hin zum überragenden Zeiss-Großplanetarium des Deutschen Technikmuseums Berlin – an allen Veranstaltungsorten wird der Wissensdurst gestillt. Experten stehen mit Rat und Tat zur Seite, Fragen kostet in dieser Nacht nichts, außer vielleicht einem freundlichen Lächeln, über das sich aber besonders der sprichwörtlich zerstreute Professor zu freuen weiß. Dass sich die Lange Nacht der Wissenschaften noch immer wachsender Beliebtheit erfreut, ist beachtenswert; es ist eine Erfolgsgeschichte der Institute und längst eine etablierte Form der wissenschaftsinstitutionellen Öffentlichkeitsarbeit. Auf diese Weise präsentieren sich auch an anderen Forschungsstandorten in Deutschland die lokalen wissenschaftlichen Einrichtungen mit dem Ziel, der Öffentlichkeit ihre Forschungsschwerpunkte vorzustellen. Doch die Berliner haben es vorgemacht und diese Form des wissenschaftlichen Publikumbetriebs erfunden: Hier wurde im Jahr 2001 die „1. Lange Nacht der Wissenschaften" durchgeführt. Ein Riesenerfolg: 61.972 Besucher begeisterten sich damals an den vielfältigen Angeboten. Zuletzt schulterte die „Lange Nacht der Wissenschaften 2007" in Berlin und Brandenburg mehr als 1.500 Programmpunkte von 61 Teilnehmern (inklusive 299 Einrichtungen und Instituten) in 134 Gebäuden. 11 Sonderbus-Linien waren unterwegs. Über 156.000 Besuche wurden gezählt. Diese Erfolgsgeschichte soll 2008 weitergeschrieben werden.

Lange Nacht der Wissenschaften

MIT ERICH ZUM REAL EXISTIERENDEN SOZIALISMUS

Telefon: 030/27592273
www.trabi-safari.de

Trabi-Tours, Berlin und Dresden

Wer mit Erich durch den Osten Berlins huckelt, der darf keine Angst haben vor einer Revolverschaltung. Dann kann er sich mutig hinter das Lenkrad klemmen und bei jedem Tritt auf das Gaspedal das unruhige Kribbeln des Zweitakters spüren. Erich, das ist ein kleiner blauer Trabant, das meistverkaufte Modell zu DDR-Zeiten. Erich steht jetzt in den Diensten einer Firma, die ungewöhnliche Stadtrundfahrten für Touristen anbietet.
Am alten Checkpoint Charlie an der Friedrichstraße in Berlin und in Dresden vor der Semperoper warten sie in einer Reihe: Erich, Bärbel, Horst und Lotti – die Flotte des Reiseunternehmens „Trabi-Safari". Nach einer kleinen Einführung in die Geheimnisse der schlichten Armaturen können potentielle Ostalgiker selbst Gas geben. In einer Kolonne folgen alle Trabis einem Führungsauto durch die Stadt. Über Funk gibt es Erklärungen zu den Sehenswürdigkeiten, die rechts und links bei Tempo 30 vorbeifliegen. Auf der „Wild-East-Tour" durch Ost-Berlin können zwei Personen für 35 Euro auf der Karl-Marx-Allee und an der East-Side-Gallery die Relikte des real existierenden Sozialismus besichtigen. In Dresden geht es durch Villenviertel und Plattenbausiedlungen. Erich bringt seine Passagiere dabei meistens wacker ins Ziel, wenn es keine Probleme mit der Revolverschaltung gibt.

Trabi-Safari-Tours GmbH & Co. KG . Friedrichstraße/Ecke Zimmerstraße . 10117 Berlin
Trabi-Safari-Tours GmbH & Co. KG . 01067 Dresden . Ostra-Allee 27

EIN GUTER ORT ZUM LEBEN

www.cjudaicum.de

Neue Synagoge Berlin

Schon von Weitem überstrahlt die goldene Kuppel der Neuen Synagoge die Dächer der Oranienburger Straße. Das imposante, orientalisch anmutende Gebäude, zum jüdischen Neujahrsfest 1866 eingeweiht, war seinerzeit mit 3.200 Sitzplätzen die größte Synagoge Deutschlands. Zwar blieb sie relativ unberührt vom Novemberpogrom 1938, erlitt jedoch im Bombenhagel des Zweiten Weltkrieges schwere Schäden. Seit der Sprengung des Hauptraums 1958 steht nur noch der zur Straßenseite gelegene Teil der ehemals viel größeren Synagoge. Als das unter Denkmalschutz stehende Gebäude in den 90er Jahren restauriert wurde, rekonstruierte man diesen Teil ori-

Die Neue Synagoge auf der Oranienburger Straße

ginalgetreu in seiner alten Pracht, deutete die alte Größe mit dem Synagogenhauptraum jedoch nur noch durch ausgelegte Steine an. Der Besucher des Centrum Judaicum, das sich heute im Inneren befindet, bemerkt so unmittelbar den Widerspruch von Pracht und Zerstörung dieses wichtigen, historischen Ortes. Bei den Restaurierungsarbeiten entdeckte Einrichtungsgegenstände und architektonische Überreste vermitteln ein Bild von der einstigen Bedeutung und Vielfalt des jüdischen Lebens in Berlin.
Heute ist die Neue Synagoge nicht nur ein eindrucksvoll schönes und prächtiges Bauwerk, sondern wieder Sitz der jüdischen Gemeinde, und mit dem Centrum Judaicum sowie jüdischen Einrichtungen und Restaurants in direkter Nachbarschaft ist sie gleichzeitig Mahnmal sowie Ort jüdischen Lebens.

Neue Synagoge Berlin . Centrum Judaicum . Oranienburger Straße . 10117 Berlin-Mitte

SOZIALISTISCHES WOHNPARADIES NACH MOSKAUER VORBILD

Karl-Marx-Allee, Berlin

Berlin 1949: Große Teile der Stadt sind zerstört, zwei Staaten bilden sich und machen sich an den Wiederaufbau. Ein Wettlauf entsteht: Welcher Staat, welches System baut schneller auf, besser, schöner? Für Ost-Berlin ist der Baustil von Moskau vorgegeben: Zuckerbäckerstil nach sowjetischem Vorbild. Die Moderne war zu der Zeit in der DDR noch verpönt.
Während der Bauarbeiten wird die Erhöhung der Arbeitsnormen beschlossen. Bauarbeiter streiken, es kommt zum Aufstand am 17. Juni 1953. Der Aufstand wird gewaltsam niedergeschlagen. Bereits in den 50er Jahren wird der erste Bauabschnitt fertig (Frankfurter Tor bis Strausberger Platz): Eine Prachtstraße ist entstanden. Sie bietet Wohnungen mit hohem Komfort, während anderswo noch primitive Zustände

herrschen. Arkaden, Säulen, klassizistischer Fassadendekor, Monumentalarchitektur – so hatten Arbeiter noch nie gewohnt.
Nach Stalins Tod entfernte man klammheimlich sein Standbild von der Straße, sie wurde umbenannt. In den 60er Jahren entsteht der zweite Bauabschnitt, jetzt modern, zwischen Strausberger Platz und Alexanderplatz. Schlichte, moderne Hochhäuser, auf den Dächern Leuchtreklame für Produkte aus den sozialistischen Bruderstaaten. Noch zu DDR-Zeiten begann die Allee zu verfallen, die umfangreiche Sanierung kam nach der Wende. Zu den Höhepunkten der gesamtstädtischen Anlage gehören die Torhäuser am Strausberger Platz und Frankfurter Tor, Letztere in deutlicher Anlehnung an den Gendarmenmarkt, das Kino International und das Café Moskau. Das Gefühl, in Moskau zu sein, kommt unweigerlich bei einem Spaziergang über die Karl-Marx-Allee.

Karl-Marx-Allee . 10243 Berlin

0235 BE_Kunst & Architektur

SYMBOL DES MITTELALTERLICHEN BERLINS

www.stadtmuseum.de

Nikolaikirche, Berlin

Sie ist die älteste Kirche Berlins und sie markiert sozusagen die Keimzelle Berlins. Um 1220 wurde sie begonnen als Feldsteinbasilika, davon zeugt heute noch der Sockel an der Turmfassade – das älteste Mauerwerk der Stadt. Später erfolgte der Umbau zur gotischen Hallenkirche. 1878 wurde die asymmetrische Fassade mit einem Turm ersetzt durch eine Doppelturmfassade im Stil der Neogotik. Der Zweite Weltkrieg zerstörte nicht nur die Umbauung der Kirche, vom Kirchenbau selbst blieben nur die Außenmauern stehen. Die heutigen Gewölbe und Türme sind Rekonstruktionen aus den 80er Jahren. Aufgrund ihrer Bedeutung als Zeugnis der Gründungsjahre Berlins gilt die Nikolaikirche dennoch als eines der wichtigsten Baudenkmäler der Stadt. Das Stadtmuseum nutzt sie heute als Museum.

Nikolaikirchplatz . 10178 Berlin

0236 BE_Kunst & Architektur

TACHELES: KUNST UND RUINEN

Telefon: 030/2826185
www.tacheles.de

Kunsthaus Tacheles, Berlin

Sie hat sich schon sehr verändert, die Oranienburger Straße. War sie kurz nach dem Mauerfall noch der Ort für spontan eröffnete Clubs, Bars und Kunstprojekte mit Underground-Anstrich, so ist sie heute Berlins Touristenboulevard Nummer eins.

Professionell geführte Restaurants mit internationaler Küche, Souvenirläden und Besucher aus aller Welt dominieren das mittlerweile aufgehübschte Straßenbild. Doch am Ende der Straße, hinter der großen Baulücke, hält eine Institution aus jener Zeit stand wie sonst nur ein Dorf in Gallien, das wir alle kennen: das Tacheles. Als Überbleibsel einer 1909 erbauten Ladenpassage ist die Ruine heute Präsentationsraum für aktuelle Kunst, Baudenkmal, selbstbestimmtes, kollektives Experiment, Veranstaltungsort und internationaler Treffpunkt mit Kneipencafé in einem.
Auch wenn die Berliner es längst müde sind, Neues über die Streitereien der Nutzer aus der Zeitung zu erfahren, und die Aufbruchstimmung der frühen Jahre dahin ist – will man etwas vom morbiden Charme der Nachwendezeit erspüren, bleibt das Tacheles ein Muss für den Berlin-Besucher. Besonders weil sich die Visite so wunderbar mit einem Abendspaziergang und anschließendem Restaurantbesuch kombinieren lässt und weil der Blick von der Rückseite auf das halb verfallene Gebäude wirklich beeindruckend ist.

Kunsthaus Tacheles . Oranienburger Straße 54–56 . 10117 Berlin-Mitte

0237 BE_Städte & Touren

PUPPENSTUBE ODER DISNEYLAND?

www.stadtmuseum.de

Das Nikolaiviertel, Berlin

Zum Pflichtprogramm eines Berlin-Besuchers zählt seit den 80er Jahren das Nikolaiviertel in Berlins historischem Stadtzentrum. Es wird gerne gerühmt für sein historisches Ambiente und den Puppenstubencharme, den es versprüht. Schließlich befand sich hier, um die Nikolaikirche herum, die mittelalterliche Wiege der Doppelsiedlung Cölln und Berlin, die später preußische Hauptstadt wurde und daraufhin rasant zu wachsen begann.
Doch nur die wenigsten Touristen wissen, dass sie durch eine Kulisse wandern. Tatsächlich befand sich hier die Wiege Berlins, doch praktisch nichts davon hat die Abrisswellen vor und nach dem Krieg und die Bombardements überlebt. Lange stand die Ruine der Nikolaikirche auf freiem, zugigem Feld, bis schließlich in den 80er Jahren die 750-Jahr-Feier nahte. Dafür, so beschloss der Magistrat, wolle man das „schöne, alte Berlin" wieder aufbauen, rund um die Kirche. So entstand ein eigenwilliges und kurioses Sammelsurium aus wenigen erhaltenen Bauteilen, vielen neuen Bauteilen – teils in Plattenbauweise – und, besonders kurios, Gebäudeteilen, die den Krieg an anderer Stelle überlebt hatten und nun versetzt und in das Puzzle des neuen Nikolaiviertels eingefügt wurden.
Das Viertel, das sich dem Besucher heute bietet, ist eine Erfindung der 80er Jahre. Es hat einige Juwelen zu bieten: Das Ephraimpalais zum Beispiel hatte man lange vor dem Krieg wegen Straßenerweiterung abgerissen und eingelagert, deshalb konnte

man nun die alten, unbeschädigten Bauteile wieder zusammensetzen. Für den Financier Friedrichs II., Veitel Heine Ephraim, zum Rokokopalais ausgebaut, galt das Gebäude ohne Ecke lange als „schönste Ecke Berlins". Heute ist es Teil des Berliner Stadtmuseums und wird für Ausstellungen genutzt. Schräg gegenüber steht das Knoblauchhaus, ein gut erhaltenes Bürgerhaus aus dem achtzehnten Jahrhundert, das letzte im Berliner Stadtzentrum. Es befand sich lange im Besitz der illustren Familie Knoblauch, die zahlreiche bekannte Stadträte und Architekten hervorbrachte. Unter den Neubauten sind erwähnenswert: Haus am Nikolaikirchplatz Nr. 10, in dessen historischem Vorbild Gotthold Ephraim Lessing wohnte und arbeitete. Auch vollständig rekonstruiert wurde die älteste Kneipe der Stadt: „Zum Nussbaum" (Am Nussbaum 3) stand ursprünglich auf der Fischerinsel. Gegenüber befindet sich eine Kopie der mittelalterlichen Gerichtslaube, sie beherbergt ein Lokal mit Küche „wie bei den preußischen Königen". Im Gebäude am Mühlendamm 5 schließlich findet der weniger am Historischen interessierte Besucher das Hanfmuseum, das alles Wissenswerte rund um die Kulturpflanze bietet.
Zwischen all diesen auf alt getrimmten Neubauten (und wenigen Altbauten) stehen diverse Plattenbauten mit leicht angepassten Giebelfassaden. Doch im Grunde ist das Nikolaiviertel gerade wegen dieses Etikettenschwindels typisch berlinisch. Praktisch die Hälfte dessen, was historisch daherkommt, ist in Wirklichkeit reine Kulisse, das viel gerühmte Altberliner „Milljöh" eine Erfindung. Berlin ist eben auch die Hauptstadt des Fakes.

Knoblauchhaus, Poststraße 23 . Ephraimpalais, Poststraße 16 . 10178 Berlin

0238 BE_Städte & Touren

EINMAL PREUSSEN UND ZURÜCK

Unter den Linden, Berlin

Die „Linden" sind zum Synonym geworden für das alte Berlin, für preußischen Glanz und für Berlins Aufstieg zur Weltstadt. Dabei fing alles klein an, wie üblich: Die Lindenallee war der Reitweg der brandenburgischen Kurfürsten und führte vom Stadtschloss aus der Stadt hinaus. Preußens rasanter Aufstieg zur europäischen Großmacht verlangte nach einer repräsentativen Hauptstadt, und so wurden die Berliner Adeligen genötigt, an der Lindenallee zu bauen, ob sie sich das leisten konnten oder nicht. Den Abschluss bildet seit 1791 das Brandenburger Tor, von Carl Gotthard Langhans in Anlehnung an die Akropolis entworfen. Zwischen dem Tor und dem Schloss entstand allmählich ein Boulevard, der sich so schnell veränderte wie die Stadt um ihn herum. Im späten neunzehnten Jahrhundert riss man bereits ab, was das Zeug hielt, denn größer und protziger musste es nun sein als noch zu Schinkels Zeiten, und im zwanzigsten Jahrhundert zerstörte der Krieg nahezu die ganze Straße. Heute ist der östliche Abschnitt der historische, während der westliche Abschnitt zum Tor hin der moderne ist. Der Dom stand ursprünglich dem in den sechziger Jahren abgerissenen Schloss gegenüber, später dem Palast der Republik der DDR, z. Zt. ebenfalls im Abriss befindlich. Leider kommt damit dem Dom sein unfreiwilliger Gegenpart abhanden – beide Gebäude waren sozusagen die Geschmacksentgleisungen ihrer Epoche. Der Dom steht noch heute als Zeugnis kaiserlicher Maß- und Geschmacklosigkeit, ein protziger Barock- und Renaissancemischmasch mit der Kuppel aus den siebziger Jahren. Ältestes Gebäude der Straße ist das Zeughaus, um 1700 erbaut. Daneben steht die Neue Wache von Schinkel, heute Gedenkstätte der Nation. Nebenan Berlins älteste Universität, die Humboldt-Universität, an der Heine und Marx studierten und Einstein Vorträge hielt. Gegenüber das städtebauliche Vermächtnis Friedrichs des Großen: Forum Fridericianum mit Staatsoper, Hedwigskirche und alter Bibliothek. Der Platz davor, Bebelplatz, war der Ort, an dem die Bücherverbrennung der Nazis stattfand. Daran erinnert ein in den Boden eingelassenes Denkmal, die „Versunkene Bibliothek“. Auf dem Mittelstreifen das Reiterstandbild von Friedrich II., genannt Friedrich der Große. Weiter westlich wird es moderner; viel DDR-Architektur hat man bereits „bereinigt“ oder ganz beseitigt und durch neue Belanglosigkeiten oder Zumutungen ersetzt. Der Pariser Platz schließlich, einst nobelste Adresse der Stadt, bietet heute teilweise sturzbiedere Zurückhaltung (Haus Sommer und Haus Liebermann, Dresdner Bank, Adlon), teilweise gelungenere Beispiele zeitgenössischer Architektur (Französische Botschaft, DZ Bank, Akademie der Künste).

Geschichtsboulevard im Zentrum der Hauptstadt: Unter den Linden bei Nacht

Straße Unter den Linden . 10117 Berlin

0239 BE_Theater & Schauspiel

EUROPAS GRÖSSTES REVUETHEATER

Friedrichstadtpalast und Quatsch Comedy Club, Berlin

Telefon: 030/23262326
www.friedrichstadtpalast.de

Ein einzigartiges Bühnenelement machte den Friedrichstadtpalast schnell über Berlins Grenzen hinaus bekannt: Das Wasserbecken ist die wahre Attraktion des

Der Friedrichstadtpalast in der Friedrichstraße: Europas größtes Revuetheater

Revuetheaters, neben all den Stars, die sich an dieser kulturhistorischen Stätte freilich schon die Klinke der Garderobentüre in die Hand gaben. Unter anderem standen schon Liza Minnelli, Ute Lemper, Caterina Valente und Louis Armstrong schon auf dieser Bühne; verewigt haben sie sich alle auf dem „Berliner Pflaster", dem Vorplatz des Friedrichstadtpalastes – mit Abdrücken ihren Hände. Knapp 1.900 Besuchern bietet die Kultstätte an der Friedrichstraße Platz. Sie erleben allabendlich ein betörendes Schauspiel aus Lichtern und Farben, Spielkunst und akrobatischen Tanzeinlagen. Im Quatsch Comedy Club ticken die Uhren weit unprätentiöser: Zwar gastieren hier, in der „Kleinen Revue" im Keller des Friedrichstadtpalastes, wöchentlich und in wechselnder Besetzung Deutschlands beliebteste Comedians, wie Ingo Appelt, Atze Schröder und hoffnungsvolle Talente wie Benny Kaltenbach. Aber auf der Bühne des Quatsch Comedy Clubs lenkt kein technischer Schnickschnack vom Auftritt der Comedians ab. Das Augenmerk liegt allein auf dem Wortwitz.

Friedrichstadtpalast . Friedrichstraße 107 . 10117 Berlin

0240 BE_Theater & Schauspiel

DAS STEHAUFMÄNNCHEN UNTER DEN OPERNHÄUSERN

Telefon: 030/203540
www.staatsoper-berlin.de

Staatsoper Unter den Linden, Berlin

Nirgendwo ist Berlin prächtiger als Unter den Linden, und eines der dominantesten und bedeutendsten Gebäude an Berlins Boulevard ist die Staatsoper. Sie kann mit Fug und Recht behaupten, eines der schönsten Opernhäuser der Welt zu sein. Eines der ältesten frei stehenden Opernhäuser ist sie auch, und lange Zeit galt sie auch als eines der größten. Wie alle Prachtbauten am Forum Fridericianum (heute: Bebelplatz) geht die Oper auf den Preußenkönig Friedrich den Großen zurück, der seinem Lieblingsarchitekten Georg Wenzeslaus von Knobelsdorff den Auftrag gab, ein königliches Opernhaus zu errichten. Das Resultat, ein korinthischer Tempelbau, ist ein Meisterwerk des preußischen Klassizismus. Friedrich war so ungeduldig, dass er den noch unfertigen Bau 1742 mit der Uraufführung der Oper „Cleopatra e Cesare" (Carl Heinrich Graun) eröffnen ließ. Herzstück der Oper war und ist der große Apollosaal. Pünktlich zu ihrem einhundertsten Geburtstag brannte die Oper 1843 nahezu vollständig ab und wurde von Carl Gotthard Langhans (Sohn des Brandenburger-Tor-Architekten) wieder aufgebaut. Wiederum einhundert Jahre später, 1941, zerstörte ein Bombentreffer das Gebäude vollständig. Man beeilte sich mit dem Wiederaufbau, um ihn zu Propagandazwecken nutzen zu können, und feierte bereits 1942 die

Neueröffnung. Doch dieses Mal dauerte es nicht hundert Jahre bis zur nächsten Zerstörung, sondern nur drei: 1945 wurde der frisch rekonstruierte Bau erneut getroffen und vollständig zerstört.
Der Architekt Richard Paulick leitete die nunmehr dritte Rekonstruktion, die 1955 mit einem Staatsakt an der ansonsten noch ruinösen Straße Unter den Linden gefeiert wurde. Für die Gestaltung der Innenräume dienten die Bauten Knobelsdorffs als Vorbild, etwa das Schloss Sanssouci mit seinen Marmorsaal.
Berühmte Namen sind mit der musikalischen Geschichte des Hauses verbunden: Friedrich Schinkel schuf die berühmten Bühnenbilder für Mozarts Zauberflöte; Richard Strauss, Wilhelm Furtwängler, Herbert von Karajan und Otto Klemperer wirkten hier als Dirigenten.
Heute ist die Oper eine der bedeutendsten der Welt. Seit 1992 ist Daniel Barenboim Generalmusikdirektor und die Staatskapelle Berlin das feste Orchester der Oper. Beide, Barenboim und die Staatskapelle, sind international renommiert und fördern den Ruf Berlins als Kulturstadt Europas. Neben der Pflege des klassischen Repertoires – so brachte Barenboim etwa alle Klavierkonzerte und Symphonien von Beethoven zur Aufführung – bietet die Oper durchaus auch moderne Werke. Als Kontrast zum klassischen Programm finden im Apollosaal immer wieder zeitgenössische Musikveranstaltungen statt; so sorgten etwa 2006 zur Pop komm Soulmusiker und House-DJs für ganz andere Klänge und damit auch für ein völlig anderes Publikum.
Einziger Wermutstropfen ist der bauliche Zustand der Oper. Eine Grundsanierung ist dringend notwendig, die Finanzierung teilen sich Bund, Opernstiftung und Berlin. Die Kosten werden auf 130 Millionen Euro geschätzt.

Staatsoper Unter den Linden . Unter den Linden 7 . 10117 Berlin

---

0241 BE_Lifestyle & Szene

IN DER TANZWIRTSCHAFT BURGER STEPPT DER BÄR

Telefon: 030/28046495
www.kaffeeburger.de

Tanzwirtschaft Kaffee Burger, Berlin

Hier treffen verdiente Figuren der popkulturellen Zeitgeschichte wie der Literat Wladimir Kaminer mit Otto Normalverbraucher bei einem gemeinsamen Glas Bier zusammen – vor diesem Tresen ist jeder gleich. Besonders beliebt ist die Partyreihe „Russendisko", an deren Abenden immer samstags ab 21 Uhr sich die Schlange vor der Ladentüre schon mal um die nächste Ecke windet.
Ausdauer ist also gefragt, an einem solchen Abend; wer aber draußen ausharrt, wird drinnen belohnt: Ausgelassener kann der Berlingast die Partys kaum feiern – es sein denn, er oder sie zieht die betongraue Glitzerwelt eines der Tanztempel der Stadt dem bodenständigem Charme des Kaffee Burger vor.

Tanzwirtschaft Kaffee Burger . Torstraße 60 . 10119 Berlin

SPUTNIK IN DER STADT DER ZUKUNFT:

www.berlinerfernsehturm.de

Der Fernsehturm, Berlin

Der Fernsehturm am Alex

„Turm der Signale" in der Hauptstadt der DDR, Krönung der sozialistisch umgestalteten futuristischen Stadtmitte Ost-Berlins – der Fernsehturm war schon immer ein Symbol. Nicht ganz zufällig erinnert die Gestaltung an den Sputnik, Stolz des Ostblocks. Hermann Henselmann hatte die Idee, gebaut hat ein Architektenkollektiv. Heutige Gesamthöhe: 368 m, Höhe der Aussichtsetage: 203 m. Die Kugel fasst sieben Geschosse, Gesamtdurchmesser: 32 m. Falls die drei Aufzüge ausfallen, kann man immer noch die Treppe nehmen: 986 Stufen! Durch den Wind gerät der Turm permanent ins Schwingen, 15 cm sind es auf der Höhe des Telecafés. Längst ist er auch im Westen anerkannt als Wahrzeichen der Stadt. Überall taucht er auf, als grafisches Symbol, Plastikmodell, Kerze oder auf sonstigem Nippes.

Berliner Fernsehturm . Panoramastraße 1A . 10178 Berlin

BERLINS BEKANNTESTER PLATZ

www.alexanderplatz.com

Alexanderplatz Berlin

Wer hat noch nicht vom Alexanderplatz gehört? Von Alfred Döblins 1929 veröffentlichtem Roman der Weltliteratur oder von Rainer Werner Fassbinders Verfilmung? Aber Vorsicht! Sollten Sie einen quirligen Platz suchen mit Ausstrahlung, Atmosphäre und wohligem Charme, voll von unterschiedlichsten Menschen, dann fahren Sie zum Hackeschen Markt – und nicht zum Alexanderplatz. Denn dieser besticht heutzutage in erster Linie durch Menschen, die von der S-Bahn in die U-Bahn hasten, durch Bettelpunks, sozialistische Architektur, Baustellen und

Die Weltzeituhr auf dem Alexanderplatz

zugige Leere. Auch wenn der im Krieg völlig zerstörte und dann zu DDR-Zeiten neu konzipierte und erweiterte Platz in letzter Zeit einige Sanierungs- und Verschönerungsmaßnahmen erfahren hat – er ist nach wie vor alles andere als gemütlich. Sind Sie aber auf der Suche nach Überbleibseln original Ostberliner Architektur, dann wird das Haus des Lehrers interessant für Sie sein. Auch die Weltzeituhr und der Brunnen der Völkerfreundschaft in der Mitte des Platzes haben ihren eigenen Reiz. Eigentlich ist das Attraktivste am Alexanderplatz jedoch der Fernsehturm. Denn haben Sie erst einmal das für gewöhnlich lange Anstehen überstanden, geht's mit dem Fahrstuhl hoch hinauf zu einer wirklich einzigartigen Aussicht. Den Rundblick über die Stadt und das sich langsam drehende Restaurant mit Panoramafenstern werden Sie garantiert nicht so schnell vergessen. Den riesigen Platz mit seinen teils toten Ausläufern wahrscheinlich schon bald.

Alexanderplatz . 10178 Berlin-Mitte

0244 BE_Kunst & Architektur

WELTKULTURERBE IM SPREE-ATHEN

www.smb.spk-berlin.de

Museumsinsel, Berlin

Sie ist nicht nur eine einzigartige Museumslandschaft, sondern auch ein architektonisches Highlight. Mittlerweile zählt sie zum UNESCO-Weltkulturerbe, und allmählich erstrahlt sie nach Jahren der Renovierung wieder im alten Glanz.
Der Ausgangspunkt des Museumskomplexes ist das Alte Museum von Karl Friedrich Schinkel, eines der Meisterwerke des Klassizismus. Wer das Museum zum ersten Mal betritt, sollte seinen Besuch mit einem Blick in die atemberaubende Kuppelhalle beginnen. Da man der Meinung war, Kuppeln seien Kirchen und Schlössern vorbehalten, wandte Schinkel einen Trick an: Er versteckte die Kuppel im quadratischen Dachaufbau; so ist sie nur von innen sichtbar. Das Alte Museum beherbergt die Antikensammlung sowie bis zur Fertigstellung des „Neuen Museums" die Sammlung des Ägyptischen Museums mit der berühmten Büste der Nofretete.
Friedrich August Stüler entwarf den nächsten Museumsbau, das 1855 eröffnete Neue Museum. Unter anderem waren dort die ägyptischen Sammlungen untergebracht.

Den Zweiten Weltkrieg überlebte das Gebäude jedoch nur als Ruine, die Wiedereröffnung ist für 2009 geplant.
Neben dem Neuen Museum befindet sich die Alte Nationalgalerie, ein wunderschöner klassizistischer Tempelbau. Es ist das Haus des neunzehnten Jahrhunderts: Gemälde von Caspar David Friedrich bis Claude Monet sind dort ausgestellt sowie Skulpturen aus der Zeit (etwa Schadows berühmte „Prinzessinnengruppe").
Nördlich schließt das berühmte Pergamonmuseum an, das als jüngster Bau der Insel erst 1930 fertiggestellt wurde. Alfred Messel und Ludwig Hoffmann waren die Architekten des schlichten, aber monumentalen Gebäudes. Schon der Gang über den Ehrenhof ist beeindruckend. Den Besucher erwartet im Innern wirklich Spektakuläres: Fragmente antiker Monumentalbauten wurden aufgebaut, darunter das berühmte Ischtar-Tor aus Babylon und die damalige Sensation, der Pergamonaltar. Auch das Museum für islamische Kunst befindet sich in diesem Gebäude.

Das Bode-Museum auf der Museumsinsel

Den Abschluss der Insel bildet das frisch renovierte Bode-Museum von 1904 (Architekt: Ernst von Ihne). Dort untergebracht sind die Skulpturensammlung, das Museum für Byzantinische Kunst und die Münzsammlung.

Museumsinsel . Lustgarten . 10178 Berlin

0245 BE_Lifestyle & Szene

TRENDSETTING IN EXPONIERTER LAGE

www.strandbar-mitte.de

Strandbar Mitte, Berlin

Hier treffen sich die Schönen und die Bohemiens, die Trendsetter beider Geschlechter – dazwischen jene, die nur mal gucken wollen. Nirgends lässt es sich an einem prächtigen Berliner Sommerabend gemütlicher fläzen als hier in diesen Liegestühlen. Die nackten Füße in echten Märkischen Sand vergraben und ein kühles Blondes in der Hand, eine andere im Legestuhl nebenan, geben sich gestresste Großstädter mild gesonnen; einträchtig mit den Besuchern ihrer Stadt wird hier gegenüber dem Bodemuseum gechillt. Freilich hat das Konzept viele Nachahmer im ganzen Bundesgebiet gefunden. Umso mehr gilt: Die Strandbar Mitte ist das Original.

Strandbar Mitte . Monbijourstraße 3 . 10117 Berlin

SCHÖNSTER PLATZ BERLINS

Gendarmenmarkt, Berlin

www.gendarmenmarktberlin.de

Der Gendarmenmarkt entstand ab 1688 nach Plänen Johann Arnold Nerings, und zwar als Teil der Friedrichstadt, die Kurfürst Friedrich III. (späterer Preußenkönig Friedrich I.) Ende des 17. Jahrhunderts in Auftrag gab. An dieser Stelle siedelten sich vornehmlich französische Einwanderer – die Hugenotten – an, denen zuvor vom Großen Kurfürsten Friedrich Wilhelm von Brandenburg mit dem Edikt von

Der Deutsche Dom und das Schauspielhaus am Gendarmenmarkt

Potsdam im 1685 Schutz, religiöse Freiheit und volles Bürgerrecht zugesichert worden war. Sowohl der französisch-reformierten Kirche als auch den Lutheranern wies König Friedrich I. je einen Platz zum Kirchenbau zu; beide Sakralbauten entstanden nach 1701. Seine eigentliche Gestalt erhielt der Gendarmenmarkt erst unter Friedrich II., der für das identische Kuppelturm-Paar seitlich der Kirchen sorgte. Friedrich der Große hatte die Piazza del Popolo in Rom vor Augen. 1799 erhielt der Gendarmenmarkt seinen heutigen Namen, in Erinnerung an die Stallungen des Kürassierregiments, der „Gens d'armes", die der „Soldatenkönig" Friedrich Wilhelm I. bereits 1736 hatte anlegen lassen. Nachdem sein Sohn Friedrich der Große die Stallungen abreißen ließ, begann eine einheitliche Umbauung mit dreistöckigen Häusern. Karl Friedrich Schinkel war es, der im Jahre 1821 das königliche Schauspielhaus – das heutige Konzerthaus Berlin – an seiner Stelle errichtete und den Gendarmenmarkt als einmaliges Ensemble prägte. Der Gendarmenmarkt war auch Ort politischer Schicksale: Die Revolution von 1848/1849 kündigte sich hier schon 1847 an: durch die „Kartoffelrevolution“, einen Aufruhr gegen gestiegene Lebensmittelpreise. Ab September 1848 tagte die preußische Nationalversammlung mehrere Wochen im Großen Saal des Schauspielhauses. Am 2. Oktober 1990, dem Vorabend der Wiedervereinigung, fand hier der letzte Staatsakt der DDR-Regierung unter Lothar de Maizière mit der Aufführung von Beethovens 9. Sinfonie unter Kurt Masur statt. Der im 2. Weltkrieg stark beschädigte Platz wurde 1950 in „Platz der Akademie“ umgetauft. 1991 erhielt er seinen ursprünglichen Namen zurück. Den Gendarmenmarkt säumen zahlreiche Restaurants, Geschäfte und Hotels, die zum Verweilen einladen.

Gendarmenmarkt . Berlin Mitte . Gendarmenmarkt 1 . 10117 Berlin

0247 BE_Lifestyle & Szene

TURBULENTES LEBEN WIE IN DEN ZWANZIGERN

www.hackesche-hoefe.com

Hackesche Höfe, Berlin

Die Hackeschen Höfe bilden das größte geschlossene Hofareal in Deutschland und stehen unter Denkmalschutz.

Das bei Touristen sehr beliebte Hofensemble liegt im Herzen Berlins, in der historischen Spandauer Vorstadt in Berlin-Mitte. Die Hackeschen Höfe haben eine wechselvolle Geschichte: 1858 erwarb der Glaswarenfabrikant Hans Quilitz das Grundstück Rosenthaler Straße 40 und ließ an dieser Stelle mehrere Gewerbebauten errichten. Im noch jungen 20. Jahrhundert entstanden die Fassaden im ersten Hof und die Festsäle nach Plänen des Architekten und Bauunternehmers Kurt Berndt und des Architekten August Endell.

Berlins Szenetreffpunkt: die Hackeschen Höfe in Mitte

Nach teils turbulenten Jahren ereilte die Hackeschen Höfe ein ähnliches Schicksal wie vielen Teilen Berlins; die exorbitanten Bombenschäden werden aber erst im Jahre 1945 richtig sichtbar. Wechselvolle Zeiten beginnen von Neuem: Zwangsverwaltung durch die UdSSR, Enteignung der Höfe durch die russische Militäradministration SMAD, Deklaration als Volkseigentum durch die DDR. Erst 1977 werden die Hackeschen Höfe unter Denkmalschutz gestellt.

Im Jahre 1991, nach dem Fall der Mauer, erhob die Erbengemeinschaft Jakob Michael Restitutionsanspruch. Nach jahrzehntelanger Vernachlässigung, Zweckentfremdung und Zerstörung der Straßenfassade gelten die Hackeschen Höfe seit ihrer Sanierung in den 1990er Jahren als eine der Hauptsehenswürdigkeiten Berlins. Die Sanierung und das neue Nutzungskonzept der Hackeschen Höfe sollten zu einer Erfolgsstory werden, die in den letzten Jahren in der näheren Umgebung der Höfe zwar zahlreiche Nachahmer auf den Plan rief, deren Ergebnisse jedoch nicht immer von dem Erfolg des großen Vorbildes gekrönt sind. Mit den Hackeschen Höfen wurde ein Stück Alt-Berlin wieder zum Leben erweckt. Rund um die Hackeschen Höfe haben sich gastronomische Betriebe, Einzelhändler und Flagship-Stores großer Konzerne niedergelassen: Schnellimbiss und Luxusküche, Imitat und Edelmarke, Smoking und Designerjeans. Es locken die Kinos, Theater und Varietés mit ihren bunten Programmen. In den Hackeschen Höfen konzentriert sich Vielfalt und Qualität, Verschiedenheit und Produktfülle. Dass sich hier Kultur und Kommerz nicht ausschließen müssen, darüber sind sich die Macher und Betreiber, Manager und Besitzer in den Hackeschen Höfen einig.

Hackesche Höfe . Am Hackeschen Markt . 10178 Berlin

0248 BE_Städte & Touren

160 KILOMETER SPURENSUCHE

Telefon: 030/4484724
www.radzeit.de/berliner_mauerweg

Berliner Mauerweg, Berlin und Brandenburg

Der ehemalige Grenzstreifen, der Berlin in zwei ungleiche Teile schnitt und den Westteil von dem Brandenburger Land trennte, kann heute zu Fuß abgeschritten oder mit dem Fahrrad abgefahren werden. An manchen Stellen – im Süden der Stadt etwa, entlang dem wunderschön gelegenen Teltowkanal, auf der Wegstrecke von Lichtenrade bis Lichterfelde Süd (12 km) – lässt man das geschäftige Großstadttreiben hinter sich. Natürlich lohnt auch eine innerstädtische Gratwanderung auf den Spuren der Vergangenheit: etwa vom Potsdamer Platz zur Warschauer Straße (7 km) oder, im alten Osten, von der Wollankstraße bis zum Nordbahnhof (10 km). Sämtliche Teilstrecken des Mauerpfades sind gut ausgeschildert; grün-weiße Wegweiser mit der Aufschrift „Berliner Mauerweg“ weisen die Richtung.
Der Mauerweg wurde auf Initiative von Bündnis 90/Die Grünen im Sommer 2007 offiziell vom Senat frei gegeben. Auf über weite Strecken auch fahrradfreundlich gestalteten Wegen führt der Pfad abwechslungsreich und geschichtsträchtig durch Berlin und entlang der Berlin-Brandenburger Landesgrenze. Er tangiert wichtige Stadtplätze, historische Orte und führt durch die einzigartige Natur, die im Schatten der Mauer gedeihen konnte. Geführte Radtouren finden von Ende Mai bis Anfang September alle zwei Wochen samstags statt.

RadZeit . Brunnenstraße 28 . 10119 Berlin-Mitte

VOLL DIE SZENE

Telefon: 030/47374707
www.whitetrashfastfood.com

White Trash Fast Food, Berlin

„Gehst du auch ins White Trash?" Im Trendbezirk Mitte hört man am Freitagabend kaum einen anderen Satz!
Kultrestaurant, Vergnügungsstätte, Trendbarometer: Das über die Stadtgrenzen hinweg berühmt-berüchtigte White Trash Fast Food am Fuße der Schönhauser Allee versammelt die urbane Boheme und touristische Glücksritter am runden Tisch. Leckere Burger – deshalb das „Fastfood" im Namen –, famose Konzerte der Stars von morgen, kuriose Cowboys und redselige Feuerwasser-Schlucker. Wer seinen Fuß ins White Trash Fast Food setzt, der entdeckt das pure Berlin. Seit Sommer 2007 ist der Strandmarkt am White Trash Beach der letzte Schrei in der Stadt.

White Trash Fast Food . Schönhauser Allee 8 . 10119 Berlin

SYMBOL RELIGIÖSER TOLERANZ UND DIPLOMATIE

Telefon: 030/2034810
www.hedwigs-kathedrale.de

Hedwigs-Kathedrale, Berlin

Die wichtigste katholische Kirche im protestantischen Berlin ist Zeugnis einer Kultur der Toleranz. Im protestantisch regierten Preußen hatten Katholiken keinen Rechtsanspruch auf Religionsausübung – in der Zeit nach der Reformation galt auf beiden Seiten das Prinzip „wessen Herrschaft, dessen Religion". Dass die damals noch kleine katholische Gemeinde in Berlin dennoch in der historischen Stadtmitte einen repräsentativen Bau errichten konnte, lag wohl zum Teil an der prinzipiell toleranten Einstellung Friedrichs des Großen. Hinzu kam, dass er ein Auge auf das katholische Schlesien geworfen hatte, das er schließlich eroberte. Damit die schlesischen Neupreußen sich auch wohlfühlten, genehmigte Friedrich den Bau nicht nur höchstselbst, sondern nahm auch noch Einfluss auf die Gestaltung, die sich am römischen Pantheon orientierte. 1773 konnte der vom niederländischen

Hedwigs-Kathedrale in Berlin

Architekten Johann Boumann d. Ä. nach Plänen von Knobelsdorff errichtete Bau geweiht werden, auch wenn die Kuppel erst im neunzehnten Jahrhundert vollendet wurde. Die katholische Bischofskirche steht etwas zurückgesetzt an Berlins Prachtboulevard Unter den Linden – sowohl die prominente Platzierung als auch die leichte Zurücksetzung von der Straße kann man wohl als symbolisch verstehen. Sichtbar sollte sie sein, aber dennoch in zweiter Reihe im Vergleich zum protestantischen Dom.

1943 brannte der Bau nach einem Bombentreffer aus und wurde in den fünfziger Jahren vereinfacht wiederhergestellt. Als Berlin 1993 zum Erzbistum wurde, wurde die Hedwigskirche zur Kathedrale.

St. Hedwigs-Kathedrale/Dompfarramt St. Hedwig
Hinter der Katholischen Kirche 3 . 10117 Berlin-Mitte

0251 BE_Kunst & Architektur

SYMBOL DER UNRUHIGEN DEUTSCHEN GESCHICHTE

Brandenburger Tor, Berlin

Es ist das Wahrzeichen der Stadt; gleichermaßen ein Symbol der deutschen Teilung wie auch der Wiedervereinigung. Wie ein Fels in der Brandung der an Stürmen nicht armen Berliner und deutschen Geschichte steht das Brandenburger Tor im Mittelpunkt der Stadt. Erbaut wurde es als repräsentatives Stadttor – es ist das einzige Stadttor Berlins, das noch erhalten ist. Carl Gotthard Langhans schuf 1791 ein an die Propyläen der Akropolis angelehntes Bauwerk, das der zu neuem Glanz gekommenen preußischen Residenzstadt eine würdige Pforte verschaffen sollte. Mit dem 26 Meter hohen und 65 Meter breiten Tor dürfte ihm das eindrucksvoll gelungen sein. Dort, am Anfang der Straße Unter den Linden, befand sich die Stadtgrenze. Bekrönt wird das Tor von der Quadriga: ein Viergespann mit Streitwagen, der von der Siegesgöttin Nike gelenkt wird, entworfen vom Berliner Bildhauer Gottfried Schadow. Kaum aufgestellt, wurde die Quadriga Opfer eines Raubs: Napoleon nahm die sie 1806 als Kriegsbeute mit nach Paris, wo sie einen neuen Platz finden sollte. Doch sein Kriegsglück war nicht von Dauer, und so konnte die Skulptur 1814 im Triumphzug heimkehren. Schinkel entwarf das eiserne Kreuz, das als weiteres Zeichen des Sieges in den Eichenkranz ihres Stabes eingefügt wurde.

Während der Monarchie durften nur Angehörige oder Gäste des Hofes die mittlere Tordurchfahrt nutzen, alle anderen hatten die Seitenwege zu nehmen.

Im kollektiven Gedächtnis geblieben ist der Fackelzug der SA durchs Tor am 30. Januar 1933, der Hitlers Machtergreifung feiern sollte. Max Liebermanns Kommentar dazu ist legendär: „Ick kann jar nich soviel fressen, wie ich jetzt kotzen möchte." Der zweite Weltkrieg brachte die völlige Zerstörung der Quadriga, nicht aber des Tores. Es stand nun, arg beschädigt, an der Grenze zwischen dem sowjetischen und dem britischen Sektor der besetzten Stadt.

Das Wahrzeichen der Stadt: das Brandenburger Tor am Pariser Platz

Um die Rekonstruktion der Quadriga entwickelte sich das im Kalten Krieg übliche diplomatische Gezerre. Die Ostberliner Behörden, auf deren Gebiet das Tor nun stand, wollten die Quadriga neu gießen lassen – allerdings war der einzige erhaltene Gipsabdruck in Westberliner Händen. Man einigte sich schließlich auf eine Nacht-und-Nebel-Übergabe der im Westen neu gegossenen Quadriga. Der Ostberliner Magistrat ließ Eisernes Kreuz und Preußischen Adler sofort wieder entfernen, und so bekam das Tor 1958 seine Krone zurück.
Der Mauerbau führte 1961 zur völligen Isolierung des Tores: Weder von Osten noch von Westen kam man an den Bau heran, und so stand er bis 1989 als trauriges Zeugnis der gewaltsamen Teilung mitten auf dem Mauerstreifen. Unvergessen ist Ronald Reagans Ausspruch, als er 1987 das Tor besuchte: „Mister Gorbachew, open this gate." („Herr Gorbatschow, öffnen Sie dieses Tor.") 1989 nahm die Wiedervereinigung ihren Lauf, und neben dem Brandenburger Tor entstand einer der ersten Mauerdurchbrüche. Seitdem steht das Tor wieder in Berlins Mitte, neues Symbol einer glücklich wiedervereinigten Nation. Zunächst von einer anwachsenden Autoflut umspült, dann saniert und mittlerweile für den Autoverkehr gesperrt – zur Freude der Touristen, zum Ärger manches Busfahrers. Im südlichen Torhaus ist mittlerweile eine Informationsstelle für Touristen untergebracht – mit lausigem Angebot.

Touristeninformation im Brandenburger Tor . Pariser Platz . südliches Torhaus . 10117 Berlin-Mitte

0252 BE_Kunst & Architektur

DAS PRIVATARCHIV VON WALTER GROPIUS

Telefon: 030/2540020, www.bauhaus.de

Bauhaus-Archiv, Berlin

Das Bauhaus-Archiv im Stadtteil Tiergarten dokumentiert die Geschichte der legendären Kunsthochschule Deutschlands.
Dass der Begriff „Bauhaus" mit der Moderne in Architektur und Design gleichgesetzt wird, löst wohl nur unter echten Experten Diskussionen aus. Der Legendenbildung des Bauhauses leistete die Gleichsetzung freilich keinen Abbruch. Die Sammlungen im Bauhaus-Archiv führen Kunst, Unterricht, Architektur und Design vor Augen. Zum Bestand gehören Unterrichtserzeugnisse, Werkstattarbeiten, Architek-

turpläne und Modelle, Fotos, Dokumente und eine Bibliothek. Auch beherbergt das Archiv eine wertvolle Kollektion von Gemälden, Zeichnungen und Plastiken der Meister und Schüler des Hauses: Werke von Itten und Klee, Feininger und Kandinsky, Moholy-Nagy und Schlemmer. Die Arbeiten dieser Lehrer und ihrer Schüler werden heute als Teil internationaler Strömungen gesehen. Einst prägten sie Kunstbegriffe und Gattungen: Funktionalismus, Klassische Moderne, Neue Sachlichkeit, Internationaler Stil, Neues Bauen. An der Kunsthochschule Bauhaus wurden wie selbstverständlich die Disziplinen Bildende Kunst, Angewandte Kunst und Darstellende Kunst auf Grundlage des vorher definierten, übergeordneten Konzeptes vermengt.
Der Bauhaus-Gründer Walter Gropius vermachte sein Privatarchiv diesem Museum. Diese Sammlung ist auch deshalb so beispiellos, weil reichhaltiges Material aus Gropius' Fundus den Mittelpunkt der Dokumentationsabteilung bildet.

Bauhaus-Archiv . Klingelhöfer Straße 14 . 10785 Berlin

PREUSSENS PETERSDOM

Berliner Dom

Telefon Domshop: 030/20269-140
www.berliner-dom.de

Schon einmal in einem evangelischen Dom gewesen? Berlin macht's möglich.
Der Berliner Dom ist eine evangelische Pfarrkirche, die wenig mit ihresgleichen gemein hat. Nachdem die ehemals schlichte Domkirche auf der Berliner Spreeinsel abgerissen worden war, entstand an gleicher Stelle ein prunkvolles Bauwerk, stilistisch angelehnt an Barock und italienische Hochrenaissance, das so gar nicht protestantisch wirkt. Der von 1894 bis 1905 erbaute Dom sollte aber schließlich auch beeindruckend sein. Denn an dieser Stelle wurden seit jeher die Hohenzollern beigesetzt: Königin Sophie Charlotte, Friedrich I., der Große Kurfürst Friedrich Wilhelm I. und andere Mitglieder des preußischen Königshauses ruhen in der Hohenzollerngruft direkt unter der Predigtkirche. Heute wird der Dom wegen seiner eindrucksvollen Ausstrahlung für große Trauerfeiern und Staatsakte genutzt. Selbst Kritiker des „zu protzigen" Stils können sich der feierlichen Erhabenheit des Gebäudes nicht nur bei solchen Anlässen kaum entziehen.

Der Berliner Dom auf der Spreeinsel

Berliner Dom . Am Lustgarten . 10178 Berlin-Mitte

DIE HAUPTSTADT IM MASSSTAB H0

Telefon: 030/44723040
www.loxx-berlin.com

LOXX – Miniaturwelten, Berlin

Szenerie aus dem Loxx Miniaturwunderland am Alex

Bis vor Kurzem lockte eine Adresse am Kurfürstendamm die Modelleisenbahner der Nation, nun ist die Ausstellung umgezogen in eine neue Einkaufspassage am Alexanderplatz: LOXX bietet auf 2.500 m2 eine der größten digital gesteuerten Modelleisenbahnen der Welt. Das besondere an der Anlage im H0-Format (Maßstab 1:87 bzw. 1:93) ist, dass hier Ausschnitte der Berliner Stadtlandschaft nachgebaut wurden: Neben den Bahnhöfen Zoologischer Garten, Hackescher Markt, Alexanderplatz, Jannowitzbrücke, Ostbahnhof und Ostkreuz kann man auch Sehenswürdigkeiten wie den Fernsehturm, das Rote Rathaus, das Reichstagsgebäude, das Brandenburger Tor und das „Haus des Lehrers" mit Kongresshalle bestaunen. Sogar der Zoo mit seinen markanten Gebäuden wurde einbezogen; weitere Straßenzüge sind geplant. In dieser Landschaft fahren, ganz realistisch, Regionalbahnen, ICE, Güterzüge, Berliner S-Bahn und Straßenbahnen, aber auch Museumszüge mit Dampfloks. Außerdem gibt es eine Kaserne, eine Hafenanlage und eine Phantasielandschaft mit Steinbruch. Neben den Zügen und Straßenbahnen bewegen sich auch Pkws, Lkws und Busse auf einem speziellen Straßensystem. Als wäre das nicht genug, gibt es einen Verkehrsflughafen mit Flugzeugen, die mit angemessenem Lärm starten und landen. Reizvoll dürfte auch die Möglichkeit sein, den Technikern bei Reparatur- oder Ausbauarbeiten über die Schulter zu schauen.

LOXX am ALEX . 10179 Berlin

0255 BE_Natur & Tiere

HAIE, ROCHEN UND VERLIEBTE KRAKEN

Telefon: 030/9928012
www.sealifeeurope.com

Sea Life Center im AquaDom, Berlin

Wer nach dem mitunter anstrengenden Bummel durch Berlins Stadtzentrum einmal so richtig abtauchen möchte, ist im Sea Life Center direkt neben dem Berliner Dom an der richtigen Stelle. Für Liebhaber von Unterwasserwelten hat sich das Sea Life als feste Grüße neben dem ebenfalls sehenswerten Aquarium des Zoologischen Gartens etabliert.

Der AquaDom im „Sea Life Center" Berlin

Zu entdecken gibt es in dem 1.800 qm großen Süß- und Meerwasseraquarium ca. 4.000 Tiere, vom Seepferdchen bis zum Hai. Die Haie allerdings bereiteten den Pflegern anfangs Sorgen, weil sie sich in der neuen Umgebung nur schlecht orientieren konnten. Kritik gab es auch von der Tierschutzorganisation PETA, die behauptete, die Tiere im Sea Life Center würden nicht artgerecht gehalten. Den Besucheransturm hat dies bisher allerdings nicht gebremst. Gelegentlich bietet das Sea Life sogar Romantik: Ein Krake, der 2007 zur Sonderausstellung „Oktopus – Tinte, Tarnung und Tentakel" einzog, verliebte sich innig in einen der Biologen. Sobald der Mitarbeiter ins Wasser eintauchte, klammerte sich der Kleine an ihn und wurde rot vor Freude.

Der Rundgang durchs Sea Life führt den Besucher von der Unterwasserwelt der Spree zur Nordsee und weiter in die Tiefsee des Atlantiks.

Hauptattraktion ist der AquaDom, das weltweit größte freistehende Aquarium. Durch das 14 m hohe, zylinderförmige Becken mit ca. 1 Mio. Liter Wasser fährt der Besucher zum Abschluss des Rundgangs mit dem Aufzug. Neugierige können auch einen unverbindlichen (und kostenlosen!) Blick auf den AquaDom werfen, denn er steht im öffentlich zugänglichen Foyer des Hotels Radisson SAS.

AquaDom & Sea Life Berlin . Spandauer Straße 3 . 10178 Berlin

---

SCHICK OHNE GRENZEN

www.berghain.de

Berghain, Berlin

Seit drei Jahren gehört der Club Berghain zum Besten, was die Clubszene Berlins zu bieten hat. Hervorgegangen aus dem mittlerweile abgerissenen Ostgut eröffnete das Berghain – der Name setzt sich zusammen aus den Berliner Bezirken KreuzBERG und FriedrichsHAIN – im ehemaligen Heizkraftwerk am Ostbahnhof. Der Ruf des Clubs ist mittlerweile um den Globus gegangen, was am sehr internationalen Publikum gut abzulesen ist. Genau wie im ehemaligen Ostgut lädt auch hier die Panoramabar zum Entspannen bei weniger harten Klängen ein, während auf der Tanzfläche im 18 m hohen Saal härterer Techno läuft. Die meisten renommierten Techno-DJs, die in Berlin gastierten, waren bereits hier.

Das Berghain ist für drei Dinge bekannt: die Musik (Techno, Minimal, House, Electro), die Ästhetik (hier gibt es große Kunst: Wolfgang Tillmans u. a.) und den Sex

(das Publikum ist überwiegend schwul und macht von den diversen Darkrooms eifrig Gebrauch). Trotz der deutlichen Ausrichtung auf ein schwules, tendenziell Fetisch-lastiges Publikum wird das Haus auch von zahlreichen Partygängern geschätzt, die unter keine dieser Kategorien fallen.
Das Berghain ist immer alle drei Dinge gleichzeitig – nie nur Club, Sex oder Kunst. Der Ort lebt gerade von dieser Verbindung. Grenzen gibt es hier nicht – außer jenen, die der Türsteher aufzeigt.

Berghain . Wriezener Karree/Am Wriezener Bahnhof . 10243 Berlin

0257 BE_Natur & Tiere

LANDSCHAFT MIT WILDTIEREN UND BAROCKSCHLOSS

Telefon: 030/515310
www.tierpark-berlin.de

Tierpark Friedrichsfelde, Berlin

Löwe im Tierpark Friedrichsfelde

Die deutsche Teilung bescherte der einst gebeutelten Hauptstadt so einige Dopplungen, an denen die Berliner auch nach der Wiedervereinigung gerne festhalten. Die beiden zoologischen Gärten sind eine dieser Dopplungen, die mit gutem Grund erhalten wurden. Während der historische Westberliner Zoo direkt in der Innenstadt äußerst verkehrsgünstig gelegen ist, kann der Tierpark Friedrichsfelde mit seiner schieren Größe trumpfen: 160 ha umfasst die Fläche des Parks, der weit mehr als nur ein zoologischer Garten ist. Glücklicherweise arbeiten beide Berliner Zoos eng und gut zusammen, so dass der jeweilige Tierbestand sinnvoll geordnet ist – so bietet Berlin zwei völlig unterschiedliche Zoos. Natürlich bietet der Tierpark mit seinen weiten Flächen besonders den Huftieren ideale Voraussetzungen. Daneben gibt es großzügige Anlagen für Flamingos und andere Wasservögel, tropische Vögel, Großkatzen, Elefanten, Nashörner, Seekühe und Krokodile sowie ein Haus für afrikanische Primaten und eine Schlangenfarm, um nur einige zu nennen. Insgesamt bietet der Tierpark 8.723 Tiere in 1.003 Formen in einer reizvollen Parklandschaft. Inmitten des Parks steht das klassizistische Schloss Friedrichsfelde aus dem achtzehnten Jahrhundert, das nach harten Nachkriegsjahren (es wurde zeitweise gar vom Tierpark als Stallung genutzt) nun wieder als Attraktion Besucher anlockt .
Jährlich zieht der Tierpark über eine Million Besucher an, die Tiere, Landschaft und das Schloss besuchen.

Tierpark Berlin-Friedrichsfelde GmbH . Am Tierpark 125 . 10307 Berlin

0258 BE_Kunst & Architektur

DIE BERLINER MAUER ODER WAS VON IHR ÜBRIG BLIEB

www.eastsidegallery-berlin.de

East Side Gallery, Berlin

Wandgemälde an der East Side Gallery in Berlin

Langsam verblasst der trübe Ruhm der Berliner Mauer, aber wer dennoch nach Spuren des berühmten Berliner Walls sucht, wird ohne besondere detektivische Fähigkeiten in der Innenstadt kaum fündig. Tatsächlich ist heute praktisch nichts mehr erhalten außer diesem kläglichen Rest an der Spree. Überlebt hat er wohl in erster Linie, weil er im Frühjahr 1990 von internationalen Künstlern bemalt und besprüht wurde. Damit ist dies die weltgrößte Freiluftgalerie. Das erhaltene Mauerstück, etwa einen Kilometer lang, war ein Teil der sogenannten Hinterlandmauer, die den Mauerstreifen zur DDR hin absichern sollte. Mittlerweile steht es unter Denkmalschutz, dennoch wird immer wieder erwogen, Teile abzureißen, um die dahinterliegenden Flächen nutzbar zu machen.

East Side Gallery . Mühlenstraße . 10243 Berlin

0259 BE_Feste, Events & Veranstaltungen

DIE KURZE NACHT DER MUSIK

Telefon: 030-417 15 289
www.fetedelamusique.de

Fête de la Musique, Berlin

Klangrausch zum Sommeranfang: Die Fête de la Musique verwandelt die kürzeste Nacht des Jahres in ein einziges Konzert.
Seit ihrer Gründung 1982 in Paris ist die Fête de la Musique zu einer festen Größe im europäischen Kulturleben geworden. Mittlerweile an über 100 Orten vertreten, gibt es das Musikfest seit 1995 auch in Berlin – mit stetig zunehmendem Erfolg, auch wenn das Wetter nicht immer mitspielt. Termin ist immer der Sommeranfang, der 21. Juni. Musiziert wird den ganzen Tag.
Inhaltlich sind keine Grenzen gesetzt – alle Stile sind willkommen, von elektronischer Musik übers DJ-Set bis hin zu klassischen Klängen, Tango, Jazz, Rock, Reggae, Pop, Punk, Hip-Hop und Folklore. Auch eine Trennung zwischen Profimusikern und Amateuren gibt es nicht. Damit ist die Fête de la Musique eine einzigartige Veranstaltung, bei der es nur um eines geht: Die Musik zu feiern – egal, woher sie kommt, wie alt sie ist oder wie sie klingt. Die teilnehmenden Musiker verzichten auf ihre Gage, und das kommt den Besuchern zugute: Die nichtkommerziellen Veranstaltungen kosten keinen Eintritt.

Gemeinsam verwandeln die Musiker die Stadt in eine faszinierende Klanglandschaft. Besucher sollten ihre eigenen Hörgewohnheiten über Bord werfen und ganz neue Töne entdecken. Insgesamt verteilen sich die über 600 teilnehmenden Ensembles, Bands, DJs und Solomusiker auf fast 70 Bühnen/Plätzen in der ganzen Stadt. Selbst für das an unkonventionellen Veranstaltungen ohnehin nicht arme Kulturleben Berlins ist das sommerliche Musikfest ein Höhepunkt.

Fête de la Musique . Saarbrücker Straße 25 . 10407 Berlin

0260 BE_Kunst & Architektur

FRÜHER ZUG, HEUTE KUNST

Telefon: 030/39783411
www.hamburgerbahnhof.de

Hamburger Bahnhof
Museum für Gegenwart, Berlin

Erbaut im spätklassizistischen Stil ist er der einzige noch heute erhaltene Berliner Kopfbahnhof aus dieser Zeit. Der Bahnhofsbau begann im Jahre 1841, nachdem eine Eisenbahnlinie zwischen Berlin und Hamburg per Staatsvertrag beschlossen wurde. Bereits fünf Jahre später, am 15. Oktober 1846, fand die Jungfernfahrt statt. Am 14. Oktober 1884 jedoch, nach nur 37 Jahren Betriebszeit, wurde der Hamburger Bahnhof stillgelegt; der nahe gelegene Lehrter Bahnhof (heute Berliner Hauptbahnhof) bediente nun den Reiseverkehr nach Hamburg. Zu dieser Zeit wurde auch der Vorplatz des Hamburger Bahnhofs umgestaltet; ferner erhielt die geschlossene Hallensüdseite eine Freitreppe.
Als Museum wurde das pittoreske Gebäude erstmals Mitte der 1980er Jahre in Erwägung gezogen, nachdem der Berliner Baumagnat Erich Marx der Stadt seine Privatsammlung zur Verfügung stellen wollte. So kam es, dass der Berliner Senat 1987 tatsächlich entschied, in dem ehemaligen Bahnhof ein Museum für Gegenwartskunst einzurichten. Die Umbauten erledigte Joseph Paul Kleihues, der den 1989 ausgeschriebenen Wettbewerb gewann. Erst im November 1996 sollte die Neueröffnung gefeiert werden.
Im Hamburger Bahnhof sind dauerhaft Werke u. a. von Joseph Beuys – dessen Medien-Archiv hier untergebracht ist –, Roy Lichtenstein, Anselm Kiefer, Richard Long und Andy Warhol ausgestellt. Auch Teile der Neuen Nationalgalerie sind in das Museum für Gegenwartskunst ausgelagert worden.
Der Hamburger Bahnhof ist aber auch Heimstätte wechselnder Sonderausstellungen; zuletzt zog die Kunstsammlung von Friedrich Christian Flick, die in mehreren Abschnitten gezeigt werden soll, in die Kunsthallen ein. Das sorgte für Aufsehen: Die Gabe wurde etwa in Zürich wegen der fragwürdigen Herkunft des Flick-Vermögens abgelehnt. Die Ausstellung ist deshalb so umstritten, weil ein Teil der Gelder, mit denen die Kunstwerke gekauft wurden, während der Zeit des Nationalsozialismus durch Zwangsarbeiter in Rüstungsbetrieben erwirtschaftet wurde. An der Flick-Collection entzündete sich schließlich auch in Berlin eine Kulturdebatte; es kam zu Tumulten im Hamburger Bahnhof. Die Flick-Collection umfasst rund 2.500 Werke von 150 Künstlern und ist seit 2004 für insgesamt sieben Jahre in Berlin zu sehen.

Hamburger Bahnhof – Museum für Gegenwart . Invalidenstraße 50–51 . 10557 Berlin

AUSSTELLUNGEN FÜR TAUSENDE

Telefon: 030/25486-0
www.gropiusbau.de

Martin-Gropius-Bau, Berlin

Der populärste Ausstellungsort Berlins ist ohne Zweifel der Martin-Gropius-Bau. Seit das ehemalige Kunstgewerbemuseum aus den Kriegstrümmern wiederauferstanden ist, entwickelte es sich zur ersten Adresse für große, aufwendige Ausstellungen. Der prächtige Neorenaissancebau stammt aus dem Jahr 1881 und wird von den Berliner Festspielen betrieben. Ausstellungshighlights wie „Ägyptens versunkene Schätze“ oder „Stanley Kubrick“ locken regelmäßig Hunderttausende Besucher an.
Wer sich sattgesehen hat, kann im Restaurant im Erdgeschoss entspannen oder in der exzellent sortierten Buchhandlung stöbern.

Martin-Gropius-Bau Berlin . Niederkirchnerstraße 7 . Ecke Stresemannstraße 110 . 10963 Berlin

DER ÄLTESTE UND SCHÖNSTE VOLKSPARK

www.berlin.de

Volkspark Friedrichshain, Berlin

Die erste Parkanlage Berlins entstand nach Plänen des Gartenbauarchitekten Peter Joseph Lenné anlässlich des Thronjubiläums Friedrichs II. im Jahre 1840. Der dichtbesiedelte Ostteil der Stadt sollte einen Erholungspark erhalten. Eine der Hauptattraktionen dieser weitläufigen Anlage ist bis heute der pittoreske Märchenbrunnen am westlichen Parkeingang; er zeigt Figuren aus den Märchen der Gebrüder Grimm. Nach der Teilung Berlins entstand auf den Ruinen zweier ehemaliger Flakbunker ein Trümmerberg („Mont Klamott“); dieser ist, für Berliner Verhältnisse, stattliche 78 Meter hoch! Auf der Freilichtbühne des Volksparks finden im Sommer sowohl Konzerte als auch Kinovorführungen statt. Liegewiesen und große, gut ausgestattete Spielplätze erstrecken sich im nordöstlichen Teil des Parks, außerdem gibt es eine Ausleihe für Sportgeräte, einen Ententeich und eine Cafeteria.
Im Volkspark Friedrichshain kommen besonders Sportler auf ihre Kosten: Beachvolleyball, Half-Pipe, Rodelbahn, Basketball- und Bolzplätze, Kletterfelsen, Rundkurs für Inline-Skater und eine Strecke für Jogger warten auf Fitnessbegeisterte.
Im Parkhain stehen noch Reste des alten Eichenbestands, einzelne Bäume sind als Naturdenkmal ausgewiesen. Die meisten alten Bäume fielen jedoch im Zweiten Weltkrieg den vernichtenden Luftangriffen zum Opfer. Heute lässt es sich aber wieder angenehm flanieren und stilvoll im Pavillon rasten und ruhen.

Volkspark Friedrichshain . Am Friedrichshain 1 . 10407 Berlin

0263 BE_Kunst & Architektur

MIELKES SCHREIBTISCH

Stasimuseum Lichtenberg, Berlin

Telefon: 030/5536854
www.stasimuseum.de

Die ehemalige Zentrale für Staatssicherheit der DDR ist heute ein zeitgeschichtliches Museum, das sich mit dem Unterdrückungsapparat von einst auseinandersetzt.
Hier sind zu sehen das Originalbüro des letzten Befehlshabers der Stasi, Erich Mielke, Technik des MfS (Ministerium für Staatssicherheit) und Objekte der sogenannten „Traditionsarbeit" dieses Ministeriums; aber auch dem oppositionellen Widerstand wird Rechnung getragen, etwa anhand einer originalen Gefängniszelle.
Abschließend dokumentiert der Ausstellungsteil „Die letzten Jahre" jene Ereignisse, die schließlich zur Öffnung der Grenze und damit zum Untergang der DDR und zur Wiedervereinigung Deutschlands führten. Hier entstanden die perfiden Pläne zur Bespitzelung eines ganzen Volkes und die horrenden Aktenberge, die sich darüber anhäuften, wurden in diesen Räumen gehortet. Leider verschwanden bei der hastigen Vernichtung vieler Dokumente wichtige Beweismittel des Unrechts gegenüber unbescholtenen DDR-Bürgern. Trotz der Erstürmung des Geländes am 15. Januar 1990 durch eine aufgebrachte Menge konnten Räume wie das Büro Mielkes rechtzeitig versiegelt werden, so dass sie heute im Originalzustand den Museumsbesuchern ein deutsches Abbild des Kalten Krieges präsentieren.

Stasimuseum Lichtenberg . Forschungs- und Gedenkstätte Normannenstraße
Ruschestraße 103, Haus 1 . 10365 Berlin

0264 BE_Kunst & Architektur

GLAS, STAHL UND LICHT

Hauptbahnhof, Berlin

www.hbf-berlin.de

Berlin-Besucher, die mit der Bahn anreisen, müssen keinen einzigen Schritt gehen, um die erste Sehenswürdigkeit zu erreichen. Stattdessen werden sie direkt hineingefahren. Allen anderen sei empfohlen, sich mit der S-Bahn zum neuen Hauptbahnhof zu begeben. Ganz gleich, aus welchem der vielen Gründe: Besichtigung der aufsehenerregenden Architektur, der spektakuläre Blick aus der obersten Etage bis ganz hinunter zu den Bahnsteigen auf der untersten Ebene, eine Fahrt mit dem gläsernen Panoramafahrstuhl, Shoppen auch am Sonntag oder um von hier aus mitten ins Regierungsviertel zu starten. 28 Rolltreppen, fünf feste Treppen und acht Fahrstühle bringen die Reisenden von Etage zu Etage, zusätzlich gibt es sechs gläserne Panoramaaufzüge.

Hauptbahnhof . 10557 Berlin

EIN SPAZIERGANG UM DIE MACHT

www.nordischebotschaften.org
www.embamex.de

Parlaments-, Regierungs- und Botschaftsviertel, Berlin

Ab Mitte der Neunziger geplant, ist entlang des Spreebogens das repräsentative Regierungsviertel der Berliner Republik entstanden.
Ein architektonisch beeindruckendes Gebäudeensemble: Über die Spree hinweg wurden die neuen Bundesbauten als sogenanntes „Band des Bundes" errichtet – um Ost und West miteinander zu verbinden. Im Paul-Löbe-Haus am östlichen Ende des Bandes befinden sich die Funktionsbereiche. Eine Brücke über die Spree verbindet es mit dem Marie-Elisabeth-Lüders-Haus, das die Parlamentsbibliothek beherbergt. Zu diesem Gebäudeensemble zählt auch das Jakob-Kaiser-Haus. Das Reichstagsgebäude im Südosten des Spreebogens ist der Sitz des Deutschen Bundestages. Vor dem Reichstagsgebäude mit seiner charakteristischen Glaskuppel erstreckt sich der Platz der Republik. Das 2001 fertig gestellte Bundeskanzleramt (im Volksmund: „Waschmaschine") schließt das Band des Bundes im Westen ab. Weiter in nördlicher Richtung liegt das Bundesministerium des Inneren. Im Spreebogen lässt es sich hervorragend flanieren: ein Spaziergang entlang der Spree kann jedem nur empfohlen werden. Ausgangspunkt könnte der Platz der Republik sein. Das Reichstagsufer entlang, durch die neu angelegten Grünanlagen, auf den breiten Uferwegen; ein Rundgang durch das Zentrum der Macht gehört dazu.
Besonders reizvoll ist ein Abstecher durch den Großen Tiergarten in das Klingelhöferdreieck zwischen Landwehrkanal, Stülerstraße und Klingelhöferstraße. Hier entstand ein Botschaftsviertel. Die Nordischen Botschaften als Gemeinschaftsbau bilden an der Rauchstraße einen sehenswerten Komplex, der von einem türkisfarbenen Band umschlossen ist. Die einzelnen Botschaften wurden individuell gestaltet und ihre Architektur den jeweils landestypischen Gegebenheiten angepasst. Die im Jahr 2000 eröffnete Mexikanische Botschaft ist eines der interessantesten Bauwerke zeitgenössischer Architektur Berlins: Dieses Gebäude vermittelt durch einen vertikalen Betonbalken an der Fassade und eine Glasebene hinter dem Eingangsportal einen dynamischen und zugleich transparenten Eindruck. Jetzt geht es zurück zur nördlichen Spreeseite, vorbei am Schloss Bellevue, und dem 1998 fertig gestellten Bundespräsidialamt, ein ellipsenförmiger Bau mit dunkler Granitfassade.

Im Zentrum der Macht: Luftaufnahme vom Regierungsviertel

Parlaments- und Regierungsviertel . Platz der Republik 1 . 10557 Berlin

0266 BE_Kunst & Architektur

EIN VERSTOSSENER SOHN DER STADT SCHENKT IHR SEIN VERMÄCHTNIS

Telefon: 030/266-2188
www.smb.museum/smb/sammlungen

Museum für Fotografie, Berlin

Nur wenige wissen, dass Helmut Newton, Star der internationalen Fotografenszene, 1920 in Berlin geboren wurde. Als Kind jüdischer Eltern musste er Deutschland 1938 verlassen. Als er 2004 starb, war er ein gefeierter Fotograf, vielleicht der bekannteste. Im gleichen Jahr eröffnete im ehemaligen Landwehr-Casino am Bahnhof Zoo das Museum für Fotografie, dem Newton seinen Nachlass vermacht hatte. Gleichzeitig hat dort die noch kurz vor seinem Tod gegründete Helmut Newton Stiftung ihren Sitz. Neben einer Dauerausstellung zu Leben und Werk Newtons zeigt das Museum regelmäßig äußerst sehenswerte Ausstellungen zur klassischen und zeitgenössischen Fotografie. Das Museum gehört zu den staatlichen Museen Berlins.

Museum für Fotografie . Jebensstraße 2 . 10623 Berlin

0267 BE_Feste, Events & Veranstaltungen

SONNTAG IST FLOHMARKT

www.berliner-troedelmarkt.de
www.mauerparkmarkt.de

Kunst-, Floh und Trödelmärkte, Berlin

Es gibt viele Kunst-, Floh und Trödelmärkte in der Hauptstadt – diese vier jedoch sind die interessantesten und mit viel Glück auch alle an einem Sonntag zu besuchen:
Der wohl bekannteste, aber auch teuerste, ist der Original Berliner Trödelmarkt und der ihm untergeordnete Kunst- und Kunsthandwerkermarkt auf der Straße des 17. Juni. Zwischen Ernst-Reuter-Platz und Siegessäule herrschaftsgleich gelegen, mögen findige Händler ehedem gedacht haben: „Hier zahlt der Kunde unsere horrende Standmiete gleich mit." Dafür lässt es sich denn auch herzerfrischend angehen an einem Sonntagmorgen; schlendernd zwischen den Warenständen, mit einem Ohr dem Kaufargument des Antiquars lauschend, das andere bereits am Nebentisch. Hier könnte man vielleicht handgefertigte Lederwaren, goldschmiedenes Gewirk oder altes Schellack samt Opas Grammophon erstehen. Die Auswahl ist riesig. Neben einigem Plunder finden wachsame Augen mit Sicherheit kleine und große Schätze für das traute Heim, die Körperzierde, den Wissensdurst.
Weiter könnte es gehen, auf den Flohmarkt am Mauerpark in der Peripherie der Szenebezirke Prenzlauer Berg und Mitte. Hier werden besonders kleine und jung

gebliebene Besucher große Augen machen. Dieser Flohmarkt ist erste Wahl, wenn es darum geht, einen gemütlichen Familienausflug zu unternehmen, an dessen Ende alle – Mama, Papa, Kind – müde und zufrieden mit allerhand Krimskrams von dannen ziehen.
Warum nicht zurück in den Westteil der Stadt, auf den Platz vor dem Schöneberger Rathaus, von dessen Balkon einst John F. Kennedy seine berühmte Berliner Rede hielt? Dem Niveau in Sachen Qualität und Quantität des Marktes an der Straße des 17. Juni nicht ganz ebenbürtig, ist es hier umso mehr die vielbesungene Berliner Schnauze, die dem originären Flair des vielleicht besten Secondhand-Klamotten-Marktes der Stadt elanvoll Vorschub leistet.
Und weiter: Von zumeist zugezogenen Jungberlinern, die um den Boxhagener Platz herum ihre Zelte aufschlugen, wird an selber Stelle ein ebenfalls empfehlenswerter Flohmarkt ausgerichtet. Hier ist es der urbanen Boheme vorbehalten, Bücher aus Boxen zu verkaufen, Platten, Textil und Schmuck. Liebhaber und Sammler mit einer Affinität zu Retro-Designs sei dieser Markt besonders empfohlen. Von der Leuchtreklame bis zum Lederanzug – hier hängt so einiges im Argen.

Trödel- und Kunstmarkt . Straße des 17. Juni . 10623 Berlin
Flohmarkt am Mauerpark . Bernauer Straße 63–64 . 13355 Berlin
Großer Trödelmarkt am Rathaus Schöneberg . John-F.-Kennedy-Platz . 10825 Berlin
Flohmarkt Boxhagener Platz . Boxhagener Platz 1 . 10245 Berlin

0268 BE_Lifestyle & Szene

FRITTEN, FASSBIER, FUSSBALL

Telefon: 030/8823922
www.hanne-am-zoo.de

Hanne am Zoo, Berlin

Die wohl berühmteste Fußballkneipe Deutschlands wird von einem ehemaligen Fußballprofi betrieben, der auch schon für Bayern München die Stollenschuhe schnürte.
Dieser Ort lässt Fußballerherzen höher schlagen: Zu dem Kultwirt Hans „Hanne" Weiner, einst ein überragender Libero (das war vor Viererkette und Klinsmann), strömen große und kleine Gäste aus aller Herren Länder; das Fußballfieber eint sie, Hans Weiner ist ihnen allen ein freundlicher Gastgeber. König Fußball regiert das Hanne am Zoo: Unzählige Devotionalien an Wänden und Decken, Tresen und Schaufenstern zieren die Gaststätte, die natürlich auch Livespiele überträgt.
Besonders interessant sind die vielen Originalaufnahmen aus Hans Weiners aktiver Zeit: Von Hertha BSC Berlin über Bayern München und einem Gastspiel in Amerika ging es wieder zurück zu seinem geliebten Heimatverein – der „alten Dame" Hertha BSC. Verschiedene Veranstaltungen machen das Hanne am Zoo zur Event-Gaststätte. Die Speisen- und Getränkekarte kann sich sehen lassen: Vom kleinen Appetit bis zum großen Hunger, vom Selters zur Berliner Spirituose – Hanne Weiners Team kümmert sich ums Wohl seiner Gäste. Wann in der selbsternannten Fußballgaststätte Nummer eins der Chef höchstselbst aufläuft, ist freilich dessen Lust und Laune überlassen.

Hanne am Zoo . Joachimstaler Straße 1–3 . 10623 Berlin

MYTHOS VON DER KANTSTRASSE

Telefon: 030/3138052
www.parisbar.de

Paris Bar, Berlin

Bekannt und beliebt, auch ein wenig berühmt-berüchtigt: Die Paris Bar an der Kantstraße lockt mit Mythen und Promis.
Es ist immer was los. Ob Stammgast – den Namen verschweigt der Autor diskret – gerade da ist oder gerade in Berlin weilende TV-Stars ein bisschen zu laut lachen oder einfach nur fremde Menschen aus aller Herren Länder dem Restaurant-Bistro einen Besuch abstatten: Zwischen der Bilderflut an allen vier Wänden lässt es sich gemütlich angehen, den Gedanken nachhängen, Zeitung lesen, entspannt neben den mehr oder weniger Promis speisen.
Alles begann bereits nach dem Krieg; es gab Hochs und Tiefs, bis schließlich in den 1970ern Wiener Künstler und Autoren die Berliner Bar für sich entdeckten. Mit den Worten eines Gastes: „Die Paris Bar, ein Ort in Berlin, wo das Leben seit jeher Zuflucht sucht, um sich in Ruhe der Kraft zu versichern, die es so dringend benötigt."

Paris Bar . Kantstraße 152 . 10623 Berlin

BOHREN IM AMBIENTE

Telefon: 030/8647320
www.ku64.de

Zahnarztpraxis am Kurfürstendamm von den Architekten Graft

Das KU64, eine Praxis für Zahnspezialbehandlungen, wurde von dem Architektentrio Graft konzipiert und realisiert. Das kann sich freilich sehen lassen: In Orange und Weiß, in weichen Formen ...
Aber lassen wir lieber den Auftraggeber, Dr. Stephan Ziegler selbst erklären: „Die Besucher der Zahnarztpraxis KU64 am Kurfürstendamm in Berlin empfängt eine Dünenlandschaft in sonnig-sandigen Farben. Es riecht nach frischem Kaffee, im Hintergrund plätschert ein Wasserfall, Loungemusik erfüllt den Raum. Das Ambiente aus Glas, Wellen und Farben mit seiner geschickten Transparenz ermöglicht spannende Einblicke in außergewöhnliche Räume. Auf 1000 m2 und zwei Etagen wurde eine komplett neue und hochmoderne Zahnarztpraxis errichtet. Boden und Decke formen sich zu einer Welle, die alles erfasst und als dreidimensionale Raumfigur erlebbar macht."
Noch tut nichts weh und deswegen lassen wir Dr. Ziegler weiter erläutern: „Dazu amorphe Bilder, akustische Hintergründe und ein besonderes Licht-Design. Und wer in den Deckchairs auf der sonnenüberfluteten Terrasse hoch über dem Kurfürs-

tendamm von Berlin seinen Capuccino schlürft, wundert sich auch nicht, wenn gegen Abend knisterndes Kaminfeuer einen Hauch Romantik in die Wartelounge der Zahnarztpraxis zaubert." Ah ja, und wann wird gebohrt?
Bleiben wir lieber bei den innenarchitektonischen Visionen von Graft, jenem Architektentrio, das nach Büros in Berlin-Mitte und Los Angeles unlängst auch eines in Peking eröffnete. Muss was dran sein, denn Brad Pitt ließ sich in seiner Hollywood-Villa das Badezimmer von Graft planen und installieren. Bei Brad kann man nicht so einfach ins Graft-Bad gehen und mal duschen, dann doch lieber zu Dr. Ziegler und den Zahnbelag am knisternden Kaminfeuer des Graft-Ambiente entfernen lassen.

KU64 . Kurfürstendamm 64 . 10707 Berlin

0271 BE_Lifestyle & Szene

KLASSISCHER JAZZ-CLUB

Telefon: 030/3132550
www.a-trane.de

A-Trane, Berlin

Bei kultivierter Musik und mondänen Drinks lässt es sich in dem gemütlichen Jazz-Club im Charlottenburger Kiez relaxen. So wünscht man ihn sich, den Jazz-Club an der Ecke: Klassisch, unaufgeregt und mit sensibler Tontechnik ausgestattet. Dreifach schallgedämpft die Panoramafenster, hervorragend austariert der Sound – digitaler Studiotechnik sei Dank. Vorhang auf für Jazz und Artverwandtes: An den runden Tischchen zu Füßen der von schwarzem Samt umsäumten Bühne vermischen sich die Liebhaber verspielter Klänge. Sie kommen aus der Nachbarschaft oder sind weit gereist. Niveauvoll und umsichtig agieren auch die freundlichen Servicedamen, geschmeidig bewegen sie sich zwischen den Jazzfreunden im A-Trane.

A-Trane . Bleibtreustraße 1 / Pestalozzistraße . 10625 Berlin

0272 BE_Natur & Tiere

BERLINS ÄLTESTE GRÜNANLAGE

Telefon: 030/20000
www.bellevue-berlin.de

Tiergarten mit Siegessäule, Schloss Bellevue, Berlin

Vor knapp 500 Jahren als kurfürstliches Jagdrevier zwischen Stadtschloss und Schloss Charlottenburg peu à peu angelegt, ist die grüne Lunge der Hauptstadt heute ein beliebtes Ausflugsziel. Weit über die Grenzen der Stadt hinaus ist der Große Tiergarten seit Mitte der 1990er Jahre durch das Massenspektakel der Love Parade bekannt geworden. In dem kunstvoll angelegten Park sind es vor allem die romantischen Wasserläufe, die Baumgruppen auf und an den Rasenflächen, die putzigen Seen mit Miniinseln und wildromantischen Brückchen und Alleen, die des

Besuchers Auge erfreuen. Schmuckgärtnerische Refugien wie Rosengarten, Luiseninsel und der Englische Garten prägen den einzigartigen Charakter des Großen Tiergartens.
Im Sommer sind entsprechend ausgewiesene Wiesen von Grillern und Bolzern bevölkert – um sie hierum wuseln die Jogger und Radler, flanieren die Spaziergänger und Schaulustigen. Im Zentrum des Tiergartens, dem Großen Stern, ragt weithin sichtbar die Siegessäule in den Berliner Himmel; sie erinnert an diverse Siege Preußens, etwa gegen Dänemark (1864) und Frankreich (1870/71). Zu Füßen der im Volksmund „Goldelse“ genannten Skulptur befindet sich eine Plattform, die in alle Himmelsrichtungen eine spektakuläre Aussicht über Berlin erlaubt. Der Mittelplatz im Zentrum des stark befahrenen Großen Sterns ist über einen Fußgängertunnel zu erreichen. Durch vier neoklassizistische Torhäuser, die im Jahre 1939 nach Plänen von Albert Speer erbaut wurden, gelangt man zum Tunnel. Wer den schweißtreibenden Aufstieg geschafft hat, wird mit frischer Luft und weitem Blick belohnt. Im Westen ist das Schloss Bellevue zu sehen, Amtssitz des deutschen Bundespräsidenten. Es schmiegt sich an den Westrand des Tiergartens, dessen schiere Dimension von hier oben besonders gut sichtbar wird. Die typischen Tiergarten-Laternen säumen die pittoreske Lebensader, die hier als Ost-West-Tangente die Stadt verbindet: die Straße des 17. Juni. Historisch betrachtet ist sie die Schicksalsmeile Berlins, benannt in Erinnerung an den Volksaufstand in der DDR am 17. Juni 1953, der diesen Tag bis 1990 zum Nationalfeiertag in der Bundesrepublik Deutschland mache.

Großer Tiergarten mit Siegessäule . Schloss Bellevue . Spreeweg 1 . 10557 Berlin

0273 BE_Kunst & Architektur

MARLENE, METROPOLIS, MURNAU

Telefon: 030/300903-0
www.filmmuseum-berlin.de

Filmmuseum Berlin

In den zwanziger Jahren war Berlin eine der wenigen Städte, die Hollywood Paroli bieten konnten. Filmschaffende aus ganz Europa zog es nach Berlin; selbst aus Hollywood kamen Stars. Die UFA, der Filmgigant der Weimarer Republik, produzierte in Berlin und Potsdam Klassiker, die heute noch relevant sind: „Metropolis, „Nibelungen“, „Nosferatu“, „Der Golem“, „Caligari“, „Der Blaue Engel“. Das reiche filmische Erbe Berlins und Potsdams wird sehr anschaulich präsentiert im Museum für Film und Fernsehen, auch Nachkriegszeit und Gegenwart kommen nicht zu kurz. Herzstück der Sammlung ist der Nachlass von Marlene Dietrich, daneben geht es um Filmtechnik, Kostüme, Plakate. Ebenfalls im Hause untergebracht sind Bibliothek, Archiv, Museumsshop und eine Bar. Das Kino Arsenal im gleichen Haus bietet darüber hinaus ein erstklassiges Programm.

Deutsche Kinemathek – Museum für Film und Fernsehen . Potsdamer Straße 2 . 10785 Berlin

KLASSIKER VOM FEINSTEN

www.smb.spk-berlin.de/gg

Gemäldegalerie, Berlin

Alte Meister sind nicht jedermanns Sache. Aber wo findet man schon so viele große Namen unter einem Dach? Gemälde von van Eyck, Dürer, Raffael, Tizian, Caravaggio, Rubens, Brueghel und Vermeer sind hier ausgestellt. Die altdeutsche Malerei der Spätgotik und Renaissance ist durch Konrad Witz, Albrecht Dürer, Hans Baldung Grien, Cranach und Holbein vertreten. Allein 16 Werke Rembrandts gehören zu dieser weltweit bekannten Sammlung. Die Gemäldegalerie ist ideal, um sich einen Überblick über die verschiedenen kunsthistorischen Epochen zu verschaffen. Ein fast 2 km langer Rundgang mit 72 Sälen und Kabinetten führt durch einzelne Kunstlandschaften und Epochen, für Kunstliebhaber ein Muss.
Hinzu kommt, dass das moderne Gebäude in einem angenehmen Kontrast zu den ausgestellten Meisterwerken steht und ein phantastisches Licht hat. Sehr lohnend sind die vielen verschiedenen Spezialveranstaltungen, wie Kunst für Kinder oder die „Jungen Nächte", in denen Studenten Kunst erklären. Darüber sollten Sie sich auf jeden Fall rechtzeitig informieren. Es lohnt sich!

Gemäldegalerie . Stauffenbergstraße 40 . 10785 Berlin-Tiergarten

PORZELLAN, KOSTÜME UND VIELES MEHR

Telefon: 030/266-2902
www.smb.spk-berlin.de/kgm

Kunstgewerbemuseum, Berlin

Das älteste Kunstgewerbemuseum Deutschlands existiert gleich doppelt. Kleine Übertreibung! Genau gesagt, hat es einfach nur zwei Standorte: am Kulturforum und im Schloss Köpenick. Wer sich einen Eindruck davon machen möchte, von welch schönen und kunstvoll gearbeiteten Gebrauchs- und Ziergegenständen die Menschen – oder besser die oberen Schichten – in den letzten Jahrhunderten umgeben waren, darf sich den Besuch nicht entgehen lassen. Hier ist wirklich alles zu sehen: Gold- und Silberschmiedearbeiten, Glas-, Email- und Porzellangefäße, Möbel und Raumgetäfel sowie Tapisserien, Kostüme und Seidenstoffe. Von der Renaissancezeit über Barock, Rokoko und Klassizismus bis zum Historismus und Jugendstil. In der sogenannten „Neuen Sammlung" wird das Kunsthandwerk des 20. Jahrhunderts durch vorbildliche Industrieprodukte ergänzt, die heute den Lebensstil stärker bestimmen als handwerkliche Einzelstücke. Ein weiterer Schwerpunkt kam in den letzten Jahren durch den Erwerb zweier Kostümsammlungen hinzu.

Kunstgewerbemuseum . Tiergartenstraße 6 . 10785 Berlin-Tiergarten

HANDICAP AM GLEISDREIECK

Global Golf, Berlin

Telefon: 030/22697844
www.globalgolf-berlin.net

Am Schöneberger Ufer fliegen die kleinen weißen Bälle im Sekundentakt – Global Golf am Gleisdreieck erfreut sich großer Beliebtheit. Hier arbeiten die Großstädter am Handicap: Erst waren es Cracks, die in der Mittagspause oder nach Büroschluss auf der „Driving Range" ihren Golfschwung verbessern wollten – längst kommen auch Novizen, die sich probieren.
Seit Juni 2005 kann man den perfekten Schwung und weiten Abschlag von der Plattform üben. Zug um Zug wurde diese Anlage, die eine gute Verkehrsanbindung besitzt, auch um „Putting Greens" erweitert. Hier kann das konzentrierte Einlochen geübt werden. Über 40 Abschlagplätze gibt es für Klubmitglieder, weitere knapp 50 sind für jedermann zugänglich.

Global Golf . Am Schöneberger Ufer 7 . 10785 Berlin

WENN'S UM DIE WURST GEHT

„Konnopke" und „Fritz & Co.", Berlin

www.konnopke-imbiss.de
www.wittys-berlin.de

Eine Gourmet-Stadt ist Berlin nicht. Unter Zugezogenen ist es seit eh und je üblich, über die Zumutungen aus Berliner Küchen zu jammern. Ob bleischwere Backwaren der örtlichen Bäckereiketten oder Berliner, die morgens in der U-Bahn Döner und Würstchen im Schlafrock verspeisen – die Zumutungen des Berliner Essverhaltens sind mannigfaltig. Besser also, man arrangiert sich damit und freundet sich mit Berlins Beitrag zur Esskultur an, der Currywurst. Nicht nur die Wurst an sich ist ein Politikum, unter den Würstchenbuden haben es einige zu besonderem Ruhm gebracht. Ost-Berlins Institution Konnopke's Imbiß unter der Hochbahn Eberswalder Str./Schönhauser Allee ist Kult, allein die Beschriftung „Bier, Brause, Brühe" lässt Gourmetherzen erwartungsvoll pochen. Der Familienbetrieb beglückt die Mägen seit 1930, geboten wird Bodenständiges; neben dem Berliner Nationalgericht (mit oder ohne Darm) gibt es auch Schaschlik, Blutwurst oder Schnitzel mit Salat – ein kulinarisches Feuerwerk also.
Das Gegenstück zum betont proletarischen Konnopke-Imbiß findet man am Wittenbergplatz. Hier ging es schon immer ein bisschen gepflegter zu, deshalb findet man hier auch eine wirkliche Alternative zu Schmuddelfett und Tiefkühlpommes: Fritz & Co. bietet Biofleisch, aus frischen Kartoffeln vor Ort angefertigte Pommes Frites und eine wirklich leckere Soßenauswahl. Dafür sind die Preise auch etwas üppiger, aber das ist es definitiv wert.

Konnopke's Imbiß . Schönhauser Allee 44a . 10435 Berlin
Witty's Fritz & Co. . Wittenbergplatz 1 . 10789 Berlin

DA WIRD KRUMM ABER GERADE

Telefon: 030/266-2651
www.neue-nationalgalerie.de

Neue Nationalgalerie, Berlin

Die ehemalige Heimat des MoMA: die Neue Nationalgalerie

Die Neue Nationalgalerie ist nicht nur die erste Adresse für die großen Kunstausstellungen Berlins, die sich in den letzten Jahren zu wahren Publikumsmagneten mit langen Warteschlangen gemausert haben und Anziehungskraft weit über die Stadt und über Deutschland hinaus besitzen. Das Gebäude, entworfen von Ludwig Mies van der Rohe, ist selbst ein Kunstwerk und eine Ikone der klassischen Moderne, außerordentlich passend für ein Museum der Kunst des 20. Jahrhunderts. Ein quadratischer Pavillon aus Stahl wurde mit Glaswänden auf einer 105 x 110 Meter großen Granitterrasse errichtet. Auf den ersten Blick wirkt der Bau, als hätte er in der Erdgeschosshalle keine stützenden Wände. Das Dach wird an jeder Kante von zwei Stahlsäulen getragen und scheint zu schweben. Das speziell konstruierte Stahldach wurde gewölbt gebaut und nahm erst auf den Stahlsäulen, die es tragen, durch sein Eigengewicht Form an. 64,8 Meter lang ist eine Kante dieses ungeheuer beeindruckenden Daches, das außen fast sieben Meter über die gläsernen Wände hinausragt. Bleibt zu sagen, dass Karten für die Ausstellungen blind gekauft werden können, sollten diese Megaevents auch nur annähernd so hochkarätig bleiben, wie man es mittlerweile schon gewohnt ist.

Neue Nationalgalerie . Potsdamer Straße 50 . 10785 Berlin-Tiergarten

HOLLYWOOD UNTER DEN STERNEN

www.freiluftkino-berlin.de

Freiluft-Kinos, Berlin

Von den knapp ein Dutzend Freiluftkinos in Berlin seien drei besonders empfohlen: Das Sommerkino Kulturforum am Potsdamer Platz, das urtümliche Freiluftkino

Hasenheide und sein originäres Pendant im Ostteil der Stadt, das Freiluftkino Friedrichshain.
Alle drei Open-Air-Kinos zeigen aktuelle Filme aus Hollywood und nationale Produktionen. Auch der eine oder andere Kultfilm und Klassiker wird auf die Leinwand gebracht. Bei der Berliner Bevölkerung sind diese sommerlichen Kinosausen werktags wie wochenends sehr beliebt.
Dem Berlinbesucher sei ein solcher Gang ins Freiluftkino wärmstens empfohlen: Die urbane Lebensart spiegelt sich zwischen Zelluloid und Abendhimmel prima wider.

Sommerkino Kulturforum am Potsdamer Platz . Matthäikirchplatz 8 . 10785 Berlin
Freiluftkino Hasenheide . Im Volkspark Neukölln . 10967 Berlin
Freiluftkino Friedrichshain . Im Volkspark Friedrichshain . 10249 Berlin

0280 BE_Natur & Tiere

KNUT UND ANDERE STARS

Telefon: 030/254010
www.zoo-berlin.de

Zoologischer Garten Berlin

Von der Pfaueninsel zum Popstar Knut: Berlin hat einen der artenreichsten Zoos der Welt. Der Berliner Zoo ist einen Besuch wert – und das nicht nur wegen der Eisbären.
Was als Privatsammlung des preußischen Königs auf der Pfaueninsel begann, lockt heute jährlich über 2 Millionen Besucher an – und die werden nicht enttäuscht. Seit seiner Eröffnung 1844 auf dem Gelände der ehemaligen königlichen Fasanerie ist der Zoologische Garten Berlin zu einem der wichtigsten Zoos der Welt herangewachsen. Allein die Zahlen sind beeindruckend: 1.248 Säugetiere, 2.766 Vögel, 416 Reptilien, 455 Amphibien, 4.272 Fische und 4.890 wirbellose Tiere leben dort. 14.047 Tiere in 1.449 Formen wurden bei der letzten „Volkszählung“ 2006 erfasst. Der Star des Jahres 2007 war ohne Zweifel Knut, der kleine Eisbär. Am 5. Dez. 2006 geboren, wuchs Knut durch Handaufzucht auf, da seine Mutter ihn nicht annahm. Seitdem ist er der umjubelte Medienstar des Berliner Zoos. Ganze Besucherschlangen bildeten sich, als er zum ersten Mal ins Freie durfte, und die Besucher nahmen stundenlange Wartezeiten in Kauf, um einen Blick auf Knut werfen zu dürfen. Die Boulevardpresse verfolgt noch immer jeden Schritt, den Knut tut – gerade so, als wäre er ein Popstar. Natürlich hat der Zoo noch viel mehr zu bieten als Eisbären. 2005 konnten gleich drei Elefantengeburten gefeiert werden, und die Hoffnung auf Nachwuchs bei den Panda-Bären wurde ebenfalls zum Medienereignis.

Ein kleiner Nemo im Aquarium des Zoologischen Garten s in Berlin

Der Berliner Zoo ist auch aufgrund seiner Architektur einen Besuch wert. Die Tiere sind nicht einfach in Bungalows untergebraucht, sondern in einer fantasievollen

Landschaft aus orientalisch und fernöstlich anmutenden Häusern und Pagoden; andere Gebäude sind nach indianischen Vorbildern entworfen. Den Besucher erwartet ein Flair von Tausendundeiner Nacht. Jüngstes Beispiel dieser exotischen Fantasiearchitektur ist das 1996 fertiggestellte Siamesische Rinderhaus, das die Bantengs beherbergt: Es wurde gestaltet wie ein thailändischer Tempel.
Die unterschiedliche Gestaltung soll jeweils an die Herkunftsländer der Tiere erinnern. Eines der schönsten Gebäude, das 1872 erbaute Antilopenhaus – heute beherbergt es die Giraffen –, war sogar Schauplatz eines Gipfeltreffens: Im selben Jahr trafen sich dort Kaiser Wilhelm I., Zar Alexander II. von Russland und Kaiser Franz-Joseph von Österreich-Ungarn zum Frühstück, bevor sie anschließend den Zoo besichtigten. Natürlich gibt es neben den historisch-exotischen Gebäuden auch hochmoderne Glaskuppeln.
Eines der beiden Haupteingangstore, das Elefantentor (das nach schweren Kriegszerstörungen rekonstruiert wurde), entwickelte sich zu einem Wahrzeichen des Berliner Westens und zu einem beliebten Fotomotiv.
Seit der Wiedervereinigung kooperiert der Berliner Zoo eng mit dem Ost-Berliner Tierpark. Die Bemühungen gehen dahin, Dopplungen zu vermeiden, sodass sich ein Besuch beider Parks mit insgesamt 22.770 Tieren wahrlich lohnt.

Zoologischer Garten Berlin . Hardenbergplatz 8 . 10787 Berlin

0281 BE_Sport, Abenteuer & Technik

LAUFEN HÜBEN, PARTY DRÜBEN

Telefon: 030/30128810
www.berlin-marathon.com

Berlin Marathon

Der Berlin-Marathon zieht Jahr für Jahr begeisterte Läufer in die Stadt, Amateure wie Profis. Traditionell findet der Volkslauf, an dem auch Weltklasseläufer und -Läuferinnen teilnehmen, am letzten Septemberwochenende statt. Das Teilnehmerlimit war für 2007 auf 40.000 angesetzt und ist längst erreicht. Für 2008 heißt es: Schnell anmelden! Der Termin steht fest: Startschuss für die Bambinis fällt am 27., der für die großen Langstreckenläufer am 28. September 2008. Dann gehen auch die Inline-Skater und Rollstuhlfahrer auf die Piste. Wieder werden die Straßen Berlins mit Tausenden von Zuschauern gesäumt sein, die zwischen Brandenburger Tor und Siegessäule eine Riesenparty zu Ehren der Sportler feiern unter dem Motto: die einen laufen, die anderen saufen. Auf welcher Seite Sie stehen, beziehungsweise laufen wollen, können Sie sich ja noch überlegen.

Im September auf Berliner Straßen: der Marathon

Berlin-Marathon . SCC-RUNNING . Glockenturmstraße 23 . 14055 Berlin

ZWISCHEN LICHTHOF UND GLASKUPPEL

Telefon: 030/21210
www.kadewe-berlin.de

KaDeWe, Berlin

Es ist das größte Warenhaus Europas, ein Schaufenster der Begehrlichkeiten: das Kaufhaus des Westens, kurz KaDeWe.
Wie die meisten anderen Top-Adressen der Stadt, die heute für die jährlichen Erfolgsmeldungen bei den Berliner Tourismuszahlen verantwortlich zeichnen, durchlebte das KaDeWe am Tauentzien eine wechselvolle Geschichte; Höhen und Tiefen durchschritt vor allem sein zweiter Besitzer, der Warenhauskonzernleiter Hermann Tietz. Als dieser 1927 das KaDeWe vom Gründer Adolf Jandorf übernahm, war einige Jahre zuvor eine Feinkostabteilung eingerichtet worden, die noch heute Maßstäbe setzt. Bald aber enteigneten die Nazis den jüdischen Bürger Tietz. Während des 2. Weltkrieges stürzte ein US-Flugzeug ins Dachgeschoss des Hauses, das daraufhin weitgehend den Flammen zum Opfer fiel. Im Jahr 2005 – pünktlich zum 100. Geburtstag – konnte sich das KaDeWe nunmehr auf rund 60.000 m² Verkaufsfläche präsentieren, was ca. neun Fußballfeldern entspricht. Vom Erdgeschoss mit zentralem Lichthof über die Mode-Etagen bis hinauf ins mit einer Glaskuppel überdachte 7. Stockwerk: Knapp 400.000 verschiedene Artikel auf allen Etagen, die von 64 Rolltreppen und 26 Aufzügen verbunden werden.
Gourmets lieben den sechsten Stock; dort ist die landläufig als „Feinschmeckeretage“ bekannte Feinkostabteilung untergebracht. Mit einem riesigen Angebot an internationalen Delikatessen und exklusiven Imbissmöglichkeiten ist sie mit 34.000 Artikeln die größte Feinkostabteilung Europas.

KaDeWe – Kaufhaus des Westens . Tauentzienstr. 21–24 . 10789 Berlin

KABARETT IN BERLIN

www.bka-luftschloss.de
www.bar-jeder-vernunft.de

BKA und Bar jeder Vernunft, Berlin

Die zwei Topadressen für Kabarett in Berlin sind das BKA in Kreuzberg und die Bar jeder Vernunft in Charlottenburg.
Ins BKA fährt der Besucher schnell und bequem mit dem Fahrstuhl hinauf. Im Foyer, über den Dächern von Kreuzberg, bietet sich ihm ein toller Ausblick weit über den Mehringdamm hinaus. An den vielen Tischchen, die sich an der Bühne tummeln, finden viele Kabarettfreunde Platz. Im BKA (Berliner Kabarett Anstalt-Theater) legen die Macher Wert auf ein abwechslungsreiches Programm: Von Novizen mit

guten Karriereaussichten bis zu etablierten Künstlern bestimmt ein mannigfaltiges Spektrum zwischen Kabarett und Comedy, Chanson, Neuer Musik und Theater den Spielplan. Dem BKA angeschlossen ist im Übrigen eine weitere Spielstätte, das Luftschloss auf dem Schlossplatz in Mitte.
Die Bar jeder Vernunft, ein großartiges Spiegelzelt nahe dem Kurfürstendamm, ist ebenfalls spezialisiert auf hochwertige, nächtliche Unterhaltung anspruchsvoller Gäste. Unter dem Motto „(T)raum ist in der kleinsten Hütte" laden die Programmmacher gerne auch Hochkaräter – Ingolf Lück brilliert schon mal in einer One-Man-Show – in das Spiegelzelt. Besonders zu erwähnen ist bei der Bar jeder Vernunft die Speisekarte, die mit allerhand Kulinarischem zu überzeugen weiß.

BKA . Mehringdamm 32–34 . 10961 Berlin
Bar jeder Vernunft . Schaperstraße 24 . 10719 Berlin

GENUSS AUF DER WASSERTERRASSE

Telefon: 030/6926293
www.vanloon.de

Restaurantschiff „van Loon", Berlin

Die „van Loon" ist ein festliegendes Restaurantschiff im Urbanhafen Berlin-Kreuzberg an der Baerwaldbrücke. Das Schiff im ruhigen Wasser des Landwehrkanals ist im Sommer genauso beliebt wie im Winter: Sobald auch nur ein wenig die Sonne scheint, füllt sich die große Wasserterrasse, hält der Berliner seine sonnenbebrillte Nase in den Wind, schlürft seinen Milchkaffee, schwatzt ein bisschen und liest Zeitung. Und wenn es regnet, treffen sich alle unter Deck wieder.

Restaurantschiff, „van Loon"

Die „van Loon", schon 1914 auf Kiel gelegt, kommt aus Emden, wurde dort für ihren Einsatz als Restaurantschiff umgebaut und liegt seit 1989 fest im Urbanhafen. Inzwischen sind die Schiffe „Josephine" und „Philippa" dazugekommen, die über die weitverzweigten Wasserläufe und Kanäle Berlins schippern: Die Brückentour ist eine der beliebtesten Rundfahrten. Ganz entspannt beim üppigen Brunch gleitet man auf dem Wasserweg durch das neue Regierungsviertel, löffelt seinen Krabbencocktail und prostet den Politikern zu, die gerade in der Bundestagskantine ihrer „parlamentarischen Arbeit" nachgehen. Der Blick auf Berlin vom Wasser aus ist immer wieder aufs Neue faszinierend, weil die bekannten Straßen, Gebäude und Plätze eine überraschend andere Dimension bekommen.

Die „Philippa" ist auch das Schiff für besondere Anlässe: Heiraten an Bord beispielsweise, mit Standesbeamtem, verliebtem Brautpaar, vielen Hochzeitsgästen und einem feinen Buffet unter Deck. Schon verheiratet? Macht nichts, willkommen an Bord!

„van Loon" . Im Urbanhafen, An der Baerwaldbrücke . Carl-Herz-Ufer . 10961 Berlin

0285 BE_Lifestyle & Szene

KULTUR UND POP UNTERM BETONZELT

Tickethotline: 030/69533885
www.tempodrom.de

Tempodrom, Berlin

Die Geschichte des Tempodroms ist leider eine eher tragische: Eine junge Frau, Irene Moessinger, verwirklicht ihre Vision einer alternativen Spielstätte für Weltmusik. Zunächst umsonst und draußen, später immer noch enorm preiswert, kann ein interessiertes Publikum Musik der verschiedensten Länder und Kulturen in einem einfachen, aber schönen Zirkuszelt neben der Kongresshalle („Schwangere Auster") erleben. Alle lieben den „Tempodrom" genannten Veranstaltungsort. Das Konzept ist ein voller Erfolg.
Doch plötzlich befindet sich das Tempodrom in unmittelbarer Nähe des geplanten Neubaus des Bundeskanzleramtes. Und Helmut Kohl, der damalige Bundeskanzler, mag die Vorstellung von Weltmusik mit dem dazugehörigen Publikum in der Nähe seines Amtssitzes überhaupt nicht. Also muss das Tempodrom aus „Sicherheitsgründen" weichen.
Viele Menschen wollen aber nicht mehr ohne ihr geliebtes Tempodrom sein. Nachdem es einen vorübergehenden Standort im Stadtteil Friedrichshain gefunden hat, soll ein neues, ganz besonderes Tempodrom entstehen. Es werden Spenden gesammelt, und zusammen mit der Entschädigungszahlung und hohen staatlichen Zuschüssen wird damit etwas ganz Tolles geplant: das neue Tempodrom – wieder in Form eines Zeltes, aber diesmal aus Beton. Die Konstruktion des Architekten Meinhard von Gerkan überdacht auf zwölf Stahlstützen eine Fläche von fast 8.000 m2 mit Platz für 3.700 Besucher. Hinzu kommt noch ein kleiner Saal für 470 Gäste. Und weil man gerade so schön plant und baut, wird auch gleich noch ein Schwimmbad integriert – das Liquidrom.
Nur leider hat man ganz vergessen, die Kosten im Auge zu behalten, und plötzlich ist das alles doppelt so teuer: 32 statt 16 Mio. Euro. Dann gibt's noch einen großen Skandal, der Bausenator Peter Strieder muss zurücktreten, und heute kümmert sich der Insolvenzverwalter um das Ganze.
Trotzdem: Das neue Tempodrom ist ein einzigartiges Bauwerk, das inzwischen mit den verschiedensten, durchaus attraktiven Veranstaltungen bespielt wird. Der legendäre Geist und das besondere Programm kamen allerdings nie im neuen Gebäude an.

Am langjährigen Standort neben der „schwangeren Auster“ steht übrigens schon seit Längerem wieder ein anderes Zelt. Dessen Programm ist zwar nicht mit dem des ehemaligen Tempodroms vergleichbar, aber hier läuft wieder alles bestens.

Tempodrom . Möckernstraße 10 . 10963 Berlin-Kreuzberg

0286 BE_Kunst & Architektur

IMMER NOCH IM KALTEN KRIEG

www.mauermuseum.de

Checkpoint Charlie, Berlin

Die Welt hält den Atem an: von der Berlin-Krise zum Mauer-Merchandise – der Checkpoint Charlie.

Dieser Ort, der zum Synonym wurde für Viermächtestatus und Kalten Krieg, war bis 1990 einer der wichtigsten innerstädtischen Grenzübergänge zwischen dem amerikanischen Sektor (Kreuzberg) und dem sowjetischen Sektor (Mitte). Im Oktober 1961 kam es hier zur „Berlin-Krise“, als nach Streitigkeiten um die Bewegungsfreiheit amerikanischer Soldaten beide Seiten schussbereite Panzer auffuhren. Für einen Moment hielt die Welt den Atem an, und der Checkpoint Charlie war plötzlich weltweit ein Begriff. John Le Carré saß gerne im Café Adler, um für seine Agentenkrimis zu recherchieren, während in den Stockwerken darüber der CIA untergebracht war – der KGB saß gegenüber. In der Nähe des Grenzübergangs ließen DDR-Grenzpolizisten Peter Fechter brutal verbluten, eines der bekanntesten Maueropfer.

Eine würdige Nutzung des Ortes als Geschichtsschauplatz hat der Berliner Senat nach der Wiedervereinigung vollends verschlafen. Das Feld überließ man lieber den Souvenirhändlern und dem populären, aber berüchtigten „Mauermuseum“, dessen Seriosität regelmäßig in Zweifel gezogen wird. Für Krawall sorgte eine Aktion 2004, als die Betreiber des Museums Grundstück in der Nachbarschaft mit Kreuzen und Mauer-Imitat bestückten. Denkmal oder Werbeaktion? Immerhin gelang es dem Museum, so die Untätigkeit des Senats vorzuführen. Wenigstens ließ man 2000 eine Kopie des Grenzwachhäuschens aufstellen. Die Sandsäcke davor sind mittlerweile mit Zement gefüllt, damit sie nicht von Touristen mitgenommen werden.

Der ehemalige Grenzübergang vom sowjetischen zum amerikanischen Sektor in Berlin: der Checkpoint Charlie

Checkpoint Charlie . Friedrichstraße/Zimmerstraße . 10969 Berlin

GRUSELKABINETT IM LUFTSCHUTZBUNKER

Telefon: 030/26555546
www.gruselkabinett.de

Gruselkabinett, Berlin

Bunkerwelten, Scheintote und die Vorzüge mittelalterlicher Chirurgie – zu Besuch bei Deutschlands einzigem hauptberuflichen Gespenst.
Wer von den herkömmlichen Sehenswürdigkeiten Berlins übersättigt ist, kann sich im Gruselkabinett à la Madame Tussauds ablenken lassen. Stimmungsvoll untergebracht in einem Luftschutzbunker hinter dem Anhalter Bahnhof, erwarten den Besucher drei Geschosse mit allerlei Gruseligem. Im Untergeschoss kann man sich ein Bild machen vom nicht wirklich vergnüglichen Leben im Bunker: Pläne, Fotos, Fundsachen und Bombensplitter stimmen ein auf das, was noch kommt. Im Erdgeschoss werden die Geschmacksnerven dann auf eine harte Probe gestellt: „Spektakuläre Medizinszenen alter Zeiten" verspricht nichts Gutes, und dieses Versprechen wird definitiv gehalten. Beinamputationen und Lendenoperationen wurden beinahe lebensecht mit Puppen nachgestellt – don't try this at home! Ebenfalls ungute Gefühle weckt der Scheintodsarg, in dem ganz unerwartet Leben steckt. Im Obergeschoss schließlich geht es ans Eingemachte: Einen „Spaziergang des Schreckens" verspricht die Werbung, und wer wollte da widersprechen? Zwischen Friedhofsinstallation und Galgen kommt richtig Stimmung auf, hier möchte man verweilen ... Immerhin ist dies der Arbeitsplatz von Deutschlands einzigem hauptberuflichen Gespenst. Kurzum: ein Erlebnis für die ganze Familie – vorausgesetzt, sie hat starke Nerven.

Berliner Gruselkabinett Entertainment GmbH . Schöneberger Straße 23a . 10963 Berlin-Kreuzberg
Bunkereingang auf dem Hof

ZUSE, MESSERSCHMIDT UND DIE WUNDERWELT DER TECHNIK

Telefon: 030/90254-0
www.dtmb.de

Deutsches Technikmuseum, Berlin

Wer mit der U1 am Gelände des ehemaligen Anhalter Güterbahnhofs vorbeifährt, kann eine ganz unerwartete Begegnung machen, die ahnungslose Touristen immer wieder überrascht: Auf U-Bahn-Höhe hängt an der Fassade ein „Rosinenbomber", genauer gesagt eine Douglas C-47. Sie ist sozusagen das Aushängeschild des

Alte und neue Technik zum Erleben: das Deutsche Technikmuseum in Kreuzberg

Deutschen Technikmuseums, das zum Mekka für Technikbegeisterte avanciert ist.
Die beeindruckende Sammlung umfasst Flugzeuge (u. a. eine Messerschmitt Bf 110 und eine Ju 87), historische Loks, Straßenbahnen, Waggons, die Ur-Rechner von Konrad Zuse, ganze Schiffe und zahlreiche Exponate zu Nachrichtentechnik, Fotografie und Film. Ein Museum, das Erwachsene und Kinder gleichermaßen begeistert, ein Muss für Technik-Freaks.

Deutsches Technikmuseum Berlin (DTMB) . Trebbiner Straße 9 . 10963 Berlin

UND DAS IST GUT SO

CSD – Christopher Street Day, Berlin

www.csd-berlin.de
www.transgenialercsd.de

Älter als die Love Parade, moderner als Karneval und schrill sowieso: Seit knapp 30 Jahren verbindet der CSD ein ernstes politisches Anliegen mit Party, Party, Party.
Für einige wenige sind sie noch Bürgerschrecks, doch die meisten Berliner haben sie ins Herz geschlossen: Schwule und Lesben gehören in Berlin fest zum Stadtbild. Das wird jedes Jahr im Hochsommer (meistens an einem Samstag gegen Ende Juni) gebührend gefeiert, nicht ohne auf die noch immer vorhandene Diskriminierung aufmerksam zu machen. Nach dem CSD Köln ist der Berliner Umzug mit mehreren hunderttausend Besuchern die größte schwul-lesbische Veranstaltung der Nation. Und natürlich geht es schrill zu: Tunten, Transen und Ledermänner gehören ebenso dazu wie Lesben, Bisexuelle und Transsexuelle. Da fehlt auch politische Prominenz nicht: Wolfgang Thierse, Renate Künast und Klaus Wowereit gehören zu den prominenten Besuchern, die in Berlin gerne mitfeiern.
Los geht's um die Mittagszeit am Kurfürstendamm. Von dort aus fahren die rund 60 Wagen im Schritttempo zur Siegessäule im Tiergarten. Hier beginnt um 18 Uhr die Abschlussveranstaltung, die in den letzten Jahren traditionell vom regierenden Bürgermeister Klaus Wowereit eröffnet wurde. Anschließend wird unter freiem Himmel getanzt bis in die Nacht.
Einigen wurde allerdings das Party-Prinzip allmählich zu dominant. Seit 1997 gibt es den „Transgenialen" Alternativ-CSD in Kreuzberg und Friedrichshain, der sich vor allem auf die politischen Anliegen konzentriert.
Der Termin für den CSD 2008 ist voraussichtlich der 28.06.2008.

Feuerwerk am Christopher Street Day in Berlin

Berliner CSD e. V. . Kleiststraße 35 . 10787 Berlin

KUNST KOMMT AUS BERLIN

www.berlinischegalerie.de

Berlinische Galerie

Die Berlinische Galerie ist das Landesmuseum für Moderne Kunst, Fotografie und Architektur.
In Kreuzberg, unweit des Jüdischen Museums, gelegen, wurde die Berlinische Galerie einst als Verein gegründet (1975). Die Absicht der Initiatoren war, Kunst zu zeigen, die in Berlin produziert wurde. Nach mehreren Umzügen fand die Berlinische Galerie schließlich ihre Heimat in einem ehemaligen Glaslager, das jedoch in kürzester Zeit zu der bis heute sehr sehenswerten Industriehalle umgebaut wurde. Hier werden auf zwei Etagen eine Dauerausstellung sowie Sonderausstellungen gezeigt. Darüber hinaus gibt einen Vortragssaal, ein Archiv, eine Bibliothek, einen Studiensaal und eine Kunstschule für Kinder und Erwachsene. Im Bereich Bildende Kunst vereint die Museumssammlung u. a. Werke der Berliner Sezession (Max Liebermann, Lovis Corinth), der Neuen Sachlichkeit und des Expressionismus (Otto Dix, George Grosz, Hannah Höch) mit Werken von Malern wie Georg Baselitz, Wolf Vostell und den Jungen Wilden. Dazu gesellen sich die weitgefächerte Grafische Sammlung (rund 15.000 Arbeiten), Fotografien und Architekturmodelle. Immer wieder veranstalten die Macher auch Themenführungen durch ihr Haus.

Berlinische Galerie . Alte Jakobstraße 124–128 . 10969 Berlin

HIER IST DIE JÜNGERE DEUTSCHE GESCHICHTE ZU HAUSE

www.bundestag.de

Der Reichstag, Berlin

Wer Berlin zu Mauerzeiten besucht hat, weiß, wie tief der Reichstag in seinen Dornröschenschlaf versunken war. Wie ein zentnerschweres Relikt aus vergangenen Zeiten lag er da im Niemandsland dieser Niemandsstadt, mit dem Rücken zur Mauer. Glücklicherweise war das nicht das letzte Kapitel dieses Hauses, das heute im neuen alten Zentrum der Republik in neuem Glanz erstrahlt. Gebaut wurde er als steinernes Zeugnis einer Demokratie, die sich vom Kaiser zu emanzipieren begann, und so war es konsequent, dass der spätere Reichskanzler Scheidemann hier 1918 die Republik ausrief. Fünfzehn Jahre später war es vorbei mit Demokratie, der Reichstag brannte und signalisierte allen, was die Stunde geschlagen hatte.

Der Abriss der Ruine stand nach Kriegsende zur Debatte, schließlich baute man das Gebäude als Museum wieder auf. Gruseln konnte es einem hier, wo man an Kaiser, Hitler, Krieg und den ganzen Größenwahn deutscher Geschichte denken musste. Gar nicht wohl war vielen, als Christo und Jeanne-Claude den Reichstag 1995 verhüllten. Ein spektakulärer Erfolg, denn als man den silbrigen Stoff wieder abnahm, schien plötzlich auch die mahnende historische Schwere verschwunden, und so konnte Norman Foster ans Modernisierungswerk gehen.

Die begehbare Kuppel des Reichstages

Nur beim Namen gab es Krampf: „Plenarbereich Reichstagsgebäude" ist die offizielle Bezeichnung, die niemand benutzt. Seit 1999 sitzt hier wieder das deutsche Parlament, die Kuppel darüber gehört dem Volk. Wer die Wartezeit in Kauf nimmt, wird mit einem fantastischen Rundblick über die Stadt belohnt. Technisch ist jetzt alles tipptopp: Fotovoltaik auf dem Süddach, Wärmerückgewinnungsanlage in der Kuppel, ein Blockheizkraftwerk mit Biodiesel und unterirdische Kälte- und Wärmespeicher – ein Vorbild an Ökologie.

Plenarbereich Reichstagsgebäude . Deutscher Bundestag . Platz der Republik 1 . 11011 Berlin

0292 BE_Essen & Trinken

NAH AM WASSER GEBAUT

www.freischwimmer-berlin.de
www.clubdervisionaere.com

Freischwimmer und Club der Visionäre

Die zwei prominentesten gastronomischen Sonnendecks mit Wasserlage liegen via-à-vis: Freischwimmer und Club der Visionäre trennt nur ein Steinwurf übers Wasser. Zum Kreuzberger Teil der Flutgrabens, der sich wenige Meter weiter in die Spree ergießt, wird der Freischwimmer gezählt; der Club der Visionäre darf, an den Treptower Ufern gelegen, dem gleichnamigen Bezirk zugeschrieben werden.
Freilich sind die beiden charmanten Etablissements ein Herz und eine Seele, denn beide eint die nahezu paradiesische Ruhe in wildromantischer Wasserlage. Die kleine, feine Speisekarte und der Sonntagsbrunch des Freischwimmers versprechen rustikale Gaumenfreuden an idyllischen Ufern.
Tipp: Schwarzes Outfit, coole Sonnenbrille und angesagtes internationales Magazin nicht vergessen.

Freischwimmer . Vor dem Schlesischen Tor 2 . 10997 Berlin
Club der Visionäre . Am Flutgraben 1 . 12435 Berlin

DREI TAGE NICHTS ALS MUSIK

Telefon: 030/3038 3009
www.popkomm.de

Popkomm, Berlin

Langsam aber sicher entwickelt sich Berlin zu der deutschen Musikmetropole. Wenn sich schon in anderen Branchen nichts tut, die Stadt mit wirtschaftlichen Problemen und hoher Arbeitslosigkeit zu kämpfen hat, bleiben Tourismus und Musikbranche die letzten Hoffnungsträger. Ob das allein für Wohlstand und ökonomische Entwicklung ausreicht, sei dahingestellt.
Tatsache ist: In Berlin freut man sich darüber, dass die Stadt seit 2004 Standort der wichtigen internationalen Musikmesse Popkomm ist. Denn neben Businessmesse und dem Fachkongress in den Messehallen findet auch das Popkomm-Festival statt. Da wird eine Menge geboten: 2006 waren es über 400 Auftritte von Bands aus 26 Ländern mit mehr als 2.000 Musikern. 70.000 Besucher sahen Konzerte in über 30 Berliner Clubs.
Die Popkomm findet jährlich im September statt. Viele kommen dann allein wegen der Fülle an Music-Acts nach Berlin. Man könnte sagen, dass in diesen drei Tagen Prenzlauer Berg, Kreuzberg und Friedrichshain zu einem einzigen Musikclub werden. Bei den Club-Auftritten erleben die Zuschauer manche Bands und DJs ein letztes Mal hautnah und direkt, bevor diese kurze Zeit später als Stars völlig unerreichbar werden. Zentrum des Festivals ist die Kulturbrauerei auf dem Prenzlauer Berg.

Popkomm GmbH . Messedamm 22 . 14055 Berlin

EIN SPAZIERGANG IN TREPTOW

www.berlin-tourist-information.de
Telefon: 030/5337370
www.eierschale-zenner.de

Treptower Park, Berlin

Die nach dem Tiergarten vielleicht schönste und bedeutendste Berliner Grünanlage erstreckt sich hinter den „Treptowers“ und der Großplastik „Molecule Man“. Der Treptower Park ist 88,2 ha groß und wurde ab 1876 in den Folgejahren nach den Plänen des damaligen Städtischen Gartendirektors Gustav Mayer angelegt. In der Mitte des Parks steht das in seinen Dimensionen beeindruckende Sowjetische Ehrenmal, das die ehemalige Besatzungsmacht von 1946 bis 1949 an exponierter Stelle errichten ließ. Weiter südlich befindet sich der idyllische Karpfenteich – ein echter Geheimtipp unter den Reisezielen eines sonntäglichen Spaziergangs in Berlin.

Für ausgiebige Spaziergänge geeignet: der Treptower Park

An der Spreeseite des Parks liegt der Treptower Hafen, der seine pittoreske „Skyline" den urigen Hausbooten verdankt, die hier vor Anker liegen. Auch die Ausflugsdampfer der Stern und Kreisschifffahrt legen an dieser Stelle ab; mit den Fahrgastschiffen kann es stadteinwärts auf die Tour „Rund um Berlin" gehen.
Zuvor jedoch lohnt sich ein Abstecher in den wunderschönen Plänterwald, einen Ortsteil im Bezirk Treptow-Köpenick. Auf dem Weg dorthin sei eine Stärkung im altehrwürdigen Gasthaus und Biergarten Zenner empfohlen. Mit großer Terrasse im östlichen Teil des Treptower Parks gelegen ist das Zenner einst wie heute ein sehr beliebtes Ausflugsziel. Das Gebäude mit einem Fassungsvermögen für 1.500 Gäste wurde vor über 100 Jahren gebaut und wirbt im Sommer mit diversen kulturellen Veranstaltungen. Von der Terrasse aus fällt der Blick auf die sehenswerte Insel der Jugend. Sie befindet sich unweit des 89 ha großen Plänterwaldes, der ebenfalls ans Spreeufer grenzt.
Der Plänterwald existierte bereits, als der erste Spatenstich für den Treptower Park getan wurde, welcher 1876 dem Plänterwald im Nordwesten angegliedert wurde. Kleiner Geheimtipp am Rande: In südlicher Richtung des als „Spreepark" ausgewiesenen Areals befindet sich ein historisches Schätzchen ganz besonderer Art. Das alte Eierhäuschen, eine originale Ausflugsgaststätte aus dem 19. Jahrhundert, wurde bereits von Theodor Fontane in einem Text verewigt. Leider steht das urige Baudenkmal aber bereits seit fast 20 Jahren leer – dem Eierhäuschen droht der Verfall.

Am Treptower Park 1 . 12435 Berlin
Gasthaus Zenner . Alt-Treptow 14–17 . 12435 Berlin

0295 BE_Lifestyle & Szene

KREUZBERGS ANGESAGTESTE HÄSSLICHKEIT

www.moebel-olfe.de

Möbel Olfe, Berlin

Manche Orte entwickeln sich zur Attraktion, ohne dass es eine rationale Erklärung gibt. Die Bar Möbel Olfe ist so ein Fall.
Der Tatort: Zentrum am Kottbusser Tor, städtebaulicher Totalschaden und soziales Desaster. Der Laden: Eichemobiliar Marke „Eckkneipe" vor Wänden aus Sichtbeton. Das Personal: In einer Kneipe zu bedienen ist auf jeden Fall besser als ein 1-Euro-Job.

Vielleicht lag es am Barsterben in der ehemals legendären Oranienstraße, dass sich neben dem „Roses" und dem „Bierhimmel" eine eigentlich in jeder Hinsicht unattraktive Bar derartig schnell zum Renner in Kreuzberg entwickeln konnte. Aber das soziale Umfeld kann man ja ausblenden (nach ein paar Tequilas ohnehin nicht schwer), und die Innenausstattung sieht man sowieso nicht, wenn der Laden voll ist – und das ist er eigentlich immer.
Das Publikum ist angenehm gemischt: Künstler, Musiker, Produzenten, Alleskönner, Nichtsrealisierer, laut, schwul, lesbisch oder sonst wie, das ist hier egal, und wechselnde DJs sorgen für genügend Abwechslung. Hauptsache, das Bier ist kalt und man erkennt sich am nächsten Abend wieder.

Möbel Olfe . Reichenberger Straße 177 . 10999 Berlin

0296 BE_Städte & Touren

ZEITREISE ÜBER BERLIN

Telefon: 030/53215321
www.air-service-berlin.de

Rundflug im Rosinenbomber, Berlin

Der original Berliner Rosinenbomber

Eine Zeitreise im Original-Rosinenbomber über Berlin – für viele Menschen ist der Traum vom Fliegen auch mit der Vergangenheit verbunden.
Mit einer Douglas DC-3 wird der Traum zur Wirklichkeit. In einem der legendären Rosinenbomber findet sich der Passagier im Ambiente alter Tage wieder: Lackierung, Uniform der Besatzung, Sitzpolster – sogar an die Originalmusik hat man gedacht! Dabei dient die „Zeitreise" in der „lebenden Legende", wie die Douglas DC-3 ehrfürchtig genannt wird, allein der Unterhaltung der zahlenden Gäste: Die Rosinenbomber-Zeitreise ist eine Mischung aus Show, dem damaligen Lebensgefühl und einem originellen Flugerlebnis. Gestartet wird nirgends sonst als an historisch korrekter Stelle: am Flughafen Tempelhof, vor dessen Eingangsportalen ein Luftbrücken-Denkmal erinnert. Das Flugzeug aus den Lagerhallen in Long Island (USA) und besonders der Flughaften Tempelhof schreiben bis heute Geschichte: Mit einer Bruttogeschossfläche von 284.000 Quadratmetern zählt das riesige Flughafengebäude in Tempelhof noch immer zu den drei größten Gebäuden der Welt, neben dem Pentagon in Washington D.C. und dem Parlamentsgebäude in Bukarest; die Maschine rettete Leben und blieb nicht nur den einst von der Außenwelt abgeschnittenen Westberlinern als „Rosinenbomber" in Erinnerung. Die Douglas DC-3 ist ein Mythos, der sich ins kollektive Langzeitgedächtnis einer Nation brannte, die sich erst noch gründen sollte.

Flughafen Tempelhof . Platz der Luftbrücke . 12101 Berlin

WATERGATE, BEATS UND JAP-FOOD

www.water-gate.de

Watergate Club, Berlin

Drum'n'Bass-Club in Kreuzberg: das Watergate

Berlin ist international berühmt für seine lebendige und schnelllebige Clubszene. Seit einigen Jahren zieht das Watergate am Kreuzberger Spreeufer ein begeistertes Publikum an und gehört damit zu einer der wichtigsten Adressen im Berliner Nachtleben. Auf zwei Tanzflächen legen regelmäßig bekannte DJs wie The Hacker, Moonbootica und Miss Kittin auf, die Musik reicht von Drum 'n' Bass über House bis hin zu Electro, Minimal Techno und Acid.

Neben dem sehr gelungenen modernen Styling bietet der Club auch eine spektakuläre Aussicht auf die nachts beleuchtete Oberbaumbrücke und das Universal-Gebäude am Ufer gegenüber. Im Sommer ist die Spreeterrasse mit japanischer Küche geöffnet.

Watergate Club . Falckensteinstraße 49 . 10997 Berlin Kreuzberg

SPEKTAKULÄRE KUNST IN NACHBARSCHAFT

www.broehan-museum.de
www.smb.spk-berlin.de/smb

Bröhan-Museum und Museum Berggruen, Berlin

Das Bröhan-Museum ist ein international ausgerichtetes Spezial- und Epochenmuseum für die Kunstrichtungen Jugendstil, Art déco und Funktionalismus. Es zeigt also Schätze aus den Jahren 1889 bis 1939. Die sehenswerten Bestände des Landesmuseums gliedern sich grob in zwei Hauptsphären: Kunsthandwerk und Bildende Kunst. Bei den Sammlungen liegen die Schwerpunkte auf Arbeiten des französischen und belgischen Art nouveau, des deutschen und skandinavischen Jugendstils sowie auf Ensembles des französischen Art déco. Daneben gibt das Bröhan-Museum einer außergewöhnlich reichen Porzellansammlung bedeutender Manufakturen ein Obdach: KPM Berlin, Kgl. Kopenhagen, Meißen, Nymphenburg, Sèvres und Rozenburg, um nur die bekanntesten Manufakturen zu nennen. Weiterhin wid-

met sich das Haus den Metallarbeiten einflussreicher Künstler dieser Zeit, einschließlich wegweisender industrieller Produktion.
Die Sammlung Berggruen (offiziell: Museum Berggruen) gleich nebenan steht dem Bröhan-Museum in nichts nach: Sie ist fraglos einer der weltweit bedeutendsten Schätze der Kunst der Klassischen Moderne. Der Sammler und Kunsthändler Heinz Berggruen hat sie seiner Heimatstadt zu einem für Berlin schmeichelhaften Preis überlassen. Allesamt spektakuläre Werke von bedeutenden Malern und Bildhauern wie Pablo Picasso, Georges Braque, Alberto Giacometti, Henri Matisse und Paul Klee sind unter dem Dach eines auch architektonisch sehenswerten Gebäudes untergebracht, dem Schlüterbau. Mit der Rückkehr Berggruens nach Berlin – er verbrachte sechs Jahrzehnte im Exil – kam auch die Sammlung 1996 in die Stadt. Die seinerzeit auf 1,5 Milliarden D-Mark geschätzte Sammlung ging Ende 2000 für einen symbolischen Preis von 253 Millionen D-Mark an die Stiftung Preußischer Kulturbesitz über. Heute wird sie unter dem Titel „Sammlung Berggruen – Picasso und seine Zeit“ gezeigt.
Im Anschluss an den Besuch der beiden empfehlenswerten Kunsthäuser im Westen der Stadt empfiehlt sich eine Rast vis-à-vis im herrschaftlichen Park des Charlottenburger Schlosses, das freilich auch einen Besuch wert ist.

Bröhan-Museum . Schloßstraße 1a . 14059 Berlin
Museum Berggruen . Schloßstraße 1 . 14059 Berlin

0299 BE_Kunst & Architektur

RAUMSCHIFF GELANDET

www.icc-berlin.de

Internationales Congress Centrum, Berlin

Es war das bis dato teuerste Bauprojekt der Bundesrepublik, es ist eines der größten Kongresszentren der Welt, und es sieht aus wie kein anderes. Was das Architektenpaar Schüler & Schüler-Witte da entworfen hatte, wirkt wie ein futuristisches Raumschiff, das 1979 mitten in Berlin-Charlottenburg gelandet ist. Modernste Technik, 80 Säle, dazu nutzbare Foyers, eine Größe von 320 m Länge, 80 m Breite und 40 m Höhe – das ICC ist einzigartig. Ästhetisch ist es ein später Vertreter des Space Age mit seiner silbernen Fassade und der Soft-Optik abgerundeter Ecken im Innern. Gleichzeitig ist das ICC einer der markantesten Vertreter der Nachkriegsmoderne, die derzeit bundesweit munter zerstört wird. Auch vor dem ICC macht die Abrisswut nicht halt: Seit Jahren versuchen Berliner Politiker, einen nicht zu verantwortenden Abriss durchzusetzen; bislang ohne Erfolg, doch die Zukunft des ICC steht weiter auf der Kippe.
Wer als Besucher oder Kongressteilnehmer das ICC kennengelernt hat, kennt diese Ambivalenz: Entweder findet man es schön oder schaurig.

ICC . Messedamm 22 . 14055 Berlin

CAFÉ, CROISSANT UND CHRYSANTHEMEN

Telefon: 030/440448641
www.cafe-anna-blume.de

Anna Blume, Berlin-Prenzlauer Berg

Es gibt Cafés, in denen man gerne frühstückt; Brasserien, in denen der Lunch mittags eine Freude ist; Restaurants, in denen man gerne einen Abend verbringt, weil die Küche einfach stimmt ... und es gibt „Anna Blume". Mitten auf dem Prenzlauer Berg.
Bei „Anna Blume" ist es angenehm gemütlich, ohne „tantig" zu sein. Man kann drinnen auf den weichen Bänken unter Kronleuchtern und Wandmalereien in den kleinen Nischen versinken und draußen, markisenbeschützt wie in Paris am Bistrotisch sitzend, die Prenzlauer Szene an sich vorbeiziehen lassen.
Von draußen kann man durch die Fenster den Köchen und Bäckern in der Küche und Bäckerei bei ihrem Handwerk zuschauen und erahnen, welche Köstlichkeiten drinnen geboten werden.
„Anna Blume" ohne Blumen geht nicht: Mit einem direkten Durchgang zum Blumenladen nebenan, in dem den Kunden extravagante Sträuße gebunden werden, während sie ihren Espresso an der Theke trinken, wird das Ensemble abgerundet. Wie war noch gleich Kurt Schwitters' Hommage an Anna Blume? „O Du, Geliebte meiner siebenundzwanzig Sinne, ich liebe Dir!"

Anna Blume . Café/Restaurant . Kollwitzstraße 83 . 10435 Berlin

---

DAS PRÄSIDENTENSCHLOSS

www.bundespraesident.de

Schloss Bellevue, Berlin

Hier wohnt der Bundespräsident. Also offiziell zumindest. Seinen Namen erhielt der Amtssitz unseres Präsidenten, ursprünglich ein Lustschloss der Hohenzollern, wegen des schönen Ausblicks auf die Spree. Nach hinten heraus allerdings. Hinter und neben dem Schloss Bellevue ist es auch wirklich sehr schön, und ein Spaziergang entlang der Spree ist unbedingt zu empfehlen. Zumal das Schloss am Nordrand des Tiergartens, Berlins größtem Park, liegt und Siegessäule, Haus der Kulturen der Welt und Bundeskanzleramt auch nicht weit sind.
Deshalb unser Tipp: An einem sonnigen Tag am S-Bahnhof Bellevue aussteigen und von dort, entlang der Spree, sich dem Bellevue von hinten nähern, dann rechts hinunter, das Schloss von vorne in Augenschein nehmen (vielleicht gibt's einen Staats-

Der Amtsitz des deutschen Bundespräsidenten: Schloss Bellevue

besuch zu sehen). Anschließend entweder zurück und weiter am Ufer der Spree Richtung HKW und Bundeskanzleramt oder einfach weiter Richtung Siegessäule und sich am Grün des Tiergartens mit seinen vielen kleinen Wassern erfreuen.

Schloss Bellevue . Spreeweg 1 . 10557 Berlin

0302 BE_Kunst & Architektur

KULTURSCHWANGERE MEERESFRUCHT

Telefon: 030/397870
www.hkw.de

Haus der Kulturen der Welt, Berlin

Vor 50 Jahren entstand am Ufer der Spree die Kongresshalle, ein Geschenk der US-amerikanischen Regierung an West-Berlin. Nie um Worte verlegen, schuf der Berliner Volksmund schnell den Begriff „Schwangere Auster“, um das futuristische Bauwerk anschaulich zu beschreiben. Ursprünglich Kongresszentrum, programmatisch mit besonderem Augenmerk auf die transatlantischen Beziehungen, fanden hier schon immer neben Konferenzen und Symposien auch Theater und Konzerte statt. Durch fehlerhafte Konstruktion und Ausführungsmängel stürzte das einzigartige Dach am 21. Mai 1980 teilweise ein, wobei es sogar ein Todesopfer gab. 1987 wurde die Kongresshalle wiederaufgebaut, und seit dem Fall der Mauer beherbergt dieses architektonische Wahrzeichen der westlichen Nachkriegsmoderne das Haus der Kulturen der Welt. Dieses definiert sich selbst als „eines der führenden Zentren für zeitgenössische außereuropäische Künste und ein Ort grenzüberschreitender Projekte“. Und tatsächlich lohnt es sich immer, einen Blick auf das aktuelle Programm voll mit spannenden und ungewöhnlichen Ausstellungen, Konzerten und allen erdenklichen Veranstaltungen zu werfen.
Indessen lohnt auch der Spaziergang durch den Tiergarten zu dem wundervoll am Spreeufer gelegenen Bauwerk allein des Anblicks wegen. Vom Sommer 2006 bis August 2007 wurde das Haus der Kulturen der Welt pünktlich zum 50. Geburtstag gründlich renoviert. Die „Schwangere Auster“ strahlt wieder.

Haus der Kulturen der Welt . John-Foster-Dulles-Allee 10 . 10557 Berlin

EIN ERHABENER ABEND: DAS RESTAURANT IM FUNKTURM

www.capital-catering.de

Funkturm, Berlin

Es gibt ja einige, die glauben, Berlins Westen sei tot, doch das ist natürlich Unsinn. Im Gegenteil: Wer wirklich Stil hat, verschmäht die homogenisierten und langsam ermüdenden Trendbezirke Mitte, Prenzlauer Beg und Friedrichshain und geht nach Westen. Was dem Osten der Fernsehturm, ist West-Berlin der Funkturm, dieser kleine Eiffelturm aus Berlins goldenen Zeiten. 1926 zur Funkausstellung eröffnet – die Rede hielt kein geringerer als Albert Einstein – sendete der Funkturm 1935 das erste reguläre Fernsehprogramm der Welt. Mit Antenne ist er 150 m hoch. In 125 m Höhe befindet sich eine Aussichtsplattform, und in 55m Höhe lässt es sich vorzüglich speisen mit Panoramablick auf das futuristische Congress-Zentrum ICC und den Westen der Stadt. Die Innenausstattung wurde nach den Plänen von 1926 rekonstruiert, also klassisch-modern. Auch die „Neue Deutsche Küche" kann überzeugen. Freitags abends gibt es ein Buffet, das Ganze in mittlerer Preisklasse.

Funkturm Restaurant . Messedamm 22 . 14055 Berlin

HUNDERT JAHRE FAMILIENBAD

Telefon: 030/787325
www.strandbadwannsee.de

Strandbad Wannsee, Berlin

Das Strandbad Wannsee gehört zu den größten Binnenseegewässerbädern in Europa – und ist seit jeher eine echte Berliner Attraktion. Hundert Jahre alt ist die Badeanstalt im Jahr 2007 geworden. Das von den Gründern als „lebensreformerisches Strandbad" konzipierte Erholungsreservat wurde in den vergangenen zwei Jahren komplett saniert.
Vom Berliner Großbürgertum ehedem als „proletarisches Freibad" verunglimpft, erfreute sich das Wannseebad umso schneller großer Beliebtheit bei den arbeitenden Berlinern. Die meisten Einwohner der Hauptstadt konnten sich eine Reise in eines der mondänen Ostseebäder nicht leisten. Nun hatten sie aber die Möglichkeit, am feinkörnigen Strand in der Sonne zu liegen und im flachen Wannseewasser zu baden. Natürlich zog das für damalige Verhältnisse ungewohnt freizügige Treiben auch Schaulustige an – „Spanner" würde man diese Leute heute nennen. In erster Linie aber waren es Berliner Familien, die mit Kind und Kegel nach Wannsee pilgerten. Zwar war gemischtes Baden bis zu Beginn des 20. Jahrhunderts ein Tabu,

aber der Bann brach, und ab 1909 entstanden einige Clubs mit unmissverständlichen Namen: „Club fideler Sonnenbrüder", die „Wannseaten" und der „Arbeiter-Schwimmverband". Dem heutigen Wannseebad liegen Pläne von 1915 zugrunde. Zwölf Jahre später konnte ein modernes „Weltstadtbad" im Geiste der Neuen Sachlichkeit entstehen. Der denkmalgeschützte Gebäudekomplex (Länge: 540 Meter) wurde von 1929 bis 1930 nach Entwürfen des Architekten Ermisch und des ihm unterstellten Oberbaurates Haenisch errichtet. Den Nationalsozialisten waren das liberale Flair und die Weltoffenheit des Wannseebades zwar zuwider, schließen wollten – oder konnten – sie es aber nicht. Nach dem Krieg kam es zum baulichen Verfall; damit einher gingen rückläufige Besucherzahlen.
Die Rettung nahte in Gestalt der Deutschen Stiftung Denkmalschutz, die ein Sanierungskonzept entwickelte, das von 2005 bis 2007 umgesetzt wurde.
Im Mai 2007, pünktlich zum 100. Jubiläum, öffnete die liebste Badestelle der Berliner wieder ihre Pforten: Durchs Eingangshaus hindurch, die prächtigen, parkähnlichen Wege entlang zu den breit angelegten Abgangstreppen, hinunter und vorbei an den einzelnen Gebäudegeschossen, um ein Plätzchen an diesem malerischen Familienstrand zu ergattern, der sich zur Linken und zur Rechten erstreckt.

Strandbad Wannsee . Wannseebadweg 25 . 14129 Berlin

0305 BE_Kunst & Architektur

NAZI UND DOCH NICHT WIRKLICH NAZI

www.olympiastadion-berlin.de

Olympiastadion, Berlin

Für die Olympischen Spiele 1936 ließen die Nazis im Westen Berlins das „Reichssportfeld" anlegen, ein riesiges Areal mit Stadion, Schwimmstadion, Hockeystadion, Reiterstadion und der Langemarckhalle als Ruhmeshalle für gefallene Soldaten. Doch Hitler war nicht erfreut, als er die neuen Gebäude in Augenschein nahm – zu modern, zu schlicht. Die Dimensionen sind beeindruckend: Der ovale Bau misst 304 x 230 m, das Spielfeld ist 15 m im Boden versenkt.

Austragungsstätte des WM 2006 Finale: Olympia Stadion

Verewigt wurde die Anlage in Leni Riefenstahls Olympia-Filmen. Für die Fußball-WM 1974 wurde eine erste Teilüberdachung gebaut, und zur WM 2006 leistete man sich eine Generalüberholung mit abermals neuem Dach. Heute hat das Stadion 74.000 Sitzplätze.
Das Finale der WM 2006 wurde im Olympiastadion ausgetragen und jetzt wartet das Oval auf mehr.

Olympiastadion Berlin . Olympischer Platz 314053 Berlin

MIT DER S-BAHN ZUM BADEN

www.zehlendorf.info
www.fischerhuette-berlin.de

Schlachtensee und Alte Fischerhütte, Berlin

Der wunderbar idyllisch gelegene Schlachtensee lädt ein zum Bummeln und Baden, Rasten und Ruhen. Mit seinem stolzen Umfang von fünfeinhalb Kilometern ist der Schlachtensee in Steglitz-Zehlendorf eines der größten Badegewässer Berlins. Besonders an den Sommerwochenenden tummeln sich hier die sportlich Aktiven: Jogger und Radler umrunden den See, während das kühle Nass des gut acht Meter tiefen Schlachtensees ein sehr beliebtes Badeziel bei den Hauptstädtern ist – zumal, wie sonst fast nirgends in Berlin, ein kostenloses!

Zu erreichen ist der Schlachtensee ganz einfach mit der S-Bahn, eine gleichnamige Station macht die Anreise einfach. Direkt am Bahnhof Schlachtensee liegt auch der Paul-Ernst-Park; eine öffentliche Grün- und Erholungsanlage, die sich hangabwärts bis zum Seeufer erstreckt. Hier herrscht im Sommer Hochbetrieb, der Park wird kurzerhand zur Liegewiese. Weitere Wiesen befinden sich am Nordostufer des Schlachtensees.

Kostenloser Badespaß: der Schlachtensee

An der Ostseite liegt der unvermeidliche Bootsverleih. Nach der obligatorischen Paddeltour empfiehlt sich eine Einkehr in der „Alten Fischerhütte“, einem beliebten Lokal, auf dessen einladender Gartenterrasse es sich herrlich stärken lässt, bevor die Kinder wieder im Wasser toben. Bequem und einfach geht es zurück mit der S-Bahn in die Innenstadt.

Schlachtensee . Schlachtensee 1 . 14163 Berlin
Alte Fischerhütte . Fischerhüttenstraße 136 . 14136 Berlin

TYPISCHES BERLINER VOLKSFEST

www.deutsch-amerikanisches-volksfest.de

Deutsch-Amerikanisches Volksfest, Berlin

Eigentlich ist es ein Überbleibsel aus dem Kalten Krieg. Als die Alliierten in Berlin das Sagen hatten. Aber es findet unbeirrt weiterhin jedes Jahr im Sommer statt: das Deutsch-Amerikanische Volksfest in Zehlendorf. Thank God!

Hier handelt es sich nicht um irgendein weiteres Volksfest. Hier geht's um eine Riesenparty. The American way!
Neben dem üblichen Rummel mit Achterbahn, Karussells und Schießständen, der wohl überall auf der Welt ähnlich ist, wird hier jede Menge typisch Amerikanisches geboten. Das fängt schon mit den Hunderten von Stars-and-Stripes-Fähnchen an, die überall hängen, flattern und ständig gewedelt werden. (Das kennen wir in Deutschland eigentlich erst seit der Fußball-WM 2006.)
Dann gibt's auch noch ein amerikanisches Dorf, in dem sich der Gast mit amerikanischer Kultur – in diesem Fall besonders Ess-, Trink- und Partykultur – vertraut machen kann. Egal, wie es aussieht und schmeckt, Hauptsache, alles sieht amerikanisch aus: Original-Barbecue, riesengroße T-Bone-Steaks, Spareribs, Hot Chicken, Budweiser und alles andere Ess- und Trinkbare, auf das ein Stars-and-Stripes-Button draufpasst.
Damit es nicht langweilig wird, finden jeden Tag neue Events statt: Wahl der Miss Deutsch-Amerikanisches Volksfest, Wahl der Ballkönigin, Wahl der schönsten Harley-Davidson und so weiter and so on. Richtig ab geht's auf der Bühne im Festzelt mit Country und Western, Hilly-Billy, Rock 'n' Roll, Folksong, Rock und Pop – alles original amerikanisch, versteht sich.
Es ist ein wenig so wie Karneval: Man muss sich darauf einlassen, dann fängt es an, Spaß zu machen. Let's have a party!

Deutsch-Amerikanisches Volksfest . 14169 Berlin-Zehlendorf

0308 BE_Natur & Tiere

HIER LIEGT MIR DIE STADT ZU FÜSSEN

www.berlin.de/tourismus

Teufelsberg, Berlin

Grün ist in Berlin keine Mangelware, Berge dafür schon. Die wenigen Erhebungen, die im Stadtgebiet auszumachen sind, verdankt die Stadt zumeist einem eher unglücklichen Umstand: der Kriegszerstörung. Es handelt sich um Trümmerberge, angehäuft aus dem Tausenden und Abertausenden Tonnen Schutt der Kriegstrümmer.
Der Teufelsberg am Rande des Grunewalds ist einer davon und zugleich der höchste. Im Kalten Krieg entstand auf dem Berg eine weithin sichtbare Abhör- und Spionageanlage der US-Army und US-Geheimdienste. Heute kann man über manche absurde Story aus den Jahren nur noch lachen: „Eines Tages stellten die Techniker fest, dass sich bestimmte Signale während einer wiederkehrenden, kurzen Zeit im Jahr besser als sonst empfangen ließen. Es dauerte eine ganze Weile, bis man bemerkte, dass dies immer während des Deutsch-Amerikanischen Volksfestes der

Fall war. Das Riesenrad auf der Truman Plaza, rund fünf Kilometer südöstlich der Station, schien für bestimmte Frequenzen wie ein Verstärker zu wirken. Man ließ es daraufhin einfach ein Weilchen länger stehen ..." (aus: lostplaces.de)
Der kleine Teufelsberg nebenan bildet ein Plateau, das ein beliebtes Ausflugsziel ist, ideal, um Drachen steigen zu lassen. Gleichzeitig ist er einer der schönsten Orte in Berlin, denn er bietet einen atemberaubenden Blick auf die Stadt, die sich vor einem in ihrer ganzen Größe ausbreitet. Und in der anderen Richtung sieht man kilometerweit nichts als Natur.

Teufelsberg . Teufelsseechaussee 24 . 14193 Berlin

SCHWEINE ZUM STREICHELN

Tel.: 03328/436105
www.deutsches-schweinemuseum.de

Deutsches Schweinemuseum Ruhlsdorf

Schweinerei, saudumm, Schwein haben, Sauwetter ... Das Schwein – eine unzählige Quelle für Sprich- und Schimpfwörter, Glücksbringer und Nahrungsmittel. Sinnbild für Dummheit und Schmutz gleichermaßen. Höchste Zeit, diese Paarhufer einmal genauer unter die Lupe zu nehmen und sich eine eigene Meinung zu bilden. Schließlich ist das Hausschwein schon seit rund 9.000 Jahren das beliebteste Haustier – allerdings wird es eher zur Fleischerzeugung als zum Streicheln gehalten.
Das erste Schweinemuseum in Deutschland macht das Schwein mit einer Dauerausstellung und mit wechselnden Sonderexpositionen seit 1993 zum Star. Die Entwicklung vom Wild- zum Hausschwein wird mit historischen Fakten belegt und den Supermarkt-genervten Großstädtern die landwirtschaftliche Schweinehaltung nahegebracht. Das Museum am südlichen Rand von Berlin, direkt hinter Teltow, ist sogar per S-Bahn aus der Metropole erreichbar.
In Ruhlsdorf wurde 1918 die erste Lehr- und Versuchswirtschaft für Schweinehaltung gegründet, und exzellente Schweinemeister wurden hier ausgebildet. Die Versuchsergebnisse konnten sicherlich mit alten Vorurteilen aufräumen und beweisen, dass Schweine einen für die Tierwelt relativ hohen IQ haben und sich nur zum Schutz vor Sonnenbrand im Dreck suhlen.
Heute wird im Schweinemuseum auch die kulturgeschichtliche Bedeutung des Schweins angesprochen, und Fotoausstellungen wie „Schwein im Bild" versprechen einen modernen Touch. Aber Achtung: Vor lauter „Schweine-Sympathie" besteht die Gefahr, sich nach dem Museumsbesuch dem Vegetarismus zuzuwenden ...

Deutsches Schweinemuseum Ruhlsdorf . Dorfstraße 1 . 14513 Teltow OT Ruhlsdorf

ALLES ZUCKER

Zuckermuseum, Berlin

Telefon: 030/314275-74
www.dtmb.de/Zucker-Museum

Es regnet nicht oft in Berlin, kommt aber vor. Sie sind mit Ihren Kindern zu Besuch. Was tun? Die großen Museen sind bereits abgeklappert oder den Kleinen nicht zuzumuten.
Besuchen Sie doch einfach das Zuckermuseum! Das kostet nichts, ist mal etwas anderes und kann sogar Kinder unterhalten. Echt Zucker also.
Sammlungsschwerpunkt und einziges Thema ist, das überrascht wohl niemanden, Zucker. In elf thematischen Abteilungen staunt der Besucher darüber, was es alles über Zucker zu wissen gibt und wie vielfältig das Thema sein kann, beschäftigt man sich erst einmal damit.
Landwirtschaft, Wirtschaftsgeschichte, Volkskunde, aber auch Kunst aus Zucker sind nur einige der Aspekte, unter denen das süße Nahrungsmittel beleuchtet wird. Noch nicht überzeugt? Bei Berliner Schulklassen kommt das Museum jedenfalls ganz groß an. Nicht nur, weil der Apotheker und Chemiker Andreas Sigismund Markgraf, der 1747 den Zucker in der Rübe entdeckte, ein Berliner war.

Zuckermuseum Berlin . Amrumer Straße 32 . 13353 Berlin

SIND WIR SCHON IN ITALIEN?

Schloss Glienicke, Berlin

www.spsg.de
www.konzerte-schloss-glienicke.de

Wer nach Berlin kommt und ein bisschen Zeit mitbringt, der sollte sich eine der schönsten Attraktionen nicht entgehen lassen, die die deutsche Hauptstadt zu bieten hat: die traumhafte Havellandschaft.
Zwischen Berlin und Potsdam ist entlang dieser märchenhaften Naturkulisse eine Schlösserlandschaft entstanden, die unvergleichlich ist. In direkter Nähe zur berühmten Glienicker Brücke befindet sich das klassizistisch-italienische Schlösschen Glienicke, das sich der preußische Prinz Carl vom Architekten Karl Friedrich Schinkel bauen ließ. Der Prinz war gerade von einer Italienreise zurückgekehrt und Schinkel verstand es meisterlich, Carls Schwärmereien in Architektur umzusetzen. Wer kann, sollte eines der klassischen Konzerte im Schloss besuchen, die Augen schließen und von der Adria träumen.

Schloss Glienicke . Königsstraße 36 . 14109 Berlin

PREUSSISCHES LIEBESNEST

www.pfaueninsel.info

Pfaueninsel, Berlin

Ihr Ruf sei nicht der beste, angeblich ziehe es nur Omas dort hin, und langweilig solle sie auch sein. So ein Quatsch, Unsinn! Die Pfaueninsel ist seit Jahrzehnten eines der liebsten Ausflugsziele von Berlinern und Berlin-Besuchern. Und das zu Recht!
Neben der wunderschönen Havellandschaft, gestaltet vom berühmten Peter Joseph Lenné und den besten Gartenplanern der damaligen Zeit, bietet die vollständig als Naturschutzgebiet ausgewiesene Insel ein kleines Märchenschloss von 1797, als Liebesnest für den Preußenkönig Friedrich Wilhelm II. und seine damalige Geliebte Gräfin Lichtenau erbaut im Stil einer künstlichen Ruine, eine neogotische Meierei und natürlich die namensgebenden Pfauen, die perfekt in diese verwunschene Landschaft passen. Das ist noch nicht alles: Wem das nicht reicht, der kann auf den Spuren des Alchimisten Kunckel wandern, der hier für den Kurfürsten Glas zu Gold machen sollte.
Autos, Fahrräder, Skateboards und Hunde sind auf der Insel, die nur über eine Fähre zu erreichen ist, nicht erlaubt und so garantiert die Pfaueninsel himmlische Ruhe.

Schloss Pfaueninsel . Nikolskoer Weg . 14109 Berlin

SEIN GANZER STOLZ AM WANNSEE

Telefon: 030/80585900
www.max-liebermann.de

Liebermann-Villa, Berlin

Die Liebermann-Villa am Wannsee lockt mit paradiesischer Lage und gewährt interessante Einblicke in das Wirkungsfeld des großen deutschen Künstlers.
Zwar ließ der Maler Max Liebermann sein stolzes Sommerhaus am Wannsee schon 1909 erbauen, im Jahr 1940 jedoch wurde die Witwe Liebermanns zum Verkauf des Anwesens an die Nationalsozialisten gezwungen. Das Haus, das Liebermann zu Lebzeiten voller Stolz sein „Schloss am See“ genannt hatte, musste eine lange Phase zweckfremder und sinnleerer Nutzung erdulden.
Heute aber erstrahlen Haus und Garten wieder im Sinne des einstigen Hausherrn,

der hier abseits des Großstadttrubels entscheidende Gemälde seines Spätwerks schuf. Das restaurierte Anwesen schenkt den vielen Besuchern von nah und fern inspirierende Momente der schöpferischen Rast und Ruhe. Eine sehenswerte, wenn auch etwas knappe Dauerausstellung mit Gemälden des Künstlers bietet das Haus ebenso wie kleinere thematische Sonderausstellungen zum Werk Liebermanns. Ein den Künstler verfemender Brief eines ranghohen Nazis wird gezeigt; die Zeilen lassen den Besucher beim Lesen stocken und bilden doch den historischen Dreh- und Angelpunkt der gezeigten Exponate.
Der samt Gartenhaus nach Originalplänen und -aufnahmen rekonstruierte, vorbildlich angelegte Garten sucht besonders in seiner sommerlichen Pracht seinesgleichen – nicht nur hier in pittoresker Wannseelage.

Liebermann-Villa am Wannsee . Colomierstraße 3 . 14109 Berlin

0314 BE_Kunst & Architektur

DIE GANZE PRACHT PREUSSENS

www.schlosscharlottenburg.de

Schloss Charlottenburg, Berlin

Das größte und schönste Schloss Berlins ist benannt nach Königin Sophie Charlotte, die dadurch auch indirekt Namensgeberin für den gesamten Stadtteil Charlottenburg wurde. Das hat sie selbst jedoch nicht mehr miterlebt. Erst kurz nach ihrem Tod wurde das Dorf Lietzow gegenüber dem damals noch Lützenburg genannten Schloss von ihrem Ehemann Friedrich I. in Charlottenburg umbenannt und erhielt die Stadtrechte. Denn die Königin war es gewesen, die erst das Sommerschloss erbauen und es später zu einer repräsentativen Residenz erweitern ließ. Nach Jahren, in denen das Schloss wenig genutzt wurde, begann seine große Zeit dann unter Friederich dem Großen, der hier regelmäßig seine Hoffeste feierte. 1806, nach der Eroberung Preußens, hielten die Franzosen es zwei Jahre besetzt. Napoleon selbst übernachtete im Schloss. In den Zimmern der Königin Luise, heißt es. Die war zu jener Zeit allerdings nicht mehr dort und eine große Widersacherin des Eroberers von Europa.
Heute ist das Schloss Charlottenburg die größte Hohenzollernresidenz in Berlin. Für einen Besuch sollte man sich Zeit nehmen. Das prächtige Gebäude und der riesige Park dahinter mit seinem barocken Garten sind ein beeindruckendes, historisches Monument.
Tipp: www.koenigin-luise.com ist eine Webseite, auf der das Leben der preußischen Königin Luise äußerst spannend und lebendig erzählt wird. Auch für Nichthistoriker zu empfehlen.

Schloss Charlottenburg . 14059 Berlin-Charlottenburg

GEBALLTE LADUNG KULTUR

www.smb.spk-berlin.de

Staatliche Museen zu Berlin

Der Name Kulturforum mag wenig sexy klingen, doch dahinter verbirgt sich das geballte Kulturangebot West-Berlins an einem Ort: Philharmonie, Gemäldegalerie Alter Meister, Kunstgewerbemuseum, Kunstbibliothek, Kupferstichkabinett, Neue Nationalgalerie, Musikinstrumentenmuseum und Staatsbibliothek. So erwarten Sie hier nicht nur mehrere Millionen Bücher der Staatsbibliothek und erstklassige Sammlungen von Gemälden aus sechs Jahrhunderten, sondern auch architektonische Höhepunkte wie Mies van der Rohes Neue Nationalgalerie und Hans Scharouns Philharmonie.
Entstanden ist die Anlage als West-Berliner Gegenstück zum historischen Kulturforum auf der Museumsinsel. Eine umfassende Umgestaltung der missratenen Platzanlage wird seit Längerem diskutiert, hält jedoch keinen Berliner und Besucher davon ab, das erstklassige und internationale Kulturangebot ausführlich zu nutzen.

Staatliche Museen zu Berlin . Stiftung Preußischer Kulturbesitz .
Potsdamer Straße 50 . 10785 Berlin

NEUER GROSSSTADTSCHICK MIT ZEITGESCHICHTE

Friedrichstraße, Berlin

Was tun, wenn's in Berlin regnet? Ein Abstecher in die südliche Friedrichstraße mit dem gleichnamigen U-Bahnhof könnte genau das Richtige sein. Die weitläufigen Friedrichstadt-Passagen, unterirdisch verbunden mit den Galeries Lafayette, laden zum regensicheren Schaufensterbummel ein. Die Passagen bieten ein geschmackvolles Angebot zahlreicher Boutiquen und Shops. Vor allen Dingen lässt es sich hier wesentlich entspannter und stilvoller bummeln als in einem gewöhnlichen Shopping-Center.
In den Galeries Lafayette wird es dann meist wieder etwas hektischer. Sie sind aufgrund ihrer außergewöhnlichen Architektur mit transparenter Glasfassade und sich nach unten verjüngendem Atrium allerdings auch ein ganz besonderes Kaufhaus. Nicht zu vergessen die typisch französischen Spezialitäten und Delikatessen, die hier offeriert werden.
Wird das Wetter wieder besser, steht man vor der Wahl: noch ein Abstecher zu den Edelboutiquen im Quartier 206 gleich nebenan? Oder Großstadtfeeling genießen und die Friederichstraße hinauf- und hinunterflanieren? Schließlich ist sie Berlins

berühmteste Straße. Die allerdings bessere und schlechtere Zeiten gesehen hat: In den goldenen Zwanzigern war sie noch berühmt für ihre Theater, Cafés und Varietés, während der Teilung Deutschlands gelangten dann der Checkpoint Charlie an ihrem südlichen und der Bahnhof Friederichstraße an ihrem nördlichen Ende zu trauriger Berühmtheit. Der „Tränenpalast" war zu dieser Zeit die Abfertigungshalle für den Grenzverkehr innerhalb Berlins.

Friedrichstraße . 10117 Berlin-Mitte

FISCHERSTECHER AUF DEM PEITZER FISCHERFEST

Telefon: 035601/3440
www.fischerfest-peitz.de

Peitzer Fischerfest

Kennen Sie Peitz? Nein? Dann wird es Zeit, das schleunigst zu ändern. Die kleine Stadt im brandenburgischen Landkreis Spree-Neiße ist nämlich berühmt für ihre Karpfenzucht. Und seit den 50er Jahren feiert die Stadt an jedem zweiten Augustwochenende ihren schuppigen Exportschlager mit dem „Peitzer Fischfest". In den vergangenen Jahren entwickelte es sich zum größten Volksfest der Region mit Zehntausenden von Besuchern. Den Auftakt bildet ein abendliches „Anfischen" am Teufelsteich. Die Festbesucher geben ihre Schätzungen über die Menge der Fische ab, die aus dem Wasser gezogen werden, und wer am dichtesten dran ist, gewinnt – klar, einen dicken, lebendigen Karpfen.
Höhepunkt des Wochenendes ist aber das Fischerstechen, bei dem zwei Mannschaften in Kähnen auf dem Wasser eine Art Turnier austragen: Es gewinnt derjenige, der den anderen zuerst mit seiner Lanze in den Teich stoßen kann. Das sorgt bei den Teilnehmern für nasse Haare und bei den Zuschauern für Heiterkeit.
Natürlich gibt es auch diverse Fahrgeschäfte und eine Vielzahl von Schaustellern. Für das leibliche Wohl ist gesorgt: In verschiedenen Festzelten werden frische Fischspezialitäten angeboten, und auch der obligatorische Frühschoppen mit Blasmusik fehlt nicht.
Wer dem Festtrubel mal entkommen möchte, kann den Peitzer Festungsturm besteigen oder das Hüttenmuseum besichtigen.

Peitzer Edelfisch Handelsgesellschaft mbH . Hüttenwerk 1 . 03185 Peitz

VON BABELSBERG BIS HOLLYWOOD

Telefon: 0331/27181-0
www.filmmuseum-potsdam.de

Filmmuseum Potsdam

Sechs Filmmuseen gibt es in Deutschland – das in Potsdam lockt mit einer historischen Filmorgel, auf der Stummfilme begleitet wurden!
Das Filmmuseum in Potsdam wurde 1981 in einem Gebäude des Reitpferdestalls der Preußenkönige gegründet. Ursprünglich als Orangerie im Jahre 1685 gebaut, gab der Sanssouci-Baumeister Georg Wenzeslaus von Knobelsdorff dem Bauwerk im 18. Jahrhundert seine heutige Gestalt. Seit April 1981, damals als „Filmmuseum

der DDR“ mit einer Ausstellung über Filmtechnik eröffnet, residieren das Filmmuseum und sein gemütliches Café in dem Barockgebäude im historischen Zentrum von Potsdam am Alten Markt. Heute wirbt das Filmmuseum Potsdam damit, im ältesten Haus der Stadt zu residieren.
In seinen altehrwürdigen Mauern kann man auf Spurensuche gehen, von der ruhmreichen Babelsberger Filmgeschichte hinaus in die weite Welt bis nach Hollywood. Seit den 1990er Jahren hat sich das Studio Babelsberg zu einem hochmodernen, internationalen Produktionsstandort entwickelt. Dieser Erfolgsgeschichte widmet sich das Filmmuseum Potsdam ebenso wie auch mit spannenden Dauerausstellungen und wechselnden Themen der cineastischen Vergangenheit.
Dank stetig wachsender Sammlungen zur Babelsberger Filmgeschichte ist dieses Domizil auch eine Fundgrube für Wissenschaftler und Ausstellungsmacher geworden. Doch nicht nur die finden das Filmmuseum Potsdam toll: Rund 80.000 Menschen haben das Museum im Jahr 2006 besucht.

Alte Filmkleider im Filmmuseum Potsdam

Filmmuseum Potsdam . Breite Straße 1A/Marstall am Lustgarten . 14467 Potsdam

---

KINOLEGENDEN UND RAMBAZAMBA

www.filmpark-babelsberg.de

Filmpark Babelsberg

Hans Albers, Marlene Dietrich und Emil Jannings drehten hier vor expressionistischer Kulisse. Lang ist es her. Seit 1991 ist der Filmpark Babelsberg eine Amüsiermeile mit hohem Entertainment-Potential. Neben der historischen Studiotour und der „Schatzkammer des Films“ ziehen ein 4D-Actionkino, das Erlebnisrestaurant Prinz Eisenherz oder die Stuntshow Bartertown auch Nicht-Cineasten in ihren turbulenten Bann. Im Fernsehstudio 1 dürfen die Besucher sogar selbst vor die Kamera. Kinder finden ihr Glück im Sandmann-Haus, einer TV-Erlebniswelt auf 900 m^2. Und wer etwas abseits der Pfade trampelt, begegnet auch dem einen oder anderen GZSZ-Star.

Filmpark Babelsberg . 14482 Potsdam-Babelsberg

DIE GLÄSERNE BONBONFABRIK

Telefon: 0331/704240
www.katjes.de

Katjes-Werk, Potsdam

„Kenner kaufen Katjes“, lautete einst der Werbeslogan des Süßwarenherstellers aus Emmerich am Niederrhein. In der gläsernen Bonbonfabrik, die 2006 in Potsdam nach nur sieben Monaten Bauzeit den Betrieb aufnahm, hätten die Süßwaren-Gourmets denn auch ordentlich zu tun: 9, 4 Mio. Hartkaramellen laufen hier täglich über das Fließband, und 120 Tonnen Glukosesirup kleckern bei einer Temperatur von 140 Grad Celsius wöchentlich aus einem 6 Meter hohen Silo. 4.000 Tonnen Bonbons kommen auf diese Weise jährlich zusammen. Da Katjes sich trotz 189 Mio. Euro Jahresumsatz gern als das freundliche Familienunternehmen von nebenan präsentiert, steht die Bonbonfabrik der Öffentlichkeit offen und ist längst unter den Top Ten der Potsdamer Sehenswürdigkeiten gelandet. Das zu zwei Dritteln aus älteren Mitarbeitern bestehende Personal lässt sich eben gern über die abgearbeiteten Schultern sehen, wenn das süße Etwas plattgewalzt, gefaltet und schließlich im 120 m^2 großen Katjes-Flagship-Store feilgehalten wird. Nur das Rezept wird freilich nicht verraten. Katjes? Yes, yes, yes!

Katjes Bonbon GmbH & Co. KG . Wetzlarer Straße 96–104 . 14482 Potsdam

MIT OTTO LILIENTHAL ZUM ALTAR

Telefon: 033875/36632
www.rhinow.de

Standesamt „Lady Agnes“, Stölln, Rhinow

Das Heiraten wird doch wieder abenteuerlich: Im verschlafenen Nest Stölln wartet mit „Lady Agnes“, einem ausgemusterten Passagierflugzeug vom sowjetischen Typ Iljuschin IL-62, Deutschlands kuriosestes Standesamt auf Braut und Bräutigam. Schwindelfrei braucht man nicht zu sein, steht „Lady Agnes“ doch mit ihren drei Rädern fest auf Gottes Erdboden; einzig das Jawort ist also Grund zur Sorge. Im Cockpit lassen sich im Anschluss auch standesgemäße Fotos vom Flug ins Glück machen. Die Standesbeamten Frau Lehmann und Frau Haacke trauen sogar samstags. Echte Fliegerpaare flanieren nach getaner Tat durch die umliegende Otto-Lilienthal-Gedenkstätte.

Standesamt Rhinow . Lilienthalstraße 3 . 14728 Rhinow

0322 BB

NATURWISSENSCHAFTLICHES KINDERMUSEUM

Telefon: 0331/8773628
www.exploratorium-potsdam.de

Exploratorium Potsdam

Ein Energiefahrrad im Exploratorium Potsdam

Das Exploratorium ist ein naturwissenschaftliches Kindermuseum, das die Altersgruppe zwischen fünf und zwölf spielerisch und anschaulich an naturwissenschaftliche Grundlagen heranführt.
Durchgehend interaktiv als „Mitmachmuseum“ konzipiert, erfreut sich diese Institution großer Beliebtheit bei Jung und Alt. Von der Gravitation bis zum Magnetismus: Mit den rund 100 „So-funktioniert-die-Welt“-Exponaten leuchten physikalische Gesetze sehr schnell ein – und bleiben in Erinnerung! Das Exploratorium Potsdam wurde erst im September 2006 in Babelsberg eingeweiht und schon wenig später als einer von 365 Gewinnern des Wettbewerbs „Deutschland – Land der Ideen“ ausgezeichnet.

Exploratorium Potsdam e. V. . Wetzlarer Straße 46 . 14482 Potsdam-Babelsberg

03323 BB

LEBENDIGER FRIEDHOF

Telefon: 03329/62315
www.suedwestkirchhof.de

Südwestkirchhof, Stahnsdorf

Wenn es am Wochenende in den Berliner Parks nach Grillfleisch riecht, schreiende Kinder über die Wiesen rennen und man zum dritten Mal in ein Häufchen getreten ist, wünscht man sich mitunter sehnsüchtig weit weg in einen fernen, stillen und menschenleeren Wald ... oder auf einen ruhigen parkähnlichen Friedhof.
Der Südwestkirchhof Stahnsdorf ist so einer und zudem auch noch einer der größten Friedhöfe Deutschlands. Bis zum Mauerbau in Berlin hatte er sogar seine eigene S-Bahn, die Friedhofsbahn. Wegen der zunehmenden Überbevölkerung der Großstadt entstand 1900 das revolutionäre Konzept einer großzügigen, für die Naherholung geeigneten Begräbnisstätte. In den 20er Jahren entwickelte sich der Fried-

hof schnell zur Prominentenbegräbnisstätte mit auffälligen, reich verzierten Grabmalen und überdimensionalen Mausoleen im Stil des Klassizismus und Expressionismus, aber auch des Barock und der Gotik. Hier haben zum Beispiel Werner von Siemens, Heinrich Zille und Walter Gropius ihre letzte Ruhestätte gefunden.
Heute finden auf dem Südwestkirchhof kaum noch Beisetzungen statt. Große Teile des Friedhofs sind überhaupt nicht mehr als solcher zu erkennen, nur ein aufmerksamer Blick entdeckt noch die zugewachsenen Grabplatten am Wegrand. Besonders schön ist ein Spaziergang im Mai, wenn die vielen Rhododendron-Büsche blühen.

Südwestkirchhof Stahnsdorf . Bahnhofstraße . 14532 Stahnsdorf

0324 BB

WASSER, EINSTEIN UND FAYENCEN

Telefon: 033209/70899
www.caputh.de

Caputh, Schwielowsee

„Komm nach Caputh, pfeif auf die Welt", rief Albert Einstein einst seinem Sohn Eduard zu. Einstein hatte sich 1929 von Konrad Wachsmann ein Holzhäuschen am Waldrand des kleinen Brandenburger Örtchens errichten lassen. Das Haus gehört auch heute noch zu den Sehenswürdigkeiten Capuths, das auch durch sein Stadtschloss Berühmtheit erlangt hat: 7.000 Fayencefliesen sind hier seit den Zeiten Friedrich Wilhelms I. im Speisesaal zu bestaunen.

Die evangelische Kirche in Caputh

Die Caputher Kirche (1850), die Villen auf dem Krähenberg und die Seilfähre sind weitere Höhepunkte dieser Kleinstadt, die sich über die stolze Länge von 3,5 km an den Ufern von Templiner See und Schwielowsee ausbreitet.
Und vom Fähranleger, gleich neben dem Caputher Rathaus (in dem man übrigens auch ganz romantisch heiraten kann), kann man nach der Trauung oder auch einfach so eine wunderschöne Schiffsfahrt über die Brandenburger Seen machen.

Fremdenverkehrsamt Schwielowsee . Straße der Einheit 3 . 14548 Schwielowsee

SEGELN, GOLFEN, WELLNESS VOM FEINSTEN

Resort Schwielowsee

Telefon: 03327/56960
www.resort-schwielowsee.de

Der kleine Segelhafen vom Schwielowsee

Genug vom Berliner Underground? Man muss nicht gleich nach München reisen, um mal wieder Schick und Exklusivität hautnah zu spüren. Die idyllisch gelegene Ferienanlage Resort Schwielowsee gibt sich größte Mühe, um mit Thalasso und Co. den von Hektik und Stress geplagten Agenturbesitzern Vitalität und Entspannung zu bieten.

Luxus-Apartments mit dem Namen „Hampton" lassen schnell darauf schließen, welche Klientel das Resort Schwielowsee anstrebt. Wer weiß, vielleicht wird dies ja der neue Star-Rückzugsort? Am besten, man testet dies auf einer Hafenpromenade oder direkt an Bord, denn das Resort hat Zugang zu gleich drei Ufern: Schwielowsee, Glindower See und Templiner See. Bei diesem Trio sind die Wassersportaktivitäten natürlich ein Muss, und an hoteleigenen Liegeplätzen mangelt es auch nicht.

Die Hotelanlage wurde vom Land Brandenburg mit dem Tourismuspreis 2007 ausgezeichnet und versucht mit Stil, dem guten Ruf vorauszueilen. Ein edler Tipp – teuer und schick, aber sicher alles andere als langweilig, und es gibt garantiert einiges zu sehen!

Für einen Hauch von Glamour am Wochenende einfach die große Audrey-Hepburn-Sonnenbrille aufsetzen, den Edelbikini in die Birkin Bag packen und im Cabrio an Potsdam vorbeidüsen – in Richtung Schwielowsee.

Wer die Schickeria lieber erst einmal von Weitem beäugeln möchte, kann mit dem Wasserflugzeug der Air Service Berlin das bunte Treiben am Schwielowsee aus der Vogelperspektive betrachten.

Resort Schwielowsee . Am Schwielowsee 117 . 14542 Werder, Ortsteil Petzow (bei Potsdam)

GESCHICHTE VON JAHRHUNDERTEN

Telefon: 03372/439505
www.kloster-zinna-sommermusiken.de

Kloster Zinna

Die Zisterzienser-Mönche haben in der Mark Brandenburg, in Chorin, Lehnin und Neuzelle, ihre Spuren hinterlassen. Auch das Kloster Zinna – gegründet 1170, aufgelöst 1553 – zeugt noch heute von ihrer Lebensweise, aber auch von ihren Trinkgewohnheiten. An historischem Format gewinnt die Klosteranlage durch die 150 Häuser, die Friedrich II. bei der Stadtgründung Zinnas 1764 errichten ließ. 1864, genau 100 Jahre später, bekam der „alte Fritz" dafür ein Denkmal gesetzt. Es stand keine hundert Jahre. Die Regierenden der DDR meinten es nicht gut mit dem edlen Spender: 1949 sprengten sie das Denkmal des Preußenkönigs, wobei man die errichteten Häuser gottlob stehen ließ. Seit 1994 wacht der Denker- und Kriegerfürst wieder von seinem Podest über die ankommenden Besucher. Und nicht nur für diesen lohnt sich das Kommen: Die Klosterkirche (geweiht 1226, restauriert 2001) und die Fresken der Klosterabtei (1480, restauriert 2004) gehören zu den Prunkstücken der deutschen Gotik. Die altehrwürdige Baer-Orgel (1851, restauriert 1996) kommt alljährlich bei den „Sommermusiken" (Juni bis August) zum Einsatz, und der geistreiche „Zinnaer Klosterbruder", den die Spirituosenmischer vor den Augen der Besucher ansetzen und gerne probieren lassen, lässt es einem auch ganz warm ums Herz werden.

Museum Kloster Zinna . Am Kloster 6 . 14913 Kloster Zinna

MITTELALTERLICHE BAUTEN IN EINER FLUSS- UND SEENLANDSCHAFT

Telefon: 03381/208769
www.stadt-brandenburg.de

Brandenburg an der Havel

In Brandenburg lässt es sich trefflich auf Spurensuche im Mittelalter gehen:
Das bedeutendste Bauwerk der Stadt ist der Dom Sankt Peter und Paul, in dem 948 das erste Bistum gegründet wurde. Eine Augenweide unter den Gotteshäusern norddeutscher Backsteinbaukunst ist die St. Katharinenkirche; aber auch St. Gotthardt (erste Erwähnung bereits 1140) im Herzen der Stadt und die dreischiffige St. Nikolaikirche zählen zu den wichtigsten Sakralbauten dieser Region.
Besonderer Aufmerksamkeit erfreut sich freilich der Brandenburger Roland – er ist ein Symbol mittelalterlicher Rechtsordnung! Der 1474 aus Sandstein „jünglingshaft

gestaltete Roland" misst stolze 5,35 m und zählt zweifelsohne zu den gelungensten Figuren dieser Art im norddeutschen Raum. Auffälligstes Merkmal des reichlich bewaffneten Roland ist ein Büschel Donnerbart, das in einer Mulde auf dem Kopf der Figur wächst. Der Legende nach soll die Pflanze den Roland vor Blitzschlag schützen. Zu finden ist die mittelalterliche Statue im Übrigen am altstädtischen Rathaus, das als herausragendes Exponat gotischer Backsteinbaukunst über die Grenzen hinaus bekannt ist. In der Mitte des 15. Jahrhunderts entstanden hier zuerst die Rats- und Schreibstuben. Später, zwischen 1470 und 1480, wurde das Hauptgebäude mit dem Turm errichtet. Bis zur Vereinigung beider Brandenburger Städte 1715 war somit das Rathaus der administrative Mittelpunkt der Altstadt. Danach verlor es als Verwaltungssitz seine Aufgabe und damit an Bedeutung. Im Laufe seiner wechselvollen Geschichte wurden die Räume des Rathauses als Barchentfabrik (bis 1803), als Warenlager, Kaufhalle und Kornmagazin (bis 1819) genutzt.
Weitere kulturelle Höhepunkte im Stadtgebiet Brandenburgs sind etwa ein Dutzend Museen und Ausstellungsräume – besonders das Dommuseum und die Brennabor-Ausstellung seien dem Besucher ans Herz gelegt. Und nicht vergessen: Mindestens einen der insgesamt fünf Türme Brandenburgs besteigen! Wo sonst könnte man einen besseren Blick auf die mittelalterliche Baukunstpracht haben als etwa vom Steintorturm oder vom Rathenower Turm.

Touristinformation . Steinstraße 66–67 . 14776 Brandenburg an der Havel

0328 BB_Sport, Abenteuer & Technik

100 KM AUF ROLLEN

Telefon: 03371/643540
www.flaeming-skate.de

Skate-Bahnen, Luckenwalde

Skaten, so weit das Auge reicht, und weiter ... So oder ähnlich muss vor einigen Jahren einmal jemand gedacht und dieses Projekt begonnen haben. Fakt ist: 100 km Skate-Kurs, Strecken mit 3 Meter Breite, feinster Asphalt – das gibt es. Seit 2002 in Brandenburg. An der Strecke: 18 Rastplätze, jeweils mit Holzhütte, zusätzlich zur Skate-Bahn etwa 40 km Radwege, nur schmaler und mit etwas rauerer Oberfläche; insgesamt rund 190 km asphaltierte Wegstrecke.
Das muss doch in Skater-Ohren wie Musik klingen und Radfahr-Fans begeistern. Das Beste allerdings ist: Die 100 km Skate-Kurs führen durch abgasfreie Natur, unbehelligt von Autos, Motorrädern und Ampeln, quer durch das Urstromtal und den Niederen Fläming.
Das sind einfach ideale Bedingungen, um ein Ründchen zu drehen, Kilometer abzureißen, entspannt längere Strecken ohne störende Stopps zu radeln oder gar hart zu trainieren. Hier ist für jeden die passende Strecke dabei, für Anfänger und Fortgeschrittene, mit oder ohne Übernachtung.
Skater und Radler fahren durch Wiesen, Wälder und Felder, an Dörfern, kleinen Städten, Seen, historischen Mühlen und Kirchen vorbei. Wer da nicht mal neugierig Halt machen möchte, der kann natürlich durchrollen. Für die anderen – und für die,

denen die Puste ausgeht – gibt es Rastmöglichkeiten und Hotels, die besonders auf Skater und Radler eingestellt sind. In den kleinen Städtchen mit den malerischen, historischen Stadtkernen, wie Luckenwalde und Jüterbog, haben Sportgeschäfte sogar einen eigenen Reparaturservice eingerichtet.

Fläming-Skate GmbH . Zinnauer Straße 31 . 14943 Luckenwalde

HANSESTADT, GRENZSTADT

Telefon: 0335/32 52 16
http://www.frankfurt-oder-tourist.de

Frankfurt an der Oder

Für viele Menschen ist es einfach nur das „andere“ Frankfurt. Dabei tut man der Stadt an der Oder Unrecht, wenn man sie so sehr in den Schatten ihrer Namensvetterin am Main stellt. Denn die Hansestadt kann auf eine bewegte und interessante Geschichte zurückblicken. 1253 bekam die Kaufmannsniederlassung an der Oder Stadtrecht verliehen, wuchs zu einer blühenden Handelsmetropole heran und besaß seit April 1506 sogar eine eigene Universität, die Viadrina. Zu den später prominenten Studenten zählte der Humanist Ulrich von Hutten. Heute wird die Europa-Universität Viadrina von Professorin Gesine Schwan geleitet, die vor einigen Jahren Berühmtheit erlangte, als sie für das Amt des Bundespräsidenten kandidierte. Im Zuge der Universitätsgründung im 16. Jahrhundert verboten die Stadtoberen übrigens, Vieh frei herum laufen zu lassen. Dies geschah allerdings nicht aus Sorge um die Gesundheit der Akademiker, sondern hatte ganz andere Gründe: Man wollte verhindern, dass die Studenten ihren Schabernack mit den armen Tieren trieben, wenn sie einen über den Durst getrunken hatten.

Später musste Frankfurt an der Oder den Dreißigjährigen Krieg und die Napoleonischen Kriege über sich ergehen lassen, da die Stadt wegen ihrer verkehrsgünstigen Lage nicht nur als Handelsstadt, sondern auch als Militärstadt genutzt wurde. Dies sollte sich auch in der Neuzeit fortsetzen, als sich 1913 der Frankfurter Luftflottenverein gründete und ein großer Flugstützpunkt eingerichtet wurde. Schwer gebeutelt verlor Frankfurt nach dem 1. Weltkrieg nicht nur diesen Stützpunkt, man musste auch die Last zehntausender Flüchtlinge aus Gebieten tragen, die an Polen verloren gingen.

Im 2. Weltkrieg blieb die Hansestadt bis 1945 fast völlig unbeschädigt, bis die Innenstadt bei der Großoffensive der Roten Armee in Richtung Berlin nahezu komplett zerstört wurde. Dieser Angriff prägt das Stadtbild bis heute, da die meisten historischen Gebäude ihn nicht überstanden haben. Aus der Zeit als Hansestadt gibt es heute aber noch zwei wunderschöne Bauten zu besichtigen. Die Marienkirche gilt als größte Backsteingotik-Hallenkirche Deutschlands und wurde seit 1979 nach der Zerstörung im Krieg rekonstruiert.

Seit 2002 sind auch die von russischen Soldaten verschleppten, einzigartigen Bleifenster wieder nach Frankfurt zurückgekehrt. Einige der 111 wertvollen Stücke werden ausgestellt, die anderen fachkundig restauriert. Ein absolutes Muss sind die farbig leuchtenden Glasmalereien in der Kirche. Detailliert wird hier eine biblische Geschichte erzählt, weshalb man von der berühmten „Bilderbibel" spricht. Das andere Gebäude aus der Hansezeit ist das Rathaus, ebenfalls ein sehr sehenswerter Bau aus rotem Backstein.

Die St. Marienkirche in Frankfurt an der Oder

Die grüne Lunge der Stadt ist der fast 9 Hektar große Lennépark. Die unter Denkmalschutz stehende Anlage wurde 1834 bis 1845 auf Initiative der Frankfurter Bürger ins Leben gerufen. Der preußische Landschaftsarchitekt Peter Joseph Lenné plante hier einen der ersten Bürgerparks in Deutschland. In unmittelbarer Nähe zur Stadtmauer findet man hier eine liebevolle Anlage mit einem großen Teich in der Mitte, der von der malerischen Schwanenbrücke überquert wird. Kulturell stützt sich Frankfurt an der Oder vor allem auf den berühmtesten Sohn der Stadt: Heinrich von Kleist wurde hier 1777 geboren. Das Geburtshaus wurde im 2. Weltkrieg zwar zerstört, dennoch erinnern die Kleist-Gedenk- und Forschungsstätte sowie das Kleist-Museum an den Dichter und Dramatiker. Geehrt wird er in jedem Sommer mit den Kleist-Festtagen, einem Theater- und Literaturfestival. Seit 1999 führt Frankfurt an der Oder darüber hinaus den Namenszusatz „Kleiststadt". Bei so viel Kleist stellt sich natürlich die Frage, ob die Stadt kulturell sonst nichts zu bieten hat. Damit würde man den Frankfurtern und der regen Kulturszene dort aber genauso Unrecht tun, als würde man die Stadt an der Oder in den Schatten der Stadt am Main stellen.

Tourismusverein Frankfurt (Oder) . Karl-Marx- Straße 9 . 15230 Frankfurt

---

0330 BB_Gärten, Parks & Landschaften

GANZ IM OSTEN

Oderbruch

Telefon: 03346/849808
www.oderbruch-tourismus.de

Erst einmal vorab: Es heißt nicht der, sondern „das" Oderbruch. Und das ist eine sehenswerte Landschaft am unteren Teil der Oder, Landkreis Märkisch-Oderland. Noch anders: Nördlich von Frankfurt an der Oder erstreckt sich das Oderbruch über Seelow bis nach Bad Freienwalde, immer am Grenzfluß nach Polen, der Oder, entlang.

Heute wird im Oderbruch und dem Lebuser Land zweierlei garantiert: Ruhe und Erholung. Ob zu Fuß, per Rad oder mit dem Kanu auf der ruhig, fast träge dahinflie-

ßenden Oder – die prächtige Flora und Fauna beeindruckt den Besucher vom Wasser und zu Land. Dazu kommt die Gemächlichkeit, mit der das Leben hier abläuft. Das Landschaftsbild des Oderbruchs entstand durch die Begradigung des Flusses im 18. Jahrhundert, energisch vorangetrieben durch die preußischen Könige. Aus einer unwirtlichen, wüsten Sumpflandschaft, die regelmäßig durch die Oder überschwemmt wurde, entstand durch planvolle Entwässerung eine einmalige Kulturlandschaft. In diesem Landstrich spielte sich wenige Wochen vor Ende des 2. Weltkriegs ein grauenvolles Drama ab, das unter dem Namen „Die Schlacht um die Seelower Höhen" in die Geschichte eingehen sollte. Insgesamt 75 Kriegräberstätten und Mahnmale zeugen von den ungeheuren Verlusten auf beiden Seiten, auf 100.000 gefallene Soldaten geschätzt. Die Gedenkstätte in Seelow versteht sich als Lernort über die Ursachen von Krieg und dessen Folgen.
Als wäre man daraus nicht klug geworden, wurden in den Jahrzehnten danach weitere militärische Objekte in die geschundene Landschaft gesetzt: Die Bunkeranlage Harnekop wurde zu einem der bestgehüteten Staatsgeheimnisse der DDR als Führungsbunker im Kriegsfall. Die Bunkeranlage Falkenhagen, von den Nazis als Giftgasanlage gebaut, wurde vorgelagerter Gefechtsstand des Warschauer Pakts. Schließlich das NVA-Geheimprojekt „Tushurka", eine in einem Bunker im Semmelberg versteckte und von einem 20.000 Volt-Zaun geschützte Nachrichteneinheit, die, von der Wende überrascht, nie zum Einsatz kam. Die Bunker kann man heute besichtigen.
Doch diese tragischen Facetten des Oderbruchs werden durch seine sanfte Schönheit wieder ausgeglichen. Man kann auf den Spuren Bertolt Brechts wandern, Schlössertouren durch den Osten Brandenburgs unternehmen oder mit einem Packpferd durch die eiszeitlich geprägte Oderniederung wandern.

Tourist-Information Oderbruch e. V. . Berliner Straße 1–3 . 15306 Seelow

0331 BB_Sport, Abenteuer & Technik

EDLES UND UNEDLES GEBLÜT ZUM KLEINEN PREIS

Telefon: 03342/38930
www.hoppegarten-galopp.de

Galopprennbahn Hoppegarten

Mit Pauken und Trompeten läuteten Kaiser Wilhelm I. und Reichskanzler Otto von Bismarck 1868 das erste Pferderennen in Hoppegarten ein. Danach standen Pferdenarren, Hasardeure und die feinen Damen und Herren der Gesellschaft Schlange, um hutschwenkend an den Wettbewerben um den Großen Preis von Berlin, den Preis der Diana oder die „Goldene Peitsche" teilzunehmen. Blutärmer in vieler Hinsicht wurde die Geschichte des Hoppegartens von 1945 bis 1989, als die VE Rennbetriebe die Galopprennbahn übernahm und die edlen Gestüte und hochkarätigen Trophäen in den goldenen Westen abwanderten. Bis heute hat sich die einst so legendäre Rennstrecke – trotz eines vielversprechenden Auftaktes 1990 vor 45.000 Besuchern – ökonomisch nicht ganz erholen können. Noch immer bemühen sich der Rennverein Hoppegarten und die Treuhand vergeblich um einen potenten Investoren. Dem Spaß am Pferderennen tut dies jedoch keinen Abbruch, im Gegenteil: Die leicht marode Anlage und das nicht selten durchaus unzünftig erscheinende Publikum verleihen der Galopprennbahn Hoppegarten den skurrilen Charme improvisierter Dekadenz nach launiger Hausmacherart. So wird auch bei verlorener Wette jeder Besuch zum unverzichtbaren Erlebnis.

Galopprennbahn Hoppegarten . Rennbahnallee/Frankfurter Chaussee . 15366 Hoppegarten

0332 BB_Sport, Abenteuer & Technik

SANDKASTENSPIELE IM GROSSEN STIL

Telefon: 033434/8967
www.baggerland.de

Baggerland Herzfelde

Wer im Berufsalltag höchstens auf die Computertastatur hämmern darf und allenfalls im Buddelkasten des Nachwuchses das Schäufelchen schwingt, für den ist die Idee der Bauunternehmer aus dem brandenburgischen Herzfelde vielleicht genau das Richtige: einmal mit richtig großen Maschinen nach Herzenslust einfach so in der Erde zu buddeln.
Im Baggerland Herzfelde, nur 5 km vom Berliner Ring A10 entfernt, steht für diesen Zweck extra ein kleiner Fuhrpark bereit: zwei kleinere Maschinen zum Aufwärmen, ein 5-Tonnen-Radlader und ein 30-Tonnen-Kettenbagger, der von Nahem wirklich wahnsinnig groß aussieht – das alles einfach so, zum Spaßbaggern. Gebaggert wird, solange Boden und Wetter es zulassen, also von April bis Oktober. Auf einem Grundstück, das vorwiegend aus zahlreichen Kieshaufen und Gruben besteht, können Damen und Herren ab 16 Jahren Löcher schaufeln, wieder zuschütten und einfach mal so richtig den inneren Bauherren rauslassen. Kinder dürfen natürlich auch ran, sollten aber ihre Eltern mitbringen. Und keine Angst, so kompliziert ist das Baggern gar nicht: Nach einer kurzen Einweisung durch die Mitarbeiter baggern die meisten fröhlich drauflos und verdienen sich ganz schnell ihr „Bagger-Diplom".

Baggerland Herzfelde . Ahornstraße 3 . 15378 Herzfelde

0333 BB_Kunst & Architektur

HAUS AM SEE

Telefon: 033433/57314
www.haus-tornow-am-see.de

Haus Tornow am See, Bollersdorf

Von der Mondäne zur „Postmondäne": Die Geschichte des Hauses Tornow ist knapp, aber bewegt. 1908 vermachte die Gräfin von Itzenplitz ihrem Neffen Wilhelm von Oppen ihr idyllisches Anwesen samt Herrenhaus. Von Oppen errichtete hier das mondäne Haus Tornow. Doch schon die Inflation machte dem herrschaftlichen Treiben ein Ende: Das Haus Tornow wurde Verbandsheim, dann Lazarett und 1946 zum Waisenheim umfunktioniert. In den Sechziger Jahren wurde das Herrenhaus schließlich abgerissen, und 2000 übernahm der psycho-soziale Träger „Prenzl Komm“ das Haus von Oppens und funktionierte es im Zuge sozialer Rehabilitationsprogramme mit Hilfe von Laien zu einem Gästehaus um. Mit scharfem Auge für Schönes und Skurriles gestaltete das Team die Suiten als „Mädchenzimmer“, „Orientzimmer“ oder „Cuba Libre“. Mit Billardtisch, Zigarrenlounge, Sauna, Tulpenbaum, Bootssteg und Seeterrasse wurde darüber hinaus ein ganzer Batzen mondän-antiken Charmes hinzugefügt, dem es dank der immerwährenden Bauarbeiten vor Ort auch nicht an Absurdität mangelt. Kein Wunder, dass Hochzeitspaare, Jubilare und Geburtstagskinder lieber im Haus Tornow feiern, als sich ihren Prosecco in der Marmorlounge des Hilton reichen zu lassen, von den Preisen (20–40 Euro pro Nacht) einmal ganz abgesehen. Wer indessen gerade nichts zu feiern hat, kann sich auch als Durchgangsreisender von den Annehmlichkeiten dieses wahren Kleinods der Märkischen Schweiz überzeugen. Schließlich sind mit der Kneipp-Kurstadt Buckow samt Brecht-Weigel-Haus und einer historischen Eisenbahn, dem Schermützelsee, den Buckelbergen und dem Naturpark Märkische Schweiz prominente Ziele zu Fuß erreichbar.

Haus Tornow am See . Am Tornowsee 1d . 15377 Bollersdorf

0334 BB_Gärten, Parks & Landschaften

JEEPSAFARI ÜBER STOCK UND KALKSTEIN

Telefon: 033638/77445
www.museumspark.de

Museumspark Rüdersdorf

Am südöstlichen Rand Berlins befindet sich das größte Kalksteinvorkommen Norddeutschlands. Schon die Germanen haben hier Kalk gebrannt. Ihre Spuren sind heute noch zu sehen. Aber richtig los mit dem Abbau ging es mit den ersten „Steinbrechersiedlungen“. Wenn die Arbeiter mit den Stein- und Kalklieferungen nicht mehr nachkamen, schickten die preußischen Könige ihre Kriegsinvaliden. Gegen Haus und Lohn wurden sie als Bergarbeiter im Tagebau „zwangsverpflichtet“. So findet sich Kalkstein, Branntkalk und Zement aus Rüdersdorf im gesamten Stadtgebiet Berlins wieder, etwa in den Fundamenten des Brandenburger Tors, des Reichstags und im Mauerwerk der Marienkirche.
Mit dem Einsatz von Sprengstoff kam eine neue Dimension: jetzt wurde in Rüdersdorf in großem Stil abgebaut. Eine riesige weiße Landschaft entstand mit teilweise gefluteten Becken, die voller Wasser standen. Das sah derart bizarr aus, dass der Stummfilm in den 1920er Jahren die weiße Landschaft als Filmkulisse entdeckte: Ernst Lubitsch, Pola Negri, Lil Dagover, Hans Albers und viele andere Stars drehten hier.

Heute sind die technischen Anlagen, wie die historischen Rumford-Brennöfen und die riesige Schachtofenbatterie zum Weltkulturerbe erklärt worden und können im Museumspark besichtigt werden.
Die Rüdersdorfer Grube ist auch der einzige oberirdische Zugang zu einer Lagerstätte des Erdmittelalters. Der 240 Millionen Jahre alte Muschelkalk enthält sogar Versteinerungen von Saurierknochen und Haifischzähnen und führte zur Begründung der heute noch gültigen Eiszeittheorie.
Nach der Wende wurde das Gelände des Tagebaus, der Rüdersdorf die größte Staubbelastung in der DDR bescherte, renaturiert. Heute bietet es nicht nur Lebensraum für mehrere vom Aussterben bedrohte Fledermausarten, sondern ist auch ein schönes Ausflugsziel vor den Toren Berlins. Am coolsten besichtigt man den „Grand Canyon von Brandenburg" motorisiert und mit viel Karacho. Dafür kann man einen Landrover samt Fahrer mieten, der an der Bruchkante des bis zu 60 Meter tiefen aktiven Tagebaus entlang und auf staubigen Wegen kreuz und quer durch die Grube holpert. Nervenkitzel und Geschichtsstunde werden so miteinander verbunden, und vielleicht ändert der eine oder andere der jüngeren Besucher nach der Besichtigung der riesigen Fördergeräte und Maschinen noch den Berufswunsch.

Museumspark Rüdersdorf . Heinitzstraße 45 . 15562 Rüdersdorf

0335 BB_Sport, Abenteuer & Technik

ABSOLUT NICHT NEBEN DER SPUR

Telefon: 03377/3300850
www.erlebnisbahn.de

Draisinenfahrt Zossen-Jüterbog

Die „Dinger" sind eigentlich so alt wie die Eisenbahn selbst. Und heißen Draisine. „Ein mit Muskelkraft betriebenes Laufrad", erfunden von Karl Friedrich Freiherr Drais von Sauerborn, im Jahre 1817. Aha, daher der eigentümliche Name. Durch die Muskelkraft seiner Arbeiter vorwärtsgehebelt und auf seinem gerade entwickelten Gefährt sitzend, genoss der Freiherr des Öfteren schöne Schienen-Ausflüge. Die Eisenbahngesellschaften wurden schnell auf dieses seltsame, doch ökonomische Schienengefährt aufmerksam, genauso die Post. Absolut spurtreu, kam daraufhin so mancher Bahn- und Postbeamte durch emsiges Auf- und Niederdrücken des Schwunghebels auf maximale 25 km pro Stunde und ziemlich erschöpft an sein Ziel.
Inzwischen fahren sie wieder, die „Schnelllaufmaschinen" des Freiherrn Drais von Sauerborn. Und versprühen Eisenbahnromantik auf den etwa ein Dutzend Draisinenstrecken in Deutschland, natürlich nur an stillgelegten Streckenabschnitten der Bahn. Ob Vatertagstour oder Familienausflug, man kommt garantiert am Bestimmungsort an. Verfahren kann man sich ja nicht. Und Diskussionen über die

garantiert bessere „Abkürzung“ gibt es auch nicht. Die Lenker sind eher zum Festhalten da.
Der Zossener Bahnhof in Brandenburg hat schon so manche illustre Gruppe starten sehen. Auf den Wagen passen neben den kräftigen Leuten an den Hebeln auch noch ganze Großfamilien mit Oma, Opa, Hund und Katze. Oder Kegelclubs. Das Topmodell schafft locker bis zu 14 Personen. Und ein paar Kästen Bier. Selbst bei Regen fällt die Fahrt nicht ins Wasser, da es extra eine ausrollbare Plane als Schutz gibt. Mit Warnwesten und Fahnen ausgerüstet, müssen zwischendurch die Straßenübergänge gesichert werden.
Über 25 Kilometer geht es so durch den „Fläming“, früher ein Gelände für Schießübungen der Preußen, heute eine malerische Landschaft.
Tipp: Besonders schön und romantisch, deshalb auch beliebt, sind die fackelbeleuchteten Nacht- und Barbecue-Fahrten.

Erlebnisbahn GmbH & Co. KG . Am Bahnhof Mellensee 3 . 15838 Am Mellensee

0336 BB_Lifestyle & Szene

ALLTAG IN DER DDR

Telefon 03364/417355
www.alltagskultur-ddr.de

Dokumentationszentrum Alltagskultur der DDR, Eisenhüttenstadt

Vier Jahre war die Mauer 1993 „auf“, da gründete man schon ein Museum, das seinen Besuchern die Alltagsgeschichte und Alltagskultur des „Ostens“ (West-Jargon), also der „Republik“ (Ost-Sprache), nahebringen soll. Viele Bürger der untergegangenen DDR wollten gerne alles hinter sich lassen und zur Geschichte erklären, um sich auf den Weg in den „goldenen Westen“ zu machen. Und die „Wessis“ hatten kaum eine Vorstellung davon, was sich in den vier Jahrzehnten so abgespielt hatte, „drüben“, auf der anderen Seite, hinter der Mauer.
So machte man sich daran, Belege für 40 Jahre Alltagskultur der DDR zu sammeln. Die meisten Ausstellungsstücke sind Geschenke, und es entstand eine erstaunliche Sammlung von über 50.000 Objekten, ausgestellt auf 400 Quadratmetern. Zu jedem Objekt gibt es menschliche Bezüge und Erfahrungen oder eine ganz alltägliche Geschichte, die jedes Exponat für den Besucher lebendig werden lassen.
Interessantes und Unterhaltendes bietet zusätzlich eine Reihe von Publikationen, wie zum Beispiel das „ABC des Ostens“ mit seinen vergnüglichen 26 Objektgeschichten. Hier erfährt man, dass Rondo-Kaffee stilecht aus einer Colditz-Tasse getrunken und dazu die unvergessene „Juwel“ geraucht wurde. Von Handcremes über Fernseher bis zu Nähmaschinen und endlos viele Dinge mehr – die Sammlung „Alltagskultur der DDR“ ist mal spannend, mal erfrischend lustig und auch mal ernst. Auf jeden Fall gibt es bei einem Besuch noch sehr viel zu entdecken.

Dokumentationszentrum Alltagskultur der DDR . Erich-Weinert-Allee 3 . 15890 Eisenhüttenstadt

FEUCHTE TROPEN IM MÄRKISCHEN SAND

Telefon: 035477/605050
www.tropical-islands.de

Tropical Islands, Brand/Niederlausitz

Es war der frühere malaysische Kreuzfahrtmanager Colin Au, der sich in der 107 Meter hohen ehemaligen Cargo-Lifter-Halle in Krausnick einen Lebenstraum erfüllte. Für 17,5 Millionen Euro erstand er zusammen mit dem malaysischen Multi Tanjong das Anwesen und eröffnete ambitioniert 2004 mitten im märkischen Sand den größten Wasser- und Freizeitpark Europas. Im Spätsommer 2005 nahm Au seinen Abschied, nicht zuletzt, da noch immer unklar ist, ob sich die Brandenburger Tropenvision zur größten Investment-Katastrophe oder langfristig zu einem der innovativsten ökonomischen Geniestreiche entwickeln wird. Daher ist ein baldiger Besuch in den Tropical Islands auch dringend geraten und mit 25 Euro Tagespreis zudem erschwinglich. Mit lupenreinen Superlativen wird keinesfalls gegeizt: Der weltgrößte Indoor-Regenwald, Deutschlands größte Wasserrutsche und die größte Halle der Welt haben im Tropical Island ihr Zuhause gefunden. Und auch das Tropendorf, die Bali-Lagune und die eigens eingelassene Mini-Südsee mit ihrem 7 Meter breiten Sandstrand und mehreren Hundert Liegestühlen dürften international nur wenig Konkurrenz haben. Das Entertainment-Programm reicht vom Tropino Kinderclub bis zur großen Abendshow mit Akrobatik-Größen wie Alexander Sharkow, der auch schon im Circus Roncalli die Glieder verdrehte.

Tropical Islands . Tropical-Islands-Allee 1 . 15910 Krausnick

WERDEN SIE DOCH MAL KORNKÖNIGIN!

Telefon: 035452/647
www.brennerei-sellendorf.de

Kornbrennerei Sellendorf

Es muss nicht immer Champagner, Cognac oder russischer Vodka sein – der Spreewald hat auch etwas für die neuen Sommercocktails zu bieten, und zwar deutschen Korn. Die Kornbrennerei Sellendorf ist die perfekte Anlaufstelle, um den traditionsreichen Weizenkorn sowie modernere Derivate, wie den hauseigenen Cappuccino-Likör, mal vor Ort zu verkosten.

Nach einer Führung und Besichtigung der Brennerei ist man über die alte Brenntechnik nämlich genauso gut aufgeklärt wie über die Vielfalt der Kornsorten. Mit dem neu erworbenen Wissen als Korn-Kenner kann man auf dem Gut bei einem Gläschen Schnaps schon mal für den nächsten Smalltalk zu Hause üben.

Das Brennrecht für die Brennerei Sellendorf besteht seit 1786 und erlaubt den heutigen Betreibern die Fortführung des Handwerks. Die damalige preußische Kartoffelbrauerei ist noch gut erhalten. Doch das Schloss und Gut dieser ehemals sehr beeindruckenden Anlage existieren leider nicht mehr. Die Erinnerung daran könnte man höchstens noch in der Dichtkunst von Ernst von Houwald finden, der ab 1806 mit seiner Frau Auguste und zahlreichen Kindern im Schloss Sellendorf lebte. Titel seiner Erzählungen wie „Romantische Akkorde“ könnten auf die idyllische Atmosphäre von Gut Sellendorf zurückzuführen sein. Und wer weiß, vielleicht wird man nach einigen „Sellendorfer Doppelkorn“ bei seinem Ausflug sogar selbst zum Dichter.
Damit sich die Reise richtig lohnt, sollte man das alljährliche Brennerfest besuchen. Als besonderes Highlight wird bei dieser Gelegenheit die neue Kornkönigin gewählt. Eine Bewerbung für diese Wahl ist allemal zu empfehlen, denn neben dem Krönchen kann man sicherlich auch einen Kasten Korn mit nach Hause nehmen ...

Brennerei Sellendorf . Dorfstraße 29 . 15938 Steinreich

FAHRSTUHLFAHREN MIT DEM SCHIFF

Telefon: 033362/215
www.schiffshebewerk-niederfinow.de

Schiffshebewerk Niederfinow

Europas größter Schiff-Fahrstuhl: Schiffshebewerk Niederfinow

36 Meter Höhenunterschied muss ein Kapitän mit seinem Schiff überwinden, um vom Niveau der Oder auf das am höchsten gelegene Teilstück des Oder-Havel-Kanals (erbaut 1914) zu gelangen. Erstaunlicherweise gelingt dies dank findiger Konstrukteure seit 1934 in nur fünf Minuten: Das Schiffshebewerk Niederfinow fungiert dabei als „Schiffsfahrstuhl“, der die jährlich einlaufenden 11.000 Schiffe von einem Wasserniveau zum nächsten befördert. Die Prozedur ist ein Schauspiel, das auch Landratten sich nicht entgehen lassen sollten. Das Hotel am Schiffshebewerk und das Schiffer-Café bieten hierfür die ideale Plattform. Zumal die Natur das technische Wunderwerk im Laufe der Zeit fast integriert hat in die Landschaft des Eberswalder Urstromtals zwischen Oderbruch und Barnim.
Das Schiffshebewerk ist täglich von 9 Uhr bis 18 Uhr in Betrieb. 2006 hat man nicht nur die rauf- und runtergehobenen Schiffe gezählt, sondern auch die staunenden Besucher: 500.000 waren es!

Schiffshebewerk Niederfinow . Hebewerkstraße . 16248 Niederfinow

DAS SIND DOCH BLOSS TÖPPE ...

Telefon: 03304/3980-0
www.hedwig-bollhagen.de

HB-Werkstätten für Keramik, Oberkrämer/Marwitz

„Kunst? Ach ja, manche nennen es so. Ich mache Teller, Tassen, Kannen ..." Understatement war seit ehedem das Lebensmotto Hedwig Bollhagens (1907–2001). Entsprechend ist der Name der wohl populärsten „Bauhaus-Keramikerin" auch nur den wenigsten geläufig, wenngleich die Hannoveranerin 1997 sogar mit dem Bundesverdienstkreuz ausgezeichnet wurde. Weltberühmt ist aber ihr Geschirr, das die Küchen von Normalverbrauchern und Designfreaks ziert. Ob die eher massenkompatible, freundliche blauweiße Reihe (Dekor 137) oder die klassischen, schwarzweißen Linien der 600-Serien: Ein Stück Bollhagen gehört heute in jede gut sortierte Wohnung. Grund genug, die Geburtsstätte der hauseigenen Keramik einmal aus nächster Nähe zu betrachten. Die 1934 gegründeten und seit 2001 von Heidi Manthey geführten HB-Werkstätten bieten einen anschaulichen Einblick in das oft unterschätzte Kunstgewerbe der Keramik: Handgeformt, handbemalt und doppelt im Ofen gebrannt entstehen hier unter den Augen der Besucher täglich kleine Armeen aus Vasen, Tassen, Kannen, Schüsseln und Tellern. Die Werksbesichtigung findet jeden letzten Mittwoch im Monat statt. Der Werkstattverkauf ist Mittwoch von 9 bis 17 Uhr, Samstag von 10 bis 14 Uhr geöffnet.

HB-Werkstätten für Keramik GmbH . Hedwig-Bollhagen-Str. 4 . 16727 Oberkrämer/Marwitz

KAHLBUTZ, RITTER UND SCHWERENÖTER

Telefon: 033970/13535
www.toepferhof-kampehl.de/site_6.html

Kahlbutzgruft, Neustadt (Dosse)

Ein brandenburgischer Ritter, eine einzigartige Berühmtheit: Der Leichnam Christian Friedrich von Kahlbutz' blieb der Nachwelt ohne Mumifizierungsverfahren erhalten! Kein Wunder also, dass der einst stolze Ritter heute eine Touristenattraktion im Brandenburger Land ist. Dem „Ritter Kalebuz", wie er im Volkmund auch genannt wurde, haben kluge Köpfe eine Legende angedichtet. Zur Mumifizierung ohne entsprechendes Präparationsverfahren soll es, der Überlieferung nach, wegen eines Schwures gekommen sein; Ritter Kahlbutz vor dem Gericht: „Wenn ich doch der Mörder bin gewesen, dann wolle Gott, soll mein Leichnam nie verwesen." Was war geschehen? Ritter Kalebuz übte recht häufig das im Feudalismus übliche „Recht der ersten Nacht" aus. Im Zuge der Ausübung dieses Rechtes forderte Kahlbutz im Juli 1690 die Entjungferung der Braut eines Schäfers aus Bückwitz ein. Da sich diese ihm jedoch verweigerte, erschlug der Ritter den Schäfer, als dieser seine Schafe über die Felder des Ritters trieb. Zwar gab es für den Mord keine direkten Zeugen, aber jeder in der Region will gewusst haben, wie es dazu kam. Also beschuldigte die trauernde Schäfersbraut Maria Leppin den Ritter Kahlbutz vor Gericht der grauenvollen Tat. Im Jahre 1690 wurde ihm in Dreetz bei Neustadt der Prozess gemacht. Als Adeliger hatte man jedoch lebensrettende Sonderrechte – mit einem „Reinigungseid" verstand es Ritter Kahlbutz, sich von der Schuld freizusprechen. Sofort wurde er auf freien Fuß gesetzt! Ritter Kahlbutz starb im Alter von 52 Jahren an einem Blutsturz und wurde in einem Doppelsarg in einer Patronatsgruft beigesetzt. 1783 starb der letzte der von Kahlbutz, was dazu führte, dass das Gut mehrfach den Eigentümer wechselte. Als 1794 die Kirche von Kampehl renoviert wurde, wollte man die Särge im Gruftanbau wie üblich beisetzen. Als die Särge geöffnet wurden, fiel auf, dass alle Leichen verwest waren. Alle? Nicht die des Ritters Kahlbutz! Die Grabstätte des Mannes, dem heute elf eheliche Kinder belegt und mindestens 30 uneheliche nachgesagt werden, wurde so zur Touristenattraktion.

Kahlbutzgruft . Kampehl 24 . 16845 Neustadt (Dosse)

0342 BB_Kunst & Architektur

Telefon: 033971/54782
www.luegenmuseum.de

1001 PHANTASTEREIEN AUF EINEM FLECK

Das Lügenmuseum in Kyritz-Gantikow

Überall wuselt, knattert und flattert es. Durchs Gesicht wischen motorgetriebene Staubwedel, überraschend ertönen Gesänge und Melodien, um sofort wieder zu verstummen. Ein fliegender Teppich schwebt am Besucher vorbei. Die Welt der Lügen ist eben phantasievoll, ein opulentes Feuerwerk an Flunkereien, bei dem sich trotz der kurzen Beine die Balken biegen. Oder so ähnlich. Jedenfalls lautet das Motto des Museums: „Die Lüge im Dienste der Wahrheit wäscht den Staub von den Sternen." Ah ja, alles klar.

Schloss Gantikow, das ein der Wahrheit verpflichteter Zeitgenosse auch ungestraft „Das Lügenmuseum" nennen darf, ist ein Gesamtkunstwerk. Durch neun liebevoll und faszinierend dekorierte Fantasiewelten wandelt und schwelgt man in bunten Installationen, wechselnden Düften und Klängen. Der Besucher wird in eine Welt der Kreativität und Träumerei entführt – „... vollgestopfte Räume!", nörgelt der Wahrheitsfanatiker.

Dabei werden den Besuchern wahrhaft bedeutende Exponate dargeboten: Nur hier, ganz exklusiv, ist das abgeschnittene Ohr van Goghs zu besichtigen. Etwas später stehen einem in der Gruft, umgeben von Kyritzer Mordinstrumenten, die Haare zu Berge. Schnell weiter: Das MausOleum ist ein mit reichlich Nippes versehener Sarkophag mitsamt einer Mäusemumie, und nach einer erstaunlichen Weltreise vorbei an asiatischen Schreinen und Original-Musikinstrumenten von Zauberern und

Magiern kann man im Geburtszimmer Willy Brandts endlich in Ruhe darüber sinnieren, wie Politik und Lüge zusammenpassen. „Ja, das ist wahr!“, nickt da der Zeitgenosse.
Um den Ursprung des Museums ranken sich, der Ehre des Hauses angemessen, eine Vielzahl von Legenden: Die netteste ist die der Urenkelin des Barons von Münchhausen, Emma von Hohenbüssow, die sich 1884 mit 11 Jahren von ihren Eltern statt einer Puppenstube ein Museum mit allerlei Kuriositäten einrichten ließ. Zu Beginn des 2. Weltkrieges verpackt, später geplündert, 1980 schmählich auf dem Müll deponiert, sammelte schließlich ein wandernder Künstler die Exponate wieder ein. „Auf dem Müll gefunden! Das kann ja jeder behaupten“, nörgelt der Wahrheitssuchende.
Zuletzt ein Tipp: der Titanic-Raum! Unbedingt ansehen oder besser: anhören. Die letzten Minuten des Untergangs live mitgeschnitten auf Tonband. Sensationell! Der Wahrheitssucher übrigens sichtet gerade zu Hause seine Videos und DVDs vom Titanic-Film: Am Ende dieser unendlich traurigen Im-Eiswasser-Treiben-und-Sterben-Szene hat er in einem der nahenden Rettungsboote einen Matrosen mit einem Mikrofon in der Hand gesehen. Schwört er.

Kunstaffäre Lügenmuseum e. V. . Am Anger 1 . 16866 Gantikow

0343 BB_Natur & Tiere

BESUCH BEI MEISTER ADEBAR

Telefon: 038791/6714
www.storchenclub.de

Storchendorf Rühstädt

Die kleinen Kinder bringt der Storch, lautet ein altes Vogelsprichwort; und wer einmal der lauschigen Gässchen und der bebrüteten Dachgiebel Rühstädts mit seinen knapp 50 Horsten ansichtig wurde, möchte dies gerne glauben. Tatsächlich ist das kleine Nest in der Priegnitz Europas storchenreichster Flecken. Um die 180 Klapperstörche zählt man jährlich zwischen April und August, bei nur 240 menschlichen Einwohnern. Die Rühstädter führen über die An- und Abflugstermine ihrer prominenten Gäste gewissenhaft und öffentlich Buch.
Warum die Störche sich ausgerechnet Rühstädt als Brutstätte und Sommerresidenz auswählten, das weiß der Wind, doch für den Aufenthalt reisefreudiger Menschen gibt es zahllose Gründe: seien es die Nähe zum Elbdeich, der alte Wasserturm, die Krypta des Adelsgeschlechts derer von Quitzow, der Sanddornlikör des Landgasthauses Storchenkrug, die Ausstellungen des NABU oder die Annehmlichkeiten (Ayurveda, Thalasso) des charmanten Wellness-Hotels im spätbarocken Rühstädter Schloss mit seiner herrlichen Parkanlage.
Inzwischen ist Rühstädts Ruf international: Der kleine Ort wurde 1996 von der Stiftung Europäisches Naturerbe als „Europäisches Storchendorf“ ausgezeichnet. Da brat sich einer ’nen Storch!

Storchendorf Rühstädt . 19322 Rühstädt

UNENTDECKTE HANSESTADT

Telefon: 03876/612259
www.stadt-perleberg.de

Stadt Perleberg, Westprignitz

Kreisstadt von Format: Die heimliche Perle der Prignitz lockt mit charmanten Promenaden und dem größten Roland der Mark. Markgraf Albrecht III. von Brandenburg und die Familie Gans von Putlitz stritten einst leidenschaftlich um die Perle der Westprignitz. Heute ist das allgemeine Interesse an der einst so reichen Hansestadt an der Stepenitz auf ein Minimum zurückgegangen – zu Unrecht. Bietet die historisch erhaltene Stadt mit Insellage doch neben ihrem gewaltigen und auch heute noch durchaus Respekt einflößenden Roland alle Insignien einer kleinen, charmanten Kulturmetropole: begrünte Promenaden entlang einer von Künstlerateliers gesäumten Stadtmauer, das Rauschen der Stepenitz, ein liebevoll gestaltetes Heimatmuseum, ein gut sortiertes italienisches Eiscafé, den ausgezeichneten Gasthof Düpow und sogar einen Zoo. Herrschaftlich übernachten lässt sich im Hotel „Deutscher Kaiser", das selbigen samt Pomadebart einst beherbergte und in seinem pittoresk verzierten Festsaal willkommen hieß.

Stadtinformation Perleberg / Haus des Gastes. Puschkinstr. 14 . 19348 Perleberg

FÜRST PÜCKLER LÄSST GRÜSSEN

Telefon: 0355/75150
www.pueckler-museum.de

Park und Schloss, Branitz

Fürst Pückler hatte zwei Passionen: die Frauen und den Garten. Und dass beides sehr eng zusammenhängt, hat er relativ schnell erkannt, denn je schöner seine Parkanlage wurde, desto mehr Inspiration und Leidenschaft konnte er in seine Liebesbriefe hauchen, die er in dieser idyllischen Umgebung verfasste.
Mehr zu Hermann Fürst Pückler-Muskau, dem Landschaftsarchitekten, seinem Leben, seinen Frauen und vor allem seinem legendären Park erfährt man im Barockschloss Branitz und dem dazugehörigen Fürst-Pückler-Museum. Seit 1817 widmete sich der Fürst dem Gesamtareal von 600 Hektar und legte seinen Pleasureground-Blumenpark in der Lausitz an. Zugute kamen ihm dabei der hohe Grundwasserstand und die Nähe zur Spree, denn somit konnte er seine Kreativität auch auf den Aushub von Seen und Kanälen ausweiten und den Park perfektionieren.
In einer Pyramide mitten im See, begraben wie ein ägyptischer König, wacht der Fürst über dem Gelände. Diese stufenförmig erbaute Seepyramide ist der Eyecat-

cher für Besucher im Park. Fürst Pückler ruht friedlich, denn schließlich hat er das vollbracht, was jeder Mann einmal in seinem Leben tun sollte, und sogar 80.000 und nicht nur einen Baum gepflanzt.
Nach einem romantischen Spaziergang im denkmalgeschützten Park-Klassiker kehrt man sicherlich mit neuem Elan und vielen Ideen in den hauseigenen Garten zurück – oder beschließt zumindest, die Blümchen im Fenster mal wieder zu gießen. Denn der Fürst Pückler und Branitz können manchmal ein Versailles-ähnliches Gefühl im Besucher wachrufen.

Stiftung Fürst-Pückler-Museum . Park und Schloss Branitz . Robinienweg 5 . 03042 Cottbus

0346 BB_Gärten, Parks & Landschaften

VENEDIG-FEELING AUF DER SPREE

Telefon: 035433/72299
www.spreewald.de

Kahnfahrt im Spreewald

Relaxen während einer Fahrt auf dem Kahn im Spreewald

Hinten auf dem Holzkahn steht stolz und breitschultrig der Gondoliere. Verträumt betrachtet das im Boot sitzende Paar abwechselnd den blau blitzenden Himmel und das leise vor sich hin gluckernde Wasser. Der Canale Grande in Venedig ist allerdings weit entfernt. Gegondelt wird hier in Lübbenau, auf der Spree.
Das mag sich vom Klang des Namens erst einmal wenig grandios anhören, hat aber durchaus einen hohen Charmefaktor. Das pralle Grün der Bäume rechts und links des Wassers trägt ebenso dazu bei wie der liebevoll „schnoddrige" Spreewald-Dialekt des Gondoliere. Seit hundert Jahren schon florieren die Spreewald-Bootsfahrten, ein Hauch von Gleichheit mit Venedig.
Fontanes Wortgewandtheit beschreibt es wohl am treffendsten:

„Und dass dem Netze dieser Spreekanäle
nichts von dem Zauber von Venedig fehle
durchfurcht das endlos wirre Flussrevier
in seinem Boot der Spreewald-Gondolier"

Tourismusverband Spreewald e. V. . Lindenstraße 1 . Ortsteil Raddusch . 03226 Vetschau

INDEPENDENT-KUNST MIT VIELSEITIGEM PROGRAMM

Telefon: 0331/2715626
www.waschhaus.de

Waschhaus, Potsdam

Im Waschhaus Potsdam ist der Osten noch Osten, wenigstens, was die Preise und Feierriten angeht. Kultur gibt es hier auf hohem Niveau, Seite an Seite mit dem diskreten Charme eines alternativen Jugendclubs.
Die Wehrmacht ließ hier ihre Uniformen waschen, zu DDR-Zeiten wanderten unter der Regie der VEB Textilreinigung Kleider vom Modell „Gisela“ und gepflegter Feinripp durch die Waschtröge. Das Waschhaus Potsdam hatte bis zur Wende eine bewegte, nicht immer porentief reine Geschichte. Eine engagierte und fidele Hausbesetzerszene machte das im Zuge der Wende verwahrloste Gebäude 1993 schließlich zu einer der beliebtesten und zugleich innovativsten Kultureinrichtungen Potsdams. Dass der Charme der Improvisation auch nach vierzehnjährigem Bestehen noch nicht verblasst ist, zeigt sich nicht nur an schlecht verputzten Wänden und beschmierten Toiletten, auch das Veranstaltungsprogramm hat seinen gerne unsauberen Schwerpunkt im Bereich der Independent-Kunst nationaler und internationaler Couleur von Rock über Jazz, von Literatur bis Bühne. Ein Spaziergang in die angrenzende Wohnwagenlandschaft zwischen Autowracks und alten Kühlschränken der Marke Foron DKK 130 macht dem Besucher schließlich weitere Hoffnung, dass die so lieb gewonnenen Kulturgüter der improvisierten Neunziger doch noch nicht ganz verloren sind.

Waschhaus e. V. . Schiffbauergasse 1 . 14467 Potsdam

KLEIN-VENEDIG HAT MEHR BRÜCKEN ALS VENEDIG

Telefon: 035433/72299
www.spreewald.de

Klein-Venedig, Vetschau

Mögen Sie Gurken? Wenn ja, dann kennen Sie bestimmt auch den Spreewald, der nicht zuletzt dank eines deutschen Kinofilms für die saure Spezialität berühmt geworden ist. Geradezu typisch ist aber auch die ausgeprägte Flusslandschaft, die auf engstem Raum ein über Hunderte von Kilometern verzweigtes Netz von Wasserwegen durchzieht. Die Einwohner erledigen Einkäufe, Besorgungen oder den Weg zur Arbeit daher auch nicht mit dem Auto, sondern mit kleinen, wendigen Kähnen. Auch Brücken spielen im Leben der Spreewald-Bewohner eine tragende Rolle. Es soll hier sogar mehr davon geben als in Italiens Lagunenstadt Venedig. In der urwüchsigen Region existieren außerdem noch viele bedrohte Tier- und Pflanzenar-

ten. Deshalb ist der Spreewald einerseits ein Naturschutzgebiet und andererseits ein UNESCO-Biosphärenreservat.
Eine besondere Rolle in der Geschichte der Region spielt auch ein kleines slawisches Volk: die Sorben und Wenden. Brauchtum und Sprache sind bis heute erhalten, und alle Städte, Straßen und Wasserwege tragen zweisprachige Namen.
Wer den Spreewald und seine Wasserwege erkunden möchte, sollte sich ein Boot oder einen Kahn mieten und auf eigene Faust losfahren. Das macht viel Spaß und weckt die Abenteuerlust. Neben den natürlichen Sehenswürdigkeiten gibt es aber selbstverständlich auch einige, die von Menschenhand geschaffen wurden: Dazu zählt zum Beispiel die Wendisch-Deutsche Doppelkirche oder die Slawenburg Raddusch. Angelehnt an eine frühere slawische Burg kann man hier viel über die Sorben und Wenden und ihre Vorfahren, die Lusizi, erfahren. Geradezu spektakulär ist die Schinkelkirche Straupitz, die mit ihren beiden Türmen an große Kirchenbauten aus London erinnert. Mit Schloss Lübbenau gibt es einerseits einen vom klassizistischen Stil geprägten Bau, der andererseits aber auch einen luxuriösen Hotelbetrieb beherbergt. Sehr schön und lohnend ist die Fahrt zur Holländermühle in Straupitz, wo eine Mahl-, Öl- und Sägemühle bei laufendem Betrieb besichtigt werden kann.

Tourismusverband Spreewald e. V. . Lindenstraße 1 . 03226 Vetschau

0349 BB_Kunst & Architektur

EIN GLOCKENTURM ALS GRENZANLAGE

Telefon: 0331/2704925
www.heilandskirche-sacrow.de

Die Heilandskirche Port von Sacrow

Die Heilandskirche in Sacrow in der Nähe von Potsdam

Einst ein Wrack, steht die Heilandskirche heute wieder so sicher wie Christus auf dem Wasser.
König Friedrich Wilhelm IV. ist als der Monarch in die Geschichte eingegangen, der sich einer deutschen Revolution verweigerte. Der König träumte lieber von der Resakralisierung der Gesellschaft. 1841 bis 1844 verwirklichte er sich einen Traum mit dem Bau der Heilandskirche durch den Hofarchitekten Ludwig Persius nach eigenen Entwürfen. Die Kirche erinnert an ein im Hafen vor Anker liegendes Schiff. Sie kostete 45.234 Taler und 27 Silbergroschen. Der Gartenarchitekt Peter Joseph Lenné gestaltete die Bucht und Gartenanlage im italienischem Stil mit einem Fähr- und Gasthaus.
Die Regierenden des Arbeiter- und Bauernstaates meinten es nach 1945 nicht gut mit dem Gotteshaus. Der Glockenturm wurde sogar Teil der Grenzanlage, der Innenraum der Kirche mit der Heise-Orgel (1846) zerstört. Die so ins Niemandsland des

Grenzstreifens verdrängte Ruine wurde zu einem traurigen Symbol deutscher Uneinheit. 1985 restaurierte die DDR-Regierung auf Betreiben Richard von Weizsäckers nach einem politischen Tauziehen die äußere Fassade. Bis 1995 wurde die Anlage wiederhergestellt.
Die italienisch angelehnte Architektur und die Insellage am Jungfernsee bilden auch heute noch eine einzigartige Kulisse. Deshalb buchen Paare das geschichtsträchtige Gebäude gerne als Hochzeitskirche, wenngleich bis zur Fertigstellung des Orgelneubaus (240.000 Euro) Wagners Marsch nur elektrisch erklingt.

Heilandskirche Potsdam-Sacrow . Fährstraße . 14469 Potsdam-Sacrow

KOLONIE ALEXANDROWKA

Telefon: 0331/817 02 03
www.alexandrowka.de

Russische Kolonie, Potsdam

Nicht alle russischen Spuren in Brandenburg gehen auf das Konto des „real existierenden Sozialismus": Die Siedlung Alexandrowka verdankt ihr Entstehen einer preußisch-russischen Monarchenfreundschaft.
Es weht ein Hauch von Russland von Berlin-Wannsee bis ins nördliche Potsdam: Während auf der Berliner Seite die Blockhäuser und die Kirche auf Nikolskoe von der tiefen Zuneigung des preußischen Königs Friedrich Wilhelm III. zum Zaren Alexander I. zeugen, die diese 1817 mit einer Vermählung ihrer Sprösslinge zementierten, glänzt Potsdam mit der 1999 von der UNESCO zum Weltkulturerbe erklärten Kolonie Alexandrowka (Entwurf: Peter Joseph Lenné, 1825). Russische Sänger, die „Havelrussen", waren einst hier beheimatet. Ursprünglich Kriegsgefangene, sollten sie den König nach dem gemeinsamen Sieg Preußens und Russlands über Napoléon Bonaparte mit russischen Volksweisen verwöhnen. Der König ließ ihnen in den Jahren 1826 bis 1827 anlässlich des Todes des Zaren Alexander dreizehn Wohnhäuser nach dem Vorbild einer St. Petersburger Parksiedlung bauen. Das imposante Blockhaus-Ensemble fiel zu DDR-Zeiten der Verwahrlosung anheim, wird aber seit Beginn des neuen Jahrtausends auf Initiative des Potsdamer Arztes Dr. med. Kremer mit Hochdruck saniert. Die Häuser Nr. 2 und Nr. 8 stehen bereits zur Besichtigung offen, und in der Nr. 1 dampfen bereits die Teekessel für durchgefrorene Wanderer. Mit den Familien Grigorieff und Schischkoff stehen sogar noch einige Nachfahren der Havelrussen zur Verfügung. Der benachbarte Kapellenberg vervollständigt die russische Architekturenklave mit der hübschen Alexander-Newski-Kirche (1826). An ihrem Fuße soll, so die gern erzählte Legende selbsternannter Kriminalisten, einst der KGB residiert haben.

Russisches Haus in der Alexandrowka-Kolonie

Russische Kolonie . Am Schragen . 14469 Potsdam

0351 BB_Theater & Schauspiel

DER ERSTE THEATER-BESUCH – SPANNEND UND PRÄGEND

Telefon: 0355/522023
www.puppenbuehne-regenbogen.de

Puppenbühne Regenbogen, Cottbus

Bunt wie ein Regenbogen ist das Programm, das in der kleinen Puppenbühne gezeigt wird.
Für Kinder von vier bis zehn Jahren ist der Besuch der Puppenbühne oft das erste Theatererlebnis ihres Lebens. Ziel der Macher ist aber nicht nur, schon frühzeitig Interesse am Theater bei den Kindern zu wecken, sondern sie wollen auch auf unterhaltsame Art Grundlagen schaffen für soziales Miteinander, für das Gerechtigkeitsgefühl, den Sinn für Gemeinsamkeit und für die Akzeptanz des Fremden. Wechselnde Bühnen und Kulissen sowie der Einsatz von verschiedenen Puppenarten wie Handpuppen, Knaufpuppen und Marionetten garantieren ein immer wieder überraschendes Programm. Im Mittelpunkt steht jedoch das Publikum – die Kinder.

Puppenbühne Regenbogen . Priorstraße 2 . 03050 Cottbus

0352 BB_Städte & Touren

MIT DEM ALTEN DAMPFER ÜBER DIE POTSDAMER SEEN

Telefon: 0331/27592-10/-20/-30
www.schiffahrt-in-potsdam.de

Weiße Flotte Potsdam

Man kann die brandenburgische Landschaft um Potsdam herum kaum besser genießen als vom Wasser aus. Im Hafen an der Langen Brücke zwischen Hauptbahnhof und Neuem Lustgarten warten die Schiffe der Weißen Flotte darauf, Sie in die Weiten der Potsdamer Seen und auf die Havel zu entführen. Auf Rundfahrten mit verschiedenen Schwerpunkten können Sie hier die Geheimnisse der Region entdecken. Bei einer Fahrt entlang der zum UNESCO-Weltkulturerbe gehörenden Schlösser- und Parklandschaft im Gebiet der Glienicker Brücke taucht man in die Welt der Hohenzollernkönige ein. Während einer vierstündigen Tour umfahren die Schiffe die gesamte Insel Potsdam, und flussabwärts ist die wunderschöne Havellandschaft zu bewundern. Besonders schön und interessant wird die Fahrt natürlich, wenn man sie nicht auf einem modernen Schiff antritt, sondern auf einem der historischen Dampfer. Das Dampfschiff „Gustav", das 1908 gebaut wurde, schippert schon seit 100 Jahren die Touristen über die Seen. Das Stampfen der Dampfmaschine ist genau das Richtige für alle Nostalgiker und Romantiker. Den Glanz der Goldenen Zwanziger versprüht hingegen das edle Salonschiff „Fridericus Rex", das seinem königlichen Namen alle Ehre macht. Das liebevoll restaurierte Schiff bietet ein stilvolles Ambiente für Feierlichkeiten und Rundfahrten. Besonders spektakulär sind auch die Nachtfahrten, die von der Weißen Flotte angeboten werden. Die am Havelufer liegenden Schlösser, Gebäude und Kirchen sind an fünf Wochenenden im Jahr in einen warmen Lichterglanz getaucht, und die Schiffe fahren im Korso langsam daran vorüber. Die Heilandskirche wird von Fackelschein erleuchtet, ein klassisches Blechbläserkonzert sorgt für eine festliche Atmosphäre. Die Glienicker Brücke schließlich wird von einem barocken Feuerregen überzogen und von Bengalischen Lichtern erhellt. Eine Schifffahrt in Potsdam lohnt sich also immer – egal, ob bei Tag oder Nacht.

Weiße Flotte Potsdam GmbH . Lange Brücke 6 . 14467 Potsdam

0353 BB_Sport, Abenteuer & Technik

KULTURSZENE IN ALTEN HALLEN

Telefon: 0331/62034-12
www.schiffbauergasse.de

Schiffbauergasse, Potsdam

Wer eine boomende und florierende Landschaft in Ostdeutschland sehen möchte, der sollte sich das Gelände an der Schiffbauergasse anschauen. Auf 12 Hektar Fläche am Tiefen See hat sich hier eine quirlige Theater- und Kunstszene angesiedelt, und sogar zwei Großkonzerne, der amerikanische Softwareanbieter Oracle, der im restaurierten Koksseparator des ehemaligen Gaswerks residiert, sowie der Automobilkonzern VW haben repräsentative Niederlassungen gegründet. In früheren Zeiten wurden hier unter anderem Dampfschiffe gebaut, Fische gezüchtet sowie treue Husaren ausgebildet und gedrillt. Zu DDR-Zeiten gab es eine große Produktionsstätte für Ersatzkaffee. Denkmalgeschützte Gebäude wie das Waschhaus, die Maschinenhalle oder die Husaren-Pferdeställe wurden liebevoll restauriert und werden nun von Künstlern als Ateliers und Ausstellungsräume genutzt. Außerdem hat sich die freie Kultur- und Theaterszene hier niedergelassen. Im September 2006 wurde sogar eine feste Spielstätte eingerichtet, das in einem Neubau untergebrachte Hans-Otto-Theater. Das ganze Jahr über findet eine endlose Zahl von Veranstaltungen statt, darunter viele Aufführungen von bekannten und neuen Theaterstücken. Natürlich darf auch ein reichhaltiges Angebot von Diskotheken und Partys mit angesagten DJs nicht fehlen, um das junge Berliner Publikum zum Feiern nach Potsdam zu locken. Zu allen Musikrichtungen kann man ausgelassen abtanzen und immer wieder Neues, Ungewöhnliches und Überraschendes entdecken. Sollte vor oder nach Kultur und Party Hunger aufkommen, stehen mit dem Restaurantschiff „John Barnett“ und dem Restaurant „Il Teatro“ in der ehemaligen Zichorienmühle zwei schöne Gastronomieangebote im stimmungsvollen Ambiente zur Verfügung. Radwanderwege, eine Flaniermeile am Seeufer und ein Schiffsanleger runden das malerische Gesamtbild ab, so dass man bei der Schiffbauergasse mit Fug und Recht von einer lebendigen Anlage für wirklich alle Geschmäcker und Altersklassen reden kann.

Schiffbauergasse (am Ufer des Tiefen Sees) . 14467 Potsdam

VON FEINSTER SCHOKOLADE BIS ZUR MEDITERRANEN KÜCHE

www.schokoladenhaus-potsdam.de

La Maison du Chocolat, Potsdam

Holland ist weltberühmt für seinen Käse. Und für eine weitere Spezialität, die Kinder- und Erwachsenenherzen höherschlagen lässt: Kakao. Umso weniger verwundert es, dass man mitten in Potsdams Holländischem Viertel das „Maison du Chocolat" findet. Hier bekommt man alle nur erdenklichen Arten von Schokolade, die man sich vorstellen kann. Weiteres Naschwerk wird in der hauseigenen Konditorei hergestellt. Daneben gibt es auch noch eine Kaffeerösterei, deren Duft schon von Weitem durch die Straßen weht. Natürlich darf auch flüssige Schokolade nicht fehlen: Eine große Auswahl verschiedener Trinkkakaos rundet das süße Erlebnis schmackhaft ab. Da man ja nicht nur von Luft, Liebe und Schokolade leben kann, bietet das angeschlossene Restaurant auch französische Landhausküche und mediterrane Spezialitäten für den verwöhnten Gaumen. Eingerichtet ist „La Maison du Chocolat" betont traditionell mit tiefdunklen Holzmöbeln und eleganten, mit rotem Samt überzogenen Stühlen. Im Außenbereich kann man es sich in den wärmeren Jahreszeiten vor dem roten Backsteinbau auf Korbstühlen bequem machen und in der Sonne bei einer Tasse Kaffee oder Kakao vollkommen entspannen. Das ist pures „savoir vivre" in Potsdams Kultviertel.

La Maison du Chocolat . Restaurant & Café . Benkertstraße 20 . 14467 Potsdam

DER NIKOLAUS KOMMT PER SCHIFF

www.weihnachtsmarkt-deutschland.de

Sinterklaasfest, Potsdam

Am 6. Dezember kommt in Potsdam der Nikolaus, genau wie überall in Deutschland. Am 8. und 9. Dezember kommt dann aber auch noch sein Kollege aus den Niederlanden. Der hört auf den drolligen Namen Sinterklaas, ist aber ansonsten seinem deutschen Verwandten ausgesprochen ähnlich. Auch er trägt Bischofsstab, Mitra und ein rotes Gewand, und auch er hat einen kleinen Helfer. Begleitet wird er allerdings nicht von Knecht Ruprecht, sondern vom „Zwarte Piet", der offenkundig ein farbiger Bewohner weit entfernter Kolonien sein soll. Doch was genau hat der niederländische Nikolaus bloß in Potsdam verloren? Hat er sich auf dem Weg nach Amsterdam ein wenig verirrt? Nein, der Mann ist da ganz richtig unterwegs. In Potsdams Innenstadt existiert nämlich ein waschechtes holländisches Viertel. Das hatte Friedrich II. von Jan Bouman für dessen Landsleute bauen lassen, die als versierte

Handwerker nach Potsdam geholt wurden. Zwischen 1732 und 1742 entstand hier also mitten in Deutschland eine weitere, sehr lebendige holländische Kolonie, die im Gegensatz zu den anderen aber nicht über das Meer zu erreichen war. Wo wir gerade beim Thema sind: Seine Wurzeln als Seefahrer kann Sinterklaas offenbar nicht verbergen, denn zu seinem Fest im Dezember erscheint er stets auf einem Schiff, das im Potsdamer Flusshafen anlegt. Dann beginnt eine zwei Tage dauernde Sause, bei der die beiden Holländer allerlei Schabernack treiben und großzügig Bonbons und Pfeffernüsse unter dem Volk verteilen. 50 niederländische Landsleute werfen sich dann in ihre nationalen Trachten und bieten traditionelle Handwerksgüter an. Klassiker wie Holzschuhe, Gläser und Körbe dürfen da natürlich nicht fehlen. Und damit das Einkaufen noch mehr Spaß macht, fließen Genever und Zimtlikör in rauen Mengen. Für die nötige Grundlage sorgen derweil frische Matjesfilets und natürlich die sensationell schmeckenden, kleinen Pfannkuchen, die den entzückenden Namen Poffertjes tragen. Dies alles findet vor der spektakulären Backsteinkulisse des historischen holländischen Viertels statt. Da bleibt nur noch ein „Vrolijk Kerstfeest" zu wünschen.

Sinterklaasfest in Potsdam . Holländisches Viertel

0356 BB_Kunst & Architektur

POTSDAMER KLASSIKER

Telefon: 0331/275580
www.potsdamtourismus.de

Schlössertour Potsdam

Der Klassiker unter den Potsdamer Stadtbesichtigungen fasst die wichtigsten Sehenswürdigkeiten der Stadt in einer Rundfahrt zusammen. Auf der „Stadt & Schlösser Tour" erlebt man das Gesamtkunstwerk der einstigen Garnisonsstadt Potsdam mit ihren historischen Stadtvierteln, den Schlössern und englischen Gärten. In der größten Parkanlage Brandenburgs kann man fast 70 Kilometer Wege zurücklegen, für die Tour sollten also die High Heels zu Hause bleiben. Höhepunkt des Ausflugs ist die Besichtigung der Innenräume von Schloss Sanssouci, das seit 1990 zum Weltkulturerbe der UNESCO gehört.

Das als „Preußisches Versailles" bezeichnete Rokoko-Schloss hatte Friedrich der Große ursprünglich nur als kleines Weinberghäuschen geplant, in dem er ohne Sorge („sans souci") mit seinen Hunden die Sommermonate verbringen wollte. Nicht einmal die Gemahlin des Königs durfte die frauenfreie Zone betreten. Zwischen Obeliskportal und Neuem Palais erstrecken sich neben Bauten wie dem Chinesischen Teehaus auch Nutzgärten, die Friedrich der Große wegen seiner Vorliebe für frisches Obst anlegen ließ. Die Orangerie, in der Hunderte exotische Pflanzen in Kübeln stehen, wurde von Friedrich Wilhelm IV., dem architekturversessenen Urenkel Friedrichs des Großen, angelegt, der Schloss Sanssouci seine endgültige Form gab und gnädigerweise einen Damenflügel anfügte. Seit 1873 die letzte Bewohnerin, die Witwe Friedrich Wilhelms IV., starb, ist das Schloss ein Museum.

Im Sommerhalbjahr klingt die Schlössertour mit einem Parkspaziergang aus, der am Luisenplatz in der Innenstadt von Potsdam endet.

Tourist-Information . Brandenburger Straße 3 . 14467 Potsdam

VOM RÜCKZUGSORT ZUM LUSTSCHLOSS

Telefon: 0331/9694202
www.sanssouci-sightseeing.de

Schloss Sanssouci

Nachdem Friedrich der Große von einer Parisreise zurückgekehrt war, fertigte er einige Skizzen für ein kleines Sommerschloss an. Zwar inspiriert von Schloss Versailles, sollte das im Rokoko-Stil errichtete Schloss dennoch ein privater Rückzugsort werden, der eine intime Atmosphäre ausstrahlt. Sehr bescheiden verfügt Sanssouci daher über lediglich zwölf Räume, von denen Friedrich der Große nur fünf bewohnte.

Der Schlosspark in Sanssouci

Das Schloss steht inmitten einer prächtigen und berühmten Weinrebenanlage. Der Hauptbau, mit seinen nahtlos anschließenden, zur Gartenseite aber von Laubengängen verdeckten Seitenflügeln, ist eingeschossig und nimmt fast die gesamte Länge der obersten Terrasse ein. Eine große Zahl von Fenstertüren sorgt für eine sehr hohe Lichteinstrahlung in die königlichen Räume, durch die man heutzutage bei der Besichtigung auf Filzpantoffeln hindurchschlurfen muss, um das kostbare Parkett zu schonen.

In der weitläufigen Parkanlage stehen 3.000 Obstbäume. Sogar Orangen, Melonen, Pfirsiche und Bananen gab es früher in den Treibhäusern der zahlreichen Parkgärtnereien. Friedrich der Große träumte sein ganzes Leben lang davon, sich Wasserspiele anschauen zu können, da diese vor allem im von ihm bewunderten Frankreich ein fester Bestandteil barocker Gärten waren. Deshalb investierte er ungeheure Summen in ein Fontänensystem, das zu seinen Lebzeiten niemals funktionierte. Erst im Oktober 1842 konnte mit Hilfe einer Dampfmaschine der Wasserstrahl der Großen Fontäne unterhalb der Weinbergterrassen in die Höhe steigen.

Den wunderschönen Park sollte man sich bei einem Besuch ganz genau anschauen, da hier noch einiges zu entdecken ist. Neben der Neptungrotte gibt es einen Gartenpavillon im Stile einer chinesischen Pagode sowie einen kleinen Rundtempel, in dem Friedrich der Große seine Kunstsammlung aufbewahrte. Einen besonderen Spaß bieten die steinernen Sitzbänke unterhalb der Freitreppe vor dem Schloss. In diesen befinden sich kleine Öffnungen, über die man mit Personen auf der anderen Seite der Bank kurze Nachrichten austauschen kann. Im Barock diente dies der diskreten Kommunikation in amourösen Angelegenheiten, und man nannte diese Konstruktion passend „Flüsterbänke".

Schloss Sanssouci . Maulbeerallee . 14469 Potsdam

EINE BRITSCHE YACHT MACHT DAMPF IN POTSDAM

www.potsdamer-innenstadt.de

Historische Dampfyacht, Potsdam

Eine Bootsfahrt, die ist lustig, eine Bootsfahrt, die ist schön. Besonders stilvolles Reisen war schon immer ein Privileg der Briten. Niemand legt wohl mehr wert auf Komfort und Luxus als das umtriebige Volk von der Insel. Die Dampfyacht „Banshee“, die seit 2003 in Potsdam zu Hause ist, erfüllt wohl alle Kriterien eines standesgemäßen Reisemittels. In güldenem Messing erstrahlen die Metallteile des Schiffes, und das wertvolle, tiefbraune Holz von Planken, Steuerrad und Kabinenverkleidung glänzt sogar noch mehr. 1880 erblickte die stolze Yacht beim Schiffsbauer H. McIntyre & Co. das Licht der Welt. Bis 1920 schipperte sie auf dem Lake Windermere, dem größten See Englands, herum, bis sie tragischerweise in seinen Tiefen versank. 1950 wurde die „Banshee“ allerdings wieder geborgen und zu einem Ausbildungssegelschiff umgebaut. 1965 kaufte sie die Firma John Ashton, um dem würdevollen Schiff einen neuen Antrieb zu gönnen. Ein 3-Trommel-Yarrow-Wasserkessel mit einem Betriebsdruck von 11 Bar sorgt seitdem dafür, dass die „Banshee“ nur so über das Wasser gleitet. Ganz britisch in einem maßvollen, angemessenen Tempo. Von April bis Oktober kann die Yacht nun auch täglich besichtigt werden. Außerdem befährt sie regelmäßig die Havel und zieht dabei einen herrlich nostalgischen, gräulich-weißen Dampfnebel hinter sich her. Very British, versteht sich.

Liegeplatz Stadthafen Potsdam . Breite Straße 24 (An der Neustädter Havelbucht) . 14471 Potsdam

SCHLENDERN, STÖBERN, KAFFEE TRINKEN

Telefon: 0331/2803773
www.hollaendisches-viertel-potsdam.de

Holländisches Viertel, Potsdam

Zu einer Zeit, in der noch Arbeitskräftemangel in Preußen bestand, entschloss sich Friedrich Wilhelm I., holländische Handwerker und Baumeister, die für ihre Fähigkeiten im Umgang mit schwierigem Grund – sprich: sumpfigem Gelände – den besten Ruf genossen, nach Potsdam zu locken. Er selbst warb 1732 während einer Holland-Reise drei Zimmerermeister und einen Maurermeister in Amsterdam an.

Unter ihnen war auch Jan Bouman, unter dessen Leitung der Bau des Holländischen Viertels ein Jahr später begann. Jeder holländische Handwerker sollte ein Haus erhalten, von Einquartierungen befreit sein, Gewissensfreiheit genießen und mit Arbeitsaufträgen versorgt werden. Allein – sie kamen nicht. Von den ersten 40 Häusern im neuen Viertel wurden nur 18 von holländischen Handwerkern bewohnt. Als unter Friedrich II. im September 1742 alle 134 Häuser der vier Karrees des Holländischen Viertels fertiggestellt waren, wohnten dort nur 22 holländische Handwerkerfamilien. 54 Häuser wurden von Soldaten und ihren Witwen genutzt, der Rest durch deutsche und französische Familien.

Häuserfront im holländischen Viertel von Potsdam

Heute gibt es, außer in den Niederlanden, in ganz Europa kein vergleichbares Viertel. Die holländische Bauweise mit ihren typischen Giebeln und dem roten Backstein und die entspannte Atmosphäre versprühen einen einmaligen Charme. Auch die vielen kleinen Läden und Galerien, die gemütlichen Cafés und Restaurants tragen zu dem besonderen Flair bei, das Einheimische wie Touristen anzieht.

Förderverein zur Pflege niederländischer Kultur in Potsdam e.V. . Mittelstraße 8 . 14467 Potsdam

0360 BB_Essen & Trinken

DER WILHELM MIT DEM MICHELIN-STERN

Telefon: 0331/5505-0
www.bayrisches-haus.de

Restaurant Friedrich Wilhelm

Im Potsdamer Wildpark, einem weitläufigen Gartendenkmal, das auch heute noch die 1865 geschaffenen parkartigen Strukturen des Lenné'schen Konzeptes aufweist, lohnt es sich, das als Hotel und Restaurant genutzte Bayrische Haus zu entdecken. 1847 ließ König Friedrich Wilhelm IV. das Gebäude im traditionellen bayrischen Stil erbauen. Hier kann der Gast nicht nur übernachten, sondern im eleganten Restaurant „Friedrich Wilhelm“ auch vorzüglich speisen. In dem mit einem Michelin-Stern ausgezeichneten Gourmet-Restaurant verwöhnt Chefkoch Alexander Dressel seine Gäste mit kulinarischen Kreationen in einer festlichen Atmosphäre. Ein Genuss der besonderen Art.

Bayrisches Haus . Im Wildpark 1 . 14471 Potsdam

DAS DAMPFMASCHINENHAUS ALS BURG

www.spsg.de

Spaziergang vorbei an Villen und Schlössern in Potsdam

Wenn Sie mehrere Tage in Berlin bleiben, Sanssouci schon gesehen haben und eine Tour vor die Tore der Stadt machen wollen, hier der Tipp für eine wirklich entspannende und doch abwechslungsreiche Tour:
Fahren Sie mit der S-Bahn! Das geht schneller und ist weniger stressig, als sich mit dem Auto durch den Stadtverkehr zu quälen. Je nachdem, von wo Sie starten, nehmen Sie die S1 und steigen am Wannsee um oder nehmen direkt die S7 Richtung Potsdam. Sie fahren aber nicht bis Potsdam, sondern steigen schon am S-Bahnhof Griebnitzsee aus. Verlassen Sie den Bahnhof in Fahrtrichtung rechts und überqueren Vorplatz und Straße. Vor Ihnen liegt bereits der zum Griebnitzsee leicht abfallende, grüne Hang. Sie sind in Neubabelsberg, dem Stadtteil Potsdams, der in den 30er Jahren das deutsche Hollywood war. Hier bauten zunächst reiche Berliner ihre außergewöhnlichen, riesigen Villen. Bald auch die Stars des deutschen Films, die die Nähe zu den Babelsberger Filmstudios schätzten. Die besten Architekten jener Zeit sind nirgendwo sonst so zahlreich und geballt zu finden.
Sie gehen hinunter zum See, wenden sich nach links und folgen dem Uferweg. In der nächsten halben bis dreiviertel Stunde wird Ihre Aufmerksamkeit zwischen dem Anblick des Griebnitzsees und der reizvollen Landschaft zur Rechten und den mannigfaltig gestalteten, kolossalen Villen zur Linken hin- und hergerissen sein.
Endlich gelangen Sie an den Anfang des Babelsberger Parks. Rechts sehen Sie eine kleine Brücke, die zur gegenüberliegenden Seite über das Wasser führt. Doch erst einmal geht es weiter geradeaus in den Park. Wie ausgiebig Sie diesen erkunden, bleibt Ihnen selbst überlassen. Nicht versäumen sollten Sie jedoch den Weg weiter entlang dem Ufer zur Havel. Sie werden mit einem großartigen Blick belohnt: Im Rücken das Babelsberger Schloss, vor Ihnen die Havel (seit Neuestem mit Fontäne) und weit hinter der Havel, die hier breiter als der Griebnitzsee ist, Potsdam; rechts die Glienicker Brücke, auf der im Kalten Krieg Agenten zwischen Ost und West ausgetauscht wurden. Entdecken Sie nun den Park auf eigene Faust. Zum Beispiel das weiß getünchte kleine Schloss am Ufer. Hier kann man Pause machen und Kaffee trinken. Hoffentlich haben Sie sich gemerkt, wie Sie zur vorher erwähnten kleinen Brücke zurückkommen. Fragen Sie nach dem Dampfmaschinenhaus (die komische alte Fabrik unten am Ufer mit dem merkwürdigen Schornstein sieht aus wie eine Burg). Sie werden die Brücke dahinter wiederfinden.
Jetzt können Sie machen, was Sie wollen: zurück zum S-Bahnhof Griebnitzsee über den Uferweg oder noch über die Brücke auf die andere Seite, rechts hinunter und ab in den schönen Biergarten. Danach retour, wieder über die Brücke, ein Stückchen bergan, dann die nächste Straße links und immer geradeaus, mitten durch das Villenviertel zurück zum S-Bahnhof und zurück nach Berlin.

Park Babelsberg / Schloss Babelsberg . 14482 Potsdam

0362 BB_Lifestyle & Szene

FASHION FÜR KLEINES GELD

Telefon: 033234/9040
www.b5center.de

Designer Outlet B5

10 Kilometer westlich der Berliner Stadtgrenze lockt das Designer Outlet Center B5. Die Outlets verkaufen hochwertige Markenware aus Vorjahres- und Muster-Kollektionen sowie aus Über-Produktionen erstklassiger Hersteller und internationaler Designer-Labels. Entdecken Sie die Angebote von 100 exklusiven Marken in 40 Shops. Von lässig bis luxuriös, vom neuen Business-Outfit bis zu trendigen Designer-Jeans, Schuhen, Accessoires oder vielen Geschenkideen – hier finden Sie alles 30 bis 70 % günstiger als anderswo. 6 Tage die Woche, das ganze Jahr über. Tipp: Für die Kleinen gibt es das „Kidsland" mit tollen Angeboten.

Das Designer-Outlet-Center B5

Designer Outlet B5 . Alter Spandauer Weg 1 . 14641 Wustermark

---

0363 BB_Natur & Tiere

ZOO MIT GÜTESIEGEL

Telefon: 03334/22733
www.zoo.eberswalde.de

Zoologischer Garten Eberswalde

Klein, aber fein. Das ist das Motto des 1928 gegründeten Zoologischen Gartens in Eberswalde. Mitten in einem für Brandenburg typischen Mischwald erhalten die Besucher hier einen Einblick in das weitreichende Spektrum von 1.400 Tieren aus fünf Kontinenten. Herzstück ist das zwei Hektar große Damwildgehege, das man ohne Begleitung erkunden darf. Auf eigene Faust kann man auch im Kängurugehege herumspazieren und die hüpfenden Bewohner der Südhalbkugel näher kennenlernen. Im Urwaldhaus freuen sich frei lebende Affen und Halbaffen darauf, Kontakt zu Ihnen aufzunehmen. Einmal am Tag dürfen die Zoogäste die Primaten sogar selbst füttern, was ein Spaß für die ganze Familie ist. In der Zooschule warten

geduldige Tiere auf Streicheleinheiten, und Kinder können hier alles über die Zoobewohner erfahren, was sie schon immer einmal wissen wollten.
Von Mai bis September finden Nachtführungen für Gruppen ab zehn Leuten statt. Besonders zur Beobachtung nachaktiver Tiere ist das ideal. Für europäische Wölfe und Braunbären gibt es eine eigene Anlage, genau wie für den Wisent, den vom Aussterben bedrohten europäischen Büffel.
In der Weihnachtszeit wartet der Zoo mit Überraschungsveranstaltungen auf, aber auch sonst gibt es reichhaltige Angebote von der afrikanischen Zoonacht bis hin zum Herbstfest. Und selbst für Verliebte hält der Zoo Eberswalde ein außergewöhnliches Erlebnis bereit: Inmitten der bunten Artenvielfalt kann geheiratet werden. Auf Wunsch nehmen auch einige Tiere an der Zeremonie teil, sogar tierische Trauzeugen stehen zur Verfügung.
Im großen Zootest der Illustrierten „Stern“ schloss Eberswalde übrigens mit dem Prädikat „erstklassig“ ab. Klein, aber fein eben.

Zoologischer Garten Eberswalde . Am Wasserfall 1 . 16225 Eberswalde

---

0364 BB_Sport, Abenteuer & Technik

FUNCUP-TOURENWAGEN-RENNEN SELBST FAHREN

Telefon: 01805/880288
www.jollydays.de

EuroSpeedway Lausitz, Klettwitz

Zuvor eine Frage: Sind Sie oder einer Ihrer Verwandten oder Bekannten verrückt oder autobegeistert genug, um selbst mit einem echten Rennwagen auf einer Rennstrecke zu fahren? Ja!? Dann bitte weiterlesen. Jetzt wird nicht mehr um den „heißen Brei“ herumgeredet. Deswegen alle Infos kurz und knapp.
Funcup-Tourenwagen sind reinrassige Rennwagen: Leistungsgewicht 5,8 kg pro PS (760 kg auf 130 PS). Glasfaser-Karosserie in der Silhouette des legendären VW-Käfers: Überrollkäfig, Rennfahrgestell, Renn-Cockpit, Aerodynamik-Flügel, Rennbremsen. Rennkleidung wird gestellt: Overall, Helm, Handschuhe, Spezial-Rennschuhe. Fahren darf nur: Wer mindestens 18 Jahre alt ist, einen Führerschein besitzt, möglichst nicht über 1,95 m groß ist und keine gesundheitlichen Einschränkungen – Herz-Kreislauf-Schwäche oder Rückenverletzung – hat. Rennkurs: EuroSpeedway Lausitz oder Hockenheimring. Briefing: Nach Einkleidung kommt eine theoretische Einweisung in die Basics – Ideallinie, Bedeutung der Flaggen, Anbremsen etc. –, danach geht es auf die Strecke. Dauer: drei (3) Stunden. Konkurrenten: Startfeld von maximal 20 Fahrern, Pokal nach dem Rennen. Saison: Immer während der Hauptrennsaison April bis Oktober. Begleitung: Fünf (5!) Begleitpersonen pro Fahrer haben freien Eintritt in die Boxengasse. So, jetzt ist’s raus. Das waren die Infos.
Hat sich eigentlich noch nie ein Vater gefragt, was er seiner 18-jährigen Tochter zur bestandenen Führerscheinprüfung schenkt? Oder die fünf besten Freunde ihrem Kumpel zum Examen? Alles klar, man sieht sich im April ...
Zum Schluss lassen wir den Veranstalter zu Wort kommen: „Bereits bei der Aus-

fahrt aus der Boxengasse schießt Ihnen das Adrenalin ins Blut und nach wenigen Runden bilden Sie eine abgestimmte Einheit mit Ihrem Rennwagen! Nun steigern Sie sich von Runde zu Runde, immer näher an die Ideallinie. Genießen Sie die eindrucksvolle Kulisse, wenn Sie – begleitet von dem Hall der dröhnenden Motoren – die Ziellinie passieren!“ (aus: jollydays.de)

EuroSpeedway Lausitz . Lausitzallee 1 . 01998 Klettwitz

0365 BB_Natur & Tiere

WÄLDER, WIESEN, WEITES LAND

www.flaeming-tourismus.de

Wanderreiten, Naturpark Hoher Fläming

Manche Menschen wandern gerne. Andere lieben das Reiten. Wieder andere lieben die Kombination aus beidem: das Wanderreiten. Wer das in einem Naturparadies erleben möchte, ist in Brandenburg im Naturpark Hoher Fläming goldrichtig. Sattgrüne Wiesen, weite Wälder und gediegene Burgen säumen die 110 km lange Tour „Reiten von Hof zu Hof“, die der Fläming Tourismus e. V. anbietet. Wenn Pferd und Reiter sich müde getrabt und sattgesehen haben, dürfen beide auf einem der 12 ausgewählten Pferdehöfe rasten oder sogar über Nacht bleiben.

Fläming Tourismus e. V. . Küstergasse 4 . 14547 Beelitz

0366 BB_Hotels & Wellness

WELTGESCHICHTE ZUM TRÄUMEN

Telefon: 0331/37050
www.relexa-hotels.de

Schlosshotel Cecilienhof, Potsdam

Welcher bescheidene Tourist träumt nicht davon, eine Nacht in historischen Gemäuern zu verbringen, wo ihn nicht nur bedeutende Geschichte, sondern auch ein Hauch von purem Luxus umweht? Eine solche Atmosphäre bietet der Cecilienhof im an sich schon wahnsinnig historischen und reizvollen Potsdam. Auch wenn die Reisekasse keine Übernachtung in Prinzen- oder Hohenzollernsuite erlaubt, lohnt sich ein Abstecher in das im englischen Tudorstil gehaltene Vier-Sterne-Hotel, das nur 2,5 km vom Potsdamer Zentrum entfernt ist.
Der Cecilienhof, letzter Schlossbau der Hohenzollern für den Kronprinzen Wilhelm, strotzt geradezu von historischer Bedeutung: Hier verhandelten im Sommer 1945 die alliierten Siegermächte. Churchill, Truman und Stalin, die „Großen Drei“, unter-

zeichneten schließlich am eigens in Moskau angefertigten runden Tisch das Potsdamer Abkommen. Die Kronprinzengemächer des Kaisersohnes und seiner Prinzessin Cecilie stehen ebenfalls für Besucher offen.
Der interessierte Gast kann durch Schloss und Garten wandeln, die zum Weltkulturerbe der UNESCO gehören, und in den historischen Verhandlungsräumen echte Weltgeschichte atmen. Auch heute treffen sich Staatsfürsten gern im Cecilienhof – dann muss Otto Normalbesucher leider draußen bleiben.
Frischluftfanatiker und Ästheten genießen den englischen Landschaftspark „Neuer Garten", flanieren zwischen den Gestaden des Jungfernsees und des Heiligen Sees und erforschen die geheimnisvolle Pyramide und den versunkenen Tempel, die sich gleich hinter dem frühklassizistischen Marmorpalais am Seeufer verbergen. In diesem 1787 von Friedrich Wilhelm II., Nachfolger von Friedrich dem Großen, errichteten Schlossgebäude lebten mehrere Generationen der von Hohenzollern. Nach einem Intermezzo als Armeemuseum der DDR sind die historischen Gemächer heute wieder originalgetreu restauriert zu besichtigen. Wer über ein Boot verfügt, kann zur Pfaueninsel hinüberrudern, wo Friedrich Wilhelm seine Mätresse Wilhelmine in bequemer Nähe untergebracht hatte.

Relexa Schlosshotel Cecilienhof . Neuer Garten .14469 Potsdam

---

0367 BB_Natur & Tiere

UCKERMÄRKER STRAUSSEN-STEAK

Telefon: 033094/50907
www.straussenfarm-winkler.de

Straußenfarm, Neulöwenberg

Es kommt immer wieder mal vor, dass jemand ahnungslos in der Gemeinde Löwenberger Land am Grundstück der Familie Winkler vorbeikommt und sich dann verwundert die Augen reibt: Bin ich in Afrika, oder was? Denn was ihn da freundlich und neugierig keck über den Zaun anguckt, ist ein ausgewachsener Strauß. Und die werden schon mal 2,80 m groß. Beim näheren Hinschauen sind es sogar ganz viele dieser Vögel.
Seit 2001 haben die Winklers ihre Straußenfarm und züchten diese afrikanischen Tiere, die sich aber hier in Europa ausgesprochen wohlfühlen. Artgerecht auf großen Freiflächen mit entsprechendem Auslauf gehalten, sind die Laufvögel zu einer Attraktion für die Besucher geworden.
Wer nach der interessanten, informativen Führung Appetit auf ein Straußen-Steak bekommt, kann sich selbiges im direkt angeschlossenen Restaurant servieren lassen oder es im Hofladen kaufen und mit nach Hause nehmen. Wem die Tiere zu „süß und niedlich" zum Essen vorkommen, für den gibt es aber auch noch Kaffee und Kuchen.

Landwirtschaftsbetrieb Frank Winkler . Neulöwenberg, Häsener Weg 9
16775 Löwenberger Land

0368 BB_Theater & Schauspiel

JUGENDSTIL PUR

Telefon: 01803/440344
www.staatstheater-cottbus.de

Staatstheater Cottbus

Zur Jahrhundertwende blühte in Cottbus die Textilindustrie, die Bürger waren wohlhabend und kulturell interessiert. Also beschloss man, in den Wohlstand zu investieren und ein Stadttheater zu bauen, das höchsten Ansprüchen genügen sollte. Man verpflichtete dazu keinen geringeren Architekten als Bernhard Sehring, der 1896 in Berlin bereits das „Theater des Westens" geschaffen und damit große Diskussionen ausgelöst hatte. Denn Sehring war ein Vertreter des sezessionistischen Jugendstils, und in Cottbus schuf er eines der bedeutendsten Bauwerke dieser Richtung. In seinem Meisterwerk verwob er Architektur mit Malerei, Plastiken und Kunsthandwerk geschickt zu seinem in sich stimmigen Ensemble.
Am 1. Oktober 1908 öffnete das Theater seine Pforten und präsentierte als erste Aufführung Lessings „Minna von Barnhelm". Während des Zweiten Weltkriegs wurde das wunderschöne Gebäude als Munitionslager missbraucht. Cottbuser Bürger konnten 1945 gerade noch die Sprengung ihres Theaters verhindern und den Jugendstil-Bau für die Nachwelt erhalten. Zu Beginn der 80er Jahre wurde das Haus endlich restauriert und 1986 feierlich wiedereröffnet.
Seit 1992 ist das Staatstheater Cottbus das einzige staatliche Theater in ganz Brandenburg. Neben dem Schauspiel und natürlich Musiktheater wie Oper und Operette gibt es heute auch ein großes Angebot an Ballettaufführungen und Orchestermusik. Die wundervolle Jugendstil-Architektur und das kulturelle Angebot sind zwei mehr als gute Gründe, nach Cottbus zu fahren und zu staunen.

Staatstheater Cottbus . Karl-Liebknecht-Straße 23 . 03046 Cottbus

---

0369 BB_Kunst & Architektur

DER LANGE VERBOTENE BLICK

Telefon: 0331/2701972
www.spsg.de/index.php?id=43

Belvedere Pfingstberg

Zu DDR-Zeiten war der wunderschöne Ausblick vom Pfingstberg in Potsdam eine Gefahr für die Staatsspitze. Konnte man doch von hier aus einen ungenierten Blick auf den Westteil der geteilten Metropole riskieren und sehen, wie gut es den Bewohnern dort im Vergleich ging. Da zusätzlich auch noch die Gefahr bestand, dass von diesem erhöhten Punkt aus die schwerbewachten Grenzanlagen ausspioniert wurden, erklärte man den Pfingstberg kurzerhand zum Sperrbereich. Das auf dem Berg stehende Schloss Belvedere, das Friedrich Wilhelm IV. im 19. Jahrhundert

nach den Inspirationen seiner Rom-Reise hatte bauen lassen, verfiel in den Jahren der SED-Herrschaft fast vollständig. Erst nach der Wende konnte der prächtige Bau mit Hilfe von Spenden wieder aufgebaut und saniert werden. Nun bietet sich den Besuchern wieder ein traumhafter Ausblick auf die Hauptstadt und die brandenburgische Seenlandschaft. Das Schloss ist wieder vollständig begehbar und bietet eine märchenhafte Atmosphäre und Kulisse für Hochzeiten. Schon manche „Prinzessin" hat hier ihren Traumprinzen gefunden und später geheiratet. Aber auch stimmungsvolle und denkwürdige Theaterveranstaltungen finden im Schatten der malerischen Schlosstürme statt und bereichern Potsdam um eine attraktive Kulturstätte. Die atemberaubende Gartenanlage wurde von dem namhaften Landschaftsarchitekten Peter Josef Lenné entworfen. Hier kann man entlang duftender Blumen und perfekt gestalteter Büsche und Bäume spazieren und sich ganz verlieren. Mitten im Garten steht auch der Pomonatempel, der 1801 nach antikem Vorbild vom damals erst 19-jährigen preußischen Architekten Karl Friedrich Schinkel geplant wurde, der auch das Schauspielhaus am Gendarmenmarkt entwarf.
Steigen Sie also auf den Pfingstberg, und freuen Sie sich darüber, dass zum Glück niemand mehr den Ausblick verbietet, obwohl er verboten schön ist.

Belvedere auf dem Potsdamer Pfingstberg . Nähe Neuer Garten . 14469 Potsdam

0370 BB_Gärten, Parks & Landschaften

BADESTELLEN FÜR JEDEN GESCHMACK

Telefon: 03987/2631
www.templin.de

Templiner Seen

Drei gotische Backsteintore und eine mittelalterliche Stadtmauer umfassen das historische Städtchen Templin. Dort finden Sie eine kleine Oase der Entspannung vom Alltagsleben. Mitten in der Uckermark, einer hügelig-grünen Landschaft, liegen hier eine Unmenge verschiedener Badestellen, die alle eines gemeinsam haben: Sie sind wunderschön, und man kann hier ungestört entspannen, baden und den lieben Gott weiterhin einen guten Mann sein lassen. Am Lübbesee gibt es zwei Badestellen: Die eine befindet sich am Seehotel Templin. Hier gibt es besonders sauberes Wasser und einen sehr flachen Übergang in die Tiefe, weshalb der Ort besonders für Familien mit kleinen Kindern zu empfehlen ist. Die andere Stelle liegt in Ahrensdorf an der ehemaligen Feriensiedlung. In Ahrensdorf hat man allerdings auch die Qual der Wahl, da es hier eine weitere schöne Badestelle am Zaarsee gibt. An der Milmersdorfer Chaussee befinden sich auch ein Wanderrastplatz und ein Parkplatz für Gäste, die mit dem Auto anreisen. Ein Uferbereich des Sees wird auch als Anlegeplatz für Boote genutzt. Gebührenpflichtig, aber dafür von einem Bademeister überwacht, ist das Freibad am Stadtsee. Hier gibt es alle Annehmlichkeiten eines kontrollierten Betriebs: einen hohen Springturm, einen extra angelegten Nichtschwimmerbereich sowie einen Bootsverleih und ein Restaurant. Wen es am Stadtsee doch eher in die freie, unkontrollierte Natur zieht, der sollte die Badestelle Schinderkuhle am Ende der Weinbergstraße besuchen. Hier ist zwar nicht sehr viel Platz, dafür tummeln sich hier vor allem die Einheimischen. Am Ortsausgang von Gollin in Richtung Vietmannsdorf trifft man hingegen viele Touristen und Berliner Badefreunde. Das extrem klare Wasser des Gollinsees und eine schöne Umgebung locken besonders viele Besucher an. Weitere Vorteile sind ein Kinderspielplatz und zahlreiche Sitzmöglichkeiten für ein ausgedehntes Picknick. Wenn Sie eine eher unbekanntere und daher weniger belebte Stelle suchen, werden Sie am Groß Väter See fündig. Baden kann man am Dorfende in Richtung Groß Dölln, in unmittelbarer Nähe der gemütlichen Gaststätte „Zur Eiche“. Bei so viel Badespaß gibt es eigentlich nur noch eines zu bedenken: Bitte die Sonnencreme nicht vergessen.

Tourismusservice Templin e. V., Akzisehaus . Obere Mühlenstraße 1 . 17268 Templin

0371 BB_Städte & Touren

MIT DEM PFERDEPLANWAGEN UNTERWEGS

Telefon: 039887/69078
www.celine-caravan.de

Caravan-Touren, Suckow

Die Gummireifen des Planwagens knirschen über den breiten Sandweg, der sich jetzt schon seit einer halben Stunde über sanfte Hügel durch den Laubwald erstreckt. Das Zugpferd, ein gutmütiger Irish Tinker, wird nicht müde, die vier Personen auf dem Wagen durch die märkische Landschaft zu ziehen. Der Planwagen ist eingerichtet wie ein klassischer Wohnwagen: vier Betten, kleine Küche, fließend Wasser, Tisch und Bänke. Nur eben mit einem PS davor.
Das macht nur dort Spaß, wo Deutschland noch einen natürlichen Rhythmus hat, wo Ruhe, Entspannung und Einklang mit der Natur keine Floskeln sind – in der Uckermark. Anhalten, Pferd ausspannen, striegeln und füttern und dann über Nacht mit dem Wagen stehen bleiben, wo man will. Wer diese Fahrt mit seinen Kindern gemacht hat, hat ihnen für lange Zeit eine wertvolle Erinnerung gegeben – sich Zeit zu nehmen füreinander und für die erfahrene Natur und die Menschen, die man auf einer derartigen Reise trifft.

Celine-Caravan . Am Haussee 41 . 17268 Suckow

0372 BB_Theater & Schauspiel

THEATERDORF IM SOMMER

Telefon: 033924/79936
www.netzeband.de

Theatersommer Netzeband

Fangen wir mal so an: Viel Sehenswertes hat das Neuruppiner Land seinen Gästen zu bieten. Herausragend unter all den Highlights rund um die Fontane-Stadt: das

Straßendorf Netzeband. Nun ja.
Und: Das märkische Netzeband lohnt einen Besuch zu jeder Jahreszeit. Ein reizvolles Angebot erwartet die Gäste: ob auf dem Gentikowhof, dem Hefkehof oder dem Melcherhof, vom Pferdehotel mit Reitstall bis zum Bauerngarten und Pflanzenkontor. Die Liste der möglichen Aktivitäten in Netzeband ist lang. Na ja, noch nichts, was so richtig besonders wäre.
Weiter: Rund ums Jahr erleben Sie hier die Natur, Begegnungen mit den Menschen, der Kunst und Kultur; Erholung, Genuss und Freundlichkeit werden im Straßendorf Netzeband großgeschrieben. Alles gut und schön, aber ...
Doch jetzt kommt's: Netzeband ist Theaterdorf! Eine Stunde von Berlin, nicht weit von Neuruppin entfernt, liegt mitten in der Mark Brandenburg eine kleine Gemeinde, die jedes Jahr einen großen Theatersommer veranstaltet.
Mit unglaublicher Energie, Enthusiasmus und Eigeninitiative machen Einwohner und engagierte Mitarbeiter seit mehr als 10 Jahren Netzeband zu dem Theaterdorf für ein sommerliches Festival unter freiem Himmel. Herausragende Inszenierungen von „Macbeth“ im Gutspark – Shakespeare, gespielt wie noch nie – und das bekannteste Netzebander Stück „Unter dem Milchwald“ sind die großen Publikumserfolge. Und die Aufführung von Astrid Lindgrens „Ronja Räubertochter“ hat ebenfalls alle Besucher verzaubert.
Tipp: Ab 2008 ist eine „monumentale Aufführung der Nibelungen geplant“ (Original-Zitat). Unbedingt den Aufführungsplan checken – der Theatersommer findet immer von Ende Juni bis Anfang September statt. Da sollte doch ein Termin für Sie drin sein.

Straßendorf Netzeband . Dorfstraße 5 . 16818 Netzeband

0373 BB_Gärten, Parks & Landschaften

DAS IST NOCH ECHT

Gut Temmen, Temmen

Wer noch das Echte sucht, wird es hier finden: Gut Temmen in der Uckermark, etwa 90 km nördlich von Berlin, liegt mitten in einem Biosphärenreservat.
Echt sauber sind die sieben Seen, fischreich liegen sie glänzend und ruhig in der wunderschönen Hügellandschaft der Uckermark und laden zum Baden ein. Auf Gut Temmen gibt es top-restaurierte Ferienwohnungen oder Zimmer direkt über der Gutshofküche und dem Bio-Laden, um ein paar Tage entspannt die Landschaft und ihre Vielfalt zu entdecken.
Echt biologisch werden die zotteligen Rinder gezüchtet, die das ganze Jahr über die riesigen Weiden ziehen; die Kälber, im Freien geboren, bleiben bei ihren Muttertieren. Von den Hofschweinen wird die fast schon berühmte „Temmener Stracke“ hergestellt: Nach stressfreier Schlachtung werden frisch gemahlene Gewürze aus kontrolliertem Bio-Anbau verwendet für die luftgetrocknete Mettwurst nach traditioneller Herstellung. Bis zu 9 Monate kann die Reife in den aus Lehm gemauerten Räumen dauern. Dann ist die „Temmener Stracke“ nitratfrei und schmeckt unvergleichlich.

Für echte Reiter und Pferdekenner sind die Missouri Foxtrotter, Quarter, Paint und Appaloosa Horses auf Gut Temmen. Das sind Westernpferde mit einer besonderen Gangart, die für Pferd und Reiter äußerst schonend ist. Pferdetrainerin Susanne Krüger organisiert große Trails quer durch die Wälder- und Seenlandschaft der Uckermark. Wer für das Echte bereit ist, hier findet er es.

Gut Temmen . Lindenallee 3 . 17268 Temmen . Telefon: 039881/4300

0374 BB_Sport, Abenteuer & Technik

MIT DER SONNE AUF DEN SEE

Telefon: 039888/3893
www.ms-moewe.de

Führerscheinfreies Solarboot, Lychen

Lautlos gleitet das weiße 4-Meter-Boot über den Nesselpfuhl-See. Hinten mit Badeleiter, um nach dem Schwimmen wieder bequem an Bord zu kommen, und mit genügend Platz für vier Personen, das sind die Solarboote, die man in Lychen mieten kann. Ein Solarmodul wölbt sich wie ein schattenspendendes Sonnensegel über das Deck und gibt immerhin genug „Saft" an den lautlosen Elektromotor für acht Stunden Fahrt mit etwa 7 km/h. Dann sollte man allerdings schon im Hafen angelegt haben, weil die Akkus wieder von Grund auf geladen werden müssen. Das Boot ist einfach und führerscheinfrei zu steuern.
Tipp: Wer den Uckermärkischen Radrundweg nimmt, kommt sowieso an der Bootsvermietung am Nesselpfuhl vorbei – da kann man auch als willkommene Abwechslung spontan eine Badetour mit dem eleganten weißen Solarboot einlegen.

Reederei Knaack & Kreyss . Prenzlauer Straße 7 . 17279 Lychen
Bootsvermietung am Nesselpfuhl . Berliner Straße 1a . 17279 Lychen

SEIT 1901 AUF DEM BERG

Telefon: 0345/5203300
www.zoo-halle.de

Zoo Halle

Klein, aber fein: Der Zoo Halle verfügt zwar nur über eine Fläche von neun Hektar, weiß diese aber gut zu nutzen. Vor allem in den letzten Jahren hat sich viel verändert, um die Tierhaltung im Zoo an die modernsten Ansprüche anzupassen. Große Tiere wie Giraffen oder Nashörner findet man hier – zugunsten der anderen Tierarten – nicht. Stattdessen wurde bei der Sanierung des 1901 gegründeten Zoos viel Wert darauf gelegt, neue Tieranlagen nach neuesten Erkenntnissen zu bauen. 1.700 Tiere aus 300 Arten leben in dem Tierpark, von der schweren Elefantenkuh mit einer Höhe von 2,60 Metern bis zum zwei Zentimeter großen Ohrgitterwels.
Das Affenhaus mit Urwald, Felsen, Wasserfall und Freianlage bietet den Totenkopfaffen viel Auslauf. Wahrzeichen des Zoos ist die 24 Meter hohe und 700 Quadratmeter große Freiflugvoliere. Stolz ist man aber auch auf die Bergtieranlage, auf der sich unter anderem Westkaukasische Steinböcke, Mähnenspringer, Lamas und Alpakas tummeln. Ein wenig Zeit sollte der Besucher schon mitbringen, um sich in aller Ruhe die weiteren Bereiche wie das Raubtier- oder Krokodilhaus, die Seebärenanlage oder das Schimpansenhaus anzusehen. Auf dem Zoogelände befinden sich auch zwei gastronomische Betriebe.

Zoologischer Garten Halle GmbH . Fasanenstraße 5a . 06114 Halle

EISLEBEN UND DER BUND DER LUTHERSTÄDTE

www.eisleben.eu

Lutherstadt, Eisleben

Den Eislebenern ist es Zeit ihres Lebens gut gegangen: Dank seiner Lage am Schnittpunkt zweier Handelsstraßen und durch den Abbau des Kupferschiefers konnte das Städtchen sich im 15. und 16. Jahrhundert zur wohlhabenden Stadt entwickeln. Kupferbergbau, Hüttenindustrie, Samenzucht – in Eisleben lebte es sich gut. Ruhm und Ehre hat aber nicht der Wohlstand gebracht, sondern ein berühmter Sohn der Stadt: 1483 erblickte Martin Luther das Licht der Welt im schönen Eckhaus an der Seminarstraße. Und Luther hat es „gut gemeint“ mit den Eislebenern: Als er 1546 in seine Geburtsstadt zurückkehrte, um in einem Streit zu schlichten, starb er in Eisleben. So kann sich die Stadt nicht nur der Geburtsstätte rühmen, sondern besitzt auch die einzige Reliquie Luthers – das Bahrtuch ist in einer prächtigen Vitrine ausgestellt.

14 Städte haben sich mittlerweile zum „Bund der Lutherstädte" zusammengeschlossen, denn der Wirkungskreis des Reformators war groß. Die Wartburg bei Eisenach, in der Luther zwischen 1521 und 1522 inhaftiert war, kennt jeder; auch die Schlosskirche in Wittenberg, an die Luther seine 95 Thesen gegen den Ablasshandel anschlug, gehört zum Allgemeinwissen. Doch andere Städte sonnen sich ebenfalls in Luthers Ruhm: In Magdeburg ging er zur Domschule, in Marburg diskutierte er mit Zwingli, in Torgau weihte er die Schlosskirche, in Mansfeld-Lutherstadt wuchs er auf, in Worms verweigerte er Kaiser Karl V. den Widerruf seiner Schriften. Selbst bis nach Heidelberg reiste der Reformator, um dort seine Theologie zu erläutern. 1997 wurden die Lutherstätten von der UNESCO zum Weltkulturerbe erklärt. So viel Ehre für den Reformator!
Aber Eisleben hat auch noch anderes zu bieten! Nach 1990 wurde eifrig in die Sanierung der Stadt investiert, und so kann man sich heute an wunderschön restaurierten Häusern erfreuen. Zentrum ist der Marktplatz mit seinen Bürgerhäusern, dem Rathaus und der Pfarrkirche St. Andreas – hier hielt Luther übrigens seine letzte Predigt, aber von Luther sollte ja keine Rede mehr sein! Einen Besuch wert ist auch die St. Petri-Pauli-Kirche mit ihrer wuchtigen Haube – übrigens die Taufkirche Luthers. Wer Luthers überdrüssig ist, kann auch einfach nur durch die schöne Altstadt bummeln und von der Plattform des Weinbergs die nach der Wende „wiederauferstandene" Stadt von oben betrachten.

Lutherstadt . 06295 Eisleben

0377 ST_Gärten, Parks & Landschaften

EINE ROSE IST EINE ROSE, IST EINE ROSE ...

Telefon: 03464/57252
www.europa-rosarium.de

Europa-Rosarium, Sangerhausen

Millionen und Abermillionen Rosenblüten. Farb- und Duftrausch. Rosen aus aller Welt lassen Rosenfreunde und solche, die es werden wollen, regelmäßig ab Mitte Juni, zur Hauptrosenblütenzeit, nach Sangerhausen pilgern.
Dort dürfen sie die weltgrößte Rosensammlung mit 8.500 verschiedenen Arten und Sorten erleben. Seine überaus große Vielfalt hat dem Rosarium einen Eintrag im Guinness-Buch der Rekorde beschert. Experten und Rosenliebhaber haben Pflanzen aus allen Zeitepochen und Ländern der Welt zusammengetragen. Verschwenderisch blühend dürfen sie sich auf dem 12,5 ha großen Gelände des „Europa-Rosariums" in verschiedensten Farben und Arten entfalten.
Mit unzähligen Versen und Erzählungen wurde schon oft versucht, dem Zauber und der Schönheit der Rose Tribut zu zollen. Entsprechend sind hier auch Exemplare aus Goethes Garten zu finden, außerdem Attraktionen wie die Schwarze Rose oder die kleinsten Rosen der Welt.
Echte Romantiker flanieren am liebsten Mitte August in der „Nacht der tausend Lichter" durch den festlich illuminierten Rosengarten, wenn Feuerwerk, Tanz und

Kulinarisches inmitten von Millionen von Blüten geboten werden. Sammler hingegen können um Pfingsten herum eine echte Rarität für ihren eigenen Garten im Verkauf ergattern oder Kurse in der Rosenakademie belegen.

Europa-Rosarium . Steinbergerwerk 3 . 06526 Sangerhausen

0378 ST_Kunst & Architektur

PLASTE UND ELASTE

www.dchm.de
Telefon: 03461/463070

Deutsches Chemiemuseum, Merseburg

Kommt Chemie ins Spiel, rümpfen viele die Nase. Zu Unrecht, finden die Gründer des Deutschen Chemiemuseums Merseburg. Seit 1993 im Aufbau, zeigt das Museum in einem Technologiepark mittlerweile eine beachtliche Sammlung an Maschinen und Anlagen. Am Eingang stehen die Herzstücke einer jeden chemischen Industrieanlage: die Pumpen und Kompressoren. Weitere Stationen auf dem Rundgang sind die rekonstruierte Ammoniak-Synthesekammer, die Kohlbreipresse und das Fragment eines Hochdruckofens. Einen guten Überblick bietet der Aussichtspunkt auf dem Schieberhügel. Damit auch die Laien nicht ratlos vor der Technik stehen, erklären Informationstafeln im Park die Anlagen. Wahlweise hilft das Blättern im Museumsführer oder die Nachfrage beim Museumspersonal.

Deutsches Chemiemuseum . 06217 Merseburg

0379 ST_Sport, Abenteuer & Technik

SONNE, MOND UND STERNE

Telefon: 03443/284488
www.sonnenobservatorium-goseck.de

Prähistorisches Observatorium, Goseck

Unsere Vorfahren waren eifrige Sternen- und Sonnengucker. Schon vor 7.000 Jahren beobachteten sie systematisch alles, was sich am Himmel tat. In Goseck zeugt davon das komplett rekonstruierte Sonnenobservatorium. Zwei Meter

Das Sonnenobservatorium in Goseck mit der im Originalmaßstab rekonstruierten Kreisgrabenanlage

hohe Holz-Palisaden umzäunen das kreisrunde Gelände mit seinem Durchmesser von 75 Metern.
Das älteste Observatorium Europas ist rund um die Uhr geöffnet. Kein Wunder, der Himmel macht schließlich auch keine Pause. Schon in grauer Vorzeit konnten die Menschen durch Visiere in der Anlage genau die Winter- und Sommersonnenwende bestimmen. Entdeckt wurde die Kreisgrabenanlage erst 1991 durch die archäologische Auswertung von Luftaufnahmen. Bis 2002 dauerte es dann noch, bis die Ausgrabungen in Angriff genommen wurden.
Wem das alles ein einziges Rätsel ist, der sollte sich einer der beiden Führungen anschließen, die jeweils samstags, sonntags sowie feiertags stattfinden. Zudem finden direkt auf dem Observatoriumsgelände laufend Veranstaltungen zu Stern-, Mond- und Sonnenständen statt. Informationen bietet aber auch die Ausstellung im Schloss Goseck. Hier dürfte dann dem einen oder anderen sicherlich ein Licht aufgehen!

Informationszentrum Schloss Goseck . 06667 Goseck

HANDGEMACHTE BÜRSTEN UND BESEN WIE IM 18. JAHRHUNDERT

Telefon: 03445/201079
www.buerstensteinbrueck.de

Bürstenmacherei Steinbrück

Am Anfang war die Kleiderbürste. Carl Steinbrück hatte das gute Stück in Handarbeit hergestellt, nachdem er als wandernder Geselle von der Pike auf gelernt hatte, wie Pinsel und Bürsten angefertigt werden. Und Kleiderbürsten waren es dann, die der geschickte Handwerker schließlich in seinem kleinen Ladengeschäft im Steinweg 1 an den Mann oder vielleicht auch an die Frau brachte. 122 Jahre später dreht sich in der Familie Steinbrück immer noch alles um Borstiges für den Heimgebrauch. Direkt gegenüber dem damaligen Ladenlokal lenkt Ursula Römer, die Nachfahrin des wandernden Gesellen, heute die Geschäfte der Bürstenmacherei Steinbrück.
Der Familienbetrieb hat harte Zeiten überstanden. Im Ersten Weltkrieg mussten aus Stahlborsten Reinigungsbürsten für Kanonen hergestellt werden – immerhin durfte Geselle Kurt Steinbrück für diese „kriegswichtige Arbeit" im elterlichen Geschäft bleiben. Nach dem Zweiten Weltkrieg baute die Familie erneut ihren Handel mit professionell gefertigten Bürsten und Besen auf. Schließlich ließ in der DDR-Zeit die Planwirtschaft oftmals die Rohstoffe zur Mangelware werden. Die Steinbrücks haben ihre Handwerkstradition über all diese Jahre stets an die nächste Generation weitergereicht.
Klein und vollgestopft ist das Ladenlokal, das an allen Ecken und Enden Geschichte ausstrahlt. Schon von Weitem ist das traditionsreiche Geschäft an seinem

schmiedeeisernen Aushängeschild über dem Eingang zu erkennen. Auch heute noch wird bei den Steinbrücks produziert und repariert – und vieles noch in Handarbeit. Die Liste der Produkte ist lang: Unter anderem kann hier jeder noch Schuhschmutzbürsten, Butterstreicher, Staubwedel, Spinnenfeger und natürlich den guten alten Standardbesen kaufen. Wie so etwas hergestellt wird? Ursula Römer zeigt gerne in ihrer Schauwerkstatt, wie aus Borsten, Holz und handwerklichem Geschick Bürsten werden. Gute Besen kehren gut, handgemachte bestimmt noch besser.

Bürstenmacherei Kurt Steinbrück . Steinweg 29 . 06618 Naumburg/Saale

---

0381 ST_Gärten, Parks & Landschaften

DAS SCHÖNSTE LAND DES REICHES

www.gartenreich.com

Wörlitzer Gartenreich, Dessau

Natürlich verschlägt es einem Mann wie Goethe nicht die Sprache, und so wusste er auch wortreich vom Dessau-Wörlitzer Gartenreich zu schwärmen: „Mich hat's gestern Abend, wie wir durch die Seen, Kanäle und Wäldchen schlichen, sehr gerührt, wie die Götter dem Fürsten erlaubt haben, einen Traum um sich herum zu schaffen", schrieb er begeistert an Charlotte von Stein. Kurz gesagt: Goethe gefiel, was Fürst Franz von Anhalt-Dessau kreiert hatte. Kein Wunder, denn das Gartenreich ist so schön, dass die UNESCO es zum Welterbe gekürt hat. Sechs Schlösser, sieben historische Park- und Gartenanlagen und über hundert architektonische Schmuckstückchen sind in einer Landschaft von 142 Quadratkilometern verteilt.
Gut, dass es im 18. Jahrhundert noch jedem Adligen gefiel, auf große Europa-Tour zu gehen. Auch Fürst Franz zog es aus seinem Fürstentum an Elbe und Mulde in die weite Welt. In Italien, Frankreich und Großbritannien sah er sich um und brachte jede Menge Ideen mit nach Hause. Alleen, Kanäle, protzige Bauten und kleine Gebäude – der Fürst hat Geschmack bewiesen.
Wer ins Gartenreich eintauchen will, sollte es gemächlich angehen lassen und sich am besten ein ganzes Wochenende reservieren. Das Wörlitzer Schloss versetzt mit seiner Einrichtung jeden Besucher ins 18. Jahrhundert, im Gotischen Haus hängen Glasgemälde, und eindeutig niederländisches Flair besitzt der Sommersitz der Prinzessin von Oranien-Nassau, das Ensemble Oranienbaum. Klein-Sanssouci heißt im Gartenreich Mosigkau, idyllisch liegt das Luisium. Wer alle Schlösser und Gärten auf geführten Rundgängen ansehen möchte, kann locker zwei Tage füllen.
Müde Beine und trotzdem neugierig? Dann lässt man sich am besten in einer Gondel über den Wörlitzer See oder den Wolfskanal fahren. Eine Dreiviertelstunde lang können so einzigartige Ausblicke genossen werden. Oder man entscheidet sich für eine Taschenlampenführung im Schloss Luisium – und hofft darauf, dass die verstorbene Fürstin nicht hin und wieder geisterhaft durch ihre alten Gemächer

schwebt. Standesgemäße Übernachtungen werden in diversen historischen Gebäuden in der Landschaft des Gartenreichs angeboten.

Dessau-Wörlitzer Gartenreich . 06846 Dessau

0382 ST_Städte & Touren

EIN SCHINKEL-TURM IM HARZ

www.harzlife.de/tip/joseph.html

Josephskreuz bei Stolberg

Der 38 m hohe Aussichtsturm auf dem Großen Auerberg ist das größte Doppelkreuz der Welt. Mit seiner eisernen Konstruktion, die durch 100.000 Nieten zusammengehalten wird, hat es schon etwas vom Eiffelturm.
Bereits im 17. Jahrhundert stand hier ein hölzerner Aussichtsturm, der jedoch 1768 wegen Baufälligkeit abgerissen werden musste. Die Nachfolge trat ein gotisches Doppelkreuz aus Holz nach Entwürfen von Karl Friedrich Schinkel an, das aber 1880 einem Blitz zum Opfer fiel. In Anlehnung an Schinkels Entwurf entstand 1896 das Josephskreuz genau so, wie es heute noch zu besichtigen und zu besteigen ist.
In einer schönen Wanderung kann man den 579 m hohen Berg in 15 bis 20 Minuten über einen befestigten Weg oder – kürzer, steiler, aber auch anstrengender – durch den Wald erklimmen. Wer noch höher hinaus will, der kann über 200 Stufen auf die Aussichtsplattform des Kreuzes gelangen, die einen wunderbaren Blick über den Harz bietet. Wer aber schon von der Wanderung zu hungrig oder durstig ist, stärkt sich in der Gaststätte am Fuße des Bauwerkes.

Josephskreuz . Auf dem Auerberg . 06547 Stolberg/Harz

0383 ST_Gärten, Parks & Landschaften

3.000 QUADRATMETER IRRGARTEN

Telefon: 034467/40359
www.irrgarten-eckartsberga.de

Freizeitspaß, Eckartsberga

756 Kubikmeter Erde wurden bewegt, 860 Zaunständer gesetzt, 4.300 Koniferen gepflanzt, 1.537 Meter Maschendrahtzaun gezogen. Entstanden ist einer der größten Irrgärten seiner Art. Auf 3.000 Quadratmetern geht es durch hohe Hecken auf der Suche nach der Aussichtsplattform im Zentrum des Gartens. Wer nach 365 Metern das Ziel erreicht, hat es richtig gemacht und Orientierungssinn bewiesen: Er

hat den direkten Weg vom Eingang zur Aussichtsplattform auf Anhieb gefunden. Im allerschlimmsten Fall bringt man es auf 1.550 Meter – dann hat man nämlich tatsächlich jeden Meter des verworrenen Wegenetzes abgelaufen. Wieder herausgekommen ist aber letztendlich noch jeder.
Allerdings bietet der „Freizeitspaß Eckartsberga" nicht nur das irreführende Labyrinth: Vier weitere Attraktionen liegen auf dem Schlossberg verteilt. Im „Burgenland" kann zu Fuß oder mit der Minibahn eine Miniaturlandschaft mit Burgen und Schlössern im Maßstab 1:75 erkundet werden. Nachgebildet wurden zum Beispiel die Leuchtenburg bei Kahla und weitere Bauten aus Sachsen, Sachsen-Anhalt und Thüringen. Mit 40 Stundenkilometern Richtung Tal sausen ermöglicht die 850 Meter lange Sommerrodelbahn. Direkt neben der Rodelbahn liegt die Mini-Golfanlage, und einen tollen Ausblick über die Landschaft gibt es vom Aussichtsturm der Eckartsburg.

Freizeitspaß Eckartsberga . Burgstraße 4 . 06648 Eckartsberga

00384 ST_Sport, Abenteuer & Technik

DIE HISTORIE VOM ROLLFILM

Telefon: 03494/636446
www.ifm-wolfen.de

Industrie- und Filmmuseum, Bitterfeld-Wolfen

Lange wird es nicht mehr dauern, bis Eltern nur noch verblüffte Blicke ernten, wenn sie ihren Kindern von den Filmpatronen erzählen, die man „damals" in die Fotoapparate einlegte. Im Industrie- und Filmmuseum sind die Rollfilme bereits Geschichte – allerdings eine, die es zu erzählen und zu zeigen gilt.
Der Weg von der Produktion bis zu den 36 Bildern, die später als Papierabzüge an Familienfeiern und Urlaube erinnerten, war lang. In den weiß gefliesten Räumen der 1909 errichteten Begießerei ist es vor allem die gewaltige Begießmaschine, die verblüfft. Immerhin: Mag der Maschinenpark mit seinen Elektrokarren und Rollfilmwickelmaschinen auch fast schon prähistorisch anmuten – von der Firma Agfa gegründet, glänzte die Filmfabrik Wolfen als zweitgrößte Rohfilmproduktionsstätte der Welt. Und die Begießmaschine fertigte den ersten universell einsetzbaren Mehrschichten-Farbfilm der Welt.
Beim Gang durch den Dunkelflur und beim Blick in den Schmelzraum kann sich kaum jemand dem „sozialistischen" Charme dieser historischen Fertigungsstätte entziehen. Kein Wunder, schließlich kommt bei den ein- bis eineinhalbstündigen Führungen auch viel Zeitgeschichtliches zur Sprache.
Hier erhält man endlich all die Antworten, die einem einfallen müssen, wenn die Kinder einmal fragen: „Und die Fotos waren wirklich auf einem Streifen aus der Rolle, der auch noch entwickelt werden musste?"

Film- und Industriemuseum Wolfen . Chemiepark Bitterfeld-Wolfen . Areal A
Bunsenstraße 4 . 06766 Wolfen

LUTHER HIER – LUTHER DA

www.wittenberg.de

Lutherstadt Wittenberg

Wer Wittenberg sagt, meint Luther. Hier hatte der Reformator schließlich sein Wohnzimmer, das man auch heute noch im Original besichtigen kann. Ab 1511 lebte Luther als Mönch und Professor im Augustinerkloster der Stadt, das später – als Geschenk vom Kurfürsten – zum Wohnhaus für ihn und seine Frau wurde.
Wittenberg wurde zum „Rom der Protestanten", Luthers Wirken zog Studenten und Gelehrte von weit her an, der berühmte Philipp Melanchthon lehrte an der Wittenberger Akademie, hochrangige Fürsten stellten sich dem Disput. Ganz historisch wird es an der Luthereiche, denn hier wurde die Trennung von der römisch-katholischen Kirche symbolisch vollzogen. Der Reformator verbrannte die Bannbulle des Papstes – deutlicher und drastischer konnte keine Handlung sein.

Lutherstadt Wittenberg: Denkmal des Reformators

Die Stadt hält große Stücke auf ihren berühmten früheren Bewohner. Jedes Jahr im Juni feiern die Wittenberger „Luthers Hochzeit" in der ganzen Stadt an den Originalschauplätzen. Am Samstagnachmittag steht der historische Festumzug auf dem Programm – ein Highlight für alle Besucher und Bewohner zugleich. Selbst beim Fußball ist Luther mit im Spiel: Ein Kleinfeld-Fußballturnier mit rund hundert Männer- und Frauenmannschaften nennt sich – na, wie wohl? – Luther-Cup. Was fehlt noch? Luther zum Verspeisen. Der Reformator ist Namensgeber für das Lutherbrot, eine Spezialität in Wittenberg.
Bei aller Lutherverehrung sollte man aber nicht vergessen, dass es noch viele andere Sehenswürdigkeiten gibt. Das Wittenberger Schloss und die Stadtkirche verdienen ebenfalls die Aufmerksamkeit der Besucher. Modern statt historisch ist trotz seines Namens das Martin-Luther-Gymnasium: Es wurde nach Entwürfen von Friedensreich Hundertwasser umgestaltet, mit Zwiebelturm, Dachterrassen, Bäumen, die aus Fenstern ragen, bunten Säulen und organischen Formen.
Ausruhen von den Besichtigungen und dem Luther-Trubel kann man sich anschließend auf dem Marktplatz. Doch schon wird man wieder von den schmucken Bürgerhäusern, dem Renaissance-Rathaus und dem historischen Marktbrunnen an vergangene Luther-Zeiten erinnert.

Lutherstadt . 06886 Wittenberg

GEBURTSSTADT DES KÖNIGS UNTER DEN KUCHEN

Telefon: 03901/32306
www.baumkuchen-salzwedel.de

Baumkuchen, Salzwedel

Augen zu und sich einmal ganz auf die Nase verlassen! In der Backstube der ältesten Baumkuchenbäckerei in Salzwedel duftet es verführerischer, als es die Waage später zu Hause wahrhaben möchte. Seit 1807 wird hier der Traum aller Kaffeetanten angefertigt. Im legendären handgeschriebenen „Conditorei"-Buch hat Johann Christian D. Andreas Schernikow damals für alle Zeiten festgelegt, was einen Baumkuchen zu einem phantastischen Baumkuchen macht.
Damals? Heute? Nicht viel hat sich geändert. Noch immer dreht sich eine Holzwalze, auf der in Handarbeit mit viel Geduld und einer Kelle Schicht um Schicht Teig aufgeträufelt wird, der dann in köstlichen „Jahresringen" wie bei einem gut gewachsenen Baumstamm zum perfekten Kuchen gedeiht. Die Köstlichkeit erhält Jahr für Jahr die CMA-Medaille, ein Zeichen für gute Qualität.
An der Nascherei fanden auch schon Könige und Kaiser ihren Gefallen – 1865 wurde der Sohn des Gründers zum Hoflieferanten ernannt, eine Ehre, die den Baumkuchen in den Adel hebt. Weniger königliche Zeiten durchlebte die Baumkuchenbäckerei im Zweiten Weltkrieg: Nur wer die Rohstoffe selbst anlieferte, bekam den „richtigen" Baumkuchen, die übrigen mussten sich im Verkauf für Kuchen nach einer Sparrezeptur entscheiden. Gott sei Dank aber wanderte das alte Rezeptbuch immer mit von Generation zu Generation, und so ist auch heute noch eines sicher: der perfekte Baumkuchen. Sie glauben das nicht? Natürlich nicht, denn so hat man ja einen Grund, sich bei einer Vor-Ort-Verkostung umstimmen zu lassen.

Erste Salzwedeler Baumkuchenfabrik . St.-Georg-Straße 87 . 29410 Salzwedel

---

HEXENTANZ HOCH OBEN AUF DEM GIPFEL

Telefon: 039455/868-0
www.walpurgisnacht.harz-urlaub.de

Walpurgisnacht auf dem Brocken

Die Heilige Walburga würde sich wohl im Grabe umdrehen, wenn sie wüsste, was an ihrem Namensfest so alles geschieht. Die gute Nonne ist nämlich eigentlich eine Schutzpatronin gegen böse Geister. Doch was sich in der Nacht vom 30. April auf den 1. Mai abspielt, ruft die bösen Geister eher auf den Plan, als sie zu vertreiben. Walpurgisnacht heißt für alle Hexen nämlich: feiern, was der Besen hergibt!
Auf Besen, Mistgabeln, Katzen und allem, was durch die Luft trägt, fliegen die

Hexen seit mehr als 1.000 Jahren auf dem Brocken ein und tanzen um das Feuer. Doch dabei bleibt es bei Weitem nicht: Dem Teufel wird zum Zeichen des Pakts der Hintern geküsst, und anschließend heiratet der Höllenfürst seine Anhängerinnen. Im Austausch dafür gibt es dann neue Zauberkräfte.
Vielleicht ist das aber auch alles nur pure Phantasie. In den vergangenen Jahrhunderten mischten sich die Möchtegern-Zauberinnen nämlich ein ganz besonderes Sälbchen aus Misteln, Stechapfel und Tollkirsche. Die Nachtschattengewächse sorgten allerdings für Verwirrung im Hexenköpfchen und brachten die Damen der fliegenden Zunft in einen wahren Rauschzustand. Da mag sich so manche Hexe den Flug hoch über den Harz und die wilde Feier auf dem Brocken nur in ihren Träumen vorgestellt haben. Obwohl – wenn Harry Potter auf seinem Besen durch die Luft fliegt, wundert sich darüber heutzutage ja auch niemand mehr.
Die Walpurgisnächte auf dem Brocken werden heute immer wilder. So viel Tausende von Hexen, wie sie sich dort in besagter Nacht zum 1. Mai versammeln, hat es wohl kaum im Mittelalter gegeben. Besen oder Mistgabeln dürfen die modernen Hexen aber ruhig im Schrank lassen. Heute geht es mit der Brockenbahn ganz komfortabel vom Bahnhof Schierke hoch hinauf auf den Hexentanzplatz auf dem Gipfel des Brocken, selbstverständlich mit viel Rauch und gefährlichem Zischen. Ist doch sowieso viel bequemer als auf so einem schwankenden, bockigen Besen, oder?

Kurverwaltung Schierke . Brockenstraße 10 . 38879 Schierke

00388 ST_Sport, Abenteuer & Technik

HIGH NOON IN HASSELFELDE

Telefon: 039459/731-0
www.pullmancity-2.com

Eine Western-Stadt im Oberharz

Jeden Nachmittag leisten die Cowboys Schwerstarbeit. Dann treiben sie eine Herde wilder Rinder durch die Hauptstraße der kleinen Westernstadt. Wenn sich der Staub endlich wieder verzogen hat, kann der Familienvater durch die klassische Schwingtür in den Saloon treten und mit rauer Stimme den Wirt anblaffen: „Einen Whiskey, aber dalli!“ Das schindet mächtig Eindruck bei Sohn und Tochter ...
In Hasselfelde ist so etwas in der Tat möglich. Denn dort wurde auf über 100.000 m^2 eine amerikanische Westernstadt originalgetreu nachgebaut. Mit allem, was man aus den „Wild West Filmen“ kennt: Eine klassische Hauptstraße mit bunten Holzhäusern, kleinen „Stores“, Hotel, Post ... Ein Gefängnis gehört selbstverständlich auch dazu, und aus dem Saloon schallt Countrymusik. Nicht zu vergessen das Soldatenfort und die Tipis der Indianer.
Bevor jedoch die Rinder durchs Dorf rasen, gibt es die tägliche Western-Show. Tatsächlich schaffen es die Cowboys, ohne einen einzigen Revolverschuss ein Spektakel abzuliefern, das spannend, schnell, teilweise voller Witz und gekonnten Effekten ist: Der Wilde Westen einmal unblutig und ohne Gewalt, dafür aber als anschauliche Historie präsentiert.

Wer anschließend seine begeisterten Kinder nicht mehr vom Pony oder aus der Kutsche bekommt, der kann ihnen eine Übernachtung im Soldatenfort anbieten: Knallharte Pritschen ohne Komfort, aber mit einem derart authentischen Feeling, dass Sohn und Tochter froh sein werden, wenn sie am nächsten Abend wieder zu Hause in ihren eigenen Betten liegen.
Das Vergnügen hat man aber genauso stilecht, wenn auch wesentlich luxuriöser, im eigenen Blockhaus mit Küche und Bad.
Und wenn abends im „Silver Saddle Steakhouse" die T-Bone-Steaks auf dem Grill brutzeln, die Kinder in seliger Müdigkeit eingeschlafen sind, dann schmiegt sich die Gattin an ihren Westernhelden und fragt sich im Stillen, warum sie damals nicht in der St. Peter's Church hier in der Westernstadt geheiratet haben.

HHB GmbH & Co. Pullman City II KG . Am Rosentale 1 . 38899 Hasselfelde

0389 ST_Gärten, Parks & Landschaften

MIT DEM RAD VON DESSAU BIS NACH CUXHAVEN

www.elberadweg-r2.de

Elberadweg

Erholung pur an der Elbe

Rauf auf den Drahtesel und in die Pedale getreten! Der Elberadweg führt in acht Abschnitten vorbei an Leuchttürmen, durch gemütliche Altstädtchen, zu Störchen, durch Hügel und zu Burgruinen. 85 Kilometer lang ist die erste Etappe von Magdeburg bis Dessau. Wer überall anhält, wo es sich lohnt, muss Zeit mitbringen. In Gommern lockt die Wasserburg, in Barby ein Barockschloss von 1715, Dessau ist stolz auf sein Bauhaus-Ensemble. Zwischen Magdeburg und Tangermünde sollte man unbedingt im Schifffahrtsmuseum von Rogätz vor Anker gehen und dort auch das Schiffshebewerk Rothensee besichtigen. In Polte bezaubert die schöne Aussicht auf den Elbebogen, in Grieben entzücken die kleine Dorfkirche und das Gutshaus. Spätestens in Tangermünde kommt dann die große Pause zum Ende der Etappe: Die historische Altstadt hat viel Flair. Burgruine und Gefängnisturm, Bürgerhäuser und Speicher zeugen von vergangenen Zeiten. Auf dem Weg nach Havelberg gibt es mittelalterliche Burgreste in Arneburg, Sandau auf der Straße der Romanik und die Bockwindmühle von Werben.
Zum Glück ist man meist auf dem platten Land unterwegs und muss sich nicht Berge hoch- und hinunterquälen. Auf den weiteren Etappen bis nach Cuxhaven kann also entspannt geradelt und besichtigt werden. Bei Lenzen geht es in die

Düne, von Gorleben aus in die Nemitzer Heide, und Hitzacker ist eine idyllische Stadtinsel mit Fachwerkhäusern und einer bezaubernden Sicht vom Weinberg. Einen Abstecher zu den Wikingern? Kein Problem, Amt Neuhaus hat ein Wikingermuseum. Statt Strampeln auf dem Rad eine kleine Schiffstour? In Lauenburg legt der „Kaiser Wilhelm"-Museumsdampfer ab. Häfen, nicht zuletzt der Hamburger Hafen, eine frische Brise auf dem Deich und Obstbäume im Alten Land sollten ebenfalls auf dem Programm der Radler stehen.
Von der gesamten Strecke kann man natürlich auch nur die genehmsten Etappen auswählen und die vielen Sehenswürdigkeiten in aller Ruhe genießen. Der Elberadweg führt dabei häufig über Landstraßen mit wenig Autoverkehr oder über befestigte Wander- und Wirtschaftswege. Hinzu kommt auch die eine oder andere Fährfahrt. Abwechslungsreich und gut durchplant – so macht Radfahren Spaß!

Elberadweg. 39615 Werben

0390 ST_Sport, Abenteuer & Technik

MIT DEM KANU AUF DER ELBE

Telefon: 039393/92746
www.elbe-kanu.de

Kanu-Verleih, Werben

Wer kennt Werben, die kleine mittelalterliche Stadt? Seit 1000 Jahren liegt die Hansestadt ganz romantisch an einer besonders ruhigen Stelle der Elbe, der Altmark, mitten im Naturschutzgebiet. Rote Dachziegel und 900 Einwohner, roter Backstein und Fachwerk, flaches Land und weiter Blick, Störche und Mühlen, das sind die ersten und prägenden Eindrücke.
Und dann gibt es da noch die kleine Fähre, die Werbener Gierfähre. Diese Fähre hängt an einem verankerten Drahtseil und bewegt sich durch die Kraft der Elbströmung von einem Ufer zum anderen. Da hat man nach einer langen Autofahrt zehn Minuten Ruhe und Zeit zum Abschalten.
Nur Vogelgezwitscher und das Plätschern des Wassers untermalen das Überqueren dieses großen, ruhigen Flusses, der seinen Namen von seinen idyllischen, weißen Sandstränden erhielt: die Elbe.
Und dann kommt wie selbstverständlich ein Wunsch auf: Wie kann man diese wunderschönen Minuten auf dem Wasser verlängern? Es müsste ein Boot sein, mit dem man flussabwärts fahren kann. Nicht zu groß, aber groß genug für zwei oder drei: ein Kanu.
Auf diese Weise kann man heute wunderbare Kanu-Touren auf der Elbe machen, mit robusten und sicheren Tourenkanadiern. Ob als Tagestour mit Hol- und Bringservice oder als 3-Tages-Tour, die Kanus fahren sich leicht und komfortabel und können auf Wunsch mit zusätzlichen Bänken für Kinder ausgerüstet werden (inkl. Schwimmwesten).

Für unterwegs werden Lunchpakete zusammengestellt oder, als krönender Abschluss einer Kanu-Tour, ein abendliches Diner am Elbstrand arrangiert. Stilvoll mit weißem Tischtuch, Porzellan und feinen Gläsern.

elbe-kanu . Fabianstr. 12 . 39615 Werben

0391 ST_Sport, Abenteuer & Technik

REITEN, REITEN, REITEN ... 1.600 KM WEIT

Telefon: 039394/81339
www.sternreiten-altmark.de

Reiten in der Natur, Altmark

Einmalig für alle Pferdefreunde: Mit dem Pferd quer durch die Auenlandschaften von Elbe und Havel geht es über Europas längstes Reitroutennetz. Rund 200 ausgeschilderte Routen, Info-Tafeln, Schutzhütten und Anbindevorrichtungen machen die Altmark zum idealen Gebiet für Reiter und Pferd.
Wer sich und seinem Pferd das zutraut, kann über mehrere Tage unterwegs sein. Übernachtet wird in einem der 50 an das Reitwegenetz angeschlossenen Reiter- und Ferienhöfe, die für die Pflege des treuen Tieres genauso gut eingerichtet sind wie für die Erholung der durch das lange Reiten strapazierten Körperteile.
Das Reiterparadies wird vom Interessenverein „Sternreiten in der Altmark" ständig gepflegt und in Ordnung gehalten. Mögliche geführte Wanderritte sind unter anderem der Elb-Havel-Trail, der Altmärkische Bauernhof-Trail und der Schlösser-Trail. Weitergehende Information und Orientierung bietet das gut ausgearbeitete Kartenmaterial „Reitatlas Altmark".

Interessenverein „Sternreiten in der Altmark" e.V.
Hauptstraße 46 . 39596 Hohenberg-Krusemark

0392 ST_Kunst & Architektur

YEAH, YEAH, YEAH

Telefon: 0345/2903900
www.beatlesmuseum.net

Beatles Museum, Halle an der Saale

The Beatles. Wollten Sie schon immer einmal Kinderbilder von John, Paul, George und Ringo sehen? Oder einen Original-Löffel von John Lennon? Dann nichts wie hin ins Beatles Museum nach Halle. Zwölf randvolle Räume lassen das Herz eines jeden Fans laut im Takt der bekannten Songs schlagen. Hier ist alles gesammelt, was man nur über die Fabulous Four zusammentragen konnte: Original-Bravo-Ausgaben aus

den Jahren 1965/66, Krawatten und Kaffeebecher der Quarry Bank Highschool, Beatles-Briefmarken und Dokumente der ersten Begegnungen von John Lennon und Paul McCartney. Überall Vitrinen mit Beatles-Souvenirs, Raritäten und Anhörstationen. Hier wird man mit entsprechender Musikuntermalung noch einmal so richtig in die „Yeah-Yeah-Yeah-Zeit" zurückversetzt.
Falls das noch nicht gereicht hat, um eine erneute „Beatles-Mania" auszulösen: Im Kinosaal fällt man in die 60er-Jahre-Sessel und berauscht sich an Unmengen von Beatles-Filmmaterial. Selbst im Museums-Café wird der Kaffee stilecht in einer Beatles-Tasse gereicht. Muss auch sein, denn hier in Halle, das sei ja inzwischen auch das weltgrößte Beatles-Museum, sagt man.

Beatles Museum . Alter Markt 12 . 06108 Halle (Saale)

0393 ST_Lifestyle & Szene

VON 'NER HARLEY BIS ZUM MOPED

Telefon: 039484/32421
www.schlosskeller-harzgerode.de

Motorradtreffen, Harzgerode

Hier ist was los! Der Startschuss zum Ostharzer Motorradtreffen hallt wider an den Harzer Bergen. Alles, was zwei oder maximal drei Räder hat, dreht am Gas, macht Krach und Qualm und startet durch. Ein schneller Blick auf die „Rennfahrer" macht sofort klar: Die sind von so schillernder Vielfältigkeit wie ihre Maschinen. Von dem stilecht schwarz gestylten Bartträger auf seiner edlen Harley bis zum Harzer Rentner auf seinem ebenso in Würde gealterten Vorkriegs-Moped darf so ziemlich alles antreten, was noch genug Benzin im Blut und Tank hat. Kein Problem, denn beim „offenen Bergrennen für Amateure" gibt es schließlich Wertungsläufe für neun Klassen.
Und eines ist klar, gehört zur Biker-Ehre: Am Abend vor so einem wichtigen Renntag wird erst einmal gründlich geölt. Die Fahrer natürlich, denn die Maschinen sind alle tipptopp. Bei Disko und Lagerfeuer im Schlosshof wird nicht nur gefachsimpelt, sondern eben auch getankt. Alles vergessen am Tag des großen Rennens zwischen den Ortschaften Mägdesprung und Harzgerode. Ab jetzt wird gegen die „Nullzeit" angeknattert. Wer am dichtesten rankommt, hat gewonnen. Ehrenpreise gibt es natürlich auch für den ältesten Biker, das älteste Motorrad oder die weiteste Anreise. Damit Letztere sich überhaupt erst lohnt, wird hoffnungsvoll dem Höhepunkt des Events entgegengefiebert: Die vielgepriesene Abschlussparty steht ja noch an. Für das „Erotik-Bike-Wash" will jeder sofort und überaus galant seine geliebte Maschine zur Verfügung stellen. Und auch bei der Erotikshow mit Live-Musik sind die Biker genauso aufs Wesentliche konzentriert wie eben noch bei der Rennfahrt. Hier ist eben was los.

Stadtinfo Harzgerode . Marktplatz 2 . 06493 Harzgerode

BROCKEN-MARATHON

Telefon: 03943/639037
www.marathon.de

Harz-Gebirgsläufe, Wernigerode

Das ist nichts für untrainierte Waden! Seit 1978 zählt der „Brocken-Marathon" zu den bekanntesten Sportveranstaltungen Sachsen-Anhalts. Bei dem ca. 42,4 km langen Rundkurs muss (für Marathon-Fans besser: darf!) der mit 1.142 m höchste Berg Norddeutschlands und des Harzes überwunden werden. Vom „Brocken" ist die Rede. Start- und Zielpunkt der Marathon-Tour ist der Ort Wernigerode. Auf der Strecke dazwischen gilt es satte 1.150 Höhenmeter zu überwinden! Auf dem Brocken herrscht Hochgebirgsklima und entsprechend dünne Luft. Auch deshalb ist der Harzer Marathon einer der schwierigsten Ausdauerläufe Deutschlands. Nur gut trainierte Läuferinnen und Läufer dürfen hier ihre Kondition beweisen. Für weniger trainierte bietet der „Harz-Gebirgslauf e.V." Alternativ-Strecken an. Ein relaxtes Zuschauen bei diesem Sport-Event hat aber auch was: Zum einen ist es unanstrengender als selbst zu laufen. Zum anderen ist am Start-Ziel-Punkt garantiert eine ganze Menge los!

Harz-Gebirgslauf 1978 e. V. Wernigerode
Postagentur Friedrichstraße 118b . 38855 Wernigerode

PLATZ IST IN DER KLEINSTEN HÜTTE

Telefon: 03943/606016
www.wernigerode-tourismus.de

Das kleinste Haus, Wernigerode

Dieses Bauwerk darf man wirklich als klein bezeichnen. Da wurde die winzigste Baulücke ausgenutzt. Ganze 10 m² Wohnfläche hat es vorzuweisen! Und hat dabei doch alles, was ein „richtiges" Haus so braucht. Mitte des 18. Jahrhunderts im barocken Fachwerk gebaut, lugt es selbstbewusst zwischen zwei größeren Bauten des Ortes Wernigerode in die Welt hinaus. Es ist stolze 2,95 m breit, misst bis zur Dachtraufe stattliche 4,20 m, und seine Eingangstür kann mit einer Größe von sagenhaften 1,70 m auftrumpfen. Klar, dass man beim Betreten der Winz-Dependance nicht mit riesigen Zimmerfluchten rechnen darf. Einen Raum gibt es, und der hat immerhin 10 m² Wohnfläche. Die wurde auch voll ausgeschöpft. Zum Beispiel in den 20er Jahren: Da logierte hier ein Oberschaffner mit seiner Frau und den gemeinsamen 7 Kindern. In diesem wirklich kleinen, aber feinen Museum bekommt man garantiert einen anderen Blickwinkel zum Thema: Ausnutzung des vorhandenen Raumes. Und eines darf man auf alle Fälle: staunen!

Auskünfte über: Harzmuseum . Klingt 10 . 38855 Wernigerode

0396 ST_Kunst & Architektur

GOTISCHE PRACHT AN DER ELBE

Telefon: 0391/19433
www.magdeburg.de

Dom St. Mauritius und St. Katharina

Manche deutschen Städte werden viel zu wenig beachtet, fallen nicht permanent auf, oder man glaubt, da „weit weg“ zu sein. Magdeburg geht es so. Und das völlig zu Unrecht. Allein schon historisch gesehen hat Magdeburg immer eine wichtige und herausragende Rolle in und für Deutschland gespielt. Über 1.200 Jahre alt ist die Stadt an der Elbe; sie war lange Zeit Residenz der deutschen Kaiser, wurde später eine stolze Hansestadt und hat durch ihre strategisch günstige Lage viel zu oft Neid, Konflikte und Kriegszerstörungen ertragen müssen. Aber die Magdeburger konnten ihren Stolz und ihr kulturelles Erbe bewahren: Der berühmte Magdeburger Dom, die verschiedenen Museen, das Theater Magdeburg mit seiner Seebühne im Elbauenpark sind nur einige der kulturellen Schwerpunkte der Stadt.
Uferpromenaden, Flaniermeilen und der 1999 angelegte Elbauenpark mit dem extravaganten Jahrtausendturm sind weitere liebenswerte Facetten Magdeburgs. Und wer gerne ausgehen möchte: Der Hasselbachplatz ist die Ausgeh- und Kneipenmeile.

Tourist-Information . Ernst-Reuter-Allee 12 . 39104 Magdeburg

0397 ST_Kunst & Architektur

AB IN DIE HÖLLE

Telefon: 03946/90550
www.quedlinburg.de

Weltkulturerbe Quedlinburg

RRote Ziegeldächer, überreiches Fachwerk, spitze Giebel, darüber hinausragend nur noch die Kirchtürme und der Schlossberg, das ist der erste Eindruck von Quedlinburg. Dass trotz Zerstörungen durch Krieg, trotz Spekulanten, städtischer Bauwut und politischer Respektlosigkeit gegenüber alten Werten eine Altstadt so in Gänze „überlebt“ hat wie Quedlinburg, grenzt in Deutschland fast an ein Wunder. Kein Wunder ist es allerdings, dass die UNESCO den über 80 Hektar großen historischen Stadtkern von Quedlinburg komplett zum Weltkulturerbe erklärt hat.
Sage und schreibe 1.300 Fachwerkbauten – entstanden im Zeitraum von sechs Jahrhunderten, geprägt von fast sämtlichen Stilrichtungen von der späten Gotik über Renaissance, Barock und Rokoko bis zum Klassizismus – sind nicht nur bestens gepflegt und erhalten, sondern werden wie eh und je bewohnt, bewirtschaftet und

alltäglich genutzt. Quedlinburg ist kein Museum; die Stadt lebt, sprüht vor Energie und ist viel mehr, als ein Museum jemals sein kann: belebte Geschichte.
Über all dem thront oben auf dem Schlossberg die über 1.000 Jahre alte romanische Stiftskirche mit dem weltberühmten Quedlinburger Domschatz. Dort liegen auch der erste deutsche König Heinrich I. (919 zum König gewählt) und seine Gemahlin Mathilde begraben. Sie und die ihnen nachfolgenden ottonischen Herrscher machten die Stadt über mehr als 100 Jahre zum politischen und kulturellen Mittelpunkt des Reiches.
Vor einigen Jahren aber hat sich herausgestellt, dass der Sandsteinfelsen, auf dem Stiftskirche, Damenstift und Schloss stehen, zu zerbersten droht. Umfangreiche Sicherheitsmaßnahmen werden vorbereitet, internationale und nationale Unterstützung läuft an, um das Weltkulturerbe zu sichern.
Tipp: In Quedlinburg sollte man auch mal in der „Hölle" vorbeischauen. Das ist eine Gasse, kopfsteingepflastert und voller Cafés, Boutiquen und kleiner Geschäfte. Richtig hübsch haben sie es hier in der „Hölle".

Stadt Quedlinburg . Markt 1 . 06484 Quedlinburg

0398 ST_Gärten, Parks & Landschaften

LIEBER HARZ ALS HONOLULU

Telefon: 039484/32421
www.harzgerode.de

Urlaub im Harz, Alexisbad

Der Slogan „Lieber Harz als Honolulu" fällt tatsächlich auf – weil er auf fast jeder Baseball-Kappe steht, die man in den verschiedenen kleinen Harz-Städtchen und Gemeinden sieht. Macht nichts, größere Städte leisten sich weitaus schrägere Sprüche. Tatsächlich gibt es aber einige Möglichkeiten, sich im Harz auf Honolulu-Temperaturen zu bringen. Zum Beispiel die 1.100 Meter lange Natur-Rodelbahn in Alexisbad. Man sagt, es sei die längste der Welt ... Vielleicht, man muss ja nicht genau nachmessen. Sie macht einfach einen Riesenspaß und ist in jedem Fall die längste im Harz. Erreichbar über den Alexisbaderfußweg zwingt sie zu einem sportlichen Pensum, wenn man 3 bis 4 Abfahrten machen möchte.
Danach kann man es sich gutgehen lassen in einem der Hotels – ein Sprung in den Pool, ein paar Saunagänge ... Schließlich gilt Alexisbad als einer der ersten Bade- und Kurorte Sachsen-Anhalts.
Genug gelaufen und geschwitzt. Man fährt mit der Harzer Schmalspurbahn auf den fast 1.400 Meter hoch gelegenen Brockenbahnhof, nur 17 Meter vom Gipfel entfernt. Für den Ausblick hat es sich in jedem Fall gelohnt, und man ist auch wieder rechtzeitig zum abendlichen Diner zurück in seinem Hotel.
Später, nach der Mahlzeit, nimmt man sich für den nächsten Tag vor, doch mal einen der wunderbaren Wanderwege von Alexisbad durch den Harz zu laufen.

Alexisbad/Stadtinfo Harzgerode . Marktplatz 2 . 06493 Harzgerode

MACH MAL PLATT

Telefon: 02161/623982
www.panzerschule.de

Panzerfahrschule, Brandenburg und Sachsen-Anhalt

Mal ehrlich: Egal, ob Mann oder Frau, Banker oder Konzertpianistin: Irgendwo in jedem von uns schlummert doch dieser Drang, ab und zu etwas kaputtmachen zu wollen. Meistens unterdrücken wir ihn – wo kämen wir auch sonst hin? Bis in die Nähe von Beerfelde in Brandenburg vielleicht. Denn da darf man das, sogar mit einem echten Panzer, mal alles „ordentlich plattmachen".
In Andreas Oehmes Panzerschule darf jeder ab 16 den symbolischen Führerschein für die tonnenschweren Kettenfahrzeuge machen. Kurze Unterweisung, und schon pflügt man mit einem der sechs original russischen Kampfpanzer T55 mit bis zu 60 km/h querfeldein über ein abgeriegeltes Gelände. 600 PS schieben mal eben 34 Tonnen Stahl auf Ketten durch den Staub, nur 70 Kilometer nördlich von Berlin. Wer es vor lauter Drang, „was plattzumachen", nicht mehr bis nach Fürstenwalde schafft, der kann sich auch in Mahlwinkel (30 km von Magdeburg entfernt) auf ebenso riesigen Panzern oder Militär-Gelände-LKWs auf einem ehemaligen russischen Kasernengelände austoben. Er sollte nicht über 1,95 m lang und über 120 kg schwer sein, aber das kennen die meisten Männer ja noch von ihrer Musterung.
Der Panzerspaß-Führerschein (der selbstverständlich nicht gestattet, à la „GoldenEye" mit dem Panzer am öffentlichen Straßenverkehr teilzunehmen) kostet 149 Euro. Jeder Mitfahrer zahlt für einen Tag Kriegspielen ohne echte Gefahr 10 Euro. Kinderermäßigung? Ist nicht.

Panzerschule Andreas Oehme . Max-Reger-Straße 6 . 47057 Duisburg

DESIGN IN REINKULTUR: DAS BAUHAUS

Telefon: 0340/6508251
www.bauhaus-dessau.de

Bauhaus, Dessau

Mit dem Begriff „Bauhaus" verbindet heute manch einer vorschnell die Möbel. Die sind bekannt, die sind wieder modern, und die Repliken stehen überall. Dazu kommen mehr oder weniger gut gemachte Nachfolgeprodukte, die meist auch noch unbedarft als „typisch Bauhaus" tituliert werden – meist unverdient.
Da sollte man doch lieber erst einmal nach Dessau fahren. Da steht das Bauhaus. Und da kann man sich anschauen, was das Bauhaus war und noch immer ist. Dass

sich dort sehr früh bedeutende Künstler mit sich selbst, mit ihrer Rolle in der Gesellschaft und mit ihren Kollegen auseinandergesetzt hatten, um „Grenzen zu durchbrechen", aber auch die „Trennung von Kunst und Produktion" aufzuheben. Alles, um eine „künftige humane Gesellschaft" zu schaffen.
Die ersten waren die Künstler wie Wassily Kandinsky, Paul Klee und andere, die am Bauhaus mit ihren Malklassen aufbrachen, die Grenzen auszuloten. Oskar Schlemmer, meist nur als Maler bekannt, leitete die Bauhausbühne, experimentierte mit Raum, Licht, Bewegung und Sprache. „Das Endziel der bildnerischen Tätigkeit ist der Bau" war ein Satz im Bauhaus-Programm 1919. Das ist bis heute hängengeblieben, zumal die Architekten Walter Gropius und Ludwig Mies van der Rohe als Bauhaus-Direktoren das Sprachrohr der Hochschule waren.
Doch die Möbel, die dort entworfen wurden, sind edle Klassiker, und was in Dessau von den Bauhaus-Studenten heute entwickelt und entworfen wird, zeugt ebenfalls wieder von Qualität. So ist es nicht abwegig, bei dem Begriff „Bauhaus" erst einmal an Möbel zu denken. Und sich dann bei der nächsten Gelegenheit in Dessau das Bauhaus in seiner Gesamtheit anzuschauen.

Stiftung Bauhaus Dessau . Gropiusallee 38 . 06846 Dessau

0401 ST_Feste, Events & Veranstaltungen

DER ROLAND FEIERT GEBURTSTAG

Telefon: 03931/651190
www.rolandfest.de

Rolandfest und Sternfahrt, Stendal

Jedes Jahr um Pfingsten gibt es in der Altstadt von Stendal ein mächtig buntes Treiben, ein „Mittelalterspectaculum". Handwerker, Marktleute, Gaukler, Magier und Possenreißer in mittelalterlichen Trachten werben um die Aufmerksamkeit des Publikums. Das strömt in Massen, denn gefeiert wird drei Tage lang das „Rolandfest".
Diverse Umzüge, Ritterfestspiele und dann noch die gespielte Schlacht zwischen den Slawen und den Askaniern um die Vorherrschaft im Havelland halten das Publikum drei Tage lang in Atem. Natürlich steht am Ende der Festtage in Stendal der Friedensspruch von 1157 durch den Askanier Albrecht den Bären, der als der Gründer der Mark Brandenburg gilt.
Bei so viel mittelalterlicher Geschichte müssen auch ein paar neuzeitliche Elemente her: Neben dem traditionellen Rolandlauf von Berlin nach Stendal findet von den umliegenden Städten Brandenburgs aus eine Sternfahrt mit Fahrrädern zum Fest in Stendal statt.

Stendal Information . Kornmarkt 8 . 39576 Stendal

DER BESTE SCHÜTZE ZAHLT KEINE STEUERN

Telefon: 0571/8290659
www.mindenmarketing.de

Mindener Freischießen

Es hört sich an wie die Idee zu einer genialen TV-Show: Der beste Schütze ist für ein Jahr von den Steuern befreit. Schuss, Treffer, peng – keine Steuern! So war es tatsächlich einmal im glücklichen Minden. Jedenfalls zu Zeiten der Preußen, im Jahre 1682. Da wurde das sogenannte „Freischießen" nämlich zum ersten Mal urkundlich erwähnt. Der glückliche Schütze sparte damals satte 18 Taler an Steuern. Für diesen Betrag gab es auf dem Markt immerhin 2 Pferde und 4 Schafe – völlig legal am Finanzamt vorbei.
Wäre das doch noch immer so wie früher! Manch ein Mindener würde schießen, dass es kracht. Manche tun es tatsächlich, denn es gibt das „Mindener Bürgerbataillon" mit fest vorgeschriebenen Statuten: Alle zwei Jahre wird nach dem altem Ritual geschossen. Schön sind sie anzusehen, die Mindener Schützen in ihren historischen Kostümen. Schade nur, dass heute kein noch so sicherer Treffer mehr von der Steuer befreit.
Aber weil heute nach dem Schuss, Treffer, peng ein feucht-fröhliches Sommerfest gefeiert wird, lächelt das Finanzamt freundlich. Dürfte das Fest der Finanzkasse doch wohl so viele Einnahmen bringen, dass die 18 Taler Verlust von 1682 schon längst ausgeglichen sind ...

Minden Marketing GmbH . Domstraße 2 . 32423 Minden

DIE STRASSE DER 41 MÜHLEN

Telefon: 05702/2694
www.muehlenkreis.de

Westfälische Mühlenstraße

Es gibt berühmte Straßen auf der Welt; die Westfälische Mühlenstraße hat es aber noch nicht geschafft, weltberühmt zu werden. Ist auch gut so, sollte so bleiben. Denn zu viel Publikum würde dem liebevollen, individuellen Charme vielleicht Abbruch tun.
Über mehr als 300 Kilometer kann man die Westfälische Mühlenstraße von Mühle zu Mühle abfahren. Sie verbindet 41 liebevoll restaurierte und voll funktionsfähige historische Mühlen. Wind-, Was-

Mühle in Petershagen

ser- und Rossmühlen und sogar eine Schiffmühle gehören dazu.
Funktionsfähigkeit ist das Besondere: Hier wird noch „in echt“ gemahlen. Und danach auch gleich gebacken nach überlieferten alten Bauernrezepten aus der Region. Mit guten Zutaten und liebevoller Verarbeitung schmeckt das Brot umso besser. Und der selbst gebackene Butterkuchen, noch ofenwarm in der alten Mühle serviert, bleibt noch lange in Erinnerung.
Tipp: Wer für diese gerade für Kinder ganz besonders schöne Tour nicht so weit anreisen möchte, dem sei empfohlen: Es gibt weitere Mühlenstraßen in Niedersachsen, Friesland, Sachsen und Oberschwaben.

Deutsche Gesellschaft für Mühlenkunde und Mühlenerhaltung (DGM) e. V.
Schwarzer Weg 2 – Mühlenbauhof . 32469 Petershagen-Frille

0404 NW_Sport, Abenteuer & Technik

ZERBRECHLICHE KUNST

Telefon: 05707/9311-0
www.glashuette-gernheim.de

Glashütte Gernheim

Ein markanter kegelförmiger Turm ist Produktionsstätte der historischen Glashütte von Gernheim. 180 Jahre ist es her, dass der Fabrikant Fritz Schrader, wegen der weltweit boomenden Nachfrage nach Gernheimer Glas, den Glashüttenturm im Jahr 1826 zur Erweiterung seiner Produktion von Fensterglas bauen ließ. Im Jahre 1893 wurde die Produktion eingestellt und die Hütte stillgelegt.

Glashütte in Gernheim

Das Westfälische Industriemuseum (WIM) hat diesen Produktionsort rekonstruiert. Heute zeigen dort Glasbläser ihre Handwerkskunst wie vor 100 Jahren: Aus der rotgelb glühenden Rohmasse formen sie Gläser oder Flaschen.
Die Ausstellung informiert über den Produktionsverlauf der Glasherstellung und zeigt die Geschichte der zerbrechlichen Exponate von 1800 bis in die heutige Zeit.
Tipp: An jedem ersten Freitag im Monat von 14.30 bis 17.30 Uhr können sich Besucher (ab 15 Jahren) unter Anleitung der erfahrenen Handwerker selbst in der Kunst des Glasmachens üben, ihr eigenes Glas anfertigen.
Währenddessen können die Kinder auf dem Museumsgelände mit gläsernen Klangkörpern musizieren oder die Murmelbahn mit integrierter Rutsche besuchen.

Das LWL-Industriemuseum Glashütte Gernheim . Gernheim 12 . 32469 Petershagen-Ovenstädt

DAS WERK EINES EINSAMEN KÜNSTLERS

Telefon: 05261/213276
www.junkerhaus.de

Junkerhaus, Lemgo

War er verrückt oder einfach nur genial und einsam? Oder vielleicht wehmütig beim Warten auf seine Julie, die nie kam?
Was auch immer – Karl Junker, 1850 als Sohn eines Schmiedes in Lemgo geboren, muss ein einzigartiger Künstler gewesen sein, der sein Erlerntes aus Tischlerlehre sowie Kunst- und Architekturstudium über 20 Jahre lang am eigenen Haus in Lemgo umsetzte.
Mit viel Liebe zum Detail und unermüdlicher Kreativität schuf er ein Werk, das heute seinesgleichen sucht. Das zweistöckige Fachwerkhaus ist bis in die kleinste Ritze beschnitzt und bemalt, inklusive Fassade und Möbeln. Wen kümmert es da schon, dass man dem Haus zu Lebzeiten des „Andersartigen" nachsagte, ein Geisterhaus zu sein.
Das Junkerhaus ist ein architektonisches und künstlerisches Meisterwerk. Beim Durchschlendern spürt man beinahe Karl Junkers Liebe und Sehnsucht nach Geborgenheit. Schizophrenie hin oder her, er hat aus seinen Träumen Unglaubliches geschaffen, und es ist faszinierend anzuschauen.

Junkerhaus . Hamelner Straße 36 . 32657 Lemgo

DER HASEN UND DER LÖFFEL DREI ...

Telefon: 05251/882980
www.paderborn.de

Paderborner Dombild und die Paderquellen

... und doch hat jeder Hase zwei. Diesen Spruch kennt fast jeder, der einmal im imposanten Paderborner Dom das berühmte „Dreihasenfenster" gesehen hat. Anfang des 16. Jahrhunderts aus rotem Sandstein geschaffen, befindet es sich im spätgotischen Innenhof des Domkreuzganges. Jedem der drei im Kreis springenden Hasen gab der Steinmetz damals zwei Löffel, dennoch meißelte er nur drei Ohren heraus. Der Volksmund dichtete dazu den bekannten Spruch.
So eindeutig das Kunstwerk ist, unterschiedlich sind die Deutungsansätze. Die christliche Zahlenmystik des Mittelalters wird herangezogen, die Einheit Gottes als Dreifaltigkeit und auch der ewige Kreislauf des sich immer erneuernden Lebens.
Das Dreihasenfenster, ein Wahrzeichen der Stadt, galt zu früheren Zeiten als ein Ort, den die durch Paderborn wandernden Handwerksburschen unbedingt besu-

chen mussten – sollten die Hasen ihnen doch zu jeder Zeit und an jedem Ort Glück bringen.
Das meinte so mancher auch in den Quellgewässern der Stadt finden zu können. Die ungefähr 200 Quellen bringen es auf eine unglaubliche Wassermenge von bis zu 9.000 Litern pro Sekunde. Damit bescheren sie auf alle Fälle der Gegend einen ordentlichen Segen an Wasser. Manche der Quellen tragen noch nicht einmal einen Namen, andere, wie die bekannte „Rothobornpader", wurden schon früh geweiht. Die Pader aber, deren mächtige Quellen der Stadt den Namen gaben, mündet nur 4.000 Meter weiter in die Lippe und ist damit der kürzeste Fluss Deutschlands.

Tourist Information . Marienplatz 2a . 33098 Paderborn

0407 NW_Kunst & Architektur

100 KRUMME HÄUSER IN DETMOLD

Telefon: 05231/706-0
www.freilichtmuseum-detmold.de

Westfälisches Freilichtmuseum, Detmold

Man kann die mehr als 90 Hektar dieses Dorfes mit einer Pferdekutsche erkunden oder auf Schusters Rappen, wie es früher wohl für die meisten eher üblich war. Groß genug ist es, es soll sogar das größte Deutschlands sein. 100 Häuser gehören zum Westfälischen Freilichtmuseum in Detmold, dem Landesmuseum für Völkerkunde, in dem Alltagsgeschichte von Menschen, ihren Häusern und ihren Tieren dargestellt wird.

Die krummen Häuser in Detmold

Alte Handwerksmeister lassen sich in ihren originalgetreu nachgebauten Werkstätten bei ihrer Arbeit über die Schulter schauen. Hier darf, kann und soll man durch große Bauernhäuser, historische Gebäude, Stallungen, Wohn- und Werkstuben verschiedener Berufsgruppen und sozialer Schichten gehen. Wie wohnten früher Pfarrer, Tagelöhner oder Händler? Die unterschiedlichsten Häuser und ihre Einrichtungen lassen die früheren Gepflogenheiten erkennen.
Das Armenhaus aus Rinkerode zum Beispiel macht deutlich, wie man sich damals einen „Altenteil" vorzustellen hatte. Ein anderes Gebäude, das eines Fotografen aus dem Jahr 1891, präsentiert 100 Schwarz-Weiß-Fotos aus den 1930er Jahren, die den Lebensstil dieser Zeit dokumentieren.
Wer durch das im Freilichtmuseum Erlebte so beeindruckt ist, dass er forschen und nachlesen möchte, kann seinen Wissensdurst in der wissenschaftlichen Bibliothek des Museums stillen.

Westfälisches Freilichtmuseum . Krummes Haus . 32760 Detmold

MIT DER DAMPFLOK FAHREN WIE ANNO DAZUMAL

Telefon: 05241/68466
www.dampfkleinbahn.de

Dampfkleinbahn und Bahnmuseum, Gütersloh

Mit der schmauchenden Dampflok und dem Ruckeln auf den Schienen während der Fahrt wähnt man sich schnell in die romantische Zeit der Eisenbahnfahrt zurückversetzt. Dabei beginnt die Nostalgie schon am original erhaltenen kleinen Bahnhof mit seiner hübschen Fahrkartenausgabe, den authentisch gekleideten Schaffnern und Heizern, den alten Schildern, und die Dampflokomotiven machen sich durch ihr typisches Schnaufen und Zischen bemerkbar.
Am Lokschuppen beginnt die Rundfahrt. Einen Kilometer lang schuckelt man, wie damals, an einer idyllischen Allee entlang. An zwei kleinen Stationspunkten hält die Kleinbahn, und am Endpunkt, dem Bahnhof Postdamm, dürfen große und kleine Fahrgäste im Bahnmuseum den liebevoll restaurierten Fuhrpark mit verschiedenen Dampf- und Diesellokomotiven, offenen oder geschlossenen Personen- und Güterwagen bestaunen.
Ausklingen lassen kann man die Nostalgietour im Kaffeegarten oder im benachbarten Gasthof Mühlenstroth. Dort gibt es den traditionsreichen westfälischen „Pickert", ein Gericht aus Kartoffelteig und Rosinen, das verbrauchte Eisenbahner-Kalorien schnell wieder auffüllt.

Information: Bahnmuseum . Postdamm 166 . 33334 Gütersloh

DAS HOCKENDE WEIB IM WALD

Telefon: 0521/96733-25
www.teutoburgerwald.de

Der Teutoburger Wald, Ostwestfalen-Lippe

Das „Hockende Weib" lockt bei Ibbenbüren manchen Wanderer in den Teutoburger Wald. Da sitzt es und sitzt es, unverrückbar, eine sagenumwobene, bizarre Felsformation des Waldgebietes. Genauer gesagt des Faltengebirges, so wird der Teutoburger Wald nämlich offiziell und korrekt bezeichnet. Sein Hauptkamm ist der 446 Meter hohe „Barnacken".
Das kann einem Schweizer nur ein müdes Lächeln entlocken. Doch dafür war im Teutonenwald, in Urzeiten „Osning" genannt, so einiges im Busch: Da hat der berühmte Hermann der Cherusker die römischen Legionen geschlagen. Freiheitsdrang schon 2.000 Jahre, bevor Tell die Schweiz vom Landvogt Geßler befreite.

Heutzutage ist der Teutoburger Wald ein friedliches Fleckchen, ein wunderschöner Naturpark. Urwüchsige Wälder, romantische Auen und in sanfte Hügel eingebettete Dörfer und Städtchen mit roten Ziegeldächern laden zum Wandern und Verweilen ein. Fast alle Routen sind ausgeschildert und eignen sich für Touren verschiedener Schwierigkeitsgrade.
Die südwestlich gelegene Senne entstand in der vorletzten Eiszeit: Sand, vom Eis aus dem Teutoburger Wald abgerieben, sammelte sich in bis zu 60 m dicken Schichten an, wurde im Laufe der Jahrtausende zur Heide, zerfurcht von Wasserläufen, unberührten Mooren und Feuchtgebieten. Heute ist die Senne am Fuße des Teutoburger Waldes ein beliebtes Wander- und Radfahr-Erholungsgebiet, das alles bietet: abwechslungsreiche Natur, sanfte Erholung und nach einer strammen Wanderung gutes Essen und Trinken.

OstWestfalenLippe Marketing . Jahnplatz 5 . 33602 Bielefeld

0410 NW_Sport, Abenteuer & Technik

AUSBILDUNG ZUM AERONAUTEN

Telefon: 05205/950333
www.luftsportschule.de

Ballonfahrerschein, Bielefeld

Keine rote Ampel, keine Staus und keine Politessen weit und breit – wer so durch die Welt fahren möchte, der darf sich nicht ins Auto setzen, der muss in einen Korb steigen, am Gashahn drehen und mit dem Heißluftballon in die Lüfte schweben. Hoch droben, da ist die Welt noch in Ordnung. Ein Ballon fliegt bekanntlich nicht, ein Ballon fährt, und wie. Wie das Schiff vom Wasser getragen über die Ozeane fährt, so wird der Ballon von der Luft getragen und fährt durch das unendliche Luftmeer; beinahe lautlos übrigens, denn Geräusche von Fahrtwind gibt's ja nicht. Tja, und wer nicht nur Mitfahrer, sondern Ballonführer werden möchte, der kann seinen „Fahrerschein" bei der Bielefelder Luftsportschule Gerhart Berwanger machen – in Theorie und Praxis. Theoretisch geschult wird man in einem zehntägigen Kurs, der mit einer Prüfung vor der Bezirksregierung Münster endet, unter anderem in Luftrecht, Meteorologie, Navigation und Technik. Die praktische Ausbildung zum Aeronauten nimmt weit mehr Zeit in Anspruch und kann sich über mehrere Monate ausdehnen. 20 Stunden sind Pflicht, in der Regel werden es doppelt so viele. Begonnen wird im Sommer wie auch im Winter. Auf dem Programm stehen mindestens 50 Landungen sowie Fahrten bei Lufttemperaturen von mindestens 20 Grad Unterschied; die Teilnahme an 20 Aufrüstungen und mindestens eine Fahrt in einem Luftraum mit Flugverkehrsfreigabe sind ebenfalls schöne Pflicht.
Wer noch nicht gleich voll einsteigen und den Ballonfahrerschein machen möchte, sondern erst sehen will, ob ihm das Ballonfahren überhaupt Spaß macht, der kann bei Berwanger selbstverständlich auch nur eine einzige Fahrt buchen. Wohin die geht, weiß nur der Wind. Denn wo genau gelandet wird, kann vor der Fahrt niemand

sagen. Unterwegs werden Erstfahrer getauft und erhalten einen Adelstitel. Das Schöne daran: nach der Landung gibt's eine Urkunde und keinen Strafzettel ...

Luftsportschule Gerhart Berwanger . Dunlop Straße 12 . 33689 Bielefeld

ERNST SCHUF HERMANN EIN DENKMAL

Telefon: 0170/9512937
www.hermannsdenkmal.de

Hermannsdenkmal, Detmold

Ob der Name „Teut“ oder „Teutberg“ historisch richtig ist, ist nicht verbürgt; sicher ist, dass die Grotenburg, auf der heute das Hermannsdenkmal steht, eine Ringwallanlage auf einem 386 Meter hohen Berg im Südosten des Teutoburger Waldes war.
Dieser Teil des Teutoburger Waldes gehört zum Kreis Lippe, genauer gesagt zu Detmold-Hiddesen.
Vielleicht ist das Denkmal ja so bekannt und beliebt, weil es nicht vollendet ist. Zumindest der ca. 27 Meter große Unterbau ist nie zu seiner ursprünglichen Bestimmung gekommen: Dort in der sogenannten „Ruhmeshalle“ sollten nämlich berühmte Deutsche verewigt werden. Das war jedenfalls die Idee des Erbauers Ernst von Bandel, der sein ganzes Leben und Wirken diesem Denkmal widmete und mit ihm ein allgemeingültiges Nationalsymbol schaffen wollte.

Hermannsdenkmal in Detmold

Erste Skizzen dazu fertigte er bereits 1813 an, der Grundstein wurde aber erst 1838 gelegt. Große Dinge brauchen schließlich Zeit. 1846 wurde der Sockel des Denkmals fertiggestellt. Von der Deutschen Revolution 1848/49 an bis zum Jahr 1863 ruhte der Bau.
Die Zeit des Stillstands nutzte der Erbauer, um weitere finanzielle Unterstützung zu finden. Während der späteren Bauphase wohnte er sogar in einer Blockhütte unterhalb des Denkmals. Diese „Bandel-Hütte“ ist auch heute noch zu besichtigen. 1875 wurde das Hermannsdenkmal endlich feierlich eingeweiht. Nur ein Jahr später starb Ernst von Bandel.
Erinnern sollte das 53,46 Meter hohe Denkmal an den Cheruskerfürsten Arminius (lat. für Hermann) und an die Schlacht im Teutoburger Wald, in der germanische Stämme unter Arminius' Führung den römischen Legionen unter Publius Quinctilius Varus im Jahre 9 n. Chr. eine entscheidende Niederlage beibrachten.
Immer wieder wurde auch, da die Figur nach Westen ausgerichtet ist, eine antifranzösische „Haltung“ hineininterpretiert. Aus Sicht der damaligen Zeit durchaus

möglich, immerhin zeigt ein sieben Meter langes und elf Zentner schweres Schwert in Richtung Frankreich. Sehen wir es heute lieber so: In das „Land der Barbaren“ drangen die römischen Legionen über den Rhein vor, und der liegt nun einmal im Westen.

Hermannsdenkmal . Grotenburg . 32760 Detmold (Hiddesen)

0412 NW_Lifestyle & Szene

ESPRESSO OHNE PARKPLATZ

www.koenigsallee-duesseldorf.de

Königsallee, Düsseldorf

Die Königsallee, auch liebevoll „Kö“ genannt, ist weltberühmt. Düsseldorfs Prachtmeile steht für Luxus-Shopping, internationale Modeszene, exklusive Einkaufspassagen und vieles mehr. Eine Aufzählung der Boutiquen, Shops und Filialen der exklusiven und exquisiten Mode-, Schmuck- und Lifestyle-Labels erübrigt sich: Sie sind allesamt auf der Kö oder in ihrer unmittelbaren Nähe zu finden. Hier kann man selbst an gestandenen Männern den für einen Kaufrausch typischen, flackernden Blick beobachten.
Zum Shoppen sollte man sich am besten fahren lassen, denn eines haben die Düsseldorfer noch nicht gelöst: Es gibt schlichtweg zu wenig Platz für die vielen großen Autos. Ob ein entspannter Bummel über den Boulevard oder ein kleiner Espresso in einem der eleganten Straßencafés – die Kö steht ganz im Zeichen von Sehen und Gesehenwerden. Macht aber auch Spaß.

Königsallee . 40212 Düsseldorf

0413 NW_Sport, Abenteuer & Technik

WIE MAN ETWAS ANZIEHT

Telefon: 05201/818-0
www.gerryweber-stadion.de

Gerry Weber Stadion, Halle/Westfalen

Damit, wie man – oder besser gesagt: Frau – sich anzieht, hat er ja Erfahrungen sammeln dürfen, er und sein inzwischen weltweit agierender Modekonzern, der nach dem Börsengang im Jahr 1989 in die „Gerry Weber International AG“ umgewandelt wurde. Wie man die Stadt Halle in Westfalen anziehender macht, hat Gerry Weber auch wohl geübt. 312 Einwohner kommen normalerweise auf jeden Quadratkilometer. Da vermutet man nicht ohne Weiteres einen Luciano Pavarotti, Rod Stewart oder Elton John, die sich, kaum aus ihren Stretch-Limousinen geschält, in Richtung „Halle downtown“ bewegen.

Seit dem Bau des „Gerry Weber Stadions" klingt der hohe Ton des „Event-Alarms" durch Ostwestfalen. Die 12.300 Besucher fassende High-Tech-Konstruktion und multifunktionale Arena lässt sich innerhalb von Sekunden in einen wetterunabhängigen Standort verwandeln.
Saison-Highlight ist jedes Jahr das „Gerry Weber Open" ATP-Rasenturnier. Vier Wochen vor Beginn des Turniers wird der sonst in der Nähe der übrigen Plätze schlummernde Rasen schnell noch im Center Court ausgelegt. Davis-Cup-Spiele, QS-Supercup-Handballspiele oder verschiedenste andere Events machen die Stadt Halle attraktiv.
Am Rande: Für einen Teil der Dachkonstruktion wurden 3.500 Quadratmeter textile Polyesterfaser verbraucht. Ob die Planer wohl ausgerechnet haben, wie vielen Stadionbesuchern man aus dieser Stoffmenge ein neues Outfit schneidern könnte?

Gerry Weber Ticket Center . Weidenstraße 2 . 33790 Halle/Westfalen

0414 NW_Städte & Touren

GELIEBTE UND GELEBTE ALTSTADT

www.duesseldorf-altstadt.de

Altstadt, Düsseldorf

Die Düsseldorfer Altstadt ist einer von 49 Stadtteilen, belegt aber gut ein Fünftel der Fläche der Landeshauptstadt. Sie ist der historische Stadtkern; das älteste Haus, das „Lewenhaus" von 1288, steht dort in der Liefergasse. Seitdem vor Jahren die stark befahrene und störende Rheinuferstraße in einen Tunnel verlegt wurde, kann man direkt von der Altstadt aus ans Rheinufer bummeln. Was auch viele Besucher und Düsseldorfer gerne annehmen, denn da ist immer was los: Freiluftkino im Sommer, Kunst- und Sportevents das ganze Jahr über.

Blick in eine verträumte Ecke der Düsseldorfer Altstadt

Die Altstadt ist sicher der geselligste Platz Düsseldorfs. Die Biersorte „Alt" wird hier fast ausschließlich ausgeschenkt; es ist einzigartig, dunkel und mit stark malzigem Geschmack. Wobei – um den alten Kalauer noch ein letztes Mal anzubringen – das „Alt" nicht etwa der Altstadt ihren Namen gegeben hätte oder gar bedeuten würde, dass es alt, abgestanden ist; vielmehr heißt es „Alt" einzig wegen seines Brauverfahrens.
Die Düsseldorfer Altstadt wird oftmals „die längste Theke der Welt" genannt, was zwar nicht ganz wörtlich zu nehmen ist, aber wenn auf einem Quadratkilometer etwa 260 Restaurants, Kneipen und Bars jeglicher Art aneinandergereiht sind, liegt das nicht fern.

Zumal laue Sommertage und -nächte das Leben draußen auf die Gassen vor den Kneipen und ans Rheinufer locken – eine wahre Partymeile. Wer glaubt, überall ein Gläschen trinken und dann noch den Weg nach Hause finden zu können, irrt. Und findet sich morgens meistens schweren Kopfes in einem Bäckerei-Cafe wieder. Er kann aber, je nach Konstitution und Konto, gleich dableiben und ganz fein shoppen gehen, denn auch das kann man in der Altstadt, um dann mittags in einem der vielen guten Restaurants beispielsweise vorzüglich Fisch zu speisen.
Fast ein wenig am Rand der Altstadt liegt die Kirche St. Lambertus. Sie wurde nachweislich 1159 schon erwähnt, beherbergt Kunstwerke aus sieben Jahrhunderten und ist so etwas wie ein Wahrzeichen Düsseldorfs vor allem wegen ihres schiefen Turms. Im frühen 19. Jahrhundert wurde der Turm aus zu frischem Holz gebaut und verdrehte sich beim langsamen Durchtrocknen. Bei der Erneuerung des Turms nach dem Zweiten Weltkrieg wurde er absichtlich wieder verdreht – auf Wunsch der Düsseldorfer. Eine echte Kuriosität.

Altstadt, Stadtbezirk 1 . 40213 Düsseldorf

0415 NW_Kunst & Architektur

WOFÜR STEHT K20 K21?

www.kunstsammlung.de

K20 K21 Kunstsammlung NRW, Düsseldorf

Kunst des 20. und 21. Jahrhunderts, dafür steht das edel reduzierte „K20 K21". Und so sind auch diese international herausragenden Kunstsammlungen: edel, nur vom Besten und dabei erlesen reduziert.
K20, am Grabbeplatz gelegen, legt den Schwerpunkt auf die Malerei der westeuropäischen und amerikanischen Moderne. Hierunter finden sich illustre Namen von Max Beckmann, Joseph Beuys, Georges Braque, Paul Klee, René Magritte, Henri Matisse, Jackson Pollock, Gerhard Richter bis Andy Warhol. Allein von Paul Klee sind etwa 100 Arbeiten vorhanden.
K21 im Ständehaus beschäftigt sich mit Kunst nach 1980, also vor allem mit Fotografie, Video-, Skulptur- und Objektkunst. Dafür stehen Namen wie Bernd und Hilla Becher, Marcel Broodthaers, Andreas Gursky, Imi Knoebel, Tony Cragg, Thomas Hirschhorn, Thomas Ruff und Thomas Schütte bis zu Reinhard Mucha, Katharina Fritsch und Nam June Paik.
K20 und K21 sind nicht nur herausragende Ausstellungen, sie sind gleichermaßen beliebte, exklusive Veranstaltungsorte in Düsseldorf. Und weil sie etwas voneinander entfernt liegen, gibt es für Besucher einen besonderen Service: MuseumBikes. Einfach Pfand hinterlegen und dann mit dem MuseumBike zwischen K20 und K21 durch Düsseldorf pendeln.

K20 Kunstsammlung . Grabbeplatz 5 . 40213 Düsseldorf . Telefon: 0211/8381130
K21 Kunststammlung . Ständehausstraße 1 . 40217 Düsseldorf . Telefon: 0211/8381600

REALITY TOPS FICTION

Telefon: 0211/8992232
www.duesseldorf.de/kultur/filmmuseum

Filmmuseum, Düsseldorf

Filmmuseum Düsseldorf

Film ist mitunter hervorragend vorgegaukelte Realität, eine fast perfekte Illusion, die die Fantasie anregt und Träume wahr werden lässt. Film ist Fiktion. Film ist spannend. Film hat viel Geschichte.
Wie also ist Film möglich geworden? Auf eine atemberaubende und leidenschaftliche Weise schafft es das 1979 gegründete Filmmuseum in Düsseldorf, dem Besucher die abenteuerliche Filmgeschichte zu vermitteln. In einer 2.000 qm umfassenden Dauerausstellung wird alles rund um den Film damals und heute sehr anschaulich vermittelt: die Entwicklung vom Wanderkino um 1910 bis zu heutigen Simulatoren, von Scherenschnittfiguren zu den ausgefeiltesten elektronischen Medien.
So wird dem Besucher klar, dass Stummfilm eigentlich nie wirklich „stumm" war, denn er wurde von jeher mit Instrumenten oder verbalen Erklärungen untermalt. Wer Glück hat, kann – je nach Programm – im hauseigenen Kino „Black Box" sogar einen Stummfilm sehen und dazu die historische Kinoorgel als Begleitung hören.
Im Museum werden Schnitt und Montage, Zeitraffer und Zeitlupe sowie das Handwerk der Filmemacher in einem nachgebauten Studio verständlich erklärt. Auch die Verbindung von Film und Politik wird nicht vernachlässigt, denn das Massenmedium hat auf diesem Sektor schon immer eine große Rolle gespielt.
So wie die auf Hochglanz polierten Apparate zur Aufnahme, Entwicklung, Bearbeitung und Vorführung sind auch Dekorationen, Kostüme, Requisiten und noch viel mehr ausgestellt: Allein 20.000 Film-Plakate seit 1945, 250.000 Fotos zur Filmgeschichte und 1.500 Schattenspielfiguren sind hier gelagert. Und wem das alles nicht genügt, der kann ja noch in die Wechselausstellung hineinschnuppern.

Filmmuseum . Schulstraße 4 . 40213 Düsseldorf

BETON FÜR KUNST

Telefon: 0211/8996243
www.kunsthalle-duesseldorf.de

Kunsthalle Düsseldorf

Der Betonklotz steht seit 1967 am Grabbeplatz, ganz nah an – fast schon in – der Düsseldorfer Altstadt. Das Architekturexperiment, nämlich Betonfertigteile für eine

Kunsthalle zu verwenden, stieß damals manchen Alt-Düsseldorfer vor den Kopf. Heute ist das Gebäude der „Kunsthalle und Kunstverein für die Rheinlande und Westfalen“ ein architektonischer Markstein. Nach Abschluss der umfangreichen Renovierungsarbeiten im Jahr 2002 kann der Düsseldorfer stolz sein auf seinen großzügig dimensionierten Ausstellungsort, der durch optimale Beleuchtung und klare Gliederung dem avantgardistisch-kubistischen Ur-Konzept wieder entspricht. Anders als klassische Museen besitzt die Kunsthalle zwar keine eigene Sammlung, ist dafür aber ein äußerst erfolgreiches Haus für Wechselausstellungen, besonders der zeitgenössischen Kunst, und hat mit diesem Konzept große Ausstellungen mit ebenso großen Publikumserfolgen auf die Beine gestellt.
Mit diesen bemerkenswerten Ausstellungen, einerseits zu internationalen Strömungen in der Kunst, andererseits eingehend auf spannende regionale Entwicklungen der jungen, talentierten Kunstszene, hat sich der Betonklotz am Grabbeplatz eine strahlende, unübersehbare Präsenz in der Kunstszene erobert. Also vor dem nächsten Besuch der Düsseldorfer Altstadt mal schauen, was gerade in der Kunsthalle an Besonderem geboten wird.

Kunsthalle Düsseldorf . Grabbeplatz 4 . 40213 Düsseldorf

0418 NW_Kunst & Architektur

HEINES LESESAAL

Telefon: 0211/3112522
www.heinehaus.de

Heine-Haus, Düsseldorf

Hier wurde Heinrich Heine am 13. Dezember 1797 geboren, und im Jahr 2006, genau 150 Jahre nach seinem Tode, wurde zu seinen Ehren das Heine-Haus an derselben Stelle eröffnet.
Von außen sieht das Gebäude mit 8 Metern Fassadenbreite unscheinbar aus. Im Innern jedoch erstreckt es sich über 42 Meter in die Tiefe und bietet so Raum für eine umfangreiche Literaturbuchhandlung im denkmalgeschützten vorderen und für einen großen Veranstaltungssaal mit 120 Sitzplätzen mit angeschlossener Gastronomie im hinteren Teil. Im Alltag ist der Saal Literaturcafé und kulturelle Begegnungsstätte, aber oftmals finden hier auch Lesungen statt, die sich großer Beliebtheit erfreuen.
Wenn auch das ursprüngliche Haus Heines im Zweiten Weltkrieg gänzlich zerstört wurde, so konnten zumindest etwa 80 Mauersteine gerettet werden, die heute den Sockel für die Heine-Büste im Veranstaltungssaal bilden.
Das Heinrich-Heine-Institut sammelt, archiviert, bearbeitet und konserviert alles Historische und Zeitgenössische von und um den großen Literaten, aber auch aktuelle Literatur wird in der Buchhandlung und den Lesungen angeboten.
Tat sich Düsseldorf auch anfangs recht schwer mit seinem berühmten Sohn, so hätte dieses offene Haus Heinrich Heine doch äußerst erfreut.

Heine-Haus . Bolkerstraße 53 . 40213 Düsseldorf

MEDIEN UND MENÜS

www.medienhafen.de

Medienhafen Düsseldorf

Durch die Ansiedlung mehrerer Medienbetriebe wurden 185 Hektar des ehemaligen Düsseldorfer Handelshafens zum sogenannten „Medienhafen", und dieser darf sich als eigener Stadtteil bezeichnen. Hier finden sich unter anderem nrw.tv, Antenne Düsseldorf, der WDR, die Landesanstalt für Rundfunk NRW und das Europäische Medieninstitut wieder. Längst sind Restaurants, Bars und auch ein UCI-Kinokomplex dazugekommen, und es ist eine „richtig angesagte Ausgehmeile" entstanden. So mancher Besucher hofft bei einem Abendessen vielleicht auf die Entdeckung während eines verdeckten Castings für eine Kochshow. Vermutlich bleibt es eher bei einer Fahrt auf der längsten Rolltreppe Nordrhein-Westfalens im UCI-Kino.
Die Umwandlung begann bereits 1982 mit dem Bau des Rheinturms, der mit 240,5 Metern ganz schön hoch ist. Sehenswert sind auch das 1988 erbaute Landtagsgebäude, allein schon, weil es ganz schön groß ist, und die drei Gehry-Gebäude, weil sie ganz schön schräg sind. Der kanadisch-US-amerikanische Architekt und Designer Frank Owen Gehry hinterlässt (auch) bei diesen Gebäuden in rot, weiß und silber den Eindruck, er hätte sich von Hundertwasser inspirieren lassen, dabei aber ein paar Rundungen und Farben vernachlässigt. Für Düsseldorf soll das mal reichen, den Rest trinkt man sich eben mit Altbier schön. Und was passt prima dazu? Eine Currywurst. Im Medienhafen erhielt sie ihr erstes eigenes Restaurant, und dort gibt es die Currywurst sogar nach Rezept vom Sternekoch. Danach hat man natürlich wieder Durst, und darum geht man in die ehemalige Hafentankstelle. Die heißt jetzt passend „Minol-Bar" und versorgt einen mit Drinks und Speisen. Überhaupt ist Essen und Trinken eine der Hauptbeschäftigungen, der man im Medienhafen von morgens bis abends in diversen Küchenrichtungen nachgehen kann. Im Medienhafen sind immerhin inzwischen rund 3.000 neue Arbeitsplätze entstanden. Wer dort arbeitet, kann aus dem Büro auch gleich in einen After-Work-Club stolpern. Na, da wird sich doch was finden lassen ...

Medienhafen . 40221 Düsseldorf

ÜBER DEN WOLKEN

Telefon: 0211/84858
www.duesseldorf.de

Rheinturm, Düsseldorf

Man sieht ihn schon von Weitem, ganz gleich, von welcher Richtung man nach Düsseldorf kommt: Der Rheinturm zwischen Altstadt, Rheinufer und City hat mit 240,5 Metern nicht nur imposante Höhe zu bieten, sondern ist auch eine sehr sympathische Stahlkonstruktion. Fast bis Mitternacht ermöglicht die Aussichtsplattform auf gut 166 m Höhe einen wunderbaren Rundblick über Düsseldorf, bei klarem Wetter sogar bis nach Köln und auf das Bergische Land. Wer dabei Appetit auf Süßes bekommt, kann diesen Blick auch aus der Cafeteria nur wenige Meter höher haben.

Rheinturm in Düsseldorf

Ganz Entschlossene gehen auf 174 m Höhe und lassen sich auch noch dabei drehen: Das Restaurant, das stündlich einmal um die eigene Achse rotiert, bietet neben einer sehr guten Speisen- und Weinkarte einen wahrlich atemberaubenden Ausblick.

Einmalig am Rheinturm ist die weltweit größte Dezimaluhr, die sich über den gesamten Betonschaft erstreckt und dafür selbstverständlich einen Eintrag ins „Guinness Book of Records“ bekam.

Rheinturm Düsseldorf . Stromstraße 20 . 40221 Düsseldorf

0421 NW_Städte & Touren

DAS ANDERE DÜSSELDORF

www.kaiserswerth.de

Kaiserswerth, Düsseldorf

Der Düsseldorfer Stadtteil Kaiserswerth blickt auf eine lange Historie zurück, denn er wurde bereits im 7. Jahrhundert gegründet. Hier war einer der ältesten Übergänge über den Rhein. Deswegen setzten die Benediktiner ihr Kloster mitten auf diese Insel (Werth) im Rhein. Im 9. Jahrhundert folgte eine Pfalz, eine stattliche Festung mit teilweise 3,60 m dicken Wänden, die in den folgenden Jahrhunderten oftmals belagert wurde.

Um 1180 wurde die Pfalz zu einer wichtigen Zollstation ausgebaut. Knechte, die Schiffe über den Rhein zogen, mussten hier erst zahlen, bevor sie die Reise fortsetzen durften. Den spanischen Erbfolgekrieg überstand das Bollwerk aber nicht, sondern wurde Anfang des 18. Jahrhunderts gesprengt. Wer die Ruinen besichtigen möchte, der kann sich die Schlüssel zu den Ruinen bei der Bezirksverwaltungsstelle am Kaiserswerther Markt 23 abholen und selbst nachsehen.

1929 wurde die Eigenständigkeit der ehemaligen Reichsstadt Kaiserswerth beendet, denn sie wurde in Düsseldorf eingemeindet und so zum ältesten Stadtteil der NRW-Landeshauptstadt.

Die Kaiserswerther sind aber etwas Besonderes unter den Düsseldorfern geblieben: Schon die Atmosphäre ihres geschichtsträchtigen Ortes ist anders. Die gepflegten, historischen Fassaden der Häuser, viel Kopfsteinpflaster und ein kleiner

Spaziergang durch den Stadtteil und an der Rheinpromenade lassen einen die Hektik des anderen Düsseldorfs vergessen. Mit einem Besuch eines der vielen guten Restaurants am Kaiserswerther Markt beschließt man stilvoll den Besuch des traditionsreichen Stadtteils.

Stadtteil Kaiserswerth . 40489 Düsseldorf

0422 NW_Kunst & Architektur

MUSIK IM SCHLOSS

Telefon: 0211/97080
www.schloss-garath-mcs.de

Schloss Garath, Düsseldorf

Erstmals urkundlich erwähnt wurde Schloss Garath im 13. Jahrhundert. Heute geht man davon aus, dass es bereits im 9. Jahrhundert existierte und Ritter darin hausten.
Allerdings ist vom ursprünglichen Gebäude heute nichts mehr übrig. Anfang des 20. Jahrhunderts ließen neue Eigentümer alles abreißen und an selber Stelle das heutige Schloss erbauen. Seit 1913 endgültig fertig, wechselte es häufig die Besitzer: die britische Regierung, die Bundesrepublik, die Deutsche Post, die Stadt Düsseldorf und danach ein Beratungsunternehmen.
Heute ist das Schloss aufwendig restauriert, und auf dem etwa 5.500 m^2 großen Anwesen finden viermal im Jahr die „Garather Schlosskonzerte" statt. Der Festsaal ist dann großzügig dekoriert, und im Schlosspark, der im 18. Jahrhundert entworfen wurde, befindet sich heute noch eine neobarocke Schlosskapelle. Passend zur dargebotenen Musik, die sich in erster Linie der barocken und klassischen Kammermusik auf Originalinstrumenten widmet.
An die Nachkommen der „hausenden Ritter" erinnert höchstens noch die Toreinfahrt des Schlosses. Sie stammt aus dem Jahr 1620.

Management Center Schloss Garath . Garather Schloßallee 19 . 40595 Düsseldorf

0423 NW_Sport, Abenteuer & Technik

VIDEOKUNST IM LOFT

Telefon: 0211/1752166
www.julia-stoschek-collection.net

Julia Stoschek Collection, Düsseldorf

Video kennt jeder, hat doch jeder. Aber mit Videokunst tun sich (fast) alle schwer. Nicht nur viele Kunstsammler, auch Museumsdirektoren kaufen Videokunst nur verhalten. Denn es erfordert besondere Ausstellungsbedingungen, um die Arbeiten optimal zu präsentieren.

Das hat Julia Stoschek keine Ruhe gelassen. Denn sie sammelt Videokunst. Ganz sorgfältig ausgewählte Arbeiten und Videoinstallationen, die sich nicht immer auf den ersten Blick erschließen lassen. Etwa 400 Werke umfasst die Sammlung der energiegeladenen Jungsammlerin.

Im Juni 2007 hat sie sich dann getraut: Nach mehr als zweijähriger Planung und Umbau hat sie ihr eigenes Privatmuseum eröffnet. In einer denkmalgeschützten ehemaligen Fabrik in einem Hinterhof in Düsseldorf-Oberkassel. Mit ihren Architekten zusammen sind ihr stattliche 2.500 Quadratmeter Ausstellungsräume gelungen, „die den Anforderungen des Mediums Video gerecht" werden, schrieb DER SPIEGEL zur Eröffnung.

Und noch ein Zeichen hat sie gesetzt: Die Kunstsammler sind meist älter als sechzig, durchweg männlich und nicht selten uneitel. Auch da könnte Julia Stoschek ein Vorbild für die Kunstszene werden; sie ist jung, wagemutig und experimentierfreudig.

Wer sich ihre sehenswerte Videokunstsammlung anschauen will, sollte etwas Zeit mitbringen; aber er zahlt keinen Eintritt. Nur rechtzeitig anmelden muss er sich. Dann kann es aber auch schon mal sein, dass Julia Stoschek höchstpersönlich eine kleine Führung übernimmt.

Julia Stoschek Collection . Schanzenstraße 54 . 40549 Düsseldorf

---

0424 NW_Sport, Abenteuer & Technik

OLDTIMER GANZ NAH

Telefon: 0211/22950570
www.meilenwerk.de

Meilenwerk, Düsseldorf

Das Meilenwerk Düsseldorf beschreibt man am besten als „automobiles Erlebniszentrum". Es liegt faszinierend in einem sanierten, denkmalgeschützten Ringlokschuppen, das passende nostalgische Ambiente für die unglaubliche Ansammlung von Oldtimern.

Die Hauptattraktion für Besucher des 19.000 m^2 großen Komplexes sind die verglasten und abgeschlossenen Einstellboxen, die an Besitzer von Oldtimern und Liebhaberfahrzeugen vermietet sind. Die wertvollen Fahrzeuge werden hier unter besten klimatischen Bedingungen geparkt, gepflegt und gewartet. Ein lebendiges Museum, in dem jedem Autofan das Herz aufgeht. Ab und zu kann man den Besitzer eines der edlen Automobile beobachten, wie er sein gutes Stück für eine kleine Spritztour aus der Box holt.

Hier wird aber auch ge- und verkauft und jede Menge restauriert. Auch das Zweirad-Segment ist hier stark vertreten. Ducati beispielsweise präsentiert sich hier mit seinen Edel-Motorrädern. In den top eingerichteten Werkstätten im Meilenwerk wird geschraubt, restauriert, edles Leder-Interieur aufpoliert.

Erwachsene Autofans drücken sich die Nase an den Schaufenstern der Shops platt: Dort werden hochwertige Modellautos, aber auch Ersatzteile und Rennsportartikel für das „richtige" Auto verkauft. In den Event-Räumen finden regelmäßig Galaver-

anstaltungen, Messen und Workshops statt. Abgerundet wird der Familienausflug in die Autowelt mit dem Besuch des Meilenwerk-Restaurants, -Biergartens und -Bistros.
Das erste Meilenwerk steht in Berlin, und ein weiteres wird voraussichtlich 2009 in der Region Stuttgart eröffnet.

Meilenwerk . Harffstraße 110 a . 40591 Düsseldorf

BOOTE, BOOTE, BOOTE

Telefon: 0211/456001
www.boot.de

Die „boot", Düsseldorf

Die „boot" ist die weltgrößte Yacht- und Wassersportmesse und findet einmal jährlich im Januar auf dem Düsseldorfer Messegelände statt.
Rund 1.650 Aussteller aus über 50 Ländern präsentieren Entwicklungen und Reiseangebote rund um den Wassersport. Allein etwa 2.000 Boote und Yachten sind auf der „boot" ausgestellt. Hier findet der Interessierte alles zu Yacht-, Segel-, Motorboot-Sport, Rudern, Tauchen, Angeln und was alles sonst noch zum Wassersport gehört. Wassertouristische Angebote sind ebenfalls auf der Messe vertreten: Ein reichhaltiges Spektrum an Tauch- oder Yachtcharter-Reisen konkurriert um das Interesse der Besucher.
Besonders beliebt ist die Halle der Megayachten. Luxus pur, an dem man auf weichem Teppich vorbeiwandelt. Da kann man schon mal staunend zuschauen, wie die ausgesuchte Klientel auf den Yachten, die Palästen ähneln, beim Verhandeln exquisiten Champagner schlürft. Immerhin kaufen oder bestellen in der Regel über die Hälfte der Messe-Besucher.
Diejenigen, die sich auf weit über 200.000 m² Ausstellungsfläche tatsächlich alles anschauen wollen, geraten in einen geradezu rauschhaften Zustand: Boote, Boote, Boote.

Bootsmesse in Düsseldorf

Messe Düsseldorf GmbH
Messeplatz
40474 Düsseldorf

MODERNE KUNST, MODERN VERPACKT

Telefon: 02161/252637
www.museum-abteiberg.de

Museum Abteiberg Mönchengladbach

Moderne Kunst ist ja so eine Sache – man liebt sie, oder man schüttelt den Kopf. Das Museum für zeitgenössische bildende Kunst in Mönchengladbach, das von der Architektengröße Hans Hollein entworfen wurde, bietet eine Lösung, mit der beide Seiten einen schönen Nachmittag verbringen können.
Kenner und Genießer können Arbeiten von namhaften Künstlern wie Joseph Beuys, Richard Serra und Andy Warhol bewundern. Neulinge, Banausen und Konservative ignorieren die Kunstwerke so gut wie möglich und wandern staunend durch das Gebäude, das von vielen zu den schönsten Museumsbauten der Welt gezählt wird. Viele Besucher kommen tatsächlich nur wegen der Architektur her und genießen die vielen Überraschungen, ungewöhnlichen Perspektiven und schönen Formen, die von innen und außen zu entdecken sind. Und vielleicht finden sie doch Gefallen an dem einen oder anderen Ausstellungsstück ...

Museum Abteiberg Mönchengladbach . Abteistraße 27 . 41061 Mönchengladbach

GANZ SCHÖN ALTE KNOCHEN

Telefon: 02104/979797
www.neanderthal.de

Das Neanderthal Museum in Mettmann, Nordrhein-Westfalen

Eigentlich hat der Neandertaler seinen Namen einem Kirchenlieddichter zu verdanken. Joachim Neander (1650–1680) hieß er und ging gerne in dem wildromantischen Tal spazieren, das später nach ihm benannt wurde: Neanderthal oder, moderner, Neandertal ohne „h".
200 Jahre später ist das Neandertal durch massiven Kalkabbau fast zerstört, als Steinbrucharbeiter Knochen finden und sie achtlos wegwerfen. Erst als sie den dazugehörenden Schädel entdecken, wird ihnen mulmig. Sie holen die Knochen wieder aus dem Müll, und ihr Chef bringt den ganzen „Kram" zur Untersuchung in die Bonner Anatomie. Die dortigen Wissenschaftler stellen fest, dass es sich um eine urtümliche Form des Menschen handeln müsse, sind sich aber nicht einig über das Alter der Knochen. Der berühmte Pathologe Rudolf Virchow, nach dem bis heute Kliniken benannt sind, hält die Knochen 1872 bloß für eine krankhafte Deformation, wertlos für die Wissenschaft – ein Klassiker unter den ärztlichen Fehleinschätzungen. Erst nach dem Tode Virchows traut man sich wieder an die über

42.000 Jahre alten Knochen und den Schädel heran und erkennt deren unschätzbaren Wert.
Heute sind das Neanderthal Museum, der Kunstweg und das Wildgehege ein beliebter und weltweit bekannter Ausflugsort. Das Neandertal im kaum bebauten Talabschnitt der Düssel etwa 10 km östlich von Düsseldorf wurde zum Naturschutzgebiet erklärt. Das 1996 neu eröffnete Museum beschäftigt sich in erster Linie mit der Entwicklungsgeschichte der Menschheit, der Schwerpunkt liegt auf den Neandertalern, die hier in Lebensgröße auf Basis der Schädelfunde rekonstruiert wurden. Das Museum ist allerdings noch mehr, nämlich eine international anerkannte Forschungseinrichtung.
Der Knochen-Fundort ist begehbar und der Weg dorthin als „Zeitstrahl“ über 2,5 Millionen Jahre menschlicher Entwicklungsgeschichte eingerichtet. Mit dem Kunstweg „MenschenSpuren“ wurde von 11 Künstlern ein außergewöhnlicher Skulpturenweg geschaffen. Im eiszeitlichen Wildgehege können Auerochsen, Wisente und Wildpferde beobachtet werden. Schließlich hat das Neanderthal Museum noch eine Steinzeitwerkstatt zu bieten, in der Besucher und insbesondere Kinder sich ihre Steinzeitwerkzeuge oder Kleidung selbst herstellen können. Abends muss man dann aber nicht in einer Höhle schlafen, sondern darf wieder mit dem Auto nach Hause fahren, ins eigene Bett.

Neanderthal Museum . Talstraße 300 . 40822 Mettmann

0428 NW_Lifestyle & Szene

ESSEN, KRAM UND TYPEN

Telefon: 02183/81855
www.oldiethek.de

Horst Lichter's Oldiethek, Rommerskirchen-Butzheim

Wer auf „lecker Essen“ steht, ist hier auf jeden Fall richtig. Wer zudem noch auf Nostalgie und „verrückte Klamotten“ steht, auch.
„Horst Lichter's Oldiethek“ ist ein Muss im Rheinland, denn es gibt wohl nichts Vergleichbares, wo man gut essen und gleichzeitig so viel Interessantes sehen kann. Den meisten Menschen ist Horst Lichter schon allein wegen seines langen, gezwirbelten Schnurrbartes optisch ein Begriff, und viele haben ihn schon mal im Fernsehen kochen sehen. Diesen Genuss kann man in Rommerskirchen-Butzheim (Kreis Neuss) persönlich erleben.
Die Speisekarte ist vielseitig, und alles ist lecker. Nur die Tischreservierung ist ob der Berühmtheit des Kochs unabdingbar. So man es denn bis an den Tisch schafft. Denn ist man erst einmal eingetreten, könnte Hunger plötzlich nebensächlich sein, weil man so viel verrücktes Altes, mit so viel Liebe zum Detail Hergerichtetes wohl kaum zuvor gesehen hat. Die Räume sind voller nostalgischer und verspielter Kleinigkeiten: Spielzeug, Bücher, Autos, Mopeds, Schreibmaschinen und sogar eine Carrera-Bahn, auf der man an zwei Abenden pro Woche seine Fahrkünste beweisen kann. Schnell kommt die Frage auf : „Wozu bin ich noch gleich hier? Zum Essen oder Stöbern?“ Allerdings ist das Restaurant auch nur freitags bis sonntags abends geöffnet. Doch der Chef kocht immer selbst!

Und sollte die Sonne scheinen, kann man sich in den Garten setzen, in dem sogar alte Mopeds in den Bäumen hängen. Bei so viel „Kram“ schlagen nicht nur Erwachsenen-Herzen höher.

Lichter's Oldiethek GmbH . Landstraße 31 . 41569 Rommerskirchen-Butzheim

---

0429 NW_Kunst & Architektur

SCHARFE SACHE

Telefon: 0212/25836-0
www.klingenmuseum.de

Klingenmuseum Solingen

Spitze Degen, blanke Waffen aus dem Dreißigjährigen Krieg und die weltweit größte Besteckssammlung befinden sich in Solingen; Autobahnausfahrt „Rostfrei“, könnte man annehmen. Stimmt alles bis auf die Ausfahrt, aber „rostfrei“ und Solingen kennt jeder, denn die Stadt ist untrennbar verbunden mit dem zahlreich vorhandenen und weltweit exportierten Essbesteck aus Stahl. Die bekannte deutsche Schmiede geht zurück auf eine jahrhundertealte Tradition hochspezialisierter Handwerker, die Experten waren in der Herstellung von Klingen für Schwerter und Essbesteck. Wie so häufig ist das Kultiviertere ein Nebenprodukt des Militärischen, so kann man zumindest grob die Entwicklung des Tafelbestecks umschreiben. Im Museum wird unter anderem eine umfangreiche Ausstellung von Jugendstilbestecken präsentiert. Das Klingenmuseum basiert auf der Sammlung zusammengetragener Stücke aus genau dieser Zeit (1904), die den Schülern der heimischen Fachschule für die Stahlwaren-Industrie als Vorbilder dienen sollten. Heute sind etwa fünfhundert dieser Jugendstilbestecke dort zu sehen.
Der Besucher erhält in chronologischer Darstellung Aufschluss über die Einführung einzelner Besteckteile. Für den einen oder anderen auch heute noch neu: Es besteht aus drei Teilen, nämlich Messer, Gabel und Löffel. Nicht nur aus Traditionsbewusstsein ist manch einem die Benutzung aller drei Gegenstände nicht geläufig, und die Entwicklung der Fastfood-Ketten macht die Handhabung dieser Instruments tatsächlich rückläufig.
Erst im späten 17. Jahrhundert wurde eine ebenfalls aufeinander abgestimmte Form des uns bekannten dreiteiligen Bestecks benutzt. Die Entwicklung beispielsweise der Gabel von zwei Zinken bis zu den uns bekannten vier in etwas gebogener Form kann anhand der Exponate nachvollzogen werden.
In einem umgebauten Stiftsgebäude in Solingen-Gräfrath, das 1990 als Klingenmuseum seine bis heute bestehende Form gefunden hat, werden die verschiedenen Sammlungen gezeigt. Auch für den „Waffenfreund“ wird einiges geboten. Die „Blankwaffen der Bronzezeit“ oder die spezielle Herstellung durch die Gussverfahren der „Luristankunst“, einer altiranischen Schmiede- und Verarbeitungskunst. Schwerter und Degen, auf deren Produktion man voller Stolz zurückblickt, werden ausgestellt. Man kann durchaus eine Menge mitnehmen, wenn auch nichts für das Handgepäck. Es ist ein lohnenswerter Ausflug in die Geschichte der verschiedenen Klingen und des für uns alltäglich gewordenen Bestecks.

Deutsches Klingenmuseum Solingen . Klosterhof 4 . 42653 Solingen

DIE HERREN DER LÜFTE

Telefon: 0202/277-1070
www.io-leisure.de

Flugabenteuer, Wuppertal

„Einsteigen bitte, wir starten gleich!“ Seidenschal um, Lederkappe auf, Fliegerbrille ins Gesicht, und ab geht die Post in einem Oldtimer der Lüfte – beispielsweise in der Boeing Stearman, einem offenen Doppeldecker mit 220 PS. Lust auf eine Fassrolle, einen Looping oder Abschwung? Also ein Abschwung, bitteschön: Wir beschleunigen auf 130 Meilen pro Stunde, ziehen hoch auf 40 Grad, halbe Rolle, nicht zu viel nachdrücken, Geschwindigkeit auf 50 Meilen pro Stunde abfallen lassen, dann wieder ziehen und die Figur mit einem halben Looping beenden. Voilà! Jetzt noch eine Fassrolle, ein Looping und zum Abschluss eine butterweiche Landung. Da sind wir, der Erdboden hat uns wieder. Wem derartige Kunstflüge zu anstrengend sind und wer die Welt etwas entspannter von oben sehen möchte, den bringen die Luftsportfreunde Deutschland mit Hauptsitz in Wuppertal auch auf andere Art und Weise nach oben. Man kann bei ihnen alles buchen, was mit Fliegen zu tun hat: vom Rundflug im Motor-, Segel- oder Ultraleichtflieger bis zu einer Tour im Hubschrauber (auch Selbstflüge) oder sogar im Kampfjet (da wird's dann wieder etwas anstrengender). Auch Flüge mit Drachen, Motor- und Gleitschirmen sowie Ballon- und Zeppelinfahrten werden angeboten. Zur Flotte der Luftsportfreunde gehören Hunderte verschiedener Fluggeräte; die einen hochmodern, die anderen schon lange Oldtimer. Die Luftsportfreunde Deutschland fliegen alle Bundesländer an, allerdings abhängig vom Fluggerät. Übrigens: Wer wissen möchte, ob die Schwerkraft noch funktioniert, der kann sich allein oder im Tandem aus dem Flieger stürzen – selbstverständlich an einem Fallschirm. Und wie sagen die Fans des freien Falls? Immer schön lächeln, aber den Mund nicht zu weit aufmachen!

Luftsportfreunde Deutschland . Tütersburg 37 . 42277 Wuppertal

---

GOLDFUNDE IM BERGISCHEN LAND

Telefon: 02195/1819
www.mocambo-caffe.de

Kaffeerösterei Mocambo, Radevormwald

Man braucht vorher keinen „Claim“ abzustecken, um in Radevormwald eine satte Goldader zu finden. Knietief im Wasser eines Flusses zu stehen ist auch nicht nötig. Die „Nuggets“ haben hier eine andere Form und Farbe. Vom „schwarzen Gold“ der Kaffeerösterei Mocambo ist hier die Rede.

Die Familie Drago offeriert nun schon seit rund 30 Jahren die begehrten Kaffee-Köstlichkeiten im Bergischen Land. Beste Arabica- und Robusta-Bohnen-Mischun-

gen werden hier kreiert. Herr Drago, lange Jahre in Italien in Top-Röstereien ausgebildet, und sein wichtigster Mitarbeiter, Herr Cacamo, arbeiten dabei mit hochentwickelter Computertechnologie. Diese ermöglicht im Prinzip, jede Bohne einzeln zu rösten. Eine Geschmacksnivellierung und ein zu starkes Rösten der Bohnen werden dadurch vermieden. Lange Röstzeiten verstärken zusätzlich die von den ätherischen Ölen abhängenden aromatischen Eigenschaften des Kaffees. Und dann geht's ab in die speziellen, luftdichten „Gogglio"-Tüten. In denen bekommt der achtsam geröstete Kaffee zur Qualitätssteigerung zwar die faire Chance, weiter auszugasen, verliert aber durch einen speziellen Aromafilter nicht an Geschmack.
Ab da liegt bei jedem Käufer die Verantwortung, aus dem „Mocambo-Gold" mit der richtigen Behandlung ein hochkarätiges Ergebnis zu erzielen. Keine Angst, der Meister und sein Team geben Hinweise zur Mahlung, zur Dosierung und zur perfekten Zubereitung. Eine Espressomaschine mit Mahlwerk sollten Sie aber schon haben. Und wenn dann die helle Crema auf dem sattbraunen Espresso schäumt ... mmmh.

Mocambo Caffé Espresso . Röntgenstraße 26 . 42477 Radevormwald

0432 NW_Sport, Abenteuer & Technik

AM ENDE STEHT DER MENSCH

Telefon: 02058/894644
www.wuelfrath.net/zeittunnel

Zeittunnel Wülfrath

Vielleicht sollte Bescheidenheit das Lernziel beim Besuch des Wülfrather Zeittunnels sein. Im alten Abbautunnel des „Bochumer Bruchs" werden 400 Millionen Jahre Erdgeschichte mit allen Sinnen erlebbar. Erdgeschichte auf 160 Meter Länge. Und erst am Ende steht der Mensch.
Dass alles Leben im Meer entstand, wird hier deutlich. Korallen, die in versteinerter Version die Kalksteinschichten in Wülfrath bilden, weisen anschaulich darauf hin. Der Besucher wird konfrontiert mit der urweltlichen Fauna und Flora; Dinosaurier, Amphibien und monströse Insekten kreuzen seinen Weg. Da erscheint das Mammut fast schon wie ein Zeitgenosse.

Zeittunnel Wülfrath: ein 160 Meter langer Abbautunnel des Bochumer Bruchs, in dem 400 Millionen Jahre Erdgeschichte gezeigt werden

Was fehlt, ist ein Blick in die Zukunft. War der Mensch nur eine Episode? Vieles deutet darauf hin!
Zum Schluss betritt der Besucher eine Aussichtsplattform, die 50 Meter über der tiefsten Stelle des Steinbruchs direkt an der Abbruchkante schwebt. Schöne Aussichten!

Zeittunnel Wülfrath . Hammerstein 5 . 42489 Wülfrath

FANTASTISCHE REISE IN DEN WELTRAUM

Telefon: 0234/5160613
www.planetarium-bochum.de

Zeiss Planetarium Bochum

In mondlosen Nächten, wenn der Sternenhimmel ganz nah scheint, fängt selbst der fantasieloseste Mensch an zu träumen – von einer Reise zu den Sternen. Städter und Frühaufsteher, die selten in den Genuss dieses Freizeitvergnügens kommen, können sich im Planetarium die Sterne nicht nur ansehen, sondern auch fachkundig erklären lassen. Im Zeiss Planetarium in Bochum geht das ganz besonders gut, denn es ist eines der modernsten der Welt und das größte in Deutschland. Unter einer 20 Meter hohen Kuppel präsentiert das Planetarium den Sternenhimmel mit über 9.000 Sternen, macht ferne Galaxien sichtbar und informiert in unterhaltsamen Vorträgen über die Geschichte des Universums, einzelne Planeten oder das Weltraumwetter. Interessierte können den hauseigenen Astronomen anschließend mit Fragen löchern. Und wenn man das nächste Mal zum Himmel aufblickt, betrachtet man ihn mit ganz neuen Augen.

Zeiss Planetarium . Castroper Straße 67 . 44777 Bochum

ZEUGNIS DER ARBEITSKULTUR

Telefon: 0231/6961-111
www.zeche-zollern.de

Zeche Zollern II/IV, Dortmund

Stillgelegte Bergwerke, sogenannte Zechen, finden sich überall im Ruhrgebiet als Denkmale des Niedergangs der Kohleförderung, von der das einstmals größte Ballungszentrum Europas seinen volkstümlichen Namen „Pott“ bekam. Die Zeche Zollern II/IV im Nordwesten von Dortmund ist so ein stillgelegtes Steinkohle-Bergwerk. Das ehemalige „Schloss der Arbeit“ verdankt seine Erhaltung, Restaurierung und Nutzung als Museum engagierten Bürgern und Bergleuten, die das architektonische Meisterwerk in den 60er Jahren vor dem Abriss bewahrten.
Die Schönheit des Bauwerks, das vor über 100 Jahren als Musterzeche errichtet wurde, ist besonders im Vergleich zu seinem profanen Zweck beeindruckend. Die Gebäude erinnern mit ihren Zwiebeltürmchen eher an eine barocke Schlossanlage, bei der farbigen Verglasung denkt man an eine Kirche, und in der große Maschinenhalle verblüfft eine meterlange Schalttafel aus Marmor, bei der jeder einzelne Regler eigens entworfen wurde. Die Zeche galt nicht umsonst als eine der modernsten im Lande, sie besaß auch die erste elektrische Fördermaschine der Welt. Das spek-

takulärste Gebäude des Komplexes, die Jugendstil-Maschinenhalle, wurde als erstes Industriebauwerk in Deutschland unter Denkmalschutz gestellt.
Auf den Spuren der Bergleute können seit 1999 Besucher den Weg nachgehen, den die Kumpel zur Arbeit nahmen: durch das große Eingangstor bis zum Schacht, in den 60 Jahre lang eingefahren wurde. Außerhalb der Halle kann man die Kohleverladestation, den Zechenbahnhof und ein Fördergerüst bewundern, dessen 56 m hoher Turm von Schwindelfreien bestiegen werden kann. Der Blick über das Zechengelände ist es wert.
Die kleinen Besucher können bei Führungen durch den „Kinderkeller" in die Rolle von Bergleuten schlüpfen. Im Restaurant „Pferdestall" können sich alle danach von den „Strapazen" erholen.

LWL-Industriemuseum Zeche Zollern . Grubenweg 5 . 44388 Dortmund

DER GRÖSSTE BUDENZAUBER IM RUHRGEBIET

www.cranger-kirmes.de

Cranger Kirmes, Herne

Turbo Force, Shake & Roll, Hip Hop Fly, Move it, High-Energy, Disco-Jet oder Break Dance stehen nicht etwa für moderne Tanzbewegungen, sondern sind die innovativen Namen für Fahrgeschäfte der Cranger Kirmes in Herne. Ob diese Immer-größer-schneller-höher-und-gefährlicher-Karussells, Achterbahnen und Riesenschaukeln ihre rhythmische Inspiration dadurch erklären, dass man so wie bei keiner anderen Tanzbewegung durchgeschüttelt wird? Jedenfalls sollte man möglichst schwindelfrei sein und vorher nicht alle Stände mit Schokoäpfeln, kandierten Erdbeeren und gerösteten Mandeln durchprobiert haben – einfach nur, weil man nie weiß, wie der Magen 50 Meter höher im Looping reagieren wird.

Das Riesenrad der Cranger Kirmes in Herne

Vor rund 500 Jahren war der Platz der Cranger Kirmes viel ruhiger und entspannter als heute. Derrick von Eickel erbaute zwischen 1440 und 1441 das Haus Crange und wurde am Laurentiustag, am 10. August 1441, damit belehnt, was den heutigen Namen der Kirmes erklärt. Genau an dieser Stelle fand ein Pferdemarkt statt. Jedes Jahr aufs Neue, traditionshalber um den Laurentiustag herum,

wurden dort im Emscherbruch die frisch eingefangenen Wildpferde verkauft. Gaukler, Tänzer, Wahrsager und Kirmesleute gesellten sich bald dazu und machten aus dem Pferdemarkt ein buntes Volksfest.
Heute gibt es dort keine Wildpferde mehr, aber dafür ist die Kirmes um 500 Fahrgeschäfte reicher geworden, denn die Menschen im Ruhrgebiet konnten in der Zeit der Industrialisierung von Karussells einfach nicht genug kriegen. Inzwischen pilgern jedes Jahr, jeweils 10 Tage vom ersten Freitag im August an, über vier Millionenen Schau- und Sensationslustige nach Herne Crange, fahren Autoscooter, machen Grimassen im Kristall-Palast und spazieren mit Zuckerwatten bewaffnet den fünf Kilometer langen Rummel auf und ab.

Cranger Kirmes . zwischen Dorstener Straße und Rhein-Herne-Kanal . 44623 Herne

---

0436 NW_Sport, Abenteuer & Technik

FLIEGEN ULTRALEICHT GEMACHT

Telefon: 0231/48988
www.ul-nrw.de

Ultraleichtflugschein, Dortmund

Nein, Ultraleichtflugzeuge müssen nicht so aussehen, als wären sie von einem Hobbyschreiner aus Baumarkt-Resten in einer Hinterhofgarage gebacken worden – es gibt auch sehr schöne, große, vertrauenerweckende Exemplare. Solche, die ein Laie nicht von einem, sagen wir mal: ganz normalen Flugzeug unterscheiden könnte. Also was ist so ein Ultraleichtflugzeug, kurz UL, überhaupt? Es ist ein Luftfahrzeug mit einer Gesamtabflugmasse von maximal 322,5 Kilo für Einsitzer oder maximal 472,5 Kilo für Doppelsitzer. Hört sich technisch an, ist aber so. Es gibt dabei zwei Arten von Ultraleichtflugzeugen: aerodynamisch gesteuerte, die sich eben nur durch ihr Gewicht, jedoch weder durch das Aussehen noch in der Handhabung von anderen Motorflugzeugen unterscheiden. Und dann gibt es noch motorisierte Drachen, auch Trikes genannt. Diese ULs werden durch Gewichtsverlagerung des Piloten gesteuert – und manche erinnern dann auch ein wenig an die Dinger aus der Hinterhofgarage. In der Flugschule von Klaus Letzel lernen die Schüler auf Flugzeugen der ersten Kategorie. Schüler müssen bei Beginn der Ausbildung mindestens 16 Jahre alt sein, den Schein gibt's frühestens mit 17. Die theoretische Ausbildung beinhaltet Luftrecht, Navigation, Meteorologie, Funk, Technik/Aerodynamik, Verhalten in besonderen Fällen, Pyrotechnik sowie menschliches Leistungsvermögen und dauert insgesamt etwa 63 Stunden. Hinzu kommt die Praxis, die mindestens 30 Ausbildungsflugstunden (oder 25 Stunden innerhalb eines halben Jahres) vorsieht, davon fünf Alleinstunden sowie zwei Überlandflüge von mindestens 200 Kilometer Länge. Gestartet wird von den Flughäfen Hamm-Lippewiesen oder Marl-Loemühle.
Wer dem Duft der großen, weiten Ultraleicht-Fliegerei folgen möchte, dem sei eine Schnupperstunde empfohlen – dabei steuert der Schnuppernde das Flugzeug

selbst an der Seite eines erfahrenen Lehrers, und zwar von der ersten Minute an. Hört sich doch ultraleicht an.

K.L. Air . Resingstraße 39 . 44269 Dortmund

HEUTZUTAGE NICHT MEHR UNTER TAGE

Telefon: 0234/5877-0
www.bergbaumuseum.de

Deutsches Bergbaumuseum, Bochum

Förderturm, Deutsches Bergbaumuseum in Bochum

Im Bergbau wurde noch das Schwarze Gold geschürft, der Deckel war längst nicht auf dem Pütt, da entstand schon das Deutsche Bergbaumuseum in Bochum. Um 1930 etwa wurde es nach Entwürfen von Fritz Schupp und Heinrich Holzapfel erbaut. Und viele Eltern sind seitdem von weit her mit ihren Kindern angereist, um sie einmal unter Tage in einen Stollen einfahren zu lassen. Das geht hier nämlich, wenn leider auch nicht unbedingt für Museumsgäste mit einer Gehbehinderung oder im Rollstuhl.

Rund 400.000 Besucher zählt dieses wirklich sehenswerte Museum jährlich und ist damit eines der meistbesuchten Deutschlands. Wer verstehen will, unter welch schwierigen Arbeitsbedingungen die Kumpel einst unter Tage schufteten, wer ein wenig von der Welt des Bergbaus erfahren will, der sollte einen Besuch hier nicht versäumen. Anschaulicher geht es nicht. Ein Fördergerüst, das einst zur Zeche Germania in Dortmund gehörte, wurde zu einer Art Aussichtsturm und bietet einen Rundumblick über Bochum und das Revier. Und wer Tobias kennenlernen will, das letzte deutsche Grubenpferd, darf die Anfahrt nach Bochum nicht scheuen. Denn ein Modell dieses treuen Kumpels der Bergmänner steht im hiesigen Anschauungsbergwerk.

Einstige Bergleute schildern den Besuchern ihren Alltag im „Pütt", wie die Kohlezechen im Ruhrgebiet genannt werden. Sie beschreiben, wie man damals geduckt im Flöz stehend mit Spitzhacke und Bohrer riesige Kohlebrocken löste. „Glückauf!", rufen die Museumsführer den Besuchern zu, wenn es in den Schacht hinuntergeht. „Seilfahrt nach unter Tage in 17.000 Millimeter Tiefe", heißt es dann. Über Tage, also ganz normal oben, kann man in 20 Hallen die Geschichte des Bergbaus an Original-Ausstellungsstücken nachvollziehen.

Als 1943 Bochum von den Alliierten bombardiert wurde, brachten Kumpel Exponate des Museums in Sicherheit. Der Anschauungsstollen wurde zum Luftschutzbunker, über vier Millionen Menschen fanden hier vor den Bomben Schutz und

Zuflucht. Die Deckschicht oberhalb der Grube gab Sicherheit. Im Stollen wurde sogar zünftig mit Weihnachtsbaum das Christfest gefeiert.

Deutsches Bergbau-Museum Bochum . Am Bergbaumuseum 28 . 44791 Bochum

AUCH EIN ECHTES WELTKULTURERBE

Telefon: 0201/8605940
www.zollverein.de

Zeche Zollverein, Essen

Bis zu ihrer Stilllegung 1986 galt die Zentralschachtanlage Zollverein XII nicht nur als die modernste, sondern auch als die „schönste Zeche der Welt". War sie doch in den 30er Jahren nach strengen ästhetischen Maßgaben des Bauhauses entworfen und gebaut worden. Aber sie war nicht nur „schön", sondern zu ihrer Zeit auch die ergiebigste Schachtanlage der Welt. Hier leisteten Bergleute und Koker körperliche Schwerstarbeit. Unzugänglich für Neugierige und Besucher, bildete Zollverein inmitten des Essener Nordens fast eine Stadt für sich. Wer hier malochte, war stolz darauf. Meist wurde die Arbeit „auf'm Pütt" vom Vater an den Sohn weitergegeben. Bergmann zu sein war ein guter, ein sicherer Job. So lange, bis die Kohle nicht mehr gefragt war; bis in den 90er Jahren immer mehr Deckel auf die Pütts kamen. Auch hier in Zollverein.
Alles sah nach Niedergang aus, doch kein Ort im Ruhrgebiet macht so deutlich wie die Zeche Zollverein in Essen, was alles mit den alten Industriebauten möglich ist. Heute ist der Industriekomplex Zeche und Kokerei Zollverein offiziell von der UNESCO zum Weltkulturerbe erklärt worden. Somit gehört dieser ehemalige Pütt in eine Reihe mit so bedeutenden Bauwerken wie dem Taj Mahal.
Im Rahmen der Internationalen Bauausstellung Emscher Park wurde Zollverein zu einem Symbol des Strukturwandels im Ruhrgebiet. Und zu einer Anlaufstätte für Sonntagsbesucher, Spaziergänger, Kunstflaneure und Fahrradfahrer auf der Ruhr-Tour-Strecke. Hier ist inzwischen eine internationale Management- und Design-Schule angesiedelt, ab 2008 ist in der ehemaligen Kohlenwäsche ein Ruhr-Museum untergebracht. Seit ein paar Jahren schon findet sich in einer ehemaligen Maschinenhalle ein Edelrestaurant, das „red dot design museum" ist da, der Bildhauer Rückriem hat auf dem Gelände sein Atelier, eine alte Kohlenhalle wurde zur Atelier- und Bürostraße. Wo früher täglich bis zu 12.000 Tonnen Kohle gefördert, aufbereitet und zu Koks veredelt wurden, gelang es, einen interessanten und bedeutenden Standort für Kultur und Design anzusiedeln.
Und Badespaß gibt es hier auch: Mitten in der Kokerei wurde ein Schwimmbad angelegt, mit breiten umlaufenden Holzplanken zum Ruhen und mit einem unglaublichen Blick auf die riesigen Stahltürme der stillgelegten Kokerei. Die sieht man nachts bunt angestrahlt schon von der Autobahn.

Zollverein Touristik . Essener Straße 11 . 45141 Essen

GANZ GROSS IN ESSEN

Villa Hügel, Essen

Telefon: 0201/61629-0
www.villahuegel.de

Es war einmal eine Familie, die baute eine Villa mit 269 Räumen und 8.100 Quadratmeter Wohn- und Nutzfläche, mit rund 600 Angestellten und einem 28 Hektar großen Park. Die Familienmitglieder hielten es zusätzlich für sehr schick, große Bälle und Feste zu feiern. Nein, wir sind nicht auf dem Hof in Versailles, und die Besitzer sind keine Könige. Oder, wenn man es in die Richtung auslegen will, vielleicht die heimlichen Kaiser der Industrialisierung: Es handelt sich um die Familie Krupp und ihr Wohn- und Repräsentationshaus im Essener Stadtteil Bredeney.

Alfred Krupp errichtete 1873 die Villa Hügel und hatte eine sehr spezielle Vorstellung von familiärer Gemütlichkeit: je größer, desto besser. Das Gut Klosterbuschhof wurde 1863 von ihm erworben und sollte so schnell wie möglich zu der heutigen Villa Hügel erweitert werden. Es war bereits bekannt, wie schwierig der Umgang mit Krupp war, und so wollte sich zunächst kein namhafter Architekt für das Projekt begeistern. Als dann Eduard Schwarz den Auftrag annahm, kam es natürlich nicht nur zu den erwarteten Auseinandersetzungen, sondern auch zu nachträglichen Baumängeln wie Rissen im Bauwerk. Beim ersten Unwetter wurde sogar ein Erker vom Gebäude angerissen.

Jahrelang verloren sich die Familienmitglieder der Krupp-Dynastie auf dem enormen Anwesen, und nur die Vorstellung davon, dass der Krupp-Nachwuchs in den hallenden Riesenräumen Dreirad fuhr, gleicht einer Horrorvision. Heute zu einem Museum umgebaut, weckt ein Besuch Gefühle irgendwo zwischen Ehrfurcht und Gruseln. Danach weiß man sein kleines süßes Familienhäuschen sicherlich zu schätzen und ist froh, mal gesehen und gespürt zu haben, dass Geld anscheinend nicht immer glücklich macht. Kunst aber schon, denn die wechselnden Kunstausstellungen über beispielsweise Tibet, Brueghel oder Dresdener Barock im heutigen Museum der Villa sind berühmt und spektakulär und immer ein angenehmer Grund, das etwas zu groß geratene Haus zu besichtigen.

Kulturstiftung Ruhr . Villa Hügel . 45133 Essen

WANN IST EIN MANN EIN MANN

Blue Site Bagger-Park, Essen

Telefon: 0201/80677-15
www.bluesitepark.de

Die klassischen Berufswünsche von jedem Viertklässler sind wohl: Lokomotivführer, Müllmann – weil man da während der Fahrt auf ein großes Auto springen kann

– und Baggerfahrer. Und da jeder Mann ein kleiner Junge bleibt, verschwinden auch die Wünsche nicht. Letztgenannten Wunsch können sich kleine Jungs über 18 im Blue Site Park erfüllen: Bagger fahren, Radlader lenken oder sogar riesengroße Kräne steuern.
Nahezu jedes Baustellenfahrzeug, mit dem der kleine Junge en miniature im Sandkasten spielte, steht jetzt im Blue Site Park in voller Größe und stählerner Pracht zur Verfügung. Auf dass jeder Mann mal Mann sein kann.
Frauen drücken bitte ein Auge zu, wenn ihre Männer wie früher im Sandkasten spielen. Nur alles viel größer. Und mit ganz viel PS unter der Haube. Wie früher bewegen sie Sand und Kies hin und her. Doch diesmal sind das Tonnen. Einfach so. Stehen nach vollbrachter Geländeumschichtung atemlos vor Begeisterung und mit gerötetem Gesicht vor ihrer Frau: „Hast Du das gesehen? Toll!"

Blue Site Park . Lüschershofstraße 61–63 . 45356 Essen

KOHLE FÜR KUNST – KUNST FÜR KOHLE

Telefon: 02361/92180
www.ruhrfestspiele.de

Ruhrfestspiele Recklinghausen

Phänomene, bei denen das „Off"-Event zum „In" wird, sind allseits bekannt. So sind zum Beispiel beim Sonar-Musikfestival in Barcelona die zahlreichen Off-Konzerte am Strand zur eigentlichen Hauptattraktion geworden. Freier, ungezwungener, experimentierfreudiger – so präsentiert sich auch die Off-Veranstaltung der Ruhrfestspiele in Recklinghausen. Das „Fringe Festival" trägt seine Außenseiterposition bereits im Namen: „Franse" oder „Rand" heißt es übersetzt. Was die Qualität und Kreativität dieser Theaterbewegung angeht, ist davon allerdings nichts zu spüren. Ohne finanziellen Background werden höchst innovative Theaterstücke produziert. Kein Quotendruck sowie totale szenographische und schauspielerische Freiheit zeichnen die Aufführungen aus.
Das Fringe Festival in Recklinghausen tritt somit in die Fußstapfen von Edinburgh, wo 1947 acht Theatergruppen die große Besucherzahl des Edinburgh Festival nutzen wollten und dem Publikum ein inoffizielles Alternativ-Programm boten. Bei den Ruhrfestspielen versuchen internationale Fringe-Interpreten erst seit drei Jahren ihr Glück. Die Recklinghäuser haben sogar die Möglichkeit, die Künstler persönlich kennenzulernen, denn die Low-Budget-Schauspieler logieren nicht etwa im Luxushotel, sondern auf einer Schlafcouch in den Wohnzimmern der Einwohner. Aus diesem Grund wäre es vielleicht doch wünschenswert, wenn der eine oder andere „entdeckt" wird und zukünftig bei einer der Premieren der Ruhrfestspiele mitspielen könnte.
Der offizielle Teil der Ruhrfestspiele Recklinghausen darf bei dem ganzen „Rand"-Ruhm nicht vergessen werden, denn schließlich jagt hier eine Uraufführung und Premiere die nächste. Internationale Stars und Kooperationen mit den Salzburger

Filmfestspielen, mit renommierten Theatern in Berlin, Hamburg, London und Paris runden das Programm ab. Thematisch widmeten sich die Ruhrfestspiele in den vergangenen Jahren zentralen Gestalten wie Goethe, Lessing und Shakespeare. Dieses Programm rund um den geistigen Patron der Saison wird durch moderne Stücke ergänzt. Liest man das Programm, so möchte man am liebsten alle Stücke sehen – ein regelrechter Theatermarathon steht einem also in Recklinghausen bevor, vor allem, wenn man auch noch ein paar Fringe-Eindrücke sammeln möchte.

Ruhrfestspiele Recklinghausen . Otto-Burmeister-Allee 1 . 45657 Recklinghausen

0442 NW_Sport, Abenteuer & Technik

WASSERSPEICHER, WISSENSSPEICHER

Telefon: 0208/4433390
www.aquarius-wassermuseum.de

Wassermuseum Mülheim/Ruhr

Ein über 100 Jahre alter Wasserturm im Mülheimer Stadtteil Styrum speichert seit seiner Stilllegung 1982 kein Wasser mehr, sondern Wissen darüber. Die Speicher-Funktion wurde von der Rheinisch-Westfälischen Wasserwerksgesellschaft (RWE), dem neuen Betreiber des 50 m hohen Turms, wörtlich genommen: Das Aquarius ist ein modernes, mehrfach preisgekröntes Multimediamuseum, das seine Informationen nur mit Einsatz einer Chipkarte an 30 verschiedenen Computerterminals preisgibt. Von der Spitze des Wasserturms abwärts können Besucher – und hier sind Kinder die offensichtliche Zielgruppe – an den Monitoren Wissenswertes über Wasser und die Wasserversorgung erfahren und das Gelernte gleich in einem Quiz testen. Aber auch Erwachsene haben Freude daran, in Computersimulationen selbst Wasserleitungen zu verlegen, Kraftwerke zu bauen oder einen Wassertropfen auf seinem Weg von der Wolke zum Meer zu begleiten. Am Ausgang lassen sich die auf der Chipkarte gesammelten Punkte ausdrucken – der Sieger spendiert ein Glas Wasser!

Aquarius Wassermuseum . Burgstraße 70 . 45476 Mülheim/Ruhr

0443 NW_Kunst & Architektur

ORTHODOXE KULTBILDER IM REVIER

Telefon: 02361/501941
www.ikonen-museum.com

Ikonenmuseum Recklinghausen

Bei einem feierlichen Gottesdienst in einer orthodoxen Kirche spielen die Ikonen, auf denen Jesus, Maria und andere Heilige abgebildet sind, eine sehr große Rolle

für die Gläubigen. Die Kirchen sind zum einen geschmückt mit diesen kunstvoll gestalteten Bildern, zum anderen verleihen die Besucher in der Liturgie ihrem Glauben Ausdruck, indem sie die Ikonenbilder verehren. Die Ikonenbilder werden in die Höhe gehoben, die Gläubigen bekreuzigen sich gleich dreimal hintereinander, kniend nähern sie sich einer Ikone vom gekreuzigten Jesus und küssen seine Wunden. Begleitet wird die dreistündige Liturgie durch viele Gesangseinlagen, und selbst wenn man die Bedeutung von Ikonen für die Anhänger der orthodoxen Kirche und ihren Glauben nicht nachempfinden kann, so kann man in diesen Momenten eine gewisse Tiefe spüren.
Seit über 1.000 Jahren haben Ikonenbilder den orthodoxen Glauben geprägt. In Russland wurden zum Beispiel zwischen 1350 und 1650 zahlreiche Ikonen gefertigt: In den Jahren zwischen 1860 und 1880 glich es fast schon einer Massenproduktion, denn ganze Städte mit Künstlern waren damit beschäftigt, Ikonen herzustellen. Während der Russischen Revolution wurden zahlreiche Ikonen nach der Machtübernahme der Bolschewiken öffentlich verbrannt, um religiöse Aktivitäten zu unterbinden. Erst nach 1991 erschienen sie wieder in der Öffentlichkeit.
An den historischen und kulturellen Bedeutungsgehalt der Ikonen fügt sich der künstlerische Aspekt. Neben Russland wurden auch in Griechenland und anderen Balkanstaaten Ikonen, Stickereien, Miniaturen und Holzarbeiten gefertigt. Im Ikonenmuseum Recklinghausen, das 1956 eröffnete, kann man rund 1.000 Ikonen und Kleinkunst vorfinden. Außerhalb der orthodoxen Länder ist dies die bedeutendste Sammlung ostkirchlicher Kunst. Zusätzlich dokumentiert das Museum den Übergang von der heidnischen Spätantike zum frühen Christentum in Ägypten.

Ikonenmuseum in Recklinghausen . Kirchplatz 2A . 45657 Recklinghausen

---

0444 NW_Gärten, Parks & Landschaften

FREIZEIT UND ERHOLUNG IM RUHRTAL

Telefon: 0201/8404360
www.flotte-essen.de

Weiße Flotte, Essen

Ruhrpott = Industrie, Zechen, graue Wolken – das war vielleicht einmal! Heute gibt es entlang der Ruhr auch entspannte Seerundfahrten! Denn die Stauseen, die ursprünglich zur Wasserversorgung und Reinigung der Ruhr ausgehoben wurden, haben auch Freizeitqualität.
Vor allem im Süden der Stadt Essen ist rund um den Baldeneysee eine grüne Oase entstanden, die für Wassersportaktivitäten wie Segeln und Kanufahren perfekt geeignet ist. Der größte der sechs Ruhrstauseen wurde zwischen 1931 und 1933 als ABM-Maßnahme mit primitiven Werkzeugen von Tausenden Arbeitslosen ausgehoben. Fünfzig Jahre später mussten die abgelagerten Sedimente des Baldeneysees, die sich bei der Flussklärung abgesetzt hatten, wieder ausgehoben werden – diesmal mit einem Spülbagger und ohne Arbeitsamtgroßeinsatz.

Segelboote auf dem Baldeneysee in Essen

An die Industriezeit erinnert am Baldeneysee nur noch wenig. Auf der Abraumhalde der ehemaligen Zeche Pörtingssiepen können Kinder unter Anleitung nach Fossilien suchen. Versteinerte Spuren von Siegelbäumen, Farnen und Schachtelhalmen, die 300 Millionen alt sind, lassen sich hier finden. Ein Überbleibsel aus der Industriezeit mit Zechen, Zement- und Hüttenwerken ist die Hasper Talbahn. Mit den Schiffen der Weißen Flotte, die in den Sommermonaten mit festem Fahrplan auf dem Baldeneysee verkehren, kann man bei einer Rundfahrt die neue erholsame Region im Ruhrland in vollen Zügen genießen. Für Sehenswürdigkeiten und Spaziergänge an einer der vielen Anlegestellen kann man das Schiff verlassen und unkompliziert an anderer Stelle zusteigen.

Essen Weiße Flotte Baldeney GmbH . Hardenbergufer 379 . 45239 Essen

---

0445 NW_Feste, Events & Veranstaltungen

GROSSES THEATER IN DER MASCHINENHALLE

Telefon: 0209/1671700
www.ruhrtriennale.de

RuhrTriennale

Das Ruhrgebiet hat wirtschaftliche Probleme. Der Strukturwandel ist noch nicht abgeschlossen. Heute hängen keine echten dunklen Wolken mehr über dem Ruhrgebiet, sondern ökonomische. Viele ehemals für Vollbeschäftigung sorgende Fabriken, Zechen und andere Industriebauten werden nicht mehr genutzt. Warum also nicht aus der Not eine Tugend machen? Die RuhrTriennale nutzt die Industriedenkmäler der Region als spektakuläre Auftrittsorte für Theater, Literatur, Musik und Tanz. Mittlerweile hat sie sich als ein bedeutendes europäisches Festival etabliert. Daran hat gewiss das außergewöhnliche Zusammenspiel zwischen alten Industriebauten und hochkarätigem Kulturprogramm seinen Anteil.
Wichtige Theaterregisseure, anerkannte Künstler, bekannte Rockmusiker wie Opernsänger und Jazzmusiker von Weltruf werden nicht zuletzt von den einzigartigen Auftrittsmöglichkeiten angezogen. Besonders Neuinterpretationen unter Einbeziehung der industriellen Architektur gehören zum Konzept der RuhrTriennale.
Wer einmal eine Marthaler-Inszenierung in einer ehemaligen Zechenhalle in Dortmund gesehen hat, wer in der Bochumer Jahrhunderthalle Mario Adorf erlebt und in der Duisburger Gebläsehalle vor wuchtiger Hochofenkulisse der Jungen Deut-

schen Philharmonie zugehört hat, kommt wieder – so wie viele andere Kulturbegeisterte, Nachtschwärmer und Festivalgenießer nicht nur aus NRW, sondern aus ganz Europa.

Kultur Ruhr GmbH . Leithestraße 35 . 45886 Gelsenkirchen

0446 NW_Essen & Trinken

KOCHEN LERNEN WIE DER CHEF

Telefon: 0208/22188
www.hackbarths.de

Hackbarth's Restaurant, Oberhausen

Mitten im Oberhausener Gewerbegebiet befindet sich seit 1992 ein regelrechter Gourmet-Tempel. Hackbarth's Restaurant ist inzwischen mehr als ein Geheimtipp, denn Chefkoch und Besitzer Jörg Hackbarth wurde inzwischen mehrmals für seine kreative Crossover-Küche ausgezeichnet. Beliebtestes Restaurant im Ruhrgebiet und zu den Top 500 in Deutschland gehörend, lädt das Hackbarth's in Oberhausen zu einer kulinarischen Reise ein. Die Speisekarte wechselt täglich und lässt dem Star-Koch viel Raum für fantasievolle und abwechslungsreiche Experimente.
Wer schon immer mal einem Chef de Cuisine über die Schulter schauen wollte, kann und darf das hier bei Jörg Hackbarth. Denn so wie die Kochkünste seiner Mutter in ihm das Interesse fürs Kochen geweckt haben, möchte er heute seinen Besuchern die Möglichkeit geben, seine Leidenschaft zu teilen und ihre eigene zu entdecken. In Krustentier- oder auch Asia-Kochkursen verrät der Meister seine geheimen Rezepte, und so kann man endlich zu Hause seine eigene Küche verwüsten und weiterschlemmen.
Auch wenn man dann womöglich den exzellenten Service und die Weinkarte aus dem Hackbarth's mit ihren 160 Positionen und 12 offenen Weinen vermisst.

Hackbarth's Restaurant . Im Lipperfeld 44 . 46047 Oberhausen

0447 NW_Sport, Abenteuer & Technik

AUF DER HALDE GIBT'S KOA SÜND'

Telefon: 02041/7095-0
www.alpincenter.com

Alpincenter, Bottrop

Die Skier sind frisch gewachst, der Winter ist verregnet, weit und breit kein Schnee in Sicht? Macht nichts! Im Alpincenter in Bottrop ist die Piste am Hang einer künstlichen Berghalde immer präpariert. Weder um die Wetterverhältnisse noch um die

Jahreszeit müssen Wintersportler sich hier Gedanken machen. Auf der größten Indoor-Skipiste Deutschlands fehlen zwar das Bergpanorama und der blaue Himmel, aber dafür kann man die Sonnenmilch getrost zu Hause lassen und verbrennt sich beim Skifahren trotzdem nicht die Nase. Beim Herabwedeln der 630 Meter langen Abfahrt kann man sogar kurzzeitig vergessen, dass man sich in einer Skihalle befindet und nicht im Kleinwalsertal. Es gibt eine Anfänger- und eine Profipiste, und die ist manchmal ziemlich vereist, so dass sich schnell die Skifahrerspreu vom Weizen – also der Profi vom Amateur – trennt. Auch Snowboarder sind in der Halle willkommen. Über ein Laufband oder einen Lift ist man zügig wieder oben am Hang, und durch die großen Panoramafenster hat man einen weiten Blick über das Ruhrgebiet.
Skifahren macht durstig, und deshalb wird das Après-Ski auch in Bottrop großgeschrieben. Schon am frühen Nachmittag ist im „Hasenstall" Feierlaune angesagt. Wer es lieber ruhiger mag, kann sich im Kaminzimmer in die Sessel sinken lassen. Auch auf der Pfandler Alm ist immer was los. Und am Abend dürfen zum Tanzen natürlich der Holzmichl und der Anton aus Tirol nicht fehlen. Alles wie im Kleinwalsertal.

Alpincenter . Prosperstraße 299–301 . 46238 Bottrop

0448 NW_Kunst & Architektur

DER HIMMEL ÜBER BOTTROP

www.ruhr-guide.de

Tetraeder Bottrop

Das Ruhrgebiet im Wandel der Zeit – ein Ausblick auf die Veränderungen. Mit dem Tetraeder in Bottrop ein Leichtes. Doch um das Tetraeder zu besteigen, muss man erst einmal 175 Meter hoch auf eine Abraumhalde – einen Berg aus alter Erde und Steinen aus den umliegenden Bergwerken – klettern. Entweder langsam auf den Serpentinen oder schnell und direkt die schnurgerade verlaufende Riesentreppe hoch.
Oben auf dem großen Plateau angekommen dann die Überraschung: Vom Straßen- und Industrielärm des Ruhrgebietes ist fast nichts mehr zu hören, beinahe Stille. Und da steht das Tetraeder, so nah dann, doch riesig und hoch. Wer da hinaufwill, muss schwindelfrei sein. Denn die luftige Form dieser dreiseitigen Pyramide bietet dem Blick wenig Halt. Wer es dennoch wagt, die 60 Meter zu ersteigen und auf eine der an dünnen Stahlseilen frei hängenden Aussichtsplattformen zu klettern, der wird reichlich belohnt: Dieser 1995 vom Darmstädter Architekten Wolfgang Christ gebaute und gemeinsam mit Christian Maiwurm entwickelte Turm bietet einen unglaublichen Überblick über das Ruhrgebiet. Und jetzt hört man es auch wieder: Die Haldenränder schirmen den Lärm nicht mehr ab.
Inzwischen gilt diese Stahlkonstruktion als einer der wohl ungewöhnlichsten Aussichtstürme der Region. Um diese luftige Konstruktion zu erstellen, wurden 210 Tonnen Stahl verbaut, Rohre von 1,5 Kilometer Länge. Nachts wird das Tetraeder

von einer Lichtinstallation des Künstler Jürgen LIT Fischer angestrahlt. Aber auch bei Dunkelheit bietet es einen unvergleichlichen Blick über die Lichterstädte des Reviers.

Tetraeder Bottrop . Beckstraße . 46238 Bottrop

0449 NW_Sport, Abenteuer & Technik

SCHWEINEHUND STATT YETI

Telefon: 02874/9234
www.outdoorcenter-nrw.de

Outdoorcenter, Isselburg

Das ist ja wohl das Höchste. Zumindest in Sachen Klettergarten in Nordrhein-Westfalen. Das Outdoorcenter NRW bietet in Isselburg einen der höchsten Hochseilgärten in Deutschland. Gruppen ab neun Personen können dort auf zwei unterschiedlichen Ebenen im Hochseilgarten (acht und zwölf Meter Höhe) sowie im Niederseilgarten in Bodennähe ihre Kletter- und vor allem Teamfähigkeit unter Beweis stellen. Schwerpunkte des Angebots liegen bei Firmenschulungen, Gruppen- und Teambildungsseminaren, aber auch individuelle Seminare sind möglich. Für komplette Kletterausrüstung und Betreuung durch Sicherheitstrainer ist gesorgt. Einen Yeti hat im Geäst dort oben noch keiner gesehen, dafür so mancher seinen inneren Schweinehund.
Nicht weit von Isselburg entfernt, in Xanten, bieten die Betreiber des Outdoorcenter NRW einen kleineren Klettergarten „für die ganze Familie" an. Außerdem im Programm enthalten sind Kanufahrten.

Outdoorcenter NRW . 46415 Isselburg

0450 NW_Gärten, Parks & Landschaften

AUF DEN SPUREN DER RÖMER

Telefon: 02801/2999
www.apx.de

Archäologischer Park Xanten

Xanten ist nicht nur die einzige mit X beginnende Stadt Deutschlands, sondern auch eine der ältesten. Ihre Ursprünge liegen schon im Jahr 12 n. Chr., als die Römer auf dem nahen Fürstenberg ein Legionslager anlegten. Die angrenzende Siedlung „Ulpia Traiana" entwickelte sich in den Folgejahren zu einer für damalige Verhältnisse beachtlichen Stadt mit rund 10.000 germanischen und gallischen Einwohnern, die nur 200 Jahre später angesichts fortwährender Überfälle von Franken und anderen Stämmen ihre Heimat aufgeben mussten.

Im archäologischen Park Xanten wurden nicht nur die Grundmauern der damals bedeutendsten Festung am Niederrhein freigelegt, einzelne Gebäude wie der Hafentempel und ein Badehaus wurden maßstabsgetreu wieder aufgebaut. Ein duftender Kräutergarten, ein Amphitheater und das römische Restaurant – hier wird traditionell im Liegen gespeist! – vermitteln einen lebendigen Eindruck vom Alltag im römisch besetzten Germanien.
Kinder ohne archäologisches Interesse stellt man auf dem Kletterspielplatz ab oder steckt sie zum Spieletesten in das römische Spielehaus, die größeren dürfen bei den echten Ausgrabungen den Archäologen über die Schulter schauen oder selbst die Schaufel in die Hand nehmen – was bisher noch kein Kind ausgeschlagen hat.

Archäologischer Park Xanten . Wardter Straße . 46509 Xanten

FOLTERINSTRUMENTE UND WESERRAUM-RENAISSANCE

Telefon: 05261/213276
www.lemgo.de/hexenbuergermeisterhaus.htm

Hexenbürgermeisterhaus, Lemgo

„Die Zauberinnen sollst du nicht am Leben lassen“ (2. Mose 22,17) – eine Bibelstelle aus dem Alten Testament, die durch ihre wörtliche Auslegung im Mittelalter schreckliche Folgen hatte. Vor allem ein Häuschen in Lemgo, auch „Hexennest“ genannt, ist durch die Untaten seiner Bewohner in die Geschichte eingegangen. Über dem Portal sind Adam und Eva, zwischen ihnen der Baum der Erkenntnis und in der Giebelkrönung eine Statue des auferstandenen Jesus; eine Verbindung dieser Motive gilt als Bekenntnis zur lutherischen Konfession. Religion falsch interpretieren, das war vor allem die Spezialität des Bürgermeisters Hermann Cothmann, der durch seinen Übereifer in der Hexenverfolgung in die Geschichte einging.
Wenn man das Hexenbürgermeisterhaus von außen betrachtet, dann ahnt man nichts von den Verbrechen, die von dort ausgingen. Es ist ein herausragendes Baudenkmal der städtischen Architektur im Stil der Renaissance im Weserraum und beschäftigt Bauhistoriker bis heute. Das Hexenbürgermeisterhaus wurde zwischen 1565 und 1571 vom Bauherrenpaar Hermann Kruwel und Lisbeth Fürstenau erbaut. Die ahnten nicht, was damit passieren würde, als sie es 1625 aus finanzieller Not an die Familie Cothmann verkauften. Deren Sohn Herrmann Cothmann (1629–1683), Jurist und amtierender Bürgermeister, war der Auslöser vieler Hexenprozesse, die er nutzte, um seine politischen Gegner auszuschalten.
Im Inneren des Hauses erinnert die Folterkammer an die gruseligen Taten von Cothmann. Die Folterinstrumente stammen aus dem Nachlass der Lemgoer Scharfrichterfamilie Clauss/Clausen und veranschaulichen, wie die vermeintlichen Hexen zu Geständnissen gezwungen wurden. In frühneuzeitlichen Kriminalprozessen galten

Foltermittel als legale und übliche Mittel der Wahrheitsfindung. Beim letzten Hexenprozess 1671 legte die angeklagte Maria Rampendahl dem Bürgermeister trotz Folter kein Geständnis ab und gilt als Symbolfigur für die Opfer der Hexenverfolgung.

Hexenbürgermeisterhaus Lemgo . Breite Straße 19 . 32657 Lemgo

KUNST PARALLEL ZUR NATUR

Telefon: 02182/2094
www.inselhombroich.de

Insel Hombroich

Die Insel Hombroich in Neuss-Holzheim

„Bitte nicht schon wieder!“, sagt der geplagte Kunstwandelnde. Nicht schon wieder so ein Kunsttempel, durchdiszipliniert vom Kassenhäuschen bis zur Drehtür, die einen wieder in die Wirklichkeit zurückkatapultiert. Diese Vorurteile sind hier allerdings nicht angebracht. Nicht auf der Museum Insel Hombroich. Auf der Insel ist alles anders – nur besser.

Also zunächst: Was gibt es hier NICHT?

- Uniformierte Bedienstete, die hinter jeder Säule lauern und den Besucher davon abhalten, mal wieder an irgendeiner Leinwand rumzupiddeln.
- Führungsmedien, die den Besucher über Kopfhörer darüber aufklären, vor welchem Bild sie gerade stehen und was sie da sehen.
- Kunsthistoriker, die das Gleiche tun, nur der Horde voranschreiten, um den Dummies ihre Sicht der Dinge mitzuteilen.
- Schilder – für das Bild zu groß, zum Lesen zu klein –, die Namen des Meisters, Titel und Datum des Kunstwerkes etikettieren, immer unten rechts ...

Der Besucher der Insel muss also auf Vieles verzichten, was einem Museumsbesuch diese ungemein wichtige kunstdidaktische Prägung verleiht. Was erwartet den Bucher stattdessen? Frische Luft.

Nun fragt sich der Kulturmensch: Was hat das mit Kunst zu tun? Viel. Sehr viel. Denn wenn man sich der Kunst nähern will, muss man zunächst über gekieselte Wege gehen, durch Wiesen, Wälder oder Gärten (aha!) zum nächsten Kunstpavillon. In einer rekultivierten Erftaue stiftete der Privatsammler Karl-Heinrich Müller und realisierte der Landschaftsarchitekt Bernhard Korte einen Ort, an dem „Kunst parallel zur Natur“ verläuft. Die Kunstpavillons, vom Bildhauer Erwin Heerich als „skulpturale Gebäude“ entworfen, liegen, teils versteckt, in der Parklandschaft und bieten viel Raum für das Wesentliche. In den Räumen der Pavillons – hoch, hell, weiß, viel

Luft (aha!) – leben Kunstwerke aus zwei Jahrtausenden in harmonischer Nachbarschaft nebeneinander; wiehernde Pferde aus Chinas Han-Dynastie oder der grazile Torso einer weiblichen Gottheit der Khmer aus dem 10.–11. Jh. neben Graubners Farbraumkörper oder Tür an Tür mit Picabias Pépé. Ein fantastisches Gewand hinter dickem Plexiglas lässt vermuten (denn es ist ja nicht etikettiert): Riten-Tanz-Wams, Peru, 1000 n. Chr. Doch weit gefehlt: Henri Matisse, Kostüm für das Ballett Le Chant du Rossignol, 1920, wie sich später herausstellt. Kunstpädagogisch wertvolle Verwirrung stellt sich dabei ein; was prominente Museen im Schilde führen, wird hier leichterhand realisiert. Kreativer Unmut überfällt wohl einige Museumsbesucher beim Betreten des „Turms". Ein Haus, ein Raum, bestehend aus einigen Ecken, vier Türen, zwei Säulen, hoch, weiß, luftig (aha!), das war's und gibt zu denken. Über „Farbraumkörper" und „skulpturale Gebäude" grübelt der Besucher unter andauerndem Naturgenuss bis zum nächsten Pavillon. Und plötzlich steht er auf feindlichem Terrain: Eiserne Ritter stellen sich in den Weg. Eiserne Särge am Wegesrand mit der Mahnung „Memento Mori". Eine eingesperrte Brigade eiserner Krieger in einem Verschlag. Ein zentnerschweres Kreuz aus Eisen, rot, (f)liegend ... Man ist im Land des geharnischten Kriegers des Biosphäre: Anatol Herzfeld.
Kunst macht hungrig, das ist bekannt. In Pavillon Nummer 16 ist die Insel-Cafeteria. Hier verzieht sich der kühle Rechner in einen abgelegenen Winkel und summiert: Eine Flasche Wasser, denn man war zweieinhalb Stunden auf den Beinen. Ein Schmalzbrot und ein hartgekochtes Ei. Ein großer Schlag Bratkartoffeln erster Güte. Nachschlag. Zum Nachtisch einen Bio-Apfel. Kaffee. Null Euro. Unglaublich. Denn die freundliche Dame hinter der Theke lehnte Bezahlung ab, empfahl stattdessen Trinkgeld fürs Personal – wenn man zufrieden war. Er blickt ungläubig durch die Halle. Alle futtern zufrieden ihre Schmalzbrote – auch der große Kunstsammler da drüben am Gruppentisch. Das kann ja heiter werden! Hinter den großen Fenstern sucht der kühle Rechner einen Punkt in der Parklandschaft, dem er vertrauen kann, und kommt endlich zu dem Schluss: Die leben ja hier von Luft!

Stiftung Insel Hombroich . Minkel 2 . 41472 Neuss-Holzheim

0453 NW_Gärten, Parks & Landschaften

NUR EIN PAAR GROSSE STEINE

Telefon: 05234/98903
www.externsteine.de

Externsteine, Horn-Bad Meinberg

Die Felsengruppe der Externsteine, 1,5 Kilometer südwestlich der ostwestfälischen Kleinstadt Horn-Bad Meinberg im Kreis Lippe, ist schon als Naturdenkmal faszinierend. Inmitten einer bewaldeten Höhe stehen dreizehn teilweise bis zu 40 Meter hohe Einzelfelsen in einer linienförmigen Kulisse über mehrere Hundert Meter Länge. Sie sind ein Teil der mittleren Gebirgskette des Teutoburger Waldes. Der verwitterungsresistente Osning-Sandstein entstand in der Unteren Kreidezeit vor etwa 120 Millionen Jahren.

Ebenso faszinierend ist die Geschichte der Externsteine, oder besser: die Geschichte, die man ihnen zuschreibt. Die Deutungsversuche reichen von germanischem Heiligtum über Sternwarte bis zu frühchristlichem Kultplatz. So bietet die sogenannte Kanzel am Fuß des Turmfelsens Anlass für verschiedene Theorien, vom zerstörten Treppenaufgang bis hin zur Rednerkanzel Arminius' vor der Schlacht im Teutoburger Wald. Rätselhafte Gesichtsdarstellungen an der Westwand der Höhenkammer beflügeln die Phantasie des Betrachters. Der angebliche Altarstein mit seinem Sonnenloch lässt jede Interpretation von Hobby-Druiden zu. Hinweise kultureller Nutzung über die Jahrhunderte hinweg bringen immer wieder neue Deutungen hervor: das Kreuzabnahmerelief neben einer Felsengrotte, die Höhenkammer, auch Felsengrab genannt – Spuren wie diese lassen Gelehrte und Laien gleichermaßen frische Theorien entwerfen.
Archäologische Funde weisen allerdings zweifelsfrei auf eine Nutzung schon in früher Menschheitsgeschichte hin.
Im Naturschutzgebiet „Externsteine" – die Felsen selbst gelten als Kultur- und Naturdenkmal – wachsen unter anderem Wacholder, Moor- und Sandbirken, Blaubeeren, Seggen, Binsen, Borstgras, Pfeifengras, Besenheide und Torfmoose. Daher lohnt auch eine Wanderung in die Umgebung.

Stadtmarketing Horn-Bad Meinberg . Parkstraße 2 . 32805 Horn-Bad Meinberg

0454 NW_Essen & Trinken

DIE STERNE STRAHLEN ÜBER SEINEM IMBISS-HIMMEL

Telefon: 02327/82361
www.profi-grill.de

ProfiGrill, Bochum-Wattenscheid

Der „ProfiGrill" trifft auf den Punkt genau das, was man unter einem Imbiss im tiefsten Ruhrpott versteht. Und das ist nicht wenig. Mit dem Unterschied, dass in diesem ein ehemaliger Demi-Chef de Cuisine die Friteuse anwirft. Das war Raimund Ostendorp nämlich im „Schiffchen", dem Düsseldorfer Restaurant des Drei-Sterne-Kochs Jean Claude Bourgueil, bevor es ihn zur bodenständigen, ehrlichen Hausmannskost in den tiefsten Ruhrpott verschlug.
Hier kocht er sich und sein buntgemischtes Publikum glücklich. Nix mit Froschschenkeln oder Austern. In Wattenscheid kommt „echtes" Imbiss-Essen auf den Tisch. Pommes mit Jägersauce, Schnitzel mit Kartoffelsalat und Schaschlik. Letzteres wird keineswegs zum Sterne-Essen verbrämt, sondern stilecht mit einer Schaschlik-Fertigmischung zubereitet.
Herrn Ostendorps Gäste und willkommene Tratschpartner reichen vom Vorstandmitglied bis zur Putzfrau. Lebendige Vielfalt eben. Die zieht er manch langweiligem Schickimicki-Getue vor. Die Inneneinrichtung des Profi-Grills ist authentisch. Die bunt gemusterte, abwaschbare Lacktischdecke intensiviert „the real Imbiss-Buden-Feeling". Nur Pappteller sucht man hier vergebens. Porzellangeschirr und

etwas teureres Bier als anderswo halten allzu trinkfreudiges Publikum fern und machen dann doch den feinen Unterschied zur „Frittenbude“ aus.

ProfiGrill . Bochumer Straße 96 . 44866 Bochum-Wattenscheid

STIFTUNG FÜR WOHNUNGSFÜRSORGE

Telefon: 0201/717344
www.essen-margarethenhoehe.de

Margarethenhöhe, Essen

Frauen in der Krupp-Dynastie hatten schon immer was zu sagen. Nach dem Tod von Friedrich Krupp übernahm seine Witwe Therese die Leitung des 1811 gegründeten Gussstahl-Unternehmens. Ihr Sohn baute es kurz darauf zu einem Großkonzern aus, und nachdem auch dieser verstarb, saß seine Frau Margarethe Krupp auf dem Chefsessel. Da sie das viele Geld sinnvoller karitativ investieren wollte als auf Charity-Partys, entnahm sie kurz entschlossen eine Million der Konzernkasse und gründete die Margarethe-Krupp-Stiftung für Wohnungsfürsorge.

Ein architektonisch bedeutendes Beispiel der Gartenstadtbewegung: Siedlung Margarethenhöhe

Anlass für die Gründung der Stiftung am 15. Oktober 1906 war die Hochzeit ihrer Tochter Bertha (die übrigens – um auf das Frauenthema zurückzukommen – später das Unternehmen erbte). Mit dem Baukapital und einem Siedlungsgelände von 50 ha wandte sich Margarethe Krupp an die Stadt Essen, und kurz darauf wurde der Architekt Georg Metzendorf beauftragt, die Margarethenhöhe zu entwerfen. Die Häuser für benachteiligte Familien wurden mit geschwungenen Giebeln, Erkern, Holzfensterläden und Natursockeln verziert und alle mit Bad und Kaminofen ausgestattet. Der Architekt griff bei der Konstruktion auf einen Trick zurück, bei dem er die unterschiedlichen Stilelemente bei jedem Haus wieder neu kombinierte. So entstand ein einheitliches Ensemble der Siedlung, das heute unter Denkmalschutz steht.
Neben dem sozialpolitischen Engagement unterstützte Margarethe Krupp auch Künstler und gab ihnen die Möglichkeit, sich in der Margarethenhöhe zu entfalten. Während des Nationalsozialismus wurden diese Ateliers geschlossen. Für Krupp begann ebenfalls eine Zeit, die Gut und Böse relativiert: Krupp nahm wieder zahlreiche staatliche Aufträge der Rüstungsproduktion an, die nach dem Versailler Vertrag eigentlich aufgegeben worden waren.
Die Margarethenhöhe wurde nach dem Zweiten Weltkrieg saniert und erweitert. Die in der Nachbarschaft gelegene Margarethenhöhe II bildet architektonisch durch

den Bau von Hochhäusern einen deutlichen Kontrast zur Originalversion. Ob der ursprüngliche Wunsch Margarethes, die Häuser an „minderbemittelte Klassen“ zu vergeben, mit der heutigen eher gutbürgerlich bewohnten Wohngegend übereinstimmt, ist fraglich. Für die vielen Besucher ist eine historisch und architektonisch originalgetreu nachgebaute Musterwohnung zur Besichtigung freigegeben worden, und bei einem daran anschließenden Spaziergang durch die Margarethenhöhe kann man sich selbst ein Urteil über die Stiftung bilden.

Bürgerschaft Essen-Margarethenhöhe . 45149 Essen-Margarethenhöhe

---

0456 NW_Gärten, Parks & Landschaften

RHEININSEL DER STILLE

www.schanz2.de

Schenkenschanz am Niederrhein, Kleve

Wenn Väterchen Rhein sie wieder einmal ärgern möchte, er das Wasser ansteigen und über die Ufer treten lässt, dann bleiben die etwa 120 Bewohner des kleinen Örtchens Schenkenschanz meist ziemlich gelassen. Auch wenn sie vorübergehend zu Insulanern werden: Große Mauern schützen sie gegen die Flut. Schenkenschanz, oder „die Schanz“, wie die Bewohner sie nennen, ist ein Ortsteil von Kleve und liegt umgeben von Weideland etwa fünf Kilometer nördlich vom Stadtzentrum entfernt; zwischen dem Zusammenfluss von Rhein und Griethausener Altrhein, inmitten des Naturschutzgebietes der „Halbinsel“ Salmorth. Die Schanz ist auf dem Landweg nur erreichbar über die Altrheinbrücke in Kleve-Griethausen und die gut vier Kilometer lange Deichstraße. Der andere Weg führt 300 Meter vor dem Ort von Kleve-Düffelward mit der Fähre über den Griethausener Altrhein. Die Schanzer selbst müssen dem Fährmann nichts bezahlen, das wurde im Eingemeindungsvertrag mit den Klever Stadtvätern so geregelt.
Die Schenkenschanz wurde 1586 als Festung in der strategisch wichtigen Gabelung von Rhein und Waal errichtet. Sie war von großer Bedeutung und wurde als Tor zu den Niederlanden lange als uneinnehmbar angesehen. Durch Verlagerungen der Flussläufe wurde die Festung zur Insel, bis sie schließlich im frühen 18. Jahrhundert durch Versandung des Rheinlaufes und erneute Veränderung der Flussläufe ganz ihre Bedeutung verlor. Die viele Jahrzehnte lang hart umkämpfte Festung entwickelte sich danach zu einem friedlichen Ort der Stille. Im Dorf gibt es eine evangelische Kirche (erbaut 1634 bzw. 1844), einen Brunnen und eine Einkehrmöglichkeit. Wer Landschaft und Ruhe auf der „Insel“ genießen und übernachten möchte, kann das in einer Ferienwohnung tun; 50 Meter vor dem Ortseingang gibt es einen Stellplatz für Wohnmobile. Ein Paar Gummistiefel und ein Radio für den Wetterbericht muss man nicht zwingend mitnehmen, aber was kann's schaden?

47533 Schenkenschanz

LAUFEN LAUFEN LAUFEN

Telefon: 0203/3000880
www.rhein-ruhr-marathon.de

Rhein-Ruhr-Marathon, Duisburg

2008 findet er zum 25. Mal statt, der Rhein-Ruhr-Marathon einmal rund um Duisburg. Nach den anfänglich über 400 Teilnehmern sind es mittlerweile zehnmal so viel. Über 4.000 Läufer haben sich in den letzten Jahren Ende Mai/Anfang Juni in der Ruhrgebietsstadt eingefunden.
Die Laufstrecke führt an den Hochöfen in Meiderich und dicht am größten Binnenhafen Europas vorbei, überquert die Ruhr und den Rhein, um sich dann auf der westlichen Seite in den ländlichen Rheinauen fortzusetzen. Bei Rheinhausen wechselt die Strecke wieder über den Rhein nah an der Duisburger Innenstadt vorbei und schlägt noch einen Riesenbogen bis tief in den Süden der Stadt.
Überall an der Strecke spielen – wie in den letzten Jahren – Samba-Musikgruppen. Gastronomie, Verpflegung und Kinderbetreuung sind optimal organisiert, so dass sich Läufer und Läuferinnen ganz auf ihren Lauf konzentrieren können.
Anmelden kann man sich ja mal.

Stadtsportbund Duisburg . Bildungswerk . Bertaallee 8b . 47055 Duisburg

LA OLA AUF SCHALKE

Telefon: 01805/150810
www.veltins-arena.de

Veltins-Arena, Gelsenkirchen

Den FC Schalke 04 kann man lieben oder hassen, vor der Heimspielstätte der Königsblauen ziehen aber selbst eingefleischte Borussia-Fans den Hut. Im Zuge der fortschreitenden Vermarktung des Nationalsports der Deutschen, über die man ebenfalls trefflich streiten kann, wurde die 2001 errichtete Arena „AufSchalke" 2005 in „Veltins-Arena" umbenannt, was den Unmut vieler Schalke-Fans erregte.
Hinter dem feuchtfröhlichen Namen steht eine multifunktionale Spielstätte auf dem neuesten Stand der Technik, in der nicht nur hochkarätige Fußballturniere ausgetragen werden, sondern auch Weltstars wie Robbie Williams und U2 die Massen zum Toben bringen. Sogar Opernaufführungen und Stefan Raabs „TV Total Stock Car Crash Challenge" hat das Gelsenkirchener Fußball-Festspielhaus schon unver-

Arena auf Schalke in Gelsenkirchen

sehrt überstanden.
Vom europäischen Fußballverband wird die Arena nur deshalb als „Fünf-Sterne-Stadion" eingestuft, weil es die Kategorie „Sechs Sterne" nicht gibt. Bei der Fußball-WM 2006, die Deutschland in einen nationalen Freudentaumel versetzte, beeindruckten die Schalker Gastgeber mit dem offiziellen Namen „FIFA WM-Stadion Gelsenkirchen" ihre internationalen Gäste mit imponierenden Spielereien wie dem mobilen Stadiondach, der zentralen Bierversorgung über eine Pipeline und dem riesigen, frei hängenden Videowürfel in der Mitte der Arena.
Echte Fußballfans müssen sich aber nicht mit dem Besuch des Schalke-Museums, einer popligen Führung oder dem Otto-Normalbesuch eines Fußballspiels in der Wahnsinns-Arena begnügen. Das Heim der Königsblauen ist nämlich neben zwei anderen deutschen Stadien das einzige, in dem regelmäßig getauft und geheiratet werden kann. Na, wäre das nicht was? Aber besser vorher die Liebste fragen!

Veltins-Arena . Arenaring 1 . 45891 Gelsenkirchen

0459 NW_Sport, Abenteuer & Technik

DAS KINDERMUSEUM AM HAFEN

Telefon: 0203/449900
www.kindermuseum.de

Atlantis Kindermuseum, Duisburg

Am Duisburger Hafen steht ein alter Getreidespeicher, unübersehbar, groß und bestens restauriert. Darin befindet sich das „Atlantis", ein Kindermuseum auf über 2.500 m^2 über mehrere Stockwerke. Zwar ausgerichtet auf Kids von vier bis zwölf, fasziniert es auch die älteren Geschwister und sogar die Eltern. Denn hier ist alles zum Anfassen und Ausprobieren.
Die meisten Kinder leben in der Stadt, doch auf die Frage: „Woher kommt das Wasser bei euch zu Hause?" erhält man oft die Antwort: „Aus dem Wasserhahn!" Aber: Wie kommt das Wasser in den Wasserhahn? Im „Atlantis" können Kinder diesen Dingen im wahrsten Sinne des Wortes auf den Grund gehen.
Dazu müssen sie klettern, heruntersteigen, durch Öffnungen kriechen und immer wieder anfassen, ausprobieren, experimentieren. Es geht unter die Stadt zu versunkenen Schiffen, Wasserwirbeln und abenteuerlichen Ausgrabungen, dann in die Stadt auf die Baustellen, den Lastkahn oder zum Verschnaufen ins Wolkenbett, bevor es über der Stadt weitergeht mit Tonstudio, Roboterarm, Ballwurfmaschine

und noch viel, viel mehr. Wenn es nicht mehr weitergeht, dann ist einer der vielen Betreuer zur Stelle, um zu helfen und zu erklären.
Und was machen die Kids so lange mit den Eltern? Abgeben im Café PurPur, direkt hinter dem Eingang.

Atlantis Kindermuseum . Philosophenweg 23–25 . 47051 Duisburg

0460 NW_Kunst & Architektur

MODERNE ELEGANZ IN MÜNSTER

Telefon: 0251/41720
www.mauritzhof.de

Hotel Mauritzhof, Münster

Moderne Eleganz in Münster

Einfach erfrischend! Direkt an Münsters grüner Promenade liegt es: das Design-Hotel Mauritzhof. Es empfängt seine Gäste mit einer wohltuenden Mischung aus schlichter Eleganz und weltoffener, leichter Modernität. Viel Glas, viel Licht und ein relaxtes Lebensgefühl sind im gesamten Mauritzhof präsent. Jedes der Zimmer und Suiten ist individuell geschnitten und eingerichtet. Der Lounge- und Terrassenbereich glänzt durch klare Formensprache und das Team durch Professionalität auf eine ungezwungene, persönliche Art. Ob Businessreise oder Wochenendtrip: Dieses kleine Stadthotel darf sich zu den Großen des guten Geschmacks zählen. Kann jetzt schon mal vorkommen, dass man ein bisschen länger in Münster bleiben möchte ...

Mauritzhof Hotel Münster
Eisenbahnstraße 17 . 48143 Münster

0461 NW_Kunst & Architektur

ÜBERNACHTEN IN DER SCHLOSSRUINE

Telefon: 0700/437833353
www.schlossruine-hertefeld.de

Schlossruine Hertefeld, Weeze

Ob es in einer Schlossruine wirklich spukt, kann man nun in Weeze selbst herausfinden, denn seit 2005 können Besucher in dem renovierten Schloss Hertefeld

übernachten. Dort, wo sich einst prominente Gäste wie der Preußenkönig Friedrich I. und Zar Alexander I. wohlfühlten, kann man nun entspannte Erholungstage am landschaftlich reizvollen Niederrhein verbringen, Tagungen abhalten oder sich fürstlich im Hertefelder Kreuzgratgewölbe trauen lassen.
Seit über 700 Jahren ist die Schlossruine im Familienbesitz der Hartfelds, die ihren Gästen gerne Anekdoten aus der bewegten Geschichte ihres Anwesens erzählen. Bereits 1179 wurde ein Theodoricus de Hertevelde urkundlich genannt, und man vermutet, dass die Familie kurz darauf das Anwesen Hertefeld bewohnte. Erwähnt wird das Haus Hertefeld selbst erst 1317 als Rittersitz, und später entstand an gleicher Stelle ein prächtiges Barockschloss. Im Zweiten Weltkrieg brannte das Schloss vollständig aus, und zwischen 1995 und 2005 wurde die Ruine schrittweise restauriert.

Schlossruine Hertefeld . Haus Hertefeld . 47652 Weeze

0462 NW_Kunst & Architektur

AN DIESER STELLE SOLLST DU MIR EIN KAPELLCHEN BAUEN

Telefon: 02832/2215152
www.wallfahrt-kevelaer.de

Wallfahrtsort Kevelaer

Die Stadt Kevelaer am unteren Niederrhein hat schon so einiges ertragen müssen: Erste Zeugnisse für das Vorhandensein einer Siedlung gehen zurück bis etwa 800 v. Chr., bis in die ältere Eisenzeit. Immer wieder war der Ort Schauplatz von kriegerischen Auseinandersetzungen, Plünderungen und Belagerungen. Er wurde schwer von der Pest gebeutelt, vom Dreißigjährigen Krieg und von der Herrschaft verschiedener Besatzungsmächte. Heute jedoch macht Kevelaer aus einem ganz anderen Grund von sich reden: Die niederrheinische Stadt darf sich getrost als einen der größten (Marien-)Wallfahrtsorte Europas bezeichnen.
Was geschah dort, dass Rom im Jahre 1647, nach nur zwei Anhörungstagen, den Wallfahrtsort anerkannte? Hendrick Busmann, der als „ein schlichter Handelsmann“ bezeichnet wird, hörte im Jahre 1641 dreimal den geheimnisvollen Ruf: „Op deze plaats sult gij mij een kapelleken bouwen!“ (An dieser Stelle sollst du mir ein Kapellchen bauen!) Obwohl arm, begann er, für ein Kapellchen zu sparen.
Hendricks Frau Mechel, ebenfalls im Handel beschlagen, legte gleich ordentlich nach: Zum einen „erträumte“ sie, wie die Kapelle genau auszusehen habe, und dann gar, was da hineinmüsse – nämlich ein Heiligenbildchen. Mechel erstand von vorbeiziehenden Soldaten ein solches, schön bunt. Darauf war Maria abgebildet.
Die nahen Kapuzinermönche lehnten vornehm ab, doch der örtliche Pfarrer machte mit. Das bunte Bild wurde in die inzwischen fertiggestellte Kapelle überführt, und dann trafen schon die Ersten ein: „Sofort an demselben Tage kam zu dem Heiligenhäuschen eine große Menge Menschen aus Geldern und anderen Ortschaften.

Auch geschahen einige Wunder, welche aufgezeichnet sind", so Händler Hendrick unter Eid vor der kirchlichen Prüfungskommission 1647, nur sechs Jahre nach den ersten geheimnisvollen Rufen.
Heute steht Hendricks und Mechels Kapellchen in einer „sechseckigen prächtigen Gnadenkapelle" und lockt geschätzt eine Million Pilger jedes Jahr nach Kevelaer. Nice deal, Hendrick!

Kevelaer Verkehrsverein . Peter-Plümpe-Platz 12 . 47623 Kevelaer

HISTORISCHE EINKAUFSMEILE

www.prinzipalmarkt.de
www.muenster.de

Prinzipalmarkt in Münster

Prinzipalmarkt in Münster/Westfalen mit der Lambertikirche

Münster ist 2004 zur lebenswertesten Stadt der Welt gekürt worden. Ein Besuch ist also Pflicht, und sei es nur aus Neugier, was Münster nun so lebenswert macht. Da wäre zum einen das Fehlen von Hochhäusern und Wolkenkratzern, wodurch der Himmel in Münster angenehm weit ist. Lustig und nett anzuschauen sind außerdem die fast 50.000 Studenten, die sich in Münster tummeln und auf ihren Fahrrädern über die „Fahrradautobahn" und die elf Fahrradstraßen sausen. Dank dieser Bevölkerungsgruppe verfügt Münster auch über ein ansehnliches Nachtleben. Last but not least findet sich in Münster der wunderschöne und über 500 Jahre alte Prinzipalmarkt, auf dem es sich vortrefflich shoppen und flanieren lässt. Die „gute Stube" der westfälischen Vorzeigestadt ist bei den Deutschen so beliebt, dass sie ihn 2006 in der ZDF-Sendung „Unsere Besten – die Lieblingsorte der Deutschen" auf Platz vier wählten.
Wem das alles zu nett erscheint, der vertiefe sich in die wechselhafte und zeitweise durchaus blutige Geschichte Münsters und mache einen Rundgang um den Prinzipalmarkt. Die am Turm der Lambertikirche aufgehängten Eisenkörbe, in denen 1535 mit glühenden Zangen gefolterte und hingerichtete Täufer ausgestellt wurden, zeugen noch heute von den dramatischen Tagen, als in Münster das „Königreich Zion" proklamiert wurde. Zwischen den vielen adretten Giebelhäusern mit einem durchgehenden Bogengang, den Fußgänger besonders an den zahlreichen Regentagen in Münster schätzen, steht auch das Wahrzeichen der Stadt, das historische Rathaus mit dem „Friedenssaal". Hier wurde 1648 der Westfälische Frieden

geschlossen, der den 30-jährigen Krieg beendete. Gruselig ist die abgehackte Hand, die hier neben einem Pantoffel in einer Vitrine liegt und garantiert alle maulenden Kinder beeindrucken wird.

Prinzipalmarkt . 48143 Münster

0464 NW_Städte & Touren

WENN ES DUNKEL WIRD IN MÜNSTER

Telefon: 0251/492-2710
www.nacht-am-aasee.de

Die Nacht am Aasee, Münster

Da lohnt sich das lange Wachbleiben. Wenn die Nacht zum Tag gemacht wird, hat das in Münster alljährlich einen guten Grund: Die Nacht am Aasee findet statt.
Bei Fackelschein und Musik geht's ab in den Zoo: nachtaktive Tiere beobachten. Oder eine Expedition in der Dunkelheit des Naturkundemuseums miterleben, vielleicht auch im Planetarium mit nachtscharfem Blick die Sterne weit entfernter Galaxien erforschen. Wer lieber die Funken der Schmiedefeuer am nächtlichen Himmel betrachten will, ist beim historischen Spektakel auf dem Gelände des Mühlenhof-Freilichtmuseums richtig aufgehoben. Gruselstimmung herrscht nur im Westfälischen Pferdemuseum: Draculas, Luzifers und verschiedenste Phantome der Nacht sitzen dort zu Pferde.
Münsters Nachtschwärmer vermischen sich mit den vielen Gästen, die jedes Jahr zu diesem Spektakel kommen, und wer für diese Nacht keinen Babysitter bekommen hat – macht nichts, die Sprösslinge einfach mitnehmen: Kinder unter 12 Jahren haben freien Eintritt.

Tourist Info Münster . Heinrich-Brüning-Straße. 9 . 48143 Münster

0465 NW_Feste, Events & Veranstaltungen

WENN DIE WARENDORFER HENGSTE PROTZEN

Telefon: 02581/6369-0
www.landgestuet.nrw.de

Warendorfer Hengstparade, Warendorf

Es gibt Tage, da ist Understatement nicht so angesagt. Das wissen auch die Warendorfer. Einmal jährlich, Ende September/Anfang Oktober, darf so richtig aus dem Vollen geschöpft werden. Da dürfen sich die Hengste von ihrer besten Seite zeigen. Wahre Prachtexemplare präsentieren sich da mit stolzem Feuer in den Augen.

An diesen Tagen der Warendorfer Hengstparade herrscht Ausnahmezustand auf dem Landgestüt Warendorf, dessen ursprüngliche Aufgabe, nach eigener Aussage, „in der Bereitstellung qualitätvoller und leistungsgeprüfter Hengste" besteht. Und das mit Tradition, seit 1826.
Angegliedert an das Gestüt ist die Deutsche Reitschule. Als „Zentrum der Berufsreiterei" bietet sie eine Vielzahl von Ausbildungen an. Doch zur Hengstparade zeigt sie erst einmal hochkarätige Reiterei und erstklassige Show: Römische Quadrigen rasen auf den Platz. Über 100 Zuchthengste und ihre Ausbilder zeigen in 20 beeindruckenden Schaubildern, was so alles Geahntes und Ungeahntes in ihnen stecken kann. Elegante Dressur- und Fahrvorführungen auf höchstem Niveau lassen das Herbstwetter vergessen und die gefühlte Temperatur der Pferdeliebhaber deutlich steigen.
Das gibt des Abends bestimmt eine Extraportion von Belohnungs-Möhrchen für die Hengste in Warendorf und eine weinende Tochter zu Hause, die so gerne eines der Tiere „sofort" mitgenommen hätte.

Nordrhein-Westfälisches Landgestüt Warendorf . Sassenberger Straße 11 . 48231 Warendorf

0466 NW_Natur & Tiere

VIEL BESSER ALS EIN WENDY-ABO

Telefon: 02594/9630
www.wildpferde.de

Wildpferdefang in Dülmen

Ein Hauch von Wildwest weht jedes Jahr im Merfelder Bruch, wenn am letzten Samstag im Mai zum traditionellen Wildpferdefang geblasen wird. In dem Naturschutzgebiet westlich der Stadt Dülmen werden dann in einer spektakulären Aktion unter tosendem Jubel der vielen Tausend Zuschauer die einjährigen Hengste aus der rund 350 Tiere umfassenden Herde von Wildpferden gefangen. Fesche Cowboys gibt es hier nicht, die Fänger – Landwirte aus der Gegend – versuchen, mit purer Hartnäckigkeit und viel Muskelschmalz jedes einzelne Tier umzuwerfen. Keine Angst: Die gefangenen Hengste kommen nicht in den Kochtopf, sondern vergnügen sich fortan mit lebenslanger Arbeit als Kutsch- oder Reitpferde für Kinder.
Ihre Artgenossen werden danach wieder für ein Jahr in Ruhe gelassen, und zwar konsequent. Die knuffigen Wildpferde leben schon seit Menschengedenken im Merfelder Bruch und werden seit 150 Jah-

Einlauf der Wildpferde in die Arena, Merfelder Bruch bei Dülmen

ren von den Herzögen von Croy vor dem Aussterben bewahrt, die ein Reservat für die letzte frei lebende Wildpferdherde in Europa einrichteten. Ansonsten sorgen die Tiere bis heute für sich selbst; nur in besonders harten Wintern gönnt man ihnen ein wenig Extra-Heu. 1994 mussten die Wildpferde aber auf die Rote Liste der gefährdeten Haustierrassen aufgenommen werden, sie sind also vom Aussterben bedroht. Lebenslange Dankbarkeit von Tier und Kind sichert man sich, wenn man eines der gefangenen Pferdchen mit nach Hause nimmt, die werden nämlich nach der Veranstaltung verlost.

Herzog von Croysche Verwaltung . Merfelder Bruch . 48249 Dülmen

0467 NW_Feste, Events & Veranstaltungen

EINE MISS-WAHL DER ANDEREN ART

Telefon: 05921/71200-0
www.tierpark-nordhorn.de

Tierpark Nordhorn

Es ist wieder so weit, zum fünften Mal. Der „grenzüberschreitende" Eseltag im Tierpark Nordhorn sucht die Schönsten im ganzen Land. Wer einen Esel oder eine Eselin besitzt, darf sein Tier anmelden. Egal ob kleiner Jungesel oder großer Poitouesel: Alle dürfen sich bei diesem Schönheitswettbewerb der besonderen Art in Positur werfen. Einzige Voraussetzung: Es müssen (vierbeinige) Esel sein. So bestimmt es jedenfalls der Tierpark Nordhorn in seinem Reglement. Mittlerweile läuft sogar schon die Schönheitskonkurrenz aus dem Ausland mit über den Laufsteg. Nachdem der schönste Esel gekürt worden ist, dürfen sich die schönen Grauen bei einem Esel-Brunch wieder rundfuttern. Teilnehmen ist eben alles. Auch für die zweibeinigen ...

Tierpark Nordhorn . Heseper Weg 140 . 48531 Nordhorn

0468 NW_Essen & Trinken

SCHLEMMEN UND KUNST IM HISTORISCHEN BAHNHOF

Telefon: 02864/8855884
www.bahnhof-reken.com

Restaurant Bahnhof Reken

Als der Bahnhof in Reken im Jahr 1877, also vor über hundert Jahren, gebaut wurde, mussten sich die Gemeinden Groß Reken, Klein Reken und Lembeck die Haltestelle teilen. Genau in der Mitte platziert, war der Bahnhof für die Einwohner erst nach

einem vier Kilometer langen Fußmarsch zu erreichen. Nach und nach schaffte es der einsame Bahnhof, immer mehr Nachbarhäuschen anzulocken, und ist inzwischen Teil eines attraktiven Ortsteils von Reken, dem er sogar den Namen „Bahnhof Reken“ gab. Dennoch wurde im Laufe der Jahre das alte Bahnhofsgebäude völlig vernachlässigt.
Erst 2005 entdeckten Rudolf Bösing und Jörg Burghard die Schönheit des historischen Bahnhofgebäudes wieder und erweckten es zu neuem Leben. Nach der Restaurierung ist der Bahnhof Reken heute ein Restaurant mit dem gewissen Extra an themenbezogener Dekoration und künstlerisch inspirierter Atmosphäre. Wechselnde Kunstausstellungen machen den Besuch im Bahnhof Reken immer aufs Neue attraktiv. Das „Erste Klasse“-Menü wird hier auf dem Sommer- und Winterfahrplan (so der naheliegende Name der Speisekarte im Bahnhofsrestaurant) mit Blick auf moderne Skulpturen und Bilder präsentiert.

Bahnhof Reken . Bahnhofstraße 35 . 48734 Reken

0469 NW_Sport, Abenteuer & Technik

DIE KARTBAHN DES MEISTERS

Telefon: 02273/60190
www.ms-kartcenter.de

Kartbahn, Kerpen-Sindorf

„Ach, hätte er nur früher aufgehört“, hört man auch heute noch manchen Kerpener sagen, denn dann wäre es die Kartbahn des Weltmeisters, ungeschlagen abgetreten, und nicht die des Vizemeisters. Doch der Stolz und die Aura des siebenfachen Formel-1-Weltmeisters hängen in der Luft wie der Benzingeruch der knatternden Karts.
Lange bevor er die Formel-1-Boliden zum Erfolg führte, war Michael Schumacher auf dieser Kartbahn der ungeschlagene Meister, bis ihn 1983 Heinz-Harald Frentzen auf den zweiten Platz verwies. Schumacher übernahm dann später Frentzens Freundin Corinna Betsch und heiratete sie 1991. Gewinnen und verlieren.
Erst 1997 wurde die Bahn offiziell unter dem Namen „Michael Schumacher Kart & Event-Center“ neu eröffnet. Seither ist sie ein Erfolg, und das nicht nur für Hobbyrennfahrer, denn hier werden zahlreiche Meisterschaften ausgetragen. Wer nicht einmal in einem vier bis fünf PS starken Kart gesessen und ein paar Runden auf den 710 Metern Asphalt gedreht hat, weiß nicht, wie sehr einem die Knochen danach wehtun. Für jeden komfortverwöhnten Autofahrer ist es harte körperliche Arbeit, denn hier gibt es weder Servolenkung noch Bremsverstärker.
Ein Riesenspaß für jeden, der einmal die Geschwindigkeit und das Renngefühl pur erleben möchte. Das ist in Kerpen wetterunabhängig auch in der 6.000 Quadratmeter großen Halle mit 600 Metern Rennstrecke möglich.
Der Tagessieger kann sich dann in der American Sportsbar feiern lassen oder auch im – natürlich – italienischen Ristorante „La Piazza“. Hautnah an der Formel-1-Luft

schnuppern kann man im 2002 eigens eingerichteten Museum – der Name muss hier nicht mehr explizit erwähnt werden –, wo ein fahrfähiger Original-Formel-1-Rennwagen zu bestaunen ist.

MS Motorsport GmbH . Michael-Schumacher-Straße 5 . 50170 Kerpen-Sindorf

0470 NW_Gärten, Parks & Landschaften

SOGAR MICHAEL JACKSON WAR SCHON HIER ...

www.phantasialand.de

Phantasialand, Brühl

In Brühl, 20 Kilometer von Köln entfernt, liegt das Phantasialand. Attraktionen in Bereichen der Grenzerfahrung, Unterhaltungsshows mit Artisten von Weltformat, Gastronomie, selbst Übernachtung der 4-Sterne-Klasse wird geboten. Nervenkitzel, Spaß, Entdecken, Schlemmen und Genießen, Entspannung – in einem schön gestalteten Freizeitpark, der zu den etablierten und besonders attraktiven Parks in Deutschland gehört.

Phantasialand in Brühl

„Business to Pleasure" – im Phantasialand lässt sich aber auch klassisch konferieren mit perfekter Infrastruktur; Familienfeiern, Partys oder Betriebsausflüge, auch hierfür bietet das Phantasialand jede Menge Raum, und wer mag, kann hier sogar seine Hochzeitsfeier ausrichten lassen. Ob Tagesausflug oder Wochenend-Kurzreise, das Phantasialand ist ein lohnenswertes Ziel, das schon Berühmtheiten wie Michael Jackson zu Gast hatte.

Phantasialand . Berggeiststraße 31–41 . 50321 Brühl

0471 NW_Essen & Trinken

KOCHEN, EVENT, GENUSS

Telefon: 0221/9236644
www.sterns.tv

Sterns in Köln

Sterns, in der Kölner Innenstadt, ist ein Restaurant mit traditioneller, außergewöhnlicher, exotischer und manchmal auch verrückter Küche. Im angeschlossenen

Eventsalon können 40 bis 400 Gäste Feste feiern, ob Tagung, Firmenfeier oder Hochzeitsfest nach individuell zusammengestelltem Konzept. „Salon"– ein großes Wort! Tatsächlich verkehren viele Künstler, Musiker und Schriftsteller in diesem Genießersalon.
Die „Vintage Genuss Schule" bietet Kochseminare zum Einstieg in die hohe Kunst des Kochens, und Weinseminare eignen sich für Einsteiger und Genießer.

Sterns Eventsalon & Vintage Genuss Schule . Hahnenstraße 37 . 50667 Köln

0472 NW_Essen & Trinken

RUHE MITTEN IN KÖLN

Telefon: 0221/221-26735
www.museenkoeln.de

Café im MAK, Köln

Es ist fast ein Insidertipp, dieses Café MAK im Innenhof des Museums für Angewandte Kunst. Wer ahnt schon, dass sich solch ein Kleinod hinter dem eher abweisend wirkenden Eingang des Museums verbirgt! Und dass man hier vor allem im Sommer geschützt vom Innenstadtlärm Kölns in Ruhe sitzen und einen Salat oder eine Suppe essen kann. Die Mitarbeiter des nahegelegenen WDR nutzen das Café gern zum Rückzug oder für Besprechungen.
Wer Zeit hat, der schlendert durchs Museum, das immerhin eine der bedeutendsten deutschen Sammlungen europäischer Angewandter Kunst vom Mittelalter bis zur Gegenwart birgt. Möbel, Bildteppiche, Tisch- und Tafelgeschirr, Textilien, Kleinplastik, Luxus- und Zierobjekte zeugen vom zeitgenössischen Design. Aber auch Mobiliar des 18. Jahrhunderts, Meissner Porzellanfigürchen oder Schmuckgarnituren aus dem 19. Jahrhundert werden gezeigt. Aktuelle Ausstellungen präsentieren neueste Design-Trends, ob in der Mode oder im Haushalt.
Aber genug jetzt. Lieber wieder zurück an den Café-Tisch, noch einen Espresso und dann die Zeitung zu Ende lesen. Ganz in Ruhe mitten in Köln.

Café im MAK . An der Rechtschule . 50667 Köln

0473 NW_Essen & Trinken

DAS BIER MIT DER BESTEN WERBUNG

Telefon: 0221/2613-0
www.frueh.de

Früh am Dom, Köln

Über das „Früh am Dom" stolpert fast jeder, der am Kölner Dom vorbei zu einer Stadtbesichtigung ansetzt. Es ist allein schon deshalb nicht zu übersehen, weil die

Gastronomie sich weitestgehend auf die Straße und den Vorplatz neben dem Heinzelmännchen-Brunnen ausgeweitet hat. So dichtgedrängt sitzen an sonnigen Tagen dort die Menschen, trinken, „verzällen", essen und fühlen sich einfach wohl. Auch wenn der Köbes vom „Früh am Dom" ein strenges Regiment führt und sich kaum einer traut, statt eines Kölsch ein Wasser oder einen Apfelsaft zu bestellen.
1904 wurde dieses Brauhaus gegründet und in der holzgetäfelten Kölner Brauhaus-Tradition erbaut. Heute kann man dort über drei Etagen hinweg tafeln und bechern. Gemütlichkeit ist angesagt, ein Wort, das es offenbar nur in der deutschen Sprache gibt. Und dessen Bedeutung man am ehesten im „Früh am Dom" nachspüren kann. Unten im Erdgeschoss geht es vorbei an Holzfässern, aus denen das begehrte Kölsch gezapft wird. In den sich anschließenden Brauhauszimmern können Touristen ihren ersten kulinarischen Schock an Hämchen abarbeiten, den beeindruckend wuchtigen Eisbeinen, serviert mit Sauerkraut und Püree. Nicht vergessen sollte man einen Abstecher in den Bauhauskeller, die dortige Zecherstube. Ein Gewölbe aus dem 13. Jahrhundert, Grundstock des jetzigen Brauhauses.

Cölner Hofbräu P. Josef Früh KG . Am Hof 12–18 . 50667 Köln

0474 NW_Kunst & Architektur

DER KÖLNER DOM

Telefon: 0221/17940-200
www.koelner-dom.de

Weltkulturerbe

Der Kölner Dom ist die dritthöchste Kirche der Welt und das drittgrößte gotische Bauwerk weltweit. Dass sein ganzer Stolz immer nur mit Bronze abschneidet, das wurmt den echten Kölner ungemein. Denn für ihn ist der Dom nicht nur groß und gotisch. In Schönheitswettbewerben nämlich würde die Kathedrale alle Preise abräumen und die Konkurrenz alt aussehen lassen. Das steht so fest, wie der Dom selber fest steht. Nicht nur für Kölner.
Mehr als sechs Millionen Besucher jährlich wollen den Kölner Dom sehen, und damit steht er auf Rang eins der deutschen Besucherliste. Das sei hier im Sinne aller Kölner vorangestellt, um deren Empfindlichkeit Rechnung zu tragen, was das Wahrzeichen ihrer Stadt angeht. Jedoch für alle, die darauf bestehen, hier der Dom in Zahlen.
Nach Fertigstellung war der Dom mit seinem 157,38 m hohen Nordturm und dessen um sieben Zentimeter zu kurz gekommenem Zwilling das höchste Bauwerk der Welt, die Westfassade die größte jemals gebaute Kirchenfassade. Insgesamt wurden ca. 160.000 t Gestein verbaut, hauptsächlich Drachenfels-Trachyt, Sandstein aus Obernkirchen und Schlaitdorf, Basaltlava aus der Eifel. Die Außenskulpturen sind aus Kalkstein. Gesamtlänge außen 144,58 m, Gesamtbreite außen 86,25 m, die Westfassade ist 61,54 m breit. Das Langhaus ist innen 119 m lang und 45,19 m breit, Innenhöhe des Mittelschiffs 43,35 m. Umbauter Raum 407.000 m^3. Die gesamte Fensterfläche, inklusive des beeindruckenden Fensters von Gerhard Richter, beträgt über 10.000 m^2 und die Dachfläche 12.000 m^2. Die Kathedrale bietet ca.

4.000 Plätze für die Gottesdienstbesucher. Jährlich entstehen Kosten von ca. 5 Millionen Euro für die Arbeiten an der „ewigen Baustelle". Wie häufig der Kölner Dom von Touristen aus aller Welt schon fotografiert wurde, hat niemand gezählt.
Irgendwann reicht der ständige Blick nach oben, sei es zu den Turmspitzen, den Fialen oder im Innenraum empor zum Gewölbe. Das menschliche Genick verdient Entlastung. Wie wäre es als Ausgleich mit einer Dachbegehung?

Das römisch-katholische Wahrzeichen der Stadt: der Kölner Dom

Die Führung über das hohe Dach ist ein unvergessliches Erlebnis. Voraussetzung: mindestens 16 Jahre, höhenfest und schwindelfrei muss man sein. Mit dem Lastenaufzug geht es außen vorbei an Wasserspeiern in luftige 45 Meter Höhe. Der Aufzug hält, und über ein Gerüst in schwindelerregender Höhe geht es ins Dach des Doms. Alles, was die Handwerker brauchen, die täglich gegen den Verfall ankämpfen, gibt es hier oben: Werkstätten, Frühstücksräume, Toiletten. Dann geht man durch das Dach hindurch und wieder nach außen, auf schmalem Pfad rund um das Dach, über eine Treppe in den Vierungsturm auf 68 Meter Höhe. Mit viel Glück lässt sich von hier aus auch das Wanderfalkenpaar beobachten, wie es den Domtauben das Leben schwer macht. Oft kann man auch noch den Rundgang im Inneren des Kirchenschiffes auf 20 Meter Höhe begehen. Führungen über das hohe Dach, die 1,5 Stunden dauern, oder durch die Grabung unterhalb des Doms müssen wegen hoher Nachfrage und begrenzter Teilnehmerzahl drei Monate im Voraus gebucht werden. Führungen durch die Schatzkammer des Kölner Doms sind dagegen immer möglich.
Die Besichtigung der Glocken bietet die Dombauverwaltung an Werktagen an. Beim Glockenläuten wird den Besuchern ein professioneller Hörschutz überreicht, sonst gäbe es schwer was auf die Ohren; körperliche Fitness ist erforderlich, da 250 Stufen zu erklimmen sind.
Das gilt natürlich auch für die Besteigung des Südturms zur 97 m hohen Aussichtsplattform, vorbei am „Dicken Pitter", der größten schwingenden Glocke der Welt. Nach 507 Stufen wird die Mühe durch einen herrlichen Blick über die Stadt belohnt.
Etwas ist noch interessant: Es heißt, der Dom ist das einzige Gebäude in Deutschland, das sich selbst gehört. Im Grundbuch des Doms ist als Besitzer eingetragen: der Dom.

Dompfarramt . Domkloster 3 . 50667 Köln

KÖLSCH MIT SCHRECKEN, NIEMALS!

Telefon: 0221/132581
www.schreckenskammer.com

Brauhaus Schreckenskammer, Köln

Biertrinker lieben den kleinen Schankraum, in dem man idealerweise sein Bier im Stehen trinkt. Feine, schmuckbehängte kölsche Geschäftsfrauen gehen nach hinten durch, um an den gescheuerten Wirtshaustischen ihr abendliches Hämchen mit Sauerkraut und die maximal drei Kölsch zu sich zu nehmen. In der „Schreckenskammer", dem Brauhaus im Schatten von St. Ursula, einer der romanischen Kirchen Kölns. In dieser Kirche gibt es einen Saal, gefüllt mit Totenschädeln und Gebeinen, die sogenannte Schreckenskammer. Daher hat das benachbarte Brauhaus seinen Namen. St. Ursula, das weiß in Köln jedes Kind, wurde mit ihren 11.000 Jungfrauen auf einer Pilgerreise von den Hunnen ermordet. Ein Kölsch auf den, der das glaubt.

Brauhaus Schreckenskammer . Ursulagartenstraße 11–15 . 50668 Köln

DIE GOLDENE KAMMER UND DIE SCHRECKENSKAMMER

www.heilige-ursula.de

St. Ursula-Basilika, Köln

Köln – eine riesige Baustelle. Die Rede ist nicht vom heutigen Köln, wo durch den Bau von U-Bahn und Rheinauhafen die Stadt durchlöchert ist wie ein Schweizer Käse, wo Anwohner protestieren und Plätze in den nächsten Jahren nur noch zum Abstellen von Geröll, Baggern und Bohrgerätschaften dienen. Nein, wir reden hier vom 12. und 13. Jahrhundert, als innerhalb kürzester Zeit fast alle romanischen Kirchen entweder um- oder ausgebaut wurden. Parallel hierzu wurde die Kölner Stadtmauer errichtet, das eine oder andere repräsentative Gebäude, hier und da ein Privathaus – kurzum, es muss ähnlich ausgesehen haben wie heutzutage in Köln.
Auch St. Ursula wurde zu der Zeit erbaut. Damals hatte man ein Gräberfeld entdeckt und vermutete, dass hier die Gebeine der heiligen Jungfrauen vergraben waren, Märtyrerinnen des Jahres 1105. Auf dieser Stätte wurde mit dem Bau einer neuen romanischen Basilika begonnnen, die 30 Jahre später fertiggestellt war: St. Ursula. Im 17. Jahrhundert dann wurde die Goldene Kammer gestiftet, eine der Hauptattraktionen dieser Kirche. Noch heute ist sie zu besichtigen, birgt Reliquien, Gebeine, Büsten und goldenen Zierrat. Ende des 18. Jahrhunderts wurden diese

Schätze vor den französischen Truppen versteckt und erst nach Beendigung der napoleonischen Besatzung 1804 wieder ausgestellt. Im Zweiten Weltkrieg zerstört, wurde St. Ursula bis 1964 wieder aufgebaut. Ihre Kunstschätze und die Reliquien der Heiligen Ursula sind erhalten und noch immer in der Goldenen Kammer ausgestellt. Nicht zu vergessen die Schreckenskammer voll Totenschädel und makabrer Knochensammlungen, die der nahe gelegenen Braustube angeblich ihren Namen gab. Die Kammer zeigt man heute nicht mehr so gerne her, aber Betteln hilft: Freundlich insistieren, und man darf hinein.

St. Ursula-Basilika . Ursulaplatz 24 . 50668 Köln . im Dekanat Köln-Mitte (Nord)

0477 NW_Lifestyle & Szene

DIE LEGENDE EINES DUFTWASSERS

www.4711.com

4711, Köln

Die Großmütter benutzten es schon. Sie benetzten ihre gestärkten, weißen Spitzentaschentücher mit einem Tropfen des kostbaren Duftes und freuten sich, wenn sie zu Weihnachten ein Fläschchen mit der magischen Zahl 4711 bekamen. Dieses Image des großmütterlichen Duftwässerchens versucht der Hersteller schon seit Langem abzulegen. Und wer um die Welt reist, registriert, dass dies in Florida ebenso wie in Bangkok, in den Giftshops auf den Malediven und in den südafrikanischen Safari-Lodges gelungen ist. Nur in Deutschland nicht so recht.

Dabei ist allein das Glockenspiel am Haus von 4711 in der Kölner Glockengasse einen Abstecher wert. Ansonsten rührt der Namen des Duftes aus napoleonischer Katasterwut her. Denn während der französischen Besatzung Kölns, die am 6. Oktober 1794 begann, wurde die Stadt nummeriert. Am 7. Oktober des gleichen Jahres schon beschloss der Stadtrat, dass „jeder Bürger-Hauptmann ein Verzeichniß deren in seinem Fahnenbezirk befindlichen Bürger und Unbürger binnen 2 mal 24 Stunden einzuliefern hat und ... der Numerierungs-Punkt deren Häuser zur löblichen Wachts-Kommission verwiesen wird, die also mit der Durchführung beauftragt wird“. Kurzum: Die Häuser in Köln bekamen Zahlen und Nummern. Das Haus in der Glockengasse wurde somit zu Nummer 4711.

Einer der bekanntesten Markenartikel Deutschlands: „4711“ aus Köln

Während des Zweiten Weltkrieges zerstört, wurde es 1963 mit neugotischer Fassade wieder aufgebaut. Unten, hinter den Arkaden, können die Duftwässer der ehe-

maligen Fabrikanten-Familie Mülhens erworben werden. Ein touristischer Anziehungspunkt in Köln. Inzwischen gehört das Unternehmen ebenso wie das Gebäude der Aachener Parfüm-Unternehmensgruppe Mäurer + Wirtz.
Aber 4711 duftet genauso wie immer.

4711 . Glockengasse . 50667 Köln

0478 NW_Lifestyle & Szene

KÖLN KANN AUCH ANDERS

www.koeln.de/shopping/koeln/pfeilstrasse.html

Die schönsten Einkaufstraßen Kölns

Wer nach Köln kommt, erlebt als Einkaufsstraße meist zuerst die beim Dom beginnende Hohe Straße und ist zu Recht entsetzt, wenn er auf gepflegtes Einkaufen hoffte. Stattdessen Ramsch und Rummel, der Touristen neppt und Einheimische im Gedränge verärgert. Sich gleichende Filialen der großen Ketten reihen sich an Fastfoodangebote. Wer sich aber den Weg weiter Richtung Westen bahnt, am einfachsten über die Breite Straße, der gelangt in ein individuelleres Einkaufsviertel.
Zwischen Neumarkt, Rudolfplatz und Friesenplatz kann man durch viele kleine Straßen schlendern und wird immer wieder von den Geschäftsmagneten auf der Ehrenstraße, Mittelstraße und Pfeilstraße angezogen.
Während die Ehrenstraße mit einigen „In"-Läden insbesondere die jüngere Käuferschaft bedient, findet man dazugehörige Eltern gern in Pfeil- und Mittelstraße. Hier locken zahlreiche Edelboutiquen, Juweliere oder auch Bistros und Restaurants für den gehobenen Geschmack und prall gefüllten Geldbeutel.
Wer in einem der zahlreichen, wenn auch häufig kleinen Außenbereiche der Cafés und Restaurants einen Sitzplatz ergattert, der will nicht nur schauen, sondern sich auch zeigen.
Außer einigen Radfahrern kommt dem schlendernden Einkäufer auch entgegen, dass die Einbahnstraßenregelung und die geringe Anzahl der Parkplätze Autofahrern nicht die Übermacht beschert. So lässt sich der bunte Mix des reichhaltigen Angebots recht unbeschwert genießen, ohne in einer typischen Fußgängerzone zu sein.
Tipps: 1. An der Ecke Ehrenstraße/Albertusstraße hat Walther König seine weltberühmte Kunstbuchhandlung, ein Muss für Kunst- und Buchliebhaber. 2. Freitags gibt es auf dem Platz an der Apostelnkirche an der Mittelstraße einen kleinen, aber sehr feinen Wochenmarkt. 3. Lassen Sie sich niemals dazu hinreißen, am Samstag mit einem Ferrari, an dem rote Nummernschilder schief angebracht sind, über die proppenvolle Ehrenstraße zu fahren.
Alle ausgeschmückten Beschreibungen sind nur annähernd. Wer nicht dort war, kennt es nicht. Nehmen Sie ein paar Freunde mit und gehen Sie hin! Und anschließend prüfen Sie Ihren Kontostand – oder besser nicht.

Pfeilstraße, Ehrenstraße, Mittelstraße . 50672 Köln

DIE SCHOKOLADENSEITE DER KUNST

Telefon: 0221/221-26165
www.museumludwig.de

Museum Ludwig, Köln

Der Aachener Schokoladenfabrikant Peter Ludwig und seine Frau Irene haben die größte Pop-Art-Sammlung außerhalb der USA zusammengetragen – und wer möchte so etwas schon zu Hause herumstehen haben?
Die beiden liehen die Sammlung also 1969 dem Wallraf-Richartz-Museum in Köln. Sieben Jahre später schenkten sie dem Museum 350 Werke moderner Kunst, und daraufhin wurde es scheinbar auch dem Museum zu viel. 1976 wurde eigens auf energisches Bestreben Peter Ludwigs hin das Museum Ludwig als erstes Kölner Museum, das Kunst der Gegenwart ausstellte, gegründet.
Hier finden sich inzwischen eine umfangreiche Sammlung der Russischen Avantgarde, mehrere Hundert Arbeiten Pablo Picassos und zahlreiche zeitgenössische Künstler. Ohne Zweifel eine der weltgrößten Sammlungen moderner Kunst.

Museum der Stadt Köln für die Kunst des 20. und 21. Jahrhunderts: das Museum Ludwig

Der ständigen Erweiterung der Exponate kam 1986 der Umzug in ein großes Gebäude neben Dom und Hauptbahnhof mit inzwischen etwa 8.000 Quadratmetern entgegen. Das Motto von Kasper König, seit dem Jahr 2000 der Direktor des Museums, lautet: „Das Museum soll nicht besucht, sondern benutzt werden, denn es gehört allen und keinem.“ Also, gehen Sie hin – es lohnt sich – und benutzen Sie es! Es gehört ja nicht Ihnen.

Museum Ludwig . Bischofsgartenstraße 1 . 50667 Köln

EINS GEHT NOCH

Telefon: 0221/727253
www.stuessersbrauhaus.sportkneipe.de

Stüsser im Agnesviertel, Köln

Das Stüsser ist die original kölsche Eckkneipe. In die geht man zum Biertrinken und zum Fußballgucken, hängt ein wenig ab an der Theke, redet Belanglosigkeiten mit

dem Nachbarn, bevor es nach Hause geht. Diese Kneipe op d'r Eck, wie sie auf Kölsch heißt und wie sie die „Bläck Fööss“ in einem ihrer Lieder besingen, zählt vor allem Stammgäste zu ihren Kunden, die auf ein Verzällche aus sind, auf ein kleines Schwätzchen. Außerdem ist das Glas Kölsch im Schankraum volle 10 Cent billiger als an den Tischen.
Kulinarisch reiht sich das Stüsser ein in lokale Essgewohnheiten: Da gibt es den halven Hahn, von dem natürlich jeder Kölner weiß, dass es sich nicht etwa um ein halbes Hähnchen, sondern um ein Röggelchen mit Käse handelt. Wobei auch Röggelchen erklärungsbedürftig ist: kräftiges Roggenbrötchen. Auch Rievkooche werden angeboten, die knusprigen Reibekuchen. Und „Himmel un Ääd“ steht auf der Speisekarte: Kartoffelpüree und Apfelkompott mit Blutwurst. Um das zu mögen, muss man allerdings „ene echte kölsche Jung“ oder „e echte kölsch Mädche“ sein. Karnevalsdienstag erreicht das Stüsser seinen Höhepunkt an Festlichkeit: Hier wird dann der Nubbel verbrannt, zum Gejohle und Geweine seiner Fans. Der Nubbel, die strohgefüllte Puppe, die während der Karnevalstage vor den meisten kölschen Kneipen hängt und nur auf das hillige Feuer wartet, in dem sie stellvertretend für alle Sünder verbrannt wird. Ein traurig-bewegendes Highlight an Fastelovend, dem Kölner Karneval.

Stüsser . Neusser Straße 47 . 50670 Köln

0481 NW_Essen & Trinken

SAVOIR VIVRE IN COLOGNE

Telefon: 0221/2589219
www.bartabac.de

Bar Tabac, Köln

Als Bar Tabac – nomen est omen – wurden in Frankreich die Bistros, Cafés oder Brasserien bezeichnet, die gleichzeitig das exklusive Recht hatten, auch Tabakwaren zu verkaufen. Geöffnet von morgens früh bis abends spät, und das ohne Ruhetag, waren sie besonders in kleinen Städten und Dörfern der zentrale Ort für soziale Kontakte.
So etwas darf in Köln nicht fehlen. Und wo findet man die Bar dort? Voilà! Im belgischen Viertel, oh la la. Und zwar in der Aachener Straße, somit stimmt von Köln aus sogar die grobe Richtung. Die Küchenrichtung ist typisch französisch, und die Karte stimmt einen klangvoll ein; aber keine Sorge, die Übersetzung steht selbstverständlich darunter.
In Pariser Tradition findet man die Einrichtung mit den typischen Tischen und Stühlen, kurzum das, wonach man hierzulande längere Zeit auf Flohmärkten suchen muss. Schön. Spiegel rundum an Säulen und Wänden erweitern das Raumgefühl der tatsächlichen 300 Quadratmeter. Hier wurde auf jedes Detail geachtet: authentische Holzvertäfelung, alte Werbeschilder und Plakate. Sogar Pariser Metrokacheln können Sie bewundern, allerdings fährt die Bahn ausschließlich draußen vor der Bar ab, egal, wie viel Pernod Sie schlürfen.

Wer seinen Café au Lait gern einmal im Freien genießt, der begibt sich in den windgeschützten Innenhof, der sich an den großen Saal anschließt, liebevoll „Palmengarten" genannt, und erfreut sich daran, wenn die Sonne gerade einmal nicht in Strömen scheint. Wie in Paris, genauso, nur etwas günstiger.

Bar Tabac . Aachener Straße 21 . 50674 Köln

0482 NW_Essen & Trinken

PÄFFGEN – DAS TRADITIONS-BRAUHAUS IN KÖLN

Telefon: 0221/135461
www.paeffgen-koelsch.de

Brauhaus Päffgen, Köln

Wenn sich die Kölner als „Nabel der Welt" beschreiben, ist das schon sehr selbstbewusst. Die Brauerei Päffgen steigert das noch und meint: „Der Mittelpunkt von Köln ist das Brauhaus Päffgen."
Das wird aber nicht so eng gesehen. Wer zu den besten und beliebtesten Bierbrauern Kölns gehört und seit 125 Jahren im Geschäft ist, der darf das.
Brauereien mit angeschlossenem Brauhaus sind in fast jedem Kölner Stadtteil zu finden, und alle machen nur eins: Kölsch. Diese Sorte Bier, die genauso heißt wie der Dialekt der Stadt, ist eine obergärige Produktvariante aus Wasser, Hopfen und Malz unter Zusetzung gewisser Hefekulturen. Die Hefe steigt beim Obergärigen zum Schluss an die Oberfläche des Sudkessels. Obergärige Biere wie Kölsch hatten früher eine kurze Haltbarkeit und wurden unmittelbar nach der Hauptgärung konsumiert. Beim „Päffgen" hatte das Bier eine besonders kurze Lebensdauer, denn „hinten wurde jebraut un vorn jesoffen". Während alle anderen Kölner Brauereien mit ihren „Bierkutschen" die Eckkneipen beliefern, wird Päffgen-Kölsch nur im Brauhaus ausgeschenkt, Ausnahmen sind einige wenige Kölner Kneipen. Im Brauhaus Päffgen kommt das Kölsch selbstverständlich direkt vom Fass, es durchläuft keine Zapfanlage und ist daher fast kohlensäurefrei.

Kölsche Brauhaus im Szeneviertel Friesenstraße

Päffgen ist original geblieben, so wie schon „fast immer", repräsentativ und typisch für die, die die Zunft der Brauhäuser noch im klassischen Sinn vertreten: holzvertäfelte Wände, rustikale Tische, Bänke und Stühle. An der Theke kann man hier nicht stehen, sie ist reiner Ausschank für die vielen emsigen Köbese (Kellner), die jeden zurechtweisen, der dem zuwiderhandelt. Überhaupt ist so ein echter kölscher Köbes nicht wirklich freundlich. Er ist selbstbewusst, mag gern Kölsch, hat schon mal einen fre-

chen Spruch auf der Lippe und ersetzt hemmungslos jedes leere Kölschglas durch ein volles. So ist das und nicht anders. Wer Letzteres nicht will, hat nur eine Chance: Er muss einen Bierdeckel auf sein leeres Glas legen ... Das versteht sogar der Köbes.
Der kölsche Köbes ist wegen genau dieser Eigenart wichtiger Bestandteil, und auch das macht die Brauhäuser Kölns noch mehr zum Anziehungspunkt. Es gibt genügend Prominenz, die es liebt, hier hinzugehen. Vielleicht auch, weil man hier ungeachtet dessen, wer man ist und was man hat, auf Augenhöhe behandelt wird.
Nirgendwo ist das Publikum gemischter als in kölschen Kneipen und Brauhäusern, wo alle Schichten vertreten sind.

Brauerei Päffgen . Friesenstraße 64–66 . 50670 Köln

0483 NW_Sport, Abenteuer & Technik

MENS SANA IN CORPORE SANO

Telefon: 0221/336090
www.sportmuseum.info

Sport und Olympia-Museum, Köln

Rennrad fahren im Windkanal, im Ring mit Sandsäcken boxen, Vierer-Bob fahren, Hanteln stemmen – all das ist möglich im Deutschen Sport und Olympia-Museum am Kölner Rheinauhafen. Fast 100.000 Objekte sind hier zu bestaunen. Allesamt eine wahre Augenweide für Fans von Boris Becker, Steffi Graf, Michael Schumacher und Uwe Seeler. Das 1999 eröffnete Museum bietet eine Zeitreise durch den Sport: von den athletischen Kämpfern Spartas in der griechischen Antike hin zur Deutschen Turnbewegung und zu englischen Sportcracks. Ein Muss für jeden Sportfan. Und wer will, kann auf dem Dach des Museums Fußball spielen.

Deutsches Sport und Olympia-Museum . Rheinauhafen 1 . 50678 Köln

0484 NW_Kunst & Architektur

MUSEUMSNACHT IN KÖLN

www.museumsnacht-koeln.de

Museen, Köln

Eine Stadt im Kunstrausch! In der Kölner Museumsnacht – immer im Spätherbst, so gegen Ende Oktober – touren Tausende ausgeschlafener Menschen durch die Stadt und tun das, was sie schon immer tun wollten, aber sonst einfach nicht hinbekommen haben: Kunst gucken, Kultur genießen.

Der Marathon führt durch mehr als 50 Museen, Institutionen, Ausstellungen und Kunstprojekte. Die Wechselbäder des Kulturgenusses sind kontrastreich: Epochen von römisch-germanisch bis futuristisch-außerplanetarisch, von der Heiterkeit eines Kölner Karnevalsmuseums bis zum erschütternden NS-Dokumentationszentrum im EL-DE-Haus; für den Kopf das GeoMuseum der Universität Köln, für die Nase das Duftmuseum im Farina-Haus, für die Zunge das Schokoladenmuseum und fürs Herz und Sex das Centrum für Schwule Geschichte. Selbstverständlich sind auch die großen Museumsklassiker dabei wie Museum Ludwig, Rautenstrauch-Joest- und Wallraf-Richartz-Museum.
Wer wissen will, wie man schnell die Kurve kriegt, besucht das Deutsche Sport & Olympia Museum. Der Rest nutzt den Shuttle-Bus-Service, der die Touren in alle Himmelsrichtungen bedient.

StadtRevue Verlag GmbH . Maastrichter Straße 49 . 50672 Köln

0485 NW_Sport, Abenteuer & Technik

DIE SEILBAHN UND DIE NACKTEN

Telefon: 0221/98144-0
www.claudius-therme.de

Claudius Therme, Köln

Ob Homburg, Nauheim oder Mergentheim, die Quellen mit dem Natrium-Chlorid-Säuerling adeln diese Orte zu Kurbädern. Auch in Köln entspringt ein solcher Säuerling, die Stadt verzichtet jedoch großzügig darauf, sich Bad Köln zu nennen. Stattdessen stellt sie mit der Claudius Therme eines der schönsten Bäder für jedermann zur Verfügung.
Ein Wasserfall speist das Heilwasser-Badebecken, die Heiß-Kalt-Grotte sorgt für Wechselbäder, der Inhalationsraum ist eine Oase der Bronchitisgeplagten. Der Natrium-Chlorid-Säuerling wirkt aktivierend und belebend, hilft nachhaltig bei Bewegungsschäden, Herz-Kreislauffunktionen werden aktiviert. Die therapeutische Wirkung des Heilwassers wird durch Anwendungen wie Bewegungsbäder, Gymnastik, Massagen oder Fango unterstützt. Whirlpools und Solarien sorgen ebenso für eine Wohlfühlatmosphäre wie die Sonnenterrasse und Liegewiese, in Köln selbstverständlich mit Domblick.
Nicht zuletzt gehören zur Badekultur der Claudius Therme die klassischen Dampf- und Heißluftbäder wie die Finnische Sauna, ein Serailbad zur Entschlackung, eine Kelo- und Erdwallsauna und eine sibirische Banja.
Genug. Das alles fördert die Gesundheit, mildert Beschwerden. Aber in der Claudius Therme ist es samstags und sonntags ganz einfach am schönsten. Wenn die edelsten Körper Kölns dort saunieren, parlieren, spazieren. Dann ist der Parkplatz voll und das türkische Dampfbad noch undurchsichtiger als sonst. Und über all den Nackten und Schönen, man glaubt es kaum, schweben die Gondeln der Kölner Rheinseilbahn.

Claudius Therme GmbH & Co. KG . Sachsenbergstraße 1 . 50679 Köln

SPEISEN IM DREISSIGSTEN

Telefon: 0221/50052080
www.osman-cologne.de

Osman³⁰, Köln

Der Ausblick aus der 30. Etage des KölnTurms im Kölner Mediapark ist auch schon ohne Restaurant atemberaubend, doch Gastgeber Osman Yalcin, mit 20 Jahren Erfahrung in der internationalen Gastronomie, kann die 108 Meter Höhe noch kulinarisch aufwerten. In klarer und moderner Ausstattung genießt man die mediterran ausgerichtete Küche bei gleichzeitigem Blick vom Siebengebirge bis zum Düsseldorfer Fernsehturm; aber wer braucht den schon, der Kölner Dom ist doch gleich gegenüber ... Eine Reservierung, die braucht man allerdings.

Blick aus der 30. Etage über Köln

Das Osman[30] ist für jeden Ortsfremden einfach zu finden: Den KölnTurm sieht man von so gut wie jedem Punkt Kölns.

OSMAN[30] . Im Mediapark 8 . 50670 Köln

KÖLSCHER KLASSIKER

Telefon: 0221/734932

Em Golde Kappes, Köln Nippes

Die Lage ist einmalig – das fand schon Mathias Becker, als er am 30. August 1913 das Brauhaus „Em Golde Kappes" eröffnete. Seit mehreren Jahrhunderten schon war der Bierausschank an dieser Straßenkreuzung in Nippes üblich, die – für Biertrinker nicht uninteressant – direkt an einer Bushaltestelle und der U-Bahn-Station Florastraße liegt. Über dem Eingang verdeutlicht ein vergoldeter Kappes, also ein Kohlkopf, um welche Kneipe es sich hier handelt. Der über ihm angebrachte Davidstern ist tatsächlich ein Bierzeiger oder Wirtestern und war einst das Symbol der Brauzunft. Wer ihn im Mittelalter über dem Hauseingang anbrachte, der tat damit öffentlich kund, dass hier der beliebte Gerstensaft gebraut wurde.
Beim Kappes wird Mühlen-Kölsch ausgeschenkt, in der Malzmühle gebraut – für Kenner eine Köstlichkeit. Das Ambiente im „Golde Kappes" ist rustikal. Die Blei-

glasfenster verweisen auf eine enge Verbundenheit mit kölschem Brauchtum: So zeigt eines Jan van Werth und seine Griet, die einmal im Jahr vor der Severinstorburg ihr Liebesleid nachspielen. Griet hatte ihren Jan nämlich verschmäht, als er noch nichts darstellte. Doch später, als er ein schmucker Soldat geworden war und mit seinem Pferd in Köln einritt, da saß sie am Straßenrand und konnte nur noch sagen: „Wer et hätt jewusst." Tja, so etwas weiß man eben nicht immer vorher. Da tröstet der Wirt vom „Em Golde Kappes" den melancholisch an diese verpasste Liebe denkenden Gast durch einen Griff in den Humidor, in dem er kubanische Zigarren feucht hält. Wie lange er dies angesichts des drohenden Rauchverbots noch tun darf, bleibt offen.
Ganz wichtig: Es heißt tatsächlich „Golde Kappes" und nicht etwa Goldene Kappes. Wer das Letztere sagt, hat sich als „Immi" geoutet. Was ein Immi ist, wird hier aber nicht mehr verraten.

Em Golde Kappes . Neusser Straße 295 . 50733 Köln-Nippes

WO DER SAUERBRATEN NOCH RHEINISCH IST

Telefon: 0221/515 919
www.haus-scholzen.de

Haus Scholzen, Köln

Kürzlich, da war was los auf der Venloer Straße. Da standen die Leute mit ihrem Kölsch in der Hand vor Haus Scholzen auf dem Bürgersteig und palaverten, was das Zeug hielt. Innen in dem altehrwürdigen Kölner Gasthof wurde das Hundertjährige gefeiert. Schon etwa bei „Höhenflug-Reisen", gleich neben dem „Anadolu-Import/Export", noch eher aber beim Bistro „Les Saveurs de Provence" und dem Friseur „Nazar" (der für acht Euro eine Bartrasur anbietet) hörte man kölsche Töne. Traditionelle Karnevalsrhythmen mitten im Sommer, Bläck-Fööss-Nostalgie über „unser Veedel". An diesem Tag hatte sich sogar der Kölner Oberbürgermeister blicken lassen. Er wollte sich wohl ein Bild von der Stimmung in Ehrenfeld machen, einem fast schon traditionell von der Kölner Stadtverwaltung misshandelten Viertel.
Vor allem die Veränderungen, die Ehrenfeld durchmachen musste, in seiner Mitte wie eine Trutzburg das Haus Scholzen, war Thema: Altehrenfelder Willy Trost klopfte bei der Gelegenheit seinem Kumpel, dem Chef von Bauelemente Fassbender, auf die Schulter: „Erinnerste dich, wenn wir als Kinder eingekleidet wurden, gingen wir nach dem Schönemann, um Schuhe zu kaufen. Zu Vinke, die Unterwäsche, und beim Junker bekamen wir unsere Höschen und Jäckchen." Das alles ist 50 Jahre her, nickten die beiden versonnen. In Ehrenfeld, versichert ein ebenfalls mitfeiernder Medienschaffender, leben inzwischen Künstler, Intellektuelle und Ausländer friedlich nebeneinander. Behauptet sich der Rheinische Sauerbraten von „Haus Scholzen" tapfer neben dem Döner bei „Öz Ufra Safrasi" und dem Bami-Goreng vom China-Imbiss „Kim Son".
Allerdings sollte man wissen, dass Haus Scholzen inzwischen als eines der besten

Restaurants mit klassischer deutscher Küche gilt. Ja und, macht doch nichts, solange der Ehrenfelder vorne am Tresen stehen und ungestört sein Kölsch trinken kann.

Restaurant Haus Scholzen . Venloer Straße 236 . 50823 Köln

0489 NW_Hotels & Wellness

KÖLN VON SEINER BESTEN SEITE

Telefon: 0221/8281234
www.cologne.regency.hyatt.de

Hyatt Regency Hotel

Michael Jackson und Bill Clinton haben hier übernachtet. Die Prominenten dieser Welt folgten ihnen, und alle sind begeistert von diesem Hotel mit dem schönsten Blick auf Köln. Hier kann man beim morgendlichen Brunch den Dom in voller Pracht genießen. Denn das Hotel liegt zwar auf der „schäl Sick" Kölns, also eigentlich auf der falschen Seite des Rheins, dennoch hat man nur von hier aus den Überblick über das gesamte Köln-Panorama mit seinen Kirchen, aber auch mit seinen Baukränen: im Sommer vom Biergarten direkt am Rhein aus, im Winter hinter Fensterverglasung.
Erwähnenswert ist der kulinarische Höhepunkt im Kölner Hyatt Regency, das Restaurant Graugans. Hier bietet der Küchenchef euro-asiatische Menüs vom Feinsten. Jeden Dienstagabend startet die Graugans ihre Aktion „Meet the Chef". Wer dann zum Diner kommt, wird auf Kosten des Hauses zu einem Glas Champagner und zu einem kleinen Blick hinter die Kulissen in die Restaurant-Küche eingeladen.

Hyatt Regency Köln . Kennedy-Ufer 2a . 50679 Köln

0490 NW_Hotels & Wellness

URLAUBSGEFÜHLE VOR DEN TOREN KÖLNS

Telefon: 02204/202-0
www.mediterana.de

Mediterana, Bergisch Gladbach

Schon so mancher Urlaubshungrige, vor den Toren Köln wohnend, hat statt eines scharfen Schlenkers in das nächstgelegene Reisebüro lieber zum Saunatuch gegriffen und sich die Badeschläppchen an die müden Füße geworfen. Nämlich immer dann, wenn, aus welchen Gründen auch immer, das „Leben im Süden" angesagt war. So lautet nämlich das Sehnsüchte weckende Motto des Bergisch Gladbacher Bades „Mediterana".
Interieur, Farben, Düfte und Accessoires sorgen mit Leichtigkeit dafür, dass sich der Besucher in südlichen Gefilden wähnt. Die Architektur, an ein spanisch-maurisches

Dorf angelehnt, ein wunderbar gestalteter Sauna- und Entspannungsbereich oder der licht- und klangdurchflutete Badebereich runden das Urlaubsgefühle vermittelnde Interieur des „Mediterana“ ab. Mosaiken verbreiten marokkanisch-ägyptisches Flair, und unter den Waschungen und den begnadeten Händen der kundigen Masseure wird man zur Prinzessin auf Stippvisite im türkischen Hamam. Die elf Saunakreationen haben jede für sich ein unverwechselbares Ambiente, und der im Bademantel in der „Bodega“ genossene Salat ist knackig frisch, mit Wildkräutern garniert. Danach vielleicht ein Schläfchen im Berberzelt? Oder nahe dem plätschernden Rosenbrunnen? Die Liste der Verlockungen könnte so weitergehen: Also die heimischen Breitengrade vergessen und schnell die Schläppchen aus dem Schrank geholt.

Mediterana . Saaler Mühle 1 . 51429 Bergisch Gladbach

0491 NW_Sport, Abenteuer & Technik

LAMAS FÜR LAHME KIDS

Telefon: 02296/908054
www.lamatrekking.org

Lamatrekking, Reichshof-Löffelsterz

Wer kennt es nicht, das Problem aller Familien: Die Kinder sind bockig, sie wollen nicht laufen, und die schöne Natur links und rechts vom Weg interessiert sie nicht die Bohne. Zur Abhilfe sei ein Ausflug nach Reichshof-Löffelsterz empfohlen, ein winziges Örtchen nahe der Wiehltalsperre im Oberbergischen Land.
Auf dem Balsamhof von Bernd Ost und Sandra Seynsche warten nicht nur Hunde, Katzen, Enten, Wachteln und Schafe auf Besuch, sondern vor allem sieben sanftmütige, neugierige Lamas. Die aus Südamerika stammenden Kamele eignen sich super als Wandergefährten und werden seit Jahrhunderten in ihrer Heimat als solche genutzt. Sie tragen klaglos den Proviant für Picknicks und motivieren auch lauffaule und lustlose Kinder aufs Beste. Bernd und Sandra tragen mit lustigen Geschichten aus dem Lamaleben, Glühwein und Verpflegung das ihrige zu einer netten Tour bei.

Bernd Ost und Sandra Seynsche . Schanzenweg 2 . 51580 Reichshof-Löffelsterz

0492 NW_Sport, Abenteuer & Technik

JEDER IST SEINES GLÜCKES SCHMIED

Telefon: 02266/46337-0
www.naturarena.de

Lange Nacht der Schmiedefeuer, Lindlar

Es gibt verschiedene Möglichkeiten, eines zu finden. Da kann ich unter Umständen lange suchen. Hufeisen bringen, so sagt man, sofortiges Glück. Richtig herum aufgehängt, selbstverständlich. Sonst, so sagt man jedenfalls in Reiterkreisen, fließt das Glück wieder heraus. Die Möglichkeit, einen Schmied zu bestechen, der dann eins „rausrückt", verwerfe ich relativ schnell. Das ist irgendwie nicht ganz das Gleiche. Und überhaupt ziemlich gemogelt. Schmiede hin, Kreise her. Da erscheint es mir doch sinnvoller, mein Glück in die eigenen Hände zu nehmen. Es mir, im wahrsten Sinne des Wortes, selbst zu schmieden. Ein Hufeisen aus eigener Herstellung scheint mir ein guter Anfang. Aber wie heißt es so schön: „Das Glück zu finden ist nicht der Weg, der Weg ist das Glück." Mein Weg führt mich also nach Lindlar zur „langen Nacht der Schmiedefeuer". Im Freilichtmuseum übe ich mich also des Nachts, bei Feuerschein, im traditionellen Handschmieden, und halte es später dann in meinen Händen. Ein wunderschönes selbst gemachtes Hufeisen. Und während ich es herstellte, hat es mir ganz unerwartet und leise schon das geschenkt, was es verspricht: Glück.

Naturarena Bergisches Land GmbH . Haus Plietz . Eichenhofstraße 31 . 51789 Lindlar

0493 NW_Kunst & Architektur

AUF DEN SPUREN VON KARL DEM GROSSEN

Telefon: 0241/ 477090
www.aachendom.de

Weltkulturerbe Aachener Dom

Während der Messfeier in der Peterskirche am 25. Dezember 800 wurde Karl der Große von Papst Leo III. zum Kaiser gekrönt; ein Titel, der seit der Absetzung von Romulus Augustulus im Jahr 476 nicht mehr geführt worden war. Karl der Große blieb aber nicht in Rom, sondern ihn zog es nach Aachen. Dort hat er bereits 786/87 Marmor aus Italien für den Bau der Pfalzkapelle importieren lassen. Pünktlich zur Kaiserweihe war der prunkvolle Bau fertig und wurde von nun an der wichtigste Ort für den christlichen Kaiser – sein „neues Rom". Bis zu seinem Tod versuchte er, Bildung und Kultur auf der Basis einer starken Kirche durchzusetzen, und widmete sich in seinen letzten Lebensjahren eher der Religion und geistigen Weiterentwicklung als der Kriegsführung. 814 wurde Kaiser Karl der Große, König der Franken, in seiner Aachener Pfalzkapelle beigesetzt.

Aachener Dom

Die Pfalzkapelle Karls des Großen ist der Kern des heutigen Aachener Doms. Die Kaiserhalle, die Eingangshalle, zwei Wendeltreppentürme und der gewaltige achteckige Kuppelbau sind erhalten geblieben. Darüber hinaus kann man heute noch 1.200 Jahre alte Kunstwerke im Aachener Dom entdecken: antike Säulen, Bronzegitter und Bronzetore – darunter auch die große Portaltür im Westbau der Kirche.

Im Laufe der Jahre kamen zahlreiche weitere Schätze hinzu. Der Aachener Dom erlangte seine heutige Gestalt mit dem karolingischen Oktogon in der Mitte, der gotischen Chorhalle im Osten und dem Westwerk durch das Wirken vieler Kaiser und Könige. Er gilt als überragendes Werk der karolingischen Architektur. Als erstes deutsches Denkmal wurde der Aachener Dom bereits 1978 in die Liste des UNESCO-Weltkulturerbes aufgenommen.
Im Inneren des Doms befindet sich der Aachener Königsthron. Seit der Krönung König Ottos I. 936 haben bis zum Jahre 1531 dreißig deutsche Könige nach ihrer Weihe und Krönung den Thron bestiegen. 1995 wurde die Aachener Schatzkammer umgebaut, und die bedeutendsten Kirchenschätze Europas wie das edelstahlbesetzte Lotharkreuz (um 1000) können auf 600 m² bestaunt werden.

Aachener Dom . Klosterplatz 2 . 52062 Aachen

0494 NW_Kunst & Architektur

KUNST IN DER SCHIRMFABRIK

Ludwig Forum, Aachen

Telefon: 0241/1807-104
www.ludwigforum.de

Einst wurden in dieser Fabrik Schirme hergestellt. Doch 1988, als eine Erweiterung des Gebäudes anstand, verhinderte dies der Denkmalschutz. Fabrikant Emil Brauer musste weichen. Drei Jahre später zog die Sammlung Ludwig von der „Neuen Galerie“ um in dieses Gebäude an der Jülicher Straße. Seitdem heißt es „Ludwig Forum für internationale Kunst“ und birgt eine Sammlung des Ehepaares Ludwig, inzwischen weltweit renommiert für ihre Kunstleidenschaft. Das Fabrikgebäude entstand 1928 nach einem Entwurf des Aachener Architekten Josef Bachmann, ist ganz im Bauhaus-Stil gehalten, ein gelb und rot verklinkerter Stahlbeton-Skelettbau. 1988, als Fabrikant Brauer hier auszog, erwarb die Stadt Aachen das Gebäude einschließlich der dahinterliegenden Gärtnerei, ließ alles entkernen und für den Museumszweck umbauen. Im Keller befindet sich nunmehr ein Theatersaal, auf dem Außengelände ein Skulpturenpark.

Ludwig Forum für Internationale Kunst in Aachen

Ludwig Forum für Internationale Kunst . Jülicher Straße 97–109 . 52070 Aachen

WELTFEST DES PFERDESPORTS

Telefon: 0241/88927-0
www.chioaachen.de

CHIO, Aachen

Im neuesten Krimi des einstigen Jockeys Dick Francis wird auf der englischen Rennbahn Cheltenham der Gold Cup Day ausgetragen – und gleich drei Tote sind zu beklagen. Während des jährlichen Weltfestes des Pferdesports in der Aachener Soers ging es dagegen bislang immer zivil zu. Beim CHIO konzentriert man sich weniger aufs Morden denn aufs Springen, Fahren und Dressurreiten; neuerdings werden auch Wettbewerbe im Vielseitigkeitsreiten und Voltigieren ausgetragen.
Bei diesem weltweit anerkannten Spitzenturnier, dem „Concours Hippique International Officiel", konzentriert sich allerdings nicht alles nur auf das Pferd und seine Reiter. Sozusagen als Beigabe gibt es ein Volksfest, das Pferdefreunde und Feiernde aus aller Welt anzieht. Wer einen Blick hinter die Kulissen des Pferdesports wagen will, sollte den „Soerser Sonntag", immer am ersten Sonntag im Juli, nicht verpassen: Dann ist Tag der offenen Tür und der Eintritt ist frei.
Der CHIO Aachen wurde schon mehrfach zum „weltbesten Turnier" gekürt. Inzwischen gibt es dort auch ein Reitsportmuseum, das die Geschichte des CHIO für die Nachwelt erhält. Und wie gesagt, anders als in Cheltenham wird hier nicht scharf geschossen, dafür aber umso mehr auf dem Pferderücken geschwitzt.

Aachener Reitturnier GmbH . Albert-Servais-Allee 50 . 52070 Aachen

AACHENS FREIZEITACHSE IN DIE EIFEL

www.naturpark-hohesvenn-eifel.de

Vennbahn, Hohes Venn

Wo vor einigen Jahren noch die Dampfrösser der Vennbahn mächtig prusteten, kann man nun entspannt mit dem Rad eine wunderbare Route erkunden. Höchstens zwei bis drei Prozent Steigung verkrafteten die Loks der damaligen Zeit auf dieser Trasse. Die Bahnlinie wurde von 1882 bis 1889 vorrangig für den Massentransport speziell von Koks und Kohle sowie Erzen zwischen Aachen-Rothe Erde und Luxemburg gebaut.
Heute fährt man im Wechsel über Wiesen und Viadukte in einem mystischen Hohlweg durch den Wald, um sich im historischen Bahnhofsrestaurant von Kornelimünster auszuruhen. Der Abstecher in das Abteistädtchen Kornelimünster lohnt sich.
Weiter geht es über die erst kürzlich erweiterte Strecke nach Walheim. Skater rau-

schen auf der Überholspur zwischen Trekking-, Mountainbike- und Tourenradfans oder auch Spaziergängern vorbei.
Damit ist die Voreifel jetzt von der Aachener Innenstadt auf autofreien Wegen erreichbar. Wer Lust, Kraft und Zeit hat, kann von Walheim aus weitere Fahrten in den Naturpark Nordeifel unternehmen.
Die Erkundung der 16,4 km langen Strecke vom Aachener Markt bis nach Walheim ist einfach. Wer auf dem Rückweg nicht noch mal die Vennbahnroute befahren möchte, kann über verschiedene ausgeschilderte Strecken den Anfangspunkt wieder erreichen.

WM DER KIRSCHKERNSPUCKER

Telefon: 02421/25-0
www.annakirmes.de

WM im Weitspucken, Düren

Kirschen, das Material der WM im Kirschkernspucken

Jedes Jahr wird um die Wette – und um die Weite – gespuckt. Das Spucken hat hier WM-Status. Bereits seit 1974. In Düren fliegen wieder die Kirschkerne. Und das nicht zu knapp. Die „WM im Kirschkernweitspucken" hat wieder begonnen. Diejenigen, die bei der Deutschen Meisterschaft schon über ausreichend „Spuck-Know-how" verfügten und sich durch eine entsprechende Weite qualifiziert haben, gelten als WM-tauglich. Die Messlatte hängt allerdings hoch! Für Weiten um die 18 Meter muss man vermutlich das ganze Jahr über emsig trainieren. Wie viele Kerne bei den „Profi-Spuckern" wohl zu Hause im Garten liegen? Bestimmt verstößt es gegen die Sportler-Ehre, zum Üben Kern-Attrappen zu verwenden. Überhaupt gibt es hier ein strengstes Regelwerk: Bei der WM dürfen nur angeknabberte Kerne gespuckt werden. Der aktuelle Weltrekord bei den Männern liegt übrigens bei sagenhaften 21,71 m, der der Damen bei 15,24. Wenn Sie glauben, den brechen zu können: Melden Sie sich schon einmal an. Und in der Zwischenzeit schön fleißig Kirschen essen. Falls Sie kein Steinobst vertragen: Es gibt Alternativen. In Frankreich spucken die WMler regelmäßig Schnecken.
Die WM der Kirschkernspucker findet traditionell während der Annakirmes (jährlich Ende Juli bis Anfang August) in Düren statt.

Stadt Düren . Kaiserplatz 2–4 . 52349 Düren

DAS SCHLOSS IN DER ZITADELLE

www.juelich.de/schlossfestungzitadelle

Zitadelle Jülich

Jülichs bedeutendstes Bauwerk ist die Zitadelle. Sie ist eine der besterhaltenen Festungen Deutschlands, ein Bauwerk von europäischem Rang. 1545 als Residenz von und für Herzog Wilhelm V. von Jülich-Kleve-Berg nach Plänen des italienischen Architekten Alessandro Pasqualini erbaut, ist sie die älteste Zitadelle nördlich der Alpen. Sie lehnt sich als „palazzo in fortezza" an den Stil italienischer Hochrenaissance an. Umgeben ist die 90.000 m² große Zitadelle von einem etwa zehn Meter tiefen, breiten Wassergraben. In den historischen Kellergewölben informiert eine Ausstellung über ihre Geschichte, die Belagerung dieser Festung und die Entwicklung ihrer Restaurierung. Ihre Kasematten sind zu besichtigen, genau wie die Kanonenöfen und das Pulvermagazin. Heute ist sie Sitz des Gymnasiums Zitadelle der Stadt Jülich.
Allerdings droht die über Jahrhunderte standhafte Zitadelle durch die massiven Grundwassersenkungen, verursacht durch den nahen Braunkohletagebau der Rheinbraun/RWE, seit über zehn Jahren auseinanderzubrechen. Nur extrem aufwändige Abstützungen mit hydraulischen Pressen verhindern weitere Schäden, die etwa durch das Zerspringen von Fensterrahmen des Gymnasiums überdeutlich sichtbar wurden.

Zitadelle Jülich . Rurauenstraße 11 . 52428 Jülich

KINDER STATT KARTOFFELN

Telefon: 02421/71194
www.bubenheimer-spieleland.de

Bubenheimer Spieleland, Nörvenich

Die Maiskolben von Bauer Schmitz-Pfeiffer würden Augen machen, wenn sie welche hätten. Statt kleiner Feldmäuschen huschen von Juli bis Oktober Heerscharen von Kindern an ihnen vorbei, kreuz und quer durchs Maisfeld. Den Acker hat der Landwirt in ein Labyrinth verwandelt. Damals vor zehn Jahren, als er den ersten Irrgarten anlegte, machten seine Kollegen noch große Augen. Mittlerweile wundert sich niemand mehr darüber. Die Bauernfamilie hat ihren Hof und die Umgebung in ein Kinderparadies verwandelt; ganzjährig, getreu dem Motto: Kinder statt Kartoffeln. Mittlerweile finden sich auf dem Bubenheimer Grund und Boden zahlreiche Attraktionen für die Dreikäsehochs. Auf einer Fläche von mehreren Hektar ist neben dem Maislabyrinth ein Abenteuerspielplatz angelegt worden: mit Luftkissen zum Springen und Rutschen, zehn Meter hoher Teppich-Riesenrutsche, Beachvolleyballfeld und vielem mehr. Und wenn es regnet? Null Problemo! Im Spiele-Speicher, einer 400 Quadratmeter großen Scheune, warten das Bällchenbad, die Kissenschlachtecke, Rutschen, Schaukeln, Häuschen zum Verstecken, Sandkasten, Kasperletheater, ein supergroßes Trampolin und jede Menge Spielsachen. Und wenn die kleinen Besucher immer noch nicht müde sind, können sie sich in der 3.000 Quadratmeter großen Spielhalle mit Kletter- und Netzspielgerüst austoben, in der Kettcar-Bahn, im Kleinkinderbereich und sogar auf der Kinderbowlingbahn. Nur gut, dass Maiskolben auch keine Beine haben, sonst würden sie zwischen all den Kindern dort herumwuseln.

Bubenheimer-Spieleland . Burg-Bubenheim . 52388 Nörvenich

0500 NW_Essen & Trinken

STUDENT BIS RENTNER

Telefon: 0228/694365
www.klein-bonnum.com

Klein Bon(n)um, Bonn

Klein-Bon(n)um, das gemütliche Lokal in der Bonner Innenstadt, gibt es bereits seit 16 Jahren. Das Publikum ist bunt gemischt vom Student bis zum Rentner, durch alle Altersgruppen.
Gezapft wird hier ein frisches Sion Kölsch und Jever Pils. Die Speisekarte des Restaurants könnte auch als Taschenbuch erscheinen, was eine schnelle Auswahl erschwert. Jedenfalls will sich der Chef nicht auf eine regionale Küche festlegen: Salat Galway oder Gratinati, Pasta, Couscous, Chicken Curry, Spanische Kartoffeln oder Souflaki und einiges aus dem Meer.
Unter großen Sonnenschirmen sitzt man auf der Terrasse im Hinterhof. Eine Vorreservierung an Wochenenden ist anzuraten.

Klein Bon(n)um . Paulstraße 5 . 53111 Bonn

0501 NW_Essen & Trinken

BIER MIT AUSSICHT

Telefon: 0228/241243
www.bonnaparte.de

Biergarten Alter Zoll, Bonn

Der schönste Biergarten in Bonn, so sagt man, sei der „Alte Zoll“. Die strategisch günstige Lage zwischen Universität und Rhein macht den Biergarten insbesondere für die Bonner Studentenschaft interessant: hier die Einsicht – dort die Aussicht. Über die Aussicht von der Bastion „Alter Zoll“, Teil der mittelalterlichen Stadtbefestigung, der der Biergarten seinen Namen verdankt, kam bereits Johann Wolfgang

von Goethe zu der Einsicht, „dass man sich eines Versuchs, sie mit Worten zu beschreiben, kaum enthalten kann".
Wen wundert es also, dass das Publikum im Biergarten und auf angrenzenden Liegewiesen studentisch ist und bei schönem Wetter den Ausblick auf Siebengebirge und Regierungsviertel genießt. Früh sollte man am Ort des Geschehens eintreffen, da sonst die besten Plätze weg sind; denn wer hier einmal sitzt, der steht so schnell nicht mehr auf.

Alter Zoll . Am Brassertufer (neben Koblenzer Tor) . 53113 Bonn

0502 NW_Kunst & Architektur

EINE KLEINE GESCHICHTE ÜBER EIN GROSSES SCHLOSS

Telefon: 0228/732761
www.bonner-stadtwege.de/popp/schloss.htm

Poppelsdorfer Schloss, Bonn

Das Poppelsdorfer Schloss im Barockstil

Die Geschichte des Poppelsdorfer Schlosses beginnt mit der Zerstörung der Poppelsdorfer Wasserburg in den Truchsess'schen Wirren im Jahre 1583. Und das kam so: Gebhard Truchsess von Waldburg, Erzbischof und Kurfürst von Köln, liebte die protestantische Gräfin Agnes von Mansfeld. Die gestrengen Brüder der Dame legten dem Katholiken einen Glaubenswechsel nahe, wodurch sich jedoch die konfessionellen Mehrheitsverhältnisse bei der kurfürstlichen Wahl des deutschen Kaisers zu verschieben drohten. Das machte die katholischen Bayern böse, weshalb sie gen Norden zogen, zunächst die Godesburg sprengten und dann die kurfürstliche Wasserburg von Poppelsdorf niederbrannten. So verblieb es erst einmal über 100 Jahre.
Im Jahr 1715, frisch aus seinem französischen Exil zurück im Bonner Residenzschloss, blickte Kurfürst Joseph Clemens von seinem Balkon Richtung Kreuzberg. Hochwürden gefiel der Ausblick, und ihm kam die Idee, zwischen Residenz und Kreuzberg ein Schloss erbauen zu lassen. Die von seiner Verwandtschaft geschliffene Wasserburg Poppelsdorf schien ihm der geeignete Standort. So baute er dort also Lustschloss nebst Lustgarten. Das Lustschloss, so plante sein Baumeister Robert de Cotte, sollte durch einen Wassergraben mit der Residenz verbunden werden. Mangels Wasser wurde daraus aber nichts. Es blieb bei einem wunderschönen Barockschloss. Der Kurfürst selbst erlebte die Fertigstellung des Schlosses nicht

mehr. Joseph Clemens von Bayern, Kurfürst und Erzbischof von Köln, Fürstbischof von Regensburg, Freising, Lüttich und Hildesheim und Fürstpropst von Berchtesgaden, starb 1723. Sein Neffe Clemens August I. Ferdinand Maria Hyazinth von Bayern ließ das Schloss nach Plänen von Balthasar Neumann erweitern. 1818, unter der Herrschaft der Preußen am Rhein, gingen Lustschloss und -garten in den Besitz der Friedrich-Wilhelms-Universität über. So wurde aus dem Lustgarten ein Botanischer Garten (6,5 Hektar, 8.000 Pflanzen, elf Gewächshäuser), und im Schloss findet man auf 500 Quadratmetern ein besuchenswertes Mineralogisches Museum.

Poppelsdorfer Schloss . Meckenheimer Allee 171 . 53115 Bonn

0503 NW_Kunst & Architektur

WAHRZEICHEN DER STADT BAD GODESBERG

Telefon: 0228/316071
www.godesburg-bonn.de

Godesburg und Restaurant, Bonn-Bad Godesberg

Die Godesburg, das Wahrzeichen der Stadt Bad Godesberg, datiert aus dem 13. Jahrhundert und sollte den Kölner Kurfürsten als Aufenthaltsort dienen. 1210 war die Grundsteinlegung unter Dietrich I. von Hengebach, dem Kölner Erzbischof; 1244 wurde die Godesburg unter Erzbischof Konrad von Hochstaden um die ersten fünf Geschosse des Bergfrieds aufgestockt; Erzbischof Walram von Jülich erbaute die Vorburg. Im Jahre 1583 belagerte und zerstörte Ferdinand von Bayern das Gemäuer. 1959 wurde die Godesburg, eine Liegenschaft der Stadt Bonn, zu einem Restaurant umgebaut. Durch die großen Fensterfronten der Restaurantsäle genießt der Besucher einen fantastischen Aus- und Weitblick.

Restaurant – Die Godesburg . Auf dem Godesberg 5 . 53177 Bonn-Bad Godesberg

0504 NW_Feste, Events & Veranstaltungen

IM OSTEN BONNS WIRD GEFEIERT

www.puetzchens-markt.de

Pützchens Markt, Bonn

„Pötzjes Maat es aanjesaat, Minschemasse aan de Kasse ..." Nunmehr zum 640. Mal (2007) findet in Bonn-Beuel-Pützchen der umsatzstärkste 5-Tages-Jahrmarkt im Rheinland statt. Die Ursprünge des traditionsreichen Pützchens Markts lassen sich bis ins frühe Mittelalter zurückverfolgen: Eine große Dürre ließ verzweifelte

Westerwälder Bauern ihr Vieh zum Rhein hinuntertreiben, als die Heilige Adelheid, Äbtissin im nahen Kloster Vilich, ihren Stab in Pützchens Boden rammte und augenblicklich Wasser hervorsprudelte. Das gab einen guten Grund für eine ordentliche Wallfahrt, die sich im Laufe der Jahrhunderte zu einem der größten Jahrmärkte wandelte.

Die größte Kirmes in Bonn auf Pützchens Markt

Angeblich soll es aber bis heute Bonner geben, die sich vor dem Besuch von Pützchens Markt am sogenannten Brünnchen mit dem Wasser benetzen.

Jedes Jahr am zweiten Wochenende im September werden auf dieser Großkirmes mehr als eine Million Besucher erwartet. Nahezu 500 Fahrgeschäfte für Jung und Alt, Kirmesbuden und Restaurationsbetriebe finden die Besucher auf 80.000 Quadratmeter Fläche. Die Sperrstunden sind aufgehoben, der Spaß geht rund um die Uhr.

Anfahrt zu Pützchens Markt: Autobahn A 59 . Ausfahrt Pützchen oder Beuel/Hangelar

---

0505 NW_Kunst & Architektur

SO WOHNTE DER ERSTE BUNDESKANZLER

Telefon: 02224/921-234
www.adenauerhaus.de

Adenauerhaus, Bad Honnef-Rhöndorf

“Jo, do sin se schon z'wik jefahre. Driehen se öm, widder z'röck, räächs in de Drachefelsstroß, dann links und dann widder rächs. Do is et.“ So die Wegbeschreibung in rheinischer Mundart, wenn man sich bereits im schönen Rheinstädtchen Bad Honnef festgefahren hat. Am Fuße des Siebengebirges, unterhalb der Kirche von Rhöndorf, am Zennigsweg 8, hatte sich Konrad Adenauer, der erste Bundeskanzler im Nachkriegsdeutschland, ein bescheidenes Familienhaus gebaut.

Seit 1975 beherbergt ein Neubau unterhalb des Wohnhauses die Ausstellung „Konrad Adenauer – Dokumente aus vier Epochen deutscher Geschichte“, die bei freiem Eintritt zu besichtigen ist. Vom Ausstellungsgebäude gehen regelmäßig Führungen durch den berühmten Rosengarten hoch zum Wohnhaus. Hier sieht noch alles so aus, als wäre der Hausherr mal kurz zum Regieren ins nahe gelegene Bonn gefahren.

Die Einrichtung des Wohnhauses, die von Spöttern zur Epoche des „Gelsenkirchener Barock“ gerechnet wird, wirkt bescheiden und solide – rheinisch-preußisch eben, so wie „Der Alte“ nun einmal war.

Ein wenig Geschichtskenntnis sollte man schon mitbringen, um die zentrale Person der frühen Bonner Republik einordnen zu können. Sonst bleibt es beim Erstaunen vieler junger Besucher, dass mal ein Bundeskanzler so einfach gewohnt hat.

Gedenkstätte . Konrad-Adenauer-Straße 8c . 53604 Bad Honnef-Rhöndorf

---

0506 NW_Theater & Schauspiel

EINE RARITÄT – DIE JUNGEN PROFIS

Telefon: 0228/463672
www.jt-bonn.de

Junges Theater Bonn

Das „Junge Theater Bonn", ein Theater wie jedes andere? Mitnichten. Das Junge Theater Bonn (JTB) ist ein privates Kinder- und Jugendtheater. Unter der Intendanz von Moritz Seibert nimmt das Theater bis zu fünf neue Stücke jährlich in sein Programm auf; fast 200 Mal jährlich öffnet sich der Vorhang für die Besucher. Neben einem festen professionellen Ensemble übernehmen Kinder und Jugendliche die Rollen ihrer Spielfiguren. Nach freien Castings werden die Laienschauspieler angeleitet und kontinuierlich betreut. Aber auch aus der theatereigenen Schauspielschule rekrutieren sich die jugendlichen Darsteller. Während in England und den USA solche Theaterzusammenhänge schon lange ihre Erfolge feiern, sind Kinder- und Jugendtheater im deutschsprachigen Raum noch eine Rarität.

Junges Theater Bonn . Hermannstraße 50 . 53225 Bonn

0507 NW_Sport, Abenteuer & Technik

FÜR FORSCHUNGS- UND TECHNIKFANS

Telefon: 0228/302-255
www.deutsches-museum-bonn.de

Deutsches Museum Bonn

Das Deutsche Museum Bonn ist Teil des berühmten Deutschen Museums in München. Die Ausstellung zeigt 100 Meisterwerke aus „Forschung und Technik in Deutschland nach 1945", darunter auch viele nobelpreisgekrönte Forschungsergebnisse. Wer sich für Technik interessiert, wird dort fündig. Hier kann der Besucher zum Beispiel sekundengenaue Zeiteinstellungen vornehmen, dank der Cäsiumatomuhr CS1. Ein goldener Ionenkäfig mit Rubinen zählt eher als skurriles Exponat, es ist ein Geschenk der Schüler an ihren Lehrer Wolfgang Paul zum Sechzigsten. Wolfgang Paul erhielt für seine Entwicklung der „Paul-Falle" im Jahre 1989 den Nobelpreis für Physik. Auch die Nobelpreismedaille Pauls ist Teil der Ausstellung. Eine Panzerabwehrrakete vom Typ COBRA gehört ebenso in die Sammlung wie ein Windkanalmodell des Raumgleiters ELAC. Es fehlt auch nicht der Airbag oder der Fischer-Dübel – Technologien made in Germany.

Deutsches Museum Bonn . Ahrstraße 45 . 53175 Bonn

0508 NW_Gärten, Parks & Landschaften

GUMMISTIEFEL FÜR DAS HOHE VENN

Telefon: 02486/911117
www.roetgen.de

Naturpark Hohes Venn, Eifel

Ist man im grenzüberschreitenden deutsch-belgischen Naturpark unterwegs, gilt vor allem eins: Gummistiefel anziehen. Ganz wichtig! Und den Regenschirm am besten nicht im Auto vergessen. Denn ist man im „Hohen Venn“ unterwegs, ist Wasser ein überraschend, aber ständig auftauchendes Element. Und das ist schon seit langer Zeit so: Die hohen Niederschlagsmengen ließen hier in der Eiszeit die Hochmoore des Hohen Venns entstehen.

Das Hohe Venn

Voll Wasser gesogen wie ein riesiger Schwamm, versorgt es heute 15 Talsperren in der Region mit rund 350 Millionen Kubikmetern Wasser.
Sechs Landschaften prägen mit ihren unterschiedlichen Reizen den bis zu 692 Meter ü. d. M. hohen Gebirgszug: Vennvorland, Hohes Venn, Rureifel, Kalkeifel, Hocheifel und Ourtal.
Große Wälder im Osten und hohe, bewaldete Bergrücken im Süden geben zusammen mit idyllischen Tälern dem Hohen Venn sein sich vielfach wandelndes und schön-herbes Gesicht. Das über große Strecken wilde und unberührte Moor und die Heide sind allerdings überaus empfindsame und schützenswerte Biotope. Aber anziehend für Besucher aller Art: Sportler, Spaziergänger, Naturliebhaber, Einsamkeit suchende Streckenwanderer. Seit 1992 bestehen sogenannte Lenkungsmaßnahmen und Zutrittsregelungen, damit das Hohe Venn nicht überbeansprucht wird. Doch erst einmal dort, lässt man sehr schnell seinen Alltag hinter sich. Je nach Wetterlage ziehen hochdramatische Wolken ganz tief über das Hochmoor. Eine fast beklemmende Stille und Einsamkeit lässt den Menschen klein und nichtig gegenüber der urwüchsigen Natur erscheinen. Es gibt kaum jemanden, der nicht tief beeindruckt aus dem Hohen Venn zurückkehrt.
Tipps: Die schneesichere Region verfügt über gut präparierte Loipen und schöne

Strecken. Langlaufski, Schuhe und Stöcke kann man im Winter an verschiedenen Stationen leihen.
Wer bei all der stillen Schönheit ein bisschen Abenteuer sucht, kann vom Grenzdorf Roetgen starten; da begann nämlich früher der geheimnisumwitterte Schmugglerpfad.
Ein Spaziergang im Hohen Venn macht hungrig, und im nahen Belgien kann man ausgezeichnet dinieren.

Naturpark Hohes Venn – Eifel . Steinefelder Straße 8 . 53947 Nettersheim

0509 NW_Gärten, Parks & Landschaften

GRÜN STATT BRAUN

Telefon: 02444/95100
www.vogelsang-ip.de

Vogelsang und Nationalpark Eifel

Früher wurde hier scharf geschossen, das Gebiet war hermetisch abgeschlossen, streng bewacht, militärisches Sperrgebiet. Mitten in der Eifel, direkt neben der Rurtalsperre, lag das „Camp Vogelsang", ein NATO-Übungsgelände, verwaltet von der belgischen Armee. Seit dem 1. Januar 2006 ist das Sperrgebiet aufgehoben, die Soldaten sind fort, dürfen Nachbarn, Einheimische und Besucher hier wieder hinein, nach mehr als 70 Jahren.
Seit 1934 war die Gegend etwas unheimlich geworden: Bautrupps der „Deutschen Arbeitsfront" trugen die Bergrücken ab, legten Terrassen an und bauten in typischer NS-Architektur die sogenannte „Ordensburg" Vogelsang. Damit hatte die NSDAP ihre „Junker"-Schule, eine NS-Kaderschmiede. Der Zweite Weltkrieg brachte weitere Veränderungen in die sonst so ruhige Eifel: Vogelsang wurde umgenutzt, zuletzt als „Adolf-Hitler-Schule", bevor der riesige Gebäudekomplex unzerstört von den US-Truppen besetzt wurde. 1950 kam die belgische Armee und blieb bis Ende 2005.
Das riesige Gelände des ehemaligen Truppenübungsplatzes, das bis an die deutsch-belgische Grenze reicht, wird nun wieder der Natur überlassen und ist jetzt Teil des Nationalparks Eifel. Endlich darf man das Gelände wieder betreten, entweder allein „auf eigene Faust" erkunden oder in Begleitung von sach- und fachkundigen Rangern. Über 460 gefährdete Tier- und Pflanzenarten haben dort ihr Refugium gefunden, blühende Ginsterbüsche breiten sich jetzt wieder verschwenderisch aus, im Frühjahr blenden endlose Narzissenwiesen. „Die Natur wieder Natur sein lassen", ist das Motto des Nationalparks.
Die vor 70 Jahren brachial in die Eifellandschaft betonierte NS-„Ordensburg" Vogelsang kann man endlich auch mal als „normaler" Mensch betreten: Referenten begleiten die Besucher bei den angebotenen 90-minütigen Rundgängen und erläutern die Umbaumaßnahmen zu einer Erinnerungsstätte für Menschlichkeit und Toleranz.

Nationalparkforstamt Eifel . Urftseestraße 34 . 53937 Schleiden-Gemünd

GESPIELTE GESCHICHTE

Telefon: 02443/799800
www.kommern.lvr.de

Rheinisches Freilichtmuseum, Mechernich-Kommern

Die Rheinländer gelten seit jeher als Frohnaturen. Dass ihnen im Lauf der vergangenen Jahrhunderte das Lachen nicht vergangen ist, darüber kann man sich nur wundern. Immerhin war das Leben vor allem auf dem Land kein Zuckerschlecken, auch nicht im Rheinland. Wie es damals genau ausgesehen hat und zugegangen ist auf dem Lande, davon kann man sich im Rheinischen Freilichtmuseum Kommern, einem der größten Freilichtmuseen Europas, einen nachhaltigen Eindruck verschaffen. Auf dem Gelände, das etwa so groß ist wie 80 Fußballplätze, befinden sich weit mehr als 60 historische Gebäude aus der ehemaligen preußischen Rheinprovinz: Wasser- und Windmühlen, Bauernhöfe, Werkstätten, Schul- und Backhaus sowie Kapelle und Tanzsaal führen den Besuchern eindringlich vor Augen, wie es sich gelebt hat, wie seit dem 15. Jahrhundert gebaut und gewohnt, gewirtschaftet und gearbeitet wurde. Die Baudenkmale sind eingebettet in eine Museumslandschaft mit Bauerngärten, Obstwiesen und Äckern. Zahlreiche Gebäude werden von April bis Oktober von Akteuren in historischen Gewändern bewohnt, ein Gespräch mit ihnen lässt die Geschichte lebendig werden. Wie hat der Schmied gearbeitet, wie der Bäcker? Vier große Baugruppen spiegeln die frühere Siedlungsform in der jeweiligen Herkunftsregion wider: Westerwald, Eifel, Niederrhein und Bergisches Land. 1977 wurde im Rheinischen Freilichtmuseum das Landesmuseum für Volkskunde als zentrale Sammelstätte rheinischer Volkskultur eröffnet. In drei Ausstellungspavillons bietet das Landesmuseum eine Ausstellung über die Geschichte der rheinischen Auswanderung nach Nordamerika vom 17. bis zum Beginn des 20. Jahrhunderts: „Schöne Neue Welt – Rheinländer erobern Amerika".

Rheinisches Freilichtmuseum – Landesmuseum für Volkskunde Kommern
Auf dem Kahlenbusch . 53894 Mechernich-Kommern

STEINREICH IN NETTERSHEIM

Telefon: 02486/1246
www.naturzentrum-eifel.de

Naturzentrum Eifel, Nettersheim

Wer vor 400 Millionen Jahren im Raum Nettersheim unterwegs war, der hatte hoffentlich seine Badehose dabei. Die Region lag in der Devonzeit südlich des Äquators in der sogenannten Eifeler Meeresstraße, also im Bereich eines flachen, warmen Meeres. Dieses Meer wurde von vielen riffbildenden und riffbesiedelnden

Organismen bewohnt. Dass es nicht nur nass, sondern auch lebendig zugegangen ist, davon zeugen auch heute noch unzählige versteinerte Überreste, die man in Nettersheim auf Äckern, in Steinbrüchen, in Böschungen und auf Baustellen finden kann. Keine Sorge, man muss sie nicht selbst suchen: Im Naturzentrum Eifel sind die umfangreichen Funde anzuschauen. Im Haus der Fossilien „Alte Schmiede" an der Bahnhofstraße 50 wird, neben verschiedenen fossilienkundlichen Ausstellungen, auch ein versteinertes Korallenriff ausgestellt, außerdem gibt es unter anderem fossile Seelilien, eine Fossilienwerkstatt, eine Ausstellung über „400 Millionen Jahre Wald" und vieles mehr zu sehen. Geschulte Fachkräfte (Biologen, Archäologen, Agraringenieure, Geologen und Geographen) gestalten die verschiedenen Aktivitäten und begleiten die Besucher fachkundig während ihres Aufenthaltes in Nettersheim. Es gibt zudem Werkhäuser und Kalkbrennöfen sowie ein historisches Bauernhaus. Dieses veranschaulicht, wie die Menschen in früheren Zeiten gelebt und gewohnt haben. Im Zentralgebäude am Römerplatz 8 bis 10 wurde ein Korallenriff-Aquarium mit 4.000 Liter künstlichem Meerwasser aufgebaut, dort befindet sich auch der Museumsshop mit Fachliteratur, Fossilien und Geologenwerkzeug. Letzteres kann man auf dem Fossilienacker oder an vielen anderen Stationen eines Geopfades zum Einsatz kommen lassen; mit Hammer und Meisel darf man dort selbst nach Fossilien graben. Und wer weiß, eventuell findet der eine oder andere ja eine Muschel, vielleicht sogar eine versteinerte Badehose – eine Sensation wäre das ganz bestimmt.

Naturzentrum Eifel . Römerplatz 8–10 . 53947 Nettersheim

0512 NW_Sport, Abenteuer & Technik

BAGGERN ZUM DIPLOM

Telefon: 02429/7822
www.zum-alten-forsthaus.de

Baggerfahren in der Eifel, Hürtgenwald

Inmitten des Dreiländerecks zwischen Belgien, Holland und Deutschland, genauer gesagt im Eifelstädtchen Hürtgenwald-Vossenack, führt Inhaber Rainer Gübbels eine mit vier Sternen versehene Herberge: das Landguthotel „Zum alten Forsthaus". Dort bietet er für verhinderte Tiefbauer ein Erlebniswochenende mit leckerem Essen und anschließendem Bagger-Diplom an. Los geht's mit einem Drei-Gänge-Menü am Freitagabend, am Tag darauf darf man nach Lust und Laune auf einem echten Bagger Gräben ziehen, Gruben schaufeln und Sandberge versetzen. Nach einer kurzen Einweisung schwingt man beherzt die Schaufel, beherrscht den Steuerknüppel und leistet saubere Baggerarbeit. Ein Riesenspaß, der mit der Verleihung des „Eifeler Bagger-Diploms" gewürdigt wird. Das Bagger-Wochenende, das Männerherzen höherschlagen lässt, beinhaltet unter anderem zwei Übernachtungen mit Frühstück im Doppelzimmer, Drei- und Vier-Gang-Menüs, Eintopfessen, Mitternachtssuppen, Hallenbad-/Saunabenutzung und das Wichtigste, die Baggerübungen und das Bagger-Diplom.

Zum alten Forsthaus . Germeter 49 . 52393 Hürtgenwald-Vossenack

DIE MEISTER DER GUTEN HOLZSCHÜSSEL

Telefon: 02758/515
www.drehkoite.de

Alte Handwerkskunst, Bad Berleburg-Girkhausen

Not macht erfinderisch. Vor weit über 400 Jahren fiel eine bis dahin gut sprudelnde Einnahmequelle in Girkhausen weg: Im Zuge der Reformation wurden die Wallfahrten zum Marienbild eingestellt. Statt an den Pilgern mussten die Leute nun auf ihren Äckern ihren Lebensunterhalt verdienen, doch leider liegt Girkhausen am Hang des Rothaargebirges. Schon mal versucht, ein Feld im Hang anzulegen? Eben. Also hatte sich das mit der Landwirtschaft für die Girkhäuser bald erledigt. Die Folge: Die Männer gingen hinab ins Lennetal und verdingten sich als Maurer und Zimmerleute. Im Winter, wenn es zu kalt war, um auf dem Bau zu arbeiten, kamen sie nach Girkhausen zurück. Aus Not erfinderisch, entdeckten sie ein lohnendes Monopol für sich: Schüsseldrehen. Das ist keineswegs eine mittelalterliche Version vom Flaschendrehen, sondern eine Technik, um Holzschüsseln herzustellen. Mit einer im Boden eingelassenen Drehbank (der sogenannten Drehkoite) konnten die Girkhäuser aus einem Holzscheit vier bis sechs Schüsseln fertigen. Aus dem übrigbleibenden Abfall schnitzen sie kurzerhand Löffel, so dass sie das Rundum-Sorglos-Ess-Set überall hin verkaufen konnten.
Bis 1956 wurden in Girkhausen Schüsseln gefertigt. Heute gibt es nur noch eine Drehkoite in einem extra hergerichteten Haus, wo Besuchern die Schüsseldreh-Technik vorgeführt wird. Wem so eine echte, handwerklich perfekt gedrehte Holzschüssel gefällt, der ist sich bestimmt schnell handelseinig mit dem Meister an der Drehkoite.

Heimatstube der alten Handwerkskunst . Am Bergelchen 10 . 57319 Bad Berleburg – Girkhausen

RADIO CURIOSA

Telefon: 02752/9798
www.fitg.de/radiomuseum/radio.html

Internationales Radio-Museum, Bad Laasphe

Sein erstes Radio bekam Hans Necker mit sechs Jahren. Ob der Schenker des Gerätes damals schon wusste, welch eine Sammelleidenschaft er damit auslöste? Oder ahnte Necker selbst, dass sein Radiobestand später einmal auf stattliche 4.000 anwachsen und ihm einen Eintrag im Guinness-Buch der Rekorde einbringen würde? Nach eigener Aussage des Gründers des „Internationalen Radio-Museums" war es anfangs weniger die Technik als vielmehr das Interesse an allem, womit man

Musik machen konnte, was ihn so sehr faszinierte. In den 50er Jahren nahm er sich allen aussortierten Radios der Umgebung an, kaufte auch in den darauffolgenden Jahren ständig seltene Exemplare aller Arten hinzu und bastelte als Gipfel seines Radiosachverstandes schließlich selbst welche. Die sind auch ausgestellt, seine „Original-Necker-Zigarrenkisten-Radios". Alle technischen Geräte, die Klang übermitteln, und allem, was im weitesten Sinne damit zu tun hatte, räumte er sowohl in seinem Sammlerherzen als auch in seinen ständig wachsenden musealen Ausstellungsbereichen einen großzügigen Platz ein. Mit Erfolg. Die weltgrößte und einzigartige Sammlung nennt er sein eigen. Allein die Sparte „radio curiosa" umfasst 300 Exponate.
Was darf man so einem Sammler noch wünschen? Einzigartige Funde? Selten zu bekommende Ersatzteile? Bestimmt freut er sich über „einen guten Empfang"!

Internationales Radio-Museum Bad Laasphe . Haus der Jugend
Bahnhofstraße 33 . 57334 Bad Laasphe

DIE GESCHICHTE VOM HANDWERK

Freilichtmuseum Hagen

Telefon: 02331/7807-0
www.freilichtmuseum-hagen.de

Wer sich für Metallverarbeitung interessiert, für Gerberei und Kürschnerei, Papierproduktion, Holzverarbeitung, Achatschleiferei oder Schmiedekunst, für den lohnt sich ein Ausflug ins Freilichtmuseum Hagen im idyllischen Mäckingerbachtal.

Freilichtmuseum Hagen

Die Geschichte von Handwerk und Technik ist das Thema von etwa sechzig Werkstätten, die auf dem etwa 42 ha großen Gelände wieder aufgebaut oder rekonstruiert wurden. In einigen Werkstätten werden die alten Gewerke und Gewerbe aus dem 19. und frühen 20. Jahrhundert auch praktisch vorgeführt.
Der drei Kilometer lange Rundweg führt vorbei an plätschernden Bächen, Wasserrädern, Windmühlen und imposanten Fachwerkhäusern. Zum umfangreichen Angebot hinzu kommen Sonderausstellungen und -veranstaltungen sowie museumspädagogische Programme.

Westfälisches Landesmuseum für Handwerk und Technik . Mäckingerbach . 58091 Hagen

BIKEN IM LAND DER TAUSEND BERGE

Telefon: 0180/5969889
www.bike-arena.de

Bike Arena, Schmallenberg

Eigentlich sind es ja viel mehr als tausend. Über 2.700 Gipfel zählt es nämlich, das Sauerland. Mit Bikeraugen betrachtet, kann das unterschiedlichste Reaktionen auslösen. Des einen Biker-Augen beginnen zu leuchten, des anderen bekommen ein hektisches Flackern rund um die Pupille. Hier kommt der alte westfälische Spruch zum Tragen: „Was dem einen sin Uhl, ist dem andern sin Nachtigall." Was locker übersetzt so viel bedeutet wie: jedem das Seine, oder hier: Was den einen Biker schreckt, ist für den anderen pure Freude. Das scheinen die Initiatoren und Planer der „Bike Arena" im Sauerland schon am eigenen „Biker-Leib", und dessen Muskeln, erfahren zu haben. Spiegelt sich doch in ihrem Tourensortiment ein klar definiertes Angebot für die verschiedensten Biker-Typen wider. Insgesamt 1.700 Streckenkilometer und 34.000 Höhenmeter haben die Planer geschickt für unterschiedlichste Konditionstypen zusammengestellt. Anspruchsvolle Singletrails, Höhenmeter vernichtende Up- und Downhills oder eine Genusstour um die Sauerländer Seen. Trekking-, Rennrad- und Familientouren stehen außerdem auf den sehr gut beschilderten Routen zur Wahl. Markige Namen wie „Feuereichen-Tour", „Kuckucks-Tour" oder „Upland-Dörfer-Tour" bringen Biker dann auch auf den Gipfel des Genusses. Oder auf einen der 2.700 Gipfel im Land der Hügel und Berge.

Bike Arena Sauerland e. V. . Johannes-Hummel-Weg 1 . 57392 Schmallenberg

---

DIE 5-KILOMETER-HÖHLE

Telefon: 02333/98800
www.kluterthoehle.de

Kluterthöhle in Ennepetal

Die Kluterthöhle entstand vor etwa 370 Millionen Jahren; da erscheint es nicht so wichtig, ob die erste Erwähnung 1586 war oder nicht, denn die Unterlagen sind nicht mehr vorhanden. Spannender ist, dass sich ein Mann namens Heinrich Schmitt 1883 sieben Tage und acht Nächte in der Höhle verirrte. Kein Wunder bei knapp 5.500 Meter Gesamtlänge der 360 Höhlengänge. Statt Abstand zu nehmen und sich nie mehr dort aufhalten zu wollen, holte er sich die Erlaubnis des Eigentümers, die Kluterthöhle gangbar zu machen. So wurde sie 1884 zur Schauhöhle, und der gute Heinrich Schmitt veranstaltete die ersten Führungen.

Während es zu Beginn des Ersten Weltkrieges 1914 wissenschaftliche Untersuchungen der Höhle gab, die in den folgenden Jahren unter anderem durch einen verbes-

serten Höhlenplan erweitert wurden, bot die Höhle im Zweiten Weltkrieg den Ennepetalern als Bunker Schutz.
In den 50er Jahren wurden die wissenschaftlichen Untersuchungen ausgeweitet, insbesondere auf dem Feld der Speläotherapie. Seit 1954 gibt es dort Kuren unter ärztlicher Aufsicht. Dumm nur für den, der an Asthma und Klaustrophobie gleichzeitig leidet.
Heute gibt es in der Kluterthöhle, neben den normalen Führungen, abenteuerliche Erlebnisführungen. Da muss man, mit Taschenlampe und gutem Schuhwerk ausgerüstet, auch mal durch etwas schmalere Gänge klettern. Für Kinder gibt es optional die Schatzsuche.
Eltern können sich währenddessen in der Höhle gezielt das Rauchen abgewöhnen. Am einfachsten geht das, indem man die Zigaretten am Eingang vergisst und sich dann auf die Spuren Heinrich Schmitts begibt ... Glück auf, Fledermaus!

Kluterthöhle & Freizeit GmbH . Gasstraße 10 . 58256 Ennepetal

---

0518 NW_Feste, Events & Veranstaltungen

MONTGOLFIADE IM SAUERLAND

www.warsteiner-wim.de

Heißluftballon-Wettbewerb, Warstein

Die Internationale Montgolfiade ist der größte europäische Heißluftballon-Wettbewerb. Sie wird seit zwanzig Jahren jährlich im September im sauerländischen Warstein ausgetragen. Der Ausrichter der Montgolfiade ist die Warsteiner Brauerei.
Bis zu 300 europäische Ballonteams nehmen an diesem Wettbewerb teil. Auf dem Programm stehen an den Wochenenden u. a. „Paraballooning“, eine Fusion aus Ballonfahren und Fallschirmspringen, oder die Parade der „Special Shapes“, Ballons in Sonderformen. Da steigen Kathedralen, Europäische Wahrzeichen und Comicfiguren in den Himmel – alle heißluftgefüllt. Atmosphärisch sind auch die „Night Glows“, wenn die Brenner der Heißluftballons die Fluggeräte wie Lampions am nächtlichen Himmel erscheinen lassen.
In der Warsteiner Innenstadt findet am ersten Montgolfiade-Wochenende auch das Brauerfest statt.

Montgolfiade in Warstein

Warsteiner International Montgolfiade . 59581 Warstein

KAISER BARBAROSSA UND DER ALBERSSEE

Telefon: 02941/58515
www.lippstadt.de

Alberssee, Lippstadt

Was hat Barbarossa mit den Beach-Partys am Alberssee in Lipperode zu tun? Auf den ersten Blick nichts, auf den zweiten schon ein bisschen. Der alte Rotbart gab nämlich überhaupt erst die Erlaubnis zum Bau von Lippstadt. Graf Bernhard II. von Lippe machte sich sogleich an die planmäßige Gründung von Lippstadt, früher schlicht „Lippe" genannt. Der Ortsteil Lipperode soll aber der Ursprungsort gewesen sein.
Heute schwappt Lipperoder Wasser an den wunderbaren Sandstrand des Alberssees und sorgt für Ferienlaune. Man zeigt stolz die blaue Flagge, das Zeichen für beste Wasserqualität. Der See mit seinen 600.000 m^2 Wasserfläche und 850.000 m^2 Rasen ist ein Magnet für Badegäste, Segler und Taucher. Lippstädter und Besucher von weit her treffen sich ganz selbstverständlich am Alberssee oder im dortigen Strandcafé, an heißen Tagen bis zu 12.000.
Und mit ein wenig Glück kann man am Abend sogar auf einer Beach-Party mitfeiern. Die Lipperoder, sagt man, feiern gerne. Vielleicht hat dort schon mancher heimlich auf den alten Barbarossa und den Grafen Bernhard angestoßen.

Lippstadt Marketing . Lange Straße 1 . 59555 Lippstadt

NATURWISSENSCHAFT ZUM STAUNEN UND MITMACHEN

www.phaenomenta.de/Luedenscheid

Phänomenta, Lüdenscheid

Eine interaktive Ausstellung zum Staunen und Mitmachen zeigt die „Phänomenta" im sauerländischen Lüdenscheid. Hier soll Naturwissenschaft für Kinder und Schüler praktisch erfahrbar gemacht werden, um ihnen den grundsätzlichen Zugang zu Physik, Mechanik und Elektrik zu erleichtern. Tatsächlich nicht nur für Kinder und Jugendliche. Auch für Erwachsene: Was Sie schon immer wissen wollten, aber nie zu fragen gewagt haben.
Wie funktioniert Strom? Wie entsteht ein Blitz? Wie sieht Radioaktivität aus?
Hier gibt es die Antworten.
Physikalische Phänomene werden nachvollziehbar und erfahrbar. 130 Stationen mit Experimenten zum Ausprobieren, Nachdenken und Spaßhaben, das ist das weitaus

bessere Wochenendprogramm für Kids und Eltern als auch nur eine Stunde Fernsehen.

Stiftung Phänomenta Lüdenscheid . Gustav-Adolf-Straße 9–11 . 58507 Lüdenscheid

URWÜCHSIGES NATURSCHAUSPIEL

www.hiz-hemer.de

Felsenmeer in Hemer

Die unbeabsichtigten Folgen guter Taten kann man bei einem kleinen Familienausflug ins nördliche Sauerland besichtigen. Unweit des beschaulichen Städtchens Hemer befindet sich dort das Felsenmeer, eine 13 Hektar große Karstlandschaft aus zerklüfteten Felsen, Einsturztrichtern und eingestürzten Höhlen. Die Dichterin Annette von Droste-Hülshoff beschrieb das Gebiet beeindruckt als „ein Tal, wo Riesen mit wüsten Felsenwürfeln gespielt zu haben scheinen".

Seine Entstehung ist allerdings nicht nur auf die Verwitterung von Gesteinsschichten und die Ausspülung des so gelösten Kalksteins zurückzuführen, sondern ist zum großen Teil von Menschenhand gemacht: In der Gegend um Hemer wurde schon seit dem 8. Jahrhundert Eisenerz abgebaut, was das Gestein wie einen Schweizer Käse durchlöcherte und zum Einsturz vieler Stollen und Höhlengänge führte. Eine noch nicht eingestürzte und sehr schöne Tropfsteinhöhle in der Nachbarschaft ist die Heinrichshöhle, in der man sich außerdem vor einem vollkommen erhaltenen Höhlenbär-Skelett gruseln kann.

Felsenmeer in Hemer

1968 wurde das Felsenmeer unter Naturschutz gestellt, blieb aber für Besucher frei zugänglich. Diese kletterten frisch und fröhlich zwischen den einzelnen Klippen herum und funktionierten damit wie eine Ziegenherde, die den Baumbewuchs kurz hielt. Als man später aus Sorge um die Sicherheit der Gäste das Gelände umzäunte und einen sicheren Rundweg anlegte, verschwanden die Felsen binnen zehn Jahren unter einer üppig wachsenden Pflanzendecke. Mächtige umgestürzte Buchen liegen nun zum Teil kreuz und quer über den Felsen und Spalten, was einerseits vielen seltenen Tier- und Pflanzenarten eine Heimat gibt, andererseits aber das Felsenmeer an sich von der Landkarte verschwinden lässt. Ob nun Urwald oder Felsenmeer zu schützen sind, darüber wird zur Zeit heftig gestritten. Bis eine

Entscheidung getroffen wurde, sollten Sie sich an die ausgewiesenen Wege halten, denn überwachsene Felsspalten lieben nichtsahnende Touristenknöchel!

Hemer Felsenmeer-Museum . Hardemarplatz 44 . 58675 Hemer

0522 NW_Sport, Abenteuer & Technik

ES WERDE LICHT!

Telefon: 02303/103770
www.lichtkunst-unna.de

Zentrum für internationale Lichtkunst, Unna

Unter dem Boden von Unna wartet buchstäblich eine Erleuchtung auf den Kunstsinnigen: In den gewaltigen Kellergewölben der ehemaligen Lindenbrauerei wurde 2001 das Zentrum für Internationale Lichtkunst eröffnet. Es ist das weltweit erste und bisher einzige Museum, das sich ausschließlich der Lichtkunst widmet. Auf einer Fläche von 2.400 m^2 präsentiert das Museum Installationen von renommierten Lichtkünstlern wie Ólafur Elíasson, James Turrell und Mischa Kuball. Das Labyrinth aus Gängen, Kühlräumen und riesigen Gärbecken erstrahlt einmal in Neonfarben, verschwindet dann wieder im Schwarzlicht; ein künstlicher Wasserfall und verwirrende Licht- und Schattenspiele faszinieren den Besucher. Höhepunkt der beeindruckenden Sammlung ist die Dauerinstallation „Lotusschatten 2006“, eine Konstruktion aus sich windenden, leuchtenden Tentakeln, die ein auch für Laien beeindruckendes Kunsterlebnis bietet.
Der 52 Meter in den Himmel ragende Schornstein der Brauerei ist ein verlässlicher Wegweiser in das Zentrum, das seine Werke grundsätzlich nur im Rahmen von Führungen zeigt.

Zentrum für internationale Lichtkunst . Lindenplatz 1 . 59423 Unna

0523 NW_Essen & Trinken

EDELFRANZOSE IN UMGEBAUTER JUGENDSTILMETZGEREI

Telefon: 0221/729479
www.lemoissonnier.de

Le Moissonnier, Köln

Das Restaurant und Bistro Le Moissonnier hat einen eigenwilligen und typisch französischen Charme. Niemanden wundert das, denn die Besitzer, Lilian und Vincent Moissonnier, sind echte Franzosen. Die ausgebildeten Profis aus der Edelgastrono-

mie hatten schon einiges erlebt, bevor sie sich in Deutschland kennen und lieben gelernt haben.
Hingebungsvoll renovierten sie die alte Jugendstilmetzgerei, die zwischendurch auch mal ein eher heruntergekommenes, traditionelles Café gewesen war, um ihr Leben gemeinsam im Dienste gepflegter Gastronomie zu verbringen. So erfüllten sie sich ihren Traum vom französischen Restaurant.
So einfach, wie sich das anhört, war es eigentlich nicht. Eine Reihe Zufälle und ein Quäntchen Glück spielten auch eine Rolle.
Französisches Flair in Köln herzustellen ist trotz langjähriger Belagerung durch die Franzosen nicht so einfach. Jeder, der in Frankreich war, weiß das. Dennoch ist es den beiden wirklich gelungen, in einem alten Kölner Viertel auf einer nicht wirklich attraktiven Straße ein kleines Stück Frankreich zu zaubern.
Wenn man durch die Schwingtür das Restaurant betritt, ist man in einer anderen Welt; und die überzeugt nicht durch überflüssigen Glamour, sondern durch eben die Atmosphäre, die entsteht, wenn sich das Traditionelle gekonnt mit dem Modernen vermischt. Edel und schlicht, Holz, Spiegel und kleine Tische so nah beieinander, dass sogar zwischen Fremden eine persönliche Atmosphäre entsteht.
Eric Menchon, der Koch, von dem Vincent Moissonnier bis heute schwärmt, hatte damals, kurz vor der Eröffnung, Lust auf einen Tapetenwechsel. So fügte sich alles zum Besten, und das Team war komplett.
Das Le Moissonnier hat einen Michelin-Stern und wurde vom Feinschmecker-Magazin zum „Besten Ausländer 2003“ ernannt.
Das Weinkonzept ist genial, nicht zuletzt auch wegen der großen Auswahl sehr guter offener Weine.

Le Moissonnier . Krefelder Str. 25 . 50670 Köln

0524 NW_Feste, Events & Veranstaltungen

CSD COLOGNE

Telefon: 0221/16909-88
www.csd-cologne.de

Christopher Street Day in Köln

Wer sich hier noch an den Aufstand in der „Stonewall Inn“-Bar in New Yorks Christopher Street am 28. Juni 1969 erinnert, der hat es sicherlich auswendig gelernt, um eine gut klingende Erklärung parat zu haben.
Im Vordergrund steht an diesem Tag die große Party mit der Straßenparade quer durch Köln. Hier wird freizügig gefeiert, jedes Jahr mit einem anderen Motto, aber vor allen Dingen nach der Devise: je schriller, desto besser. Bunt, laut und

Die Parade zum Christopher Street Day in Köln

sehr offensiv wird hier von Schwulen und Lesben demonstriert, dass sie gleichberechtigt sind.
Europas größter Schauplatz dieser Feier zieht bis zu 600.000 Besucher aus dem In- und Ausland nach Köln. Mittlerweile findet jedes Jahr zum CSD auch ein breitgefächertes Rahmenprogramm mit Galaveranstaltungen, Kleinkunst und anderen Events statt. Hier lernt man Toleranz. So oder so.

Kölner Lesben- und Schwulentag e. V. (KLuST) . Beethovenstraße 1 . 50674 Köln

0525 NW_Hotels & Wellness

DISKRET UND RUND

Hotel im Wasserturm, Köln

Telefon: 0221/200-80
www.hotel-im-wasserturm.de

Ein 130 Jahre alter, ehemaliger Wasserturm ist ganz sicher nicht die erste Wahl für eine Unterkunft, mal ehrlich. Aber was macht man mit einem denkmalgeschützten Gebäude, das in so zentraler, ruhiger Lage mitten in Köln steht, wenn man kein Wasser mehr hineinfüllt? Wasser ist ja genug da, nebenan im Agrippaschwimmbad, denkt der Kölner sich und entschließt sich kurzerhand: Machen wir ein Hotel daraus.
Immerhin war es mal der größte Wasserturm Europas, also verwandelt man ihn in ein großes und luxuriöses Hotel. Dafür lädt man sich die französische Innenarchitektin Andrée Putman ein und eröffnet 1990 eine wirklich runde Sache: Das Hotel im Wasserturm.

Das Luxushotel im Wasserturm in Köln

Internationale Gäste verkehren hier und haben das ungewöhnliche Hotel schätzen und lieben gelernt. Wenn man die elf Meter hohe Hotelhalle mit ihren begehbaren Brückenverbindungen betritt, versteht man auch schon, warum. Für den gestressten Messegast ist das zu diskret, man „wohnt“ ganz einfach hier, hat der individuelle (Stamm-)Gast erkannt. Man liebt die fein zurückhaltende Gestaltung der halbrunden Zimmer: Da sind alle Möbelstücke genau passend ausgesucht, und das muss auch so sein, denn die Außenwände sind nun einmal rund. Zu Hause eine Katastrophe, hier eine gemeisterte Herausforderung an das Design.
Ganz oben auf dem Dach ist oder isst, wer sich in der elften Etage im rundum verglasten Dachrestaurant mit französischer Gourmetküche verwöhnen lässt. Ein wunderbarer Ausblick trifft Gaumenfreuden – passender als „La Vision“ könnte man es gar nicht nennen.
Alles in allem ein Luxushotel, wie es sich gehört, und doch von ganz anderer Art. Auf jeden Fall einen Besuch wert, ob nun mit Übernachtung oder nur, „um es mal

von Nahem gesehen zu haben". Man darf sich dabei nur nicht an den neugierig gaffenden Prominenten stören.

Hotel im Wasserturm . Kaygasse 2 . 50676 Köln

KUNST KOMMT VON KÖLN

Telefon: 0221/821-2245 + 2396
www.artcologne.de

Art Cologne

Ob Kunst von Können oder – wie mancher Kölner ironisch behauptet – von Köln kommt, bleibt Streitthema und lässt sich auch dann nicht zufriedenstellend beantworten, wenn man sich auf die Art Cologne begeben hat. Von der klassischen Moderne des 20. bzw. 21. Jahrhunderts über aktuellste Kunstproduktionen bis zur provokativen Frechheit wird einmal im Jahr alles geboten, was über 180 renommierte Galerien zu präsentieren haben. Als Messe, die 1967 gegründet wurde, zählt die Art Cologne heute zu den dauerhaft etablierten und bedeutendsten Kunstmessen der Welt.
Für viele Galerien ist die Art Cologne die Erfüllung eines Traums oder Geschäftsziels, einmal so umfangreich ihre Künstler und deren Werke präsentieren zu können. Teilnahme an der Art Cologne – das bedeutet die höheren Weihen als Galerist zu erhalten.
Und das gilt erst recht für die Künstler: Wessen Werke auf der Art Cologne hängen, bei dem läuft das Geschäft, den trifft man mit einem stets frischen Glas Champagner auf den großen Gängen zwischen den vielen Ausstellungskojen.

Älteste Kunstmesse der Welt: die „Art Cologne"

Die etwas nüchterne Atmosphäre der Messehallen 4 und 5 – bitte an entsprechendes Schuhwerk denken! – stört den Charakter der Ausstellung nicht, denn hier soll ja auch verkauft werden. In diversen Sonderausstellungen können Kenner und Sammler Exponate ihrer Wahl erwerben. Trendsetzend sind die Programme „New Talents" und „New Contemporaries", die dem internationalen Kunstmarkt junge Künstler und deren Werke vorstellen.
Wer schon einmal versehentlich die Kunst mit Füßen getreten hat, als er in einem abgegrenzten Raum vergeblich nach einem Ausstellungsstück suchte und mit den Worten „Gehen sie sofort da runter!" verscheucht wurde, weil er auf einem weißen Brett (auf ebensolchem Boden) stand, sollte nicht aufgeben. Die Kunst ist überall, auch in den Hallen 4 und 5 der Kölner Messe.

Beim Programm „Hidden Treasures“ bleiben die ganz jungen Künstler außen vor. Hier darf nur der über 40-Jährige teilnehmen. In fünf Einzelpräsentationen wird hier Relevantes für den Kunstmarkt geboten.
Wer sich nach den ersten beiden Tagen der Art Cologne noch nicht entscheiden kann zwischen einem kleinen 150.000-Euro-Richter und einem 160.000-Euro-Klassiker von Schwitters, der findet tatsächlich immer wieder außergewöhnlich schöne und überraschend günstige Werke beim aufmerksamen Rundgang durch die Kojen. Auch wer nichts kaufen will oder kann, auf jeden Fall nimmt er genügend Gesprächsstoff mit; den gibt es reichlich, und das ist allein schon den Eintrittspreis wert. Kunst ist vielleicht doch „wem's gefällt“.

Art Cologne . Messe Köln . Messeplatz 1 . 50679 Köln

0527 NW_Lifestyle & Szene

DER SCHÖNSTE BLICK AUF KÖLN

Telefon: 0221/650043-21
www.rhein-terrassen.de

Rheinterrassen Köln

Schon 1928 zur Eröffnung anlässlich der Internationalen Presse-Ausstellung in Köln war der wundervolle Blick von den Rheinterrassen über den Fluss auf Dom und Altstadt der Grund, eine Seite des ersten Gebäudes unter diesem Namen vollständig zu verglasen. Die Bauweise war terrassenförmig, daher die Namensgebung.
Die Wiedereröffnung erfolgte 1957 zur Bundesgartenschau. Besucht, geliebt und im Lauf der Zeit doch fallen gelassen, verkamen die Rheinterrassen im Verlauf der Jahre. Sie lagen eben doch auf der „Schäl Sick“ – der falschen Seite – Kölns. Nach vielen Vorschlägen und Plänen wurde erst 1998, unter Leitung der Messe Köln, das unter Denkmalschutz stehende Gebäude saniert und im folgenden Jahr neu eröffnet.
Inzwischen hat sich das Ambiente irgendwo zwischen Karibik und Nordsee eingependelt, wobei in der Kölner Bucht leider die Wetterverhältnisse der Nordsee vorherrschen. Wenn doch einmal die Sonne scheint, kann man entweder in Strandkörben oder direkt in Liegestühlen auf den 3.500 Quadratmetern frisch aufgeschütteten Sand am Ufer des Rheins sitzen.
Ob der Biergarten, das Restaurant oder der Parksaal für besondere Events: Die Rheinterrassen sind genauso voll wie der Partyplan, das Angebot reichhaltig. Hier findet sich auch ein direkter Zugang zum Theater am Tanzbrunnen, der übrigens überdacht ist, falls mal wieder der Sandstrand nass sein sollte. Hier wird also gebruncht, gechillt und abends der Sonnenuntergang über der Kölner Altstadt bewundert. Die Szene ist bunt, cool und angenehm.
Auf keinen Fall entgehen lassen sollte man sich aber einen Spaziergang durch den umliegenden Rheinpark, einen der schönsten Parks mitten in Köln am Rhein, wenn auch auf der „Schäl Sick“.

Restaurant Rheinterrassen . Rheinparkweg 1 . 50679 Köln (Deutz)

DER BERÜHMTE SCHOKO-BRUNNEN

www.schokoladenmuseum.de

Schokoladenmuseum Köln

Im Schokoladenmuseum angekommen, gehen Sie direkt durch die Halle in die Cafeteria. Auch hier halten Sie sich erst gar nicht lange im Eingangsbereich auf, sondern ergattern sich einen Fensterplatz direkt am Rhein und genießen bei einer Tasse heißer Schokolade den Blick über den 400 Meter breiten Strom. Ein guter Start in ein „Mmmuseum", wo sich alles um diese sinnliche Verführung dreht.
Das weltweit einzigartige Museum gewährt Einblicke in 3.000-jährige Kulturgeschichte der Schokolade und des Kakaos, von der „Götterspeise" der Azteken bis zum „Schokoriegel für zwischendurch". In einem 10 Meter hohen Vollglaskubus kann sich der Besucher durch einen Dschungel von Kakaobäumen, Palmen und Kaffeepflanzen kämpfen; in einem Teich schwimmen Goldfische unter tropischen Seerosen. Vom natürlichen Ursprung geht es in die Herstellung. Kakao- und Schokoladenproduktion sind die Themen dieser Abteilung. Hier entstehen in einer maßstabgetreu verkleinerten Anlage täglich 400 Kilo der süßen Köstlichkeiten. Wussten Sie, dass Kakaobutter maßgeblich als Konsistenzgeber Ihrer Kosmetikprodukte dient? Dass es nicht nur ein Reinheitsgebot für Bier gibt, sondern auch für Schokolade? Dies und mehr lernen Sie hier. Bestaunen Sie historische Schokoladenautomaten, lassen Sie Schokoladenwerbung in Form von alten Emailleschildern und Plakaten Revue passieren oder amüsieren Sie sich im Schokokino, in dem Werbespots den Zeitgeist früherer Jahre aufleben lassen.
Und dann folgt er, Ikone des Museums und Traum aller Schleckermäuler: der Schokoladenbrunnen. Endlos sprudelt aus vier Fontänen flüssig-warme Schokolade in eine Brunnenschale. Süße Museumsmitarbeiterinnen tauchen süße Waffeln in die süße Pracht und reichen sie dem Besucher.

Schokoladenmuseum Köln GmbH . Am Schokoladenmuseum 1 a . 50678 Köln

WARDROBE – KOSTÜM ODER OUTFIT?

Telefon: 0221/6603927
www.wardrobe.de

Der Profi-Kostüm-Fundus in Köln

Eigentlich geht hier der professionelle Kostümbildner hin und findet auf 700 m² Ausstellungsfläche das, was er braucht, um z.B. seine Bösewichte für den nächsten Film einzukleiden. Wardrobe ist ausgerichtet auf die Bedürfnisse von Film, TV, Bühne und Photoshooting.

Doch keine Hemmungen: Auch Privatpersonen sind bei Wardrobe willkommene Kunden. Wichtig ist, dass sie möglichst präzise Vorstellungen haben, ihr Wunschkostüm beschreiben können und dem Team von Wardrobe den Anlass nennen. Dann wird das Team als Kostümbildner aktiv und stellt aus diversen Einzelstücken, den Kundenvorgaben entsprechend, Kombinationen zusammen. Manchmal geht das schnell, manchmal kann es etwas dauern, bis das Kostüm oder Outfit komplett aufeinander abgestimmt ist.
Das ist dann aber so überzeugend, dass man in andere Rollen schlüpfen und jeden überraschen kann: im Outfit der 1920er Jahre, im eleganten Frack oder gar in einem Affenkostüm!

Wardrobe . Maarweg 143 . 50825 Köln

0530 NW_Natur & Tiere

BERÜHMT FÜR SEINE ELEFANTEN

Telefon: 0221/7785-185
www.koelner-zoo.de

Kölner Zoo

Der drittälteste Zoo Deutschlands wurde 1860 gegründet. Lebende Gründungsmitglieder werden Sie daher wohl nicht mehr finden, weder Tiere noch Personal. Eine der Attraktionen ist der Affenfelsen aus dem Jahr 1914. Auch hier ist garantiert kein Affe mehr dabei, der die Grundsteinlegung erlebt hat. Aber dafür kümmert sich heute eine engagierte, illustre Zoofreunde-Gesellschaft um die Belange des allseits beliebten Kölner Zoos.

Elefantenmutter mit Kind im Kölner Zoo

Insgesamt mehr als 500 Tierarten aller Kontinente und Weltmeere können die Besucher im Kölner Zoo erleben. Besonderen Raum haben in jüngster Zeit die Elefanten bekommen, die mit dem gleichnamigen Park eine Fläche von 20.000 Quadratmetern als größten, geschützten Raum nördlich der Alpen erhalten haben. Umlagert und umschwärmt ist das Elefanten-Gehege auch deshalb, weil dort regelmäßig tollpatschiger Nachwuchs die Zoobesucher erfreut.
Im Aquarium befinden sich, übrigens überwiegend hinter Glas, Reptilien, Fische und Insekten. Es ist faszinierend, dort die bunte Vielfalt der Fische zu beobachten, bei Reptilien hingegen braucht man etwas Geduld. Manches Krokodil bewegt sich nur alle zehn Minuten einmal. Seien Sie auf der Hut! Manchmal reicht das eine Mal ... für ein Foto natürlich.

Zoologischer Garten Köln . Riehler Straße 173 . 50735 Köln

PAPIERMÜHLE ALTE DOMBACH

Telefon: 02202/93668-0
www.rim.lvr.de

Papiermuseum

E-Mail ist zeitgemäß, schnell und praktisch, der Vorläufer Papier dagegen ist romantisch, sinnlich und man kann ihn anfassen.
In der Papiermühle „Alte Dombach" in Bergisch Gladbach kann man Papier sogar selbst herstellen, genauso, wie es dort bis zum Jahr 1900 tatsächlich auch gemacht wurde.
Das idyllische Fachwerkhaus beherbergt als Höhepunkt die „PM4", eine vierzig Meter lange und fast fünf Meter hohe Papiermaschine aus dem Jahr 1889.
Im gesamten Museumskomplex mit seinen Außenanlagen wird plastisch gezeigt, dass der Herstellungsweg von Papier gar nicht so platt ist wie manches „Blatt", das darauf gedruckt wird. Machen Sie also keinen (Achtung!) Bogen um dieses interessante Ausflugsziel.

Papiermühle Alte Dombach . 51465 Bergisch Gladbach

ANSTEHEN ZUM HÄHNCHEN

Telefon: 02268/6226
www.haehnchen-ewald.de

Hähnchen Ewald, Kürten

Die Hähnchen sollen angeblich die knusprigsten und zartesten der Welt sein. Ein wahrer Gaumenschmaus im Bergischen Land. Rezept? Geheim.
Das Fachwerkhaus in ländlicher Umgebung ist unscheinbar, das Restaurant selbst einfach, die Karte kurz und knackig. „Hähnchen Ewald" ist Kult und in vieler Munde. Auch Promis schauen hier häufig vorbei.
Das Menü beinhaltet 11 Positionen, u. a. Suppen und Bockwürste, aber nahezu jeder wird hier wohl einen der beiden Dauerbrenner wählen: halbes Hähnchen mit Fritten oder Brot. Dazu selbst gemachte Mayonnaise. Des Federviehs Fleisch ist zart und saftig, die Haut herzhaft und knusprig. Und die Preise sind so moderat, dass sogar Großfamilien sich diesen Ausflug leisten können. Dafür lohnt es sich auch schon mal, bis vor der Restaurant-Tür oder an der Theke anzustehen, denn Reservierungen gibt es hier nicht. Wem das nicht gefällt, der kann sein Essen auch mitnehmen.
Die Atmosphäre des Restaurants ist ländlich rustikal und einfach, so dass essen mit den Fingern zum Muss wird. Dass Hähnchen hier die Hauptspeise ist, wird spätestens bei der Dekoration der Räume und den mit Hähnchen bemalten Tellerrändern klar.

Abends ist um 22.00 Uhr Schluss, schließlich sind wir hier auf dem Land und Samstag bleibt zu, da ist Ruhetag. Ist dann am Sonntag auch schon genug los, wenn sich wieder die vielen Autos mit den fremden Kennzeichen vorm „Hähnchen Ewald" drängeln. Nur wegen ein paar „lecker Hähnchen"...

Hähnchen Ewald . Selbach 4 . 51515 Kürten

0533 NW_Feste, Events & Veranstaltungen

DIE JUNGFRAU IST EIN MANN

Kölner Karneval

Telefon: 0221/57400-0
www.koelnerkarneval.de

„Kölle Alaaf!" während des Karnevalszuges in Köln-Porz-Wahn

„D'r Zoch kütt!", heißt es jedes Jahr am Rosenmontag unter einem neuen Motto. Meistens haben bis zu einer Million Menschen auf den Straßen Kölns Glück mit dem Wetter in der „fünften Jahreszeit".
Köln kann dabei auf die längste Tradition zurückblicken, denn den ersten Rosenmontagszug gab es hier bereits 1823.
Das närrische Treiben beginnt allerdings schon am 11.11. Punkt 11.11 Uhr und wird dann durch den Sitzungskarneval langsam gesteigert, bis an Weiberfastnacht in Form des Straßenkarnevals der Höhepunkt des „Fasteleer" beginnt: einhaken, dabei sein, schunkeln, mitsingen und feiern. Die Stimmung muss man einfach miterlebt und mit einigen Kölsch in sich aufgesogen haben, sonst kennt man Köln nicht richtig. Dem empfindlichen Gemüt sei gesagt: Hier gilt es, jede Scheu vor Menschen abzulegen, die zuweilen etwas laut und übermütig in Massen auf einen zutorkeln. Sie sind im „Hätze jot" (Herzen gut) und wollen nur feiern. Man lässt sich darauf ein, bekommt hin und wieder ein „Bützchen" (Küsschen) und macht mit – „do simma dobei ..." –, oder man hält sich während der tollen Tage von Köln fern. Nein, es gibt keine Alternative!
Der Sitzungskarneval zeichnet sich durch Büttenreden und Proklamationen wie die des Dreigestirns aus, in Köln übrigens die Ausnahme; es besteht aus Prinz, Bauer und Jungfrau. Die Ausnahme dabei ist: Die Jungfrau ist ein Mann.
Der geübte Kölner hält – knallhart gegen sich selbst – durch bis zum Aschermittwoch und verabschiedet sich spätestens mit dem Auftragen des Aschekreuzes und Tränen in den Augen von der Session. Dann macht der Kölner gern mal Urlaub, wenn er nach dem Feiern noch etwas Geld übrig hat, denn brauchen tut er ihn auf jeden Fall. „Kölle Alaaf!"

Festkomitee des Kölner Karnevals von 1823 e. V. . Maarweg 134–136 . 50825 Köln

WALDBRÖL HAT SCHWEIN

Telefon: 02291/85196
www.waldbroel.de

Vieh- und Krammarkt, Waldbröl

Dieser Markt hat Tradition im Oberbergischen, immerhin gibt es ihn seit 1851. Damals im Grunde aus einer ökonomischen Notlage heraus ins Leben gerufen, hat sich der „Vieh- und Krammarkt" über die Jahre zu einer Institution entwickelt. „Die Rotbunte", das widerstandsfähige Hochlandvieh, ist hier ebenso anzutreffen wie Schweine, Hühner, Meerschweinchen und anderes, manchmal nur im stark erweiterten Vorstellungsvermögen auftauchende Kleinvieh.
Alle 14 Tage donnerstags tönt regelmäßig Grunzen, Gackern, Flattern und Scharren durch den Ort. Und lautstarkes Handeln, denn das gehört natürlich dazu, da Kleinvieh ja bekanntlich auch Mist macht.
An guten Tagen zieht es bis zu 15.000 Besucher auf den Marktplatz. Der eine kommt mit einem Kaninchen für die geliebte Enkelin um die Ecke, der andere hat für seine Gattin den letzten Schrei in Sachen Pulli in der Tüte. Der wurde, davon gehen wir einmal aus, mit entsprechender Sorgfalt und modischem Gespür speziell für sie im „Kram"-Bereich des Marktes ergattert.
Da kann man im Grunde alles kaufen. Diplomatisch ausgedrückt könnte man „Angebotsvielfalt" sagen. Der schlichte, aber beliebig erweiterbare Ausdruck „alles Mögliche" trifft es wohl genauso gut. Hier ist echt was los. Ein Ort für alle, die Tiere, Vielfalt und Buntes lieben. Und für diejenigen, die es mögen, dann und wann einen diskret-liebevollen Blick auf ihre Mitmenschen und deren Eigenarten zu werfen.

Waldbröler Vieh- und Krammarkt . Stadtverwaltung Waldbröl
Nümbrechter Straße 21 . 51545 Waldbröl

GESCHICHTE DER BERGISCHEN KULTURLANDSCHAFT

Telefon: 02266/9010-0
www.bergisches-freilichtmuseum.lvr.de

Bergisches Freilichtmuseum, Lindlar

Auf dem 25 Hektar großen Areal des Bergischen Freilichtmuseums im Lingenbachtal bei Lindlar werden historische Naturnutzungs- und Wirtschaftsformen sowie handwerklich-bäuerliche Lebensformen der bergischen Bevölkerung im 19. und 20. Jahrhundert ausgestellt. Beim Rundgang erfährt der Besucher Zusammenhänge zwischen Mensch und Natur, denn Ökologie wird im Bergischen Freilichtmuseum großgeschrieben.

Im Mittelpunkt steht die bergische Kulturlandschaft, wie sie um 1900 ausgesehen hat. Das Museumsgelände wird nach historischem Vorbild aktiv bewirtschaftet. Dabei entstehen kleinteilige Lebensräume für längst vergessene Tierrassen, Obstsorten oder Feldfrüchte. Gebäudegruppen führen Schritt für Schritt in verschiedene Zeiten und stellen beispielhaft bäuerlich-handwerkliches Leben vor.
Täglich zeigen Handwerker und Hauswirtschafterin alte Arbeitstechniken oder erläutern Wissenswertes zu den Häusern, seinen Bewohnern und ihrer Arbeit.

Bergisches Freilichtmuseum . Schloss Heiligenhoven . 51789 Lindlar

KUNST-TOUR DURCH 10 MUSEEN

Telefon: 0228/9469333
www.crossart-route-moderne-kunst.com

CROSSART – Route Moderne Kunst

„CROSSART Route Moderne Kunst" ist eine deutsch-niederländische Kooperation von Museen für moderne und zeitgenössische Kunst in der niederländisch-niederrheinischen Grenzregion. Die Kunstroute verbindet aber nicht nur eine Kette von 10 Museen, sie verbindet auch Sehenswürdigkeiten der Region, Natur und Architektur.
Nimmt man die Route von Nord nach Süd, so steht zu Anfang ein Besuch im reizvoll gelegenen Kröller-Müller-Museum, Otterlo, auf dem Programm. Bereits hier kommt das Konzept „Kunst parallel zur Natur" zur Geltung. Insgesamt 272 Werke von Vincent van Gogh zeigt das Museum. Die Sammlung des Museums für Moderne Kunst in Arnheim umfasst Bilder, Zeichnungen, Drucke und Kunstgewerbegegenstände.
Het Valkhof Museum, Nijmegen, widmet sich der zeitgenössischen niederländischen Kunst nach 1960, hat aber auch eine bedeutende archäologische Abteilung und eine Abteilung für mittelalterliche profane und kirchliche Kunst.
Das Museum van Bommel van Dam in Venlo konzentriert sich auf die künstlerischen Entwicklungen in den Niederlanden nach dem Zweiten Weltkrieg.
Auf deutscher Seite steht zunächst ein Besuch des Museums Kurhaus Kleve auf dem Programm, mit Werken des Bildhauers, Malers und Graphikers Ewald Mataré; Arbeiten von Beuys, Christo, Klein, Richter, Twombly und Uecker führen bis zur gegenwärtigen Kunst.
Schloss Moyland in Bedburg-Hau lädt zunächst zu einem Spaziergang durch weitläufige Gartenkunst ein. Die Sammlung der Brüder van der Grinten beeindruckt durch 5.000 Beuys-Arbeiten. Kulturveranstaltungen und Kunst-Events gehören zum Programm des Museums Schloss Moyland.
Das Städtische Museum Abteiberg in Mönchengladbach beherbergt eine Sammlung internationaler Kunst des 20. und 21. Jahrhunderts.
Eine 20 Hektar große Auen- und Terrassenlandschaft ist die Insel Hombroich bei Neuss. Die Synthese zwischen Natur und Kunst wird hier erlebbar. Das Museum des Privatsammlers Karl-Heinrich Mueller ist Legende in der europäischen Kunstszene. Das breitgefächerte Sammlerspektrum ist in elf Pavillons untergebracht.

In Duisburg ist das Wilhelm Lehmbruck Museum zu finden. Hier steht das Werk des Duisburger Bildhauers Lehmbruck im Mittelpunkt. Aus dieser Kunstsammlung entwickelte sich eine der beeindruckendsten Skulpturensammlungen, die durch Arbeiten hochkarätiger Expressionisten ergänzt wird.
Das Krefelder Kunstmuseum nimmt alle bedeutsamen Kunstströmungen seit 1950 auf. Neben einigen Kunstklassikern zeigt es prominente Vertreter internationaler zeitgenössischer Kunst.

CROSSART-Informationsbüro . Thomas-Mann-Straße 31 . 53111 Bonn

---

0537 NW_Lifestyle & Szene

DER KÖLNER MAG RODENKIRCHEN

Telefon: 0221/392179
www.rodenkirchen.de

Zum Treppchen, Rodenkirchen

Ohne Frage, es ist beliebt. Für manchen Camper aus dem Ruhrpott ist der Campingplatz am Rhein im Süden des Kölner Stadtteils Rodenkirchen sogar bereits das Urlaubsziel. Uferpromenade, Strand (mit Beach-Volleyball), schöne Lokale mit einem Hauch mediterranen Flairs und dabei nur eine knappe Stunde Anreise von – sagen wir mal – Bochum.

Rodenkirchen bei Köln

Ausgedehnte Grünflächen mit historischem Baumbestand, Gründerzeit-Villen in Wohngebieten der besonders gehobenen Qualität direkt an der weitläufigen, von alten Bäumen beschatteten Rheinpromenade im südlichen Rheinbogen zeichnen Rodenkirchen aus. Besonders edel sticht dabei auch ein Ensemble von Bauhaus-Villen hervor. Erst 1975 eingemeindet, ist Rodenkirchen auch bei Kölnern ein beliebter Stadtteil. Mancher, der dort wohnt, dürfte durchaus bei der Privatbank Oppenheim ein Konto eröffnen.
In unmittelbarer Nähe zum Rhein wohnt man nicht nur gern, sondern geht auch gern etwas essen und trinken. Der bekannteste Treff ist wohl der Biergarten „Zum Treppchen". Wie zu später Stunde auch mal die Gäste, ist das beliebte Lokal häufig gut gefüllt. An manchem schönen Tag muss man auf ein begehrtes Plätzchen länger warten, aber es lohnt sich. Und dabei geht es immer ein bisschen nach dem Motto: sehen und gesehen werden.

Zum Treppchen . Kirchstraße 15 . 50996 Köln

CAROLUS THERMEN AACHEN

Telefon: 0241/18274-0
www.carolus-thermen.de

Relaxen zu jeder Jahreszeit

Unter dieser Therme sollte man sich am besten kein normales Schwimmbad oder Spaßbad vorstellen, denn es gibt dort weder Rutschen noch ein richtiges Schwimmbecken, in dem man seine Bahnen ziehen könnte. Schon im Foyer erfreuen erholsame Gerüche die Nase, kein Vergleich zu anderen Chlor-Bädern. Am Empfangstresen erhält man einen Plastikchip: Entspannung ohne Bargeld.
Der Bäderbereich zeichnet sich durch Schwimmbecken verschiedenster Temperaturen aus. Für den neuen Sandstrand „Carolus-Beach" im Südgarten der Anlage wurden 160 Tonnen feinster Sand aufgefahren, die jetzt bei gutem Wetter für Urlaubsgefühle vor der eigenen Haustür sorgen sollen. In vier visionären Welten werden Körper und Seele in Einklang gebracht: die Thermalwelt, die Saunawelt, die Beautywelt und die Schlemmerwelt.
Die Seele baumeln lassen kann man in baltischer Saunalandschaft oder in der orientalischen Badewelt. Verschiedene Saunen von Estland bis zur Türkei entführen in eine Oase der Ruhe und Entspannung. Sonnenbaden in der Karawanserei mit einem nachempfundenen Wüstentag, multimediale Ruheräume mit Orangenduft, Entspannungsmusik runden das Erlebnis ab.
Im Außenbereich befinden sich noch einmal 6 Saunen sowie ein Schwimmbecken zum Träumen und, zum Entspannen, Liegen, Bänke oder Strandkörbe.
In den meisten Becken beträgt die Wassertemperatur um die 32 bis 36 Grad, für die Kreislaufmassage steht aber auch ein Becken mit nur 20 Grad zur Verfügung. Die Wasserqualität ist besonders gut, denn die Carolus-Therme wird direkt aus den Aachener Thermal-Quellen gespeist.

Carolus Thermen . Passstr. 79 . 52070 Aachen

QUARTIER LATIN IN AACHEN

www.pontviertel.com

Pontviertel, Aachen

„Quartier Latin" heißt „lateinisches Viertel" und ist das Studentenviertel von Paris. Das Pontviertel ist das Viertel der Studenten und Ausgehfreudigen in Aachen. Quasi das kleine „Quartier Latin". Hier trifft man sich nach Feierabend. Restaurant reiht sich an Restaurant, Kneipe an Bar. Die Möglichkeiten, ein schnelles Bier oder einen gepflegten Drink zu nehmen, seinen Gaumen günstig oder edel zu verwöhnen und zum guten Abschluss ein Tänzchen zu wagen, sind hier schier endlos.
Vom Aachener Markt aus geht es die Pontstraße hinunter, am Hauptgebäude der technischen Hochschule vorbei. Selbst die Römer haben in diesem Viertel ihre Spuren hinterlassen.

Partys und Musik-Events sind die Highlights der Pont-Szene. Bekannte DJs und Motto-Feten locken fast täglich eine gute Mischung von Leuten in das Viertel und sorgen für unbeschwerten Feiergenuss. Man trifft sich auch in der Milchstraße, einem ehemaligen Molkereiareal. Es liegt am studentisch geprägten Campusviertel nördlich der Aachener Innenstadt.
All diese Plätze und Passagen werden ganz selbstverständlich und öffentlich von allen genutzt und haben ein Eigenleben entwickelt. Nur bei besonderen Anlässen mit großem Andrang, etwa bei Fußballübertragungen und anderen Großereignissen, reagiert die städtische Hand und sperrt zur Sicherheit die angrenzenden Straßen. Damit drinnen im Pontviertel ungestört gefeiert werden kann.

Pontviertel . 52062 Aachen

0540 NW_Feste, Events & Veranstaltungen

MANCHE SIND NUR EINMAL ESSBAR

Telefon: 02266/96407
www.lindlar.de

Pilzführungen, Lindlar

Die beiden Fragen „Giftig oder nicht giftig?" und „Essen oder nicht essen?" sind bei Pilzmahlzeiten schon des Öfteren von entscheidender Bedeutung gewesen. Bei einer falschen Beantwortung einer der beiden Fragen taucht unter Umständen schnell eine dritte auf, nämlich: „To be or not to be?"
Doch keine Angst, mangelnde Kenntnisse können in Wissen umgewandelt werden. In Lindlar zum Beispiel. Zum Thema „Giftig oder nicht giftig?" werden dort regelmäßig die sogenannten Pilzführungen angeboten. Mit einem herbstlichen Naturerlebnis verknüpft, lernt man in 3 bis 4 Stunden eine ganze Menge Sorten innerhalb der großen Pilz-Vielfalt zu unterscheiden und weiß anschließend auch, welche von ihnen sich besser in der Natur machen als auf dem Teller.
Von den mehr als 5.000 Pilzen in Mitteleuropa sind „nur" 150 giftig. Also Mut, die 150 wird man sich doch wohl merken können.

Gemeindeverwaltung Lindlar . Lindlar Touristik . Am Marktplatz 1 . 51789 Lindlar

0541 NRW

VON ZEHN BIS NULL

Telefon: 0228/287-16876
www.anaesthesie-museum.uni-bonn.de

Anästhesiemuseum

Wenn es mal wieder heißt: „Zählen Sie langsam zurück von zehn bis null", dann hat es sich ausgezahlt, beizeiten das Horst-Stoeckel-Museum in Bonn besucht zu

haben, das sich mit der Geschichte der Anästhesiologie beschäftigt. Denn dann kann man beruhigt hinwegschlummern in der Gewissheit: Alles wird gut.
Mit der „Bostoner Glaskugel", so lernt man hier, begann bereits 1846 das Zeitalter der modernen Narkose. Nein, nicht wie man vermuten mag, durch heftigen Schlag mit selbiger auf den Kopf des Patienten. Vielmehr handelt es sich bei der Glaskugel um ein schlichtes Inhalationsbehältnis, Vorläufer der berühmten Maske für die Äther-Tropfnarkose, die ein gewisser Schimmelbusch anno 1890 in Berlin erfand. Die grazile „Sauerstoff-Bombe" mit Injektordosiersystem der Firma Roth-Dräger, Lübeck 1903, gehört ebenso in diese Epoche. Eine wahre Anästhesie-Workstation ist dagegen die von Professor Karl-Heinz Oehmig zu Marburg 1958 konstruierte Apparatur. Zu besichtigen ist auch die „eiserne Lunge" aus der oben erwähnten Dräger'schen Narkose-Schmiede. Höhepunkt des Museumsbesuchs ist der OP aus dem Jahre 1930. Hier schwebt Professor Sauerbruch durch den Raum. Alle Geräte wie die Infusionsvorrichtung, der spezielle Narkoseapparat, der OP-Tisch, die OP-Leuchte und die Instrumentenschränke sind Originalgeräte dieser Zeit. Und zum Schluss heißt es dann: „Schwester, Tupfer bitte ... Exitus."

Unikliniken Bonn – Anästhesiemuseum . Sigmund-Freud-Str. 25 . 53105 Bonn

---

0542 NW_Sport, Abenteuer & Technik

SEINEN SENF DAZUGEBEN

Telefon: 02472/2245
www.senfmuehle.de

Senfmühle, Monschau

Die 1882 erbaute Senfmühle befindet sich mittlerweile in der 4. Generation in Familienbesitz. Ein großer Pluspunkt: Hier handelt es sich nach wie vor um ein Familienunternehmen.
18 Sorten Senf werden immer noch nach gutem altem Rezept hergestellt, darunter so schön klingende Namen wie „altdeutsch", „Honig mit Mohn" oder auch etwas exotischer „Ingwer/Ananas". Da lässt es sich doch fein würzen, und das ganz ohne Konservierungsmittel, so verspricht der Hersteller.
Der Urgroßvater Clemens August und sein Bruder Heinrich kündigten die Senfherstellung sogar am 10. Februar 1883 in der Zeitung an, aber eigentlich begann es nur als „Nebenjob". Clemens August hatte eine Bau- und Kunstschlosserei. Aber: „Wer hat's erfunden?" Wenn man ganz ehrlich ist, die Produktion des Senfs übernahm die Urgroßmutter, und das nach „Düsseldorfer Rezept". Der Senf verkaufte sich gut, daher wurde kontinuierlich das Geschäft ausgebaut und die Produktion vergrößert.
Moutarde de Montjoie, also der Senf aus Monschau, wird noch heute zwischen Mühlsteinen in drei Vorgängen hergestellt. Am Tag produziert die Mühle etwa 400 Kilogramm Senf, und der ist dann etwa ein Jahr haltbar. Eine wunderbare Möglichkeit also, sich ein altes und geschätztes Gewürz mal näherzubringen, um bei Fragen zum Thema (Verzeihung) seinen Senf dazugeben zu können.

Senfmüller Guido Breuer . Laufenstraße 116–124 . 52156 Monschau

0543 NW_Sport, Abenteuer & Technik

BEETHOVENS GEBURTSHAUS IN BONN

Telefon: 0228/98175-0
www.beethoven-haus-bonn.de

Beethoven-Haus, Bonn

Untrennbar mit der Stadt Bonn verbunden ist der Name ihres großen Sohns Ludwig van Beethoven (1770–1827). Das Geburtshaus des Komponisten in der Bonngasse hat alle Zeiten überdauert und ist heute ein Museum. Die ständige Ausstellung gewährt in zwölf Museumsräumen Einblicke in Leben und Werk Ludwig van Beethovens. Von den 150 Exponaten seien nur einige erwähnt, allen voran das berühmte Beethoven-Porträt von Joseph Karl Stieler mit seinem hohen Wiedererkennungswert, die „Dienst-Bratsche" Beethovens, ein Autograph des Klaviertrios, Hörrohre Beethovens, der Hammerflügel aus der Werkstatt des Wiener Klavierbauers Conrad Graf und nicht zuletzt Beethovens Totenmaske.
Die Wechselausstellungen beschäftigen sich mit Beethovens historischem oder rezeptionsgeschichtlichem Umfeld.
Tipp: An jedem 3. Sonntag im Monat können Kinder ab 8 Jahren das Museum erkunden.

Beethoven-Haus . Bonngasse 24–26 . 53111 Bonn

0544 NW_Kunst & Architektur

ARTENVIELFALT IN BONN

Telefon: 0228/9122 211
www.museum-koenig.de

Museum Alexander Koenig, Bonn

Mit etwa sieben Millionen Präparaten gehört das Museum Koenig in Bonn zu den größten naturkundlichen Sammlungen Deutschlands. Seit 1949 ist das Museum ein Forschungsinstitut der Leibniz-Gemeinschaft. Thema der Ausstellung ist die sogenannte Biodiversität, die Artenvielfalt unseres Planeten.
Die Plastizität der Darstellung von Wirbeltieren und Insekten in ihrem nachgestellten Lebensraum hat bereits Schulklassen fasziniert und auch ein wenig beängstigt. Riesige Elefanten stapfen durch die Savanne, Zebras laben sich an einem See, Schwarzfersenantilopen stehen auf ockerfarbenem Sand, im Hintergrund ein Kudu-Pärchen; Erdferkel machen sich an einem Termitenhügel zu schaffen, Auge in Auge mit einem der gefährlichsten Raubtiere, dem Jaguar… Eine anschauliche Darstellung komplexer ökologischer Systeme.
Im Museum Koenig sind auch wechselnde Foto-, Informations- und Sonderausstellungen zu sehen.

Zoologisches Forschungsmuseum Alexander Koenig . Adenauerallee 160 . 53113 Bonn

MATHE IM MUSEUM

Arithmeum, Bonn

Telefon: 0228/738790
www.arithmeum.uni-bonn.de

Das Arithmeum in Bonn verspricht, staubtrockene, abstrakte Wissenschaft spannend und faszinierend zu präsentieren, sie sogar schön und lustvoll darzustellen. Und das stimmt. Die Sammlung von fast 1.000 Rechenmaschinen dokumentiert nahezu lückenlos die Entwicklung des mechanischen Rechnens. Am anderen Ende des Zeitbogens stehen modernste Mikroprozessoren und Computerchips. So wird die Geschichte des Rechnens in ihren wissenschafts- und kulturgeschichtlichen Dimensionen vermittelt. Und fasziniert auch den Besucher, der den Zahlen und ihrer Magie noch nicht verfallen war.
Prof. Bernhard Korte, geistiger Vater und Hausherr des Arithmeum, setzt auf Reduktion als Prinzip. Daher ist das Museum auch zugleich Sitz der Diskreten Mathematik, die im Unterschied zur klassischen Mathematik auf Grenzwerte verzichtet, mit deren Infinitesimalrechnungen Generationen von Sekundanern gequält wurden. Wichtig ist den diskreten Mathematikern, was „endlich" gerechnet werden kann. Die offene, sehr lichte Architektur des Museums unterstreicht dieses Prinzip in ästhetischer Hinsicht.

Arithmeum . Lennéstraße 2 . 53113 Bonn

WAFFELN AUF DER BURG

Schloss Homburg, Nümbrecht

Telefon: 02293/9101-0
www.graf-von-berg.de/homburg.htm

Von Schloss Homburg aus beherrschten die Grafen von Sayn die Sprengel Nümbrecht, Morsbach, Waldbröl, Wiehl und Much, eine machtvolle Enklave im Bergischen Land. Urkundlich erwähnt wird die frühmittelalterliche Höhenburg zum ersten Mal 1276. Von einer mittelalterlichen Festung zum Barockschloss wandelte Homburg mehrfach Grundriss und Bild, um sich den wechselnden Bedürfnissen seiner Herrschaft anzupassen. Im 19. Jahrhundert begann der Verfall des Schlosses, der erst Anfang des 20. Jahrhunderts durch die Gründung des Museums in Schloss Homburg endete.
Ein Ausflug zum Schloss Homburg ist alles andere als ein langweiliges Besichtigungsprogramm. Die Räume des Saynschen Herrenhauses beherbergen Rüstungen,

Schloss Homburg bei Nümbrecht im Oberbergischen Land

Hieb- und Stichwaffen sowie prunkvolle Jagdgegenstände der adeligen Welt des 17. und 18. Jahrhunderts. Münzen und Landkarten dokumentieren den machtvollen Einfluss der Grafen. Die Burgküche fasziniert schon allein durch ihren riesigen Rauchfang. Aber auch über den ökologischen Wandel der Region informiert das Museum.
Die Burgschänke lädt unter anderem ein zur Bergischen Waffeltafel (Waffeln mit Kirschen und Sahne). Ein Jahresprogramm richtet sich mit seinen vielfältigen Themen an Jung und Alt.

Museum des Oberbergischen Kreises . Schloss Homburg . 51588 Nümbrecht

0547 NW_Kunst & Architektur

DIE GESCHICHTE DER BUNDESREPUBLIK

Telefon: 0228/9165-0
www.hdg.de

Haus der Geschichte, Bonn

6.000 Exponate – Dokumente, Fotos und Medien – auf mehr als 4.000 m² dokumentieren im „Haus der Geschichte" deutsches Zeitgeschehen vom Ende des Zweiten Weltkriegs bis in die Gegenwart. So ist das präsentierte Zeitgeschehen für die Besucher der Ausstellung – je nach Alter – erlebte Zeit. Die Politikgeschichte bildet den roten Faden in der chronologischen Abfolge der Bundestagswahlen. So fügt sich beim Rundgang das Noch-Nicht-Gewusste zur Epoche des Miterlebten. Die Highlights der Dauerausstellung werden daher zumeist subjektiv bewertet. Trotzdem seien hier einige genannt: Die Eisdiele der 50er Jahre, das Originalmobiliar des ersten Deutschen Bundestages, ein Original-Kino aus den 50er Jahren, der Wasserwerfer der 68er-Generation, der Haftbefehl für Erich Honecker ... Im Museumsgarten wird die zeitgeschichtliche Entwicklung der Schreber- und Hausgärten gezeigt, die im Nachkriegsdeutschland als „Selbstversorgergärten" maßgeblich zum Überleben der Bevölkerung beigetragen haben. Spielgeräte für Kinder reflektieren die Rolle des Kindes; der Swimmingpool als Statussymbol – ein Element des „Wirtschaftswunders".

Das Haus der Geschichte in der Bonner Museumsmeile zeigt die Historie der Bundesrepublik Deutschland

Wechselausstellungen findet der Besucher in der Ausstellungshalle, im Foyer und in der U-Bahn-Galerie.
Originalkarikaturen zu zeitgeschichtlichen Themen zeigt das Haus der Geschichte genau gegenüber in der Willy-Brandt-Allee 9. Die Exponate sind Teil einer Samm-

lung von mehr als 75.000 Blättern, die hier archiviert und dokumentiert werden. In der Karikaturengalerie kann der Besucher über einen Terminal in ausgewählten Beständen recherchieren. Der Eintritt in die Karikaturengalerie ist frei.
Am Haus der Geschichte beginnt auch der „Weg der Demokratie", der auf 18 Stationen zeithistorische Orte im ehemaligen Regierungsviertel in Bonn markiert. Er führt vom ehemaligen Bundesrat bis zur Gallwitzkaserne, dem ehemaligen Wirtschaftsministerium.

Museumsmeile . Willy-Brandt-Allee 14 . 53113 Bonn

0548 NW_Gärten, Parks & Landschaften

SO SCHÖN, WENN ES STINKT

Telefon: 0228/732259
www.botgart.uni-bonn.de

Botanischer Garten Bonn-Poppelsdorf

Wer für sein Quizspiel im Freundeskreis noch beeindruckende, aber wirklich existente Pflanzennamen sucht, die nicht im Kreis der üblichen Verdächtigen zu finden sind, der kann im Botanischen Garten in Bonn-Poppelsdorf fündig werden.
Auf den 6,5 Hektar Fläche werden über 8.000 Arten kultiviert.
In insgesamt elf Gewächshäusern findet man zum Beispiel die größte Seerose der Welt, deren Blätter über 80 kg tragen können. Ein Blatt unter jedem Fuß, da kann fast jeder übers Wasser laufen ... Aber richtig berühmt wurde der Botanische Garten wegen seines üblen Gestanks. Immer dann, wenn der Titanenwurz blüht, stinkt es fast unerträglich nach verwesendem Tierkadaver. Damit will die Pflanze mit ihrer über 3 m hohen Blüte zwar nur Fliegen, Käfer und Bienen anlocken, schafft das aber viel besser mit den Menschen: Wenn der Bonner Titanwurz blüht und stinkt, pilgern Besuchermassen mit vorgehaltenen Tüchern in das Gewächshaus, um das äußerst seltene Schauspiel optisch und olfaktorisch zu genießen.
Vor der Kulisse des Poppelsdorfer Schlosses gewinnt der 1815 gegründete Botanische Garten der Universität Bonn noch an Attraktivität, die nur durch die angrenzende B9 ein wenig in Mitleidenschaft gezogen wird. Aber irgendwie muss man ja auch hinkommen, außer mit den Buslinien 620, 624, 625 und 626.

Botanischer Garten Bonn-Poppelsdorf . Meckenheimer Allee 171 . 53115 Bonn

---

0549 NW_Feste, Events & Veranstaltungen

DER RHEIN EINMAL ANDERS

Telefon: 02224/968018
www.bad-honnef-unkel.dlrg.de

Rheinschwimmen, Linz – Bad Honnef

Linz und Bad Honnef liegen 11 Kilometer, genauer gesagt: Stromkilometer, auseinander. Das reicht für eine wunderbare Rheintour an Burgruinen entlang, durch die

Rheinenge bei Unkel, der Drachenfels taucht weit hinten auf, vorher geht man auf der Rheininsel Grafenwerth wieder an Land – klassischer geht es kaum noch.
Das denken sich auch regelmäßig im Juni mehrere Hundert Menschen. Sie besteigen die Rheinfähre Linz, bitten den Kapitän in der Mitte des Stroms, doch mal bitte kurz anzuhalten – und springen dann über Bord! Dann ist es mal wieder so weit: Das große Rheinschwimmen hat begonnen!
Vor mehr als 20 Jahren hatten die Rettungsschwimmer vom DLRG Bad Honnef die verrückte Idee, mal eben den Rhein flussabwärts zu schwimmen. Daraus ist inzwischen ein Event geworden: Begleitet von Booten der Wasserschutzpolizei, allein schon 10 Booten des THW und etlichen Feuerwehrbooten, lassen sich die Schwimmer von der heftigen Strömung des Rheins mitnehmen. Ein Pulk von 30 Kanuten inmitten der Schwimmer kann sofort helfend eingreifen. Die Stimmung ist ausgelassen, denn einige haben sich neben ihren obligatorischen Neoprenanzügen und Schwimmflossen auch noch mit gewaltigen Gummitieren ausgerüstet in den Rhein geworfen. Vom Ufer winkt mancher Zuschauer und prostet den Schwimmern zu.
Fast zwei Stunden dauert die etwas andere Rheintour. Wer müde ist, wird in eines der Begleitboote gezogen. Doch alle 340 Schwimmer, die im Juni 2007 mitgemacht haben – im Alter zwischen 9 und 70 Jahren –, verließen wohlbehalten den Rhein an der Südspitze der Insel Grafenwerth. Dann gibt es eine heiße Dusche und danach Party, Party ... Wie schon gesagt: Das findet jedes Jahr statt. Und schwimmen können Sie doch wohl?

DLRG Bad Honnef-Unkel e.V. . Birkenweg 7 . 53604 Bad Honnef

0550 NW_Gärten, Parks & Landschaften

MIT ROTEN HAAREN HAT DAS NICHTS ZU TUN

Telefon: 02961/943223
www.naturpark-rothaargebirge.de

Naturpark Rothaargebirge, Brilon

Anfangs könnte man meinen, der Name des Mittelgebirges im südöstlichen Westfalen hätte irgendetwas mit roten Haaren zu tun. Hat er aber nicht. Denn eigentlich hätte er den Namen „Rod-Hardt-Gebirge" tragen müssen. Das heißt nicht anderes als „gerodetes Waldgebirge". Aber auch das würde irgendwie irreführend sein. Ist das Gebirge doch eher waldreich als gerodet. Mit einer Fläche von 1.355 qkm breitet es sich auf dem sogenannten „Dach Westfalens" aus.
Viele bekannte Flüsse haben dort ihre Quellen, wie die Ruhr und die Sieg, die von dort westwärts verlaufend schließlich in den Rhein münden.
Gerade die 674 Meter über dem Meeresspiegel liegende Ruhrquelle hat lange für Streit gesorgt: Ihr wurde ein monumentales Natursteinrondell verpasst, das von der eigentlich leise sprudelnden Quelle nicht mehr allzu viel übrig lässt. Dennoch schafft dieses Bächlein mit gerade einmal 0,7 l Quellwasser pro Sekunde bis zum Rhein eine Wegstrecke von beachtlichen 217 km Länge.

Dagegen den Rothaarsteig-Wanderweg von Brilon nach Dillenburg mit einer Länge von „nur" 154 km vielleicht als „na ja, etwas klein" zu bezeichnen, wäre falsch. Denn er führt durch eine der schönsten Mittelgebirgslandschaften Deutschlands, durch unglaublich schöne Wälder, über Höhen mit weiten Aussichten und zahlreichen kulturell und historisch interessanten Anlauf- und Raststellen.
Das Rothaargebirge war in früheren Jahrhunderten so etwas wie eine natürliche Grenze: Hier war nicht nur die Wasserscheide zwischen dem westlich gelegenen Rhein und der östlichen Weser, sondern auch Sprachen und Religionen trennten sich hier. Dafür legen heute noch die vielen Burgen und Schlösser, Klöster und Kirchen Zeugnis ab.
Hunderte von Kilometern Wanderwege, tiefe Wälder und gastfreundliche Dörfer und Städte warten nur darauf, erkundet zu werden.

Zweckverband Naturpark Rothaargebirge . Heinrich-Jansen-Weg 14 . 59929 Brilon

EDELRESTAURANT IN STILVOLLER VILLA

Telefon: 0228/354253
www.halbedels-gasthaus.de

Halbedel's Gasthaus, Bonn-Bad Godesberg

Gepflegte Restaurants, auch sterneverdächtige, gibt es ja viele, manche sind allerdings wirklich etwas Besonderes.
Im Fall halbedel's Gasthaus fängt das mit dem Namen an. Er steht für die Qualität. Nur durch besondere Umstände war es vor vielen Jahren möglich, die Erlaubnis für einen Gastronomiebetrieb in einer Villa in einem edlen Wohnviertel von Bonn zu erhalten. Heute fast undenkbar.
Wenn man durch die grünen Alleen dieses Viertels fährt, würde man dort kein Gasthaus vermuten. Dann betritt man die Villa, wie zu Besuch bei guten Freunden.
Begrüßt wird der Gast von zauberhaften jungen Damen in weißen, gestärkten Schürzen mit großen, ordentlich gebundenen Schleifen. Etwas vom Stil alter Tage überkommt einen.
Das ganze Haus ist ein Arrangement mit Liebe und Sinn für das Schöne. Die Chefin und Seele des Hauses, Irmchen Halbedel, lässt es sich nicht nehmen, sich persönlich um jedes Detail zu kümmern.
Diese stilvolle und persönliche Atmosphäre beginnt am Entrée und setzt sich in den geschmackvollen Gasträumen fort: hohe Wände, Stuck und alte Fenster, alles liebevoll restauriert. In der mittleren Etage gibt es einen Salon und einen separaten Speisesaal, der für intime, kleine Gesellschaften genutzt wird. Die dritte Etage lädt ein zum Regenerieren und kurzen Verweilen, mit Badezimmern, die an Boudoirs erinnern und gerade für die Damen alles bereithalten, was sie eventuell vergessen haben könnten.
Der Herr des Hauses ist auch der Chefkoch: Rainer-Maria Halbedel lässt es sich nicht nehmen, sich persönlich bei seinen Gästen zu erkundigen, ob alles den Erwar-

tungen entsprochen hat. Diese werden meist übertroffen, durch beste Qualität und überzeugende Kreationen. Da sind sich die Gäste einig, ob zufälliger Gast, Stammgast oder durch besondere Empfehlung angereiste.

halbedel's Gasthaus . Rheinallee 47 . 53173 Bonn-Bad Godesdorf

0552 NW_Feste, Events & Veranstaltungen

JEDES JAHR EIN GROSSARTIGES FEST

Ticket-Telefon: 0180/5001812
www.beethovenfest.de

Beethovenfest, Bonn

Am Anfang stand im Jahr 1845 ein Musikfest zu Beethovens 75. Geburtstag, der zu dem Zeitpunkt aber schon 18 Jahre tot war. Franz Liszt war der Spiritus Rector des dreitägigen Unternehmens. Er ließ sogar die erste Beethoven-Halle bauen, aber aus Holz. Sie stand nur wenige Wochen.
Eine feste Einrichtung wurde jedoch daraus nicht, was wohl daran liegen mag, dass sich die Stadt Bonn mit der Pflege des künstlerischen Erbes ihres „größten Sohnes" anfangs schwertat. Doch seit 1998 kann man sich auf jährlich im August wiederkehrende Beethovenfeste verlassen.
Attraktive Spielstätten für mehr als 50 Veranstaltungen mit weltberühmten Interpreten und hochtalentierten Nachwuchskünstlern finden sich in der Stadt Bonn und ihrer Umgebung. Die Beethovenhalle lädt ein zum Eröffnungskonzert. Unter freiem Himmel auf dem Museumsplatz entsteht Kunstgenuss, weitab von musealem Stil. In der 100-jährigen neugotischen Kapelle des Collegium Leoninum nehmen Nachwuchskünstler Platz am 10-Fuß-Konzertflügel von Fazioli, dem größten und teuersten seiner Gattung. Auf Schiffen der Weißen Flotte lauscht man auf den Wellen des Stroms den Klängen von Oboen, Klarinetten und Hörnern. Und das Grandhotel auf dem Petersberg bietet Beethoven, Bach, Buffet ... Getränke inklusive.

Bonnticket . Adenauerallee 131 . 53113 Bonn

0553 NW_Städte & Touren

HÄUSER DER BONNER REPUBLIK

Telefon: 0228/9165-400
www.hdg.de

Villa Hammerschmidt, Palais Schaumburg, Bonn

Die spätklassizistische Villa Hammerschmidt entstand nach Plänen des Architekten August Dieckhoff, der auch Universitätsbaumeister der Stadt Bonn war. Nach ihrer

Fertigstellung im Jahr 1860 war sie Domizil einiger wohlhabender Industriellenfamilien, die die Nähe zur „Rheinischen Riviera“ suchten. Im April 1950 erwarb die Bundesrepublik Deutschland den Grundbesitz von den Erben des Industriellen und Geheimen Kommerzienrats Rudolf Hammerschmidt zum Preis von 750.000 Mark. Ab 1951 diente die Villa als Amts- und Wohnsitz der Bundespräsidenten. Mobiliar und Bilder wurden aus Museen und Schlössern aller Bundesländer zusammengetragen. Strahlendweiß über dem Rhein gelegen, galt sie als das „Weiße Haus“ von Bonn. Nach dem Umzug in das Berliner Schloss Bellevue ist die Villa Hammerschmidt zweiter Amtssitz des Bundespräsidenten.
Das Palais Schaumburg war von 1949 bis 1976 das Bundeskanzleramt. Von hier aus regierten Konrad Adenauer, Ludwig Erhard, Kurt Georg Kiesinger und Willy Brandt die Republik. Legendär sind die Boccia-Bahnen von Konrad Adenauer im weitläufigen Park des Palais sowie die sommerlichen Kabinettsitzungen unter der großen Platane. Trotz mehrerer baulicher Erweiterungen bot das Haus für die Regierungsgeschäfte nicht mehr genug Platz. In unmittelbarer Nachbarschaft entstand das architektonisch eher nüchterne neue Bundeskanzleramt, in das 1976 der Kanzler Helmut Schmidt seine Amtsgeschäfte verlegte. Die Geschichte des spätklassizistischen Palais Schaumburg reicht zurück bis ins Jahr 1860. Der Eigentümer des Hauses, der Tuchfabrikant Wilhelm Loeschigk, verkaufte es 1890 an den Prinzen Adolf zu Schaumburg-Lippe. 1939 erwarb es der Reichsfiskus. Nach dem Zweiten Weltkrieg zog erst einmal die belgische Armeeführung ein.
1963 entstand nach Plänen des Münchener Architekten Sep Ruf im Park des Palais das Wohn- und Empfangsgebäude des Bundeskanzlers, der sogenannte „Kanzlerbungalow“. In Erinnerung an ihre Amtszeit wurde hier auch für jeden Altbundeskanzler ein Baum gepflanzt. So mancher Besucher wird sich fragen, ob die Zuordnung der Baumarten zufällig gewählt oder sinnbildlich ist.

Besucherdienst des Hauses der Geschichte . Museumsmeile . Willy-Brandt-Allee 14 . 53113 Bonn

0554 NW_Essen & Trinken

GOURMETWANDERN

Simmerath-Rurberg

Telefon: 0032-80-864723
www.butgenbach.info

Die Belgier haben zwar die Pommes Frites erfunden, aber die belgische Küche wird unter Kennern mindestens so hoch geschätzt wie die französische – es gibt sogar Stimmen, die die belgische Küche höher einstufen. Gerichte werden in Belgien ganz klassisch aus Schweine-, Rind- und Wildfleisch, Geflügel, Meeresfrüchten und abschließend Käse zubereitet, alles so frisch und derart raffiniert gekocht, dass einem vor Appetit das sprichwörtliche Wasser im Munde zusammenläuft.
Also lautet die Frage eines entspannten Genussmenschen: Wo bekomme ich das hier in Deutschland? Antwort: Bei der Classic-Gourmet-Tour in der Eifel, nahe der Grenze zu Belgien.
Inmitten einer malerischen Wald- und Wiesenlandschaft gelegen, lockt der Bütgenbacher See zahlreiche Wanderer mit seiner fast schon traditionellen Gourmet-Tour:

Wandern von Restaurant zu Restaurant. Von einem gedeckten Tisch zum anderen. Und überall begrüßt der Chef oder die Frau des Hauses mit einer neuen Spezialität den geschmackssensibilisierten Gaumen des müden Wanderers. Da kann man ganz ohne schlechtes Gewissen kosten, denn man verbraucht die Kalorien bei den ausgedehnten Spaziergängen zwischen den einzelnen Gourmet-Stützpunkten.
Der Bütgenbacher See gehört zum Erholungsgebiet Wasserland Eifel-Ardennen, und hier grenzen 40 Seen und Maare aneinander. Die abwechslungsreiche Landschaft bietet neben den Genusswanderungen per Rad oder Pedes auch zahlreiche Wassersportaktivitäten wie Segeln, Surfen und Kanufahren an.

Classic-Gourmet-Tour . Tourist Info Bütgenbach . Marktplatz . B-4750 Bütgenbach

---

0555 NW_Städte & Touren

SPURENSICHERUNG IN MÜNSTER

Telefon: 0251/4922710
www.muenster.de

Erlebniswochenende, Münster

Mama geht mit Tante Antje schon mal auf Spurensicherung. Papa und die Kinder besprechen derweil im Café den weiteren Einsatzplan. In Münster gilt es einen schwierigen Fall zu lösen! Der kriminalistische Spürsinn ist gefragter denn je. Dabei gab es morgens am Frühstückstisch, als in der Tagesplanung das Wort „Stadtbesichtigung" fiel, muffige Gesichter beim Nachwuchs. Dass das Kennenlernen eines Ortes auch auf spannende Art und Weise stattfinden kann, war noch gar nicht auf der schon vielfach arg geschundenen Wahrnehmungsebene.
Das „kriminelle Wochenende", in Münster buchbar, löst in diesem Bereich unter Umständen Heilungsschübe aus. Papa mutiert zu Sherlock Holmes, Mama zu Miss Marple, und die Kids fühlen sich schon wie die TKKG-Spürnasen. Fiktive Schauplätze eines zu klärenden Kriminalfalles werden erkundet, und beim „mörderischen Menü" ist jeder am Tisch verdächtig. Ganz nebenbei, ohne es zu merken, lernt man während seiner „kriminalistischen" Nachforschungen dann doch noch die Stadt und ihre Schönheiten kennen.
Und davon gibt es viele, im oftmals unterschätzten Münster. Vorbei am Prinzipalmarkt, dem Platz, den die Münsteraner liebevoll ihre „gute Stube" nennen. Der Bogengang, dessen Parzellenstruktur und Gebäudezahl seit dem 15. Jahrhundert nahezu unverändert erhalten blieb, wird genauestens inspiziert – natürlich nur, um wichtigen Hinweisen nachzugehen. Weiter geht's, am Rathaus des Westfälischen Friedens vorbei. Unter dem Vorwand, zur Lösung des Falles unbedingt notwendige Informationen zu beschaffen, verschwinden die selbsternannten Miss Marples „schnell mal eben" im Feinkostladen „Butterhandlung Holstein". Das beste französische Brot gibt es schließlich hier. Selbst Steven Spielberg lässt sich das „Poilâne" per Flugzeug in die USA schicken. Und der kennt sich schließlich aus im Reich des mysteriösen Verbrechens. Danach können die „Sherlocks" gerade noch verhindern, dass der weibliche Teil der kriminellen Sachbearbeiter sich in einem der besten

Stoffläden Deutschlands verliert. Aus Gründen der Spurensicherung, selbstverständlich. Am Ende des interessanten Wochenendes steht für alle Beteiligten fest: Dahin möchten wir noch einmal! Und darauf wird dann auf dem Nachhauseweg erst einmal mit einem Cocktail angestoßen. Im „Enchilada". Fall gelöst.

Münster Marketing . Heinrich-Brüning-Straße 9 . 48143 Münster

LANDSCHAFT UND KULTUR

Telefon: 0203/42919-42
www.landschaftspark.de

Landschaftspark Duisburg Nord

Landschaftspark Duisburg Nord

Stillgelegte Fabrikhallen sind nicht nur reizvoll für Techno-Freaks, die nirgends lieber tanzen als mit Blick auf Stahl und Gerüst. Bevor das stillgelegte Hüttenwerk Duisburg-Nord für Raves genutzt werden konnte, verwandelte die Internationale Bauausstellung Emscher Park (IBA) es kurzerhand in einen grünen Landschaftspark mit integriertem Kulturforum.
Hier wird zwar hin und wieder auch getanzt, aber dies geschieht ganz legal – bei den zahlreichen Events, die im Industriepark stattfinden. In der Stahlkulisse und umgeben von alten Hochöfen werden hier die Theater- und Tanzeinlagen der RuhrTriennale aufgeführt. Und das Publikum ist immer aufs Neue davon fasziniert, wie derartig krasse Gegensätze wie „Hochkultur" und (stillgelegte) Stahlindustrie zusammen wirken.
Ansonsten kann man auf dem Gelände zahlreichen sportlichen Aktivitäten nachgehen, denn mit viel Kreativität und Eigeninitiative wurden die alten Industrieanlagen kurzerhand umfunktioniert: Im gefluteten Gasometer entstand das europaweit größte künstliche Tauchsportzentrum, in Erzlagerbunkern kann man an meterhohen rauen Wänden „Freeclimbing" und klettern üben, eine der ehemaligen Gießhallen wurde mit einem Hochseilparcours ausgestattet. Wer auf dem riesigen, von Grün überwucherten Ex-Stahlwerk-Gelände wandern will, sollte tunlichst auf den Wegen bleiben: Seltene Pflanzen und Tiere haben sich wieder dort angesiedelt und dürfen nicht gestört werden.
Wem dieser „Multifunktions"-Ansatz zu viel wird, der kann in aller Ruhe auf einen der fast 80 m hohen erloschenen Hochöfen klettern und von da oben aus die Aussicht auf das Ruhrgebiet genießen. Zur späten Stunde sorgt eine Lichtinstallation dafür, dass man sich nicht mehr vorstellen kann, wie hier einmal Schornsteine

rauchten ... War das Gelände nicht schon immer als Landschaftspark geplant gewesen?

Landschaftspark Duisburg-Nord . Emscherstraße 71 . 47137 Duisburg-Meiderich

0557 NW_Essen & Trinken

DAS BONNER BISTRORANT

Telefon: 0228/653077
www.aktuell-nt.de

Aktuell – Nachrichtentreff, Bonn

Das „Aktuell – Nachrichtentreff“ in Bonn ist „Bistrorant“, Café und Bar. Wie es zu dem Namen kam, der doch eher an die Dépendance eines Newstickers erinnert, lässt sich nicht mehr genau in Erfahrung bringen. Vielleicht war es der Standort im alten Verlagshaus des General-Anzeigers von Bonn, der Pate stand?
Jedenfalls treffen sich hier auch Journalisten, um das vorgehaltene, beachtlich große Zeitungs- und Zeitschriftensortiment der in- und ausländischen Presse zu durchstöbern. Weitere Gäste sind die Studenten und Professoren der nahen Universität. Alle profitieren von einer umfangreichen Speisekarte mit überraschend moderaten Preisen. Mit seiner 25-jährigen Tradition gehört das „Aktuell – Nachrichtentreff“ zu den alteingesessenen Gastrobetrieben der Stadt.

aktuell – Nachrichtentreff . Gerhard-von-Are-Straße 8 . 53111 Bonn

0558 NW_Sport, Abenteuer & Technik

AUF DIE ROLLE(N) GEHEN IM MÜNSTERLAND

Telefon: 02872/930100
www.rhede.de/inliner.651.0.html

Inlineskaten, Rhede

Das Münsterland kann nicht gerade von sich behaupten, die gebirgsreichste Ecke Deutschlands zu sein. Dafür kann man hier super skaten. Inlineskaten. Die acht Rollen bewegen sich leicht und quasi wie von selbst auf den vergleichsweise ebenen Strecken. Für die Bereiche Bocholt, Rhede, Borken und Naturpark Hohe Mark gibt es verlockend gut ausgearbeitete Routenvorschläge. Klar, dass bei allen Routen exakte Angaben zur Anzahl der zu rollenden Kilometer mitgeliefert werden. Wer will, kann an verschiedenen Orten Inline-Pausen einlegen und neben der Erhöhung des Fitness-Pegels auch, etwa auf der „Kulturroute Isselburg“, den nach Weiterbildung rufenden Gehirnzellen Nahrung anbieten.
Da die „Pättkes“ – so werden die schmalen, aber asphaltierten Wege dort genannt – im Münsterland sowieso alle irgendwann und irgendwo an einem Landgasthaus

vorbeiführen, ist auch die sonstige Nahrungs- und Getränkeaufnahme gewährleistet.

Touristinformation im Bürgerbüro . Rathausplatz 9 . 46414 Rhede

0559 NW_Natur & Tiere

EIN TIERGARTEN DER BEGEGNUNG

www.zoo-duisburg.de

Zoo Duisburg

Passend zum Fernsehstart von „Flipper", der wohl berühmtesten Delphin-Kinderserie, auf NBC in den USA eröffnete 1965 im Duisburger Zoo das erste Delphinarium in Europa. Delphine gelten als intelligent, verspielt und dem Menschen ähnelnd. Selbst in der griechischen Mythologie haben Delphine Göttern in allen Lebenslagen geholfen. So wurde Apollon bei seiner Geburt von einem Delphin ans Land gebracht, ein weiterer half Poseidon, eine Meeresnymphe zu erobern, und das Reiten auf einem Delphin war ein beliebter Volkssport bei den Göttern.

Ein Pfau im Duisburger Zoo

Ob Delphine nun wirklich schlauer sind als alle anderen Tiere, ist wissenschaftlich umstritten. Sie haben zwar ein riesiges Gehirn, aber das besteht aus nur wenigen Nervenzellen, was eher dafür spricht, dass es mehr zur Wärmeisolation als zum Nachdenken dient. Ganz egal, ob sie nun einen hohen IQ haben oder nicht, für die Tricks im Duisburger Delphinarium reicht es allemal, und die Delphine müssen noch nicht einmal großartig dressiert werden, denn sportliches Aus-dem-Wasser-Springen gehört zu ihren Lieblingsaktivitäten. Bekanntlich nähern sie sich ja auch Schiffen, um auf den Wellen mal wieder richtig schön zu surfen.

Natürlich ist es schöner, die großen Säuger in freier Natur zu erleben, wo sie mit einer Geschwindigkeit von 55 Stundenkilometern die Meere durchforsten können. Zu schnell für die Wissenschaftler, die in Duisburg versuchen, mehr über diese Tiere herauszufinden. So werden im Delphinarium Duisburg wissenschaftliche Arbeiten zu Delphinen verfasst und im Einzelnen dokumentiert, so wie eine Doktorarbeit zur Fortpflanzung des Großen Tümmlers. Bei abendlichen Führungen durch das Delphinarium kann man nach einem Vortrag zur Geschichte und Biologie der Sprache der Delfine lauschen und überlegen, ob sie wirklich so klug sind wie in den Mythen.

Wem die Delphine zu keck, zu laut und zu nass sind, der hat mit den anderen insgesamt 2153 Tieren des Duisburger Zoos eine wunderbare Alternative.

Zoo Duisburg AG . Mülheimer Straße 273 . 47058 Duisburg

WAS VON DEN RÖMERN BLIEB

Telefon: 0221/221-24438 und 221-24590
www.museenkoeln.de/roemisch-germanisches-museum

Römisch-Germanisches Museum, Köln

Das Römisch-Germanische Museum in Köln

Unmittelbar neben dem Kölner Dom, an dessen Südseite, steht das Römisch-Germanische Museum.
Dort findet man das, was heute noch von Colonia Claudia Ara Agrippinensium, so hieß Köln etwa zwischen 50 und 425 n. Chr., übrig ist. Besonders gut erhalten sind das Dionysos-Mosaik (um 220/230 n. Chr.) und der rekonstruierte Grabbau des Legionärs Poblicius (um 40 n. Chr.).
Eine umfangreiche Sammlung römischer Gläser ist ebenso zu bewundern wie Keramik, Wandmalereien, Inschriften und Bildnisse des Kaiserpaares Augustus und Livia. Die Hinterlassenschaft der Römer ist riesig und faszinierend in ihrer Schönheit und handwerklichen Perfektion. Bei all diesen wunderschönen und teilweise gut erhaltenen römischen Architekturfragmenten fragt sich der interessierte Betrachter allerdings, was die Römer wohl von der Plattenbauarchitektur des Museums gehalten hätten.

Römisch-Germanisches Museum . Roncalliplatz 4 . 50667 Köln

DER DRACHEN SCHWIMMT IM TAKT DER TROMMEL

Telefon: 0571/46734
www.ksg-minden.de

Weserdrachen-Cup, Minden

„Drachenboot! Go!" Auf der Weser bei Minden setzen sich auf diesen befremdlichen Befehl hin Boote in Bewegung. Tatsächlich keine normalen Sport- oder Ruderboote, sondern richtige Drachenboote! Der dumpfe Klang von Trommelschlägen gibt die Taktzahl vor, die Bootteams legen sich beim Weserdrachen-Cup ordentlich ins Zeug.
Die Füße fest auf dem westfälischen Ufer, wähnt man sich beim Anblick der drachenköpfigen Boote allerdings eher im Reich der Mitte. Dort lassen sich auch tat-

sächlich die Ursprünge dieses Sportes finden: Im vor 2.000 Jahren politisch unruhigen China begannen die Boots-Rituale, damals noch stark in spirituellen Ansätzen wurzelnd.
Heute als rein sportliche Betätigung beliebt, erfreut sich der Drachenboot-Cup in Minden einer immer größer werdenden Fangemeinde. Jedes Jahr im Sommer geht es auf der Weser hoch her: Familien-, Firmen- oder Schulrennen werden ausgetragen. Selbstverständlich auf einem Drachenboot. Dann hört man im tiefsten Ostwestfalen den bekannten Ruf: „Drachenboot! Go!"

Kanusportgemeinschaft . Bierbohlweg 100 . 32425 Minden

0562 NW_Sport, Abenteuer & Technik

INTEGRATION DURCH EVENTS

Telefon: 05241/95050
www.wfb-gt.de

Werkstatt für behinderte Menschen, Gütersloh

Integration kann dort stattfinden, wo es Berührungspunkte geben darf. Der Kiebitzhof in Gütersloh ist so ein Ort der Begegnungsmöglichkeiten. Früher ein Gutshof, wird hier noch immer ökologische Landwirtschaft betrieben und vermarktet.
Aber das ist nur eine Schiene des Angebotes auf dem Hof. Zu den Events der Werkstatt für behinderte Menschen in Gütersloh kommen jedes Jahr im Mai und im Herbst Tausende von Besuchern. Der Sinnes- und Erfahrungspark, das Freiluftcafé oder das grüne Klassenzimmer bieten als Treffpunkte Raum für Dialoge und neue gemeinsame Erlebnisse. Die Arbeitswelt von Menschen mit Behinderungen wird transparenter und erfahrbarer. Dadurch kann so manches Vorurteil spielend entkräftet werden. Und auch darum geht es.

Werkstatt für behinderte Menschen im Kreis Gütersloh gem. GmbH
Im Heidkamp 20 . 33334 Gütersloh

0563 NW_Lifestyle & Szene

UNKLEIDERÄUME IM BAUHAUSSTIL

Telefon: 05241/235858
www.guetersloh.de

Das Parkbad, Gütersloh

Das Parkbad. Kurz und knapp der Name. So, wie man ehrfürchtig von „der Dietrich" oder „der Bardot" spricht. Größe bedarf nicht vieler Worte. Ganzen Gütersloher Generationen hat die gute alte Parkbad-Dame von 1927 geduldig bei ihren

Schwimmübungen zugesehen. Lächelnd, sich ihrer Schönheit und Einzigartigkeit durchaus bewusst.
Der Name verrät schon die gute Lage, und die war und ist ein Pluspunkt. Ein weiteres Plus: die seit der Eröffnung unverändert klaren Formen des Baustils; eben Bauhaus. Das Bad wurde schnell zum angesagten Treffpunkt und blieb es viele Sommer lang.
Irgendwann liefen ihm spektakulärere und modernere Bäder den Rang ab. Anfang der Neunziger wurde es gefährlich still im Bad. Aber die Gütersloher, so hört man, können durchaus hartnäckig sein, will man ihnen einen Ort liebgewonnener Erinnerungen nehmen. Der Initiative echter „Parkbad-Fans" ist es zu verdanken, dass das Bad vor dem Verfall gerettet wurde. Die kränkelnde Parkbad-Dame wurde auf das Behutsamste liebevoll restauriert. Und weil echte Schönheit auch noch im Alter Würde und Grandezza ausstrahlt, ist „das Parkbad" heute wieder zum dem geworden, was es einmal war. Ein Parkbad, in dem man sein möchte.
Die ehemaligen Umkleidekabinen sind zu einer beliebten Eventlocation geworden. Und vom Bistro aus schaut man abends auf das illuminierte Wasser und den Park. Die ehemaligen Schwimmbecken wurden auf 30 Zentimeter mit Wasser angefüllt. Zu Sommerzeiten sitzt man entspannt im Park und freut sich mit seinen Kindern am und im „größten Planschbecken Ostwestfalens". Das gefällt der guten alten „Parkbad-Dame". Ist es doch ihre ursprüngliche Bestimmung, die sie noch immer erfüllen darf.

Parkbad Gütersloh . Am Parkbad 10 . 33332 Gütersloh

0564 NW_Sport, Abenteuer & Technik

GUTE MASCHINEN KOMMEN NIE AUS DER MODE

Telefon: 02363/97070
www.lwl-industriemuseum.de

Schiffshebewerk Henrichenburg

Die Industrialisierung hat nicht nur graue Fabriken hervorgebracht, sondern auch so manche intelligente Maschine oder technische Erfindung.
Da freute sich auch der gute alte Kaiser Wilhelm II., als am Dortmund-Ems-Kanal am 11. August 1899 das Schiffshebewerk Henrichenburg eingeweiht wurde. War ja auch eine tolle Erfindung und brachte große Vorteile für die Kanalschifffahrt: Das Schiffshebewerk konnte Frachtschiffe mit bis zu 600 Tonnen Gewicht mühelos über einen Höhenunterschied von 14 Metern tragen, und das in weniger als einer halben Stunde. Zudem verbrauchte der Hubvorgang kaum Wasser aus dem darüberliegenden Kanal, wie sonst bei Schleusen üblich.
Wie brillant die Technik genau funktioniert, kann man heute im Schiffshebemuseum erfahren und an den wunderschönen Modellen ganz genau anschauen. Der Landschaftsverband Westfalen-Lippe hat alte Industrie-Denkmäler wie das ehemalige Schiffshebewerk saniert und das Westfälische Industriemuseum eröffnet. Die

Branchen Bergbau, Eisenverhüttung, Binnenschifffahrt, Textilindustrie, Ziegeleiwesen und Glasherstellung sind dabei repräsentiert und laden mit wirklich spannenden Aktionen ein, den Arbeitsalltag von damals kennenzulernen und ein bisschen mitzuerleben.

Tipp: Bei Sonnenschein geht's aber auch wieder schnell hinaus in die Gartenlokale, die sich rund um das Schiffshebewerk Henrichenburg befinden. Denn der Kanal ist zu einer großen Marina geworden, wo sich Sportbootfahrer, Segler, Angler und badende Kinder vergnügen. Und wer sein Fahrrad mitnimmt, kann von dort aus tolle Radtouren bis weit ins Münsterland unternehmen.

Westfälisches Industriemuseum

Schiffshebewerk Henrichenburg/Waltrop . Am Hebewerk 2 . 45731 Waltrop

---

0565 NW_Sport, Abenteuer & Technik

DIE JUNGEN 50-PLUS-STUDENTEN

Telefon: 0521/3298600
www.bildungsserver.de

Senioren-Uni, Horn-Bad Meinberg

Oma zahlt Studiengebühren. 400 Euro pro Trimester. Und das nicht für ihren Enkel. Sie selbst hat sich eingeschrieben zum „Studium Generale" an der Uni in Horn-Bad Meinberg. Das Europäische Zentrum für universitäre Studien der Senioren (EZUS) bietet ein in 6 Trimester gegliedertes Studium an und ist damit als Bildungsstätte europaweit einzigartig. Haben die emsigen Senioren zwei Jahre Themen wie Politikwissenschaften, Medizin, Kunst, Literatur etc. erfolgreich durchdrungen, dürfen sie sich ein Zertifikat in die Tasche stecken. Wer lieber „später" in eine beratende Tätigkeit gehen oder zurückgehen will, kann sich an Bielefelds Uni zum Studiengang „Senior Consultant" einschreiben. Die „Kinderkrankheiten" von jüngeren Studierenden haben die flotten Senioren vermutlich überwunden. Ausschweifende Partys in Wohnheimen, die am Morgen danach zu einer deutlichen Minderung der im Hörsaal Anwesenden führen, dürften sicher die Ausnahme sein. Der demographische Wandel zeigt neue Gesichter. Nicht nur auf den Hörsaalbänken. Schnallen wir uns an, wenn die hoch motivierten 50+-Studenten mit dem vorher schon lange selbst verdienten Porsche zur Uni düsen.

Senioren-Uni Horn-Bad Meinberg . Parkstraße 17 . 32805 Horn-Bad Meinberg

DRAHTESEL AUS ALTEN ZEITEN

Telefon: 02504/690100
www.telgte.de

Fahrradmuseum Telgte

Im Münsterland wird viel Rad gefahren, weil es da nicht nur schön, sondern auch so richtig flach ist. So macht das Radeln keine große Mühe – man rollt fast wie von selbst! In Münster werden sage und schreibe 40 % aller täglichen Fahrten mit dem Drahtesel unternommen.
Die Münsterländer, und nicht nur die, haben offensichtlich ihre Garagen geräumt. Manches „Fahrrad-Schätzchen", teilweise noch von Oma oder Opa, muss da zum Vorschein gekommen sein. Da viele ihre Räder ja schätzen und mögen, waren die meisten Drahtesel natürlich noch „gut in Schuss". Jedenfalls können die ganz besonders schönen und ausgefallenen Exemplare seit Neuestem im Fahrradmuseum Telgte bestaunt werden. Die Räder, die hier gezeigt werden, sind historisch, aus der Zeit von 1910 bis 1960.
In den alle zwei Monate wechselnden Ausstellungen gibt es zum Teil auch Leihgaben und besonders wertvolle Seltenheiten, wie die Lastenräder, auch Bäckerräder genannt. Weitere Themen werden liebevoll geplant und vorbereitet. Dafür werden alle Schaustücke frisch poliert und vorzeigbar herausgeputzt.
Das Telgter Fahrradmuseum zeigt fast alles: von den „Schönheiten aus den 50ern" bis hin zu den „Altertümchen" der ehemaligen DDR – inklusive Originalzubehör wie Lampen, Schlösser und Felgen.
Fahren Sie doch mal hin ... Wenn der Weg mit dem Rad zu weit ist, dann nehmen Sie eben ausnahmsweise das Auto.

Stadttouristik Telgte . Kapellenstraße 2 . 48291 Telgte

EIN HERZ UND EINE SEELE

www.herne.de

Zechensiedlung Teutoburgia, Herne

Wenn man in Deutschland nach einer Siedlung à la „Desperate Housewives" sucht, könnte man fast in Herne-Börnig fündig werden. Die schicken weißen Villen mit ihren gepflegten Vorgärten werden von Hunderten Straßenbäumen eingesäumt. Keines der 136 Gebäude gleicht dem anderen, und trotzdem besteht eine gewisse Harmonie in der architektonischen Komposition.
Der britische Stadtplaner und Erfinder der Gartenstadt, Sir Ebenezer Howard, hätte seine Freude an der Siedlung Teutoburgia und könnte sie als eine weitere Realisation seiner Vision der „Garden Cities of Tomorrow" einreihen.

Die Siedlung ist nach der gleichnamigen Zeche Teutoburgia benannt und wurde zwischen 1909 und 1923 erbaut. Nachdem die Zeche 1925 stillgelegt wurde, kümmerte sich keiner um die Instandhaltung der Siedlung. Obwohl im Zweiten Weltkrieg nahezu unbeschädigt geblieben, war 1988 eine Modernisierung und Sanierung der Gartenstadt Teutoburgia notwendig. Inzwischen gilt sie als ein historisches Denkmal.

Zechensiedlung Teutoburgia bei Herne

In unmittelbarer Nähe zur Siedlung Teutoburgia erleben Spaziergänger eine ganz besondere Überraschung: Die ehemalige Maschinenhalle und der Förderturm wurden zur Inspiration für Künstler. So wurde der Turm zu einem symbolischen Kunstobjekt umgebaut: Er nennt sich jetzt „Fußgänger“ und ist von dichten Ranken und wildem Wein umrahmt – die Stahlzeit wird wieder mit Grün überwuchert! Und weil das alles so schön ist, lässt der Klangkünstler Christof Schläger zwischen den Bäumen im Kunstwald auch noch angenehme Musik erklingen. Alles getreu dem Motto „Modern Art meets alte Zeche“!

Zechensiedlung Teutoburgia . Baarestraße/Schadeburgstraße . 44628 Herne-Börnig

0568 NW_Feste, Events & Veranstaltungen

FLÜGEL IM RUHRGEBIET

Telefon: 0180/5181650
www.klavierfestival.de

Klavier-Festival, Essen

Das Ruhrgebiet bekommt Flügel. Dann, wenn die besten Pianisten der Welt spielen. Das „Klavier-Festival Ruhr“ lockt sie alle auf die Bühnen des „Potts“. Große Meister zeigen hier genauso ihr Können wie hoffnungsvolle Nachwuchstalente. Und genau das macht das Konzertangebot der Veranstaltung so vielseitig. Klassik, Jazz, Liederabende, Meisterkurse oder Kinderkonzerte sind nur ein kleiner Ausschnitt des Musikfestivals. Debütanten und Sieger großer Wettbewerbe sind besonders gern gesehen. Die Nachwuchsförderung ist ein spezielles Anliegen der Initiatoren. Franz Xaver Ohnesorg sorgt als verantwortlicher Intendant für den gleichbleibend hohen Standard des Ruhrgebiet-Events. Mit Erfolg! Das Klavier-Festival Ruhr ist zum Publikumsmagnet geworden und darf sich, mit Recht, jedes Jahr über neue Besucherrekorde freuen.

Initiativkreis Ruhrgebiet Verwaltungs-GmbH . Alfred-Herrhausen-Haus
Brunnenstraße 8 . 45128 Essen

IM SCHOKOLADENHIMMEL

CCC Confiserie, Bad Honnef

Telefon: 02224/901040
www.coppeneur.de

Wer feine Schokoladen liebt, der darf in Bad Honnef aus dem Vollen schöpfen. Der Werksverkauf der exklusiven Confiserie „CCC Confiserie Coppeneur et Compagnon" gilt als Pilgeradresse für Fans von feinstem Süßen und Schokolade. Erlesene Pralinen, Trüffel, handgefertigte Schokoladen und andere speziell von den beiden Schoko-Schöpfern entwickelte kleine Sünden verlocken zum Genuss. Keine Sorge! Es kann mit reinem Gewissen genascht werden. Ausschließlich natürliche Rohstoffe und nur die allerbesten Zutaten werden verwendet. Die beiden Confiserie-Profis lassen sich den Bio-Kakao für ihre Produktion eigens von einer familiengeführten Hacienda und aus einem der besten Anbaugebiete Ecuadors liefern. Am sichersten ist es, wenn Sie vor der Praliné-Einkaufsfahrt alle in ihrem Besitz befindlichen Kalorientabellen sorgfältig vernichten.

CCC Confiserie Coppeneur et Compagnon GmbH . Wittichenauer Straße 15–17 . 53604 Bad Honnef

DIE WIEDERGEFUNDENE MITTE

Akademie Mont-Cenis, Herne-Sodingen

Telefon: 02323/162301
www.akademie-mont-cenis.de

Über 100 Jahre war die Ortsmitte von Herne-Sodingen bestimmt von hohen Türmen. Es waren aber keine Rathaus- oder Kirchtürme, wie sonst in der Mitte einer Stadt üblich. Hier in Herne waren es die Fördertürme und Schornsteine der Zeche Mont-Cenis.

1975 förderten die Kumpel täglich 4.383 Tonnen Kohle aus 1.300 m Tiefe ans Tageslicht, insgesamt über 1 Mio. Tonnen im Jahr. Am 31. März 1978 war dann Schluss. Mont-Cenis wurde nach 100 Jahren stillgelegt.

Mit der Zeche verfiel die Ortsmitte und bald auch der ganze Ort. Herne-Sodingen wurde zu einem Brennpunkt. Bis dann die IBA Emscher Park (Internationale Bauausstellung) kam und die Ortsmitte, das Herz von Sodingen, reparierte.

1999 war feierliche Einweihung: Auf dem früheren Zechengelände entstand eine große, begrünte Freifläche, in deren Mitte ein 150 Meter langer und 75 Meter breiter Glaskörper steht, gestützt von 56 Fichtenstämmen. Oben auf dem Glasdach arbeitet die größte Solarstromanlage der Welt, fast unsichtbar und völlig geräuschlos reduziert sie den Energieverbrauch der Riesenglashülle um mehr als 50 %.

Innen herrscht ein Klima wie am Meer: Eine Wasserstraße schlängelt sich durch die

Halle, Palmen wachsen in die Höhe, Außengastronomie hat sich dazwischen ausgebreitet. Eine Reihe von holzverkleideten Gebäuden steht wie in einer Parklandschaft aus Gras, Bäumen, Kieswegen und kleinen Fontänen. Das ist das Stadtteilzentrum Sodingen, die Stadtverwaltung mit ihren kommunalen Dienststellen und Stadtbibliothek, Bürgersaal und Bezirksvertretung. Weiterhin sind hier die Fortbildungsakademie des Innenministeriums NRW inklusive 175 Zimmer für die Seminarteilnehmer untergebracht.
Herne-Sodingen hat mit der Akademie Mont-Cenis seine Mitte wiedergefunden. Und immer mehr Architekten und Stadtplaner kommen hierhin, um sich vor Ort inspirieren zu lassen.

Gebäudemanagement Herne . Heidstraße 2 . 44649 Herne

0571 NW_Kunst & Architektur

ES GIBT SIE NOCH ...

Telefon: 02309/93900
www.manufactum.de

Manufactum, Waltrop

Die Philosophie ist bestechend einfach: Unsere Gebrauchsgüter haben sich zu Verbrauchsgütern verschlechtert. Deshalb stellt Manufactum seit über 12 Jahren bewusst wieder Dinge her, die „ein Leben lang halten“. Und nicht auf dem Müll landen.
Damit und mit einem feinen Gespür für sanfte Trends hat sich Manufactum ganz weit nach oben gebracht. Der gesamte deutsche Einzelhandel schaut dieser Entwicklung fast schon verschüchtert, ratlos und ein bisschen neidisch zu.
Aber dass wir, die Kunden, endlich wieder ernstzunehmende Qualität wünschen, das hat niemand so ernst genommen wie Manufactum. Jetzt sitzen sie in einer alten Zeche in Waltrop. Auch das ist ein Zeichen von Qualität, denn so ein Industriebau ist noch massiv, grundehrlich und dazu ökologischer als die meisten anonymen Glasfassaden. Und ein echter Manufactum-Laden gehört einfach an einen besonderen Ort – eben eine historische Zechenhalle.

Manufactum Deutschland . Hiberniastraße 5 . 45731 Waltrop

0572 NW_Kunst & Architektur

INDUSTRIEKATHEDRALE

Telefon: 0208/8503730
www.gasometer.de

Gasometer, Oberhausen

Jeder, der schon mal auf der A 42 in Höhe Oberhausen unterwegs war, kennt ihn: den Gasometer. Diesen riesigen, graugrünlich schimmernden Turm, fast schon ein Koloss. 117,5 Meter hoch und mit einem Durchmesser von 67,6 Metern ragt er dort

seit 1929 in die Höhe. Seitdem er 1988 stillgelegt worden war, stand er ungenutzt und wenig geliebt in der Gegend herum. Erst 1994 wurde auf Initiative der Internationalen Bauausstellung Emscher Park daraus eine begehrte Location, eine Ausstellungshalle und ein immer wieder interessantes Ausflugsziel.
Außergewöhnliche Ausstellungen haben schon auf dem kreisrunden, 3.000 m² großen Hallenboden stattgefunden – Christos Wand aus Blechfässern ist vielen noch präsent. Die nächsten Ausstellungen sind schon fest geplant. Aber auch ohne Event beeindruckt die schiere Größe des Innenraums: Der gläserne Innen-Aufzug hebt die Besucher auf über 100 Meter Höhe – ein phantastisches Raumerlebnis. Dann gelangt man auf gesicherten Stegen über das gewölbte Dach zu den Aussichtsplattformen – der Panoramablick über das Ruhrgebiet ist überwältigend.
Wer möchte, nimmt für den Weg nach unten die Außentreppe mit ihren 592 Stufen.

Gasometer Oberhausen im CentrO . Am Grafenbusch 90 . 46047 Oberhausen

BAHNSTEIG 4 UND 5 LEUCHTEN

Telefon: 01805/743465
www.rim.lvr.de

Museums.Bahnsteig, Oberhausen

Wer abends mit dem Zug durch den Hauptbahnhof Oberhausen fährt, wird sich wundern. Und den Drang verspüren, auszusteigen. Denn hinten auf Gleis 4 und 5 leuchtet und flimmert es, verändert seine Farben, die Schienen glimmen, und der dort stehende Güterzug mit seinen riesigen „Schlackenpfannenwagen" schimmert geheimnisvoll.

Museums.Bahnsteig Gleis 4 und 5 in Oberhausen

Das, was da so magisch leuchtet, ist der Museums.Bahnsteig. Ein stillgelegtes Gleis wurde zu einem Lichtobjekt mit 33.000 LEDs umgestaltet, die eine „dreistündige Lichtpartitur" aus mehr als 1.000 Farbklängen entstehen lassen. Materialien wie Glas, Stahl, 3M-HighTech-Folien und meterhohen Holzskulpturen verfremden den Bahnsteig.
Der Sinn? Hinweis geben auf das benachbarte Rheinische Industriemuseum. Also doch: Aussteigen bitte und eine Runde ins Museum!

Rheinisches Industriemuseum . Peter Behrens-Bau . Essener Straße 80 . 46147 Oberhausen

SCHLEMMEN IM SCHLOSS

Telefon: 02202/204-0
www.schlosshotel-lerbach.com

Schlosshotel Lerbach, Bergisch Gladbach

Gerade einmal eine Viertelstunde von Köln entfernt, auf den ersten Hügeln des Bergischen Landes, befindet sich das Schlosshotel Lerbach. Es wird zu den besten Hotels Deutschlands gezählt und empfiehlt sich darüber hinaus mit dem 3-Sterne-Gourmetrestaurant „Dieter Müller", wiederum eines der fünf besten Restaurants in Deutschland.
So viele Superlative überzeugen. Selbst kosmopolitische Alleskenner sind nach einem kulinarischen Abend auf dem Schloss jedes Mal wieder voll des Lobes.
Und es mehren sich die Stimmen, die etwas von diesem Know-how mit nach Hause nehmen wollen; denen sei die Kochschule unter dem Patronat Dieter Müllers angeraten. Ganz Raffinierte erledigen diese Angelegenheit mit einem Gutschein. Den anderen beschenken, losschicken zum Lernen, und dann mal locker abwarten, ob die Kochschule was gebracht hat.

Schlosshotel Lerbach . Lerbacher Weg . 51465 Bergisch Gladbach

---

ZENTRUM FÜR ZEITGENÖSSISCHE KUNST UND MUSIK

Telefon: 0221/921303-0
www.sankt-peter-koeln.de

Kunst-Station Sankt Peter, Köln

Wer seine Kirche, den Sakralraum, derart reduziert gestaltet, dass nur eine große Steinbank als Altar, ein dramatisch schöner Rubens an der Wand und im Rücken des Betrachters eine Gitterkapelle mit einem Reliquienschrein übrig bleiben, der hat etwas vor, will damit etwas ausdrücken. Und wenn dann noch die Bezeichnung „Kunst-Station" dafür gewählt wird, braucht es kaum noch den Untertitel „Zentrum für zeitgenössische Kunst und Musik". Jedem aufmerksamen Menschen ist damit sofort klar, was in der Kirche Sankt Peter mitten im Zentrum Kölns vom Pfarrer Friedhelm Mennekes bezweckt wird.
Wenn er, unterstützt von Beiräten, die Werke und Arbeiten derart hoch geschätzter Künstler wie Francis Bacon, Joseph Beuys, Jenny Holzer, David Salle und Cindy Sherman oder Rosemarie Trockel in dem vollkommene Ruhe ausstrahlenden Kirchenraum ausstellt, entstehen völlig neue Wirkungen, verändern sich Wahrnehmungen.

Auch sich sonst durchaus selbst darstellende Kunst- und Vernissage-Mitläufer werden von der kontemplativen Ausstrahlung der Kunst-Station in ihrem Exhibitionismus gebremst. Und Kunst wirkt wieder, wenn sie bei Friedhelm Mennekes hängt.

Jesuitenkirche Sankt Peter Köln . Jabachstraße 1 . 50676 Köln

SPRUNG AUS 4000 METERN

TTelefon: 02158/800400
www.sky-fun.de

Tandem-Fallschirmsprung, Grefrath

Beim ersten Mal erfordert es Mut, sich bei 4.000 Meter Höhe aus dem Flugzeug zu stürzen. Aber spätestens dann, wenn man im freien Fall mit 200 km/h auf die Erde zurast, kommt der erste Schrei. Fast eine Minute dauert der rasende Sturz, dann öffnet sich der Fallschirm und man schwebt etwa 5 bis 10 Minuten, bis man wieder sanft auf der Erde landet.
Das alles macht man mit einem erfahrenen Fallschirmspringer im sogenannten Tandem-Sprung. Der Sprung-Partner gibt vorher eine genaue Einweisung – am Boden, versteht sich. Dann erst werden Sprungkleidung und Fallschirm sowie das Tandem-Tragegeschirr angelegt. Alles wurde vorher genau überprüft.
Nun gibt es kein Zurück mehr ... Hinein in die Maschine, die sich mit den Fallschirmspringern in etwa 20 Minuten hochschraubt auf 4.000 Meter. Die Sprunghöhe ist erreicht. Jetzt hilft kein Zaudern. Die Sprungtür ist offen. Der Wind zerrt. „Go!"

Fallschirmsport Sky-Fun . Sprungplatz . Flugplatz Niershorst . 47929 Grefrath

EUROPAS GRÖSSTER BERGPARK

Telefon: 0561/34054
www.wilhelmshoehe.de

Herkules und Wilhelmshöhe, Kassel

Kassel hat mehr zu bieten als alle fünf Jahre die Documenta. Der Bergpark Wilhelmshöhe ist ein Landschaftsdenkmal von Weltgeltung. Auf einer Fläche von etwa 2,5 km², das entspricht 350 Fußballplätzen, erstreckt sich der einmalige Landschaftspark über terrassenförmig angelegte Berghänge vom Schloss Wilhelmshöhe am westlichen Stadtrand Kassels hinauf zum Herkules, dem Wahrzeichen der Stadt. Wer diesen Weg wählt, überwindet 238 Höhenmeter und sollte schon fit sein. Einfacher ist es, mit dem Bus zum Herkules zu fahren und entlang der Hauptachse, den Wasserkaskaden, hinabzuspazieren.
Das Wasser stand nicht nur bei Planung und Bau im Zentrum der Aufmerksamkeit, sondern ist erst einmal auch für den Besucher das Aufregendste. Vom Herkules fließt es über das Riesenkopfbecken und die Kaskaden in das Neptunbecken, dann setzt es seinen Weg über den Steinhöfer Wasserfall, unter der Teufelsbrücke in den Höllenteich fort. Bald stürzt es vom Aquädukt 34 Meter tief ins Tal. Dem Gurgeln und Rauschen, dem Anblick der Wasserfälle, Becken und Bauten kann sich – besonders während der Wasserspiele – wohl niemand entziehen. Deshalb ist der Park auch wunderbar mit Kindern zu erkunden. Auch die Mehrzahl der vielen Baudenkmäler, die sich links und rechts entdecken lassen, fesseln die Kleinen, zum Beispiel die Löwenburg. Sie sieht wie aus die gut erhaltene Ruine einer echten, alten, englischen Burg, genau wie im Kino, ist allerdings erst 1793 gebaut worden. Fürst Wilhelm schwärmte für Ruinen. Und verbrachte die Zeit gerne mit seinen Mätressen an diesem Ort. Am unteren Ende des Parks erwarten dann der Fontänenteich mit seiner gewaltigen, 52 Meter hochsteigenden Fontäne und Schloss Wilhelmshöhe die Besucher.
Fazit: Wer behauptet, Deutschland zu kennen, der sollte im Kasseler Bergpark Wilhelmshöhe gewesen sein.

Tourist- & Kurinformation . im Bahnhof Wilhelmshöhe . Kassel

0578 HE_Städte & Touren

AUF DEN SPUREN DER GEBRÜDER GRIMM & CO.

Telefon: 0561/92047910
www.deutsche-maerchenstrasse.com

Deutsche Märchenstraße

Es war einmal ... eine Arbeitsgemeinschaft von Städten, Gemeinden und Landkreisen. Im Jahre 1975 kamen sie auf die Idee, die Deutsche Märchenstraße zu gründen.

Doch – was ist eigentlich die Deutsche Märchenstraße? Das ist ganz einfach zu erklären: Kunst und Geschichte, Kultur und Brauchtum, Landschaften und Natur. Großstadtflair wie Fachwerkhäuser, Altes wie Modernes. Über 600 km hinweg, von Hanau in Hessen bis ins nördliche Bremen, verbindet sie die Märchen und das Leben der Gebrüder Grimm.
In fast jedem der Orte an der Märchenstraße gibt es Konzerte und Theater, Kultur und Geschichte in Schlössern, Burgen oder Höhlen zu hören, zu sehen und zu fühlen. Ein Fest nach dem anderen erweckt Sagen, Legenden und Märchen wieder zum Leben und lädt zum Mitfeiern ein. Marionettentheater, Freilichtspiele und Märchenwochen sorgen das ganze Jahr über für Abwechslung.
Und bestimmt muss niemand Angst vorm bösen Wolf haben, wenn er das vielfältige gastronomische Angebot nutzt: In den Restaurants, Kneipen und Cafés in den Märchenstraßen-Orten kann nach Herzenslust gespeist und gerastet werden, auch Märchenmenüs, Scheunenfeste, Fürstenbankette und mittelalterliche Tafeleyen laden zum Schlemmen ein. Schlafen kann man (vielleicht sogar auf einer Erbse?) in einer der zahlreichen Unterkünfte entlang der Route.
Und lassen Sie die Kutsche ... pardon, das Auto auch mal einfach stehen und wandern oder radeln Sie mit Ihrer Familie ein Stück auf der Märchenstraße, um die märchenhafte Natur zu genießen. Wer weiß, vielleicht wartet hinter dem nächsten Baum ja schon Schneewittchen ...

Deutsche Märchenstraße e. V. . Kurfürstenstraße. 9 . 34117 Kassel

0579 HE_Gärten, Parks & Landschaften

URALTEN EICHEN UND WILDEN BUCHEN

Urwald Sababurg, Hofgeismar

www.sababurg.de/urwald

Eine der zahlreichen 700-jährigen Eichen im „Urwald Sababurg“

1907 zum Naturschutzgebiet ausgerufen, ist der „Urwald Sababurg“ das bekannteste urwaldähnliche Gebiet Deutschlands.
Er umfasst ca. 92 ha und ist nahezu unberührt. Einst war er ein Hutewald, also ein Wald, der zum Hüten von Vieh genutzt wurde, auch Weidewald genannt. Seit er unter Schutz gestellt wurde, wird er nicht mehr forstlich genutzt, was ihn in den 100 Jahren so wunderschön natürlich und wild bleiben ließ wie in den Jahrhunderten davor.
Es gibt schmale Wege durch den Wald, und wenn man ganz leise ist, dann scheinen die alten Baumriesen Geschichten zu erzählen, denn sie haben einige Jahrhunderte überdauert. In der Dämmerung sehen sie mit ihren knorrigen Ästen fast lebendig aus. Die Eichen sind teilweise

über 600 Jahre alt, und ihre „jungen" Brüder und Schwestern, die Buchen, auch schon über 400. Damit haben einige der Giganten ihr natürliches Höchstalter erreicht und sterben nun langsam ab. Die meisten fallen dann bei heftigen Wind oder Sturm um, andere bleiben als leblose, zerfurchte und kahle Stämme stehen. Doch dieses Totholz schafft Lebensraum für neue Pflanzen und Tiere.
Adlerfarn-Felder runden das natürliche Bild des Urwalds ab, und es fällt nicht schwer, sich hier wie in einem Märchen zu fühlen. Dass die Gebrüder Grimm von diesem Gebiet begeistert waren, ist leicht nachzuvollziehen.

Urwald Sababurg im Reinhardswald . 34369 Hofgeismar

0580 HE_Kunst & Architektur

NICHT NUR AUS PAPIER

Telefon: 0561/7846141
www.tapeten-institut.de

Deutsches Tapeten-Institut, Kassel

Zeig mir deine Tapete, und ich sag dir, wer du bist. Tapeten sind wieder hip und Ausdruck von Zeitgeist und Persönlichkeit.
Und dass dies schon lange vor unserer Zeit so war, beweisen die über 18.000 Objekte der Museumssammlung. Die Vielfalt reicht von Goldledertapeten des Barocks über Seiden- bis hin zu Panoramatapeten, die mitunter sogar monumentale Ereignisse darstellen. Designertapeten und solche der Biedermeier-Zeit sind gleichermaßen eindrucksvoll.
Die Variantenvielfalt ist beim ersten Blick unfassbar. Deshalb der Tipp: Einen Kaffee trinken, entspannen, dann zurück ins Museum – und diesmal Inspirationen mit nach Hause nehmen.

Deutsches Tapeten-Institut . Brüder-Grimm-Platz 5 . 34117 Kassel

---

0581 HE_Sport, Abenteuer & Technik

GOLDRAUSCH MITTEN IN DEUTSCHLAND

www.goldwelten.de
www.goldspur-eisenberg.de

Goldwaschschule, Kassel

Reich werden können Sie hier nicht. Nein, da wollen wir Ihnen gar nichts vormachen. Aber träumen wird doch wohl erlaubt sein ... Und Spaß macht es außerdem: das Goldwaschen.
Die Goldwaschschule an der Eder in Edertal-Mehlen zeigt, wie's geht. Im Sommer treffen sich etwa einmal im Monat die Schatzjäger-Lehrlinge an der Ederbrücke in Mehlen. In den zwei- bis dreistündigen Exkursionen lernen Teilnehmer nicht nur, wie man in der

Eder Gold wäscht, sondern erfahren auch einiges über die Geschichte des Goldes und die geologischen Besonderheiten der Umgebung. Gummistiefel nicht vergessen!
Nicht nass wird man hingegen im Museum in Korbach. Neben Ausstellungen zur Geschichte der Stadt und der Region bietet das kinderfreundliche Museum auch Interessantes zum Eisen-, Kupfer- und, natürlich, Goldbergbau.
Wer aber immer noch nicht genug hat vom Gold, der findet sein Paradies in, jawohl, Goldhausen. Ausgerechnet Eisenberg heißt er, der Berg, der diese glänzenden Schätze birgt. Vom 11. bis hinein ins 17. Jahrhundert wurde sein Goldvorkommen bergbaulich ausgebeutet. Der Ort Goldhausen liegt direkt am westlichen Hang des Berges und ist aus einer ehemaligen Goldbergbausiedlung entstanden. Und so richtig können auch die idyllischen Wanderwege, die wunderschöne Natur und all die lohnenswerten Ausflugsziele nicht vom Goldfieber ablenken. Im Goldbergwerk (Gummistiefel wieder auspacken!) erfahren Besucher alles über das begehrte Edelmetall, den Goldbergbau und Jahrmillionen von Erdgeschichte. Das ehemalige Bergwerk ist zwar nicht mehr in Betrieb, touristische Annehmlichkeiten wie künstliches Licht suchen Sie aber vergebens. Vielmehr haben die Betreiber den einzigartigen Flair des Bergwerks bewahrt und vermitteln einen lebendigen Eindruck von mittelalterlichem Goldbergbau mit einfachsten Mitteln.
Über der Erde führt Sie die „Goldspur“ auf Rundwegen über den Eisenberg. Folgen Sie den heute noch sichtbaren Spuren der Goldsucher und erfahren Sie dabei auf Lehrpfaden Wissenswertes über Deutschlands reichste Goldlagerstätte.

Goldwaschschule an der Eder . Kuhbergstraße 4 . 34131 Kassel
Historischer Goldbergbau Eisenberg e. V. . Am Kleegarten 23 . 34497 Korbach-Goldhausen

---

0582 HE_Kunst & Architektur

FESTUNG, RESIDENZ STRAFANSTALT ...

Telefon: 06421/2825871
www.marburg.de

Schloss Marburg an der Lahn

Weithin sichtbar thront es über der Stadt. Weniger offensichtlich ist jedoch seine Geschichte. Begannen im 9. oder 10. Jahrhundert die Konradiner hier mit dem Bau einer Burg, oder waren es vielleicht die Gisonen? Sicher ist nur, dass die Thüringer Landgrafen die Anlage ab dem 12. Jahrhundert ausbauten und ergänzten. Im Laufe der Jahrhunderte wurde aus der mittelalterlichen Burganlage eine Festung und eine Residenz, im 19. Jahrhundert wurde sie gar als Strafanstalt genutzt.
Verschiedene Bauphasen und Ergänzungen prägen noch heute das Aussehen: Prächtige Einzelbauten aus dem 13. Jahrhundert, die den neu gewonnenen Rang als Hessischer Landgraf unterstreichen sollten, werden ergänzt durch Umbauten aus der Spätgotik (14. und 15. Jahrhundert). In der Renaissancezeit (16. Jahrhundert) und den folgenden Jahrhunderten wurden – abgesehen von den Festungsanlagen, die größtenteils aus dem frühen 18. Jahrhundert stammen – nur noch kleinere Umbauten vorgenommen.

Heute beherbergt das Schloss im Wilmhelmsbau das Marburger Universitätsmuseum für Kulturgeschichte. Neben Exponaten unter anderem zur Früh- und Kulturgeschichte, kirchlichen Kunst und hessischen Volkskunde finden Sie dort auch eine Keramiksammlung sowie ständig wechselnde Sonderausstellungen.

Schloß Marburg . Schloß 1 . 35037 Marburg

STEHEND IM BEINAH-ZYLINDER

Mathematikum, Gießen

Telefon: 0641/9697970
www.mathematikum.de

Wer erinnert sich noch gerne an den Mathematikunterricht? „Wie viel ist 19 mal sieben?", „Die Hypotenuse ist die längste Seite des rechtwinkligen Dreiecks", „Wenn x = 19 und y = 25, dann ist z = ...?" Legen Sie Taschenrechner und Formelsammlung zur Seite. Die brauchen Sie nämlich nicht im Mathematikum in Gießen. Mit Mathematik hat es zwar zu tun, aber die soll hier Spaß machen! Es ist nämlich ein Mitmach-Museum. Stillsitzen? Bitteschön, aber nicht hier!

Haarige Erlebnisse im Mathematikum Gießen

Was mag wohl eine Minimalfläche sein? Stellen Sie sich in die Riesenseifenhaut – dann wissen Sie's. Das Mathematikum mit seinen über 100 Exponaten lädt Besucher zum Experimentieren, Kopfzerbrechen und Knobeln ein. Langeweile kommt bei den vielen interaktiven Ausstellungsstücken bestimmt nicht auf. Anfassen? Ausdrücklich erlaubt! Trockene Mathematik? Fehlanzeige!

Wer Lust hat, versucht selbst, Erklärungen für die mathematischen Phänomene zu finden. Die freundlichen Mitarbeiter geben aber gerne auch den einen oder anderen Tipp.

Ursprünglich eine Ausstellung mit dem Titel „Mathematik zum Anfassen", ist das Mathematikmuseum jetzt ein beliebtes Ausflugsziel für Schulklassen und Familien und auch mal eine unterhaltsame Abwechslung für den Betriebsausflug oder im Urlaub.

Knurrt nach so viel Mathe der Magen, so kann in der Cafeteria Abhilfe geschaffen werden. Den Gesamtbetrag für den Kauf von kalten und warmen Getränken, Kuchen, Eis und Snacks müssen Sie aber nicht selbst errechnen ...

Mathematikum . Liebigstraße 8 . 35390 Gießen

DAS BEGEHBARE HERZ

Kinder-Akademie Fulda

Telefon: 0661/902730
www.kaf.de

In der Kinderakademie Fulda gibt es ein in Europa einzigartiges „Begehbares Herz"

Sie ist ein „Fitnesscenter der Sinne" und Deutschlands ältestes eigenständiges Kindermuseum: die Kinder-Akademie in Fulda.
„Akademie" hört sich trocken an, aber in diesem Fall täuscht das. Ausprobieren, Mitmachen, Anfassen und Entdecken lautet die Devise in der „KAF". Interaktive Objekte laden die Kleinen (ab 3 Jahren), gerne in Begleitung der „Großen", auf eine Entdeckungsreise durch Kunst, Kultur, Naturwissenschaft und Technik ein.
Ein besonderes Highlight ist das Begehbare Herz. Seine Grundfläche beträgt 36 m², es ist 5 Meter hoch und das einzige seiner Art in Europa. Nirgendwo kann man anschaulicher, sozusagen hautnah, die Anatomie und Funktion des Herzens kennenlernen!
Im Akademiebereich leiten Fachleute, zum Beispiel Künstler und Handwerker, Kurse und Workshops für die etwas Älteren (5 bis 14 Jahre). Im Erfinderclub fühlt man sich wie Daniel Düsentrieb, in der Kunstschule wie Picasso. Die Sommerakademie informiert über die verschiedensten Themen, in jedem Jahr unter einem anderen Motto (2007: „Sommer der Biologie").
Noch nicht genug? Im Haus der KAF gibt es immer wieder neue „besondere Angebote", die „KAF-unterwegs-Aktionen" oder wechselnde Sonderausstellungen. So viel Wissen macht hungrig. Das wissen die Betreiber der Kinder-Akademie auch und laden im MuseumsKAFé zu einer stärkenden Pause ein.

Kinder-Akademie Fulda . Mehlerstraße 4 . 36043 Fulda

HOCHKULTUR IN DER STIFTSRUINE

Stiftskirche, Bad Hersfeld

Telefon: 06621/400755
www.bad-hersfelder-festspiele.de

Alljährlich von Juni bis Anfang August finden in der alten Stiftsruine die Bad Hersfelder Festspiele statt. Im deutschen Sprachraum gehören sie zu den größten Freilicht-Festspielen und ziehen nicht nur deutsches, sondern auch internationales Publikum an.

Seit 1951 findet dieses besondere Theaterereignis vor der historischen Ruine der Stiftskirche statt. Die unvergleichliche Atmosphäre dieser Kulisse wird außerdem durch hohen technischen Aufwand und besondere Lichtausstattung unterstützt.
1.636 Zuschauer finden Platz auf den gepolsterten Stühlen und sehen Theaterstücke, Musicals und Aufführungen für Kinder. Zum Programm gehört stets auch ein komödiantisches Theaterstück auf der Freilichtbühne am Schloss Eichhof.
Die Bad Hersfelder Festspiele glänzen mit nationalen und internationalen Schauspielstars. Attila Hörbiger, Mario Adorf, Karlheinz Böhm, Klausjürgen Wussow, Helen Schneider und viele weitere haben hier schon auf der großen Freilichtbühne gestanden. Inszeniert werden die Stücke von nationalen und internationalen Regisseuren.
Gegeben werden klassische Stücke, zum Beispiel von Shakespeare, Zuckmeyer und Goethe, aber auch Musicals wie „Evita“ oder „The Rocky Horror Show“. Kinder freuen sich über „Räuber Hotzenplotz“ oder „Mein Freund Wickie“.
2007 besuchten insgesamt knapp 100.000 Besucher die Aufführungen. Der Schwerpunkt lag auf Johann Wolfgang von Goethe und seinem „Faust“, auch 2008 steht wieder ein klassischer deutscher Dichter im Mittelpunkt. Da heißt es, rechtzeitig Karten bestellen!

Kartenzentrale der Bad Hersfelder Festspiele . Am Markt 1 . 36251 Bad Hersfeld

0586 HE_Sport, Abenteuer & Technik

HOCH MIT HEISSER LUFT

Flugschule Wasserkuppe

Telefon: 06654/7548
www.flugschule-wasserkuppe.de

Wer hoch hinauswill, ist in der Rhön richtig: Hier startet man schon bei 950 m Höhe, so hoch ist die berühmte Wasserkuppe, besser als „Berg der Flieger“ bekannt. Der Rest ist nur noch „heil herunterkommen.“ Aber das will geübt sein.
Wer das üben will, der ist in der Rhöner Drachen- und Gleitschirmflugschule bei Gersfeld genau richtig, kann in einem zweitägigen Kurs erst einmal in das Gleitschirmfliegen hineinschnuppern und erste Erfahrungen sammeln. Beherzte Einsteiger melden sich sofort zu einem 4-tägigen Grundkurs oder dem 1-wöchigen Kombikurs an. Erfahrene Piloten buchen einen Aufbaukurs oder trainieren Thermiktechnik.
„DHV-Prüfungen zur A- und B-Lizenz, Luftfahrerschein bzw. unbeschränkter Luftfahrerschein, Höhenflugausweis ...“, beim abendlichen Absacker an der Bar facht der Simpel , bis die Thermik in der Bar zum Abheben ist.
Am nächsten Morgen trifft man sich wieder an den riesigen, hindernisfreien Übungshängen der Wasserkuppe. Dank der 16 Grund- und Höhenfluggebiete ist hier Paragliding bei allen Windrichtungen möglich. Und genügend Zuschauer sind immer da, denn wer nicht fliegt, der wandert in der Rhön.

Rhöner Drachen- und Gleitschirmflugschulen Wasserkuppe GmbH
Wasserkuppe 46 . 36129 Gersfeld

KINDER UND SENIOREN ZWISCHEN GEMÜSE UND BLUMEN

Telefon: 06628/7624
www.diewuehlmaeuse.eu

Generationengarten, Kirchheim

Wühlmäuse sind etwa 7 bis 23 cm lang, wiegen 80 bis 200 g und haben meist ein braunes bis rotbraunes Fell. In Kirchheim aber, da gibt es Wühlmäuse, die ganze zwei Meter groß werden können! Und sie laufen nur auf zwei Beinen durch die Gegend. Bei näherem Hinsehen erinnern sie an mehr oder weniger ausgewachsene Exemplare der Art Homo sapiens.

Um genau die handelt es sich auch. Um eher jüngere Menschen, im Volksmund „Kinder“ genannt, und eher ältere, die sogenannten „Senioren“. Im Generationengarten, Taufname: „Die Wühlmäuse“, treffen sich Generationen. Die Älteren geben ihr Wissen an die Jüngeren weiter, unter dem Motto: „Jung und Alt zusammenzubringen und unseren Kindern den Kreislauf des Lebens in der Natur zu vermitteln, denn: ‚Wer vergisst, wie man die Erde beackert und das Feld bestellt, der vergisst sich selbst.‘ (Mahatma Gandhi 1869–1948)“ Gemeinsames Gestalten, verantwortungsbewusstes Handeln, Wahrnehmen der Natur und Schaffung von Umweltbewusstsein sind die erklärten Ziele.

Gemeinsam bestellen Groß und Klein den Garten, hegen Blumen und Bäume, pflanzen Kartoffeln an, säen Getreide und ernten Rüben. Die Kleinen lernen aus dem reichen Erfahrungsschatz der Großen.

Theater gibt es auch manchmal. Und zwar immer zur Weihnachtszeit. Dann werden Stücke wie „Räuber Hotzenplotz“ oder „Die Schneekönigin“ einstudiert und vor Publikum aufgeführt.

In den großen Ferien wird im Kirchheimer Schloss gebastelt und gewerkelt oder auch mal etwas gekocht. Langeweile? Die kennt hier niemand!

Generationengarten . Heddersdorfer Straße 6 . 36275 Kirchheim

OPA WIRD PFERDEFLÜSTERER

Telefon: 06676/8562
www.arhoena.de

Pferdeflüster- und Reitkurse, Hohenroda-Mansbach

Im Biosphärenreservat wird geflüstert. Nicht aus Ehrfurcht, weil die atemberaubende Natur verstummen lässt. Hier flüstern hin und wieder Senioren, animiert durch ein Seminarangebot des alternativen Pferdehofes „ArhönA". Im Kurs „Pferdeflüstern und Reiten für Senioren" darf die 50plus-Generation sich dem Lebewesen Pferd auf alternative Art und Weise nähern. Täglich zwei mal zwei Stunden Unterricht am Boden oder bei geführten Ausritten durch die Naturlandschaft der Rhön schenken einen vielleicht bis dahin nie geahnten Blick auf das Wesen der Tiere. Und bringen die ohnehin fitten Senior-Reiter noch mehr „so richtig auf Trab". Im alten Fachwerkhaus wird am Abend in der Spinnstube gefachsimpelt. Wer möchte, kann sogar „artgerecht" im alten Zirkuswagen übernachten.

ArhönA e. V. . Oststraße 1 . 36284 Hohenroda-Mansbach

0589 HE_Feste, Events & Veranstaltungen

DAS ÄLTESTE VOLKSFEST DEUTSCHLANDS

Telefon: 06621/201-490
www.lullusfest.de

Lullusfest, Bad Hersfeld

Ältestes Volksfest Deutschlands: das Lullusfest in Bad Hersfeld

Jedes Jahr im Herbst geht es eine Woche lang so richtig rund in Bad Hersfeld. Auf Karussells, in der Achterbahn und beim Gruseln in der Geisterbahn. Wer es eher ruhiger liebt, der versucht sein Glück beim Fadenziehen oder am Schießstand.
Das Lullusfest in Bad Hersfeld ist das älteste Volksfest Deutschlands. Seinen Namen hat es vom Gründer Bad Hersfelds, Erzbischof Lull (710–786). Ursprünglich war es ein Kirchenfest, das an den „Heiligen Lullus" erinnern sollte.
Von Montag bis Montag dauert die „Lulluswoche", die mit dem Lullusfeuer eröffnet wird. Eltern wärmen sich an ihm die Hände, während die Kinder Kastanien ins Feuer werfen. Aber schon geht es zurück auf den Festplatz, um all die Attraktionen zu erkunden. 2007 lud der „Spinning Racer", eine Achterbahn mit drehenden Gondeln, mutige Fahrgäste ein. Wer noch höher hinauswill, steigt in die Gondel des „Cyber Space" und quietscht vergnügt bei den Loopings 50 Meter über dem Boden. Währenddessen beobachten die Kleinen im Mäusecircus das „Alltagsleben" der kleinen Gesellen.
Wer bei „Lullusfest" an „Lukullus" denken musste, wird aber auch nicht enttäuscht: Volksfesttypische Süßwaren, Imbissgerichte, Eis, Reibekuchenstand ... Hungern muss hier niemand!
Auch das Rahmenprogramm kann sich sehen lassen: Krammarkt, Kasperle-Theater, Karussellorgel-Vorführung ergänzen traditionelle Veranstaltungen wie den Bad Hersfelder Lollslauf und das Feuerwerk zum Abschluss der Lulluswoche.

Kreisstadt Bad Hersfeld . Landecker Straße 11 . 36251 Bad Hersfeld

25 STUNDEN GOLDMAN

Hotel Goldman, Frankfurt

Telefon: 069/40586890
www.25hours-hotel.com

Zählt man Tag und Nacht zusammen, kommt man hier auf 25 Stunden. „24 hours isn't enough" lautet das Motto des Design-Hotels „Goldman 25hours" in Frankfurt. Hier gibt es nicht nur eine Stunde mehr, sondern ganze 49 individuell gestaltete Design-Welten. In diesem Hot-Spot-Hotel gehen Ästhetik und lässiger Urbanismus erfolgreich Hand in Hand. Kein Zimmer gleicht dem anderen, und jedes erzählt eine andere Geschichte. In der Welt der „Prinzessin auf der Erbse" ist der Blick unter das Kopfkissen ein Muss. Und auch beim Anblick des Restaurants versteht man ohne weiteres den Slogan des Hauses. Sehr frisch, modern, leger und trendy. Soooo schön!

Goldmann 25hours . Hanauer Lanstraße 127 . 60134 Frankfurt/Main

---

PARTYS UNTER PALMEN

Palmengarten, Frankfurt

Telefon: 069/212-33939,
www.palmengarten-frankfurt.de

Wir befinden uns im Jahre 1868. Die Freie Reichsstadt Frankfurt ist gerade preußisch geworden. Herzog Adolph von Nassau gibt seine Residenz in Wiesbaden-Biebrich auf. Doch wohin mit seiner großen Sammlung exotischer Pflanzen? Gleichzeitig, in Frankfurt: Der Handelsgärtner und Gartenarchitekt Heinrich Siesmayer träumt von einem Südpalast, einem Gesellschaftshaus für tropische Pflanzen. Eine Aktiengesellschaft wird gegründet. Sie erwirbt die Pflanzensammlung des Herzogs. Die Stadt Frankfurt überlässt großzügig ein Gelände. Ein Garten wird angelegt, ein Gesellschaftshaus mit angegliedertem Palmenhaus gebaut, und im März 1871 haben die exotischen Pflanzen des Herzogs ein neues Zuhause.

Der Palmengarten von Frankfurt im Stadtteil Westend

60 Jahre später übernimmt die Stadt Frankfurt den Palmengarten. Der Zweite Weltkrieg hinterlässt seine zerstörerischen Spuren; die US-Amerikaner, in deren Sperrgebiet das Gelände mittlerweile einbezogen wurde, helfen beim Wiederaufbau. Seit 1953 gehört der Garten wieder den Frankfurtern. Diese erweiterten und erneuerten Gebäude und Anlagen.

Heute laden Rosen-, Stein-, Rhododendron- und Staudengärten zum gemütlichen Bummeln ein. Tropicarium, Subantarktishaus, Eingangsschauhaus und mit modernster Technik ausgestattete Gewächshäuser präsentieren nicht nur die Pflanzensammlungen,

sondern bieten auch Kultur und Kurzweil. Konzerte, Führungen, Feste sowie wechselnde Ausstellungen sorgen für Information und Unterhaltung.
Die Pflanzensammlung ist in Themenkreise eingeteilt: In den Alpinhäusern finden Sie Gebirgspflanzen, aber auch Zitrusgewächse; auf der Steppenwiese Pflanzen aus den Steppen Eurasiens und Amerikas. Tropicarium, Staudengarten, Heidegarten, Rosengarten, Kakteengarten und Rhododendrongarten verraten schon mit ihrem Namen, was sie beherbergen. Und die Palmen – die finden Sie natürlich im Palmenhaus!

Palmengarten . Siesmayerstraße 61 . 60323 Frankfurt am Mai

0592 HE_Lifestyle & Szene

CLUB, BEACH CLUB UND SUITE

Telefon: 069/480037-0
www.king-kamehameha.de

King Kamehameha Club, Frankfurt

Urban-Freaks aus ganz Deutschland blicken mit leichtem Neid auf diese Location in Frankfurt. 800 Quadratmeter „Tag- und Nacht- und Eventgastronomie“, so jedenfalls bezeichnen die Betreiber die spezielle Mischung aus Café, Bar, Restaurant, Business Club und Event-Location. An diesem Hot Spot geht alles, und das in einem atemberaubenden Modern Style: Frühstück in den gemütlichen Sesseln des Atriums, Meeting in der Rothschild Lounge. Zwischendurch die Take-Aways ins Office bestellen, um sich wohlzufühlen und vorbereitet zu sein auf den Abend an der Bar des Hauses. King Kamehameha in Frankfurt hat dieses Gastronomie-Konzept realisiert.
Wer möchte, kann den gesamten King Kamehameha Beach Club, auf einer Halbinsel im Main gelegen, für seine nächste Sommerparty mieten. Das passt. Namensgeber des Clubs ist ein großer hawaiianischer König, Kamehameha der I. Great. Cool. Hula, hula.

King Kamehameha Club GmbH . Hanauer Landstraße 192 . 60314 Frankfurt a. M.

0593 HE_Sport, Abenteuer & Technik

DAS MITMACH-MUSEUM FÜR KINDER

Telefon: 069/21235154
www.kindermuseum.frankfurt.de

Kindermuseum des Historischen Museums, Frankfurt

In diesem Museum muss niemand leise sein und auf Filzpantoffeln vorsichtig über gebohnerte Parkettböden laufen. Im Gegenteil: Hier ist mitmachen angesagt! Im Kindermuseum können Kinder ausprobieren, erforschen und nachdenken.

Eigenständiges Handeln, selbstbestimmtes Lernen sowie künstlerische und handwerkliche Tätigkeit wünschen sich die Betreiber von ihren kleinen Besuchern.
Die wechselnden Ausstellungen und Aktivitäten eignen sich für verschiedene Altersstufen. Die Führungen wurden speziell entwickelt, um den unterschiedlichen Wissensständen gerecht zu werden. Sie ergänzen das stadtgeschichtliche Angebot des Historischen Museums und beinhalten auch Abstecher in die Stadt. Vorschulkinder lernen, „wie man einen Kaiser macht“, ein Ausstellungsspiel bringt den etwas Älteren die Altstadtgrabung des Museums näher. Kleine Aufgaben und Fragen animieren zum Mitdenken und Merken.
Die Werkstätten – darunter Papierwerkstatt, Druckwerkstatt, Computerwerkstatt und Radiowerkstatt – können für Gruppen bis zu 10 Personen gebucht werden. Projekttage wie „Textsalat in der Buchkiste“, „Die ganze Welt in deinem Ohr“ oder „Monsterschreck“ vermitteln Wissenswertes und Interessantes.
Wer immer noch nicht davon überzeugt ist, dass ein Museumsbesuch nicht langweilig und trocken sein muss, der feiert einfach seine nächste Geburtstagsparty hier. Was darf es denn sein: eine Töpfer-Party? Eine Theater-Party? Eine Mittelalter-Party? Insbesondere während der Sommerferien, aber auch das ganze Jahr über vervollständigen zusätzliche Aktivitäten, vom Museumsuferfest bis zum Kolonialwarenladen zum Mitmachen, das Programm.

Kindermuseum des Historischen Museums . Saalgasse 19 (Römerberg) . 60311 Frankfurt am Main

0594 HE_Essen & Trinken

ERST SHOPPEN, DANN EIN SCHOPPEN

Telefon: 069/21238800
www.frankfurt.de

„Ebblwoi-Viertel“, Frankfurt

Rechtschreibreformler schütteln entsetzt, Lektoren verzweifelt den Kopf: „Ebblwoi“; „Ebbelwei“, „Äppelwoi“? „Äppler“ und „Stöffche“ machen es einem da schon etwas einfacher. Unzweifelhaft ist aber die Bedeutung dieser für Nicht-Hessen seltsam anmutenden Wörter: Sie alle bezeichnen Apfelwein. Und der ist sozusagen das Nationalgetränk Frankfurts.
Ob pur oder gemixt – er ist kalorienarm, bekömmlich, enthält mit 5,5 % nur wenig Alkohol und kann in der kälteren Jahreszeit sogar heiß genossen werden.
Erst shoppen, dann zum Schoppen ins „Ebbelwei-Viertel“ zwischen Affentorplatz und Frankensteiner Platz in Alt-Sachsenhausen. Historische Fachwerkhäuser vermitteln Frankfurter Gemütlichkeit. Traditionelle, gemütliche Kneipen servieren den Apfelwein oft stilecht im Bembel. Getrunken wird er dann aus dem „Gerippten“. Als feste Grundlage empfehlen sich typische Gerichte wie „Handkäs mit Musi“, „Ribbsche mit Kraut“ und Kartoffeln mit „Grie Soß“ (Grüne Soße). Die „Ribbsche“ erkennt auch der Hessen-Tourist schnell als „Rippchen“, bei der „Musi“ handelt es sich um ein Dressing aus Essig, Öl, Zwiebeln und Gewürzen, und die grüne Farbe der Soße ist auf sieben verschiedene Kräuter zurückzuführen.

Neben apfelweinseliger Gemütlichkeit finden sich hier jedoch auch immer „exotischere“ Gaststätten: chinesische Gerichte, äthiopische Spezialitäten und Kebap-Küche neben Bistro und Kellerdisco.
Quietschrot-bunt zuckelt da auf einmal das „Ließche“ durch die Straßen. Bekannter unter dem Namen „Ebbelwei-Express“, von Beruf: Straßenbahnwagen. In der historischen Trambahn genießen Fahrgäste original Ebbelwei (im Fahrpreis enthalten, wahlweise auch Apfelsaft oder Mineralwasser, dazu eine Tüte Brezeln) und lassen sich zu den schönsten Sehenswürdigkeiten Frankfurts kutschieren. Ungefähr eine Stunde dauert die Rundfahrt vom Römer zum Zoo, über den Main und durch das Ebbelwoi-Viertel. Oder feiern Sie im Express doch einfach mal Ihren Geburtstag. Mieten kann man „Ließche“ nämlich auch.
Und spätestens nach zwei Gläsern ist es Ihnen auch egal, wie sich der „Ebblwoi“ denn eigentlich schreibt – Hauptsache, er schmeckt!

Touristinfo Römer . Römerberg 27 . 60311 Frankfurt/Main

0595 HE_Theater & Schauspiel

ALLES, NUR KEIN MAINSTREAM

Telefon: 069/943430-20
www.ensemble-modern.com

Ensemble Modern, Frankfurt

Einen „Haufen bunter Querköpfe“ und „Spitzenmusiker“ nannte der Hessische Rundfunk sie 2004. Sie selbst nennen sich schlicht „Ensemble Modern“. Und dem Adjektiv in ihrem Namen machen sie alle Ehre. Routine ist ihnen auch über ein Vierteljahrhundert nach der Gründung des „EM“ ein Fremdwort; Spaß am Spielen und die Neugier auf Unbekanntes und Neues zeichnet sie aus.
1980 ins Leben gerufen von Studenten des Bundesstudentenorchesters mit dem Ziel, Neue Musik zu fördern und angemessen aufzuführen, ist das Ensemble seit 1987 eine GbR – die Gesellschafter sind die Musiker, 19 Solisten aus verschiedenen Kontinenten. Als eines der weltweit führenden Ensembles für Neue Musik spielte das EM unter anderem schon in Russland, Taiwan und Australien. Viele der jährlich etwa 100 Konzerte finden natürlich auch in Deutschland statt, darunter regelmäßig in der Alten Oper in Frankfurt.
Aufgeführt werden nicht nur Werke von Komponisten der Zweiten Wiener Schule (Schönberg, Webern, Berg) oder der ersten Hälfte des 20. Jahrhunderts (Strawinsky, Weill), sondern auch Jazz oder zum Beispiel das Monodram „Kassandra“ von Michael Jarrell. Selbst mit Rockgrößen wie Nina Hagen und Frank Zappa haben die Musiker schon kooperiert.
Die Bandbreite des mehrfach ausgezeichneten Ensembles umfasst neben den Orchester- und Ensemble-Konzerten auch Musiktheater, Tanz- und Videoprojekte sowie Kammermusik.
1998 wurde das Ensemble Modern Orchestra gegründet, das sich – weltweit einzigartig – ausschließlich der Musik des 20. und 21. Jahrhunderts widmet und projekt-

bezogen arbeitet: Ein bis zwei Mal im Jahr versammeln sich junge Musiker um die Kerngruppe, das Ensemble Modern, und bilden das „EMO".
Die im Sommer 2003 ins Leben gerufene Internationale Ensemble Modern Akademie (IEMA) will zeitgenössische Musik in vielfältigster Form in Forschung und Lehre erarbeiten und die musikalischen Erfahrungen und Kompetenzen des EM an die junge Generation weitergeben.

Ensemble Modern . Schwedlerstraße 2–4 . 60314 Frankfurt am Main

---

0596 HE_Sport, Abenteuer & Technik

DIE WELT DER KOHLE, PIEPEN, MÄUSE

Telefon: 069/9566-3073
www.geldmuseum.de

Geldmuseum, Frankfurt

Eine Münze hat ja im Vergleich zur Kuh den Vorteil, dass man sie viel besser in den Geldbeutel stecken kann. Kühe gelten schließlich nicht umsonst als störrisch. So gesehen ist es gar nicht schlecht, dass man in Deutschland nicht mehr mit Kühen oder anderen Lebensmitteln bezahlen muss, sondern das Geld eingeführt wurde. Aber auch andere Kulturen hatten ihre eigenen Zahlungsmittel; in der Südsee wurde beispielsweise mit Muscheln gezahlt und in Mittelamerika mit Kakaobohnen. Die ganze Vielfalt der Zahlungsmittel – und vieles mehr – können Besucher im Geldmuseum der Deutschen Bundesbank in Frankfurt am Main kennenlernen. Die Zahlungsmittel selbst, von der Antike bis zur Neuzeit, findet man in einer Art Tresor an der Wand. Dort sind verschiedene Sichtfenster, in denen man kleine Aufzüge herauf- und herunterfahren lassen kann, die jeweils Münzen enthalten. Um die Details besser zu erkennen, kann man die Münzen unter einer vorhandenen Lupe parken. Papiergeld ist dagegen in ausziehbaren Schubern untergebracht, die von selbst wieder in die Wand gleiten, wenn man sie loslässt – so kann man sich historische Münzen und Scheine anschauen, ohne dass einem dabei der Rücken schmerzt. Schatzkarten, Münzpressen und Schaukästen zur Falschgelderkennung, an denen der Besucher auch den Inhalt des eigenen Geldbeutels auf Echtheit untersuchen kann, bereichern die Ausstellung.
In einem zweiten Teil der Ausstellung widmen sich die Museumsmacher dem Thema: Wozu brauchen wir eigentlich Geld? Welche Eigenschaften muss es haben, wenn es seine Funktionen erfüllen soll? In diesem Museumsbereich stoßen die Besucher auf die Grundfragen der Geldtheorie und -politik: Was macht eine Währung stabil, wie sind das Europäische System der Zentralbanken und die Deutsche Bundesbank organisiert? Welche Aufgaben haben sie? Antworten auf diese Fragen werden anschaulich in Schaubildern und Videos dargestellt und erläutert. Und falls man es nicht schon vorher wusste, kann man an einem interaktiven Terminal selbst ausprobieren, wie umständlich ein Leben ohne Geld ist – auf einem Warenmarkt des Fantasielandes Nonpekunia. An Computermonitoren lassen sich die weltweiten Handels- und Kapitalströme nachverfolgen und live die

sekündlichen Kursschwankungen des Euro beobachten. Und vielleicht bleibt nicht einmal diese eine Frage offen: Warum hat derjenige, der das Geld erfunden hat, nur so wenig davon erfunden?! Und noch eines, bevor wir's vergessen – der Eintritt ins Geldmuseum kostet keinen Cent. Und auch keine Kuh.

Geldmuseum . Deutsche Bundesbank . Wilhelm-Epstein-Straße 14 . 60431 Frankfurt am Main

0597 HE_Sport, Abenteuer & Technik

VON »B« WIE BRIEF BIS »S« WIE SMS

Telefon: 069/6060-0
www.museumsstiftung.de

Museum für Kommunikation, Frankfurt

Doch, doch, es gab tatsächlich Zeiten, in denen wir unseren Bekannten die letzten Neuigkeiten nicht innerhalb weniger Sekunden per E-Mail schicken konnten. Da mussten wir noch zu Stift und Papier greifen. Und Briefmarken brauchte man auch. Es sei denn, man telefonierte – aber wie funktioniert so ein Telefon eigentlich? Diese und andere Fragen beantwortet das Museum für Kommunikation der Museumsstiftung für Post und Telekommunikation beim Blick zurück auf die Geschichte der Kommunikation. Frankfurt ist neben Berlin, Hamburg und Nürnberg einer von vier Standorten.

Der preisgekrönte Bau des Museums liegt direkt am Museumsufer. Neben den Exponaten zur Historie der Kommunikation präsentiert es auch Kunst von Weltrang. Dauerausstellung und Wechselausstellungen richten sich an ein breites Publikum, insbesondere an Familien mit Kindern und Schulklassen, aber auch an Fachleute. Für alle Altersgruppen wurden spezielle Programme und Führungen entwickelt. Die Kleineren entziffern die letzten Zeilen der Titanic-Telegramme, die Größeren beschäftigen sich mit der Überwindung von Zeit und Raum.

Innenraum des Museums für Kommunikation in Frankfurt

Wissen und Information sollen im Museum für Kommunikation spielerisch vermittelt werden: Interaktive Stationen laden zum Mitmachen ein. Der Besucher wird animiert, selbst aktiv zu werden und dabei Erfahrungen zu sammeln und Einsichten zu gewinnen. Dabei will das Museum nicht nur Wissenswertes über Kommunikation bieten, sondern auch zur Kommunikation anregen.

Vorträge, Führungen, Filme, Workshops, Kinderwerkstätten, Ferienaktionen und Museumsfeste ergänzen die Ausstellungen.

Das Museumscafé bietet „Süßes" und „Salziges" und ist selbstverständlich ganz auf die Bedürfnisse seiner kleinen und großen Gäste eingerichtet. Für Erstere hält es Hochstühle, Spielzeugwagen, Bücher und Spiele zum Ausleihen bereit.

Museum für Kommunikation Frankfurt . Schaumainkai 53 (Museumsufer). 60596 Frankfurt/Main

SCHÖN ODER GRAUENHAFT

Campus Westend, Frankfurt am Main

Telefon: 069/798-0
www.uni-frankfurt.de

Auf der Homepage der Frankfurter Universität finden wir Folgendes: „Raum für Gedanken: ‚Deutschlands schönster Campus' bietet traumhafte und zugleich modernste Studienbedingungen. Das IG Farben Haus – ein Gebäude mit Geschichte – bildet das Herz und die Keimzelle des neuen Entwicklungsstandortes der Universität." Mehr nicht.
Welche Gedanken sollen wir uns also machen? Was hat es mit diesem Gebäude auf sich?
Wie schon der Name andeutet, ist das Grauen des Holocausts die Geschichte, über die „Deutschlands schönster Campus" Raum für Gedanken lässt. Die berüchtigte I.G. Farben ließ das Gebäude 1928 bis 1931 vom Architekten Hans Poelzig als ihre neue Zentralverwaltung errichten. Es war eines der größten Bürogebäude der damaligen Zeit; architektonisch im Stil der neuen Sachlichkeit und mit einer Stahlskelettkonstruktion ultramodern. Es sollte ein „eisernes und steinernes Sinnbild deutscher kaufmännischer und wissenschaftlicher Arbeitskraft" sein. Es wurde ein Sinnbild für den Horror des deutschen Nationalsozialismus.
Nach Kriegsende war es Sitz der amerikanischen Militärverwaltung. 2001 zog die Goethe-Universität Frankfurt ein. Es gab Streit um den Namen. Am Ende widersetzten sich Studenten und Professoren erfolgreich einer Umbenennung in „Hans-Poelzig-Haus".

Johann Wolfgang Goethe-Universität Frankfurt am Main . Campus Westend
Senckenberganlage 31 . 60325 Frankfurt am Main

AIRBUS 340 ZUM SELBSTFLIEGEN

Professioneller Flugsimulator, Frankfurt

Telefon: 069/69672444
www.proflight.com

Fragt man Kinder, was sie einmal werden möchten, steht „Pilot" in der Hitparade der Wunschberufe auf einem der ersten Plätze. Aber nur wenigen wird es vergönnt sein, später einmal selbst am Steuer eines Flugzeuges zu sitzen.
Endlich können Sie diesem Traum ein großes Stück näherkommen. Sie heben zwar nicht in schwindelerregende Höhen ab, sitzen aber am Steuer einer echten Boeing B747 oder eines Airbus 310 oder 340: in einem Simulator, in dem sonst die „echten" Piloten der Lufthansa ihre Checks und Trainings absolvieren.

Nach einem einstündigen Briefing, in dem Sie erfahren, warum ein Flugzeug fliegt, und vor allem, wie man es fliegt, kommt endlich der Zeitpunkt, auf den Sie so lange gewartet haben: der Check-in in den Hightech-Flugsimulator, ins Cockpit, auf den Pilotensitz.
Etwa eine Stunde dauert der simulierte Flug. In Startposition rollen, Triebwerke auf Schub, Start, Steigflug, Kurs halten, Richtung ändern und schließlich Landung stellen Herausforderungen dar, bei denen Sie von einem erfahrenen Piloten betreut werden.
Nach dem anschließenden Debriefing werden Ihnen Ihre persönliche Flugurkunde und ein Log-Ausdruck des Landeanfluges überreicht. Insgesamt dauert das Programm etwa drei Stunden.
„How did you end up in this cornfield?“ leuchtet es in grell blinkenden Lettern auf den Monitoren, sollten Sie eine Bruchlandung hinlegen.

Lufthansa Flight Training . Airportring, Tor 24 . 60549 Frankfurt/Main

ALS DIE BILDER LAUFEN LERNTEN

Telefon: 069/961220-220
www.deutschesfilmmuseum.de

Deutsches Filmmuseum, Frankfurt

Lust auf Museum? Oder lieber Kino? Im Deutschen Filmmuseum in Frankfurt können Sie beides erleben.
Hauptaufgabe des Museum ist, das Kulturgut Film der Öffentlichkeit zu vermitteln und in den Museumsarchiven zu bewahren. Zusätzlich gibt es jedoch ein breitgefächertes Angebot aus Ausstellungen, Filmvorführungen und sonstigen Veranstaltungen.
Die Dauerausstellungen illustrieren die Entwicklung des Films, der Filmproduktion und des Kinos. Während der erste Bereich sich auf die Geschichte seit der Erfindung des Kinos konzentriert, informiert der zweite über sämtliche Aspekte der Filmherstellung. Besucher können nachgebaute Funktionsmodelle selbst ausprobieren, eine Laterna Magica im Original bestaunen oder in einer nachgebildeten Hollywood-Tonfilmkulisse in die Rolle von Humphrey Bogart schlüpfen. Auf zwei Sonderausstellungsflächen finden jährlich mehrere Ausstellungen rund um das Thema Film statt.
Die Archive und die Bibliothek des Deutschen Filmmuseums sind ebenfalls für die Öffentlichkeit zugänglich (Archive nur nach Voranmeldung).
Das Kino im Deutschen Filmmuseum bietet ein anspruchsvolles Programm. Filme werden in thematische Zusammenhänge gesetzt, häufig auch in der Originalversion gezeigt. Die aktuellsten Blockbuster sucht man hier vergeblich, dafür sind Werke zu erleben, die sonst nirgends oder nur selten zu sehen sind. Vorträge und Diskussionsrunden, etwa mit Regisseuren oder Schauspielern, ergänzen die Filmvorführungen.

Thematische Filmreihen, Klassiker und Raritäten, Kulturwochen, Retroperspektiven, Preview-Filmabende, Kinderfestival sowie das Africa-Live-Festival, die Frankfurter Kinowoche, CineLatino und Verso Sud (italienisches Filmfestival) – für jeden Geschmack und jede Altersgruppe ist etwas dabei.
Ein für Cineasten wie Musikliebhaber gleichermaßen interessantes Highlight ist die WurliTzer Theatre Pipe Organ, eines der wenigen in Deutschland noch betriebenen Exemplare. Etwa alle 2 bis 3 Monate begleitet sie im Kino live Stummfilmvorführungen.

Deutsches Filmmuseum . Schaumainkai 41 (Museumsufer) . 60596 Frankfurt am Main

0601 HE_Lifestyle & Szene

AM TÜRSTEHER VORBEI ...

Telefon: 069/230171
www.galerie-frankfurt.de

Galerie Frankfurt

Richtig angesagt für eine „Dance-Night“ in Frankfurt ist die „Galerie“. Bar, Club, Lounge, Beach-Club und Kunstgalerie in einem. Regelmäßige und wirklich gute Events machen die „Galerie“ zu einem angesagten Szene-Treff. Wohl dem, der den Weg am Türsteher vorbei nach innen schafft. Leichter macht es die „Blaue Membercard“ des Clubs oder ein stylish-beeindruckendes Outfit. Der Beach-Club ist die ultimative Sommerabend-Location in Frankfurt.

Galerie Frankfurt . Düsseldorfer Straße 1–7 . 60329 Frankfurt am Main

0602 HE_Natur & Tiere

BITTE KEINE KROKO-TASCHEN

Telefon: 06031/687697
www.alligator-action-farm.de

Krokodilzoo Friedberg

Krokodile sollen im Wasser schwimmen. Und nicht als Tasche an den Schultern der Schönen und Reichen baumeln. So oder so ähnlich könnte das Motto des Krokodilzoos in Friedberg vielleicht lauten. Oder auch: „Keine Angst vorm Krokodil!“
Auf 3.000 m^2 lebt hier die größte Alligatorengruppe Europas in ca. 2 Millionen Liter Wasser. Ali, der älteste der etwa 40 Bewohner, wurde 1935 geboren und ist 200 kg schwer.
Die Betreiber haben sich nicht nur dem Artenschutz verschrieben, sie sorgen auch dafür, dass die Tiere sich in ihrer Umgebung in ganzjährig geheizten Hallen und Wasserbecken wohlfühlen.
Zaghafte Besucher sehen „nur“ zu, die mutigeren fassen auch an: Sie dürfen die Tiere berühren. Alligator-Babys können gefüttert werden, und die ganz Wagemutigen

stecken sogar ihren Kopf in das Maul eines der 3,5 Meter langen Tiere. Als „Beweis" werden auf Wunsch Fotos oder Videoaufnahmen gemacht, um sie zu Hause den staunenden Bekannten zu präsentieren.
Ein ganz besonderes und in Europa einmaliges Erlebnis ist das Alligatorenschwimmen: Ausgestattet mit einem vom Zoo gestellten Neoprenanzug steigen Sie zu den riesigen Reptilien ins Becken!
In Terrarien tummeln sich außerdem Pythonschlangen, Leguane, Vogelspinnen und der Alligatoren-Nachwuchs.
Nach einem Aufenthalt auf der Alligator-Action-Farm ist jedem klar: So gefährlich sind die Tierchen gar nicht!

Krokodilzoo Friedberg . Usinger Straße 50 . 61169 Friedberg-Ockstadt

0603 HE_Kunst & Architektur

INS RÖMERKOSTÜM SPRINGEN

Telefon: 06175/9374-0
www.saalburgmuseum.de

Römerkastell Saalburg

Das Tor der Saalburg im Taunus

Das Römerkastell Saalburg lädt Besucher ein auf eine Entdeckungsreise in vergangene Zeiten. Das weltweit einzige wiederaufgebaute Römerkastell beherbergt ein Museum und ist von einer parkähnlichen Anlage umgeben.
Archäologische Funde, rekonstruierte Bereiche und Räume, Inszenierungen und Modelle vermitteln ein anschauliches und lebendiges Bild der Römerzeit, die zwar 2.000 Jahre zurückliegt, aber nach wie vor gegenwärtig ist. Principia (zentrales Stabsgebäude) mit Innenhof, Centuriae (Mannschaftsbaracken), Contubernium (Mannschaftsstube) und Triclinium (Offiziers-Speisezimmer) wurden originalgetreu nachgebildet. In den rekonstruierten Backöfen nahe der Wehrmauer backt mehrmals im Jahr frisches Römerbrot. Als Ausstellungsraum dient das Horreum, der Getreidespeicher. Die archäologischen Funde umfassen Gegenstände aus Bronze, Eisen, Glas, Gold und, eher seltener, Holz und Leder. Sie erzählen vom Alltagsleben der Römer: Essen, Trinken, Bau und Handwerk, Waffen, Kleidung und Schmuck, Medizin, Körperpflege, Geldwesen und Religion.
Im Jahre 2003 wurde mit umfangreichen Neubau- und Umgestaltungsmaßnahmen begonnen, die teilweise abgeschlossen sind; Ende 2008 soll der umfangreiche Archäologische Park komplett fertiggestellt sein. Führungen – von der kindgerechten Grundschulklassenführung bis zur Erwachsenengruppe – vermitteln Geschichte

auf altersgerechte Weise. Beim dreitägigen Programm „Abenteuer Archäologie" erleben Schüler unter anderem in einer multimedialen Präsentation historische und archäologische Themen. Fackelwanderungen mit anschließendem Lagerfeuer verbinden Geschichte und Abenteuer. Die Jüngeren werden von „Claudius", einer Römerpuppe, durch das Kastell und seine antike Welt geleitet.
Selbst in der „Taverna" ist die Zeitreise noch nicht zu Ende: Das Museumscafé im Innern des Kastells wurde nach römischem Vorbild rekonstruiert. Drinnen, bei gutem Wetter auch draußen, werden selbstverständlich auch Gerichte und Getränke aus der römischen Küche angeboten.

Römerkastell Saalburg . Archäologischer Park . Saalburg 1 . 61350 Bad Homburg

---

0604 HE_Kunst & Architektur

WIESBADENS KUR- UND CASINO-GLANZ

Telefon: 0611/17292-90
www.info-wiesbaden.de

Kurhaus Wiesbaden

Das Wahrzeichen der hessischen Landeshauptstadt: das Kurhaus in Wiesbaden mit seinem Vorplatz

Kaiser Wilhelm II. bezeichnete es als das „schönste Kurhaus der Welt". Wer den historischen Prachtbau einmal bei Nacht in vollem Glanz erleuchtet sah, versteht auch heute noch, warum das Kurhaus dem Kaiser so gut gefiel. Atmosphärisch versteht sich – denn Strom stand ja noch nicht zur Verfügung.
Heute werden in den historischen Salons und Sälen unterschiedlichen Stils Kongresse und Seminare abgehalten. Die prächtigen Räume und die gastronomische Versorgung durch die verschiedenen Restaurants im Haus bieten eine elegante Plattform für vielseitige Aktivitäten unter einem Dach. Und wen zwischendurch der Spieltrieb packt, der besucht das angeschlossene Casino, ehemals ein Treff des europäischen Geld- und Hochadels. Diese Atmosphäre und diesen Glanz vermeint man auch heute noch zu spüren.
Das weitläufige Parkgelände mit altem Baumbestand rund um das Kurhaus lädt ein zum „Lustwandeln". Begleitet vom beruhigenden Plätschern der Kaskadenbrunnen und in versteckten Ecken auf heckengeschützten Bänken hat man Gelegenheit, seine Seminarbekanntschaft näher kennenzulernen. Wer es gerne etwas belebter hätte, der kann sich auf der Kurhaus-Terrasse elegant kulinarisch und im Biergarten gastronomisch rustikaler verwöhnen lassen.

Kurhaus Wiesbaden . Kurhausplatz 1 . 65189 Wiesbaden

RELAXEN IM KAISER-BAD VON 1913

Telefon: 0611/1729-660
www.wiesbaden.de

Kaiser-Friedrich-Therme, Wiesbaden

Wie ein Kaiser kann man sich in der Kaiser-Friedrich-Therme tatsächlich fühlen. Das historische Thermalbad im späten Jugendstil befindet sich auf dem Gelände eines alten römischen Schwitzbades und wurde Anfang des vorigen Jahrhunderts von dem Architekten A. O. Pauly errichtet. Seitdem wurde es liebevoll restauriert, einschließlich der wertvollen Keramiken und Fresken. Die 66,4° C heiße Adlerquelle, die auch heute noch der Therme Wasser zuführt, wurde bereits von den Römern genutzt.
Auf 1.450 m² finden Badegäste eine große und faszinierende Saunalandschaft. Das historische Irisch-Römische Bad mit den Mosaikfliesen ist das Herzstück des Bades. Heiß geht es her im Tepidarium, im Sudatorium, im russischen Dampfbad, im Steindampfbad und in der finnischen Sauna. Kühler wird es hingegen beim tropischen Eisregen, im Lavacrum (ein Kaltwassertauchbecken) und im historischen Kaltwasserschwimmbad.
Orientalisches Flair findet sich im Rasuldampfbad. Im Sandbad wird bei sanftem Licht und sphärischer Musik ein Tagesablauf simuliert. Im Angebot sind außerdem Massagen und 14 verschiedene Soft-Pack-Anwendungen.
Baden macht hungrig, und darum gibt es an der Quellenbar nicht nur kalte und warme Getränke – darunter Sekt und Wein aus dem städtischen Weingut –, sondern auch kalte und warme Snacks gegen den Hunger.

Kaiser-Friedrich-Therme . Langgasse 38–40 . 65183 Wiesbaden

EIN STERN SEIT ÜBER 27 JAHREN

Telefon: 0611/133666
www.nassauer-hof.de/go/ente

Restaurant „Ente“, Wiesbaden

Was hat man sich wohl unter einem Restaurant namens „Ente“ vorzustellen? Ein chinesisches Spezialitätenrestaurant? Eine neue Szenekneipe? Einen Imbiss im Zoo? Falsch. Die „Ente“ ist ein Gourmet-Tempel des Hotels Nassauer Hof in der Kurstadt Wiesbaden und seit fast 30 Jahren mit einem Stern des Guide Michelin ausgezeichnet. Traditionsreiche deutsche oder euro-asiatische Küche wird hier serviert, vom Daily Lunch bis zum stilvollen Dinner. Die Räumlichkeiten sind modern-klassisch eingerichtet – offen, locker und zwanglos. Und selbst anspruchsvolle Genießer werden von den kulinarischen Köstlichkeiten nicht enttäuscht. Dank seiner kreativen Küche

und seines liebenswerten Service ist das Restaurant Ente ein Anlaufpunkt für Genießer nicht nur aus der näheren Umgebung. Im Weinkeller mit rund 2.000 der edlen Tropfen findet sich für jedes Menü der passende Wein.
Aktionswochen nehmen Gäste mit auf eine Entdeckungsreise, etwa durch die Welt des Sherrys.
Das angeschlossene Bistro lädt den „alternativen Feinschmecker" zu hausgemachter Bratwurst, Lachstatar oder Maispoulardenbrust ein.
An ausgewählten Terminen bietet die Kochschule in der Küche der „Ente" Kochkurse an, auf Wunsch mit anschließendem 5-Gang-Dinner.

Restaurant Ente . (im Hotel Nassauer Hof) . Kaiser-Friedrich-Platz 3–4 . 65183 Wiesbaden

---

0607 HE_Kunst & Architektur

DER RÖMISCHE LIMES IN DEUTSCHLAND

Telefon: 06175/937434
www.deutsche-limeskommission.de
www.limesstrasse.de

Limes, Bad Homburg

Ein Teil der Außengrenze des Römischen Reichs zwischen Rhein und Donau: der Limesturm Nr. 1 in Rheinbrohl

Die Chinesische Mauer ist weltbekannt. Aber wer weiß schon, dass das zweitlängste Bodendenkmal der Welt in Deutschland liegt? Der etwa 550 km lange Obergermanisch-Raetische Limes – meist kurz „Limes" genannt – war ein Grenzwall des Römischen Reiches. Er verlief durch die heutigen Gebiete der Bundesländer Rheinland-Pfalz, Hessen, Baden-Württemberg und Bayern. Anfänglich nur ein Postenweg, bestand er später aus Palisaden, Gräben und Wällen, teilweise aus einer Mauer. Er diente weniger der Verteidigung als vielmehr der Kontrolle und Steuerung von Waren- und Personenverkehr. Seit einigen Jahrzehnten werden immer mehr der ehemals 900 Wachtürme und 120 Kastelle entlang dem Limes ausgegraben, restauriert und konserviert, genauso wie weitere römische Bauten und Anlagen. Die großen Landesmuseen wie das Saalburgmuseum, aber auch regionale Heimatmuseen stellen zudem zahlreiche Fundstücke aus der Römerzeit aus und liefern weitergehende Informationen.
Seit 2005 ist der Obergermanisch-Raetische Limes Teil des Weltkulturerbes der UNESCO. Zusammen mit dem Hadrianswall in Großbritannien bildet er die ersten beiden Teilabschnitte eines „transnationalen Welterbes", das unter dem Namen „Grenzen des Römischen Reiches / Frontiers of the Roman Empire" in Zukunft zwei Dutzend Staaten entlang aller Außengrenzen des ehemaligen Römischen Reiches in Europa, dem Nahen Osten und Nordafrika umfassen soll.

Deutsche Limeskommission . Römerkastell Saalburg . 61350 Bad Homburg

WIE TARZAN: VON AST ZU AST

Telefon: 069/85702000
www.abenteuerpark-offenbach.de

AbenteuerPark Offenbach

Einmal wie Tarzan von Liane zu Liane schwingen? Oder lieber wie Jane, den Blick nach oben gerichtet, die mutigen Kletterhelden beobachten?
Lianen und Affen treffen Sie hier, im AbenteuerPark Offenbach, zwar nicht. Nach Herzenslust klettern, das können Sie aber, im seit Ostern 2007 eröffneten FunForest-Kletterparadies in Offenbach.
Ob Anfänger oder Kletterexperte, hier findet jeder das Richtige: vom einfachen Parcours für Kinder ab 8 Jahren über den Fun-Parcours und den Seilrutschen-Parcours bis zum Profi-Parcours für Hochseilprofis ab 18 Jahren. Auch an die Kleineren ab 5 Jahre ist gedacht – sie können sich in Begleitung eines Erwachsenen im Kids-Parcours austoben.

AbenteuerPark Offenbach: Wie Tarzan durch den Wald

Sicherheit wird selbstverständlich großgeschrieben. Erfahrene, professionelle Kletterexperten weisen Nachwuchs-Tarzans in die Klettertechnik ein. Ausgerüstet mit Helm und Gurt klinken Sie sich in das rote Sicherungsseil ein, und schon kann es losgehen!

AbenteuerPark Offenbach . Bieberer Straße 276A . 63071 Offenbach

EIN MODERNER ABENTEUERSPIELPLATZ

Telefon: 06142/7-65600
www.opel-live.de

Opel Werkstour, Rüsselsheim

Direkt auf dem Werksgelände der Adam Opel AG in Rüsselsheim befindet sich der erste automobile Erlebnispark Deutschlands. Der riesige Neubaukomplex besticht auf den ersten Blick mit hochmoderner und heller Architektur.
Auf einer Werkstour können Besucher live vor Ort erleben, wie ein Auto entsteht, von der Herstellung der Rohkarossen über das Presswerk bis zur Endmontage. Hochentwickelte Robotertechnologie in Zusammenarbeit mit menschlichem Sachverstand, Präzision gepaart mit gewaltiger Kraft. Eine der modernsten Produktionsstraßen der Welt „in Action".
Eine Film-Dokumentation informiert über die Geschichte des Opel-Automobilbaus, von den Anfängen bis zu der heutigen, hochmodernen Fertigungstechnologie.

Die Kombi-Tour „Industrialisierung: Von den Anfängen bis zur Moderne" für Schüler der 8. bis 12. Klasse verbindet einen Besuch des Museums der Stadt Rüsselsheim mit einer Werkstour bei Opel.
Ach ja: Die „Hochzeits-Straße" hat hier weniger mit Romantik zu tun – so nennt sich nämlich der Bereich, in dem Karosserie und Motor für ein hoffentlich langes Autoleben zusammengefügt werden.

Opel Forum . Bahnhofsplatz . 65423 Rüsselsheim

0610 HE_Sport, Abenteuer & Technik

ELFENBEINKUNST VOM MITTELALTER BIS HEUTE

Telefon: 06062/919990
www.erbach.de/kultur/museum/

Opel Werkstour, Rüsselsheim

Jugendstil-Elfe des Erbacher Meisters Otto Glenz im Elfenbeinmuseum in Erbach

Erbach gilt auch als die deutsche „Elfenbeinstadt" und ist eines der größten europäischen Zentren der Elfenbeinschnitzerei. Seit 1966 gibt es hier das Deutsche Elfenbeinmuseum, weltweit das einzige seiner Art, das mehr als 2.000 Ausstellungsstücke unterschiedlicher Herkunft und aus unterschiedlichen Zeiten zeigt. Exponate aus Europa, Asien, Afrika und Grönland, vom Mittelalter bis zur Gegenwart, sind hier zu sehen. Techniken, Werkzeuge und Materialien werden ebenfalls präsentiert, und die Museumswerkstatt zeigt die Arbeit mit Elfenbein. Ein Schwerpunkt liegt auf der Geschichte der Erbacher Elfenbeinschnitzerei der letzten 200 Jahre. Regelmäßige Sonderausstellungen (nicht unbedingt zum Thema Elfenbein) vervollständigen das Programm.
Führungen sind nach Voranmeldung möglich, auch Gruppen werden gebeten, sich rechtzeitig anzumelden.

Deutsches Elfenbeinmuseum . Otto-Glenz-Straße 1 . 64711 Erbach

0611 HE_Sport, Abenteuer & Technik

47 MILLIONEN JAHRE IN DER ZEIT ZURÜCK

Telefon: 06159/717535
www.grube-messel.de

Weltkulturerbe Grube Messel

47 Millionen Jahre in die Vergangenheit zurückreisen? In der Grube Messel brauchen Sie dazu keine Zeitreisemaschine.

Erst im Jahre 2001 fanden Wissenschaftler heraus, worum es sich bei der Grube Messel eigentlich handelt: um einen Maarkratersee. Die heutige Grube hat einen Durchmesser von 800 Metern und eine Tiefe von 130 Metern. Vor 47 Millionen Jahren aber war sie über 15 mal so tief: Fast 2 Kilometer reichte sie in die Erde hinein.

Sie ist eine weltweit bedeutende Fossillagerstätte. Die außergewöhnlich hohe Anzahl der Funde ist ungewöhnlich gut erhalten. Sogar vollständige Skelette, mit Haut, Haaren und Resten des Mageninhaltes, werden hier gefunden. Mehrere hundert Arten Pflanzen, wirbellose Tiere, Amphibien, Reptilien, Vögel, Fische und Säugetiere haben die Wissenschaftler in der Grube Messel bereits ausgegraben.

Besucher können bei einem Grubenspaziergang in einer einstündigen Einführung eine spannende Reise durch Jahrmillionen der Erdgeschichte unternehmen (unverbindliche Voranmeldung wird empfohlen!). Speziell für Kinder und Schulklassen, aber auch für Erwachsenengruppen werden Ferien-, Geburtstags- und Schulprogramme mit spannenden Exkursionen angeboten.

Wer noch mehr wissen möchte, nimmt zu bestimmten Terminen an Erlebnisspaziergängen und Wanderungen teil oder schaut bei der „Grabungsimpression“ den Grabungshelfern über die Schulter.

Weltkulturerbe Grube Messel . Roßdörfer Straße 108 . 64409 Messel

REIZEN, TRUMPFEN UND STECHEN

Telefon: 03447/512712
www.thueringen.de/de/museen/altenburg

Spielkartenmuseum in Altenburg, Thüringen

Wenn Menschen Zeit totschlagen wollen, dann nehmen sie sehr oft kleine, rechteckige Pappen, auch Karten genannt, in die Hand, setzen sich mit anderen an einen Tisch und werfen die Pappkarten der Reihe nach auf diesen drauf. Dazu sagen sie seltsame Dinge wie „Grand!“ oder „Re!“
Wenn Menschen danach immer noch Zeit totschlagen wollen, fahren sie nach Altenburg. Dort entstand 1923 im Altenburger Schloss das erste Spielkartenmuseum der Welt, dessen Ruhm leider ein wenig verblasste, nachdem der Großteil der Ausstellung als Reparationsleistung nach Russland verschickt wurde. Neben Spielkarten aus aller Welt beeindrucken den Besucher aber auch heute noch historische Spielgeräte, Spielkartenpressen und Spieltische. Die Reproduktion einer alten Kartenmacherwerkstatt zeigt, wie aufwendig Spielkarten früher in Handarbeit hergestellt werden mussten.
Ein besonderer Ausstellungskomplex ist dem Nationalspiel der Deutschen gewidmet: Eher als der Fußball trat das Skatspiel zwischen 1810 und 1815 von Altenburg aus seinen Siegeszug an die Stammtische an. Logisch, dass es in Altenburg nicht nur einen Skatbrunnen gibt, hier sitzen auch der Deutsche Skatverband und (nicht lachen) das Internationale Skatgericht.
Angesichts der Tatsache, dass fast jeder zweite deutsche Mann, aber nur jede zwanzigste deutsche Frau gern Skat spielt, sollte man vor dem Ausflug nach Altenburg dringend überlegen, ob man diesen nicht als Herrenrunde gestaltet.

Schloss- und Spielkartenmuseum . Schloss 2–4 . 04600 Altenburg

SCHAUHÖHLE SEIT 1866

Telefon: 034671/54513
www.kyffnet.de

Barbarossahöhle, Rottleben

Wer kennt sie nicht, die Sage von Kaiser Barbarossa? Schlafend sitzt er seit Jahrhunderten unter dem Kyffhäuserberg in einer Höhle. Sein roter Bart (der ihm auch seinen Namen gab) ist inzwischen schon durch den Tisch gewachsen, an dem der Kaiser schläft. Etwa alle 100 Jahre wacht Barbarossa auf, blinzelt müde und lässt einen Zwerg nachschauen, ob die Raben noch draußen um den Kyffhäuser ziehen. Der Kaiser wird erst erwachen, wenn (wahlweise) sein Bart ganz um den Tisch herumgewachsen ist oder die Raben, Symbole für Zwietracht und Unglück, verschwunden sind.

Diese herrlich schaurige Mär lässt sich bei einem Besuch der Barbarossahöhle in Nordthüringen auf unterhaltsame Art mit Leben füllen. Die Höhle sprengt mit einer Fläche von 13.000 m² als größte touristisch erschlossene Anhydrit-Gips-Höhle Europas fast den Rahmen des sie beherbergenden Kyffhäusergebirges. Das ist mit einer Größe von nur etwa 7.500 Hektar das kleinste Mittelgebirge Deutschlands. Die etwa 200.000 Jahre alte Höhle wurde 1865 eher zufällig von Bergleuten entdeckt und schnell der interessierten Öffentlichkeit als Schauhöhle zugänglich gemacht.
Verantwortlich dafür ist weniger ihre geowissenschaftliche Bedeutung, sondern natürlich die Barbarossa-Sage, die findige Anwohner bald nach Entdeckung der Höhle mit dieser in Verbindung brachten. Um den Schwindel noch echter zu gestalten, wurden später sogar noch Tisch und Stuhl des schlafenden Kaisers hineingestellt. Wer will, kann sich hier vom Höhlenpersonal fotografieren lassen – dafür unbedingt einen Bart mitbringen!
Beeindruckender ist die schon vorhandene Zauberwelt der Höhle. Das Farbenspiel des grauweißen Gipsgesteins und seine vielfältigen und spektakulären Ausformungen wie die kugelrunden Alabasteraugen oder das Marienglas bringen zuverlässig jeden der jährlich 100.000 Besucher zum Staunen.

Barbarossahöhle . Mühlen 6 . 06567 Rottleben

0614 TH_Kunst & Architektur

DIE RACHE DES KYFFHÄUSER

Telefon: 03467/7170
www.kyffhaeuser-denkmal.de

Kyffhäuser-Denkmal, Bad Frankenhausen, Thüringen

Wenn ein Held mal unheldenhaft zu Tode kommt, muss eine Sage her. Erstens, damit der Held ein Held bleibt, und zweitens, damit sich andere mit ihm brüsten können.
So geschehen mit dem rotbärtigen Kaiser Friedrich I., Barbarossa genannt, der 1190 unter nie ganz geklärten Umständen in einem Fluss ertrank. Das würde heute kaum noch jemanden interessieren, hätte Barbarossa nicht zu Lebzeiten als erster Herrscher das Deutsche Reich gegründet und eine für das Mittelalter halbwegs gerechte Ordnung geschaffen.
Der Sage zufolge zog er sich nach seinem Tod ins Innere des Kyffhäusergebirges zurück, um irgendwann noch einmal Deutschland zu retten, und sitzt heute noch sinnierend unter den Ruinen der Reichsburg Kyffhausen aus dem 11. Jahrhundert. Sein Bart soll schon mehrfach um ein Tischbein gewachsen sein.
Die Reichsburg Kyffhausen – niemand kann mit Sicherheit sagen, ob Barbarossa jemals dort gewohnt hat – war mit 600 m Länge und 60 m Breite eine der größten Burgen des Mittelalters. Ihre Ruinen sind heute noch imposant. Auch der mit 176 Metern tiefste Burgbrunnen der Welt ist noch erhalten.
Fast 700 Jahre später, im Nationalrausch nach der erneuten Gründung des Deutschen Reichs 1871 durch Kaiser Wilhelm I., nahm man die Barbarossa-Sage zum

Anlass für die Errichtung des „Kaiser-Wilhelm-Denkmals". Mit 81 m Höhe ein wirklich imposanter Anblick, umfasst es ein Reiterstandbild von Wilhelm I. und, selbstverständlich zu seinen Füßen, den in Stein gehauenen, sitzenden Barbarossa, der seinen Bart streichelt.
Das Denkmal wurde derart brachial auf die Ruinen der Reichsburg Kyffhausen gesetzt, dass große Teile für immer zerstört wurden. Die „Rache" dafür: Kaum jemand kennt das „Kaiser-Wilhelm-Denkmal", aber jeder den „Kyffhäuser". Dabei meinen alle dasselbe Denkmal, den Kyffhäuser.

Inmitten des Kyffhäusergebirges liegt das 80 Meter hohe Kyffhäuser-Denkmal mit dem Reiterstandbild von Kaiser Wilhelm I.

Kyffhäuser-Denkmal . 06567 Bad Frankenhausen

0615 TH_Kunst & Architektur

KUNST IM ELEFANTENKLO

Panorama Museum, Bad Frankenhausen

Telefon: 034671/6190
www.panorama-museum.de

Ursprünglich sollte der 1989 fertiggestellte, riesige Rundbau eine Gedenkstätte für die DDR werden, denn 1525 war auf diesem Platz der thüringische Bauernkrieg gefochten worden. Zudem wollte man mit dem Standort nicht weit vom „Kyffhäuser" einen „proletarischen" Gegenpol zum Nationaldenkmal setzen.
Werner Tübke – Maler, Grafiker und Akademieprofessor – schuf darin in 12 Jahren ein unglaubliches „Welttheater", ein einzigartiges Kunstwerk. Das Monumentalgemälde „Die Frühbürgerliche Revolution in Deutschland" ist mit 14 m Höhe und 123 m Länge das größte Gemälde der Welt und umfasst mehr als 3.000 Figuren. Der Maler verstand es aber auch, in seinem „theatrum mundi" mehr an Menschlichkeit und differenzierter Sichtweise auf die gesellschaftlichen Zustände einzubringen, als es den damaligen DDR-Auftraggebern lieb war.
Die Leinwand wurde seinerzeit nach geheimen Rezepten russischer Ikonen grundiert. Sie allein wog 1,1 Ton-

Das Panorama Museum in Bad Frankenhausen

nen und wurde von 54 Männern hochgezogen und mit 576 Stahlschellen befestigt. Vor Ort informiert der 20-minütige Film „Schlacht am Bild“ über die Entstehung des Gemäldes.
Die einen nennen den weithin sichtbaren Museums-Rundbau schlicht und einfach „Elefantenklo“, die anderen streiten bis heute über die Bedeutung des Riesen-Panorama-Bildes. Was aber feststeht: Es ist ein Museum von außergewöhnlicher Art.

Panorama Museum . Am Schlachtberg 9 . 06567 Bad Frankenhausen

0616 TH_Kunst & Architektur

URLAUB AUF DEM RITTERGUT

Telefon: 03647/504535
www.rittergut-positz.de

Rittergut Positz, Oppurg

Schon sehr lange kann man vom Laubengang des Ritterguts Positz den Ausblick genießen. Die Historie des Gutes reicht bis in das 12. Jahrhundert zurück. Früher residierten hier echte Ritter mit ihren Familien, stolze Herren in metallenen Rüstungen. Heute wohnen hier Feriengäste. Und zwar sehr schön in edel-rustikal gestalteten, romantischen Zimmern mit Himmelbetten – und nebenan das warme, elegante Bad. So etwas gab's damals bei den Rittern noch nicht.
Das historische Wirtshaus mit offener Feuerstelle lässt Burgromantik aufflammen. Und es darf, so gehört sich das wohl auch für ein Rittergut, ausgeritten werden. Die Kleinen vergnügen sich derweil im Streichelzoo, springen in den Badeteich oder toben in Ritterkostümen über das 30.000 m^2 große Areal.

Gutshof Rittergut Positz . Rittergut Positz . 07381 Oppurg

0617 TH_Sport, Abenteuer & Technik

EINE GANZE VILLA ALS SPIELHAUS

Telefon: 03672/411451
www.richterschevilla.de

Spielhaus Richtersche Villa, Rudolstadt

Fast die Villa Kunterbunt und für Kinder mindestens genauso toll wie Pippi Langstrumpf: Die Richtersche Villa in Rudolstadt sieht von außen aus wie ein Märchenschloss und ist auch innen toll. 1886 vom Fabrikanten Friedrich Adolf Richter erbaut, ist sie nämlich heute ein „Spielhaus“. Historisch betrachtet ist es gar nicht verwunderlich, dass der Prachtbau zu einem Spielparadies umfunktioniert wurde. Schließlich hat der Bauherr sich nicht nur darum bemüht, seine Villa so märchenhaft wie nur möglich zu bauen, gleichzeitig hat er auch für zukünftige Architekten

den berühmten „Anker-Steinbaukasten“ erfunden. Etwa so wie „Lego“ – nur eben aus echten Steinen, die aus natürlichen Rohstoffen wie Quarzsand, Kreide und Leimöl bestehen und mehr Geschick und Grips erfordern als das skandinavische Modell. Nach 30 Jahren Produktionspause feiern die Anker-Bausteine seit 1995 ihre Wiedergeburt, sind heute geradezu Kult.
Besonders geeignet ist das kreative Haus, um die alljährliche Kindergeburtstagsproblematik zu lösen. Hier wird den Kids nicht langweilig, sie können nicht nur die vielen kreativen Spielmöglichkeiten der Villa nutzen, sondern backen im hauseigenen historischen Steinbackofen gemeinsam eine Pizza (womit das Pommes-Nuggets-Essen inklusive Ketchup-Schmier-Desaster zu Hause hinfällig wird) und basteln auch noch ganz allein ihre originellen Mitbringsel. Eine selbstständig hergestellte Kerze oder gar eine aus Zinn gegossene Figur, die die Kinder voller Erinnerungen mit nach Hause nehmen, sind sicherlich spannender als die übliche Süßigkeiten-Wundertüte. Wenn nicht, gibt's zu Weihnachten einen „Anker-Steinbaukasten“ – für Papa!

Spielhaus Richtersche Villa Rudolstadt e.V. . Schwarzburger Chaussee 74 . 07407 Rudolstadt

60 HEKTAR PFLANZENPARADIES

Telefon: 0365/19433
www.buga2007.de

Bundesgartenschau, Gera und Ronneburg

Die Bundesgartenschau 2007 in Gera und Ronneburg: prachtvolle Blumenschauen und fantastische Landschaften

Es grünt in Thüringen ohnehin schon ziemlich grün, also war es nur eine Frage der Zeit, bis auch hier einmal eine Bundesgartenschau stattfinden würde. Für 2007 bekamen die beiden Städte Gera und Ronneburg gemeinsam den Zuschlag. Nun kann man hier dank großer Investitionen neu geschaffene Parks und Landschaften in einer naturbelassenen Umgebung entdecken, sich über Tausende von blühenden Blumen und Pflanzen freuen, den Duft von Kräutern erleben und durch einen Wald spazieren, wie man ihn noch nicht gesehen hat.
Am Rande eines einstigen Uranerzbergbaugebietes in Ronneburg wurden 140 m² Fläche wieder zum Leben erweckt. Rund 55.000 Wild-, Prärie- und andere Stauden

wurden angepflanzt. Auch Rosenzüchter kommen hier auf ihre Kosten und können 20.000 der dornigen Liebesblumen in 261 verschiedenen Sorten bewundern, darunter 70 Neuzüchtungen, die noch weitgehend unbekannt sind.
Und es ist noch nicht genug der Superlative: Über das Gessental führt hier in 25 Meter Höhe die mit 240 Metern längste Holzbrücke Europas. Das Arboretum schließlich ist ein einzigartiger Baumgarten, der 56 Arten enthält, die auf der nördlichen Erdhalbkugel gedeihen. Hier können die Besucher vom Urweltmammutbaum über die Kaukasus-Tanne bis zur Japanischen Kirschmandel eine riesige Vielfalt bestaunen.
In Gera, dem zweiten Ort der Bundesgartenschau, erstrahlen die ehemaligen Hofwiesen in neuem Glanze. Der restaurierte Küchengarten aus der Barockzeit ist ebenso sehenswert wie die neu gestaltete Orangerie und das sanierte Jugendstiltheater. Friedhofsgärtner und Steinmetze präsentieren ihre Arbeiten in der altehrwürdigen Villa Jahr am Ufer der Weißen Elster. In einer ehemaligen Werkhalle werden klassische Blumen und Pflanzen ausgestellt.
Für die Besucher und Bewohner der beiden Städte dürfte die Bundesgartenschau ein echter Glücksgriff sein, da Thüringen nun für die nächsten Jahre um ein wahrhaftiges Kleinod reicher ist.

Gera Tourismus e. V. . Heinrichstraße 35 . 07545 Gera

0619 TH_Sport, Abenteuer & Technik

KINDERVERGNÜGEN AN DER SAALE

Telefon: 036647/22218
www.maerchenwald-saalburg.de

Märchenwald, Saalburg

Verflixt, wie ging noch mal das Märchen ...? Die Lösung für vergessliche Eltern und generell für Menschen, die eher über das Bildgedächtnis lernen, wartet im Märchenwald in Saalburg. Die zu DDR-Zeiten privat auf einem Wochenendgrundstück errichtete Anlage hat sich inzwischen zu einem Freizeitpark mittleren Kalibers aufgeschwungen, der von Jahr zu Jahr neue Attraktionen bietet. Ob der Gast diese attraktiv findet, hängt vom Geschmack und vom Alter ab. Schon beim Betreten des Waldes wird man mit einem sprechenden Baum konfrontiert, es warten fliegende Hexen und Holländer sowie das nach eigenen Angaben größte Hexenhaus Europas (wie viele Hexenhäuser gibt es denn heutzutage überhaupt noch?) und zahlreiche nachgestellte Märchenszenen auf kindliches Wiedererkennen. Es gibt aber auch lebende Waldbewohner, wie Meerschweinchen und Kaninchen, die gefüttert werden können.
Wenn die 50-Cent-Stücke alle sind, die den Kunststoff-Gesellen Leben einhauchen, bleibt dem von so viel Märchen leicht verwirrten Besucher noch die Möglichkeit, sich in einer Selbstbedienungsgaststätte zu erholen, während die Kids schon wieder in voller Aktion auf der Hüpfburg die Beine schwingen.

Märchenwald GbR . 07929 Saalburg-Ebersdorf

GEHEIMNISVOLLE ZAUBERWELT IM BERG

Telefon: 03671/55 04 0
www.feengrotten.de

Saalfelder Feengrotten

Die Saalfelder Feengrotten im Herzen Thüringens: fantasievolle Vielfalt und interessante Farbenpracht

Schon mal eine echte Fee gesehen? Beim Besuch der Feengrotte in Saalfeld bekommt man nur eine zu Gesicht, und die ist als Führerin fest angestellt. Aber die farbenreichsten Schaugrotten der Welt sind auch ohne magische Bewohner so umwerfend schön, dass sie seit 1993 sogar im Guinness-Buch der Rekorde eingetragen sind.

Schon die Entstehung der Grotten ist zauberhaft: Das ursprünglich zum Abbau von Alaunschiefer genutzte Bergwerk wurde 1850 aufgegeben. Rund 60 Jahre später entdeckte man in den Stollen des verlassenen Bergwerks eine faszinierende Tropfsteinwelt, die in weniger als 300 Jahren durch das Tropf- und Quellwasser geschaffen worden war. Im Alaunschiefer chemisch gebundene Schwermetalle wie Eisen, Kupfer, Mangan, Molybdän, Chrom, Nickel und Vanadium geben den Tropfsteinen und Ablagerungen eine überirdische Farbenvielfalt.

Besucher können von erfahrenen Mitarbeitern nicht nur einiges über die Mineralien, die bergmännischen Gegebenheiten und die Flora und Fauna in den Grotten erfahren, sondern sich auch durch eine Licht- und Klangshow und den Sonnenauf- und -untergang im Märchendom in eine märchenhafte Stimmung versetzen lassen. Original-Feengrotten-Wasser, das als anerkanntes Mineralwasser in der Höhle verkauft wird, erleichtert den Geldbeutel und soll der Gesundheit dienen.

Nach dem etwa einstündigen Höhlen-Rundgang sind wenigstens die Kleinen mit Sicherheit so verzaubert, dass die Eltern unbedingt noch einen Aufenthalt im ebenerdig gelegenen „Feenweltchen“ einplanen sollten: Da warten der „Garten der magischen Feenpflanzen“, der „Hain der Lichtelfen“ und das dunkle „Reich der Waldelfen“ darauf, von staunenden Menschenkindern entdeckt zu werden.

Wenn die Kinder nicht mehr aus dem Zauber erwachen wollen: Der Feengrottenpark ist mit Caravanstellplätzen und Ferienwohnungen darauf eingestellt, Besucher auch längerfristig zu verzaubern. Mit genügend Ruhe entdeckt man vielleicht doch noch die eine oder andere echte Fee ...

Saalfelder Feengrotten und Tourismus GmbH . Feengrottenweg 2 . 07318 Saalfeld

WIEDERSEHEN MIT HENRY VAN DE VELDE

Telefon: 0365/8264141
www.haus-schulenburg-gera.de

Haus Schulenburg, Gera

Henry van de Velde. Architektur- und Design-Fans flüstern nahezu ehrfurchtsvoll diesen Namen. In den Jahren zwischen 1890 und 1930 war kaum ein anderer Gestalter so präsent wie der avantgardistische Belgier. Paris, Brüssel oder Berlin – allerorts werkelte der Universalist. Und hinterließ beeindruckende Spuren. Sowohl als Architekt, Designer, Maler, Schriftsteller wie auch als Lehrer. Überzeugt und konsequent ebnete der Autodidakt der linearen Form des Jugendstils den Weg. Als Direktor eines Vorläufermodells des Bauhauses lehrte er begeistert reformorientiertes Gestalten. Seine Kunstschulbauten stehen seit 1996 auf der Weltkulturerbeliste der UNESCO. Es hätte ihn besonders gefreut, dass in ihnen nach wie vor gelehrt wird. Nannte er sie doch „die fortschrittlichste Zitadelle der neuen künstlerischen Prinzipien". Mit schlafwandlerischem Design-Talent ließ er lässig verhärtete Kunst-Grenzen aufbröseln.
Viele seiner architektonischen Meisterwerke wurden nach der Wiedervereinigung behutsam renoviert und sind über die „Europäische Henry van de Velde-Route" zu besichtigen. In Gera zum Beispiel ist das Torhaus der 1913/1914 erbauten alten Industriellenvilla Haus Schulenburg nach feinen Instandsetzungsarbeiten wieder zugänglich. Das Haupthaus ist noch nicht vollständig wieder renoviert.
Es war van der Veldes letzte Auftragsarbeit, bevor man ihn zwang, Deutschland zu verlassen. Villenplanung, so die Worte des Architektur-Revolutionärs, sei im Entwerfen unkomplizierter als der Detailplan eines Stuhls.

Haus P. Schulenburg . Straße des Friedens 120 . 07548 Gera

AUF SCHILLERS SPUREN DURCH JENA

www.cej.uni-jena.de
www.jena.de

Collegium Jenense, Jena

Fans des deutschen Nationaldichters Nummer zwei zieht es nach Jena, wo Friedrich Schiller lehrte, lebte und heiratete. Stadtrundgänge dieser Art sollten auf jeden Fall zum Collegium Jenense an der Friedrich-Schiller-Universität führen.
Die größte Hochschule Thüringens, an der über 20.000 Studenten lernen, wurde vor 450 Jahren in den Wirren der lutherischen Reformation von Kurfürst Johann Friedrich I. gegründet, um protestantische Geistliche und Lehrer ausbilden zu las-

sen. Das Collegium Jenense, ein ehemaliges Dominikanerkloster, ist die Gründungsstätte der Universität, deren Gebäude heute über das gesamte Stadtgebiet verteilt sind. Friedrich Schiller hielt hier als junger Professor 1789 seine berühmte Antrittsvorlesung „Was heißt und zu welchem Ende studiert man Universalgeschichte?“, bei der das studentische Publikum den Saal sprengte. In Jena sammelte sich damals die Elite des politischen Radikalismus, es gilt als Gründungsort der ersten deutschen Burschenschaft und Geburtsstätte der schwarz-rot-goldenen Fahne. Persönlichkeiten wie Hegel, Fichte und Schelling lehrten in Jena, andere wie Novalis, Hölderlin und Brentano lauschten ihren Vorlesungen. Aufmerksame Augen entdecken ihre Spuren heute auf Straßenschildern, Gedenktafeln und in vielen historischen Gebäuden. Das Wohnhaus Fichtes, Goethes Inspektorenhaus im Botanischen Garten oder das Frommannsche Anwesen stehen detailgetreu restauriert für Besucher offen.
Pflichtpunkt des Schiller-zentrierten Stadtrundgangs ist das Gartenhaus des Dichters im Schillergässchen, in dem er mit seiner Frau Charlotte, seinen zwei kleinen Söhnen und drei Dienstboten die Jahre 1797 bis 1799 verbrachte. Ein ehrfürchtiger Schauer überläuft den Germanisten vor dem Schreibtisch, an dem Schillers Drama „Wallenstein“ und viele seiner Balladen entstanden sind.
Nach dieser geballten Ladung Geschichte bleiben zwei Möglichkeiten: ein Bier im Gedenken an die hehre Tradition studentischer Burschenschaften oder zurück ins Auto und weiter auf Schillers Spuren nach Weimar.

Friedrich-Schiller-Universität . 07737 Jena . Telefon: 03641/9300

0623 TH_Sport, Abenteuer & Technik

EXPERIMENTARIUM DER SINNE – ERFAHRUNGSMUSEUM

Telefon: 03641/889920
www.imaginata.de

Imaginata, Jena

Haben Sie sich schon einmal die Frage gestellt, wie die Erde aussehen würde, wenn der Mensch keine Vorstellungskraft besäße? Unser blauer Planet wäre wohl ein ziemlich langweiliger und trister Ort zum Leben. Außer den Dingen, die bereits in der Natur vorhanden sind, gäbe es nichts. Keine Kultur, keine Technik, keine Wissenschaft und keine Kunst – denn all dies wird erst möglich durch die Fantasie des Menschen.
In der Imaginata, einem ganz besonderen Museum in Jena, können Besucher am eigenen Leib erfahren, wie einzigartig die Vorstellungen des Geistes sind. Es handelt sich dabei zwar auch um ein wissenschaftliches Projekt der Universität Jena, aber dennoch ist die Imaginata ein Ort für die ganze Familie. Die Besucher werden zu einem Teil der physikalischen Experimente und staunen immer wieder über sich

selbst. Bei der Erkundung eines Stationenparks tauchen sie in die Welt der Erfinder und Künstler ein und erkennen, wie stark die Vorstellungskraft sie bei ihrer Arbeit beflügelt. Untergebracht ist das Museum nicht weniger fantasievoll in einem ehemaligen Umspannwerk, in dessen Hallen die Besucher nach Herzenslust spielen und grübeln, entdecken und erfinden dürfen. In Workshops fotografieren Kinder mit selbstgebauten Lochkameras, entdecken im Erfinder-Kabinett Effekte und Phänomene anhand von Alltagsgegenständen und experimentieren in einem Seifenblasen-Atelier. Bei Versuchen mit Salz, Kerzen oder Lebensmittelfarbstoffen können auch die ganz Kleinen im Kindergartenalter schon einen ersten Blick auf die Geheimnisse der Physik werfen. Abgerundet wird die kunterbunte Welt der Imagination für die größeren Besucher durch innovative Theaterprojekte und Konzerte, die das ganze Jahr über aufgeführt werden.

Imaginata . Umspannwerk . Löbstedter Straße 67 . 07749 Jena

0624 TH_Hotels & Wellness

ERSTES BIO-HOTEL DEUTSCHLANDS IN ZEULENRODA

Telefon: 036628/98-0
www.seehotel-zeulenroda.com

Bio-Hotel, Zeulenroda

Die älteren Jahrgänge der Ostdeutschen kennen es bestimmt noch: Am Standort des heutigen Seehotels befand sich bis 1990 ein FDGB-Ferienkomplex mit 1.000 Betten, der ein beliebtes Ausflugsziel der DDR war. Als nach der Wende zunächst alle Reisen nach Westen und Süden gingen, fanden sich das Gebäude und die gesamte Region um Zeulenroda verlassen.
Heute haben Besucher eine exklusive Übernachtungsmöglichkeit im 2001 eröffneten ersten Bio-Hotel Thüringens, das eingebettet in die schöne Landschaft des Thüringer Vogtlandes am Ufer des Zeulenrodaer Stausees liegt. Im „Zeulenrodaer Meer" darf heute nicht mehr gebadet werden, dafür gibt es gleich um die Ecke das „Waikiki", Europas erstes Freizeitbad im hawaiianischen Ambiente.
Mit komfortablen, in naturbelassenem Holz eingerichteten Zimmern und Suiten, atmungsaktiven Wänden, einem atemberaubenden Blick und hochwertigem Bio-Essen beeindruckt das Seehotel nicht nur Privatgäste, sondern auch immer mehr Business-Kunden. 2005 wurde es zum besten Kongresshotel gewählt und ist Deutschlands erstes Bio-Kongresshotel.
Alle Übernachtungen beinhalten ein reichhaltiges Bio-Frühstücksbuffet, kostenfreie Nutzung des Fitness- & Wellnessareals, inklusive eines Bademantels – den aber leider nur geliehen.

Seehotel Zeulenroda GmbH & Co. KG . Flur Leize 4 . 07937 Zeulenroda-Triebes

BESUCH IN DER SPIELZEUGSTADT

Telefon: 03675/702856
www.spielzeugmuseum-sonneberg.de/

Deutsches Spielzeugmuseum, Sonneberg

Für Erwachsene ist es eine Reise zurück in selige Kindertage und für Kinder eine ins Paradies. Ganze 6.000 Spielzeuge warten in Sonneberg darauf, von den Besuchern entdeckt zu werden. Die Stadt in Thüringen ist das einstige Zentrum der deutschen Spielwarenindustrie und das bereits seit 1735. Damals begann hier die Produktion von einfachen Holzspielzeugen wie Nussknackern, Kegelspielen oder Pfeifen. Später kam dann die Produktion eines ganz besonderen Spielzeugs hinzu, an das sich jeder aus seiner eigenen Kindheit noch gut erinnern kann: die Murmel. Mit der Entwicklung des Pappmachés begann ein goldenes Zeitalter für Sonneberg, da es hier besondere Privilegien der Landesregierung für die Hersteller gab. Im Museum befinden sich heute seltene Stücke aus der Antike, aus dem Mittelalter und aus der Neuzeit. Vom tönernen Räderpferd über eine ratternde Dampfmaschine bis zum Karussell reicht das Spektrum der bewegten Spielzeuge. Natürlich darf auch eine riesige Modelleisenbahnanlage nicht fehlen, die mit Sicherheit das Herz eines jeden Bastlers höherschlagen lässt. Die Besucher können sich auch in das Reich der Puppen entführen lassen, wo Figuren aus Porzellan und Pappmaché aus ihren Regalen herausblicken. Neben den zarten Gebilden gibt es auch jede Menge handfestere Gestalten: Teddybären, Plüschtiere und Kasperle. Neben den Ausstellungsstücken werden auch Räume gezeigt, in denen Kinder früher spielten. Nachbildungen einer Arbeitsstube und ein altes Schulzimmer können von den Besuchern erkundet werden. Herzstück der Ausstellung ist die „Thüringer Kirmes", eine liebevoll zusammengestellte Schaugruppe, die auf der Weltausstellung in Brüssel 1910 einen Preis gewann. Damit das Spielen nicht zur grauen Theorie wird, gibt es eine Spielecke, in der sich die kleinen Gäste austoben können. Denn wie heißt es in einem bekannten Animationsfilm: Für ein Spielzeug gibt es nichts Schöneres, als wenn mit ihm gespielt wird.

Deutsches Spielzeugmuseum . Beethovenstraße 10 . 96515 Sonneberg

---

GOLDRAUSCH IN THÜRINGEN

Telefon: 036766/87814
www.goldmuseum.de

Nuggets für jedermann, Thüringen

Rund 700 Jahre bevor er in Kalifornien startete, war Thüringen schon im Goldrausch. In Scharen strömten damals Glückssucher an die Bäche in den bewaldeten Hügeln. Der Goldrausch ist zwar lange vorbei, aber immer noch kann man dort

Gold aus Steinheid in Thüringen

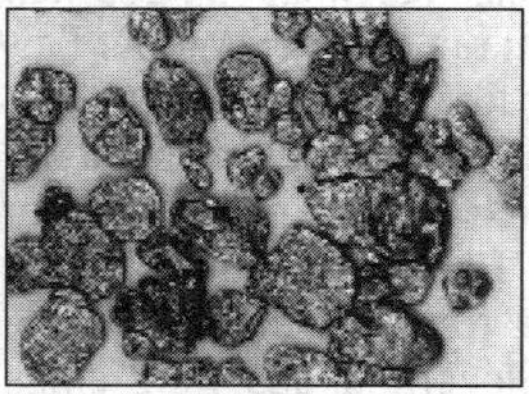

Goldschürferglück: Die gefundenen Nuggets lassen die Herzen der Finder höherschlagen

seine eigenen Nuggets suchen. Der Bach Grümpen bei Theuern im Landkreis Sonneberg ist noch heute ein besonderer Tipp für Goldsucher: Von den über 200 goldführenden Bächen der Umgebung ist er einer der goldreichsten.
„Gold kann nur dort sein, wo die Strömung auch schweres Eisenerz, wie Roteisenstein, ablagert", so erläutert der Scout beim Goldwasch-Schnupper-Kurs und hebt einen rostroten Stein hoch. Man ist mit Schaufel und Goldwaschpfanne unterwegs, echtes Goldgräber-Gefühl kommt auf. Richtig waschen will geübt sein, die Wippbewegung der Pfanne – schon so oft im Film gesehen – ist nicht so einfach.
„Passt auf, wenn ein Brocken langsamer wird. Je schwerer, desto träger! Dann seid ihr schon ganz nah dran ..." Ein kleines gelbes Bröckchen rutscht nicht mehr mit, bleibt unten am Sieb fast kleben. Gold!
Manchmal waschen ganz eifrige Gruppen sogar 20 große Brocken oder 500 ganz kleine aus dem Bach – am Tag. Das sind aber gewogen dann „nur" 2–300 Milligramm. Aber immerhin, es ist selbst geschürftes Gold.
Tipp: Es gibt sogar Goldwasch-Kindergeburtstage, die man beim Goldmuseum buchen kann.

Deutsches Goldmuseum . Im Grund 4 . 96528 Theuern/Thür.

0627 TH_Feste, Events & Veranstaltungen

DIE HÜTES-HOLLE ODER KLOSSPRINZESSIN

www.meiningen.de/index.phtml ?La=1&NavID=912.108

Hütesfest, Meiningen

Einen Kloß im Hals hat in der wunderschönen Stadt Meiningen jeder Bürger mindestens einmal im Jahr. Im Juli findet dort nämlich traditionell das Hütesfest statt. Drei Tage lang huldigt man der Nationalspeise Thüringens, die hier das erste Mal hergestellt worden sein soll: der Thüringer Kloß, schlicht Hütes genannt.
Der Sage nach bestrafte die heidnische Göttin Holle die Meininger für ihren allzu großen Hochmut. Sie ließ in einem späten Frost sämtliche Weinreben erfrieren. Da die Göttin aber nicht herzlos, sondern mitfühlend war, gab sie den Bewohnern zum Trost die Kartoffel und zeigte ihnen, wie man daraus schmackhafte Klöße zuberei-

tet. Zum alljährlichen Hütesfest tritt zur Erinnerung nun immer eine junge Frau in der Rolle der „Hütes-Holle" auf. Nach einem Festumzug durch die Stadt überreicht sie das Kloß-, Verzeihung, Hütes-Rezept dem Stadtoberhaupt mit den Worten: „Du Sohn uralten Stadtgeblütes – hier hast Du das Receptum. Hüt es!" Nach dieser reimtechnischen Meisterleistung verfällt die ganze Stadt in einen wahren Freuden-, Verzeihung, Hütes-Taumel. Andernorts wird Wein oder Bier herbeigeschafft, in Meiningen berauscht man sich an saftigen Kartoffelklößen, Verzeihung, Hütes.
Auch im übrigen Jahr sind Besucher in Meiningen natürlich herzlich willkommen, sich durch Innenstadt und Parkanlagen des schönen Städtchens führen zu lassen und das Wohnhaus des Liedermachers Rudolf Baumbach zu besichtigen. Dem haben wir nämlich nicht nur „Hoch auf dem gelben Wagen" zu verdanken, sondern auch das „Lied vom Hütes", eine in Italien verfasste Ode an den berühmten Kloß, die aus lauter Sehnsucht über einem Teller mit Makkaroni gedichtet worden sein soll.
Der absolute Höhepunkt dürfte aber ein Hütes-Essen im historischen Gasthaus sein, bei dem noch eine besondere Überraschung auf die Besucher wartet: Für einen Aufpreis leistet die aktuelle „Hütes-Holle" beim Diner Gesellschaft. Vielleicht unterhält sie ihre Gäste wieder mit einem hübschen Vers, denn „der Reim muss blei'm".

Tourist-Information . 98617 Meiningen . Telefon: 03693/44650

0628 TH_Sport, Abenteuer & Technik

DIE MÄRCHENHÖHLE DER SANDMÄNNER

Telefon: 03693/89910
www.sandsteinhoehle.de

Sandstein- und Märchenhöhle, Walldorf

Hier, in Walldorf versteckt, würde sie keiner vermuten. Mit 65.000 m² und 2.500 Säulen ist sie eine der größten von Menschen geschaffenen Sandsteinhöhlen Europas.
Ursprünglich trugen hier Tagelöhner, die sogenannten „Sandmänner", den feinkörnigen Sandstein ab, der damals beliebtes Reinigungsmittel zum Scheuern war. Wegen sinkenden Absatzes wurde der Abbau des weißen Sandes nach dem 1. Weltkrieg eingestellt.
Verschiedene Versuche, die Höhlen neu oder anders zu nutzen, z. B. zur Züchtung von Champignons, schlugen fehl. Bis den Einheimischen etwas genial Einfaches, aber auch leicht Schräges einfiel: Machen wir doch einfach einen Märchenwald daraus! In den Höhlen.
So sind jetzt die Märchen der Gebrüder Grimm, die Geschichte der Sandstein-Arbeiter und vieles mehr in dem riesigen Höhlensystem liebevoll nachgestellt. Wirklich märchenhaft.

Sandstein- und Märchenhöhle . 98639 Walldorf

MITTELALTER AUF DER BRÜCKENSTRASSE

Telefon: 0361/6640-0
www.erfurt.de

Krämerbrücke, Erfurt

Von den über 200 Brücken, die in Erfurt die Gera und mehrere kleinere Wasserläufe überspannen, ist die fast 700 Jahre alte Krämerbrücke die beeindruckendste: Sie ist die einzige und längste vollständig mit Häusern bebaute und bewohnte Brücke nördlich der Alpen, mit 79 Metern Länge nicht einmal besonders lang.
Jeder Zentimeter auf der Brücke ist genutzt: In der Mitte geht, läuft und schiebt man je nach Tageszeit. Links und rechts am Brückenrand reiht sich ein Laden an den anderen. In den vielen kleinen Geschäften auf der Brücke kann man sich auf die Suche nach einer echten Blaudruckdecke machen, für die Erfurt seit dem Mittelalter berühmt ist. Einmal im Jahr wird es leider sehr eng auf der Krämerbrücke, wenn im Juni beim größten Altstadtfest Thüringens regelmäßig über 100.000 Besucher durch die historischen Gassen Erfurts strömen.
Einkaufstipp für alle, die keinen Blaudruck mehr erwischen konnten: Die Puffbohne ist aus unerfindlichen Gründen das Wahrzeichen der Erfurter; jedes neugeborene Kind bekommt von der Stadt eine Plüsch-Puffbohne in rosa oder hellblau.

Erfurt Tourismus GmbH . Benediktsplatz 1 . 99084 Erfurt

BADEN IN LICHT UND WARMER LUFT

Telefon: 036870/81380
www.badehaus-masserberg.com

Badehaus, Masserberg

In der hektischen Welt von heute ist beinahe jeder Mensch auf der Suche nach einem Ort der absoluten Ruhe und Entspannung. Mitten im Thüringer Wald am Rennsteig kann man fündig werden. Dort liegt das Badehaus Masserberg eingebettet zwischen immergrünen Tannenwipfeln und vor allem weitab von Industrieanlagen und Verkehrsströmen. Das Augenmerk liegt dabei nicht nur auf der Erholung des gestressten Menschen, sondern auch auf der Reaktivierung des Wohlgefühls im ganzen Körper. Neben verschiedenen Wasserbecken, Saunen und Restaurants gibt es ungewöhnliche Entspannungshilfen wie Schall-Liegen, Duftschränke, Tastobjekte oder Unterwassermusik, die sämtliche Sinne ansprechen und beruhigen sollen.
Der Gebäudekomplex, in dem neben dem Badehaus auch ein Theater und ein Kino anzutreffen sind, ist geprägt von viel Glas, das möglichst viel Sonnenlicht in das Innere strahlen lässt. Künstler, Bühnenbildner und Innenarchitekten haben dafür

gesorgt, dass die Räume nicht mehr nur ihrer Funktion untergeordnet sind, sondern einen eigenen Charakter besitzen. So können die Gäste sich wie in einem Kunstwerk fühlen, in dem alle Komponenten einzig und alleine der Entspannung dienen. Direkt aus den österreichischen Lagerstätten Leopoldskroner Moos bei Salzburg wird die Grundlage für das naturreine Moorbad importiert. Diese Kur ist vor allem förderlich für die Durchblutung und unterstützt die Behandlung bei chronischen Erkrankungen des Bewegungsapparates und der Gelenke. Nachdem man heiße und kalte Bäder und Saunen genossen hat, kann man sich in milden Warmluftbädern verwöhnen lassen. Diese erfrischen den Organismus mit ätherischen Ölen aus Lavendel, Minze und Melisse. Nach einer professionellen Hautpflege warten schließlich auch noch kulinarische Genüsse: Im Ristorante „MasserMonte" zaubern die Köche mediterrane Lebensart auf die Teller und verwöhnen ihre Gäste mit typischen Pasta- und Salatspezialitäten. Das ist wahrhaftiges „Dolce Vita" im Herzen von Deutschland!

badehaus masserberg . Kurhausstraße 8 . 98666 Masserberg

0631 TH_Gärten, Parks & Landschaften

EIN DEUTSCHER BERGPFAD IST'S!

Der Rennsteig, Erfurt

www.rennsteigportal.de
www.wanderservice-rennsteig.de

Der Rennsteig: Höhenweg des Thüringer Waldes

Eigentlich ist der Rennsteig eine Grenze. Er trennt die Gebiete, in denen die ostfränkischen Dialekte gesprochen werden, von der Gegend der thüringischen Mundart. Eindrucksvoll unterstrichen wird dies auch durch 780 historische Grenzsteine, die bis heute überall zu finden sind. Dieser rund 170 Kilometer lange Bergkamm ist aber auch verbindend. Wandert man auf ihm entlang, kommt man von Eisenach nach Blankenstein an der Saale. Zwischen 500 und knapp 1.000 Meter hoch sind die Berge, die man dabei überqueren muss. Die Mühe ist es aber wert, durchwandert man dabei doch eine der schönsten Wald- und Berglandschaften Deutschlands. Im Bereich des Naturschutzgebietes Ebertswiese überwindet die Spitter den Bergkamm als einziges fließendes Gewässer und speist dort den kleinen Spitterfall. Ursprünglich war der Rennsteig ein schneller Botenweg für Reiter und Läufer. Doch heute hat es zum Glück niemand mehr so eilig, durch dieses wunderschöne Gebiet hindurchzuhetzen. Man kann in Ruhe das Zwitschern der Vögel, das Rauschen der Blätter und das Plätschern des Wassers auf sich wirken lassen. Dem weißen „R" an Baumstämmen, Wegweisern und Markierungstafeln folgend, kann man nicht nur seine Liebe zur Natur neu entdecken, sondern auch zu sich selbst finden. Am Wegesrand warten gemütliche Herbergen

und Hotels und bieten des Nachts Erholung von den langen Wanderungen. Romantischer (und preiswerter) ist es natürlich, direkt in der Natur zu übernachten. Nützlich hierbei sind die vielen kleinen Unterstandshütten, meist in einem Abstand von fünf bis zehn Kilometern gelegen. Und selbst im Winter kann der Rennsteig erkundet werden. Ausgerüstet mit Langlaufski oder Schneeschuhen stoßen kältefeste Wanderer auch bis in verwinkelte Ecken vor.
Victor von Scheffel schrieb in „Am Anfang“ die berühmte Zeile: „Ein deutscher Bergpfad ist's! Die Städte flieht er und birgt im Dickicht seinen scheuen Lauf.“ Auf der Suche nach Erholung sollte man es dem Rennsteig gleichtun und der Stadt ab und zu den Rücken kehren, um sich an der Schönheit der Berge zu erfreuen.

Der Rennsteig . 99005 Erfurt

0632 TH_Theater & Schauspiel

GANZ GROSSES THEATER IN ERFURT

Telefon: 0361/22331
www.theater-erfurt.de

DomStufen-Festspiele, Erfurt

Guy Montavon hat sich viel vorgenommen. Der Generalintendant der Oper Erfurt initiierte einen ambitionierten Uraufführungszyklus: Pro Spielzeit eine Uraufführung ist seitdem das Motto. Um allen zu zeigen, wie es geht, führte der Intendant 2005 bei der Weltpremiere von Philip Glass' Oper „Waiting for the Barbarians“ selbst Regie. Sich selbst übertreffen kann Montavon allerdings regelmäßig im Sommer als künstlerischer Leiter der DomStufen-Festspiele. Das Open-Air- Opern Event ist so beliebt, dass die Zuschauer sogar Stehplätze in Kauf nehmen. Zugegeben: Die Erfurter Architektur, der weite große Marktplatz als Zuschauerraum, die dramatischen Lichteffekte auf der riesigen Domtreppe und als Kulisse der Erfurter Dom und die Kirche St. Severi dürften einiges zum Erfolg beitragen. Wenn von den Domzinnen herunter ein Liebeslied als Auftrittsarie gesungen wird und sich die gigantische Sternenhimmel-Domkulisse mit den klaren Tönen der Opernsänger vermischt, überkommt regelmäßig Gänsehaut die Zuschauer der Inszenierung. Einzigartig und wunderbar.
Herr Montavon kann sich aber auch den Rest des Jahres glücklich schätzen, denn das neue Opernhaus, das 2003 mit der Aufführung der Oper „Luther“ eröffnet wurde, hat eine besonders „privilegierte“ Stellung. Der moderne Bau liegt mitten im historischen Kern Erfurts, grenzt an den Mariendom und die barocke Festungsanlage des Petersbergs. Neidisch auf den Theaterneubau könnten dabei andere deutsche Städte sowohl aus neuen als auch aus den alten Bundesländern reagieren: Ein vergleichbar großer Theaterbau wurde in den alten Ländern zuletzt 1995 in Kaiserslautern fertiggestellt, und in den neuen reichen die Bauten bis in die Jahre 1960 (Oper Leipzig) und 1985 (Rekonstruktion der Semperoper) zurück.

DomStufen-Festspiele . Domplatz . 99084 Erfurt

RAUM UND ZEIT GESTOCHEN SCHARF

Telefon: 03641/885488
www.planetarium-jena.de

Zeiss-Planetarium, Jena

Der Weltraum – unendliche Weiten. Für den Menschen ist es kaum zu fassen, dass er nur ein winziges Wesen auf einem winzigen „Staubkorn" in einem unvorstellbar großen Raum sein soll. Ein Blick in den Sternenhimmel verrät, dass es in unserer Milchstraße von Milliarden Planeten wimmelt, die alle in unerreichbarer Ferne liegen. Um die unendlichen Weiten ein wenig näher an uns heranrücken zu lassen, gibt es seit 1926 das Zeiss-Planetarium in Jena. Ausgerüstet mit Laser- und Sternenprojektoren der neuesten Generation können dort kristallscharfe Lichtpunkte erzeugt werden, die das Firmament täuschend echt abbilden. Mit der Ganzkuppelprojektion verfügt Jena sogar über ein System, das in dieser Form einmalig ist. Im Planetarium wird ein künstlicher Sternhimmel an eine Innenkuppel projiziert, deren Größe 23 Meter im Durchmesser beträgt. Auf einer Gesamtprojektionsfläche von 1.000 Quadratmetern können die Besucher die Bewegung der Gestirne ganz genau verfolgen.
In Jena schaut man auch gerne einmal über den Tellerrand unseres eigenen Sternensystems hinaus. Der aktuelle Forschungsstand zum Andromeda-Nebel wird ebenso vorgestellt wie die Entdeckungen historischer Forscher. In einem Bildungsprogramm kann man sich in die Zeit des Astronomen Galileo Galilei versetzen lassen und mit ihm virtuell durch sein Fernrohr schauen. Auch 50 Jahre Raumfahrt von der Entsendung des ersten Satteliten Sputnik über die Mondlandung der Amerikaner bis hin zur Entwicklung des Space Shuttle werden beleuchtet. Natürlich wird außerdem der Geschichte des „Big Bang", also der Entstehung unseres Universums, nachgegangen, um sich schließlich sogar dem großen Rätsel der Existenz des Lebens auf der Erde langsam anzunähern. Spannung ist hier also absolut garantiert!

Zeiss-Planetarium Jena . Am Planetarium 5 . 07743 Jena

BIER UNTER DER STADT

Telefon: 0365/8321300
www.gera-hoehler.de

Höhler, Gera

Bier muss gut gekühlt werden, das ist allseits bekannt. Was aber macht man, wenn der Gerstensaft nur in der kalten Jahreszeit von Herbst bis Frühling gebraut werden kann? Man braucht viele Lagerräume, um nicht zu sagen wahnsinnig viele Lagerräume, wenn man das Bier bis zum Sommer kühl halten will. Und wenn es – wie im

Mittelalter in Gera – um die Stadt herum eine ausgedehnte Bannmeile für Bier gibt, müssen sich diese Lagerräume natürlich auch noch innerhalb der Stadt befinden.
Da in Gera im 15.Jahrhundert mit eher mäßigem Erfolg Silber und Kupfererz gefördert wurde, suchten viele Bergleute eine neue Beschäftigung. Die fanden sie bei der Lösung des Lagerproblems: Unter den Häusern Geras, noch unterhalb der Keller, gruben sie Räume mit einem riesigen Fassungsvermögen, die sie mit einem labyrinthischen Gangsystem von fast 9 Kilometer Länge verbanden. So entstanden die sogenannten „Höhler".
Dort wurde das Lebenselixier der damaligen Zeit eingelagert: Bier. Das wurde damals nämlich nicht nur gerne getrunken, sondern auch zu Mahlzeiten verarbeitet. Morgen- und Abendsuppe enthielten den Gerstensaft ebenso wie viele Mittagsgerichte. Bier war also als Grundnahrungsmittel genauso wichtig wie Brot. Zum gelagerten Bier gesellten sich später auch noch hitzeempfindliche Feld- und Gartenfrüchte sowie in Krisenzeiten die Bürger selbst. Die Höhler waren nämlich nur über die in den Kellern verborgenen Treppen zu erreichen und boten daher einen sehr effektiven Schutz vor Angreifern und Plünderern.
Durch den Rückgang der Brautätigkeit, durch bessere Kühlmöglichkeiten und weil sie eben nicht für jedermann zugänglich waren, gerieten die Höhler immer mehr in Vergessenheit. Viele wurden zugeschüttet oder verwahrlosten ungenutzt. Im Zweiten Weltkrieg wurden einige wenige Höhler noch zu Luftschutzräumen ausgebaut, danach verlor man jegliches Interesse an den ungewöhnlichen Lagerräumen.
Erst 1987 wurde der Höhlerrundgang unter dem Steinweg eröffnet, und die Höhler wurden wieder für die Öffentlichkeit zugänglich. Von den 130 heute noch vorhandenen Höhlern sind etwa 60 begehbar. Wie viele tatsächlich noch tief unter der Stadt liegen, ist noch nicht genau erforscht. Das Höhlermuseum und die Höhler-Biennale, bei der Künstler in den inzwischen restaurierten Gängen und Räumen unter Geras Straßen und Häusern ihre Arbeiten präsentieren, sind mittlerweile Höhepunkte im kulturellen Leben der Stadt.

Verein zur Erhaltung der Geraer Höhler . Rittergasse 4 . 07545 Gera

0635 TH_Sport, Abenteuer & Technik

ERLEBNIS FLUGHAFEN

Telefon: 0361/6562240
www.flughafen-erfurt.de

Flughafen, Erfurt

Wenn man nur die Namen Boeing, Jumbo-Jet oder Airbus hört, wird einem schon ganz schwindelig, die Luft bleibt weg, und man mag nicht einmal daran denken, in eines dieser Ungetüme zu steigen – klarer Fall von Flugangst! Selbst wenn man sich partout nicht vorstellen kann, freiwillig einen Flughafen zu betreten, kann ein Tag am Flughafen Erfurt zu einem positiven Erlebnis werden. Das Gute daran: Man muss nicht gleich abheben und bis nach Australien fliegen. Der beschauliche Flughafen Erfurt lockt mit VIP-Start und Weltreise – Führungen und thematische Menüs im Restaurant, die einen Blick hinter die Kulissen des Flughafenbetriebs erlauben. Mit einem Gläschen Prosecco in der Hand kann man bei einer Fahrt über die

beleuchtete Start- und Landebahn dann ganz in Ruhe überlegen, ob man für die nächste Weltreise wieder das Schiff nehmen möchte ...
Als die ersten Flugzeuge in die Lüfte stiegen, nannte man Flugplätze – baum- und strauchlose Grasflächen – noch Aerodrome, und auf ihnen konnten die Flieger je nach Windrichtung landen und „parken". Heute stehen die Flughäfen wie nie zuvor unter dem Druck, die Flugsicherheit und den reibungslosen Ablauf des Flugverkehrs zu gewährleisten. Als Passagier bekommt man zwar die Kontrollen hautnah zu spüren, aber wenn man vor dem Gepäckband steht, überlegt man schon mal, was und wer genau dahintersteckt. Die Flughafenführung erlaubt, in aller Ruhe die „andere" Seite des Terminals kennenzulernen. Bei einer Fahrt über das Vorfeld kann man den Flugbetrieb mal anders als in den vollen Vorfeldbussen oder im Gang über die Fluggastbrücke erleben. Das Angebot des Flughafens Erfurt richtet sich auch an zukünftige kleine Stewards, Stewardessen, Piloten und Pilotinnen – die Erlebnistour ist perfekt für den etwas anderen Kindergeburtstag. Als Highlight für die Kleinen gilt vor allem der Besuch der Rettungsstelle mit der Vorführung eines Löschfahrzeugs.

Flughafen Erfurt GmbH . Flughafenstraße 4 . 99092 Erfurt

0636 TH_Sport, Abenteuer & Technik

DER MÄRCHENERZÄHLER

Telefon: 0361/2220044
www.rothenbarth.de

Andreas vom Rothenbarth, Erfurt

Es war einmal ein Mann mit einem roten Bart. Der Mann war ein Informatiker, der tagein, tagaus Software entwickelte und EDV-Seminare abhielt. Die vielen Computer konnten den Mann allerdings nicht glücklich machen, und er hatte das Gefühl, dass seinem Leben etwas fehlte. Seine heimliche Leidenschaft waren schon immer Märchen, und er liebte nichts mehr, als diese zu erzählen. Eines Tages beschloss er aus Spaß, seine Märchen in der Öffentlichkeit zu erzählen. Damit ihn seine Informatik-Kollegen nicht sofort erkennen würden, legte er sich eine mittelalterliche Verkleidung mit Talar und Barett zurecht, kreierte sein Pseudonym „Rothenbarth" und zog los in die große weite Welt der Märchen. Die zwischenmenschliche Kommunikation und das Märchenerzählen gefielen dem Mann bald so gut, dass er seinen alten Job schlichtweg hinschmiss. In Erfurt wurde er bald als Märchenonkel bekannt, und da er seine Kunst nicht zu einer „brotlosen" degradieren wollte, konnte man ihn bald für ein paar Euro buchen.
Die gestressten Eltern fanden so einen Weg, sich um das Märchenerzählen zu drücken, Verliebte ließen sich vom Märchenmann die schönsten Liebesgeschichten erzählen, und „Rothenbarth" begleitete sogar ein paar besonders Märchenhungrige auf Reisen quer durch die Umgebung, um seine Märchen adäquat zu präsentieren. Ob am Lagerfeuer, auf Wiesen, in Bibliotheken oder zu Hause vor dem Kamin, der Märchenerzähler konnte überall seiner Lieblingsbeschäftigung nachgehen und so richtig viele Märchen in seinen Bart murmeln. Die Menschen waren ihm dankbar, denn sie konnten sich an eine Zeit zurückerinnern, in der Fernsehen und Bücher

nicht existierten und nur die mündliche Überlieferung von Märchen und Geschichten die Fantasie und Imagination anregte. Als der Märchenmann eines Tages die glücklichen Kinderaugen nach einer seiner Vorführungen sah, da ergriff ihn ein tiefes Gefühl der Zufriedenheit, denn er wusste, dass er die richtige Entscheidung getroffen hatte und dass kein Computerprogramm der Welt ihm so viel Freude bringen könnte wie die Menschen, die aufmerksam seiner ruhigen, sanften Märchenstimme lauschen. Und wenn er nicht von Ihnen gebucht worden ist, dann erzählt er seine Märchen morgen jemand anderem ...

Andreas vom Rothenbarth . Elisabethstraße 7 . 99096 Erfurt

0637 TH_Städte & Touren

DIE MITTE DEUTSCHLANDS

Telefon: 0361/66400
www.erfurt-tourismus.de

Erfurt

Erfurt – Landeshauptstadt, größte Stadt und seit über 1.200 Jahren kulturelles und wirtschaftliches Zentrum Thüringens – ist immer einen Kurztrip wert. Auch wenn man es nicht zu den berühmten Domspielen im Sommer schafft und auch der Weihnachtsmarkt auf dem Domplatz gerade keine Saison hat, lohnt sich ein Tagesausflug in das „Thüringische Rom". Pflichtpunkte auf dem Besichtigungskalender sind die architektonischen Meisterwerke Dom und Severikirche, die den Besucher schon lange vor seiner Ankunft als Silhouette am Horizont begrüßen. Die imposanten Wahrzeichen der Stadt erreicht man vom Domplatz aus über die 70 Stufen der beeindruckend hohen und breiten Freitreppe.
Tipp: Fast schon oben auf der Freitreppe zum Dom angekommen, erblickt man rechts ein kleines Café, das von der Treppe aus zu betreten ist: eine Tasse Schokolade und ein Stück selbst gebackenen Kuchen bestellen, sich an das Tischchen draußen setzen und über den großen Marktplatz auf die Altstadt von Erfurt hinunterschauen.
Kondition ist gefragt bei der ebenfalls unbedingt zu empfehlenden Erklimmung des Turms der Ägidienkirche, von dem man ebenfalls einen tollen Blick über die Altstadt hat. Wieder unten, gelangt man durch ein Tor in der Kirche auf die vollständig bebaute Krämerbrücke, die einzigartig in Europa ist.
Herrlich ist ein Bummel durch den fast vollständig erhaltenen mittelalterlichen Stadtkern, in dem es sich vortrefflich nach Kunsthandwerk und Souvenirs Ausschau halten lässt. In dem über 700 Jahre alten Augustinerkloster mitten im Zentrum wurde Martin Luther zum Priester geweiht.
Wem es zu eng wird in der Mitte Deutschlands, dem sei ein Abstecher in die Erfurter Gartenbauausstellung „egapark" mit dem größten Spielplatz in Thüringen empfohlen. Wer Glück hat, kommt rechtzeitig zum Biermarkt im Spätsommer. Und natürlich sollte man sich das wirkliche Wahrzeichen Erfurts nicht entgehen lassen: die Thüringer Bratwurst. Guten Appetit!

Tipp: Wenn der x-te Kindergeburtstag langweilig zu werden droht, dann schnappen Sie sich die Kids und machen eine Studiotour beim „KI.KA", dem Kinderkanal in Erfurt. Bei rechtzeitiger Anmeldung ist das der Hit für die Kids.

99111 Erfurt

0638 TH_Kunst & Architektur

PUPPEN-AUSSTELLUNG „MON PLAISIR"

Telefon: 03628/602932
www.arnstadt.de

Schloss-Museum, Arnstadt

Das durchlauchte Leben der Gräfin Auguste von Schwarzenburg-Arnstadt (1666–1751) muss anfangs wohl ein wenig langweilig gewesen sein. Doch dann, etwa 50 Jahre lang bis kurz vor ihrem Tode, gab sie sich einem ganz besonderen Vergnügen hin.
Mit über 400 Puppen, 82 Puppenstuben, detailgetreuen Kleidern und Perücken sowie eigens angefertigtem Miniatur-Porzellan schuf sie ein Abbild ihres und des barocken Lebens um sie herum.
Kinderlos und früh verwitwet, wurden Puppen ihre Leidenschaft. Die Nachbildung von Handwerksstuben, Nonnen beim Gebet, Hausfrauen-Klatsch und vielem mehr ist einzigartig auf der Welt und war schon damals mehr als ein Vermögen wert. Für ihre Puppen hatte sich die Gräfin beim Frauenkloster und anderen Gläubigern hoch verschuldet. Sogar ihre Bediensteten konnte sie nicht mehr entlohnen.
Heute ist für Puppen- und Miniaturliebhaber, aber auch für andere Verspielte die gräfliche Sammlung „Mon plaisir" ein Muss.

Schloss-Museum Arnstadt . Schlossplatz 1 . 99310 Arnstadt

0639 TH_Gärten, Parks & Landschaften

DIE ALTERNATIVE FÜR FUSSFAULE

www.thueringen-tourismus.de
www.fahrradreisen.de

Radwandern, Thüringen

Das Fahrrad dürfte wohl das ideale Gefährt sein, um sich im Thüringer Wald zu verlieren. Um nicht wirklich verloren zu gehen, sollte man sich vor ausgiebigen Touren mit dem Drahtesel allerdings eine Radwanderkarte besorgen. Und dann geht es los in die grüne Wildnis. Die Schönheit der Berge, Täler, Wiesen und Wälder wird jeden verzaubern, der durch diese Region fährt. Eine schöne Route führt um Georgenthal herum. Dort startet man am Schloss, radelt in Richtung Rodebachmühle, rollt berg-

ab durch das Gabeltal entlang dem Steinbruch und verschnauft am Ende ganz entspannt im Kurpark. Aber auch schon während der Fahrt kann man immer wieder kleine, versteckte Plätze entdecken, an denen sich ein Verweilen lohnt. Viele Restaurants, Cafés und Hotels laden zum kürzeren oder längeren Aufenthalt ein. Die Mischung aus purer, unverfälschter Natur und dörflicher Gemütlichkeit ist ideal für jeden, der sich und seinem Körper etwas Gutes tun möchte.
Insgesamt 12 Regionen kann man in Thüringen mit dem Rad erkunden. Besonders sehenswert ist die Gegend um den 916,5 Meter hohen Inselsberg herum, der in direkter Nähe des bekannten Höhenwanderweges Rennsteig liegt. Neben einem vielseitigen Freizeitangebot warten dort auch viele Ausflugs- und Besichtigungsprogramme auf den passionierten Radwanderer. Seit Juni 2000 gibt es auch auf dem Rennsteig selbst einen 195 Kilometer langen, sorgfältig geschotterten Radwanderweg, der vom historischen Wanderweg nur dann abweicht, wenn größere Steigungen umgangen werden.
Dies ist also eine echte Alternative für alle, die den Rennsteig nicht zu Fuß begehen wollen. „So schön wie der Thüringer Wald ist wohl kein anderer auf dieser Welt", schrieb der Dichter Martin Andersen Nexö, beflügelt von seinem Aufenthalt im grünen Herzen Deutschlands. Um diese Worte verstehen zu können, muss man einmal selbst auf Entdeckungstour in Thüringen unterwegs gewesen sein.

Lübeck und Travemünde Tourist-Service . Holstentorplatz 1 . 23552 Lübeck

---

0640 TH_Kunst & Architektur

ELDORADO FÜR BÜCHERWÜRMER

Telefon: 03643/545930
www.anna-amalia-bibliothek.de

Herzogin Anna Amalia Bibliothek, Weimar

Die Anna Amalia Bibliothek in Weimar, die im Auftrag der kulturell und musisch sehr engagierten Anna Amalia, Herzogin von Sachsen-Weimar-Eisenach, in einem 1766 umgebauten Wohnschloss zusammengetragen wurde, ist den meisten Nichtbibliothekaren erst seit ihrer Zerstörung durch einen Großbrand im September 2004 bekannt, bei dem ein Teil der Bestände des zum UNESCO-Weltkulturerbe gehörenden Gebäudes vollständig zerstört wurde. Ein großer Teil der beschädigten Bücher wurde sofort nach dem Brand eingefroren und wird nun über die nächsten Jahrzehnte vorsichtig restauriert.
Bibliophile können seit 2005 im neuen Studienzentrum, dem Bücher-Kubus, ihrer Leidenschaft frönen. Mittelalterliche Handschriften, Globen, Landkarten, eine Luther-Bibel aus dem Jahr 1534 und die weltgrößte Faust-Sammlung gehören zu den geretteten Werken, die den Weltruhm der Anna Amalia Bibliothek begründen. Ab Dezember 2007 kann auch der historische Rokokosaal der Bibliothek wieder besichtigt werden, allerdings wird es wegen des Andrangs wohl noch eine Weile schwierig sein, eine der limitierten Eintrittskarten zu erhalten.

Herzogin Anna Amalia Bibliothek . Burgplatz 4 . 99423 Weimar

KUNSTGEWERBESCHULE WEIMAR

www.uni-weimar.de

Bauhaus-Universität Weimar

Für eine so kleine Stadt blickt Weimar doch auf eine bedeutende Geschichte zurück. Hier wandelten nicht nur die großen Geister der deutschen Literatur, hier wurde auch Architekturgeschichte geschrieben. Ein Jahrhundert nach Goethe & Co. rückte Weimar wieder in den Mittelpunkt des Interesses: Im Bauhaus-Manifest von 1918 dachte Walter Gropius laut das bis dahin Undenkbare; man sollte Kunst und Handwerk wieder zusammenführen und nicht länger den Stil vergangener Epochen industriell imitieren. Gropius' Kollege Henry van de Velde entschloss sich, die Kunstschule in Weimar mit der von ihm gegründeten Großherzoglich Sächsischen Kunstgewerbeschule zusammenzulegen. Die heute noch existierenden Bauten werden mittlerweile von der Bauhaus-Universität genutzt. Die Kunstgewerbeschule hatte van de Velde zwar schon vor Bauhaus-Zeiten zwischen 1905 und 1906 geplant, dennoch spiegelt sie gut wider, was sich die Architekten unter der Klassischen Moderne vorstellten: ein von Architekten und Künstlern gemeinsam entworfenes Gesamtkunstwerk. Besonders sehenswert sind auch heute noch drei Wandmalereien, die mittlerweile rekonstruiert wurden. Sie befinden sich im Treppenhaus, das durch seine ganz und gar ungewöhnliche Beleuchtung ebenfalls ein echter Hingucker ist.
Gegenüber liegt die ehemalige Kunstschule, deren Wandpfeiler und Stahlprofile der Fassade der Kunstgewerbeschule sehr ähneln. Im Erdgeschoss befanden sich früher die von einem Hufeisenbogen eingefassten Atelierräume. Das Gebäude wurde daher sehr flach gebaut, um den Künstlern ein günstiges Licht zum Arbeiten zu verschaffen. Auch das Hauptgebäude der Universität ist bemerkenswert, besonders die ellipsenförmige, dynamisch aufschwingende Haupttreppe, die man in der Form sicher noch nirgendwo bewundern konnte. Versäumen Sie auch nicht die Figur „Eva" von Auguste Rodin, die am unteren Treppenabsatz aufgestellt wurde. Außen sind lediglich die Balkongitter und Fenster mit leichten Ornamenten versehen, ansonsten herrschen die Bauhaus-typischen klaren und einfachen Formen vor. Obwohl das Bauhaus seinen Ursprung in Weimar hatte, gibt es hier nur ein einziges Gebäude, das vollständig in diesem Stil errichtet wurde: das Haus am Horn. Bei einer Ausstellung 1923 in Weimar wurde das als Musterhaus gedachte Bauwerk von Georg Muche der Öffentlichkeit präsentiert. Direkt neben Goethes Gartenhaus entstand hier ein Gebäude, das die Menschen damals verschreckte, weil es auf sie karg, schlicht und maschinell wirkte. Wir würden heute dazu einfach nur „modern" sagen. Eigentlich sollte später eine ganze Siedlung dieser Häuser entstehen, doch finanzielle Not zwang die Bauhaus-Künstler zum Umzug nach Dessau. Doch bereits von Weimar aus eroberte der Bauhausstil die Welt, und deshalb stehen das Universitäts-Hauptgebäude, die Kunstgewerbeschule und das Haus am Horn heute auch auf der UNESCO-Welterbeliste.

Bauhaus-Universität Weimar . Geschwister-Scholl-Straße 8 . 99423 Weimar

125 JAHRE GARTENZWERGE

Telefon: 036205/76470
www.zwergen-griebel.de

Gartenzwerge-Museum, Gräfenroda

Der Familienbetrieb von Reinhard Griebel aus Gräfenroda fertigt die populären Gartenzwerge mittlerweile in der vierten Generation in Handarbeit.

Vom klassischen Gartenzwerg bis zur Blondine mit Strapsen, zum FKK-tauglichen Badezwerg oder zu kleinen Weihnachtsmännern – Gartenzwerge gibt es in allen denkbaren und undenkbaren Variationen.

Wer sich die nun schon über 125 Jahre alte Geschichte dieser gesamtdeutschen Gnome ansehen möchte, ist im Museum des ostdeutschen Familienbetriebes Griebel in Gräfenroda, dessen Manufaktur heute nur noch von wenigen Mitarbeitern betrieben wird, an der richtigen Adresse. Hier sind nicht nur die Zwerge, sondern auch Tier- und Märchenfiguren ausgestellt, denn der Gründer, Philipp Griebel, bildete sich ursprünglich zum „Thierkopfmodelleur“ aus.

Wie die Kuckucksuhr erfreuen sich auch Gartenzwerge schon lange internationaler Beliebtheit. Wen wundert's da, dass man die kleinen Lieblinge sogar per Internet kaufen kann.

Gartenzwerge-Museum . Ohrdrufer Straße 1 . 99330 Gräfenroda

VIEL GUTES AUF EINEM FLECK

Telefon: 03643/745-0
www.weimar-tourist.de

Weltkulturerbe Weimar

Wo einst Meister Goethe wandelte, Schiller seine Dramen schrieb und Herder predigte, da kann sich auch der Tourist von heute bestens entspannen. Europas Kulturstadt von 1999 dürfte wohl weltbekannt sein. Dabei hätte bei der Gründung um 899 herum niemand gewusst, wo denn wohl Weimar liegen mag. Im Laufe der Jahrhunderte hatte der Ort nämlich ziemlich viele Namen, die von „Wimares“ über „Wimari“ zu „Wimar“ und letztlich zu „Weimar“ wechselten, dem althochdeutschen Wort für See oder Moor. Auch heute gilt die Stadt immer noch als grüne Oase mitten in Thüringen. Doch bis aus Weimar die blühende Residenzstadt wurde, in der

die Intellektuellen an jeder Ecke zu finden waren, mussten erst einmal Großbrände und politische Scharmützel überstanden werden.
Im goldenen Zeitalter der Weimarer Klassik wurde die beschauliche Stadt schließlich zum Mittelpunkt europäischer Kultur und Wissenschaft, weil ein gewisser Herr Goethe dem Ruf des Herzogs Carl August folgte und sich hier niederließ. Der Geist des Geheimrates und seines Freundes Schiller weht bis heute durch die pittoresken Gassen der Stadt. Das Goethe-Institut im Haus seiner ewigen Brieffreundin Frau von Stein und das Schiller-Wohnhaus mit Museum stehen stellvertretend für die vielen sehenswerten Orte. Renaissancebauten, die Jakobskirche, die weltberühmte Anna-Amalia-Bibliothek, das Stadtschloss oder Goethes Wohnhaus sind nur einige wenige auf einer schier endlosen Liste von Sehenswürdigkeiten, die man in Weimar besuchen sollte.

Das Goethe-Schiller-Denkmal vor dem Deutschen Nationaltheater in Weimar

Wer an dieser Kultstätte der deutschen Hochliteratur ins Theater gehen möchte, dem sei das Deutsche Nationaltheater ans Herz gelegt. Übrigens grüßen auch vor diesem die Herren Goethe und Schiller vom Sockel ihres Denkmals herab, damit man nicht vergisst, auf welchem Boden man gerade wandelt.
Auch die UNESCO muss das erkannt haben, als sie Weimar 1998 als 20. Stätte in Deutschland zum Weltkulturerbe erklärte. Begründet wurde die Entscheidung mit der großen kunsthistorischen Bedeutung öffentlicher und privater Gebäude und Parklandschaften aus der Blütezeit des klassischen Weimar. Dem hätte sicher auch Goethe schon zu seiner Zeit beigepflichtet, fragte er doch einst: „Wo finden Sie auf einem so engen Fleck noch so viel Gutes?" Dieser Frage sollte jeder einmal selbst nachgehen und dazu am besten Weimar einen Besuch abstatten.

Tourist-Information Weimar . Markt 10 . 99423 Weimar

0644 TH_Gärten, Parks & Landschaften

MIT DEM FAHRRAD UNTER DIE ERDE

Telefon: 03632/655280
www.erlebnisbergwerk.com

Erlebnisbergwerk, Sondershausen

Es ist heiß, die Luft staubtrocken. Abfahrten bis zu 20 % Gefälle fordern höchste Konzentration, fordern Mensch und Material. Und das alles 700 Meter unter der Erde. Deutschlands abgefahrenster Singletrail liegt in einem stillgelegten Salzbergwerk, in einem Stollen des thüringischen Bergwerks Sondershausen. Früher wur-

den hier Kalisalze für Düngemittel abgebaut. Heute schlängelt sich ein abenteuerlicher, nur für Könner zu fahrender Bikertrail mehr als 5 Kilometer durch die Tiefen des Salzgesteins.
Gestartet wird in 700 m Tiefe, und dann geht es für Profis über eine Strecke mit 120 m Höhenunterschied. Es geht aber auch bis zu aberwitzige 1.050 m tief hinab: Die Rekord-Rad-Abfahrt zur tiefsten befahrbaren Stelle des Bergwerkes brachte einen Eintrag in das Guinness-Buch der Rekorde.
Für alle die, die sich die Teilnahme an einem Profirennen nicht zutrauen, aber trotzdem einmal in der Atmosphäre des Bergwerkes Fahrrad fahren möchten, bietet das Erlebnisbergwerk begleitete Radtouren unter Tage an. Dazu können Sie sich unter Tage ein Fahrrad mit Helm ausleihen und unter Führung eines Mitarbeiters des Erlebnisbergwerkes, der Sie mit einem Fahrzeug begleitet, eine Tour unternehmen.

Erlebnisbergwerk-Betreibergesellschaft mbH . Schachtstraße 20–22 . 99706 Sondershausen

---

0645 TH_Sport, Abenteuer & Technik

EIN JAHRHUNDERT FAHRZEUGBAU

Telefon: 03691/77212
www.wartburg-reisen.com

Automobilbaumuseum, Eisenach

Im Gegensatz zu seinem kleinwüchsigen und laut schnatternden Kollegen, dem Trabant, ist es um den Wartburg nach dem Untergang des Zweitaktreichs DDR eher still geworden. Dabei war der Wartburg seit 1956 ein zuverlässiges und für sozialistische Verhältnisse nahezu luxuriöses Fahrzeug – den hatte nicht jeder, und er wurde zunächst sogar unter dem Namen „Wartburg Knight“ in die Niederlande und nach Großbritannien exportiert. Es gab ihn als Standard- und Luxuslimousine, als Cabriolet, als Campinglimousine mit Faltdach, als Kombi, als Sport-Roadster und natürlich als Volkspolizeiwagen ...
Mit einer Träne im Knopfloch besichtigen ehemalige Wartburgfahrer das Automobilbaumuseum in Eisenach. Die historischen Ausstellungsstücke zeigen nicht nur höchst seltene Oldtimer, sondern auch Prototypen und Visionen der Wartburg-Ingenieure, die mangels Erlaubnis der DDR-Führung nie gebaut werden konnten. Am 10. April 1991 verließ der letzte Wartburg, inzwischen mit Viertaktmotor ausgestattet, die Werkhallen des drittältesten deutschen Automobilwerks.
Das Museum, 1992 von engagierten ehemaligen Mitarbeitern und Bürgern gegründet, um den Ausverkauf der Werke zu verhindern, zeigt aber auch die sonstige Geschichte des Automobilbaus in Eisenach, die schon 1896 mit der Fahrzeugfabrik Eisenach begann. Diese stellte zunächst noch Kriegsgerät und Fahrräder her und gehört heute als Opel Eisenach AG mit der Produktion von Opel Astra und Corsa wieder zu den modernsten Automobilwerken.
Vielleicht will die Frau doch lieber zu Hause bleiben. Ihr könnte es bei so viel Fachsimpelei über Autos langweilig werden.

Automobilbaumuseum in Eisenach . Rennbahn 6 . 99817 Eisenach

KZ-GEDENKSTÄTTE BUCHENWALD

Tel. 03643/4300
www.buchenwald.de

Buchenwald bei Weimar

Das Eingangstor zum KZ Buchenwald bei Weimar: heute Gedenkstätte an die Zeit des Nationalsozialismus

Das dunkelste Kapitel deutscher Geschichte kann niemals in Vergessenheit geraten. Deshalb gibt es Gedenkstätten wie Buchenwald auf dem Ettersberg bei Weimar. Zwischen Juli 1937 und April 1945 waren hier rund 250.000 Menschen inhaftiert, mussten jeden Tag um ihr Leben fürchten. Die Zahl der Todesopfer wird auf 56.000 geschätzt, darunter sollen 11.000 Juden gewesen sein. Die Opfer der nationalsozialistischen Gewaltherrschaft wurden dazu gezwungen, unter qualvollen Bedingungen in Steinbrüchen oder für Rüstungsunternehmen zu arbeiten. Medizinische Versuche, Folterungen und systematische Ermordungen prägten den Alltag im Lager. Über dem schmiedeeisernen Eingangstor steht bis heute die Inschrift „Jedem das Seine“, die vom Appellplatz aus zu lesen war.

Beim Rundgang durch die Gedenkstätte erhalten die Besucher einen Einblick in den Arrestzellenbau, in dem Häftlinge ihre letzten Stunden verbrachten, bevor sie ermordet wurden. Besonders intensiv und bedrückend ist das Begehen des Krematoriums. In der dortigen pathologischen Abteilung wurden den Häftlingen die Goldzähne herausgebrochen. Im Verbrennungsraum, der noch vollständig erhalten ist, wurden die Leichen eingeäschert. Außerdem folterten und töteten die SS-Männer hier an Wandhaken Tausende von Menschen.

Während die Häftlinge unter unvorstellbaren Qualen litten, ließen die Angehörigen der SS es sich gutgehen. Auch heute noch kann man auf den Außenanlagen die Reste eines Zoos mit Bärengehege, die Fundamente eines Villenviertels und eines Pferdestalls erkennen.

Die Abscheulichkeit der NS-Ideologie und ihrer Taten lässt sich kaum in Worte fassen: Deshalb ist ein Besuch in der Gedenkstätte Buchenwald umso wichtiger, weil man hier erschüttert Zeuge davon wird, welches Leid Menschen anderen Menschen zufügen können. Und das Wichtigste ist: Man wird so etwas nie mehr zulassen in Deutschland.

Gedenkstätte Buchenwald . 99427 Weimar-Buchenwald

THÜRINGER KLOSS-KULTUR

Telefon: 03643/900015
www.klossmuseum.de

Kloßmuseum, Heichelheim

Heichelheims Kloßmuseum, das 1999 in den Hallen der einstigen Kloßmanufaktur eröffnet wurde, gehört zu den Top Ten der deutschen Food-Museen.
Hier dreht sich alles um die Geschichte der Kartoffel und des Kloßes. Und dies nicht nur aus Deutschland – auch Gemälde zur „Deutsch-Französischen Kartoffelfreundschaft", zur „Heimat der Kartoffel im Hochland der Anden" oder auch Karikaturen rund um Kloß und Kartoffel sind hier zu sehen.
Geräte wie Pflüge, Kartoffelroder oder auch ein original Dreyer „Federkraft"-Kartoffelsortierer, den man selbst ausprobieren kann, fehlen natürlich nicht.
Wo könnte dieses Museum auch besser beheimatet sein als dort, wo Kartoffelklöße das Nationalgericht sind – in Thüringen. Hier soll es knapp 19.000 Rezepte für Klöße geben, die am besten so groß wie ein Kindskopf sind.
Und genau solche kann man im „Einhorn" im nahe liegenden Mechelroda bekommen. Warum also nicht Kloß-Kultur mit einem leckeren Kloß-Essen verbinden?

Kloßmuseum . Im Dorf 1 . 99439 Heichelheim

EIN BLINDES HUHN FINDET AUCH MAL EIN KORN

Telefon: 03631/994970
www.traditionsbrennerei.de

Nordbrand-Traditionsbrennerei, Nordhaus

Hier in Nordhaus muss man nicht lange nach einem Korn suchen, hier findet man es ganz bestimmt. In Nordhaus wird das Korn allerdings in der verschärften Variante gereicht. Gebrannt zum süffigen „Echten Nordhäuser" Korn. Also wahrhaftig nichts für wackelige Hühnerbeine. In der letzten noch in Betrieb gebliebenen Brennerei des Ortes leben die Traditionen fort. Im 100 Jahre alten, modern restaurierten Gebäude darf sich Appetit auf mehr geholt werden. Die vielen gelüfteten Geheimnisse rund um die Technologie des Kornbrennens, der Fasskeller oder die Museumsräume der Brennerei lassen natürlich die trockenen Besucherkehlen lechzen. Und es darf tatsächlich probiert werden. Auch die feinste Variante. Alter Korn, drei Jahre in Eichenfässern gereift, oder ein leckeres Likörchen. Hier hat der vielverwendete Trinkspruch noch Gültigkeit: „Die allerbeste Medizin ist allzeit Nordhisser Branntewyn."

Nordhäuser Traditionsbrennerei der Nordbrand Nordhausen GmbH . Grimmelallee 11. 99734 Nordhausen

EIN GEOLOGISCHES NATURDENKMAL

www.eisenach.de/drachenschlucht

Drachenschlucht bei Eisenach

Drachen kann man in der gleichnamigen Schlucht bei Eisenach zwar nicht antreffen, dafür aber ziemlich viele Feuersalamander. Das gelb-schwarz gezeichnete Reptil steht unter Naturschutz und ist nur noch in wenigen deutschen Hügel- und Berglandschaften zu finden. Doch nicht nur das seltene Tier weiß die Vorteile der verwinkelten Schlucht zu schätzen, auch bedrohte Pflanzen wie die Türkenbundlilie oder eine Vielzahl von Moosen und Farnen haben sich hier angesiedelt. Eine wahre Rarität ist außerdem das zarte Gelbe Veilchen, das nur an besonders geschützten und feuchten Stellen gedeihen kann.
Entstanden ist die Schlucht durch die seit Zehntausenden von Jahren von fließendem Wasser mitgerissenen Geröllmassen und durch Frost, der die Felsen zersprengte. Im Winter zieren Eiskaskaden und meterlange Zapfen die steilen Felswände. Der dramatischste Teil der Drachenschlucht ist eine 180 Meter lange Klamm, bei der die steilen Felswände sich fast berühren: Nur 70 cm breit ist hier der Wandersteg. Bereits seit 1832 ist das Gebiet als Teil des Annatals für Wanderer zugänglich und erfreut sich großen Zulaufs. Doch bei einer Größe von 600 Hektar begegnet man auf seinen Streifzügen trotzdem nur sehr selten anderen Naturfreunden.
Das komplett zusammenhängende Waldgebiet besteht überwiegend aus den heimischen Baumarten wie Buche oder Eiche, ist also ein Paradebeispiel für den vielbesungenen deutschen Wald. Wegen dieser Besonderheit wurde die Drachenschlucht 1977 zum geologischen Naturdenkmal erklärt und ist Teil des Naturschutzgebietes „Wartburg – Hohe Sonne“. Wer also frische Bergluft in grüner Umgebung genießen möchte, der sollte sich dieses Fleckchen Thüringen einmal genauer anschauen.

Drachenschlucht . 99817 Eisenach

EINFACH ANRUFEN

Telefon: 0361/4210413
www.quermania.de

Kindergeburtstag mit der Bahn

Je älter wir werden, desto negativere Assoziationen ruft die „Bahn“ in uns wach: Verspätung, Streiks und Ticketautomaten, die nicht funktionieren, tragen so einiges dazu bei. Zugegeben, manchmal kann eine Bahnreise auch entspannt ablaufen, und wir schauen aus dem Fenster auf die vorbeiziehende Natur, lassen unseren Gedanken freien Lauf und empfinden diese Art der Fortbewegung doch als recht angenehm. Keine Gepäckkontrolle, kein Stau, und wir können die Zeit nutzen,

unseren Laptop herausholen und schon mal das bevorstehende Meeting vorbereiten. Aber eins ist sicher: Der Traum, Lokführer zu werden, ist weit in die Ferne gerückt.
Startet man eine kleine Umfrage im Kindergarten, so sieht es da ganz anders aus: Alles, was mit Lokomotiven zu tun hat, fasziniert und regt die Zukunftspläne der Sprösslinge an. Und wenn sie einmal einem kleinen Jungen eine Freude zu seinem Geburtstag machen wollen, dann wäre eine Modelleisenbahnbahn genau das Richtige. Aber die Bahn hat noch eine bessere Geschenkidee: Auf dem Bahnhof in Eisenach können Kinder eine Lok von innen besichtigen. Die dreistündige Führung eignet sich perfekt für einen Kindergeburtstag, und die Kleinen kommen ihrem Traum vom Lokführer näher, während sie ein elektronisches Stellwerk betätigen, Fahrkarten ausdrucken und nach Herzenslust „Passagier trifft bösen Schaffner" spielen.
Wie? Noch nie von dieser originellen Kindergeburtstags-Idee gehört? Tja, das kann nur daran liegen, dass die Bahn selbst keine PR für dieses Angebot macht – weil es aber trotzdem aufregender ist als der medialisierte McDonald's-Geburtstag, kann man sich auf die Spurensuche im Internet begeben. Dort schlägt der Kindergeburtstag-Experte „quermania" unter www.quermania.de/aktuelles-kindergeburtstag.shtml gestressten Eltern neben zahlreichen anderen Ideen die Lokführung mit der Bahn vor, um die Kinder an ihrem ganz besonderen Tag bei Laune zu halten. Neben Eisenach bietet die Bahn auch in Berlin, Potsdam, Stuttgart, Frankfurt, Dortmund, Düsseldorf, Köln, Hamburg, Kiel, Chemnitz und Augsburg diesen Service an. „Quermania" rät dazu, einfach die entsprechenden Bahnhöfe anzurufen. Ein Geheimtipp für eine gelungene, stressfreie Birthday-Party!

Quermania . Friedrich-Ebert-Straße 2 . 99096 Erfurt

0651 TH_Kunst & Architektur

EIN MUSS FÜR BACH-FANS

Telefon: 03691/7934-0
www.bachhaus.de

Bachhaus, Eisenach

Dem größten Sohn der Stadt Eisenach widmete die Neue Bachgesellschaft bereits 1906 ein Museum. Auf der Suche nach einem geeigneten Ort kam man auf das Geburtshaus des Komponisten. Doch ob Johann Sebastian Bach hier tatsächlich das Licht der Welt erblickte, ist nach wie vor nicht eindeutig geklärt. Umso eindeutiger ist dafür, dass jeder Bach-Fan in dem Haus am Eisenacher Frauenplan voll auf seine Kosten kommen dürfte. Die Besucher erfahren nicht nur alles Wissenswerte zu Werk und Leben des Barockkünstlers, sie können auch im Instrumentensaal seiner unsterblichen Musik lauschen. Museumspädagogen musizieren hier live auf Original-Tasteninstrumenten des 18. Jahrhunderts. Davon gibt es eine unglaublich breitgefächerte Instrumentensammlung, zu der Raritäten wie ein Cembalo von 1715, eine Tenorblockflöte von 1550 oder gar eine Schweizer Hausorgel von 1750 zählen. Bach selbst würde sich wohl am ehesten für das Clavichord interessieren, da er dessen leisen und modulierfähigen Klang besonders mochte.

In der Dauerausstellung kann sich der Besucher mit dem typischen Hausrat aus dieser Zeit wie Küchengeräten, Tafelgeschirr, Mobiliar, Blaudrucken und Keramik vertraut machen und sehenswerte Archivalien sowie kostbare Bücher anschauen. Zu den Höhepunkten zählt der Bach-Pokal, ein böhmisch-sächsisches Prunkglas, das sich im Besitz des Komponisten befand. Spektakulär ist die umfangreiche Sammlung von Kupferstichen und Gemälden Bachs und seiner Familie, die deutschlandweit einzigartig ist. Wer im Archiv stöbert, findet dort Kostbarkeiten wie Handschriften von Bach selbst oder das handschriftliche Manuskript der ersten Bach-Biographie von Philipp Spitta aus dem Jahre 1873.
Nach dem Besuch kann man noch in aller Ruhe den Museumsshop auf der Suche nach Noten oder CDs durchstöbern oder im Sommer durch den kleinen, aber schönen Barockgarten spazieren.

Bachhaus Eisenach . Frauenplan 21 . 99817 Eisenach

0652 TH_Kunst & Architektur

DER VOGELFREIE LUTHER

Telefon: 03691/2500
www.wartburg-eisenach.de

Weltkulturerbe Wartburg

Die Wartburg in Eisenach: Hier verbrachte der geächtete Martin Luther seine Schutzhaft und übersetzte das Neue Testament ins Deutsche.

Martin Luther hatte nicht viele Freunde, nachdem er seine 95 Thesen veröffentlicht und die Ablasspraxis der katholischen Kirche angeprangert hatte. Doch trotz der Ächtung des widerspenstigen Theologen durch Papst und Kaiser ließ Kurfürst Friedrich der Weise den vogelfreien Luther im Mai 1521 auf die Wartburg in Eisenach bringen. Dort wurde er in Schutzhaft genommen, um ihn vor den Gefahren der Reichsacht zu bewahren. Inkognito verbrachte er zehn Monate unter dem Namen „Junker Jörg" seine Tage in der Vogtei der Wartburg. Und weil Luther diese Zeit sinnvoll nutzen wollte, folgte er dem Rat seines Kollegen Philipp Melanchthon und übersetzte in nur elf Wochen das Neue Testament in die deutsche Sprache. Als Vorlage diente ihm eine Ausgabe der griechischen Bibel des Humanisten Erasmus von Rotterdam. Keiner konnte ahnen, dass diese Übersetzung nur kurze Zeit später die Reformation auslösen würde, die das Christentum in Deutschland für immer veränderte.
Dabei spielte die Wartburg in der deutschen Geschichte schon vor und auch nach Luther immer wieder eine besondere Rolle. Im 13. Jahrhundert lebte hier die später heiliggesprochene Elisabeth von Thüringen, Goethe besuchte das ehrwürdige

Gemäuer mehrere Male und schließlich wurden hier im 19. Jahrhundert die beiden Wartburgfeste der deutschen Studenten gefeiert.
Mit der Wartburg betritt man also ein steingewordenes Stück deutscher Geschichte. Beim Schlendern durch das Landgrafenhaus, den Sängersaal, die Kapelle und das Ritterhaus stellt man fest, wie eindrucksvoll Gebäude aus verschiedenen Jahrhunderten sich zu einer Burg zusammenfügen. In der Vogtei, die im vorderen Bereich liegt, befindet sich schließlich die Lutherstube. Beinahe ist es so, als sei noch zu erahnen, welche Mengen von Papieren auf dem Tisch lagen, als der große Reformator hier arbeitete. Ob die Bayern es nun hören wollen oder nicht: Selbst der Märchenkönig Ludwig II. ließ sich beim Bau von Schloss Neuschwanstein von der Wartburg inspirieren. Wer im Sonnenschein die Silhouette betrachtet, erkennt die Ähnlichkeit mehr als deutlich. In Anbetracht solcher Verdienste ist es nicht weiter verwunderlich, dass die Wartburg seit 1999 auch zum Weltkulturerbe der UNESCO gehört.

Wartburg-Stiftung . Auf der Wartburg . 99817 Eisenach

0653 TH_Gärten, Parks & Landschaften

UNTEN IM URWALD UND OBEN IN DEN WIPFELN

Telefon: 03603/39070
www.nationalpark-hainich.de

Nationalpark Hainich, Thüringen

Wer schon immer mal in einen Urwald wollte, sollte nicht so weit reisen, vor allem nicht auf einen anderen Kontinent. Das Gute liegt so nah: einfach nach Thüringen fahren und den Nationalpark Hainich besuchen. Auf einer Fläche von 16.000 Hektar liegt hier der größte Laubwald Deutschlands und wird wilder und urwüchsiger, weil er nicht vom Menschen genutzt wird. Der Wald kann sich also so entwikkeln, wie es seiner Natur entspricht. Prompt sind sie alle da: 14 Fledermausarten haben sich hier angesiedelt und – was wirklich äußerst selten ist – auch zahlreiche Wildkatzen, woanders stark vom Aussterben bedroht. Alle Arten von Schlangen und Nattern sind im Nationalpark ebenso unterwegs wie Kreuzkröten und Feuersalamander. Sieben in Thüringen beheimatete Storcharten stapfen durch das Laub, eine unüberschaubare Vielfalt von Großschmetterlingen flattert von Blume zu Blume. Unter den Pilzen gibt es 200, die auf der Roten Liste der gefährdeten Arten stehen. Seltene Moose und

Blick auf den Buchenwald im Nationalpark Hainich

Flechten entwickeln sich wieder, genauso wie zahlreiche fast schon vergessene Waldkräuter.
Das alles kann man sich als Gast des Urwaldes anschauen, aber nur auf eigens angelegten Wanderwegen. Im Nationalpark befinden sich genug Infostellen und Beobachtungsstationen, da muss niemand forsch forschend durchs Unterholz brechen.
Wer mehr Action im Wald sucht, kann den benachbarten Baumkronenpfad an der Thiemsburg für sich entdecken. Auf 300 Metern Länge lernt man die Bewohner der Baumkronen kennen, wenn man sich in Höhe der Baumwipfel auf dem gesicherten Holzsteg durch die Äste bewegt. Von einem 44 Meter hohen Baumhaus hat man schließlich eine wundervolle Aussicht über den Hainich. Bei so viel Urwald kommen Entdecker und Abenteurer auch mitten in Deutschland auf ihre Kosten.

Nationalpark Hainich . Bei der Marktkirche 9 . 99947 Bad Langensalza

0654 TH_Sport, Abenteuer & Technik

DAS KLINGT SCHÖN

Telefon: 037467/22407
www.klingenthal.de

Musikinstrumentebau, Klingenthal

Eine einzigartige Tradition hat der Bau von Musikinstrumenten in Thüringen. Besonders in und um Klingenthal herum konzentriert sich der Harmonika- oder Akkordeonbau. Und weil so ein Instrument auch zum Spielen anregt, finden sich in Klingenthal auch einige Virtuosen auf dem Instrument.
Was lag da näher, als einen jährlichen internationalen Akkordeon-Wettbewerb zu veranstalten. So treffen sich stets im Mai in Klingenthal die besten Akkordeonspieler, die Besucher der Konzerte sind begeistert und die Fachwelt staunt.
Was alles zum Bau eines Akkordeons nötig ist, kann man in Klingenthal das ganze Jahr bestaunen.

Schaumanufaktur Akkordeonbau Klingenthal . Falkensteiner Straße 31 . 08248 Klingenthal

0655 TH_Sport, Abenteuer & Technik

DAS GIPS DOCH NICHT!

Telefon: 03623/304953
www.friedrichroda.de

Marienglashöhle, Friedrichroda

Die Marienglashöhle ist eigentlich gar keine Höhle, sondern eher ein Loch. Bergleute aus Gotha gruben hier nach Kupferschiefer. Weil sie aus Gotha waren (wir erinnern uns: die Schildbürger), fanden sie keinen, dafür aber eine Menge Gips. Im Zuge des Gipsabbaus wurde 1778 auch die einzige echte Höhle des Systems entdeckt, in die der Gips hineinkristallisiert war, wodurch sich schöne lange Selenitkristalle gebildet hatten. Diese durchsichtigen, wasserklaren Kristalle lassen sich in

dünne Blättchen spalten und sehen dann aus wie echtes Glas; im Gegensatz zum damals hergestellten Glas waren sie auch blasenfrei und gleichmäßig dick. Man nutzte sie daher gern als Glasscheibenersatz in Reliquienbehältern und vor Marienbildern, woraus der Name Marienglas herrührt. Heute ist der Abbau vorbei, dafür kann man vor der Höhle einem Glasbläser beim Blasen zusehen oder bunte Steinchen kaufen.
Im Zugangsstollen der Marienglashöhle erfahren Besucher Interessantes über die Entstehung des Thüringer Waldes, Schaukästen vermitteln einen Eindruck von den Härten des Bergbaus im 18. Jahrhundert. In der unteren Sohle befindet sich ein Höhlensee, über den ein schmaler Steg führt – Achtung, das Wasser ist kalt!

Marienglashöhle Friedrichroda . 99894 Friedrichroda bei Gotha . Bundesstraße 88

0656 TH_Sport, Abenteuer & Technik

DIE MODERNSTE SKISPRUNGSCHANZE DER WELT

Telefon: 03744/188860
www.vogtlandtourist.de

Vogtland Arena, Klingenthal

Drei Jahre lang hatte man an der neuen Großschanze in der Vogtland Arena gebaut. Im Winter 2006-07 konnte sie dann endlich der Skisprung-Elite und den begeisterten Besuchern vorgestellt werden.
Das Besondere ist nicht nur die modernsten technischen Systeme, die diese Sprungschanze für Sportler und Besucher gleichermaßen komfortabel und sicher macht, sondern dass sie als Deutsch-Tschechisches Wintersportzentrum konzipiert ist. Besser kann das Zusammenwachsen Europas kaum gestaltet werden.
Die Schanze ist als ganzjährige Trainings- und Wettkampfschanze entwickelt und gebaut worden. Mit ihrer traumhaften Lage inmitten der vogtländischen Wälder ist sie ein lohnendes Ausflugsziel über das ganze Jahr.

Tourismusverband Vogtland e.V. . Friedrich-Ebert-Str. 21a . 08209 Auerbach

SPEISEN MIT ELBBLICK IM LANDTAG

Telefon: 0351/4960399
www.chiaveri.de

Restaurant Chiaveri, Dresden

Im Restaurant für jedermann im Sächsischen Landtag gibt es das Moritzburger Schweineschnitzel nach „Braumeister Art", ganz so, wie es August der Starke liebte. Ein Schnitzel mit Käse und gekochtem Schinken gefüllt, angerichtet an glasierten Karotten in Ahornsirup, vollendet mit Kerbelkartoffeln. In dem idyllisch gleich an der Elbe gelegenen Restaurant, das nach dem Erbauer der katholischen Hofkirche benannt wurde, hat man sich auf sächsische Spezialitäten verlegt: so auf die Pillnitzer Rinderroulade mit Waldpilz-Semmelknödeln oder den Radeberger Kalbskeulenbraten, in Milch geschmort, mit gekochten Kohlrabistücken angereichert. Auch die zum Nachtisch angebotenen Sächsischen Quarkkäulchen mit Apfelmus und Zucker sind mit das Feinste, was Sachsens Küche zu bieten hat.

Restaurant Chiaveri . Im Sächsischen Landtag . Bernhard-von-Lindenau-Platz 1 . 01067 Dresden

BITTE SOFORT ANMELDEN

www.skd-dresden.de/de/museen/gruenes_gewoelbe.html

Grünes Gewölbe, Dresden

Schade – um das „Historische Grüne Gewölbe", diese Schatzkammer im Dresdener Schloss, zu besichtigen, muss man sich bis zu acht Monate im Voraus entscheiden und Tickets bestellen. Sonst geht gar nichts. Die Türsteher vor dem Historischen Grünen Gewölbe sind gnadenlos und machen keine Ausnahmen. Da kann man vom anderen Ende der Welt angereist sein – Besucher dürfen die klimageschützten Räume nur in ganz bestimmten Zeitabschnitten betreten, werden somit nur portioniert in kleinen Gruppen eingelassen. So ist es nun einmal. Mit ein wenig Glück kann der Spontanbesucher eines der wenigen am frühen Morgen verkauften Einzeltickets erhaschen. Sonst bleibt ihm dieses barocke Gesamtkunstwerk verschlossen, das erst im Herbst 2006 wieder der Öffentlichkeit zugänglich gemacht wurde. Ausweichen könnte er allerdings eine Etage höher in das Neue Grüne Gewölbe, das ebenfalls zu einem Rausch in Juwelen, Elfenbeinschnitzereien, Bronzearbeiten, Edelstein-, Bernstein- und Goldschmiedewerken einlädt.

Grünes Gewölbe . Residenzschloss . Taschenberg 2 . 01067 Dresden . Telefon: 0351/49142000

EINE OASE FÜR BESUCHER DRESDENS

www.besuchen-sie-dresden.de/

Der Zwinger, Dresden

Ab und an müssen auch Touristen verweilen. Wo könnten sie dies besser als im Innenhof des Dresdner Zwingers? Dort auf einer Bank neben dem Springbrunnen die Flanierenden beobachten, knutschenden Pärchen am Wasserbeckenrand zusehen, um 12 Uhr mittags den 40 Porzellanglocken aus Meissener Porzellan an der Uhr des Glockenspielpavillons lauschen. Dabei fällt es leicht, sich die Zeit um 1709 zu vergegenwärtigen, als dieses barocke Bauwerk zunächst als eine Art Amphitheater von August dem Starken geplant wurde. Hier sollten Turniere und höfische Spiele den sächsischen Adel erfreuen. Ein Jahrhundert später war in den Festungsanlagen am Zwingerwall die erste deutsche Gemeinde-Gasanstalt untergebracht, die immerhin 36 Gaslaternen der Umgebung mit Licht versorgte. Im Zweiten Weltkrieg dann wurde der Zwingerkomplex schwer zerstört. Bereits Anfang der 60er Jahre war sein Wiederaufbau beendet. Doch 2002 kam eine neue, unerwartete Bedrohung: Die Fluten der über die Ufer getretenen Weißeritz erreichten den Innenhof des Zwingers und hinterließen beträchtliche Schäden. Aber auch die sind wieder behoben. Heute lockt die Gemäldegalerie des Zwingers jährlich um die 400.000 Besucher an.

Das Kronentor des Zwingers in Dresden mit Merkmalen des italienischen Hochbarocks und antiken Elementen

Dresdner Zwinger . Theaterplatz . 01067 Dresden

NEU ENTSTANDENE PRACHT

Telefon: 0351/65606100
www.frauenkirche-dresden.de

Frauenkirche, Dresden

Nun ist es endlich wieder restauriert – auferstanden aus Ruinen. Dieses im Zweiten Weltkrieg während der Luftangriffe auf Dresden völlig zerstörte, komplett ausgebrannte Gotteshaus. Einst als „Trotzkopf" bekannt, als „protestantischer Petersdom" oder „Feste Burg". Lange Besucherschlangen winden sich inzwischen vor dem Eingang der evangelisch-lutherischen Kirche. Sie harren aus, um einen Blick in den Kirchenraum des neben dem Straßburger Münster größten Sandsteinbaus der Welt zu erhaschen. Seit dem feierlichen Weihegottesdienst am 30. Oktober 2005, mit dem der Wiederaufbau zelebriert wurde, haben mehr als zwei Millionen Besucher die neu erstandene barocke Pracht bewundert. Viele von ihnen dürften zu den unzähligen Spendern gehören, die die Wiederaufbaukosten in Höhe von 245 Millionen Euro zusammentrugen. Um die Kirche zu rekonstruieren, wurde der Trümmerhaufen mit den alten Steinen abgetragen; die noch brauchbaren Reste wurden nummeriert und archiviert, ein Computerprogramm ermittelte ihren ursprünglichen Platz in der einstigen Kirche. Nur die Kuppel besteht aus statischen Gründen ausschließlich aus neuen Steinen.

Die Frauenkirche mit dem vergoldeten Turmkreuz erstrahlt seit dem Wiederaufbau in neuem Glanz

Stiftung Frauenkirche Dresden . Coselpalais . An der Frauenkirche 12 . 01067 Dresden

0661 SN_Kunst & Architektur

MADONNA IM ZWINGER

Telefon: 0351/49146679
www.skd-dresden.de

Gemäldegalerie Alter Meister, Dresden

Wer wollte nicht schon immer einmal die büßende Magdalena im Original sehen? Das Bildnis der Frau, das über dem Ehebett der Großeltern hing und einen schon als Kind faszinierte und zu Fantasien animierte. Die Museumswärter in der Gemäldegalerie „Alter Meister" sind gerne bereit, sich auf die Suche zu machen. Doch leider gibt es in der im Semperbau des Zwingers untergebrachten Gemäldegalerie so viele unterschiedliche Versionen der büßenden Magdalena, dass man ins Schwanken kommt, welche wohl die richtige sein dürfte. Die, die wir aus dem Schlafzimmer der Großeltern kennen, eine hingegossene Gestalt in fließendem Gewand, vor einer Höhle liegend, büßend für Sünden, die sich dem kindlichen Betrachter nicht erschlossen. Doch genug der Erinnerungen. Außer Frauen im Büßergewand erwarten den Besucher hier Meisterwerke der italienischen Renaissance und des Barock, Künstler wie Raffael oder Tizian. Flämische und holländische Klassiker des 17. Jahrhunderts von Rubens, Rembrandt, van Dyck und Vermeer trösten sicher bald über die nicht gefundene Büßende hinweg.

Gemäldegalerie Alte Meister . Semperbau am Zwinger . Theaterplatz 1 . 01067 Dresden

0662 SN_Theater & Schauspiel

DIE SCHÖNEN DER NACHT

Telefon: 0351/204720
www.carte-blanche-dresden.de

Travestie-Revue-Theater, Dresden

Mit Carte Blanche hat Dresden auch ein Travestie-Revue-Theater: Die Künstler parodieren auf unnachahmliche Weise Stars wie Cher, Madonna, Milva und viele andere Größen des Showbusiness. Hier gibt es Glamour und Glitzer, vieles erinnert an den Pariser Lido und das Moulin Rouge. Die Stars und das Programm wechseln, aber die Stimmung bleibt jeden Abend großartig und die Zuschauer danken es – durch Standing Ovations und anhaltende Treue.

Revue-Theater Carte Blanche . Prießnitzstraße 10 . 01099 Dresden

0663 SN_Natur & Tiere

EINER DER ÄLTESTEN

www.zoo-dresden.de

Zoo, Dresden

Er ist einer der ältesten Tiergärten Deutschlands – mit all dem Charme, der dazugehört. Auch der 1861 gegründete Zoologische Garten war von den Bomben der Alliierten nicht verschont geblieben, aber schon 1946 öffnete er wieder seine Pforten. Allein im Jahr seines 100. Geburtstags zählte er 1,2 Millionen Besucher, die sich am Afrikahaus mit seiner tropischen Bepflanzung erfreuten. Oder an dem neuen Baumkäfig für die Orang-Utans.

Zoo Dresden . Tiergartenstraße 1 . 01219 Dresden

0664 SN_Sport, Abenteuer & Technik

MEIN BESTER FREUND

Telefon: 0351/8373010
www.karl-may-stiftung.de

Karl-May-Museum, Radebeul

Das Kernstück der Sammlung ist die Silberbüchse Winnetous, „deren Kugel niemals ihr Ziel verfehlte“, wie Karl May in „Der Sohn des Bärenjägers“ schrieb. Diese Silberbüchse hatte Winnetou von seinem ermordeten Vater geerbt, was jedes Kind weiß. Denn jedes Kind – zumindest aus der vorvirtuellen Ära – hat irgendwann einmal die Bücher von Winnetou und Old Shatterhand gelesen. Und jedes Kind würde nichts lieber tun, als einmal diese Silberbüchse in natura zu sehen. Dies ist möglich im Karl-May-Museum von Radebeul. In der 1985 eröffneten Ausstellung „Karl May – Leben und Werk“ im ehemaligen Wohnhaus des Schriftstellers ist allerdings weitaus mehr zu bestaunen als nur die Silberbüchse, der Bärentöter und der Henrystutzen von Winnetou und Old Shatterhand. Erinnerungsstücke, Literatur, Fotos und Arbeitsblätter, alles untergebracht in der Villa „Shatterhand", deren Salon Karl May nach der Jahrhundertwende im Jugendstil einrichtete. Die seinerzeitige Bibliothek ebenso wie das Arbeitszimmer des Schriftstellers sind noch erhalten. Dort stehen die Nachschlagewerke, mit deren Hilfe die Fantasie Karl Mays die Geschichten formulierte, die Generationen von jungen Menschen in ihren Bann rissen. Nachschlagewerke über Erd- und Völkerkunde, Religionen, Literatur und Naturkunde. Und die schon erwähnte Silberbüchse, „dieses herrliche Gewehr", das ihn „nicht ein einziges Mal im Stich gelassen hat und das mein bester, vielleicht mein einziger Freund gewesen ist" (Old Surehand III).

Karl-May-Museum/Karl-May-Stiftung . Karl-May-Straße 5 . 01445 Radebeul

0665 SN_Sport, Abenteuer & Technik

IN DER HEIMAT DES ZWIEBELMUSTERS

Telefon: 03521/4680
www.meissner-porzellan.de

Meissner Porzellan, Meißen

Tante Finchens Traumgestalt war eine zarte Tänzerin aus Meissner Porzellan. Tante Lieschen hätte so gerne ein Kaffeegedeck besessen aus eben jener Manufaktur, oder wenigstens eine Sammeltasse. Nur Tante Ilse hatte reich geheiratet und konnte sich all dies leisten. Dafür musste sie höllisch aufpassen, ihren Schatz hüten, damit die Kostbarkeiten nicht auf dem gewienerten Parkett zerschellten. So dünn, so zerbrechlich waren sie.
Genau darauf ist man stolz in Meißen. Darauf, dass dieses „weiße Gold", dessen Markenzeichen die kobaltblauen gekreuzten sächsischen Kurschwerter sind, fast durchscheinend dünn ist. Zart besaitet, dabei kunstvoll geformt. August der Starke legte den Grundstein zu dieser Staatlichen Porzellan-Manufaktur Meissen, indem er nach der Erfindung des europäischen Porzellans in Dresden auf der Meißener Albrechtsburg 1710 die dortige Porzellanwerkstätte einrichtete. Wie die Herstellung des Porzellans vonstattengeht, kann der Besucher heute in der Schauwerkstatt beobachten. Dort arbeiten die Dreher, die Former und die Bossierer, also jene, die die zierlichen Figürchen zusammenfügen. Alles wird per Hand geformt, mit der Hand aufgemalt. Nur die Rezeptur der Porzellanfarben wird ebenso gehütet, wie die Eigner von Coca-Cola die Rezeptur ihres Markengetränks geheim halten. Die berühmtesten Meissner Porzellandekore machten weltweit Furore: Höroldts Chinoiserien, die Indischmalerei mit roten und grünen Drachen, die bunten chinesischen Schmetterlinge oder Höroldts Landschaften; das Meissner Weinlaub ebenso wie das populäre Zwiebelmuster. Wer dieses Zwiebelmuster komplett erwerben will, muss 740 Einzelstücke kaufen.

Staatliche Porzellan-Manufaktur Meissen GmbH . Talstraße 9 . 01662 Meißen

IN BOOFEN BOOFEN

www.sax-ch.de

Nationalpark Sächsische Schweiz

Die Sächsische Schweiz, flussaufwärts von Dresden aus bis an die Grenze zu Tschechien an beiden Elbufern gelegen, ist eine der ungewöhnlichsten und schönsten Landschaften in Deutschland. In jedem Bildkalender befindet sich ein Bild der schroffen Felsformationen, der wagehalsigen Fels- und Waldpfade, die der Wanderer erklimmen und beschreiten muss. Was man aber auf dem Kalenderblatt nicht sieht, ist das „Boofen“. Und das macht man in „Boofen“. Alles klar?

Bei gutem Wetter kann man solche schönen Ausblicke auf die Elbe erhaschen

Boofen hat Tradition. Denn gebooft wird seit dem vorletzten Jahrhundert. Und Boofen macht Spaß. Wer oder was, um Himmels willen, ist denn nun Boofen?

Wer schon einmal in einer klassischen Jugendherberge übernachtet hat, kennt den Ruf: „Jetzt aber ab in die Betten zum Pofen!“ Auf sächsisch eben: boofen.

Wanderer, die sich länger in der wilden, fast unzugänglichen Sächsischen Schweiz aufhielten, mussten im Gelände übernachten. Sie suchten und fanden Unterschlupf in den bizarren Felsformationen, Felsüberhängen, Höhlen. Und nannten diese „Boofen“. Es gab so etwas wie einen Wettbewerb, wer die außergewöhnlichste Boofe an der wagemutigsten Stelle mit der schönsten Aussicht findet. Nur unter der Hand gab man die Tipps für die besten Boofen weiter. Besonders im Grenzgebiet ging es keinen Fremden etwas an, wo und wie man da draußen die Nacht verbringt.

Dann kamen im vorletzten Jahrhundert die ersten Naturfreunde und Kletterer und waren nicht nur von der unglaublich faszinierenden Landschaft, sondern auch von den natürlichen und kostenlosen Unterkünften, den Boofen, begeistert. So wurde das Boofen (amtlich: im Freien übernachten; auch: Freiübernachtung = kostenfreie Übernachtung) zur Tradition.

In den letzten Jahren allerdings ist boofen in den Boofen leider durch Vandalismus empfindlich gestört: unkontrollierte Feuer trotz Waldbrandgefahr, in Felsritzen gestopfter Abfall und Graffiti an den Sandsteinfelsen haben dazu geführt, dass nur an ganz bestimmten Boofen das Übernachten erlaubt ist. Ranger, Förster und Naturparkwächter kontrollieren seitdem auch regelmäßig das Gelände.

Doch wer einmal in einer Boofe boofen möchte, sollte sich anmelden, denn es lohnt sich: Es ist einfach ein unvorstellbar romantisches Naturerlebnis, wenn frühmorgens die Sonne über dieser durch Sandsteinfelsen und schroffe Berge geprägten Landschaft aufgeht.

0667 SN_Hotels & Wellness

FESTUNG SÄCHSISCHER NATURFREUNDE

Telefon: 035975/81202
www.nfhw.de

Naturfreundehaus Burg Hohnstein

Häufig sind Naturfreundehäuser Geheimtipps. Von kundigen Wanderern irgendwann entdeckt, geliebt wegen ihrer durchweg phantastischen Lage in wunderbarer Landschaft. Aber auch wegen des Kaffees und des Kuchens, den es meist hier an Wochenenden gibt, und auch des ehrlichen Preis-Leistungs-Verhältnisses wegen.
Im Naturfreundehaus auf Burg Hohnstein kann man sogar übernachten. Aber wie! In einer echten Burg aus dem Mittelalter, hoch auf dem Felsen über dem Polenztal gebaut. Der Speisesaal ist im alten Gewölbe des Burgkellers, und die Ritterrüstungen stehen noch im Flur.
Wie familienfreundlich es hier zugeht, bekamen die Gastgeber dieses Haus nun schriftlich: in Form einer Familien-Plakette, mit der diese mittelalterliche Burganlage ausgezeichnet wurde.

Naturfreundehaus Burg Hohnstein . Markt 1 . 01848 Hohnstein

0668 SN_Kunst & Architektur

ZUM KAFFEE INS GEFÄNGNIS

Telefon: 035027/6260
www.schloss-weesenstein.de

Schloss Weesenstein, Müglitztal

Mindestens 700 Jahre lang wurde gebaut und abgerissen, verändert und erhalten, und so entstand ein Bauwerk, das in seinen Mauern Spuren von der Gotik bis zum Klassizismus birgt.
Festsaalarchitektur auf dem Dachboden, Pferdeställe in der fünften Etage, darunter die Kellergewölbe und noch ein Stockwerk tiefer gelegen die herrschaftlichen Wohnräume – was Architektur betrifft, scheint alles auf dem Kopf zu stehen, denn das Haus wuchs von oben nach unten. So befindet sich der älteste Baukörper – der Turm – mit seinem Fundament fünf Etagen über dem Jahrhunderte später gebauten klassizistischen Wintergarten.
Ursache für dieses „fortificatorische Curiosum", wie es in einer Schlossbeschreibung von 1879 genannt wurde, ist die eigentümliche Verwachsung von Schloss und Felsen.
Der Felsen zeigt sich im Inneren als roher Stein in

Das historische Schloss Weesenstein erhebt sich auf einem Felsvorsprung über dem Tal der Müglitz

Treppenhäusern und Sälen, als Wand oder Fußboden. Trotz der Bauwut in den verschiedenen Epochen wirkt das Architekturensemble einheitlich. Aus der ehemals kleinen Schutzburg wurde ein prächtiges „großes Belvedere auf hohen Festungsmauern" mit einem mittelalterlichen Kern.
Der Schlosspark aber gehört zu den schönsten Parks in Deutschland. Bereits zum sechsten Mal rief Briggs & Stratton, Motorenhersteller für Gartengeräte, zur Teilnahme am Wettbewerb „Deutschlands schönster Park" auf. Teilnehmen konnten alle öffentlich zugänglichen Parks in Deutschland. Eine Jury aus Garten- und Landschaftsexperten wählte unter den Bewerbern die zehn schönsten Grünanlagen. Der Weesensteiner Schlosspark, dessen großer Parkteil nach umfassender Flutschadensbeseitigung und Sanierung erst im Frühjahr 2007 seine Tore wieder für die Besucher öffnete, konnte sich unter den Top Ten platzieren.
Wer sich nach der Besichtigung dieses außergewöhnlichen Schlosses mit seinem Park bei einer Tasse Kaffee erholen möchte, sollte einen gewissen Sinn für Humor haben: Das Café ist im ehemaligen Schlossgefängnis eingerichtet.

Schloss Weesenstein . Am Schlossberg 1 . 01809 Müglitztal

0669 SN_Kunst & Architektur

MITTELPUNKT DER ERDE

www.vogtland.de/VOGTLAND/FREIZEIT/AUSFLUGSTIPPS/SEHENSWERTES/110537.html

Rathaus Pausa

Wer nach Pausa kommt, bleibt erst einmal erstaunt vor dem Rathaus stehen. Da dreht sich doch auf dem Dach ein Globus, groß, schwer und unübersehbar. Wer fragt, der bekommt in reinstem Sächsisch völlig unaufgeregt, aber ganz eindeutig die Antwort: „Pausa ist die Stadt am Mittelpunkt der Erde!"
Pausa ist natürlich nicht der Mittelpunkt der Erde. Die Chronik Pausas besagt jedoch, dass das Städtchen sich sehr wohl einst an einem Mittelpunkt befand – nämlich an dem des Vogtlandes. Wie es sich dann über die Zeit zum „Mittelpunkt der Erde" mauserte, ist nicht eindeutig, zu viele Geschichten werden hierzu erzählt. Zweifelsfrei allerdings steht fest, dass 1934 eine Institution ins Leben gerufen wurde, die bis heute alle Zeiten überdauert hat: Die Erdachsendeckelscharnierschmiernippelkommission. Die sorgt seitdem dafür, dass die Erdachse immer gut geschmiert ist.
Wer es nicht glauben will, kann gegen eine geringe Gebühr in den Katakomben des Rathauses die sich stetig und ruhig drehende Erdachse durch ein Guckloch bestaunen. Geschmiert wird mit entsprechendem Erdachsenschmiermittel und -öl – hellem und dunklem Kräuterlikör –, das gerne probiert werden kann. Spätestens dann kommt einem der große Globus auf dem Rathausdach ganz plausibel vor.

Mittelpunkt der Erde . Rathaus Pausa . Neumarkt 1 . 07952 Pausa . Telefon: 037432/60311

VÖLLIG IRRE

Telefon: 035935/20575
www.irrgarten-kleinwelka.de

Irrgarten, Kleinwelka

Der Irrgarten Kleinwelka mit einer Grundfläche von 4.000 Quadratmetern bietet 30.720 verschiedene Möglichkeiten, ihn zu durchqueren.

Wer einmal gehörig in die Irre gehen will, der sollte sich in den Irrgarten von Regina Frenzel begeben. Dort, im Freizeitpark Kleinwelka, ganz in der Nähe der Stadt Bautzen, hat die Familie Frenzel im Frühjahr 1992 die ersten Bäume zu einem Irrgarten gepflanzt. Inzwischen kann man sich auf der 2.600 Quadratmeter großen Anlage schon gehörig verlaufen, über 30.000 Wege führen zum Ziel. Sackgassen gibt es keine, noch niemand ist stecken geblieben und nicht wieder aus dem Wegegewirr herausgekommen. Hunderte von Besuchern zählen die Frenzels inzwischen tagtäglich auf ihrem Gelände. Wer das Ziel in der Mitte des Irrgartens erreicht, gelangt über eine Holzbrücke oder eine Schwebebahn gleich ins nächste Abenteuer: in ein Hindernislabyrinth. Hier muss der Besucher findig und gelenkig sein, muss sich durch Häuserwände zwängen oder über Teiche balancieren. Ein Freizeitvergnügen, das anfangs nicht unter gerade günstigem Stern stand: Als Regina Frenzel die Idee für diesen Freizeitpark hatte, wollte ihr zunächst keine Bank Kredit gewähren, sperrten sich Ämter und Behörden. Inzwischen wurde aus der Idee ein Riesenerfolg. Sie selbst hat sich als „Local Hero – Mutmacher der Nation" beworben. Eine bundesweite Kampagne, die Erfolgsgeschichten kleiner und mittelständischer Firmen auszeichnet.

Irrgarten Kleinwelka . 02627 Kleinwelka

NAPOLEONS CAFÉ

Telefon: 0341/9610060
www.coffe-baum.de

Coffe Baum, Leipzig

Hier schlürfte einst Sachsenkönig August der Starke seinen Mokka, hier wählten Goethe oder Robert Schumann, Franz Liszt, Richard Wagner und auch Napoleon unter den angebotenen Kaffeesorten die ihrer Meinung nach schmackhafteste aus. 300 Jahre sächsische Kaffeekulturgeschichte hat dieses Haus zu bieten, das neben dem Café Procope in Paris als europaweit ältestes Kaffeehaus gilt. Ein Baudenkmal von hohem Rang, das sorgfältig restauriert an allen Ecken an seine hochrangigen

Gäste von anno dazumal erinnert. In der oberen Etage dann ein Café Francais neben einem arabischen und einem Wiener Kaffeehausambiente. Wer Lust auf Kaffeeklatsch hat, findet hier garantiert den richtigen Rahmen. 16 Räume stehen zur Verfügung, über 400 gesammelte Kaffeeutensilien sind ausgestellt: darunter Kaffeemühlen, Meissner Kaffeeporzellan und Röstgeräte.

Coffe Baum . Kleine Fleischergasse 4 . 04109 Leipzig

0672 SN_Essen & Trinken

WER KENNT GOSE? EINE LEIPZIGER SPEZIALITÄT

www.bayerischer-bahnhof.de

Gasthaus Bayerischer Bahnhof, Leibzig

Schon Goethe labte sich an ihr, einst war sie der beliebteste Gerstensaft in ganz Leipzig: die Gose. Das Getränk kam wohl ursprünglich aus Goslar, daher der Name. Aber in keiner anderen Stadt war man so verrückt nach Gose wie in Leipzig. Bis sie im Chaos des 2. Weltkriegs in Vergessenheit geriet.
Nur ein paar mehr oder weniger erfolglose Versuche in den 1950er Jahren gab es noch, dann war erst mal Schluss mit der Gose. Erst in den 1980er Jahren wagte es ein Leipziger Gose-Fan, das Bier erneut zu brauen. Wieder nur mit mäßigem Erfolg.
Erst die Wende brachte die Wende: Studenten hatten auf dem Vorhof des alten Bayerischen Bahnhofs einen kleinen Biergarten eröffnet. Und wie der Zufall eben so spielt, kam besagter Gose-Fan vorbei, nur um ein Bierchen zu trinken. Und war von dem Ambiente sofort begeistert. Nirgendwo anders, nur hier wollte er noch einmal versuchen, die Gose zu brauen und auszuschenken.
Nach zähen Verhandlungen erhielt er schließlich den Zuschlag für den Bayerischen Bahnhof, historisch bedeutsam als ältester Kopfbahnhof der Welt, aber schon lange außer Betrieb und völlig heruntergekommen. Also renovierte er, baute um, ließ sich nicht unterkriegen und baute seine Gose-Brauanlage in den Bahnhof. Dann braute, probte, verbesserte und braute er erneut, und hat Erfolg: Leipzig trinkt wieder Gose.
Bloß, was ist das eigentlich für ein Bier, die Gose? Lassen wir den Brauer selbst zu Wort kommen: „Es handelt sich dabei um ein obergäriges Bier, das dem Zusatz von Kochsalz und Koriander und einem hohen Anteil an biologischer Milchsäure seinen besonderen Geschmack und das typische Prickeln verdankt. Es ist ein Bier, das somit nicht dem deutschen Reinheitsgebot entspricht, als Exot aber die Durchsetzung dieses ‚Einheitsgebotes' überlebt hat ..."
Inzwischen gibt es Gose sogar in New York. Abgefüllt in langhalsige, grüne Flaschen kostet es dort allerdings satte 25 Dollar – pro Flasche. Dann lieber auf nach Leipzig.

Gasthaus & Gosebrauerei Bayerischer Bahnhof . Bayerischer Platz 1 . 04103 Leipzig

PERLE DES ERZGEBIRGES

www.schwarzenberg.de

Bergstadt Schwarzenberg

Die alte Bergstadt Schwarzenberg gilt seit über hundert Jahren als die „Perle des Erzgebirges". So lange schon trägt sie diesen Beinamen. Zu Recht. Denn angesiedelt im Schatten der Felsen von Totenstein und Ottenstein, mit dem auf einem Felsriff thronenden Schloss samt St.-Georgen-Kirche, ist sie ein Kleinod im Erzgebirge. Im 13. Jahrhundert wurde diese Kreisstadt erstmals erwähnt. Schon bald blühte sie auf, lag sie doch an einer Handelsstraße. Seit dem 16. Jahrhundert nennt sich Schwarzenberg Bergstadt. Nun auch noch „Perle des Erzgebirges". Wer die „Spanische Wucherblume", aus der Rinde der Korkeiche erwachsen, an Mauerwänden und Felsritzen ihre Blütenpracht entfalten sieht, versteht die Namensauszeichnung.

Stadtverwaltung Schwarzenberg . Straße der Einheit 20 . 08340 Schwarzenberg

EUROPÄISCHES HUMOR- UND SATIRE-FESTIVAL

Telefon: 0341/8780570
www.lachmesse.de

Lachmesse Leipzig

Ein gigantisches Lachkonzert, eine Ansammlung von Humoristen und Spaßmachern, ein Festival des internationalen Kabaretts und der Kleinkunst. Das alles ist die Lachmesse, die schon seit 17 Jahren jeweils im Herbst in Leipzig mit herausragenden Kabarettisten und Kleinkünstlern stattfindet.

Hier findet die Lachmesse statt

Knapp 100 Veranstaltungen verteilen sich elf Tage lang auf elf Bühnen Leipzigs. Zu Deutschlands größtem Kabarett- und Kleinkunstfestival reisen rund 26.000 Besucher an. Allein im Jahr 2006 präsentierten 167 Künstler aus acht Ländern ihre Lach- und Comedynummern. Zum Auftakt des Events wird traditionell der „Leipziger Löwenzahn" für das beste Programm der Vorjahresmesse überreicht. Den Schlusspunkt setzt am letzten Lachmessetag eine Show im Schauspielhaus. Große Namen tauchen dabei auf: Konrad Beikirchner wurde hier ebenso schon gesehen wie Roger Willemsen, Peter Sodann, Dirk Bach, Matthias Deutschmann und Alfred Biolek.

Lachmesse e. V. Leipzig . Denkmalsblick 13 . 04277 Leipzig

JEDER KENNT SCHLOSS COLDITZ … IN GROSSBRITANNIEN

Telefon: 034381/43777
www.schloss-colditz.com

Schloss Colditz

Nicht weit von Leipzig entfernt steht das Schloss Colditz. Seit bald 1000 Jahren thront es hoch auf den Felsen über der Stadt. Eine wechselvolle Geschichte verbirgt sich hinter den heute wieder teilweise restaurierten Mauern:
Im Jahre 1083 erbaut, 1430 von den Hussiten niedergebrannt, kaum wieder aufgebaut, vom „Bäckersknecht Clemens Bock" um 1504 wieder in Brand gesteckt, danach Jagdschloss vom legendären August dem Starken.
1800 wird Schloss Colditz zum Armenhaus, 1803 zum Landesarbeitshaus und von 1829 bis 1924 zur „Anstalt für unheilbar Geisteskranke". Da kam den 1933 an die Macht gekommenen Nazis das leere Schloss gerade recht, um dort etwa 600 Nazigegner einsperren zu können.
Mit dem Beginn des II. Weltkriegs erhält das Schloss 1939 seine Bedeutung, die es später weit über Deutschland hinaus berühmt macht: Unter der zungenbrecherischen Bezeichnung „Oflag IVC" wird es zum Gefangenenlager für alliierte Offiziere aus Großbritannien, Frankreich, den Niederlanden, Belgien und Polen. Im Laufe des Krieges kommen weitere Offiziere aus Kanada, Indien, Neuseeland, Südafrika und den USA dazu.
Colditz ist ein hübsches Städtchen mit Renaissancebauten, malerischen Altstadtwinkeln und schmalen Gassen. Über allem strahlt der warme Rot-Ton des „Sächsischen Marmors", aus dem die Häuser gebaut sind. Das Schloss Colditz aber erhebt sich eindrucksvoll und beinahe übergroß über der Stadt.
Mit seinen steil abfallenden Felsen, Stacheldrahtverhauen, Wachtposten sowie Scheinwerferbestrahlung wähnte man das Schloss absolut ausbruchsicher. Da viele der gefangenen Offiziere aus prominenten Familien stammten, teilweise gar aus dem britischen Hochadel, besuchte das Internationale Rote Kreuz das „Oflag IVC" regelmäßig; sogar Sprachkurse, Musizieren, Theater und Sport wurden angeboten.
Mit der Dauer des Krieges wurden immer mehr Offiziere nach Schloss Colditz verlegt, die aus anderen Lagern schon einen Ausbruchversuch unternommen hatten. Auf Colditz liefen sie nun alle zu Hochform auf, tauften das Gefangenenlager „Escape School" und „Bad Boys' Camp" und spielten mit den deutschen Wachmannschaften Katz und Maus.
Französische Offiziere gruben über Monate einen 44 m langen Tunnel durch den Schlossberg, der erst nach tagelangem Suchen von den Wachen entdeckt wurde. Auf dem Dachboden des Schlosses hatten sie eine voll funktionstüchtige Funkstation eingerichtet, daneben eine komplette Fälscherwerkstatt für Ausweise und Rangabzeichen. Sogar deutsche Uniformen konnten sie in einer geheimen Näherei herstellen. Den Vogel schossen aber einige Fliegeroffiziere ab, die auf einem der

Schloss Colditz: eines der bedeutendsten Renaissanceschlösser im mitteldeutschen Raum

riesengroßen Dachböden des Schlosses tatsächlich ein Flugzeug zusammenbauten.
Insgesamt über 300 Fluchtversuche, davon mehr als 30 geglückte, war die Bilanz, als sie 1945 endlich von ihren alliierten Kameraden befreit wurden. Einer, dem vorher die Flucht gelungen war, schrieb das alles auf.
Das Buch „The Colditz Story“ wurde ein Bestseller. 1955 wurde es als Kinofilm produziert und beschäftigt bis heute Historiker, Autoren und TV-Produzenten, aber auch die Schüler in den angelsächsischen Ländern: Da gehört „The Colditz Story“ zur Allgemeinbildung. Und deswegen kennen die Briten das Schloss Colditz, und wir (noch) nicht. Aber es gibt dort ein Museum, wo man sich alles ganz genau ansehen kann, den Tunnel der Franzosen, das Funkgerät, und sogar das Fluchtflugzeug ist noch da.

Gesellschaft Schloss Colditz . Schlossgasse 1 . 04680 Colditz

SCHLANK UND GESUND DURCH LACHEN

Telefon: 034222/43787
www.feengarten.de

Lachseminare im Feengarten, Arzberg

Manche können es und tun es häufig aus vollem Herzen. Andere wiederum wissen gar nicht, wie sie es anstellen sollen – nur einmal richtig herzhaft lachen. Ihnen kann geholfen werden; im Lachclub Sacksen. Da kann man sämtliche Formen dieser sich meist spontan entwickelnden Ausdrucksweise erlernen: so das Begrüßungs-Lachen, das herzliche, stumme Lachen oder auch das summende Lachen, ein wohlwollendes, aber auch ein gezielt eingesetztes Löwen- oder Mieter-Lachen. Was immer das auch sein oder wie es aussehen mag.
Gleichzeitig erfährt man, dass Lachen nicht nur eine freundliche Atmosphäre fördert, sondern auch die Lunge fit macht – es entzieht ihr Feuchtigkeit, schützt so vor Infekten. Lachen versorgt den Körper mit mehr Sauerstoff, fördert die Verdauung

und senkt den Cholesterinspiegel. Lachen trainiert 240 von insgesamt 630 Körpermuskeln, eine gute Nachricht für Couch-Potatoes: Bleibt das Fernsehprogramm weiterhin so lachhaft, wird man allein schon vom Zusehen schlank.
In einer Stunde Lachtraining bietet die Erfinderin dieser Lachseminare nicht nur Bewusstseins-Erheiterung an, sondern auch Lachübungen kombiniert mit heiterer Gelassenheit, die es offenbar zum Lachkostenpreis mit dazu gibt.

Lachseminare . Brigitte Bussenius . Pfarrstraße 3 . 04886 Arzberg

0677 SN_Essen & Trinken

PFEFFERKUCHEN, ACHTMAL DAS ORIGINAL

Telefon: 035955/861-0
www.pulsnitz.de

Pfefferküchlerei, Pulsnitz

Pulsnitz ist d i e Pfefferkuchenstadt Deutschlands und das seit über 440 Jahren. Auf Weihnachtsmärkten sieht man Stände mit den Printen aus Sachsen, bei Pfarrfesten, auf Messen oder Jahrmärkten dürfen sie nicht fehlen. Früher waren die Pulsnitzer königliche Hoflieferanten, und auch Mönche der nahen Klöster ließen sich beliefern. Der Name „Pfefferkuchen" datiert noch aus dieser Zeit, als Gewürze aus Übersee stets als „Pfeffer" bezeichnet wurden. Zum ersten Mal wird eine Pfefferkuchenbäckerei im Jahre 1558 erwähnt, in einer Pulsnitzer Innungsurkunde. Darin erhielten die Bäcker die Erlaubnis, eben diese Pfefferkuchen zu backen. Heute ist Pfefferküchler ein anerkannter Handwerksberuf.
Die festen Pfefferkuchen sind eine harmonische Kombination aus bestem Mehl, gut gelagertem Honig und zahlreichen Gewürzen. Ihr Rezept wird in Pulsnitz von den acht Küchlereien wie ein Augapfel gehütet, und jeder hat da seine besondere Gewürz- und Zutatenmischung.
Vielleicht ist da eine „Pfefferkuchen-Verkostung" die beste Art, sich aus den acht original Pulsnitzer Pfefferkuchen den richtigen für sich auszusuchen.

Stadt Pulsnitz . Am Markt 1 . 01896 Pulsnitz

0678 SN_Kunst & Architektur

DAS MUSEUM AN DER WIEGE DES AUTOMOBILBAUS

Telefon: 0375/2717380
www.horch-museum.de

August Horch Museum, Zwickau

Die Anekdote zuerst: August Horch besaß niemals einen Führerschein. Das ist insofern kurios, als dass Horch der Mitbegründer der Autofirma Horch & Audi war. Die-

ses 1899 gegründete Unternehmen heißt mittlerweile nur noch „Audi", und das kennt ja nun wirklich jeder. August Horch kennen vielleicht nicht so viele, das kann sich aber ändern, denn der gute Mann hat ein eigenes Museum in Zwickau. Auf dem Gelände der alten Audiwerke – wo zu DDR-Zeiten ein Automobil vom Fließband lief, das niemals auch nur eine entfernte Verwandtschaft mit Horch oder Audi aufzuweisen hatte, nämlich die „rasende Rennpappe" namens Trabi – können in frisch renoviertem Ambiente die Biografie von August Horch und die Geschichte der Autoindustrie Zwickaus nachvollzogen werden.
Das August Horch Museum Zwickau besitzt selbstverständlich eine erlesene Sammlung wertvollster Horch-, Audi- und DKW-Automobile. Eines der Highlights der Ausstellung ist der Horch Phaeton aus dem Jahr 1911. Der Ex-VW-Vorstands- und heutige VW-Aufsichtsratsvorsitzende Piëch hat mit all seiner Macht durchgesetzt, dass VW heute ebenfalls einen „Phaeton" baut, bloß: Der ist für VW ein Flop. So etwas ist August Horch nicht passiert: Seine Horchs waren in den 20 bis 40er Jahren die Autos der Filmstars und Reichen, und heute werden für gut erhaltene Horch-Cabriolets bis zu sagenhafte 500.000 Euro gezahlt.
Doch auch für den etwas schmaleren Geldbeutel hatte Horch etwas zu bieten, und das steht ebenfalls in dem Museum: der damals sensationelle Kleinwagen DKW F1. Sensationell, weil er den ersten serienmäßigen Frontantrieb hatte.
Das Museum darf aber jeder besuchen, egal, welche Automarke er gerade fährt.

August Horch Museum Zwickau . Audistraße 7 . 08058 Zwickau

0679 SN_Hotels & Wellness

WAHRE WELLNESS-TRADITION

Bäderwinkel südliches Vogtland

www.vogtlandtourist.de
Telefon: 03744/188860

Im berühmten Bäderwinkel am Elstergebirge im Vogtland lässt es sich besonders angenehm, ja sogar hochherrschaftlich kuren und baden. Dort treffen Sachsen, Bayern und Böhmen zusammen. Das Klima ist recht mild, die Natur noch unberührt, so dass Hochmoore und Wälder die Landschaft bestimmen.
Hier liegen staatlich anerkannte Erholungs- und Kurorte mit einer über 150-jährigen Bädertradition. Bad Elster ist eines der ältesten Moorheilbäder und besitzt ergiebige Heilquellen. Nicht weit entfernt liegt Bad Brambach mit den weltweit stärksten Radonquellen. Schöneck, der sogenannte „Balkon des Vogtlandes", bietet Kneippkuren und topgepflegte Nordic-Walking-Strecken an, ebenso wie Grünbach auf dem Wendelstein-Höhenrücken und Morgenröthe-Rautenkranz, unmittelbar an der Grenze zu Tschechien.
Der Bäderwinkel im südlichen Vogtland ist fast ein Geheimtipp. Zur vorletzten Jahrhundertwende war er noch das „Kurherz Europas", doch in den letzten Jahrzehnten versiegte der Strom der Badegäste. Heute ist das Wellness-, Fitness-, Beauty-, Kur- und Bade-Angebot vielfältig und aktualisiert, hat aber die wunderbare Patina der früheren Herrschaftsbäder bewahrt.

Tourismusverband Vogtland e.V. . Friedrich-Ebert-Straße 21 . 08209 Auerbach

BADEN, SAUNA, WELLNESS FÜR ALLE

www.badegaerten.de
Telefon: 037752/5070

Badegärten Eibenstock

Auf das Wetter kann man sich nicht immer verlassen. Auch in Sachsen nicht. Deshalb ist es ganz gut, wenn man zu einem Ausflug, zum Beispiel auf die Sommer-Rodelbahn Klingenthal oder in die Bergwerksgrube Tannenberg, Badekappen und Schwimmutensilien für die ganze Familie in den Kofferraum packt. Denn sollte es tatsächlich nass werden, dann nichts wie hin und rein in die Badegärten Eibenstock.
Denn diese Badegärten laden zum Toben und Spritzen, Plantschen und Herumtollen ein. Und zwar Eltern ebenso wie Kinder. Eine über 100 Meter lange Rutsche, „Black Hole“ genannt, sorgt für Riesenkribbeln im Bauch. Nun gut, einmal rutschen genügt für die Eltern, die gehen lieber hinüber zu Massagen, Saunen und Solarium: Italienische Schlammsauna, indianische Schwitzhütte, russische Banja, japanische Meditationssauna sind nur ein paar aus der Menge der Angebote. Die Massageangebote sind noch vielfältiger ...
Stunden später: Familientreff im subtropischen Familienbad, und dann schnell in eines der Restaurants der Badegärten Eibenstock. Draußen ist es langsam dunkel geworden, und die Lasershow in der großen Badehalle beginnt. Die Kinder wollen noch lange nicht nach Hause.

Badegärten Eibenstock GmbH . Am Bühl 3 . 08309 Eibenstock

SHOPPEN, FLANIEREN, REISEN

Telefon: 0341/141270
www.promenaden-hauptbahnhof-leipzig.de

Promenaden, Leipziger Hauptbahnhof

Als die Modernisierungsarbeiten am Leipziger Hauptbahnhof 1998 endlich fertiggestellt waren, reisten Eisenbahnfans aus aller Welt an, um das Werk zu begutachten. Immerhin ist dies einer der größten Kopfbahnhöfe Europas. Durch die Luftangriffe im Zweiten Weltkrieg wurde auch der Bahnhof schwer getroffen. Inzwischen ist er nicht nur Verkehrsknotenpunkt, sondern auch Einkaufsmeile. Bis zu 150.000 Menschen flanieren täglich in den Promenaden dieses Bahnhofes, über drei Ebenen mit 142 Geschäften, vom Juwelier bis zum Elektrohändler und vom Kosmetik-Shop bis zur Edelboutique, die täglich bis 22 Uhr geöffnet haben.

Promenaden Hauptbahnhof Leipzig . Willy-Brandt-Platz 7 . 04109 Leipzig

FEINE KLÖPPELSPITZEN

Telefon: 03741/222355
www.plauen.de/spitzenmuseum

Spitzenmuseum, Plauen

Schon im 15. und 16. Jahrhundert war Plauen Zentrum des Tuchmacherhandwerks und der Baumwollweber. Doch der Niedergang dieses Erwerbszweigs ließ eine andere Handwerkstradition erblühen: die Spitzen- und Stickereiindustrie im Raum Plauen, noch heute weltweit bekannt und renommiert. Ende des 18. Jahrhunderts hatten Kaufleute feine indische Tuche nach Plauen geschickt, damit sie dort bestickt würden. 1828 sind es über 2.000 Menschen, die im Vogtland durch Handstickerei ihr Brot verdienen. Acht Jahre später wird versucht, mit Handstickmaschinen die mühselige Handarbeit zu ersetzen. Mit Erfolg. Mitte des 19. Jahrhunderts zählt Plauen 239 Stickereibetriebe und über 900 Handstickmaschinen. Erst 1880 gelingt es einem Plauener Kaufmann, Tüllspitze mit Maschinen zu besticken. Ein Durchbruch und der Beginn der späteren weltbekannten Spitzenware: Plauener Spitze. 1912 dann arbeiten die Plauener an 16.000 Stickmaschinen. Von den knapp 130.000 Einwohnern des Vogtländer Städtchens lebt fast jede Familie von diesem Gewerbe. Doch die Blütezeit ist nach 1912 vorbei. Fast 40 % aller hiesigen Schiffchenstickmaschinen stehen still. 1923 hat Plauen angeblich die höchste Arbeitslosenquote aller deutschen Städte. Zu DDR-Zeiten produziert das VEB Kombinat Deko Plauen für den Export. Kurz vor der Wende dann wird die Abteilung Plauener Spitze des hiesigen Museums eröffnet. Inzwischen stellen 40 Unternehmen wieder das begehrte Produkt her. Spitzenprodukte aus dem Vogtland sind auf dem Weltmarkt wieder im Kommen. Das einzige Spitzenmuseum Deutschlands dokumentiert die Geschichte dieser Branche, zeigt aber auch wertvolle Musterbücher aus der Jahrhundertwende, Venise-Spitze in Nadeltechnik und Klöppelspitzen.

Spitzenmuseum . Altmarkt . 08523 Plauen

VON DER RESIDENZ ZUM MUSEUM

Telefon: 037291/38018
www.augustusburg.de

Schlossbetrieb, Augustusburg

Im Museum des Renaissanceschlosses Augustusburg ist für jeden etwas zu sehen: Das Motorradmuseum präsentiert die umfangreichste Zweiradsammlung Europas. Viele der bedeutenden Zweirad-Konstruktionen sind im Original vorhanden. So zum Beispiel für Fans das erste Serienmotorrad, eine Hildebrand & Wolfmüller aus dem Jahr 1894. Oder das längste Serienmotorrad von 1928. Eine Ansammlung von Unikaten, die einen Überblick über die 100-jährige Geschichte des Motorrads bieten.

Wer noch weiter zurückdenken will, wen es interessiert, wie der Mensch sich vor dem Motorrad fortbewegte, der kann die Stadt- und Gesellschaftskutschen des 19. und 20. Jahrhunderts betrachten, die Landauer, Break, Vis-à-Vis oder Parkwagen. Aber auch Staats-, Gala- und Stadtwagen aus dem königlich-sächsischem Wagenpark sind zu bestaunen. Und wer es gruselig liebt, der sollte die Ausstellung im ehemaligen Schlosskerker nicht versäumen. Dort werden unter dem Titel „Richter – Henker – Missetäter" Straf- und Folterwerkzeuge aus vergangenen Jahrhunderten gezeigt.

Augustusburg/Scharfenstein/Lichtenwalde . Schlossbetriebe GmbH . 09573 Augustusburg

0684 SN_Sport, Abenteuer & Technik

RODELN BEI FLUTLICHT

Telefon: 037291/12451
www.augustusburg.net

Augustusburger Freizeitzentrum

Die Mütze fest über dem rotwangigen Wintergesicht, wird hier gerast, was der Schlitten hergibt. Manche liegen windschnittig und kreischend vor Freude in den Kurven der Rodelbahn. Der Schnee glitzert im Scheinwerferlicht der Flutlichtanlage. Sieben Steilkurven und genüssliche 1,5 km lang geht es abwärts ins Tal. Eigentlich wäre ja so langsam Schlafenszeit, aber was so richtige Funsport-Helden sind, die ringen mit diplomatischem Geschick und unschuldigem Augenaufschlag ihren Eltern noch eine „allerletzte" Fahrt ab. Schnell noch mal mitsamt dem Schlitten in die bergauf bringende Drahtseilbahn gesprungen und die 1,5 km lange Bahn hinunterflitzen. Schließlich ist man nicht alle Tage auf der längsten Naturrodelbahn des Erzgebirges unterwegs. Die könnte, für alle Fälle, sogar maschinell beschneit werden. Wer in den Wintermonaten so ein richtiger Rodelfreak geworden ist und auch bei 30 Grad den Fun-Faktor nicht missen will, kann auf der Sommerrodelbahn bergab düsen.

Augustusburger Freizeitzentrum Rosts Wiesen . Straße an der Rodelbahn 1 . 09573 Augustusburg

0685 SN_Städte & Touren

EINE DER SCHÖNSTEN STÄDTE DER WELT

www.dresden.de

Gefährdetes Weltkulturerbe Dresdner Elbtal

Die Dresdner selbst haben es verbockt. Zunächst stimmten sie für den Bau der umstrittenen Waldschlößchenbrücke. Die soll die geschützten Elbwiesen auf einer Strecke von fast 800 Metern überqueren. Was die Dresdner allerdings nicht

bedacht hatten, war, dass sie damit ihren Verbleib in der Liste des UNESCO-Weltkulturerbes gefährdeten, in der sie seit Juli 2004 geführt wurden. Die Konsequenz: Seit Juli 2006 steht das Dresdner Elbtal, diese großstädtische Kulturlandschaft, auf der Roten Liste des gefährdeten Welterbes. Da die geplante Brücke, so ein UNESCO-Gutachten, den „zusammenhängenden Landschaftsraum des Elbbogens an der empfindlichsten Stelle“ zu zerteilen droht.
Nun würden viele Dresdner gerne ihre umstrittene Entscheidung zum Bau der Waldschlößchenbrücke wieder rückgängig machen. Sie bekunden dies auch demonstrativ durch Menschenketten und Protestmärsche. Jeden Montag protestiert seit Monaten schon regelmäßig die Dresdner Bürgerinitiative für den Erhalt des UNESCO-Weltkulturerbes gegen den Brückenbau. Unter die Protestierenden mischt sich auch schon mal Bundestagsvizepräsident Wolfgang Thierse.
Doch offensichtlich haben Gerichte mal wieder das letzte Wort: Im August 2007 stand der Brückenbau wieder einmal auf der Kippe – dank einer seltenen Fledermausart, der Hufeisennase. Das Verwaltungsgericht Dresden hatte den geplanten Baubeginn auf einen Eilantrag von Naturschützern hin gestoppt, weil die „Kleine Hufeisennase“ womöglich in ihrer Existenz gefährdet würde. Ob derartige Verschleppungsmanöver den gigantischen Brückenbau freilich stoppen können, ist eher fraglich.
Der erste Spatenstich für die angesichts heutiger Möglichkeiten viel zu grobe Stahlbetonbrücke im Elbtal zerstört die unglaubliche Kulturleistung der letzten Jahrhunderte: nämlich das behutsam entwickelte Zusammenspiel von Stadt, Strom und Landschaft, das Dresden zu einer der schönsten Städte der Welt gemacht hat.

Aussichtsplatz: Augustusbrücke . 01067 Dresden

0686 SN_Kunst & Architektur

DIE DRESDENER TABAKMOSCHEE

www.dresden-und-sachsen.de/dresden/yenidze.htm

Yenidze, Dresden

Wer erinnert sich noch daran, dass Dresden bis in die 30er Jahre des vergangenen Jahrhunderts das Tabakzentrum Deutschlands war? Ein Relikt jener Zeit ruft diese Epoche wach: Wann immer heutzutage im Streit der Bürger um den Bau neuer Moscheen das Argument fällt, man könne dem Stadtbild keine so hohen, so auffallenden Minarette zumuten, fällt der Name Yenidze, eine im Stil einer Moschee erbaute Tabakfabrik. Als der Tabakfabrikant Hugo Zietz Anfang des 20. Jahrhunderts seine Fabrik in Dresden errichten ließ, galt er als exzentrisch, wurde angefeindet. Architekt Martin Hammitzsch wurde seinerzeit sogar wegen seines umstrittenen Entwurfs aus der Reichsarchitektenkammer ausgeschlossen.
Hugo Zietz, der bedeutendste Zigarettenfabrikant dieser Epoche, hatte die Idee zu dieser Moschee-Fabrik während einer seiner Reisen in den Orient. Benannt wurde die Fabrik-Moschee nach Yenidze, dem türkischen Anbaugebiet der Tabaksorte, die

er verarbeiten ließ. Er wollte hiermit in Dresden einen Kontrapunkt zu den barocken Prachtbauten der sächsischen Könige setzen. Seine Fabrik war in vielerlei Hinsicht etwas ganz Besonderes: Ihr Stil war in Deutschland einmalig, ihre Skelett-Konstruktion aus Stahlbeton eine Novität, das maurische Ensemble mit 600 unterschiedlich gestalteten Fenster ein grandioses Kunstwerk. Hier wurden von etwa 1.500 Arbeitern Orientzigaretten wie Salem, Mogul, Murad oder Fatima hergestellt – in lichten, hellen Räumen, gut belüftet und staubfrei. Unter einer 20 Meter hohen Kuppel, deren Form und Größe angelehnt an die Kalifengräber Kairos war. Im Krieg zerstört, wurde sie in den 80er Jahren wieder aufgebaut. Zu DDR-Zeiten wurden hier die legendäre Zigarettenmarken f6 oder Karo hergestellt.
Heute sind in der Yenidze Büros und Geschäfte untergebracht, die Glaskuppel schützt eine Bühne für Märchenlesungen und Bauchtanzvorführungen, und oben, von der Dachterrasse der Tabakmoschee, hat man bei einem Kaffee den schönsten Blick auf Dresden und das Elbtal.

Yenidze . Magdeburger Straße . 01067 Dresden

0687 SN_Lifestyle & Szene

DER SCHÖNSTE MILCHLADEN DER WELT

Telefon: 0351/808080
www.pfunds.de

Molkerei Pfund, Dresden

Schon am Geruch ist er zu erkennen, dieser wunderbare, üppig mit Art-Déco-Fliesen an Wand und Decken ausgestattete Milchladen auf Dresdens Bautzner Straße, am Rande der szenigen Neustadt. Blütenduft vermischt sich hier mit einem Hauch von Mandel und Milch. Das nur zart angedeutete Odeur von ausgereiftem Käse wird vom Geruch frischgebackener Baguettes überlagert. Das Aroma dringt bis auf die Straße. Doch erst wenn sich die Eingangstür öffnet, gesellt sich zu den Düften auch noch ein Augenschmaus, in Pfunds Molkerei, dem schönsten Milchladen der Welt. Behauptet jedenfalls das Guinness-Buch der Rekorde.
Gegründet wurde das in seiner ursprünglichen Bauweise erhaltene Geschäft von Landwirt Paul Gustav Leander Pfund, der 1879 mit Frau, sechs Kühen und ebenso vielen Schweinen nach Dresden zog. Sein Ziel war es, die Städter mit hygienisch einwandfreier Milch zu beliefern. Damals kam die Milch noch tagtäglich von den Dörfern der Umgebung auf offenen Wagen schlecht gekühlt in die Stadt. Der spätere Geheimrat Pfund ließ seine Kühe direkt hinter dem Verkaufsraum seines ersten Lädchens melken. Die neugierige Kundschaft drückte sich die Nasen am Ladenfenster platt, um dieses seltene Schauspiel nicht zu verpassen. Pfunds Geschäftsmodell hatte Erfolg, der Betrieb war bald zu klein und wurde in die Bautzner Straße verlegt. Mit seiner hinreißend schönen Art-Déco-Ausstattung ist er noch heute eine Augenweide. In einem Café/Restaurant können ungewohnte Köstlichkeiten wie sächsische Weine oder Kuh-, Ziegen- und Schafsmilch aus eigener Produktion gekostet werden.

Dresdner Molkerei Gebrüder Pfund GmbH. Bautzner Straße 79. 01099 Dresden

DER FÜRST, DER GARTEN UND DIE TORTE

Telefon: 035771-52010
www.muskauer-park.de

Fürst-Pückler-Park, Bad Muskau

Berühmter als der Fürst ist heutzutage die nach ihm benannte Eissorte. Doch Hermann Fürst von Pückler-Muskau (1785–1871) liebte weniger die Schleckerei als vielmehr die Gartenbaukunst. Idyllisch und phantasievoll ließ er eine der romantischsten Garten- und Parkanlagen nördlich von Görlitz anlegen, dort, wo die Neiße diesen Landschaftspark durchfließt. Inzwischen trennt ihn die deutsch-polnische Grenze. Der Muskauer Park / Park Muzakowski, wie er heute heißt, gilt als der wohl schönste auf dem Kontinent und wurde im Sommer 2004 in die Liste des Weltkulturerbes der UNESCO aufgenommen. Etwa 830 Hektar ist das Gelände groß, auf dem Fürst Pückler seine Gartenleidenschaft auslebte. Der Schloss-, Bade- und Bergparkteil ist auf deutscher Seite angesiedelt. Auf polnischer der Unterpark und die Braunsdorfer Felder. Alles nach wie vor basierend auf den Plänen des Fürsten von Pückler-Muskau. Der hatte 1811 die Standesherrschaft in der Oberlausitz geerbt, hätte eigentlich ein komfortables Adelsleben führen können. Doch die Gestaltung des Parks, die Umgestaltung des Neißetales und der angrenzenden Höhen faszinierten ihn dermaßen, dass sie ihn in den Ruin trieben. 1845 musste er Muskau verkaufen, zog sich mit seiner Gattin Lucie auf einen Erbbesitz bei Cottbus zurück. Und was tat er dort? Er verwandelte das Gelände in einen Landschaftspark.

Das Schloss des Fürsten Pückler im Park von Bad Muskau, dem größten Landschaftspark Zentraleuropas im englischen Stil

Was übrigens die nach ihm benannte Eissorte betrifft, so versteht man darunter Erdbeer-, Vanille- und Schokoladeneis zu einem viereckigen Eiskuchen geformt. Er wurde zwar nach dem Fürsten benannt, ist aber nicht seine Erfindung, sondern die eines Berliner Konditors, der zu seiner Zeit lebte. Unverbürgt und unbestätigt ist das Gerücht, der Fürst habe diese Eisvariation durch seinen Branitzer Konditor herstellen lassen und sie – um sein Geldsäckel aufzufüllen – an die Besucher seines Parks verkauft.

Stiftung „Fürst-Pückler-Park Bad Muskau" . Orangerie . 02953 Bad Muskau

0689 SN_Kunst & Architektur

JEDEN MONTAG – AUCH HEUTE NOCH

Telefon: 0341/9605270
www.nikolaikirche-leipzig.de

Nikolaikirche, Leipzig

Zu DDR-Zeiten war sie ein Hort der Hoffnung, des Gebetes und des Protestes. In ihrem Kirchenschiff versammelten sich seit Herbst 1982 die Dissidenten zum montäglichen Friedensgebet. Von hier aus nagte die Unsicherheit, der Umschwung am festgemauerten DDR-Wall. Auch heute noch finden hier zu aktuellen Anlässen Friedensgebete statt. Dabei kommt sie eher bescheiden daher, diese älteste Kirche mitten in der Leipziger Innenstadt. Wer sie heute betritt, hat Mühe, sich die Menschenmassen vorzustellen, die sich in diesen Jahren in und um die Kirche herum versammelten und ihrer Wut, ihrem Zorn auf ein ungerechtes, marodes System friedlich Ausdruck verliehen. Im Herbst 1989 wurde in der Nikolaikirche durch Gebete und Montagsdemonstrationen die friedliche Revolution eingeleitet, das Ende der DDR. Damals bot dieses Gotteshaus den geistlichen Freiraum für eine gewaltlose Revolution, die Mauern fallen ließ und sozialistische Grundfesten erschütterte.

Nikolaikirche . Nikolaikirchhof 3 . 04109 Leipzig

0690 SN_Kunst & Architektur

MUSEUM WALDENBURG

Telefon: 037608/22519
www.museum-waldenburg.de

Waldenburg, Sachsen

Ein Kind mit doppelter Hasenscharte in einem Glas mit Spiritus konserviert, ein präpariertes doppelköpfiges Kalb – das ist keine Beschreibung eines Horrorkabinetts, sondern ein winziger Ausschnitt aus der reichhaltigen Sammlung des Leipziger Apothekers Linck. Der hatte schon 1670 damit begonnen, „Kuriositäten" und „Naturalien" zu sammeln; Sohn und Enkel vervollständigten und pflegten die Sammlung die nächsten Jahrzehnte.

So entstand ein für die damalige Zeit typisches Naturalienkabinett. Durch die Entdeckung neuer Kontinente kamen bis dahin unbekannte Pflanzen und Objekte nach Europa. Die Wissenschaft begann, sich von den starren Vorschriften der Kirche und den antiken Vorbildern zu lösen. Neugier und Wissensdrang ließen in ganz Europa derartige Sammlungen entstehen. Die Sammlung Linck im Museum Waldenburg ist heute eines der ganz wenigen Kabinette, das die letzten 330 Jahre unbeschadet überstanden hat und somit noch im Originalzustand zu besichtigen ist.

Gefüllt mit wissenschaftlichen Kuriositäten strahlen die Museumsräume etwas Magisches aus. Da gibt es die Sammlung der wissenschaftlichen Instrumente mit einem Kopernikanischen Planetarium von Blaeu und weiteren von Kunsthandwerkern und Feinmechanikern gefertigten einmaligen Instrumenten wie zum Beispiel

das Tellurium.
Die Mineraliensammlung, vom Enkel Lincks nach Wallers System geordnet, steht neben der Fossiliensammlung, die den Besucher um Jahrmillionen in die Vergangenheit zurückversetzt.
Die botanischen Sammlungen geben Aufschluss darüber, wie in früheren Zeiten Pflanzensammlungen angelegt wurden und welcher Präparationstechniken man sich bediente. Am eindrucksvollsten sind die Linckschen Herbarien, eine 500 Blatt umfassende Sammlung getrockneter und alphabetisch geordneter Pflanzen in lederbezogenen Apothekerkästen.
Zur zoologischen Sammlung des Museums gehören nicht nur das doppelköpfige Kalb, sondern auch 260 Spirituspräparate von Fischen, Amphibien, Reptilien und anatomischen Besonderheiten.
Die Vogelsammlung der Lincks wurde später von Missionaren um exotische Vögel ergänzt.
Sogar eine echte Mumie im Sarkophag, etwa auf 500 v. Chr. datiert, wurde der Sammlung von Fürst Otto Victor von Schönburg-Waldenburg spendiert. 350 Taler soll sie 1846 gekostet haben.
Das Waldenburger Naturalienkabinett, eines der ältesten naturkundlichen Museen in Deutschland, ist eine kleine Entdeckungsreise wert.

Museum Waldenburg . Geschwister-Scholl-Platz 1 . 08396 Waldenburg

WELTRAUMGEEIGNETE UNTERHOSEN

Telefon: 0371/8449621
www.brunobanani.de

bruno banani factory store, Chemnitz

Der Weltraum – unendliche Weiten ... Kennen Sie noch den Vorspann von Raumschiff Enterprise? Aber was um alles in der Welt hat das jetzt mit Unterhosen zu tun? Noch dazu mit solchen, die bruno banani heißen? Ganz einfach: Die banani-Unterhosen haben besondere Grenzerfahrungen hinter sich. Das könnte man natürlich auch von so manch anderem Wäschestück behaupten. Die Exemplare der Gattung der gemeinen „banani" leben ein Wild Life der besonderen Art. Adventure-Gurus und Teams wurden auf Extrem-Touren mit bananis ausgestattet und die Hosen samt Trägern Hardcore-Belastungen ausgesetzt. Sie strotzten Stürmen, Raftings, Canyonings und wilden Tieren.
Aber die bananis wollten mehr. Viel mehr. Im Leben dieser Unterhosen sollte es den ultimativen Kick geben. Höher, weiter, schneller, lautete hier die Devise. Wie gesagt: Der Weltraum – unendliche Weiten ... Also dann erstmal ab zum Astro-Training auf die russische MIR. An Bord der Raumstation wurde Unterhose, ach was: „banani underwear" knallharten Belastungstests unterzogen. Des Extremen nicht genug, ging's danach auf den Meeresboden, auf 4000 Meter Tiefe. Selbstverständlich nicht irgendwohin, sondern wenn schon, denn schon: ins sagenumwobene Bermuda-Dreieck. (Wohnen da auch die hin und wieder unerklärlich verschwindenden

Socken?) Wie viel Druck kann eine Unterhose denn noch aushalten? Und vor allem, wie schnell kann sie sein? Im Forschungszentrum Jülich wurde „le banani“ erst einmal in ihre kleinstmöglichen Teile zerlegt und dann im Teilchenbeschleuniger auf sagenhafte 2.396.979,948 km/h gebracht. Knapp unter der Lichtgeschwindigkeit. Gehen Sie nach der Lektüre dieses Tipps kurz zu ihrem Kleiderschrank. Sprechen Sie ein paar leise, aufmunternde und vor allem lobende Worte mit Ihrem – Ihnen sicher ans Herz gewachsenen – „Normal-Exemplar“. Vielleicht tragen Sie es einmal mit sich zur Banani-Veranstaltung „Tag der offenen Tür – das Leben einer Unterhose“.

bruno banani factory store . Schloßstraße 12 . 09111 Chemnitz

0692 SN_Sport, Abenteuer & Technik

ABSEILEN, KRIECHEN, KLETTERN

Telefon: 035971/86997
www.klettermax-online.de

Höhlentour, Sächsische Schweiz

Nichts für Angsthasen und Menschen, die es in engen und dunklen Räumen nicht gut aushalten können ... aber eine Herausforderung für Abenteurer, die die „absolute“ Stille und Dunkelheit erleben wollen.
In den Höhlen der Sächsischen und Böhmischen Schweiz kann man so einiges erleben. Mit erfahrenen Führern, die sich bestens auskennen, gelangt man an ganz besondere Plätze im Inneren der Höhlen. Lernt etwas über die Entstehung und die Bewohner der Höhlen – die Fledermäuse und die Bilche.
Damit das ohne Risiko möglich ist, lernt man vorher, sich richtig abzuseilen, und übt das Kriechen und Kaminklettern. Für die einfacheren Höhlen ist man jetzt bestens vorbereitet, und wer Blut geleckt hat und mehr Nervenkitzel braucht, der kann ja wiederkommen und mehr lernen, um schwierigere Höhlen zu erkunden.

Kletterschule Klettermax . Höhenweg 18 . 01855 Ottendorf

0693 SN_Sport, Abenteuer & Technik

MIT VOLLGAS AUF DER ELBE DÜSEN

Telefon: 035024/71084
www.elbe-erleben.de

Höhlentour, Sächsische Schweiz

Mit einer Powerboot-Tour kann man die Flusslandschaft der Elbe fast wie im Flug kennenlernen! In einer Stunde von Stadt Wehlen nach Bad Schandau und zurück. Das ist nur eine der Touren, die man bei Spaßtours buchen kann ... Andere Tagestouren gehen bis nach Dresden.

Es muss aber nicht zwingend mit Vollgas sein, paddeln geht auch. Und wenn Sie beides wollen, nutzen Sie das Powerboot als Zubringer für Ihre Paddeltour.
Die Landschaft der Sächsischen Schweiz entlang der Elbe bietet verträumte Plätze zum Picknicken, und viele Biergärten an der Elbe laden zur Einkehr ein. Planen Sie Ihre Elbe-Tour einfach in dem Tempo, das Ihnen entspricht.

Villa Maria & Haus Sonneneck . Spaßtours . Mennickestraße 29 . 01829 Stadt Wehlen

0694 SN_Essen & Trinken

DAS KOFFERHOTEL

Telefon: 037383/6410
www.prellbock-bahnart.de

Zum Prellbock, Lunzenau

„Übernachten Sie doch einfach in unserem weltkleinsten, einzigartigen Kofftel ©", so die Aussage der Betreiber. Die Zusammenfassung von Hotel und Koffer: Kofftel. Das Angebot, das zunächst klein und überschaubar anmutet, entpuppt sich dann als kreatives Sammelsurium.
Abgesehen von der Möglichkeit, auf kleinem Raum günstig zu übernachten, gibt es unter dem Namen „Zum Prellbock" auch ein Eisenbahnmuseum, Veranstaltungen, Ausstellungen, eine Kneipe mit Pfiff ... Und bestimmt ist noch einiges mehr zu entdecken in diesem liebenswerten Familienbetrieb, der sich etwas einfallen lässt und mit Freude bei der Sache ist.

„Zum Prellbock" . Burgstädter Straße 1 . 09328 Lunzenau

0695 SN_Feste, Events & Veranstaltungen

KOSTÜM ERWÜNSCHT

Telefon: 03581/470529
www.altstadtfest-goerlitz.de

Altstadtfest Görlitz

Kaum zu glauben, aber Görlitz verwandelt sich für drei lange Tage mit großem Aufwand zu einer mittelalterlichen Stadt. Jahrmarkttreiben, Musikparaden ... Über 120 Stunden Programm auf 8 Bühnen werden in Form eines historischen Spektakels geboten. Die Gäste sind vorzugsweise verkleidet. Sie lachen, tanzen, singen und geben sich den mittelalterlichen Illusionen hin in Gewändern und Hüten vergangener Zeiten.
Dass die Görlitzer feiern, können hat sich herumgesprochen. Das Altstadtfest hat sich zu einem der größten Feste der Region entwickelt, ist gut besucht und sehr beliebt auch bei Gästen aus dem Ausland.

Musiktheater Oberlausitz / Niederschlesien GmbH
Kultur! Service . Demianiplatz 28 . 02826 Görlitz

DAS ACHTE WELTWUNDER

Telefon: 03765/392808
www.goeltzschtalbruecke.de

Göltzschtalbrücke, Netzschkau

Zwischen Plauen und Greiz, in der reizvollen Landschaft des Vogtlands, versperrt urplötzlich ein riesiges, rötliches Etwas den Blick in ein weites, sanftes Tal: Das achte Weltwunder, meinen manche. Andere sagen, das ist doch einfach nur eine Eisenbahnbrücke.

Zum Verständnis ein paar Fakten vorab: Es ist die größte Ziegelbrücke der Welt, über 26 Mio. Ziegelsteine wurden verbaut. In fünf Jahren Bauzeit, von 1846-1851, wurde sie 574 Meter lang und 78 Meter hoch und kostete mit ihren 81 Bögen damals 2,2 Mio. Taler. Und sie hält bis heute, wackelt nicht, bröckelt nicht – ein technisches Meisterwerk, ein Prachtstück der Ingenieurskunst.

Es ging um den Bau der Bahnstrecke Leipzig-Plauen-Hof-Nürnberg. Die sinnvollste Streckenführung über das Göltzschtal zwang die Verantwortlichen, sich über eine für das Jahr 1845 gewaltige Brückenkonstruktion Gedanken zu machen. Eine Ausschreibung für die Brückenkonstruktion brachte keinen Erfolg; alle eingereichten 81 Entwürfe besaßen keine zuverlässigen statischen Berechnungen über die Haltbarkeit und das Schwingungsverhalten der Brücke.

Also setzte sich der Leiter der Prüfungskommission, Prof. Andreas Schubert, selbst mit der Konstruktion und Berechnung der Eisenbahnbrücke auseinander. Rein aus Geldmangel musste er auf den Ziegel als Baustoff zurückgreifen. Und entwarf so diese einmalige Brücke. Bis 1851 wurde gebaut, etwa 1.700 Arbeiter waren mit dem Hochziehen des Bauwerks beschäftigt.

Wer die Göltzschtalbrücke einmal von Nahem betrachtet und gesehen hat, wie unscheinbar ein darüberfahrender Zug wirkt, ist schnell davon überzeugt, dass sie mehr ist als nur eine Eisenbahnbrücke.

Fremdenverkehrsverein „Nördliches Vogtland“ e. V. . Burg 1 . 08499 Mylau

---

STROMSCHNELLEN BEZWINGEN

Telefon: 034297/141291
www.kanupark-markkleeberg.com

Kanupark Markkleeberg

Wirklich nichts für Wasserscheue oder Nichtschwimmer, die Wildwasseranlagen am Markkleeberger See. Wer sich beim Wildwasser-Rafting den Walzen stellen und die Stromschnellen bezwingen will, der sollte sich schon ein wenig auskennen, was die

Risken und Gefahren des Wassersports angeht.
Als guter Schwimmer mit entsprechender Ausrüstung kann man hier allein oder im Team eine Menge wilden Wasserspaß haben.
Nach ein paar Paddelübungen und einer Einweisung an Land sind die Vorbereitungen abgeschlossen. Die nötige Neoprenbekleidung, eine Schwimmweste und den Sicherheitshelm kann man sich auch leihen. Moderne Bootsförderbänder sorgen dafür, dass der Höhenunterschied zwischen Start- und Zielbecken ohne Aussteigen während der Fahrt mit Leichtigkeit zu überwinden ist.
Es kann losgehen – jeder stellt sich auf seine Art den wilden Wassern.

Kanupark Markkleeberg . Wildwasserkehre 1 . 04416 Markkleeberg / OT Auenhain

0698 SN_Sport, Abenteuer & Technik

SO SCHÖN KANN BLAU SEIN

Telefon: 035955/73873
www.blaudruck-pulsnitz.de

Blaudruckwerkstatt, Pulsnitz

Seit Ende des 17. Jahrhunderts hat sich die Art und Weise des Blaudrucks kaum verändert. Es gibt noch einige Meister dieser besonderen Kunst, die nach den historisch überlieferten Arbeitschritten den Leinenstoff behandeln und mit Indigo-Überfärbung gestalten.
Begonnen wird mit der Reinigung des Stoffes in kochender Sodalösung. Danach wird das Muster abgedeckt mit einer breiigen Masse, Papp genannt. Jetzt werden die Model, das sind die Schätze eines jeden Blaudruckers, eingesetzt. Nach dem Färben mit Indigofarbe wird der Stoff in verdünnter Schwefelsäure gespült und getrocknet. Danach erscheinen die Muster oder Dekors strahlend weiß auf blauem Grund.
Diese Stoffe werden sowohl als Meterware wie auch als fertiggenähte Gardinen, Vorhänge und Tischdecken verkauft.

Blaudruckwerkstatt Alfred Thieme . Bachstraße 7 . 01896 Pulsnitz

0699 SN_Kunst & Architektur

DER GLÄSERNE MENSCH

Telefon: 0351/48460
www.dhmd.de

Hygiene-Museum, Dresden

Wer nach Dresden kommt, hat meistens schon einen übervollen Besichtigungs- und Besuchsplan. Dennoch: Den Besuch im Deutschen Hygiene-Museum sollte man irgendwie noch hinbekommen. Auch wenn der Name eher an zu scharfe Putz-

mittel erinnert, die Allergien auslösen, hat das Hygiene-Museum damit nichts zu tun.
Hier steht nämlich der Mensch im Mittelpunkt der Betrachtung, wie schon das berühmteste Schauobjekt des Museums, der „Gläserne Mensch“, verdeutlicht. Hirnforschung, Nanotechnologie, Reproduktionsmedizin sind Ausstellungs- und Arbeitsschwerpunkte der letzten Jahre.
Aber auch eine Ausstellung, die eine „Erlebnisreise zum eigenen Körper und zum eigenen Ich, seinen Gedanken und Gefühlen“ verspricht, ist im Museum anzuschauen.
Man sollte es gesehen haben.

Deutsches Hygiene-Museum . Lingnerplatz 1 . 01069 Dresden

DIE DEM KAISER TROTZTEN

Telefon: 03581/671410
www.museum-goerlitz.de

Kaisertrutz, Görlitz

Görlitz musste sich in früheren Zeiten besonders schützen und verteidigen. Dafür baute man insgesamt 32 Befestigungsanlagen. Um die wichtige Handelsstraße „Via Regia“ zu sichern, errichtete man 1490 noch eine vorgelagerte Bastion, das „große Reichenbacher Rondell“. Weil 1641 wegen dieser Befestigung die Stadt den kaiserlichen und sächsischen Truppen trotzen konnte und nicht eingenommen wurde, erhielt die Befestigungsanlage den Namen „Kaisertrutz“. So einfach ist das manchmal mit den Namen.
Heute sind von den Befestigungsanlagen nur noch vier erhalten, darunter die Kaisertrutz. Heute ist das beeindruckend wehrhafte Gebäude mitten in der Stadt ein Teil des Kulturhistorischen Museums.

Kaisertrutz . Platz des 17. Juni 1 . 02826 Görlitz

0701 RP_Essen & Trinken

DER KRÄUTERKOCH

Restaurant Vieux Sinzig

Telefon: 02642/42757
www.vieux-sinzig.com

Pimpernelle, Sauerampfer oder Lindenblüten ... Alles dreht sich im Restaurant Vieux Sinzig um Kräuter, gemäß der Philosophie des Küchenchefs Jean-Marie Dumaine: „Natur erleben und genießen". Jedoch sind es nicht irgendwelche Kräuter- und Gewürzzutaten von weit her, sondern Kräuter von Wiesen und Feldern seiner Eifelregion, dort wo die Ahr in den Rhein mündet.
In der Normandie geboren, arbeitete er zunächst als Koch in seiner Heimat. 1979 gründete er mit seiner Frau Colette das Restaurant Vieux Sinzig; 2000 war die Eröffnung des neuen Restaurants Vieux Sinzig, das die Philosophie des Maître Cuisinier konsequent weiterverfolgt. Im Zentrum des Speiseraums, in dem ca. 60 Gäste Platz finden, öffnet sich ein Naturgarten, in dem Sauerampfer, Liebstöckel, Gundermann und drei Dutzend weitere Wildkräuter gepflegt werden, die Eingang finden in die Créations von Jean-Marie Dumaine: Artischockentarte mit Kohldistel und Distelblüten, Knusprige Ente mit Kamille und Ananaskompott, Gegrilltes Gemüse, Klebreis in Knöterichbambus gefüllt, Löwenzahn-Tiramisu mit Gewürzkirschen.
Kein Posten der Speisekarte des Vieux Sinzig deutet jedoch auf ein übereiltes Vorpreschen in die Avantgarde der Kochtöpfe hin. Vielmehr wird der Gast häufig überrascht von längst vergessen geglaubten Geschmacksnoten und Genüssen.
Die Logenplätze des Restaurants bieten einen direkten Blick in die Küche, in der das Menü zubereitet wird, um dann von Colette Dumaine in der Tracht ihrer normannischen Heimat serviert zu werden.
Feinschmeckerparadies am Rhein!

Restaurant Vieux Sinzig . Kölner Straße 6 . 53489 Sinzig

0702 RP_Feste, Events & Veranstaltungen

MATSCHE, LOVE UND HAPPINESS

Rock am Ring, Frankfurt

Telefon: 069/9562020
www.rock-am-ring.com

Das mehrtägige Musikfestival auf der Rennstrecke am Nürburgring in der Eifel ist das größte seiner Art in Deutschland. 1985 dröhnten erstmals Lautsprecher statt Motoren. Die Veranstaltung war ursprünglich als ein einmaliges Event gedacht, aufgrund des großen Erfolges (75.000 Zuschauer) entschloss man sich jedoch, sie jedes Jahr stattfinden zu lassen. 1991 ging das größte deutsche Rockfestival dann nach einer zweijährigen Pause mit einem überarbeiteten Konzept wieder an den Start. Der Schwerpunkt wird nun eher auf Newcomer gelegt; einige der damals unbekannten Künstler gehören heute zu den Großen im Geschäft. Das Line-up liest

sich wie ein Who's Who der letzten 20 Jahre Rockmusikgeschichte: U2, INXS, Bruce Springsteen, David Bowie, Pearl Jam, Aerosmith und, und, und.
Die meisten Festivalbesucher campen auf dem Gelände und lassen so einen Hauch von Woodstock über die Rennstrecke wehen, inklusive der bei solchen Anlässen unvermeidlichen Matsche nach Regenfällen. Was immer wieder zu den beeindruckenden Fotos in der Presse führt, auf denen von oben bis unten mit Schlamm bedeckte Fans überglücklich grinsen.

Marek Lieberberg Konzertagentur . Mörikestraße 14 . 60320 Frankfurt

0703 RP_Sport, Abenteuer & Technik

DA FLIESST BENZIN DURCH DIE ADERN

Telefon: 02691/302602
www.erlebnis-welt-nuerburgring.de

Erlebnis-Welt, Nürburgring

Nürburgring

Mächtige Motoren und schnittige Karossen – Rennfieber liegt in der Luft beim Eintauchen in die faszinierende Geschichte der wohl berühmtesten und berüchtigtsten Rennstrecke der Welt, die als „grüne Hölle" lange Zeit als die schwierigste Grand-Prix-Rennstrecke überhaupt galt. Da fließt dann kein Blut durch die Adern, sondern reines Benzin. Durch den Speed-Tunnel geht es hinein in eine PS-geladene Show mit Kinnlade-Herunterklapp-Garantie: antike und moderne Rennwagen, vom Zweitakt-Oldtimer bis zum Ferrari GTO im Versicherungswert von 10 Mio. €. Motorräder und Trucks sind zu sehen sowie im Panoramakino ein Film, der in genau sechs Minuten und 58 Sekunden (die Zeit der schnellsten Fahrt über die alte Nordschleife) die Vergangenheit wieder zum Leben erweckt. Dazu gibt es den einzigen vollbeweglichen Playstation-GT4-Simulator Deutschlands mit unvergesslichen virtuellen Fahrerlebnissen. Oder den Fliehkraft-Simulator. Hinter seinem harmlosen Namen verbirgt sich ein überdimensionaler Rotor, in dem die Passagiere ähnliche Flieh- und Seitenkräfte erleben wie die Rennfahrer in den Kurven der Nordschleife. Ein Gefühl, das buchstäblich an allen Sinnen zerrt – nichts für Zartbesaitete. Wem das noch nicht reicht, kann auf der Indoor-Kartbahn in Halle 4 selbst fahren. Bruummbrummbrumm.

Erlebnis-Welt am Nürburgring . 53520 Nürburg

BEGEHBARE GESCHICHTE

Karl-Marx-Geburtshaus, Trier

Telefon: 0651/970680
www.museum-karl-marx-haus.de

In Chemnitz, früher „Karl-Marx-Stadt", liegt sein Kopf mit dem Rauschebart noch riesengroß an einer ehemalig sozialistischen Einheitsallee herum. Das Geburtshaus des politischen Führers steht allerdings in Trier – ein barockes Wohnhaus, das 1727 errichtet wurde. (Also war der Herr Marx eigentlich ein Wessi, aber wir wollen ja nicht spitzfindig sein.) Alles über sein Leben und die Geschichte des Hauses gibt es hier in einem 2005 völlig neu überarbeiteten Ausstellungsprojekt. Aber hier herrscht nicht nur das übliche „Friede, Freude, Eierkuchen", vielmehr widmet sich die Ausstellung auch Marx' Gegnern und setzt sich mit seinem Wirken durchaus kritisch auseinander. Das Museum wird von der SPD-nahen Friedrich-Ebert-Stiftung betrieben. Ach so, geboren wurde Karl Marx genau hier, am 5. Mai 1818.

Karl-Marx-Geburtshaus . Brückenstraße 10 . 54290 Trier

SCHON DER EINGANG IST EIN „PARADIES"

Liebfrauenkirche, Trier

Telefon:0651/75801
www.trierer-dom.de

Unmittelbar neben dem Trierer Dom steht die älteste gotische Kirche in Deutschland. Die Liebfrauenkirche war bereits einige Jahre im Bau, als unter Erzbischof Theoderich von Wied die finanziellen Mittel ausgingen. Daraufhin führte der Erzbischof Konrad von Hochstaden im Jahre 1243 in seiner Diözese Köln eine Kollekte durch, die die Fortsetzung des Trierer Baus ermöglichte. Gegen 1260 wurde die Kirche dann fertig.

Einige Besonderheiten sind augenscheinlich: So ist der kreuzförmige Grundriss genauso bemerkenswert wie das Fehlen einer eigentlichen Fassade. Der Eingang zur Kirche ist heute das Nordportal, das sogenannte „Paradies", benannt nach den symbolhaften Pflanzen an den Portalwänden. Im Inneren der Kirche beeindrucken die Schlichtheit und die Schlankheit der Säulen. Das ursprüngliche Inventar ist fast vollständig zerstört worden. Nach dem Zweiten Weltkrieg wurde von Rudolf Schwarz eine Altarinsel eingerichtet.

Liebfrauenkirche . Domfreihof . 54290 Trier

EINST STADTTOR, DANN KIRCHE, JETZT DENKMAL

Telefon: 0651/978080
www.erlebnisfuehrungen.de

Das schwarze Tor – die Porta Nigra, Trier

Porta Nigra in Trier

Mit der Porta Nigra besitzt Trier eines der besterhaltenen Stadttore aus der Römerzeit. Es gehört zum Weltkulturerbe der UNESCO und ist das Wahrzeichen der Stadt Trier. Der Name Porta Nigra stammt aus dem Mittelalter, weil die Sandsteine mit der Zeit verwitterten und dunkel wurden. Die Römer nannten es noch Porta Martis (das Tor des Mars). Wie bei vielen historischen Denkmälern sieht man auch hier: So richtig fertig sind die Baumeister von damals nicht geworden, was in Anbetracht der technischen Meisterleistungen, durchgeführt mit aus heutiger Sicht eher einfachen Mitteln, auch kein Wunder ist. Anhand der Steinmetz-Marken an den Sandsteinquadern (die größten wiegen sechs Tonnen) hat man eine Rohbauzeit von zwei bis vier Jahren errechnet, fertig wurde die Porta allerdings nie. Beispielsweise sind die Bohrungen für die Türangeln der Tore schon vorgefertigt worden, bewegliche große Türen wurden aber niemals eingebaut.

Die auf der Fassade der Landseite vorgelagerten Halbsäulen sind im völlig rohen Zustand belassen worden. Die Löcher, die mittelalterliche Metallräuber hinterließen, als sie die beim Bau verwendeten Eisenklammern und Bleivergüsse zur Wiederverwendung herausbrachen, verstärken den unfertigen Eindruck noch.

Der Trierer Erzbischof Poppo von Babenberg ließ 1035 auf dem Gemäuer die Simeonskirche errichten, benannt nach einem Einsiedler, der sich in das antike Gemäuer zurückgezogen hatte und dort verstarb. Immer wieder folgten Umbauten, bis im 18. Jahrhundert die mittelalterliche Simeonskirche auf schwülstig-barock herausgeputzt wurde. Doch der Glanz war nicht von langer Dauer. Während der französischen Revolution plünderten die Revolutionstruppen und rissen Dächer und Fenster ein. Übrig blieb eine Kirchenruine, die durch Wind und Wetter zusehends verfiel. Dann kamen die Preußen nach Trier und haben ihrem Ruf entsprechend ordentlich aufgeräumt.

Zwischen 1817 und 1819 wurde die ruinöse Kirche abgetragen und der römische Kern wieder freigelegt. Von der Kirche blieb lediglich der Chor übrig, wo einst die Einsiedlerzelle des heiligen Simeon gewesen ist. Und die kann man heute noch sehen.

Tiefes Eintauchen in die Geschichte des Tores ermöglicht ein echter Zenturio in seiner Paraderüstung bei der Römischen Erlebnisführung „Das Geheimnis der Porta Nigra“. Die Führung ist jedoch leider nicht geeignet für Kinder unter 10 Jahren sowie für Menschen mit Gehbehinderung: Die Treppen sind zu steil, denn die Römer haben keinen Aufzug eingebaut – oder wurde er nur nicht fertig?

Tourist-Information Trier Stadt und Land e. V. . An der Porta Nigra . 54290 Trier

0707 RP_Kunst & Architektur

DER HEILIGE ROCK UND ANDERE RELIQUIEN

Telefon: 0651/979079-0
www.trierer-dom.de

Trierer Dom

Für manche kann auch Rockmusik heilig sein, hier ist allerdings die Tunika Christi gemeint, die kostbarste Reliquie des Trierer Domes. Der Überlieferung nach brachte die Kaisermutter Helena das ungeteilte Gewand Christi nach Trier. Erstmals erwähnt wird der Heilige Rock im 11. Jahrhundert; sicher belegt ist seine Geschichte erst ab dem 12. Jahrhundert: Am 1. Mai 1196 wurde er vom Westchor in den neuen Altar des Ostchors gebracht.

Dom in Trier

Seit der Domrenovierung 1974 wird der Heilige Rock in seinem Holzschrein aus dem Jahre 1891 liegend unter einem klimatisierten Glasschrein aufbewahrt. Selbst während einer großen Wallfahrt ist die Reliquie aber nicht sichtbar, damit sie keinen Schaden nimmt. Die Echtheit des Rocks wurde nie nachgewiesen; was zählt, ist die Symbolik.
Der Trierer Dom ist die älteste Kirche Deutschland. Seit 1.700 Jahren ist sie fast ununterbrochen Ort der Versammlung der christlichen Gemeinde, Ort des Gottesdienstes und Sitz des Bischofs von Trier. Im Trierer Dom sind alle Epochen der europäischen Kunst- und Baugeschichte vereint. Wegen seiner herausragenden Bedeutung für die Menschheit wurde der Dom 1986 in die Liste des UNESCO-Weltkulturerbes aufgenommen.
Am besten erschließt sich die Faszination des Domes und seiner Geheimnisse während einer der hervorragenden professionellen Führungen.

Trierer Dom . Liebfrauenstraße 12/Ecke Domfreihof . 54290 Trier

DIE ENTDECKUNG DER LANGSAMKEIT

Telefon: 06504/950460
www.hunsruecktouristik.de

Hunsrückhöhenstraße, Deuselbach

Eine kilometerweite wunderschöne Aussicht gibt es auf der Hunsrückhöhenstraße, die quer über den Hunsrück führt. 157 Kilometer von Saarburg bei Trier über Zerf, Kell am See, Reinsfeld, Hermeskeil, Thalfang, Morbach, Hahn, Kappel, Kastellaun und Emmelshausen nach Koblenz. Als Orientierung gilt der Verlauf der heutigen B 327 und der B 407. Die Hunsrückhöhenstraße ist aber weit mehr als ein Asphaltband durch wunderschöne Natur. Nehmen wir zum Beispiel die Entstehung der Straße. Daran will eigentlich niemand so richtig erinnert werden. Als militärisch-strategische Aufmarschstraße zur deutsch-französischen Grenze (Westwall) wurde sie in den Jahren 1938 und 1939 auf Befehl von Hermann Göring, dem morphiumsüchtigen Reichsmarschall, in kürzester Zeit von Koblenz bis zur Saar durch die Organisation Todt erbaut. Dabei wurden viele keltische Hügelgräber entdeckt, die meisten aber, entgegen der nationalsozialistischen Liebe für deutsche Geschichte, zerstört. Sie waren schlichtweg dem schnellen Baufortschritt (140 km in nur 100 Tagen) im Wege. Vor den Nazis hatten schon die Römer auf Teilstrecken eine Militärstraße unterhalten.
Heute weist kein Schild mehr darauf hin, nicht einmal auf die Hunsrückhöhenstraße selbst. Vielleicht soll man diese beruhigende Landschaft nicht entdecken, durch die man hier rollen kann, vor allem, wenn man kein besonderes Ziel hat. Entdeckungen sind zum Beispiel die Flugausstellung in Hermeskeil mit über 100 Originalflugzeugen oder das familiengeführte Deutsche Telefonmuseum in Morbach. Oder, und hier hört die Langsamkeit wieder auf, man muss mal eben mit einem Billigflieger irgendwohin jetten, denn an der Strecke liegt auch der Flughafen Hahn, gerne auch Frankfurt-Hahn genannt, obwohl Frankfurt 90 Minuten Busfahrt entfernt ist.

Hunsrück-Touristik . Hunsrückhaus . 54411 Deuselbach

JETZT NEU: NOCH MEHR LANDSCHAFT!

Telefon: 06503/9214-0
www.saar-hunsrueck-steig.de

Saar-Hunsrück-Steig, Hermeskeil

180 Kilometer. Nicht in der Stunde, sondern am besten in einer Woche. Besser in 10 Tagen. Der neue Saar-Hunsrück-Steig (eröffnet im Mai 2007) ist ein Wanderhighlight für Entdecker und Abenteurer. Auf der rund 180 Kilometer langen Strecke von der Saarschleife (wer hier nicht auf den Auslöser drückt, wird nie fotografieren) in

Mettlach bis in die Edelsteinstadt Idar-Oberstein oder in die Römerstadt Trier zählt nur eines: Natur! Wein- und Flusslandschaften an Saar; Mosel und Nahe wetteifern mit den waldreichen Höhenzügen und Bergkämmen im Hunsrück. Verschlungene Pfade durch romantische Bachtäler und geheimnisvolle Wälder, über steile Felsen und lichte Streuobstwiesen verbinden so das Saarland mit Rheinland-Pfalz.
Markante Punkte sind der größte keltische Ringwall Mitteleuropas im saarländischen Otzenhausen und der höchste Berg von Rheinland-Pfalz, der 818 Meter hohe Erbeskopf. Außerdem liegt mit Trier die älteste Stadt Deutschlands auf der Strecke.
Der Steig, den man am besten in Teilabschnitten erobert ist gut ausgeschildert, und an jedem Schilderkreuz ist für alle Fälle auch eine Telefon-Hotline angegeben. Praktisch: Es gibt ein fertig ausgearbeitetes 10-tägiges Wanderprogramm inklusive Übernachtung und Wanderkarte.

Naturpark Saar-Hunsrück e. V. . Trierer Straße 51 . 54411 Hermeskeil

0710 RP_Gärten, Parks & Landschaften

DREI DUNKLE, TIEFE SEEN MIT WELTRUHM

Telefon: 06592/95130
www.daun.de

Dauner Maare – die Kraterseen der Eifel, Daun

Vulkanische Seen Dauner Maare

Das Weinfelder Maar, volkstümlich auch Totenmaar genannt, ist einer der schönsten Kraterseen der Eifel und liegt rund zwei Kilometer südöstlich der Stadt Daun. Da Schafherden damals alles kahl fraßen, gab es nur die Kapelle (14. Jahrhundert) und den Kirchhof zu sehen. Das ehemalige Dorf Weinfeld wurde nämlich im 16. Jahrhundert (1512 letzte urkundliche Erwähnung) infolge der Pest verlassen. So kam das Maar zu seinem düsteren Namen.
Ein Maar (von lateinisch „mare“ = „die See“, „das Meer“) ist eine kraterförmige Vertiefung, die durch vulkanische Gasexplosionen entstand. Diese Krater füllen sich mit Wasser oder eben nicht (Trockenmaar). Beides ist typisch für die Vulkaneifel.
Das Totenmaar ist rund 10.500 Jahre alt, rund 525 Meter lang, 375 Meter breit und 51 Meter tief. Es liegt 484 Meter hoch. Etliche Sagen ranken sich um diesen stillen Ort, die es zu entdecken gilt.
Das Schalkenmehrener Maar liegt 3 km südöstlich der Stadt Daun und ist ein Dop-

pelmaar, bestehend aus dem westlichen Maarsee und dem östlichen Trockenmaar. Das Gemündener Maar ist das nördlichste der drei Dauner Maare, in unmittelbarer Nähe des Dauner Ortsteils Gemünden und ca. 1,5 km südlich von Daun gelegen. Teile des Sees werden im Sommer als Freibad genutzt, was das Maarumfeld als Naturschutzgebiet stark beeinträchtigt.

Tourist-Information Daun . Leopoldstraße 5 . 54550 Daun

0711 RP_Gärten, Parks & Landschaften

LUFT, WASSER UND RADSPORT

Telefon: 06591/13180
www.gerolstein-eifel.de

Gerolstein

Tief einatmen! Riechen Sie etwas? Nichts? Ja, genau, reine, saubere Luft, die gibt es in Gerolstein, dem staatlich anerkannten Fremdenverkehrs- und Luftkurort inmitten der Vulkaneifel. Ein paar mächtige Dolomitfelsen mit so lustigen Namen wie Auberg, Munterley, Hustley und Heiligenstein unmittelbar am Stadtrand, und fertig ist eine der attraktivsten Tallandschaften am Oberlauf der Kyll. Sogar die Ruinen einer alten Burg sind zu finden.
Außerdem kommt von hier der Gerolsteiner Sprudel, ein weltweit bekannter alkalischer Säuerling (gut gegen Sodbrennen).
Unter Geologen gilt Gerolstein mit seinem Umland als ein Mekka für Fossilienkundler. Dem tragen das neue Geologisch-Paläontologische Museum mit umfangeichen erdgeschichtlichen Sammlungen und ein weitläufiger GEO-Park mit Aufschlusspunkten aller Erdzeitalter Rechnung. Gefunden wurden Brachiopoden (Armfüßler), Korallen und Seelilienstiele. Ganze Seelilien (Crinoiden), die zu den gesuchtesten und schönsten Versteinerungen gehören, sind vereinzelte Zufallsfunde.

Touristik - und Wirtschaftsförderung Gerolsteiner Land GmbH . Kyllweg 1 . 54568 Gerolstein

0712 RP_Natur & Tiere

DIE BURG DER FALKEN UND WÖLFE

www.adler-wolfspark.de

Adler und Wolfspark Kasselburg

Rund um die spätmittelalterliche Befestigungsanlage der Kasselburg, mit ihrem weithin sichtbaren 37 Meter hohen Doppelturm, ist heute ein Greifvogel- und Wolfspark untergebracht, ein lohnendes Ausflugsziel für die ganze Familie. Wüsten-

bussard „Juanita“ und Adler „Wotan“, Mönchsgeier und Schneeeulen leben dort in den Gemäuern der alten Stauffenburg.
Unbedingt sollten die Besucher die Flugwiese vor der Kasselburg besuchen. Majestätisch einschwebende Bussarde und pfeilschnelle Falken sind die Attraktionen der Flugvorführungen, die täglich um 11 Uhr und 15 Uhr stattfinden. Zum Abschluss der Vorführung darf das flaumweiche Federkleid der Schneeeule gestreichelt werden.
Zum 20 Hektar großen Park gehört auch die Wolfsschlucht, die dem größten Wolfsrudel Westeuropas einen Lebensraum bietet. Bei der täglich um 15.45 Uhr (ab 1.11. bis 28.2. um 15 Uhr) stattfindenden Fütterung können die Besucher aus unmittelbarer Nähe das strenge Rudelverhalten innerhalb der Wolfshierarchie beobachten.

Adler und Wolfspark Kasselburg . 54570 Pelm

0713 RP_Sport, Abenteuer & Technik

BAGGERN IN DER LAVAGRUBE

Telefon: 06593/980830
www.baggerfahren-lernen.de

Baggerfahren lernen, Oberbettingen

Es sieht beinahe so aus, als wäre man auf dem Mond, nur ist es nicht ganz so weit weg von zu Hause. Und Luft gibt es natürlich auch, zum Glück. Und weil auch die Erdanziehungskraft noch da ist, wo sie hingehört, fällt der Dreck aus der Baggerschaufel genau dorthin, wo man ihn haben will. Es brummt und vibriert unter den vier Buchstaben. Den Steuerknüppel des 24-Tonnen-Monsters mit den Riesenzähnen hält man fest in der Hand. Wo sollen die Stahlzähne als nächstes zubeißen und ein Loch reißen? Hier. Warum nicht?! Man lässt die Schaufel einen Graben ziehen, hebt sie sachte an und lässt den Schotter nur eine halbe Drehung weiter wieder aus dem Riesenmaul rieseln. So geht das. So wird gebaggert. So ist das schön.
Bei Bodo Schönecker in der Lavagrube bei Walsdorf lernt man richtig Bagger fahren. Neben Sandkastenspielen für Jung und Alt auf einem extra dafür angelegten Gelände wird der Arbeitseinsatz simuliert, die Technik fachmännisch erläutert und die Arbeitsweise der jeweiligen Fahrzeuge genau erklärt. Zwei Baumaschinen stehen zur Verfügung: die kleine 5 Tonnen, der große Kettenbagger 24 Tonnen schwer. Mühelos und millimetergenau (etwas später) lassen sich die PS-starken Arbeitstiere auch von Anfängern bewegen. In wenigen Minuten ist jeder so weit, dass er den Löffel seines Baggers vollbekommt.
Wem nach getaner „Arbeit“ im langsamen Bagger der Sinn nach Geschwindigkeit steht, der kann in der Grube auf dem vierrädrigen Quad oder im Offroad-Buggy so richtig Gas geben, um Kurven driften und Staub aufwirbeln. Und wenn man nach meterhohen Sprüngen endlich wieder zum Landeanflug ansetzt, ist man froh, dass der Mond fern ist, die Erde aber immer näher kommt ...

Bodo Schönecker . In den Büdden 9b . 54578 Oberbettingen

DER BERÜHMTESTE MAINZER

Telefon: 06131/122503
www.gutenberg-museum.de

Das Gutenberg-Museum, Mainz

Im Jahr 1900, zum 500. Geburtstag von Johannes Gutenberg, wurde eines der ältesten Druckmuseen gegründet. Johannes Gutenberg (1400–1468), der Erfinder des Buchdrucks mit beweglichen Einzellettern, stammte aus dem Mainzer Patriziergeschlecht der Gensfleisch. In Straßburg begann er mit den ersten Druckversuchen, 1445 vollendete er sie in Mainz.
Das Museum für Buch-, Druck- und Schriftgeschichte aller Kulturen liegt gegenüber dem Mainzer Dom im Zentrum der Altstadt. Die Abteilungen Drucktechnik, Buchkunst, Akzidenzen und Exlibris, Grafik und Plakate, Papier, Schriftgeschichte sowie moderne Künstlerbücher geben einen Überblick über die Entstehung der Schrift und des Druckens und deren Wandel bis in die Gegenwart.
Die größte Kostbarkeit des Museums ist aber ohne Zweifel die weltberühmte 42-zeilige Gutenberg-Bibel. Das zweibändige Werk mit seinen insgesamt 1.282 Seiten gilt als der Höhepunkt des Schaffens von Johannes Gutenberg, des weltberühmten Sohnes der Stadt Mainz. Heute existieren nur noch 48 der ursprünglich 180 Exemplare der Gutenberg-Bibel; zwei der kostbaren Raritäten befinden sich im Besitz des Museums.

Gutenberg-Museum Mainz . Museum für Buch-, Druck- und Schriftgeschichte .
Liebfrauenplatz 5 . 55116 Mainz

FRÖHLICHE EISZEIT

Telefon: 06131/122646
www.staff.uni-mainz.de/lsnhmmz/

Naturhistorisches Museum Mainz

Das Naturhistorische Museum in Mainz ist das größte naturkundliche Museum in Rheinland-Pfalz. Zu entdecken gibt es zum Beispiel die eiszeitliche Tierwelt mit Steppenelefant, Riesenhirsch, Wollnashorn, Moschusochse und Wasserbüffel aus dem Mainzer Becken. Aber auch die Gegenwart kommt nicht zu kurz. Besonders anschaulich ist die Präsentation der heimischen Tierwelt. Vögel und Säugetiere werden in ihren natürlichen Lebensräumen dargestellt.
Zu den Besonderheiten des Museums gehören neben Beutelwolf und Java-Nashorn die südafrikanischen Steppenzebras (Quaggas). Weltweit existieren nur noch 21 Präparate dieser um die Jahrhundertwende ausgestorbenen Tiere; das Mainzer Museum besitzt drei davon, darunter ein Fohlen. Sie werden gemeinsam mit allen übrigen Zebraarten und weiteren Pferdeartigen präsentiert; vom 45 Mio. Jahre alten Urpferd aus Eckfeld über eiszeitliche Pferde bis zu den heutigen Pferden, Eseln und Halbeseln.

Auch die Räumlichkeiten selbst sind beeindruckend. Das Museum, gerade frisch renoviert, wurde 1910 als städtisches Museum in der ehemaligen Klosterkirche (erbaut 1272) der Reichen Klarissen (Reichklara) neu eröffnet.

Naturhistorisches Museum Mainz . Reichklarastraße 10 . 55116 Mainz

0716 RP_Essen & Trinken

HOCH DIE GLÄSER!

Telefon: 06131/9073135
www.weinhaushorn.de

Weinhaus Horn, Mainz

In den Regalen im Weinhaus Horn in Mainz sind aus verschiedenen Weinanbaugebieten ständig rund 70 Weinorte Deutschlands und anderer Länder vertreten. Aus jedem Weinort hat ein Winzer exklusiv die Möglichkeit, sich und seine Produkte zu präsentieren. Dieses pfiffige Konzept ermöglicht ein einmaliges Angebot an Weinen, das nicht nur die Mainzelmännchen und -frauchen freut, sondern auch Touristen. Überzeugend: Die Preise entsprechen exakt denen im Direktverkauf der Winzer. In drei Gewölbekellern und dem angeschlossenen Bistro kann gleich probiert werden. Eine erste Filiale wurde in Heidelberg eröffnet. Weitere sollen folgen. Na denn: Hoch die Gläser! Auf die Gesundheit!

Weinhaus Horn . Augustinerstraße 27 . 55116 Mainz

0717 RP_Lifestyle & Szene

ANTON, BERTI, CONNI, DET, EDI UND FRITZCHEN

Telefon: 06131/2150956
www.shop.zdf.de

ZDF-Shop, Mainz

Gud'n Aamd! Die Mainzelmännchen mit ihren runden Gesichtern gehören schon länger zur Grundausstattung des Zweiten Deutschen Fernsehens als die Fliege zu Uwe Wesp, dem ZDF-Wettermann vom Deutschen Wetterdienst. Und Sie können sie kaufen. Nicht die Fliege, aber selbstverständlich alles rund um die Mainzelmännchen, die seit 1963 zur besten Vorabendzeit zwischen den Werbe-Clips über den Bildschirm flimmern. Bis heute sind rund 40.000 Spots entstanden. Allerlei Mainzelmännchen-Schnickschnack gibt es im ZDF-Shop; zum Beispiel T-Shirts, Stifte, Aufkleber, Postkarten, Handtücher, Schlüsselanhänger und, und, und. Wem das alles zu kindisch ist, auf den wartet Kerners Koch-Set oder eine DVD von James Last: „Nonstop Dancing". Na also. Geht doch.

ZDF-Shop Mainz . Schöfferstraße 5 . 55116 Mainz

0718 RP_Essen & Trinken

DA INTERESSIERT DIE BOHNE

Telefon: 06131/611129
www.geilingkaffee.de

Privatrösterei Geiling, Mainz

Seit über 80 Jahren zieht der Duft von röstfrischem Kaffee durch das traditionelle Unternehmen. In einem Mainzer Hinterhof türmen sich schwere, hellbraune Kaffeesäcke aus Brasilien, Kenia, Nicaragua, Costa Rica, Guatemala, Äthiopien, Kolumbien, Mexiko, Indien, Papua Neuguinea, Java und Jamaika. Pralinen, Gebäck und Geschenkverpackungen stapeln sich, und die ovalen, schwarz-braunen Bohnen tummeln sich – im Spezialtrommelröster aus den späten 50er Jahren. Bei diesem Ambiente kann nur eines entstehen: erlesener Kaffee. Einfach geiling.

Privatrösterei Geiling . Adam-Karrillon-Straße 54 . 55118 Mainz

0719 RP_Essen & Trinken

ABHEBEN ZUM KULINARISCHEN HÖHENFLUG

Telefon: 06724/9310-53
www.johannlafer.de

Gourmet-Picknick mit Helikopter, Stromberg

Ein himmlisches Feinschmecker-Erlebnis der besonderen Art.
Mit dem „Gourmet-Heli" von Sternekoch Johann Lafer ein
Edel-Picknick mit imposanter Aussicht genießen.

Der Genuss beginnt schon mit dem VIP-Transfer am Boden. Die „Heli-Picknicker" genießen einen exklusiven Limousinentransfer von und zum Abflugspunkt. Ein kühler Champagner stimmt auf weitere kulinarische „Hoch-Genüsse" ein. Der mit Leder ausgestattete Lafer-Eurocopter fliegt dann zu einer feinen, speziell für die Event-Teilnehmer reservierten Anhöhe über Bacharach, die einen spektakulären Ausblick über das Mittelrheintal bietet. Ganz wie die Gäste wünschen, dürfen sie entweder unter professioneller Anleitung in Lafers „Table d'Or" ihr Picknick selbst zubereiten oder sich von seinem „Sterne-Team" verwöhnen lassen. Wer möchte, kann sich auch zu außergewöhnlichen Sport-Events ins nahe Frankreich oder zu einer kulinarischen Schlössertour helikopten lassen. Zur Erinnerung gibt es eine „Heli-Gourmet-Mütze".

Stromburg . Am Schlossberg 1 . 55442 Stromberg . Telefon: 06724/9310-0

DIE EDELSTEINSTADT

Telefon: 06781/47400
www.edelsteinminen-idar-oberstein.de

Edelsteinminen, Idar-Oberstein

So, wie man mit Wolfsburg Käfer und Golf verbindet, mit Frankfurt Banken und Börse, so setzt man Idar-Oberstein, die Stadt an der Nahe, mit Edelsteinen und Edelsteinverarbeitung in Beziehung. Diesen Ruf verdanken Stadt und Region den reichen Achatvorkommen, die bereits im 16. Jahrhundert Begehrlichkeiten weckten. Die Herren von Oberstein erlaubten seinerzeit ihren Untertanen das Graben nach Achaten, forderten jedoch im Gegenzug jeden dritten Zentner der Ausbeute für sich. Die restlichen Vorkommen von Achat, Amethyst, Bergkristall, Rauchquarz und Jaspis lohnen längst schon nicht mehr das mühselige Schürfen in den unterirdischen Stollen des Steinkaulenberges von Idar-Oberstein; der kommerzielle Abbau wurde bereits 1870 eingestellt. Der Ruf von der Kunstfertigkeit und der Präzision bei der handwerklichen Schmuckerzeugung geht der Stadt jedoch noch immer voraus.
Die Stollen des Steinkaulenberges sind die einzigen zur Besichtigung freigegebenen Edelsteinminen Europas. Fachkundige Führer geleiten die Besucher durch das Stollenlabyrinth. Im Muttergestein des Berges können die Edelsteinvorkommen bewundert werden.
Auch die Weiterverarbeitung der Edelsteine hat seit dem 16. Jahrhundert Tradition. Über 180 wasserradgetriebene Sandstein-Schleifräder standen einst an Nahe und Idarbach. Wiederhergestellt wurde die Kallwiesweiherschleife. In der „Historischen Weiherschleife“ kann man heute den Schleifern beim Sägen, Ebouchieren, Schleifen und Polieren der Steine zusehen.
2006 wurde der neue Edelsteinschürfplatz an der „Historischen Weiherschleife“ eröffnet. Hier können Hobbymineralogen und Edelsteinliebhaber nach den begehrten Mineralien schürfen. Erfolg wird garantiert. An Ort und Stelle können die Fundstücke weiterverarbeitet und veredelt werden.

Edelsteinminen GmbH . Tiefensteiner Str. 87 . 55743 Idar-Oberstein

EINE LANDZUNGE SCHMECKT NACH GESCHICHTE

Telefon: 0261/303880
www.touristik-koblenz.de

Deutsches Eck, Koblenz

Er klingt wie der Name einer Kneipe, bezeichnet aber die betonierte Landzunge am Zusammenfluss von Rhein und Mosel in Koblenz, die mit ihrem Denkmal repräsentativ an einige Auszüge aus der deutschen Geschichte erinnert und bei Hochwasser auch gerne einmal unter Wasser steht. Alles begann im Jahre 1897, als auf einem Sockel ein 350 Zentner schweres Denkmal von Kaiser Wilhelm I. errichtet wird, zum Dank für die Einigung des Deutschen Reiches. Die Kosten beliefen sich seinerzeit auf rund eine Million Mark, die von den Bürgern in einer nationalen Sammelaktion gespendet wurden.

Deutsches Eck in Koblenz

Dieses Denkmal zerstörten US-Streitkräfte im Zweiten Weltkrieg. Nach dem Krieg ersetzte man das ehemalige Standbild durch einen Fahnenmast mit einer daran befestigten deutschen Flagge. Er erinnerte an die Gründung der Bundesrepublik und wurde zum Mahnmal der Deutschen Einheit erklärt. 1993, also nach dem Fall der Mauer, stiftete ein Bürger eine Kopie des ursprünglichen Standbildes vom Kaiser mit Pferd und Siegesgöttin. Heute erinnern die Fahnen der 16 deutschen Bundesländer sowie drei Original-Betonelemente der Berliner Mauer an die Wiedervereinigung.

Das Deutsche Eck war seit Errichtung des (ersten) Denkmals eine Touristenattraktion und ist es bis heute geblieben. Seit 2002 ist es Teil des von der UNESCO ausgezeichneten Weltkulturerbes Oberes Mittelrheintal. Das dem Denkmal vorgelagerte Gelände eignet sich prima für Großveranstaltungen und wird dazu auch laufend genutzt. Neben Konzerten und Open-Air-Festivals fand hier bereits zweimal das Dampfspektakel, eine Präsentation von dampfbetriebenen Schienen-, Wasser- und Straßenfahrzeugen, statt. Bei „Rhein in Flammen" wird das Gelände ebenfalls einbezogen, und für die Feuerwerke auf der Festung Ehrenbreitstein ist es beliebter Aussichtspunkt. Das Deutsche Eck ist außerdem Ziel des Mittelrhein-Marathons. Während der Fußball-Weltmeisterschaft 2006 wurden hier alle Spiele auf eine Großbildvideowand projiziert, was bis zu 9.000 Zuschauer anlockte.

Koblenz-Touristik . Bahnhofplatz 7 . 56068 Koblenz

0722 RP_Sport, Abenteuer & Technik

3D IM STEINBRUCH

Vulkanpark, Koblenz

www.vulkanpark.com/deu/vulkanpark/vulkanpark/roemerbergwerk_meurin/roemerbergwerk_meurin.php

2002 wurde das Römerbergwerk Meurin in Kretz bei Andernach eröffnet. Zweifellos gehört es zu den Highlights des Vulkanparks Osteifel mit seinen rund zwanzig Projekten. Beim Römerbergwerk Meurin handelt es sich nämlich um das größte römische Tuffbergwerk nördlich der Alpen. Vor 2.000 Jahren wurde hier in Tiefen von bis zu 6 Metern der Tuff abgebaut. Das noch erhaltene, 55 x 45 Meter große Grabungsgelände ist von einer futuristischen, freitragenden Stahl/Glas/Kunststoff-Konstruk-

tion überdacht. Hier können Besucher in die unterirdische Arbeitswelt vergangener Zeiten blicken.
Seit August 2005 wird der Besucher mittels modernster 3D-Filmtechnik auf einer Leinwand mit 5 Meter Bilddiagonale in die Arbeitswelt des römischen Steinbruchs vor 2.000 Jahren versetzt. Lebhafte Spielhandlungen in den staubigen Stollen des Tuffbergwerkes bringen dem Besucher an authentischer Stätte die Gefahren der Arbeitswelt näher. Altphilologen kommen hier auf ihre Kosten, für alle anderen sind die Handlungen selbsterklärend.

Vulkanpark GmbH . Bahnhofstraße 9 . 56068 Koblenz . Telefon: 0261/1339473

0723 RP_Kunst & Architektur

HIMMEL UND WELLNESS

Telefon: 0261/6401-2090
www.kloster-arenberg.de

Kloster Arenberg, Koblenz

Wer Ruhe und Besinnung sucht, der wird im Kloster Arenberg bei Koblenz fündig. Karge Zimmer mit harten Holzbetten sucht man aber vergebens. Stattdessen erwarten den Gast an die 100 fröhlich eingerichtete Räume, aufgeteilt in verschiedene Zimmerkategorien (vom Ein-Bett-Zimmer bis hin zum Apartment) mit gemütlichen Ohrensesseln, zum Teil mit Balkon und Blick in den Klosterpark. Es gibt ein Schwimmbad, eine Sauna und zahlreiche Sport-, Bewegungs- und Wellnessangebote. Und ungezählte Orte, an denen man sich einfach entspannen und sich Gott ein bisschen näher fühlen kann.
Gäste in Arenberg bei Koblenz finden fast alles: Gebete und Spiritualität und Stille, Massagen und Muße, Einsamkeit und Gesellschaft, Nähe und Distanz, Herzlichkeit und vor allem ein Gefühl des vorbehaltlosen Angenommenseins – nichts soll, alles kann, nichts muss, alles darf. Kloster Arenberg sieht seine Gäste als selbstverantwortliche Menschen. Jeder wird ermutigt, angeregt und aufgefordert, sich selbst aus der Vielfalt an Angeboten und Programmen das auszuwählen, was ihm selbst am nächsten kommt, ihm zusagt sowie Unterstützung und Hilfestellung verspricht. Aber es bleibt den Gästen überlassen, wie und womit sie ihre Zeit im Kloster verbringen wollen. Wer will, kann mit den Schwestern schon morgens um sieben in der Kirche die Liturgie feiern, oder eine Stunde später in den Tag starten oder einfach mal richtig ausschlafen. Zu den regelmäßigen Angeboten gehören: Gymnastik und Tautreten, Anleitung beim Fitnesstraining, Hinführung und Anleitung zur christlichen Meditation, Entspannungsübungen, Gesprächskreise, Diskussionsrunden, Ernährungstipps, Sing- und Spielabende, Bastel- und Kreativnachmittage, Wanderungen und Spaziergänge sowie Vorträge zu verschiedenen Themen. Aber auch psychologische Beratung, Konflikt- und Kommunikationstraining sowie Entspannungstechniken der Atemtherapie sollen zur Neuorientierung im Leben der Gäste beitragen.
2003 wurde das Haus mit einem großen Vitalzentrum neu eröffnet. Die 66 Schwestern hatten einen radikalen Schritt in die Moderne gewagt, als sie kurz vor dem

finanziellen Ruin standen. Sie nahmen einen Großteil ihrer Rücklagen von 15 Millionen Euro und schufen eine Art Wellness-Gästehaus. Unter dem Motto „erholen – begegnen – heilen“ bieten die Arenberger Dominikanerinnen ein in Deutschland einzigartiges Konzept. In den Fußstapfen des ehemaligen Kneipp-Sanatoriums ist nun in Arenberg bei Koblenz eine Heilstätte der besonderen Art entstanden. Eine dankbare Besucherin des Klosters soll ins Gästebuch geschrieben haben: „Am siebten Tag ruhte Gott – und ging ins Kloster Arenberg.“

Kloster Arenberg . Cherubine-Willimann-Weg 1 . 56077 Koblenz

0724 RP_Kunst & Architektur

DIE BURG DER BURGEN

Telefon: 02672/950500
www.burg-eltz.de

Burg Eltz, Münstermaifeld

So muss eine Burg aussehen! So kennt man sie aus Märchenbüchern, Rittersagen und Kindheitsfantasien. Mit all ihren Zinnen und Türmen, den rot-weiß gestrichenen Fensterläden, hoch aufragend auf steilem Fels gebaut, versetzt sie den Betrachter auch heute noch ins Reich der stolzen Ritter und erhabenen Burgfräulein. Burg Eltz am Südrand der Eifel gilt als eine der schönsten Burgen Deutschlands. Nicht umsonst war sie deshalb jahrzehntelang auf den alten 50-DM-Scheinen abgebildet.

Eine der schönsten Burgen Deutschlands: die Burg Eltz bei Wierschem

Burg Eltz liegt im Tal der Eltz, die etwa 7 Kilometer weiter südlich in die Mosel mündet. Da die Burg niemals erobert oder verwüstet wurde und die Kriege des 17. und 18. Jahrhunderts sowie die gesellschaftlichen Umbrüche der Französischen Revolution unversehrt überstehen konnte, blieb sie besonders gut erhalten und ist bis heute bewohnt.

Die Schatzkammer in den Kellergewölben des Rübenacher Hauses enthält eine außergewöhnliche Kunstsammlung mit über 500 Exponaten aus dem 12. bis 19. Jahrhundert. Neben Meisterwerken der Gold- und Silberschmiedekunst wie z. B. dem Trinkspiel der Diana, den Reiterfiguren oder der Statue des Johannes von Nepomuk befinden sich hier Kuriositäten wie der „Dukatenscheißer“, die „Völlerei von der Trunksucht befördert“ oder das „Ungeheuer“. Weitere herausragende Stücke sind die Ringe des Kurfürsten, die Reiterstreitaxt sowie wertvolle Armbrüste. Sämtliche ausgestellten Gegenstände gehörten Mitgliedern des gräflichen Hauses. Sie wurden meist zum alltäglichen Gebrauch erworben.

Seit über 800 Jahren befindet sich die Burg Eltz im Besitz der gleichnamigen Familie. Dr. Karl Graf zu Eltz-Kempenich repräsentiert die 33. Generation des Hauses Eltz. Er hat die Aufgabe übernommen, die Burg adeliger Familientradition gemäß an

die 34. Generation weiterzugeben.
Burg Eltz wird seit einigen Jahrhunderten von „Kastellanen“ (nach lat. „castellum“ = Burg), teilweise auch „Schlosshauptmänner“ genannt, verwaltet.

Gräflich Eltz'sche Kastellanei . Burg Eltz . 56294 Münstermaifeld

---

0725 RP_Kunst & Architektur

AYURVEDA AUF HÖCHSTEM NIVEAU

Telefon: 06541/705-0
www.parkschloesschen.de

Parkschlösschen Bad Wildenstein, Traben-Trarbach

Bankirai-Sonnendeck im Bambusgarten, duftende Vollbäder in Blumenblüten, hier ein genussbringender Königsguss mit warmem Öl direkt auf die Stirn, dort eine Synchronmassage für vier Hände mit Sesamöl. Und wer möchte, der wird anschließend splitterfasernackt in ein warmes Handtuch gewickelt. Halleluja! Wir sind im Himmel. Na gut, zugegeben, noch nicht ganz. Aber wenn es einen Himmel gibt, dann muss er sich so anfühlen. Zumindest müssen die Gäste des Ayurveda-Kurhotels Parkschlösschen Bad Wildenstein dieses himmlische Gefühl haben. Viele sind gestresste Manager mit 80-Stunden-Wochen, die in dem einstigen Jugendstil-Schlösschen zunächst zur Ruhe und dann wieder zu sich selbst finden wollen. Das Parkschlösschen wurde Anfang der 90er Jahre liebevoll renoviert. Getreu dem ganzheitlichen, ayurvedischen Leitgedanken sollte ein Ort der Harmonie und Ästhetik geschaffen werden, der den Menschen zurück in sein natürliches Gleichgewicht bringt. Der Ayurveda, die älteste medizinische Heilkunde der Welt, sollte hier in seiner Reinform umgesetzt werden.
Bei der Renovierung des Schlösschens kamen deshalb hauptsächlich natürliche Materialien wie reine Wolle, Holz, Schiefer und Marmor zum Einsatz. Das Wasser im ganzen Haus wird von der nahe gelegenen Thermalquelle gespeist. Die 60 Zimmer wurden systematisch von schädlichen Einflüssen befreit: Die elektrischen Leitungen sind doppelt ummantelt, Wasseradern wurden mit Marmor abgeschirmt. Doch nicht nur die Architektur und die Einrichtung, sondern auch die medizinische Betreuung, die heilenden Anwendungen, die Ernährung, das Bewegungsangebot und das Rahmenprogramm basieren auf der Weisheit des Ayurveda. So war das Parkschlösschen als erstes reines Ayurveda-Haus der Luxuskategorie in Europa ein maßgeblicher Vorreiter auf dem Gebiet der alternativen, ganzheitlichen Medizin – und galt gemeinhin als Exot. Heute ist es ein Inbegriff für gelebten Ayurveda auf höchstem Niveau, fernab des derzeitigen Wellness-Trends. Als Hotel wurde es mit fünf Sternen ausgezeichnet.
Wer die malerische Umgebung des Parkschlösschens kennenlernen möchte, findet im Umkreis von fünf Minuten alles, was die Freizeit schöner macht: Tennis gibt es im Park, Wanderwege, Mountainbike- und Inline-Strecken entlang der Mosel, die Moselweinberge laden zu ausgedehnten Ausflügen ein.
Wer sich gut bewegt, muss auch etwas Ordentliches essen. Frisch zubereitete Köstlichkeiten, exotische und heimische Kräuter bilden die Basis einer raffinierten

Gourmetküche, die wahrlich nichts mit gewohnter Kurkost zu tun hat. Denn im Parkschlösschen gehören gesundes Essen und Genießen zusammen. Das wissen nicht nur die Manager zu schätzen, die sich im Parkschlösschen einbuchen, um hinter den Eisentoren, wenn schon nicht den Himmel, dann doch immerhin ein Stück Indien zu erleben.

Parkschlösschen Bad Wildstein . Wildbadstraße 201 . 56841 Traben-Trarbach

0726 RP_Kunst & Architektur

DIE MUSIKBURG

Telefon: 02632/48625
www.burg-namedy.de

Burg Namedy, Andernach

Im 14. Jahrhundert ließ der Ritterbürgermeister von Koblenz und Ratsangehörige Antonius von Hausmann eine Wasserburg in Namedy, einem Stadtteil von Andernach, errichten. Die Besitzer wechselten, ebenso wie der Stil der Burganlage, vom Barock zu Historismus. 1908 ging die Burg Namedy in den Besitz des Prinzen Carl-Anton von Hohenzollern und seiner Gattin, Schwester von König Albert I. von Belgien, über. Die Burg ist noch heute in Familienbesitz.
Durch die Epochen hindurch hat die Burg Namedy schon einige historische Persönlichkeiten beherbergt. Otto von Bismarck spielte hier Karten bis zum Morgengrauen, Monarchen aus Belgien, England und Rumänien brachen von hier aus zur Jagd auf, und auch der französische Dichter Guillaume Apollinaire war Gast des Hauses. Zu einem kulturellen Zentrum am Rhein wurde Burg Namedy, als Godehard Prinz von Hohenzollern das Anwesen im Jahre 1988 übernahm. Von Beethoven bis zum Blues, von Brahms bis zum Boogie – der Prinz öffnete sein Haus für alle Musikrichtungen; auch Theater, Tanz und die bildende Kunst fanden hier eine Bühne. Heute führt seine Witwe Heide Prinzessin von Hohenzollern die insgesamt etwa 30 kulturellen Veranstaltungen in diesem Sinne fort.
Frühzeitig jedoch sollten sich Klassikliebhaber ihre Plätze in der „Villa Musica" für die meist ausverkauften Konzerte der Sommerclassics und des Beethovenfestes sichern.

Burg Namedy . 56626 Andernach

0727 RP_Gärten, Parks & Landschaften

DIE SIEBEN SEEN DER MÖNCHE

Telefon: 02662/801-0
www.westerwaelder-seenplatte.de

Westerwälder Seenplatte, Hachenburg

Nördlich von Montabaur, nahe Freilingen, liegt die Westerwälder Seenplatte auf etwa 400 Höhenmetern. Alle sieben Seen wurden ursprünglich von Mönchen der

anliegenden Klöster angelegt und dienten der Fischzucht. Die Fürsten zu Wied ließen im 17. Jahrhundert die Teiche erweitern und neue Weiher anlegen.
Heute ist die Westerwälder Seenplatte eine abwechslungsreiche Naturregion für Wanderer und Radwanderer. Der Sieben-Weiher-Wanderweg erstreckt sich über eine Gesamtlänge von 36 Kilometern. In mehreren Etappen können auch die Aussichtstürme bei Helleberg und Gräbersberg erwandert werden.
Der Dreifelder Weiher, der mit 123 ha Wasserfläche größte der Westerwälder Seenplatte, bietet dazu noch eine Menge Freizeitspaß: Schwimmen oder sonnenbaden, rudern oder Tretboot fahren – alles geht hier, alle kommen auf ihre Kosten.

Heidenweiher Entwicklungsverband Westerwälder Seenplatte . Gartenstraße 11 . 57627 Hachenburg

---

0728 RP_Gärten, Parks & Landschaften

LORELEY, BINGENER MÄUSETURM UND ANDERE MYTHEN

www.welterbe-mittelrheintal.de
www.rhinecastles.com/deutsch/

Oberes Mittelrheintal, St. Goarshausen

Loreley-Felsen

Wer kennt sie nicht, die romantischen Ansichten vom Mittelrhein: oben Burgen und Ruinen, unten Städte längs des Stroms, und dazwischen Wein – Landschaft satt. Die als UNESCO-Welterbe anerkannte Region, im Norden und Süden durch die Städte Koblenz, Bingen und Rüdesheim begrenzt, ist der südliche, rund 65 km lange Abschnitt des Mittelrheingebiets, definiert als das Durchbruchstal des Rheins durch das Rheinische Schiefergebirge.
Hochrangige Baudenkmäler haben sich hier in einer Fülle und Dichte erhalten, die in keiner anderen europäischen Kulturlandschaft so zu finden ist. Reisende aus fast allen Erdteilen und Ländern wählten sie zum Ziel; Literaten, Maler und Musiker machten sie zum Thema ihrer Arbeit. In zahllosen Werken der Kunst und Literatur ging das Bild vom romantischen Rhein voller Mythen und Sagen um die Welt.
Übrigens: Anhand archäologischer Funde ist der Weinanbau hier bis in die Römerzeit zurückzuverfolgen. Und damit man nach ein paar Gläsern Wein nicht mehr mit dem Auto nach Hause fahren muss, gibt es oben auf den Rheinhöhen einige Burgen mit herrlichen Hotels, die meisten Zimmer mit Blick auf den Rhein.

Rhein-Touristik „Im Tal der Loreley" e. V. . Bahnhofstraße 8 . 56346 St. Goarshausen
Telefon: 06771/91020 . www.tal-der-loreley.de

DIE ABTEI AM SEE

www.maria-laach.de

Maria Laach

Romanisches Kloster Maria Laach

In einer der jüngsten Landschaften Europas liegt Maria Laach. Vor 13.000 Jahren, nur ein Wimpernschlag in erdgeschichtlicher Zeitrechnung, entstand durch Vulkanismus der Laacher See. Eingebettet in eine bewaldete Landschaft mit altem Baumbestand liegt der See wie ein glänzendes Auge im Vulkangebiet der Osteifel. An seinem Westufer steht die Abtei Maria Laach. Die dreischiffige Basilika minor ist ein Juwel rheinischer Baukunst in der Tradition der Kaiserdome zu Mainz, Worms und Speyer. Sie gilt als eine der vollkommensten Schöpfungen der Romantik.
1093 gründeten der Pfalzgraf Heinrich II. und seine Gemahlin Adelheid die Abtei mit dem Namen „Abbatia ad Lacum“ (Abtei am See), „... zu Ehren der heiligen Gottesmutter Maria und des heiligen Nikolaus ... als Wohnsitz für solche, die die Mönchsregel befolgen“. Die Stiftung der Abtei war nicht uneigennützig, vielmehr verfolgte das kinderlose Adelspaar die Absicht, in der Kirche eine ihnen angemessene ewige Ruhestätte zu finden. So befindet sich das Hochgrab des Stifters im Westchor der Abtei; seine Gemahlin Adelheid verstarb als Pilgerin auf dem Wege nach Rom.
Das Kloster Maria Laach ist eine Abtei der Benediktiner; ihr gehören etwa 60 Mönche an. Das Klosterleben wird durch die Benediktregel bestimmt: ora et labora (bete und arbeite). Im Zentrum der Benediktinermönche steht somit die Kirche als Ort des Gebetes und der Meditation. Der für die Besucher des Klosters sichtbare Teil dieser Regel sind die Handwerksbetriebe, die von der Ordensgemeinschaft geführt werden, allen voran die weithin bekannte Klostergärtnerei, direkt an der Sonnenseite der Basilika gelegen. Eingehüllt in Thymian- und Lavendelduft, hinweg über einen alten Springbrunnen, genießt der Besucher einen beeindruckenden Blick auf die Westseite der romanischen Klosterkirche mit ihren sechs Türmen. Rosen scheinen eine Leidenschaft zu sein von Benediktiner-Mönch Bruder Hilarius, unter dessen Obhut die Gärtnerei steht; Sukkulenten, Keramik und klostereigene Bioäpfel werden hier verkauft. Zu den Handwerksbetrieben gehören ebenso die Kunstschmiede und Bildhauerwerkstatt, aber auch die Buch- und Kunsthandlung steht den Besuchern offen.
Innerhalb der Klostermauern liegt auch das renommierte Seehotel Maria Laach von 1865, ursprünglich das Gästehaus des Klosters. Das modernisierte und komfortabel ausgebaute 4-Sterne-Haus mit seinen 70 Hotelzimmern und vierzehn Tagungs-

räumen für bis zu 155 Personen ist heute ein Wirtschaftsbetrieb der Benediktinerabtei. Erholung findet der Gast in der hoteleigenen Entspannungslandschaft mit Pool, Sauna, Dampfbad und Solarium. Von der Terrasse des Cafés und Restaurants bietet sich dem Besucher ein traumhafter Blick über den Laacher See mit seinen angrenzenden Wäldern.
Zum Aktivprogramm aller Besucher von Maria Laach gehört die zweistündige Wanderung rund um den Laacher See, an dessen Rand kleine Bläschen an die Wasseroberfläche steigen. Sie sind Zeugen für die Vitalität des Vulkans, keine 3.000 Meter unter den Füßen der Spaziergänger. Wer lieber im sicheren Bereich des Klosters bleiben will, dem sei das Naturkundemuseum St. Winfried empfohlen. Auf über 1.000 Quadratmetern Ausstellungsfläche werden Säugetiere, Vögel, Schmetterlinge und Insekten aus aller Welt gezeigt. Eine umfangreiche Stein- und Mineraliensammlung aus dem Gebiet des Laacher Sees gehört ebenfalls zur Ausstellung.

Naturkundemuseum . 56653 Maria Laach

0730 RP_Gärten, Parks & Landschaften

GRÖSSTER KALTWASSER-GEYSIR DER WELT

Telefon: 02632/298420
www.andernach.net

Geysir Andernach

Er ist der größte Kaltwasser-Geysir der Welt (lediglich in Nordamerika gibt es einen zweiten in dieser Größenordnung) und darf endlich wieder springen.
Das vulkanische Phänomen entsteht durch Zusammenwirken von Kohlendioxid und Grundwasser. Die Kohlensäure treibt das Wasser etwa alle 100 Minuten mit ca. 30 Bar bis zu 100 Stundenkilometer schnell 50 bis 60 Meter hoch – eine große, unterirdische, geschüttelte Sprudelflasche sozusagen.
Bereits 1903 sprudelte der Geysir auf dem Namedyer Werth bei Andernach. Damals wurde hier eine Bohrung durchgeführt, um Mineralwasser zu gewinnen und abzufüllen. Im 1. und 2. Weltkrieg jedoch nahm der Geysir so viel Schaden, dass er 1957 nach zusätzlichen technischen Problemen ganz zum Erliegen kam. Das Bohrloch wurde beim Bau der B9 verschlossen.
2001 bohrte man erneut auf dem Werth, hinderte den Sprudel jedoch mit einem Stahlschieber am Austreten. Seit 2007 sprudelt der „Namedyer Geysir" wieder für die Öffentlichkeit. Allerdings nur an wenigen Terminen des sogenannten „Geysir-Sommers 2007". Ab 2008, wenn auch das Info-Zentrum fertig ist, wird er täglich zu besichtigen sein.

Geysir Andernach . Schiffsanlegestelle in den Rheinanlagen zum Namedyer Werth
56626 Andernach

ALS SEI DIE GRÄFIN MAL KURZ ZUM SHOPPING

Telefon: 02651/76440
www.burgen-rlp.de

Schloss Bürresheim, Mayen

In der Osteifel, nahe Mayen, im Wiesengrund des oberen Nettetals, liegt ein Juwel rheinischer Bau- und Kulturgeschichte: Schloss Bürresheim. Mit seinen schieferbedeckten Dächern und Türmen hebt sich die Silhouette des Schlosses ab von den dichtbewaldeten Eifelhöhen, in die dieses Kleinod eingebettet ist. Seine Geschichte lässt sich bis in die Mitte des 12. Jh. zurückverfolgen. Auf der Grenze der Interessensphären zwischen den Hochstiften Trier und Köln wandelte sich Schloss Bürresheim von einer mittelalterlichen Wehrburg stufenweise zur barocken Wohnburg des 17. Jh. der Herren von Breitbach, einer rheinischen Adelsfamilie.
Als eine der wenigen rheinischen Burgen, die durch alle turbulenten Zeiten hindurch nie gewaltsam zerstört wurden, war sie bis in die heutige Zeit bewohnt. Erst im Jahre 1938 ging Schloss Bürresheim, nach dem Unfalltod der Erbin Gräfin Marie Louise von Renesse, samt Mobiliar und Hausrat an den Provinzialverband der preußischen Rheinprovinz. Alles blieb bis heute an Ort und Stelle; so erscheint es, als sei die Gräfin mal kurz zum Shopping nach Mayen. Fayence-Geschirr aus der Zeit um 1730 in der Schlossküche, ein geschnitztes Himmelbett mit sprichwörtlich „hoher Kante“, Kabinettschränke und Truhen aus der Zeit um 1500 sowie Standuhren und Familienfotos der Grafen von Renesse vermitteln dem meist übersichtlichen Kreis der geführten Besucher eine private Atmosphäre. Und während in der Ahnengalerie die Damen und Herren von Breitenbach, Bassenheim und Renesse mild auf den Besucher herablächeln, hat man das Gefühl, die Zeit steht still.

Schloss Bürresheim

Schloss Bürresheim . 56727 Mayen

ZEIGT HER EURE FÜSSCHEN

Telefon: 06331/842223
www.pirmasens.de/museen

Schuhmuseum Pirmasens

„Schickelscher und Luis“ – so preisten die Schuhverkäuferinnen in der ehemaligen Schuhfabrikationshochburg Pirmasens einst ihre Waren an. Was genau das heißt,

versteht nur jemand, der bärmesensisch, also den Pirmasenser Dialekt, spricht. Und so eine Schuhverkäuferin steht als detailgetreue Nachbildung im Untergeschoss des Alten Rathauses, im Schuhmuseum Pirmasens. Da gibt es jede Menge alter Latschen in Glasvitrinen: Man findet nicht nur heimische Erzeugnisse von 1830 bis 1967 (darunter seidene, gestickte Biedermeier-Schuhe, Hochzeitsschuhe, Brokatschuhe sowie Kriegs- und Nachkriegsschuhe), sondern auch eine Fülle von Fußbekleidungen aus aller Welt: von indianischen Mokassins aus ungegerbtem, gekautem (!) Kalbsleber und mexikanischen Gauchostiefeln bis hin zu mit Perlmutt eingelegten Badeschuhen aus einem orientalischen Harem. Aus Asien stammen die winzigen Schuhe für die seinerzeit als schick geltenden, gewaltsam verkrüppelten Füße chinesischer Damen und die Stelzenschuhe japanischer Freudenmädchen.
Eine kleine, nachgestellte Werkstatt zeigt die Arbeitsbedingungen der Pirmasenser „Schlabbeflicker" in früheren Jahrhunderten.

Schuhmuseum Pirmasens . Hauptstraße 26 . 66953 Pirmasens

0733 RP_Kunst & Architektur

HOCH ÜBER DEM PFÄLZERWALD

Telefon: 06393/92100
www.baumwipfelpfad.de

Baumwipfelpfad, Fischbach

Im Zickzackkurs führt der Baumwipfelpfad in die Kronen. Er schlängelt sich in 18 Meter Höhe durchs Geäst – bis zur Aussichtsplattform in 35 Meter Höhe. Gigantisch ist der Ausblick auf den Pfälzerwald, faszinierend der Einblick in die Natur.
Ohne festen Waldboden unter den Füßen wird Survival zum spannenden Höhenflug. Denn in kleinen Gruppen führt das Überlebenstraining zu Natur und Nervenkitzel. Exkursionen und Erlebniscamps, Halloween und Hexennächte machen den Lebensraum Wald begreifbar – mit Kopf, Herz und Hand.
Zwei Wege führen durch die Wipfel: der eine sanft, der andere abenteuerlich. Abwärts geht es ganz bequem über eine Rampe oder rasant über eine 40 Meter lange Baumrutsche.
Auf dem Baumwipfelpfad lockt das Abenteuer ganz ohne Risiko. 19 Stahlstützen, massives Geländer und stabile Holzbohlen sorgen für absolute Sicherheit, ohne groß im Grün aufzufallen.
Neben dem sicheren Holzsteg gerät auf drei rundum mit Netzen gesicherten Seilbrücken alles ins Wanken. Halt für die Füße gibt ein dickes Tau. Ganz Mutige schreiten auf der Tellerbrücke von Metallscheibe zu Metallscheibe und testen die eigenen Grenzen aus.
Früh am Morgen und in den Abendstunden ergreifen die Waldtiere vom Baumwipfelpfad Besitz. Kleiber, Kleinspecht, Kohlmeise und viele ihrer gefiederten Artgenossen sind hier zu Hause. Und nach Einbruch der Dunkelheit geistern dunkle Schatten um den Pfad: Fünf Fledermausarten gehen auf Beutejagd.
Aktiv lernen und spielend entdecken; zehn Mal Wipfel-Wissen zum Anfassen und Mitmachen lüften die Geheimnisse der Natur. Interaktiv und anschaulich wird ver-

mittelt, warum die Eule mit den Augen hört und wozu die Biene eine Blattlaus braucht.
Ein Blick auf seltene Käuze und knorrige Eichen, und schnell wird klar: Im Lebensraum Wald regieren eigenwillige Gesetze. Wer das nicht glaubt, wird vom unheimlichen Gefühl für Höhe im schwankenden Adlernest auf dem Hauptturm überzeugt. Oder er holt sich mit einem Fernglas die Wohnwelt der Vögel ganz nah heran.

Biosphärenhaus Pfälzerwald . Nordvogesen . Am Königsbruch 1 . 66996 Fischbach bei Dahn

---

KOHLS LEIB- UND MAGENSPEISE

Telefon: 06326/96870
www.deidesheimerhof.de

Deidesheimer Hof, Deidesheim

Beim Saumagen denken die einen an Innereien, andere an Schweinefraß und wieder andere an dicke Kanzler. Dabei ist das deutsche Gericht mit dem wohl schlechtesten Image vor allem eines: harmlos. Und schmackhaft obendrein.
Im Saumagen sind Kartoffeln. Der Rest des Gerichts besteht aus Schweinekotelett, Hackfleisch, ein paar Zwiebeln und Gewürzen – keine ekelhafte Zutat weit und breit. Der Saumagen ist, grob gesagt, nichts anderes als eine große Wurst, die von Magenhaut zusammengehalten wird. So, wie Würste im Darm stecken.
„Manche Gäste lesen die Karte und bestellen dann den ‚Schweinemagen'", erzählt Claus Weiskopf vom Lokal „Altdeutsche Weinstube" in Dörrenbach in der Südpfalz. „Die bekommen das Wort ‚Sau' nicht über die Lippen."
Ob der Wirt vom „Deidesheimer Hof" ähnliche Erfahrungen gemacht hat? Dorthin führte Ex-Bundeskanzler Helmut Kohl alle internationalen Staatsgäste. Und dieses Edelrestaurant war es, von dem aus der Saumagen seinen Siegeszug durch Deutschland startete. Noch heute findet sich im „Deidesheimer Hof" Europäischer Hummer mit Minze einträchtig neben dem Saumagen auf der Speisekarte. „Wenn Kohl Staatsbesuch hatte, habe ich am Folgetag nur Saumagen verkauft", erinnert sich Weiskopf im nahen Dörrenbach.
„Es gibt auch immer wieder Experimente", sagt er. Kollegen tauschen die Kartoffeln gegen Kastanien oder das Schweinefleisch gegen Fisch. „Aber das sind meist Spielereien", schiebt er sofort hinterher. Auf dem alle zwei Jahre stattfindenden „Pfälzer Saumagenwettbewerb" in Landau erregen solche Kreationen Aufsehen, sammeln aber keine Punkte. „Die Jury achtet darauf, ob die Zutaten gleichmäßig geschnitten sind", erklärt Weiskopf. Es darf keine Luftlöcher geben, die Gewürze müssen stimmen.
Wer der Sache mit dem Saumagen trotzdem nicht traut, findet in der großen Auswahl des Deidesheimer Hofs – von traditionellen Gerichten der Region über kreative Kreationen bis hin zur „Haute Cuisine du Pays" – auch für sich das Passende.

Hotel Restaurant Deidesheimer Hof . Am Marktplatz . 67146 Deidesheim/Weinstraße

EIN NEUER SPORT OHNE TEURE AUSRÜSTUNG

Telefon: 06238/3911
www.soccerpark.de

Fußball und Golf, Dirmstein

Noch scheinen sich Deutscher Fußball-Bund (DFB) und Deutscher Golf-Verband (DGV) vornehm zurückzuhalten. Aber ihr besonderes Augenmerk könnte bald auf den kleinen Ort Dirmstein in der Pfalz gerichtet sein. Denn dort tut sich was: Aus dem Massensport Fußball und dem elitären Golf wurde eine Kreuzung kreiert – Fußballgolf!

Auf stattlichen 55.000 m² ist ein Parcours mit 18 Bahnen und insgesamt 2.000 m Länge entstanden, also fast schon Golfplatz-Format. Und gespielt wird auch so ähnlich. Doch statt Golfschläger genügt hier zum Abschlag einfach das Bein. Dann muss der Fußball mit so wenig Kicks und Ballberührungen wie möglich zum Endpunkt ins Loch (Par 72). Damit sind auch schon sämtliche Spielregeln erschöpfend erklärt.

Fußballgolf ist ein Mannschaftssport. Jeder ist dazu fähig, denn seltsamerweise sind die geübten Fußballspieler überhaupt nicht im Vorteil. Sie gewinnen fast nie. Die Beobachtung der Betreiber: Frauen sind genauso geschickt und erfolgreich. Denn hier geht es überhaupt nicht um kampfbetonten Körpereinsatz, vielmehr sind Ballgefühl und Konzentration gefragt, die klassischen Golftugenden eben.

Und weil Fußballgolfspielen gerade in Gruppen so einen riesigen Spaß macht, gibt es einen Gruppenrabatt. Ob der allerdings auch für die Erfrischungen an der Bar und das Café auf dem Parcours gilt, das sollte man selbst in Erfahrung bringen.

Soccerpark . Am alten Sportplatz . 67246 Dirmstein

DAS BETT ZUR WEINPROBE

Telefon: 06353/507276
www.alter-winzerhof.de

Alter Winzerhof, Weisenheim am Berg

Der alte Winzerhof mit Gewölbekeller und schönem Innenhof ist über 100 Jahre alt und wurde geschmackvoll renoviert. Die Gästezimmer und Ferienwohnungen bieten den idealen Ausgangspunkt für Ausflüge, Verkostungen und Weinfestbesuche. Wer probieren möchte, der muss das Gelände erst gar nicht verlassen, denn Weinproben finden auch in dem ehrwürdigen Gewölbekeller statt, zum Beispiel in Zusammenarbeit mit einem der Weingüter in der Nachbarschaft. Dazu gibt es reichlich Pfälzer Kost. Geführte Wanderungen durch die Weinberge runden das Angebot ab. Wer mehr will: In unmittelbarer Nähe befinden sich noch mehr als 80 weitere Winzer.

Alter Winzerhof . Hauptstraße 61 . 67273 Weisenheim am Berg

EINE 250 METER LANGE WINZERTAFEL

Telefon: 06353/989294
www.freinsheim.de

Weisenheimer Kerwe, Freinsheim

Da biegen sich die Balken. Und zwar unter der Tafel. Weingüter und Restaurants legen sich ins Zeug und kredenzen immer am dritten Augustsonntag ihre Köstlichkeiten auf einer 250 Meter langen Winzertafel, dass einem das Auge übergeht und das Wasser im Munde zusammenläuft. Bereits am Freitag eröffnet die Weisenheimer Weinprinzessin die Dorfkerwe (Kerwe: Kirchweih). Musik, Tanz, Malaktionen für Kinder, am Sonntag früh die schon berühmt-berüchtigte Pfälzer Dialektpredigt in der Kirche: drei Tage lang ein gemütliches Kerwetreiben in den offenen Höfen, Gaststätten und Ausschankstellen. Der Ortskern ist während der Festtage für den Fahrzeugverkehr gesperrt – zum besseren Prosit auf die Gemütlichkeit.

Weisenheimer Kerwe . Hauptstraße 2 . 67251 Freinsheim

EISENBAHNFAHRT MIT DEM „KUCKUCKSBÄHNEL“

Telefon: 06321/30390
www.eisenbahnmuseum-neustadt.de

Eisenbahnmuseum, Neustadt

Ein alter Lokschuppen hat viel Romantisches, besonders wenn er noch nahezu im Originalzustand ist und unter Denkmalschutz steht. Tritt man ein, kehrt man in eine längst verloren geglaubte Zeit zurück. Da steht man staunend wie ein kleines Kind vor zwei uralten, aber original und gut erhaltenen Dampflokomotiven aus der Pfalzbahnzeit. Wie bitte, was für eine Zeit? Pfalzbahnzeit!
Überhaupt legt das Eisenbahnmuseum Neustadt seinen Schwerpunkt auf süddeutsche Länderbahnen, denn es ist so zu sagen das „Schwestermuseum“ des Bochumer Eisenbahnmuseums. Die kümmern sich um die preußischen Loks, die Neustädter eben um den Süden.
Selbstverständlich sind auch Loks und Waggons aus der Zeit der Deutschen Reichsbahn bis in die frühen Jahre der Bundesrepublik ausgestellt. Allein der Führerstand einer „E 17“ lässt das Herz eines jeden Eisenbahnfans höherschlagen. Für technikbegeisterte Eisenbahn-Enthusiasten muss das Museum eine Kultstätte sein: „ET 11“, „V 36 127“, „18 505“. Was davon verstanden? Macht nichts, lieber anschauen, denn das sind Loks: große, tolle, funktionierende Eisenmonster, die fast „ausgestorben“ wären.

Und noch etwas fast „Ausgestorbenes“ fasziniert an diesem Eisenbahnmuseum: Alles, die Lokschuppen, Lokomotiven und Waggons, werden in jahrelanger Arbeit restauriert und gänzlich ehrenamtlich unterhalten durch die Mitglieder der Deutschen Gesellschaft für Eisenbahngeschichte e. V., ein Engagement, das man heute nur noch selten findet.
Das Museum kann mit einer weiteren Besonderheit aufwarten: die Eisenbahnfahrt mit dem inzwischen berühmten „Kuckucksbähnel“ in knapp einer Stunde von Lambrecht nach Elmstein. Man sitzt in einem historischen Waggon, die Dampflok pfeift, es zischt und ruckelt, man fühlt sich bei der Fahrt durch die grünen Täler in alte Zeiten zurückversetzt. Zugestiegen wird auf Gleis 5 – in unmittelbarer Nähe des Lokschuppens. Ein wahrer Publikumsmagnet.

Eisenbahnmuseum . Neustadt/Weinstraße . 67403 Neustadt

0739 RP_Essen & Trinken

FRANZÖSISCHE KÜCHE IN DER PFALZ

Telefon: 06353/4175
www.Restaurant-Admiral.de

Restaurant Admiral, Weisenheim

Ein geschichtsträchtiges Jagdschlösschen wartet auf Wanderer, Spaziergänger und Leckerschmecker. Der Geheime Admiralitätsrat Dr. Georg Balthasar von Neumayer nutzte das Gebäude, einst ein königlich bayerisches Forsthaus, als seine Sommerresidenz. So erklärt sich auch der maritime Name des Schlösschens mitten am Berg mit Blick über die Rheinebene, denn der Geheime Admiralitätsrat war zu Lebzeiten ein bekannter Geophysiker und Ozeanograph. Mittlerweile legen in dem denkmalgeschützten Gebäude die Gäste der Familie Hundt-Rupprecht an und laben sich an den wechselnden, aber immer exquisiten Menüvorschlägen aus der Kombüse.
Tipp: Verwöhnwochenende im kleinen Pavillon buchen (das kleinste Hotel der Pfalz) und dabei die Umgebung entern.

Restaurant Admiral . Leistadter Straße 6 . 67273 Weisenheim

0740 RP_Essen & Trinken

WENN DER VATER MIT DEM SOHNE ...

Telefon: 06353/93046
www.sippels.de

Weingut Sippel, Weisenheim am Berg

Das Weingut Sippel ist seit 1659 in Familienbesitz, und derzeit kümmern sich Vater Theodor und Sohn Thomas um die über 18 Hektar große Anbaufläche. Das Duo

erzeugt gleich drei Vertreter von Gaumenkitzlern: Wein, Sekt und edle Brände. Reine, sortentypische Weine von Riesling über Grauburgunder bis hin zum fruchtigen Chardonnay einerseits, trendige Rotweine wie Merlot und Dunkelfelder andererseits. Zudem werden aus Riesling und Chardonnay auch Brut-Sekte hergestellt. Die Spezialität von Sohn Thomas ist aber die Destille. Handverlesenes Obst und Trester aus dem eigenen Weingut werden hier direkt verarbeitet und zur Reife gelagert.
Verkostungen, Weinbergwochenenden und regelmäßige Weinfeste sorgen für gesellige Kurzweil vor Ort. Ein Onlineshop stillt die ferne Sehnsucht nach feinen Flüssigkeiten.

Weingut Sippel . Bobenheimer Weg 2 . 67273 Weisenheim am Berg

---

0741 RP_Kunst & Architektur

WO SICH KÖNIGE UND KAISER BEGRABEN LIESSEN

Telefon: 06232/102-397
www.dom-speyer.de

Dom zu Speyer

„Macht Euch auf nach Speyer“, so heißt es schon in Goethes Götz von Berlichingen. Man muss sich ja wirklich nicht überwinden: Speyer zählt zu den Ausflugszielen, die auf kunst- und kulturhistorisch Interessierte einen ganz besonderen Reiz ausüben. Der Dom zu Speyer war das erste Kulturdenkmal des Landes Rheinland-Pfalz, das auf die Liste des UNESCO-Welterbes gesetzt wurde.
Zwischen 1030 und 1106 von den Saliern, die damals die deutschen Könige und Kaiser des Heiligen Römischen Reiches stellten, als Grabstätte und Zeichen ihres kaiserlichen Anspruchs erbaut, hat sich der Dom in Speyer zu einem wahrhaften Kaiserdom entwickelt. Hier fanden in den Jahren zwischen 1039 und 1308 insgesamt vier deutsche Könige und vier Kaiser ihre letzte Ruhestätte.
Der Dom ist eines der Hauptwerke der romanischen Architektur in Deutschland und zugleich der größte Bau dieser Epoche in Europa. Deutlicher kann man die damalige Verquickung von nationaler und klerikaler Macht kaum ausdrücken: einfach ein Riesenbauwerk.
Mit 134 Meter Länge, 33 Meter Höhe und 14 Meter Spannweite im Mittelschiff erreicht der Dom die Dimensionen gotischer Kathedralen. Im und rund um den Dom finden immer wieder Konzerte und Veranstaltungen statt.
Seit ein paar Jahren kann sich jeder ein Stück des Domes „kaufen“ und Sponsor werden, denn seit 1996 wird er einer grundlegenden Sanierung und Restaurierung unterzogen. Bis 2010 werden rund 20 Millionen Euro investiert, um das historische Bauwerk langfristig zu erhalten.

Europäische Stiftung Kaiserdom zu Speyer . Kleine Pfaffengasse 21 . 67346 Speyer

EINE STRASSE, DIE NICHTS MIT DRINK & DRIVE ZU TUN HAT

Telefon: 06321/912333
www.deutsche-weinstrasse.de

Deutsche Weinstraße

Der Römer an sich ist schuld. Er hat den Wein in die Pfalz gebracht. Ein bisschen früher schon, etwa 4000 vor Christus, wurde irgendwo im vorderen Orient das Rad erfunden. Und schon haben wir sie: die Deutsche Weinstraße.

Deutsche Weinstraße

Seit 1935 schlängelt sich die Deutsche Weinstraße durch die Pfalz, vom Deutschen Weintor an der französischen Grenze in Schweigen-Rechtenbach rund 85 Kilometer lang bis nach Bockenheim im Norden. Damit man nicht vom rechten Weg abkommt, ist die Strecke, die hauptsächlich über die alte Bundesstraße 38 und die neue B 271 führt, zusätzlich mit einem viereckigen, gelben Hinweisschild markiert.
Ursprünglich so getauft (und mit viel Wein begossen), um den Fremdenverkehr anzukurbeln, hat sich diese Straße mittlerweile als Ausflugsziel etabliert. Seit 1986 wird am letzten Sonntag im August der Erlebnistag Deutsche Weinstraße veranstaltet. Dabei wird die Weinstraße für den motorisierten Verkehr gesperrt. Viele Vereine und Weingüter schenken direkt an der Straße ihren Wein aus und kreieren so eine rund 85 Kilometer lange Kneipe. Bis zu 300.000 Radfahrer und Inlineskater nutzen dieses Angebot für einen Ausflug.
Die Toskana Deutschlands, so nennt man das Gebiet auch, wegen des fast mediterranen Klimas. Neben Weinreben wachsen auch Feigen, Kiwis und Zitronen dank jährlich über 1.800 Sonnenstunden. Bekannt ist die Weinstraße auch durch ihre Mandelbäume, die bereits im Februar oder März die Landschaft in ein rosa-weißes Farbenmeer tauchen. Direkt im Anschluss beginnt die Saison der Weinfeste, die entlang der Strecke zahlreich gefeiert werden, wie zum Beispiel der Dürkheimer Wurstmarkt oder das Deutsche Weinlesefest in Neustadt, auf dem die Deutsche Weinkönigin gekürt wird.
Achtung, auf diesen Festen können selbst Trinkfeste ins Schlingern kommen. Was dem Schwaben sein „Viertele“, also ein 0,25-Liter-Glas, ist dem Pfälzer Weinbauer sein „Dubbeglas“, das gleich 0,5 Liter fasst. Zum Wohlsein!

Deutsche Weinstraße e. V. . Martin-Luther-Straße 69 . 67433 Neustadt an der Weinstraße

HAMBACHER FEST – DIE GEBURTSTAGSPARTY

Telefon: 06321/30881
www.hambacher-schloss.de

Hambacher Schloss, Neustadt an der Weinstraße

„Es ist eine ... Demokratie!", so mögen die beteiligten Geburtshelfer gerufen haben, als am 27. Mai 1832 viele Tausend freiheitsliebende Menschen am Hambacher Schloss das „Hambacher Fest" feierten. Das Fest gilt als die erste Volksversammlung der neueren deutschen Geschichte, wie Bundespräsident Theodor Heuss einst postulierte.
Rund 30.000 Menschen aus ganz Deutschland, Frankreich und Polen demonstrierten vor 175 Jahren auf dem Hambacher Schlossberg, damals eine Ruine, für ihre Freiheitsrechte. Geprägt von den Ideen der Französischen Revolution und von den Erfahrungen der rund 25 Jahre dauernden liberalen französischen Herrschaft in der Pfalz, forderten sie demokratische Rechte. Neben der Versammlungs-, Meinungs- und Pressefreiheit wurde der Ruf nach freiem Handel, der Gleichberechtigung der Frau, einem geeinten Deutschland und einem konföderierten republikanischen Europa laut, alles Dinge, die heute als selbstverständlich gelten, aber damals als ungeheuerlich, aufrührerisch und gefährlich diffamiert wurden.
Nicht nur zum Festjahr 2007, sondern auch zukünftig gibt es viele interessante Veranstaltungen auf und in der heutigen Tagungs- und Denkmalstätte, die man sich, völlig demokratisch, selbst auswählen kann.

Hambacher Schloss . 67434 Neustadt an der Weinstraße

ECKPFEILER DER KAISERLICHEN MACHT

Telefon: 06346/8470
www.burgen-rlp.de

Burg Trifels, Annweiler

Man hat ihn gefangen genommen und im Verlies der Burg Trifels in Ketten gelegt. Gegen eine Unsumme Lösegeld (100.000 Mark in Silber, damals rund 23 Tonnen Geld) wurde er schließlich freigelassen: Richard Löwenherz war im Frühjahr 1193 prominenter Gefangener auf Trifels (zumindest vom 31. März bis zum 19. April sicher belegt). Er war nach Auseinandersetzungen mit Sultan Saladin im Heiligen Land auf der Rückreise nach England 1192 von Herzog Leopold V. von Österreich gefasst und später an Kaiser Heinrich VI. ausgeliefert worden, der ihn auf Trifels festsetzte. Mit dem so erpressten Geld finanzierte sein Peiniger Heinrich VI. dann 1194 den siegreichen Feldzug gegen das Normannenreich in Süditalien. So viel zum Thema „früher war alles besser".

Die Burg hat also eine gehörige Portion Geschichte vorzuweisen. 300 Meter über der Stadt Annweiler auf dem schmalen Felsriff des Sonnenberges thront diese vornehme Feste des salisch-staufischen König- und Kaisertums. Sie war ein weithin sichtbares Machtzeichen des Kaisers. Die Auswirkungen spürt man noch heute, denn für den Fußweg vom gebührenpflichtigen Parkplatz Schlossäcker am Fuße des Burgberges nach oben braucht man rund 20 Minuten. Doch die Anstrengung lohnt sich.

Neben dem Einblick in die Staufische Baukunst locken der Ausblick in die Rheinebene und das wunderschöne Panorama. Die Überreste zweier weiterer Burgen (Anebos und Scharfenberg) sind ebenfalls von dem dreifach gespaltenen Bundsandstein-Felsen (= Trifels) zu sehen.

Quellen bezeugen, dass König Heinrich V. kurz vor seinem Tod im Mai 1125 die Reichsinsignien und die Krone an den Stauferherzog Friedrich I. von Schwaben zur Aufbewahrung auf der Burg Trifels übergab, wo sie mit mehreren Unterbrechungen bis Ende des 13. Jahrhunderts verwahrt wurden. Eine Kopie der Reichsinsignien bestehend aus Zepter, Reichsapfel, Reichsschwert, Kreuz und der Krone kann heute noch auf dem Trifels besichtigt werden. Die Originale befinden sich seit 1800 in Wien, in der weltlichen Schatzkammer des Kunsthistorischen Museums.

1602 brannte die Burg nach einem Blitzschlag ab und diente hernach als Steinbruch. Mit Gründung des Trifelsvereins (1866) wurde der Raubbau unterbunden. In mehreren Bauabschnitten und wenig historiengetreu wurde die Burg bis in die 70er Jahre des letzten Jahrhunderts wieder aufgebaut.

Noch aus dem Mittelalter stammen aber zumindest Brunnenturm, Wachthaus und Burgturm.

Burg Trifels . 76855 Annweiler

0745 RP_Essen & Trinken

SAUER MACHT LUSTIG

Telefon: 06323/5505
www.doktorenhof.de

Weinessiggut Doktorenhof, Venningen

Hier im Doktorenhof ist alles Essig. Vor allem nach der Weinlese in den hofeigenen Weinbergen. Naturnaher Anbau, handwerklicher Ausbau zum Grundwein, Veredelung des Essigs und Abfüllen in mundgeblasene Flaschen und Flakons – hier wird noch alles mit der Hand und vor allem mit viel Liebe gemacht. Neben edlen Aperitif- und Digestif-Kreationen, den Heilpflanzenessigen und den Basisessigen für die tägliche Küche gibt es auch Konfitüren, Senf, Pralinen, Kaffee – alles mit einem Schuss Essig versehen. Selbst die Bilder an den Wänden, gemalt vom „Essigdoktor" Heinrich Georg Wiedemann (auf gut Pfälzisch der „Schorsch"), tragen das Lebenselixier in sich. Die Ölfarben sind mit Essig angesetzt und verdünnt. In einem Essiginhalationspavillon kann man sich sogar von der heilenden Kraft der sauren Flüssigkeit überzeugen. Darauf einen Sekt mit einem Schuss Granatapfelessig. Zum Wohl!

Weinessiggut Doktorenhof Wiedemann GmbH . Raiffeisenstraße 5 . 67482 Venningen

DAS FEUERWEHR-MUSEUM

Telefon: 040/5256742
www.feuerwehrmuseum.sh.de

Feuerwehrmuseum, Norderstedt

Wenn das Feuerwehrmuseum auch noch sehr jung ist (gegründet 1990), so hat es doch eine beträchtliche Sammlung junger und alter Exponate zu bieten.
Es ist eines der größten seiner Art und informiert auf über 1.500 m2 über Technik und Kulturgeschichte des Brandschutzes. Zu den Besonderheiten gehören sicherlich die älteste erhaltene Dampfspritze, Baujahr 1869, eine offene Drehleiter mit Vollgummireifen und eine Stoßspritze von 1805. Der lederne Löscheimer aus den Anfängen fehlt natürlich genauso wenig in der umfangreichen Sammlung wie zahlreiche Fotos, Orden und andere Ehrenzeichen.
Dass in Norderstedt ausführlich über den Hamburger Brand von 1842 berichtet wird, versteht sich von selbst. Und wer hätte gedacht, dass die Feuerwehrmänner damals Second-Hand-Uniformen tragen mussten? Nämlich die, die Soldaten im deutsch-französischen Krieg getragen hatten. Entsprechend interessant ist der Uniformen-Saal. In wechselnden Veranstaltungen und Ausstellungen kommt auch der künstlerische Aspekt rund ums Feuer nicht zu kurz.
Ein abschließendes Getränk in der Museumsgaststätte, während die Kinder auf dem öffentlichen Feuerwehrspielplatz toben, rundet eine gelungene Besichtigung ab. Brandschutz könnte kaum interessanter sein.

Feuerwehrmuseum Schleswig-Holstein . Friedrichsgaber Weg 290 . 22846 Norderstedt

SCHUMI, ICH KOMME!

Telefon: 02691/9339-0
www.zakspeed.de

Formel-1-Fahren, Nürburgring

Der größte Rummel um Michael Schumacher ist zwar vorbei, aber die Begeisterung für Autorennen, speziell die Rennen der Formel 1, lässt immer noch nicht nach. Es wird also Zeit, dass man sich um einen Nachfolger kümmert. Warum nicht mal sich selbst testen? Also nichts wie rein ins Cockpit eines Formel-1-Boliden und flott ein paar Runden gedreht. Vielleicht hat man ja das gewisse Gefühl „da hinten" und legt ein paar verblüffende Rundenzeiten hin, die alle elektrisieren.
Wenn nicht, ist es auch nicht schlimm, denn es macht unglaublichen Spaß, mit einem echten Formel-1-Fahrzeug über den Nürburgring zu jagen. Am ersten der beiden Tage geht es um die Theorie: Ideallinie, optimaler Bremspunkt, Kurventechnik, Flaggenzeichen etc. Abends dann noch die Anpassung des Cockpits an die indivi-

duellen Körpermaße. Der nächste Tag steht dann voll unter dem Druck, mit dem Rennwagen eine möglichst gute Performance hinzulegen. Also, Nerven behalten. Und viel Spaß ...

Zakspeed Nürburgring Rennfahrerschule . 53520 Nürburg

WINZER-GENOSSENSCHAFT MAYSCHOSS-ALTENAHR

Telefon: 02643/93600
www.winzergenossenschaft-mayschoss.de

Die älteste Weinkooperative der Welt

18 Winzer hatten am 20. Dezember 1868 eine glorreiche Idee: Sie gründeten die Mayschosser Winzergenossenschaft. Zu dieser Zeit wurde der Wein noch bei den einzelnen Winzern eingelagert. Um den Wein zentral zu lagern, begann man im Jahre 1873 mit dem Bau eines Weinkellers, und der ist heute noch täglich zu besichtigen. „Wein her! Das ist zum Weinen", sagte „Agrippus Virus" einst in „Asterix bei den Schweizern", und hier können Weinzähne tatsächlich Tränen in die Augen bekommen, angesichts der Menge an edlen Tropfen. Die durchschnittliche Jahresproduktion der Winzergenossenschaft beträgt fast eine Million Liter Wein. Rund 200.000 Liter reifen in Holzfässern, fast zwei Millionen Liter lagern in speziellen Tanks. Über 300 Mitgliedsbetriebe bauen auf 112 ha ihren Wein an, vor allem Spätburgunder und Riesling. Sechs verschiedene Gewölbekeller können für Veranstaltungen genutzt werden. Weinwanderungen, Verkostungen, mehrgängige Menüs, Weinseminare, Kellerführungen und Weinproben – wer will, kann sich sogar mit dem Planwagen durch die Weinberge kutschieren lassen. Seit ein paar Jahren ist in einem der Gewölbekeller der Winzergenossenschaft das Mittelahr-Museum zu besichtigen. Auf rund 200 Quadratmetern werden fast 400 Exponate aus den letzten 100 Jahren gezeigt, die die schwere körperliche Arbeit in den steilen Weinbergsterrassen des Ahrtals dokumentieren. Übrigens: Führungen durch die Keller gibt es hier schon seit 1912. Damals kostete der Spaß 25 Pfennig.

Winzergenossenschaft Mayschoß-Altenahr e. G. . Ahrrotweinstraße 42 . 53508 Mayschoß

WO DIE GEHEIMEN ORCHIDEEN STEHEN

TTelefon: 06843/8010
www.gersheim.de

Orchideen-Führung, Gersheim

Orchideen machen Menschen zu Sammlern. Einmal der Schönheit der Pflanze verfallen, jagen manche ständig hinter der nächsten, noch schöneren und exotischeren her.
Dabei tut es ein entspannter Spaziergang im Saarland auch. Denn dort wachsen Orchideen, draußen, wild, einfach so. Zwar findet man von den weltweit 25.000 Arten hier in Mitteleuropa nur etwa 60 wildwachsende Orchideenarten, aber immerhin, etwa die Hälfte davon gedeihen im Saarland.
Auf den Muschelkalkböden des Bliesgau bei Gersheim kann man sie finden. Aber man muss schon genau wissen wo. Deswegen gibt es fachkundige Führung, sozusagen den Orchideen-Scout, der auf sorgfältig ausgesuchten Pfaden die Pflanzenliebhaber an die Standorte der Orchideen leitet.
Diese Ausflüge in das Gersheimer Orchideengebiet finden nur zu bestimmten Zeiten und mit begrenzter Teilnehmerzahl statt. Zu empfindlich reagiert das Ökosystem des Naturschutzgebietes auf eventuelle Überbeanspruchung durch zu viele und zu große Besuchergruppen. Und alleine, ohne Scout, ist das Betreten des Orchideengebietes nicht gestattet. Ein wirklicher Liebhaber dieser seltenen Pflanze hält sich daran.

Gemeinde Gersheim . Bliesstraße 19a . 66453 Gersheim

DAS SCHLOSSGESPENST LÄDT ZUM TANZ

Telefon: 0681/506-7367
www.stadtverband-saarbruecken.de

Schloss, Saarbrücken

Das Schloss Saarbrücken ist ein barockes Schloss in der Stadtmitte Saarbrückens, das am linken Ufer der Saar auf den Resten der mittelalterlichen Burg Sarabruca (erstmals 999 erwähnt) errichtet wurde. Seitdem verfügt es auch über ein Schlossgespenst. Die Burg wurde 1009 und 1168 zerstört, danach aber wieder aufgebaut. Zwischen 1563 und 1617 entstand durch Um- und Neubauten ein Renaissanceschloss. Dieses lag im Jahre 1677 schon wieder in Trümmern. Ein „Klein-Versailles" hatte Fürst Wilhelm Heinrich von Nassau-Saarbrücken vor Augen, als er dem Barockbaumeister Friedrich Joachim Stengel den Auftrag erteilte, einen neuen Herrensitz zu errichten. Stengel ließ die vorhandenen Bauten niederreißen und errich-

tete 1739 bis 1748 das neue barocke Schloss. In den Wirren der Französischen Revolution (1793) wurde ein Großteil des Barock-Kleinods ein Raub der Flammen. Das letzte Mal renoviert und umgebaut wurde das Schloss 1989.
Wer aber noch viel mehr über das historische Gebäude weiß, ist ein Bewohner, der bei dieser über tausendjährigen Geschichte immer dabei war: das Schlossgespenst. Wenn es nicht gerade durch das Gemäuer spukt, lädt es zu Führungen.
So erfahren die Besucher zum Beispiel, warum das Saarbrücker Schloss während der Französischen Revolution brannte. Aber auch, wieso an der Decke des Festsaals Tauben umherfliegen, worauf Gespenster besonders Appetit haben und wer Charlotte und Ottilie sind, spielt in der Führung mit dem Schlossgespenst eine Rolle.

Saarbrücker Schloss . Schlossplatz . 66111 Saarbrücken

FIDELER, FEUCHTFRÖHLICHER VOLKSBRAUCH UMS FEUER

Telefon: 0681/92720-0
www.tourismus.saarland.de

Schwenker, Saarbrücken

„Der Herr lenkt, der Mensch denkt, der Saarländer – schwenkt." (Alte Volksweisheit) Der Saarländer an sich ist wortfaul. Das sagt er selbst. Wenn er überhaupt was sagt, der Saarländer. Der Begriff „Schwenker" hat deshalb gleich drei Bedeutungen: Zum einen ist der Schwenker die besondere Form eines Grills. Weiterhin wird das auf dem Schwenker zubereitete Fleisch als „Schwenker" bezeichnet. Außerdem wird der Grillmeister, der den Schwenker (Fleisch) auf dem Schwenker (Grill) zubereitet, auch „Schwenker" genannt.
Man nehme also einen Schwenker, also ein Grillgerät, bestehend aus einem Dreibein, einer Kette, und einem Rost. Darunter werden fossile Brennstoffe, am liebsten aber Buchenholz, verbrannt. Weitverbreitet als Feuerstelle sind aufgesägte Waschmaschinentrommeln. Fast 100 Prozent aller Schwenker sind in Eigenregie entstanden, die Einzelteile wurden über die örtlich ansässige Bergbau- und Schwerindustrie organisiert oder während der Arbeitszeit dort angefertigt.
Als nächstes haben wir den Schwenker, also den Braten, bestehend aus Fleischscheiben jeglicher Art und Form, die über Tage hinweg in einer Marinade aus Öl, Zwiebeln und einer streng geheimen Würzmischung eingelegt werden. So viel Arbeit macht Durst.
DeshalbtrinkenwirschnelleinenSchluckBiergluckgluckAaaaah! Ohne Bier läuft beim Schwenken überhaupt gar nichts. Bier wird benötigt, um den Rost zu reinigen, die Lager und die Kette gangbar zu machen und lauffähig zu halten und um den auf dem Rost dahinbrutzelnden Schwenkbraten von Zeit zu Zeit einzupinseln. Und um diese trockene Kehle feucht zu halten. Gutes Schwenkergrillbesteck hat sogar

einen integrierten Kapselheber, obwohl erfahrene Schwenker das Bier sowieso mit jedwedem Gegenstand öffnen können.
Schwenken wir hinüber zum Ablauf:
Erst einmal ein Bier trinken, denn Schwenken braucht Ruhe und Muße. Feuer in Gang bringen, Rost heiß werden lassen und anschließend mit Bier und Papier säubern. Schwenkbraten auflegen, Rost auf tiefe Stellung. Scharf anbraten (etwa fünf Minuten), danach wenden und Prozedur wiederholen. Dann Rostposition erhöhen und den Schwenkbraten langsam etwa 20 Minuten garschwenken, dabei nie den Rost zum Stillstand kommen lassen. Zwischendurch viel Bier trinken und den Braten von Zeit zu Zeit mit dem köstlichen Gerstensaft einpinseln. Traditionell werden zum fertigen Schwenkbraten Kartoffeln oder Nudelsalat gereicht; getrunken wird, genau: Bier.
Die Tradition des Schwenkens kommt aus Brasilien, da im 19. Jahrhundert viele Familien aus dem Hunsrück nach Südamerika auswanderten. Rückkehrer brachten diesen Brauch von dort mit. Und weil viele Menschen im Saarland Arbeit fanden und blieben, hat sich der Brauch dort etabliert.
Auch französische Spezialitäten gibt es auf saarländischem Schwenker. So, wie der Saarländer den brasilianischen Grill zu seinem Schwenker machte, so hat er seit Jahren die französische Kultwurst Merguez zu seinem Lieblings-Grillgut erkoren. Eigentlich aus der marokkanischen Küche stammend, hauptsächlich aus Lammfleisch und vielen mundig-aparten Gewürzen bestehend, erhält man die Merguez in jeder saarländischen Metzgerei.
Beim Grillen ist dann die hohe Kunst des Schwenkers gefragt: Auflegen, scharf anbraten, danach anstechen, damit das fetthaltige Fleisch ausschwitzen und abtropfen kann. Doch dann Obacht: die Merguez erst kurz vor dem Verkohlen herunternehmen, denn dann schmeckt sie am besten ... mit, genau, noch einem Bier.

Tourismus Zentrale Saarland . Franz-Josef-Röder-Straße 17 . 66119 Saarbrücken

---

0752 SL_Essen & Trinken

DREI MICHELINSTERNE FUNKELN AM GOURMETHIMMEL

Telefon: 06866/79-118
www.schlossberg-nennig.de

Victor's Restaurant und Schlosshotel, Perl-Nennig

Was für ein privatwirtschaftliches Joint Venture! Er, Christian Bau, ist Küchenchef und mit drei Michelinsternen ausgezeichnet. Sie, Yildiz Bau, ist Restaurantleiterin. Zusammen mit Sommelier Michael Selz kümmert sich das Paar um die Gäste. Gemeinsam bieten sie eine Symbiose aus Luxus und liebenswerter Gastfreundschaft.
Die französische Küche ist leicht und zeitgemäß: „Effilochée vom Taschenkrebs mit Jakobsmuschelrosette", „Tranche vom Sokeye-Lachs leicht geräuchert" oder „Cocktail von Sommeraustern". Danke, das genügt schon zum Appetitmachen. Vorwiegend fran-

zösische und deutsche Weine begleiten die Geschmackswelten, Spezialkaffees und humidor-gelagerte Zigarren aus Kuba und der Dominikanischen Republik warten auf den genüsslichen Verzehr danach. Die ganze Feinschmeckerei kann man noch mit einem Aufenthalt im romantischen Ambiente des eleganten Renaissance-Schlosshotels krönen. Mehr geht nun wirklich nicht.

Victor's Gourmet-Restaurant Schloss Berg . Schlosshof 7–9 . 66706 Perl-Nennig/Mosel

0753 SL_Feste, Events & Veranstaltungen

EIN FEST, DAS REGELMÄSSIG INS WASSER FÄLLT

Telefon: 0681/938090
www.saar-spektakel.de

Saar-Spektakel, Saarbrücken

Sommer, Sonne, Sand und Saar – die bundesweit einzigartige Veranstaltung rund um die Themen Wasser und Wassersport findet jedes Jahr im Juli in Saarbrücken statt, und alle machen mit. Der Kapitän ist die Landeshauptstadt Saarbrücken. Weit über 20 Vereine und Institutionen gehen regelmäßig mit an Bord und bieten ein ausuferndes Programm: Drachenbootrennen, Achterrennen der Ruderer, Amphibienfahrzeuge, die sowohl an Land als auch im Wasser funktionieren, Fallschirmsprünge direkt in die Saar, Hausboote, Motorboote, Kanus, Fackelschwimmer, Shanty-Chöre. In der Taucheroase unterhalb des Finanzministeriums kann man nach verschollenem Schwarzgeld suchen oder aus einer Gondel in 50 Meter Höhe die spektakuläre Aussicht auf das Saar-Spektakel genießen. Dazu gibt es Live-Bands und wasserbombenmäßige Mitmach-Aktionen an beiden Ufern der Saar.
Meerjungfrauen, Wasserratten und Freizeitkapitäne aufgepasst! Hier wird gefeiert, dass sich die Planken biegen.

Kongress- und Touristik Service Region Saarbrücken GmbH . Saar Galerie Reichsstraße 1 . 66111 Saarbrücken

0754 RP_Theater & Schauspiel

WENN KEIN VORHANG FÄLLT

Telefon: 0681/5011103
www.festival-perspectives.de

Theaterfestival, Saarbrücken

Oh la la! Seit 30 Jahren gibt es das Festival „Perspectives" mit seinem einzigartigen Konzept. Längst ist es zu einem Symbol für die deutsch-französischen Beziehungen geworden. Dabei präsentieren die Veranstalter nicht nur deutsche und französische

Produktionen, sondern beziehen die unterschiedlichsten und unüblichsten Spielstätten ein und suchen unermüdlich nach Neuentdeckungen. Sogar der Eurobahnhof des TGV wurde schon bespielt.
Das grenzüberschreitende Kulturfest, das immer im Juni stattfindet, ist ein festival sans frontières, ein Festival ohne Grenzen. Es zeigt einen spannenden und unterhaltsamen, aber auch erschütternden Querschnitt des modernen Lebens. Rund 20 Theater-, Tanz-, Zirkus- und Straßentheaterproduktionen beschäftigen sich mit den Ängsten der Gesellschaft ebenso wie mit dem puren Spaß am Leben. Ein Rahmenprogramm mit Musik, Schulveranstaltungen und Vorträgen ergänzt das Festival.
Das deutsch-französische Bühnenfestival „Perspectives“ ist eine Gemeinschaftsinitiative der Landeshauptstadt Saarbrücken, der saarländischen Landesregierung und des Département Moselle.

Perspectives . Stiftung für die deutsch-französische kulturelle Zusammenarbeit
Am Ludwigsplatz 6 . 66117 Saarbrücken

HIER SPIELT IHR WATT IHR VOLT

Telefon: 0681/99268-0
www.musik-theater.de

E-Werk, Saarbrücken

Das E-Werk Saarbrücken ist eine der größten Veranstaltungsstätten des Saarlandes. Hier finden alle Arten von Events ihren angemessenen Rahmen.
Die ehemalige Elektromotorenzentrale II des Eisen- und Stahlwerkes der alten Burbacher Hütte wurde 1908 erbaut. Sie diente damals der Stromerzeugung. In der großen Halle standen die Turbinen und Generatoren. Im Zuge von Umbauarbeiten an der Schaltzentrale und den Werkstätten wurde die große Halle im Jahr 1918 um den nördlichen Anbau sowie im Jahr 1927 um zwei Achsen nach Westen erweitert. Westlich des Gebäudes schlossen sich Kesselhaus und Kühltürme sowie die Gebläseanlagen für das Stahlwerk und die Hochöfen an.
Die majestätische alte Halle präsentiert sich einerseits in der Sprache der damaligen, bereits nüchterner werdenden Industriearchitektur. Andererseits sind aber auch Elemente des Jugendstils sowohl in der Fassade als auch in Tür- und Geländerdetails zu finden. Bei der Erweiterung des Gebäudes im Jahre 1927 wurde auf die bestehende Architektur Rücksicht genommen. So wählte man bei den Türen und Geländern aufwendige Schmuckformen im Stil des Art déco.
Als zentral gelegenes Gebäude auf der unteren Ebene der Saarterrassen, in direkter Nähe zu alten Industriebauten und den neuen Gebäuden des Medienzeitalters auf dem oberen Teil der Saarterrassen, ist das E-Werk zugleich eine Reminiszenz an die ehemalige industrielle Nutzung.

Musik & Theater Saar GmbH . Stummstraße 1a . 66130 Saarbrücken

0756 SL_Natur & Tiere

DAS GLÜCK DIESER ERDE LIEGT AUF DEM RÜCKEN DER ...

Telefon 0681/92720-19
www.muehlenthal.de

Esel, Saarland

Iiiiiii-ah! Iiiii-ah! Das deutsch-französische Hügelland ist eine äußerst reizvolle Landschaft. Und weil es immer hoch und runter geht, läuft es sich doch viel einfacher ohne Gepäck auf dem Buckel. Das kann ja schließlich auch irgendein Esel tragen. Und ein ortskundiger Führer erzählt dabei über die Menschen, die Natur und die Geschichte. Gemütlich, gell?
So zuckelt man los am Hotel Mühlenthal und wandert über alte Römerwege, ohne Hast und immer im Tempo der sympathischen Vierbeiner, die sämtliche Ausrüstung und das Gepäck tragen oder durchaus auch einmal ein fußlahmes Kind.
Über freie Felder und dichte Wälder führen die Wanderwege. Das Tempo der Esel ist angenehm, der Wanderer erfährt Wissenswertes über Tiere und Pflanzen, über die Menschen und ihr Leben hier. Den Abschluss der Wanderung bildet ein gemütlicher Abend am Grillfeuer. Da kann man dann, wiederum gemütlich, über die Eindrücke des Eseltrekkings auf den alten Pfaden plaudern – kurz gesagt: beim Schwenker (siehe auch: Fideler feucht-fröhlicher Volksbrauch) über Schwänke lachen. Und der Esel bekommt 'ne Karotte.

Tourismus Zentrale Saarland GmbH . Franz-Josef-Röder-Straße 17 . 66119 Saarbrücken

0757 SL_Essen & Trinken

ZWEI STERNE. EIN KOCH.

Telefon 0681/9582682
www.gaestehaus-erfort.de

Gästehaus Erfort

Sein Name ist Erfort. Klaus Erfort. Und er hat die Lizenz zum Kochen. Und zwar schlichtweg saugut. Auf dem Kopf die weiße Haube, über dem Lokal funkeln zwei Michelinsterne für seine Kochkunst. Den ersten bekam er schon im zarten Alter von 21 Jahren. Zu den exquisiten Speisen reicht Sommelier Jerôme Pourchère eine 500 Positionen umfassende Weinkarte und spricht seine Empfehlungen aus.
Mehr Worte sind überflüssig, denn sie können nicht ausdrücken, was den Gourmet im Gästehaus Erfort erwartet.
Hier ein Versuch mit einem Amuse-Gueule: ungezwungene Atmosphäre, stilvolles Ambiente in einer herrschaftlichen Industriellenvilla aus der Anfangszeit des 20. Jahrhunderts, draußen im Park ein über 100 Jahre alter Baumbestand und drinnen

virtuose Gaumenfreuden bei erstklassigem Service.
Wenn Ihnen jetzt das Wasser im Munde zusammenläuft, dann müssen Sie zum Telefonhörer greifen. Denn ohne Reservierung läuft gar nichts.

Gästehaus Erfort . Mainzer Straße 95 . 66121 Saarbrücken

0758 SL_Sport, Abenteuer & Technik

WEGEN PENNÄLERN ZUM PLUTO UND ZURÜCK

Telefon: 06873/660-0
www.nonnweiler.de

Planetenwanderweg, Nonnweiler

Wir schreiben die Sternzeit 1996. Dies sind die Abenteuer des Gymnasiums Birkenfeld, deren Schüler auszogen, einen Planetenwanderweg zu installieren ... Seitdem hat sich viel getan. Der Wanderweg hat sich zu einem beliebten Ausflugsziel entwickelt. Nur die Besatzung des Raumschiffs Enterprise hatte den Weg noch nicht auf seinem Schirm.
Der Planetenwanderweg stellt ein Modell unseres Sonnensystems im Maßstab 1 : 1 Milliarde dar. Die neun großen Planeten, die Sonne und unser Mond werden im gleichen Maßstab präsentiert wie ihre mittleren Entfernungen untereinander. In diesem Modell werden somit die tatsächlichen Größenverhältnisse unseres Sonnensystems erleb- und vor allem durchwanderbar. (Bei diesem Maßstab kommt ein rüstiger Wanderer in einem Tempo voran, das etwa der vierfachen Lichtgeschwindigkeit entspricht.) Das Modell der Sonne ist vom Modell des Pluto rund sechs Kilometer entfernt. Man läuft etwa drei Stunden auf dem Rundweg um die Primstalsperre in Nonnweiler. Die Gesamtwegstrecke beträgt rund 12 Kilometer liegt in einer sehr reizvollen Landschaft. Faszinierend!

Planetenwanderweg . Kur- und Verkehrsamt Nonnweiler . Trierer Straße 5 . 66620 Nonnweiler

0759 SL_Theater & Schauspiel

NOCH IMMER UNTERWEGS

Telefon: 0681/65817
www.theaterschiff-maria-helena.de

Theaterschiff Maria-Helena, Saarbrücken

Was für ein Schiff, was für eine Geschichte, was für ein Projekt. Den alten Frachter Maria-Helena gibt es schon seit der Titanic, nämlich seit 1911. Erst war sie ein Treidelschiff und wurde, beladen mit Kies und Kohle, von Pferden den Fluss entlangge-

zogen. Dann wurde sie im Zweiten Weltkrieg gesprengt und versenkt. Später wurde sie gehoben und repariert und dann von Frankreich beschlagnahmt. 1955 geriet sie wieder in die Hände der ursprünglichen Besitzer, die einen Motor einbauen ließen. Anschließend begann ihre Tätigkeit als Frachter quer durch Europa.
2006 kaufte Frank Lion die Maria-Helena und baute sie zu einem Kulturdampfer um. Nun dient sie der Theatercompagnie Lion als einzigartige schwimmende Bühne und schippert die Saar entlang. Das Theaterschiff Maria-Helena bietet ein breitgefächertes und vielfältiges Kulturangebot: unterhaltsame Kindermusicals, Konzerte, spannende Theateraufführungen und vieles mehr. Neben den Eigenproduktionen der Compagnie Lion präsentieren auch die Kooperationspartner – das Saarländische Staatstheater, die Musikhochschule des Saarlandes, die Festivals „Kino im Fluss“ und „Perspectives“ – ein anspruchsvolles Programm in diesem außergewöhnlichen Rahmen.

Compagnie Lion . Bismarckstraße 26 . 66111 Saarbrücken

0760 SL_Kunst & Architektur

NUR HEREINSPAZIERT, WENN'S KEIN ELEFANT IST

Telefon: 06864/811294
www.keramikmuseum-mettlach.de

Keramikmuseum, Mettlach

Auf fünf Etappen von der Gründerzeit der Keramikindustrie bis hin zu modernen Designerwerken kann der Besucher die schönsten Verarbeitungen der Firma Villeroy & Boch bestaunen. François, Pierre-Joseph und Jean-François Boch (Vater, Sohn und Enkel) sowie Nicolas Villeroy – diese vier Männer begründen die Erfolgsgeschichte von Villeroy & Boch. Dieses Quartett will nur eines: gute und schöne Produkte aus Keramik herstellen, die für jeden erschwinglich sind. Mit dem Zusammenschluss ihrer Unternehmen im Jahr 1836 begann der Aufstieg zum Weltformat. Die ältesten Stücke im Museum stammen aus der 1748 gegründeten Töpferei der Bochs im lothringischen Audun-le-Tiche und haben die Jahrhunderte überstanden. Die Ausstellungsstrategie hangelt sich eng an der Firmengeschichte entlang. Ein Beispiel sind die „Mettlacher Platten“: Von römischen Mosaiken inspiriert, wurden sie buchstäblich rund um die Welt zum Inbegriff für schöne, extrem haltbare und preiswerte Fliesen. Sie wurden in Bahnhöfen und Banken, in Palästen und Opernhäusern verlegt. Später begann der Erfolgszug der Sanitärkeramik. Ein Vorbild für die gesamte Branche ist der Entwurf einer kompletten Badezimmerausstattung durch den Designer Luigi Colani. Zum ersten Mal wird das Bad ästhetisch ernst genommen. Nicht mehr nur einzelne Produkte, sondern Lebensräume werden gestaltet.
Wechselnde Kunstausstellungen runden das Angebot im Museum ab.

Keramikmuseum . Saaruferstraße . 66688 Mettlach

EIN ÖSTERREICHER IN DER SAARPFALZ

Telefon: 06849/9000-0
www.ressmanns-residence.de

Ressmann's Residence, Kirkel

Günther Ressmann ist gebürtiger Tiroler und seit fast zwei Jahrzehnten im Südwesten Deutschlands zu Hause. Sein Konzept ist die raffinierte Bündelung nationaler Einflüsse auf die Küche. Aus seinen Kochtöpfen dampfen französische Rezepturen zusammen mit saarländischen Höhepunkten und österreichischen Schmankerln. Das Ganze wird erweitert durch Kreationen aus der leichten italienischen und der pikanten asiatischen Küche. Da schnalzt die Zunge ans Gaumendach! Ein Geheimtipp für Weinkenner ist der Keller mit über 300 persönlich ausgesuchten, besten Weinlagen der Welt. Auch bei der Wahl des Verteilers nach dem Essen kann einem schwindelig werden: Mehr als 100 exzellente Weinbrände und Grappas warten darauf, die Digestion anzuregen. Aufregend.

Ressmann's Residence . Kaiserstraße 87 . 66459 Kirkel

HIER TRIEBEN ES DIE ALTEN RÖMER

Telefon: 06865/9117-0
www.villa-borg.de

Römische Villa, Perl-Borg

Seit dem 1. April 1987 wird in Perl-Borg eine römische Villa wissenschaftlich ausgegraben. Und das ist alles andere als ein Aprilscherz, denn nach archäologischen Untersuchungen und geophysikalischen Messungen stellte sich heraus, dass hier die Überreste einer der größten römischen Villenanlagen im Saar-Mosel-Raum verborgen liegen.
Der imposante Gutshof gliedert sich in einen großzügigen Herrschaftsbereich und ein vorgelagertes Hofareal mit Wirtschaftsbauten auf einer Fläche von über 7,5 ha. Das Tolle daran ist, dass die Ausgrabung für die Öffentlichkeit zugänglich bleibt und seit 1994 das gesamte Gut sogar nach dem aktuellen Stand der Forschung rekonstruiert wird.
Durch die laufenden Arbeiten verändert sich das Erscheinungsbild der Villa fast täglich. Einmal im Jahr finden hier Römertage statt mit Gladiatorenkämpfen, Orgien und anderen Schweinereien.

Römische Villa Borg . 66706 Perl-Borg

DIESER WEG WIRD KEIN LEICHTER SEIN

Telefon: 06861/73874
www.merzig-wadern-online.de

Steinhauerweg, Merzig-Wadern

„Dieser Weg wird kein leichter sein ..." Zur Fußball-WM tönte dieser Xavier-Naidoo-Song aus allen Lautsprechern der Republik. Der Steinhauerweg von Losheim-Britten ist vor allem steinig. Als Naturerlebnis- und Tastpfad bietet er in 13 Stationen ein Erlebnis für alle Sinne, zum Beispiel mit Baumtelefon, Riechbaum oder einem klingenden Felsen. Dabei trifft man auch auf die größte Ansammlung an historischen Wegekreuzen und Grenzsteinen, die die bewegte Geschichte der Region dokumentieren, die oft mit Grenzänderungen konfrontiert war. Der Brittener Steinhauerweg verbindet Kulturgeschichte und Landschaften zu einem hochattraktiven Wandercocktail im größten zusammenhängenden Waldgebiet des Saarlandes.
Sage und schreibe 20 Steinbrüche gab es einmal rund um den Losheimer Ortsteil Britten. Im 17. bis 19. Jahrhundert war Britten gar das Dorf der Steinhauer schlechthin. Brittener Sandstein genoss damals einen hervorragenden Ruf und wurde vor allem im 17. und 18. Jahrhundert für repräsentative Bauten in der Region eingesetzt. Die mächtige Benediktinerabtei in Mettlach, das herrliche Barockschloss in Münchweiler und das Bilderbuchschlösschen Dagstuhl in Wadern sind nur drei von vielen Reminiszenzen an jene Tage. Insgesamt zehn historische Wegekreuze, mehrere verwilderte Steinbrüche, ein idyllisches Bachtal sowie zwei Naturschutzgebiete wurden nun zum sogenannten „Steinhauerweg" zusammengefasst und erinnern an diese Tradition. Rund 150 Meter Höhenunterschied sind dabei zu überwinden, wobei etwa 80 Prozent des „steinigen" Weges über Pfade und weichen Waldboden führen.

Tourismusverband Merzig-Wadern . Poststraße 12 . 66663 Merzig

HIER LEBT DIE REGION. UND LABT SICH.

Telefon: 06851/7525

Zum Ochsen seit 1620, St. Wendel

Das älteste Gasthaus des Saarlandes präsentiert „SAARvoir-Vivre" in einer ungezwungenen Wohlfühlatmosphäre mitten in der Altstadt von St. Wendel. Neben den über die Landesgrenzen hinaus bekannten Gerichten aus der Region (siehe unten)

findet der Gast auch mal Lammfilet oder eine Ostfriesenpfanne, Fleischgerichte und leckere Salatvarianten. Die schmackhafte Küche wird im Herbst und Winter durch jahreszeittypische Gerichte wie Choucroute garnie, die traditionelle Martinsgans, den bretonischen Martinstopf oder gar Couscous ergänzt.
Die Geschichte des Hauses sorgt für die richtige Würzmischung. So manches Foto von Ochsen-Prominenten schaut einem beim Essen in den Teller, so zum Beispiel der saarländische Kabarettist Gerd Dudenhöfer, der bekannte Tierforscher Heinz Sielmann, der ehemalige Umweltminister Klaus Töpfer oder der Liedermacher Klaus Lage.
Zünftige, leckere regionaltypische Deftigkeiten wie „Gefillde", „Hoorische", „Dippe Lappes", „Bettseiersalat", „Bibbelschesbohnesupp", „Omas Kotelett" oder das „saarländische Carpaccio" warten auf die Entdeckung. Und natürlich auf die anschließende Vernichtung.

Zum Ochsen seit 1620 . Balduinstraße 40 . 66606 St. Wendel

0765 SL_Gärten, Parks & Landschaften

WO DER HUNSRÜCK MIT DEM SAARGAU ZUSAMMENKNALLT

Telefon: 06864/8334
www.mettlach.de

Saarschleife, Mettlach

„Une vue splendide", eine wunderbare Aussicht, so schrieb der französische Poet Victor Hugo im Jahre 1863 über Deutschlands schönste Flusskurve – die Saarschleife. Früher, als aus Fotoapparaten noch belichtete Filme kamen anstelle von Bits und Bytes, nannte man so eine Stelle, womöglich zusätzlich mit einem schönen Sonnenuntergang ausgestattet, noch einen Kodak-Moment. Heute klicken hier Digitalkameras und Fotohandys, und wohin die Linse respektive das Auge auch blickt: Landschaft, Wald, Naturschutzgebiet. Unten auf dem Wasser verkehrt die einzige Saarfähre, die „Welles", zwischen zahlreichen Ausflugsbooten. Den besten Blick über die Flusswindung ermöglichen der Aussichtspunkt Cloef oder die Burgruine Montclair.
Jahrtausendelang hat sich hier die Saar in den Berg hineingefressen. Dabei weicht sie weit nach Nordwesten aus, um dann nach einer 180-Grad Wende annähernd parallel zurückzufließen. Statt der zwei Kilometer Luftlinie zwischen Besseringen und Mettlach bringt die Saar auf diese Weise nahezu zehn Kilometer hinter sich. Ein beeindruckendes Naturschauspiel.

Saarschleife Touristik GmbH & Co KG. Freiherr-vom-Stein-Straße 64 . 66693 Mettlach

METAMORPHOSE ZUM INDUSTRIEDENKMAL

Telefon 06898/9100-100
www.voelklinger-huette.org

Völklinger Hütte

Tief hinein geht es in die dunklen Gänge der Möllerhalle mit dem Ferrodrom und den feuerspeienden Säulen, hoch hinauf führt der Anstieg in luftige Höhe auf die Aussichtsplattform am Hochofen – ein Besuch im Weltkulturerbe Völklinger Hütte ist ein Abenteuer für sich. Die Multimedia-Einführung in der Sinteranlage lädt ein auf eine Zeitreise von den Anfängen der Völklinger Hütte bis in die Gegenwart. Vom Dach der Erzhalle öffnet sich der Blick über die Stadt Völklingen und das aktive Werk der Saarstahl AG. Ein beeindruckendes Panorama zu jeder Jahreszeit, bei Tag und Nacht! Die Metamorphose zu einem Industriedenkmal ist perfekt.
An der Granulieranlage lädt der neu gestaltete Picknickplatz zum Verweilen ein: entspannen zwischen bunten Wasserpflanzen und trotzigem Stahl. Aufstieg zur Gichtbühne in 27 Metern Höhe: Hier wurden die Rohstoffe in die Hochöfen gefüllt. Wer noch höher hinauswill, erklimmt die Aussichtsplattform der Hochofengruppe. Ein Rundblick über Stahl und Industrie, der heimelig-unheimlich wirkt. Erst seit Kurzem ist die Gichtbühne in ihrer ganzen Länge von über 200 Metern begehbar. Über das Kohlegleis mit der neuen, 20 Meter langen Wendelrutsche und den Gebläsesteg geht es in die Gebläsehalle. Die Gebläsemaschinen, Kolosse aus Eisen und Stahl, erzeugten den Wind, der in die Hochöfen eingeblasen wurde.
Der Rundgang über die mehr als 5 Kilometer gut beschilderter Wege dauert zwei bis drei spannende Stunden. Ständige Veranstaltungen und Ausstellungen auf dem Gelände bereichern das Angebot. Hier im Europäischen Zentrum für Kunst und Industriekultur kann man locker einen ganzen Tag verbringen. Nicht umsonst gehört das Gelände zum Weltkulturerbe.

Weltkulturerbe Völklinger Hütte
Europäisches Zentrum für Kunst und Industriekultur . 66302 Völklingen

0767 BW_Essen & Trinken

400 JAHRE LEBEN IM QUADRAT

Telefon: 0621/101011
www.tourist-mannheim.de

Mannheim

Am 24. Januar 1607 war es so weit: Mannheim erhielt Stadtprivilegien, nachdem Kurfürst Friedrich IV. von der Pfalz den Grundstein zum Bau der Festung Friedrichsburg gelegt hatte. Die damalige Planung eines gitterförmigen Straßennetzes für die mit der Festung verbundene Bürgerstadt Mannheim ist bis heute erhalten geblieben; deshalb heißt Mannheim noch heute „Quadratestadt". Die Quadrate wurden ganz pragmatisch durchnummeriert und mit Buchstaben gekennzeichnet: Beispielsweise lautet die Adresse der Internetgalerie „Artquadrat" in Mannheim schlicht L4, 10.
Ohne die wichtigen Erfindungen Mannheimer Bürger würden wir heute noch laufen, reiten oder höchstens Eisenbahn fahren: In Mannheim baute Karl Drais 1817 das erste Laufrad, 1886 rollte das erste Automobil von Carl Benz über Mannheimer Straßen, und 1921 folgte der erste Traktor, von Heinrich Lanz entwickelt. Julius Hatry konstruierte hier 1929 gar das erste Raketenflugzeug der Welt.
Kein Wunder, dass Mannheim heute eine bedeutende Industriestadt und ein wichtiger Verkehrsknotenpunkt zwischen Frankfurt und Stuttgart ist.
Im Jubiläumsjahr 2007 hatten auch einige Institutionen Grund zum Feiern: Die Universität wurde ebenso vor 100 Jahren eröffnet wie die Kunsthalle, die mit einem völlig neuen Ausstellungskonzept Furore macht. Auch das Schloss und das Zeughaus haben nach langer Umbauzeit wieder geöffnet.
Das junge, hippe Mannheim, das sind Xavier Naidoo und die „Söhne Mannheims", die Popakademie mit Studiengängen für Musikbusiness und Musikdesign, aber auch die Ateliers, Lofts und kleinen Lädchen zwischen den Quadraten der Innenstadt und der Jungbuschbrücke.

Tourist Information . Willy-Brandt-Platz 3 . 68161 Mannheim

0768 BW_Kunst & Architektur

ELEMENTA-EXPERIMENTE

www.elementa-mannheim.de

Landesmuseum, Mannheim

Warum kann ein Flugzeug fliegen? Wie kommt eigentlich der Strom in die Steckdose? In der Elementa des Landesmuseums in Mannheim werden Mathematik, Physik und Chemie lebendig. Kinder, Jugendliche und Erwachsene können eigenständig experimentieren und so naturwissenschaftliche Grundlagen hautnah erfahren. Man kann erleben, wie man mit Hilfe von Messinstrumenten die Sinneswahrnehmung objektivieren und Reaktionsleistung, Arbeitsleistung und Geschicklichkeit messen kann. Per

Morsealphabet lassen sich Nachrichten übermitteln, und man kann sogar herausfinden, wie Strom transportiert wird und wie er Glühlampen zum Leuchten bringt. Dabei stehen bei allen Experimenten immer auch das Wozu und das Woher im Vordergrund: historische Zusammenhänge, alltäglicher Nutzen und industrielle Anwendung.

Elementa im Landesmuseum für Technik und Arbeit . Museumsstraße 1 . 68165 Mannheim

0769 BW_Kunst & Architektur

WASSERSPIELE VOR DEM WAHRZEICHEN MANNHEIMS

www.mannheim.de

Wasserturm, Mannheim

Mitten auf dem Friedrichsplatz von Mannheim steht – unübersehbar – das Wahrzeichen der Stadt: der Mannheimer Wasserturm. Faszinierend sind die wunderschönen Wasserspiele vor dem monumentalen Bauwerk, das abends nach Einbruch der Dunkelheit beleuchtet ist. Nixen und Tritonen aus Bronze, die beiden steinernen Zentaurengruppen und auf dem Kupferdach eine Statue der Amphitrite, Gattin des Meeresgottes Poseidon, schmücken den Turm, der Teil der größten und schönsten Jugendstilanlage Deutschlands ist. Im Sommer lädt der Friedrichsplatz zum Bummeln und Verweilen ein, und im Winter ist der Weihnachtsmarkt rund um den Wasserturm ein besonderes Erlebnis für die ganze Familie.

Mannheimer Wasserturm . Friedrichsplatz . 68165 Mannheim

0770 BW_Städte & Touren

MIT DER „ALTEN DAME“ AUF DEN KÖNIGSTUHL

Telefon 06221/513-2150
www.bergbahn-heidelberg.de

Bergbahn, Heidelberg

Hoch hinauf auf den Königstuhl, der mit 550 Meter über dem Meeresspiegel der höchste Punkt Heidelbergs ist, geht's bequem aufwärts mit der alten Bergbahn. Bis zur Umsteigestation fährt man dabei zunächst mit der modernsten Standseilbahn in Deutschland. Von dort aus geht die Fahrt weiter mit der „alten Dame“, der ältesten Bergbahn Deutschlands, die bereits 1890 eingeweiht wurde. Das Hotel/Restaurant an der Umsteigestation bietet einen Ausblick über die Altstadt und das Schloss. Früher wurden hier, in der 1852 erbauten Gaststätte „Schweizerhaus“, Kuren mit Ziegenmolke angeboten.

Einmal auf dem Königstuhl angekommen, kann man auf einem der Wanderwege gemütlich ins Tal hinabspazieren, den Flugvorführungen der Falknerei Tinnunculus zusehen oder das Heidelberger Märchenparadies besuchen. Ein traumhafter Ausblick über Heidelberg gehört natürlich auch dazu!

Heidelberger Bergbahn . 69115 Heidelberg

0771 BW_Theater & Schauspiel

SOMMERNACHTSTRÄUME IM SCHLOSS

Telefon: 06221/5820000
www.heidelberger-schlossfestspiele.de

Schlossfestspiele, Heidelberg

Open-Air-Theater macht Spaß. Und wer könnte sich eine schönere sommerliche Kulisse vorstellen als die monumentalen Ruinen des Heidelberger Schlosses? Bereits 1926 standen Akteure des Stadttheaters Heidelberg inmitten der bezaubernden Kulisse und spielten Shakespeares „Ein Sommernachtstraum". Nicht umsonst gehören die Heidelberger Schlossfestspiele heute zu den meistbesuchten der Region. Dabei werden die unterschiedlichsten Stücke inszeniert, und auch an Freunde von Oper und Tanztheater ist gedacht. Ein wundervolles, vielfältiges Konzertprogramm, Liederabende und die berühmten Stummfilmvorführungen mit Live-Musik auf der historischen Kino-Orgel sorgen für viele unvergessliche Stunden.

Heidelberger Schlossfestspiele . 69117 Heidelberg

0772 BW_Kunst & Architektur

„MAGISCHE MITTEL" UND KAKAO

Telefon: 06221/25880
www.deutsches-apotheken-museum.de

Deutsches Apothekenmuseum, Heidelberg

Alraune, Mumia, Bezoarsteine und Kakao – wer verbindet damit heute noch Arzneimittel, die in Apotheken frei erhältlich sind? Im Deutschen Apothekenmuseum im Heidelberger Schloss erfährt man Wundersames aus der Pharmazie- und Kulturgeschichte der vergangenen 2000 Jahre. Sieben komplette Apothekeneinrichtungen aus verschiedenen Epochen entführen anschaulich in vergangene Zeiten. Man reist durch Kräuterkammern, Offizinen aus Renaissance, Barock und des Biedermeier.

In der Arzneimittelsammlung „materia medica" kann man Arzneimittel des 17. und 18. Jahrhunderts aus dem Mineral-, Tier- und Pflanzenreich kennenlernen: Gewürze und Kakao gehören ebenso dazu wie „magische Mittel", unter anderem Alraune, Mumia und

Bezoarsteine. Technische Gläser des 16. bis 20. Jahrhunderts wie Glaskolben, Destillierhelme, Florentiner und Woulffsche Flaschen, emailbemalte Gläser aus dem 18. Jahrhundert, kostbare Fayencen und Majoliken wie mächtige Mörser und Reibschalen sowie schmucke Reise- und Hausapotheken bieten faszinierende Eindrücke in die weite Welt der Pharmazie. Außerdem kann man alte Apothekensymbole von Einhorn-, Schlangen-, Löwen- oder Schwanen-Apotheken bestaunen, und im kuppelüberwölbten Apothekerturm präsentiert sich eindrucksvoll ein Laboratorium.
Unzählige Handschriften (unter anderem Urkunden, Rezepte und Werbeschriften) sowie Graphiken und Apothekenfestschriften gehören ebenso zur Ausstellung wie die Meilensteine der Medikamentenentwicklung des 20. Jahrhunderts, beispielsweise erste Penicillin-Packungen.

Deutsches Apothekenmuseum . Schlosshof 1 . 69117 Heidelberg

0773 BW_Feste, Events & Veranstaltungen

HEIDELBERGER HERBST

www.cvb-heidelberg.de

Altstadtfest, Heidelberg

Flohmarkt, Kunsthandwerkermarkt, Mittelaltermarkt und Weindorf in einem: Beim Heidelberger Herbst, dem großen Altstadtfest, das jedes Jahr am letzten Samstag im September stattfindet, haben alle ihren Spaß. Die Kleinen können auf dem Kinderflohmarkt kaufen und verkaufen; auf dem Universitätsplatz tobt das mittelalterliche Leben beim „Churpfälzer Markt" rund um Badehaus und Taverne. Überall wird ein buntes Programm von Jazz über HipHop bis zu Comedy auf den verschiedenen Bühnen geboten. Beim Kunsthandwerkermarkt lässt sich bestimmt das eine oder andere ausgefallene Geschenk entdecken, und im herbstlich geschmückten Weindorf auf dem Kornmarkt kann man es sich so richtig gutgehen lassen. Das wird bestimmt jeder bestätigen, der den Heidelberger Wein und den köstlichen Flammkuchen probiert hat.

Heidelberger Kongress und Tourismus GmbH . Ziegelhäuser Landstraße 3 . 69120 Heidelberg

0774 BW_Städte & Touren

DER MITTELPUNKT STUTTGARTS

www.stuttgart.de

Schlossplatz, Stuttgart

Wer die Königstraße, Stuttgarts Haupteinkaufsmeile, entlangbummelt, gelangt früher oder später zum schönsten Platz in der Landeshauptstadt, dem Schlossplatz. Dort lässt es sich herrlich in der barocken Gartenanlage mit Brunnen und Musikpavillon flanieren. Die 30 Meter hohe Jubiläumssäule mit einer Statue der Göttin Concordia aus

dem Jahre 1841 steht im Zentrum des Platzes. Hier kann man in aller Ruhe abseits vom Shoppingtrubel auf einer der Bänke entspannen. Im Sommer wird der Platz zur Bühne. Jongleure, Akrobaten und Musiker, alle treffen sich hier im Zentrum der Hauptstadt. Oft bekommt man Erstaunliches zu sehen und zu hören.
Von einem der zahlreichen Cafés des Königsbaus (1855 bis 1859 erbaut), der dem Schlossplatz gegenüberliegt, hat man einen wundervollen Ausblick auf das Neue Schloss mit seinem Ehrenhof. Auf dem kleinen Schlossplatz, neben dem Königsbau, steht ein noch heute beeindruckender, teilweise transparenter Kubus aus Glas – das neue Kunstmuseum, das 2005 eröffnet wurde. Wer Ruhe und Erholung sucht, gelangt vom Schlossplatz schnell in den weitläufigen Schlossgarten, schön angelegt mit Teichen und Skulpturen. Im Sommer ist der Schlossplatz ein beliebter Veranstaltungsort für zahlreiche Musikfestivals, und im August findet jährlich das große Stuttgarter Sommerfest statt: Lampions, Lichter und Musik machen dann Schlossplatz und Schlossgarten zu einem ganz besonderen Erlebnis.

Schlossplatz . 70173 Stuttgart

0775 BW_Lifestyle & Szene

SHOPPING IM KLASSIZISTISCHEN PRACHTBAU

www.koenigsbau-passagen.de

Königsbau Passagen, Stuttgart

Alles, was das Herz begehrt, findet man im eindrucksvollen Königsbau, der auch dem Stuttgarter Schlossplatz seinen Charakter verleiht. Die Königsbau-Passagen, die sich direkt an den klassizistischen Prachtbau anschließen, bieten unter einem lichtdurchfluteten Glasgewölbedach auf einer Grundfläche von 8.600 Quadratmetern auf fünf Ebenen Mode und Kulinarisches. Zwei Etagen beherbergen das „Stilwerk" – eine Art Marktplatz verschiedenster Design- und Möbelgeschäfte. Parken ist auch kein Problem: Unter dem Gebäude findet sich eine zweigeschossige Tiefgarage mit 420 Stellplätzen.

Königsbau Passagen . Königstraße 26 . 70173 Stuttgart

0776 BW_Kunst & Architektur

KUNST IM DIALOG

Telefon: 0711/47040250
www.staatsgalerie.de

Staatsgalerie, Stuttgart

„Die Kunst braucht den Betrachter. Der Betrachter braucht die Kunst." Das Motto der Staatsgalerie Stuttgart lädt dazu ein, sich mit Werken der europäischen Kunst vom 14.

bis zum 20. Jahrhundert sowie der amerikanischen Avantgarde nach 1945 auseinanderzusetzen. Der umfangreiche Fundus an Briefen, Büchern und weiteren Dokumenten in den Archiven ist immer wieder Anziehungspunkt für Forscher. Kunstliebhaber werden darüber hinaus an den Sonderausstellungen ihre Freude haben.

Staatsgalerie Stuttgart . Konrad-Adenauer-Straße 30–32 . 70173 Stuttgart

0777 BW_Theater & Schauspiel

WELTBERÜHMTES BALLETT

Staatstheater, Stuttgart

Telefon: 0711/202090
www.staatstheater.stuttgart.de

Ballett hat in Stuttgart Tradition: Von 1759 bis 1766 wirkte hier der Tanzreformer Jean-Georges Noverre. Seinen Höhepunkt an Bekanntheit erreichte das Stuttgarter Ballett 1961 mit der Berufung des Choreographen John Cranko zum Ballettdirektor. Das Ballettwunder Cranko legte mit seinen legendären Neufassungen von „Romeo und Julia“ (1962), „Onegin“ (1967) und „Der Widerspenstigen Zähmung“ (1969) Meilensteine des Genres Handlungsballett. Bis heute würde wohl kaum eine Tänzerin oder ein Tänzer weltweit nicht gerne eine der Hauptrollen in einem der Stücke tanzen. Das Stuttgarter Ballett tanzt jetzt bereits seit mehr als 40 Jahren an der Weltspitze, unter anderem von 1976 bis 1996 unter Leitung von Márcia Haydée.

Eines der schönsten Theatergebäude Deutschlands: das Staatstheater in Stuttgart

Stuttgarter Ballett . Staatstheater Stuttgart . Oberer Schlossgarten 6 . 70173 Stuttgart

0778 BW_Essen & Trinken

JUGENDSTIL FÜR BLUMEN, OBST & CO.

Markthallen, Stuttgart

www.maerkte-stuttgart.de

Es duftet nach exotischen Gewürzen, auf bunten Ständen werden frische Früchte präsentiert, und multikulturelles Stimmengewirr liegt in der Luft: Kein Zweifel, wir befinden uns in einer der schönsten Markthallen Deutschlands. Auf über 3.000 Quadratmetern werden hier täglich Blumen, Obst, Gemüse, Fisch, Fleisch und Backwaren angeboten.

Die Stuttgarter Markthallen wurden bereits von 1912 bis 1914 im Jungendstil erbaut und gelten als eines der schönsten Gebäude der Epoche. Wohn- und Gartenaccessoires sind auf der Galerie im ersten Stock erhältlich. Von hier aus lässt sich bei einem leckeren Milchkaffee oder einer der schwäbischen Spezialitäten des Restaurants auch ganz wunderbar das geschäftliche Treiben beobachten.

Stuttgarter Markthallen . Dorotheenstraße 4 . 70173 Stuttgart

---

0779 BW_Kunst & Architektur

FERNE WELTEN GANZ NAH

Telefon: 0711/2022-456
www.lindenmuseum.de

Linden-Museum, Stuttgart

Im Linden-Museum bekommt man Eindrücke aus fernen Welten. Zu besichtigen in Sonderausstellungen mit klangvollen Namen wie: „Im Zeichen des Drachen". Kunst und Alltägliches aus Afrika und anderen Kontinenten – Lateinamerika, Nordamerika, Ost- und Südasien, der Orient und Ozeanien werden in ihrer Vielfalt und ihren unterschiedlichen Kulturen faszinierend dargestellt und machen Lust auf weite Reisen in ferne Länder.
Auch die Interessen von Kindern sind berücksichtigt worden: Wie fühlen sich getrocknete Kartoffeln und die Wolle vom Alpakaschaf an? Spuckt ein Lama wirklich? Es darf auch an einem Schlauch von Maniok gezogen werden, ohne dass es Ärger mit dem Aufseher des Museums gibt.

Linden-Museum . Staatliches Museum für Völkerkunde . Hegelplatz 1 . 70174 Stuttgart

---

0780 BW_Lifestyle & Szene

SUMMERLOCATION NO. 1 IN DER SCHWABENHAUPTSTADT

www.skybeach.de

Sky Beach, Stuttgart

Über den Dächern der Stadt die Füße in den Sand stecken und auf Liegestühlen unter großen Schirmen der Sommerhitze entkommen: Stuttgarts Sky Beach bietet Strandfeeling pur, inklusive kühler Drinks und Chillout-Sounds. Mittwochs startet bei schönem Wetter ab 18.00 Uhr die legendäre After Work Party. Wer bei Vollmond sowieso kein Auge zumacht, ist bei den spektakulären Vollmond-Partys gut aufgehoben: Bei Feuershow und Housemusik wird die schlaflose Nacht schnell zur coolen Fete. Und wer an Silvester noch nichts vorhat, genießt hier bei Glühwein, Champagner, Cocktails und leckeren Snacks einen tollen Blick auf ein grandioses Feuerwerk – Party natürlich garantiert!

Sky Beach Stuttgart . Königstraße 6 . 70173 Stuttgart

SCHLOSS ROSENSTEIN

Naturkundemuseum, Stuttgart

Telefon: 0711/8936-0
www.naturkundemuseum-bw.de/stuttgart

Im Schloss Rosenstein befindet sich die biologische Sammlung des Staatlichen Museums für Naturkunde. Sie gehört zu den bedeutendsten in Europa. Rund 750.000 Schnecken und Muscheln, über 2.000.000 Insekten, mehr als 600.000 Pflanzen und fast 150.000 Präparate von Wirbeltieren sind nur ein Teil dessen, was hier aufbewahrt wird.
Die Dauerausstellung teilt sich in die Vielfalt der Tiere und Pflanzen und in die verschiedenen Lebensräume der Erde. Doch das Museum bietet noch mehr: vielfältige Sonderausstellungen zu Themenbereichen wie Naturgewalten, Farben der Natur, Lebensraum Boden, Natur in der Stadt und Flower Power.
In der Sommerzeit findet jährlich ein großes Sommerfest mit Open-Air-Kino statt. Ein besonders Highlight sind auch die regelmäßigen Konzerte im Festsaal des Schlosses.

Staatliches Museum für Naturkunde . Rosenstein 1 . 70191 Stuttgart

BIERGARTEN MIT NEAPOLITANISCHEM HINTERHOF-FLAIR

Ackermanns Kneipe und Bar, Stuttgart

Telefon: 0711/6365522
www.ackermanns.de

Ein kühles Bier trinken, den Obstbäumen in ihren mediterranen Töpfen beim Wachsen zusehen und sich freuen, dass man dem Großstadttrubel entkommen ist – neapolitanischer Hinterhof-Flair pur bei Ackermanns. In Stuttgarts beliebter Kneipe und Bar trifft sich von Latzhose bis hin zum Krawattenträger ein munteres Völkchen. Frisch gezapftes Guinness, weitere fünf Fassbiere, interessante Flaschenbiere aus der ganzen Welt sowie über 100 verschiedene Whisky-Sorten gehören zu den Spezialitäten des Lokals. Eine Besonderheit ist dabei das „Bier des Monats", das per Umfrage ermittelt wird und dann zum Anstich kommt – so können hier dann durchaus regionale Spezialitäten wie das Isnyer Blaubändele probiert werden.
Die Speisekarte ist nicht riesig, dafür ist alles hausgemacht und schmeckt. Wer es schwäbisch zünftig liebt, sollte sich den leckeren Wurstsalat auf keinen Fall entgehen lassen; eine prima Wahl ist auch der Flammkuchen in verschiedenen Variationen. Vegetarier werden bei Ackermanns auch immer fündig, und der Salatteller mit Specials wie „Schafskäse zusätzlich" oder „Putenbrust zusätzlich"

kommt vor allem im Sommer gut an. Jeden ersten Donnerstag im Monat spielt Ackermanns legendäre Hausband „Pumping Special“. Sonntags kann man von 10.00 bis 15.00 Uhr ausgiebig brunchen und sich dabei ganz in Ruhe die wechselnden Werke junger Künstler anschauen, die hier ausgestellt sind.

Ackermanns Kneipe und Bar . Bebelstraße 20 . 70176 Stuttgart

0783 BW_Feste, Events & Veranstaltungen

VIERTELESSCHLOTZER AUF DEM MARKTPLATZ

www.stuttgarter-weindorf.de

Stuttgarter Weindorf, Stuttgart

In den Laubengängen auf dem Stuttgarter Marktplatz sitzen, ein Viertele leckeren Wein der Region trinken und den lieben Gott einen guten Mann sein lassen – so fühlt sich der Schwabe wohl. Jedes Jahr lässt sich von Ende August bis Anfang September beim Stuttgarter Weindorf diese urschwäbische Gemütlichkeit kennenlernen. Der Weinanbau in Baden-Württemberg hat eine lange Tradition, und die feinen Tropfen sind nicht umsonst weit über die Landesgrenzen hinaus bekannt und beliebt. Übrigens: Bereits seit 1986 gibt es auf dem Hamburger Rathausmarkt von Ende Juni bis Mitte Juli schwäbische Spezialitäten und leckere Tröpfchen aus der Region – dann ist das Stuttgarter Weindorf zu Gast in der Hansestadt. Und deshalb findet jedes Jahr im Juli auf dem Karlsplatz in Stuttgart der Hamburger Fischmarkt statt.

Stuttgarter Weindorf . 70173 Stuttgart

0784 BW_Natur & Tiere

KLASSIKER UNTER DEN ZOOLOGISCH-BOTANISCHEN GÄRTEN

Telefon: 0711/5402-0
www.wilhelma.de

Wilhelma, Stuttgart

Die gelungene Kombination aus Pflanzen- und Tierwelt macht die Wilhelma zu einem der schönsten Zoos der Welt, und ein Besuch ist fast schon wie ein Tag Urlaub inmitten der Großstadt.
Faszinierend und berühmt ist die Menschenaffenhaltung. Alle vier Arten (Bonobos, Orang-Utans, Schimpansen und Gorillas) leben in Familiengruppen mit entzückendem Nachwuchs. Gibbons und Haubenlanguren turnen ausgelassen im

geräumigen Schwingaffenhaus. Im nördlichen Teil der Wilhelma leben Zebras, Okapis, Giraffen, seltene Somali-Wildesel, verschiedene Antilopenarten – wie beispielsweise Bongos und Nyalas – in zwölf großen Außengehegen.
Mähnenwölfe und Brillenbären toben in der Anlage für Bären und Klettertiere, die einer Felslandschaft nachempfunden wurde. Hier sind die einzelnen Gehege nicht durch Zäune, sondern durch für den Besucher unsichtbare Gräben getrennt. Braunbären, Eisbären, Otter und Biber fühlen sich hier wohl und lassen sich auch gerne mal durch Unterwasserfester beobachten. Flughunde, Kleinkantschile, Laternenfische aus dem Roten Meer, chinesische Riesensalamander und Mausmakis sind im Nachttierhaus unterwegs. Im Insektarium lassen sich, durch Glasscheiben, pilzzüchtende Blattschneideameisen und ein Bienenvolk bei der Arbeit beobachten. Begehbare Volieren bieten ausreichend Platz zum Fliegen – hier tummeln sich Säbelschnäbler, Austernfischer und Kampfläufer in den Wellen.
Einer der vielen Höhepunkte der Wilhelma ist das Aquarium. Hier leben von der einheimischen, unscheinbaren Forelle bis hin zum farbenprächtigen Korallenfisch Tiere aus allen Teilen der Erde. Und natürlich trifft man hier auch auf den winzigen Pfeilgiftfrosch, Krokodile und Alligatoren.

Wilhelma, Neckartalstraße, 70342 Bad Cannstatt

0785 BW_Kunst & Architektur

SPEKTAKULÄRE ARCHITEKTUR MIT AUTOMOBIL-GESCHICHTE

Mercedes-Benz Museum, Stuttgart

Telefon: 0711/1730000
www.museum-mercedes-benz.com

Alles über das Auto mit dem Stern im Mercedes-Benz Museum in Stuttgart-Bad Cannstatt

Vor den Toren Stuttgarts kann man sich auf eine faszinierende Entdeckungsreise durch über 110 Jahre Automobil-Geschichte in einem faszinierenden Bauwerk begeben – Spaß für Groß und Klein inklusive!
In dem beeindruckenden architektonischen Meisterwerk gelangt man – was für traditionelle Museumsbesuche eher ungewöhnlich ist – mit dem Aufzug zunächst in die oberste Etage. Dort beginnen auf insgesamt 16.500 Quadratmetern Ausstellungsfläche verschiedene Rundgänge durch die unterschiedlichen Epochen. Ausgangspunkt sind die ersten Automobile von Gottlieb Daimler und Karl Benz, natürlich der erste Mercedes und

weitere 160 Fahrzeuge: beispielsweise Limousinen und Sportwagen aus den 20er und 30er Jahren. Dazu gehören besondere Modelle wie der Kompressor-Sportwagen, der 500 K Spezialroadster, der erste Serien-Diesel-Pkw der Welt oder der 170 V, meist-verkaufter Mercedes-Benz in der Vorkriegszeit, und bedeutende Rennwagen wie der „Blitzen-Benz". Bob Burman stellte mit diesem Rennwagen 1911 in Daytona Beach mit 228 Stundenkilometern einen sensationellen Weltrekord auf.
Eindrucksvolle Filmausschnitte und die Möglichkeit, akustisch und visuell ein Autorennen in verschiedenen Epochen mitzuerleben, machen den Museumsbesuch nicht nur für Autofans zu einem besonderen Erlebnis. Darüber hinaus bieten ein Museumsshop, Cafés und verschiedene Restaurants (fast) alles, was das Besucherherz begehrt.
Übrigens: Das spektakuläre Gebäude des Museums wurde von UNStudio entworfen, einem der innovativsten Architekturbüros weltweit.

Mercedes-Benz Museum, Stuttgart

0786 BW_Sport, Abenteuer & Technik

BADEVERGNÜGEN IN DER HÖHE

Telefon: 0711/2163015
www.stuttgart.de/baeder

Höhenfreibad Killesberg, Stuttgart

Im Höhenfreibad Killesberg mit seiner weitläufigen Parkanlage fühlen sich Familien mit Kindern besonders wohl. Bei sommerlichen Temperaturen ins kühle Nass tauchen, die Rutsche hinuntersausen, auf dem Grillplatz mit Gratiskohle leckere Würstchen grillen, auf dem Kinder-Matsch-Platz toben, Ball spielen oder mit Clown Otsch beim Kinderfest lachen – hier wird jeder Badetag zum Erlebnis.

Höhenfreibad Killesberg . Beim Höhenfreibad 37 . 70192 Stuttgart

0787 BW_Lifestyle & Szene

DISCO MIT QUALITÄTSSIEGEL

Telefon: 0711/2560062
www.perkins-park.de

Perkins Park, Stuttgart

Bei den Feten im Perkins Park muss sich niemand um sein Gehör sorgen – die Diskothek trägt das Qualitätssiegel „Freiwillig kontrollierte Lautstärke", ihre DJs besitzen einen DJ-Führerschein und sind mit einer Schallpegelanlage ausgestattet. Ansonsten ist der Perkins Park einfach Kult: Aus dem ehemaligen Parkrestaurant Killesberg, 1939 zur Gartenschau erbaut, wurde 1980 eine der größten Diskotheken Stuttgarts. Tanzen kann man wahlweise im kleinen oder großen Club, chillen in der Lounge und lecker essen im Bistro. Weit über die Stadtgrenzen hinaus bekannt und beliebt sind die Partys. Beim „Älternabend“ gibt es Musik aus den 60ern bis zu den 90ern und als Special ein kostenloses Schlemmerbuffet. Bei „La Boum“ erwartet den Besucher eine 80er-Party mit Pop, Wave, Disco und NDW , und zur „Oberstufenparty“ dürfen alle ab 16 Jahren kommen – natürlich nur bis 24.00 Uhr. „Rosenberg oder Tal“ ist der Mittwochs-Klassiker, und in der „Supernotte“ wird getanzt und geflirtet wie im Sommer an der italienischen Riviera. Samstags steigt die „Supreme“ mit R&B, HipHop und Soul, während „Welcome to the Past“ an die fantastischen Zeiten des Techno erinnert. Nicht zu vergessen ist natürlich auch das Partywochenende des Jahres – das „Miami Beach Party Weekend“: Ein Swimmingpool im Garten, Cadillacs in der Einganghalle, feinster Sand und leckere Cocktails bringen echtes Miami-Strandfeeling mitten in die City. Bikini und Badehose bitte nicht vergessen!

Perkins Park . Stresemannstr. 39 . 70191 Stuttgart

0788 BW_Essen & Trinken

TOLLES EIS UND KLASSE AUSSICHT

www.eis-bistro-pinguin.de

Eiscafé Pinguin, Stuttgart

An heißen Sommertagen pilgern die Stuttgarter gerne zum Eugensplatz. Dort lässt es sich wunderbar an der Steinbalustrade lehnen, die Aussicht über den Stuttgarter Talkessel genießen – und das tollste Eis der Stadt schlecken. Etwas unscheinbar im nostalgischen 50er-Jahre-Charme findet sich hier das Eiscafé Pinguin. Die vielen leckeren Sorten machen die Wahl nicht leicht. Empfehlenswert sind sie jedoch alle, egal, ob man sich für die Klassiker Erdbeere, Vanille oder Schoko oder lieber für eine der ausgefalleneren Kreationen wie After Eight oder Cornflakes entscheidet. Und falls das mit dem Eisschlecken bei den lieben Kleinen noch etwas der Übung bedarf, findet man am plätschernden Brunnen Trinkwasser, um die verklebten Kids wieder „stadtfein“ zu machen.

Eiscafé Pinguin . Eugensplatz 2a . 70184 Stuttgart

0789 BW_Essen & Trinken

URSCHWÄBISCHE TRADITION

Telefon: 0711/6012899
www.heslacher-weinstube.de

Heslacher Weinstube, Stuttgart

Die urige Gemütlichkeit hat in der Heslacher Weinstube Tradition. Drinnen lässt es im Winter prima in dem mit Holz vertäfelten Weinlokal sitzen, das eine oder andere

„Viertele" und die leckeren schwäbischen Spezialitäten genießen. Hausgemachte Maultaschen, handgeschabte Kässpätzle, saure Kartoffelrädle, Rostbraten und Steaks stehen dabei genauso auf der Speisekarte wie frische Salate – und traditionsgemäß gibt es am elften November auf Vorbestellung natürlich Gans mit Knödeln und Rotkraut. Im Sommer kann man im schönen Biergarten die Seele baumeln lassen, leckeren Cappuccino schlürfen oder den Tag bei einem frisch gezapften Pils oder einer Caipirinha ausklingen lassen.

Heslacher Weinstube . Böcklerstraße 18 . 70199 Stuttgart

0790 BW_Theater & Schauspiel

THEATER JENSEITS DES MAINSTREAMS

Telefon: 0711/40207-0
www.theaterhaus.com

Theaterhaus, Stuttgart

Das Theaterhaus hat in Stuttgart Tradition: Hier wird gespielt, was neben den Theater-Klassikern Bühne und Publikumsherzen erobern soll. Von „Was heißt denn hier Liebe?", dem 70er-Jahre-Aufklärungsstück des Berliner Ensembles „Rote Grütze", über „Dirty Dishes" bis hin zu Thomas Brussigs „Leben bis Männer – ein Fußballtrainer packt aus". Außerdem ist das Theaterhaus beliebter Veranstaltungsort für Konzerte, Tanztheater, Sommer-Musik-Workshops – und eben auch für etwas schrägere Projekte wie „Kunst und Sport". Im netten Biergarten kann man den Theaterabend gemütlich ausklingen lassen. Übrigens: Wer Karten für bereits ausverkaufte Stücke sucht, wird vielleicht bei der Kartenbörse im Forum unter www.theaterhaus.com fündig!

Theaterhaus Stuttgart . Siemensstraße 1 . 70469 Stuttgart

0791 BW_Essen & Trinken

FRÜHSTÜCKEN IM KREATIVEN UMFELD

Telefon: 0711/242436
www.academie-der-schoensten-kuenste.de

Academie der schönsten Künste, Stuttgart

Klingt nach Galerie – und ist ein wunderbares Café mitten in der City. Im Winter sitzt man gemütlich inmitten von Kunst & Co., und im Sommer lädt ein ruhiger Hofgarten dazu ein, noch den einen oder anderen Milchkaffee mehr zu bestellen. Neben ganz normalen Stuttgartern wurden in der Akademie der schönsten Künste auch schon die Fantastischen Vier und Mick Jagger gesichtet – und das will schon etwas heißen für ein Frühstückscafé!

Dabei bietet die „Aca“ mittlerweile weit mehr als lecker Frühstück mit selbst gebakkenen Croissants, Sandwiches, Vollkornbrötchen und Laugenbrezeln, Kaffee-Spezialitäten und Kuriosem wie Roibosh Macchiato im Glas (heiße, aufgeschäumte Milch mit Roibosh Vanilla und Honig). Auch Snacks wie Ofenkartoffeln, Maultaschen und Crêpes sind zu haben und helfen über den kleinen Hunger zwischendurch hinweg. Abends verwandelt sich das Szenecafé dann in eine nette In-Kneipe. Und bei frischen Säften und Cocktails mit oder ohne Alkohol kann man sich dann ja auch eigentlich gleich wieder am nächsten Tag zum leckeren Frühstück verabreden ...

Academie der schönsten Künste . Charlottenstraße 5 . 70182 Stuttgart (Mitte)

0792 BW_Essen & Trinken

DIE BESTE PIZZA DER STADT

Telefon: 0711/2362057

Pizzeria Il Pomodoro, Stuttgart

Wem der Sinn nach leckerer Pizza steht, der ist im „Il Pomodoro“ gut aufgehoben. Hier kann man gemütlich im Biergarten sitzen, die Pizzas kommen natürlich – original italienisch – aus dem großen Holzkohleofen und werden in verschiedenen Größen angeboten. Falls man sich für eine kleinere entschieden hat, schmeckt auch noch einer der köstlichen Nachtische, ohne dass die Jeans anfängt zu zwicken. Einziges kleines Manko: Im „Pomodoro“ ist es – klar – oft sehr voll, deshalb kann es schon mal vorkommen, dass man bis zu einer Stunde Wartezeit in Kauf nehmen muss. Also besser nicht mit völlig leerem Magen dort „einfallen“!

Pizzeria Il Pomodoro . Wilhelmsplatz 4 . 70182 Stuttgart

0793 BW_Feste, Events & Veranstaltungen

„WASENZEIT“ IN STUTTGART

www.cannstatter-volksfest.de

Cannstatter Volksfest, Stuttgart

Ende September ist „Wasenzeit“ in der Landeshauptstadt. Dann eröffnet Stuttgarts Oberbürgermeister das zweiwöchige Cannstatter Volksfest mit dem traditionellen Fass-Anstich. Der Schwabe nennt „sein“ Volksfest auch liebevoll nach dem Veranstaltungsort „Wasen“.
Das Cannstatter Volksfest ist das größte der Welt. Sein Wahrzeichen, die Fruchtsäule, eine mit Früchten dekorierte, 26 Meter hohe Holzsäule, erinnert daran, dass die württembergische Königin Katharina 1818 den Bürgern das Fest nach einer schweren Hungersnot gestiftet hatte.
Heute machen Geisterbahnen, Luftschaukeln, Superloopings, Wildwasserfahrten, ein nostalgisches Pferdekarussell und das größte transportable Riesen-

rad der Welt den Wasenbummel zum Vergnügen. Im „Französischen Dorf" kann man leckere französische Spezialitäten genießen, in den Bierzelten schmecken Kässpätzle, Haxen und Göckele – und natürlich die Maß Bier oder ein Viertele Wein. Ein Festumzug am ersten Sonntag, Thementage, das Musikfeuerwerk am dritten Oktober und ein Krämermarkt bringen zusätzlichen Spaß. Und natürlich gibt es jedes Jahr Familientage mit stark reduzierten Preisen. Damit niemand auf Zuckerwatte, gebrannte Mandeln und Liebesapfel verzichten muss!

Cannstatter Volksfest . Cannstatter Wasen . Mercedesstraße . 70191 Stuttgart

---

0794 BW_Hotels & Wellness

MINERALBAD MIT FLAIR IM 50ER-JAHRE-STIL

Telefon: 0711/216-7090
www.bad-berg.de

Mineral-Bad Berg, Stuttgart

Hier wird einem sofort warm ums Herz. Die wunderschön erhaltenen Holzumkleidekabinen haben noch den original verschrobenen Schließmechanismus der 50er, und passend dazu erhält man einen dieser Uralt-Holzbügel mit Netz. Hier ist seit einer Renovierung zu Wirtschaftswunderzeiten vieles gleich geblieben. Sogar die Stammgäste. Ein Blick auf die über die Wasseroberfläche dahingleitenden Badekappen unterstreicht diesen Eindruck. Es gibt sie tatsächlich noch, die pieksenden Blumen-Plastikdinger. Hier, mit durch schöne Kindheitserinnerungen gespicktem Blick, mutieren sie zu Seerosen auf einem Jungbrunnen.

Entspannung pur im Mineralbad Berg im Osten von Stuttgart

Verjüngungsqualitäten sagt man dem Wasser des Bades auf jeden Fall nach. Täglich sprudeln mehrere Millionen Liter des kohlensäurehaltigen Mineralwassers in die Becken. Auf die Zugabe von Chlor wird genauso verzichtet wie auf Wasserumwälzungen. So zieht man tapfer und ruhig im wunderbar weichen, aber 18 °C frischen Wasser seine Bahnen. Vielleicht wagt man ja danach verwegen eine Partie Schach, gleich neben dem Imbiss. Im Winter besteht die Möglichkeit, auf ein Innenbecken oder ein Bad in Messingbottichen auszuweichen.

Bei einem wohligen Sonnenbad auf den „Wirklich-wie-damals-Liegen" tauchen schönste Erinnerungen auf. Sofort erscheint der Geschmack von köstlich versalzenen Pommes aus der Papiertüte auf der Zunge und der Geruch von Sonnenmilch aus Kindertagen liegt in der Luft. Tipp: In dem seit 1856 im Familienbesitz befindlichen Bad setzt man auf Tradition. Abends, kurz vor der Schließung, tönt das von Vera Lynn gesungene Lied „Auf Wiedersehen" durch den im Ruhrgebiet-Chic gestalteten Park.

Mineral-Bad Berg . Am Schwanenplatz 9 . 70190 Stuttgart

MIT DEM NECKAR-KÄPT'N AUF GROSSE FAHRT

www.neckar-kaeptn.de

Neckarrundfahrt, Stuttgart

Mit dem Neckar-Kapitän den Fluss entlang: hier in Heilbronn

„Eine Seefahrt, die ist lustig, eine Seefahrt, die ist schön ..." Mit dem Neckar-Käpt'n kann man auch auf dem Neckar auf große Fahrt gehen. Egal, ob mit einer Rundtour, auf der Linienfahrt von Stuttgart nach Marbach und Hessigheim oder bei einer der beliebten Erlebnisfahrten. Samstags kann man beispielsweise bei der romantischen Riverboat-Shuffle das Tanzbein schwingen, zu Dixieland-Klängen „swingen" oder beim „Talentstall" mit Brigitte Hennrich schunkeln. Beim Special „Zauberei an Bord" stellt der Schiffs-Zauberer Magisches mit seinen (kleinen) Gästen an: Er geht von Tisch zu Tisch, lässt Dinge verschwinden, zeigt Ball-, Karten- und Seiltricks. Dabei kann man ihm auf die Hände schauen – ein tolles Erlebnis! In der Wintersaison kommt der Nikolaus an Bord. Natürlich hat er auch kleine Geschenke dabei, die er freigiebig an die Kinder verteilt. Gastronomisches Zentrum der Anlegestelle Wilhelma ist ein fest vertäutes Schiff, die MS Bad Cannstatt. Falls man vor der „großen Fahrt" noch ein wenig Appetit verspürt, kann man auf dem Oberdeck in Susis Deck-Café noch ein wenig Zeit verbringen und Kaffee trinken.

Neckarrundfahrt Anlegestelle Wilhelma . 70376 Stuttgart

ESSEN + TRINKEN MIT WEITBLICK

Telefon: 0711/851424
www.dasaussichtsreich.de

Aussichtsreich, Bad Cannstadt

Das „Aussichtsreich" mit seinem faszinierenden Rundumblick über Neckar- und Remstal ist Kult. Egal, ob Familien, Szene-Gänger und -innen, Normalos, Singles, Pärchen, Cliquen – hier fühlt sich jeder sofort wohl. Die weiträumige Terrasse lädt auch im Winter zum Verweilen ein und wird bei schlechtem Wetter einfach teilweise mit einem Zelt überdacht.
Auf der Speisekarte finden sich schwäbische Spezialitäten wie Käs- und andere Spätzle, Wurstsalat, Maultaschen und Linsen neben leckeren Salaten, Pasta,

Vegetarischem, Fisch und Fleisch. Und dass die umfangreiche Getränkekarte wirklich keinen Wunsch offenlässt, sei nur am Rande noch erwähnt.
Schon lange kein Geheimtipp mehr ist der allsonntägliche Brunch, für den man sich vor allem im Sommer vorab telefonisch anmelden sollte. Dafür kommt man dann aber auch in den Genuss vielfältiger Leckereien, für die sich das frühe Aufstehen lohnt. Frisch gestärkt lockt dann Natur pur. Wie wäre es zum Beispiel mit einem gemütlichen Spaziergang durch die Weinberge? Oder, oder, oder ...

Aussichtsreich . Auerbachstraße 182 (am Burgholzhof) . 70376 Stuttgart Bad Cannstatt

0797 BW_Gärten, Parks & Landschaften

LUSTSCHLOSS VOR DEN TOREN STUTTGARTS

Telefon: 0711/692550
www.baerenschloessle-stuttgart.de

Bärenschlössle im Rotwildpark, Stuttgart

Malerisch vor den Toren Stuttgarts liegt das Bärenschlössle, an den Wochenenden ein beliebtes Ausflugsziel von Jung und Alt. Im Rot- und Schwarzwildpark lässt es sich an einem heißen Sommertag wunderbar im Schatten von Birken und Trauerweiden spazieren gehen. Ein gerader, ungefähr drei Kilometer langer Weg führt direkt zum Schloss Solitude. Nach einem ausgiebigen Spaziergang lädt der 1768 von Herzog Karl Eugen von Württemberg als Lustschloss erbaute zweigeschossige Steinpavillon dazu ein, auf der Terrasse den wundervollen Blick über den Bärensee schweifen zu lassen – und dabei entspannt einen Kaffee zu genießen.

Bärenschlössle im Rotwildpark . Mahdentalstraße 14 . 70569 Stuttgart

0798 BW_Sport, Abenteuer & Technik

DIE GRÖSSTE MINERALWASSERSTADT WESTEUROPAS

Telefon: 0711/216-7979
www.stuttgart.de/baeder

Mineralbad Leuze, Stuttgart

Es hat sich noch nicht überall herumgesprochen, dass Stuttgart die größte Mineralwasserstadt Westeuropas ist. Schwimmen in stark kohlensäurehaltigem und chlorfreiem Mineralwasser hat in Stuttgart eine über 150-jährige Tradition.
In Stuttgart werden nicht nur viele Schwimmbecken aus Mineral- und Heilquellen gespeist, das Mineralbad Leuze bietet zusätzlich auch Therapie-Einrichtungen, öffentliche Trinkbrunnen, eine Mineralquelle, eine Mineralwasser-Kneippanlage, einen Strömungskanal und sogar einen Wasserfall.

Die Devise dieser alten Stuttgarter Tradition lautet: Sich gesund zu erhalten soll Spaß machen und bezahlbar sein. Kombipakete und Pauschalangebote schonen den Geldbeutel: „Schalten Sie ab und tanken Sie neue Energie. Massagen sowie Wellness- und Wohlfühlpakete helfen Ihnen dabei." Man muss nur noch sein persönliches Gesundheitsprogramm auswählen und zusammenstellen.
Da sind Badestunden für die ganze Familie erschwinglich und außerdem besonders erholsam, weil das Mineralbad Leuze neben den Spielplätzen für die Kleinen auch einen Biergarten für Mutti und Vati hat. Gute Tradition.

Mineralbad Leuze . Am Leuzebad 2 . 70190 Stuttgart

0799 BW_Hotels & Wellness

VITALISIERENDES WASSER

Telefon: 0711/216-9240
www.stuttgart.de/baeder

Mineralbad Bad Cannstatt, Stuttgart

Im Mineralbad Bad Cannstatt sorgen fünf unterschiedliche Heilquellen kontinuierlich für vitalisierendes Nass. Im Innenbereich, im Freibad und in den Whirlpools sprudelt wohltemperierte Thermalsole; 18 °C naturkühles, stark kohlensäurehaltiges Heilwasser erfrischt im Kurbecken. Massagedüsen, Wasserfall und Strömungskanal, Solarien, begrünte Dachterrassen und eine Cafeteria lassen einen Besuch des Mineralbades mit seiner lichtdurchfluteten Architektur zur puren Erholung werden.

Mineralbad Bad Cannstatt . Sulzerrainstraße 2 . 70372 Stuttgart

0800 BW_Lifestyle & Szene

GEHEIMTIPP IN SACHEN MODE & DESIGN

Telefon: 0711/6647090
www.theloft-designerclothing.com

The Loft, Stuttgart

Das „Loft" im Bohnenviertel ist beliebt. Kein Wunder, denn dort findet man Designer-Mode zum Schnäppchenpreis. Shoppingwütige haben dabei unter so stylishen Labels wie Armani, Abercrombie & Fitch, D&G, Diesel, Gas, Gianfranco Ferré, Gucci, Max Mara, Roberto Cavalli, Moschino, Seven for all Mankind, Valentino und Versace die Qual der großen Auswahl.
Neben angesagter Damen- und Herrenmode, tollen Designer-Schuhen und Trendigem für die Kleinen findet man auch szenige Accessoires wie exquisite Designertaschen von Burberry, Cavalli, Gucci und Versace, Brillen von Vivienne

Westwood sowie Krawatten, Gürtel, schicke Kappen, Halstücher, Schals, Manschettenknöpfe – natürlich immer stark im Preis reduziert.
Eines sollte man im Loft jedoch auf keinen Fall tun: lange überlegen. Von den meisten hippen Teilchen ist häufig nur ein geringer Bestand vorhanden – und manchmal schon am nächsten Tag ausverkauft. Deshalb lohnt es sich auch immer, einfach mal wieder „vorbeizushoppen“: Das Sortiment wechselt ständig, und wer weiß, vielleicht ist gerade dann das Traumoutfit eingetroffen, wenn man es am wenigsten erwartet hätte. Ach ja, manches kann man natürlich auch reservieren lassen und später stolz nach Hause tragen.

The Loft . Designer Clothing . Pfarrstraße 1 . 70182 Stuttgart (Bohnenviertel)

0801 BW_Gärten, Parks & Landschaften

SCHLOSSGARTEN IM DUFTRAUSCH

Telefon: 07141/97565-0
www.blueba.de

Blühendes Barock, Ludwigsburg

Die Gartenanlage vor dem Barockschloss Ludwigsburg

In der ältesten und schönsten Gartenschau Deutschlands gestaltete man – rund um ein prachtvolles Schloss – gezirkelte Gärten und scheinbar wilde Natur. Zeitvergessen und romantisch mutet einen die Atmosphäre an.
Ein funkelnder Strom aus Düften und Farben, glänzende Wiesen, blühende Sträucher und buntgefiederte Flugkünstler entführen Groß und Klein in eine Welt der Ruhe und Harmonie. Ein wunderbares Ausflugsziel für einen unvergesslichen Tag – und ein zauberhafter Auftakt für einen Besuch des Märchengartens mit seinem Charme der 50er Jahre.

Blühendes Barock . Mömpelgardstraße 28 . 71640 Ludwigsburg

0802 BW_Natur & Tiere

AUSFLUG INS SCHÖNE AMMERTAL

Telefon: 07071/43362

Schwärzlocher Hof, Tübingen

Der Schwärzlocher Hof mitten im wunderschönen Ammertal gehört zu den beliebtesten Ausflugszielen der Tübinger. Vor allem natürlich im Sommer, denn dann lässt

es sich wunderbar im Schatten alter Bäume im Biergarten sitzen, die hausgemachte Mostbowle trinken und urschwäbische Leckereien wie den Schwärzlocher Mostbraten oder eine deftige schwäbische Vesperplatte mit verschiedenen Sorten Hausmacherwurst genießen. Dazu schmeckt das selbstgebackene Bauernbrot, das meist frisch aus dem Ofen in etwa daumendicken Scheiben auf den Tisch kommt. Die Äpfel, aus denen im Gewölbekeller der hauseigene Most in Holzfässern angesetzt und vergoren wird, wachsen auf den Streuobstwiesen rund um diese wohl älteste Ansiedlung bei Tübingen.
Im Ammertal wandern oder Fahrrad fahren, beispielsweise bei einer Tour entlang dem Neckar über Hirschau, Wurmlingen, Wendelsheim und dann hinauf zum schönen Märchensee, ist herrlich. Von dort hinab ins Ammertal und über Unterjesingen zu dem an der Ammer gelegenen Schwärzlocher Hof, um abschließend ein wohlverdientes, kaltes Getränk im Biergarten zu bekommen.
Übrigens: Wer mitten in der Altstadt von Tübingen auf der Suche nach einem gemütlichen Biergarten ist, hier eine Empfehlung: die „Wurstküche“, eine urschwäbische, beliebte Kneipe mit schwäbischen Leckereien. Wenn dann etwas zu schwer im Magen liegt, hilft garantiert ein „Ranzabiegler“ – ein schwäbischer Magenbitter.

Schwärzlocher Hof . Schwärzlocher Straße . 72070 Tübingen

0803 BW_Essen & Trinken

TÜBINGENS SCHÖNSTER BIERGARTEN

Telefon: 07071/27848
www.neckarmueller.de

Biergarten Neckarmüller, Tübingen

Die Gasthausbrauerei in Tübingen mit dem selbst gebrauten Bier zum Verlieben: der Biergarten Neckarmüller

Wer in dem Universitätsstädtchen Tübingen auf der Suche nach einem schönen Biergarten ist, wird schnell fündig: Der schönste Biergarten liegt direkt am Ufer des Neckars, mitten im Zentrum. Auf der großen Terrasse tummeln sich bei schönem Wetter im Schatten alter Kastanien Studenten, Touristen und Familien mit Kindern. Der „Neckarmüller“ ist die einzige Gasthausbrauerei im Landkreis Tübingen, die ihr eigenes Bier braut – und dabei kann man sogar zusehen. Auf der Speisekarte finden sich schwäbische Spezialitäten, und für die Kleinen gibt es preisgünstige „Extrawürste“ – da ist dann auch noch ein leckerer Eisbecher drin und die eine oder andere Limo mehr. Ein funkelnder Strom aus Düften und Farben, glänzende Wiesen, blühende Sträucher und buntgefiederte Flugkünstler entführen Groß und Klein in eine Welt der Ruhe und Harmonie. Ein wunderbares Ausflugsziel für einen unvergesslichen Tag – und ein zauberhafter Auftakt für einen Besuch des Märchengartens mit seinem Charme der 50er Jahre.

Gasthausbrauerei Neckarmüller . Gartenstraße 4 . 72074 Tübingen

HEILENDE KAMELE IM SCHWARZWALD

Telefon: 07054/8125
www.kamelhof.de

Kamelhof, Rotfelden

Sich auf dem Rücken eines Kameles sanft durch die bezaubernde Landschaft des Nordschwarzwaldes schaukeln lassen – ein wunderbares Erlebnis für die ganze Familie. Vielleicht kann man auch zusehen, wie ein Kameljunges mit der Flasche aufgezogen wird oder ist sogar dabei, wenn ein Fohlen geboren wird. Und dass das Melken von einem Liter Kamelmilch, der eine heilende Wirkung bei Allergien nachgesagt wird, gar nicht so einfach ist, weiß man spätestens dann, wenn man es miterlebt hat.
Nicht nur Kamele leben auf dem Hof, auch Dromedare, Trampeltiere, Lamas, Alpakas, Vikunjas und Guanakos können beobachtet werden. Darüber hinaus erfährt man auf Infotafeln und Diavorführungen vieles über die Herkunftsländer der Tiere, ihre Fähigkeiten und besonderen Eigenschaften. Die Kleinen können auf der Koppel auf den Tieren reiten. Natürlich sind auch Ausritte durch den Schwarzwald möglich, dafür sollte man sich jedoch unbedingt vorher anmelden und ungefähr eine Stunde Zeit inklusive Fotostopps einplanen.

Kamelhof Rotfelden . 72224 Rotfelden

MIT DEM KAHN DURCHS NADELÖHR

Telefon: 07071/91360
www.tuebingen-info.de

Stocherkahnrennen, Tübingen

Kultiger geht's nimmer: Wer am zweiten Donnerstag im Juni in Schwaben ist, sollte sich das Stocherkahnrennen in Tübingen nicht entgehen lassen. Start ist gegen 13.00 Uhr beim Bügeleisen, der Westspitze der Neckarinsel (dem „Insele“), dann geht's zügig flussabwärts.
Highlight ist die Fahrt durch das Nadelöhr, einen Pfeiler der Eberhardsbrücke. Hier drängelt und staut es sich jährlich, natürlich nicht ohne mehr oder weniger freiwillige Badegänge. Wichtig: Jedes Team muss beim Durchqueren seine Startnummer hochhalten. Außerdem muss das Nadelöhr zweimal durchquert werden, ansonsten drohen Disqualifizierung und Lebertran. Und auch hier gilt das eherne Gesetz des Stocherkahnfahrens: Die Stange (der Stocher) bleibt beim Mann / bei der Frau. Wer beim Nadelöhr einen guten (Foto-)Platz ergattern möchte, muss früh aufstehen: Schnell ist die Stiege rund um den Neckarturm von

Schaulustigen besetzt. Wenn der Kahn das Öhr erfolgreich hinter sich gebracht hat, geht es flussaufwärts wieder zurück zum Insele.
Das Stocherkahnrennen ist einmalig in ganz Europa. Wichtigster Mann oder wichtigste Frau an Bord ist natürlich der Stocherer, der das Boot steuert. Alle anderen unterstützen ihn mit Paddeln und treiben mit den bloßen Händen und laut zählend das Boot voran. Entwässern und das Wegstoßen des Gegners sind weitere wichtige Disziplinen, die über Sieg oder Tran entscheiden: Die Verlierer müssen das nächste Rennen ausrichten, und jeder an Bord muss einen halben Liter Lebertran trinken. Meistens gießt sich das gesamte Team den Tran bei geschlossenem Mund über das Gesicht, denn der Geschmack wäre einfach zu unerträglich. Die Mannschaft des Siegerkahns muss das Fest am Abend ausrichten – clever ist also der zweite Platz.
Neben dem Rennen ist der Stocherkahn an sich eine der Attraktionen der quirligen Studentenstadt am Neckar, erinnert er doch ein wenig an die Gondeln Venedigs. Die Bauart ist jedoch eine andere: Die heute verwendeten Flachkähne sind Zillen und stammen eventuell aus dem Donauraum. Mit ihnen wurden Pferde oder Kühe transportiert, deshalb sind sie so groß. Die Kähne wurden mit Stangen gesteuert, bei denen sich der Stocherer vom Grund abstößt. Eine Stocherkahnfahrt ist schon eine Reise nach Tübingen wert. Bei schönem Wetter kann man sich entspannt zur Neckarinsel und zurück stochern lassen, inklusive kühlen Getränken an Bord. Manche Kähne verfügen sogar über einen Grill, auf dem Würstchen und Steaks vor sich hin brutzeln, während die Gäste die mittelalterliche Kulisse der Altstadt genießen.

Verkehrsverein Tübingen . An der Neckarbrücke . 72072 Tübingen

---

0806 BW_Feste, Events & Veranstaltungen

HENGSTPARADE

Telefon: 07385/9695-0
www.gestuet-marbach.de

Haupt- und Landgestüt, Marbach

Für Züchter, Reiter und Pferdefreunde ist die alljährliche Hengstparade nicht nur ein abwechslungsreiches, dreieinhalbstündiges Programm, sondern auch ein spannendes, unwiderstehliches Ereignis mit großer Anziehungskraft.
Attraktiv, rasant und stimmungsvoll sind die Bilder, wenn das Haupt- und Landgestüt Marbach die vielfältigen Einsatzmöglichkeiten des Pferdes als Sport- und Freizeitkamerad vorführt. Hohes reiterliches und fahrerisches Können sind Tradition bei dieser Darstellung des Gestütes.
Zu sehen sind Nachwuchshengste und -stuten verschiedener Rassen, römische Kampfwagen und freilaufende Vollblutaraberstuten und zum festlichen Abschluss die große Hengstquadrille. Die Schau fasziniert zum einen durch die schnell wechselnde Bilderfolge und zum anderen durch die unvergessliche Atmosphäre in der großen Arena mit der sachkundigen Präsentation vor der herrlichen Herbstlandschaft der Schwäbischen Alb im Hintergrund.

Wer noch mehr Lust auf Pferderassen und die Geschichte des Guts hat, der kann sich auf einer der Führungen informieren und Einblick in die Arbeit an und mit dem Pferd gewinnen. Sogar Planwagen- und Schlittenfahrten rund um die herrlich gelegene Gestütsanlage durch das malerische Lauertal stehen auf dem Programm.

Haupt- und Landgestüt . 72532 Gomadingen-Marbach

0807 BW_Sport, Abenteuer & Technik

TOTEMPFÄHLE NICHT NUR FÜR INDIANER

Telefon: 07428/917580
www.albakademie.de

Totempfahlsägen, Isingen

Wenn einen seit Kindheitstagen der Traum vom eigenen Totempfahl im Garten nicht loslässt, dann ist man bei der AlbAkademie prima aufgehoben. Hier kann jeder seinen eigenen Stamm sägen und beschnitzen – ganz nach Lust und Laune. Eine Motorsäge muss hier niemand mitbringen, die ist beim dreitägigen Kurs inklusive – genauso wie der naturfreundliche, benzolfreie Sonderssprit, Übernachtungen, leckeres Frühstück, Mittag- und Abendessen. An Kaffee und Kuchen ist auch noch gedacht – schließlich macht das Sägen und Schnitzen hungrig. Und wer jetzt Lust auf das Arbeiten mit den Baumstämmen bekommen hat, kann sich auch gleich für den Blockhausbaukurs anmelden. Und bitte nicht vergessen: Anhänger mitbringen zum Abtransport des Totempfahls.

AlbAkademie . Überm Tal 1 . 72348 Isingen

0808 BW_Lifestyle & Szene

DAS MEKKA DER SCHNÄPPCHENJÄGER

www.metzingen.de

Fabrikverkauf, Metzingen

Einkaufen im schwäbischen Outletcenter Metzingen lohnt sich – und das in jeder Hinsicht, denn die lebendige Innenstadt hat für jeden Geschmack etwas zu bieten. In Metzingen ist der Fabrikverkauf historisch gewachsen. Dies macht das besondere Flair der Stadt aus und unterscheidet sie von gigantischen Factory-Outlet-Stores. Dabei lässt das Angebot keine Wünsche offen: Young Fashion, Outdoor-Artikel oder hochwertige Designer-Markenartikel mit Preisnachlässen von bis zu 70 Prozent warten auf ihre Käufer. Zahlreiche Cafés, Eisdielen und Restaurants verführen dazu, die Shopping-Tour mit der einen oder anderen Leckerei gemütlich ausklingen zu lassen.

Fabrikverkauf . 72544 Metzingen

MIT DEM E-BIKE ÜBER DIE ALB

Telefon: 07125/94 32-0
www.badurach.de

Radtour, Bad Urach

Mit dem Fahrrad über die Schwäbische Alb fliegen – nichts leichter als das. Und man muss dafür noch nicht einmal Radrennprofi sein oder bereits per Rad die Alpen überquert haben. Das Einzige, was für den Spaß nötig ist, ist ein Elektrofahrrad, der „Flyer". Erstmals von Schweizern erfunden, ermöglicht er jetzt auch in Bad Urach den Genuss des mühelosen Radelns – auch wenn es bergauf geht. Mit einem kleinen Schalter am Lenker kann der Radler je nach Bedarf, und fast lautlos, mehr oder weniger Tretpower zuschalten. Über vier Stunden reicht die Akkulaufzeit aus, so dass auch Touren über 50 Kilometer problemlos gefahren werden können. Übrigens: Die tollen „Flieger" lassen sich bei der Kurverwaltung Bad Urach ausleihen.

Kurverwaltung Bad Urach . Touristinformation . Bei den Thermen 4 . 72574 Bad Urach

SO STELLT MAN SICH EINE ECHTE HÖHLE VOR

www.sonnenbuehl.de

Die Nebelhöhle, Sonnenbühl

Hier oben auf der Schwäbischen Alb gehört ein Ausflug zur Nebelhöhle einfach dazu. Gerade im Sommer, wenn das Thermometer auf über 32° C klettert, ist es geradezu erholsam, die meist 10° C kühle Nebelhöhle in 800 m Höhe zu besuchen. In ihrem Inneren ist es nie schwül oder stickig.
Die 380 m lange Tropfsteinhöhle zählt zu den prachtvollsten Schauhöhlen in Deutschland. In ihren geheimnisvollen Räumen und Neben-Höhlen lassen sich im dämmerigen Lichtschein die unterschiedlichsten Phantasiegestalten entdecken.
Berühmt ist die Nebelhöhle auch für ihre zahlreichen schönen Sinterbildungen, Stalagmiten und Stalaktiten, diesen schönen Zapfen, die aus Calcit und Sickerwasser aus dem Erdreich entstehen.
Frühere Besichtigungen mit Pechfackeln hatten über alles eine schwarze Rußschicht gelegt. Erst die elektrische Beleuchtung machte die Ausmaße der Zerstörung sichtbar. Doch seitdem können die Stalagmiten und Stalaktiten endlich wieder ungestört wachsen. Der inzwischen von einer dünnen, weißlichen Sinterschicht überzogene Ruß verleiht der Höhle ein ganz besonderes Aussehen. Ein großer Stalagmit wurde nach dem Zweiten Weltkrieg abgesägt und beim Wiederaufbau des Stuttgarter Schlosses als Wandverkleidung verwendet. Die glat-

te Sägefläche bietet einen interessanten Blick in das Innere des Stalagmiten: Fast wie ein Baum besitzt er „Jahresringe", doch im Gegensatz zum Baum entsprechen diese nicht einem Jahr, sondern Perioden mit unterschiedlicher Wasserzufuhr.
Der Name der Höhle erklärt sich übrigens ganz einfach: Bereits 1486 beobachteten Bewohner der Schwäbischen Alb, dass aus einer Felsspalte Nebel aufstieg, und nannten sie das „Nebelloch". Erst 1517 wurden Teile der Höhle entdeckt.
Nach einer Sage soll sich Herzog Ulrich von Württemberg vor seinen Feinden hier versteckt haben. Wilhelm Hauff (1802–1827) verband in seinem 1826 erschienenen Roman „Lichtenstein" tatsächliche Ereignisse und fantasiereiche Ausschmückungen zu einer spannenden Abenteuergeschichte.
Tipp: Wenn Sie schon einmal oben auf der Schwäbischen Alb sind und sich für Märchen interessieren, besuchen Sie im benachbarten Lichtenstein-Honau das Wilhelm-Hauff-Museum mit seiner berühmten Märchensammlung.

Nebelhöhle . 72820 Sonnenbühl

DAS VERHEXTE SPUKSCHLOSS

Telefon: 07128/215-8
www.freizeitpark-traumland.de

Traumland, Sonnenbühl

Im verhexten Spukschloss im Traumland bei Sonnenbühl wackeln die Wände, und alles steht kopf – das macht nicht nur den Kleinen Spaß. Tolle Attraktionen wie das 35 Meter hohe Riesenrad, eine gemütliche Oldtimerfahrt durch Wald und Wiesen, die Raupenbahn, Ponyreiten, fliegende Ballone, eine Riesenrutsche, der beliebte Jumping-Tower und vieles mehr bieten darüber hinaus Fahrvergnügen für die ganze Familie.
Auf dem großen Erlebnisspielplatz lässt es sich prima klettern, schaukeln, rutschen und Seilbahn fahren. Im Märchenwald bewegen sich Märchenfiguren und Stimmengewirr ertönt – hier werden schnell Erinnerungen an die eigene Kindheit wach, und Kinder beginnen zu träumen. Die Kleinsten können sich auf dem Baby-Spielplatz, in der Mini-Hüpfburg und im Mini-Ballhaus austoben oder im Streichzoo vorsichtig freche Ziegen streicheln und füttern. Zwei große Grillplätze laden dazu ein, Mitgebrachtes am offenen Feuer zu brutzeln. Natürlich kann man sich auch am Kiosk mit Würstchen, Pommes Frites, kühlen Getränken und Eis versorgen.
Übrigens: Das Traumland befindet sich direkt auf der Bären- und Karlshöhle, die zu den einzigartigen Sonnenbühler Tropfsteinhöhlen gehört. Die Bären- und Karlshöhle mit ihren phantastischen Tropfsteingebilden und weiten, hohen Hallen ist für Besucher geöffnet. Auf die Bären wartet man jedoch vergeblich: Sie lebten hier vor Tausenden von Jahren, die Knochenfunde gaben jedoch der Höhle ihren Namen.

Traumland auf der Bärenhöhle . Gewann 3 . 72820 Sonnenbühl

SAUNIEREN MIT BLICK AUF DEN HOHENNEUFFEN

Telefon: 07025/910500
www.beuren.de

Panorama Therme, Beuren

Diese Therme bietet Ihnen mehrere Besonderheiten. Sie entspannen sich in einer Oase mitten in der Natur und genießen diesen speziellen Ausblick: Sie schauen auf den Hohenneuffen, den Beurener Fels, auf den Engel- und den Spitzberg, und zwischendurch nehmen Sie einfach ein entspanntes Bad in einem der Thermalwasserbecken. Sieben Becken umfasst diese 1.000 m² große Beckenlandschaft: drei Innen- und vier Außenbäder. Eines der Außenbecken hat kühle 24°C, der „Feuertopf" mit 40°C ist dagegen eher heiß als warm, also eher etwas für ganz „abgebrühte" Badegäste. Alle Becken verwöhnen Sie mit der wohltuenden Wirkung des Beurener Thermalwassers. Kneippanlagen, Eimergießanlage, Bewegungsübungen und Krankengymnastik runden das Gesundheitsangebot der Panorama Therme in Beuren ab.
Ermattet von den Schwimm- und Badevergnügungen können Sie auf 12.000 m² Gartenfläche und FKK-Liegewiese entspannen, um sich dann auf den Weg zu machen: Die Thermengrotte ist ein kleines Meisterwerk, das Sie sich nicht entgehen lassen sollten. Das Höhlendampfbad wirkt wie eine echte Tropfsteinhöhle. Die realistische Gestaltung dieser Grottenlandschaft ist verblüffend und in jedem Fall schweißtreibend.

Panorama Therme Beuren . Am Thermalbad 5 . 72660 Beuren

TRAU DICH RUND UM DIE UHR

www.rechberghausen.de

24-Stunden-Trauservice, Rechberghausen

Heiraten nur freitags zwischen 9.00 und 14.00 Uhr? Das war einmal. Wer sich beispielsweise freitagnachts um 23.00 Uhr trauen lassen möchte, ist beim Trauservice in Rechberghausen gut aufgehoben. Flexible Standesbeamte vermählen Heiratswillige rund um die Uhr und an sieben Tagen in der Woche. Natürlich erfüllen sie auch bei der Musik oder den Inhalten der Trauungsrede fast jeden Wunsch, und im historischen Ambiente auf der Schlossbühne oder im „Graf-von-Degenfeld-Schonburg-Sitzungszimmer" fühlen sich Paar und Gäste gleichermaßen wohl. Die Nachfrage spricht dabei für sich: Bis zu 360 Paare geben sich jährlich in Rechberghausen das Jawort – zu den unmöglichsten Zeiten!

24-Stunden-Trauservice . Amtsgasse 4 . 73098 Rechberghausen

AUF SCHLOSS KAPFENBURG SPIELT DIE MUSIK

Telefon: 07363-9618-0
www.schloss-kapfenburg.de

Internationale Musikschulakademie, Lauchheim

Majestätisch thront das Schloss 130 Meter über der Stadt Lauchheim im Ostalbkreis auf einer Bergnase des Albtraufs. Auf Schloss Kapfenburg „spielt die Musik" seit 1999. Nach aufwändiger, stilvoller Renovierung der ehemaligen Deutschordensfeste zog die internationale Musikschulakademie ins Schloss ein und wurde so Heimat für junge musikalische Künstler.
Fast alles dreht sich hier um Musik: Solisten und Gruppen aus aller Welt proben hier, Unternehmen halten Ihre Seminare ab. Das Studien- und Bildungsprogramm Capriccio bietet Weiterbildungsmöglichkeiten für das Musikschulmanagement. Das angenehme Ambiente auf Schloss Kapfenburg beeinflusst alle positiv.
Die vielen Aktivitäten auf dem und rund um das Schloss haben ein gemeinsames Ziel: Den Wert musikalischer Kultur und Bildung zu bewahren und zu vermitteln, wie bei der Konzertreihe Accelerando und dem großen Sommerfestival, auf dem von Rock und Pop über Jazz und Klassik bis hin zu Comedy fast alles vertreten ist, was Rang und Namen hat.
Weiteres Highlight ist alljährlich die südamerikanische Partynacht „Das Schloss tanzt" und deren Eröffnungsfeier mit Feuerwerk und einzigartiger Performance aus Gesang, Tanz und Akrobatik.
Besucher und Schlossgäste werden vom Schlossrestaurant Fermata mit einer kreativen, regionalen Küche verwöhnt.

Internationale Musikschulakademie . Kulturzentrum Schloss Kapfenburg . 73466 Lauchheim

SCHWIMMA, SCHWITZA, SCHWÄTZA

Telefon: 0711/35 98 03
www.swe-baeder.de

Merkel'sches Bad, Esslingen

Eine Wohlfühl-Oase mit quellfrischem Thermalwasser in stilvollem Jugendstil-Ambiente – im Merkel'schen Bad in Esslingen fällt es leicht, sich eine kleine Auszeit zu gönnen. Auf zwei Etagen stehen Entspannung und Vitalität ganz im Vordergrund. Wohlig warmes Mineral-Thermalwasser aus der hauseigenen Quelle lädt mit 34 °C zum Baden ein. Die Aktiv-Sauna mit ihren herrlichen Aroma- und Kräuteraufgüssen, eine Aroma-Sauna mit frischen Minz- und Zitrusdüften und die Mental-Sauna mit ihrem ausgewogenen Verhältnis von Luftfeuchtigkeit (60 Prozent) und Temperatur

(60 °C), wechselnden Lichtspielen, anregenden Düften und zartem Vogelgezwitscher bieten pures Saunavergnügen.
Hoch über den Dächern der Altstadt mit einem traumhaften Blick auf die Weinberge und die Esslinger Burg taucht man behaglich ins sprudelnde Nass des Whirlpools ein oder schwitzt in der Kamin- oder Kaskaden-Sauna. Wer möchte, kann sich in der Dampfgrotte bei einer arabischen Rasul-Verwöhn-Behandlung in warme Heilerde einpacken lassen. Aromatische Düfte und leise Musik entführen einen dabei sanft in ferne Welten.
Übrigens: Das Merkel'sche Bad bietet Schwimmvergnügen und Wohlfühl-Oase in einem. In der modernen Schwimmhalle mit großem Sportbecken und einer Sprunganlage mit Ein-, Drei- und Fünf-Meter-Brett können sich sportliche Schwimmer austoben. Und am Wochenende können im Lehrschwimmbecken bei 30 °C Wassertemperatur auch die Kleinsten erste Schwimmerversuche unternehmen.

Merkel'sches Bad . Mühlstraße 6 . 73728 Esslingen

0816 BW_Essen & Trinken

PRICKELNDE SCHÄTZE IN ALTEN KELLERGEWÖLBEN

www.kessler-sekt.de

Sektkellerei Kessler, Esslingen

In den wertvollen Katakomben der Sektkellerei Kessler in Esslingen

Mächtige Kellergewölbe und prickelnder „Schwabenschampus" – ein Besuch bei den „Kesslers", der ältesten Sektkellerei Deutschlands, ist einen Abstecher in die historische Altstadt von Esslingen am Neckar wert.
Bereits im Mittelalter lagerten in den riesigen Kellern des Pfleghofes literweise Wein, und seit 1826 wird tief unter der Stadt die Kunst der Sektherstellung betrieben. Am Prinzip der klassischen Flaschengärung hat sich dabei bis heute nichts geändert, und die prickelnden Schätze lagern bis zu fünf Jahre in den alten Gemäuern.
Hat man sich erst einmal ins Innere der anheimelnden, mit warmen Holzdecken verkleideten und mit unzähligen Wappen geschmückten Verkaufsräume begeben, gelangt man über eine steile Steintreppe in die Unterwelt. Hier ist es nicht nur angenehme 13 °C kühl, sondern auch ein wenig gruselig: Überall wuchert der schwarze Kellerpilz an den Wänden, der zeigt, dass die klimatischen Bedingungen optimal sind. Eine Besichtigung der beeindruckenden Kellergewölbe ist nur nach Anmeldung möglich. Tipp: Wer nur auf ein Gläschen vorbeischauen möchte: Die Kultbar „Sekt in the City", im historischen Ambiente eines Wohnzimmers, öffnet immer samstags von 10.00 bis 15.00 Uhr.

Sektkellerei Kessler . Marktplatz 21–23 . 73728 Esslingen

DAS KLEIN VENEDIG BADEN-WÜRTTEMBERGS

Telefon: 0711/359624
www.kv-esslingen.de

Kanutour, Esslinger Kanäle

Paddeln im Kanadier durch die Kanäle in Esslingen am Neckar, dem „Klein Venedig Baden-Württembergs", bietet ein ganz besonderes Erlebnis an einem heißen Sommertag. Zügig geht es den Neckar hinauf zur Esslinger Schleuse, unter dem Wasserhaus hindurch in den Hammerkanal, vorbei am Merkel-Park zur Schäferwehr und durch den Rossneckar an der Maille vorbei.
Anmutig erheben sich im Hintergrund die Türme der Frauen- und Stadtkirche, bevor man in die Innere Brücke gelangt, die mit den Kanalschluchten und historischen Wasserrädern an das echte Venedig erinnert. Am Schelztorturm, Teil der mittelalterlichen Stadtfestung aus dem 14. Jahrhundert, geht es dann bis zum Bäckermühlenwehr. Und ab dort heißt es: paddeln in den Amazonas!
Übrigens: Wer an Bord gehen möchte, sollte schwimmen können.

Kanu-Vereinigung Esslingen e. V. . Färbertörlesweg 19 . 73728 Esslingen am Necker

IM SEILERGANG AUF DEN WEINBERG

Telefon: 0711/356779

Burg Esslingen

Majestätisch thront sie über dem mittelalterlichen Städtchen Esslingen am Neckar: die Esslinger Burg. Dabei ist sie eigentlich nur ein Teil der monumentalen Stadtbefestigung. 1314 erstmals urkundlich erwähnt, gilt sie heute als das Wahrzeichen der Stadt und ist ein beliebtes Ausflugsziel.
Nach dem Aufstieg durch den Seilergang, ein überdachtes Treppenhaus, sind die anstrengenden, steilen Stufen rasch vergessen, wird man doch von der wunderbaren Aussicht über die Weinberge belohnt. Oben angekommen kann man weit über die Stadt und das Neckartal blicken. Auffallend im Inneren ist der „Dicke Turm". Bereits 1527 erbaut, erhielt er seine Haube nach dem Vorbild der Nürnberger Burgtürme jedoch erst 1887.
Leichte europäische Küche, schwäbische und badische Spezialitäten sowie feine Weine genießt man im Burgrestaurant „Dicker Turm" – einen wunderbaren Ausblick inklusive. Wer mit Kindern unterwegs ist, wird sich in der Burgschänke „Zum Trödler" mit ihrem wunderschönen, mitten im Burghof gelegenen Biergarten bestens versorgt fühlen. Bei schwäbischen Spezialitäten, Flammkuchen, leckeren Salaten und einer reichhaltigen Auswahl an Getränken wird jeder hier fündig.

Ein besonderes Highlight im Sommer ist das „Kino auf der Burg", das beliebte Open-Air-Kino im Burghof. Nach Anbruch der Dunkelheit zeigt das Kommunale Kino Esslingens Aktuelles und Klassiker für die Freunde des Films, jeweils mit Live-Musik und Vorfilm.

Burg Esslingen . Mühlberger Straße . 73730 Esslingen

0819 BW_Lifestyle & Szene

KULTUR GEGEN KOMMERZ

Telefon: 0711/3517906
www.komma.info

Kulturzentrum Komma, Esslingen

Das Komma – Kult in dem sonst so beschaulichen Städtchen Esslingen am Neckar. Ursprünglich als Jugendhaus auf einem ehemaligen Fabrikgelände erbaut, ist es heute Zentrum der alternativen Kulturszene der Stadt und gleichzeitig Veranstaltungsort. Hier findet beispielsweise auch das jährliche Sommerfest mit Live-Musik, DJs und vielem mehr statt.
Egal, ob politisches Engagement, Punkiges aus der Region oder Ausstellungen junger Künstler – im Komma ist (fast) alles möglich. Natürlich lässt es sich hier auch einfach Billard spielen, flippern oder einfach nur im schönen Biergarten im Innenhof Milchkaffee trinken und lesen.
Und dass die Getränkepreise unter den üblichen Biergartenpreisen liegen, ist für ein Jugendhaus natürlich selbstverständlich.

Jugendhaus Komma . Maille 5–9 . 73728 Esslingen

0820 BW_Essen & Trinken

SCHWÄBISCHES SCHNAPSMUSEUM IM STEINHAUS

Telefon: 07143/22563
www.schwaebisches-schnapsmuseum.de

Schnapsmuseum, Bönningheim

Das kleine, feine Schnapsmuseum in Bönningheim bietet eine Menge Wissenswertes rund um die Kulturgeschichte des Alkohols. Ursprünglich als kostbare Medizin und als „aqua vitae" hauptsächlich von Frauen hergestellt, ermöglichte die Entwicklung ausgefeilter Destillieranlagen eine wirtschaftliche und preiswerte Herstellung des Weinbrandes.
Im Schnapsmuseum lassen sich eine Vielzahl beschlagnahmter Destillieranlangen bestaunen, unter anderem ein Rosenhut in Frauenform aus Konstanz aus dem Jahr 1250, der älteste Nachweis über das Schnapsbrennen in Deutschland.

Neben der eindrucksvollen Sammlung bietet das Museum auch eine Schnapsprobe mit schwäbischem Vesper: Schwarzwälder Schinken, Landjäger, Salami, Käse und frisch gebackenes Brot bilden die richtige „Grundlage" für die anschließende Schnapsverkostung.

Schwäbisches Schnapsmuseum Bönningheim . Meierhof 7 . 74357 Bönningheim

0821 BW_Essen & Trinken

DREI LOKALE IN HISTORISCHEN GEMÄUERN

Telefon: 0711/353590
www.weinkeller-einhorn.de

Weinkeller Einhorn, Esslingen

Im Herzen der Altstadt findet man 3 Lokale unter einem Dach. Schon seit dem 13. Jahrhundert gibt es dieses alte Gemäuer, in dem heute schwäbische Küche serviert wird. Mit dem über 700 Jahre alten Weinkeller, dem ältesten in Esslingen, ist das „Einhorn" ein beliebter Treff. Hier sitzt man im romantischen alten Keller mit Sandsteingewölbe bei Kerzenlicht und leckerem württembergischen Hauswein philosophierend oder in der „Backstub", rund um den Backofen mit der Deckenmalerei. Die dritte Möglichkeit bietet „die Laube", die Aperitif- und Bistrobar im ehemaligen Bäckerladen.
Im Einhorn bekommt man nicht nur schwäbische Spezialitäten, sondern auch zünftiges, frisch gezapftes Pils im „Steinkrügle".

Weinkeller Einhorn . Heugasse 17 . 73728 Esslingen

0822 BW_Sport, Abenteuer & Technik

100 ORIGINELLE ATTRAKTIONEN

Telefon: 07135/9999
www.tripsdrill.de

Erlebnispark und Wildparadies, Cleebronn

Im Erlebnispark Tripsdrill haben Sie die Qual der Wahl, bei so vielen Attraktionen können nur einige herausgestellt werden: Gerade durch den Haupteingang gekommen, ist man schon mitten auf der alten Dorfstraße mit den urigen Fachwerkhäusern, da geht es schon den Maibaum hinauf. Ganz oben dann bei der herrlichen Aussicht über den blühenden Park eine kurze Orientierung: Neben dem „Mühlental" gibt es den „Doppelten Donnerbalken", der erst 15 Meter hoch bis in die Baumwipfel schwingt, dann nach vorn kippt und im freien Fall abwärts in die Tiefe donnert. Vergleichsweise harmlos ist da die Spritztour für Seefahrer: In Holzkähnen steuern die Besucher über den „Mühlensee", sich dabei gegenseitig nassspritzend.

Es folgt die Mühlbach-Fahrt, eine Wildwasser-Schussfahrt speziell für kleine Kinder. Bei einem interaktiven Seifenkisten-Rennen die Ideallinie erwischen und im Ziel vorn liegen oder wie a „G'sengte Sau" auf der gleichnamigen Achterbahn fahren – es nimmt kein Ende: Badewannen-Fahrt zum Jungbrunnen, Waschzuber-Rafting ... hier kann wirklich die ganze Familie „Spaß an der Freud" haben.
Tripsdrill wurde übrigens als besonders kinderfreundlich ausgezeichnet und für das beste Preis-Leistungs-Verhältnis aller Freizeitparks in Deutschland prämiert.

Erlebnispark Tripsdrill . 74389 Cleebronn/Tripsdrill

0823 BW_Natur & Tiere

DEUTSCHLANDS GRÖSSTER STREICHELZOO

Telefon: 07252/7256
www.tierpark-bretten.de

Tierpark, Bretten

Streichelzoo im Waldtierpark Bretten

Vor mehr dreißig Jahren wurden auf einem 6 ha großen Gelände am Waldrand von Bretten enorme Mengen von Erde umgewälzt und so umgestaltet, dass 1970 ein Tierpark eröffnet werden konnte. Der Waldtierpark wurde anfangs als Quarantänestation genutzt: Junge Löwen, Elefanten und Schimpansen waren keine Seltenheit, sogar Wölfe gab es.
Heute ist der Wildpark Bretten etwas ganz Besonderes für kleine Besucher: Hier können und dürfen Kinder ihre Lieblinge auch mal anfassen. An manchen Tagen geht es direkt am Eingang los, da werden sie schon von den Tieren erwartet.
Die Tiere sind in frei begehbaren Gehegen untergebracht. Damhirsche, Lamas, Alpakas, Ziegen, Schafe, Esel, Schweine, zeitweise Ponys und sogar Berberaffen können aus allernächster Nähe betrachtet werden – wenn sie es wollen. Nur eines ist absolut verboten: Die Tiere zu jagen oder zu etwas zu zwingen. Zu den Nasenbären, Zebras, Yaks, Kängurus, Kaninchen und Meerschweinchen können die Kinder nicht ins Gehege hinein, doch man kann nah am Zaun gut Kontakt aufnehmen und die Vierbeiner streicheln und füttern. Das Füttern ist hier bei allen Tieren erlaubt, und geeignetes Futter gibt es zu kaufen.
Einzig mit den Affen ist nicht so recht zu spaßen; die Empfehlung des Waldtierparks lautet: Bitte nicht anfassen, sondern einen Sicherheitsabstand einhalten. Denn Affen mögen es gar nicht, wenn sie bedrängt, geärgert oder gestreichelt werden. Kennt man doch von uns Menschen auch.

Tierpark Bretten . Salzhofen 9 . 75015 Bretten

0824 BW_Theater & Schauspiel

54 STUFEN, DIE DIE WELT BEDEUTEN

Telefon: 0791/751-600
www.freilichtspiele-hall.de

Freilichtspiele, Schwäbisch Hall

Theater der ganz besonders schönen Art kann man jedes Jahr bei den Freilichtspielen in Schwäbisch Hall erleben: Ursprünglich als Verbindung von „Sakralem" und „Weltlichem" gedacht, bilden die 54 Stufen der großen Freitreppe, die die Kirche St. Michael mit dem Marktplatz von Schwäbisch Hall verbinden, die Bühne. Erbaut wurde die Treppe bereits vor 500 Jahren, und seit 1925 wird sie „bespielt".
Stimmungsvoller als bei Einbruch der Dunkelheit vor dem monumentalen Sakralbau St. Michael dem Anfang des Stückes entgegenzufiebern, kann ein Theaterabend nicht beginnen: Wagemutig und atemberaubend spielen die Darsteller auf den steilen Stufen – und man merkt Ihnen nicht an, dass sie sich über gute zwei Kilometer (so lang wäre der Weg, würde man alle Stufen aneinanderlegen) und mehrere Höhenmeter hinwegbewegen.
Die Auswahl der Stücke variiert von Jahr zu Jahr. „Jedermann" und „Romeo und Julia" sind nur einige der Highlights. Im Mittelpunkt von „Die Comedian Harmonists", einer Art Fortsetzungsgeschichte, steht natürlich die Musik. „Der kleine Horrorladen" und „Dracula", Klassiker der schaurig-schönen Unterhaltung, begeisterten bereits Tausende von Theaterfreunden.
Gespielt wird jedes Jahr von Juni bis September, auch bei Regen. Für die Kleinen findet auf der „Kleinen Treppe" Kindertheater statt. Unter anderem bietet „Robin Hood" mit seinen witzigen Ideen und beeindruckenden Schauspielern Theaterspaß pur für die ganze Familie.

Freilichtspiele Schwäbisch Hall . Am Markt 9, 74523 Schwäbisch Hall

0825 BW_Natur & Tiere

DER FLUG DER MAJESTÄTISCHEN ADLER

Telefon: 06266/388
www.greifenwarte.de

Deutsche Greifenwarte, Burg Guttenberg

Es war schon ein ungewöhnlicher Umzug vor 30 Jahren. Über 100 Greifvögel wurden von der Burgfalknerei Hohenbeilstein zur Burg Guttenberg umgesiedelt. Berge von Schutt aus vielen Jahrhunderten wurden abgetragen, bevor gerodet und nach wohlüberlegten Plänen neu gebaut werden konnte. Die neu gegründete Deutsche Greifwarte und ihre 100 Greifvögel sind heute in der aus dem 12. Jahrhundert stammenden Burg Guttenberg zu Hause.

Auf dem Rundgang durch die historischen Wehr- und Zwingeranlagen der mittelalterlichen Burg können die Besucher so einiges erleben: Hier wohnen die Greifvögel und Eulen im Geierhof, im Eulengraben und auf dem Adlerring. Und das Beste ist: Sie sind durch die freie Anbindehaltung aus nächster Nähe und ohne störende Gitter zu betrachten.
Für die, die mehr über die gefiederten Geschöpfe wissen möchten, gibt es ausführliche Hinweise wie Fotos, Grafiken und Computerzeichnungen. Die vielschichtigen und umfassenden Forschungsaufgaben des privaten Greifvogelzentrums werden so anschaulich vermittelt.
Nebenan auf dem Flugplatz stehen schon die majestätischen Adler startbereit auf den Blöcken. Die markanten Rufe der mächtigen Greifvögel ertönen – gespannte Erwartung auf den Zuschauertribünen. Endlich ist es so weit: Je nach Thermik und Wetterlage ziehen die Vögel ihre Flugbahnen, schrauben sich mühelos in die Höhe, um dann unvermittelt in die Tiefe zu stürzen und die Beute zu greifen.

Deutsche Greifenwarte . Neckarmühlbach, 74855 Burg Guttenberg

---

0826 BW_Kunst & Architektur

ZISTERZIENSERABTEI ALS WELTKULTURERBE

www.kloster-maulbronn.de

Kloster Maulbronn

Besterhaltene mittelalterliche Klosteranlage nördlich der Alpen: im Kloster Maulbronn

Beeindruckend in seiner Größe ist das Kloster Maulbronn, eine ehemalige Zisterzienserabtei an der Südwestseite des Strombergs gelegen, zwischen Odenwald und Schwarzwald. Es gilt als die am besten erhaltene mittelalterliche Klosteranlage nördlich der Alpen und ist seit Dezember 1993 Weltkulturerbe der UNESCO. Faszinierend an der von einer geschlossenen Mauer umgebenen Anlage ist die bunte Mischung unterschiedlichster Entwicklungsstufen und Stilrichtungen von der Romanik bis zur Spätgotik.
Das Klosterwappen erinnert an die Gründungslegende: Die Mönche wussten nicht, wo sie das Kloster errichten sollten, und banden die Klosterschätze auf dem Rücken eines Maultieres fest. Dort, wo heute der Brunnen („Bronn“) steht, scharrte das Tier mit seinen Hufen und warf den Schatz ab. Wasser sprudelte aus dem Boden, später entstand hier das Brunnenhaus, und das Kloster kam so zu seinem Namen und seinem Standort.
Auch die Erfindung der schwäbischen Maultasche soll angeblich auf die cleveren Ordensbrüder des Klosters zurückzuführen sein: Sie umgingen das Verbot, in der

Fastenzeit und freitags Fleisch zu essen, indem sie es fein hackten, mit weiteren leckeren Zutaten mischten und unter Nudelteig versteckten. Der Herrgott im Himmel konnte das Fleisch so verpackt nicht sehen. Er soll den Mönchen dabei lachend zugesehen haben. Der Schwabe nennt die Maultasche deshalb auch „Herrgottsbescheißerle".
Der Besuch des Klosters hinterlässt schon einen besonderen Eindruck; der Besuch der regelmäßig stattfindenden Veranstaltungen aber ist etwas ganz Besonderes: „Zeitmessung im Mittelalter" ist eines der spannend aufbereiteten wissenschaftlichen Themen, für Kinder gibt es Kalligraphie-Führungen „Schreiben wie die ... Mönche", und für Lebenslustige ist auch etwas dabei: „Wald, Wasser, Wein und Werkstein – eine Wanderung durch die klösterliche Kulturlandschaft mit Weinprobe".

Kloster Maulbronn . Klosterhof 5 . 75433 Maulbronn

0827 BW_Hotels & Wellness

BADEN IN BADEN-BADEN

Telefon: 07221/2759-20
www.carasana.de

Friedrichsbad und Caracalla Therme, Baden-Baden

Der Florentinerberg bei Baden-Baden hat es in sich: Zwölf mineralhaltige Quellen kommen dort mit 9 Litern pro Sekunde aus 1.200–1.800 m Tiefe, zwischen 56 und 68,8 Grad Celsius warm, und das schon seit weit über 12.000 Jahren. Kein Wunder, dass die Römer unter Kaiser Caracalla begeistert waren, hier im barbarischen, dunklen, kalten Germanien so etwas Wunderbares zu finden. Nicht faul, kommandierten sie die germanischen Sklaven sofort zum Bäderbauen ab.
Eine der 12 Quellen, der sogenannte Friedrichsstollen, ist so kräftig, dass aus ihr beinahe 50 % des gesamten Thermalwassers entspringt. Also hat man lange nach den Römern, um genau zu sein im Jahre 1877, passend zum Friedrichsstollen das Friedrichsbad gebaut. Die römischen Bäder sind weg, aber das 130-jährige Friedrichsbad können Sie heute noch besuchen. Und ein Badebesuch in dem historischen Ambiente lohnt sich.
In 17 Stationen wird Ihr Körper einmal schonend langsam aufgewärmt und genauso sanft wieder an kühlere Temperaturen angeglichen. Das ist äußerst verträglich, stärkt das Immunsystem und ist entspannend für die Haut. Helfen tut dieses Baden gegen ... fast alles. Nur Ihren Partner werden Sie nicht dabeihaben: Im Friedrichsbad baden Männer und Frauen traditionell getrennt. Das alles hat Stil, denn nach dem Durchlauf der Badestationen treffen sich Männlein und Weiblein wieder – im imposanten Kuppelsaal im Zentrum des Bades. Nur an Sonntagen geht's gemeinsam durch sämtliche 17 Stationen.
Genug Gesundheit, jetzt sind Beauty und Wellness dran. Bleiben Sie im Friedrichsbad, und gehen Sie nur eine Tür weiter ins CaraVitalis. Und vergessen Sie Ihren Mann nicht, denn für die Wohlfühlmenüs „Harmonie für 2" oder „Honeymoon"

fehlt Ihnen sonst der Partner. Ohne Mann geht's aber auch. Die Namen der entsprechenden mehrstündigen Körperveredelungen und Seelenmassagen sagen schon alles: „Verwöhn Mich", „Ich bin es wert" oder „Oase der Sinne".
Was passiert denn mit dem wunderbar heißen Thermalwasser der anderen Quellen aus dem Baden-Badener Florentinerberg? Da wird nichts unnütz vergeudet, gibt es doch noch die Caracalla Therme mit 3.000 m² Badefläche und Außenlandschaft im malerischen Schlossgarten. Mit genau denselben Beauty- und Wellnessangeboten wie das Friedrichsbad. Glückliches Baden in Baden-Baden.

Carasana Bäderbetriebe . Römerplatz 1 . 76530 Baden-Baden

INTERNATIONALE GALOPPRENNEN BADEN-BADEN

Telefon: 07229/187-310
www.baden-galopp.de

Rennbahn, Iffezheim

Die Galopp-Meetings stehen jährlich im Mittelpunkt der Internationalen Galopprennen Baden-Baden: Die Große Woche und das Sales & Racing Festival. Wetten sind hier das Salz in der Suppe. Selbst mit kleinen Beträgen ab einem Euro kann man schon dabei sein. Ob das allerdings für den Eintritt in eine der VIP-Lounges reicht, mag mit Recht bezweifelt werden. Und wem Wetten weiterhin ein Rätsel mit sieben Siegel sind, schaue sich doch einfach die anderen an: Die Aufgeregten besser vergessen und sich an einen ruhigen Zocker hängen, beobachten und dann genauso tippen.

Endspurt für Pferd und Jockey auf der Galopprennbahn Iffezheim

Am besten: Ein wenig wetten, nicht allzu hoch setzen, die Atmosphäre genießen, und schon wieder ist ein herrlicher Tag an der frischen Luft stimmungsvoll vorübergegangen.
Zu einer Baden-Badener Rennwoche gehört auch immer ein Programm: So begann der Sommer 2006 mit einem Konzert von Elton John vor rund 12.000 Zuschauern. Tags darauf kamen 7.000 zum Teil bunt verkleidete Fans zum Konzert des deutschen Schlagerkönigs Dieter Thomas Kuhn, der sich dabei im „knallroten Gummiboot" über die Menge tragen ließ. Auch so etwas geschieht auf der Galopprennbahn Iffezheim.

Galopprennbahn Iffezheim . Rennbahnstraße 16 . 76473 Iffezheim

EINE ZEITREISE IN DIE FLUG- UND FAHRZEUGWELT

Telefon: 07261/92990
www.museum-sinsheim.de

Auto- und Technik-Museum, Sinsheim

„Da steht ja die Concorde!“ ist wahrscheinlich das Erste, was die Kinder sagen, wenn man am Auto- und Technik-Museum Sinsheim vorfährt. Und tatsächlich, hier lassen sich die Original-Concorde der Air-France und ihr russisches Pendant, die Tupolev-TU-144, bestaunen.
Überhaupt gibt es viel zu sehen in Sinsheim: Da stehen über 300 elegante Oldtimer, manche „dekoriert“ mit extravagant gekleideten Damen ganz im Look der jeweiligen Zeit, 200 Motorräder, 40 Sportwagen, die größte Formel-1-Sammlung Europas, 60 Flugzeuge, 20 Lokomotiven und ein gigantisches 3D-Kino.
Seit 2007 neu im Programm ist die Dauerausstellung „Ein Blick in die Zukunft“: Skizzen, CAD-Darstellungen und Modelle im Maßstab 1:4 stellen Trends in der Gestaltung von zukünftigen Autos und öffentlichen Verkehrsmitteln dar und zeigen futuristische Verkehrssysteme zu Land, zu Wasser und in der Luft – ein Blick in die Hexenküchen der Designer und Autoentwickler.
Völlig anders, aber genauso spannend: „50 Jahre Goggomobil & Co“ ist eine Ausstellung, die sich mit dem für heutige Verhältnisse aberwitzig winzigen Kleinwagen der Nachkriegszeit beschäftigt, der eng mit dem Wirtschaftswunder verknüpft war und die Deutschen mobil machte.
Und für Motorsport-Fans: die Rennsportgeschichte der Motorradwerke Zschopau. Zehn der berühmtesten, zu ihrer Zeit erfolgreichsten und schnellsten Werksrennmaschinen der Welt werden zum ersten Mal einem breitem Publikum präsentiert.
Das Auto- und Technik-Museum lebt von seiner Vielseitigkeit und den kompetenten und spannend dargestellten Sonderschauen. Für technikbegeisterte Väter und Söhne heißt das: immer der Concorde nach.

Auto und Technik Museum . Museumsplatz . 74889 Sinsheim

KUNST INTERAKTIV

Telefon: 0721/8100-0
www.zkm.de

Zentrum für Kunst und Medientechnologie, Karlsruhe

Das ZKM ist hip, ein ganz heißer Tipp für alle, die Kunst, Medien, Performance in Theorie und Praxis studieren wollen. Oder auch nur mal reinschauen wollen. Dann ist es auch meist schon zu spät: Denn trifft der Besucher auf FLICK_KA, ein Portal, das jeden Besucher auffordert, ein Bild von sich ins Internet zu stellen und so mit

dem eigenen Kunstwerk das ZKM zu erobern, hat er sich schon verfangen in der spannenden Welt der Kunst und Medien.
Interessierte Mitmacher sind nicht nur gefragt, ihnen wird auch ein vielseitiges Programm in Form von Workshops, Aktionen, Projekten und noch einigem mehr geboten. Lust auf „lebendige Kunst“ soll geweckt werden. Wer sich die vielen Angebote etwas genauer ansieht, will gleich dableiben und anfangen.
Mit Vorträgen und Performances stellen junge Erfinder und Wissenschaftler ihre verschiedenen Disziplinen und Projekte vor: zum Beispiel der Workshop „Komponieren mit physikalischen Modellen“, der die Möglichkeiten physikalischer Modelle mit einem einfach zu bedienenden User-Interface verbindet. Kennern sagt das was! Dabei können die Modelle zur Klangerzeugung benutzt, aber auch in Animationen visualisiert werden. Mmh, ach ja.
Bei der Installationspräsentation „rosalie: Helios“ erlebt man die faszinierenden hängenden Lichtgärten der Bühnenbildnerin und Künstlerin rosalie, die von Klängen von Ludger Brümmer und Chandrasekhar Ramakrishnan begleitet wird. Okay, verstanden.
Hinter dem Titel „Die Algorithmische Revolution“ verbirgt sich eine Ausstellung zum universellen Einsatz des Computers in den letzten 50 Jahren. Und das Musikfestival „Quantensprünge V“ bringt elektronische, elektroakustische und akusmatische Musik. Soweit nur ein kleiner Appetithappen, was alles im ZKM los ist.
Nebenbei fast, aber mit großer Resonanz beim Publikum, ist im ZKM die weltweit größte Sammlung interaktiver Kunstwerke zu bestaunen.

Zentrum für Kunst und Medientechnologie . Lorenzstraße 19 . 76135 Karlsruhe

0831 BW_Natur & Tiere

VOM „THIERGARTEN“ ZUM „ÜBER-LEBENSRAUM“ FÜR TIERE

www.karlsruhe.de/Zoo/

Zoo Karlsruhe

„Wir geh’n in den Stadtgarten“, sagt der Karlsruher heute, wenn er exotische Tiere und eine großzügige Parkanlage sehen will. Der Karlsruher Zoo, als einer der ältesten Zoos in Deutschland schon 1865 am Rande der Stadt gegründet, liegt heute mitten in Karlsruhe zwischen Hauptbahnhof und Kongresszentrum.
Auf dem weitläufigen, 22 ha großen Gelände mit reichlich altem Baumbestand leben fast 1.200 Tiere aus der ganzen Welt. Einige haben hier, als bedrohte Arten akut vom Aussterben bedroht, einen modernen „Über-Lebensraum“ gefunden. Lange bevor Eisbärkind Knut als Medienstar dem Berliner Zoo Besucherrekorde bescherte, war der Karlsruher Zoo weltweit bekannt für seine erfolgreiche Zucht von Eisbären. Im Jahr 2000 wurde eine neue Anlage für sie eröffnet, mit verblüffend realistischen Eisberg-Nachbildungen und Unterwasser-Einsicht zu den schwimmenden und tauchenden Tieren.

Es gibt natürlich noch viel mehr zu bestaunen und zu besichtigen: der Schwanensee, der zum alten Seelöwen-Gehege im Zentrum des Zoos führt, die Gehege rund um das Giraffenhaus mit Pinguinen und Seehunden, das Raubtierhaus mit den ganz seltenen, fast schon ausgestorbenen China- und Schneeleoparden, das Außengehege der Asiatischen Elefanten zusammen mit den Flusspferden und nicht zuletzt im Südamerikahaus die Papageien, Leguane und kleinen Krallenaffen.
Ein Spaß, der in jedem Fall zum Karlsruher Zoobesuch dazugehört, ist eine Fahrt mit der Gondoletta auf den beiden Seen.

Zoo Karlsruhe . Ettlinger Straße 6 . 76137 Karlsruhe

0832 BW_Lifestyle & Szene

WELTBERÜHMTES SPIELCASINO MIT FLAIR

Telefon: 07221/3024110
www.casino-baden-baden.de

Spielcasino Baden-Baden

„Die schönste Spielbank der Welt!" soll Marlene Dietrich fasziniert ausgerufen haben. Ob Mythos mit Kultstatus oder Realität, das Casino in Baden-Baden gehört sicher zu den schönsten „Spielhallen" in Deutschland. Auch wer sich nicht zu den Spielwütigen zählt, sollte sich einen Besuch des klassizistischen Gebäudes, das nach den Vorbildern der französischen Königsschlösser gestaltet wurde, nicht entgehen lassen. Hier fühlt man sich unweigerlich zurückversetzt in die Herrlichkeit der Belle Epoque. Die prunkvollen Säle mit ihrer prickelnden Atmosphäre und dem dezenten „Rien ne va plus" der Croupiers lassen einen Abend im Spielcasino Baden-Baden zu einem unvergesslichen Erlebnis werden.

Casino Baden-Baden . Kaiserallee 1, 76530 Baden-Baden

0833 BW_Kunst & Architektur

EXPRESSIONISMUS, PICASSO UND MEHR

Telefon: 07221/39898-0
www.sammlung-frieder-burda.de

Museum Frieder Burda, Baden-Baden

Da kauft jemand 1968 ein Bild von Lucio Fontana für etwa 3.500 Deutsche Mark, und schon 36 Jahre später, im Jahr 2004, hat er sein Museum. Und was für eines! Entworfen vom New Yorker Stararchitekten Richard A. Meier ist das Museum Frieder Burda ein kulturelles Highlight in Baden-Baden.
Mehr als 500 Werke moderner und zeitgenössischer Kunst hat Frieder Burda bis heute zusammengetragen. Entstanden ist eine außergewöhnliche und internatio-

nal renommierte Sammlung mit ganzen Werkgruppen aller wichtigen Maler der letzten Jahrzehnte: Eine ganze Serie von Picassos Spätwerken, Arbeiten von Pollock, de Kooning oder Mark Rothko sowie aktuellere Künstler wie Baselitz und Arnulf Rainer.
Außergewöhnlich umfangreich ist Frieder Burdas Sammlung des deutschen Expressionismus mit den wichtigsten Künstlern Max Beckmann, Wilhelm Lehmbruck, August Macke und Ernst Ludwig Kirchner.
Ergänzt wird die ständige Ausstellung durch Wechselausstellungen anderer Sammler oder berühmter Künstler, wie zum Beispiel „Bilder aus der privaten Sammlung von Gerhard Richter" oder eine Werkschau „Georg Baselitz".
Bei mehrfachem Besuch des Museums Frieder Burda kann man irgendwann verwundert feststellen, dass sich wieder etwas verändert hat. Das ist gewollt, wird doch die Sammlung nach immer wieder neuen thematischen Schwerpunkten geordnet, umgehängt und anders zusammengefügt, um neue Ansichten zu gewinnen, Diskussionen zu entfachen oder auch einfach nur, weil Kunst leben muss.

Museum Frieder Burda . Lichtentaler Allee 8b . 76530 Baden-Baden

0834 BW_Sport, Abenteuer & Technik

STEP BY STEP – STEPPKES WERDEN KÜNSTLER

Telefon: 07221/398330
www.kinderkunstwerkstattbaden-baden.de

Kinderkunstwerkstatt Baden-Baden

Mit Farbe malen und spachteln – in der Kinderkunstwerkstatt Baden-Baden können Kinder nach Herzenslust ausprobieren, was ihnen mit Farbe, Ton und Co. am meisten Spaß macht. Im Vordergrund der Werkstatt steht dabei das spielerische Heranführen der „Steppkes" im Alter von drei bis zwölf Jahren an die Kunst. In verschiedenen Kursen können die kleinen Künstler malen, modellieren oder auch Windspiele bauen und mit Rosenblättern Naturkunstwerke schaffen. In den Ferien finden mehrtägige Workshops statt.
Der gemütliche Hinterhof bietet dafür mehrere Werkstatträume: Eine Druckerpresse steht dort, und der Malraum ist innen mit Weichfaserplatten ausgekleidet, damit die Kleinen Ihre Werke dort problemlos anpinnen oder auch im Stehen malen können. Im großen Kellerraum können Steine behauen oder kann auf dem Boden gemalt werden. Draußen können die Kinder natürlich auch im schattigen Innenhof pinseln. Der große Gruppenraum ist für das Modellieren und Gestalten mit Draht, Pappe, Ton oder Pappmaché eingerichtet, Tonarbeiten können im eigenen Brennofen gebrannt werden.
Für Kinder ab zehn Jahren finden Kurse wie „Pop-Art – Zeichnen wie Andy Warhol oder Roy Lichtenstein" statt. Die Kinderkunstwerkstatt gehört zum Museum Frieder

Burda und bietet dort auch altersgerechte Führungen durch die Ausstellung an. Während der Führung können die Kinder von ihrem Lieblingsbild farbige Skizzen machen, die für eigene Ideen Anregungen bieten.

Kinderkunstwerkstatt Baden-Baden im Museum Frieder Burda
Lichtentaler Straße 64. 76530 Baden-Baden

0835 BW_Kunst & Architektur

BAROCKE PERLE AUS DEM 18. JAHRHUNDERT

Telefon: 07251/74 26 61
www.schloss-bruchsal.de

Schloss Bruchsal

Das Bruchsaler Schloss im barocken Stil

Idyllisch am Oberrhein gelegen thront majestätisch Schloss Bruchsal, ein barockes Schmuckstück aus dem 18. Jahrhundert. Sein weitläufiger Schlossgarten erstreckt sich bis zur Rheinebene und bildet eine faszinierende Einheit mit der ehemaligen Residenz der Fürstbischöfe von Speyer. Eindrucksvoll ist das berühmte Treppenhaus, das von Balthasar Neumann nach einer Idee des Architekten Freiherr von Ritters geschaffen wurde und die barocke Vorstellung der Verschmelzung von Räumen aufgreift. In der Raumfolge des „Corps de Logis" mit seinen fürstlichen Prunkräumen – vom Fürstensaal bis zum Marmorsaal – ist die Steigerung der Wirkung des Raumes vom Barock bis zum Rokoko zu erkennen: Decke und Wände sind im Fürstensaal, der 1751 erbaut wurde, durch Gesimse getrennt, während im Marmorsaal Decke und Wand zu einer Einheit verschmelzen und den Raum unendlich erscheinen lassen.

Schloss Bruchsal . Schönbornstraße . 76646 Bruchsal

0836 BW_Kunst & Architektur

SCHÖNSTER TURM DER CHRISTENHEIT

www.freiburg.de

Freiburger Münster

Nicht zu übersehen: Der beeindruckende, 116 Meter hohe Turm des Freiburger Münsters ist bereits 1340 aus Sandstein erbaut worden als einziger gotischer Turm im Mittelalter in seiner faszinierenden offenen Bauweise. Der schweizer Kunsthistoriker Jacob Burckhardt bezeichnete ihn als den „schönsten Turm der Christenheit".

Besonders eindrucksvoll sind die fast spielerisch wirkenden, architektonisch vollendeten Übergänge von einer viereckigen Form am Fuße des Turmes über die zwölfeckige zur achteckigen Form in den Turmhelm bis zu der Kreuzblume an der Spitze. Übrigens: Wer genau hinschaut, kann am Fuße des Turmes, links vom ersten Portalbogen, die in den Stein gemeißelten mittelalterlichen Maße wie das Kornmaß und Maße für Brotgrößen entdecken.

Freiburger Münster . Am Münsterplatz . 79098 Freiburg

0837 BW_Sport, Abenteuer & Technik

DEUTSCHLAND GRÖSSTER FREIZEITPARK

www.europapark.de

Europa-Park Rust

Ein Erlebnis für die ganze Familie: Europapark Rust

Was sich anhört wie ein politisches Statement, ist in Wirklichkeit das reine Vergnügen! Der Europa-Park könnte auch Show-Park, Movie-Park oder Schlosspark heißen, denn er steht für viele, ganz unterschiedliche Unterhaltungs-, Spaß- und Amüsier-Konzepte.

In Deutschlands größtem Freizeitpark lässt sich Aufregendes erleben: Ob „Abenteuer Atlantis", die sich begegnenden Welten im „Science-House", ein original Schwarzwälder Vogtshaus, „Baron William's Mystery Hall", die „Silverstone Piste", die Familienachterbahn „Pegasus" oder das Geisterschloss und der Alpenexpress „Enzian" – das Angebot ist überwältigend. Hinzu kommen noch weitere Attraktionen wie Varieté, Gladiatorenkämpfe und atemberaubende Artistik auf über 20 Bühnen.

Im Sommer gibt es die Beach-Party mit verschiedenen Bühnenprogrammen, Tänzern und Artisten, die Arena-Show bei Nacht mit Spezialeffekten und die Wasserattraktion „Atlantica SuperSplash".

Die Kinder wollen noch nicht nach Hause? Beim Grillabend auf Schloss Balthasar auf den Schlossterrassen mit Wasserspielen und klassischer Musik werden Spezialitäten vom Holzkohlengrill und badisch-elsässische Sommerküche à la carte serviert. Für Paare vielleicht attraktiver ist das „Dinner & Movie", die Kombination eines exklusiven Dinners mit ausgesuchten Kinofilmen. Wer danach einfach noch einen Tag länger bleiben möchte, findet sein Bett in den parkeigenen Hotels El Andaluz und Santa Isabel.

Europa-Park Rust . Europa-Park-Straße 2 . 77977 Rust bei Freiburg

500 JAHRE FEUERWERK AM BODENSEE

www.seenachtsfest.com

Seenachtsfest, Konstanz

„Ab Samstagvormittag trocken mit sonnigen Abschnitten und sommerlichen Temperaturen um ...“ Wenn dieser Wetterbericht aus dem Autoradio ertönt, sollte man bereits auf dem Weg nach Konstanz sein.

Mediterrane Stimmung vor zauberhafter Naturkulisse am Bodensee und großes Programm für alle, das sind die betörenden Ingredienzien des Konstanzer Seenachtsfestes. Jedes Jahr im August verwandelt sich die Stadt in einen Festplatz: Straßentheater, großer Jahrmarkt, Live-Musik, Open-Air-Partys an Land, spektakuläre Wasserski-Stunts und Bootskorso auf dem Bodensee ziehen bis zu 40.000 Besucher an. Über 50 Stände bieten kulinarische Spezialitäten aus der Region und aus aller Welt an. Und die Schweizer Nachbarn feiern gleich mit.

Am Abend dann der Höhepunkt: Das faszinierende Musikfeuerwerk, ein pyrotechnisches Spektakel und jedes Jahr eine neue Überraschung aus Feuer, Licht und Musik, bringt den Bodensee zum Funkeln.

2007 feierte das Konstanzer Seenachtsfest sein rundes Jubiläum: 500 Jahre Feuerwerk über dem Bodensee! Begonnen hatte es mit König Maximilian, dem „letzten Ritter“, im Jahr 1507. Als er mit seinem Gefolge zum Reichstag in Konstanz weilte, wollte ihm die Stadt als glanzvollen Höhepunkt seines Aufenthalts etwas ganz Besonderes bieten. Mit einem „Lustfeuerwerk“ sollten die hohen Gäste beeindruckt werden, in der Hoffnung, dass sie Konstanz in besonders guter Erinnerung behielten. Der Kaiser soll nicht besonders beeindruckt gewesen sein. Vielleicht geben sich die Konstanzer deshalb bis heute alle Mühe, ihren Gästen im August etwas ganz Besonderes zu bieten.

Konstanzer Seenachtsfest . 78462 Konstanz

FASZINIERENDE UNTERWASSERWELT

Telefon: 07531/128270
www. sealifeeurope.com

Sea Life, Konstanz

Eine 3.000 m² große Unterwasserwelt; darin 40 naturgetreu gestaltete Aquarien mit Süß- und Salzwasserfischen, ein acht Meter langer Unterwassertunnel, der es möglich macht, direkt unter den gefährlichen aussehenden Schwarzspitzenriffhais zu stehen und sie in aller Ruhe zu beobachten, all das ist Sea Life Konstanz am Bodensee.

Seit 2007 gibt es hier im Sea Life neue Gäste: Die Meeresschildkröten Amadeus und Clementine sind in die großen Ozeanbecken in Konstanz eingezogen. Die Grünen Wasserschildkröten stammen aus einem erfolgreichen Nachzuchtprogramm. Sea Life unterstützt den Schutz dieser bedrohten Exoten und bietet zwei der sanften Riesen ein neues und sicheres Zuhause. Sie sind die Lieblinge der Besucher, die fasziniert den anmutigen und gelassenen Schwimmbewegungen zusehen.
Sea Life gibt es in verschiedenen Städten Deutschlands und Europas . Zehn mal ist Sea Life in Deutschland zu finden und in jedem Sea Life gibt es andere Besonderheiten der Unterwasserwelt zu sehen. Jeder Standort möchte den Besuchern nicht nur helfen, die Meere zu entdecken und zu verstehen, sondern hat es sich zur Aufgabe gemacht, einen Beitrag zum Schutz der bedrohten Meeresbewohner zu leisten.

Sea Life Konstanz, Hafenstraße 9, 78462 Konstanz

0840 BW_Kunst & Arcitektur

MÄRCHENSCHLOSS AUF RITTERLICHEN GRUNDMAUERN

Telefon: 07129/4102
www.schloss-lichtenstein.de

Schloss Lichtenstein

Von einem Märchenwald erwarten wir Märchenhaftes, nicht so jedoch von einem Schloss, das auf den Grundmauern einer von ritterlichem Geschlecht 1390 erbauten Burg steht.
Graf Wilhelm muss in der Seele ein Kind geblieben sein, als er 1840–42 Schloss Lichtenstein erbaute. Durch den Roman „Lichtenstein“ von Hauff inspiriert, schuf er eine Ritterburg, die in ihrer Gesamtheit prächtig ist und im Detail verspielt und märchenhaft. Es ist durchaus vorstellbar, dass der Bayernkönig Ludwig II., der als Kind oft hier zu Besuch war, dieses Schlösschen als Inspiration für seine eigenen Schlösser empfand. Die Innenräume des Schlosses sind voller Wandmalereien und Verzierungen, die dem kreativen Geist des Erbauers selbst entsprungen waren. Wen stört es da schon, dass der gute Graf schon einmal gerne einen gehoben hat, worauf ein Trinkspruch im Schloss hindeutet: „Es ersaufen viel mehr in Bier und Wein als in Donau und Rhein.“ Wenn das die Kreativität unterstützt – prost!

Das Märchenschloss Württembergs: Schloss Lichtenstein auf der Schwäbischen Alb bei Honau

Schloss Lichtenstein . 72805 Lichtenstein

VINOTHERAPIE FÜR DIE HAUT

Telefon: 07632/7510
www.med-spa.de

Kellner's Spa, Badeweiler

Gesund und vital durch das „Viertele" Wein – welcher Schwabe würde diese Idee nicht gerne beherzt täglich umsetzen? Bei der „Badenweiler-Gutedel-Wellness-Kur" ist die gesundheitsfördernde Wirkung des Weins Programm, denn die medizinische und kosmetische Wirkung von Weißweintrauben-Essenzen ist wissenschaftlich bestätigt.
Im exquisiten Kellner's Spa werden bei der ganzheitlichen Vinotherapie die Gutedel-Weintrauben innerlich und äußerlich angewandt. Bei den Wellness-Anwendungen kann man in Aromabäder mit Gutedelextrakt eintauchen und sich sanft mit Traubenkernöl massieren lassen. Entspannung pur versprechen ausgiebige Bäder in Gutedel-Sekt oder –Barrique. Beim Beautyprogramm verwöhnen einen gefrostete Gutedel-Trauben und Traubenkernöl.
Ein ausgewogenes Ernährungsprogramm mit Lebensmitteln, die aus Traubenkernöl oder -mehl hergestellt werden, sowie das tägliche Gutedel-„Viertele" unterstützen die Therapie von innen. So werden Magen und Darm sanft entschlackt, und ganz nebenbei verschwinden auch noch ein paar überflüssige Pölsterchen.
Natürlich kommt man bei der „Badenweiler-Gutedel-Wellness-Kur" auch in den Genuss aller Annehmlichkeiten des ausgezeichneten Kellner's Spa, das im „Relax Guide" unter den 50 besten Wellness- und Beauty-Adressen in Deutschland und als bestes der Region geführt wird. Highlight ist dabei das hauseigene Thermalbad: Beim Schwimmen genießt man den zauberhaften Blick auf das weite Tal, auf Rebhügel und Kurpark. Wohl bekomm's!

Kellner's Spa . Hochwaldstraße 7 . 79410 Badenweiler

ZAUBERWEG ZUR WELT DER WICHTEL

www.zauberweg.de

Zauberweg, Hasenhorn

Auf der Suche nach dem Zauberstein am Hasenhorn taucht man ein in die Zauberwelt der Wichtel. Auf dem etwa drei Kilometer langen Kinderwanderweg bei Todtnau – Dauer circa eine Stunde – gibt es viel zu entdecken und bestaunen, beispielsweise eine Fledermaushöhle mit beleuchtetem Zauberstein und eine liebevoll eingerichtete Wichtelhütte. Die Tour beginnt auf dem Hasenhorn aber dort hinauf geht's erst einmal mit der Sesselbahn. Einmal oben auf 1.020 Meter, fällt das Wandern nicht mehr schwer, denn der Zauberweg endet wieder unten im Tal.

Unterwegs lädt eine Grillstelle auf der Hebelshöhe dazu ein, mitgebrachte Würstchen zu grillen und im „Bergwerk“ oder „Tannenzapfenkasten“ auszuruhen. Das faszinierende Kinderbuch „Der Zauberweg am Hasenhorn“ von Sabine Steinebrunner ist eine (Lese-)Reise wert. Vor der Tour den Kleinen vorgelesen, können sie die Abenteuer der beiden scheuen Wichtel Farfara und Ilex selbst erleben: Die beiden haben ihren Zauberstein verloren, mit dem der Wald lebendig wird. Bei der Suche treffen sie viele Bewohner des Waldes; Rabe Ratzfatz, Hasenkönig Rubus Henry, die Maus Fritzi Piep und Grieswurz, die alte Buche, die mürrisch durch den Wald poltert und die Tiere in Holz verwandelt. Doch wo ist der Zauberstein?
Das Hasenhorn ist natürlich nicht nur für die Kleinen ein Erlebnis. Deutschlands erster Mountainbike-Funpark bietet drei unterschiedlich lange und schwierige Strecken; die Ausrüstung kann im Funpark-Shop geliehen werden. Im Winter verspricht die 3,5 Kilometer lange und bestens präparierte Rodelbahn Schlittenspaß im Schnee pur – dank Sessellift ganz ohne anstrengenden Aufstieg mit Kind und Schlitten im Schlepptau.

Zauberweg am Hasenhorn . 79674 Todtnau

0843 BW_Sport, Abenteuer & Technik

PROFESSOR KNOX TURBOBOOT

Telefon: 07542/400-0
www.ravensburger.de/spieleland

Ravensburger Spieleland Liebenau

Im Fix-und-Foxi-Abenteuerland können die Kleinen Bob fahren, beim Riesenpuzzle mitmachen oder in Professor Knox Turbobooten mit rasantem Tempo eine 60 Meter lange Wellenrutsche hinuntersausen. Im Entdeckerland wartet das Alpenrafting auf mutige Kinder und Erwachsene, und in Käpt’n Blaubärs Wunderland geht es auf Abenteuerfahrt mit der Blaubär-Flotte. Dazu gibt es Leckereien aus der Bordküche von Hein Blöd – ganz nach dem Geschmack der jungen Matrosen. Insgesamt bieten sieben Themenwelten mit über 50 verschiedenen Attraktionen Spaß, Speed und Action pur im Freizeitpark Ravensburger Spieleland.

Ravensburger Spieleland Liebenau . Am Hangenwald 1 . 88074 Meckenbeuren

0844 BW_Essen & Trinken

BRUNCH IM BAHNHOF

Telefon: 07541/442 26
www.bahnhof-fischbach.de

Bahnhof Fischbach

In der trendigen „Haltestelle für Kultur und Gastronomie“ im stillgelegten Bahnhof in Fischbach lässt es sich am Sonntagmorgen ausgezeichnet brunchen – oder eher das „Eisenbahnerfrühstück" genießen. Darüber hinaus bietet der Bahnhof natürlich noch vieles mehr. Abends kann man hier lecker essen; die kreative Abendkarte hält, was sie verspricht. Dazu gibt es eine wunderbare Auswahl an feinen Weinen, darunter Tröpfchen aus der Region sowie italienische, französische und australische Spezialitäten. Der gemütliche Wintergarten und der weiträumige Biergarten laden zum Bleiben ein. Kultur satt erlebt man in der Lokhalle, dem Veranstaltungsraum im Bahnhof. Von Konzerten bis über Theater, von Helge Schneider bis Sissi Perlinger – hier ist Unterhaltung und Spaß garantiert. Und für die Tanzwütigen gibt es jeden zweiten Mittwoch die beliebte 80er/90er-Jahre-Fete.

Bahnhof Fischbach . Eisenbahnstraße 15 . 88048 Friedrichshafen

---

0845 BW_Sport, Abenteuer & Technik

STEINZEIT LIVE UND MITTELALTERSPEKTAKEL

Telefon: 07582/8350
www.archaeopark-federsee.de

ArchäoPark Federsee und Burg Kanzach

Archäologie live von der Steinzeit bis zum Mittelalter lässt sich hier erleben: im ArchäoPark Federsee / Federseemuseum Bad Buchau faszinieren Originale aus 3.500 Jahren Pfahlbaugeschichte. Und auf der Bachritterburg Kanzach macht man sich auf zu einer fantasievollen Zeitreise zurück ins frühe 14. Jahrhundert.
Das archäologische Freigelände fasziniert mit seinen originalgetreuen Nachbauten und Funden aus der Steinzeit, zum Teil über 14.000 Jahre alt. Das 45 km² große Federseebecken, eine Moorlandschaft, übrig geblieben von der letzten Eiszeit, ist eine ergiebige Fundstelle: Gut erhaltene Reste von Jagdlagern, Pfahlbauten und Moorsiedlungen hat man dort gefunden, erforscht und später im ArchäoPark rekonstruiert. Natürlich bietet das Museum wissenschaftliche Führungen und Aktionen an, wie Einbaumfahren für Kinder auf dem Museumsteich. Sogar leben kann man im Steinzeit-Dorf – Kinder und Erwachsene wohnen auf dem Freizeitgelände, gekleidet wie in der Steinzeit.
Anders die Bachritterburg Kanzach: Sie ist ein komplett rekonstruierter Nachbau einer einfachen Holzburg aus dem 14. Jahrhundert und lässt die Besucher in die Rolle eines Niederadligen des Spätmittelalters schlüpfen. Das Original, die Kanzacher Turmhügelburg, fiel wohl den Flammen zum Opfer, wie die meisten dieser mittelalterlichen Holzburgen.
Auf keinen Fall verpassen sollte man das Bachritterfest, auf dem jährlich die Württemberger Ritter Hof halten – natürlich mitsamt ihrer Damen und ihrem Gefolge sowie Gauklern, Possenreißern, Musikanten und Minnesängern. Aufregung, aber auch Spaß verspricht das Ritterturnier mit seinen Übungen wie dem Tjost, Lanzenstechen, Speerwurf auf einen Mann in Eisen und dem Ritt durch die Feuerwand.

ArchäoPark Federsee / Federseemuseum . August-Gröber-Platz . 88422 Bad Buchau

EIN FLUGOBJEKT SCHEINT LEICHTER ALS DIE LUFT

Telefon: 07541/3801-0
www.zeppelin-museum.de

Zeppelinmuseum Friedrichshafen

Eine Attraktion des Zeppelinmuseums in Friedrichshafen: Rundflüge in einem Luftschiff

„Luftschiff" und „Gigant der Lüfte" – kein Flugobjekt wurde je treffender charakterisiert. Immer schon faszinierte der Zeppelin durch seine Leichtigkeit, mit der er durch die Luft glitt, die Menschheit. Wer mehr über Geschichte und die Technik der Luftschifffahrt von den Anfängen bis zum Zeppelin NT erfahren möchte, den erwartet im Zeppelinmuseum Friedrichshafen auf 4.000 Quadratmetern Ausstellungsfläche die größte Sammlung weltweit. In sechs Ausstellungsbereichen erfährt man viel über die Vorgänger des Zeppelins, seine Bauarten und physikalischen Grundlagen. Motoren, Aerodynamik, Navigation und Funktechnik sowie die Geschichte der zivilen und der militärischen Nutzung sind weitere spannende Ausstellungsthemen. Hauptattraktion ist die begehbare Rekonstruktion eines 33 Meter langen Stückes der LZ 129 Hindenburg.

Zeppelin Museum Friedrichshafen . Seestraße 22 . 88045 Friedrichshafen

TRADITIONELLES HISTORISCHES HEIMATFEST

www.biberacher-schuetzenfest.com

Schützenfest, Biberach

„Vor d'r Schütza" und „noch d'r Schütza" – so teilt man in Biberach das Jahr ein: in die Zeit vor dem Schützenfest und die Zeit danach. Denn das traditionsreiche Fest ist der Höhepunkt des Biberacher Jahres. Mit den Schützenfesten in Nord- und Westdeutschland hat das bunte Treiben nichts gemein; es ist ein historisches Kinder- und Heimatfest. Und noch heute feiern die „Biber" und ihre Gäste neun Tage lang in dem schwäbischen Kleinstädtchen.
Der „Bunte Festzug" am Schützenmontag ist nur einer der vielen Höhepunkte. Hier treten alle Biberacher Schulen in einen Wettbewerb um die beste und schönste Gruppe im Zug an. Die historischen Festgruppen haben ihre Lager vor der bezaubernden Kulisse des Gigelberges aufgeschlagen. Die Zunfttänze der Schülerinnen

und Schüler und der „Tanz durch die Jahrhunderte“ verbinden in tänzerischer Form Tradition mit Moderne.

Bis heute hat sich das traditionelle historische Heimatfest zu einem großen Bürgerfest weiterentwickelt. So gründen sich immer wieder ganz spontan neue Festgruppen – die „Räuberbande des Schwarzen Veri“ oder der „Baltringer Haufen“ sind nur einige von ihnen. Überwältigend: Beim „Tanz für Jung und Alt“ auf dem Biberacher Marktplatz tanzen über 10.000 Menschen aller Generationen. Der Jahrmarkt auf dem Gigelberg und die alten Bierkeller sind weitere Attraktionen, die „d’r Schützа“ volle neun Tage zum großen Vergnügen und Höhepunkt des Jahres für die „Biber“ und ihre Gäste machen.

Schützenfest Biberach . 88400 Biberach

0848 BW_Natur & Tiere

DEUTSCHLANDS GROSSES AFFEN-FREIGEHEGE

Telefon: 07553/381
www.affenberg-salem.com

Affenberg Salem

Im Affenberg Salem am Bodensee kann man auf 20 Hektar Waldstück in direkten Kontakt zu den dort lebenden Berberaffen treten

„Ich glaub, mich laust ein Affe ...“ Das kann einem hier ganz schnell wirklich passieren, wenn man sich auf Entdeckertour in das 20 Hektar große Waldgebiet begibt, in dem über 200 Berberaffen in freier Wildbahn leben. Ursprünglich sind die Tiere in Marokko und Algerien im Gebirge heimisch und sind dort vom Aussterben bedroht. Aufgrund der günstigen klimatischen Bedingungen fühlen sie sich hier am Bodensee richtig wohl.

Affenberg Salem . 88682 Salem

0849 BW_Kunst & Architektur

HÖCHSTER KIRCHTURM DER WELT

www.muenster-ulm.de

Ulmer Münster

Eindrucksvoll überragt er die Stadt: der Turm des Ulmer Münsters, mit seinen 161,53 Metern der höchste Kirchturm der Welt. Hier sollte man sich den „Weg nach oben“ nicht entgehen lassen, genießt man doch nach beschwerlichen 768 Stufen auf der

obersten Aussichtsplattform in 141 Metern einen faszinierenden Rundblick auf Ulm und Neu-Ulm. Bei klarem Wetter lassen sich sogar die Alpen von Säntis bis zur Zugspitze erkennen.
Das Ulmer Münster, im gotischen Stil errichtet, ist architektonisch beeindruckend: Das Chorgestühl aus dem 15. Jahrhundert mit Hunderten aus Eichenholz geschnitzten Figuren von Jörg Syrlin d. Ä., die Kanzel und der Kanzeldeckel suchen weltweit ihresgleichen. Am Hauptportal spiegelt der „Schmerzensmann" von Hans Multscher (in Kopie, das Original befindet sich im Inneren am südwestlichen Chorpfeiler) auf faszinierende Weise den Jenseitsgedanken des Spätmittelalters wider.
Ein besonderes Highlight sind die Orgel-Konzerte am Samstagabend und Sonntagmorgen, allen voran natürlich das Schwörkonzert, ein musikalisches Gesamtkunstwerk aus Orgel, Chor und Solist. Wochentags erklingt „Orgelmusik am Mittag", und am vierten Advent kann man in den Genuss eines Wunschkonzertes kommen – Orgelmusik zusammengestellt aus Publikumswünschen. Übrigens: Bei der Fertigstellung der Hauptorgel wurde – nach dem alten Brauch des Orgelpfeifenumtrunks – die größte Holzpfeife mit Bier gefüllt. Die Feiernden freuten sich anschließend über 1.500 Liter (freigiebig verteiltes) Bier .

Ulmer Münster . Münsterplatz . 89073 Ulm

0850 BW_Natur & Tiere

SUPERBLAU IN BLAUBEUREN

Telefon: 07344/921025
www.blaubeuren.de

Teich Blautopf, Blaubeuren

Ein Blau, das jeden Yves Klein erblassen ließe, leuchtet aus dem Inneren des Teiches. Seine Ufer umgeben wunderschöne alte Bäume , und der Zauber des Ortes lockte schon viele Besucher. Ein derart farbenprächtiges Wasser ist natürlich ein Ort der Inspiration und Quelle für Künstler, Maler und Dichter. Die unergründliche Tiefe und Farbintensität des Wassers inspirierte schon Eduard Mörike zur Sage von der Nixe Lau, der Gattin eines Wassermannes des schwarzen Meeres. Hermann Hesse schrieb 1927: „... schön und wichtig war unser erster Gang an den Blautopf, unter den Bäumen auf dem märchenhaften Wasser schwamm gelbes Laub ..."
Der Blautopf birgt viele Geheimnisse, die noch zu lösen sind. Man weiß inzwischen, dass der Blautopf eine der ergiebigsten Quellen ist und vom größten Unterwasserhöhlensystem Deutschlands gespeist wird. Der Höhlenforscher Jochen Hasenmeyer hat bereits ca. 20 km Höhlensystem, zum Teil mit riesigen Tropfsteinen über und unter Wasser, gefunden.
„Woher kommt nur dieses unglaubliche Blau?", fragt so mancher Besucher. Die Farbe wechselt, je nach Wetterlage, in eine Grüntönung verschiedener Nuancen oder hinüber ins matte Hellblau. Über die Ursache der Färbung, man ahnt es, wurde schon viel gemutmaßt und spekuliert. Eines steht fest: Es ist nicht nur die Bläue des Himmels oder die Anwesenheit blau-grüner Lebewesen im Teichwasser. Untersuchungen haben ergeben, dass die blaue Farbe die Eigenfarbe des reinsten Wassers ist. Das aus sämtlichen Spektralfarben bestehende Sonnenlicht durch-

dringt die Tiefe, wird reflektiert und dann erst für das Auge des Betrachters sichtbar. Angeblich wird mit zunehmender Tiefe des kristallklaren Wassers auch das Blau immer blauer.

Der Blautopf . Aachgasse 7 . 89143 Blaubeuren

0851 BW_Natur & Tiere

EIN 32.000 JAHRE ALTES MENSCHENBILDNIS

Telefon: 07345/91250
www.lonetal.net

Höhle des Löwenmenschen, Rammingen

Der Löwenmensch – eine beeindruckende Statuette, geschnitzt aus dem Stoßzahn eines Mammuts – ist eine etwa 32.000 alte Tier-Mensch-Figur und eines der spektakulärsten und ältesten Kunstwerke des frühen Menschen der Gattung Homo sapiens. Wenige hundert Meter entfernt vom Fundort der Fabelfigur, die heute im Ulmer Museum ausgestellt ist, erfährt man Spannendes aus Urzeiten in der Ausstellung „Die Höhle des Löwenmenschen“ in einer ehemaligen Mönchsklause des Weilers Lindenau.
Die Höhlen des Lonetals, Lagerstätten und Zufluchtsorte, in denen sich bereits die Neandertaler vor über 70.000 Jahren zurückzogen, um dort Schutz vor Tieren und Unwetter zu suchen, sind von Rammingen-Lindenau aus leicht zu Fuß zu erreichen: Die Vogelherdhöhle liegt drei Kilometer weit entfernt, die Bocksteinhöhle zwei Kilometer und Hohlenstein erreicht man nach einem Kilometer.

Höhle des Löwenmenschen . Lindenau 1 . 89192 Rammingen

0852 BW_Lifestyle & Szene

EINKAUFSBERATER FÜR UNSICHERE SHOPPER

Telefon: 09342/9199-101
www.wertheimvillage.com

Wertheim Village, Wertheim

Klassisches für einen besonderen Anlass oder lieber Outdoor-Outfit vom Feinsten? Outlet-Shopping im zauberhaften Wertheim Village bietet alles, was das Herz begehrt: preisreduzierte Marken- und Designerkleidung, stilvolle Accessoires, tollen Schmuck, schicke Schuhe sowie trendige Wohn- und Einrichtungsaccessoires. Egal, ob man Wert auf Qualität legt oder auf der Suche nach dem exklusiven „Must have“ ist, hier ist für jeden etwas dabei. Wer unsicher ist, kann sich von „seinem“ Personal

Shopper beim Einkauf beraten lassen. Die zahlreichen Cafés und Restaurants eignen sich prima bei einem leckeren Milchkaffee oder einem entspannenden Mittagessen zu zweit eine Verschnaufpause einzulegen.

Wertheim Village . Almosenberg . 97877 Wertheim

0853 BW_Lifestyle & Szene

„DIE WELT VON STEIFF“

Telefon: 01805/131101
www.steiff.de/erlebnismuseum.html

Steiff-Erlebnismuseum, Giengen

Ein faszinierendes Erlebnis für die ganze Familie ist ein Besuch des Steiff-Erlebnismuseums in Giengen an der Brenz. Hier begann vor mehr als 125 Jahren die Erfolgsgeschichte der Plüschtiere mit dem „Knopf im Ohr“. Heute kann man auf über drei Ebenen bei der Schaufertigung zuschauen und die Welt von Teddy und Co. bestaunen.
Das Haus, in dem Margarethe Steiff am 24. Juli 1847 geboren wurde, ist heute ein kleines Museum, das ausschließlich dem Leben und Werk der Tochter Friedrich Steiffs gewidmet ist. In der Nähstube fertigte die an Kinderlähmung erkrankte Margarete ihr erstes „Elefäntle“ – und legte damit den Grundstein für den Erfolg des Unternehmens.

Erlebnismuseum . „Die Welt von Steiff“ . Richard-Steiff-Straße 4 . 89537 Giengen/Brenz

0854 BW_Städte & Touren

AUF WINZERS RAPPEN

www.stuttgarter-weinwanderweg.de

Stuttgarter Weinwanderweg, Stuttgart

Wer sich „auf Winzers Rappen“ begeben möchte, ist in der Weinstadt Stuttgart gut aufgehoben. Hier wachsen die Weintrauben bereits wenige Meter vom Hauptbahnhof entfernt auf den sonnigen Hügeln des Neckartals. Die Hauptstadt Baden-Württembergs kann auf eine lange Weinbaugeschichte zurückblicken, die durch Weinbaurundfahrten, zahlreiche Wein- und Besenfeste und das beliebte Stuttgarter Weinfest stets lebendig bleibt. Und nicht zuletzt lässt sich auf dem Weinwanderweg ganz wunderbar die hügelige Reben- und Weinlandschaft kennenlernen – inklusive der leckeren Tropfen!
Drei verschiedene Wanderwege führen einen in die romantische Landschaft. Je nach Lust und Laune – und Kondition – startet man in Untertürkheim, am Max-Eyth-See oder in Hedelfingen. Überall ist hier die traditionsreiche Weinbaugeschichte zum Greifen nah: Hier steht ein schönes Wengerterhäuschen mit typischen Sandsteinmauern und dem hölzernen Aufbau, und neben den Weinbergen informiert eine Tafel über den Riesling, Baden-Württembergs edelste und beliebteste Weißweinrebsorte. In Hedel-

fingen lässt sich die Hedelfinger Kelter aus dem 17. Jahrhundert bestaunen, ein eindrucksvolles Gebäude, in dem heute noch die Weingärtnergenossenschaft Hedelfingen einmal in der Woche ihre Erzeugnisse verkauft. Am ersten Wochenende im September findet hier der „Hedelfinger Herbst" statt.
Die wundervolle Aussicht hinunter zum Neckar und bei klarer Sicht bis zur Schwäbischen Alb hat schon so manchen mit den mitunter etwas beschwerlichen Aufstiegen versöhnt. Zahlreiche Besenwirtschaften und Weinstuben laden zum Verweilen ein und verführen dazu, die köstlichen Tropfen zu probieren.

Stuttgarter Weinwanderweg, 70173 Stuttgart

0855 BW_Lifestyle & Szene

DAS BREUNINGER

Telefon: 0711/2110
www.breuninger.com

Breuninger, Stuttgart

Früher einmal hätte man es Kaufhaus genannt. Im Eröffnungsjahr 1881 war das wahrscheinlich auch noch ein annähernd passender Begriff. Mit nur drei Mitarbeitern legte Eduard Breuninger damals los. Und interessanterweise mit einem Ausverkauf! Diese Methode muss wohl nicht die schlechteste gewesen sein, denn heute ist „Das Breuninger" viel mehr. Nämlich ein Fashion- und Lifestyle-Unternehmen erster Güte. Wer in Stuttgart einmal so richtig hemmungslos shoppen will, darf sich im Stuttgarter Flagship-Store ungeniert austoben. Auf 35.000 m² gibt es Mode, Mode und noch mehr Mode. Exklusive Fashion-Labels findet man hier genauso wie Newcomer. Schuhe, Möbel, Wohnaccessoires: alles vorhanden in der Breuninger-Welt. Und noch viel mehr. Eben Schönes für so ziemlich alle Lebensbereiche gibt es hier.
Um diese Opulenz und Vielfalt bewältigen zu können, braucht man mindestens drei Dinge: Bequeme Schuhe, eine Shopping-erfahrene beste Freundin und eine freundliche Verkaufsberaterin an seiner Seite. Ersteres und Letzteres gibt es auf alle Fälle bei Breuninger. Und bei der absoluten Serviceorientiertheit des Hauses würde es auch nicht wundern, wenn man demnächst, quasi leihweise für die Dauer des Aufenthaltes, am Informationspunkt des Hauses eine beste Freundin ausleihen könnte.

E. Breuninger GmbH & Co. . Marktstraße 1–3 . 70173 Stuttgart

0856 BW_Lifestyle & Szene

DER ZAUBERLEHRLING

Telefon: 0711/2377770
www.zauberlehrling.de

Hotel/Restaurant, Stuttgart

Originell nicht nur bei der Namensgebung – denn wer hätte gedacht, dass sich hinter dem „Zauberlehrling" ein Hotel/Restaurant verbirgt? – verblüffen die Zimmer des kleinen Hotels im Zentrum Stuttgarts durch ihr einzigartiges Design. Phantasievoll

ohne unnötigen Kitsch, Moderne ohne minimalistische Kälte; so lässt sich guter Geschmack in jedem der unterschiedlich gestalteten Hotelzimmer wiederfinden.
Es fällt leicht, dem Eigenlob des Hotels zu glauben, vor allem, wenn man es sich auf „Wolke 7" gemütlich macht, im „Paddington" Antiquitäten aus viktorianischer Zeit bewundert oder sich in „1001 Nacht" entführen lässt. Die Themenwelten der Zimmer variieren, und sie bewahren doch eine gewisse Konsequenz in ihrer Konzeption – Stil mit Niveau und Verspieltheit zeigt „der Zauberlehrling" absolut treffsicher in seiner Inneneinrichtung und verspricht dabei „den Zauber einer Durchreise".
Und dieser Zauber bewirkt, dass man Lust hat wiederzukommen, um eine andere kreative Welt kennenzulernen und in ihrem Ambiente vollkommen zu entspannen.

Hotel/Restaurant „Der Zauberlehrling" . Rosenstraße 38 . 70182 Stuttgart

---

0857 BW_Feste, Events & Veranstaltungen

NACHTS IM MUSEUM

Telefon: 0761/2012101
www.muenstersommer.freiburg.de

Fest der Innenhöfe & Museumsnächte, Freiburg

Nachts durch die Museen Freiburgs ziehen und in lauen Sommernächten wunderbare Konzerte in den malerischen Innenhöfen von Freiburg genießen – beim Fest der Innenhöfe und Museumsnächte in Freiburg ist beides möglich. Das Konzertprogramm überzeugt dabei durch seine außergewöhnliche Vielfalt. Vom akademischen Orchester der Universität Freiburg über Musik und Instrumente aus aller Welt bis hin zu Lesungen begleitet vom Marimbaphon ist hier bestimmt für jeden etwas dabei. Freitags und samstags sind die Museen bis 1.00 Uhr geöffnet, und hat man einmal den „Nachtschwärmer-Pin" erworben, ist der Eintritt kostenlos.

Fest der Innenhöfe & Museumsnächte . Kulturamt und Museen der Stadt Freiburg . 79098 Freiburg

---

0858 BW_Sport, Abenteuer & Technik

ÜBERNACHTEN IM BAUM

Telefon: 0761/7698241
www.waldseilgarten.com

Freiburger Waldseilgarten

Schon mal ganz oben im Baum übernachtet? Morgens zwischen flüsternden Blättern in der Baumkrone aufgewacht? Wem so etwas Spaß macht, der muss nach Freiburg kommen. Dort im Waldseilgarten kann er – allein oder zu zweit – auf einer Art Schlafplattform frei in der Baumkrone hängend die Nacht verbringen. Ein versierter Kletterer muss man nicht sein und rausfallen aus dem Baumbett kann man auch nicht. Bei der Baumübernachtung wird man nämlich sachkundig begleitet,

abgesichert. Nur gegrillt wird abends noch am Boden, dann geht's ab ins Bett – 15 m hoch in die Baumkrone. Morgens gibt es dann das Frühstück ans Bett, oder besser, in den Baum.
Natürlich kann man im Waldseilgarten noch andere Aktionen unternehmen, wie beispielsweise in einem echten Tipi übernachten (nach einer Nacht im Baum nur was für „Weicheier"), Bogenschießen mit Sohn oder Tochter (Auf wessen Kopf kommt der Apfel?) – und klettern sowieso.

Freiburger Waldseilgarten . Bertha-von-Suttner-Straße 9 . 79111 Freiburg

0859 BW_Feste, Events & Veranstaltungen

DREI WOCHEN MUSIK

Telefon: 0761/504030
www.zmf.de

Zelt-Musik-Festival, Freiburg

Eine eigene Zeltstadt wird jedes Jahr bei Freiburg aufgebaut. Mitten im Grünen, eingebettet in die Hügellandschaft in der Nähe des Mundenhof-Tiergeheges. Drei Wochen lang findet dann hier das Zelt-Musik-Festival statt. Es ist eines der ältesten in Europa. Seit 1983 ist jeden Sommer in mehreren Großzelten und auf der Open-Air-Bühne richtig was los: Klassik, Jazz, Rock, Pop, Weltmusik, Hip-Hop, Electro, Comedy und Kabarett. Was ausgelassen?
Ja, macht aber nichts, ist auf jeden Fall auch im Programm. Wer dort auftritt? Alle waren schon da, die Rang und Namen haben, national oder international – Heather Nova, Ute Lemper, Patricia Kaas, Joan Baez, Chaka Khan, Suzanne Vega und Cypress Hill, Die Fantastischen Vier, Absolute Beginner, BAP, Gentleman, James Brown (Gott hab ihn selig), Ziggy Marley, Seal und Loriot, Oliver Pocher, Dieter Hildebrandt ... Jemanden vergessen? Ja, fast alle. Also weiter: DJ Krush, Albert Mangelsdorff, Sportfreunde Stiller ... aufhören!?
Was es sonst noch gibt? Eine bunte Mischung aus Sport, Spiel, Kinderprogramm ... Viele Veranstaltungen sind kostenfrei. Also Laptop aus, Handy weg, Schlafsack einpacken und ganz stilecht hintrampen.

Zelt-Musik-Festival . 79100 Freiburg

0860 BW_Städte & Touren

PFORZHEIM–BASEL, ZU FUSS

Telefon: 0761/2962271
www.westweg.de

Westweg, Freiburg

Ohne großes Gepäck unbeschwert durch traumhafte Landschaften wandern, vorbei am größten Natursee des Schwarzwaldes, dem Titisee – der Westweg könnte dem Jakobsweg fast Konkurrenz machen.

Der rund 285 Kilometer lange Fernwanderweg beginnt bei Pforzheim, führt aus dem Enz- und Nagoldtal sanft ansteigend auf die Höhen des Nordschwarzwaldes nach Dobel und zur Hohloh. Hinunter nach Forbach geht es durch die Felsen des Murgtales – eine tolle Aussicht weit über die Rheinebene hinweg inklusive. An Herrenwieser See und an der Badener Höhe vorbei gelangt man zum höchsten Punkt des Nordschwarzwaldes, der Hornisgrinde.

Um den als „Qualitätswanderweg" ausgezeichneten Westweg herum finden sich immer mehr und besser auf Wanderer eingestellte Angebote für Unterkunft und Verpflegung. Mit der Auszeichnung sind strenge Auflagen verbunden: Wegweiser und Route müssen stimmen, die Wanderwege müssen angenehm und sicher zu begehen sein.

Weiter auf dem Westweg: Von der Alexanderschanze geht es über den Bergrücken zwischen Wolf- und Renchtal/Harmersbachtal und durchs Kinzigtal nach Hausach. Hier verlässt man dann auch den geografischen Nordteil des Mittelgebirges. Von der Martinskapelle bis zur Kalten Herberge läuft man entlang der Wasserscheide zwischen Rhein und Donau, bis sich der Weg am Titisee in eine westliche und eine östliche Route teilt.

Für den Westweg ist schon Kondition notwendig. Genauso wie eine gute Ausrüstung mit entsprechender Kleidung und vor allem geeignetes Schuhwerk. Selbst für Teiletappen sollten Wanderer entsprechend ausgerüstet sein.

Der letzte Teil des Westwegs: Die östliche Route führt über Weißenbachsattel und Herzogenhorn zur Hohen Möhr und über den Dinkelberg ins Rheintal nach Inzlingen; der westliche Weg über Feldberg, Belchen und Blauen ist eine der klassischen Höhenwanderungen des Schwarzwaldes mit faszinierenden Fernblicken. Entlang dem Kandertal steigt man schließlich ins Wiesental hinab.

Es empfiehlt sich, den Westweg zwischen Frühjahr und Herbst zu gehen. Die Route führt teilweise gut beschattet durch Wälder. Die gesamten 285 Kilometer sollten in 12–14 Tagesetappen eingeteilt werden. Oder man wandert einfach ein Wochenende los und sieht, wie weit einen die Füße tragen.

Schwarzwald Tourismus . Ludwigstraße 23 . 79104 Freiburg

0861 BW_Lifestyle & Szene

OMAS KAUFHAUS AM BODENSEE

Telefon: 07532/4339611
www.omas-kaufhaus.de

Omas Kaufhaus, Meersburg

Das schmucke Fachwerkhaus am oberen Ende der Meersburger Steigstraße ist längst zum Inbegriff für Nostalgie und Tradition geworden. Neben altem Blechspielzeug, Emailgeschirr, handgearbeiteten Holzbildern und Büchern von anno dazumal findet man zum Beispiel eine immense Auswahl an „Hummel"-Figuren und alle die schönen Dinge, von denen sich schon unsere Großeltern verzaubern ließen.

Sammlerherzen schlagen höher beim Anblick der vielen Modelle von Schuco, Tucher und Walther, Wilesco oder Paya. Und für Puppen- und Bärenmütter gibt es eine Riesenauswahl an Schneider-Sammlerpuppen und Martin-Bären. Die einmalige Atmosphäre verzückt alle Besucher des Hauses.
Und wie es sich für ein echtes Kaufhaus gehört, befindet sich im Untergeschoß auch eine Lebensmittelabteilung mit dem programmatischen Namen „... nah und gut", stets mit bester frischer Ware versorgt.

Omas Kaufhaus . Steigstraße 2, Kirchstraße 1 . 88709 Meersburg

0862 BW_Kunst & Architektur

KIRCHE DER LITERATUR

www.dla-marbach.de

Deutsches Literaturarchiv Marbach

Das Deutsche Literaturarchiv Marbach (DLA) vereinigt und bewahrt in seinen Sammlungen eine Fülle kostbarster Quellen der Literatur- und Geistesgeschichte. Das wichtigste Zentrum zur Sammlung und Erschließung der deutschen Literatur seit der Aufklärungszeit, genießt auch international höchstes Ansehen als forschende, wissenschaftliche Institution. Die Nachlässe bedeutender Schriftstellerinnen, Schriftsteller und Gelehrter sowie verschiedene Archive, darunter als wichtigstes Verlagsarchiv des 19. Jahrhunderts das der Cotta'schen Buchhandlung, stehen im Mittelpunkt der Sammlungen. Weiter beherbergt das DLA die größte deutsche Quellen- und Forschungsbibliothek für die deutschsprachige Literatur und Literaturwissenschaft von der Aufklärungszeit bis in die Gegenwart. Und nicht zuletzt eine einzigartige Portrait-Galerie, überwiegend mit den Darstellungen deutscher Schriftsteller, aber auch anderer bedeutender Individuen der Geistesgeschichte. Ein Ort, an dem Literaturgläubige sich tagelang in Originalhandschriften, Bücher und andere Quellen versenken können.

Deutsches Literaturarchiv Marbach . Schillerhöhe 8-10 . 71672 Marbach a. N.

0863 BW_Städte & Touren

SCHILLERS GEBURTSHAUS

Telefon: 07144/102-0
www.schillerstadt-marbach.de

Schillerstadt, Marbach

Hoch droben über dem Neckar zwischen Weinbergen und Obstgärten liegt das idyllische Städtchen Marbach mit seiner historischen Altstadt. Sie wurde im Jahre 1983 als Gesamtensemble unter Denkmalschutz gestellt. 1759 wurde der Dichter Friedrich

Ein Marbacher: Friedrich Schiller

Schiller als Sohn eines Arztes in Marbach geboren, jedoch zogen bereits im Alter von vier Jahren seine Eltern mit ihm fort. Trotz dieser eher marginalen Beziehung wurde die Stadt nach seinem Tod im Jahr 1805 zu einem Zentrum der Verehrung des Dichters. 1812 stellte man nachträglich Schillers Geburtshaus fest und brachte eine Gedenktafel an. Wenig später kamen die ersten Auswärtigen nach Marbach, um das Haus zu bestaunen. Das Schiller-Nationalmuseum und das Deutsche Literaturarchiv wurden gegründet. Allerdings ist das Schiller-Nationalmuseum wegen Renovierungsarbeiten bis voraussichtlich November 2009 geschlossen.
Vor allem die Schillerhöhe mit Museum und Denkmal wurde ab 1840 zum Ziel zahlreicher Besuchergruppen. Heute zieht neben den Schillerstätten die gut erhaltene Altstadt Touristen und Tagesausflügler an. Herausragend neben Schillers Geburtshaus und dem Schiller-Nationalmuseum sind der Neubau des Deutschen Literaturarchivs aus dem Jahre 1973 sowie das 2006 eröffnete Literaturmuseum der Moderne. Ihre Hauptaufgaben sehen die Marbacher Institute darin, Texte und Dokumente der neueren deutschen Literatur zu sammeln, zu ordnen und zu erschließen. Die Ergebnisse ihres Schaffens machen die Mitarbeiter den interessierten Marbach-Besuchern durch zahlreiche Ausstellungen zugänglich.

Stadtverwaltung Marbach am Neckar . Marktstraße 23. 71672 Marbach am Neckar

0864 BW_Gärten, Parks & Landschaften

EIN TRAUM VOM IRDISCHEN PARADIES

Telefon: 07531/303-0
www.mainau.de

Blumeninsel Mainau

Die Insel Mainau hat jedes Jahr ein neues Motto. 2007 hieß es „Ein Traum vom irdischen Paradies". Gemeinsam mit dem Künstler Stefan Szczesny wurde die Insel Mainau gestaltet: Auf Unscheinbares und Verborgenes soll die Aufmerksamkeit des Betrachters gelenkt werden, neue Blickachsen bieten andere Ansichten auf Gärten und Parks. Großzügig und abwechslungsreich wirkt alles im Wandel der Jahreszeiten mit immer neuen Akzenten durch Farb- und Lichtwechsel.
Weitläufige Gartenanlagen mit mediterranem Flair, das grandiose Panorama über die Bodenseelandschaft, der verführerische Duft im italienischen Rosengarten an der Südseite des Schlosses – die Insel Mainau ist schlicht und ergreifend wunderschön. Im Schatten der riesigen Mammutbäume, Atlas- und Libanonzedern, Tulpenbäume und Metasequoien ist an heißen Sommertagen der beste Platz zum Verweilen, Träumen und Entspannen.

Die „Mainau-Wasserwelt" wurde 2007 neu angelegt, und dabei hat man ganz offensichtlich besonders an die kleinen Besucher der Insel gedacht. Die auf Pfahlbauten um einen See herum gebaute Landschaft mit Fähren, Flößen und Klettergeräten ist der reinste Abenteuerspielplatz. Von Haus zu Haus hangeln, mit fließendem Wasser und im Matschbecken spielen oder auf dem „Barfußpfad" eine Mutprobe ablegen, alles ist in der Mainau-Wasserwelt möglich. Zwischendurch geht es hinüber zum Tiergehege mit Zwergponys, Zwergrindern und Zwergeseln: Der Mainau-Bauernhof ist ein kleiner Streichelzoo mit Hühnern, Kaninchen und Ziegen. Gerne anfassen lassen sich allerdings nur die Ziegen. Ach ja: „Für nasse Kleidung steht am Eisstand ‚Eisbrecher' ein Trockner zur Verfügung", so der liebenswerte Hinweis für besorgte Eltern.
Die Bodenseeflotte bietet regelmäßige Fährverbindungen auf die Insel Mainau.

Ein Kunstwerk aus Blumen auf der Blumeninsel Mainau im Bodensee

Blumeninsel Mainau . 78465 Insel Mainau

RADTOUREN VON BAUERNHOF ZU BAUERNHOF

Telefon: 07531/819930
www.strohtour.de

Die Strohtour, Konstanz

Radeln rund um den traumhaften Bodensee und auf Bauernhöfen im Stroh schlafen – dabei steht der Spaß für die ganze Familie an erster Stelle! An fünf Tagen führt die „Strohtour" von Hof zu Hof. Keine Etappe ist länger als 20 Kilometer. So bleibt Zeit fürs Baden im See, zum Spielen am Strand, zum Erkunden der Bauernhöfe – oder für Ausflüge auf die Inseln Mainau und Reichenau. Um den Gepäcktransport braucht man sich zum Glück nicht kümmern – das wird einem quasi „hinterhergetragen". Die Höfe und ihre Bewohner nehmen Gäste liebevoll auf und versorgen sie bestens mit Käse aus dem Dorf, frischer Milch und dem eigenen, selbst gemachten Apfelmost.

Und in der Nacht geht es mit dem eigenen Schlafsack ins duftende Heu oder Stroh – wenn das nicht mal ein ganz besonderes Ferienerlebnis ist! Für durchtrainierte Fahrradbegeisterte werden auch Tagesetappen bis 50 Kilometer angeboten.

Die Strohtour . Bodensee-Radweg Service GmbH . Fritz-Arnold-Straße 16a . 78467 Konstanz

0866 BW_Gärten, Parks & Landschaften

DER SCHWARZWALD IST BLAU

Telefon: 07842/80444
www.ottenhoefen.de

Schnapswanderung Mühlenweg, Ottenhöfen

Es scheinen doch noch Ehrlichkeit und Vertrauen zu geben, zumindest auf dem 16 km langen Schwarzwälder Schnapswanderweg. Grandiose Idee – Wandern und dabei an neun (9!) Schnapsbrunnen vorbeizukommen. Gegen entsprechenden Obolus kann man sich dann dort vor Ort mit Getränken – hauptsächlich Schnäpsen natürlich – selbst versorgen. Bier aus eigener Produktion sowie alkoholfreie Getränke sind auch zu haben. Zum Nachspülen. Vielleicht sollte aber einer aus der Wandergruppe nüchtern bleiben, damit der Rest nach den neun Schnapsbrunnen auch wieder aus dem Schwarzwald herausfindet.
Antialkoholiker nennen den Schnapswanderweg auch den Mühlenweg, weil man bei dieser idyllischen Wanderroute an einer Hammerschmiede und acht Wassermühlen, von denen es heute leider nicht mehr allzu viele gibt, vorbeikommt. Hier zeigt sich der Schwarzwald von einer seiner schönsten Seiten: viel Grün und vielleicht auch ein bisschen „Blau".

Kultur- und Verkehrsamt Ottenhöfen. Großmatt 15 . 77883 Ottenhöfen im Schwarzwald

0867 BW_Sport, Abenteuer & Technik

VOM MESSESTAND DIREKT AUFS WASSER

Telefon: 07541/708-404
www.interboot.de

Bootsmesse „interboot", Friedrichshafen

Seit über 40 Jahren pilgern im frühen Herbst Segler und Motorbootfahrer an den Bodensee. Genauer: nach Friedrichshafen zur „interboot". Die Saison ist fast zu Ende, die letzten schönen Tage Ende September bis Anfang Oktober kann man nutzen, um sich zu treffen, Erfahrungen auszutauschen und für die nächste Saison die neuen Boote der Werften zu besichtigen und verbesserte Ausrüstung fürs eigene Wasserfahrzeug zu sondieren.

Friedrichshafen bietet dafür den geballten Charme einer Stadt am Wasser auf: Die gesamte Uferpromenade ist auf „interboot", also auf Wassersport und Wasseraktivitäten getrimmt. Der besondere Standortvorteil: kurze Wege, anders als bei den „großen" Bootsmessen Düsseldorf und Hamburg. Zwar findet die „interboot" auch in Messehallen mit 65.000 m^2 statt, aber die Freifläche von 12.000 m^2 und ganz besonders die 15.000 m^2 am Bodenseehafen locken die etwa 100.000 Besucher jedes Jahr wieder an, mal abgesehen von den über 500 Ausstellern und mehr als 100 Firmen rund um den Wassersport.

Ein besonderer Tipp ist der „Testhafen": Direkt aufs Schiff und eine Test- oder Probefahrt unternehmen kann man nur hier am Bodensee. Die meisten Firmen und Werften, die hier ihre neuen Boote für die nächste Saison vorstellen, lassen sich diese Gelegenheit nicht entgehen und haben ihre sonst bei Messen auf dem Trockenen aufgedockten Schiffe zu Wasser gelassen.

Die führenden Hersteller von Bootmotoren laden zu Testfahrten auf einer ganzen Flotte von Motoryachten ein.

Außenborder können direkt auf dem Wasser vom Besucher getestet werden, eine Armada von Schlauchbooten liegt dafür im Testhafen bereit.

Wer schnell seekrank wird oder wasserscheu ist, braucht aber keinen Bogen um Friedrichshafen zu machen: Rund um die „interboot" hat sich ein Riesenfest etabliert, mit Musik, kulinarischen Köstlichkeiten und Partyprogramm bis ins Morgengrauen. Wo Segler sind, da wird gefeiert. Dass es etwas zu feiern gibt, dafür sorgen diverse Regatten und Sportbootrennen auf dem Bodensee, alle nahe der Uferpromenade ausgetragen, damit auch jeder genug sieht.

Noch ein letzter Tipp: Die „Liquid Quarter Mile". Das ist ein offenes Bootsrennen – jeder kann sich anmelden und mitmachen. Eine Woche lang finden täglich die Rennen statt. Klar, nach Klassen getrennt. Und das Publikum tobt, feuert an – auf der Uferpromenade drängen sich die Zuschauer. Also los, das Boot auf den Trailer, und dann sehen wir uns auf der „interboot" in Friedrichshafen!

Messe Friedrichshafen GmbH . Neue Messe 1 . 88046 Friedrichshafen

0868 BW_Sport, Abenteuer & Technik

EIN KLEINE SPRITZTOUR ÜBER DIE SCHWARZWALDHÖHEN

www.schwarzwald-panoramastrasse.de

Schwarzwald Panoramastraße

Es gibt so traumhaft schöne Gegenden in Deutschland, dass man dort ganz verwundert anhält und erstaunt bis ergriffen über die Landschaft blickt. Dann sollte man auch mal das Visier vom Motorradhelm hochklappen, den sanft unter dem Sitz blubbernden Motor ausschalten und vom „Bock" steigen.

Das lohnt sich auf der Schwarzwald-Panoramastraße, die von Freiburg bis Titisee führt. Denn die Orte, Dörfer und Gemeinden, die an der Route liegen, haben alle ihre Besonderheiten und ihre eigene Schönheit. Waldkirch, schon 1.000 Jahre alt und als „lebenswerte Stadt“ ausgezeichnet, hat seinen Ruf als Manufaktur für Dreh- und Jahrmarktsorgeln. Nicht weit davon liegt das Glottertal, dieses fruchtbare Tal mit seinen prächtigen Schwarzwaldhöfen und – als „Schwarzwaldklinik“ TV-berühmt – der Rehaklinik.

Zurück vom kleinen Abstecher ins Glottertal. Die Schwarzwald-Panoramastraße ist eine schöne Motorradstrecke: Kurven gehen über in Steigungen, offene Passagen und dichter Wald wechseln. Immer wieder überraschen die Ausblicke. Auf die höchste Stelle, den Kandel mit 1.240 Metern, kommt man sogar mit dem Motorrad.

Der nächste Ort, St. Peter, lockt mit seiner guten badischen Küche und – etwas weiter – St. Märgen mit seinem unglaublichen Ausblick aus 1.100 Metern Höhe.

Für ein Motorrad ist es nicht weit bis nach Breitnau, dem nächsten Ort. Deshalb kann man seine Maschine sanft und ausgeglichen über die Höhenstrecke laufen lassen. Der Schwarzwald braucht keine nervöse Drehung am Gashebel. Dafür ist auch der Blick auf die Landschaft viel zu schön.

Breitnau und Hinterzarten im südlichen Schwarzwald sind klassische Ferienorte, die sich aber ihren Charme bewahrt haben.

Die letzten Kilometer bis zum Titisee sind schnell zurückgelegt. Wenn man nicht gerade am Wochenende unterwegs ist, ist die Schwarzwald-Panoramastraße sehr entspannt zu fahren.

Schwarzwald Panoramastraße e.V. . Rathausplatz . 79274 St. Märgen

PARADIES FÜR FEINSCHMECKER

www.viktualienmarkt.de

Viktualienmarkt, München

Nirgendwo sonst in München findet sich ein derart exklusives und vielfältiges Angebot an frischen Lebensmitteln wie auf dem 22.000 Quadratmeter großen Gelände des Viktualienmarktes. Den Besucher treibt es von einem Stand zum anderen, um Gewürze, Geflügel, Wild, Fisch, einheimische und exotische Früchte und vieles mehr alleine schon mit dem Auge zu genießen.
König Max I. Joseph von Bayern ließ 1807 den Markt für „Viktualien" (spätlatein. „Lebensmittel") vom Marienplatz, der zu klein geworden war, auf das Gebiet zwischen Heilig-Geist-Kirche und Frauenstraße verlegen. Am Südende, direkt an der einstigen Stadtmauer, entstand die Schrannenhalle, der überdachte Großmarkt. Nach einem großen Brand 1932 völlig zerstört, ist sie seit 2005 wieder eröffnet.
Nach 1945 wurde der zerstörte Platz mit großem Aufwand zu neuem Leben erweckt. Mittlerweile verkaufen hier Händler an 140 Ständen ihre exklusiven regionstypischen „Viktualien", die man vor Ort gleich kosten kann. Mit einer warmen Leberkässemmel am Gedenkbrunnen für das Münchner Original Karl Valentin zu stehen und einer „Gaudi" zuzuschauen oder gar dabei mitzumachen hat Tradition auf dem Viktualienmarkt und ist noch heute überaus beliebt. Eine „Gaudi" sind z. B. der Brauertag, der Matjestag, das Prominentenwiegen oder der Tanz der Marktfrauen am Faschingsdienstag.
Das besondere Flair und die entspannte Herzlichkeit spürt man auf dem Platz: Im kleinen Biergarten am Viktualienmarkt sitzt man mit Einheimischen und Gästen aus aller Welt zusammen, und irgendwie kommt immer ein Gespräch zustande ...

Viktualienmarkt . Marienplatz 8 . 80331 München

SUSHI ZUM MITNEHMEN

Telefon: 089/267490
www.sushi-sano.de

Sushi Sano, München

Das kleine Sushi-Lokal mitten in der Münchner Innenstadt besticht durch gute Qualität; darum gehen auch viele japanische Gäste dort ein und aus. Für europäische Sushi-Neulinge sind die Leckereien aus dem Sushi Sano eine Abwechslung zu den üblichen Snacks, die man während eines Stadtbummels in Münchens Zentrum zu sich nimmt. Wer die bunten Sushi-Happen noch nicht kennt und erst einmal vorsichtig probieren möchte, schlemmt sich von Röllchen zu Röllchen, für einen Euro pro Stück!

Aus über 30 Sorten Sushi kann man dabei auswählen. Dazu passen japanische Softdrinks und natürlich Tee. Neben den klassischen Sushigerichten werden auch Yakitori- Fleischspieße oder „Ramen", japanische Nudelsuppe, serviert.
Für Eilige gibt es fantastisch zusammengestellte Take-Away-Boxen ab 4 Euro, originellerweise benannt nach den Kindern des Betreibers, „Yukio", „Mayuko" und „Masanori". Man wartet an der Theke und beobachtet, wie die Sushi-Meister mit faszinierender Schnelligkeit kleine Kunstwerke aus Reis, rohem Fisch, Gurken, Karotten und Avocado formen. Japanischer Meerrettich und eingelegter Ingwer sind inklusive. Eine kleine Portion Sojasauce kauft man dazu – oder besser gleich eine ganze Flasche, weil man spätestens nach der zweiten Portion ohnehin überzeugter Sushi-Anhänger ist.

Sushi Sano . Josephspitalstraße 4 . 80331 München

PRÄMIERTES PARADIES

Telefon: 08122/22700
www.therme-erding.de

Therme Erding

Entspannen, baden und Spaß haben in der Therme Erding, Europas größter Thermenwelt

„Schalte den Alltag aus, leg dich ins warme Wasser" könnte das Motto der Thermenwelt Erding sein, der größten ihrer Art in Europa und zudem das Cabrio unter den Thermalbädern. Wahrzeichen und einzigartige Besonderheit der Therme ist die mit 56 Metern Durchmesser größte zu öffnende Glaskuppel Europas. Sie erstreckt sich frei tragend über ca. 2.500 Quadratmeter des insgesamt 9.500 Quadratmeter großen Warmwasserparadieses. Damit überspannt die Kuppel eine doppelt so große Fläche wie die Reichstagskuppel in Berlin. Bei geöffnetem Dach kommen die Gäste in den Genuss eines Thermalbades unter freiem Himmel, geschlossen spendet die Kuppel durch ihre Transparenz auch an trüben Tagen aufheiternde Helligkeit. Ausserdem funktioniert sie wie ein großer Sonnenkollektor: Die Solarenergie wirkt direkt und hilft, die Urlaubswelt mit ihren bis zu über 11 Meter hohen Palmen zu beheizen. Türkisfarbenes Thermalheilwasser, eine Grotte mit Wasserfall und Nackenduschen, ein Strömungskanal, Sprudelliegen und viele andere Attraktionen versprechen Entspannung pur. Mit der Eröffnung des neuen Saunaparadieses und dem Rutschenparadies „Galaxy“ hat sich das Angebot nochmals vervielfacht. Der Nachwuchs findet vermutlich mehr Spaß auf 16 Rutschen mit einer Gesamtlänge von 1.400 Metern. Damit es in den Sommerferien garantiert nicht fad wird, gibt es auch noch ein eigenes Ferienprogramm.

Therme Erding . Thermenallee 2 . 85435 Erding

BRAUKUNST MIT TRADITION

Telefon: 089/221676
www.hofbraeuhaus.de

Hofbräuhaus, München

„... der arbeitenden Klasse einen gesunden und wohlfeilen Trunk zu bieten ...“, war schon anno 1828 das Bestreben, als in den Mauern des „Königlichen Hofbräuhauses“ am Platzl zu München der Ausschank mit Bewirtung aufgenommen wurde. Seither lassen sich Gäste aus aller Welt mit dem berühmten Bier, dem so genannten Maibock und bayerischen Spezialitäten verköstigen.

Ein Muss für einen typischen München-Touristen: der weltberühmte Bierpalast „Hofbräuhaus“ in der Altstadt

Die Brauerei, gegründet von Herzog Wilhelm V. von Bayern, besteht seit 1589. Ab dem Jahr 1591 lieferte das Brauhaus sein Bier an den herzoglichen Hofstaat und bald auch an Hofleute in Landshut, Straubing und Regensburg. Ab 1610 war das königliche Gebräu dann auch für Wirte und Privatleute zu haben. Die weltbekannte Schutzmarke „HB“ mit der Krone ist seit 1879 in Münchens Handelsregister eingetragen.

Heutzutage tummelt sich in dem wohl größten und berühmtesten Bierausschank der Welt buntes Volk. Und neben bierseligen Kampftrinkern aus Übersee oder japanischen Touristengruppen, die sich im Jodeln versuchen, sitzt bärbeißig grantelnd ein Münchner Original, lässt sich seine „Maß“ schmecken, nicht aus der Ruhe bringen und wundert sich leise über die multikulturelle Gästeschar im Hofbräuhaus.

Hofbräuhaus . Platzl 9 . 80333 München

KOMFORTABLER LUXUS

Telefon: 089/544555-0
www.roccofortehotels.com

The Charles Hotel, München

Hier würde auch Camilla absteigen: Lange angekündigt, im Oktober 2007 in den Münchner Lenbachgärten eröffnet – „The Charles Hotel, Munich", ein exklusives Haus mit erlesen ausgestatteten Zimmern, luxuriösem Spa-Bereich und hoteleigenem Edelitaliener.
Ganz in der Nähe des Königsplatzes steht das neu errichtete Hotel der Rocco-Forte-Hotelgruppe. Sir Rocco Forte, der die Luxus-Hotelkette 1996 gründete, eröffnet mit „The Charles Hotel" in den Lenbachgärten sein drittes 5-Sterne-Haus in Deutschland.
Die Innenausstattung im stilvoll-dezenten Olga-Polizzi-Design erhält ihre besondere Note durch Originalgemälde des Malers Franz von Lenbach. 132 Zimmer (zum Teil mit kleinen französischen Balkonen) mit Blick über den Alten Botanischen Garten hinaus auf die Türme der Frauenkirche, bei Föhn spektakulär bis zu den Alpen. 27 Suiten und eine Präsidentensuite mit 200 m² bilden einen stilvollen Rahmen für private Dinnerpartys.
Der Spa- und Wellnessbereich auf einer Gesamtfläche von 800 m² mit Münchens größtem Hotelpool (15 m lang, 10 m breit) bietet auch Tagesgästen Relaxen pur. Der Fitnessraum mit hauseigenem Trainer ist erstklassig ausgestattet.
Auf der Sonnenterrasse des Hotelrestaurants verführen italienische Köstlichkeiten und ein perfekter Service dazu, eventuell abtrainierte kleine Fettreserven wieder aufzufüllen und auf einen perfekten Tag anzustoßen!

The Charles Hotel . Sophienstraße 26 . 80333 München

VIER KUNSTRICHTUNGEN UNTER EINEM DACH

Telefon: 089/23805360
www.pinakothek-der-moderne.de

Pinakothek der Moderne, München

Die Pinakothek der Moderne zeigt Kunstsammlungen aus vier unterschiedlichen Bereichen, voneinander unabhängig und dennoch grenzüberschreitend.
Der architektonisch gelungene, offene Bau des Architekten Stefan Braunfels öffnete seine Tore am 16. September 2002. Das Zentrum des Baus bildet eine zweischalige Rotunde mit Lichtkuppel und 30 m Durchmesser. Von ihr aus führen zwei Treppenanlagen zu den bedeutenden Sammlungen, die innerhalb von nur 18 Monaten zwei Millionen Besucher anzogen.

Das Untergeschoss beherbergt die weltweit größte Sammlung für Industriedesign. Im Erdgeschoss präsentiert das Architekturmuseum in Wechselausstellungen Entwürfe und Modelle bekannter Architekten wie Le Corbusier oder Johann Balthasar Neumann sowie Computeranimationen. Die angrenzende Staatliche Graphische Sammlung umfasst 400.000 Blätter Druckgrafik und Zeichenkunst von den Wittelsbachern (15. Jh.) bis in die Moderne.
Die Sammlung der klassischen Moderne im Obergeschoss beeindruckt mit Werken von Matisse, Dali und den Vertretern des Blauen Reiters. Gegenwartskunst der späten 50er von Künstlern wie Andy Warhol und Anselm Kiefer wird ergänzt durch Neue Medien, Fotografie und Video. Auch zeitgenössische deutsche Maler wie Jörg Immendorf sind vertreten. Am Ende des Rundgangs findet man sich in der Halle unter der großen Lichtkuppel wieder, wo man bei einer Erfrischung die gesammelten Eindrücke großer Kunst noch einmal am inneren Auge vorbeiziehen lässt.

Pinakothek der Moderne . Barer Straße 40 . 80333 München

0875 BY_Essen & Trinken

WOHLFÜHLOASE MITTEN IN EINER MILLIONENSTADT

www.muenchen.citysam.de/englischer-garten.htm

Englischer Garten, München

Seit dem Frühjahr 1792 ist der Englische Garten der offizielle „Volksgarten“ für die Bürger Münchens. Der Schwetzinger Hofgärtner Friedrich Ludwig von Sckell gestaltete die 3,7 Quadratkilometer große Parkanlage nach dem Vorbild der englischen Landschaftsgärten und schuf einen der weiträumigsten Stadtparks weltweit. Über 100 Brücken und Stege verbinden ein 78 km langes Wegenetz durch die riesige Grünanlage, vorbei an immer wieder neu zu entdeckenden Besonderheiten und international bekannten Wahrzeichen: Der Chinesische Turm, konstruiert 1789/90 nach dem Vorbild der „Großen Pagode“ in Londons königlichem Schlossgarten Kew Gardens, ist ein beliebter Treffpunkt für Biergartenbesucher aus aller Welt. Die 7.000 Sitzplätze im zweitgrößten Biergarten Münchens sind im Sommer bei schönem Wetter heiß begehrt.

Herrlicher Ausblick über die Stadt vom Monopteros, dem klassizistischen Rundtempel im Englischen Garten

Im Japanischen Teehaus am Südende des Parks, errichtet 1972 anlässlich einer Städtepartnerschaft mit Sapporo, finden regelmäßig traditionelle japanische Teezeremonien statt. Die Schönfeldwiese gelangte in den 60er Jahren zu zweifelhafter

Berühmtheit: FKK- Anhänger erkoren sich in Scharen das Gelände zwischen Teehaus und Monopteros zum sommerlichen Tummelplatz; damals skandalös, ist heutzutage ein nackter Radfahrer in dieser Ecke des Englischen Gartens nicht mehr wirklich aufsehenerregend.
Der Monopteros, ein kleiner Rundtempel im griechischen Stil, bietet über Rasengrün und Bäume hinweg einen schönen Ausblick auf die Stadtsilhouette. Nimmt man die kleinen Seitenwege abseits der Sehenswürdigkeiten, entdeckt man immer wieder Neues: Den Surferspot am Eisbach zum Beispiel, wo sich die Münchner Surfer an einer künstlich erzeugten Riesenwelle fit machen fürs Wellenreiten. Oder das versteckte, kleine Amphitheater, in dem jeden Sommer bei freiem Eintritt klassische Theaterstücke aufgeführt werden.

Verwaltung des Englischen Gartens . Englischer Garten 2 . 80538 München

EINSIEDELEI IM OLYMPIAPARK

www.olympiapark-muenchen.de/

Ost-West-Friedenskirche, München

Sie sei der „liebenswürdigste Schwarzbau“, sagte einmal Münchens Oberbürgermeister Christian Ude. Und damit hat er durchaus Recht. Ihre Erbauer, Väterchen Timofei und seine Natascha, kamen 1952 als Einsiedler nach München und ließen sich auf dem Gelände des heutigen Olympiaparks nieder. Zwischen Kriegsschutt und ohne offizielle Genehmigung, aber mit stillem Einverständnis, bauten sie sich hier erst ein Haus und eine Kapelle, wenig später dann die Kirche. Das Paar und seine Einsiedelei waren bei der Bevölkerung so beliebt und berühmt, dass nach reichlich öffentlichem Protest sogar die Reithalle für die Olympischen Spiele 1972 etwas weiter nördlich errichtet wurde.
Leider starb Natascha 5 Jahre nach ihrer Heirat, und Timofei errichtete ihr ein symbolisches Grab auf dem Gelände, wo sie hätte liegen wollen, wäre dieser Wunsch nicht an der Bürokratie gescheitert.
Auch heute noch ist die Einsiedelei ein Ort der Ruhe, eine spirituelle Oase. Allein durch diesen „Garten Eden“ zu schlendern, der im Frühjahr voller blühender Obstbäume steht, ist faszinierend. Dazwischen kleine, recht windschiefe Häuschen, die Kapelle und das Timofei-Museum. Die Basilika mit Spitztürmen aus grünem Blech hängt voller Ikonen, und die Decke ist komplett mit Alufolie verkleidet, die den Kerzenschein reflektiert. Alles ist selbst gemacht. Und das mit viel Liebe. Hier hat Timofei dreimal täglich selbst Gottesdienst abgehalten. Niemand weiß genau, wie alt der „Methusalem vom Oberwiesenfeld“ war, als er 2004 starb, aber man munkelt, er sei 104 geworden.

Ost-West-Friedenskirche . Olympiapark . Spiridon-Louis-Ring 100 . 80809 München

SCHWEINEBRATEN IN DER SZENEKNEIPE

Telefon: 089/20245750
www.fruehstueck-muenchen.de/cafes/maria/

Café Maria, München

An der Wand des Künstler- und Kreativen-Treffs im Münchner Glockenbachviertel hängt ein Riesenposter vom Marienplatz mit der Mariensäule – daher vermutlich der Name des Tagessrestaurants mit Partnerlokal „Josef" gleich um die Ecke. Während das „Josef" eher Barcharakter hat und abends ein Anziehungspunkt auch für die Alternativszene im Stadtteil ist, sitzt man im „Maria" bereits morgens beim opulenten Frühstück zum moderaten Preis.
Für absolute Spätaufsteher gibt es Frühstück sogar bis 30 Minuten vor Kneipenschluss, also bis ca. 21.30 Uhr.
Mit seinem schlichten, fast minimalistisches Design, freundlichem Service und vielen Stammgästen aus dem Viertel strahlt das „Maria" eine angenehme Wohnzimmer-Atmosphäre aus. Man fühlt sich wohl und irgendwie sofort dazugehörig.
Ein echter „Event" für den Liebhaber von deftig-bayerischer Küche und zu empfehlen für jeden, der echte Hausmannskost schätzt, ist immer donnerstags mittags ein spektakulärer Schweinebraten mit original „Semmelknödel". Hier empfehlen sich ein gesegneter Appetit, der obligatorische Verdauungsschnaps und auf alle Fälle eine Vorreservierung.

Cafe Maria . Klenzestraße 97 . Ecke Baumstraße . 80469 München

SCHLACHTHOF, MUSIK UND KABARETT

Telefon: 089/72018264
www.schlachthof.de

Wirtshaus im Schlachthof, München

Die Münchner Kultgaststätte, das „Wirtshaus im Schlachthof", hat nach einer längeren Umbauphase seine Tore im Juli 2006 wieder geöffnet. Vieles wurde erneuert, die altbekannte Backsteinfassade und die riesigen, hohen Innenräume mit dunklem Dielenboden und Original-Holzvertäfelung an den Wänden sind geblieben. Uralte Leuchter kombiniert mit modernem, gediegenem Mobiliar machen das 1879 erbaute, geschichtsträchtige Gebäude zu einem stilvollen Rahmen für unterschiedlichste Anlässe.
Der große Saal gegenüber den Bewirtungsräumen erinnert sofort an die legendäre Fernsehserie „Zur Freiheit", die von Franz Xaver Bogner in den 80ern im Schlachthof gedreht wurde. Ein Protagonist der Kultserie, der Schauspieler Ottfried Fischer,

moderiert hier regelmäßig „Ottis Schlachthof", eine Kabarettsendung, die live ausgestrahlt wird. Wenn man Glück hat, ergattert man einen Platz im Saal und bewundert Deutschlands Kabarettgrößen ganz aus der Nähe.
Kabarettabende, Musikevents, Partys mit Live-Bands – das Programm ist abwechslungsreich, die Preise sind erschwinglich, und der Ausschank im großen Saal ist den ganzen Abend lang geöffnet.

Wirtshaus im Schlachthof . Zenettistraße 9 . 80337 München

0879 BY_Essen & Trinken

KUCHENOASE AUF DER SHOPPINGMEILE

Telefon: 089/594190
www.cafe-mozart.info

Cafe Mozart, München

Müde vom Shoppen, spät aufgestanden und nicht zur Uni gegangen, kleine Business-Pause, Treffen zum Familienfrühstück? Mitten in Münchens geschäftigem Einkaufsviertel direkt am Sendlinger-Tor-Platz lädt das Cafe Mozart zum Verweilen ein: ein großzügig ausgestattetes Cafe-Restaurant mit einem Hauch von Plüsch und wunderbaren Frühstücksvarianten. Die Auswahl an „Zuckergebäck" und Torten im Wiener Kaffeehausstil ist groß. Die Tageskarte ist gediegen, aber nicht langweilig, die variierenden Mittagsmenus sind auch auf Vegetarier ausgerichtet. Auf der Standardkarte stehen natürlich auch „Dauerbrenner" wie Chili con Carne. Manche Gerichte werden bis 1 Uhr nachts serviert.
Den besonderen Reiz des Cafes Mozart macht aus, dass man sich hier bei einer Melange oder, in Bayern nicht unüblich, auch mal bei einem Weißbier auf eines der riesigen Sofas in den hinteren Bereich des Cafes zurückziehen kann. Zeitungen und sogar Bücher stehen zur freien Verfügung. Man versinkt in einem Sofa oder Lesesessel, vertieft sich in seine Lieblingsliteratur und vergisst die alltägliche Hektik draußen.

Cafe Mozart . Pettenkoferstraße 2 . 80336 München

0880 BY_Feste, Events & Veranstaltungen

GROSSE STARS ZU KLEINEN PREISEN

Telefon: 089/383 85 00
Internet: www.tollwood.de

Tollwood Festival, München

„Leben ist Lust an jeder Kultur" – Und Tollwood ist die pure Lust am Leben:
Zweimal jährlich, im Sommer ca. 25 Tage (Juni, Juli) und im Winter ab dem ersten

Adventswochenende bis hinein ins neue Jahr, finden auf der Theresienwiese Kulturveranstaltungen statt, die pro Jahr etwa 2 Millionen Besucher begeistern. Multikulturell ausgerichtet sind das Eventprogramm, der Markt mit Kunsthandwerk und die Gastronomie auf dem Gelände.
„Kultur ist für alle da", meinen die Tollwood-Veranstalter, deshalb ist bei 70 % der kulturellen Veranstaltungen der Eintritt frei. Auch große Theater- und Konzertevents liegen deutlich unter dem üblichen Preisniveau. Zu sehen und zu hören gibt es tatsächlich die ganz Großen: Joe Cocker, Art Garfunkel, James Brown und Status Quo standen bereits auf den Tollwoodbühnen. Internationale Theatercompanys, furiose Uraufführungen, Shakespeare mit Rapeinlagen, „Cavewoman", ein respektloser Blick auf den Geschlechterkampf – „Theater ohne Grenzen" propagiert das visionäre Tollwood-Team ebenso wie Toleranz, Internationalität und Offenheit. Zumindest auf dem Tollwoodfest scheint es nicht ausgeschlossen, dass die Vision zur Realität werden kann.

Tollwood . Waisenhausstr. 20 . 80637 München

KULTUR- UND FILMFEST-TEMPEL

Telefon 089/48098-0
www.gasteig.de

Gasteig, München

Nahe an der Isar, in unmittelbarer Nachbarschaft zum Deutschen Museum, zum Müller'schen Volksbad und zur Muffathalle, öffnet sich der Gasteig nach Osten hin als Verknüpfungspunkt zwischen Münchner City und dem Szene-Stadtteil Haidhausen.
Das riesige Kulturzentrum ist Sitz der Stadtbibliothek, der Münchner Philharmoniker und des Richard-Strauss-Konservatoriums und bietet entsprechende kulturelle Kurzweil: Die Bücherschau am Gasteig spiegelt alljährlich die Bedeutung Münchens als größte Verlagsstadt Europas wider. Internationale Wettbewerbe für klassische Musik finden am Gasteig statt. Neben Operinszenierungen, Konzerten, Tanz- und Theaterveranstaltungen und Ausstellungen verleihen wiederkehrende Festivals dem Gasteig besondere Anziehungskraft. Kulturfreunde jeder Couleur und jeden Alters, Jugendliche und Kinder eingeschlossen, sind regelmäßig zu Gast in Münchens schillerndem Kulturzentrum.
Der Event schlechthin für Cineasten ist jedes Jahr das Filmfest München.
Hier werden bei Deutschland-Premieren, oft sogar Welturaufführungen, Trends gesetzt, Stars geboren, Regisseure gefeiert. Namhafte deutsche Filmemacher wie Sönke Wortmann und Wolfgang Becker ernteten hier ihre ersten Lorbeeren. Die Hollywoodlegenden Robert de Niro, Martin Scorsese, Susan Sarandon und Roman Polanski erzählten vor Ort von ihrer Arbeit und genossen die entspannte Atmosphäre.

Um Karten für das Münchner Filmfest zu bekommen, muss man im Übrigen kein VIP sein: Hier hat jeder die Chance, großes Kino zu erleben und plaudernd, mit dem Sektglas in der Hand, neben einem Filmstar zu stehen.

Gasteig . Rosenheimer Straße 5 . 81667 München

EIN IN GOLDMARK BEZAHLTES JUGENDSTIL-HALLENBAD

Telefon: 01801/796223
www.swm.de/de/produkte/mbaeder/hallenbaeder/volksbad.html

Müller'sches Volksbad, München

Eines der schönsten Hallenbäder Europas: das Müller'sche Volksbad in der Au zwischen Isar und Auer Mühlbach in München

Ein Jugendstil-Juwel und noch heute eines der schönsten Hallenbäder Europas ist das Müller'sche Volksbad in der Rosenheimer Straße in der Nähe des Deutschen Museums.
Der Ingenieur Karl Müller ließ das Bad 1897 bauen und schenkte es der Stadt München mit der Auflage, Münchner Bürgern, die sich den Luxus eines eigenen Bades nicht leisten konnten, eine Bademöglichkeit in Form der sogenannten „Wannenbäder" zu gewähren. 1901 war der aufwendige Jugendstilbau nach dem Entwurf des Architekten Karl Hocheder fertiggestellt: das modernste und mit 1,8 Millionen Goldmark das teuerste Bad der Welt. Die beeindruckende Innenausstattung in Barock- und Jugendstilformen ist Dank aufwendiger Pflege original erhalten. In hölzernen Umkleidekabinen von anno dazumal steigt man in den Badeanzug, um anschließend in den Schwimmhallen äußerst stilvoll dem Badevergnügen zu frönen.
Ein verschwenderisch hohes Tonnengewölbe überspannt die technisch modernisierten Schwimmbecken; eine finnische Sauna, ein Türkisches Bad und ein römisch-irisches Schwitzbad vervollständigen den Badegenuss.
In dem 18 x 11 m großen, 30 Grad warmen ehemaligen Damenbecken „dümpelt" man gerne als Genuss-Schwimmer; sportiv eher Motivierte ziehen ihre Bahnen in dem 31-m-Becken der „Herrenschwimmhalle".

Ein Aufenthalt im Müller'schen Volksbad ist ein wenig wie eine Reise in die Vergangenheit, auf jeden Fall aber „Bad-Kultur" vom Feinsten.

Müller'sches Volksbad . Rosenheimer Straße 1 . 81667 München

0883 BY_Lifestyle & Szene

ANGESAGTESTER JAZZCLUB AUF HOHEM NIVEAU

Telefon: 089/4482794
www.unterfahrt.de

Jazzclub Unterfahrt, München

Weit über die Grenzen Münchens hinaus ist der Jazzclub Unterfahrt bei Szene-Kennern als Institution bekannt. Unprätentiöse Ziegelwände und schlichtes Interieur im Untergeschoss des Einstein-Kulturzentrums unterstreichen die urige Club-Atmosphäre.
Die Live-Acts mit Künstlern aus der internationalen Jazz-Szene sind spannend und an jedem Wochentag unterschiedlich – von „Benny-Goodman-Big-Band-Jazz" über Modern Jazz und Avantgarde. Das Niveau ist hoch, egal, ob es sich um Berühmtheiten oder Newcomer handelt. Kein Platz im Lokal ist weiter als 5 m von der Bühne entfernt, echtes Live-Musik-Feeling ist also garantiert.
Wer bislang noch keine Berühmtheit ist oder noch nicht als neues Talent entdeckt wurde, hat jeden Sonntag bei den Jam-Sessions Gelegenheit, „ergriffen vom Pathos der eigenen Person" sich einem toleranten, kritischen oder sogar begeisterten Publikum zu stellen.

Unterfahrt . Einsteinstraße 42 . 81675 München

0884 BY_Essen & Trinken

BEACHATMOSPHÄRE AN DER ISAR

Telefon: 089/4355240
www.zum-flaucher.de

Wirtshaus zum Flaucher, München

An diesem Abschnitt der Isar im Münchner Stadtteil Thalkirchen offenbart sich der einstige Wildwassercharakter des Flusses: Flussrinnen, Kiesbänke und Weichholzauen sind ein Paradies für mannigfaltige Tier- und Pflanzenarten mitten in der Großstadt.

Am Flaucherwehr circa 700 m unterhalb der Thalkirchner Brücke wird die Isar aufgestaut und bildet an den Wehrschleusen einen kleinen Wasserfall von 2,50 m Tiefe.
Über die Wehranlage führt der über 100 Jahre alte, 335 m lange Flauchersteg zum anderen Flussufer.
Im Sommer ist ein Radausflug an den Flaucher mit Einkehr in den Biergarten „Zum Flaucher“ obligatorisch. Hier holt man sich am Ausschank ein kühles Radler (helles Bier und weiße Limonade) zur mitgebrachten „Brotzeit“ und genießt trotz Trubel (der Biergarten ist 1980 auf 2.000 Sitzplätze erweitert worden) die wildromantische Natur.
Ein Stück weiter, an den Flaucherkiesbänken, eröffnet sich ein Naherholungsparadies der besonderen Art: Hier erfrischt sich die Münchner Szene nach langen Diskonächten unter dem Wasserfall, Familien picknicken, und so manche Rentnercrew verbringt hier bestens ausgestattet mit Polsterliegen und Kühltaschen den ganzen Sommer. Und alle genießen die herrliche Beachatmosphäre mitten in der Großstadt nackt – was auf der unmittelbar über dem Strand gelegenen Flaucherbrücke in der Sommerzeit zu dem einen oder anderen Verkehrsstau führt ...

Wirtshaus zum Flaucher . Isarauen 8 . 81379 München

0885 BY_Lifestyle & Szene

KREATIVES ARBEITEN AM TAG, BUNTES TREIBEN IN DER NACHT

www.kultfabrik.info
www.optimolwerke.de

Kultfabrik und Optimolwerke, München

Im Münchner Osten entstand 1996 auf dem Fabrikgelände des Lebensmittelherstellers Pfanni ein riesiges, 60.000 Quadratmeter großes Veranstaltungsareal. 60 Künstlerateliers, 30 Kleinunternehmen und rund 50 Clubs, Bars, Diskotheken, Hallen und Restaurants ziehen täglich zahlreiche Kulturinteressierte und Partygänger an.
Eingeführt unter Kunstpark Ost (KPO) heißt das Veranstaltungsgelände seit dem 11. April 2003 Kultfabrik, mittlerweile erweitert und ergänzt durch die Optimolwerke.
Seit dem Frühjahr 2004 präsentiert im westlichen Teil des Geländes die whiteBox auf 1000 Quadratmetern Ausstellungsfläche Werke internationaler Künstler. Pro Jahr gibt es etwa fünf große Ausstellungen, daneben modernes Theater und Konzerte.
Die ganz besondere Atmosphäre und der spezielle Charme rühren vielleicht daher, dass für das Projekt ursprünglich nur ein provisorisches Konzept existierte.
Tagsüber ist die Kultfabrik Arbeitsstätte für ca. 1.000 Kreative, Musiker und Künstler, abends erwacht ein Paradies für Szenemenschen und Nachtschwärmer.
An den Wochenenden leiten Floh- und Antikmärkte das bunte Treiben ein; später

chillt man je nach Laune in Biergärten oder auf Terrassen mit Beach-Atmosphäre. Von Techno über Dancefloor bis zum bodenständigen Rocksound lassen die unterschiedlichen Clubs und Diskotheken Raum für alle Musikgeschmäcker und Altersklassen. Wer also Disco-House gerade nicht mehr hören mag, geht einfach in den Austro-Pop-zum-Mitsingen-Laden nebenan.

Kultfabrik . Grafinger Straße 6 . Optimolwerke . Friedenstraße 10 . 81671 München

0886 BY_Kunst & Architektur

DAS SCHÖNSTE DORF BAYERNS

Telefon: 08158/99390-0
www.bernried.de

Bernried, Starnberger See

Seit 2007 haben es die Bernrieder schwarz auf weiß: ihr Dorf gehört zu den drei schönsten in Bayern. Im bundeslandweiten Wettbewerb „unser Dorf soll schöner werden“ hat die 1000-Einwohner-Gemeinde am Starnberger See eine Goldmedaille gewonnen. Sicherlich nicht zu Unrecht. Bernried liegt nicht nur ausgesprochen malerisch am See, umgeben von den Bergen des bayerischen Oberlandes, es hat auch sonst viel zu bieten. Da gibt es das ehemalige Augustiner Chorherrenstift, eine Klosteranlage, die auf das 12. Jahrhundert zurückgeht, das Buchheim „Museum der Phantasie“ mit einer umfangreichen Sammlung expressionistischer Malerei, das Hofgut und nicht zuletzt viele gut erhaltene und liebevoll restaurierte Bauernhäuser.

Amtliches Verkehrsbüro . Dorfstraße 3 . 82347 Bernried

0887 BY_Sport, Abenteuer & Technik

FÜR EINEN TAG FILMSTAR SEIN

www.filmstadt.de

Bavaria Filmstadt, München

Die Bavaria-Film-Gruppe produziert seit über 80 Jahren äußerst erfolgreich Kino- und TV-Hits mit weit über 500 Sendeminuten pro Jahr. In den Studios am Geiselgasteig werden neben vielen TV-Movies Serien wie „Marienhof“ und „Rosenheim-Cops“ gedreht.

Kulissen aus legendären Kinoerfolgen entführen in eine Welt der Phantasie und Fiktion.
In einem nachgebauten New Yorker Straßenzug geben Bavaria-Stuntmen als Doubles bekannter Stars Kostproben ihrer spannenden und gefährlichen Arbeit, stürzen von Hausdächern und schocken als lebendige Fackeln. Aber keine Sorge, zum Ende der Show demonstrieren die Stuntmen mit Slapsticks und Gags, dass sie alle bei bester Gesundheit sind!
Echt ko(s)misch wird es in den Original-Kulissen von Bulli Herbigs Kassenschlager „(T)Raumschiff Surprise – Periode 1“. Hier können Besucher als Leinwandstars ihre eigene kleine (T)Raumschiff-Periode drehen: Das Space-Taxi, der Beambereich, die Kommandobrücke und der Eingang zum Fitnessraum stehen als Locations zur Verfügung. (Fast) wie beim Originaldreh filmen vier Kameras die neuen Stars, die sich in (fast) Original-Outfits zum Beamen bereitmachen und schließlich ins Space-Taxi umsteigen, um mit Mopsgeschwindigkeit ins Weltall zu entschwinden. Die nachgestellte Szene wird dann in den Originalfilm eingeschnitten.
„Lustitsch!“ – um es in Bulli Herbigs Comedy-Sprache zu sagen.
„Natürlitsch“ kann man den kleinen Film auf VHS-Kassette oder DVD mit nach Hause nehmen.

Bavaria Filmstadt . Bavariafilmplatz 7 . 82031 München

0888 BY_Gärten, Parks & Landschaften

BLAUE REITER, ALTES MOOR UND DEFTIGE BROTZEIT

Telefon: 08841/476-0
www.murnau.de

Murnau am Staffelsee

Gabriele Münter verbrachte hier mit Wassily Kandinsky von 1909 bis 1914 die Sommermonate. Häufig kamen andere Maler wie Franz Marc und August Macke sowie der Komponist Arnold Schönberg zu Besuch und ließen ihr Haus in dem beschaulichen oberbayerischen Ort zu einem bedeutenden Treffpunkt der Avantgarde werden. In Murnau stand sozusagen die Wiege der „Blauen Reiter“.
Das „Russenhaus“, wie es auch genannt wurde, ist nach umfangreicher Renovierung in den Jahren 1998/99 als Ort der Erinnerung an die große Malerin Gabriele Münter eingerichtet worden und kann besichtigt werden.
Was das Münter-Haus den Anhängern der Blauen Reiter ist, ist das Murnauer Moos den Naturfreunden. Die ursprüngliche Moorlandschaft ist in ihrer Größe und Geschlossenheit mit einer Kernfläche von 23 Quadratkilometern, mit ihren Landschaftsformen und der speziellen Tier- und Pflanzenwelt einmalig in Mitteleuropa.
Auch der Freund sakraler Kunst kommt nicht zu kurz: „Ähndl“ wird die St.-Georgs-Kirche am „Tor“ zum Naturschutzgebiet Murnauer Moos liebevoll von den Einheimischen genannt. In dem Kircherl sind in den Deckenfresken und an der Emporenbrüstung Szenen aus Leben und Martyrium des hl. Georg dargestellt. Die Eisenglocke (um 700) ist eine der ältesten Kirchenglocken Europas.

„Ähndl“ heißt auch der idyllische Biergarten am Moos. Ein kühles Weizenbier aus der heimischen Brauerei und eine saftige hausgemachte Bratensülze schmecken dort besonders gut.

Markt Murnau . Rathaus, Untermarkt 13 . 82418 Murnau a. Staffelsee

0889 BY_Sport, Abenteuer & Technik

UPPERCLASS-SPORT FÜR JEDERMANN

Telefon: 08024/30300-97
www.bavaria-polo-club.de

Polo Academy, Holzkirchen

Bekannt ist der Sport ja vor allem durch die Mitglieder des englischen Königshauses. Doch auch der Normalsterbliche kann durchaus zu Pferd dem Spiel frönen, zum Beispiel im Bavaria Polo Club in Thann bei Holzkirchen. Polo lernen kann man dort außerdem. Wer sich nicht gleich eine komplette Ausrüstung mit Pferden und Schläger, korrekt „Stick“ genannt, zulegen will, ist als Zuschauer beim Training des Clubs an den Wochenenden während der Saison von Mai bis September herzlich willkommen. Polo war schon zu Zeiten Alexanders des Großen in Persien äußerst beliebt und verbreitete sich rasch über ganz Asien. Die Tibeter, die das Spiel aus China übernahmen, gaben ihm den Namen „pulu“ = „Ball“. Den Sprung nach Europa schaffte Polo allerdings erst 1859. Die in den Kolonien stationierten britischen Offiziere des 10. Husarenregiments wollten, in die Heimat zurückgekehrt, nicht mehr auf ihre bevorzugte Freizeitbeschäftigung verzichten.

Bavaria Polo Club . Spitzwegstraße 2 . 83607 Holzkirchen

0890 BY_Gärten, Parks & Landschaften

DEUTSCHLANDS HÖCHSTER BERG

www.zugspitze.de

Zugspitze

Deutschlands höchsten Berg zu erklimmen und auf 2.962,06 m ü. NN die Aussicht zu genießen, reizt Bergsteiger und Naturfreunde aus aller Welt. Die Zugspitze als Grenzberg zu Österreich und einziger Gletscher Deutschlands hat ihren Namen von den zahlreichen Lawinenzügen an den Steilhängen.
Für trainierte Waden führen Routen in allen Schwierigkeitsgraden zum Gipfel; über satte Almwiesen, schmale Steige und Geröllfelder gilt es immerhin 2.200 Höhenme-

ter zu überwinden. Müde Wanderer rasten bei einer deftigen Bergsteigermahlzeit in einer typischen, zünftigen Unterkunftshütte.
Wer schneller ganz oben sein möchte, nimmt eine der zwölf Bergbahnen, die auch von der österreichischen Seite aus auf den Gipfel führen. Ein berauschender Panoramablick über das Wettersteingebirge in die Alpen und hinunter ins Höllenbachtal beschert wahres Gipfelglück.
Auf dem Berg der Superlative findet man außer Deutschlands berühmtester Alpenvereinshütte, dem Münchner Haus und Deutschlands höchstgelegener Postfiliale eine mehr als 100 Jahre alte bemannte Wetterstation vor, die nach wie vor zuverlässig u. a. klimarelevante Daten liefert.
350 m unter dem Gipfel gilt Deutschlands einziges Gletscher-Skigebiet als schneesicher bis weit in den Frühling hinein.
Am Fuß der Zugspitze machen 1.000 Ausflugs-, Sport- und Erholungsmöglichkeiten die Ferien im malerischen Zugspitzland unvergesslich – der Berg ruft!

Grenze 82491 Grainau in Deutschland und Ehrwald in Östereich

0891 BY_Feste, Events & Veranstaltungen

DAS LEIDEN CHRISTI

Telefon: 08822/9231-0
www.oberammergau.de

Passionsspiele, Oberammergau

Oberammergau ist die bayerische Gemeinde mit den meisten Bürgerentscheiden, und das hängt unmittelbar mit den weltberühmten Passionsspielen zusammen. Alle zehn Jahre werden in dem sechsstündigen Oberammergauer Passionsspiel die letzten fünf Tage im Leben Jesu dargestellt, und das seit über 350 Jahren.
In welcher Form das Gelübde aus dem Jahr 1633 aber erfüllt werden soll, darüber streiten sich in schöner Regelmäßigkeit die Geister. Das ganze Dorf will mitentscheiden, welcher Text der Aufführung zugrunde gelegt wird, welcher Spielleiter zum Zuge kommt, wie das Theatergebäude gestaltet werden soll oder ob die Aufführungen in die Abendstunden von 14.30 Uhr bis 22.30 Uhr verlegt werden sollen, weil die Kreuzigungsszene mit nächtlichen Lichteffekten noch eindrucksvoller gestaltet werden kann.
Begonnen hat die Geschichte des Spiels, nachdem 1632 die Pest in Oberammergau eingebrochen war und 1633 fast jede zweite Familie einen oder mehrere Tote zu beklagen hatte. Die Hinterbliebenen gelobten, in jedem zehnten Jahr das Leiden und Sterben des Herrn aufzuführen, wenn sie verschont würden. Am Pfingstfest 1634 bauten die Oberammergauer erstmals eine Bühne auf dem Friedhof über den frischen Gräbern der Pesttoten auf. Seit damals haben sich nicht nur die Verse des Stücks geändert, sondern auch der Aufführungsort. Das imposante Theatergebäude mit fast 5.000 Sitzplätzen können Besucher im Rahmen einer Führung auch außerhalb der Spielzeit erleben.

Oberammergau Tourismus . Eugen-Papst-Straße 9a . 82487 Oberammergau

STADT IN DER STADT

Telefon: 0821/319881-0
www.fugger.de

Fuggerei, Augsburg

88 Cent Jahresmiete und täglich drei Gebete, so günstig kann man im 21. Jahrhundert in Deutschland wohnen, und dazu muss man nicht einmal ins Kloster gehen. In den Genuss dieser Mini-Miete kommen derzeit 150 Menschen.
Sie wohnen in der ältesten bestehenden Sozialsiedlung der Welt, der Augsburger Fuggerei. Jakob Fugger der Reiche stiftete die Wohnsiedlung im Jahre 1521 für bedürftige Augsburger Bürger. Er war der berühmteste Vertreter der Familie, Renaissance-Kaufherr und Montanindustrieller. Als Bankier wickelte er ab 1500 den Ablasshandel für den Papst ab. Die Fuggerei ist eine „Stadt in der Stadt" mit 140 Wohnungen in 67 Häusern, einer Kirche, einer Mauer darum herum und drei Toren. Die Jahres(kalt)miete entspricht dem nominellen Gegenwert eines Rheinischen Gulden. Prominentester Bewohner der Fuggerei war der Maurermeister Franz Mozart, der Urgroßvater des Komponisten W. A. Mozart. Bis heute wird die Sozialsiedlung nahezu ausschließlich aus dem Stiftungsvermögen (Forstwirtschaft und Immobilien) finanziert. Hinzu kommen seit einigen Jahren auch die Eintrittsgelder, die für den Besuch der Siedlung erhoben werden. Die Bewohner sind damit quasi auch das lebende Inventar eines Museums. Nachtschwärmer sollten sie auch nicht sein, denn um 22 Uhr werden die Tore der Fuggerei geschlossen. Wer dann noch hineinwill, muss mehr als die Hälfte seiner Jahresmiete, nämlich 50 Cent, an den Nachtwächter zahlen.

Fürstlich und Gräflich Fuggersche Stiftungs-Administration . Fuggerei 56 . 86152 Augsburg

WASSERVERGNÜGUNGEN

Infotelefon: 08041/509999
www.alpamare.de

Alpamare, Bad Tölz

Adrenalin pur. In atemberaubendem Tempo auf Speed-Boards kopfüber in die Tiefe rutschen, das Kribbeln im Magen erleben, wenn man sich in den Abgrund stürzt. Eine verrückt-fröhliche Welt in der durchgeknallten Gaga-Rutsche lässt die Sinne verrücktspielen: 180 abnormale Meter mit Licht- und Soundeffekten, Wasserfällen und vielen Überraschungen. Spannung und Nervenkitzel pur, durch die absolute Dunkelheit rasend, in der Thriller-Röhre. 330 m Wildwasser-Abenteuer, Wasserfälle, Strudel, die reinste Rutschparty mit dem Alpa Bob, die mit einem Riesen-Splash im Auffangbecken endet. Erlebnisrutschen der besonderen Art, das ist das Markenzeichen des Spaß- und Erlebnisbades Alpamare in Bad Tölz. Hinzu kommt die einzige Indoor-Surfanlage Europas: Im „Endless Peak" surft man je nach Laune im Liegen,

Knien oder Stehen. Regelmäßig finden Surfturniere für Profis und Amateure statt. Wer genug hat von Action und Nervenkitzel lässt einfach die Seele im Wohlfühl-Park baumeln oder planscht in einem der 34 Grad warmen Thermalbecken. Erfrischender Tropenregen fällt von oben, Palmen verbreiten Urlaubs-Flair – ab in den Süden der Republik! 1970 wurde das Alpamare als erstes Brandungswellenbad Deutschlands gegründet. Mit etwa 500.000 Besuchern jährlich ist es eines der größten Bäder seiner Art im Land.

Alpabob GmbH & Co. KG . Ludwigstraße 14 . 83646 Bad Tölz

0894 BY_Sport, Abenteuer & Technik

STEINZEITEXPERIMENTE UND ERLEBNISSE

Telefon: 08662/4987-45
www.steinzeit-siegsdorf.de

Steinzeit, Siegsdorf

Hier kann der „Ötzi", der in uns allen steckt, wiedergeboren werden. Inmitten von einzigartiger Natur im Dießelbachtal liegt die „Steinzeit Siegsdorf", eine neue, lustvolle Kombination aus Freizeitpark und Museum.

Eine Märchenerzählerin im Freizeitpark und Museum Siegsdorf

Siegsdorf im Chiemgau ist ein Ort, dessen Untergrund aus Ablagerungen von vier verschiedenen, längst vergangenen Meeren besteht. Wandernde Kontinente falteten diese Meeresböden einst zu den heutigen Alpen auf. In der Eiszeit bildeten diese Meeresböden bei Siegsdorf den Untergrund für eine der bedeutendsten Fundstellen von Tieren aus jener Zeit.
Das Naturkundemuseum Siegsdorf vermittelt auf über 650 m² Ausstellungsfläche 250 Millionen Jahre Entwicklungsgeschichte Südostbayerns. Grundlagen zur Geologie, die Vielfalt der Versteinerungen und die Giganten der Eiszeit machen das Leben unserer steinzeitlichen Vorfahren anschaulich. Aktivität und Erleben fließen in das Konzept genauso ein wie Information und Wissensvermittlung.
Am besten ist, man wird selbst aktiv in der Welt der Mammutjäger und Steinzeitbauern: In nachgebauten Hütten und Zelten werden die vielfältigen Lebensbereiche im Alltag einer steinzeitlichen Sippe im wahrsten Sinne des Wortes „begreifbar".

Experimentieren mit Werkzeugen und Gegenständen aus Geweih, Knochen und Feuerstein, Feuerfunken sprühen und den Bogen spannen, selbstgebackenes Brot aus dem Lehmofen holen und die Wärme des Lagerfeuers spüren, all das ist am Dießelbach möglich.

Touristinformation Siegsdorf . Rathausplatz 2 . 83313 Siegsdorf

0895 BY_Sport, Abenteuer & Technik

NICHT NUR FÜR OLYMPIASIEGER

Telefon 08663/418070
www.biathloncamp.de

Wintersportort, Ruhpolding

Ruhpolding, ein oberbayerisches Dorf mit 6.500 Einwohnern, ist das Eldorado für alle, die die Natur lieben und sich in einer wundervollen Landschaft kombiniert mit bayerischer Gemütlichkeit und Gastfreundschaft aktiv erholen möchten. Vor allem den Wintersportlern ist der Ort ein Begriff. Es locken herrliche Skiabfahrten und abwechslungsreiche Langlaufrouten. Schlittschuhlaufen und Eisstockschießen in der Ruhpoldinger Eissporthalle oder Rodeln auf der Naturrodelbahn sind ein Winterspaß für die ganze Familie. Gäste in Ruhpolding können aber nicht nur aktiv Wintersport betreiben, sondern auch als Zuschauer bei internationalen Wintersportveranstaltungen mit den Stars aus aller Welt auf Tuchfühlung gehen. Der jährliche Biathlon-Weltcup in der Chiemgau Arena ist eine der größten Wintersportveranstaltungen und das idyllische Dorf wird zum Mekka für Fans aus aller Welt. Seit 2005 ist die Arena ebenfalls Austragungsort des Weltcups in der Nordischen Kombination. Die Chiemgau Arena bietet 30 hochmoderne Schießstände, und auf den Zuschauertribünen ist Platz für 7.500 Biathlonanhänger. Im Biathloncamp „Fritz Fischer“ hat außerdem jeder Interessierte die Möglichkeit, das ganze Jahr über selbst seine Fähigkeiten im Skilanglauf und Schießen zu testen, dort, wo sonst nur Weltmeister und Olympiasieger diesen Sport ausüben.

Tourist-Info Ruhpolding . Hauptstraße 60 . 83324 Ruhpolding . Telefon: 08663/8806-0

0896 BY_Sport, Abenteuer & Technik

DIE GLÄSERNE WERKSTATT

Telefon: 089/3157140
www.deutsches-museum.de

Deutsches Museum Flugwerft, Oberschleißheim

Dort, wo im Ersten Weltkrieg die Königlich Bayerischen Fliegertruppen starteten, zeigt das Deutsche Museum in München einen wichtigen Teil seiner Luftfahrtsamm-

lung: auf dem historischen Boden des Flugplatzes Oberschleißheim im Norden der Stadt. Anfang der 90er Jahre wurden die geschichtsträchtige Werfthalle und die Kommandantur wieder instand gesetzt und um eine moderne Ausstellungshalle und eine Restaurierungswerkstatt ergänzt.
Dieser Flugzeug-Restaurierungs-Hangar ist sozusagen „gläsern": Er ist so konzipiert, dass die Besucher der Flugwerft von einer Galerie aus den Werkstattbetrieb miterleben können. Restauriert werden hier sowohl „einfache" Flugzeuge aus Holz mit Stoffbespannung aus der Anfangszeit der Fliegerei wie auch moderne Kampfflugzeuge voller Elektronik.
Der Werkstatt-Hangar ist entsprechend geräumig. Er bietet Platz, um Flugzeuge bis zu einer Spannweite von 20 Metern demontieren und wieder zusammenbauen zu können. Die Rückwand des Hangars ist auf der ganzen Breite zu öffnen, so dass die Flugzeuge direkt in die Halle rollen können. Direkt daneben gibt es sämtliche für die Instandsetzung notwendigen Spezialwerkstätten, deren qualifiziertes Personal vor den Augen der interessierten Besucher konzentriert und professionell die Flugzeuge von Grund auf wieder aufbaut, bis hin zur Endlackierung.

Deutsches Museum Flugwerft . Museum für Luft- und Raumfahrt
Effnerstraße 18 . 85764 Oberschleißheim

0897 BY_Städte & Touren

VIERSPÄNNIGER WALLFAHRTSZUG

Telefon: 08041/504-0
www.toelzer-leonhardi.de

Leonhardifahrt, Bad Tölz

Schon in den frühen Stunden des 6. Novembers ziehen von nah und fern die Vierergespanne mit den prächtig geschmückten Wagen nach Bad Tölz, wo der Wallfahrtszug zusammengestellt wird. Danach setzt sich die Leonhardifahrt unter dem Geläut der Kirchenglocken in Bewegung hinauf zum Kalvarienberg. An der Leonhardikapelle empfangen Pferde und Wallfahrer den Segen. Der Ursprung der Fahrt geht wie so manches christliches Brauchtum auf heidnische Vorbilder zurück, in denen das Pferd, zumal das weiße, höheren Mächten geweiht war. Die Tölzer Leonhardifahrt wurde früher, wie in anderen Orten der Umgebung heute noch, durch einzelne Reiter ausgeführt. Sie hatte den Höhenberg zum Ziel. Im Jahre 1718 entstand an dieser Stelle eine Kapelle auf dem nunmehr „Kalvarienberg" genannten Berg. Fortan war die Leonhardikapelle das Ziel der Leonhardi-Reiter und -Fahrer. Betend kamen sie von allen Seiten herauf, hielten in dreimaliger Umkreisung ihre Andacht, zogen wieder hinab zur Stadt, um dort fröhliche Feste zu feiern. Diese Feste wurden allerdings mit der Zeit etwas zu fröhlich, so dass der Ortspfarrer im Jahr 1856 das Geschehen in die würdige Form einer geordneten, geschlossenen Wallfahrt brachte und damit die heute weltberühmte Tölzer Leonhardifahrt begründete. Der heilige Leonard wird in ganz Bayern als Schutzpatron der Haustiere verehrt, und so lautet der Segensspruch: „Gott wird euch geben, Glück und Segen, in Haus und Stall und überall! Bei Pferd und Rind, bei Schaf und Schwein, das soll euer heilger Leonhard sein!"

Tourist-Information Bad Tölz . Max-Höfler-Platz . 83646 Bad Tölz

0898 BY_Kunst & Architektur

AN DER WIEGE DER PUPPEN

Telefon: 0906/789170/151
museen@donauwoerth.de

Käthe-Kruse-Museum, Donauwörth

Feengleich arrangierte Ballerinen aus den 20ern drehen sich inmitten bezaubernder Bühnenarrangements. Auf historischen Pfaden, durch das „Kapuzinertörchen", gelangt man ins Museum, um sie dort zu treffen, die zum Teil weitgereisten Puppen-Schönheiten. Hier eine Exotengruppe der Weltausstellung 1939 in New York, dort die ersten Puppen aus Ascona oder bewegliche Puppenstubenfiguren des letzten Jahrhunderts. Wunderschön gestaltete Vitrinen, Puppendekorationen, Stoffe, altes Handwerkszeug und Kostbarkeiten aller Art lassen die Augen der Interessierten, Sammler und Puppenliebhaber mit denen der Ausstellungsstücke um die Wette strahlen. Wie deren Augen zu leuchten beginnen, erfährt man am lebensecht nachgestellten Arbeitsplatz eines Augenmalers. So kann man wundernd das Leben der Puppenwelten und ihrer Herstellung, damals wie heute, erfühlen. Interaktiv erfährt man viel über das wechselvolle Schiksal der Künstlerfamilie und die „Geburt" der ersten Käthe-Kruse-Puppen.

Käthe-Kruse-Puppen-Museum . Pflegstraße 21a . 86609 Donauwörth

0899 BY_Natur & Tiere

ELEFANTENREITEN AUF ANFRAGE

Telefon: 0821/567149-0
www.zoo-augsburg.de

Zoo, Augsburg

Mehr oder weniger wilde Tiere aus sicherer Entfernung beobachten, das kann man im Augsburger Zoo natürlich auch, aber hier bietet sich die einzige Möglichkeit im süddeutschen Raum, auf einem zu Elefanten reiten. Auch die Auswahl an den grauen Dickhäutern ist größer als anderswo. Während die meisten Zoos heute eine Herde von Elefanten einer Art halten, sind in Augsburg afrikanische und asiatische Exemplare dieser Spezies zu bewundern. In den Großkatzenanlagen steht man mit etwas Glück, wenn auch mit einer Glasscheibe dazwischen, Auge in Auge seltenen Leoparden, Tigern, Geparden und Löwen gegenüber. Zentrum des Zoos ist das Afrika-Panorama, das von einer Vielzahl unterschiedlicher Tiere wie Giraffen, Zebras, Antilopen und Watussirindern bewohnt wird. Im Terrarium befinden sich die Vitrinen für Warane und Riesenschlangen sowie die Alligatoren-Anlage. Besuchermagneten sind auch die Pavian-Insel und die Robben-Schaufütterungen. Insgesamt sind auf dem 22 Hektar großen Gelände fast 1.500 Tiere aus knapp 300 Arten heimisch geworden, und fast alle Tiere haben einen Namen: vom Breitmaulnashorn „Abu“ bis zum Zwergesel „Festus“. Besonderes Fernurlaubsfeeling kommt auf bei der Abendführung mit Dschungelnacht. Speziell für die Kleinen gibt es einen Streichelzoo, eine Mini-Eisenbahn, einen großen Abenteuerspielplatz und die Möglichkeit, einen Kindergeburtstag im Zoo zu feiern.

Zoologischer Garten Augsburg . Brehmplatz 1 . 86161 Augsburg

TÖPFERKUNST VOM FEINSTEN

Telefon: 08807/1048
www.tourist-info-diessen.de

Dießen, Ammersee

Unter den Künstlern des ausgehenden 19. Jahrhunderts hatte sich der „Geheimtipp“ wohl schnell herumgesprochen: Nur 45 Kilometer von München entfernt, ausgesprochen malerisch gelegen zwischen bewaldeten Hügeln, einsamen Moorflächen und am Ufer des drittgrößten bayerischen Sees, wurde Dießen am Ammersee Treffpunkt eines bunten Völkchens von Kunstschaffenden.
Thomas Theodor Heine, Olaf Gulbransson, Fritz Erler, Otto Julius Bierbaum, Hermann Stahl, Clara Nordström und Luise Rinser, um nur einige zu nennen, fanden am Ammersee vorübergehend oder ständig eine neue Heimat. Auch namhafte Töpfer sammelten hier ihre ersten keramischen Erfahrungen. Die Bauhausschüler Hilde und Erich Kloidt regten 1934 die Gründung der Arbeitsgemeinschaft Dießener Kunst (ADK) an, die bis heute aktiv ist. Weit über die Grenzen Bayerns hinaus ist der Dießener Töpfermarkt ein Begriff: Entlang dem Seeufer zeigen 150 Töpfer aus Europa jedes Jahr Anfang Mai einen Querschnitt ihres Schaffens. Auch das weltweit einzige Carl-Orff-Museum steht in diesem idyllischen Ort. Als Kind verbrachte Carl Orff viele Ferien im Haus seiner Großeltern am Ammersee, später ist er in die Landschaft seiner Kindheit zurückgekehrt.
Doch nicht nur Kunst- und Keramikfreunde, auch Wasserratten kommen hier auf ihre Kosten: Strandbäder, Surfschulen und Deutschlands älteste Binnensee-Segelschule mit berühmten Nostalgie-Schiffen, darunter auch die zwei Schaufelraddampfer der Bayerischen Seenschifffahrt, laden zum „Seegang“ ein.

Tourist-Info Dießen . Schützenstraße 9 . 86911 Dießen am Ammersee

300 JAHRE KAFFEE UND DELIKATESSEN

Telefon: 089/2135
www.dallmayr.de

Dallmayr, München

Mmmmmh. Man meint sie förmlich zu riechen, die frisch gerösteten Bohnen. Fast allabendlich strömt Dallmayr-Kaffee-Flair über den Schirm in unsere Wohnzimmer. Die adrette Dame in blauer Bluse strahlt mit ihrer frisch gestärkten weißen Schürze um die Wette. Sie ist doch noch in Ordnung, unsere Welt. Nämlich dann, wenn mit sanfter Musik untermalt aus bunt-exotischen Nymphenburger Kaffeevasen braunes Gold fließt. „Daaaa möchte ich auch mal hin", murmelten früher in merkwürdig-verträumtem O-Ton meine beiden ansonsten durchaus bodenständigen Kinder. Das Dallmayr-Gesamt-Flair verzaubert viele. Der Stammsitz in der Nähe des Münchner Marienplatzes hat jährlich rund 1,4 Millionen auswärtige Dallmayr-Pilger zu verdauen. Darüber würde sich so manches Münchner Museum freuen. Liegt es daran, dass es im telegenen Geschäft tatsächlich genauso aussieht wie in der Reklame? Das gibt's ja wirklich! Auch Frau Klenn ist echt. Sie, die auch schon adrett vom Fernsehschirm lächelt, verkauft tatsächlich Kaffee dort. Die freundliche Sächsin avanciert wahrscheinlich zur am meisten fotografierten Kaffee-Verkäuferin der Republik. Die Stammkunden nehmen den Ansturm der Schaulustigen überwiegend gelassen. Sie halten dem wunderschönen Laden aus ganz anderen Gründen die Treue. Neben Kaffee gibt es dort nämlich köstlichste Delikatessen aus aller Welt. Top-Seller aber bleiben die hausgemachten Pralinen. Oder man lässt sich oben im Restaurant den eben frisch im Brunnen gebadeten Krebs servieren. Selbstverständlich in angemessener geschmacklicher Begleitung. Den Krebs meine ich. Bei aller Romantik erwirtschaftet die Dallmayr KG als „Gesamtkunstwerk" mit Kaffeesparte und Automatenservice jährlich rund 520 Millionen Gruppenumsatz. Auch das lässt man sich gerne auf der Zunge zergehen. Mmmmmmhhhh. Die Welt ist eben doch noch in Ordnung.

Der ganz besondere Kaffeegenuss aus dem Delikatessengeschäft „Dallmayr" in München

Dallmayr . Dienerstraße 14–15 . 80331 München

LÄNGSTE SOMMERRODELBAHN

Info-Telefon: 08325/252
Telefon: 08325/927673
www.alpsee-bergwelt.de

Von nun an geht's bergab

Auf der ca. 3 km langen Strecke mit ihren 68 Kurven, 23 Wellen, 7 Jumps, 4 Brücken über Wege, Tobel und Bäche in der Bergabbahn kann man schon mal einen lauten „Juchzer" hören, wenn jemand einfach aus Spaß an der Freud seinem Gefühl Ausdruck gibt. Sechs bis zehn Minuten dauert der Nervenkitzel bei der rasanten Abfahrt auf der ganzjährig befahrbaren Trasse. Kindsköpfe für jeden Alters sind begeistert von der irren Streckenführung in der „Alpsee Bergwelt". Eine entgleisungssichere Schlittenführung, Front- und Heckpuffer, zwei beidseitig angebrachte Bremshebel und vieles mehr sorgen für die Sicherheit beim Fahrspaß. Zum Erlebnisbereich der „Alpsee Bergwelt" gehört außerdem der Kletterwald, Bayerns größter Hochseilgarten mit seiner einmaligen Lage in einem Fichtenwald. Ein Hochseilgarten ziemlich einzigartig in seiner Ausrichtung für Einsteiger und Profis. Einfache Kletterelemente in Bodennähe und waghalsige Passagen in 15 Meter Höhe bieten für jeden den richtigen Einstieg. Es ist ja nicht immer leicht, Familienerlebnisse für alle Generationen stressfrei und doch spannend unter einen Hut zu bringen; in der Alpsee Bergwelt stehen die Chancen dafür gut. Neben Abfahrtsrausch und Kletterspaß gibt es viel Freiraum für gemächliche Bewegung auf gut beschilderten und markierten Rundwander- und Sennalpwegen. Gemäß dem Motto: Wer diese Wahl hat, braucht sich ums Vergnügen nicht zu sorgen.

Alpsee Bergwelt GmbH & Co. KG . Ratholz 24 . 87509 Immenstadt

SCHLOSS NEUSCHWANSTEIN

Telefon: 08362/93988-0
www.neuschwanstein.com

Schloss Neuschwanstein, Schwangau

Neuschwanstein wurde eigentlich nie richtig zu Ende gebaut, weil die Arbeiten nach dem Tod Ludwigs II. eingestellt wurden. Im Thronsaal fehlt deshalb auch der Thron. In Neuschwanstein erfüllte sich das Schicksal des Märchenkönigs: Hier wurde er wegen seines angeblichen Wahns festgenommen und nach Schloss Berg gebracht, wo er am Pfingstsamstag des Jahres 1886 im Starnberger See zu Tode kam. „Ich habe die Absicht, die alte Burgruine Hohenschwangau bei der Pöllatschlucht neu aufbauen zu lassen im echten Stil der alten deutschen Ritterburgen", schrieb Ludwig 1868 an den von ihm so sehr verehrten Richard Wagner. Deshalb sollten auch Elemente aus den Wagner-Opern „Tannhäuser" und „Lohengrin" in den Bau einfließen. Die Wandbilder des Schlosses erzählen Geschichten von Liebe, Schuld, Buße und Erlösung. Könige und Ritter, Dichter und Liebespaare bevölkern die Räume. Das Mittelalter war allerdings nur Illusion: Hinter dem altertümlichen Aussehen verbargen sich modernste Technik und höchster Komfort. Die Räume des königlichen Wohnbaus waren mit einer Heißluft-Zentralheizung ausgestattet. In allen Stockwerken stand fließendes Wasser zur Verfügung, und über eine elektrische Rufanlage rief der König seine Bediensteten. Im dritten und vierten Obergeschoss gab es sogar Telefonanschlüsse. Einer der Gründe für die Entmündigung Ludwigs war die hohe Staatsverschuldung durch seine Bautätigkeit. Jetzt ist das Schloss eine der Haupteinnahmequellen der bayrischen Schlösserverwaltung und das bekannteste Wahrzeichen Bayerns im Ausland.

Schlossverwaltung Neuschwanstein . Neuschwansteinstraße 20 . 87645 Schwangau

0904 BY_Kunst & Architektur

DIE WIESKIRCHE, EIN JUWEL INMITTEN EINER BLUMENWIESE

Telefon: 08862/93293-0
www.wieskirche.de

Pfarramt Wieskirche, Steingaden

An diesem Ort neigen selbst eingefleischte Atheisten dazu, an die himmlischen Mächte zu glauben: in der Wieskirche in Steingaden.
Sie gilt als das Juwel des Rokokos. Das von den Wessobrunner Gebrüdern Dominikus und Johann Baptist Zimmermann geschaffene Werk wurde vor einigen Jahren von der UNESCO als Weltkulturgut ausgewiesen. Begonnen hat der Aufstieg des zunächst kleinen Kirchleins auf der grünen Wiese vor der imposanten Kulisse der oberbayerischen Berge zum weltweit bekannten Gotteshaus mit ein paar Tränen. Im Jahr 1738 will die Bäurin Mary Lory beobachtet haben, wie die Figur eines gegeißelten Christus Tränen vergoss. Umgehend setzte eine Wallfahrt zum Gnadenbild ein. Aus ganz Europa strömten die Gläubigen herbei, um dem gegeißelten Jesus ihr Anliegen vorzubringen. Bald war die ursprüngliche Kapelle zu klein, und die Ordensbrüder des nahe gelegenen Prämonstratenserklosters ließen ganz entgegen dem Zeitgeist der Aufklärung die jetzige Kirche erbauen. Der alternde Baumeister Dominikus Zimmermann konnte sich von seinem schönsten und reifsten Werk, von seiner Wies, nicht mehr trennen. Unterhalb der Kirche baute er sich ein Haus, in dem er bis zu seinem Tod wohnte. Zum Dank für die glückliche Vollendung stiftete

Die Wieskirche in Steingaden: Wallfahrtsstätte im Rokokostil

er ein von ihm selbst gemaltes Votivbild, das den frommen Meister vor dem Gegeißelten Heiland kniend darstellt. Im Zuge der Säkularisierung 1803 sollte die Wallfahrtskirche abgerissen werden. Die Bauern dagegen erreichten jedoch ihre Rettung, so dass heute jährlich Millionen Menschen das „Meisterwerk menschlicher Schöpferkraft“, so die UNESCO, bewundern können.

Pfarramt Wieskirche . Wies 12 . 86989 Steingaden

MUSEUM FÜR KUNST UND DESIGN, NÜRNBERG

Telefon: 0911/24020-0
www.nmn.de

Ein inspirierender Ort inmitten der Großstadt

Neues Museum in Nürnberg: einmalige Kombination von Kunst und Design unter einem Dach

Da hat der Freistaat Bayern für die moderne Kunst tief in die Tasche gegriffen. Rund 45 Millionen DM hat das im Jahr 2000 eröffnete Museum für Kunst und Design in Nürnberg die Bayern gekostet. Das von Architekt Volker Staab entworfene Gebäude liegt unweit des Hauptbahnhofs in der Nürnberger Altstadt und besticht durch Klarheit und Transparenz. Eine 100 Meter lange, geschwungene Glasfassade bietet Einblicke in das Innere des Museums und ist vor allem nachts eine außergewöhnliche Kulisse für Veranstaltungen auf dem Klarissenplatz. Die Modernität der Architektur innerhalb der mittelalterlichen Stadtstruktur wird nicht nur von den traditionsbewussten Nürnbergern als Glücksfall empfunden, sondern hat zudem schon mehrere Preise eingeheimst. Das Museum ist ein Ort der internationalen Gegenwartskunst, der zwei Sammlungen enthält: die Sammlung Design, für die die Neue Sammlung in München mit ihren international renommierten Beständen sorgt, und die Sammlung Kunst, deren Grundstock die sogenannte Sammlung internationaler zeitgenössischer Kunst der Stadt Nürnberg bildet. Hinzu kommen bedeutende private Stiftungen. Nur wenige Schritte vom Neuen Museum entfernt am südlichen Rand der Altstadt liegt Nürnbergs neuer Skulpturengarten, den man sich nicht entgehen lassen sollte. Neun Skulpturen von namhaften Bildhauern der Gegenwart wurden größtenteils von den Künstlern selbst unter alten Bäumen oder an den Mauern installiert.

Neues Museum – Staatliches Museum für Kunst und Design in Nürnberg

Luitpoldstraße 5 . 90402 Nürnberg

FRIEDENSRÄUME IN LINDAU

Telefon: 08382/24594
www.friedens-raeume.de

Museum in Bewegung

Die „friedensräume" sind ein kleines Museum mit sieben Bereichen. Eine Stätte für Austausch und Begegnung, zwischen Kulturen und Religionen, wo Frieden Raum hat und individuell erlebt, erfahren und erlernt werden kann.
Die Villa Lindenhof auf der Bodenseeinsel Lindau liefert dafür den richtigen Rahmen. Im „lese raum" trifft man auf die Zeugnisse von Menschen, die Mut machen. Der „entscheidungs raum" birgt Bilder, Objekte und Texte zu den Themen Krieg und Gewalt, Kommunikation und Anpassungsdruck. Im „zwischen raum" kann man über in Stein geritzte Botschaften nachdenken, und der „werk raum" bietet Platz für Seminare und Rollenspiele. Vier „Hörstühle" im „hör raum" demonstrieren die „Verführbarkeit über das Ohr".
Der „garten raum" schließlich, in dem im 19. Jahrhundert im englischen Stil angelegten Außenbereich, verfügt über einen „Paradiesgarten", aber auch einen „Krisenherd", in dem so außergewöhnliche Gewächse wie die „Schlagerbse" oder der „Kampfdorn" zu finden sind. Die friedensräume sind eine Einrichtung von „pax christi", einer ökumenischen Friedensbewegung innerhalb der katholischen Kirche. Im Veranstaltungsprogramm der friedensräume finden vor allem Dialoge zwischen unterschiedlichen Glaubensrichtungen breiten Raum.

friedensräume . museum in bewegung . Lindenhofweg 25 . 88131 Lindau

SINNLICHE ERFAHRUNGEN

Telefon: 0911/94432-81
www.turmdersinne.de

Turmdersinne, Nürnberg

Mal ehrlich: Hätten Sie gewusst, dass es einen Raum gibt, in dem Menschen ohne technische Tricks vom Riesen zum Zwerg mutieren können? Oder dass man extrem heiß und eiskalt gleichzeitig spüren kann? Mit Auge, Ohr, Hand, Nase und Mund kommt man im „Turm der Sinne" alltäglichen Phänomenen auf die Schliche und kann nach Belieben experimentieren. Die sinnliche Erfahrung führt zu einer vergnüglichen Auseinandersetzung mit naturwissenschaftlichen Phänomenen der Wahrnehmung. Der Turm der Sinne ist ein interaktives Museum in einem historischen Nürnberger Stadtmauerturm. Das Konzept basiert auf aktuellen Erkenntnissen aus den Neurowissenschaften und stellt Exponate bereit, die zwar gelegentlich die Sinne verwirren, dadurch aber besonders zum Nachdenken anregen. Auf sechs Stockwerken geht es um die sinnliche Wahrnehmung von Phänomenen, was nicht nur Spaß macht, sondern auch Lust auf wissenschaftliche Hintergründe und kritisches Nachdenken darüber.

Im Turm der Sinne erfahren Sie, warum die Zunge nur so wenig zum Schmecken beiträgt und dass zwei Augen mehr sehen als nur zwei Abbildungen der Welt. Sie hören von folgenschweren Entscheidungen des Gehirns und magischen Tonleitern, sehen stereo, wandernde Häuserschluchten und vieles mehr, denn, so die Museumsmacher: „Eine der bedeutendsten Erfahrungen im Leben eines Menschen ist das Erlebnis, dass wir uns täuschen können."

Turmdersinne GmbH . Spittlertorgraben 45 . 90429 Nürnberg

0908 BY_Sport, Abenteuer & Technik

CAVE GLADIUM

Telefon: 09973/802475
www.cave-gladium.de

Mittelalter-Spektakel, Furth im Wald

Das Städtchen Furth im Wald in der Oberpfalz ist seit vielen Jahren berühmt für den „Further Drachenstich", ein mittelalterliches Spiel über die Bedrohung der Stadt durch einen Drachen. 2002 wurde das Spiel erweitert um ein Spectaculum, das in den letzten Jahren in der Drachenfestwoche immer mehr ins Zentrum des Geschehens gerückt ist und mit fast 25.000 Besuchern zum größten sommerlichen Mittelalterfest in Ostbayern wurde.

„Cave Gladium" („Hüte Dich vor dem Schwert") entführt in das Jahr 1431. In einem riesigen Zeltlager lassen 1.200 Recken, Handwerker, Marketenderinnen, Barden und allerlei Gefolge das Mittelalter leibhaftig erstehen: Auf dem Turnierplatz treten festlich gewandete Ritter in erbitterten Schwertkämpfen gegeneinander an, Bogenschützen messen sich in historischen Wettbewerben. Im Marktlager ist alte Handwerkskunst an Alltagsgegenständen und Zierrat zu bestaunen. In der „Fischbraterey", der „Küchenmeisterey" und der Mundschänke stärken sich Landsknechte mit traditionell zubereiteten Speisen und dunkel gebrautem Bier. Ein riesiger Badezuber gewährt Erholung von den Kämpfen und Mühen des vorangegangenen Tages. Bis spät in die lauen August-Nächte zeugen ausgelassene Tänze zum Klang von Sackpfeifen, Trommeln und Schalmeien von der deftigen Lebensfreude jenes „dunklen" Zeitalters.

Und so manches Mal findet eine holde Maid ihren edlen Jüngling, der ihr auch noch nach dem Fest im banalen Alltag des 21. Jahrhunderts in glühender Minne zugetan ist.

Arma Georgii e. V. Furth im Wald . Bischofteinitzer Straße 14 . 93437 Furth im Wald

FRÄNKISCHES TRADITIONS-SHOPPING

Telefon: 0911/98833-590
www.handwerkerhof.de

Handwerkerhof, Nürnberg

Lust auf eine kleine Reise in die Vergangenheit? In eine Zeit, in der man den Handwerkern noch zuschauen konnte, wie sie das Blei gossen und aus Holz, Blech, Glas und Gold Schönes und Nützliches fertigten? In Nürnberg gibt es einen Ort, der diese Welt wiederauferstehen lässt. Auf dem historischen Kopfsteinpflaster des ehemaligen Waffenhofs begeistert der Handwerkerhof die Besucher. Direkt an der alten Stadtmauer gelegen, wirkt er wie ein winziger mittelalterlicher Stadtteil, bei dem nicht nur eingefleischte Nostalgiker ins Schwärmen geraten. Schon beim Betreten durch eines der alten Tore spürt man, wie sich die Uhren ein bisschen langsamer drehen. All das, was Nürnberg schon seit jeher in aller Welt berühmt gemacht hat, lädt hier zu einem gemütlichen kleinen Bummel durch die im typisch fränkischen Fachwerkstil erbauten Handwerksstätten ein: Spielzeugsammler und Technikinteressierte werden bestimmt im Blechspielzeugladen fündig, in der Goldschmiede wird edler Schmuck handgefertigt, und der Puppenladen bringt nicht nur bei kleinen Mädchen die Augen zum Leuchten. Ein paar Häuser weiter duftet es nach Nürnberger Bratwürsten, werden fränkische Bier- und Weinspezialitäten angeboten, weiter geht's mit original Nürnberger Lebkuchen in allen Variationen, Spielzeug, Kunst und anderen tollen Geschenkideen. In jeder der kleinen Werkstätten, all den Läden und Gässchen wird etwas aus- oder hergestellt, angeboten und verkauft.
Zur Stärkung nach der Reise in die Vergangenheit empfiehlt sich unbedingt die Einkehr im Bratwurstglöcklein, der historischen Bratwurstküche in Nürnberg.

Handwerkerhof am Königstor . Messezentrum 1 . 90471 Nürnberg

DIE COOLSTE DISKO DER STADT

Telefon: 0911/2406602
www.mach1-club.de

mach1, Nürnberg

Das mach1 ist die In-Location inmitten der Nürnberger City und auch aus dem überregionalen Nachtleben als feste Größe nicht mehr wegzudenken.
Seit 1987 hat sich der innovative Club durch hochkarätige DJs internationalen Kultstatus erworben. Die Stars der Turntables kommen immer wieder gerne in den Nachttempel direkt im Herzen der fränkischen Metropole. Die einzigartige Atmo-

sphäre dort fasziniert Gäste und DJs gleichermaßen. Seit dem Frühsommer 2006 präsentiert sich das mach1 unter neuer Leitung mit komplett neu gestalteten Räumen und setzt trendige und zeitgemäße Zeichen in puncto Style und Atmosphäre. Der Clou ist der „Kreisverkehr“: Wer möchte, lässt sich bis zum Morgengrauen von der Lounge zu den Housebeats treiben, von dort durch einen Tunnel zur Black Music und wieder zurück in die Lounge. Und alles, ohne ein einziges Mal „gegen den Strom schwimmen“ zu müssen. Nur die VIP-Area ist eine Sackgasse. So soll es sein, hier darf ja auch nicht jeder rein. Auf schwarzen Lederpolstern sitzen die Handverlesenen – und was fließt, ist Champagner. Marke „Nobel“ für 250 Euro die Flasche. Damit lehnt man sich in die strassbestückten Designerkissen von Philipp Plein und beobachtet das tanzende Fußvolk. Zuverlässigkeit, Kompetenz, Erfahrung und Flexibilität sind die gelebte Philosophie des Clubs. Kein Wunder, dass das mach1 selbst nach 20-jährigem Bestehen immer noch als der einzig wahre Club in der Region gilt.

mach1 House of Sound GmbH . Kaiserstraße 1–9 . 90403 Nürnberg

DER NÜRNBERGER CHRISTKINDLESMARKT

Info-Telefon: 0911/2336-0
www.christkindlesmarkt.de

Das Christkind kommt immer am Freitag

„Ihr Herrn und Frau’n, die Ihr einst Kinder wart, seid es heut’ wieder, freut Euch in ihrer Art. Das Christkind lädt zu seinem Markte ein, und wer da kommt, der soll willkommen sein“, so endet der traditionelle Prolog, mit dem das Nürnberger Christkind alljährlich am Freitagabend vor dem ersten Advent Deutschlands berühmtesten Weihnachtsmarkt eröffnet. Etwa 180 Holzbuden, dekoriert mit rot-weißem Stoff, geben dem Christkindlesmarkt den Beinamen „Städtlein aus Holz und Tuch“. Das besondere Flair lag den Nürnbergern schon immer am Herzen. So wurden am 22. Dezember 1610 per Ratserlass „unzüchtige Scherzartikel“ beschlagnahmt, die ein Drechsler zum „Kindleinsbescheren“ anbot. Heute haben Mitarbeiter des Marktamtes ein waches Auge auf die Buden und Stände. Tabu sind Tannengirlanden aus Plastik oder Dauerberieselung mit Weihnachtsmusik vom Band. Die gut 200 Händler präsentieren ein bewusst traditionell gehaltenes Warenangebot: Nürnberger Lebkuchen, Früchtebrot, Back- und Süßwaren, typische Weihnachtsartikel wie Rauschgoldengel, Krippen und Christbaumschmuck sowie Kerzen, Spielzeug und Kunstgewerbeartikel. Beliebte Erinnerungsstücke oder Mitbringsel sind die „Nürnberger Zwetschgenmännle“, Figuren aus getrockneten Pflaumen. Für die Stärkung während des Marktbummels dürfen natürlich Nürnberger Rostbratwürste und Glühwein nicht fehlen. Und von ungläubigen Kindern wird das Christkind schon mal aufgefordert: „Flieg doch!“

Tourist Information am Hauptmarkt . Hauptmarkt 18 . 90403 Nürnberg

MEDITERRAN UND HEILSAM

Telefon: 0911/2418030
www.estragon-nuernberg.de

Restaurant Estragon, Nürnberg

Estragon duftet wie eine Mischung aus Waldmeister und Anis. Aber wie allen Kräutern sagt man ihm neben der würzenden auch eine heilende Wirkung nach.
Das Nürnberger „Estragon" ist ein Restaurant, in dem Kräuter zwar zur Küchenausstattung gehören, doch die heilende Wirkung dieser Gaststätte liegt nicht allein an den Inhaltsstoffen der Pflanze. Der Verein, der das Lokal betreibt, beschäftigt in seinem Team Menschen mit Behinderung, HIV-Positive und Langzeitarbeitslose. Profis schulen und qualifizieren die neuen Mitarbeiter, die zudem sozialpädagogisch betreut werden. Behinderten und Kranken durch Arbeit wieder Mut und Selbstwertgefühl zu geben, ist die Idee hinter dem Projekt. Unabhängig davon ist das Restaurant mit seinen 30 Sitzplätzen aufgrund seiner kleinen saisonalen Karte mit mediterranen Speisen zu moderaten Preisen äußerst empfehlenswert. Dienstags bis freitags bietet das Estragon von 11.00 bis 16.00 Uhr für Eilige den täglich wechselnden Quick-Tipp an. Im Sommer sollte man unbedingt den idyllischen Biergarten besuchen, in dem ein alter Götterbaum Schatten spendet. Das namensgebende Gewürz darf natürlich auf der Speisekarte nicht fehlen. Gebratene Filetstreifen mit Estragon-Senfsauce, frische Salate mit Estragondressing und vieles mehr laden ein zum Genießen.

Restaurant Estragon . Jakobstraße 19 . 90402 Nürnberg

ATLANTIS

Telefon: 09132/7385-0
www.atlantis-bad.de

Frankens fröhliches Familienbad

Sport und Spaß, Entspannung und Erholung, Gesundheit und Genuss – das verspricht das fränkische Atlantis. Das dunkle Labyrinth der „Black-Hole-Rutsche" sorgt für einen kleinen, angenehmen Schauder, durch den Crazy River, die 126 m lange Reifenrutsche mit Wildwassereffekt, geht es den Strom abwärts, auf den Atlantis-Wellen lässt es sich entspannter als auf denen des Atlantiks schaukeln, und eine sanfte Rückenmassage am Wasserfall verstärkt den Effekt noch. In der Saunalandschaft weht der „Saharawind" um die Nase, die Rottaler Bauernhaussauna verwöhnt mit heilsamen ätherischen Ölen beim Aufguss. Im irisch-römischen Dampfbad, bei meditativen Klängen im Saunarium oder bei einer sanften Massage wird der Alltag völlig ausgeblendet.

Freizeitbad Atlantis . Würzburger Straße 35 . 91074 Herzogenaurach

ENDLICH EINMAL LOKFÜHRER SEIN – KINDERTRÄUME WERDEN WAHR

Telefon: 0180/4442233
www.db.de/dbmuseum

Deutsches Eisenbahnmuseum, Nürnberg

Da haben das Kind und das Kind im Manne sicherlich ihren Spaß: im deutschen Eisenbahnmuseum in Nürnberg. In einer eigenen Erlebniswelt wartet auf die jüngsten Besucher die größte Holzeisenbahnanlage Deutschlands. Auf einer Länge von etwa 35 Metern können die Jungen und Mädchen Züge auf die Reise schicken, rangieren und Signale stellen. Nachwuchs-Lokführer kommen beim Fahrsimulator auf ihre Kosten, und den heutigen Eisenbahnbetrieb veranschaulicht eine Modellbahnanlage mit einer Gleislänge von 500 Metern, auf denen pro Vorführung über 30 Züge unterwegs sind. Natürlich dürfen die Originale auch nicht fehlen: Eine einzigartige Sammlung historischer Eisenbahnfahrzeuge vom „Adler" bis zum ICE ist sowohl im Hauptgebäude des Museums wie auch in der Fahrzeughalle auf dem Freigelände zu sehen. Mit einem Wagen der Ludwigsbahn von 1844 und der Lokomotive „Nordgau" von 1853 sind zwei der ältesten in Deutschland im Original erhaltenen Eisenbahnfahrzeuge mit dabei, ebenso der Salonwagen König Ludwigs II. und Reichskanzler Bismarcks, mit besonders „repräsentativer" Ausstattung. Präsentiert wird mit dem „Fliegenden Hamburger", dem TEE und dem 1:1-Modell des ICE 3 auch die Entwicklungsreihe des Zugschnellverkehrs in Deutschland. Die Sammlung des DB Museums ist mit über 160 Fahrzeugen die größte Fahrzeugsammlung Deutschlands. Sie deckt den kompletten Zeitraum der deutschen Eisenbahngeschichte ab. Und mit ein bisschen Glück bringt einen die deutsche Bundesbahn auch pünktlich zu den Öffnungszeiten nach Nürnberg.

DB Museum . Lessingstraße 6 . 90443 Nürnberg

CLIMBING IM TRUBACHTAL

Telefon: 09194/797779
www.fsvf.de
www.magnesia-klettern.de

Kletterparadies, fränkische Schweiz

Risse, Kamine, Wände, Kanten, Überhänge, „Bierhenkel" oder Fingerlöcher: Im bekanntesten Klettergebiet Deutschlands werden Kletter-Träume wahr. Eingerahmt von den Städten Nürnberg, Erlangen, Bamberg und Bayreuth verteilen sich unzählige Kalkmassive in der wunderschönen, romantischen Landschaft des Frankenjura. Jedes Tal, jeder Fels hat seinen eigenen Charakter.

Hier in dieser Gegend wird seit über 100 Jahren geklettert. Ein großer Teil der heutigen Kletterfelsen wurde schon im Führer „Der Kletterer im Frankenjura" 1931 beschrieben. In den 80er Jahren entwickelte sich das Klettern zu einer neuen Trendsportart, die Naturerlebnis, Fitness, Körpersprache und Selbsterfahrung verbindet. Kletterikonen wie Wolfgang Güllich und Kurt Albert haben hier viele wichtige Projekte erschlossen.
Über 5.000 Routen stehen heute zur Auswahl. Routen, die Geschichte gemacht haben und deretwegen Kletterer aus alle Welt in „die Fränkische" pilgern, warten auf weitere Begehungen: Sautanz, Magnet, Stonelove, Wallstreet, Action Directe und viele mehr. Wer den Sport für sich erst neu entdeckt, findet vor Ort Kletterschulen mit ausgereiften, aufeinander aufbauenden Kurskonzepten vor. Schnupperkletterkurse für blutige Anfänger sind ebenso im Angebot wie individuelles Spezialtraining. Und selbst an trüben Tagen brauchen die „Kraxler" nicht auf ihren Spaß zu verzichten. Im Kletter- und Seil-Erlebnispark „Magnesia" in Forchheim kann man sich zu jeder Jahreszeit im Trockenen die Wand emporhangeln.

Tourismuszentrale Fränkische Schweiz . Oberes Tor 1 . 91320 Ebermannstadt

0916 BY_Kunst & Architektur

WER WAR DIESER MANN WIRKLICH?

Telefon: 0981/9775056
www.kaspar-hauser-ansbach.de

Kaspar-Hauser-Museum, Ansbach

Eine Frage bewegt bis heute die Gemüter: Wer war das Findelkind Kaspar Hauser? Im Wesentlichen gibt es zwei große Lager: Die einen sagen, er sei ein Betrüger und Hochstapler gewesen, der alle Welt bis auf den heutigen Tag hinters Licht führt. Die anderen sind der festen Überzeugung, Kaspar Hauser sei der erstgeborene Sohn des badischen Großherzogs Karl und Stéphanie Beauharnais'. Schon 1828 gab es Gerüchte über Hausers badische Herkunft: Das Kind sei vertauscht und ein untergeschobener Säugling an seiner Stelle beigesetzt worden. Im Ansbacher Museum werden Dokumente zum öffentlichen Leben Kaspar Hausers von seinem Auftauchen in Nürnberg bis zu seinem Tod in Ansbach gezeigt. Auch der sagenumwobene Rittmeisterbrief, den Kaspar bei sich trug, als er in Nürnberg auftauchte, ist hier zu sehen. Die gesamte Hinterlassenschaft Kaspar Hausers findet sich dort, seine Kleidung, die er am Mordtag trug, seine Zeichnungen, eine Haarlocke, seine Taschenuhr und sein Schreibsekretär. Unter Panzerglas liegt sicher verwahrt schließlich die vom tödlichen Attentat blutbefleckte Hose.
1996 ließen der „Spiegel" und die Stadt Ansbach Blutspuren auf dieser Unterhose untersuchen. Die Proben wurden mit Blutproben von heute lebenden Angehörigen des Hauses Baden verglichen, mit dem Ergebnis, dass die Person, von der die Blutspuren stammten, eindeutig nicht der Familie des Hauses Baden angehörte. 2002 führten Wissenschaftler eine weitere Genanalyse durch. Sie nutzten sechs Proben

toten Gewebematerials (u. a. Haare) und fanden heraus, dass deren genetischer Code nicht mit dem Blut auf der Unterhose Kaspar Hausers identisch ist. Dagegen sei die genetische Übereinstimmung mit weiblichen Nachfahren der Stéphanie de Beauharnais relativ hoch. Hauser bleibt also ein Rätsel.

Kaspar-Hauser-Abteilung . Markgrafenmuseum Ansbach . Kaspar-Hauser-Platz 1 . 91522 Ansbach

0917 BY_Sport, Abenteuer & Technik

LUXUS DER LANGSAMKEIT

Telefon: 09243/924924
www.aaglander.de

Motor-Kutsch-Fahrt, Fränkische Schweiz

Es gibt Menschen, die fahren gerne Oldtimer, andere wieder grundsätzlich nur einen Citroën DS, Besserbetuchte sitzen auch schon mal im Ferrari, wem das zu vulgär ist – und das kommt immer häufiger vor –, der chauffiert entweder Bentley oder Aston Martin. Bloß, wer fährt „Aaglander"?
Der Unternehmer und Herr über Schloss Kühlenfels, Roland Belz, hat den Aaglander in jahrelanger Arbeit entwickelt. Weil es in der Fränkischen Schweiz viele extreme Steigungen gibt, die mit einem Pferdegespann nur mit Mühe und Risiko zu befahren sind, kombinierte er eine elegante Kutsche aus dem 19. Jahrhundert mit der Technik von heute.
Statt Pferdestärken aus Fleisch und Blut erledigt beim Aaglander ein Dreizylindermotor mit der Kraft von 20 Tieren die Arbeit.
Damit nicht genug: Um die Illusion der Kutsch-Partie dennoch aufrechtzuerhalten, verzichtet der Wagen auf ein Lenkrad. Stattdessen übernehmen zwei an Zügel erinnernde Lenkstangen diese Aufgabe.
Bevor jemand den ADAC anruft, um den Aaglander für den Euro-Norm-Crashtest anzumelden: Mit der lenkradlosen Benzinkutsche huldigt man dem „Luxus der Langsamkeit". Genießt das elegante Ambiente einer Landpartie, hoch oben auf einem weichen, mit Leder bezogenen Bock sitzend. Bei Regen zieht man ein klassisches Faltverdeck auf.
Und verfahren geht auch nicht: Modernste GPS-Technik unterstützt die Navigation durch die malerische Landschaft abseits von großen Straßen auf kleinen Feld- und Waldwegen.
Also nichts wie raus aus dem Ferrari/Bentley/Porsche/Audi und rauf auf den Bock zur Tages- oder gleich Drei-Tages-Tour. Das Zauberwort heißt „Entschleunigung". Hektik, mach mal Pause.

Aaglander-Partie . Schloss Kühlenfels . 91278 Pottenstein

SCHALT DEIN RADIO EIN ...

Telefon: 0911/756-8110
www.rundfunkmuseum.fuerth.de

Rundfunkmuseum, Fürth

Eine unglaubliche Erfolgsstory: Die Geschichte des Rundfunks in 12 Stationen zeigt das Rundfunkmuseum in Fürth, von den Vorläufern und Anfängen in den 20er Jahren des vergangenen Jahrhunderts bis heute. Am 29. Oktober 1923 geht im Studio des Berliner Voxhauses das Licht an: Der erste deutsche Rundfunksender beginnt mit seinem Programm. Bereits 1933 gibt es in Deutschland 4,5 Millionen Geräte. Die Propaganda der Nationalsozialisten unterstützt die Entwicklung massiv. So wird der Volksempfänger VE 301 geschaffen, dessen Typenbezeichnung an den 30. Januar als Tag der Machtergreifung erinnern soll. Von allen Radiofirmen baugleich hergestellt, war er zum subventionierten Preis von 76,– Reichsmark zu haben. Der Rundfunk bekommt so sein Massenpublikum, bis auf 12 Millionen Radiobesitzer im Jahr 1938 steigt die Zahl an. Nach dem zweiten Weltkrieg wird Radiohören wieder exklusiver. Erwerben kann man die Geräte nur über Bezugsscheine. Max Grundig, ein Radiohändler aus Fürth hat eine Idee, diese Einschränkungen zu umgehen: Er baut einen Radiobaukasten, der ohne Röhren verkauft wird: „Heinzelmann“ heißt das in großen Stückzahlen gebaute Gerät und Grundig wird schnell einer der ganz Großen in der Branche.
Noch viel mehr spannende Geschichten und Details aus der goldenen Zeit des Rundfunks kann man im ehemaligen Direktionsgebäude der Firma Grundig sehen und hören: Seit 2001 ist dort das Rundfunkmuseum untergebracht. Die Zukunft des Radios ist digital, Podcasts revolutionieren Produktions- und Rezeptionsgewohnheiten – dennoch, ganz im Museum verschwinden wird dieses Kommunikationsmittel auch im dritten Jahrtausend nicht.

Rundfunkmuseum der Stadt Fürth . Kurgartenstraße 37 . 90762 Fürth

DAS KLEINSTE HOTEL DER WELT

Telefon: 09621/22211
www.ehehaeusl.de

Hotel Eh’häusl, Amberg

Etwa 60 km östlich von Nürnberg, mitten in der Oberpfalz, liegt ein Kleinod: Die Stadt Amberg mit ihrem historischen Stadtkern, der zu den wenigen mittelalterlichen Stadtanlagen in Europa zählt, die noch sehr gut erhalten sind.

Dass Amberg nie zerstört wurde, liegt wahrscheinlich nicht nur an der außerordentlich massiven Stadtbefestigung, sondern auch an den Ambergern selbst: Reich geworden durch Erz und Handel, waren sie mal protestantisch und kurpfälzisch, dann wieder kurbayerisch und dann eben auch wieder katholisch.
Nur einmal wurde es kritisch, da mussten sie sich etwas einfallen lassen. Da hatte doch im Jahre 1728 ein offensichtlich sehr selbstherrlich und absolutistisch eingestellter Landesvater verfügt, dass nur „vermögende Leute" heiraten dürften. Zur kirchlichen Trauung bedurfte es einer Erlaubnis, die aber nur erteilt wurde, wenn ein schuldenfreier Haus- und Grundbesitz nachgewiesen werden konnte.
Aber so kann man doch nicht den Ambergern kommen! Ein nicht nur vermögender, sondern auch cleverer Amberger Bürger hatte die geniale Idee: Zwischen zwei schon ziemlich eng zusammenstehenden Häusern baute er einfach ein zwar kleines, aber völlig eigenständig bewohnbares Häuschen. Und die heiratswilligen Paare kauften das Häuschen auf Zeit, nur für den Tag der Trauung.
Weil auch ein wenig Spaß dazugehört, wenn man schon heiratet, wurde das Häuschen über die vielen Jahre einzig und allein für die Hochzeitsnacht genutzt. Daher der Name Eh'häusl.
Dem Gesetz war voll und ganz Genüge getan, das Häuschen wechselte ständig seine Besitzer, bis – man mag es kaum glauben – zum Jahre 1868.
Heute ist dieses kleine Häuschen mit seiner langen und guten Geschichte ein Hotel, aber ein besonderes. Mit nur einem Doppelbett. Wie es sich für das Häuschen seit Jahrhunderten gehört. Wer sich dort einquartiert, der hat das Hotel ganz für sich allein: Mit Schlafzimmer, Bad, Kaminzimmer und Frühstücksraum. Alles luxuriös und geschmackvoll eingerichtet. Man kann dort inzwischen auch länger bleiben als nur eine (Hochzeits)Nacht.

Hotel Eh'häusl . Seminargasse 8 . D-92224 Amberg

0920 BY_Gärten, Parks & Landschaften

EIN NATÜRLICHER DRUIDENHAIN

Telefon: 09196/19433
www.wiesenttal.de

Felsenlabyrinth, Wiesenttal

Keltenfans, moderne Hexen, Esoteriker, Rollenspieler, Geologen und manchmal auch ganz normale Wanderer finden sich gern im Drudenhain, südsüdwestlich von Wohlmannsgesees im Landkreis Forchheim, ein. Der Drudenhain ist ein über 8.000 Quadratmeter großes Felsenlabyrinth im Wald. Manche Gesteinformationen tragen auch geheimnisvolle Namen wie „das Grab", „das Labyrinth", „Taufstein" oder gar „Opferstein". Viele Esoteriker sind der Ansicht, dass sich im Druidenhain einige der wichtigsten Kraftlinien Europas kreuzen. Die Volkssage berichtet zudem, der berühmte Raubritter Eppelein von Geilingen habe dort zur Mitternachtsstunde seine verschwörerischen Versammlungen abgehalten.

Der Name „Druidenhain“ taucht erstmals in einem Wanderführer von 1912 auf. Seit der Mitte des 20. Jahrhunderts glaubten der frühere Bürgermeister von Wohlmannsgesees, Georg Richter, und andere, in den bizarren Felsformationen eine vorgeschichtliche Kult- und Sonnenbeobachtungsstätte gefunden zu haben. Tatsächlich handelt es sich aber um natürliche Verwitterungserscheinungen, die den vorherrschenden Bruchlinien in der Fränkischen Schweiz folgen. An keiner Stelle haben Geologen durch den Menschen verursachte Eingriffe gefunden. Bewundern kann man allemal das Wirken der Natur und die zauberhafte Stimmung des Druidenhains am Höhenwanderweg von Streitberg über die Burgruine Neideck nach Burggaillenreuth.

Touristinformation Muggendorf/Streitberg . Forchheimer Straße 8 . 91346 Wiesenttal

0921 BY_Sport, Abenteuer & Technik

SKI UND BADEN GUT UND SONNIG

Telefon: 09152/98283
www.montekaolino.de

Monte Kaolino, Hirschau

Schon von weitem ist der Monte Kaolino, der „weiße Berg“, zu sehen, wenn man Richtung Hirschau in der nördlichen Oberpfalz fährt. Das 120 m hohe Wahrzeichen des 6.000 Einwohner zählenden Städtchens wurde aus Quarzsand aufgeschüttet, ist der weltweit höchste Sandberg und gilt alljährlich vom 1. Mai bis Anfang Oktober als Eldorado für Ski- und Snowboardfahrer.
Bereits Mitte der 50er Jahre entstand der Monte Kaolino aus 33 Millionen Tonnen überschüssigem Quarzsand der Amberger Kaolinwerke. Pioniere des Sandskifahrens wagten sich bereits damals mit speziell konstruierten Holzskiern auf die Sandpiste, die mit 35 Prozent Gefälle schon beeindruckend steil ist.
In den letzten Jahren hat sich der Monte Kaolino zu einem „Summer-Fun-Camp“ entwickelt, das seinesgleichen sucht:
Rund um den Quarzsandberg fügt sich ein riesiges Freizeit- und Sport-Ressort harmonisch in die malerische Hügellandschaft der nördlichen Oberpfalz.
Weiße Sanddünen, türkises, paradiesisch warmes Wasser und ein herrlicher Panoramablick auf den „Mont Blanc“ – das 2007 eröffnete Dünenfreibad macht karibische Urlaubsträume wahr.
Sportprofis und -amateure begeistert die Kletterstrecke auf den Monte Kaolino, die neue Rodelbahn und nach wie vor natürlich die 260 m lange Ski- und Snowboardpiste mit Skilift, auf der die Sandski-Europameisterschaften und im Sommer 2007 sogar die 16. WM im Sandboarding ausgetragen wurden.
Die großen und kleinen Erfolge am Skihang feiert man abends dann eben nicht an der Schneebar mit heißem „Jagertee“, sondern an der Strandbar mit eisgekühlter Caipirinha.

Monte Kaolino . Wolfgang-Drossbach-Straße . 92242 Hirschau i. d. Oberpfalz

DAS ACHTE WELTWUNDER DES MITTELALTERS

Telefon: 0941/507-4410
www.regensburg.de/welterbe

Steinerne Brücke, Regensburg

Zur Mitte hin ansteigend und ursprünglich mit drei Tortürmen befestigt, überquert die Brücke, erbaut 1135 bis 1146, mit ihren 16 gemauerten Bögen die Donau auf einer Länge von 336 m. Sie gilt als ein technisches Meisterwerk des Mittelalters. Verkehrstechnisch war die „Steinerne Brücke“ von überaus großer Bedeutung: Sie stellte über Jahrhunderte den einzigen festen Donauübergang zwischen Ulm und Wien dar.
Politisch und vor allem ökonomisch machte die Brücke Regensburg wichtig und reich: Durch die Lage der Stadt an der nördlichsten Stelle der Donau führte der gesamte Handelsverkehr von und nach Norden durch die Stadt. Regensburg war im 12. Jahrhundert der Knotenpunkt zwischen dem nördlichen Frankreich und den Donauländern sowie den Fernstraßen von Süden nach Osten.
Natürlich rankt sich um den Bau eines solchen Werkes auch eine Sage. Demnach hatte der Brückenbaumeister, im Wettkampf um den schnelleren Baufortschritt mit dem Dombaumeister, einen Pakt mit dem Teufel geschlossen und ihm die drei Seelen derer versprochen, die als Erste die fertige Brücke überqueren. Als es so weit war, jagte der listige Baumeister drei Hühner über die Brücke.
Heute ist der Bestand der ältesten Steinbrücke Deutschlands gefährdet, eine Sanierung dringend notwendig. Sie ist Hauptverkehrsader für den öffentlichen Personennahverkehr. 300 Busse täglich belasten das über 860 Jahre alte Kulturdenkmal.

Tourist-Information Altes Rathaus . Rathausplatz 4 . 93047 Regensburg

WO DIE SPATZEN PFEIFEN

Telefon: 0941/5865500
www.bistum-regensburg.de

Regensburger Dom

Er ist der weithin sichtbare Mittelpunkt der Stadt Regensburg und ein überragendes Zeugnis der Gotik in Bayern: der Dom St. Peter.
Nach mehreren Vorgängerbauten dürfte der gotische Dom bald nach 1260 begonnen worden sein. Als Zeuge des romanischen Vorgängers ist an der Nordseite des Doms heute noch der Eselsturm erhalten, der damals und auch jetzt noch zum Transport der Baumaterialien in die oberen Bereiche benutzt wird. Im westlichen Dachstuhl gibt es auch noch ein Original-Laufrad, mit dem durch eine Öffnung in

der Decke Materialien nach oben gehoben wurden. Östlich des Domes steht die staatliche Dombauhütte, da wegen der leichten Verwitterung des Grünsandsteines, aber immer mehr wegen der Umweltverschmutzung ständige Erneuerungsarbeiten notwendig sind.
Im dunklen Inneren des Kirchenbaues sind wertvolle Farbfenster, gotische Altäre und viele Skulpturen zu bewundern. Die kleinen Nischenplastiken links und rechts des Hauptportals nennt der Volksmund den „Teufel und seine Großmutter". Dort, wo sich Langhaus und Querhaus im Dom kreuzen, sind Werke vom sogenannten Erminoldmeister zu sehen, Maria und der Verkündigungsengel. Das strahlende Lachen des Engels ist mittlerweile zu einem Wahrzeichen Regensburgs geworden. Dies ist aber auch der Raum, in dem die Regensburger Domspatzen seit Jahrhunderten die Gottesdienste musikalisch gestalten. Die Regensburger Domspatzen sind einer der ältesten Knabenchöre der Welt und gehören zu den berühmtesten und renommiertesten Sängervereinigungen.

Domkapitel'sche Stiftungsverwaltung . Unter den Schwibbögen 17 . 93047 Regensburg

---

0924 BY_Kunst & Architektur

DAS SCHÖNSTE GLASHAUS DER WELT

Telefon: 0941/5853-90
www.glasmuseum.de

Glasstraße, Ostbayern

Die Bayerische Glasstraße in Weißenstein ist um eine Attraktion reicher: der gläserne Wald

Glas gehört zum Oberpfälzer und zum Bayerischen Wald wie der Lavendel zur Provence oder Spaghetti zu Italien. Nirgendwo sonst gibt es eine derartige Dichte und Vielfalt an Glaskünstlern, Glasbetrieben und gläsernen Erzeugnissen. Seit 1997 wird diese Tatsache mit der Glastraße gebührend gewürdigt. An der 250 Kilometer langen Route von Passau im Osten bis Waldsassen im Westen liegen gläserne Besonderheiten, historische Orte, idyllische Landschaften und das größte zusammenhängende Waldgebirge Mitteleuropas. Besonders „konzentriert" tritt das Glas in den ihm gewidmeten Museen in Frauenau und Passau auf. Das Glasmuseum in Frauenau entführt den Besucher auf eine Reise durch die Kulturgeschichte des Glases, von der antiken Glaserzeugung über die Gläser der Renaissance und des Jugendstils bis zur modernen Glasgestaltung des 20. Jahrhunderts. Auch „Leben und Arbeiten" in einer Glashüttensiedlung wird anschaulich dargestellt. Spezialsammlungen runden die Dauerausstellung ab.

„Das schönste Glashaus der Welt" nannte Friedrich Dürrenmatt das Passauer Glasmuseum. Mit 30.000 Objekten ist es in jedem Fall die weltweit umfangreichste Sammlung böhmischer Gläser. Die Sammlung verteilt sich über vier Etagen mit 36 Räumen und über 380 Vitrinen. Die Besichtigung beginnt mit den ältesten Gläsern, mit der Zeit des Barocks um 1700, und endet mit der Moderne um 1950. Die älteren Zeitabschnitte vom Barock zum Historismus sind nach Stilentwicklungen, Dekorationstechniken und Glassorten geordnet. Die Stilepochen des 20. Jahrhunderts – Jugendstil, Art Déco, Moderne – sind nach Glashütten und Künstlerentwürfen sortiert. Auch bayerisches und schlesisches Glas hat Eingang in das Museum gefunden.

Tourismusverband Ostbayern . Luitpoldstraße 20 . 93047 Regensburg

0925 BY_Städte & Touren

AUS CASTRA REGINA WURDE REGENSBURG

Telefon: 0941/507-4410/11
www.regensburg.de

Porta Praetoria, Regensburg

Vermutlich im Jahr 179 nach Christus ließ der römische Kaiser Marc Aurel an der Mündung des Regenflusses in die Donau ein Legionslager errichten, das Castra Regina, aus dem später die Stadt Regensburg wurde. Rund 6.000 Mann konnten dort im Kampf gegen die Germanen stationiert werden. Wie alle römischen Legionslager dieser Größe verfügte es über vier Tore. Das Haupttor, die Porta Praetoria, war gegen Norden zur Donau hin ausgerichtet.
Große Teile davon sind heute wieder sichtbar. Erhalten sind der linke Torturm und ein Bogen des ursprünglich wohl sehr repräsentativen Lagerzugangs. Der Torturm steht noch über zwei Geschosse, einst war er wohl 11 Meter hoch, aus Kalksteinquadern errichtet. Der 4 m breite und 6 m hohe erhaltene Torbogen besteht aus 13 großen Quadern, die ohne Mörtel aneinandergefügt wurden. Als im hohen Mittelalter die Via Praetoria überbaut wurde, verschwand das Tor aus dem Bewusstsein. Erst im Jahr 1885 wurde bei Bauarbeiten an der bischöflichen Brauerei, die mittlerweile dort Platz gefunden hatte, die Anlage wiederentdeckt. Zusammen mit der zeitgleich errichteten Porta Nigra, dem nördlichen Stadttor von Trier, ist die Porta Praetoria die einzige erhaltene römische Toranlage nördlich der Alpen. Allerdings gab es im 19. Jahrhundert auch Zeitgenossen, die vehement gegen die Freilegung des Römer Tores waren, wie eine Zeitungsmeldung aus dem Jahr 1889 belegt: „Wie lange noch sollen die Schmutzhügel und Abgründe zu beiden Seiten des römischen Thores in der Schwibbogenstrasse fortbestehen? Einheimische und Fremde schütteln den Kopf über den Zustand, der hier geschaffen wurde, um allen Passanten so recht augenfällig zu zeigen, wessen ein gewisser historischer – Wahn fähig ist." Einheimische und vor allem Fremde besuchen die Stätte des „historischen Wahns" heutzutage ausgesprochen gern.

Tourist-Information . Altes Rathaus . Rathausplatz 4 . 93047 Regensburg

NIMM DREYERLEY FLEISCH VOM SCHWEIN, RIND UND KALB ...

Telefon: 09921/2929
www.pichelsteinerfest.com

Pichelsteinerfest, Regen

Alte Regener wissen zu berichten, dass im Jahr 1742 eine Bäuerin gezwungen war, den Panduren Trenk und seine Leute zu verpflegen. Sie hatte jedoch nur Kraut und Rüben (Kartoffeln waren noch nicht bekannt) und einige Reste Fleisch zur Verfügung, die sie in ihrer Not in einem großen Kessel, der an einem Haken über dem Feuer hing (Pichel genannt), zusammengekocht hat. Ob dies die wahre Geschichte des Pichelsteiners ist, liegt im Dunkeln der Vergangenheit.
Sicher ist nur, dass der Eintopf ein sehr wohlschmeckendes Gericht ist und die Regener um ihn herum seit 1874 ein ganzes Volksfest geschaffen haben: Damals taten sich nämlich vier Regener Bürger zusammen, um anlässlich der Ende Juli gefeierten Kirchweih in feuchtfröhlicher, kleiner Runde ihr „Büchelsteinerfleisch" zu verzehren. Diese „kreuzfidele" Veranstaltung wurde Jahr für Jahr am Kirchweihmontag wiederholt und so mit der Zeit zur feststehenden Einrichtung im Festkalender der Stadt Regen.
Auch heute noch beginnt das Pichelsteinerfest Ende Juli, dauert aber inzwischen sechs Tage. Nicht versäumen sollte man die Gondelfahrt und die Wasserspiele auf dem Regenfluss vor der Kulisse der illuminierten Stadt. Das Pichelsteinermahl aber gehört nach wie vor zum festen Bestandteil der Feiern. Tausende Portionen Pichelsteiner werden dann mit Genuss in großen Festzelten sitzend verzehrt und dazu natürlich auch die eine oder andere Maß geleert.
So ein sechstägiges Pichelsteinerfest fordert schon alles: deshalb machen noch heute in Regen die meisten Behörden danach einen „blauen Montag".

Tourist-Information Regen . Schulgasse 2 . 94209 Regen

MIT DER NATUR AUF DU

Telefon: 09925/903121
www.wildniscamp.de

Wildniscamp am Falkenstein, Lindberg

Mit den Wölfen heulen, das kann man im Wildniscamp am Fuße des Falkensteins glücklicherweise eher nicht – auch wenn sich schon hin und wieder ein wildes Exemplar über die grüne Grenze in den Bayerwald verirrt hat –, aber Fuchs und Hase gute Nacht sagen auf jeden Fall. Inmitten von einzigartigen Urwäldern, mächtigen Baumriesen und umgeben von Bergschluchten ist man hier auf Augenhöhe mit der Natur. Übernachtet wird im Baumhaus in 20 Meter hohen Baumwipfeln, im duftenden Heu des Wiesenbettes, über dem plätschernden Bergbach oder man verkriecht sich in eine Erdhöhle. Traditionelle Behausungen von Wildnisbewohnern aus aller Welt, wie chilenische und afrikanische Lehmhütten, ein vietnamesisches Langhaus, sibirische und mongolische Zelte, geben Einblick in andere Lebensstile. Die Wildnis ist hautnah zu erfahren: Vogelgezwitscher und Blätterrauschen statt Radiowecker und Verkehrslärm. „Das also ist Wildniscamp. Nicht die Technik und der Luxus haben unser Leben diktiert, sondern wir selbst, die Menschen", beschreibt ein Schüler seine Erfahrungen. Bei so viel Natur bleibt die Hoffnung der alten Gallier, dass einem der Himmel nicht auf den Kopf fallen möge.

Nationalpark Bayerischer Wald . Wildniscamp am Falkenstein

Zwieselerwaldhaus 2b . 94227 Lindberg

0928 BY_Gärten, Parks & Landschaften

DIE SEELE STEIGEN LASSEN ...

Telefon: 08552/9600-0
www.nationalpark-bayerischer-wald.de

Seelensteig, Nationalpark Bayerischer Wald

Am Fuße des Großen Rachel wurde 1995 scheinbar quer durch den Wald auf 1.300 Metern Länge ein Holzsteg verlegt. Windwurf und Baumleichen sind mit Treppen überbaut, und so windet sich der Steg vorbei an üppiger Naturverjüngung aus Fichte, Tanne und Buche. „Seelensteig" wird diese in Deutschland bislang einmalige Einrichtung genannt. Sie soll dazu dienen, die naturfreundliche Philosophie des Nationalparks nahezubringen. Der Steg gibt Einblicke in einen Wald, den Windwurf und Borkenkäfer tiefgreifend verändert haben, in dem sichtbar wird, welch vielfältiges Entstehen, Wachsen und Vergehen sich dort vollzieht. Dort, wo der Sturm dicke Fichten zu Boden warf und nachfolgend die Zersetzung beginnt, ist keine Katastrophe ausgebrochen. Im Schutze des vermeintlichen Wirrwarrs aus Wurzeltellern, Stämmen und Kronen wächst ein neuer Wald heran, artenreicher, vielfältiger und stabiler als zuvor. Nicht herkömmliche Informationstafeln erklären hier den Wald, sondern Zitate von Horst Stern und anderen Autoren, die sich passend zum Thema Mensch und Natur äußern. Anregungen, um seinen Gedanken, umgeben von ungezügelter Natur, mal freien Lauf zu geben. Die schönsten Stimmungsbilder erlebt der Wanderer, der am frühen Morgen oder am späten Nachmittag unterwegs ist. Die dann schräg einfallende Sonne zaubert ein ganz besonderes Licht. Die Frage Bertold Brechts auf einer der Tafeln, „Weißt du, was ein Wald ist? Ist er etwa nur zehntausend Klafter Holz? Oder ist er eine grüne Menschenfreude?", ist dann ganz eindeutig beantwortet.

Nationalparkverwaltung Bayerischer Wald . Freyunger Straße 2 . 94481 Grafenau

RAFTING, WASSERFALL UND BLUMEN

Info-Telefon: 08734/817
www.bayern-park.de

Bayern-Park – Freizeitparadies, Reisbach

Da hat wirklich die ganze Familie ihren Spaß: im Bayern-Park in Reisbach. Mehr als 70 Attraktionen finden sich auf dem über 400.000 Quadratmeter großen Gelände im südlichen Niederbayern. Ganz neu und ganz „cool" ist die Wildwasser-Rafting-Anlage. Mit Stromschnellen, Geysiren, Wasserfall und einer Bahnlänge von 600 m ist sie die größte ihrer Bauart in ganz Deutschland. Wer das Ganze etwas weniger wild angehen will, findet jede Menge gemütlicher kleiner Anlagen vor: Da gibt es die Kindereisenbahn mit Zwergenlandschaft, die Schweinebahn oder die Froschbahn. Abfahren kann man außerdem auf der 600 Meter langen Twinbob-Bahn oder den 350 Metern der Sommerrodelbahn. Die bayrischen Schlösser König Ludwigs sind zu besichtigen, wenn auch etwas kleiner als im Original, und allerlei Tiere lassen sich bewundern und manche auch streicheln. So richtig in die Luft gehen, wenn auch mit eigener Muskelkraft, kann man in der weitläufigen Trampolinanlage. Großartige Blumenarrangements begrüßen die Gäste im Eingangsbereich des Bayern-Parks und lassen das Herz eines jeden Blumenfreundes höherschlagen.
Seit Jahren gilt der Bayern-Park zu Recht als Geheimtipp in puncto Erlebnis und Freizeit. Fürs leibliche Wohl wird im Hofstadel, im erholsamen Biergarten und an diversen Kiosken bestens gesorgt. Wer will, kann sich aber auch sein eigenes Picknick mitbringen.

Bayern-Park – Freizeitparadies GmbH . 94419 Reisbach

STEINTROG MIT SHIVAKOPF

Telefon: 08541-5967
www.terra-et-ars.de

terra et ars, Ortenburg

Der Weiler Knadlarn bei Ortenburg im Vilstal ist eine typische kleine Ortschaft abseits der Autobahn nach Passau. Sattes Grün an malerischen Hügeln, schmucke Bauernhäuser und ein kleiner Dorfgasthof. Weidende Kühe links und rechts der Landstraße schauen verwundert auf die wenigen Autos, die durch diese niederbayerisch-ländliche Idylle fahren. Wer durch den winzigen Weiler kommt, stutzt plötzlich angesichts zauberhaft fremdartig anmutender Objekte in der Landschaft: Auf einem 1.450 m² großen Ausstellungsareal präsentiert das Ehepaar Gierg seit 1997 Schätze eines alten asiatischen Inselreichs: Geschnitzte Ahnensäulen aus Timor, balinesische Wächterlöwen, Steinskulpturen aus Sumba oder Teak-Objekte

aus Java entführen in fast vergessene Kulturen. Für den Kunst- und Antiquitätenliebhaber eröffnet sich ein kleines Paradies. Eine Auswahl echter Raritäten und edler Objekte sowie erlesenes Kunsthandwerk formen sich zu einer außergewöhnlichen und authentischen Ausstellung alter indonesischer Handwerkstraditionen. Einheimische Partner wählen die Objekte aus Naturmaterialien wie Holz, Stein, Messing und Eisen vor Ort aus. Alle Kunstgegenstände entstammen Werkstätten, die jahrhundertealte Handwerkstechniken ausüben und als Bewahrer der Traditionen geschätzt werden.
„Ein Hauch von Tropen" als außergewöhnliches Geschenk, originelle Dekoration, wertvolles Sammlerstück. Bei „terra et ars" verbinden sich Landschaft und Kunst.

terra et ars . Knadlarn 4–5 . 94496 Ortenburg

0931 BY_Kunst & Architektur

BENEDIKTINER, BAROCK UND BÜCHER

Telefon: 0991/9108-0
www.kloster-metten.de

Kloster Metten

Vorbei an der Klostergärtnerei und der klösterlichen Gastwirtschaft durchqueren wir den Vorplatz neben dem kleinen Dorffriedhof und betreten zwischen den beiden Zwiebeltürmen die Vorhalle der barockisierten (1712–1729), ehemals gotischen Klosterkirche St. Michael. Die Fresken im Kircheninneren zeigen Motive der Klostergründung, aus dem Leben Christi und des Ordensgründers Benedikt von Nursia. Ein Kleinod ist der Hochaltar mit einem Gemälde von Cosmas Damian Asam aus dem Jahre 1720. Aus einem Seitenportal gelangen wir in den riesigen Innenhof des Klosters und des Gymnasiums St. Michael.
An der Pforte begrüßt ein Pater gerade eine Gruppe junger russischer Migranten zu einer Führung. Wir dürfen uns anschließen. Der Pater parliert auf Russisch, gleitet mühelos hinüber ins Deutsche und erklärt uns auf Nachfrage munter, dass er außer Russisch noch weitere sieben Fremdsprachen beherrsche, Altgriechisch und Latein selbstverständlich auch. Das habe er früher im Gymnasium unterrichtet; jetzt, 86-jährig, könne er leider nur noch bei Führungen sein polyglottes Talent einsetzen. Staunend über den vielseitig begabten, jung gebliebenen Pater und die labyrinthische Architektur im Inneren der Abtei folgen wir zur Schatzkammer des Klosters: Die weltberühmte Klosterbibliothek, ein riesiger, barocker Raum mit prächtigen Fresken, edlen, handgemachten Bücherschränken und filigranen Vitrinen birgt Kostbarkeiten aus vielen Jahrhunderten. Geschichtswerke, Philosophie in griechischer und lateinischer Sprache, Enzyklopädien, Übersetzungen und Interpretationen der lateinischen Klassiker – über 100.000 Exemplare, die zum Großteil auch den Schülern des Gymnasiums zu Studienzwecken dienlich sind, lassen in dem wunderschönen Raum eine atmosphärische Dichte an Kultur und klassischer Bildung entstehen.

Die Geschichte der anno 766 gegründeten Abtei erfahren wir auf dem Weg zur großen „Aula". Wo man eine nüchterne, zweckmäßige Schulhalle erwartet, findet man einen barocken Prunksaal vor.
Um die wunderbare Akustik des Raums zu demonstrieren, bittet der Pater die russischsprachige Gruppe, ein Volkslied aus ihrer Heimat zu singen. Berührt und fast ehrfürchtig hören wir die inbrünstig vorgetragene melancholische Weise in die Höhen des Raumes aufsteigen. Nach dieser letzten Station der Führung treten wir fast noch ein wenig benommen ins Freie, wo unser Pater bereits die nächste Besuchergruppe in wohlklingendem Italienisch willkommen heißt ...

Kloster Metten . Abteistraße 3 . 94526 Metten

WAHRE HELDEN IM GRABEN

Telefon: 0921/7878-0
www.bayreuther-festspiele.de

Bayreuther Festspiele

Alljährlich pilgern die Schönen, Prominenten und Mächtigen oder auch nur „gewöhnliche" Wagner-Liebhaber, die nach jahrelanger Wartezeit glücklich in den Besitz einer Karte gelangt sind, auf den grünen Hügel in Bayreuth. Am 14. September 1850 skizzierte Richard Wagner zum ersten Mal die Idee eines Festspieles, die ihn von nun an nicht mehr losließ. „Die Aufführung meiner Nibelungendramen muß an einem großen Feste stattfinden, welches vielleicht eigens zum Zwecke eben dieser Aufführung zu veranstalten ist. Sie muß dann an drei aufeinanderfolgenden Tagen vor sich gehen, an deren Vorabende das einleitende Vorspiel gegeben wird", schrieb er im November 1851 an Franz Liszt. Und noch heute veranstalten die Nachfahren des berühmten Komponisten mit riesigem Erfolg fünf Sommerwochen lang die Bayreuther Festspiele. Auf dem Spielplan stehen die Werke Wagners – Ausflüge in die germanische Mythologie. Was auf der Bühne geschieht, wird je nach Publikumsgeschmack bejubelt oder ausgebuht und vom Feuilleton ausführlich gewürdigt. Doch unten, im „mystischen Abgrund" – so bezeichnen Wagnerianer voll Ehrfurcht den legendären Orchestergraben – sitzen die wahren Helden, dort ist „die Hölle los". Genau 124 Plätze sind auf 140 Quadratmeter verteilt, und nach oben bis zur Schalldecke ist auch nicht viel Raum. Deshalb ballt sich das ganze Gedröhn auf wenige Kubikmeter. Was bei den Sängern und dem Publikum in wohltönender Lautstärke ankommt, veranlasst manchen Musiker, Ohrstöpsel zu tragen. Dennoch möchte keiner der eingeschworenen „Untergrundkämpfer" den Festspielsommer missen, ebenso wenig wie die Wagnerianer oben im Festspielhaus.

Bayreuther Festspiele . Festspielhügel 1–2 . 95402 Bayreuth

RADELN VON GRÜSS GOTT BIS SERVUS

www.donau-ilz-radweg.de

Ilzradweg, Donau – Ilz

Eine 42 km lange alte Bahntrasse bildet den Hauptabschnitt des 2006 freigegebenen Radwanderwegs von der Donau zur Ilz, quer durch die wechselhafte Landschaft des Bayerischen Waldes. Startpunkt ist die Gemeinde Niederalteich, bekannt und sehenswert wegen ihrer Benediktinerabtei und Basilika. Von dort radelt man entlang der Donauflussauen in sanften Anstiegen und leichten Gefällen vorbei an Burgruinen und Schlössern, durchkreuzt schmucke niederbayerische Dörfer und genießt die Aussicht auf das „Grüne Dach Europas". Je weiter man auf der insgesamt 55 km langen Strecke nach Osten fährt, desto ursprünglicher wird die Landschaft. Ein Bergpanorama mit bewaldeten Abhängen und zerklüfteten Felsen verstärkt den Eindruck von wilder Natur. Ab Kalteneck im Ilztal führt die Route weg von der Bahntrasse über kleine, kaum befahrene Nebenstraßen bis Bruckmühle.
Einkehr für müde, hungrige Radler bietet sich auf der Strecke in regelmäßigen Abständen. Hat man genügend Zeit und Power in den Waden, fährt man einfach weiter nach Röhrnbach und schlägt dort als Anbindung den Adalbert-Stifter-Radweg nach Österreich oder Tschechien ein. Und einige Kilometer weiter, je nach Richtung, heißt das Grußwort dann nicht mehr „Grüß Gott", sondern schon „Servus" oder „Ahoi"!

DIE VIEL ZU UNBEKANNTE MINI-EM

Telefon: 09283/898284
www.dtfs.de

Deutsch-Tschechische Fußballschule, Rehau

Die Deutsch-Tschechische Fußballschule ist ein europaweit einmaliges Projekt der Talentförderung. Deutsche und tschechische Kinder trainieren gemeinsam Fußball und besuchen daneben einen Sprachkurs. Auf diese Weise fördern sie nicht nur ihr Fußballtalent, gleichzeitig lernen sie Sprache und Kultur des Nachbarlandes kennen. Zum Kennenlernen des Projekts organisiert die Schule in den Ferien Fußballcamps, in denen Kids bis zu 13 Jahren mal reinschnuppern können, ob das was für sie sein könnte.
Richtig professionell geht es aber einmal im Jahr im Mai zu. Dann läuft nämlich die Mini-EM, ein großes internationales Fußballturnier. Allein die Namen der Clubs, die ihre Nachwuchsmannschaften dahin entsenden, lässt jedem Fußballfan das Herz

höherschlagen: Bayern München, Glasgow Rangers, Athletic Club Bilbao, Werder Bremen, Legia Warschau, Slavia Prag, VfB Stuttgart, Zenit St. Petersburg, um nur einige Namen zu nennen. Mehr als 250 Fußball-Talente aus mehr als 10 europäischen Ländern ermitteln bei der Mini-EM ihren Europameister, fair, freundschaftlich und hoch motiviert.
Und wenn dann bei der Eröffnungsfeier die Mannschaften mit den zehn- bis elfjährigen Nachwuchstalenten einlaufen, tobt das Publikum, kullert manchen stolzen Eltern eine kleine Träne über die Wange und die Talent-Scouts zücken schon mal ihre Notizblöcke, um sich ein paar Rückennummern zu notieren.

Deutsch-Tschechische Fußballschule . Gerberstraße 11a . 95111 Rehau

0935 BY_Städte & Touren

EIN RATHAUS GEGEN DEN BISCHOF

Telefon: 0951/2976200
www.bamberg.de

Weltkulturerbe Bamberg

Das Fränkische Rom, wie Bamberg auch liebevoll genannt wird, vereint in einem städtebauhistorischen Gesamtkunstwerk von europäischem Rang 1.000 Jahre Geschichte. Nicht ohne Grund hat die UNESCO der gesamten Altstadt den Titel „Weltkulturerbe" verliehen. Wie die italienische Metropole ist auch Bamberg auf sieben Hügeln erbaut. Einen davon krönt der viertürmige Kaiserdom St. Peter und Paul. Im Jahr 1012 wurde der erste Dom geweiht. Nach einem Brand erhielt das Bauwerk 1237 seine heutige Gestalt mit romanischen und gotischen Elementen. Das größte Rätsel des Domes bleibt seine berühmteste Plastik: der „Bamberger Reiter". Trotz zahlreicher Nachforschungen ist seine Identität bis heute nicht geklärt, noch viel weniger die des Künstlers, der aus mehr als 10 Stücken Schilfsandstein die Skulptur zusammensetzte zu einem stolzen, nahezu vollkommenen Abbild des Ideals ritterlicher Gesinnung.
Weniger geheimnisvoll, aber dennoch sagenumwoben ist die Entstehungsgeschichte des Brückenrathauses. Der Legende nach wollte der Bischof von Bamberg den Bürgern keinen Millimeter seines Bodens für den Bau des Rathauses geben. Also rammten die Bamberger Pfähle in die Regnitz und schufen für ihren Verwaltungssitz eine künstliche Insel inmitten des Flusses. Die Lage markiert die alte Herrschaftsgrenze zwischen bischöflichem Berg und bürgerlicher Inselstadt und gilt als Demonstration bürgerlichen Machtstrebens im Mittelalter. 1387 wurde das Rathaus erstmals erwähnt, 1461 wurde ein Neubau begonnen, der den Kern des heutigen Rathauses bildet; allerdings wurde er von der Barockzeit stark überformt. Neben der wundervollen Architektur bestechen besonders die Fresken durch ihre Plastizität.
Unweit davon befindet sich die ehemalige Fischersiedlung, auch „Klein Venedig" genannt. Sie besteht aus einer hübsch geschmückten und restaurierten Zeile alter

Wohnhäuser, die auf Holzpfählen stehen und überwiegend von mittelalterlicher Bausubstanz geprägt sind. Kleine, dichtgedrängte Fachwerkbauten mit Balkonen und winzigen Vorgärten, an denen sich die Anlegestellen für die Kähne befinden, reihen sich am Ufer der Regnitz aneinander und fügen sich zu einem romantischen Ensemble.

„Klein-Venedig“ bildet die malerische Kulisse für das im August stattfindende Volksfest „Sandkerwa“ mit dem Fischerstechen und der italienischen Nacht. Eine besondere Bierspezialität sollte man nicht nur bei der „Sandkerwa“ testen: das Rauchbier der Brauerei „Schlenkerla“. Spätestens nach der zweiten „Seidla“, so heißt der halbe Liter, schmeckt's bestimmt.

Bamberg Tourismus & Kongress Service . Geyerswörthstraße 3 . 96047 Bamberg

PRUNK UND PRACHT DER KIRCHENFÜRSTEN

Telefon: 0931/35517-0
www.residenz-wuerzburg.de

Residenz, Würzburg

Sie verstanden es, würdig zu residieren, die mächtigen, adeligen Bischöfe des 18. Jahrhunderts. Die ehemalige Residenz der Würzburger Fürstbischöfe, 1720–1744 im Rohbau entstanden und bis 1780 fertig ausgestattet, gehört zu den bedeutendsten barocken Schlossanlagen in Europa. Der erste Bauherr, Johann Philipp Franz von Schönborn, übertrug die Planung dem damals noch jungen und unbekannten Architekten Balthasar Neumann. Die Kosten für das grandiose Bauwerk beliefen sich insgesamt auf etwa 1,5 Millionen Gulden. Zum Vergleich: Der Wochenlohn für einen Tagelöhner lag damals bei einem Gulden. An der für ihre Zeit einzigartigen Innenausstattung der Residenz arbeiteten drei Generationen von Künstlern und Kunsthandwerkern aus ganz Europa. Als Meisterwerk gelten die von 1751 bis 1753 entstandenen Deckenfresken des Venezianers Giovanni Battista Tiepolo im Kaisersaal und im Treppenhaus. Im März 1945 wurden bei einem Luftangriff auch die Dächer der Residenz zerstört. Feuchtigkeit setzte daraufhin den wertvollen Deckengemälden zu. Nach einer ersten Restaurierung gleich nach dem Krieg wurde in einer umfangreichen Maßnahme von 2003 bis 2006 das Gewölbefresko dauerhaft gesichert. Das Kunstwerk Tiepolos erstrahlt nun wieder in der ursprünglichen Farbenpracht. Neben diesem Kernstück der Residenz sind die Hofkirche und insgesamt 40 Stilräume mit ihrer prachtvollen Ausstattung zu besichtigen, die eine Fülle von Möbeln, Wirkteppichen, Gemälden und anderen Kunstschätzen des 18. Jahrhunderts bergen.

Schloss- und Gartenverwaltung Würzburg . Residenzplatz 2, Tor B . 97070 Würzburg

DIE ÄLTESTE BRATWURSTSTUBE DER WELT

Telefon: 0941/46621-0
www.wurstkuchl.de

Regensburger Wurstkuchl

Am Donaustrudel in Regensburg, gleich neben der Steinernen Brücke, steht seit über 500 Jahren die historische Wurstkuchl. Dort, wo sich schon im Mittelalter die Steinmetze und Hafenarbeiter ihre Stärkung gönnten, ist bis heute vieles beim Alten geblieben: der offene Holzkohlengrill, die hausgemachten Würstl aus purem Hinterschinken vom Schwein, das Sauerkraut aus dem eigenen Gärkeller und der bekannte Wurstkuchl-Senf nach dem historischen Rezept von Elsa Schricker. Der Ursprung der historischen Wurstkuchl war ein kleines, an die Stadtmauer gelehntes Gebäude, das während des Baus der Steinernen Brücke von 1135 bis 1146 als Baubüro diente. Als das – seinerzeit als achtes Weltwunder gefeierte – Bauwerk vollendet war, zog das Baubüro aus, und das kleine Gebäude wurde zur „Garküche auf dem Kranchen". Die Kundschaft der Garküche waren Hafen- und Bauarbeiter, daher auch der Name „Kranchen", das damalige Wort für Kran bzw. Kräne. Hafenarbeiter gab es viele, weil die reichen Handelspatrizier der Freien Reichsstadt Regensburg den Hafen jahrhundertelang intensiv als Umschlagplatz für Waren aus aller Welt nutzten. Die hungrigen Bauarbeiter kamen dagegen überwiegend von der Baustelle des Regensburger Doms. Heute besuchen die Wurstkuchl Einheimische und Touristen jeglicher beruflicher Herkunft gleichermaßen gern und lassen sich den Klassiker Würstl mit Kraut schmecken.

Historische Wurstküche KG . Thundorferstraße 3 . 93047 Regensburg

ZWEI KIRCHEN IN MÜNCHEN

www.muenchener-dom.de
www.theatinerkirche.de

Frauenkirche und Theatinerkirche, München

„Grüß Gott!" – In München haben die Gläubigen die Qual der Wahl: Fast 300 Kirchenbauten in fast allen Stilrichtungen laden die frommen Bayern zum Kirchenbesuch ein. So ist zum Beispiel die Theatinerkirche (St. Kajetan) die erste im Stil des italienischen Spätbarocks erbaute Kirche nördlich der Alpen. Das italienische Temperament verhinderte dabei, dass der Bau der Kirche (1663–1688) reibungslos verlief: Agostino Barelli, der Architekt, zerstritt sich mit Antonio Spirelli, dem Bauleiter, und Enrico Zuccalli übernahm 1674 die künstlerische Leitung. Erst 1765–68 wurde

Die Türme im Himmel, Frauenkirche in München

durch François de Cuvillés die Fassade im Rokokostil vollendet. Das Ergebnis war trotzdem überzeugend; genauso wie zuvor bei der Münchener Frauenkirche:
Das Wahrzeichen der Stadt, der Dom zu Unserer Lieben Frau, wurde 1468–1494 von Jörg von Halsbach erbaut. Herzog Sigismund passte sich dabei extrem übervorsichtig der steigenden Bevölkerungszahl an:
Hatte beim Bau der Kirche München 13.000 Einwohner, so war in der neuen Kirche Platz für 20.000 Gläubige. Dieser imposante gotische Bau zeugt trotz seiner Größe von einer ungewöhnlichen „less is more"-Attitüde. So sind die in der Gotik typischen Verzierungen selten, und die Kirche besticht allein durch ihre Schlichtheit.
Betritt man die Frauenkirche, erscheint der Innenraum unerwartet hell. Die weißen Säulen sind so geschickt angeordnet, dass der Besucher die Größe der Kirche nicht als bedrückend empfindet. Ein wenig unheimlich ist dagegen die Sage vom Teufelstritt: Angeblich hat der Teufel vor der neu erbauten Kirche einen Fußabdruck im Pflaster hinterlassen, weil er zuerst keine Fenster sah. Als er sie doch bemerkte, verwandelte er sich in einen stürmenden Wind, aber es gelang ihm nicht, die Kirche zu zerstören.

Frauenkirche . Frauenplatz 1 . 80331 München . Telefon: 089/2900820
Theatinerkirche . Salvatorplatz 2a . 80333 München . Telefon: 089/2106960

0939 BY_Sport, Abenteuer & Technik

KÖNIGLICH BAYRISCHER HOFLIEFERANT

Telefon: 089/220044
www.edmeier.de

Eduard Meier, München

Während bei den Damen die Schuhmode durch den Hype von Marken wie Manolo Blahnik und Jimmy Choo immer wieder neuen Trends unterworfen ist, rühmt sich ein Schuhhaus in München genau mit dem Gegenteil: Seine Herrenschuhe sollen so unmodisch wie nur möglich sein. Im Knigge für Herrenschuhe versucht das Traditionshaus Eduard Meier zu beweisen, dass alle aktuellen Schuhformen ihren Ursprung im vergangenen Jahrhundert haben, und warnt den Herrn von Welt mit: „No brown after six!"
Wer also mehr über Oxford, Monk, Mokassin und Brogue erfahren möchte, der kann in Deutschlands ältester Schuhmacherei anklopfen. Bereits 1596 wurden hier die

Royals mit schicken Schuhen versorgt, und dem Schuhhaus wurde der Titel „Hoflieferant der Könige" verliehen. Seit 1895 wurde der Name Eduard Meier auch international bekannt. Für die Maßschuhfertigung bewahrte die Firma von jedem Kunden ein hölzernes Abbild des Fußes auf. Rund 10.000 dieser Leisten lagerten zu dem Zeitpunkt in den Kellern der Firma.
Wer sich also seine Extraportion Luxus gönnen möchte, der kann sich im Münchener Traditionsschuhhaus ein handgenähtes Paar Schuhe anfertigen lassen und den unverwechselbaren anglo-bajuwarischen Stil des Hauses kennenlernen. Laut Da Vinci gilt: „Die Schöpfung hat dem Menschen ein fantastisches Gebilde aus dreißig Knochen zur Fortbewegung gegeben." Dies ist für Eduard Meier seit der Renaissance ein Grund, die „gutbeschuhten" Kunden zufrieden und stilsicher nach Hause gehen zu lassen.

Eduard Meier GmbH . Residenzstraße 22 . 80333 München

0940 BY_Städte & Touren

DEN GLOCKEN LAUSCHEN AM MARIENPLATZ

Telefon: 089/23396500
www.muenchen-tourist.de

Marienplatz, München

Im Herzen von München liegt der Marienplatz. Seit der Gründung Münchens 1158 durch Heinrich den Löwen ist der Marienplatz das Zentrum der Stadt. Eingekreist vom Neuen und Alten Rathaus (das alte wurde irgendwann zu klein), zahlreichen Einkaufsstraßen und einhergehend mit dem Gedanken der sternförmigen Stadtentwicklung hat der Marienplatz seine Stellung als pulsierende Mitte bewahren können.
Aber Achtung! Auf dem Marienplatz gilt: „Big Brother is watching you!" Via Internet kann nämlich jeder jederzeit einen Blick auf Münchens Mitte werfen. Um die Atmosphäre live mitzuerleben, das berühmte Glockenspiel am Neuen Rathaus zu hören und dessen neugotische Architektur im Detail zu bewundern, reicht eine Webcam nicht aus; am besten, man erkundet den Platz direkt vor Ort. Jeden Winter kann man dort auf den Christkindlmarkt gehen und

Das Rathaus am Marienplatz in München

alle sieben Jahre, nächstes Mal wieder 2012, wird am Marienplatz der traditionsreiche Schäfflertanz aufgeführt. Wer nicht so lange warten will, findet auch das ganze Jahr über einen Anlass, auf dem Marienplatz selbst ein paar Runden zu drehen.

Information Tourismusamt München . Marienplatz München . 80333 München

0941 BY_Städte & Touren

INTERNATIONALE STARS AUF DEM KÖNIGSPLATZ

Telefon: 089/23396555
www.muenchen-tourist.de

Königsplatz, München

Wenn Anna Netrebko und Ramón Vargas mal wieder in München sind, dann wird nicht irgendein Platz für die Konzerte ausgesucht, sondern eben der „Königsplatz". Der Vergleich zur Athener Akropolis liegt dabei gar nicht fern, denn der Platz sollte die Verbundenheit zwischen Griechenland und Bayern zum Ausdruck bringen, und die Akropolis diente Karl von Fischer bei der Konzeption als Vorbild. Ludwig I. erhoffte sich bei der Thronbesteigung seines Sohnes Otto 1832 im griechischen Königreich eine Kontinuität wittelsbachischer Herrschaft in Griechenland. Doch als die dorischen Propyläen 1862 erbaut waren, wurde Otto vom griechischen Thron vertrieben.
Heute wird auf dem Königsplatz nicht mehr der Antike mit ihrer Ästhetik, sondern vielmehr internationalen Stars Ruhm gewährt. Von Rock bis Klassik sind hier im Sommer die besten Open-Air-Konzerte Münchens zu sehen. Und an Abenden ohne Musik kuscheln sich die Münchener bei Open-Air-Kinovorführungen und Bücherlesungen auf dem Platz aneinander.

Open-Air-Sommer-Konzerte am Königsplatz . Königsplatz . 80333 München

0942 BY_Essen & Trinken

ZÜNFTIGER AUSSCHANK IN MÜNCHENS ÄLTESTER BRAUEREI

Telefon: 089/519940
www.Augustinerbraeu.de

Augustinerbräu, München

Wer mal wieder ahnungslos eine Maß auf dem Oktoberfest anhebt und noch nie vom „Reinheitsgebot" gehört hat, der sollte sich schleunigst schlau machen. Nach einem Tag in der ältesten Brauerei Münchens kann er dann wieder mit „reinem" Gewissen ein Bierchen trinken – denn auch über alkoholische Getränke kann man etwas dazulernen.

Das Brauhaus Augustiner-Bräu entstand, wie der Name vermuten lässt, im Augustinerkloster, das bereits 1328 urkundlich vermerkt wurde. Ob als Medizin, Rauschmittel oder Nahrungsmittel während der Fastenzeit – Bier bietet viele Facetten und wurde von zahlreichen Völkern (vor den Deutschen ...) geliebt. Die Ägypter widmeten dem Bier sogar einige Hieroglyphen.

Da Bier den Herzögen in Bayern besonders am Herzen lag, entschlossen sich Wilhelm IV. und Ludwig X. am 23. April 1516, einheitliche Qualitätsstandards für Bier zu schaffen. Ihr sogenanntes Reinheitsgebot besagt, dass Bier nur aus Gerste, Hopfen und Wasser bestehen darf. Sie haben allerdings die vierte Zutat Hefe vergessen, weil sie deren wichtige Bedeutung für die Gärung noch nicht kannten. Augustiner-Bier wird ebenfalls dem Gesetz folgend hergestellt und kann im hauseigenen Brauereiausschank verkostet werden.

Augustiner Bräustüberl . Landsberger Straße 19 . 80339 München

0943 BY_Sport, Abenteuer & Technik

STARS UNTERM STERNENHIMMEL

www.kino-mond-sterne.de

Freiluftkino, München

Von allen Massenmedien ist Kino am ehesten in der Lage, beim Rezipienten Emotionen zu erzeugen. Im Gegensatz zu Fernsehen, Radio und Presse konzentriert sich das Publikum fast zu 100% auf die Leinwand, und seine Aufmerksamkeit wird zumeist nicht abgelenkt. Ausnahmen bestätigen natürlich die Regel, und so bekommt so manches verliebte Pärchen gar nichts mit vom Kinofilm – aber Gefühle gibt es trotzdem! Dieses Potential des Kinos, Emotionen zu wecken, kann man verstärkt im Münchener Freiluftkino beobachten. Dort verwandelt sich das gerührte Publikum auch schon mal in ein Meer voller Wunderkerzen.

Frei nach dem Motto „Kino, Mond und Sterne" bietet das Münchener Open-Air-Kino im Westpark Gänsehautfeeling unterm freien Himmel. Der Erfolg des Kinos ist dabei nicht nur wetterabhängig. Ein gezielt ausgewogenes Programm zwischen Blockbustern, Filmklassikern, Premieren und Undergroundfilmen sorgt für Abwechslung und dafür, dass sich jeder Münchener mal angesprochen fühlt. Denn ganz ehrlich – wer geht im Sommer nicht gerne mal ins Freiluftkino? Für besonders motivierte Kinofreaks bietet „Kino, Mond und Sterne" von Zeit zu Zeit auch einen Film-Marathon an. Nein, keine Angst, es handelt sich nicht um Fassbinders „Alexanderplatz", sondern um die „Rocky"-, „Star Wars"- „Fluch der Karibik"- und „Herr der Ringe"-Reihen. Hintereinanderweg gesehen ein kleines Erlebnis, und gemütlich in eine Decke gekuschelt sicherlich eher auszuhalten als auf den immer-wieder-viel-zukleinen Kinosesseln. Und, noch Lust, den nächsten Film allein auf der Couch zu gucken?

Sommerkino im Westpark . 81373 München

0944 BY_Essen & Trinken

HIER SPÜLEN DIE GÄSTE IHRE MOASS SELBST

Telefon: 089/172591
www.hirschgarten.de

Original-Biergarten, Hirschgarten, München

Mal wieder ein paar Touristen zu Besuch, und die wollen die volle Ladung „Oktoberfest“ mitten im August? Da hilft nur eins: Die mit amerikanischen Klischees vorbelasteten Freunde in den „Königlichen Hirschgarten“ mitnehmen. Im größten Biergarten Europas werden sie sicherlich ihr Glück finden, sich auf einem der 8.000 Sitzplätze niederlassen, ein Augustiner-Bier trinken und von Lederhosen träumen, während ihnen der Duft bayerischer Schmankerl in die Nase steigt.
Um nicht den ganzen Nachmittag biertrinkend zu verbringen, kann man nach so einem Besuch in aller Ruhe im angrenzenden Park spazieren gehen. Der Name „Hirschgarten“ kommt nicht von ungefähr: Hier legte 1780 Kurfürst Karl Theodor ein Jagdrevier für den Adel an. Heute wird das Rotwild im zwei Hektar großen Gehege nicht mehr gejagt, sondern höchstens mal gestreichelt. Zusätzlich können die Spaziergänger einen über 150 Jahre alten Baumbestand bestaunen. Laut wird es nur beim Magdalenenfest: Neun Tage lang besuchen dann Fahrgeschäfte und Jahrmarktstände den Hirschgarten.

Hirschgarten . Hirschgartenstraße 1 . 80639 München

0945 BY_Theater & Schauspiel

GROSSES THEATER FÜR BAYERN

Telefon: 089/218501
www.staatstheater.bayern.de

Bayerisches Nationaltheater, München

Das Nationaltheater in München ist Spielort der Bayerischen Staatsoper und des Bayerischen Staatsballetts und kann auf eine bewegte Geschichte zurückblicken. 1810 beauftragte König Maximilian I. Joseph den Architekten Karl von Fischer, das Königliche Hof- und Nationaltheater zu planen. Das Residenztheater mit seinen 500 Plätzen war zu klein geworden, und der Ruf nach einem „Opernhaus für alle“ wurde

laut. Heute können in der Königsloge 2.100 Zuschauer Platz nehmen, und die Opernbühne ist nach den Bühnen der Opera Bastille in Paris und des Teatr Wielki in Warschau weltweit die drittgrößte.
Eröffnet wurde die Oper mit Ferdinand Fränzls „Die Weihe“. In der Regierungszeit von König Ludwig II., der sich bekanntlich stark für Kultur und Musik interessierte, wurden vor allem Wagner-Opern wie „Tristan und Isolde“ und „Die Meistersinger von Nürnberg“ uraufgeführt.
Die Oper brannte in ihrer bewegten Geschichte nicht nur aufgrund von dramaturgischem Feuer der Uraufführungen, sondern auch im wörtlichen Sinne: Zuerst vernichtete 1817 ein Brand den Neubau. Nach dem zweiten Brand 1823 wurde das Gebäude rekonstruiert, und der Architekt Leo von Klenze errichtete zusätzlich die Säulenvorhalle. Bei einem Bombenangriff 1943 wurde das Nationaltheater völlig zerstört und, obwohl ein Neubau günstiger gewesen wäre, erneut aufgebaut.

Bayerisches Nationaltheater . Max-Joseph-Platz 2 . 80539 München

0946 BY_Lifestyle & Szene

BOCCIA UND TANZ IM PAVILLON

Telefon: 089/38666390
www.augsburg-salsa.de

Hofgarten, München

Die Münchener wissen ihre historischen Plätze zu nutzen. So versammeln sie sich jeden Mittwoch und Sonntag an ihrem Refugium, dem Hofgarten am Odeonsplatz, um Salsa zu tanzen. Der Hofgarten entstand 1615 nach dem Vorbild italienischer Renaissancegärten. In der Mitte befindet sich ein oktagonaler Pavillon. Warum sollte man sich denn auch in den Barrios Latinos oder Tanzstudios der Stadt verstecken, wenn diese wunderschöne Kulisse mit Blick auf die Theatinerkirche doch geradezu dazu einlädt, seine Tanzkünste zu präsentieren?

Der Weihenstephaner Hofgarten in Freising

Das Tanzvergnügen findet immer dann statt, wenn es in München heiß wird. Punkt 18 Uhr schauen die Salsa-Fans mittwochs und sonntags auf ihr Thermometer, und wenn die 20-Grad-Marke erreicht wird, dann tänzeln sie in Richtung Pavillon im Hofgarten. Um den Abend romantisch ausklingen zu lassen, haben die Profis Kerzen und Picknickdecken dabei – also selbst wenn man zwei linke Beine hat, kann man

einen perfekten Abend verbringen und einfach zuschauen, wie bis in die Nacht hinein getanzt wird.
Die musikalische Ader muss man bei „Odeonsplatz" nicht lange suchen: Er ist benannt nach dem Konzert- und Ballsaal Odeon, den Ludwig I. auf dem Platz bauen ließ. Jetzt bringen die Salsa-Abende den alten Schwung wieder. Das Odeon wurde nach der Zerstörung im Zweiten Weltkrieg zum Dienstsitz des bayerischen Innenministeriums umgebaut. Die Forderungen der Musik- und Architekturliebhaber nach einer Rekonstruktion des Konzertsaals blieben erfolglos. Nun kann man den Politikern trotzen und direkt neben ihrer Haustür Salsa tanzen.

Der Hofgarten am Odeonsplatz . Englischer Garten 2 . 80538 München

0947 BY_Gärten, Parks & Landschaften

WANDERN AUF DEN SPUREN VON KÖNIG LUDWIG II.

Telefon: 08821/180484
www.zugspitz-region.de

Wanderwege, Garmisch-Patenkirchen

Bayern hatte mal einen König, der keine Lust hatte, mit herausragenden politischen Initiativen zu brillieren, sondern eher alles „Schöngeistige" vorzog. Das Wichtigste in seinem Leben war die Musik: Er förderte Richard Wagner und errichtete das Bayreuther Festspielhaus. Um „schöner" zu wohnen, baute er die prächtigen Königsschlösser Herrenchiemsee, Neuschwanstein und Linderhof mit modernsten Bautechniken. Zusätzlich wusste er die natürliche Schönheit der Zugspitz-Region zu schätzen, wählte zu seinen königlichen Residenzen Gegenden mit herrlicher natürlicher Umgebung, und seine Reitwege führten an den „schönsten" Wasserfällen, Wäldern und Seen vorbei. Sein Konzept ging auf, und er blieb den Bayern mit seiner Vorliebe für Kultur, Natur und schicke Schlösser lange im Gedächtnis. König Ludwig II. (1845–1886) ging liebevoll als Märchen- oder auch Mondkönig in die Geschichte ein und gilt als Inbegriff der guten alten Zeit. Die König-Ludwig-Schlösser und seine Lieblingsorte haben sich zu regelrechten Attraktionen entwickelt. Um seinen Geburtstag, den 25. August, herum, kann man sich vor Angeboten kaum retten. Von Bergmessen über festliche Opernabende und königliche Menüs ist dieser Tag in der Region rund um Garmisch-Patenkirchen zu einem Nationalfest mutiert.
Als Tourist muss man nicht gleich den vielen König-Ludwig-„Fanclubs" oder gar dem „Verband der Königstreuen" beitreten; bei einer Wandertour kann man mit eigenen Augen das Schönheitsempfinden dieses Königs nachempfinden und auf diese Weise die Region erkunden. Zu den Lieblingsplätzchen König Ludwigs II gehört auch das Soiernhaus. In dem Jagdhaus Soiern verbrachte Ludwig II. ab 1867 jährlich ein paar Tage. Im Soiernsee amüsierten ihn nächtliche Fahrten in seinem Boot „Tristan", auf dem gewaltigen Felsen ließ er ein Feuerwerk abbrennen, um das Spiel des Lichts am Berg zu beobachten, und auf dem Aussichtspavillon Belvedere, auf der 2.050 Meter hohen Schöttlkarspitze, genoss er die Sonnenaufgänge – ganz

Wie im Märchen, Schloss Neuschwanstein

allein, denn der König hat nie geheiratet. Äußerungen aus Briefen und seinen geheimen Tagebüchern lassen vermuten, dass er Männer interessanter fand und einen ewigen inneren Kampf führte.
Egal, ob man sich nun im Detail für das Leben des Königs von Bayern interessiert oder nicht – der Anblick der Landschaft mit den zauberhaften Schlössern inmitten von tiefblauen Seen und Felsen verkörpert geradezu exemplarisch den Inbegriff von Romantik und Idylle. Das kleine Schloss Lindenhof ist zum Beispiel ein kleines Juwel im Stil des französischen Rokoko: so märchenhaft von Wald, Wasser und Bergen umgeben, dass man sich nicht länger wundern muss, warum König Ludwig II. den Spitznamen „Märchenkönig" hat.

Tourismusgemeinschaft Zugspitz-Region . Richard-Strauss-Platz 1a
82467 Garmisch-Patenkirchen

SATELLITENTECHNIK WEIST DEN WEG DURCH DIE ALPEN

www.nationalpark-berchtesgaden.bayern.de

BLIS Alpenranger, Prien am Chiemsee

Technik und Natur: Ist das leicht miteinander zu vereinbaren? Der BLIS Alpenranger würde sofort mit einem lauten „Ja" antworten, wenn Sie ihn anknipsen. Der Leit- und Informationsdienst informiert interessierte Spaziergänger mit Hilfe moderner Satellitennavigationstechnik über die aufregende Welt der Alpen. Wer gerne etwas dazulernen möchte, nimmt im Museum ja auch einen Audioführer – und der Alpenranger ist diesem vom technischen Standpunkt aus gesehen um einiges voraus.
Im Gegensatz zum Audioführer zeigt der Alpenranger nämlich auch noch einen Bildschirm. Auf einer Karte wird der genaue Standpunkt identifiziert, und man kann sich mit diesem Mini-Navigationssystem nicht mehr in den Bergen verlieren. Zudem weist er ganz interaktiv auf Veranstaltungen und Attraktionen in der Nähe hin.
Im Nationalpark Berchtesgaden kommt der Alpenranger zum Einsatz und macht die Besucher nicht nur auf die Schönheiten der Landschaft aufmerksam, sondern ersetzt schon fast einen persönlichen Begleiter, der kleine Anekdoten erzählen kann. Deutschlands einziger Hochgebirgs-Nationalpark macht mit dem kleinen High-Tech-Führer Wanderungen zu einem kleinen Erlebnis, und die Besucher können ganz nebenbei etwas über Tiere und Natur lernen.

Nationalparkverwaltung Berchtesgaden . Doktorberg 6
83471 Berchtesgaden . Telefon: 08652/9686-0

ALTE ZEUGNISSE CHRISTLICHER KULTUR

Telefon: 089/28638-0
www.bsb-muenchen.de

Staatsbibliothek, München

„Dat gafregin ih mit firahim firiuuizzo meista, dat ero ni uuas noh ûfhimil!" Wie, nichts verstanden? Kein Wunder, das war Prosa auf Althochdeutsch. Um genauer zu sein, handelt es sich um die ersten Sätze des Wessobrunner Gebets von 814, des ältesten erhaltenen Dokuments der christlichen Kulturgeschichte. Wer es einmal nachlesen möchte, kann die lateinische Pergament-Sammelhandschrift aus dem 9. Jahrhundert in der Bayerischen Staatsbibliothek in München finden. Inmitten von lateinischen Texten ist das althochdeutsche Gedicht handschriftlich eingetragen.
Der Autor des Wessobrunner Schöpfungsgedichts ist unbekannt, und der Zeitpunkt seiner Entstehung wird um 790 vermutet. Der Name des Gebets lässt sich auf das altbairische Kloster Wessobrunn zurückführen, in dem das wertvolle Exemplar jahrelang aufbewahrt wurde, bevor es nach München kam. Das Gebet besteht aus neuen stabreimenden Langzeilen und einer Oration in freier Prosa über die Schöpfungsgeschichte. Die Existenz Gottes vor allem Geschaffenen, die Schöpfung aus dem Nichts – ein missionarischer Hintergrund liegt nahe. Aber am besten, man fragt die Experten und Wissenschaftler in der Bayerischen Staatsbibliothek oder sucht gleich vor Ort nach passender Sekundärliteratur.

Bayerische Staatsbibliothek . Ludwigstraße 16 . 80539 München

CHILL-OUT AM AMMERSEE

Telefon: 08143/447655
www.fischer-stegen.com

Fischer, Stegen am Ammersee

Brunchen am Sonntag ist in. Nach einer anstrengenden Woche oder einer durchgefeierten Samstagnacht kann man bei einem ausgedehnten Frühstück mit Freunden und Familie Energie tanken und relaxen. Auf der Suche nach der coolsten Brunch-Location in Deutschland sollte man vielleicht auch mal das Angebot im „Fischer" testen. Dieser malerische Ort ist Restaurant, Bar und Biergarten in einem und besticht vor allem durch seine einmalige Aussicht: vom Ammersee bis tief hinein in die Alpen zur Zugspitze. Diesen Blick kann man an schönen Tagen aus den großen Fenstern oder dem Biergarten genießen.
Wer süchtig wird nach dem See-Ambiente, der kann wiederkommen, und zwar jeden Abend: In der Strandbar kann man entspannt seinen Cocktail schlürfen und chillen ... Jeder Abend erscheint in dieser Atmosphäre wie ein Kurzurlaub vom All-

tag. Und sollte der frische Seewind mal Appetit machen, dann kann man sich darauf verlassen, dass im „Fischer“ auch so einige delikate Fischgerichte auf der Speisekarte stehen.

Restaurant, Bar, Biergarten Fischer . Landsberger Straße 79 . 82266 Stegen am Ammersee

0951 BY_Kunst & Architektur

DER UNVOLLENDETE TRAUM

Herrenchiemsee

Telefon: 08051/68870
www.herrenchiemsee.de

Dämmerstunde am Chiemsee

Der Chiemsee, auch „Bayerisches Meer“ genannt, ist zum Träumen schön. Wohl deshalb hatte sich König Ludwig II., der exzentrische Regent Bayerns, ihn für die Realisation seiner „Gegenwelten“ ausgesucht. Weitab von der ihn bedrängenden Residenzstadt München begann er ab 1878 auf der Herreninsel im Chiemsee sein eigenes Versailles zu bauen: das Schloss Herrenchiemsee.
Einmal mit Leidenschaft beim Schlösserbauen, war ihm groß nicht groß genug – schon die Spiegelgalerie übertraf mit fast 100 Meter Länge ihr Vorbild Versailles. Nein, auch die Fassade sollte mit ihrer Üppigkeit und ihrem Reichtum an Verzierungen, Simsen, Säulen und Bögen alle bisher gebauten Schlösser in den Schatten stellen. Beeindruckt von den Wasserspielen des französischen Vorbilds ließ Ludwig II. den Schlossgarten großzügig mit verspielten Brunnen, Fontänen und im Sonnenlicht glitzernden Wasserflächen anlegen.
Schön für den König, aber hart für seine Dienerschaft: Ludwig II. bestand darauf, dass in dem riesigen Spiegelsaal die 2.000 Kerzen der Kronleuchter innerhalb von 15 Minuten angezündet werden und ohne zu flackern brennen mussten. Da er beim Frühstück niemanden um sich haben wollte, ließ er sich eine Art „Tischlein-deckdich“ bauen. Das Frühstückstischchen verschwand auf Knopfdruck im Boden ins darunterliegende Stockwerk, wo die Dienerschaft auf- oder abräumte.
Doch es wurde irgendwann auch hart für den König. Das Schlösserbau-Hobby ruinierte ihn und beinahe auch den bayerischen Staat. Die Realität holte den Träumer ein. Herrenchiemsee wurde niemals fertig: Hinter der prächtigen Fassade konnten aus Geldnot viele Räume nicht mehr eingerichtet, sogar nicht einmal mehr gestrichen werden.
Bei dem tragischen Tod des letzten bayerischen Königs im Jahr 1886 war Herrenchiemsee unvollendet. Einige Teile des Schlosses wurden später abgerissen, doch

was heute noch zu besichtigen, zu begehen und zu bestaunen ist, zeigt den Traum des Königs – Neuschwanstein dagegen ist eher ein Märchen.

Schloss- und Gartenverwaltung Herrenchiemsee . Altes Schloss 3 . 83209 Herrenchiemsee

0952 BY_Gärten, Parks & Landschaften

DRACHENRITT IN ROMANTISCHER NATURLANDSCHAFT

Telefon: 08663/1413
www.maerchenpark.de

Freizeitpark, Ruhpolding

Irgendwie schaffen es manche Freizeitparks, alle Kinderwünsche auf einmal zu erfüllen. So auch der Freizeitpark Ruhpolding, auch treffend Märchenpark genannt: Hänsel und Gretel, der Drachentöter und Dornröschen freuen sich schon darauf, Kinder in ihren Bann zu ziehen. Der Märchenpark entstand 1967 als erster Familienpark am Chiemsee und lässt seitdem Kinderherzen höherschlagen.
Mit den sieben Zwergen können Kinder in einer abenteuerlichen Fahrt in ein Kristallbergwerk blicken und im Stollenlabyrinth nicht nur echte Bergwerk-Szenen bewundern, sondern auch selbst Kristalle suchen. Die besonders Abenteuerhungrigen reiten auf dem gefährlichen Drachen Siegfried und versuchen ihn zu bändigen. Zusätzlich bietet der Park auch Wasserrutschen, einen Abenteuer-Spielplatz mit Kletteranlagen und für die ganz Kleinen ein Babyparadies. In dem malerischen Bergwald, in dem der Freizeitpark gelegen ist, kommen auch die Eltern bei einem romantischen Spaziergang auf ihre Kosten.
Immer wieder ein Kinder-Magnet sind die Dinosaurier im Freizeitpark. In beeindruckender Größe laden die lebensechten, beweglichen Figuren von Tyrannosaurus Rex, Stegosaurus und Co. zum Spielen ein. Da auch Kinder inzwischen wissen, dass die Saurier ausgestorben sind, können fleißige Jungforscher ein Dinosaurier-Skelett in Originalgröße ausgraben.

Freizeitpark Ruhpolding . Vorderbrand 7 . 83324 Ruhpolding

0953 BY_Lifestyle & Szene

DREADLOCKS UND DIRNDL

www.chiemsee-reggae.de

Chiemsee Reggae Summer

Die Alpen, der See, Naturschutzgebiete, Burgen, Schlösser, Wanderwege: Wenn man Natur, Sport, Kultur und Historie als Urlaubsevents in Einklang bringen möch-

te, fährt man von München aus nur etwa 100 km weit an den Chiemsee, an das „Bayerische Meer" im schönen Chiemgau.
Ein Ort mit besonderem Flair, wo Tradition und moderner Lifestyle ganz nahe beieinanderliegen, ist Übersee am Chiemsee. Weißwurstfrühstück mit Blasmusik am Vormittag, Caipirinhas und Salsa am Abend. Junge Leute in Dirndltracht und Lederhose mit Flipflops an den Füßen – alles ganz normal.
Wenn aber alljährlich gegen Ende August international bekannte Reggae-Musiker zum größten Szene-Festival Deutschlands anreisen und mit 15.000 Fans drei lange Tage ihren Reggae-Sommer feiern, vermischen sich die Klischees vollends. Der bayerische Protestbarde Hans Söllner vertont Mundart-Verse im Reggae-Rhythmus, afrikanische Musikinstrumente werden kombiniert mit Ziehharmonika und bayerischer Maultrommel. Jamaikanische Bands sorgen für einen Karibik-Flash, der sich fortsetzt auf den Tanzflächen, an den bunten Verkaufsständen vorbei bis hinein in das Zeltlager, wo drei Festival-Tage lang Inselträume à la „Bacardi"-Werbung gelebt werden.
An den Imbissständen vermischen sich die Aromen exotisch-vegetarischer Kost mit dem deftigen Geruch bayerischer Bratwürstchen. Da kann es schon mal passieren, dass man als hübsche Frau, noch unschlüssig schwankend zwischen frisch gepresstem Mangosaft und einem Weißbier, von einem Jamaikaner mit prächtigen, hüftlangen Dreadlocks angesprochen wird, ob man nicht die original bayerische Leder-Kniebundhose verkaufen möchte. Hier, jetzt, gleich ... Yeah, right here. Good vibrations.

Chiemsee Reggae Summer . 83256 Übersee am Chiemsee

0954 BY_Lifestyle & Szene

ELEKTRONISCHES TANZVERGNÜGEN IM KSAR BARCLUB

Telefon: 089/55298479
www.ksar-barclub.de

Ksar Barclub, München

Wer nicht neben Möchtegern-Freundinnen von Fußballstars im P1 tanzen möchte, für den ist der Ksar Barclub genau das Richtige. Weg vom unnötigen Schickimicki hin zu einem stylischen Münchener Publikum. Künstler, Studenten und Fans der elektronischen Musik freuen sich in dem angesagten Laden über humane Cocktail-Preise und tanzen dank eines exzellenten DJ-Bookings bis in die frühen Morgenstunden hinein. „Fetter Soul & Feinster Soul",

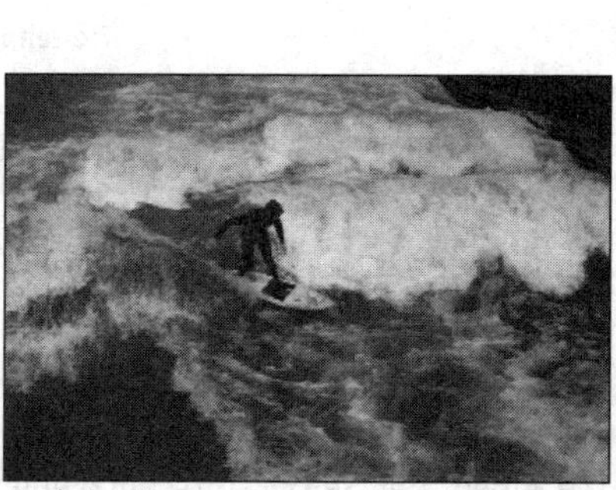

Nach dem Tanzvergnügen im Ksar: Surfen auf der Isar macht müde Nachteulen wieder munter

„House Cream", „Future Boogie Disco" – so lauten die regelmäßigen Party-Rendezvous-Reihen, bei denen ganz München Schlange steht.
Hier kann man München von der entspannten Seite erleben. Der In-Club ist durch seine Lage im angesagten und beliebten Glockenbachviertel strategisch perfekt platziert. Vor allem am Wochenende ist der gemütliche Ksar Barclub eher Club als Bar, denn es wird dort wild getanzt. Immer noch nicht überzeugt? Skeptiker können den Sound erst mal vortesten und mit Radio Ksar das elektronische Klangvergnügen per Livestream zu sich ins Wohnzimmer holen.

Ksar Barclub . Müllerstraße 31 . 80469 München

0955 BY_Feste, Events & Veranstaltungen

KRIMINELLE AKTIVITÄTEN FÜR DIE GANZE FAMILIE

Telefon: 0821/5088418
www.ask2007.de

Sommer Krimi, Augsburg

Deutschlands erfolgreichste Fernsehexporte sind Krimis. Keine andere Fernsehgattung fesselt so viele Zuschauer vor der Flimmerkiste. Die Krimireihe „Das Halstuch", die 1962 im deutschen Fernsehen ausgestrahlt wurde, hatte Einschaltquoten von bis zu 90 Prozent und pflegte den Begriff „Straßenfeger". Denn die Straßen in Deutschland waren regelrecht leergefegt.
Die Stadt Augsburg möchte mit Hilfe der Krimibegeisterung heute genau das Gegenteil erreichen und so viele Augsburger wie möglich in den Straßen versammeln. Der „Augsburger Sommer Krimi" wurde ins Leben gerufen, und von der 28. bis zur 36. Kalenderwoche wird das Sommerloch mit Hobby-Detektiven und heißen Spuren gestopft. Dabei treten unterschiedliche Teams gegeneinander an, lernen jede Ecke von Augsburg im Detail kennen und lösen spannende Aufgaben. Ein „Live-Krimi" zum Mitmachen ist allemal interessanter als ein Fernsehabend. Zusätzlich lernen die Jugendlichen bei dem erlebnispädagogischen Abenteuer, Konflikte zu bewältigen, und setzen sich mit anderen Kulturen auseinander.

Augsburger Sommer Krimi . Schaezlerstraße 17 . 86150 Augsburg

0956 BY_Lifestyle & Szene

DIE LEBENDIGE KISTE

Telefon: 0821/450345-0
www.augsburger-puppenkiste.de

Augsburger Puppenkiste, Augsburg

Jim Knopf und Lukas, der Lokomotivführer, der Kasperle, das Urmel und die Muminfamilie sind die beliebten Fernseh- und Bühnendarsteller der Augsburger Puppen-

kiste. Seit 2001 kann man die rund 800 Marionettenstars im beliebtesten Kindermuseum Europas besuchen. „Die Kiste – Das Augsburger Puppentheatermuseum" befindet sich im ersten Stock des Heilig-Geist-Spitals direkt über den traditionellen Theaterräumlichkeiten der Augsburger Puppenkiste.
Ein Besuch des „Louvre" der Kinderunterhaltung verzaubert Kinder und weckt bei Erwachsenen die schönsten Kindheits-„Flashbacks". Der Erfolg des Familienunternehmens liegt wahrscheinlich in der Leidenschaft und Liebe, mit der die Marionetten hergestellt werden, und in der über Jahre hinweg praktizierten Kunst, das Spielkreuz so zu bedienen, dass die Figuren zum Leben erweckt werden.
Im Jahr 1940 entdeckte der Soldat Walter Oehmichen ein kleines Puppentheater, als er in einer Schule bei Calais einquartiert wurde. Seine Faszination für die kleinen Figuren konnte er bald mit seiner Familie teilen, und zusammen mit seiner Frau Rose und den Töchtern Hannelore und Ulla gründete er 1943 ein eigenes kleines Marionettentheater: den „Puppenschrein". Bei einem Bombenangriff 1944 wurde das Theater zerstört, und nur die Marionetten in der Kiste blieben erhalten. Nach dem Kriegsende nahmen die Oehmichens ihren Traum vom Puppentheater wieder auf und fanden in dem ehemaligen Heilig-Geist-Spital einen Aufführungsort.
Von da an war die Erfolgsstory der Marionetten kaum zu bremsen; kurz nach der Premiere der Tagesschau im Jahr 1953 sorgte die Puppenkiste mit „Peter und der Wolf" für Furore. Anfangs live aufgezeichnet, wurden die Spielfilme mit den Marionetten-Stars bald aufwendig produziert. Gelohnt hat es sich allemal, denn die Augsburger Puppenkiste ist und bleibt für alle Generationen eines der schönsten Erlebnisse.

„Die Kiste" . Spitalgasse 15 . 86150 Augsburg

0957 BY_Feste, Events & Veranstaltungen

DAS MITTELALTER WIRD LEBENDIG

Telefon: 0871/22918
www.landshuter-hochzeit.de

Landshuter Hochzeit

Deutschlands größte historische Veranstaltung findet alle vier Jahre in Niederbayern statt: die Landshuter Hochzeit. Über 2.000 Mitwirkende lassen in zeitgenössischen Kostümen ein Fest mit der ganzen Pracht des späten Mittelalters wieder aufleben – die Vermählung der polnischen Königstochter Hedwig mit dem Landshuter Herzogssohn Georg im Jahr 1474. Schon damals war die Hochzeit eines der prunkvollsten Ereignisse der Zeit.
Höhepunkt der Feierlichkeiten ist bis heute der Hochzeitszug durch die Landshuter Altstadt, mit allem und jedem, was auch damals dazugehörte. Da gibt es Fürsten und Spielleute, den Kaiser und sein Gefolge, Falkner und Geharnischte, Gesandte der Reichsstädte und natürlich den Bräutigam und die Braut im goldenen Reisewagen.

Wochenlang herrscht in der niederbayrischen Hauptstadt der Ausnahmezustand. Die Organisatoren der Hochzeit verlangen historische Detailtreue. Die strengen Regeln führen sogar zu einer ungewohnten Toleranz: Zur Hochzeitszeit tragen selbst Bankangestellte ihr Haupthaar schulterlang. Selbstverständlich dürfen auch Reiter und Ritterspiele nicht fehlen. „Atzung" gibt es für Mitwirkende und Gäste auf dem Lager- und Zehrplatz an der Isar. Die nächste Hochzeit findet 2009 statt.
Aber auch ohne Hochzeit ist Landshut einen Besuch wert. Allein die Martinskirche ist ein Musterbeispiel für altbayrische Backsteingotik und besitzt mit dem 130,6 Meter hohen Turm wohl den höchsten Backsteinturm der Welt.

Gemeinnütziger Verein „Die Förderer" e. V. . Spiegelgasse 208 . 84028 Landshut

0958 BY_Gärten, Parks & Landschaften

FRISCHE LUFT UND SAUBERES WASSER

Telefon: 08022/1801-40
www.tegernsee.de

Tegernsee

Ein See so sauber, dass man daraus trinken kann – in den Bayerischen Alpen gibt es solche Seen. Der Tegernsee gehört zu den saubersten Seen in Bayern. In den 60er Jahren wurde eine aufwendige Ringkanalisation um den See geschaffen, und so wurden die vielen Kurorte 50 Kilometer südlich von München zusätzlich aufgewertet.

Ein weiter Blick über den schönen Tegernsee

Dort, wo jetzt ein mildes Klima herrscht, war es vor 18.000 Jahren extrem kalt, und der Tegernseegletscher reichte weit in den Norden bis in die Elbe hinein. Die erosiven Kräfte des Gletschers schufen ein Becken, in dem der heutige Tegernsee zum Erholen einlädt. Im Tegernseer Tal kann man sich heute kaum vor Kur- und Gesundheitsangeboten retten. So wurde in Wiessee bereits 1441 von Mönchen Erdöl gefunden und zu Heilzwecken verkauft, und Jodschwefelquellen in Bad Wiessee haben eine große Heilkraft vor allem bei Rheuma, Herz- und Atembeschwerden. Wem das alles viel zu sehr nach „Oma-Ferien" klingt, der wird sich umsehen, denn vor allem internationale Top-Leistungssportler sind Stammgäste in der Gegend rund um den Tegernsee. Und die sind ja bekanntlich alle knackig und jung.
Um mit ein paar Fußball-Stars zu flirten, kann man von Holzkirchen aus auch die historische Dampflokomotive nehmen und auf die etwas andere Art an den Tegern-

see gelangen. Der Original-Lokalbahnzug mit seinen alten Plattformwagen pendelt zu besonderen Anlässen noch immer zwischen beiden Städtchen hin und her und verspricht eine erlebnisreiche Bahnfahrt.

Tourist-Information Tegernsee . Hauptstraße 2 . 83684 Tegernsee

0959 BY_Lifestyle & Szene

OUTLET-CENTER MIT VIEL AUSWAHL UND TOP-MARKEN

Telefon: 0841/8863100
www.ingolstadtvillage.com

Ingolstadt Village

Es soll ja tatsächlich Menschen geben, die nur in Urlaub fahren, um so richtig zu shoppen. Tja, es gibt sogar ganz schön viele davon! Ein Wochenende in Paris, Mailand, London oder New York dient weniger dazu, die dortigen Sehenswürdigkeiten und Museen zu bewundern, sondern gleicht einem Einkaufsmarathon. Schließlich muss man so viel wie möglich kaufen, damit man zu Hause noch Monate später sagen kann: „Das habe ich mir in London gekauft! Toll, ne?" Dabei ruiniert man sich nur allzu gerne, denn die Designer in den Edelboutiquen kosten mehr als erwartet, und man ist mal wieder nicht pünktlich zum Sommerschlussverkauf gelandet.
Um Designer-Marken zu shoppen, muss man allerdings nicht immer das Flugzeug nehmen und in die Ferne düsen. Schon mal vom „Ingolstadt Village" gehört? Hier muss man nicht erst lange herumlaufen und suchen: Calvin Klein, Stefanel, Rosenthal, Fred Perry, Strenesse ... Ein Top-Marken-Laden grenzt an den nächsten, und außerdem ist alles irgendwie billiger als in Mailand. Das Outlet-Center hat nämlich das ganze Jahr über tolle Angebote. In Zukunft also einfach mal die Städtetrips zum Sightseeing nutzen und zum Shoppen ins Ingolstadt Village – denn in dem Markendorf findet man sicher schneller und vor allem günstiger die neue „It-Bag".

Ingolstadt Village . Otto-Hahn-Straße 1 . 85055 Ingolstadt

0960 BY_Sport, Abenteuer & Technik

DAS AUDI-JAHRHUNDERT

Telefon: 0800/2834444
www.museummobile.de

Audi-Museum, Ingolstadt

Ja, bei Audi macht man sich Gedanken. Nicht nur, was die Konstruktion und das Design ihrer Edelkarosserien anbelangt, auch das Audi-Museum in Ingolstadt ist dezidiert durchdacht. Und wie bei den Karosserien liegt die Betonung auf „edel". Oder ist es etwa nicht edel und durchdacht, wenn ein Museum schon in der Archi-

Audi – einer von vielen, die man besichtigen kann ...

tektur das Prinzip der Jahresringe eines Baumstammes aufgreift? Eben. Und die von Audi können es ja machen, denn immerhin hat das Riesenunternehmen schon einige Jahre auf dem edlen Buckel. 1899 gegründet, begleitete die Firma fast die gesamte Automobilgeschichte. Und hat zu fast jedem Jahr auch ein passendes Auto im Museum stehen, daher lohnt ein Besuch unbedingt. Denn anhand dieser Auto- und Unternehmensgeschichte erhält man gleichzeitig einen umfassenden Rückblick auf die deutsche Geschichte des 20. Jahrhunderts. Die war zwar nicht immer edel und durchdacht, aber immerhin äußerst spannend.

museum mobile . Audi Forum Ingolstadt . 85045 Ingolstadt

TRADITIONEN KANN MAN ÄNDERN!

Telefon: 08191/305217
www.ruethenfest.de

Ruethenfest in Landsberg am Lech

Die Feierlichkeiten sind exklusiv, und bis zu 1.100 Kinder zwischen 3 und 17 Jahren stehen im Mittelpunkt: Nur alle vier Jahre findet das Landsberger Ruethenfest (auf Bayerisch: „Ruatn“) statt. Dann dauert es aber auch ganze neun Tage. Und genau das macht es so besonders. Mit Umzügen, einem Historienspiel und einem nachgespielten Lagerleben lockt das Fest mehrere Tausend Besucher in die Stadt. Die kleinen Schauspieler erinnern mit den einzelnen Szenen an die Geschichte ihrer oberbayerischen Heimatstadt. Zu den Höhepunkten zählt sicherlich der prachtvolle Umzug mit Pferdegespannen und aufwendig geschmückten Wagen. Die Sache mit den Ruten hat einen weniger angenehmen Hintergrund: Vor mehr als 150 Jahren wurden Kinder noch regelmäßig gezüchtigt. An einem schönen Maitag unternahmen die Lehrer eine Wanderung mit ihren Schülern, die Ruten sammeln sollten – Stöcke von Haselnuss- oder Weidensträuchern. Während die Kinder mit Lehrer und Ruten zurück in die Stadt wanderten, baten viele Anwohner sie zu sich ins Haus und machten ihnen etwas zu essen. Wahrscheinlich aus Mitleid – die dünnen Stöcke, die die Kinder gesammelt hatten, wurden für den Rest des Jahres dazu verwendet, die Sprösslinge zu züchtigen, wenn das Familienoberhaupt es für notwendig hielt. Womit viele Jahre später nur noch der Nikolaus drohte, macht heute zum Glück keinem Kind mehr Angst. Und beim großen Landsberger Kinderfest sind die hübschen Stöckchen mit den kleinen, grünen Blättern, mit denen die Kinder beim Umzug herumwedeln, rein als Requisite im Einsatz. Nicht jede Tradition ist es wert, weitergetragen zu werden. So verkündet der Festherold stets: „Nicht nur bewahren und erhalten, was von den Vätern übernommen! Die Zukunft lebenswert gestalten für alle, die einst nach uns kommen!" Und deshalb landen die Ruten bestenfalls nach dem Fest in einer Vase im elterlichen Haushalt.

Ruethenfestverein . Geschäftsstelle . Saarburgstraße 12 . 86899 Landsberg

0962 BY_Städte & Touren

DEUTSCHLANDS HÖCHSTES BERGDORF

Telefon: 08324/8920
www.oberjoch.info

Oberjoch, Bad Hindelang

Schon einmal das Gefühl gehabt, Teil eines Gemäldes oder einer Natur-Komposition zu sein? In Oberjoch, in 1.200 Meter Höhe, muss man sich nicht wundern, wenn man sich geblendet durch die Schönheit und Frische der Natur fragt, ob diese auch wirklich real sein kann. Wie eine akribisch aufgebaute Landschaft auf einer Modelleisenbahn ist jeder Baum an seiner perfekten Stelle platziert, und die Menschen erscheinen klein im Vergleich zum Raum, den die imposante Landschaft einnimmt. Einen Blick in die Berge bei Oberjoch werfend, wäre man nicht überrascht, wenn genau jetzt eine alte Lokomotive vorbeidampfen würde.
An den malerischen Anblick von Oberjoch, zwischen Bodensee und Königsschlössern gelegen, muss man seine Augen erst gewöhnen, bevor man dann die zahlreichen Aktivitäten und Sehenswürdigkeiten der Region registrieren kann. Idylle und „Bio-Feeling" das ganze Jahr über: Im Sommer kann man im Hochmoorschwimmbad Natur pur erleben, und im Winter verwandelt sich das romantisch zugeschneite Dörfchen im Oberallgäu zu einem Wintersportparadies – Deutschlands höchstes Berg- und Skidorf eben! Na, Lust, in diese bezaubernde Postkarte zu hüpfen?

Oberjoch/Bad Hindelang . Am Bauernmarkt 1 . 87541 Bad Hindelang

0963 BY_Sport, Abenteuer & Technik

WIE TARZAN IN DER BÄRENFALLE

Telefon: 08323/968050
www.kletterwald-baerenfalle.de

Hochseilgarten, Immenstadt

Die Sache hat einen Haken. Genau genommen sind es zwei – aber das muss so sein, sonst wäre die Kletterpartie in Bayerns größtem Hochseilgarten, dem Kletter-

wald Bärenfalle in der Nähe von Immenstadt, schlichtweg zu riskant. Schließlich befinden sich die Elemente und Passagen, die es kraxelnd und schwingend, balancierend und springend zu bewältigen gilt, in bis zu 15 Meter Höhe. Aber Sicherheit geht eben vor, und so wird jeder Tarzan, der sich auf einen der insgesamt neun Parcours wagt, doppelt mit Karabinerhaken an den Seilen festgemacht und zuvor in die Sicherungstechnik mit Gurten und Seilen eingewiesen. Wer mindestens 1,30 m groß und 7 Jahre alt ist, der darf sich (bis 14 Jahren in Begleitung eines Erwachsenen) auf den teils wackeligen Weg in die Baumkronen machen. Für die kleinen Kletterer gibt es einfache Strecken in Bodennähe, größere können die teils atemberaubenden Herausforderungen in luftiger Höhe annehmen. Die Strecken sind nach Schwierigkeitsgraden geordnet und entsprechend gekennzeichnet. Der schwarze Parcours XXL ist nur etwas für volljährige Himmelsstürmer mit Nerven so dick wie die Drahtseile, die den mutigen Kletterer sichern. Und bitte, nur keine Höhenangst! Runter kommen Sie immer, und zwar sicher; es gibt verschiedene Zwischenausstiege in den Parcours, die benutzt werden können. Die Sicherheitstrainer können überall und jederzeit gerufen werden und bringen jeden, der buchstäblich in den Seilen hängt, von jedem Ort im Hochseilgarten sicher wieder auf den Boden zurück. So kann jeder, ganz gleich ob Tarzan oder Jane, einfach einmal ein Wagnis eingehen. Das hört sich doch gut an und ist so beruhigend anders als in der Eiger Nordwand.
Stärken kann man sich übrigens an der Berghütte Bärenfalle (auch Übernachtungsmöglichkeit) oder durch eine mitgebrachtes Rucksackvesper.

Tiefblick Event GmbH . Marienplatz 20 . 87509 Immenstadt

0964 BY_Essen & Trinken

BERGKÄSE VON GLÜCKLICHEN ALPENKÜHEN

Telefon: 08324/2857
www.obere-muehle.de

Gasthaus Obere Mühle, Bad Oberdorf

Hier ist die Welt noch in Ordnung: Bergwiesen, Bauern und jede Menge glückliche Kühe. Weil sie wiederkäuend auf der Alm stehen und dabei mit den langen Wimpern in die Sonne klimpern dürfen, statt eingepfercht und angebunden im Mastbetrieb ihr kurzes Dasein fristen zu müssen. Und weil es den Kühen gut geht, ist ihre Milch auch gut. Und der Quark und der Joghurt und – genau! – der Käse. Würziger Emmentaler und Bergkäse, feine Weißschimmel- und Rotschmierkäse, lockerer Frischkäse und edler Rotweinkäse. Das alles bieten die Bergbauern im Hotel und Gasthaus „Obere Mühle" an. Die Milch wird unbehandelt in Rohmilchkäse verwandelt. Das ist nicht nur jede Menge Arbeit, sondern braucht auch eine gewisse Reifezeit. Im Felsenkeller des Hauses herrscht dafür die richtige Temperatur. Wie das „Käsen" funktioniert, kann man während einer Führung durchs Haus sehen. Die antiken Möbelstücke erinnern dabei an vergangene Zeiten und helfen bei der Vorstellung, wie so ein Bauer einst seine Stube eingerichtet hatte.

Nicht wiederzuerkennen ist der leckere Käse in den Spezialitäten, die im Gasthaus angeboten werden: Käsknödel auf Blattspinat oder Allgäuer Kässpätzle beinhalten Emmentaler in der geschmolzenen Version. Und das schmeckt so gut! Noch auf der Heimfahrt wird man den Geschmack des Ostrachtals auf der Zunge spüren. Und für alle, die danach nicht mehr ohne den glücklichen Käse von den glücklichen Kühen leben wollen: Übers Internet kann man sich alle Sorten nach Hause bestellen – die Spätzle muss man dann allerdings selbst schaben.

Gasthaus Obere Mühle . Ostrachstraße 40 . 87541 Bad Oberdorf

0965 BY_Städte & Touren

ROMANTISCHE STRASSE

Telefon: 09851/551387
www.romantischestrasse.de

Romantische Straße Würzburg – Füssen

Der Marktplatz in Dinkesbühl

Wie macht man nach dem Zweiten Weltkrieg Deutschland attraktiv für Urlauber? In der amerikanischen Besatzungszone war klar: Man muss an Emotionen wie Liebe und Idylle appellieren. Und so taufte man die 366 Kilometer lange Ferienstraße zwischen der Barockstadt Würzburg und Füssen kurzerhand „Romantic Road" oder auf Deutsch „Romantische Straße" – damit die amerikanischen Touristen sofort verstehen, wo es in Deutschland am schönsten ist.
Der Plan ging auf, und einige Besatzungssoldaten buchten mit ihren Familien Romantik-Urlaub in Deutschland. Auch heute fahren Busse mit japanischen Touristen genau da entlang, wo die Nachkriegs-PR-Maßnahme ansetzte. Zweifelsohne sind die Städte der Romatik-Route, zwischen Maintal und dem Fuß der Alpen, sehenswert. So lernt man bei einem solchen Trip alle schicken süddeutschen Städtchen wie Rothenburg mit der mittelalterlichen Altstadt, Augsburg, Landsberg und Bad Mergentheim kennen, besichtigt herrliche Schlösser und Museen, nimmt ein Volksfest auf dem Weg mit und kommt voller Eindrücke in der Alpenregion an, um dort die Landschaft zu genießen.
Wer eine verklärte Vorstellung von Romantik hat, sollte das Wörtchen „Straße" lieber ernst nehmen, um ein negatives Erwachen beim Anblick von Asphalt zu vermeiden. Auch die romantischste Straße Deutschlands gleicht inzwischen streckenweise einer langweiligen Fernstraße. Da bietet es sich an, eher den „Weitwanderweg Romantische Straße" zu nehmen.

Touristik-Arbeitsgemeinschaft Romantische Straße . Segringer Straße 19 . 91550 Dinkelsbühl

0966 BY_Städte & Touren

ZWEI EURO – ZWEI STUNDEN LICHT

www.dinkelsbuehl.de

Stadtbeleuchtung, Dinkelsbühl

Nachts um 23 Uhr werden in Dinkelsbühl die Bürgersteine hochgeklappt. Und nicht nur das – auch sämtliche Lichter gehen aus. Zumindest die öffentliche Stadtbeleuchtung. Denkt man an Klimawandel, also an schmelzende Pole und Erderwärmung, ist das sicher eine vorbildliche Maßnahme, um wertvolle Energie zu sparen. Da in der Stadt aber so schöne mittelalterliche Gebäude stehen und es außerdem eine Stadtmauer, einen Stadtgraben und einen sehr netten Park gibt, ist es fast schon skandalös, all das nicht bei nächtlicher Beleuchtung erleben zu können. Aber die städtischen Beamten in Dinkelsbühl haben sich etwas Schlaues einfallen lassen. Wer das Städtchen des Nachts in romantisches Licht getaucht sehen möchte, kann das selbst in die Hand nehmen: mit dem sogenannten Stadtbeleuchtungsautomaten. Ein Frakturschriftzug und ein ebenso altmodisches Nachtwächterlämpchen weisen auf das unscheinbare Kästchen hin, das einem dabei hilft, Herr über Tag und Nacht in Dinkelsbühl sein zu können. Und es ist ein erhabenes Gefühl, zwei mal zwei Euromünzen dort einzuwerfen, am sperrigen Schalter zu drehen (keine Angst, er fällt nicht ab, wenn er auch so aussieht!), eine unerträglich spannende Minute zu warten, um dann alle Flutlichter der Stadt aufflackern zu sehen. Ab jetzt hat man ganze zwei Stunden Zeit, alle Sehenswürdigkeiten abzuklappern. Dann wird es wieder stockfinstere Nacht. Aber nur so lange, bis man das Kästchen wieder füttert. Und es ward Licht!

Stadtbeleuchtung Dinkelsbühl . 91550 Dinkelsbühl

0967 BY_Sport, Abenteuer & Technik

DIESES SELTSAME LÄCHELN

Telefon: 0911/9666455
www.playmobil-funpark.de

Playmobil-Funpark

Jeder von uns hatte doch früher eine Kiste unter seinem Bett, in der sie alle verwahrt wurden: die Playmobil-Männchen, die Pferde, Kühe, Krokodile und Autos. Alles war irgendwie rund an den Figuren, und das milde Lächeln der kleinen Frauen und Männer ließ uns an eine heile Welt glauben – auch wenn die nur aus Plastik war. Wer ganz großes Glück hatte, konnte irgendwann zu Weihnachten das tolle Piratenschiff auspacken oder noch besser: die Ritterburg sein Eigen nennen. Sicherlich träumt auch heutzutage noch so manches Kind davon, einmal selbst mit diesem Piratenschiff in See zu stechen oder im hohen Aussichtsturm der mittelalterlichen Ritterburg Feinde auszuspähen.

Im bayrischen Zirndorf, dem Stammsitz von Playmobil, wird dieser Kindertraum wahr: Zehn Stunden täglich kann man dort im „Playmobil-Funpark" durch die real gewordene Plastikwelt streifen. Die Playmobil-Pferde sind hier so groß, dass Kinder sich daraufsetzen können, und im Baumhaus gibt es eine verzauberte Feenquelle. Natürlich schwimmt auch das Piratenschiff auf einem kleinen Ozean herum – und es sieht wirklich genauso aus wie das Original im Miniformat. Die Dimensionen sind hier durchweg andere: So misst die Ritterburg stattliche 20 mal 20 Meter, das gesamte Parkareal ist 90.000 Quadratmeter groß.
Der Funpark im Landkreis Fürth war im Jahr 2000 der erste seiner Art. Playmobil-Hersteller Horst Brandstätter möchte vor allem dem Bewegungsmangel der Kinder mit seiner Idee dieses ganz besonderen Freizeitparks entgegenwirken. Bewusst verzichtete er auf die sonst üblichen Bähnchen und anderen Fahrgeschäfte und entwickelte stattdessen Spielstationen, an denen die Kinder aktiv mitmachen können. Mit Flößen können sie beispielsweise versuchen, das Piratenschiff zu entern. Wow, da werden tatsächlich Träume wahr! Und wenn man lange genug durch den Park gelaufen ist, hat man am Ende das echte Playmobil-Lächeln auf den Lippen.

Playmobil-Funpark . Brandstätterstraße 2–10 . 90513 Zirndorf

0968 BY_Kunst & Architektur

ANEKDOTEN AUS DEM KÜNSTLERHAUSHALT

Telefon: 0911/2312568
www.museen.nuernberg.de

Albrecht-Dürer-Haus, Nürnberg

Sein „Feldhase" hängt noch heute in vielen Wohnungen gerahmt an der Wand. Im Jahr 1502 malte Albrecht Dürer (1471–1528) das Tier mit den langen Ohren. Das Bild sollte später die berühmteste seiner Naturstudien werden. Die Wohn- und Arbeitsstätte des Künstlers, der nicht nur Grafiker und Maler war, sondern auch mathematische und kunsttheoretische Studien erarbeitete, kann im Albrecht-Dürer-Haus in Nürnberg besichtigt werden. Dürer bewohnte das vierstöckige Fachwerkhaus von 1509 bis zu seinem Tod 1528. Besonders interessant ist die große Druck- und Malwerkstatt, in der die damals üblichen künstlerischen Techniken vorgeführt werden. Doch der Besucher erfährt hier auch Privates über Nürnbergs großen Maler. Und das netterweise von seiner Frau persönlich. Nicht ganz natürlich. Agnes Dürer ist längst tot. Aber eine Schauspielerin erweckt sie für die außergewöhnliche Führung zum Leben, schlüpft in lange Röcke und setzt sich ein Hausfrauenhäubchen, wie es im 15. Jahrhundert getragen wurde, auf den Kopf. Mit einem dicken Schlüsselbund bewaffnet, schlurft sie durchs Haus, zeigt den Museumsfreunden die Gemächer und plaudert dabei ein bisschen aus dem privaten Nähkästchen. Unbekanntes aus dem berühmten Künstlerhaushalt und Anekdoten über die illustren Gäste, die das Paar regelmäßig empfing, kommen hierbei ans Licht. Auch den Umgang Dürers mit Geld oder die ehelichen Streitigkeiten packt „Agnes" auf den Tisch. Ist sie mal anderweitig beschäftigt, kann man sich trotzdem von Agnes durchs Haus führen lassen: per Kopfhörer und in mehreren Sprachen. Demnächst sogar auf Japanisch.

Albrecht-Dürer-Haus . Albrecht-Dürer-Straße 39 . 90403 Nürnberg

0969 BY_Essen & Trinken

BIOOCHSEN IN BUTTERMILCH IM LANDEANFLUG

Telefon: 0911/4779090
www.sbaggers.de

Restaurant „'s Baggers", Nürnberg

Kellner gibt es hier nicht. Niemand, bei dem man eine Bestellung aufgeben könnte. Nur der Touch-Screen vor einem jeden Besucher gibt futuristisch anmutende Laute von sich. Man speist sozusagen im ersten vollautomatischen Restaurant der Welt. Erfunden von einem ganz und gar Branchenfremden: Michael Mack, der bisher „eher erfolgreich in Metall gemacht hat". Seine Fachkenntnisse durften daher auch sauber einfließen in die Gestaltung des „'s Baggers" in Nürnberg. Vor jedem der Tische stehen stählerne, mit der Küche unter dem Dach verbundene Spiralen. Nach computergesteuertem Bestelleingang kann das Küchenteam loslegen. Und hier wird echt lecker und originell gekocht! Die frische Mahlzeit gleitet dann bei einem Gefälle von 25 % elegant auf die Teller der Gäste. Wie von Geisterhand, sozusagen, und im Landeanflug. Konservative Freunde des guten Geschmacks mögen hier den liebgewonnenen, undeutlich näselnden Kellner vermissen. Technik-Freaks allerdings bekommen glänzende Augen bei der high-tech-vernetzten „Gourmet-Rohrpost", und für Kinder ist „das Essen, das auf Schienen kommt", sowieso eine spannende Sache. Da rutscht doch glatt der Bioochse, gerade noch frisch in Buttermilch gebadet, genauso flott wie die heute vornehm (im Blätterteig) ummantelte Curry-Wurst.

's Baggers . Am Steinbacher Kreuz 28 . 90427 Nürnberg

0970 BY_Essen & Trinken

ALTES BRÄUHAUS MIT NEUEM INHALT

Telefon. 09674/924877
www.bbkult.net

Centrum Bavaria Bohemia, Schönsee

IIn Schönsee versucht man, der Freundschaft zwischen Tschechien und Bayern ein neues Zuhause zu geben. Ein verfallenes ehemaliges „Kommunbräuhaus" wurde

zu diesem Zweck aufwendig saniert. Symbolischen Charakter könnte man dabei in die Modernisierung mit Hilfe eines Sichtmauerwerks aus Glas hineininterpretieren, denn die Haus-im-Haus-Konzeption entspricht dem Wunsch, ein transparentes Forum der Völkerverständigung zu schaffen.
Seit 2006 existiert nun das Centrum Bavaria Bohemia (kurz CeBB) in Schönsee und versucht, von den individuellen Schätzen beider Nachbarn zu profitieren und den Austausch durch ein umfangreiches kulturelles Programm zu fördern. Ob ein Gastkonzert einer berühmten tschechischen Geigerin, ein Theaterfestival, Lesungen oder Kunstausstellungen: Der Eiserne Vorhang soll hier passé sein! Zweisprachigkeit bei allen Projekten und eine multimedial ausgerichtete Kommunikation sind im Centrum Bavaria Bohemia selbstverständlich geworden. Jetzt fehlen nur noch verstärkte interpersonelle Kontakte zwischen den Nachbarn. Der gemeinnützige Verein „Bavaria Bohemia e. V." gibt zumindest sein Bestes, um die Bayern darauf aufmerksam zu machen, dass man die freundlichen Nachbarn im Osten unbedingt wieder näher kennenlernen sollte.

Centrum Bavaria Bohemia . Dietersberg 1 . 92539 Schönsee

0971 BY_Städte & Touren

ALTSTADT VON REGENSBURG MIT STADTAMHOF

Telefon: 0941/507-4410
www.regensburg.de

UNESCO-Welterbe Regensburg

Papst Benedikt XVI. lehrte vor seiner „Beförderung" an der Universität Regensburg. Heute ist er natürlich der prominenteste Ehrenbürger der bayerischen Stadt. Doch Regensburg hat nicht nur den Ehrenbürger mit dem besten Draht nach oben, sondern ist gleichzeitig die Großstadt in Deutschland, die am besten erhalten ist und so das Mittelalter perfekt widerspiegelt. Mit all seinen politischen und wirtschaftlichen Entwicklungen. Die Bomben des Zweiten Weltkriegs prasselten zwar auch auf Bayern nieder, die von der mittelalterlichen Stadtmauer umschlossene Kernzone Regensburgs mit ihren engen Gassen und hohen Häusern blieb aber verschont. Seit 2006 gehört die Altstadt mit dem Stadtteil Stadtamhof zum Weltkulturerbe der UNESCO. Der Dom Sankt Peter, die alte Steinbrücke und vor allem die Patrizierhäuser und Geschlechtertürme bilden hier die besonderen architektonischen Merkmale. Die Geschlechtertürme kennt man aus dem italienischen Raum, wo sie den Wohlstand der Bewohner symbolisierten. Auch in Regensburg galt: je höher der Turm, desto reicher die Patrizierfamilie, die darin lebt. Und natürlich desto einflussreicher.

Blick auf die Altstadt in Regensburg

Besonders stolz sind die Regensburger auf ihren Dom: Seine Fenster zieren wertvolle Glasmalereien, die ebenfalls noch aus dem Mittelalter stammen. Über die steinerne Bücke mit den 16 Bögen traben zwar heutzutage keine Packeselchen mehr, man kann sie sich aber sehr gut darauf vorstellen. Die Brücke aus dem 12. Jahrhundert zeugt von einer außerordentlichen Ingenieurleistung und verbindet die Altstadt mit Stadtamhof, die die Donau voneinander trennt. Doch die Stadtgeschichte Regensburgs beginnt noch weit vor dem Mittelalter: Man kann dort bis zu 2.000 Jahre alte Mauern berühren – dies zum Beispiel im Reichstagskomplex, einem geschichtsträchtigen und sehr beeindruckenden Gebäude.

Tourist-Information . Altes Rathaus, Rathausplatz 4 . 93047 Regensburg

---

0972 BY_Kunst & Architektur

GROSSES, BEWOHNTES BAROCKSCHLOSS

Telefon: 0941/50480
www.thurnundtaxis.de

Schloss Thurn und Taxis, Regensburg

Der deutsche Adel: Entweder liest man von ihm in der Klatschpresse, sieht ihn in Werbespots für Kaffee oder schämt sich stellvertretend für ihn, wenn er in Reality-Shows auftritt. Die Sippschaft rund um Fürstin Gloria von Thurn und Taxis kommt bei dem ganzen Rummel eigentlich ganz gut weg. Fürst Albert II., 1983 geboren, hat als einzige Eskapade eine Leidenschaft für Autorennen. Ansonsten studiert er Politik und (sehr löblich) Theologie. Die Schwestern Maria Theresia und Elisabeth haben beide Kommunikationswissenschaft in England studiert.
So unspektakulär wie die Familie muss ein Besuch im Schloss der Blaublüter nicht sein. Immerhin ist der barocke Bau eines der größten bewohnten Schlösser Europas. Seit 1812 ist es die ständige Residenz der fürstlichen Familie, die im Alten Reich den Kaiser repräsentieren sollte. Jetzt repräsentiert sie nur noch sich selbst. Und ihr Schloss.

Schloss Thurn und Taxis . Emmeramsplatz 5 . 93047 Regensburg

0973 BY_Sport, Abenteuer & Technik

NULL PROZENT DOPING – 100 PROZENT SPASS

Telefon: 0941/5074410
www.arberradmarathon.de

Arber-Radmarathon, Regensburg

Es muss nicht immer die Tour de France sein, die man mit dem Radsport assoziiert. Wer in Regensburg einmal am Arber-Radmarathon teilgenommen hat, wird sich

gerne an die gute Stimmung erinnern. Ganz ohne Dopingskandale geht es hier nämlich in erster Linie um den Spaß am Radsport, und der Marathon gleicht regelrecht einem Volksfest.
Als „touristische Veranstaltung ohne Zeitnahme" ist er ausgeschrieben, doch man muss schon ein wenig geübt sein im Rennradfahren, um sich auf die 250 Kilometer lange Strecke durch den bayerischen Wald mit 3.300 Höhenmetern zu wagen. Selbst Rennrad-Profis können da an ihre Grenzen stoßen. Trotzdem steigt die Teilnehmerzahl stetig, und bis zu 7.000 Sportbegeisterte nehmen aktiv an diesem Ereignis teil. Wahrscheinlich bereiten sie sich in der Landschaft rund um Regensburg das ganze Jahr über auf diesen Event vor. Damit auch alle Hobby-Radler auf ihre Kosten kommen, wird der Arber-Radmarathon durch attraktive Strecken für Mountainbiker ergänzt.

Regensburg Tourismus GmbH . Rathausplatz 3 . 93047 Regensburg

---

0974 BY_Feste, Events & Veranstaltungen

EINE DER GRÖSSTEN REITERPROZESSIONEN EUROPAS

Telefon: 09941/602150
www.bad-kötzting.de

Kötztinger Pfingstritt

Im Jahr 1412 soll es gewesen sein, als ein paar junge Männer den Kötztinger Pfarrer in das sieben Kilometer entfernte Steinbühl begleiteten, wo er einem Sterbenden die letzte Ölung spendete. Als sie heil von dem Abenteuer im damals „wilden Zellertal" zurückkehrten, gelobten sie, den Ritt alljährlich zu wiederholen. Natürlich ist das Zellertal heutzutage zivilisiert und vermutlich sogar weitaus weniger gefährlich als so manche deutsche Großstadt, dennoch blieben die Kötztinger ihrem Gelübde treu.
Im Laufe der Jahrhunderte ist daraus eine riesige Reiterprozession geworden. Über 900 Männer schmücken jedes Jahr am Pfingstmontag ihre Pferde, kleiden sich in ein fesches Trachtengewand und folgen dem Priester mit dem Allerheiligsten. Seit mehreren Jahren begleitete sogar der Regensburger Bischof die Prozession, um den religiösen Hintergrund zu unterstreichen.
Doch die Kötztinger wären keine Bayern, gehörte zu dem christlichen Geschehen nicht noch eine zünftige weltliche Feier. Und so ist der Pfingstritt mittlerweile eingebettet in ein zehntägiges Volksfest mit Pferdemarkt und einer Zugleistungsprüfung für Arbeitspferde. Auch ein eigenes Pfingstbrautpaar wird jedes Jahr gekürt, wobei es sich um besonders anständige junge Menschen handeln muss – denn der Pfingstbräutigam sollte dem „Tugendkränzchen", das er überreicht bekommt, schon Ehre machen.

Tourist-Information Bad Kötzting . Herrenstraße 10 . 93444 Bad Kötzting

VOTIVTAFELN UND WUNDERSAME BEKEHRUNG

Telefon: 09947/9408-23
www.wallfahrtsmuseum.de

Wallfahrtsmuseum, Neukirchen b. Hl. Blut

Neukirchen beim Heiligen Blut besitzt, wie der Name schon vermuten lässt, eine „wundersame" Vergangenheit: Seit Jahrhunderten wird dort eine besondere Madonnenfigur verehrt. Nach der gängigen Legendenfassung versuchte ein Hussit in der ersten Hälfte des 15. Jahrhunderts, die hölzerne Marienfigur mit seinem Säbel zu zerschlagen. Er spaltete das Haupt, und sehr zum Entsetzen des Ungläubigen floss aus der Wunde Blut. Der Hussit wollte fliehen, jedoch bewegte sein Pferd sich nicht von der Stelle. Daraufhin fand der kriegerische Mann zum wahren Glauben.

Die Wallfahrt zur Madonna mit dem gespaltenen Haupt setzte bald danach ein und brachte den Neukirchenern relativen Wohlstand. Heute wird das Gnadenbild in einem einzigartigen Doppelaltar in der barocken Wallfahrtskirche aufbewahrt.

Im ehemaligen Neukirchener Pflegschloss wurde 1992 ein eigenes Wallfahrtsmuseum eingerichtet, bestückt aus den reichen Schätzen der Wallfahrtskirche. Hier sind Prozessionskerzen, Votivtafeln, eiserne Opfertiere und andere Votivgaben wie hölzerne Beine und Arme, Wachsgegenstände, Schmuck und Rosenkränze ausgestellt. Alles Gaben und Geschenke von Wallfahrern an die Madonna mit dem gespaltenen Haupt. Auf einer der Tafeln ist die Szenerie eines Holzschlittenunfalls in Lebensgröße nachgestellt. Die Beine des Lenkers sind unter die schweren Baumstämme des gestürzten Fuhrwerks geraten, aber sie konnten geheilt werden: „Maria hat geholfen."

Wallfahrtsmuseum . Marktplatz 10 . 93453 Neukirchen b. Hl. Blut

DER ROBIN HOOD DES BAYERWALDES

Telefon: 09941/602-150
www.koetzting.de

Räuber Heigl Höhle

Michael Heigl – von der Obrigkeit als „Räuber Heigl" gesucht, von der Bevölkerung als Held verehrt – machte Mitte des 19. Jahrhunderts die Gegend um Bad Kötzting unsicher, aber nur für die Reichen. Die kleinen Leute profitierten, wie bei dem edlen Dieb aus dem Sherwood Forest, von seinen Raubzügen.

Den Kaitersberg, den Hausberg der Kötztinger, kannte Heigl wie seine Westentasche. Deshalb suchte er an dem langgestreckten Bergzug auch Unterschlupf. Die

Räuber-Heigl-Höhle ist noch heute zu sehen, wenn man sich zu einer der schönsten Wandertouren im Bayerischen Wald aufmacht, von Kötzting über den Bergkamm in Richtung Großer Arber. Knapp unterhalb des ersten Gipfels der Tour, dem Kreuzfelsen, weist ein Schild auf die Räuber-Heigl-Höhle hin.
Viel zu bestaunen gibt es nicht, aber in Verbindung mit der kleinen Erzählung auf der Tafel wird die Waldler-Geschichte wieder lebendig. Michael Heigl wurde übrigens trotz seines Versteckes doch noch gefasst und zum Tode verurteilt. Auf Bitten der Bevölkerung begnadigte ihn der König zu lebenslanger Haft, wo Heigl später von einem Mithäftling im Streit erschlagen wurde. Trotz des tragischen Endes der Geschichte ist die Wanderung auf seinen Spuren ein wunderbares Naturerlebnis, und für eine deftige Brotzeit auf der Kötztinger Hütte muss man nicht einmal die Reisekasse zu stark plündern.

Tourist-Information Kötzting . Herrenstraße 10 . 93444 Kötzting

0977 BY_Gärten, Parks & Landschaften

DEUTSCH-TSCHECHISCHER KUNSTWANDERWEG

Telefon: 09948/9408-15
www.markt-eschlkam.de

Kunstpyramide, Eschlkam

Eschlkam im Landkreis Cham, rund 500 m hoch gelegen, ist die älteste geschichtlich bekannte Siedlung zwischen Bayern und Böhmen. Der Markt war über Jahrhunderte der befestigte wirtschaftliche Mittelpunkt des Hohen Bogens.
In den Jahrzehnten des Kalten Krieges spähte die alte Bundesrepublik von den Beobachtungstürmen auf der Höhe die Nachbarn im Osten aus. Seit dem Fall des Eisernen Vorhangs und der Öffnung des Grenzüberganges Eschlkam/Vseruby aber legt man größten Wert auf gute Beziehungen. Unter dem Motto „Grenzbegegnungen – Wege zwischen Ost und West“ entstand auf einem Höhenzug bei Eschlkam unmittelbar an der Grenze zu Tschechien ein Kunstwanderweg mit sechs bemerkenswerten Werken aus Stahl, Stein oder Holz international und national renommierter Künstler.
Alle Arbeiten haben die Europäische Union oder auch die Vergangenheit an der Grenze zum Thema, war doch diese Region oft Spielball der Mächtigen. Sechs Maler führen die Idee in einer Holzpyramide fort. Die überdimensional großen Bilder, mit denen die weltweit anerkannten Künstler ihre Sicht der Osterweiterung der EU mit Licht und Schatten darstellten, sind in dieser Pyramide – an sich schon ein bauliches Kunstwerk – auf Dauer ausgestellt.
Der frühere Bundesminister Theo Waigel nannte die Holzpyramide mit ihren gelungenen Kunstwerken bei der Eröffnung gar die „Neue Pinakothek des Bayerischen Waldes“.

Tourist-Information Eschlkam . Waldschmidtplatz 2 . 93458 Eschlkam

0978 BY_Gärten, Parks & Landschaften

IN STEIN GEHAUENE WELTEN

Telefon: 08586/2266
www.stein-welten.de

Granitmuseum Hauzenberg

Der harte Granit ist der Stein, der sich durch den Bayerwald zieht. Nicht minder hart war der Abbau dieses „Kalten Blutes der Erde". Das Granitmuseum in Hauzenberg zeigt nicht nur die lange Geschichte der Granitgewinnung, sondern bietet spannende Inszenierungen und wechselnde, hochkarätige Ausstellungen.

Aber nicht allein das Museumskonzept ist einen Besuch wert. Außergewöhnlich und preisgekrönt ist der Rahmen dafür. Ein aufgelassener Steinbruch mit einem romantischen See bildet die grandiose Kulisse für die einzigartige Architektur. In diesem Werk aus Naturstein verbinden sich Natur und Moderne meisterlich. Ein magisches Licht durchflutet die Räume, egal, ob bei Tag oder Nacht. Meterhohe, aus dem Stein gehauene Buchstaben machen den Museumsgegenstand schon von Weitem sichtbar. Der Rundgang beginnt im „Granit-Kino" mit einer Reise in die Entstehungszeit des Steins im Erdinneren. Tief in einer dunklen Felsenhöhle sind dann kristalline Schätze zu finden. Im Freien endet die Tour zwischen alten Schwenkkränen, Rollwagengleisen und Steinhauerhütten. So erfährt der Besucher den Weg des Granits von der Bruchwand bis zum fertigen Produkt. Zum Abschluss lädt eine alte Steinhauerkantine ein auf eine verdiente Rast und Brotzeit.

Granitzentrum Bayerischer Wald . Passauer Straße 11 . 94051 Hauzenberg

0979 BY_Gärten, Parks & Landschaften

DREIFLÜSSEECK – DONAU, INN UND ILZ

Telefon: 0851/955980
www.tourismus.passau.de

Dreiflüsseeck, Passau

Weit oben auf den Listen der Hochschul-Rankings, ist Passau heute vor allem für Juristen, BWLer oder Studenten der Interkulturellen Kommunikation ein attraktiver Ort. Neben der Elite-Universität mit zahlreichen Polohemdenträgern (Kragen hochgestellt, wohlbemerkt!) lockt die Stadt auch scharenweise Besucher an, die das südländische Flair Passaus genießen.

In Passau treffen gleich drei Flüsse in drei verschiedenen Wasserfarben aufeinander: blau die Donau, grün aus den Alpen kommend die Inn und schwarz die Ilz aus dem Moorgebiet. Dieses Dreiflüsseeck hat bereits vor 2.000 Jahren gefallen, als eine keltische Siedlung auf dem Altstadthügel entstand. Die Römer, immer auf der Suche nach einem zweiten Venedig, wurden in Passau fündig und wollten erst 476 ihr Batavis, so der Name des römischen Kastells, wieder verlassen. Daraufhin

Passau: der Blick von der Burg zu den drei Flüssen

bestimmten kirchliche Oberhäupter die bewegte Geschichte Passaus. Im Jahr 739 wurde Passau Bischofssitz, und das Kloster Niedernburg wurde erbaut, das Friedrich Barbarossa 1161 dem Bischof schenkte. Kurz darauf, 1217, wurde Passau zum Fürstbistum.

Das heutige Stadtbild ist von steilen Gassen und einer barocken Bauweise geprägt. Als die drei Flüsse über ihre Ufer traten und auch noch ein Großbrand 1662 die Stadt vernichtete, nahmen sich italienische Baumeister wieder dem Venedig Bayerns an. So entstand unter der Bauleitung von Carlo Lurago der Stephansdom als größter Barockdom nördlich der Alpen.

Ob man nun Passau wegen seiner heutigen Weltoffenheit, den kulturellen Events oder aufgrund von seiner geschichtlichen Bedeutung besucht – inmitten von Wasser und Barock hat man auf jeden Fall gute „Aussichten".

Passau Tourismus e. V. . Bahnhofstraße 36 . 94032 Passau

0980 BY_Hotels & Wellness

HAMAM IM ROTTAL

Telefon: 08532/7980
www.hotel-dreiquellen.de

Hotel Drei Quellen Therme, Bad Griesbach

Sie nennen die Landschaft zwischen Donau und Inn die bayerische Toskana, begrüßen ihre Gäste in Dirndl und Lederhose und fliegen sie mit dem Motorsegler über ihre geliebte niederbayerische Landschaft. Die Rede ist von Inge und Gerhard Lidl, den „Gastgebern" im Hotel Drei Quellen Therme. Die beiden haben ihr Hotel in Bad Griesbach mit viel Engagement gestaltet und dabei vor allem auf eines Wert gelegt: ihre Thermalbadelandschaft.

Durch einen unterirdischen, beheizten Gang erreichen die Hotelgäste ein kleines Thermal- und Beautyparadies mit einer Gesamtwasserfläche von über 1.600 m^2 und mit 13 unterschiedlichen Becken.

Im luxuriösen Hamam kann man sich hier einen orientalischen Badetraum erfüllen und wird ganz von allein dahinterkommen, warum das Hotel „Drei Quellen Therme" heißt.

Danach bietet sich ein Wechsel in den „Saunastadl" an. In einem originalgetreu rekonstruierten Rottaler Bauernhaus aus dem 18. Jahrhundert befinden sich vier verschiedenen Saunen, die sich vor allem im Winter großer Beliebtheit erfreuen.

Der Beauty- und Wellnessbereich bietet alle Arten von Haut-, Gesichts- und Körper-

pflege, von ayurvedischen Massagen bis zum Schokoladenbad.
Wenn es draußen schön ist, profitiert man im Luftkurort Bad Griesbach lieber vom 18-Loch-Meisterschafts-Golfplatz und dem Nordic-Walking-Streckennetz oder macht einen Kanuausflug.

Hotel Drei Quellen Therme . Thermalbadstraße 3–7 . 94086 Bad Griesbach

0981 BY_Kunst & Architektur

DAS FRESSENDE HAUS

Telefon: 09921/604-82
www.regen.de

Burgruine Weißenstein, Regen

Im Mittelalter ging es bekanntlich brutal zu. Na ja, vielleicht nicht brutaler als heute, nur wurde ein Krieg eben noch zu Hause ausgefochten. So wechselte die Burg Weißenstein, die 758 Meter über dem Meeresspiegel liegt, unzählige Male ihren Besitzer: Im Jahre 1100 wurde sie von Graf von Bogen erbaut. Es folgten die mittelalterlichen Wirren, ein Herzog tötete den anderen und besetzte die Burg. Schließlich konnte sich das Geschlecht der Degenberger längere Zeit in der Burg niederlassen. Doch als es sich gegen Herzog Albrecht IV. auflehnte, zerstörte der 1486 kurzerhand ihren Wohnsitz. Die Degenberger ließen sich nicht unterkriegen, bauten ihre Burg wieder auf und lebten dort bis 1602. Im Dreißigjährigen Krieg zerstörten die Schweden noch mal das Gemäuer, und das verfiel dann, bis der Schriftsteller Siegfried von Vegesack es 1918 kaufte. In einer Burg zu wohnen ist zwar romantisch, kostet aber viel Geld. Das musste auch von Vegesack schmerzlich erfahren, und taufte prompt seinen Wohnsitz „Das fressende Haus“ (wie auch einen Roman, den er 1932 veröffentlichte).
Seit 1995 ist die Burgruine, die immerhin eine der größten Burganlagen im Bayerischen Wald ist, zu besichtigen. Dort erwarten den Besucher ein Museum, ein Literaturarchiv und – für Liebhaber – eine Schnupftabaksammlung.

Burgruine Weißenstein . Kurverwaltung Regen . Schulgasse 2 . 94209 Regen

0982 BY_Städte & Touren

LEBEN WIE DIE ALTEN KELTEN

Telefon: 08555/407310
www.gabreta.de

Keltendorf Gabreta, Ringelai

Feuersteine bearbeiten, Bogen bauen, im Lehmofen Brot backen, am Lagerfeuer essen und feiern wie die alten Kelten, all das ist möglich im Keltendorf Gabreta im

Landkreis Freyung-Grafenau. Gabreta war der Name des bayerisch-böhmischen Waldgebirges in der Antike. Der archäologische Erlebnispark wurde auf einer hochgelegenen Lichtung errichtet, die nachweislich von keltischen Stämmen bewohnt war. Noch immer gibt das alte Volk Rätsel auf: Wer waren sie? Woher kamen sie? Was war ihr Lebensinhalt? Wo sind sie letztendlich geblieben? Leider haben sie keinerlei schriftliche Zeugnisse hinterlassen. Gemeinsam war ihnen zumindest die Sprache: „Fáilte anseo i Gabreta" wäre wohl der Willkommensgruß gewesen.
In Gabreta werden auch die großen keltischen Festtage begangen: Belthaine und Samhain. Belthaine, das Fest des reinigenden Feuers am 1. Mai, ist seit eh und je das Fest der Jugend. In der keltischen Tradition wird es zusätzlich als Fest der Liebenden gefeiert. Samhain ist der Beginn und das Ende des keltischen Jahreskreises. Es ist der Beginn des Winters, der dunklen Zeit. Alles kehrt in den Kessel der Geschichte zurück, wird umgerührt und neu geboren.
Wer daran stilgerecht teilnehmen will, lässt sich am besten die Haare und, wenn vorhanden, den Bart wachsen, hängt sich ein Fell um und vergisst den Zaubertrank nicht.

Keltendorf Gabreta . Lichtenau 1a . 94160 Ringelai

0983 BY_Kunst & Architektur

GLÄSERNE BÄUME, RITTERBURG UND FELSENKAMM

Telefon: 09921/6040
www.glaeserner-wald.de

Gläserner Wald, Regen

Die Bayerische Glasstraße in Weißenstein ist um eine Attraktion reicher: der gläserne Wald

Still steht der Wald und leuchtet. Wald ist ja nun im Bayerischen Wald nichts Besonderes, möchte man meinen, dieser aber schon: Blautannen, Rotfichten, Espen, Fichten und viele Bäume mehr aus acht Millimeter dickem, grün, braun oder blau schimmerndem Glas „wachsen" auf einem Bergrücken nahe der Stadt Regen. Wie ihre natürlichen Vorbilder haben sie unterschiedliche Formen und sind bis zu acht Meter hoch. Vor allem nachts empfiehlt sich ein Waldspaziergang, wenn dieser Ort stimmungsvoll beleuchtet wird. Gleichzeitig ist der Weg vom Parkplatz mit kleinen, im Boden versenkten Lichtpunkten markiert, die ein wenig an überdimensionierte Glühwürmchen erinnern.
Direkt neben den funkelnden Bäumen ragt die Burgruine Weißenstein empor. Mit ihrer exponierten Lage auf einer der höchsten Erhebungen des Pfahls (einem

zumeist unterirdisch verlaufenden Quarzriff) zählt sie zu den bedeutendsten und größten Burganlagen des Bayerischen Waldes. Die Burg wurde etwa in der zweiten Hälfte des 12. Jahrhunderts an zentraler Stelle am Handelsweg von der Donau nach Böhmen von den Grafen von Bogen errichtet. Von ihrer „Höhenburg" aus hatten die dort ansässigen Ritter einen guten Überblick über das Geschehen zu ihren Füßen und konnten durchaus „regulierend" eingreifen. Raubritter aber waren sie nicht, auch wenn sie sich im Böcklerbund schon mal gegen ihren Herzog aufgelehnt hatten.
Heute kann der Besucher den Ausblick auf das Tal des Schwarzen Regen und die umliegenden Berge genießen. Den ehemaligen Getreidespeicher der Burganlage erwarb 1918 der baltische Schriftsteller Siegfried von Vegesack und machte ihn zu seiner Dichterheimat. Viel Geld und Mühe musste er in den Kasten investieren, weshalb er ihn „das fressende Haus" nannte. Der Name sollte dem Gebäude bleiben, der jetzt ein Museum beherbergt.

Stadt Regen . Stadtplatz 2 . 94209 Regen

0984 BY_Gärten, Parks & Landschaften

DIE PFAHLFEE UND DER SCHATZ IM QUARZ

Telefon: 09942/904864
www.viechtach-tourismus.de

Quarzfelsen, Viechtach

Sagen ranken sich seit jeher um ein spektakuläres Naturdenkmal nahe dem Bayerwaldstädtchen Viechtach. Teufelswerk und Hexenmauer nannten unsere Altvorderen das zerklüftete, hoch aufragende Quarzriff. Andere vermuteten, beim „Großen Pfahl" handele es sich um einen versteinerten Drachen, der die Pfahlprinzessin mit ihrem Goldschatz im kristallenen Inneren bewacht.
Nüchtern sehen das naturgemäß die Wissenschaftler: Der Pfahl ist ein mit Quarz gefüllter Riss im Gebirgsgrund des Bayerischen Waldes, der vor 275 Millionen Jahren entstanden ist. In Viechtach tritt er besonders eindrucksvoll mit seinen weißen Quarzfelsen an die Erdoberfläche. Der Goldschatz wurde bis heute nicht entdeckt, aber mit dem Abbau des Quarzes hatten zumindest einige Viechtacher ihr Auskommen.
Bereits 1939 wurden Teile des Pfahls unter Naturschutz gestellt, dennoch wurde bis 1992 weiter Quarz gebrochen, der nun nicht mehr als Schotter für Straßen verwendet wurde, sondern zur Herstellung von reinstem Silizium für die Elektronikindustrie diente. Jetzt ist das Gelände ganz der Natur überlassen. In dem bis zu 50 Meter tiefen ehemaligen Abbaukrater haben sich seltene Tier- und Pflanzenarten angesiedelt. Zwei Rundwege beziehen die alte Industrieanlage, die „Quetsch", mit ein. Wo früher Sprengungen die ganze Gegend erzittern ließen, quakt jetzt fröhlich die Gelbbauchunke.

Pfahl-Infostelle Viechtach . Altes Rathaus, Stadtplatz 1 . 94234 Viechtach

SEHER, SAGEN UND TAROT

Telefon: 09942/8147
www.glaeserne-scheune.de

Gläserne Scheune, Viechtach

Auf Glas Geschichten zu erzählen, dieses Metier verbindet Vater Rudolf und Sohn Reinhard Schmid. Daneben haben beide allerdings ganz unterschiedliche Themen und Stilrichtungen zu ihrem Markenzeichen gemacht. Die gläserne Scheune des Vaters Rudolf Schmid ist Gesamtkunstwerk und touristischer Anziehungspunkt nahe Viechtach. Dort hat der gelernte Glasmaler seinen Lebenstraum verwirklicht. Die vormals hölzernen Scheunenwände eines alten Anwesens wurden teilweise durch Glas ersetzt, und auf dieses Material hat der Künstler die Geschichte des berühmten Waldpropheten „Mühlhiasl“ gebannt. Dessen düstere Prophezeiungen vom Weltuntergang kennt im Bayerischen Wald nahezu jedes Kind.

Zur Deutung ausgelegte Tarot Karten

Einem anderen Kulturkreis hat sich Sohn Reinhard zugewandt: Im ehemaligen Bürgerspital der Stadt Viechtach arbeitet er an seinem gläsernen Tarot. Im einstigen Kapellenraum sollen im Laufe der Zeit insgesamt 66 bemalte Glastafeln eingesetzt werden. Die Gesamtfläche von etwa 5 x 14 m wird dabei in drei „Zeilen“ zu jeweils 22 Bildern gegliedert. Alle Bilder sind mit Bleistift von hinten direkt auf die Glasscheiben gezeichnet. Neben dem monumentalen Tarot bergen die „Gewölbe der Geheimnisse“ über 400 Replikate bedeutender Kunstschätze aus vier Jahrtausenden.
Und wer sich von so viel Kunst erholen muss, bekommt im angegliederten Café Isis feine Kaffee- und Gebäckspezialitäten.

Die gläserne Scheune . Rauhbühl 3 . 94234 Viechtach

DER KÖNIG DES BAYERWALDES

Telefon: 09925/9414-0
www.arber.de

Der große Arber, Eisenstein

Sein Gipfel sei verstümmelt worden, sagen die Freunde der unverfälschten Natur. Auch er, der „König des Bayerwaldes“, ist sozusagen ein Opfer des Kalten Krieges

geworden. Die Rede ist vom Großen Arber, mit 1.456 Metern der höchste Berg im bayerisch-böhmischen Grenzgebirge.
1982 wurden dort Radarstationen errichtet, um den Flugverkehr im Ostblock überwachen zu können. Aber auch wesentlich Poetischeres findet sich ganz oben am Berg: der Richard-Wagner-Kopf. Das markante Kinn, die dominante Nase, die fliehende Stirn – ein Felsaufbau erinnert an das Profil des Komponisten. Vermutlich verdankt die Formation einem ortsansässigen Lehrer diesen Namen. Sicher ist nur, Wagner hat den Gipfel nie gesehen.
Im Gegensatz zu ihm besuchen jährlich tausende Skifahrer und Wanderer den Berg. Im Sommer lockt das dichte Nebeneinander großartiger Naturerscheinungen: Die Rißloch-Wasserfälle, verschiedene Moore, die eiszeitlichen Seen mit ihren steil abfallenden Seewänden und der Urwald verleihen diesem urwüchsigen Gebiet seinen unverwechselbaren Charakter.
Im Winter lässt es sich auf dem verschiedenen Hängen, die sogar Weltcup-Niveau haben, prima abfahren. Und für romantische Paare gibt es seit Kurzem die Möglichkeit, mit der „Kuschelgondel" zur Trauung auf die Berghütte zu fahren – der Gipfel des Glücks!

Talstation Großer Arber . 94252 Bayerisch Eisenstein

0987 BY_Feste, Events & Veranstaltungen

WENN MÄNNER BIMMELN

www.tourismus-bayern.com

Wolfauslassen in Rinchnach

Idylle und Romantik charakterisieren Rinchnach. Mitten im Bayerischen Wald, im Tal am Zusammenfluss zweier Bäche, liegt der Erholungsort. Man kann hier das ganze Jahr lang entspannen, sportlich aktiv werden und Sehenswürdigkeiten wie die schöne Barockkirche besichtigen. Na ja, fast das ganze Jahr: Denn am 10. November kann man als Tourist in Rinchnach, dem „Feriendorf der Kultur", nicht die gewohnte Ruhe genießen. Im ganzen Dorf ertönt ein furchtbar lautes Glockenläuten. Über 500 Männer schnallen sich riesige Glocken um die Hüften, um bis in die Nacht hinein zu lärmen.
Ihr ungewohntes Spektakel nennen sie „Wolfauslassen". Und, wie sollte es anders sein, handelt es sich um einen inzwischen völlig unnötigen Hirtenbrauch. Denn wollten die Hirten damals durch das „Gebimmele" echte Bären und Wölfe von der Weide fernhalten, so dient der Brauch heute einzig der Demonstration für die vielen Schaulustigen, die diese alte Tradition „ulkig" finden. Ob einem Kuhglockengebimmel gefällt oder ob man sich lieber die Ohren zuhält, kann man übrigens nur in Rinchnach feststellen: Denn nirgends auf der Welt wird dieser alte Brauch sonst gepflegt.
Das eigentliche Kuhglockenfest beginnt sogar schon am Vorabend - wie Sternsinger ziehen die Pseudo-Hirten von Haus zu Haus und schnorren sich mit Hirtenliedern ein paar Euro zusammen. Selbst wenn man vielleicht an diesen Tagen als

Urlauber nicht wirklich entspannt, so kann man hinterher von einem ungewöhnlichen Erlebnis erzählen – denn wer hat schon mal 500 Männer mit Riesen-Glocken gesehen?

Wolfauslassen in Rinchnach . 94269 Rinchnach

0988 BY_Feste, Events & Veranstaltungen

WARTEN AUF DAS CHRISTKIND

Telefon: 08541/208-112
www.schwimmender-christkindlmarkt.de

Vilshofener Weihnachtsmarkt

Weihnachtsmärkte sind ja alle gleich: Die Kinder kommen wegen des Christkinds, die Frauen wegen der Stände mit dem Weihnachtsschmuck, die Männer zieht es nur zum Glühweinstand. Beim Christkindlmarkt in Vilshofen gibt es einen entscheidenden Unterschied: Der Weihnachtmarkt schwimmt auf der Donau! So kann man auf den Flößen am ersten und zweiten Adventswochenende Glasbläsern, Klöpplern, Schnitzern oder Schmuckherstellern bei der Arbeit zuschauen. Aber natürlich auch das Christkind treffen, Weihnachtsschmuck kaufen und Glühwein trinken.

Touristinformation Vilshofen . Stadtplatz 27 . 94474 Vilshofen

0989 BY_Hotels & Wellness

MACHT MÜDE MENSCHEN WIEDER MUNTER

Telefon: 09965/186-0
www.angerhof.de

Sport- und Wellnesshotel, St. Englmar

Wenn man so richtig müde und ausgelaugt von der Arbeit ist oder die ganze Nacht „durchgefeiert" hat, bemerkt man auf einmal, dass man nicht mehr zwanzig ist. In solchen Momenten wünscht man sich nichts sehnlicher, als die Frische der Jugend wiederzuentdecken und seinem Körper das zu geben, was er verdient. Denn nur allzu oft vergessen wir im Alltag, ihn so wie einen guten Freund zu behandeln.
Die Stichwörter sind Wellness und Sport – Entspannung und körperliche Betätigung im Wechsel sind genau das Richtige, um wieder Energie zu tanken. Im Angerhofer Sport- und Wellnesshotel ist der Name Programm: Wer seine Ferien hier verbringt, wird gestärkt und motiviert nach Hause kommen und hoffentlich die neuen guten Gewohnheiten beibehalten. Das 4-Sterne-Hotel hilft dabei seinen Gästen, mit der nötigen Portion Luxus perfekt zu entspannen. Die Lage des Angerhofs mitten im Bayerischen Wald tut ihr Übriges. Im Sommer und im Winter kommen Sportbegeisterte oder solche, die es werden wollen, auf ihre Kosten. In Südhanglage auf

900 m Höhe liegt das Hotel in St. Englmar, einem bekannten Luftkur- und Wintersportort. Wanderwege, Skilifte, Langlaufloipen, Tennis- und Reithalle sowie ein solarbeheiztes Bio-Freibad stehen den Besuchern in unmittelbarer Hotelnähe zur Verfügung.
Und jetzt einfach nur die Augen schließen und davon träumen, im orientalischen Massagetempel im Angerhof verwöhnt zu werden oder in der Phantasie-Oase ein Wasserbett Klangerlebnis zu genießen ...

Sport- & Wellnesshotel Angerhof . Am Anger 38 . 94379 St. Englmar/Bayerischer Wald

0990 BY_Lifestyle & Szene

DONAUJAZZ

www.jazzanderdonau.de

Straubinger Jazztage

Hier hat man den Durchblick zur Donau

Bei den Straubinger Jazztagen – auch „Jazz an der Donau" genannt – nimmt man es mit dem Jazz sehr genau. So heißt ein Frühstück dort etwa „Jazzbrunch", und wer Ärger macht, bekommt Stress mit der Jazzpolizei (die natürlich auch musiziert). Seit 1986 tritt jeden Sommer die Crème de la Crème der internationalen Jazzszene in Straubing auf. Und jährlich zieht das Festival mehr Besucher an, mittlerweile kommen über Elftausend! Die Jazztage – bei denen schon Stars wie Seal und Roger Cicero aufgetreten sind – sind auch über die Grenzen der Region hinaus in ganz Deutschland bekannt.

Straubinger Jazztage . 94315 Straubing

0991 BY_Kunst & Architektur

DIE VERMUTLICH LÄNGSTE KERZE DER WELT

Telefon: 09422/505-0
www.kerzenwallfahrt.de

Kirche am Bogenberg, Bogen

Seit über 500 Jahren pilgern jedes Jahr an Pfingsten mehrere Hundert Wallfahrer von Holzkirchen, westlich von Passau, über 75 Kilometer weit zum Heiligtum auf

dem Bogenberg bei Straubing. Wallfahrten gibt es gerade in Bayern viele, doch das im wahrsten Sinne „herausragende“ an dieser Reise ist die Kerze, die mitgetragen wird. Diese „Kerze“ ist ein von Wachs umwickelter, 13 m langer und einen Zentner schwerer Fichtenstamm, wohl weil die Wallfahrt auf eine Borkenkäferplage im 15. Jahrhundert zurückgeht. Die „Kerze“ wird auf der Schulter, an manchen Stellen aufrecht stehend, abwechselnd von einem einzigen Mann alleine getragen.
Höhepunkt der religiösen Wanderung ist der Anstieg zur Wallfahrtskirche Bogenberg. Die Kerzenträger müssen ihr ganzes Geschick einsetzen, damit die „Lange Stang“ stehend und unbeschadet den steilen, etwa 2 km langen Weg zur Wallfahrtskirche übersteht.
Der Bogenberg seinerseits ist unbestritten Niederbayerns „heiliger Berg“ und mit seiner Wallfahrt- und Gnadenstätte seit Jahrhunderten ein religiöses Zentrum des bayerischen Unterlandes. Sein Gnadenbild, eine Rarität, ist die „Maria in der Hoffnung“. Das Bild wurde oft kopiert und in Andenkenbildern weitverbreitet. Junge Frauen suchten häufig den Beistand der schwangeren Mutter Gottes. So schrieb ein Reisender im Jahre 1784: „Besonders sollen unfruchtbare junge schöne Damen nie ungesegnet von der schwangeren Maria nach Hause kehren.“

Stadt Bogen . Stadtplatz 56 . 94327 Bogen

0992 BY_Kunst & Architektur

KULTUR INTERNATIONAL

Telefon: 09906/943111
www.schloss-offenberg.de/schloss.html

Schloss Offenberg

Das malerische Schloss Offenberg ist der Sitz der „Europäischen Akademie für Kultur- und Gesellschaftsfragen e. V.“, und seitdem wird hier nicht nur die europäische Integration auf regionaler und internationaler Ebene gefördert, sondern Kunst und Kultur werden auch direkt nach Offenberg gebracht. Zahlreiche Kunstausstellungen, Theatervorführungen, Dichterlesungen und Konzerte finden heute auf dem Schloss statt.
Auf einem in das Donautal vorgeschobenen Ausläufer eines Hügelzuges liegt Schloss Offenberg. Erbaut wurde es im 13. oder 14. Jahrhundert, möglicherweise auch früher. Durch die vielen Umbauten und Renovierungen kann man den alten Kern des Schlosses, wie bei so vielen Bauten aus der damaligen Zeit, heute nicht mehr identifizieren.
Der Gesamteindruck des Schlosses weist heute auf das Spätmittelalter hin, und man kann von Glück sprechen, dass es noch steht. Denn gegen Ende des 17. Jahrhunderts war die Bausubstanz akut gefährdet. Die Vorbesitzer hatten ab 1580 mit großen Problemen zu kämpfen, wie der Pest, dem Dreißigjährigen Krieg und wirtschaftlichen Schwierigkeiten aufgrund einer Klimaverschlechterung, der sogenannten Kleinen Eiszeit. So wurde Schloss Offenberg völlig vernachlässigt. Erst Anton Sebastian Graf zu Montfort schützte das Schloss vor dem totalen Verfall und baute es zwischen 1688 und 1715 grundlegend um. Das aktuelle Erscheinungsbild von

Schloss Offenberg geht in den wesentlichen Zügen auf seine großzügige Initiative zurück.

Schloss Offenberg . Schlossallee . 94560 Offenberg

0993 BY_Essen & Trinken

GEDIEGEN UND GÜNSTIG

Telefon: 09906/942900
www.schlosstaverne-engl.de

Schlosstaverne, Offenberg

Gutes bayerisches Essen und eine historische Atmosphäre kann man auch genießen, ohne sich vollkommen zu ruinieren. Die Schlosstaverne Offenberg ist eines der ältesten Gasthäuser Niederbayerns. In einer Pachturkunde aus dem Jahre 1476 wird die „Taverne zu Offenberg“ erstmals erwähnt. Genug Zeit also, um Gastfreundlichkeit zu erlernen und heute die jahrhundertealte Tradition des Hauses weiterzugeben.
Die altbayerische Wirtshausstimmung spiegelt sich in dem heutigen spätmittelalterlichen Erscheinungsbild der Schlosstaverne wider, die nach den Erkenntnissen der Bauforschung aus dem Jahr 1560 stammt. Die Eigentümer Hella und Heribert Engl haben die Taverne renoviert und freuen sich darauf, Geschäftsreisende, Familien und frischverliebte Pärchen als Gäste zu begrüßen. Neben den traditionellen Speisen greift der Koch Alexander Attenberger die Vielfältigkeit der Jahreszeiten auf und verleiht den regionalen Produkten einen Hauch der mediterranen Küche. Perfekt auch für die nächste Feier, denn im Biergarten können bis zu 60 Personen Platz nehmen.

Schlosstaverne Offenberg . Graf-Bray-Straße 14 . 94560 Offenberg

0994 BY_Sport, Abenteuer & Technik

200.000 m² WESTERN-FEELING

Telefon: 08544/97490
www.pullmancity.de

Pullman City Westernstadt, Eging am See

„Tatam, tatam, tatam, Bonanza!“ – die Titelmusik dieser Western-Fernsehserie ist wohl noch bekannter als ihre Helden. Auch der Komponist Ennio Morricone wurde mit der Filmmusik zum Italo-Western „Spiel mir das Lied vom Tod“ weltberühmt. Ob diese Erfolge damit zu begründen sind, dass vom „Wilden Westen“ anscheinend eine enorme Faszination ausgeht? Jedenfalls hätte Karl May in keiner anderen Epoche so viel Stoff für seine Bücher finden können.
Viele Pioniere und Immigranten beschlossen, in den Westen Amerikas aufzubrechen und hofften, als Rancher oder Farmer ihr Glück zu finden. Die Eroberung des

Wilden Westens in den USA um 1880 herum wird heute verklärt und idealisiert. Dabei werden weniger die Indianerkriege und die Unterwerfungspolitik thematisiert, sondern eher die heißen Kämpfe arbeitsloser Cowboys mit den ebenso gesetzlosen US-Sheriffs.
Seit 1997 kann man in der Pullman City in Eging am See eine Zeitreise in den „Wilden Westen“ unternehmen. Einfach den Cowboyhut aufsetzen, sich unglaublich männlich fühlen und auf dem mechanischen Bullen reiten! In Pullman City sitzt man ganz friedlich um ein Tipi, ein typisches Indianerzelt, am Lagerfeuer, hört Country-Musik, und in einer malerischen Umgebung werden die Klischees dieser vielbesungenen Westernzeit durchgespielt.

Die Erlebnis-Westernstadt . Pullman City . Ruberting 30 . 94535 Eging am See bei Passau

MUSEUM DER GEHEIMNISSE

Telefon: 0921/6982425
www.freimaurer.org/museum

Deutsches Freimaurermuseum, Bayreuth

Deutsches Freimauerer Museum in Bayreuth

Die Freimaurerei ist eine Handwerkskunst, die der Steinmetzzunft entsprungen ist. Die Traditionen und Ideale sind bis heute überliefert und existent.
Das Freimaurermuseum entstand 1902 im Logenhaus der Bayreuther Freimaurer-Loge und wurde elf Jahre später von Dr. Beyer, einem Nervenarzt aus Bayreuth, ausgebaut, um die bereits sehr umfangreiche Sammlung unterzubringen. 1916 umfasste die Sammlung schon 5.100 Stücke. Die Freimaurerei nicht gutheißend, schloss die NS 1933 das Museum. Der Besitz wurde geplündert und in alle Winde verstreut. Medaillen, Bildwerke, Porzellan und über 15.000 Siegel gingen unwiederbringlich verloren. Glücklicherweise gelangten ca. 80.000 Bände nach Oberschlesien und blieben so erhalten.
Nach Kriegsende baute Dr. Beyer die Sammlung wieder auf und konnte durch Schenkungen anderer Logen und Funde aus NS-Einrichtungen eine Zentralbibliothek schaffen.
Das Museum ist heute eine umfangreiche Sammlung aus Werkzeugen des alten Steinmetzhandwerks, Gemälden, Urkunden, Texten, Logenabzeichen und -gläsern, etlichen Siegeln und vielem mehr. 1997 war dies das erste Freimaurer-Museum der Welt, das den Umfang seiner Bibliothek im Internet veröffentlichte.
Die Freimaurerei hat auch heute noch viel Geheimnisvolles, was dem Besucher der Einrichtung anschaulich übermittelt wird.

Deutsches Freimaurermuseum . Im Hofgarten 1 . 95444 Bayreuth

MUTTERKIRCHE DES DONAU-OSTENS

www.phil.uni-passau.de/histhw/stadtgeschichte/deutsch/dom_add.html

Dom St. Stephan, Passau

Die Römer gründeten einst das Kastell „Castra Batavia" an den Ufern der Donau. Das spätantike „Batavis" erwuchs im Mittelalter zum bedeutenden Handelszentrum und wurde Bischofssitz. So musste ein dem Rang des Bischofs und der Stadt entsprechendes Gotteshaus her: Der Passauer Dom wurde im Jahre 730 erstmals urkundlich erwähnt als Bischofskirche und ist bereits seit 739 Kathedrale der Diözese.
Seit dem Jahr 999 waren die Passauer Bischöfe mächtige, sogenannte „weltliche Herren", die für die Christianisierung bis tief nach Ungarn hinein zuständig waren. Erst ab 1783 nahm ihnen der Kaiser Joseph II. Stück für Stück die österreichischen Bistumsanteile weg. Doch die Ausmaße des Doms zeugen noch von der früheren Macht: 102 m lang, 33,5 m breit und 69 m hoch.
Fünf Bauperioden gingen dem heutigen Baubestand des Doms voran. Von den ersten vier Bauabschnitten blieb nach einem großen Stadtbrand anno 1662 im Außenbau nur der spätgotische Ostteil erhalten.
Der italienische Baumeister Carlo Lurago bezog die verbliebenen Elemente in seinen barocken Wiederaufbau stilvoll mit ein. Im Kircheninneren machten Altaraufbauten des italienischen Hochbarocks, üppiges Stuckwerk von Giovanni Battista Carlone und Fresken von Carpoforo Tencalla den Passauer Dom St. Stephan zur bedeutendsten deutschen Barockkirche italienischer Prägung. Die prunkvoll vergoldete Kanzel entstand 1726 in Wien. Die Orgelklänge der größten Domorgel der Welt vollenden die majestätische Wirkung der barocken Pracht im Inneren des Stephansdoms.

Dom St. Stephan . Domplatz 9 . 94032 Passau . Telefon: 0851/393-421

DREI RABEN MITTEN IN DER STADT

Telefon: 0911/274380
www.hotel-drei-raben.de

Hotel Drei Raben, Nürnberg

Es hat schon Gäste gegeben, die mussten sich mit einem zweiten Blick versichern, noch im richtigen Hotel zu sein. Vorhin war die Bar noch in satte Rottöne getaucht, jetzt swingt Robbie Williams als Videoprojektion gleich mehrfach an der lang

gestreckten Wand. In den Original-Sesseln von Stanley Kubricks „2001 – Odyssee im Weltraum" sitzend, kann der Gast entspannt die hervorragenden Cocktails genießen. Schon das Entree und die Lounge des Hotels Drei Raben mitten in der Nürnberger Innenstadt stimmen die Gäste ein. Dieses Hotel will etwas Besonderes sein und seinen Gästen bieten. Und kann das auch.
Die Zimmer sind nach Themen eingerichtet, besser: designed. Sandstein, Marmor, warmes Holz und edle Textilien, Malerei und klassisch-elegante Accessoires sind die edlen Materialien, mit denen jedes Zimmer seine individuelle Geschichte erhalten hat. „Kann ich wieder das Dürerzimmer haben?", ist da noch eine einfache Nachfrage. Komplizierter wird es bei den Mythenzimmern: „Ist die Zeitmaschine noch frei?" kann zu irritierten Seitenblicken der Nebenstehenden führen. Dabei ist das Zimmer, eingerichtet nach diesem Thema, wunderbar angenehm und elegant.
Das Hotel Drei Raben hat sich in den paar Jahren seiner Existenz einen ausgezeichneten Ruf verschafft. Nicht nur regional oder national, selbst nach internationalen Standards wird es wegen der entspannten Atmosphäre und des eleganten Designs geschätzt.
Und sämtliche eventuellen anfänglichen Irritationen sind spätestens beim Auschecken verflogen, wenn man für das nächste Mal im Voraus reserviert: „Kann ich für meine Frau und mich den Nürnberger Trichter haben, bitte?"

Themenhotel Drei Raben in Nürnberg

Hotel Drei Raben . Königstraße 63 . 90402 Nürnberg

0998 BY_Sport, Abenteuer & Technik

DAS SCHÖNSTE BADEHAUS AM BODENSEE

Telefon: 08382/23446

Aeschacher Bad, Lindau am Bodensee

Wie aus dem vorletzten Jahrhundert erscheint diese Idylle. Das alte Badehaus ist mitten im Wasser auf 99 Pfähle gesetzt worden, ein hellgrün gestrichener Holzbau mit einem hübschen roten Walmdach. Ein Steg führt von der Uferpromenade zum vorgebauten Eingang, dessen Dach von vier Holzsäulen gestützt wird. Einmal drinnen, tut sich eine Szene auf, wie man sie nur aus alten Filmen kennt: Von der Bade- und Sonnenterrasse mit einem atemberaubenden Blick über den Bodensee kann man direkt in den trinkwasserklaren See hinabsteigen.
Als die Stadt Lindau das Badehaus nicht mehr unterhalten konnte oder wollte, haben einige Lindauer das Bad einfach übernommen. Sie gründeten einen Verein

und retteten so in den letzten 27 Jahren dieses Kleinod vor dem Verfall. Mit viel Eigenleistung und -initiative sorgen sie für einen erholsamen, entspannten Badebetrieb.
Wer dort auch einmal baden möchte, muss nicht gleich Vereinsmitglied werden: Für 2 Euro Eintritt kann er die Ruhe und Idylle inklusive Panoramablick auf den See und die Berge genießen.

Aeschacher Bad . am Aeschacher Ufer . Pfahlbau im See . 88131 Lindau am Bodensee

HAPPY LANDING AM NEBELHORN

www.fly-zone.de
www.nebelhorn.de

Tandemflug, Oberstdorf

In den Sommermonaten sieht man sie kreisen, die kleinen bunten Punkte am strahlend blauen Himmel über den Alpen. Das sind die Gleitschirmflieger, meist braungebrannte coole Typen und durchtrainierte junge Frauen. Sie hängen sich mit ihren bunten Gleitschirmen, diesen Aerodynamik-Wunderteilen, an eine Thermik und lassen sich über die Gipfel der Berge hochtragen. Schon beim Zuschauen ahnt man etwas von diesem berauschenden Gefühl, das sich da hoch oben einstellen muss, wenn man wie ein Vogel von Schwingen getragen lautlos über die Berge und Täler gleitet.
Im südlichsten Zipfel Deutschlands, in Oberstdorf, kann man mitfliegen. Start vom Nebelhorn (2.224 m). Zusammen mit dem Piloten geht es mit der Bergbahn hinauf zum Startplatz. Erste Infos über das Gleitschirmfliegen, Verhaltensmaßregel, denn einmal zusammen in der Luft, muss man sich aufeinander verlassen können. Die Piloten sind topausgebildete Profis und Fluglehrer mit Tausenden von Stunden Flugerfahrung, die das Nebelhorn und die umliegenden Allgäuer Alpen ganz genau kennen.
Auf dem Startplateau oben auf dem Nebelhorn dann das erste große „Aaah!" wegen des überwältigenden Alpenpanoramas. Dafür ist jetzt aber keine Zeit, das kommt später. Die vorher passend bestellte Flugausrüstung – winddichter Flugoverall, Helm, Gurte, Springerstiefel – muss angelegt werden. Einhängen in die Gurte des Piloten – Testlauf – letzter Sicherheitscheck.
Der Start selbst geschieht fast unmerklich: Ein paar schnelle Schritte gemeinsam, der Pilot zieht den Schirm auf, und im nächsten Augenblick spürt man schon den Zug. Der Schirm trägt, er fliegt, und man fühlt, wie er zieht, hochhebt, wenn man in der Thermik ist. Dann nur noch schweben ... Lautlos über die Gipfel der nächsten Berge, über sattgrüne Hänge und schroffe Felsen. Endlich ist man auch einer dieser kleinen bunten Punkte im endlosen Blau des Himmels.

Flyzone . Am First 17 . 87561 Oberstdorf . Telefon: 08322/800533

SICH ZEIT NEHMEN

Deutschland

Vielleicht nehmen Sie sich mal die Zeit, einigen Hinweisen, Tipps und Gründen, warum man in Deutschland reisen sollte, nachzugehen. Und dort hinfahren, wo Sie schon immer mal hinwollten oder wo es Ihnen gerade am angenehmsten erscheint. Spontan oder geplant. Ob allein, zu zweit oder mit der ganzen Familie, egal, ob mit dem Fahrrad, dem Auto oder der Bahn.

Nur ein wenig Zeit sollten Sie sich nehmen, für sich selbst, ihre Familie und Freunde, und dann werden Sie entdecken, dass Deutschland noch viel mehr zu bieten hat als diese 1.000 Tipps. Aber die sind schon mal ein schöner Anfang.

Die Erlebnisse und Erfahrungen,
die unser Leben bereichern,
kann uns niemand mehr nehmen.

Grund genug
für mindestens 1.000
weitere ...

DANK

Dieses Buch zu schreiben hat sehr viel Freude gemacht, aber auch genauso viel Arbeit. Doch da waren viele Freunde, Bekannte und wieder Freunde der Freunde, die mit Anregungen, Tipps und kleinen Notizen kamen. Die meisten hatten etwas gesehen, erlebt oder erfahren, was zu dem Thema dieses Buches passte und eine willkommene Anregung und Erweiterung war. All denen möchte ich hier an dieser Stelle danken.

Mein größter und von Herzen kommender Dank gilt Carina Bitzer, die mich die vielen Monate des Recherchierens und Schreibens durch sämtliche Höhen und Tiefen begleitet und unterstützt hat. Dabei war sie selbst mit der gesamten Projektkoordination rund um die Uhr beschäftigt. Zuletzt schuf sie das Layout dieses Buches mit großem Geschick und feinem Blick für Design und Typografie.

Mein Dank gilt auch ihrer engagierten Assistentin Anke Lachmann, die uns mit ihrem unermüdlichen Einsatz in den Tiefen der Datensätze und -banken zur magischen Zahl 1000 hinführte.

Ebenfalls von Anfang an mit vollem Einsatz und Herzen dabei war Eva Willms, die neben ihren Recherchen auch wunderbare Beiträge geschrieben hat. Ihr möchte ich meinen besonderen Dank ausdrücken.

Für ihre amüsanten Tipps und lebensnah geschriebenen Beiträge danke ich der reiseerfahrenen Anke Kies sehr.

Meinen alten Freunden und Kollegen Chris Lederer, Frank von Weiher sowie Jörg Vos danke ich für ihre spontane und professionelle Unterstützung. Genauso Dank an Ingrid Müller-Münch, die mir aus alter Freundschaft mit ihrer großartigen Schreibe eine Hilfe war.

Unbedingt Dank sagen möchte ich auch Petra Biedermann, die mit ihrem sorgfältigen Lektorat das Buch tage- und vor allem auch nächtelang betreut und mit geprägt hat.

Allen stillen Helfern und Mitarbeitern im Hintergrund danke ich für ihre Geduld und Unterstützung.

Mein abschließender Dank gilt Dr. Marten Brandt von edel entertainment, der unerschütterlich an das Buch geglaubt und es mit großem Engagement realisiert hat.

THEMENÜBERBLICK

KUNST & ARCHITEKTUR

THEATER & SCHAUSPIEL

STÄDTE & TOUREN

GÄRTEN, PARKS & LANDSCHAFTEN

NATUR & TIERE

SPORT, ABENTEUER & TECHNIK

HOTELS & WELLNESS

ESSEN & TRINKEN

LIFESTYLE & SZENE

FESTE, EVENTS & VERANSTALTUNGEN

KUNST & ARCHITEKTUR

Museen, Ausstellungen, Städte, Kirchen, Schlösser ...

0045	Holland in Schleswig-Holstein	61
0049	Der große Expressionist	64
0052	So lebten die wilden Kerle	66
0063	Kunst: offen	74
0067	Viererschlafsack für Soldaten	77
0071	12 Uhr Mittag	79
0076	Museum im Renaissanceschloss	83
0081	Besucher im Innenohr	87
0088	Ausgrabungen auf dem Meeresgrund	92
0089	Wale und Kalmare im Kloster	92
0094	Der Kreidefelsen hat sein Zentrum	86
0097	Ein Traum in weiß	99
0098	Wo Loriot und Thomas Mann baden	100
0101	Großer Bahnhof für die Kunst	103
0102	Die Arp-Schnitger-Orgel	104
0103	2.800 Fenster zum Freihafen	104
0104	Schöner wohnen	105
0107	Wenn Waisen schnitzen	107
0113	Die Stadt in der Stadt	112
0115	Mahnmal gegen die Zerstörung	113
0117	Fantasie ohne Grenzen	115
0118	Das schärfste Museum der Welt	115
0120	Viel erlebt	117
0121	Action auf dem Boot	118
0122	Kleine Großzügigkeit	118
0128	100 Jahre unter Wasser	122
0131	Auswandern damals	124
0138	Seebären und Fregatten	129
0139	Einmal im Zwischendeck	130
0141	Kleiner Schlepper mit großem Namen	131
0142	Eintauchen in die Wirtschaftswunderjahre	132
0143	Fisch-Party im Schaufenster	133
0144	Der blaue Reiter, die Brücke und Cézanne	133
0148	Schätze der Bremer Kaufleute	136
0170	Spaziergang zu Horst Janssen	152
0177	Der malende Dichter	157
0182	Celles unvergleichlicher Kunsttempel, auch für ...	161

0185	Der Künstler und das Teufelsmoor	163
0187	Max und Moritz im Museum in Ebergötzen	165
0195	Hundertwassers Umwelt- und Kulturbahnhof	170
0198	Merzmalerei und Lebenswerke: auf den Spuren ...	172
0203	Auf zum Brotmuseum	176
0205	Das Grottenhäuschen	177
0207	Moment mal. Natur	178
0208	Einmal zum Narr werden im Eulenspiegel-Museum	179
0210	Schatzhaus voller Bücher - gegründet 1572	180
0211	Deutsche Geschichte hautnah erleben	181
0212	UFO zum Anfassen	182
0217	Windmühle im Museumsdorf Cloppenburg	185
0222	Freude am Pferd	189
0225	Im Zickzack durch die Geschichte	191
0226	Das richtige Denkmal am richtigen Ort	192
0229	Groß, größer, Saurier	194
0230	Der Prominenten-Friedhof der Stadt	194
0233	Ein guter Ort zum Leben	196
0234	Sozialistisches Wohnparadies nach Moskauer ...	97
0235	Symbol des mittelalterlichen Berlins	198
0236	Kunst und Ruinen	198
0242	Sputnik in der Stadt der Zukunft	204
0243	Berlins bekanntester Platz	204
0244	Weltkulturerbe im Spree-Athen	205
0246	Schönster Platz Berlins	207
0250	Symbol religiöser Toleranz	210
0251	Symbol der unruhigen deutschen Geschichte	211
0252	Das Privatarchiv von Walter Gropius	212
0253	Preußens Petersdom	213
0258	Die Berliner Mauer oder was von ihr übrig blieb	217
0260	Früher Zug, heute Kunst	218
0261	Ausstellungen für Tausende	219
0263	Mielkes Schreibtisch	220
0264	Glas, Stahl und Licht	220
0266	Ein verstoßener Sohn der Stadt schenkt ihr ...	222
0270	Bohren im Ambiente	224
0273	Marlene, Metropolis, Murnau	226
0274	Klassiker vom Feinsten	227
0275	Porzellan, Kostüme und vieles mehr	227
0278	Da wird krumm aber gerade	229
0286	Immer noch im Kalten Krieg	235

0290	Kunst kommt aus Berlin	238
0291	Hier ist die jüngere deutsche Geschichte zu Hause	238
0298	Spektakuläre Kunst in der Nachbarschaft	243
0299	Raumschiff gelandet	244
0301	Das Präsidentenschloss	245
0302	Kulturschwangere Meeresfrucht	246
0305	Nazi und doch nicht wirklich Nazi	248
0310	Alles Zucker	252
0311	Sind wir schon in Italien?	252
0313	Sein ganzer Stolz am Wannsee	253
0314	Die ganze Pracht Preußens	254
0315	Geballte Ladung Kultur	255
0318	Von Babelsberg bis Hollywood	257
0326	Geschichte von Jahrhunderten	263
0327	Mittelalterliche Bauten in einer Flusslandschaft	
0333	Haus am See	268
0342	1001 Phantastereien auf einem Fleck	275
0349	Ein Glockenturm als Grenzanlage	280
0356	Potsdamer Klassiker	285
0357	Vom Rückzugsort zum Lustschloss	286
0369	Der lange verbotene Blick	294
0378	Plaste und Elaste	301
0392	Yeah, yeah, yeah	311
0395	Platz ist in der kleinsten Hütte	313
0396	Gotische Pracht an der Elbe	314
0397	Ab in die Hölle	314
0400	Design in Reinkultur: das Bauhaus	316
0405	Das Werk eines einsamen Künstlers	320
0406	Der Hasen und der Löffel drei …	320
0407	100 krumme Häuser in Detmold	321
0411	Ernst schuf Hermann ein Denkmal	324
0415	Wofür steht K20 K21?	327
0416	Reality Tops Fiction	328
0417	Beton für Kunst	328
0418	Heines Lesesaal	329
0419	Medien und Menüs	330
0420	Über den Wolken	
0422	Musik im Schloss	332
0426	Moderne Kunst, modern verpackt	335
0429	Scharfe Sache	337
0434	Zeugnis der Arbeitskultur	340

0439	Ganz groß in Essen	345
0443	Orthodoxe Kultbilder im Revier	347
0448	Der Himmel über Bottrop	351
0452	Kunst parallel zur Natur	354
0460	Moderne Eleganz in Münster	361
0461	Übernachten in der Schlossruine	
0462	An dieser Stelle sollst du mir ein Kapellchen ...	362
0474	Kölner Dom	370
0476	Die Goldene und die Schreckenskammer	372
0479	Die Schokoladenseite der Kunst	375
0484	Museumsnacht in Köln	378
0493	Auf den Spuren von Karl dem Großen	384
0494	Kunst in der Schirmfabrik	385
0498	Das Schloss in der Zitadelle	388
0502	Eine kleine Geschichte über ein großes Schloss	390
0503	Wahrzeichen der Stadt Bad Godesberg	391
0505	So wohnte der erste Bundeskanzler	392
0526	Kunst kommt von Köln	407
0536	Kunst-Tour durch 10 Museen	414
0544	Artenvielfalt in Bonn	419
0570	Die wiedergefundene Mitte	437
0571	Es gibt sie noch ...	438
0572	Industriekathedrale	
0573	Bahnsteig 4 und 5 leuchten	439
0575	Zentrum für zeitgenössische Kunst und Musik	440
0580	Nicht nur aus Papier	444
0582	Festung, Residenz, Strafanstalt ...	445
0598	Schön oder grauenhaft	457
0603	Ins Römerkostüm springen	460
0604	Wiesbadens Kur- und Casino-Glanz	461
0605	Relaxen im Kaiser-Bad von 1913	462
0607	Der römische Limes in Deutschland	463
0615	Die Rache des Kyffhäuser	468
0616	Kunst im Elefantenklo	469
0617	Urlaub auf dem Rittergut	470
0621	Wiedersehen mit Henry van de Velde	474
0622	Auf Schillers Spuren durch Jena	
0638	Puppensammlung „Mon Plaisir"	487
0640	Eldorado für Bücherwürmer	488
0641	Kunstgewerbeschule Weimar	489
0642	125 Jahre Gartenzwerge	490

0643	Viel Gutes auf einem Fleck	
0646	KZ-Gedenkstätte Buchenwald	493
0651	Ein Muss für Bach-Fans	496
0652	Der vogelfreie Luther	497
0658	Bitte sofort anmelden	501
0659	Eine Oase für Besucher Dresdens	502
0660	Neu entstandene Pracht	
0661	Madonna im Zwinger	503
0668	Zum Kaffee bitte ins Gefängnis	507
0669	Mittelpunkt der Erde	508
0675	Jeder kennt Schloss Colditz ... in Großbritannien	512
0678	Das Museum an der Wiege des Automobilbaus	514
0682	Feine Klöppelspitzen	517
0683	Von der Residenz zum Museum	
0686	Die Dresdener Tabakmoschee	519
0689	Jeden Montag – auch heute noch	522
0690	Museum Waldenburg	
0696	Das achte Weltwunder	526
0699	Der gläserne Mensch	527
0700	Die dem Kaiser trotzten	528
0704	Begehbare Geschichte	531
0705	Schon der Eingang ist ein „Paradies"	
0707	Der Heilige Rock und andere Reliquien	533
0714	Der berühmteste Mainzer	538
0715	Fröhliche Eiszeit	
0723	Himmel und Wellness	543
0724	Die Burg der Burgen	544
0725	Ayurveda auf höchstem Niveau	545
0726	Die Musikburg	546
0729	Die Abtei am See	548
0731	Als sei die Gräfin mal kurz zum Shopping	550
0733	Hoch über dem Pfälzer Wald	551
0741	Wo sich Könige und Kaiser begraben ließen	556
0743	Hambacher Fest – Die Geburtstagsparty	558
0744	Eckpfeiler der kaiserlichen Macht	
0750	Das Schlossgespenst lädt zum Tanz	562
0760	Nur hereinspaziert, wenn's kein Elefant ist	569
0762	Hier trieben es die alten Römer	570
0766	Metamorphose zum Industriedenkmal	573
0768	Elementa-Experimente	574
0769	Wasserspiele vor dem Wahrzeichen Mannheims	575

0772	„Magische Mittel“ und Kakao	576
0776	Kunst im Dialog	578
0779	Ferne Welten ganz nah	580
0785	Spektakuläre Architektur mit Automobil ...	583
0826	Zisterzienserabtei als Weltkulturerbe	607
0830	Kunst interaktiv	610
0833	Expressionismus, Picasso und mehr	612
0835	Barocke Perle aus dem 18. Jahrhundert	614
0836	Schönster Turm der Christenheit	
0840	Märchenschloss auf ritterlichen Grundmauern	617
0846	Ein Flugobjekt scheint leichter als die Luft	621
0849	Höchster Kirchturm der Welt	622
0862	Kirche der Literatur	630
0874	Vier Kunstrichtungen unter einem Dach	639
0876	Einsiedelei im Olympiapark	641
0886	Das schönste Dorf Bayerns	648
0898	An der Wiege der Puppen	656
0903	Schloss Neuschwanstein	659
0904	Die Wieskirche, ein Juwel inmitten einer ...	660
0905	Museum für Kunst und Design, Nürnberg	661
0906	Friedensräume in Lindau	662
0907	Sinnliche Erfahrungen	
0916	Wer war dieser Mann wirklich?	668
0922	Das achte Weltwunder des Mittelalters	673
0923	Wo die Spatzen pfeifen	
0924	Das schönste Glashaus der Welt	674
0931	Benediktiner, Barock und Bücher	679
0936	Prunk und Pracht der Kirchenfürsten	683
0938	Zwei Kirchen in München	684
0949	Alte Zeugnisse christlicher Kultur	693
0951	Der unvollendete Traum	694
0968	Anekdoten aus dem Künstlerhaushalt	706
0972	Großes, bewohntes Barockschloss	709
0975	Votivtafeln und wundersame Bekehrung	711
0981	Das fressende Haus	715
0983	Gläserne Bäume, Ritterburg und Felsenkamm	716
0991	Die vermutlich längste Kerze der Welt	721
0992	Kultur international	722
0995	Museum der Geheimnisse	724
0996	Mutterkirche des Donau-Ostens	725

THEATER & SCHAUSPIEL

Oper, Festspiel, Aufführungen ...

0239	Europas größtes Revuetheater	201
0240	Das Stehaufmännchen unter den Opernhäusern	202
0287	Gruselkabinett im Luftschutzbunker	236
0347	Independent-Kunst mitvielseitigem Programm	279
0351	Der erste Theaterbesuch – spannend und prägend	282
0368	Jugendstil pur	294
0372	Theaterdorf im Sommer	296
0506	Eine Rarität – die jungen Profis	393
0585	Hochkultur in der Stiftsruine	447
0595	Alles, nur kein Mainstream	454
0632	Ganz großes Theater in Erfurt	482
0662	Die Schönen der Nacht	504
0674	Europäisches Humor- und Satire-Festival	511
0754	Wenn kein Vorhang fällt	565
0759	Noch immer unterwegs	568
0771	Sommernachtsträume im Schloss	576
0777	Weltberühmtes Ballett	579
0790	Theater jenseits des Mainstreams	586
0824	54 Stufen, die die Welt bedeuten	606
0945	Großes Theater für Bayern	689

STÄDTE & TOUREN

Städtetrips, Rundreisen, Schiffstouren ...

0003	Lübeck – romantische Altstadt mit Flair	32
0024	Ein Spaziergang durch Flensburg	46
0044	Das Schiff auf der Weide	61
0074	Breit, flach und schön	82
0087	Historische Altstadt – modernes Aquarium	91
0093	Die weißen Strandvillen von Rügen	85
0095	Der größte Marktplatz im Norden	97
0099	Hauptstadt der Brücken	102
0124	Wandertag auf dem Friedhof	119
0132	Mit dem Raddampfer über die Elbe	125
0133	Dunkle Hamburger Geschichte	
0135	Hamburgs Nachtwächter	127
0136	Bremerhavens kleinste Kneipe	128
0158	Seit Jahrhunderten in Bremens Charts	143
0159	Geballte Bremer Historie	144
0200	Jeder frisch gebackene Doktor muss sie küssen	173
0232	Mit Erich zum real existierenden Sozialismus	196
0237	Puppenstube oder Disneyland?	199
0238	Einmal Preußen und zurück	200
0248	160 Kilometer Spurensuche	209
0265	Ein Spaziergang um die Macht	221
0284	Genuss auf der Wasserterrasse	233
0296	Zeitreise über Berlin	242
0329	Hansestadt, Grenzstadt	265
0344	Unentdeckte Hansestadt	277
0348	Klein-Venedig hat mehr Brücken als Venedig	279
0350	Kolonie Alexandrowka	281
0352	Mit dem alten Dampfschiff über die Potsdamer Seen	282
0358	Eine englische Yacht macht Dampf in Potsdam	287
0361	Das Dampfmaschinenhaus als Burg	289
0371	Mit dem Pferdeplanwagen unterwegs	296
0376	Eisleben und der Bund der Lutherstädte	299
0382	Ein Schinkel-Turm im Harz	304
0385	Luther hier – Luther da	306
0414	Geliebte und gelebte Altstadt	326
0421	Das andere Düsseldorf	331

0455	Stiftung für Wohnungsfürsorge	357
0463	Historische Einkaufsmeile	363
0464	Wenn es dunkel wird in Münster	364
0578	Auf den Spuren der Gebrüder Grimm & Co.	442
0629	Mittelalter auf der Brückenstraße	480
0637	Die Mitte Deutschlands	486
0673	Perle des Erzgebirges	511
0685	Eine der schönsten Städte der Welt	518
0770	Mit der „,alten Dame"' auf den Königstuhl	575
0774	Der Mittelpunkt Stuttgarts	577
0795	Mit dem Neckar-Käpt'n auf große Fahrt	589
0817	Das Klein Venedig Baden-Württembergs	602
0854	Auf Winzers Rappen	625
0860	Pforzheim – Basel, zu Fuß	628
0863	Schillers Geburtshaus	630
0892	Stadt in der Stadt	652
0897	Vierspänniger Wallfahrtszug	655
0925	Aus Castra Regina wurde Regensburg	675
0935	Ein Rathaus gegen den Bischof	682
0940	Den Glocken lauschen am Marienplatz	686
0941	Internationale Stars auf dem Königsplatz	687
0962	Deutschlands höchstes Bergdorf	702
0965	Romantische Straße	704
0966	Zwei Euro – zwei Stunden Licht	705
0971	Altstadt von Regensburg mit Stadtamhof	708
0982	Leben wie die alten Kelten	715

GÄRTEN, PARKS & LANDSCHAFTEN

Freizeit, Wandern, Radfahren ...

0018	Brav auf dem Pfad bleiben	42
0028	Längster Radweg der Welt	49
0029	Die Halligen – winzige Eilande im Wattenmeer	50
0030	Das Watt verändert ständig sein Gesicht	51
0036	Weißer Strand mit Sandbank	55
0047	Strandsegeln in St. Peter-Ording	63
0070	Ein Garten zum Erholen	79
0105	Der Garten der Hamburger	105
0129	Am grünen Alsterufer von Harvesterhude	123
0160	Alter Hafen zu neuen Ufern	145
0164	Von der Wurzel bis zur Blüte	147
0169	Naturschutz op Platt – der Nationalpark Watten ...	151
0174	Ein Ende der Welt – die Nordseeinsel ...	155
0176	Abstrampeln im Urlaub	156
0179	Hex, hex! Zaubern im Park	159
0190	Adrenalin-Schub im Freizeitpark	167
0194	Das Dorf in der Heide	169
0214	Kaiserliche Residenz	183
0215	Per Dampfross zum Blocksberg	184
0218	Schlauer baden in Niedersachsen	186
0262	Der älteste und schönste Volkspark	219
0294	Ein Spaziergang in Treptow	240
0304	Hundert Jahre Familienbad	247
0306	Mit der S-Bahn zum Baden	249
0330	Ganz im Osten	266
0334	Jeepsafari über Stock und Kalkstein	269
0337	Feuchte Tropen im märkischen Sand	272
0345	Fürst Pückler lässt grüßen	277
0346	Venedig-Feeling auf der Spree	278
0370	Badestellen für jeden Geschmack	295
0373	Das ist noch echt	297
0377	Eine Rose ist eine Rose, ist eine Rose...	300
0381	Das schönste Land des Reiches	303
0383	3.000 Quadratmeter Irrgarten	304
0389	Mit dem Rad von Dessau bis nach Cuxhaven	309
0398	Lieber Harz als Honolulu	315

0403	Die Straße der 41 Mühlen	318
0409	Das hockende Weib im Wald	322
0444	Freizeit und Erholung im Ruhrtal	348
0450	Auf den Spuren der Römer	352
0453	Nur ein paar große Steine	355
0456	Rheininsel der Stille	358
0470	Sogar Michael Jackson war schon hier ...	368
0496	Aachens Freizeitachse in die Eifel	386
0499	Kinder statt Kartoffeln	388
0508	Gummistiefel für das Hohe Venn	394
0509	Grün statt braun	395
0519	Kaiser Barbarossa und der Alberssee	402
0521	Urwüchsiges Naturschauspiel	403
0577	Europas größter Bergpark	442
0579	Uralte Eichen und wilde Buchen	443
0587	Kinder und Senioren zwischen Gemüse und Blumen	449
0618	60 Hektar Pflanzenparadies	471
0631	Ein deutscher Bergpfad ist's!	481
0639	Die Alternative für Fußfaule	487
0644	Mit dem Fahrrad unter die Erde	491
0649	Ein geologisches Naturdenkmal	495
0653	Unten im Urwald und oben in den Wipfeln	498
0666	In Boofen boofen	506
0670	Völlig irre	509
0688	Der Fürst, der Garten und die Torte	521
0708	Die Entdeckung der Langsamkeit	534
0709	Jetzt neu: noch mehr Landschaft!	
0710	Drei dunkle, tiefe Seen mit Weltruhm	535
0711	Luft, Wasser und Radsport	536
0721	Eine Landzunge schmeckt nach Geschichte	541
0727	Die sieben Seen der Mönche	546
0728	Loreley, Bingener Mäuseturm und andere Mythen	547
0730	Größter Kaltwasser-Geysir der Welt	549
0749	Wo die geheimen Orchideen stehen	562
0763	Dieser Weg wird kein leichter sein	571
0765	Wo der Hunsrück mit dem Saargau zusammenknallt	572
0797	Lustschloss vor den Toren Stuttgarts	590
0801	Schlossgarten im Duftrausch	592
0864	Ein Traum vom irdischen Paradies	631
0865	Radtouren von Bauernhof zu Bauernhof	632
0866	Der Schwarzwald ist blau	633

0888	Blauer Reiter, altes Moor und deftige Brotzeit	649
0890	Deutschlands höchster Berg	650
0920	Ein natürlicher Druidenhain	671
0928	Die Seele steigen lassen …	677
0933	Radeln von Grüß Gott bis Servus	681
0947	Wandern auf den Spuren von König Ludwig II.	691
0948	Satellitentechnik weist den Weg durch die Alpen	692
0952	Drachenritt in romantischer Naturlandschaft	695
0958	Frische Luft und sauberes Wasser	699
0977	Deutsch-Tschechischer Kunstwanderweg	712
0978	In Stein gehauene Welten	713
0979	Dreiflüsseeck – Donau, Inn und Ilz	
0984	Die Pfahlfee und der Schatz im Quarz	717
0986	Der König des Bayerwaldes	718

NATUR & TIERE

Höhlen, Wildparks, Zoos & Streichelzoos

0008	Abtauchen in die Welt der Ozeane	36
0012	Auge in Auge mit dem Hai	38
0015	Die Größten Langohren Deutschlands	40
0016	Aqua Tropicana am wunderschönen Ostseestrand	
0019	Retter der seltenen Rassen	42
0026	Zurück ins Meer, hier wird nicht geheult	48
0031	Robben-Alarm	52
0033	Wildnis Watt	53
0043	Frisch geschlüpft und kopfüber ins Meer	60
0048	Naturnahes Nacktbaden	64
0052	Es duftet wie am Mittelmeer	66
0054	Geschiebe, Mammut und Fossilien	68
0055	Kinderferien auf dem Islandhof	69
0058	Von der Natur zurückerobert	70
0060	Gute Stimmung im Wald	72
0061	Sie sind wieder da	73
0065	Die „Badewanne von Berlin“	75
0077	Nationalpark Vorpommersche Boddenlandschaft	84
0078	See, Sonne und Natur	85
0080	Reiterferien im alten Landgut am See	86
0083	Kranich on Tour	88
0084	Scheuer Adler, freches Schwein	89
0085	Foto versus Ölbild	89
0125	Vorbild vieler Tierparks	120
0140	Schule mit Seebärfellen	131
0166	Romantik-Tour mit Pferdestärken	149
0167	„Rad up Pad“ – Per Drahtesel durch Ostfriesland	150
0186	Pelzige Eigenbrötler	164
0188	Hengstparade im Landgestüt Celle	165
0192	Der größte Vogelpark der Welt	168
0193	Einzigartige Erlebniswelten	169
0197	Afrika in der Lüneburger Heide	171
0201	Gemeinsam von der Natur lernen	174
0202	Tänzer auf vier Hufen	175
0204	Auf Tuchfühlung mit Tigermännchen Jelzin	176
0219	Das größte private Vollblut-Arabergestüt und ...	187
0220	Vampire fliegen mit Echolot	188

0221	Kinder aus der ganzen Welt	188
0255	Haie, Rochen und verliebte Kraken	214
0257	Landschaft mit Wildtieren und Barockschloss	216
0272	Berlins älteste Grünanlage	225
0280	Knut und andere Stars	230
0308	Hier liegt mir die Stadt zu Füßen	250
0309	Schweine zum Streicheln	251
0312	Preußisches Liebesnest	253
0343	Besuch bei Meister Adebar	276
0363	Zoo mit Gütesiegel	290
0365	Wälder, Wiesen, weites Land	292
0367	Uckermärker Straußen-Steak	293
0375	Seit 1901 auf dem Berg	299
0466	Viel besser als ein Wendy-Abo	365
0511	Steinreich in Nettersheim	396
0530	Berühmt für seine Elefanten	410
0588	Opa wird Pferdeflüsterer	449
0591	Partys unter Palmen	451
0602	Bitte keine Kroko-Taschen	459
0663	Einer der Ältesten	504
0712	Die Burg der Falken und Wölfe	536
0756	Das Glück dieser Erde liegt auf dem Rücken der …	567
0784	Klassiker unter den zoologisch-botanischen …	582
0802	Ausflug ins schöne Ammertal	592
0804	Heilende Kamele im Schwarzwald	594
0810	So stellt man sich eine echte Höhle vor	597
0823	Deutschlands größter Streichelzoo	605
0825	Der Flug der majestätischen Adler	606
0831	Vom „Thiergarten“ zum „Über-Lebensraum“ für …	611
0848	Deutschlands großes Affen-Freigehege	622
0850	Superblau in Blaubeuren	623
0851	Ein 32.000 Jahre altes Menschenbildnis	624
0899	Elefantenreiten auf Anfrage	656

SPORT, ABENTEUER & TECHNIK

Action, Specials, Diverses ...

0001	Feuerwehrmuseum, Norderstedt	31
0007	Alle Mann in die Wanten und klar zum Entern!	35
0009	535 Kilometer Segelträume	36
0013	Das größte Flugkarussell der Welt	39
0017	Spinnen und weben	41
0020	Das erste Planetarium der Menschheit	43
0021	Der Zweite wird der Erste sein	44
0022	Physik selbst erleben	
0035	Achtung, mitreißend!	54
0037	Nordfriesische Feuer	56
0040	Mit Stock durch Dünen und Sand	58
0057	Motocross-Tradition	70
0059	Mit dem Hausboot über die Müritz	71
0062	Der große Traum vom Fliegen	73
0064	Jedem sein Körbchen	74
0066	Aktuelle Vergangenheit	76
0079	Die älteste Galopprennbahn Europas	86
0082	Ostalgie, aber wie	87
0086	Slawische Ringwallburg Groß-Raden	90
0091	Biologie und Technik gleich Bionik	94
0092	Ausfahrt im Tschaika	85
0096	Kindertraum auf Rügen: Lokomotivführer	98
0119	Modellwelt	116
0123	Ja, wo laufen sie denn?	119
0127	Planetarium Hamburg	121
0157	So duschen Astronauten im All	142
0162	Tornado, Urknall und die Sprachen der Welt	146
0165	Alle Kinder an die Uni	149
0168	Farbenblind, aber glücklich	151
0175	Zugucken, wie Luxus Kreuzfahrtschiffe gebaut ...	155
0181	Ein Muss an Regentagen	160
0184	„Skipper, setz das Segel“	162
0189	Heute baue ich mir meine gotische Harfe selbst	166
0191	Große Panzer, kleine Panzer	167
0196	Action-, Sport-, Freizeit- und Partylocation	171
0199	Die fahrbereiten Sammlerstücke	173

0213	Der Volkswagen-Erlebnispark auf 42 Hektar	183
0254	Die Hauptstadt im Maßstab Ho	214
0276	Handicap am Gleisdreieck	228
0281	Laufen hüben, Party drüben	231
0288	Zuse, Messerschmidt und die Wunderwelt der ...	236
0319	Kinolegenden und Rambazamba	258
0320	Die gläserne Bonbonfabrik	259
0328	100 km auf Rollen	264
0331	Edles und unedles Geblüt zum kleinen Preis	267
0332	Sandkastenspiele im großen Stil	268
0335	Absolut nicht neben der Spur	270
0338	Werden Sie doch mal Kornkönigin	272
0339	Fahrstuhlfahren mit dem Schiff	273
0340	Das sind doch bloß Töppe ...	274
0341	Kahlbutz, Ritter und Schwerenöter	
0353	Kulturszene in alten Hallen	283
0364	Funcup-Tourenwagen-Rennen selbst fahren	291
0374	Mit der Sonne auf den See	298
0379	Sonne, Mond und Sterne	301
0380	Handgemachte Bürsten und Besen wie im ...	302
0384	Die Historie vom Rollfilm	305
0388	High Noon in Hasselfelde	308
0390	Mit dem Kanu auf der Elbe	310
0391	Reiten, reiten, reiten ...1.600 km weit	311
0394	Brocken-Marathon	313
0399	Mach mal platt	316
0404	Zerbrechliche Kunst	319
0408	Mit der Dampflok fahren wie anno dazumal	322
0410	Ausbildung zum Aeronauten	323
0413	Wie man etwas anzieht	325
0423	Videokunst im Loft	332
0424	Oldtimer ganz nah	333
0425	Boote, Boote, Boote	334
0427	Ganz schön alte Knochen	335
0430	Die Herren der Lüfte	338
0432	Am Ende steht der Mensch	339
0433	Fantastische Reise in den Weltraum	340
0436	Fliegen ultraleicht gemacht	342
0437	Heutzutage nicht mehr unter Tage	343
0438	Auch ein echtes Weltkulturerbe	344
0440	Wann ist ein Mann ein Mann	345

0442	Wasserspeicher – Wissensspeicher	347
0447	Auf der Halde gibt's koa Sünd'	350
0449	Schweinehund statt Yeti	352
0451	Folterinstrumente und Weserraumrenaissance	353
0457	Laufen, laufen, laufen	359
0459	Das Kindermuseum am Hafen	360
0469	Die Kartbahn des Meisters	367
0483	Mens sana in corpore sano	378
0485	Die Seilbahn und die Nackten	379
0491	Lamas für lahme Kids	383
0492	Jeder ist seines Glückes Schmied	383
0507	Für Forschung- und Technikfans	393
0510	Gespielte Geschichte	396
0512	Baggern zum Diplom	397
0513	Die Meister der guten Holzschüssel	398
0514	Radio Curiosa	398
0515	Die Geschichte vom Handwerk	399
0516	Biken im Land der tausend Berge	400
0517	Die 5-Kilometer-Höhle	400
0520	Naturwissenschaft zum Staunen und Mitmachen	402
0522	Es werde Licht!	404
0528	Der berühmte Schoko-Brunnen	409
0531	Papiermühle alte Dombach	411
0535	Geschichte der bergischen Kulturlandschaft	413
0542	Seinen Senf dazugeben	418
0543	Beethovens Geburtshaus in Bonn	419
0581	Goldrausch mitten in Deutschland	444
0583	Stehend im Beinah-Zylinder	446
0584	Das begehbare Herz	447
0586	Hoch mit heißer Luft	448
0593	Das Mitmach-Museum für Kinder	452
0596	Die Welt der Kohle, Piepen, Mäuse	455
0597	Von „B" wie Brief bis „S" wie SMS	456
0599	Airbus 340 zum Selbstfliegen	457
0600	Als die Bilder laufen lernten	458
0608	Wie Tarzan: Von Ast zu Ast	464
0609	Ein moderner Abenteuerspielplatz	
0610	Elfenbeinkunst vom Mittelalter bis heute	465
0611	47 Millionen Jahre in der Zeit zurück	
0613	Reizen, Trumpfen und Stechen	467
0614	Schauhöhle seit 1866	

0618	Eine ganze Villa als Spielhaus	470
0620	Geheimnisvolle Zauberwelt im Berg	473
0623	Experimentarium der Sinne – Erfahrungsmuseum	475
0625	Besuch in der Spielzeugstadt	477
0626	Goldrausch in Thüringen	
0628	Die Märchenhöhle der Sandmänner	479
0633	Raum und Zeit gestochen scharf	483
0635	Erlebnis Flughafen	484
0636	Der Märchenerzähler	485
0645	Ein Jahrhundert Fahrzeugbau	492
0650	Einfach anrufen	495
0654	Das klingt schön	499
0655	Das Gips doch nicht	
0657	Die modernste Skisprungschanze der Welt	500
0664	Mein bester Freund	504
0665	In der Heimat des Zwiebelmusters	505
0684	Rodeln bei Flutlicht	518
0692	Abseilen, kriechen, klettern	524
0693	Mit Vollgas auf der Elbe düsen	
0697	Stromschnellen bezwingen	526
0698	So schön kann blau sein	527
0703	Da fließt Benzin durch die Adern	530
0713	Baggern in der Lavagrube	537
0722	3D im Steinbruch	542
0732	Zeigt her Eure Füßchen	550
0735	Ein neuer Sport ohne teure Ausrüstung	553
0738	Eisenbahnfahrt mit dem Kuckucksbähnel	554
0758	Wegen Pennälern zum Pluto und zurück	568
0781	Schloss Rosenstein	581
0786	Badevergnügen in der Höhe	584
0798	Die größte Mineralwasserstadt Westeuropas	590
0807	Totempfähle nicht nur für Indianer	596
0809	Mit dem E-Bike über die Alb	597
0811	Das verhexte Spukschloss	598
0815	Schwimma, schwitza, schwätza	600
0822	100 originelle Attraktionen	604
0829	Eine Zeitreise in die Flug- und Fahrzeugwelt	610
0834	Step by Step – Steppkes werden Künstler	613
0837	Deutschland größter Freizeitpark	615
0839	Faszinierende Unterwasserwelt	
0842	Zauberweg zur Zauberwelt der Wichtel	618

0843	Professor Knox Turboboot	619
0845	Steinzeit live und Mittelalterspektakel	620
0858	Übernachten im Baum	627
0867	Vom Messestand direkt aufs Wasser	633
0868	Eine kleine Spritztour über die Schwarzwaldhöhen	634
0934	Die viel zu unbekannte Mini-WM	681
0939	Königlich bayrischer Hoflieferant	685
0943	Stars unterm Sternenhimmel	688
0960	Das Audi-Jahrhundert	700
0963	Wie Tarzan in der Bärenfalle	702
0967	Dieses seltsame Lächeln	705
0973	Null Prozent Doping – 100 Prozent Spaß	709
0976	Robin Hood des Bayerwaldes	711
0994	200.000 m2 Western-Feeling	723

HOTELS & WELLNESS

Gesundheit, Schönheit, Wohlbefinden ...

0053	Winter-Wellness und Spa an Ost- und Nordsee	67
0056	Helgoland im Winter – Geheimtipp	69
0069	Einmal Hering satt	79
0072	Das Grand Hotel der weißen Stadt am Meer	80
0073	Spa-Träume de Luxe	81
0111	Das Fünf-Sterne-Design	111
0112	Ein Traum von Hotel	
0114	Elyseum	113
0137	Alle Mann ab in die Koje	128
0154	Gekrönte Wellness	140
0163	Eine der Besten	147
0171	Die Königin der Nordsee	153
0325	Segeln, Golfen, Wellness vom Feinsten	262
0366	Weltgeschichte zum Träumen	292
0489	Köln von seiner besten Seite	382
0490	Urlaubsgefühle vor den Toren Kölns	
0525	Diskret und rund	406
0538	Carolus Thermen in Aachen	416
0624	Erstes Bio-Hotel Deutschlands in Zeulenroda	476
0630	Baden in Licht und warmer Luft	480
0667	Festung sächsischer Naturfreunde	507
0679	Wahre Wellness-Tradition	515
0680	Baden, Sauna, Wellness für alle	516
0794	Mineralbad mit Flair im 50er-Jahre-Stil	588
0799	Vitalisierendes Wasser	591
0812	Saunieren mit Blick auf den Hohenneuffen	599
0827	Baden in Baden-Baden	608
0871	Prämiertes Paradies	637
0873	Komfortabler Luxus	639
0882	Ein in Goldmark bezahltes Jugendstil-Hallenbad	645
0893	Wasservergnügungen	652
0913	Atlantis	666
0919	Das kleinste Hotel der Welt	
0980	Hamam im Rottal	714
0989	Macht müde Menschen wieder munter	720
0997	Drei Raben mitten in der Stadt	725

ESSEN & TRINKEN

Bars, Cafés & Restaurants ...

0004	Marzipan aus Liebe	33
0014	Der Name ist Programm	39
0039	Hinter den Deichen beginnt das Paradies	57
0042	Die königliche unter den Austern	59
0046	Matjes im Glück	62
0109	Sushi satt	109
0130	Aus dem Meer frisch auf den Tisch	123
0145	Bremens ständige Vertretung	134
0149	Seit 1405 wird ausgeschenkt	137
0150	Schnurren im Katzen-Café	138
0152	Heißer Samba im kalten Bremen	139
0153	Brauereibesichtigung der Beck'schen Art	
0161	Eis nach altem Familienrezept	146
0173	Kluntje, Kluntje in den Tee	154
0206	Rundgang durch die Heimat des Bockbieres	177
0223	Kräuter-Halb-Bitter gegen Verdauungsprobleme	189
0224	Essen wie bei Helene	191
0292	Nah am Wasser gebaut	239
0300	Café, Croissant, Chrysanthemen	245
0303	Ein erhabener Abend: das Restaurant im Funkturm	247
0354	Von feinster Schokolade bis zur mediterranen ...	284
0360	Der Wilhelm mit dem Michelin-Stern	288
0386	Geburtsstadt des Königs unter den Kuchen	307
0431	Goldfunde im Bergischen Land	338
0446	Kochen lernen wie der Chef	350
0454	Die Sterne strahlen über seinem Imbiss-Himmel	356
0468	Schlemmen und Kunst im historischen Bahnhof	366
0471	Kochen, Event, Genuss	368
0472	Ruhe mitten in Köln	369
0473	Das Bier mit der besten Werbung	
0475	Kölsch mit Schrecken, niemals!	372
0480	Eins geht noch	375
0481	Savoir vivre in Cologne	376
0482	Päffgen – das Traditionsbrauhaus in Köln	377
0486	Speisen im Dreißigsten	380
0487	Kölscher Klassiker	

0488	Wo der Sauerbraten noch rheinisch ist	381
0500	Student bis Rentner	389
0501	Bier mit Aussicht	
0523	Edelfranzose in umgebauter Jugendstilmetzgerei	404
0532	Anstehen zum Hähnchen	411
0569	Im Schokoladenhimmel	437
0574	Schlemmen im Schloss	440
0594	Erst shoppen, dann ein Schoppen	453
0606	Ein Stern seit über 27 Jahren	462
0634	Bier unter der Stadt	483
0647	Thüringer Kloß-Kultur	494
0648	Ein blindes Huhn findet auch mal ein Korn	
0657	Speisen mit Elbblick im Landtag	501
0671	Napoleons Café	509
0672	Wer kennt Gose? Eine Leipziger Spezialität	510
0677	Pfefferkuchen, achtmal das Original	514
0694	Das Kofferhotel	525
0701	Der Kräuterkoch	529
0716	Hoch die Gläser!	539
0718	Da interessiert die Bohne	540
0719	Abheben zum kulinarischen Höhenflug	
0734	Kohls Leib- und Magenspeise	552
0736	Das Bett zur Weinprobe	553
0737	Eine 250 Meter lange Winzertafel	554
0739	Französische Küche in der Pfalz	555
0740	Wenn der Vater mit dem Sohne ...	
0742	Eine Straße, die nichts mit Drink & Drive zu tun ...	557
0745	Sauer macht lustig	559
0752	Drei Michelinsterne funkeln am Gourmethimmel	564
0757	Zwei Sterne. Ein Koch.	567
0761	Ein Österreicher in der Saarpfalz	570
0764	Hier lebt die Region. Und labt sich.	571
0767	400 Jahre Leben im Quadrat	574
0778	Jugendstil für Blumen, Obst & Co.	579
0782	Biergarten mit neapolitanischem Hinterhof-Flair	581
0788	Tolles Eis und klasse Aussicht	585
0789	Urschwäbische Tradition	
0791	Frühstücken im kreativen Umfeld	586
0792	Die beste Pizza der Stadt	587
0796	Essen + trinken mit Weitblick	589
0803	Tübingens schönster Biergarten	593

0816	Prickelnde Schätze in alten Kellergewölben	601
0818	Im Seilergang auf den Weinberg	602
0820	Schwäbisches Schnapsmuseum im Steinhaus	603
0821	Drei Lokale in historischen Gemäuern	604
0844	Brunch im Bahnhof	619
0869	Paradies für Feinschmecker	636
0870	Sushi zum Mitnehmen	
0872	Braukunst mit Tradition	638
0875	Wohlfühloase mitten in einer Millionenstadt	640
0877	Schweinebraten in der Szenekneipe	642
0878	Schlachthof, Musik und Kabarett	
0879	Kuchenoase auf der Shoppingmeile	643
0884	Beach-Atmosphäre an der Isar	646
0901	300 Jahre Kaffee und Delikatessen	658
0912	Mediterran und heilsam	666
0926	Nimm dreyerley Fleisch vom Schwein, Rind und ...	676
0937	Die älteste Bratwurststube der Welt	684
0942	Zünftiger Ausschank in Münchens ältester Brauerei	687
0944	Hier spülen die Gäste ihre Moaß selbst	689
0964	Bergkäse von glücklichen Alpenkühen	703
0969	Bioochsen in Buttermilch im Landeanflug	707
0970	Altes Bräuhaus mit neuem Inhalt	
0993	Gediegen und günstig	723

LIFESTYLE & SZENE

Urbanes Leben, Shopping & Co. ...

0010	Dem Szene-Wind zugewandt	37
0011	Kalifornien liegt an der Ostsee	
0034	Route-66-Flair auf Sylt	54
0038	Kult-Schuppen auf Sylter Düne	56
0041	Warmduschen kann man woanders	59
0106	Hans Albers und die Beatles	106
0108	Shoppen in Hamburg	108
0110	Schick auf der Milchstraße	110
0116	Szene bis zum Umfallen	114
0126	Winter Beach Club	121
0134	Hering für Frühaufsteher	126
0146	Design und Unikat	135
0147	Wie Perlen auf der Schnur	
0172	Moin, Moin – das Ostfriesenabitur	153
0227	Oase in der Einheitswüste	193
0228	Flaniermeile zu Füßen der Neuen Synagoge	
0241	In der Tanzwirtschaft Burger steppt der Bär	203
0245	Trendsetting in exponierter Lage	206
0247	Turbulentes Leben wie in den Zwanzigern	208
0249	Voll die Szene	210
0256	Schick ohne Grenzen	215
0268	Fritten, Fassbier, Fußball	223
0269	Mythos von der Kantstraße	224
0271	Klassischer Jazz-Club	225
0277	Wenn's um die Wurst geht	228
0279	Hollywood unter den Sternen	229
0282	Zwischen Lichthof und Glaskuppel	232
0283	Kabarett in Berlin	
0285	Kultur und Pop unterm Betonzelt	234
0295	Kreuzbergs angesagteste Hässlichkeit: Möbel Olfe	241
0316	Neuer Großstadtschick mit Zeitgeschichte	255
0336	Alltag in der DDR	271
0359	Schlendern, stöbern, Kaffee trinken	287
0362	Fashion für kleines Geld	290
0393	Von 'ner Harley bis zum Moped	312
0412	Espresso ohne Parkplatz	325

0420	Über den Wolken	330
0458	La Ola auf Schalke	359
0477	Die Legende eines Duftwassers	373
0478	Köln kann auch anders	374
0527	Der schönste Blick auf Köln	408
0529	Wardrobe – Kostüm oder Outfit	409
0537	Der Kölner mag Rodenkirchen	415
0539	Quartier Latin in Aachen	416
0590	25 Stunden Goldman	451
0592	Club, Beach Club und Suite	452
0601	Am Türsteher vorbei ...	459
0681	Shoppen, Flanieren, Reisen	516
0687	Der schönste Milchladen der Welt	520
0691	Weltraumgeeignete Unterhosen	523
0717	Anton, Berti, Conni, Det, Edi und Fritzchen	539
0755	Hier spielt ihr Watt ihr Volt	566
0775	Shopping im klassizistischen Prachtbau	578
0780	Summerlocation No. 1 in der Schwabenhauptstadt	580
0787	Disco mit Qualitätssiegel	584
0800	Geheimtipp in Sachen Mode & Design	591
0808	Das Mekka der Schnäppchenjäger	596
0813	Trau dich rund um die Uhr	599
0819	Kultur gegen Kommerz	603
0828	Internationale Galopprennen Baden-Baden	609
0832	Weltberühmtes Spielcasino mit Flair	612
0841	Vinotherapie für die Haut	618
0852	Einkaufsberater für unsichere Shopper	624
0853	„Die Welt von Steiff"	625
0855	Das Breuninger	626
0856	Der Zauberlehrling	
0861	Omas Kaufhaus am Bodensee	629
0883	Angesagtester Jazzclub auf hohem Niveau	646
0885	Kreatives Arbeiten am Tag, buntes Treiben in ...	647
0909	Fränkisches Traditions-Shopping	664
0910	Die coolste Disko der Stadt	
0930	Steintrog mit Shivakopf	678
0946	Boccia und Tanz im Pavillon	690
0950	Chill-Out am Ammersee	693
0953	Dreadlocks und Dirndl	695
0954	Elektronisches Tanzvergnügen im Ksar Barclub	696
0956	Die lebendige Kiste	697

0959 Outlet-Center mit viel Auswahl und Top-Marken 700
0985 Seher, Sagen und Tarot 718
0990 Donaujazz 721

FESTE, EVENTS & VERANSTALTUNGEN

kurz, lang, jährlich wiederkehrend

0002	Glitzernde Skulpturen aus Eis und Schnee	31
0005	Musikfeste auf dem Lande	34
0006	Riesen-Skulpturen aus Sand und Wasser	
0023	Die Wikinger kommen unter rotem Drachensegel	45
0025	Wacken dröhnt	47
0027	Ein Blütenmeer aus 5 Millionen Krokussen	49
0032	Pellworm statt Standesamt	52
0050	Das größte Volksfest im Norden Europas	65
0068	Party an Land, Regatta auf See	77
0075	Segeln, feiern, Hanse Sail	83
0090	Nur nicht den Kopf verlieren	93
0100	Dreimal Dom auf dem Heiligengeistfeld	102
0151	Licht für Bremen	138
0155	Bremens Bürger auf der Weide	141
0156	In schrillem Outfit zur Regatta	
0178	Das nationale Fun- und Trendsportevent des Jahres	158
0180	Like a Hurricane ...	159
0183	Pferderennen auf dem Meeresgrund	161
0209	Die Riesenparty am Wasser	180
0216	Hexentanz hoch oben auf dem Gipfel	185
0231	Die klügste Nacht des Jahres	195
0259	Die kurze Nacht der Musik	217
0267	Sonntag ist Flohmarkt	222
0289	Und das ist gut so	237
0293	Drei Tage nichts als Musik	240
0297	Watergate, Beats und Jap-Food	243
0307	Typisches Berliner Volksfest	249
0317	Fischerstecher auf dem Peitzer Fischerfest	257
0321	Mit Otto Lilienthal zum Altar	259
0355	Der Nikolaus kommt per Schiff	284
0387	Hexentanz hoch oben auf dem Gipfel	307
0401	Der Roland feiert Geburtstag	317
0402	Der beste Schütze zahlt keine Steuern	318
0435	Der größte Budenzauber der Welt	341
0441	Kohle für Kunst – Kunst für Kohle	346
0445	Großes Theater in der Maschinenhalle	349

0465	Wenn die Warendorfer Hengste protzen dürfen	364
0467	Eine Miss-Wahl der anderen Art	366
0495	Weltfest des Pferdesports	386
0497	WM der Kirschkernspucker	387
0504	Im Osten Bonns wird gefeiert	391
0518	Montgolfiade im Sauerland	401
0524	CSD Cologne	405
0533	Die Jungfrau ist ein Mann	412
0534	Waldbröl hat Schwein	413
0540	Manche sind nur einmal essbar	417
0589	Das älteste Volksfest Deutschlands	450
0628	Die Hütes-Holle oder Kloßprinzessin	478
0676	Schlank und gesund durch Lachen	513
0695	Kostüm erwünscht	525
0702	Matsche, Love and Happiness	529
0751	Fideler, feuchtfröhlicher Volksbrauch ums Feuer	563
0753	Ein Fest, das regelmäßig ins Wasser fällt	565
0773	Heidelberger Herbst	577
0783	Viertelesschlotzer auf dem Marktplatz	582
0793	„Wasenzeit“ in Stuttgart	587
0805	Mit dem Kahn durchs Nadelöhr	594
0806	Hengstparade	595
0814	Auf Schloss Kapfenburg spielt die Musik	600
0838	500 Jahre Feuerwerk am Bodensee	616
0847	Traditionelles historisches Heimatfest	621
0857	Nachts im Museum	627
0859	Drei Wochen Musik	628
0880	Große Stars zu kleinen Preisen	643
0881	Kultur- und Filmfest-Tempel	644
0891	Das Leiden Christi	651
0911	Der Nürnberger Christkindlesmarkt	665
0932	Wahre Helden im Graben	680
0955	Kriminelle Aktivitäten für die ganze Familie	697
0957	Das Mittelalter wird lebendig	698
0961	Traditionen kann man ändern!	701
0974	Eine der größten Reiterprozessionen Europas	710
0987	Wenn Männer bimmeln	719
0988	Warten auf das Christkind	720

FREMDENVERKEHRSBÜROS

Tourismus-Agenturen in Deutschland

Wir danken den Mitarbeitern
und Mitarbeiterinnen
für die freundliche
Unterstützung.

Schleswig-Holstein – Kiel

Tourismus-Agentur
Schleswig-Holstein GmbH
Walkerdamm 17
24103 Kiel

www.sh-tourismus.de
www.sh-lebenstraum.de

Mecklenburg-Vorpommern – Schwerin

Tourismusverband
Mecklenburg-Vorpommern e.V.
Platz der Freundschaft 1
18059 Rostock

www.auf-nach-mv.de

Hamburg

Hamburg Tourismus GmbH
Postfach 102249
20015 Hamburg

www.hamburg.de
www.hamburg-magazin.de

Bremen

Bremer Touristik Zentrale GmbH
Findorffstr. 105
28215 Bremen

www.bremen-tourismus.de

Niedersachsen – Hannover

TourismusMarketing
Niedersachsen GmbH (TMN)
Theaterstrasse 4-5
30159 Hannover

www.reiseland-niedersachsen.de

Berlin

Berlin Tourismus Marketing GmbH
Am Karlsbad 11
10785 Berlin
www.btm.de

Brandenburg – Potsdam

Tourismus-Marketing Brandenburg GmbH
Am Neuen Markt 1
14467 Potsdam
www.reiseland-brandenburg.de
www.brandenburg-presse.de

Sachsen-Anhalt – Magdeburg

Landesmarketing Sachsen-Anhalt GmbH
Am Alten Theater 6
39104 Magdeburg

www.sachsen-anhalt-tourismus.de

Nordrhein-Westfalen – Düsseldorf

Nordrhein-Westfalen Tourismus e.V.
Worringer Str. 22
50668 Köln

www.nrw-tourismus.de

Hessen – Wiesbaden

Hessen Agentur GmbH
– Hessen Touristik Service –
Abraham-Lincoln-Straße 38-42
65185 Wiesbaden

www.hessen-tourismus.de

Thüringen – Erfurt

Thüringer Tourismus GmbH
Postfach 100519
99005 Erfurt

www.thüringen-tourismus.de

Sachsen – Dresden

Tourismus Marketing
Gesellschaft Sachsen mbH
Bautzner Straße 45/47
01099 Dresden

www.tourismus-sachsen.de

Rheinland-Pfalz – Mainz

Rheinland-Pfalz Tourismus GmbH
Löhrstraße 103 - 105
56068 Koblenz

www.rlp-info.de
www.bilddatenbank-rheinland-pfalz.de

Saarland – Saarbrücken

Tourismus Zentrale Saarland GmbH
Franz-Josef-Röder-Str. 9
66119 Saarbrücken

www.tourismus.saarland.de

Baden-Württemberg – Stuttgart

Tourismus-Marketing GmbH
Baden-Württemberg (TMBW)
Esslinger Straße 8
70182 Stuttgart

www.tourismus-bw.de

Bayern – München

Bayern Tourismus Marketing GmbH
Leopoldstraße 146
80804 München

www.bayern.by

BILDNACHWEIS

Der Verlag hat sich bis Redaktionsschluss intensiv bemüht, alle Inhaber von Abbildungsrechten ausfindig zu machen. Personen und Institutionen, die möglicherweise nicht erreicht wurden und Rechte an den verwendeten Abbildungen beanspruchen, werden gebeten, sich nachträglich mit dem Verlag in Verbindung zu setzen.

S.32 pixelio.de/siepmannH; S.35 Sand World Travemünde Lübeck, Lübeck und Travemünde Marketing GmbH; Eventmanagement/Doris Schütz; S.38 Meereszentrum Fehmarn; S.39 Hansa-Park Sierksdorf; S.41 Tuch und Technik Textilmuseum; S.48 Seehundstation Friedrichskoog e.V.; S.51 pixelio.de/Bernadette; S.52 pixelio.de/Eisersdorff; S.55 Sturmflutenwelt Blanker Hans; S.60 pixelio.de/Beate Spreen; S.70 pixelio.de/Sven Richter; S.73 Otto-Lilienthal Museum, Anklam; S.75 pixelio.de/soquett; S.78 pixelio.de/Vegeta; S.81 pixelio.de/Huber; S.82 GFDL German Wikipedia/Alexander Marg; S.84 pixelio.de; S.88 pixelio.de/Reinhard Grieger; S.90 pixelio.de/Sascha Böhnke; S.91 pixelio.de/Christian Koch; S.96 pixelio.de/Marco Barnebeck (Telemarco); S.97 Nationalpark-Zentrum Königsstuhl, Sassnitz; S.98 pixelio.de/Marco Barnebeck; S. 99 pixelio.de/Rainer Kregovski; S.101 pixelio.de/Jürgen; S.102 pixelio.de/Bernd Sterzl; S.104 pixelio.de/Jan von Bröckel; S.108 pixelio.de/Domsen; S.113 Schellenberg & Kirchberg Public Relations; S.117 pixelio.de/Cekora; S.120 pixelio.de/Pascal Behling; S.125 pixelio.de/Bernd Sterzl; S.127 pixelio.de/Bernd Sterzl; S.129 pixelio.de/Barbara Thomas; S.136 pixelio.de/Marc Renken; S.139 pixelio.de/André Gensler; S.141 pixelio.de/Rolf Plühmer; S.143 pixelio.de/Jan von Bröckel; S.144 pixelio.de/Jan von Bröckel; S.145 pixelio.de/Harald Wanetschka; S.147 pixelio.de/Kirsten Kasselmann; S.149 Schäfereigesellschaft Osterode; S.156 Meyer Werft GmbH; S.164 Aktion Fischotterschutz e.V. Otter-Zentrum; S.167 pixelio.de/c-lettau; S.168 pixelio.de/Cekora; S.171 Campo Aktiv Arena, Hannover; S.175 Die Fürstliche Hofreitschule; S.176 Arche Noah Zoo Braunschweig; S.180 pixelio.de/Michael Whelan; S.184 pixelio.de/Kerstin Schalow; S.192 pixelio.de/Philipp Treier; S.197 pixelio.de/P.Kirchhoff; S.201 pixelio.de/ Janine; S.202 pixelio.de/Siegfried Baier; S.204 pixelio.de/nanouk; S.205 pixelio.de/Glubbschauge; S.206 pixelio.de/marika; S.207 pixelio.de/Robert Siuda; S.208 pixelio.de/Hans-Georg Weimar; S.210 pixelio.de/Hans-Georg Weimar; S.212 pixelio.de/ Andreas Walgenbach; S.213 pixelio.de/ Janos Balazs; S.214 Loxx Miniaturwunderland am Alex; S.215 pixelio.de/Heiko Umlauff; S.216 pixelio.de/ Windrose; S.217 pixelio.de/Janos Balazs; S.221pixelio.de/Dirk S; S.229 pixelio.de/meyertobi; S.230 pixelio.de/Jürgen Oberguggenberger; S.231 pixelio.de/N-Schmitz; S.235 pixelio.de/marge simpson; S.237 pixelio.de/Fotschlossgeist; S.237 pixelio.de; S.239 pixelio.de/N-Schmitz; S.241 pixelio.de/ Henrik G. Vogel; S.242 pixelio.de/Lukas Lekakis; S.246 pixelio.de/Steuermann; S.248 pixelio.de/Buri; S.249 pixelio.de/Günter J. Matthia; S.258 Filmmuseum Potsdam; S.260 Exploratorium Potsdam e.V.; S.261 pixelio.de/Marco Barnebeck(Telemarco); S.262 pixelio.de/Verena N.; S.266 Tourismusverein Frankfurt (Oder); S.273 pixelio.de/Nicole D.; S.278 pixelio.de/Ruper; S.280 pixelio.de/C. Nöhren; S.281 pixelio.de/Heiko Ritter; S.286 pixelio.de/Jan-Moritz Baudach; S.288 pixelio.de/Janos Balazs; S.290 Designer Outlet B5; S.301 Sonnenobservatorium Goseck; S.306 pixelio.de/Johannes Bekker; S.309 pixelio.de/M. Großmann; S.318 GFDL German Wikipedia/Ingo; S.319 Holtappels/ LWL-Industriemuseum; S.321 pixelio.de/Thomas Max Müller; S.324 pixelio.de/Arnold Exportbier; S.326 pixelio.de/mad-max; S.328 GFDL German Wikipedia/Kodiak; S.331 pixelio.de/phoboter; S.334 pixelio.de/pk; S.339 Zeittunnel Wülfrath; S.341 pixelio.de/Richard; S.343 pixelio.de/Hans Adler; S.349 pixelio.de/Hans Adler; S.354 pixelio.de/Daniel Huffschmid; S.357 pixelio.de/pk; S.360 GFDL German Wikipedia/Erbsensuppe; S.361 pixelio.de/ Baldewyk; S.363 pixelio.de/DoRe; S.365 pixelio.de/huethernet; S.368 pixelio.de/Dennis Vorberg; S.371 pixelio.de/Dieter Kaiser; S.373 pixelio.de/Oliver Schwarz; S.375 Suermondt-Ludwig-Museum Frank Heidemann; S.377 GFDL German Wikipedia/Willy Horsch; S.380 pixelio.de/Rainer Sülzer; S.384 pixelio.de/Maren Beßler; S.385 Ludwig Forum für Internationale Kunst/Frank Heidemann; S.387 pixelio.de/Alexander Bucurescu; S.392 pixelio.de/robot2000; S.394 pixelio.de/Klaus M; S.399 pixelio.de/pk; S.401 pixelio.de/J. Bredehorn; S.403 pixelio.de/Jörg Rose; S.405 pixelio.de/Superbass; S.406 Hotel im Wasserturm, Köln; S.407 Kölnmesse; S.410 pixelio.de/Ernst Rose; S.412 pixelio.de/Martin Junkermann; S.415 pixelio.de/A. Müller; S.420 pixelio.de/magicpen; S.428 pixelio.de/mad-max; S.430

pixelio.de/mark37; S.431 GFDL German Wikipedia/Superbass; S.434 GFDL German Wikipedia/Tbachner; S.436 pixelio.de/Richard; S.439 Rheinisches Industriemuseum, Ateliers Stark, 3M; S.443 GFDL German Wikipedia; S.446 Mathematikum e.V. Gießen; S.447 Kinder-Akademie Fulda Werkraummuseum GmbH; S.450 Lullusfest Bad Hersfeld; S.451 pixelio.de/Nadine Wittner; S.456 Museum für Kommunikation Frankfurt; S.460 pixelio.de/Dirk Schmidt; S.461 pixelio.de/Reinhard Hinz; S.463 pixelio.de/Winfried Braun; S.464 AbenteuerPark Offenbach; S.465 Deutsches Elfenbeinmuseum Erbach; S.469 pixelio.de/Hans Felkel; S.469 pixelio.de/Micha; S.471 pixelio.de/rebel; S.473 pixelio.de/Seltrecht; S.481 pixelio.de/Falko Göthel; S.490 pixelio.de/so; S.491 pixelio.de/Martin Junkermann; S.493 pixelio.de/Alexander Bartl; S.497 pixelio.de/Barbara Thomas; S.498 pixelio.de/Henry Klingberg; S.502 pixelio.de/Biggi; S.503 pixelio.de/Stihl024; S.506 pixelio.de/Henry Kessler; S.507 pixelio.de/Bildpixel; S.509 Irrgarten Kleinwelka; S.511 Lachmesse Leipzig; S.513 pixelio.de/Marco Barnebeck (Telemarco); S.521 pixelio.de/ich selbst derwolf; S.530 pixelio.de/maclatz; S.532 pixelio.de/Ulla Trambert; S.533 pixelio.de/Rolf Krekeler; S.535 pixelio.de/Willens-Theisen; S.542 pixelio.de/Marco Görlich; S.544 GFDL German Wikipedia/francis; S.547 pixelio.de/Hans Büttner; S.548 pixelio.de/bardo; S.550 GFDL German Wikipedia/Klaus Graf; S.557 pixelio.de/tom-sawyer; S.579 pixelio.de/Dieter Poschmann; S.583 pixelio.de/C. Volmer; S.588 Mineral-Bad Berg; S.589 pixelio.de/Wolfgang Wehl; S.592 pixelio.de/Philipp Treier; S.593 Gasthausbrauerei Neckarmüller; S.601 pixelio.de/Elsa; S.605 Tierpark Bretten; S.607 pixelio.de/S.H; S.609 Galopprennbahn Iffezheim, Internationaler Club; S.614 pixelio.de/TV; S.615 pixelio.de/Mima; S.617 pixelio.de/Dieter Poschmann; S.621 pixelio.de/Jürgen Schoenrade; S.622 pixelio.de/tanita_lied; S.632 pixelio.de/Holger Knecht; S.637 pixelio.de/adel; S.638 pixelio.de/jürgen heimerl; S.640 pixelio.de/Marco Barnebeck(Telemarco); S.645 pixelio.de/Richard; S.655 Steinzeit Siegsdorf, Touristinformation Siegsdorf; S.658 Dallmayr München; S.660 pixelio.de/Gregor; S.661 pixelio.de/wl.steinacker; S.674 Glasstraße Frauenau; S.685 pixelio.de/Frank Rösner; S.686 pixelio.de/Markus Hein; S. 690 pixelio.de,/Hans Kraus; S.692 pixelio.de/biker1602; S. 694 pixelio.de/mariocopa; S. 696 pixelio.de/Markus Hein; S. 699 pixelio.de/Rolf Plühmer; S.701 pixelio.de/Martin Hoefft; S. 704 pixelio.de/Michael Baudy; S.708 pixelio.de/Udo Altmann; S.714 pixelio.de/Simon45; Gläserner Wald Regen; S.718 pixelio.de/Gitti Moser; S.721 pixelio.de/Maria Lanznaster; S.724 pixelio.de/Harald KU

Datum:

Ort:

Zeit:

Datum:

Ort:

Zeit:

Datum:

Ort:

Zeit:

Datum:

Ort:

Zeit:

Datum:

Ort:

Zeit:

Datum:

Ort:

Zeit:

Datum:

Ort:

Zeit:

Datum:

Ort:

Zeit:

Datum:

Ort:

Zeit:

Datum:

Ort:

Zeit:

Datum:

Ort:

Zeit:

Datum:

Ort:

Zeit:

Datum:

Ort:

Zeit:

Datum:

Ort:

Zeit:

Datum:

Ort:

Zeit:

Datum:

Ort:

Zeit:

Datum:

Ort:

Zeit:

Datum:

Ort:

Zeit:

Datum:

Ort:

Zeit:

Datum:

Ort:

Zeit:

Datum:

Ort:

Zeit:

Datum:

Ort:

Zeit:

Datum:

Ort:

Zeit:

Datum:

Ort:

Zeit:

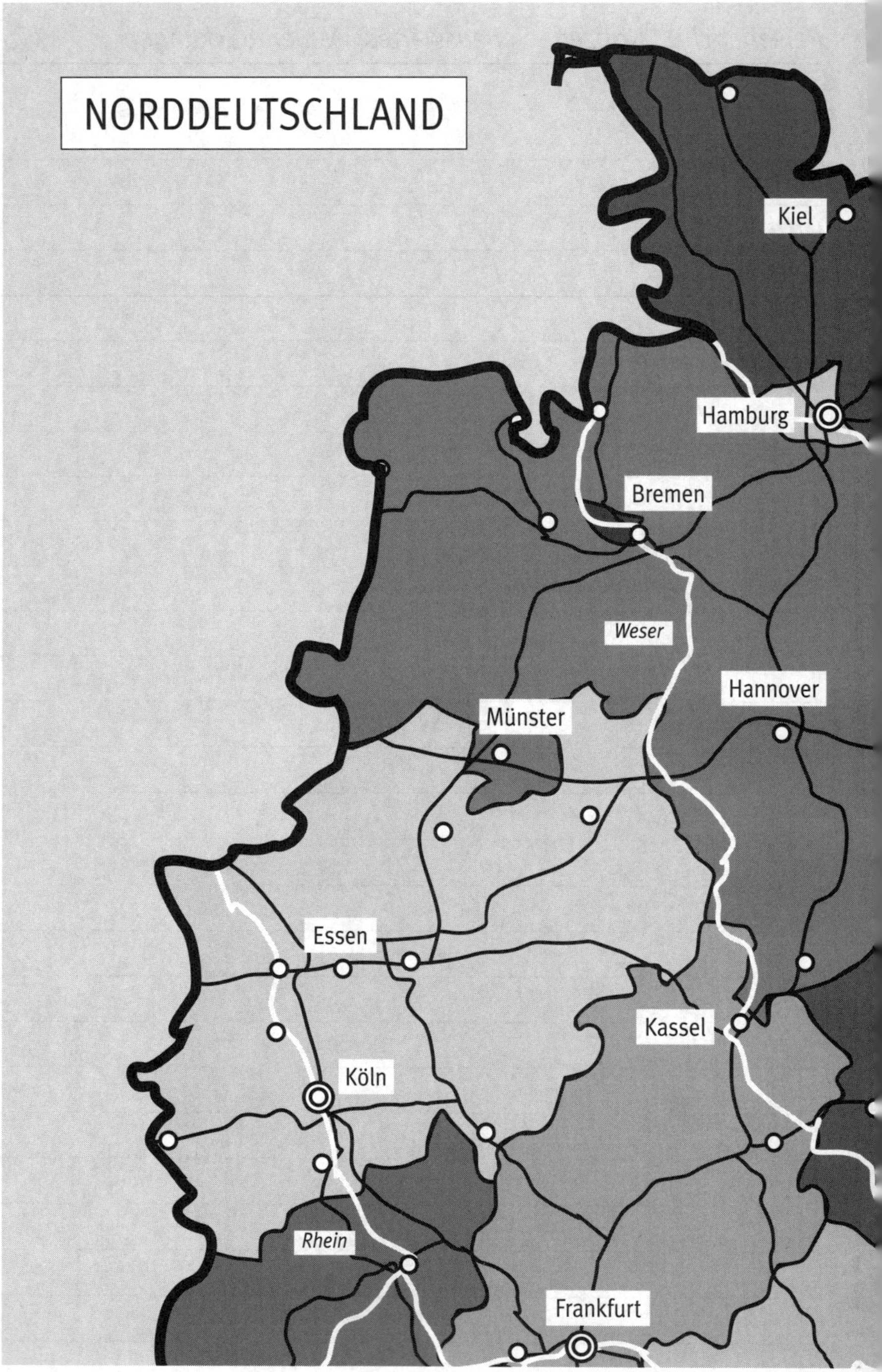
NORDDEUTSCHLAND
Kiel
Hamburg
Bremen
Weser
Hannover
Münster
Essen
Kassel
Köln
Rhein
Frankfurt

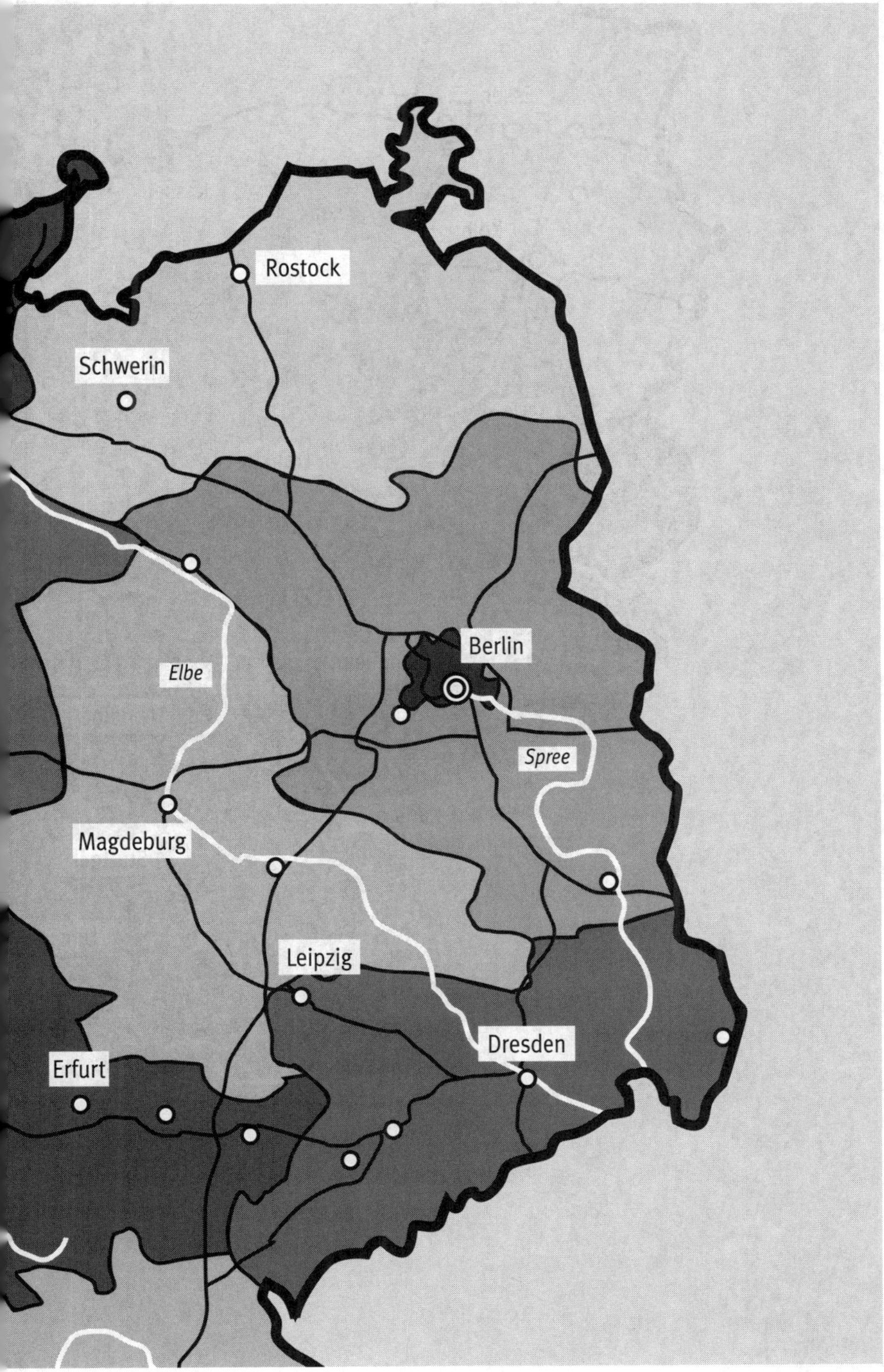
Rostock
Schwerin
Berlin
Elbe
Spree
Magdeburg
Leipzig
Dresden
Erfurt

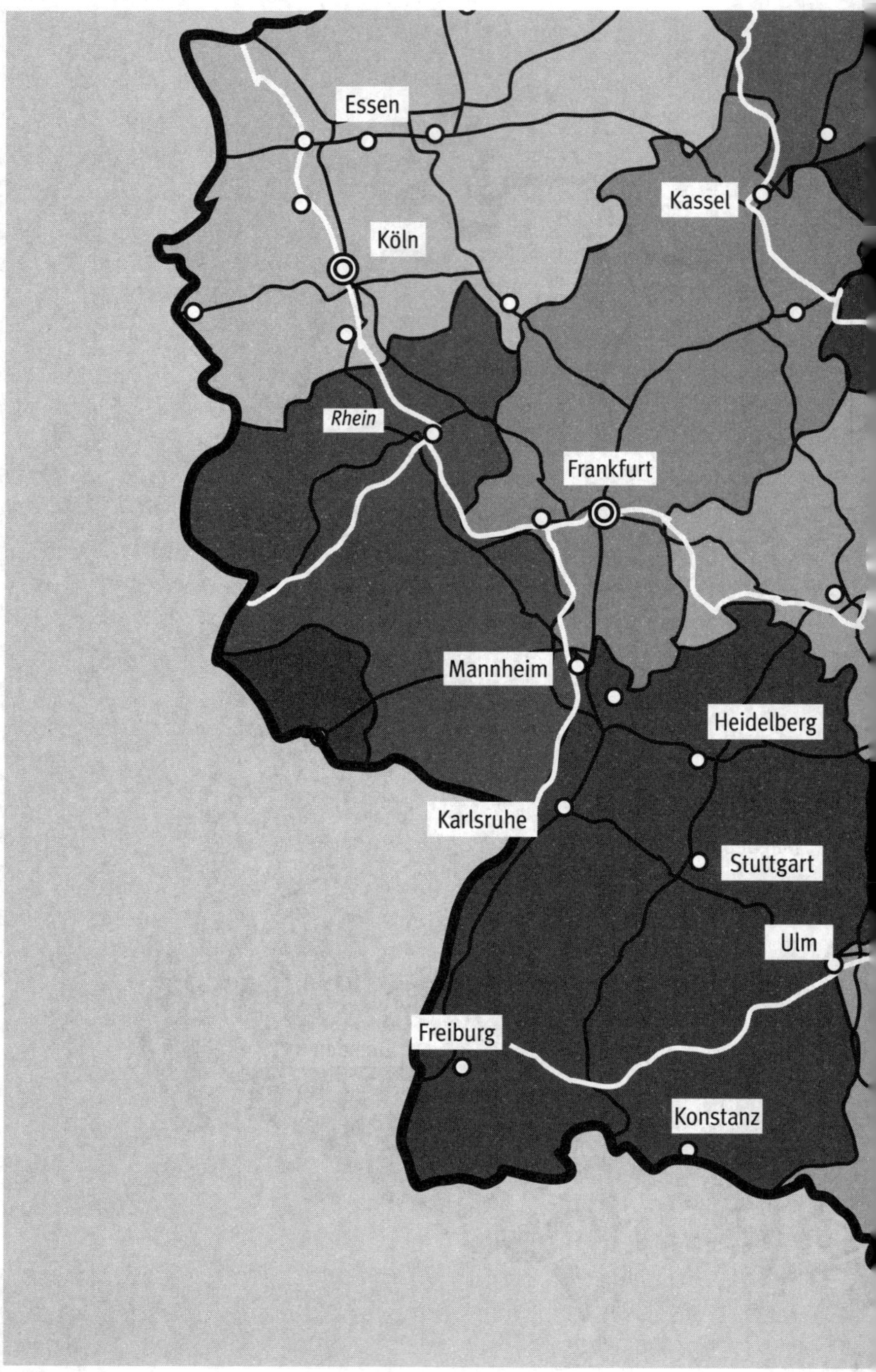
Essen
Kassel
Köln
Rhein
Frankfurt
Mannheim
Heidelberg
Karlsruhe
Stuttgart
Ulm
Freiburg
Konstanz

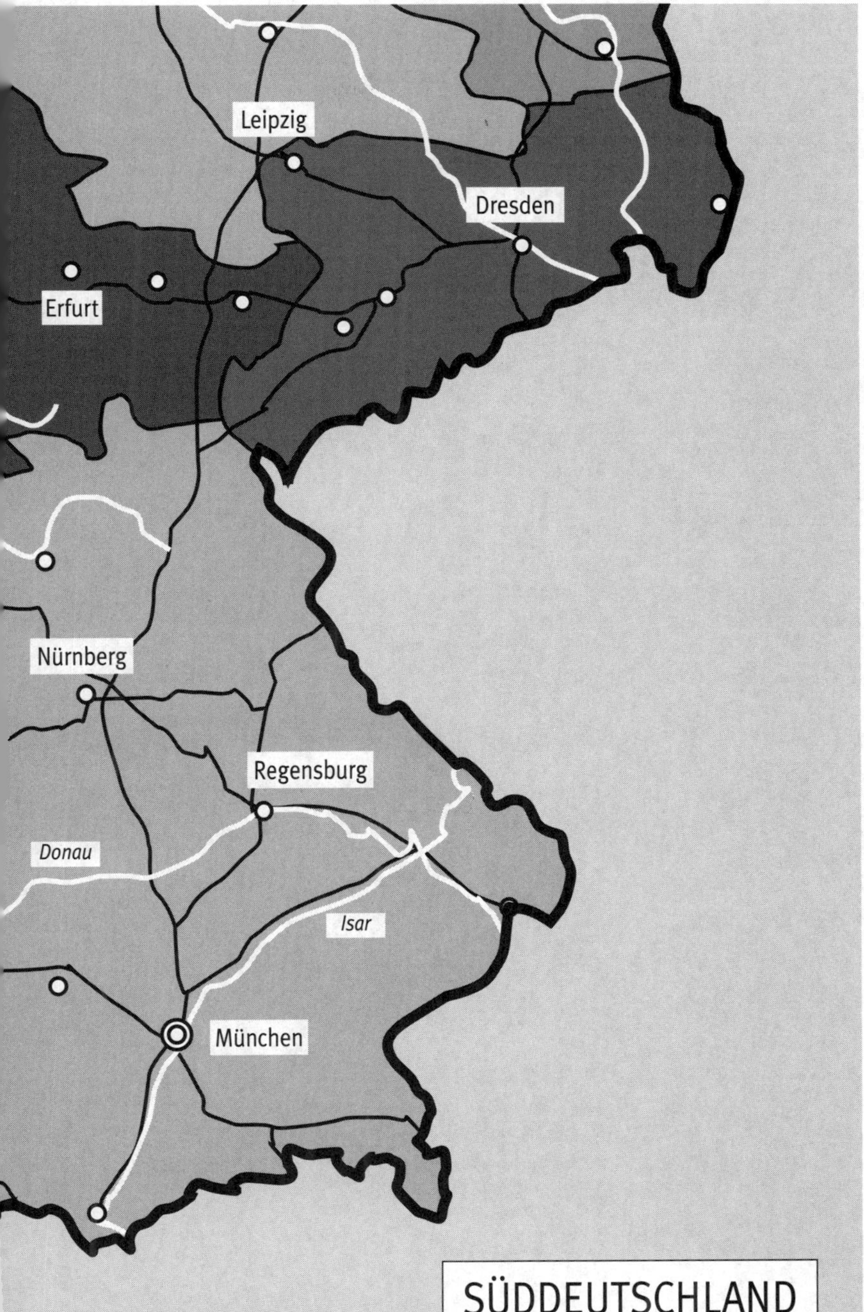
Leipzig
Dresden
Erfurt
Nürnberg
Regensburg
Donau
Isar
München
SÜDDEUTSCHLAND